Theorie Der Geistlichen Beredsamkeit: Akademische Vorlesungen

Joseph Jungmann

Nabu Public Domain Reprints:

You are holding a reproduction of an original work published before 1923 that is in the public domain in the United States of America, and possibly other countries. You may freely copy and distribute this work as no entity (individual or corporate) has a copyright on the body of the work. This book may contain prior copyright references, and library stamps (as most of these works were scanned from library copies). These have been scanned and retained as part of the historical artifact.

This book may have occasional imperfections such as missing or blurred pages, poor pictures, errant marks, etc. that were either part of the original artifact, or were introduced by the scanning process. We believe this work is culturally important, and despite the imperfections, have elected to bring it back into print as part of our continuing commitment to the preservation of printed works worldwide. We appreciate your understanding of the imperfections in the preservation process, and hope you enjoy this valuable book.

Theologische Bibliothek.

Zweite Serie.

Theorie
der geistlichen Beredsamkeit.

Akademische Vorlesungen

von

Joseph Jungmann,
weiland Priester der Gesellschaft Jesu, Doctor der Theologie und ord. Professor derselben
an der Universität zu Innsbruck.

Dritte Auflage.

Mit Approbation des hochw. Herrn Erzbischofs von Freiburg.

Freiburg im Breisgau.
Herder'sche Verlagshandlung.
Zweigniederlassungen in Wien, Straßburg, München und St. Louis, Mo.

Theorie
der geistlichen Beredsamkeit.

Akademische Vorlesungen

von

Joseph Jungmann,

weiland Priester der Gesellschaft Jesu, Doctor der Theologie und ord. Professor derselben
an der Universität zu Innsbruck.

Dritte Auflage.

Mit Approbation des hochw. Herrn Erzbischofs von Freiburg.

Zweiter Band.

Freiburg im Breisgau.
Herder'sche Verlagshandlung.
1895.
Zweigniederlassungen in Wien, Straßburg, München und St. Louis, Mo.

Das Recht der Uebersetzung in fremde Sprachen wird vorbehalten.

Buchdruckerei der Herder'schen Verlagshandlung in Freiburg.

Inhalt des zweiten Bandes.

Viertes Buch.
Ueber den Inhalt der geistlichen Vorträge.

Zehnter Abschnitt.
Welche Punkte der christlichen Lehre bei der Verkündigung des Wortes Gottes vorzugsweise zu behandeln seien 1

Erstes Kapitel. Was für Themata auf der Kanzel nicht zu behandeln seien. Die Conferenzen 1

Zweites Kapitel. Welche Punkte der christlichen Lehre der Priester bei der Verkündigung des Wortes Gottes vorzugsweise ins Auge zu fassen und dem Volke vorzulegen habe 10

§ 1. Die Lehre von dem Heiligen Geiste, von der Gnade, von den Sacramenten. Die Kirche; die christliche Familie. Das Gebet und andere Uebungen des christlichen Lebens. Das Gesetz von der Selbstverläugnung; Geduld, Demuth, Keuschheit und andere Tugenden von vorzüglicher Bedeutung gegenüber den Zuständen der Gegenwart 10

§ 2. Die Wahrheiten, auf welche sich die Furcht Gottes gründet. Die liturgischen Handlungen. Die Engel und die Heiligen Gottes. Die Mutter des Herrn. Der Gottmensch und Erlöser der Menschheit 20

Homilie über Matth. 3, 13—17 (Johannes Chrysostomus) . 36

Die sechzehnte Missionspredigt Bertholds von Regensburg . 45

Panegyrische Predigt auf das Frohnleichnamsfest (Bourdaloue) . 54

Elfter Abschnitt.
Anweisungen in Rücksicht auf die Quellen, aus denen der Inhalt der geistlichen Vorträge zu schöpfen ist 72

Erstes Kapitel. Die Heilige Schrift 74

§ 1. Die Bedeutung der Heiligen Schrift für die Verwaltung des Wortes Gottes. Winke für die Lesung derselben, nach Bossuet. Der „wörtliche" und der „mystische" Sinn von Schriftterten. Die „Accommodation" von Stellen der Heiligen Schrift 74

§ 2. Unmittelbar praktische Anweisungen für die Verwerthung von Schrifttexten in der Verkündigung des Wortes Gottes 88

Zweites Kapitel. Die liturgischen Bücher 100

Drittes Kapitel. Die Entscheidungen des Heiligen Stuhles und der Concilien. Die Werke der Kirchenväter 104

Viertes Kapitel. Die Theologie: Dogmatik, Moraltheologie, Kirchengeschichte. Die ascetische Literatur 109

Fünftes Kapitel. Grundsätze für die Verwerthung profaner Erudition in der Verkündigung des Wortes Gottes. Ueber Materialiensammlungen . . 118

Homilie über Röm. 8, 28—39 (Johannes Chrysostomus) . 119

Die erste Unterweisung des hl. Cyrillus von Jerusalem über den Heiligen Geist . . . 131

Aus der zweiten Unterweisung des hl. Cyrillus von Jerusalem über den Heiligen Geist . . . 144

Fünftes Buch.

Die besondern Arten der geistlichen Vorträge.

Zwölfter Abschnitt.
Die Katechese 154

Erstes Kapitel. Der katechetische Unterricht soll nicht eine Anleitung zu speculativem Auffinden der religiösen Wahrheiten sein, sondern eine ganz objective Darstellung derselben, welche sich ausschließlich auf die Autorität Gottes und der Kirche stützt und darauf ausgeht, in den Kindern nicht die natürliche Erkenntniß, sondern die eingegossene übernatürliche Tugend des Glaubens auszubilden 157

§ 1. Zwei Beweise für diesen Grundsatz 157

§ 2. Der Naturalismus in der Katechese. Die *praeambula fidei*; die „eigentlichen" und die „secundären" Beweise; die „ausschließlich entwickelnde" Methode. Der Naturalismus und das Vaticanische Concil . . 159

Zweites Kapitel. Wenn es gleich nothwendig ist, daß dem Unterricht ein Katechismus, d. h. ein Abriß der christlichen Lehre in didaktisch-abstracter Form, zu Grunde gelegt werde, so darf doch die Katechese nie eine bloß abstracte Auseinandersetzung der religiösen Wahrheiten sein, sondern der Priester muß es verstehen, die letztern beständig mit den entsprechenden Thatsachen der Offenbarung in Verbindung zu bringen und an dieselben anzulehnen. Ueberdies sollen zu weiterer Belebung des Unterrichts auch andere historische Züge aus der Geschichte der Kirche und dem christlichen Leben zu Hilfe genommen werden 167

§ 1. Zwei Gründe für diese Forderung. Praktische Erläuterung derselben 167

§ 2. Eine Ansicht Hirschers in Rücksicht auf den historischen Charakter der Katechese. Ueber historische Züge, welche nicht der Offenbarung entlehnt sind. Ein verfehlter Rath von Aegidius Jais 171

Drittes Kapitel. Was die Eintheilung der christlichen Lehre betrifft, so ist jene, welche der Römische Katechismus anwendet, ohne Zweifel die beste. Der Priester soll aber Sorge tragen, die Katechese so einzurichten, daß in jedem Jahre bezw. alle zwei Jahre der Hauptsache nach die ganze christliche Lehre und nicht bloß Bruchstücke derselben den Kindern vorgeführt werde . . 176

§ 1. Die Eintheilung des Römischen Katechismus; apriorischer Beweis ihrer Vorzüglichkeit. Beweis durch Induction: Die Eintheilung der christlichen Lehre bei Overberg und bei Deharbe. Ein neuerer mißlungener Angriff gegen die Eintheilung des Römischen Katechismus. Die Eintheilung der christlichen Lehre in den Lehrbüchern für den höhern Religionsunterricht 176

§ 2. Es soll den Kindern in jedem Jahre der ganze Inbegriff der christlichen Lehre vorgeführt werden 191

Viertes Kapitel. Es ist ein Irrthum, wenn man glaubt, einzelne, obgleich wesentliche Punkte der christlichen Lehre in der katechetischen Unterweisung ganz übergehen zu dürfen, weil die Kinder dieselben noch nicht vollkommen auffassen oder weil sie den Verhältnissen des Kindesalters gegenüber noch keine unmittelbar praktische Bedeutung haben 195

Fünftes Kapitel. Der Priester soll den Kindern die einzelnen religiösen Wahrheiten in jener Folge, wie sie sich im Katechismus finden, mit Sorgfalt erklären und, soweit es angeht, zu vollem Verständniß zu bringen suchen. Wenn es bei dieser Erklärung allerdings nothwendig ist, daß man sich zu den Kindern soviel als möglich herablasse, so muß man doch andererseits sehr darauf bedacht sein, daß man ihnen nicht Veranlassung gebe, manche Punkte unrichtig aufzufassen und sich schiefe Begriffe zu bilden . . . 203

§ 1. Sechs Anweisungen für die Erklärung der christlichen Lehre. Wesentliche Bedingungen der vollen und leichten Verständlichkeit der Katechese. Praktische Bemerkungen für den sprachlichen Ausdruck . . 203

§ 2. Allseitige Richtigkeit der Erklärung. Die Nothwendigkeit sorgfältiger Vorbereitung 210

Sechstes Kapitel. Die Lehren, welche der Katechismus enthält, sind für das christliche Leben nicht alle von gleicher Nothwendigkeit und Bedeutung. Der Priester soll deßhalb das Wesentlichere von dem minder Nothwendigen unterscheiden und seine Mühe und Sorge an erster Stelle darauf verwenden, daß die Kinder in den wesentlichen Punkten gut unterrichtet werden 213

§ 1. Allgemeine Begründung dieser Vorschrift. Welche die wesentlichern Punkte seien. Eingehendere Bemerkungen in Rücksicht auf die Unterweisung über die Acte der drei göttlichen Tugenden und der Reue, über das Gebet, den Empfang der Sacramente und andere Uebungen, über das sechste und das neunte Gebot Gottes 213

§ 2. Die Lehren von der Unschuld, der Jungfräulichkeit und der „Aureola" in der Predigt und der Katechese 225

Siebentes Kapitel. Der Zweck der Katechese erheischt nicht nur, daß die Kinder die Hauptwahrheiten der christlichen Lehre wohl verstehen, sondern auch, daß sie dieselben im Gedächtnisse bewahren. Darum soll der Priester häufig Wiederholungen anstellen und andererseits Sorge tragen, daß die Kinder ihren Katechismus genau und vollständig auswendiglernen . . 231

Achtes Kapitel. Nothwendiger noch, als daß die Kinder in der christlichen Lehre gut unterrichtet werden, und von größerer Bedeutung ist es, daß der Priester den andern wesentlichen Haupttheil seiner Aufgabe erfülle, auf ihre Gesinnung und ihr freies Streben nachhaltig zu wirken und ihr Herz für das christliche Leben zu bilden. Deshalb sind nicht bloß die religiösen Wahrheiten fortwährend mit dem wirklichen Leben, seinen Erscheinungen und Bedürfnissen in Verbindung zu bringen und praktische Folgerungen namentlich auch für die Verhältnisse des Kindesalters und der Jugend daran zu knüpfen, sondern es muß die Katechese auch dazu angethan sein, religiöse Gefühle in den Kindern lebendig zu machen und so ihr Gemüth wirksam und entscheidend zu bestimmen 233

§ 1. Zur Begründung des aufgestellten Satzes 233
§ 2. Wie der Priester insbesondere verfahren müsse, damit seine Katechesen „praktisch" seien und damit dieselben „Salbung" haben . . 236

Neuntes Kapitel. Die Gründe, wodurch der Priester auf das Gemüth der Kinder zu wirken sucht, sollen nicht natürliche sein und dieser Erde angehören, sondern er soll jene Momente verwerthen, welche die Offenbarung uns nahelegt. Diese sind vor allen die Barmherzigkeit und Liebe Gottes gegen uns, wie dieselbe sich namentlich in der Erlösung bewährt hat; die absolute Oberhoheit und Majestät Gottes, welche unbedingte Unterwerfung und tiefe Ehrfurcht heischt, und seine Gerechtigkeit, die nach Verdienst belohnt und straft. Diese Momente sind somit durch die Katechese fort und fort hervorzuheben und so tief als möglich in die Seele der Kinder einzusenken, in der Weise indes, daß zuletzt alles dahin gerichtet wird, die Liebe gegen Gott in ihnen zu wecken und zu nähren, welche „der Zweck der Offenbarung" ist 247

§ 1. Die paränetische Seite der Katechese und der Naturalismus. Wie man aus den Kindern, statt gottesfürchtige Christen, schlau berechnende Egoisten macht. In welcher Weise die irdischen Folgen des Guten und des Bösen als bestimmendes Moment zu verwerthen seien . . 247
§ 2. Die drei rechten Momente für die religiöse Bildung des Herzens. Die beste Methode, in den Kindern die „vollkommene" Liebe zu Gott tief zu begründen, nach dem hl. Augustin. Die rechte Liebe zu Gott und eine Entstellung derselben 256
§ 3. Die Lehre von der „vollkommenen" Liebe nach der Offenbarung und die Fälschung derselben in Katechismen und Erbauungsschriften der Neuzeit 266

Zehntes Kapitel. Was die Methode der Katechese angeht, so darf dieselbe nicht ausschließlich akroamatisch, aber noch weniger ausschließlich erotematisch sein; es muß vielmehr das erotematische Verfahren mit dem akroamatischen in angemessener Weise verbunden werden. Der Priester wird aber, indem er den Kindern Fragen stellt, in der rechten Weise nur dann vorgehen, wenn er dabei den doppelten Zweck vor Augen hat, welchen das erotematische Verfahren vermitteln soll. Dieser Zweck ist einerseits, daß sich herausstelle, ob die Kinder das Vorgetragene hinlänglich aufgefaßt haben, anderseits, daß sie veranlaßt werden, sowohl dem Vortrage mit Aufmerksamkeit zu folgen, als auch in eigener geistiger Thätigkeit das Empfangene zu verarbeiten 278

Elftes Kapitel. Um seiner zweifachen Aufgabe mit Erfolg entsprechen zu können, muß der Priester Sorge tragen, daß er sich die Herzen der Kinder gewinne, ihr Vertrauen und ihre Liebe besitze und ihnen überdies die Katechese soviel als möglich leicht und angenehm mache 283

Zwölftes Kapitel. Das wirksamste Mittel für den Erfolg der Katechese und unter jeder Rücksicht der wichtigste Punkt liegt schließlich darin, daß die Kinder alle religiösen Wahrheiten auf den zu beziehen, alle Motive des Handelns in dem zu finden sich gewöhnen, mit einem Worte, daß sie ihn vollkommen kennen und aufrichtig lieben lernen, welcher „der Weg ist und

Inhalt.

	Seite
die Wahrheit und das Leben", „der Urheber des Glaubens und sein Vollender", „das Licht der Welt", „Jesus Christus gestern und heute und derselbe in Ewigkeit"	290
Fünf „Katechisationsskizzen" von Augustin Gruber	295
Eine Katechese von H. Mey	305
Homilie über Matth. 6, 1—15 (Johannes Chrysostomus)	308

Dreizehnter Abschnitt.
Die didaskalische Predigt. Die Homilie . . . 327

Erstes Kapitel. Die didaskalische Predigt oder die Unterweisung. Die drei wesentlichen Stücke derselben: Der Eingang, die Ausführung, die Peroration . 327

Zweites Kapitel. Die Homilie 340
§ 1. Begriff der Homilie. Die oratorischen Vorzüge der Heiligen Schrift und der Werth der Homilie 340
§ 2. In welchem Sinne in der Homilie die Heilige Schrift auszulegen sei. Die innere Einrichtung der Homilie. Ueber die Unterscheidung einer „einfachen" und einer „oratorischen" Homilie 352

Homilie über den ersten Bußpsalm (Johannes Chrysostomus) . 358
Homilie über den sechsten Bußpsalm (Johannes Chrysostomus) . 370
Predigt über das jüngste Gericht (Mac Carthy) . . . 376

Vierzehnter Abschnitt.
Die paränetische Predigt. Die panegyrische Predigt . 397

Erstes Kapitel. Die paränetische Predigt 398
§ 1. Der Hauptsatz, der besondere Zweck und der Centralgedanke in paränetischen Predigten der ersten Klasse, nämlich in solchen, welche eine allgemeine religiöse Wahrheit behandeln . . . 399
§ 2. Der besondere Zweck, der Centralgedanke und der Hauptsatz in paränetischen Predigten der zweiten Klasse, d. h. in paränetischen Predigten über besondere Punkte der christlichen Ethik . . . 405
§ 3. Nothwendige Eigenschaften des Centralgedankens und des Hauptsatzes. Die Ausführung der Gründe. Rücksichten, nach welchen die Gründe auszuwählen und nach welchen sie zu ordnen sind . . 415
§ 4. Ueber den Eingang und die Peroration in paränetischen Predigten . 424

Zweites Kapitel. Die panegyrische Predigt 434
§ 1. Panegyrische Predigten an den Festen des Herrn und der heiligen Jungfrau 435
§ 2. Panegyrische Predigten an den Festen der Heiligen . . 439

Beispiele für den vierzehnten Abschnitt 449

I. (Segneri) S. 449. II. (Kleutgen) S. 453. III. (Mac Carthy) S. 454. IV. (Segneri) S. 456. V. (Segneri) S. 457. VI. (Förster) S. 459. VII. (Förster) S. 460. VIII. (Massillon) S. 461. IX. (Massillon) S. 462. X. (Massillon) S. 464. XI. (Kleutgen) S. 465. XII. (Mac Carthy) S. 468.

Ueber die Trauer bei dem Tode derer, welche man liebt (Johannes Chrysostomus) 470
Panegyrische Predigt auf das Fest Mariä Himmelfahrt (Fenelon) 479

Fünfzehnter Abschnitt.

Ergänzende Nachträge. Verschiedene allgemeine Anweisungen für die Verwaltung des Wortes Gottes . . . 495

Erstes Kapitel. Der „Vorspruch". Die Frage von der „Eintheilung" . . 495
 § 1. Ueber den Vorspruch der Predigt 499
 § 2. Ob jede Predigt zwei oder drei „Theile" haben müsse und ob die „Eintheilung" immer im Eingange anzugeben sei 505

Zweites Kapitel. Die „Controverspredigt". Die Unterscheidung von „dogmatischen und moralischen Reden". „Gelegenheitspredigten" und „Gelegenheitsreden" 513

Drittes Kapitel. Eine Frage von Bedeutung in Rücksicht auf die Verwaltung des Wortes Gottes 520
 § 1. Ob es gut sei, daß in der Predigt fast ausschließlich die paregoretische Form zur Anwendung komme 520
 § 2. In welcher Weise mit den verschiedenen Arten der geistlichen Vorträge könne abgewechselt werden 527

Viertes Kapitel. Wie man praktisch zu verfahren habe, wenn man eine Predigt halten soll. Ob es zweckmäßig sei, die Predigt auswendigzulernen. Ein Mittel, ohne das niemand in der Beredsamkeit etwas Tüchtiges leistet. Schluß 531

Viertes Buch.
Ueber den Inhalt der geistlichen Vorträge.

Zehnter Abschnitt.
Welche Punkte der christlichen Lehre bei der Verkündigung des Wortes Gottes vorzugsweise zu behandeln seien.

286. Von den drei Punkten, unter welche wir im zweiten Abschnitte (Nr. 54) die den beiden Erscheinungsformen der geistlichen Beredsamkeit, der didaskalischen und der paregoretischen, gemeinsamen Momente zusammengefaßt haben, ist nur der letzte noch übrig: der Inhalt der geistlichen Vorträge. Mit den Anweisungen hierüber haben wir uns in diesem und dem folgenden Abschnitte zu beschäftigen. Es ergeben sich nämlich in Rücksicht auf den Inhalt der geistlichen Vorträge zwei Fragen:

1. Welche Punkte soll der Priester bei der Verkündigung des Wortes Gottes vorzugsweise ins Auge fassen und dem christlichen Volke nahezulegen suchen?

2. Welches sind die Quellen, aus denen der Priester die Gedanken zur Ausführung der einzelnen Punkte zu schöpfen hat, und was ist in Rücksicht auf diese Quellen zu beachten?

Bevor ich indes dazu übergehe, diese beiden Fragen nacheinander zu beantworten, nöthigt mich nicht die Logik, aber die Rücksicht auf thatsächliche Vorkommnisse und Anschauungen, eine negative Anweisung vorausgehen zu lassen, indem ich gewisse Gegenstände bezeichne, welche von der christlichen Predigt ausgeschlossen bleiben müssen.

Erstes Kapitel.
Was für Themata auf der Kanzel nicht zu behandeln seien.
Die Conferenzen.

287. Es sind, wie ich eben bemerkte, einzig thatsächliche Vorkommnisse und Anschauungen, und zwar ziemlich häufig auftretende, welche mich veranlassen, auf diese Frage ausdrücklich einzugehen. Was derselben gegenüber zu sagen ist, das liegt alles in dem Frühern bereits ein-

geschlossen. Denn wenn die Aufgabe der geistlichen Beredsamkeit wesentlich darin besteht, vermittelst der Rede das Wort Gottes, die übernatürliche Wahrheit darzustellen und hierdurch christliches Leben zu wecken und zu fördern, dann versteht es sich doch wohl von selbst, daß alles, was nicht Wort Gottes, was nicht übernatürliche Wahrheit, was nicht dazu angethan ist, das christliche Leben zu fördern, daß alles dieses von der christlichen Predigt ausgeschlossen sein muß. Sätze der natürlichen Philosophie mithin, rein wissenschaftliche theologische Fragen, die für das Leben ohne Bedeutung sind, bloße Meinungen der theologischen Schule, um so mehr politische, culturgeschichtliche, landwirtschaftliche, medicinische, naturwissenschaftliche oder sonst profane Erörterungen gehören weder auf die Kanzel noch in die katechetische Unterweisung. Sie lachen, m. H., und denken, daß sich das, wenigstens was die zuletzt erwähnten Kategorien angeht, wohl von selbst verstehe. Wir haben Grund, Gott dem Herrn zu danken, daß es in der Gegenwart, was die Mehrzahl der Prediger betrifft, allerdings unnöthig sein mag, die Erinnerung, um die es sich handelt, besonders stark zu betonen. Aber die Zeit liegt noch nicht gar zu weit hinter uns, wo Michael Sailer es keineswegs überflüssig fand, dieselbe mit Nachdruck hervorzuheben. Seine Worte sind es werth, daß ich sie Ihnen vorlese; denn sie enthalten nicht bloß einen interessanten Beitrag zur Geschichte der geistlichen Beredsamkeit, sondern zugleich eine Mahnung, die andern Verirrungen gegenüber auch jetzt noch an der Stelle sein dürfte.

„In der Schule," schreibt Sailer, „unter der großen Linde dort am Gemeindeplatze, in jedem Privatumgange, oder wo ihr sonst wollt, möget ihr den Anlaß ergreifen, so oft ihr wollet, den Landmann über Blitzableiter und Schutzpocken und Kleebau und Baumzucht aufzuklären, und ihm die mancherlei Vorurtheile freundlich und kräftig aus der Seele wegholen. Aber die christliche Kanzel sei der Lehre von dem ewigen Leben geweiht. Da soll eure Gemeinde von euch innewerden, wie Finsterniß, Sünde und Tod von der Menschheit abgeleitet, wie der Verführung, die den Söhnen und Töchtern des Landes Tod und Hölle einimpft, gesteuert, wie die Keime der Religion gepflegt, wie die Pflanze des ewigen Lebens großgezogen werden solle. Jedes an seiner Stelle, Ewiges an der Lehrstelle des Ewigen, Zeitliches an der Lehrstelle des Zeitlichen. Es jammerte mich auch des Greises, der morgen sterben soll, und heute die letzte Predigt in der christlichen Kirche hörend, zum Christentobe durch dein Gotteswort eingesalbt werden möchte — und muß dich von Kleebau und Kuhpocken sprechen hören! Es jammerte mich der Mutter, die von dir lernen möchte, ihre Kinder in der Furcht des Herrn zu erziehen, und du ermunterst sie, durch Setzung neuer Bäume gesundes Obst zu ziehen! Es jammerte mich der Wittwe, die mit der Prophetin Anna das Heil der Welt anschauen möchte und in dir einen Simeon zu finden hoffte, der ihr das Heil der Welt in Christus vormalte, und nun soll dir die Lebensmüde auf deiner Parforcejagd wider die Vorurtheile gegen die Stallfütterung nachfolgen und am Sonntage nichts von Gott und Christus, an den Festtagen des ewigen Lebens nichts von dem ewigen Leben hören! O wenn Christus als Visitator generalis unsere deutschen Prediger musterte: ich denke, die himmlische Liebe würde der Geißel nicht entbehren können, um die Tempel Gottes von diesen Predigern — zu reinigen. Sind wir denn gar so durchaus sinnlich, irdisch, thierisch, zeitlich geworden, daß wir auch in der Stunde der Andacht nichts als von dem Reiche der fünf Sinne, der Erde, des Thieres, der Zeit müssen reden hören?"[1]

Wenn ich übrigens vorher sagte, „profane Erörterungen" gehörten nicht auf die Kanzel, so werden Sie das freilich nicht so verstehen, als ob profane Kenntnisse in der Ausführung und Entwicklung der christlichen Lehren nicht mitunter benutzt werden könnten. Noch weniger ist offenbar die Bemerkung, wodurch ich „Sätze der natürlichen Philosophie" ausschloß, in dem Sinne zu nehmen, als ob ich dadurch auch jene Wahrheiten von der Kanzel und aus der Katechese verweisen wollte, welche sowohl in den Bereich der natürlichen als der übernatürlichen Erkenntniß fallen und deshalb zugleich Gegenstand des Wissens und des Glaubens sind. Der erste Artikel im apostolischen Glaubensbekenntniß, insofern wir darin Gott als den Herrn aller Dinge bekennen, der Himmel und Erde aus nichts hervorgebracht, ist gleichfalls ein Satz der natürlichen Philosophie. Dieselbe beweist fast alle Eigenschaften Gottes, sie erklärt die Existenz des physischen Uebels wie des moralischen Bösen, sie setzt die ewige Fortdauer der menschlichen Seele außer Zweifel, sie erkennt die Freiheit, die Zurechenbarkeit, das Verdienst des menschlichen Handelns, sie stellt die Pflicht der Unterwerfung unter das Naturgesetz als den nothwendig ausgesprochenen Willen des Schöpfers, die einzelnen Vorschriften dieses Gesetzes, die Sanction desselben durch Belohnung und Strafe, durch unumstößliche Gründe fest. Die Philosophie erörtert überdies und beantwortet ganz richtig, erschöpfend oder zum Theil, namentlich auch jene Fragen, welche in unserer Zeit so vielfältig besprochen und mißbraucht werden: die Fragen über Freiheit und Autorität, über Recht und Pflicht und Gesetz, über Eigenthum, Gleichheit, Fortschritt, Bildung, über Familie und Staat und Volksrechte. Alle Sätze, die ich hiermit angedeutet habe, gehören aber gleichfalls zum Inbegriff der christlichen Lehre; über alle diese Fragen gibt auch die Offenbarung uns Aufschluß. Wahrheiten dieser Art also, sage ich, will ich durch die vorher aufgestellte Folgerung keineswegs als solche bezeichnet haben, die in der Verkündigung des Wortes Gottes nicht zur Behandlung kommen sollen: sie gehören ja ihrer Natur nach großentheils gerade zu jenen Punkten, die vorzugsweise von praktischer Bedeutung sind. Aber das ist bei der Behandlung dieser Wahrheiten wohl zu beachten, daß dieselben von dem Priester in geistlichen Vorträgen den Christen nicht als Lehrsätze der Philosophie, nicht als Ergebnisse des natürlichen Erkennens vorgelegt werden dürfen, sondern als geoffenbarte Wahrheiten, als Lehren der christlichen Religion. Die Gedanken, durch welche sie erläutert, festgestellt und ausgeführt werden, müssen, wenn auch nicht ausschließlich, doch jedenfalls vorzugsweise aus den im folgenden Abschnitt von uns zu besprechenden Quellen des Wortes Gottes geschöpft und das Resultat der Beweisführung nicht subjectives Wissen und auf natürliche Erkenntniß sich stützende Ueberzeugung sein, sondern übernatürlicher Glaube, der sich auf das Ansehen Gottes und der Kirche gründet.

---
[1] Sailer, Neue Beiträge zur Bildung des Geistlichen I, 14 f.

288. Der letzte Gedanke führt mich zu dem Thema, das ich vorzugsweise in diesem Kapitel zu besprechen beabsichtigte: das sind die „Conferenzen". Michael Sailers Klage, die ich Ihnen vorher vorlas, mag, insofern sie Predigten über Blitzableiter und Kuhpocken und Stallfütterung im Auge hat, augenblicklich mehr oder weniger gegenstandslos erscheinen; dem seltsamen Hange zu Conferenzen gegenüber, der gerade in den seit dem Tode Sailers verflossenen Jahrzehnten in auffallender Weise hervorgetreten ist, hat sie auch in Rücksicht auf unsere Zeit ihre volle Berechtigung. Doch gehen wir in geordneter Weise vor, damit wir nicht Gefahr laufen, mißverstanden zu werden und gar zu starken Widerspruch zu erregen.

Vor allem kommt es darauf an, daß wir genau bestimmen, was wir meinen, wenn wir hier von „Conferenzen" reden. Das Wort wird in verschiedenen Bedeutungen gebraucht, die mitunter ziemlich unbestimmt sind; indes ist es für unsern Zweck nicht nöthig, daß wir diese alle berücksichtigen. Wir haben den Werth der „Conferenzen" nur insofern zu beurtheilen, als mit diesem Namen gewisse Vorträge bezeichnet werden, welche man seit dem Anfange des laufenden Jahrhunderts, namentlich nach dem Vorgange von Frayssinous[1], mehrfach an die Stelle der kirchlichen Predigt im gewöhnlichen Sinne dieses Wortes zu setzen für gut befunden hat. Die Conferenzen dieser Art glaube ich richtig zu charakterisiren, wenn ich zunächst sage, daß sie **ihrem Wesen nach didaktische Vorträge** sind, nach Umständen mit einigen affectiven Elementen. In Rücksicht auf das Thema dieser didaktischen Vorträge sind dann aber zwei Klassen zu unterscheiden. Die erste bilden jene, welche Kleutgen *conciones philosophicae* nennt: didaktische Vorträge, in welchen Lehrsätze der Philosophie, namentlich der Religionsphilosophie, und der Ethik als solche behandelt, d. h. durch die Mittel des natürlichen Erkennens erläutert und bewiesen werden. Die Conferenzen der zweiten Klasse dagegen behandeln Wahrheiten der christlichen Offenbarung, aber nicht paregoretisch oder didaskalisch, wie es die kirchliche Predigt thut, sondern wieder didaktisch: sie sind theologische Abhandlungen, in welchen man die Erörterungen und Resultate der wissenschaftlichen Theologie durch eine faßlichere und anziehendere Darstellung in weitere Kreise tragen und den Nichttheologen vermitteln will.

Nachdem wir so den Begriff festgestellt haben, muß ich Sie noch bitten, m. H., klar die Frage ins Auge zu fassen, auf die es ankommt. Es handelt sich nicht darum, ob die Conferenzen, etwa in dem Salon eines Casino, vor einem mit Eintrittskarten versehenen Auditorium, von einem grünen Tische aus bei Gasbeleuchtung gehalten, ihren Werth haben und nützlich sein können; sondern **die Frage ist diese: Ist es angemessen und recht, daß der Priester in jenen Fällen, wo er als bevollmächtigter Diener der Kirche auftritt und sein Amt ihn verpflichtet, das Wort Gottes zu verkündigen, statt didaskalischer oder paregoretischer geistlicher Vorträge Conferenzen jener Art halte, wie wir sie eben charakterisirt haben?**

---

[1] *Défense du Christianisme ou Conférences sur la Religion*, par Mgr. *D. Frayssinous*, Evêque d'Hermopolis. 2 vol. Malines. — *Conférences et discours inédits* de Mgr. *D. Frayssinous*, ancien Evêque d'Hermopolis. Bruxelles.

Ich glaube, Sie werden, wenn Sie anders die Grundsätze für wahr halten, von denen ich im zweiten Abschnitt ausgegangen bin und die ich im Verlaufe unserer Theorie wiederholt habe hervortreten lassen, diese Frage im allgemeinen einstimmig und ohne Bedenken verneinen. Denn, um zunächst nur die erste Klasse der Conferenzen zu berücksichtigen, die Sätze der Religionsphilosophie und der natürlichen Ethik, als solche behandelt, sind ja nicht Lehren der christlichen Religion, sind nicht übernatürliche geoffenbarte Wahrheit, nicht Wort Gottes; sie sind eben darum nicht dazu angethan, leitende Norm und treibende Kraft des christlichen Lebens zu sein; sie bilden nicht den Inhalt und den Gegenstand jener übernatürlichen Thätigkeiten, aus denen sich das unsichtbare Leben des Christenherzens zusammensetzt; mit ihnen verbindet sich nicht die innere Gnade, ohne welche das tönende Wort unfruchtbar bleiben muß für die Ordnung des Heils und das ewige Leben; denn nicht sie sind es, von denen der Herr redete, da er den Seinigen die Verheißung gab: „Der Geist der Wahrheit, der vom Vater ausgeht, der wird euch einführen in alle Wahrheit, der wird euch alles lehren und euch alles eingeben, was ich euch gesagt habe." Den Priester, der ohne Noth zu solchen rein natürlichen Mitteln griffe, um das Reich Gottes unter den Menschen zu befestigen und zu erweitern, den träfe mithin der Vorwurf, daß er „das Kreuz Christi abthue"; denn er träte auf, dem Vorgange und der Vorschrift des Apostels zuwider, nicht „in Erweisung von Geist und Kraft, sondern mit überredenden Worten menschlicher Weisheit" (1 Kor. 1, 17; 2, 4).

289. Dieser Vorwurf, sage ich, würde den Priester treffen, der ohne Noth zu solchen nicht geistlichen Vorträgen seine Zuflucht nähme. Denn es ist allerdings nicht zu verkennen, daß dieselben in unserer Zeit, unter gewissen Umständen, vor gewissen Zuhörern mitunter nothwendig erscheinen können, als das einzige Mittel, sie für die übernatürliche Wahrheit, die sie verläugnet haben, wieder empfänglich zu machen. Wo das Beispiel und die Grundsätze der Welt, wo eine gottlose Philosophie, und um es offen zu sagen, im letzten Grunde fast immer Verwilderung des Herzens und Entsittlichung des Lebens den Geist umnachtet und oft auch den letzten Schimmer aller wahren Erkenntniß auf dem Gebiete des Uebersinnlichen ausgelöscht haben, da ist der Boden eingestürzt, auf welchem das Gebäude des christlichen Glaubens sich erheben muß, da fehlen die Bedingungen, welche jede religiöse Ueberzeugung wesentlich voraussetzt. Diese Bedingungen muß man also zunächst wiederherstellen. Man muß solche Verirrte durch Vernunft- und Erfahrungsgründe, durch historische Thatsachen, durch streng logische Deductionen gleichsam zwingen, den Unterschied zwischen Geist und Materie, den Widersinn des Pantheimus, das Dasein eines persönlichen Gottes, den Gegensatz von gut und böse, die Existenz der Sünde, die Unsterblichkeit der Seele, die Gewißheit einer gerechten Vergeltung nach dem Tode, — weiter die historische Wahrheit der Offenbarung und des Christenthums, nebst den übrigen Fundamentalsätzen der Religionsphilosophie, zuzugeben und wieder anzunehmen. Erst wenn man dies einigermaßen erreicht hat, kann man mit den eigentlichen Lehren der Religion, mit übernatürlichen Wahrheiten, wieder vor ihnen auftreten und auf sie wirken. Es ist übrigens offenbar, ich wiederhole es, daß solche Reden nicht in das Gebiet der geistlichen Beredsamkeit gehören; sie sind wissenschaftliche Lehr-

vorträge, ihr Zweck ist Belehrung über rein natürliche Wahrheiten, und sie fallen unter die erste Erscheinungsform der profanen Beredsamkeit, die didaktische Prosa. Meistens werden sie denn auch nicht an heiliger Stätte gehalten oder wenigstens vor geschlossenen Auditorien, wo nicht etwa, wie in großen Städten häufig genug, Unsittlichkeit und Unglaube den überwiegenden Theil der Bevölkerung ergriffen hat, und so die Ausnahme zur Regel geworden ist.

Sind nach dem Gesagten die Conferenzen nie um ihrer selbst willen zu halten, dürfen sie nur als ein mitunter nothwendiges Mittel gelten, um der geoffenbarten Wahrheit den Eingang in die Gemüther wieder zu erschließen, so ergibt sich daraus unmittelbar schon die Folgerung, daß man darauf bedacht sein muß, nicht zu lange bei dieser Vorbereitung zu verweilen, vielmehr sobald als möglich zu den übernatürlichen Lehren des christlichen Glaubens überzugehen. Aber noch eine zweite Bemerkung muß ich hinzufügen, um die Anwendung der Conferenzen zu beschränken. Man muß sich nämlich auch nicht zu leicht zu derartigen Vorträgen veranlaßt sehen, nicht zu leicht die Nothwendigkeit voraussetzen, mit Hilfe natürlicher Wissenschaft der übernatürlichen Wahrheit den Weg zu bahnen. Die Ursache der Zweifel gegen den Glauben und der Mißachtung desselben ist ja in den meisten Fällen nicht so sehr ein falsches Wissen, das sich auf dialektische Irrungen und wirkliche Schwierigkeiten gründete, sondern vielmehr der Abgang alles Wissens und jeder richtigen Anschauung eben in Rücksicht auf die Wahrheiten des Glaubens. Unkenntniß und Unwissenheit in Religionssachen, Mangel an gründlichem Verständniß in dieser Beziehung, während der Geist durch profane Studien cultivirt worden ist, freilich immer noch in den meisten Fällen oberflächlich, das ist eben eines der Hauptübel unserer Zeit, eine der vorzüglichsten Wurzeln der Zweifelsucht, des Indifferentismus, der Kälte des religiösen Lebens. Darum genügt oft ein seichter Zeitungsartikel, ein geistreich aussehender Witz eines Romanschreibers, eine noch so handgreifliche Lüge, eine Schwierigkeit, wie sie von sogen. Gebildeten aus Brockhaus'schen Conversationslexicis, aus illustrirten Taschenkalendern und Unterhaltungsblättern zusammengelesen, und ohne vielleicht auch nur verstanden zu sein, in die Conversation geworfen werden, — darum genügen solche Erbärmlichkeiten, die, ich will nicht sagen vor der ersten historischen oder philosophischen Kritik, sondern vor der Weisheit eines Schulkindes, das seinen Katechismus versteht, auseinanderfallen, um so manchen Katholiken ihre Religion lächerlich, die Kirche und ihre Diener verdächtig, Lehren des Glaubens zweifelhaft, Uebungen des christlichen Lebens verächtlich erscheinen zu lassen. Wo hier das Heilmittel zu suchen sei, das einzige, aber das in den meisten Fällen wirksame, das leuchtet von selber ein: nicht in philosophischen Erörterungen und gelehrten Deductionen, sondern in gründlicher Belehrung durch Katechesen und didaskalische Predigten, welche die Wahrheiten des christlichen Glaubens und die Uebungen des christlichen Lebens in ihrer wahren Auffassung darstellen, sie anschaulich erklären und populär begründen. Vor dem durch solche Vorträge bewirkten richtigen und klaren Verständniß des Christenthums muß der Unglaube seinen Halt verlieren, müssen die Zweifel von selbst sich auflösen; denn das Licht zerstreut die Finsterniß eben durch seine eigene Klarheit, und die

Nebel der Nacht verschwinden, sobald die Sonne über dem Horizont erscheint. Fides *ex auditu*, auditus autem *per verbum Christi*.

290. Indes noch unter einer andern Rücksicht stellt sich die Eingenommenheit für die Conferenzen als eine Verirrung dar. Im 16. Jahrhundert, wo in Deutschland die Verläugnung des Glaubens und der Abfall von der Kirche in so erschreckendem Maße um sich griff, erklärte der selige Petrus Canisius, der die Ursachen der Verwüstung aus unmittelbarster Anschauung kannte, wieder und wieder, was noth thue, das sei dieses, daß ernstlich das Wort des Heiligen Geistes beherzigt würde: „Wenn ihr nach dem Fleische lebet, so werdet ihr sterben", und „Wer auf sein Fleisch säet, der wird vom Fleische die Verwesung ernten". Der eigentlichste Grund des Unglaubens liegt ja nicht in der Erkenntniß, sondern, ich habe es schon gesagt, im Herzen. „Das ist das Gericht der Welt," hat der Herr gesagt, „das Licht ist in diese Welt gekommen, und es haben die Menschen die Finsterniß geliebt mehr als das Licht"; warum? „weil ihre Werke böse waren"[1]. Aber die Corruption des Herzens zu heilen, das ist der natürlichen Wissenschaft noch niemals gelungen, dazu ist sie von Hause aus absolut unfähig, und allein von der geoffenbarten Wahrheit steht geschrieben, daß sie „die Kraft Gottes ist, zum Heile jeglichem, der daran glaubt" (Röm. 1, 16). Bildeten die Errungenschaften der Philosophie in der That ein brauchbares Surrogat für diese „Kraft Gottes", es wäre wirklich seltsam, daß erst das 19. Jahrhundert so glücklich war, dasselbe zu entdecken, oder so verständig, es zur Anwendung zu bringen. Oder war die Welt je tiefer versunken in die Nacht des Unglaubens und des Irrthums, übten jemals die Grundsätze antichristlicher Speculation eine entschiedenere Herrschaft über die Geister als zu jener Zeit, wo der Sohn Gottes zu denen, die er sandte, das Wort sprach: „Prediget aller Creatur das Evangelium"? Gab es etwa in Athen keine Systeme des Pantheismus, keine Läugner der Unsterblichkeit, keine Atheisten, keine Katheder des Materialismus, als der Apostel in der Mitte des Areopages stand? Fing er damit an, den wesentlichen Unterschied von Geist und Stoff philosophisch festzustellen? Fand er es zweckmäßig, zunächst durch Vernunftgründe den Pantheismus zu widerlegen oder wenigstens die Beweise vorzutragen, durch welche die Apologetik die Möglichkeit einer übernatürlichen Offenbarung und die Beweiskraft der Wunder darthut? „Es gibt nur einen Gott, der den Himmel und die Erde erschaffen hat; ihm, ihrem Schöpfer und Herrn, ist die Menschheit schuldig zu dienen; sie hat ihn verkannt, sie ist von ihm abgefallen; aber jetzt ruft Gott sie zur Buße, denn es kommt die Zeit, wo er Gericht halten wird durch den, welchen er als seinen Gesandten beglaubigt hat, indem er ihn auferweckte von den Todten" (Apg. 17, 22 ff.); das war der Inhalt der ersten christlichen Predigt vor den Männern der Wissenschaft zu Athen. Sie werden kaum denken, m. H., als hätte der Apostel gerade nur in Athen der Philosophie entbehren zu können geglaubt. Jedenfalls schrieb er später auch dem kaum weniger gebildeten Korinth: „Nicht erachtete

---

[1] Hoc est autem iudicium: quia lux venit in mundum, et dilexerunt homines magis tenebras quam lucem: erant enim eorum mala opera. Omnis enim qui male agit, odit lucem, et non venit ad lucem, ut non arguantur opera eius (Io. 3, 19 s.).

ich, etwas zu wissen unter euch, außer Jesum und diesen als den Gekreuzigten" (1 Kor. 2, 2).

Aber vielleicht halten Sie mir einen Gedanken entgegen, den ich einmal in einer literarischen Zeitschrift las. Der selige Clemens Hofbauer (der erste deutsche Redemptorist), hieß es dort, habe oft gesagt, in der Gegenwart müsse das Evangelium ganz anders gepredigt werden als zu den Zeiten der Apostel. — Ich kann mich mit diesem Grundsatze nur einverstanden erklären; ich bin sogar der Ansicht, daß es nicht bloß in der Gegenwart nothwendig ist, daß sich die kirchliche Predigt den Bedürfnissen der Zeit anpasse und diesen entsprechend verschiedenartig gestalte, sondern daß das Gleiche geradeso auch von andern Perioden der Geschichte gilt. Jede Zeit hat ja ihre besondern Eigenthümlichkeiten. Aber daraus folgt ja doch nicht, daß man in der Predigt andere Gegenstände behandeln soll, als die Apostel gethan haben. Das ist auch in den Worten Hofbauers in keiner Weise angedeutet; denn wenn er will, daß das Evangelium gegenwärtig anders als ehemals gepredigt werde, so verlangt er ja gerade dadurch, daß eben auch jetzt das Evangelium gepredigt werde. „Die Religion", sagt Ravignan in einem Vortrage über die geistliche Beredsamkeit, „die Religion ist fertig und abgeschlossen. Die kirchliche Predigt hat nicht die geistreichen Theorien menschlicher Weisheit zu Markte zu bringen; ihre Aufgabe ist nicht, Neues zu entdecken, sondern das Vorhandene weiter zu verpflanzen. Das hat man nicht verstehen wollen; wenigstens haben es mehrere unserer Prediger nicht verstanden; das war die erste Ursache, daß man sich verirrte."

Es ist Ihnen bekannt, m. H., daß Ravignan vorzugsweise gerade durch seine Conferenzen seinen Ruhm begründet hatte. Vielleicht bestimme ich Sie wirksamer als durch alle Gründe, sich von den noch immer sehr verbreiteten falschen Ansichten über den Werth der Conferenzen nicht irreleiten zu lassen, wenn ich Ihnen mittheile, wie eben Ravignan in dem bereits erwähnten Vortrage sich über dieselben aussprach. „Ich will Ihnen", sagte er zu seinen jungen Zuhörern, „als aufrichtiger Freund ganz offen sagen, was ich denke: halten Sie niemals oder doch fast niemals Conferenzen. Nein, greifen Sie nicht zu dieser Art von Vorträgen, aus vielen Gründen; dieselben sind zu leicht zu arbeiten; sie bieten der Eitelkeit zu viel Nahrung; sie haben zu wenig praktischen Werth. Ihre große Aufgabe und zugleich Ihre eigentliche Stärke liegt darin, immer die herzerhebenden Wahrheiten der Religion nahezulegen, und zwar, beachten Sie das wohl, sie allen nahezulegen. Denn der Nothstand ist überall der gleiche: *omne caput languidum et omne cor maerens*, jeglich Haupt ist krank und jeglich Herz ist siech; Sie sollen sie wieder zu Kräften bringen, Sie sollen ihnen neues Leben eingießen. Kurz, die Conferenzen würden für die kirchliche Predigt geradezu verderblich sein. Es sind jetzt (1846) zehn Jahre, da wollte alle Welt Conferenzen halten; hätte diese Mode fortbestanden, ich weiß wirklich nicht, wo wir hingerathen wären. Ich stelle nicht in Abrede, daß es Ausnahmefälle gibt, wo man die Conferenz als ein nothwendiges Uebel anerkennen muß; Notre-Dame bildet eine solche Ausnahme; bei dem frommen Unternehmen, das dort ins Leben gerufen wurde, ist es eben auf Conferenzen abgesehen. Aber ich habe Gott dem Herrn das Versprechen gemacht, daß ich alles thun werde, damit man nicht anderswo meinem Beispiele folge."

Wollen Sie noch eine Stimme hören, aus früherer Zeit zwar, aber die Stimme eines Mannes, welcher durch das Urtheil der Kirche höher gestellt ist als der redegewaltige Ravignan? „Die Irrgläubigen unserer Zeit", so schrieb an Jakob Laynez der selige Petrus Faber († 1546), „lassen zuerst die Gottesfurcht fallen und dann den Glauben; darum muß man bei ihnen zuerst jene Mittel anwenden, wodurch das Herz gebessert wird, und hiernach sie zum Glauben zurückführen. . . . Wer ihnen gegenüber, sei es in Vorträgen, sei es in dialogischen Erörterungen, von gar nichts anderem handelte als von der Art und Weise und der Verpflichtung, recht zu leben, von den christlichen Tugenden und ihrer Schönheit, von der eifrigen Uebung des Gebetes, vom Tode und vom Gerichte, von den Qualen der Hölle und ihrer ewigen Dauer und von den übrigen Wahrheiten dieser Art, durch welche auch der Heide bestimmt werden muß, sein Leben zu bessern, der würde ganz gewiß mehr leisten für ihre Seele und für ihr ewiges Heil, als wenn er darauf ausginge, sie durch eine Fülle wuchtiger Autoritäts- und Vernunftbeweise niederzuschlagen. Denn was solche Menschen vor allem bedürfen, das ist dieses, daß man ihnen zurede und sie dahin bringe, ihr Leben zu bessern und die Furcht Gottes mit der Liebe zu ihm wieder in ihr Herz aufzunehmen."[1]

Welches endlich in diesem Punkte der Sinn der Kirche sei, das geht sehr unzweideutig hervor aus der fünften unter jenen siebzehn Fragen, welche Pius IX. damals, als das Vaticanische Concil in Aussicht genommen war, unter dem 6. Juni 1867 allen Bischöfen zur Erwägung und Beantwortung vorlegen ließ[2].

291. Die Gründe, welche ich bisher gegen die Conferenzen geltend gemacht habe, treffen unmittelbar und zunächst nur die Conferenzen der ersten von den zwei Klassen, die wir (Nr. 288) unterscheiden mußten. Die Conferenzen der zweiten Klasse, d. h. die didaktischen Vorträge über Lehren der christlichen Religion, stehen allerdings durch ihren Inhalt den eigentlichen geistlichen Vorträgen näher; dessenungeachtet müssen wir auch in Rücksicht auf sie den Grundsatz festhalten, daß es unzulässig sei, sie vor dem christlichen Volke die Stelle von bibaskalischen oder paregoretischen Predigten vertreten zu lassen. Ich begnüge mich, die Gründe kurz anzudeuten.

Zunächst gehören die in Rede stehenden didaktischen Vorträge nicht der geistlichen, sondern der profanen Beredsamkeit an, wie wir das bereits im zweiten Abschnitt (Nr. 47) nachgewiesen haben; sie richten sich nicht unmittelbar und wesentlich auf jenen Zweck, der die nothwendige Aufgabe der Verkündigung des Wortes Gottes bildet. Dazu kommt, oder vielmehr die natürliche Folge davon ist, daß ihnen die erste Eigenschaft der geistlichen Vor-

---

[1] Epist. B. Petri Fabri ad Iac. Laynium *de agendi ratione cum haereticis*, ap. *Bouix*, Memoriale B. Petri Fabri (Lutet. Parisior. 1873) p. 379. 382. 383.

[2] Quomodo enitendum, ut in praedicatione verbi Dei sacrae conciones ea gravitate semper habeantur, ut ab omni vanitatis et novitatis spiritu praeserventur immunes, itemque *omnis doctrinae ratio* quae traditur fidelibus, *in verbo Dei re ipsa contineatur*, ideoque ex Scriptura et Traditionibus, sicut decet, hauriatur? (Quaestiones quae ab Apostolica Sede Episcopis proponuntur n. 5 [La Civiltà catt., Ser. VI, vol. 11, p. 477].)

träge abgeht: sie sind nicht praktisch. Und in gleicher Weise entsprechen sie in den meisten Fällen auch nicht dem andern jener zwei Gesetze, welche wir als die obersten der geistlichen Beredsamkeit bezeichnet haben: sie sind selten oder nie populär. Damit ist, ich wiederhole es, nicht gesagt, daß es nicht sehr gut und nützlich sei, wenn von den Ideen der wissenschaftlichen Theologie manches in leichterer und faßlicherer Darstellung solchen Christen zugänglich gemacht wird, die auch in profanen Fächern ein gewisses Maß von Bildung besitzen; aber das muß in besondern Vorträgen vor geschlossenen Auditorien geschehen, nicht öffentlich in der Kirche, oder jedenfalls nicht in der Weise, daß dadurch die gewöhnliche für die ganze Gemeinde zu haltende Predigt irgendwie beeinträchtigt wird.

Zweites Kapitel.
Welche Punkte der christlichen Lehre der Priester bei der Verkündigung des Wortes Gottes vorzugsweise ins Auge zu fassen und dem Volke vorzulegen habe.

292. Die Norm für die Beantwortung dieser Frage liegt in derselben Thatsache, auf Grund deren wir in dem vorhergehenden Kapitel gewisse Themata von der kirchlichen Predigt ausgeschlossen haben, d. h. in der wesentlichen Aufgabe der geistlichen Beredsamkeit. Dieselbe soll übernatürliches oder christliches Leben wecken und fördern. Daraus folgt diese Regel: „Je größere Bedeutung ein Punkt der christlichen Lehre für dieses Ziel hat, in je höherem Maße eine geoffenbarte Wahrheit für die Weckung, für den Bestand und die Hebung des christlichen Lebens nothwendig oder geeignet erscheint: desto mehr muß der Priester Sorge tragen, daß dieselbe seiner Gemeinde stets gegenwärtig sei, desto häufiger muß er deshalb in seinen Vorträgen auf dieselbe zurückkommen, desto eingehender muß er sie behandeln." Diese Regel ist einfach und vollkommen klar; aber sie dürfte manchem aus Ihnen für die Praxis zu allgemein erscheinen. Jedenfalls wird es sehr nützlich sein, wenn wir die Kapitel der christlichen Lehre, welche dem ausgesprochenen Grundsatze zufolge von vorzüglicher Wichtigkeit sind, nach ihrer besondern Beziehung zum christlichen Leben näher bezeichnen und kurz charakterisiren.

§ 1.
Die Lehre von dem Heiligen Geiste, von der Gnade, von den Sacramenten. Die Kirche; die christliche Familie. Das Gebet und andere Uebungen des christlichen Lebens. Das Gesetz von der Selbstverläugnung; Geduld, Demuth, Keuschheit und andere Tugenden von vorzüglicher Bedeutung gegenüber den Zuständen der Gegenwart.

293. (I.) Der Schöpfer und der Erhalter des übernatürlichen Lebens ist der Heilige Geist; das Princip desselben ist die Gnade, die actuelle und die heiligmachende, mit den der Seele eingegossenen Tugenden; die vorzüglichste Quelle der Gnade sind die Sacramente.

Was die Lehre von dem Heiligen Geiste betrifft, ist es eine vielfach wiederholte, sehr gegründete Klage, daß dieselbe in der Verkündigung des

Wortes Gottes viel zu sehr in den Hintergrund tritt; eine natürliche Folge hiervon bildet die Thatsache, daß auch in dem Bewußtsein der meisten Christen und in den Uebungen ihres religiösen Lebens die Erkenntniß des Heiligen Geistes, die Würdigung seiner Wirksamkeit, die Sehnsucht nach ihm, das Gefühl des unbedingten Bedürfnisses seinem Lichte und seiner Kraft gegenüber in hohem Maße im Hintergrunde steht. Die erwähnte Vernachlässigung steht offenbar damit in der nächsten Verbindung, daß der Begriff und das rechte Verständniß des Uebernatürlichen unserer Wissenschaft nahezu verloren gegangen war. Sie hat aber für das religiöse Leben die übelsten Folgen: in den einen veranlaßt sie hochmüthige Selbstgenügsamkeit und pelagianischen Dünkel und führt in den andern kleinmüthige Verzagtheit herbei. Recht verstanden und tief beherzigt wäre dagegen die Lehre vom Heiligen Geiste und seiner das Herz umschaffenden Thätigkeit äußerst wirksam, den Geist des Gebetes und den Eifer dazu, sowie Demuth, gewissenhafte Treue gegen Gott und muthige Ausdauer zu fördern. Ich habe Ihnen nicht ohne Grund im dritten Abschnitte (Nr. 58) die ausführlichen Bemerkungen Hirschers über die Behandlung dieser Lehre vollständig mitgetheilt. Wenn der Christ nur in früher Jugend in einigen Unterrichtsstunden, welche als Vorbereitung für das Sacrament der Firmung gehalten werden, vom Heiligen Geiste reden hört, so ist das sicher viel zu wenig. Aber wird auch nur für diese Vorbereitung zu einem Acte, der sich nie wiederholen läßt, immer in gebührender Weise gesorgt?

Besondere Punkte, welche hierher gehören, sind noch: die Erhebung der menschlichen Natur zur übernatürlichen Ordnung und des menschlichen Lebens zu christlichem Leben durch den Glauben, die Gnade, die Kindschaft Gottes und die Bestimmung zur Theilnahme an seiner Herrlichkeit; die unbedingte Nothwendigkeit der Gnade zu jeder gottgefälligen und übernatürlich verdienstlichen Handlung, sowie zur Ueberwindung der Versuchungen; der überaus hohe Werth der heiligmachenden Gnade und die Sorgfalt, mit der wir sie bewahren sollen.

Unter den Sacramenten sind von vorzüglicher Bedeutung des fortwährenden und immer neuen Bedürfnisses wegen das Sacrament der Buße, aus demselben Grunde und überdies durch seinen Inhalt das Sacrament des Altars. Darum sind namentlich diese beiden nach den verschiedenen Seiten, welche sie darbieten, oft und wiederholt auf der Kanzel zu behandeln, um so nothwendiger, je seltener von vielen diese wesentlichsten Mittel des christlichen Lebens benutzt, je häufiger sie mißbraucht werden, je trauriger in manchen Gegenden die Unwissenheit des Volkes in Rücksicht auf diesen Punkt zu Tage tritt, je unheilvollere Folgen sie unausweichlich nach sich zieht. Wäre dem nicht so, dann müßte es anders stehen in Millionen von Christen, anders in den Einzelnen, anders in ganzen Gemeinden, anders in der Kirche Gottes, oder wir wollten denn jenen großartigen Institutionen die göttliche Kraft absprechen, welche die Liebe des Erlösers in sie gelegt und die sie seit ihrem Bestehen zu allen Zeiten in Unzähligen bewährt haben. — In Verbindung mit dem Sacramente der Buße erinnere ich Sie noch an die Lehre vom Ablaß. Bezüglich der heiligen Oelung ist sicher der Wunsch gerechtfertigt, daß das Verständniß ihrer Bedeutung und ihrer Wirkungen in den Christen von Zeit zu Zeit erneuert würde. Denn wenn der Einzelne in die Lage kommt, dieses Sacramentes zu bedürfen, dann ist es für eine Unterweisung dieser Art in den meisten Fällen zu spät.

294. (II.) Die Urheberin des übernatürlichen Lebens durch den Heiligen Geist und seine Pflegerin, die Mutter des Christen als solchen im vollen Sinne des Wortes, ist die Kirche. Denn was einst der Apostel an die Korinther schrieb, das sagt sie einem jeden aus uns mit demselben Rechte: „In Christo Jesu durch das Evangelium habe ich euch geboren" (1 Kor. 4, 15).

Als die erste Voraussetzung aller innern Verbindung mit der Kirche und die unerläßliche Bedingung derselben stellt sich der Glaube dar, „der Anfang des Heiles, das Fundament und die Wurzel der ganzen Rechtfertigung"[1]. Der Glaube setzt aber die unbedingte Unterwerfung voraus, einerseits der Majestät Gottes gegenüber als des Urhebers der Offenbarung, andererseits gegenüber der Autorität der Kirche, insofern sie das von Gott gesetzte unfehlbare Organ der Offenbarung ist. Den Glauben zu wecken und zu stärken, dienen deshalb jene Wahrheiten von Gott und seinen Eigenschaften, welche vorzugsweise die Ehrfurcht und das Gefühl der unbeschränkten Oberherrlichkeit Gottes über alles, was ist, zu beleben sich eignen; andererseits die Lehren von der Kirche, ihrer Gründung, ihren Merkmalen, ihrer unvergänglichen Dauer, ihrer Unfehlbarkeit, ihrer von Christus dem Herrn selbst begründeten hierarchischen Einrichtung, ihrem sichtbaren Oberhaupte und dessen Autorität und Vollmacht, ihrem Lehramte, ihren Geboten, ihrem Priesterthum u. s. w.

„Das ausschließliche Mittel, an welches der Urheber und Vollender unseres Glaubens die Bewahrung desselben und das Heil jeder Seele geknüpft hat, ist die Unterwerfung unter die Autorität der Kirche, welche er mit seiner eigenen Autorität bekleidet hat. Freilich hätte er kaum ein Mittel finden können, welches dem Stolze der Menschen größere Opfer kostete. Und doch ist es so natürlich, daß der, welcher zu Grunde gegangen ist dadurch, daß er Gott den Gehorsam aufgekündigt, gerettet werde durch willige Unterwerfung unter die von Gott gesetzte Gewalt." Daß diese Wahrheit gelehrt und beherzigt werde, das ist gerade der Richtung der Gegenwart gegenüber doppelt nothwendig. „Die heutzutage in theologischen Kreisen vorherrschende Tendenz, das menschliche Denken und Thun als unabhängig von einem göttlichen Einfluß aufzufassen, hat sich auf dem Gebiete der religiösen Erkenntnißlehre oder bei der Bestimmung des Verhältnisses zwischen Glauben und Wissen vornehmlich in der Aufstellung Geltung verschafft, daß der Mensch zu gläubiger Annahme der geoffenbarten Lehre schließlich durch seine eigene Einsicht bestimmt werde, nicht aber einzig und allein durch die Autorität der im Dogma der Kirche unfehlbar kundwerdenden göttlichen Wahrheit. Von diesem Standpunkt aus erklärt man ganz folgerichtig die menschliche Vernunft für das oberste Wahrheitskriterium auch in Glaubenssachen; und wenn auch zugestanden wird, daß eine Glaubenslehre durch Gott geoffenbart sein müsse, so wird doch das endgiltige Urtheil darüber, was von Gott geoffenbarte Lehre sei, der kirchlichen Obrigkeit entzogen und für die Wissenschaft in Anspruch genommen, welche den Inhalt des kirchlichen Glaubensbewußtseins aus Schrift und Ueberlieferung

---

[1] Fides est humanae salutis initium, fundamentum et radix omnis iustificationis (Conc. Trid. sess. VI, De iustif. cap. 8).

erhebt und durch die Ergebnisse ihrer Forschung endgiltig darüber entscheidet, was der Katholik zu glauben habe."[1]

Zwei andere gute Themata zu Predigten über die Kirche sind noch: die Bedeutung der Gnade und das Glück, welches dem Christen durch die Berufung zur katholischen Kirche in der Erkenntniß des wahren Glaubens zu theil geworden[2], und: die Verfolgungen, denen die Kirche unaufhörlich ausgesetzt ist, ihre Leiden, ihre Kämpfe, ihr sicherer Triumph (am Tage des Weltgerichtes). Die hiermit angedeuteten Gedanken und andere mit denselben verwandte eignen sich in einem Maße wie wenig andere Stoffe für warm oratorische Ausführung. Die Geschichte der Kirche ist ein großartiges Epos voll Handlung und Leben; die Kirche selbst in ihrer Ganzheit ist das wunderbarste, das erhabenste, das schönste unter allen sichtbaren Werken Gottes.

295. Indes noch einen andern Punkt von vorzüglicher Bedeutung haben wir hier in unmittelbarer Verbindung mit der Lehre von der Kirche hervorzuheben. Die Kirche, habe ich gesagt, ist die Urheberin und die Pflegerin des übernatürlichen Lebens. Das ist sie aber in erster Linie, das ist sie durchgreifender und wirksamer als in irgend einer andern Weise durch jene Institution, an welche Gottes Weisheit auch die Erzeugung und die erste Ausbildung des natürlichen Lebens gebunden hat, die der Apostel als „ein großes Sacrament in Christus und seiner Kirche" bezeichnet, durch die christliche Familie. Die Familie ist die eigentliche, die von der Hand Gottes angelegte Pflanzschule des christlichen Lebens; sie ist vor jeder andern Institution die Erzieherin der Menschheit; sie ist vermöge der ihr in der Kirche von dem Gründer derselben verliehenen Stellung und als das Nachbild eben dieser Kirche das unüberwindliche Bollwerk der Ordnung, der Sitte und der Zucht; sie ist das letzte Asyl der Tugend, des Glaubens und der Gottesfurcht. Pädagogische Vereine können sich auflösen, Erziehungsanstalten untergehen, Klöster und geistliche Orden, zeitweilig wenigstens, von der Erde verschwinden, christliche Schulen zerstört, die Einheit und der Bestand der kirchlichen Gemeinde gewaltsam zerrissen werden: die christliche Familie wird fortbestehen, solange die christliche Kirche fortbesteht; sie hat mit dieser und in ihr die Verheißung unvergänglicher Dauer bis zur Vollendung der Weltzeit. Die Familie ist es, in welcher in den meisten Fällen und durch welche wenigstens sehr häufig das ethische Leben der Einzelnen jene Richtung nimmt, in der es sich später unabänderlich fortbewegt; und weittragendern Einfluß als Erzieher und Informatoren, als Lehrer und Katecheten, als Prediger und Beichtväter übt auf den Menschen dem gewöhnlichen Gange der Dinge gemäß diejenige, die nach der Ordnung der Natur ihm mehr als irgend ein anderer Mensch gegeben: die Mutter[3]. Die Feinde des Christenthums und der Menschheit haben diese

---

[1] Vgl. Histor.-polit. Bl. LXVII, 101; LXVIII, 593.

[2] Beati oculi qui vident, quae vos videtis (Luc. 10, 23). — Beati sumus Israel, quia quae Deo placent, manifesta sunt nobis (Bar. 4, 4). — Non fecit taliter omni nationi, et iudicia sua non manifestavit eis (Ps. 147).

[3] „Mütter", so schrieb am 31. Mai 1820 Michael Sailer an Ringseis, „Mütter (wie du besser wissen magst als ich, aber gewiß fühl' ich es wie du) sind die heiligen Gefäße der Providenz, durch die den bessern Nachkommen die Keime des Guten in den zarten Keimen der Menschheit miteingeboren werden sollen, sowie durch Mutterliebe großgezogen" (Histor.-polit. Bl. LXXIX, 259).

Bedeutung der Familie vollkommen begriffen; neben der Schule ist es darum von jeher die Familie gewesen, gegen welche ihre Angriffe sich richteten, und es ist traurig genug und ein schlimmes Vorzeichen für die Zukunft der nächsten Generationen, sie haben in ihren Bemühungen um die Entchristlichung und den Ruin der Familie große Erfolge errungen.

Diese Andeutungen sind ohne Zweifel genügend, m. H., um Sie aufmerksam zu machen, von welcher Bedeutung auch gerade in der Gegenwart wieder für die Verkündigung des Wortes Gottes die **christliche Lehre von der Ehe** ist, sowie die sich daranschließenden Punkte: von den Bedingungen und den Factoren eines christlichen Familienlebens, von der Erziehung, von den Pflichten der Eltern in Rücksicht auf ihre Kinder und der Kinder den Eltern gegenüber. Die Unterweisung über die so vielfach vernachlässigten, noch häufiger vielleicht gar nicht einmal erkannten „Standespflichten" ist in den angeführten Punkten bereits enthalten.

296. (III.) Gleichsam das Athmen und die Ernährung des christlichen Lebens, seine Bethätigung und zugleich seine Erneuerung und Kräftigung sind **das Gebet und die übrigen Werke der Gottseligkeit**. Die unbedingte Nothwendigkeit des Gebetes für das ewige Heil, die Wirksamkeit des Bittgebetes, die Eigenschaften, durch welche seine Erhörung bedingt ist, sind deshalb wichtige Themata. Namentlich soll es sich aber der Seelsorger auch angelegen sein lassen, das Volk die Art und Weise des Gebets zu lehren, besonders des innern, der sogen. **Betrachtung**. Glauben Sie doch nicht, diese Art des Gebets sei für das Volk zu hoch, es könne nicht „betrachten", weil es ja nicht fähig sei zu denken. Es ist wahr, die Versenkung ins Irdische, die unausgesetzten Sorgen für das Materielle, das Getöse der Welt lassen die meisten nicht zu dieser Uebung des christlichen Lebens kommen, machen sie allen schwer. Aber darum gerade ist es um so nothwendiger, sie oft aufs neue zu derselben zu ermahnen, durch praktische Belehrung sie ihnen möglich und leicht zu machen. Denn abgesehen davon, daß ohne Theilnahme des Gemüths ja auch das mündliche Gebet nur leeres Außenwerk ist, mithin inneres Gebet in einem weitern Sinne des Wortes von jedem Christen gefordert wird, so besteht die Betrachtung, von der ich rede, ja nicht in einer Thätigkeit des Kopfes, ist nicht das Resultat der Bildung oder das Werk des Talents, sondern wie St. Augustin sagt, „sie wird mehr durch Flehen und durch Thränen vollbracht als durch Worte", sie ist nicht Entfaltung der Intelligenz, sondern Erhebung des Herzens. Und die Bedingung dieser Herzenserhebung ist erbauende Liebe, nicht aufblähende Wissenschaft, ist demüthiger Glaube und die Einfalt des Kindersinnes, nicht ein Vorrath gelehrter Begriffe oder tiefsinniger Formeln und Principien, und der Vollender dieses Gebetes ist der Geist, welcher „in uns fleht mit unaussprechlichem Seufzen", der den Kleinen enthüllt, was er den Augen der Weisen verborgen hält. Das wird gewiß niemand in Abrede stellen, jene Weisen des innern Gebetes, welche der hl. Ignatius in dem Buche der „Geistlichen Uebungen" „die erste" und „die dritte"[1] nennt, sind Uebungen, zu denen jeder Christ die Fähigkeit besitzt, und selbst auch die „zweite Weise"

---

[1] „Primus", „tertius modus orandi" (nach der „contemplatio ad obtinendum amorem").

wird für viele nicht zu schwer sein, vorausgesetzt, daß man es ihnen an der entsprechenden Anleitung nicht fehlen lasse.

Neben dem Gebete sind dann hier als unter dieselbe Kategorie fallende Punkte zu erwähnen: das heilige Meßopfer als der höchste Act des religiösen Lebens; die Sacramentalien als von der Kirche angeordnete, sehr wirksame Mittel, die Kraft des Privatgebetes durch das amtliche Gebet und das Verdienst der Kirche selber in besonderem Grade zu erhöhen; die oft (täglich) anzustellende Gewissenserforschung als wesentliches Mittel der Selbstkenntniß und der Wachsamkeit, darum absolute Bedingung jedes innern Lebens; endlich verschiedene besondere Werke der Frömmigkeit, von der Kirche gutgeheißene Andachten, Uebungen und Hilfsmittel des christlichen Lebens (Bruderschaften, Rosenkranz, Kreuzweg, Wallfahrten, Fürbitte und gute Werke für die leidenden Seelen im Fegefeuer, erbauende Lesung u. s. w.).

Ein stehendes Thema, das hierher gehören würde, das ich aber nicht erwähne, um es Ihnen besonders zu empfehlen, ist noch die „gute Meinung". Man versteht darunter jene Stimmung des Herzens, vermöge deren der Mensch den Willen hegt, alles, was er thut, um Gottes willen und aus eigentlicher Liebe zu ihm zu thun, und pflegt den Christen ans Herz zu legen, daß sie diese „gute Meinung" oft, wenigstens täglich, erneuern sollen. Daß das letztere gut und sehr lobenswerth sei, unterliegt keinem Zweifel. Aber man führt die Leute irre, wenn man, wie es meistens geschieht, diesen Rath als eine Pflicht hinstellt und, um sie desto wirksamer zu bestimmen, sie lehrt, ohne die erwähnte „gute Meinung" seien unsere Handlungen böse oder wenigstens verdienstlos. Denn alles dieses ist unwahr. Zwei Stücke und nicht mehr sind nach der Lehre des hl. Thomas erforderlich, damit eine Handlung des Menschen übernatürlich verdienstlich sei: der Mensch muß im Stande der heiligmachenden Gnade und die Handlung selbst muß ethisch gut, d. h. nicht sündhaft sein [1]. Darum ist es vielleicht nicht ungegründet, m. H., wenn ich Ihnen den Rath gebe, statt über die „gute Meinung" lieber über die schlechte Meinung zu predigen und Ihre Zuhörer zu ermahnen, daß sie verkehrte Absichten, Selbstsucht, Ehrgeiz, Eitelkeit, Gefallsucht, Neid u. s. w. bei ihrem Handeln mit Entschiedenheit ausschließen.

297. (IV.) Das Gesetz des christlichen Lebens ist Selbstverläugnung in Entsagung und Geduld — *sustine et abstine* —, sein Zeichen ist das Kreuz. Der Kern des praktischen Christenthums und des wahren Dienstes Gottes besteht darin, daß der Mensch aus ganzer Seele allem dem entsage und es gern entbehre, was nach den verkehrten Grundsätzen der irdisch gesinnten Natur die Welt liebt und anstrebt, dagegen das liebe und hochschätze, es wenigstens mit Ergebung ertrage, was der Sohn Gottes uns zum Vorbilde aus freier Wahl getragen, was er hochgeschätzt und geliebt hat.

Das vorzüglichste Mittel zu allen ihren Zwecken, darum das nächste Hauptziel alles Strebens ist für die Welt irdischer Besitz; denn im Selbe liegt der Schlüssel zu allen Gütern und Genüssen, der Reichthum macht den Menschen zum Herrn der Erde. Was einst Horaz verspottete:

---

[1] Cf. *Ballerini-Gury*, Compend. Theol. mor. (ed. 8) tom. I, n. 31. 32.

O cives, cives, quaerenda pecunia primum,
Virtus post nummos —,

das ist der Welt noch heute der erste Satz all ihrer Lebensweisheit, „denn nur vom Nutzen wird die Welt regiert"; was um dieselbe Zeit ein anderer Dichter beklagte:

— quid non mortalia pectora cogis
Auri sacra fames!

das ist auch unter den Christen der Anfang des Verderbens. Denn „Eine Wurzel alles Bösen ist die Sucht zu besitzen," lehrt uns der Apostel, und „Die reich werden wollen, die gerathen in die Schlingen des Teufels, stürzen sich in den Abgrund und ins Verderben und bereiten sich unsäglichen Jammer" (1 Tim. 6, 9 f.). Diesem Streben gegenüber nennt das Christenthum die Armen selig, erklärt für den größten Schatz Gottesfurcht mit Genügsamkeit, verheißt einen unvergänglichen Lohn im Himmel denen, die um Christi willen alles verlassen, gebietet den Reichen dieser Welt, ihre Hoffnung nicht auf unsichern Reichthum zu setzen, reich zu sein an guten Werken, gern zu geben, nach den rechten Schätzen, auf das wahre Leben ihr Auge und ihr Herz zu richten.

Die Welt sucht überall und immer nur sich selber: „Alle suchen das Ihre und nicht, was Jesu Christi ist." Ihr ganzes Streben geht auf der einen Seite auf Ansehen, Einfluß, Ehre, Erhebung und Herrschaft über andere, Erweiterung der eigenen Rechte und rücksichtslose Behauptung derselben; auf der andern ist ihr höchstes Gut Befriedigung der fleischlichen Begierde, Vergnügen und Genuß. Demgegenüber mahnt uns der Heilige Geist: „Da Christus leiden wollte im Fleische, so waffnet auch ihr euch mit demselben Gedanken"; versichert uns die ewige Wahrheit: „Wer seine Seele haßt in dieser Welt, der bewahrt sie für das ewige Leben, und wer sie liebt, der stürzt sie ins Verderben"; demgegenüber befiehlt sie uns: „Wer mir nachfolgen will, der verläugne sich selbst und nehme alle Tage sein Kreuz auf sich," und: „Ich aber sage euch, liebet eure Feinde, thut Gutes denen, die euch hassen," und: „Ihr sollet nicht siebenmal vergeben, sondern siebenzigmal siebenmal," und: „Lernet von mir, ich bin sanft und von Herzen bemüthig"; demgegenüber fordert uns der Apostel auf: „Seid so gesinnt wie Jesus Christus, welcher, da er göttlicher Natur und Gott gleich war, sich selbst erniedrigt hat zur Gestalt des Knechtes und zur Aehnlichkeit des Fleisches der Sünde, der gehorsam geworden ist bis zum Tode am Kreuze." Und um alle seine Lehren von der Entsagung und Selbstüberwindung, von der Demuth und Geduld, von der Liebe zum Kreuze und der Ergebung im Leiden, vom Gehorsam und der Unterwerfung, von der Vergebung und Feindesliebe, von der rechten Schätzung der zeitlichen Güter und der Freigebigkeit und dem Almosen, — um sie alle in einen kurzen Wahlspruch zusammenzufassen, besiegelt er sie, wie einst die Anhänger des ersten Philosophen, mit dem αὐτὸς ἔφη: „Denn er hat gesagt: Viel seliger ist geben als empfangen."[1]

In voller Uebereinstimmung und inniger Verbindung mit diesen Gedanken stehen die folgenden von Hirscher. Indem er als eine jener Tugenden, welche

---

[1] Quoniam *ipse dixit:* Beatius est magis dare quam accipere (Act. 20, 35).

theils „die Grundpfeiler des christlichen Lebens" seien, theils „dessen vornehmste Bethätigungen" — auf deren „Einpflanzung deshalb das höchste Gewicht zu legen sei" —, die Demuth bezeichnet, schreibt er über diese Tugend also:

„Auf der Demuth ruht der harmlose Glaube an das Wort Gottes und die willige Unterwerfung unter sein Gebot. Auf ihr ruht die Ergebung in die göttlichen Fügungen, die Zufriedenheit des Christen mit seinem Schicksale, der Gleichmuth im Glücke und Unglück. Sie ist die Bedingung aller Selbsterkenntniß, aller Zugänglichkeit für Mahnungen und Zurechtweisungen, aller Unzufriedenheit mit sich selbst und alles sittlichen Fortschrittes. Auf ihr ruhen alle Tugenden der christlichen Gemeinschaft: sie erträgt die Fehler des Nächsten mit Geduld, sie ist gelassen, friedfertig, langmüthig, versöhnlich, leidet Unrecht und schlägt, wenn geschlagen, nicht wieder. Auf ihr ruht die Besonnenheit im Reden, die Bescheidenheit im Urtheil über andere und die Milde und Schonung im Tadeln. Sie ist ihrem ganzen Wesen nach die Erlösung aus der erbsündlichen Hoffart und aus allen Uebeln derselben, die Erlösung also aus der Menge jener Sünden, die, solange der Hochmuth nicht ertödtet ist, ewig da sein werden, als da sind: der Neid, die Eifersucht, der Zorn, der Haß, der Streit, die Verleumdung, das vermessene Urtheil, die Roheit, die Grobheit und Widerspänstigkeit, der Unglaube, die Ungenügsamkeit und Unzufriedenheit u. s. w. Mit der Demuth ist hiernach ein leuchtender Chor von Tugenden mitgesetzt und eine Rotte von Sünden ausgetrieben. . . . Ich füge hinzu, daß die Demuth eine ganz specifisch christliche Tugend sei. So wahr das Evangelium die Erlösung von der Erbsünde ist, so wahr ist dasselbe die Erlösung von der Hoffart des Lebens. Es ist aber die Hoffart des Lebens überwunden allein in der Demuth des Herzens. Darum eben fordert und pflegt das Evangelium die Demuth in eminenter Weise. Mit der Menschwerdung des Sohnes Gottes beginnt ein großer göttlicher Act der Selbstentäußerung und setzt sich bis zum Begräbniß desselben ununterbrochen vor unsern Augen fort[1]. Von nun, wer zöge Christum an und nicht zugleich die Demuth? In der That weht der Geist der Demuth specifisch durch das ganze Evangelium hin und durch alle Bekenner desselben. Wo ist ein Heiliger der Kirche aller Jahrhunderte, der nicht durch den Geist der christlichen Demuth geleuchtet hätte? Will daher ein Unterricht überhaupt ein echt christlicher sein, so muß er die Demuth lehren und so lange und ernst auf dieselbe zurückkommen, bis sie in den Seelen erstarkt ist. Das eine wiegt hundert anderes auf."[2]

298. Die weitern Gedanken, welche Hirscher auf den eben angeführten Punkt folgen läßt, sind zu wahr und zu nützlich, als daß ich unterlassen möchte, Ihnen dieselben gleichfalls mitzutheilen. Er bezeichnet außer dem er-

---

[1] Es ist ganz der Gedanke St. Augustins, den Hirscher hier ausspricht. Quia ergo caritati nihil adversius quam invidentia, mater autem invidentiae superbia est: idem Dominus Iesus Christus, Deus homo, et divinae in nos dilectionis indicium est, et humanae apud nos humilitatis exemplum, ut magnus tumor noster maiore contraria medicina sanaretur. Magna est enim miseria, superbus homo; sed maior misericordia, humilis Deus (*Aug.*, De catech. rudibus c. 4, n. 8).

[2] Hirscher, Besorgnisse hinsichtlich der Zweckmäßigkeit unseres Religionsunterrichts S. 81 f.

wähnten noch drei Punkte, die man in der Anleitung zum christlichen Leben „besonders auszeichnen, auf die man immer wieder zurückkommen" müsse.

Der erste ist die Keuschheit. „Es wird niemand läugnen, daß ‚die Keuschheit verlieren' im jugendlichen Alter und besonders beim weiblichen Geschlechte soviel sei als die Sittlichkeit überhaupt verlieren, und daß mit diesem Verluste Frömmigkeit und Gewissenhaftigkeit weichen und gewichen seien. Ebenso wird wohl allgemein zugegeben werden, daß ein frommer, treuer und glücklicher Ehestand und weiter ein frommes, wohlgeordnetes und gesegnetes Familienthum mit der Keuschheit der Verlobten und der Verehelichten auf das engste zusammenhänge. Aber ebenso anerkannt ist, daß keine Tugend größern, von innen und außen kommenden Gefahren ausgesetzt sei als gerade die Keuschheit. Angesehen also den unschätzbaren Werth der Keuschheit, angesehen die vielen und großen Gefahren ihres Verlustes und angesehen die tiefe, mit diesem Verluste verbundene sittliche Verschlechterung und häusliche Glücksstörung wird einleuchten, mit welcher großen und anhaltenden Thätigkeit bei der heranwachsenden und erwachsenen Bevölkerung auf Weckung und Pflege dieser Tugend hinzuwirken sei. Es kann demnach bei weitem nicht genügen, am geeigneten Orte einmal Unterricht über die Keuschheit und die Versündigungen wider sie gegeben zu haben, man wird vielmehr immer und immer auf das zurückkommen müssen, was sie anregt und stärkt. Immer und immer also wird man reden müssen, was die Schamhaftigkeit belebt, die Selbstachtung wach erhält, das Glück einer reinen Seele vergegenwärtigt, die Unwiederbringlichkeit der verlornen Unschuld vor Augen stellt[1], den Glauben an die Allgegenwart Gottes auffrischt, an die in unsere Hand gelegte glückliche oder unselige Zukunft, an den bewahrten oder zurückgestoßenen Segen Gottes erinnert u. s. w. Daß mit diesen immer wiederkehrenden Vorstellungen entsprechende fromme Uebungen, insbesondere der würdige, öftere Empfang der heiligen Sacramente, verbunden werden müsse, versteht sich von selbst. Nur das will ich hinzufügen, daß die geforderte stete Hinweisung auf die genannten Motive nie eine leere, vage Wiederholung dieser Motive, sondern eine einläßliche Betrachtung jetzt dieses, jetzt jenes Punktes oder Motives sein muß. Während die leere Wiederholung eher langweilt oder anwidert als nützt, wird ein betrachtendes Eingehen jetzt auf diese, dann wieder auf eine andere Seite der Sache nie ohne Eindruck bleiben und dem Vorwurf, daß man immer wieder das Gleiche hören müsse, sicher nicht ausgesetzt sein. — Uebrigens gilt diese Bemerkung nicht etwa bloß von der Keuschheit, sondern von allem, worauf man in seinen Vorträgen oft zurückkommen muß. Ein betrachtendes Eingehen in die Sache wird nie langweilen oder nutzlos verhallen, wohl aber bloße Declamationen und allgemeine, sich immer wiederholende Mahnsprüche."

Ein ebenso gelehrter als erfahrener Priester schrieb mir vor einigen Jahren folgendes: „... Man hat nicht immer Gelegenheit, die Wirkungen einer Predigt zu beobachten. Aber vielleicht wird es Ihnen nicht unnütz sein, wenn ich Ihnen mittheile, daß ich von keiner meiner Predigten so große Wirkungen gesehen habe als von jener über die Unkeuschheit" (es ist von einer an die Jugend gerichteten Predigt die Rede). „Ich habe dieselbe zu wieder-

---

[1] Hierzu vgl. unten Abschn. 12, Kap. 6, § 2, Nr. 360.

holten Malen in deutscher und italienischer Sprache gehalten; der Eindruck war immer sehr sichtbar, aber einmal so groß, daß sämtliche Zuhörer, vier oder fünf der kleinsten ausgenommen, Generalbeichten ablegten, und selbst die, welche in der Zeit der geistlichen Uebungen schon gebeichtet hatten, von neuem beichteten, eben um eine Generalbeicht zu machen. Ich hoffe, Sie werden es mir nicht übel deuten, wenn ich davon rede. . . ." Die Predigt, um welche es sich hier handelt, ist vortrefflich gearbeitet; aber nicht vorzugsweise dieser Umstand, glaube ich, war die Ursache, daß sie so auffallend wirkte, sondern — merken Sie sich das, m. H. — ein Vortrag über die Unkeuschheit, vorausgesetzt, daß in demselben Tact und Urtheil herrscht, ist namentlich vor jungen Leuten (des einen oder des andern Geschlechts) immer ein Schuß ins Centrum.

Im zweiten Punkte faßt Hirscher eine Menge miteinander verwandter Tugenden zusammen: „Wahrhaftigkeit, Rechtlichkeit, Ehrlichkeit und Redlichkeit, Arbeitsamkeit, Sparsamkeit, häuslicher Sinn und Gemeinsinn." „Wenn man", fährt er fort, „von den guten alten Zeiten und Sitten redet, so sind es die eben genannten Tugenden, welche man im Sinne hat und die man zurückwünscht. In der That ist es eine hochachtbare Gemeinde, in der diese Tugenden zum Charakter ihrer Bürger gehören, und was kann ein Seelsorger Höheres wünschen als solche Ehrenhaftigkeit und Einfachheit seiner Gläubigen? Zwei Richtungen sind es, in denen der Weltgeist (der entartete) die gegenwärtigen Geschlechter dahinreißt. Sie heißen: Erwerb und Genuß. Aber nun, wo ist die Rechtlichkeit, die Redlichkeit, die Treue, die Wahrhaftigkeit, die Sparsamkeit, der häusliche Sinn, der Gemeinsinn, die stille Frömmigkeit und Genügsamkeit? Gewiß thut es Noth, dem traurigen, entwürdigenden, gottvergessenen Zeitgeiste mit aller Kraft entgegenzuwirken und den häuslichen und bürgerlichen Sinn vergangener Tage wiederzuerwecken. Unter den Genüssen unserer Zeit nimmt der Kleiderluxus eine vorzügliche Stelle ein. Aber ich fürchte, daß neben ihm stille Gottseligkeit, jungfräuliche Eingezogenheit, Innerlichkeit und Solidität des weiblichen Geschlechtes, dann Häuslichkeit und häuslicher Wohlstand nicht bestehen mögen. Grund genug, namentlich gegen diesen anzukämpfen."

Drittens wird von Hirscher noch die „Ergebenheit in den göttlichen Willen" hervorgehoben. „In unserer Zeit, in welcher sich die Gesellschaft mehr und mehr in Reiche und Arme theilt und Tausende und abermal Tausende, ja Millionen und Millionen keine Hoffnung haben, in ihrem Leben jemals zu Wohlstand zu gelangen; in einer Zeit, wo Tausende und Tausende nie auch nur zu einem eigenen Herde kommen; in einer Zeit, wo Millionen und Millionen während ihres ganzen Lebens den vielen und großen Gefahren der Armut ausgesetzt bleiben: gehört gewiß religiöser Muth dazu, Zufriedenheit zu bewahren, das Glück der Glücklichen neidlos anzusehen und arm, aber fromm und gewissenhaft, keusch, ehrlich, treu, berufseifrig zu bleiben. In dieser Zeit ist es wohl angezeigt, daß sich der Lehrer und Seelsorger der Armen ganz besonders erbarme und denen, welchen er irdisches Glück nicht geben kann, wenigstens die Gnade, die Stärkung und den Trost des Evangeliums predige."[1]

---

[1] Hirscher a. a. O. S. 83 ff.

Es sind namentlich zwei Klassen von Wahrheiten, welche dem hier von Hirscher mit Recht betonten Bedürfnisse entsprechen: einerseits diejenigen, welche unter dem Titel „Ueber die Leiden und Trübsale", „Ueber die zeitlichen Drangsale" oder „Von der Vorsehung Gottes" behandelt zu werden pflegen; anderseits die Lehre vom ewigen Leben, wo „Gott abwischen wird jede Thräne von ihren Augen". Die ewige Seligkeit ist der höchste Gegenstand der Hoffnung des Christen, sie ist „die Krone" des christlichen Lebens.

§ 2.

Die Wahrheiten, auf welche sich die Furcht Gottes gründet. Die liturgischen Handlungen. Die Engel und die Heiligen Gottes. Die Mutter des Herrn. Der Gottmensch und Erlöser der Menschheit.

299. (V.) Das Mark des christlichen Lebens ist die Furcht des Herrn, „der Anfang der Weisheit", das Geheimniß der Kinder Gottes, das Siegel der Auserwählten. „Suche die Weisheit," mahnt uns der Heilige Geist in den Sprüchen, „denn sie ist besser als Gold; halte die Einsicht fest, denn sie hat höhern Werth als das Silber." In seiner letzten Rede an seine Freunde aber stellt Job die Frage: „Die Weisheit, wo wird sie gefunden und welches ist die Heimat der Erkenntniß?" „Nur Gott", so lautet, nachdem diese Frage zweimal wiederholt worden, schließlich die Antwort, „nur Gott kennt ihren Weg und er weiß ihre Stätte. Denn er sieht hin bis zu der Erde Grenzen und schauet alles, was unter dem Himmel ist. Als er dem Winde machte sein Gewicht und in dem Maße wog die Wasser, als er dem Regen sein Gesetz bestimmte und ihre Bahn den Sturmgewittern, da sah er sie und that sie kund, und stellte hin sie und durchforschte sie, und sprach zum Menschen: Siehe, die Furcht des Herrn, das ist die Weisheit, und das Böse meiden ist Erkenntniß." [1]

Die angeborne Verderbtheit der menschlichen Natur, die dreifache böse Lust, in den meisten durch wiederholte Befriedigung erhöht und verstärkt, ist beständig thätig, stirbt niemals, ist wie ein Gewicht, das uns beständig vom Rechten abzieht wie eine stets aufs neue wiedererwachende Kraft, die uns zur Verläugnung des Willens Gottes, zur Sünde, und dadurch zu unserem Verderben unaufhörlich und bei jeder Veranlassung hintreibt. Mit ihr verbündet sich der Urfeind der menschlichen Natur, der Mörder vom Anbeginn, der umhergeht wie ein brüllender Löwe und sucht, wen er verschlinge, und an beide schließt sich als dritte Macht die Welt mit ihren Beispielen und Grundsätzen, die ja eben nur der concrete Ausdruck der dreifachen Begierlichkeit sind, die Welt mit ihren zahllosen Gefahren und Mitteln und Gelegenheiten zum Bösen, mit ihrem Trug und ihrer Verführung, mit ihren Genüssen und ihrem falschen Glanze, mit ihrem Hohn, ihrem Widerspruch, ihrer Lüge und ihrer Verfolgung. Was sie ausrichtet, diese dreifach verstärkte Gewalt, für das Reich der Sünde und den Ruin der Menschheit, das zeichnet in kurzen Worten der Prophet: „Nicht Wahrheit, nicht Erbarmen, nicht Erkenntniß Gottes ist mehr auf der Erde. Entweiht ist das Land durch seine Bewohner; sie haben

---

[1] Job 28, 20. 28 ff.

das Gesetz übertreten, das Recht verkehrt, zerrissen den ewigen Bund. Darum wird der Fluch die Erde fressen; denn Lästerung und Lüge, Ungerechtigkeit und Mord und Ehebruch haben sie überfluthet, und Blut mischt sich mit Blut."[1] Denn, m. H., es ist ja nicht etwa bloß das Volk Gottes in der vorchristlichen Zeit, dessen Zustände diese Worte charakterisiren, sondern auch das höher begnadigte Volk Gottes unserer Tage; es ist ja nicht bloß das Verderben einer längst vergangenen Periode, das sie beklagen, es ist das Weh aller Generationen, die Geschichte aller Jahrhunderte, und des unsrigen wahrlich nicht minder. Wo ist der Damm, der diesem überfluthenden Strome der Verwüstung Schranken setzt, wo die Kraft, welche diesem unaufhaltsam abwärtsziehenden Gewichte des Abgrundes zu widerstehen vermag? Dieselbe ist uns gegeben, einzig und allein in dem lebendigen Glauben, in der unausgesetzten Erinnerung an jene Wahrheiten, welche das Herz mit heiliger Furcht Gottes durchbringen und durch sie die abwärtsziehenden Kräfte paralysiren. "In der Furcht des Herrn halte dich den ganzen Tag, und du wirst Hoffnung haben an deinem Ende" (Spr. 23, 17). Darum ist die Beherzigung, die stete Vergegenwärtigung dieser Wahrheiten, welche die Ascese "die ewigen" genannt hat[2], für den Bestand und das Wachsthum des übernatürlichen Lebens wesentliche Bedingung. Darum ergeht an den Prediger des Wortes Gottes der nachdrückliche Befehl: "*Clama, ne cesses!* Rufe, werde nicht müde, wie eine Posaune erhebe deine Stimme, verkündige meinem Volke ihre Sünden und dem Hause Jakob ihre Missethat" (Is. 58, 1).

Die Bestimmung des Menschen, die Sorge für das Heil der Seele, die Bedeutung dieses Lebens (der Zeit) und sein Verhältniß zu dem jenseitigen, die Ewigkeit, die absolute Pflicht der Unterwerfung unter das Gebot, den ausgesprochenen Willen Gottes, die hohe Würde und die ernsten Verpflichtungen des Christen ("der Taufbund"); — die Strafen der Sünde, wie sie uns die Offenbarung darstellt in dem Schicksale der gefallenen Engel, in der Sünde des ersten Menschenpaares und ihren durch alle Zeiten, über alle Generationen sich hinziehenden traurigen Folgen; weiter in den wiederholten Gerichten Gottes, über die ganze Menschheit in der Sündfluth, über Länder und Städte sowie über Einzelne in zahlreichen Beispielen der Heiligen Schrift und der Kirchengeschichte, endlich in der großartigsten und erschütterndsten Weise in dem Leiden und Sterben des Sohnes Gottes; — die Häßlichkeit, die Verkehrtheit, der Undank, die zerstörenden Folgen sowohl der Sünde im allgemeinen als einzelner Hauptsünden insbesondere (Unkeuschheit, Zorn, Haß und Eifersucht, Verleumdung, Trunksucht, Ungerechtigkeit, Unglaube, Sacrilegium, Habsucht, Genußsucht, Menschenfurcht, Lauheit und Trägheit im christlichen Leben u. s. w.); — die Qualen der Hölle, das Gericht, sowohl das besondere als das Weltgericht, die Auferstehung des Fleisches; — der Tod als das Ende aller irdischen Größe, alles zeitlichen Besitzes, aller Genüsse des Fleisches und was damit zusammenhängt, die Nichtigkeit dieser Welt, die Thorheit derer, die sie lieben (1 Kor. 7, 29—31. Is. 40, 6—8), anderer-

---

[1] Os. 4, 1. 2. Is. 24, 5.
[2] Nicht als ob nicht alle Wahrheiten ewig wären, sondern weil diese unter allen Wahrheiten das wirksamste Gegenmittel bilden wider die verführerischen Eindrücke und die Täuschungen des Augenblicks.

seits die Ungewißheit der Zeit des Todes und seiner Umstände und die daraus hervorgehende, von dem Erlöser so oft und so nachdrücklich betonte Gefahr ewiger Verdammniß für diejenigen, welche nicht zu jeder Stunde bereit sind (Matth. 25, 13; 24, 42. 46. 51): diese und ähnliche Wahrheiten sollen demnach oft den Inhalt der christlichen Predigt bilden und in angemessenem Wechsel mehr oder weniger jedes Jahr wiederholt werden, damit das Andenken daran in dem Herzen des Volkes immer lebendig bleibe. Die Atmosphäre über einem sumpfigen, verfaulten Erdreich ist nothwendig vergiftet und todbringend, wenn nicht ein frischer Wind die Luft unausgesetzt in Bewegung erhält. So müssen die giftigen Dünste, welche immer aufs neue unserer verderbten Natur entsteigen, nach und nach unausweichlich den übernatürlichen Tod herbeiführen, wenn nicht die Betrachtung jener erschütternden Wahrheiten die geistige Atmosphäre fortwährend bewegt und reinigt und von Zeit zu Zeit auch mit potenzirter Stärke, einem Sturme gleich, sie durchbraust.

Das letztere wird namentlich durch die „Volksmission" bewirkt; aus dem Gesagten geht zur Genüge hervor, wie heilsam, ja wie nothwendig es ist, daß man den Gemeinden wenigstens von Jahrzehnt zu Jahrzehnt, wo nicht öfter, den unberechenbaren Segen derselben zu theil werden lasse. Mag auch die Veranstaltung derselben oft mit Schwierigkeiten und Opfern verbunden sein: niemand ist, der die Tausende von Christenseelen zählt, niemand, der sie rettet, die ohne sie verloren gehen, weil eine Mission eben das wirksamste, vielleicht das einzige Mittel ihres Heiles war[1].

Aber auch das ergibt sich aus dem Gesagten, wie irrig, wie verderblich die wenigstens praktisch so häufig sich geltend machende Ansicht ist, als wären die angedeuteten Wahrheiten eben nur Themata für Missionspredigten; denn diese Ansicht scheint sich in der Thatsache auszusprechen, daß man dieselben im allgemeinen viel zu selten, viel zu wenig eingehend auf der Kanzel behandelt. Ihr Zweck ist ja keineswegs ausschließlich Bekehrung großer Sünder, Erschütterung verhärteter Bösewichte; unter dieser Voraussetzung muß es freilich den Anschein haben, als sei die wiederholte Behandlung derselben einerseits unnöthig, als lasse sie sich andererseits den Zuhörern gegenüber, die doch nicht gerade alle schlechte Christen sind, schwer rechtfertigen. Aber sie sollen

---

[1] In den fünfziger Jahren wurde im preußischen Abgeordnetenhause über einen Ministerialerlaß verhandelt, welcher den Missionen beschränkend entgegentrat. Bei dieser Gelegenheit machte der Referent der Zweiten Kammer, Herr von Gerlach, Mittheilung „von dem wörtlichen Inhalt der amtlich eingegangenen Zeugnisse, die auf dem Bureau der Commission niedergelegt worden waren, also von Zeugnissen überwiegend protestantischer Behörden". Die zweite Hälfte dieser Mittheilung lautet also: „... Auch wissen die Landräthe übereinstimmend nicht genug zu rühmen, wie wohlthätig sich der praktische Erfolg der Missionen gestaltet habe, nicht bloß sichtbar hervortretend auf dem Gebiet äußerer Sittlichkeit und Loyalität, in Vermeidung des Schleichhandels, der Polizeivergehen, des Branntweintrinkens, der nächtlichen Tanzlustbarkeiten u. dgl., sondern auch nach innen in Erweckung des Geistes christlicher Zucht und Liebe zwischen Ehegatten, Eltern und Kindern, Herrschaft und Gesinde, und in den Verhältnissen des Hauses, der Familie und der Gemeinde." Aus dem Stenographischen Bericht über die 28. Sitzung des Deutschen Reichstages am 16. Mai 1872, S. 405 (Rede des Abgeordneten August Reichensperger).

ja nicht bloß das erstorbene übernatürliche Leben wiedererwecken und neu begründen; ihre Betrachtung ist ein gleich nothwendiges Mittel, dasselbe zu schützen, es zu kräftigen und zu erhöhen. „Die Vorstellung, daß Gott die Liebe ist, wirkt bei rohern Naturen wenig, d. h. daß man aus Gegenliebe und Dankbarkeit gegen ihn der Sünde widerstehen solle, macht auf sie keinen wirksamen Eindruck. Die Furcht ist ihr Zügel. Aber auch bei bessern Naturen leistet die Vorstellung vom Gott ‚der Liebe‘ dem Andrang heftiger Leidenschaft und Versuchung gegenüber keinen genügenden Widerstand. Ja in der Vorstellung von Gott als der unendlichen Liebe tritt gewöhnlich das Moment der Nachsicht, Barmherzigkeit und Vergebung in den Vordergrund und beschwichtigt die Vorwürfe und Drohungen des Gewissens. Nur die Furcht, die Angst vor der allmächtigen, heiligen, strafenden, unwandelbaren und unentfliehbaren Majestät Gottes und seines Gesetzes leistet der Macht der Versuchung ein genügendes Gegengewicht und erleichtert es dem Willen, dieselbe abzuweisen. Die Furcht des Herrn ist der Weisheit Anfang. Noch nicht der Weisheit Mitte oder Höhe, aber deren Anfang, und zwar so, daß ohne diesen Anfang der Mensch, namentlich der rohere, es nie zu einem Fortgang, nie zum Sieg über die Sünde bringen wird. Damit aber ist für sich klar, daß der Seelsorger in seinen Vorträgen bei den Erwachsenen auf Weckung der Furcht Gottes mit besonderem Fleiße hinwirken und namentlich immer und immer wieder auf sie zurückkommen müsse. Es sind wenige Erwachsene, die nie in der Lage sind, zur Besiegung von Versuchungen einer inwohnenden Furcht zu bedürfen. Der Versuchung und dem Leichtsinne der Welt aber widersteht allein die inwohnende, heilige Furcht."[1] — Aber man hört nicht gern von jenen furchtbaren Wahrheiten reden, dieselben erschrecken und verwirren, man wünscht tröstlichere Gedanken[2].... Gerade das ist in den meisten Fällen der Beweis, daß man ihrer dringend bedarf, daß man zu Grunde geht, wenn sie unberührt und vergessen bleiben, und diese Rücksicht wird fürwahr nicht genügen, den Priester Gottes zu rechtfertigen, wenn er einst Rechenschaft ablegen soll von seiner Verwaltung. Denn er kannte ja die Drohung dessen, der ihn gesandt: „Sohn des Menschen, zum Wächter habe ich dich gesetzt dem Hause Israel, und das Wort, das du hörst aus meinem Munde, das sollst du ihnen an meiner Statt verkündigen. Sage ich dem Sünder: Gottloser, du wirst des Todes sterben, — und du redest nicht zu ihm, auf daß er verlasse seinen Weg, so wird er selbst sterben in seiner Missethat, aber von deiner Hand fordere ich sein Blut" (Ez. 33, 7 f.).

An die vorher angedeuteten Wahrheiten schließen sich, als für denselben Zweck (Abscheu vor der Sünde, Entfernung und Vermeidung derselben) berechnet, noch folgende Themata an: die nächste Gelegenheit zur Sünde und als Art dieser Gattung gefährliche, für den religiösen Sinn und die christliche Tugend nachtheilige Lectüre; das Aergerniß und die Verführung; die Beicht als unumgänglich nothwendiges und zugleich nicht zu schweres

---

[1] Hirscher a. a. O. S. 80.
[2] „Und als Paulus von der Gerechtigkeit redete und von der Keuschheit und vom zukünftigen Gerichte, da gerieth Felix in Angst und sagte: Für jetzt magst du gehen; zu gelegener Zeit werde ich dich wieder holen lassen" (Apg. 24, 25).

Mittel, das verlorene Leben der Gnade wiederzugewinnen; das Aufschieben der Bekehrung (beharrliche Unbußfertigkeit, Herzensverhärtung, falsche Sicherheit); die Buße als Tugend (fortgesetzte Genugthuung und standhafte Besserung); der Kampf des Heiles und die Versuchungen (ihre Natur, ihre Unvermeidlichkeit, ihr Nutzen, die Mittel gegen sie und die Art und Weise, sie zu überwinden).

Damit sind die vorzüglichsten Wahrheiten bezeichnet, deren Beherzigung die Furcht Gottes in den Christen lebendig erhalten muß. Von welcher Wichtigkeit und Bedeutung dieselben für die Kanzel sind, das beweist der Vorgang der größten Prediger, deren meiste und beste Vorträge sich eben mit diesen Wahrheiten beschäftigen. Uebrigens folgten sie hierin nur dem Beispiele der heiligen Väter, so wie diese in die Fußstapfen der Propheten, der Apostel, des Sohnes Gottes selbst getreten waren.

300. Zwei Themata könnte vielleicht jemand unter den angeführten vermissen: „Ueber die kleine Zahl der Auserwählten" und „Ueber den Rückfall in die Sünde". Weßhalb ich das erste nicht genannt habe, das werden Sie verstehen, m. H., wenn Sie sich dessen erinnern, was ich im letzten Kapitel des siebenten Abschnittes (Nr. 209) anläßlich der „Rede" Massillons „Ueber die kleine Zahl der Auserwählten" bemerkt habe. Predigen Sie niemals, ich sage niemals, über diese Frage, — denn eine Frage ist es ja und nichts weiter. Und lassen Sie sich ebensowenig durch Massillons Vorgang verleiten, in seinem Geiste eine Predigt „Ueber den Rückfall in die Sünde" zu halten. Warum nicht? Der Rückfall in die Sünde nach der Bekehrung ist allerdings in manchen Fällen die Folge und das Zeichen einer freien, verkehrten Willensrichtung. Eine solche offenbart sich z. B. bei dem Habsüchtigen, der immer aufs neue ungerechten Gewinn an sich bringt; bei dem Unversöhnlichen, der sich wieder und wieder von der Rachsucht überwinden läßt und sich nicht enthalten will, dem, der ihn beleidigte, Böses zu thun; bei dem Ehrgeizigen und Herrschsüchtigen, der sich immer wieder der alten Mittel bedient, der Intrigue, der Verstellung, der Lüge und der Verleumdung, um seine egoistischen Absichten zu erreichen; bei dem Ehebrecher, der den Gegenstand seiner Leidenschaft und den verführerischen Umgang freiwillig wieder aufsucht. Aber dieser ersten Klasse gegenüber bilden unter der Menge der Christen, welche in Sünden, die sie gebeichtet und die ihnen vergeben worden sind, zurückfallen, eine sehr große, wo nicht die bei weitem größere Zahl andererseits diejenigen, bei denen die immer neue Wiederholung der Sünde keineswegs an erster Stelle aus einer Verkehrtheit der freien Willensrichtung hervorgeht, sondern aus Mangel an Wachsamkeit und Energie und namentlich aus der Gewalt des fleischlichen Triebes, der durch lange fortgesetzte Befriedigung übermächtig geworden ist und nun ein schweres Joch bildet, das zu zerbrechen auch die aufrichtigste Reue meistens nicht genügt. Denn die Reue wandelt wohl das Herz um, aber die schlimmen Folgen einer bösen Gewohnheit auch im Nervensystem und im leiblichen Organismus aufzuheben, dazu ist sie nicht im stande. Rückfällige dieser zweiten Klasse kann aber eine Predigt über den Rückfall nach Massillons Weise nur entmuthigen und zur Verzweiflung bringen, — abgesehen davon, daß das, was man darin zu sagen pflegt, in Rücksicht auf sie großentheils einfach unwahr ist. Man unterweise die Christen gründlich über die Reue und den Vorsatz, wie sie zur Vergebung im Sacramente der Buße gefordert werden; man predige über die nächste Gelegenheit zur Sünde und über die beharrliche Unbußfertigkeit: damit werden die Rechten getroffen. Das Thema „vom Rückfall", wie es Massillon ausführt, beruht auf denselben unpsychologisch=einseitigen Anschauungen, aus welchen die Pastoralanweisung mancher Neuern über das Aufschieben der Lossprechung und die Nothwendigkeit „außergewöhnlicher Zeichen" bei rückfälligen Sündern hervorgegangen ist [1].

301. Noch zwei andere Bemerkungen habe ich dem in der vorletzten Nummer Gesagten hinzuzufügen. Dieselben beziehen sich namentlich auf die Behandlung der „letzten Dinge" oder der sogen. „ewigen Wahrheiten". Erstens bringen Sie, wo Sie dieselben behandeln, nicht Darstellungen und Ausmalungen, welche nicht in der christlichen Offenbarung und den Anschauungen der Kirche begründet sind. Solche Mittel, die Phantasie zu erhitzen und das Gefühl aufzuregen, sind nicht nur für das christliche Leben wirkungslos, sondern in mehr als einer Rücksicht geradezu zweckwidrig. Woran es dagegen in Vorträgen über die in Rede stehenden Themata am wenigsten fehlen darf, das sind einleuchtende und entschiedene Beweise. Denn immer mehr schwindet ja der Glaube an die persönliche Fortdauer des Menschen nach dem Tode, immer mehr Boden gewinnt mit dem Materialismus auch in den niedern Schichten der Bevölkerung der Wahn, daß mit dem Tode für den Einzelnen alles ein Ende nehme und die höchste Lebensweisheit darum jene sei, welche der Heilige Geist im Buche der Weisheit (Kap. 2) charakterisirt hat.

Wollen Sie übrigens, und das ist die zweite Bemerkung, die ich zu machen habe, wollen Sie bei der Behandlung der bezeichneten Wahrheiten Ihren Zweck nicht verfehlen, indem Sie dieselben einseitig und darum ebensowenig psychologisch als dem Geiste des Evangeliums entsprechend ins Auge fassen, dann dürfen Sie dabei nie vergessen, was der Herr gesagt hat: „Gott hat seinen Sohn in diese Welt gesendet, nicht daß er Gericht halte über die Welt, sondern daß sie durch ihn gerettet werde," und „Der Sohn des Menschen ist gekommen zu suchen, was verloren war"; dann dürfen Sie nie anders auftreten als im Geiste jener Mahnung des Apostels, an die ich Sie schon früher einmal erinnert habe: „Brüder, wenn auch übereilt würde ein Mensch von einer schweren Sünde, dann sollet ihr, die ihr nach dem Geiste lebet, einen solchen zurechtbringen im Geiste der Milde und dabei an euch selber denken, daß nicht auch ihr in Versuchung gerathet. Traget einer die Last des andern, dadurch erfüllt ihr das Gebot Christi" (Gal. 6, 1. 2). Lassen Sie diese Mahnung außer acht, dann verfahren Sie durchaus unpsychologisch. Die Furcht allein kann das Menschenherz wohl in starrer Verzweiflung fesseln und den letzten Funken übernatürlichen Lebens vollends ersticken, aber ihm neue Lebenskraft einzugießen kann sie nicht; sie kann den gottvergessenen Sünder aufschrecken aus seiner falschen Sicherheit und ihn zu Boden schmettern, aber sie ist nie und nimmer im stande, ihn wieder aufzurichten und auf den rechten Weg zu führen. Denn ein Herz, das nur fürchtet und nichts mehr hofft, ein solches Herz ist bewegungslos und todt. Nur donnern wollen auf

---

[1] Vgl. Das Gemüth und das Gefühlsvermögen der neuern Psychologie Nr. 79 ff., S. 154 ff.

der Kanzel, nur drohen und erschrecken, das hieße den glimmenden Docht auslöschen und das geknickte Rohr zerbrechen, und es wäre besser zu schweigen und die Sünder schlafen zu lassen in ihrer falschen Ruhe als sie aufzuwecken, nur um sie in den Abgrund der Verzweiflung zu stürzen.

Aber nicht nur dieses. Sie haben die Wahrheiten, von denen ich rede, ja doch im Sinne des Evangeliums aufzufassen und nicht im Geiste eines trostlosen Rigorismus, dessen Quelle schließlich nicht wahrer Eifer, sondern Unwissenheit und Hochmuth ist; Sie sind ja doch gesendet nicht als Diener der Rache Gottes und seines Zornes, sondern als Boten des Evangeliums der Gnade, als Vermittler der Barmherzigkeit und der Vergebung. Welches ist aber der Geist, in welchem das Christenthum uns jene Wahrheiten auffassen lehrt? Nicht zürnende Gerechtigkeit hat sie der Menschheit geoffenbart, sondern erbarmende Liebe, jene Liebe, die unter hundert Formen es immer wiederholt, daß sie nicht den Tod des Sünders will, sondern seine Umkehr und seine Rettung, — die auch den hartnäckig vor ihr Fliehenden weinend nachruft: „Ihr Kinder Israels, warum wollet ihr sterben?"[1] Ihr eigentlicher Zweck ist nicht Strafe, sondern Heil und Rettung, nicht knechtisch zermalmende Furcht, sondern kindliche Liebe und das Herz erweiternde Hoffnung. Diese allein, die Hoffnung, ist das Wesen, die Seele des christlichen Lebens; auf sie also soll man, so oft man jene Wahrheiten verkündigt, die Herzen der Zuhörer hinführen. Dadurch allein wird man sie wiedergewinnen für ihren Erlöser und Gott, dadurch allein sie stärken und befestigen in der Treue gegen seine Gebote. Vorwürfen, Drohungen und Strafen kann das Menschenherz widerstehen; denn zwingen wie durch eiserne Gewalt läßt es sich niemals; aber Milde und Schonung zieht es an, Hoffnung erweitert es, Mitleid gewinnt es, Liebe reißt es fort ohne Widerstand. Und gerade in jenen furchtbaren Wahrheiten von der Hölle, von der Sünde und ihrer Abscheulichkeit und ihren Strafen, von der Gerechtigkeit Gottes und seinem Gerichte, gerade in diesen liegt für uns Sünder einer der wirksamsten Beweggründe der Liebe und des Vertrauens, — durch den Hinweis auf die Güte und die Langmuth Gottes, der uns so lange erwartete, der uns suchte und uns unermüdet nachging, während wir ihn flohen, der uns nicht zu Grunde gehen ließ, da wir es doch so oft verdienten; und wenn die Rede von der ewigen Finsterniß, von dem Weinen und dem Knirschen der Zähne und dem Wurme, der nicht stirbt, und dem Feuer, das nicht erlischt, die Gemüther erschüttert hat, dann ist nichts mächtiger, sie in Thränen der Reue und der Zerknirschung aufzulösen, als der Gedanke des Propheten: *Misericordiae Domini quia non sumus consumpti; quia non defecerunt miserationes eius.*

Es dürfen also die Wahrheiten, um die es sich handelt, Ihnen nie Veranlassung geben zu einseitigen Straf- und Drohpredigten, die nur verwunden und nicht heilen, nur verwirren und nicht zurechtführen. Sie dürfen es nie ausschließlich auf Erregung der Furcht absehen, sondern Sie müssen immer

---

[1] Convertimini, et agite poenitentiam ab omnibus iniquitatibus vestris, et non erit vobis in ruinam iniquitas. Proiicite a vobis omnes praevaricationes vestras in quibus praevaricati estis, et facite vobis cor novum et spiritum novum: et quare moriemini, domus Israel? Quia nolo mortem morientis, dicit Dominus Deus; revertimini, et vivite (Ez. 18, 30—32).

zugleich darauf bedacht sein, die Herzen durch Hoffnung zu erweitern, durch Liebe umzuwandeln und zu stärken, und deshalb an geeigneter Stelle, meistens namentlich gegen das Ende der Predigt, die tröstenden Wahrheiten von der Barmherzigkeit und der Liebe Gottes in angemessener Weise einflechten. — Nach dieser wichtigen Erinnerung muß ich endlich als Abschluß der Wahrheiten, welche ich das Mark des christlichen Lebens genannt habe, den früher angeführten Gegenständen eben diese erhebenden und tröstenden Lehren „von der Langmuth Gottes", „von seiner Barmherzigkeit" und seiner Liebe gegen die reumüthigen Sünder noch als eigene, besondere Themata hinzufügen. Dieselben lassen sich unter verschiedenen Gesichtspunkten behandeln und verdienen ganz besondere Beachtung; denn gerade sie bilden in dem „Marke" des christlichen Lebens ein nothwendiges, ein ganz wesentliches Element. (Vgl. Eccli. 2, 7 ff.)

302. (VI.) Die eigentliche Bethätigung des übernatürlichen Lebens, insofern es nicht in dem Einzelnen sich abschließt, sondern als das Leben einer organisch gegliederten Gesamtheit, als kirchliches Leben erscheint und darum die großartigste Manifestation desselben, ist der kirchliche Cultus, das liturgische Element im Dasein der Kirche, wie es in der Einrichtung des kirchlichen Jahres, in dem regelmäßigen Wechsel der heiligen Zeiten und Feste einerseits, andererseits in der Feier der heiligen Messe, in der Spendung der Sacramente, in den Consecrationen und Benedictionen u. s. w. hervortritt. Wenn aber das die Bedeutung der liturgischen Institutionen ist, wenn auf der andern Seite dem Volke das Mitleben, die Theilnahme an diesem höchsten Ausdruck des christlichen Lebens nicht unmöglich sein soll, dann muß offenbar die Erklärung wenigstens der vorzüglichern Punkte der Liturgik, der Feier und der Ordnung des kirchlichen Jahres und der übrigen eben bezeichneten Handlungen und Gebräuche eine wesentliche Aufgabe dessen sein, der eben als Diener der Kirche es übernommen hat, dem Volke die Theilnahme an dem Leben der Kirche zu vermitteln. Das Concil von Trient schreibt diese Erklärung ausdrücklich vor, und der Römische Katechismus erinnert die Seelsorger wiederholt an die Pflicht, welche ihnen in dieser Beziehung obliegt[1]. Des Interessanten und des Anziehenden für das Volk hat dieser Gegenstand so viel wie kaum ein anderer, sowohl weil er sinnlich wahrnehmbar in die Erscheinung tritt, als weil er das Kleid und die äußere Gestalt für dasjenige bildet, was dem Christenherzen als das Heiligste, als das Höchste gilt. Würde durch angemessene Belehrung das Verständniß dieser Seite des kirchlichen Lebens mit mehr Sorgfalt im Volke gefördert, dann bedürfte man nicht so leicht der allgemeinen Predigten „zur Rechtfertigung des kirchlichen Cultus", dann brauchten gute Christen vor den Spöttereien oder den Entstellungen der Uebelgesinnten in dieser Beziehung nicht zu verstummen, dann würde in vielen Herzen die Lauheit, die Gleichgiltigkeit, die Kälte, der Ueberdruß und die Langeweile keinen Platz finden, mit welcher sie so oft der heiligen Messe und andern liturgischen Handlungen beiwohnen oder auch nicht beiwohnen. Aber die Zeit liegt allerdings noch nicht weit hinter uns, wo großentheils dem Clerus selbst das Ver-

---

[1] Conc. Trid. sess. 22, De sacrif. Miss. c. 8 (cf. c. 5); sess. 24, De reform. c. 7. Catech. Rom. p. 2, c. 1, n. 10; c. 2, n. 45.

ständniß und mit diesem auch das Interesse für dieses vorzüglichste Element seines Berufes abging und darum freilich durch ihn auch dem Volke nicht vermittelt werden konnte.

(VII.) Vollendung, Vorbild und Hilfe des christlichen Lebens sind die **Heiligen Gottes**; seine Wegweiser und Beschützer sind **die heiligen Engel**. Auf diese Punkte gehe ich hier nicht weiter ein; an einer andern Stelle (Abschn. 14, Nr. 427 ff.) werde ich bezüglich der Predigten für die Feste der Heiligen einiges Nähere bemerken.

303. (VIII.) Der Stern, der Trost und die Hoffnung des christlichen Lebens, das ist die **Jungfrau**, zu welcher die Kirche betet: „Allein und ohnegleichen hast du dem Herrn gefallen"; die Gebenedeite unter den Frauen, von der sie in den Laudes des Weihnachtsfestes singt:

Gaudia matris habens cum virginitatis honore,
Nec primam similem visa est, nec habere sequentem.

Die mehrfachen Feste der Mutter des Herrn sowie die weitverbreitete jährliche Feier des Monats Mai gibt dem Priester Veranlassungen genug zu Vorträgen, welche sich auf die heilige Jungfrau beziehen. Das Thema ist ein solches, das wohl jeder gern behandeln mag; nur ist die Beredsamkeit hier in einer ähnlichen Lage wie die darstellenden Künste, wenn sie ein Bild der Jungfrau liefern sollen; ich will sagen, eine wirklich gute Predigt über die heilige Jungfrau zu halten, namentlich nicht bloß einmal, sondern wiederholt, das ist schwer, vielleicht schwerer, als ein gutes Bild von ihr zu malen. Mit der süßlichen Gefühlsschwärmerei und dem sentimentalen Pathos mancher Erbauungsschriften ist es da nicht gethan; mit der oft bombastischen Ueberschwänglichkeit griechischer Kirchenschriftsteller aus der Zeit des sinkenden Geschmacks ebensowenig. Die nicht zahlreichen Züge aus dem Leben Mariä, die sich in der Heiligen Schrift finden, dem Volke vorzuführen und Reflexionen und Anwendungen für das christliche Leben daranzuknüpfen, das ist ohne Zweifel recht gut; aber der Stoff ist ziemlich bald erschöpft. Die Hauptsache ist, daß man jene Lehren über die Person der Mutter Gottes und ihre Vorzüge zu verwerthen wisse, welche die Offenbarung uns bietet und die Theologie erklärt und begründet[1]. Ein sehr brauchbares Material bieten überdies jene Typen und Prophetien des Alten Testaments, welche die heilige Jungfrau zum Gegenstande haben.

Was Sie aber bei den in Rede stehenden Vorträgen besonders vor Augen haben müssen, m. H., das ist die eigenthümliche Stellung, welche die heilige Mutter des Herrn der christlichen Lehre zufolge in der Kirche Gottes und der Menschheit gegenüber einnimmt. Ich habe nicht einen logischen Fehler gemacht, da ich vorher die Predigten über die Heiligen erwähnte und jetzt in einer besondern Nummer auf jene über die Mutter Gottes komme; sie ist eben in dem generischen Ausdruck „die Heiligen Gottes" keineswegs enthalten. Und dies nicht bloß darum, weil sie die Heilige unter den Heiligen ist, die Königin

---

[1] Vier Predigten über die heilige Jungfrau („ihre Mutterwürde", „ihre Heiligkeit", „ihre Macht", „ihre Güte") finden sich unter den „Predigten von Joseph Kleutgen" (Regensburg, Pustet, 1872). Diese enthalten einen Reichthum von theologisch richtigen Gedanken.

des ganzen Himmels; denn auch diese Idee ist für ihren Charakter nichts weniger als erschöpfend. Unzertrennlich voneinander treten im Dunkel der Urzeit, in der Geschichte des Falles der Menschheit und ihres Verderbens, zwei Gestalten hervor, der erste Mann und die erste Frau, obgleich der Mann allein genügt hätte, das Unglück zu vollenden; und zweitausend Jahre später nimmt die Geschichte des Volkes Gottes ihren Ausgang abermals von zwei Personen, obgleich nur Abraham den heroischen Act des Glaubens vollzog und dadurch der Träger der Verheißungen wurde, „der Vater aller, welche glauben". In ganz gleicher Weise läßt auch die Religion des Neuen Bundes an der Spitze der christlichen Kirche zwei Gestalten erscheinen, von denen freilich die eine durch ihre eigene göttliche Kraft das ganze Werk der Erneuung des Menschengeschlechtes vollführte, aber nur, indem sie auch der andern ihren Theil daran gab, auch die andere stärkte, mitzukämpfen und mitzuüberwinden für alle ihres Geschlechtes, mehr zu thun und Größeres für das Heil der Menschheit, als Eva einst gethan für ihr Verderben. Damit ist die Stellung der Jungfrau in der Kirche Gottes angedeutet; die angeführten Vorbilder sind verständlich genug. Die Abstammung von Adam ist für alle Menschen der Grund der Ungnade, aber „den Anfang der Sünde hatte das Weib gemacht, und ihretwegen sterben wir alle Tage". Abrahams Kindschaft war es, an die sich der Anspruch auf den Segen der Verheißungen knüpfte; aber nur jene galten als Kinder Abrahams, die es durch Sara waren (Röm. 9, 7. Gal. 4, 23. Vgl. Is. 51, 1). In analoger Weise hat in der Ordnung des Geistes und der Uebernatur die heilige Jungfrau wahren und wirklichen Antheil an der Erlösung der Menschen und ihrem Heile; sie ist mitthätig gewesen, sie hat mitgearbeitet an diesem Werke, sie steht neben Christus, dem „Vater aller, welche glauben", als deren Mutter[1], nicht durch sich selber, sondern durch ihn, aber auch nicht bloß moralisch durch ihre mütterliche Gesinnung, sondern ontologisch, übernatürlich-physisch, durch eigentliche Mitwirkung. Auf diese Thatsache, in Verbindung mit ihrer Würde als „Gottesgebärerin", nicht zunächst auf die eminente Fülle ihrer persönlichen Heiligkeit gründet sich die Verehrung der „Hyperdulie", welche die Kirche ausschließlich der Mutter des Herrn zu theil werden läßt; nur in dieser Thatsache findet die Feier der meisten Feste Mariä, finden viele Stellen in den für ihre Feste vorgeschriebenen liturgischen Formularien ihre volle Erklärung. Ganz unverkennbar tritt dieselbe namentlich hervor in den Festen der Reinigung, der Verkündigung, der sieben Schmerzen und der Heimsuchung Mariä, sowie in vielen Elementen der Liturgie des Adventes, des Weihnachtsfestes und der Octav des letztern.

Wenn ich schließlich noch sage, ich finde es wünschenswerth, daß, was den Namen der Jungfrau betrifft, für den Genitiv und Dativ desselben in der Verkündigung des Wortes Gottes das lateinische „Mariä" festgehalten würde statt des modernen „Mariens" und „Marien", so mag diese Bemerkung immerhin unwesentlich erscheinen. Meines Erachtens ist es in hohem Maße der Mühe werth, darauf zu sehen, daß die Ehrfurcht gegen die Gebenedeite

---

[1] Ac per hoc illa una femina ... spiritu plane mater est membrorum Christi, quod nos sumus: quia *cooperata est* caritate, ut fideles in Ecclesia nascerentur (*Aug.*, De sancta virgin. c. 6, n. 6).

unter den Frauen in der Christenheit auf alle Weise gehegt und befördert werde, und hierfür ist, glaube ich, die Vermeidung der profanen Flexion „Mariens" oder „Marias" wohl ein leichtes, aber keineswegs ein bedeutungsloses Mittel.

304. (IX.) An jenen Propheten, den man sehr mit Grund den Evangelisten des Alten Bundes genannt hat, erging einst die Mahnung: „Auf hohen Berg steig hinan, der du Botschaft der Freude bringst für Sion; erhebe mit Macht deine Stimme, der du Freude verkündigst für Jerusalem; sage den Städten von Juda: Seht, euer Gott!" (Is. 40, 9.) Dieser Befehl gilt in höherem Maße denen, welche das Evangelium des Neuen Bundes zu verkündigen berufen sind. Ich habe Ihnen in den vorhergehenden Nummern die Lehren der Offenbarung, welche für die Verkündigung des Wortes Gottes von vorzüglicher Wichtigkeit sind, in kurzer Uebersicht soviel als möglich vollständig vorzuführen gesucht. Aber alle die großartigen Wahrheiten und Thatsachen, welche diese Lehren umschließen, sind Wirkungen ohne Ursache, Folgerungen ohne Prämissen, Copien ohne ein Original, sind etwas Relatives ohne ein Absolutes, etwas Schwebendes ohne einen festen Punkt, eine Peripherie ohne Centrum, wenn wir eine Wahrheit und eine Thatsache vergessen. Denn der Anfang und die Mitte und das Ende aller Offenbarung, das wesenhafte Wort Gottes, die substantielle Wahrheit, das lebendige Princip des christlichen Lebens, sein concretes Gesetz und sein unerschaffenes Licht, das ist derjenige, von dem geschrieben steht: *In ipso vita erat, et vita erat lux hominum, et lux in tenebris lucet, et tenebrae eam non comprehenderunt.* Daß es die Finsterniß begreife, dieses „Licht vom Lichte", daß es in Wahrheit „das Leben der Menschen" sei und bleibe, daß die Menschheit durch ihn lebe und aus ihm, so wie er selber lebt durch den Vater, für dieses Ziel zu arbeiten ist die ganze Aufgabe des Predigers. Denn der erschöpfende Ausdruck für den Begriff „christliches Leben" ist: „Wiederholung des Lebens Christi", und nichts ist für den Christen wichtiger, nichts von höherer Bedeutung, nichts nothwendiger und unerläßlicher als der innige Anschluß, die möglichst enge, immer lebendige Verbindung mit dem Erlöser. Der menschgewordene Sohn Gottes ist nicht bloß, wie so schön einst Clemens von Alexandrien ihn nannte, „der älteste Freund der Kinder Adams", sondern er ist auch wahrhaft ihr einziger Freund; und er ist nicht bloß ihr einziger Freund, sondern er ist auch ihre einzige Hoffnung. Denn wie sie von Ewigkeit her angeordnet war in den Rathschlüssen Gottes, so bleibt sie unabänderlich wahr durch alle Ewigkeit, die Thatsache, welche der erste Papst den ersten Verfolgern der Kirche Gottes entgegenhielt: „Kein anderer Name unter dem Himmel ist den Menschen gegeben worden, in welchem wir gerettet werden können, und nicht in irgend einem andern ist für uns das Heil" (Apg. 4, 12). „Niemand kommt zum Vater anders als durch ihn." Er ist „der erste und der letzte, der Anfang und das Ende", „der Weg, die Wahrheit und das Leben", er ist „das Licht der Welt", er ist der Mittelpunkt alles Seins, die einzige Quelle alles Lebens. Was von diesem Mittelpunkt sich losreißt, das hört nur insofern nicht auf zu sein, als es erforderlich ist, um ewig unglücklich sein zu können; was diesem Lichte sich verschließt, das überantwortet sich für immer der Finsterniß; was sich abwendet von diesem Quell des Lebens, das lebt nur fort, um ewig zu sterben. Was folgt hieraus, m. H.? Daß es keinen eigentlichern, keinen nothwendigern, keinen wesentlichern Gegenstand der Verkündigung des Wortes Gottes geben kann als die allerheiligste Person des Erlösers, sein Leben, sein Leiden, seine Herrlichkeit, seine Geheimnisse, sein Herz, daß mithin, was den Inhalt der geistlichen Vorträge betrifft, als oberster Canon die Parole des Apostels gelten muß: „Jesus Christus gestern und heute, Jesus Christus in Ewigkeit" (Hebr. 13, 8). „Ein anderes Fundament kann niemand legen außer dem, welches gelegt ist, und das ist Christus Jesus" (1 Kor. 3, 11), und wer baut ohne dieses Fundament, der gleicht „dem Unweisen, der sein Haus auf Sand gebaut".

Was nun die Einführung dieses wesentlichsten Gegenstandes der christlichen Religion wie des christlichen Lebens in die Predigt und die Katechese betrifft, so habe ich Sie schon früher (Nr. 58, 1) mit Hirscher aufmerksam gemacht, daß es vorzugsweise nothwendig ist, den Christen das Bedürfniß eines Erlösers möglichst fühlbar zu machen und sie deshalb sich klar und oft des Jammers und der Noth bewußt werden zu lassen, welche der Antheil der Menschheit ist und durch niemand gehoben werden kann als durch ihn, der eben darum einst „die Erwartung der Völker" war und „die Sehnsucht der ewigen Hügel". Außerdem will ich über den Gegenstand, um den es sich handelt, noch ein Doppeltes bemerken.

Erstens bilden die angedeuteten Wahrheiten die nothwendigen Themata eigener Vorträge bald didaskalischer bald panegyrischer oder paränetischer Art, oder namentlich auch unter der Form der Homilie. Besondere Hervorhebung verdienen:

a) jene Hauptgeheimnisse des Lebens und der erlösenden Thätigkeit des Herrn, welche als die hervorstechendsten Punkte des kirchlichen Jahres erscheinen (Weihnachten mit dem Advent, Epiphanie, die Fastenzeit mit der Karwoche, Ostern, das Fest der Himmelfahrt), und unter diesen ist wieder vorzüglich zu empfehlen das Leiden und Sterben des Erlösers. Predigten über diesen Stoff hört das Volk besonders gern; das Kreuz, durch das Blut des Sohnes Gottes geheiligt, übt eine eigene Anziehungskraft auf das christliche Gemüth, und wie das Leiden und Sterben des Erlösers ontologisch die erste Quelle aller Gnade und alles Heils ist, so gibt es auch kaum einen Gegenstand der christlichen Lehre, der psychologisch wirksamer wäre, christlichen Sinn und christliches Streben in den Herzen zu pflanzen und zu nähren. Der Geist, die Verdienste und die Vorzüge der Heiligen, welche die Kirche zu allen Zeiten verherrlichten, in denen die überirdische Schönheit der Braut des Sohnes Gottes sich offenbart, sind wunderbar mannigfaltig, wie die Blumen des Frühlings; die Kinder der Kirche haben Rosen und Lilien, Violen und Lorbeeren in den Brautkranz ihrer Mutter geflochten: *astitit regina a dextris tuis circumdata varietate;* aber alle diese bunte Pracht von Farben stammt aus einer Quelle: *hi sunt qui venerunt de tribulatione magna, et laverunt stolas suas in sanguine agni:* alle haben ihren Geist genährt und gekräftigt in der Betrachtung der Leiden des Erlösers, ihre Vorzüge aus dem unergründlichen Schatze seiner Verdienste und seines Beispiels geschöpft. — Die hier bezeichneten Stoffe, d. h. die historischen Thatsachen aus dem Leben des Erlösers, welche die Kirche in ihren jährlich wiederkehrenden Festen feierlich begeht — und wegen ihrer innigen Verbindung mit dem Erlöser und seinem Werke in gleicher Weise die Thatsachen aus dem Leben Mariä —, bilden den Inhalt der sogen. „Geheimnißpredigten".

b) Wir haben indeß den Gottmenschen und seine erlösende Thätigkeit nicht bloß historisch zu betrachten und in jenen Geheimnissen, welche der Vergangenheit angehören. Er lebt fort und fort gegenwärtig unter uns, nicht nur mystisch in und durch seine Kirche als die „fortgesetzte und immerwährende Incarnation des Wortes", sondern auch persönlich innerhalb dieser Kirche im Sacramente seines Leibes und Blutes; *exulta et lauda habitatio Sion, quia magnus in medio tui Sanctus Israel.* In diesem Geheimnisse ist er der lebendige, reale Mittelpunkt der Christenheit: die Quelle, von welcher in dem heiligen Meßopfer, in der Communion, in den zahllosen besondern und verborgenen Gnadenausströmungen der mannigfaltigsten Art durch alle Glieder des geheimnißvollen Organismus nie versiegende Lebenskraft sich ergießt, das Ziel und der Endpunkt, in welchem alle Lebensäußerungen dieses Organismus sich wieder sammeln, seine ganze Thätigkeit sich concentrirt. Die beiden ersten Seiten dieses Geheimnisses, seine Bedeutung für das christliche Leben als Opfer und als Sacrament habe ich bereits erwähnt. Hier habe ich Sie also nur noch auf die dritte Seite hinzuweisen, die **immerwährende Gegenwart des Herrn in unserer Mitte**, die Gnade und die Liebe, welche er uns dadurch nicht minder als durch das heilige Meßopfer und die Communion erweist, die Verehrung, welche wir dafür ihm, und die Ehrfurcht und Andacht, welche wir dem Hause Gottes schuldig sind, den Undank endlich, mit welchem wir ihm seine Herablassung vielfach vergelten. Es bedarf kaum der Bemerkung, daß alle drei Rücksichten, die ich vorher berührte, je nach verschiedenen Gesichtspunkten sich sowohl für didaskalische als für paregoretische Vorträge eignen.

c) Eines der wirksamsten Mittel für den früher bezeichneten Zweck der Predigten über den Herrn, die Förderung der Erkenntniß und der Liebe Jesu Christi und der innigen Verbindung mit ihm, ist, wie Sie wissen, die seit zweihundert Jahren mehr in Aufnahme gekommene und sehr verbreitete **Verehrung des Herzens Jesu**. Was die Vorträge über diesen Gegenstand betrifft, verweise ich Sie auf die Broschüren, welche ich über die Andacht zum Herzen Jesu veröffentlicht habe[1]. Es war an erster Stelle die Erfahrung, daß vielen die zu solchen Vorträgen nothwendigen Begriffe mangelten, welche mich diese Schriften auszuarbeiten veranlaßte. Sowohl das „Schreiben an einen Freund aus dem Laienstande" als die der Heiligen Schrift entnommene Litanei wird Ihnen eine Menge von Gedanken bieten, welche Sie zu Vorträgen für die sogen. Herz-Jesu-Andachten verarbeiten können.

---

[1] Fünf Sätze zur Erklärung und zur wissenschaftlichen Begründung der Andacht zum heiligsten Herzen Jesu und zum reinsten Herzen Mariä. Innsbruck, Wagnersche Universitätsbuchhandlung, 1869. — Die Andacht zum heiligsten Herzen Jesu und die Bedenken gegen dieselbe, ein Schreiben an einen Freund aus dem Laienstande. 2. Aufl. Freiburg, Herder, 1885. — Eine neue Litanei vom heiligsten Herzen Jesu, deutsch und lateinisch, nebst einigen andern Gebeten, zunächst für die gemeinsame Andacht. Ebd. 1871. (Die 2. Auflage erschien unter dem Titel: Eine Litanei vom heiligsten Herzen Jesu aus der Heiligen Schrift, nebst einigen andern Gebeten für die Herz-Jesu-Andacht.)

Soviel über selbständige, in ganzen Vorträgen auszuführende Themata, durch welche Sie den Centralgedanken und den persönlichen Mittelpunkt des christlichen Glaubens in die Predigt und ins christliche Leben einzuführen haben. Aber das allein ist nicht genug. Sie müssen, und das ist die zweite von den Bemerkungen, die ich vorher ankündigte, Sie müssen nicht nur darauf bedacht sein, wiederholt bei entsprechender Gelegenheit in selbständigen Vorträgen die angedeuteten besondern Themata zu behandeln, Sie müssen überdies Ihre gesamte Thätigkeit in der Verkündigung des Wortes Gottes so einzurichten suchen, daß dieselbe von jener einen Centralwahrheit soviel als möglich durchdrungen und belebt wird. Der menschgewordene Sohn Gottes ist ja thatsächlich das Alpha und das Omega, der Ausgang und das Ende jeder christlichen Wahrheit, jeder religiösen Idee, jeder Pflicht und aller Vollendung des übernatürlichen Lebens. Dieses thatsächliche Verhältniß darf man nicht aus den Augen lassen, wenn man anders christliche Wahrheit und christliches Leben richtig verstehen will; mit diesem Centrum muß man alles in Beziehung bringen, von diesem Ausgangspunkt alles in angemessener Weise herleiten, auf dieses letzte Ziel alles zurückführen. Gegen das Ende des zwölften Abschnittes werde ich veranlaßt sein, auf diesen Gedanken nochmals zurückzukommen.

305. Es ist ein ganzer Wald, es ist eine kaum zu bewältigende Fülle von Ideen, welche ich in dem vorhergehenden als wichtige und nothwendige Gegenstände für die Verkündigung des Wortes Gottes Ihnen nahegelegt und empfohlen habe. Wenn Sie es denn selber fühlen, — und Sie werden es lebendiger fühlen, wenn Sie einmal über kürzere oder längere Zeit an dem Ihnen von der Vorsehung zugewiesenen Platze im Weinberge Gottes stehen und es dann gilt, im Schweiße des Angesichtes auszureißen und zu reinigen, zu pflanzen und zu begießen und zu pflegen, zu schützen endlich gegen Nachtfröste und Reif, gegen Sturm und Hagel und Ueberschwemmung, gegen Verwüstung durch wilde Thiere wie gegen Zerstörung durch Feindeshand, — wenn Sie es fühlen, sage ich, von welcher unbedingten Nothwendigkeit es ist, daß jene Wahrheiten der Menschheit leuchten, jene Ideen die Geister beherrschen, jene Güter die Herzen fesseln und das unausgesetzte Ziel alles Ringens und alles Strebens bilden; wenn Sie überdies bedenken, wie wenig und wie kurz die Stunden sind und wie beschränkt die Mittel, die uns für diese schwerste aller Aufgaben, für dieses höchste aller Ziele zur Verfügung stehen, dann werden Sie es begreifen, wenn ich Sie jetzt schon inständig bitte und für alle Zukunft Sie beschwöre, doch niemals Ihre Aufgabe aus den Augen zu verlieren, doch nie durch ein falsches Streben nach Neuheit sich verführen zu lassen und infolgedessen die kostbare Zeit der Predigt zu verschwenden mit unfruchtbaren Declamationen, mit Sätzen und Ideen, welche nicht der christlichen Lehre, sondern dem Gebiete der rein natürlichen Erkenntniß angehören, mit philosophischer Speculation, mit nutzlosen Erörterungen und Untersuchungen, welche vielleicht die Ohren kitzeln, vielleicht eben darum die Räume der Kirche zur Zeit Ihrer Vorträge, wenigstens zeitweilig, mit Unterhaltung liebenden Zuhörern füllen, vielleicht bewirken, daß man viel von Ihnen redet, aber, um mit Michael Sailer zu sprechen, keine Augensalbe für den Blinden sind und keine Fußsalbe für den Lahmen, kein Licht den Seelen geben und keine Kraft eingießen in die Gemüther für den Dienst Gottes und für christliches Leben. Das betäubende Geräusch des irdischen Treibens umgibt ohne Unterbrechung die armen Menschenkinder, die verführerische Stimme der Welt tönt unausgesetzt in ihren Ohren, die falschen Güter und die Freuden eines Lebens, das so schnell dahingeht, lachen ihnen auf allen Seiten entgegen, verwirren ihnen den Sinn und fesseln das Herz; ist es denn möglich, daß sie nicht untergehen in der Liebe dessen, was keinen Bestand hat, ist es möglich, daß sie den hundertfältigen Reizen von außen und dem Drange der Begierden von innen siegreich und beharrlich widerstehen, wenn in dem Herzen die Liebe der unsichtbaren Güter erkaltet und stirbt, wenn die ernsten Wahrheiten des christlichen Glaubens dem Auge des Geistes entschwinden? Und ist es nicht unverantwortlich für den Priester, wenn das durch seine Schuld geschieht? Geschieht es aber anders als durch seine Schuld, wenn er, um Beifall zu ernten, um interessanter, pikanter, „geistreicher" zu predigen, die Zeit auf der Kanzel mit unfruchtbarem Gerede ausfüllt, wenn er, wie es in seltsamer Befangenheit manche lieben, immer die *Praeambula fidei* behandelt und darüber den eigentlichen Inhalt beiseite setzt, immer Prolegomena vorträgt und über das Einleiten und Vorbereiten niemals zur Sache selber kommt? „Ich beschwöre dich", schrieb einst an seinen Jünger der Apostel, „ich beschwöre dich vor Gott und vor Jesus Christus, der Gericht halten wird über Lebendige und Todte bei seiner Wiederkunft und bei seinem unvergänglichen Reiche, predige das Wort!" Was meint er für ein „Wort", das zu verkündigen er den Jünger so ernst beschwört? Vielleicht die Beweise der Metaphysik für das Dasein Gottes oder für die Immaterialität der Seele, oder den Nachweis, daß der Pantheismus widersinnig, oder daß die Offenbarung und das Wunder nicht unmögliche Dinge seien? Eine andere Stelle, aus dem Briefe an Titus, mag uns hierüber Aufschluß geben; denn sie enthält in wenig Worten eine ziemlich umfassende Anweisung darüber, was der Apostel gepredigt wissen will. „Offenbar geworden ist die Gnade Gottes unseres Erlösers allen Menschen, und sie unterweist uns, daß wir, absagend der Gottlosigkeit und den weltlichen Begierden, nüchtern, gerecht und gottesfürchtig leben sollen in dieser Welt, und erwarten die selige Hoffnung und die glorreiche Wiederkunft unseres großen Gottes und Heilandes Jesus Christus, welcher sich selber hingegeben hat für uns, um uns loszukaufen von aller Sünde und uns zu reinigen, auf daß wir ihm ein wohlgefällig Volk seien in der Uebung guter Werke. **Das lehre und predige, darauf bestehe mit allem Nachdruck. Niemand soll es wagen, dich zu mißachten!"** (Tit. 2, 11 ff.) Diese kurze Stelle recapitulirt fast vollständig alle Punkte, welche ich Ihnen in dem gegenwärtigen Kapitel nahegelegt habe; so glauben Sie mir denn, m. H., und lassen Sie sich niemals beirren durch Anschauungen und Theorien, welche mit den Vorschriften des Heiligen Geistes keineswegs übereinstimmen.

Noch ein Wort als Beschluß dieser Anweisungen über den Gegenstand der geistlichen Vorträge im allgemeinen. Ich habe Ihnen ziemlich viele Kapitel aufgezählt, welche in der Verkündigung des Wortes Gottes zu behandeln seien, und bei manchen noch eine nicht geringe Zahl einzelner Themata besonders namhaft gemacht. Das ist alles, was die Theorie der Beredsamkeit in dieser Beziehung thun kann; aber zu genügen für unsern Zweck, Sie in den Stand zu setzen, für den Inhalt Ihrer Vorträge immer eine entsprechende Wahl treffen zu können, das vermag ein solcher Katalog, und wäre er noch so vollständig, nie und nimmer. Andeutungen kann der Unterricht geben und Winke, aber sie sind unnütz, sie werden gar nicht einmal verstanden, wenn nicht in dem Prediger selbst ein doppeltes sich findet. Das ist einerseits tiefes Verständniß der christlichen Lehre durch gründliches und anhaltendes Studium der Heiligen Schrift und der Theologie, andererseits eigenes, tief im Herzen wurzelndes christliches Leben in Furcht Gottes und Liebe zu ihm, in treuem Anschluß an die Kirche, in einer Gesinnung und einem Wandel, wie er des Priesters würdig ist. Glauben und lieben, das kann allein das Herz; darum ist allein das Herz im stande, die christliche Wahrheit zu verstehen, ihren eigentlichen Kern zu erfassen, sie nach ihrem ganzen Inhalt und nach ihrer ganzen Tiefe zu durchdringen; denn lebendiger Glaube an Thatsachen, welche über allen Sinn und alles menschliche Denken weit hinausliegen, starke, beharrliche, opferwillige, hingebende Liebe, das ist ja das ganze Wesen der christlichen Religion. Die geistlichen Uebungen des hl. Ignatius als eines der bewährtesten Mittel hierfür an diesem Orte zu nennen, ist überflüssig. Aber nennen und empfehlen muß ich sie Ihnen, nicht als Gegenstand des bloßen Studiums, sondern als Uebungen, welche durchlebt werden müssen, und das nicht einmal, sondern oft aufs neue, eben in Rücksicht auf jenen Zweck, um den es sich hier zunächst für uns handelt. Dieselben werden Ihnen eben ganz vorzüglich helfen, in den innersten Geist der christlichen Lebensweisheit einzudringen und die Bedeutung jener Ideen verstehen und empfinden zu lernen, um welche alles christliche Leben sich dreht, die mithin nothwendig auch den Hauptinhalt und den Kern aller Predigt des Wortes Gottes bilden müssen. Scheint es Ihnen darum vielleicht einmal in der Zukunft weniger nothwendig, daß Sie Ihres eigenen Heiles wegen von Zeit zu Zeit eine bestimmte Anzahl von Tagen diesen Uebungen widmen, dann möge die Rücksicht auf Ihr Amt als Verwalter des Wortes Gottes und der Eifer und die Liebe für jene Sie dazu bestimmen, deren ewiges Heil in Ihre Hand gelegt sein wird.

Homilie über Matth. 3, 13—17.

(Von dem hl. Johannes Chrysostomus[1].)

„Damals kam Jesus von Galiläa her an den Jordan zu Johannes, um von ihm getauft zu werden. Johannes aber hielt ihn zurück und sprach: Ich habe nöthig, von dir getauft zu werden, und du kommst zu mir? Es entgegnete aber Jesus und sprach zu ihm: Laß es jetzt geschehen; denn also geziemt es uns, zu erfüllen jegliche Gerechtigkeit. Alsdann ließ er ihn hinzu. Nachdem er aber getauft war, stieg Jesus herauf alsogleich aus dem Wasser. Und siehe, es öffnete sich ihm der Himmel: und er sah den Geist Gottes niedersteigen wie eine Taube und herabkommen auf sich. Und siehe, eine Stimme vom Himmel sprach: Dieser ist mein geliebter Sohn, an welchem ich Wohlgefallen habe" (Matth. 3, 13—17).

1. „Jesus", erzählt der Evangelist, „Jesus kam an den Jordan zu Johannes, um von ihm getauft zu werden." Also unter den Knechten kommt auch der Herr zur Taufe, mit den Sündern der, welcher Gericht hält über die Sünde. Aber wir haben nicht Grund, das besonders auffallend zu finden; gerade indem er sich in solcher Weise erniedrigt, offenbart er um so herrlicher seine unendliche Größe. Denn wenn wir bedenken, daß er sich herabließ, so lange Zeit in dem Schoße der Jungfrau zu wohnen, aus demselben mit unserer Natur bekleidet als Mensch hervorzugehen, die Schmerzen der Geißelung, die Schmach des Todes am Kreuze und alle übrigen Bitterkeiten seines Leidens zu ertragen: dann kann es uns ja doch nicht Wunder nehmen, wenn er sich auch herabläßt, die Taufe zu empfangen und in dieser Absicht gleich den übrigen vor seinem Knechte zu erscheinen. Was uns ewig unbegreiflich bleiben wird, andächtige Christen, das ist dieses, daß er Mensch werden wollte, da er

---

[1] In Matth. hom. 12. Die (90) Homilien über das Evangelium des hl. Matthäus hielt Chrysostomus, da er noch Priester war, um das Jahr 390 zu Antiochia. Manche seiner Homilien erscheinen minder abgerundet und hie und da kleiner Ergänzungen und Ausfüllungen bedürftig. Oft haben sie keinen eigentlichen Eingang; aber wenn man berücksichtigt, daß vor eine jede die Verlesung des zu erklärenden Abschnittes aus der Heiligen Schrift gehört und daß sie überdies meistens in sehr kurzen Zwischenräumen aufeinanderfolgten, dann kann das nicht als ein Mangel gelten. Die Uebertragung, welche ich gebe, ist treu, aber sklavisch freilich nicht. Ich hatte bei der Uebertragung lediglich den Zweck im Auge, den ich dadurch fördern wollte, und die Leser, für die ich arbeitete, ohne auf gewisse obligate Scrupel und hergebrachte Ausstellungen eines ebenso oberflächlichen als kleingeistigen Recensententhums Rücksicht zu nehmen. Diese letzte Bemerkung möchte ich zugleich noch auf manche andere Stelle dieses Buches bezogen haben.

Gott war; nachdem das einmal geschehen war, ergab sich alles übrige von selbst. Eben darum hatte Johannes der Täufer alles das, was wir in dem letzten Vortrage gehört haben, schon vorher dem Volke gesagt: nämlich daß er nicht werth sei, Jesu die Schuhriemen aufzulösen; daß in seine Hand das Gericht gelegt sei und er einem jeden vergelten werde nach seinen Werken; daß endlich durch ihn alle der Fülle des Heiligen Geistes theilhaftig werden würden. Johannes wollte hierdurch bewirken, daß das Volk den Herrn nicht gering= schätzte, wenn es sehen würde, wie auch er käme, die Taufe zu empfangen.

Aus demselben Grunde hielt er ihn denn auch zurück, als er jetzt wirk= lich kam, indem er sagte, wie wir gehört haben: „Ich habe nöthig, von dir getauft zu werden, und du kommst zu mir?" Die Taufe des Johannes war nämlich eine Uebung der Buße, und wer sie empfing, der bekannte dadurch öffentlich, daß er ein Sünder wäre. Damit nun die Leute nicht dächten, Jesus erscheine gleichfalls aus diesem Grunde am Jordan, so war Johannes schon vorher diesem Irrthum zuvorgekommen, indem er Jesus das Lamm Gottes genannt hatte, durch welches die Sünde der ganzen Welt gesühnt würde. Denn wer die Sünde der ganzen Menschheit tilgen konnte, der mußte um so mehr selbst von aller Sünde frei sein. Eben darum hatte er, als er den Herrn sich nähern sah, nicht gesprochen: Da kommt der Mann, der von aller Sünde frei ist, sondern: „Da kommt der, welcher die Sünde der Welt hinwegnimmt" (Joh. 1, 29), damit wir hierdurch um so fester überzeugt wären, daß Jesus von aller Sünde frei sei und in ganz anderer Absicht komme, sich taufen zu lassen. Deshalb also sagte er jetzt zu ihm, wie ich eben erwähnte: „Ich habe nöthig, von dir getauft zu werden, und du kommst zu mir?" Er sagte nicht: und du willst von mir die Taufe empfangen? Dieses Wort auszusprechen, fehlte ihm durchaus der Muth. Was sagte er denn? Er sagte nur ganz allgemein und unbestimmt: „und du kommst zu mir?"

2. Was antwortete ihm der Herr? Er verfuhr gerade so, wie drei Jahre später dem hl. Petrus gegenüber. Denn dieser, wie ihr wißt, wollte ihn gleichfalls abhalten, ihm die Füße zu waschen; aber als er den Er= löser sagen hörte: „Was ich thue, das verstehst du jetzt nicht, wirst es aber später verstehen", und: „sonst wirst du nicht theil haben an mir" (Joh. 13, 7. 8), da hörte er sofort auf sich zu sträuben, und gab nach. In der= selben Weise erfüllte auch Johannes der Täufer sogleich den Willen des Herrn, als er von ihm die Worte hörte, die das Evangelium berichtet: „Laß es jetzt geschehen, denn also geziemt es uns, zu erfüllen jegliche Gerechtigkeit." Denn Johannes sowohl als der Apostel handelten nicht aus hartnäckigem Widerspruchsgeist, sondern sie ließen sich von der Liebe und vom Gehorsam leiten und fügten sich in allen Stücken dem Willen des Herrn. Ihr müßt aber hierbei namentlich eines nicht übersehen. Der Heiland beruft sich, um den Johannes zu bestimmen, gerade auf jene Rücksicht, um deren willen dieser es für unbillig hielt, ihm zu willfahren; denn er sagte nicht zu ihm: so fordert es die Gerechtigkeit, sondern: „so geziemt es sich." Johannes fand es un= geziemend, wenn der Herr von einem Knechte getauft würde: und gerade dieses stellte der Herr in Abrede. Als ob er zu ihm gesprochen hätte: Nicht wahr, du kannst dich nicht entschließen mich zu taufen, weil du glaubst, das schicke sich nicht? Gerade darum „laß es jetzt geschehen": denn es schickt sich gar

sehr. Indes sagte er nicht einfach: Laß es geschehen, sondern er setzte bei „jetzt": „laß es jetzt geschehen." Es wird nämlich so nicht immer bleiben; die Zeit wird kommen, da du mich in jenem Zustande siehst, in welchem mich zu sehen du wünschest; aber für jetzt warte in Geduld, bis diese Zeit eingetreten ist. Außerdem aber deutete er ihm an, warum es sich jetzt also gezieme, wie er es verlangt hatte. Warum geziemte es sich denn? Weil wir dadurch das Gesetz vollständig erfüllen. Denn das bedeuten die Worte: „zu erfüllen jegliche Gerechtigkeit"; weil die Gerechtigkeit eben nichts anderes ist als die Beobachtung der Gebote. Es ist also soviel, als ob der Herr gesagt hätte: Da wir die übrigen Gebote alle erfüllt haben und dieses allein noch übrig ist, so müssen wir jetzt auch dieses noch hinzunehmen. Denn ich bin gekommen, den Fluch aufzuheben, der für die Uebertretung des Gesetzes verhängt war. Deßhalb muß ich meinerseits zuerst das Gesetz vollständig erfüllen und euch von der Strafe frei machen; dann erst kann ich es aufheben. Darum geziemt es sich mithin, daß ich das Gesetz vollständig beobachte; wenn es sich anders geziemt, daß ich den Fluch aufhebe, der wider euch im Gesetze geschrieben steht. Denn dazu bin ich Mensch geworden und in diese Welt gekommen.

3. „Da ließ Johannes ihn hinzu", heißt es weiter. „Nachdem er aber getauft war, stieg Jesus sogleich herauf aus dem Wasser. Und siehe, es öffnete sich ihm der Himmel: und er sah den Geist Gottes niedersteigen wie eine Taube und herabkommen auf sich." Weshalb geschah dieses auffallende Wunder, meine Christen? Ich will es euch sagen. Die Juden glaubten allgemein, daß Johannes viel höher stehe als Jesus. Denn sie wußten, daß er von seinem frühesten Alter einsam in der Wüste ein heiliges Leben geführt hatte, daß er der Sohn eines angesehenen Priesters und auf wunderbare Weise geboren war; sie sahen ihn ein strenges Bußgewand tragen und alle zur Taufe und zur Bekehrung ermahnen. Jesus dagegen war der Sohn einer armen unbekannten Mutter: denn man wußte ja damals noch nicht, daß diese ihn als Jungfrau empfangen und geboren hatte; er war im Hause seiner Eltern aufgewachsen, hatte bis dahin in ganz gewöhnlicher Weise gelebt und kleidete sich wie alle übrigen Menschen; von dem Großen und Göttlichen hingegen, das in ihm wohnte, war noch nichts offenbar geworden. Darum also stand Johannes bei ihnen in viel höherem Ansehen. Diese Meinung mußte sich nothwendig noch mehr befestigen, als jetzt auch das hinzukam, daß Jesus von Johannes getauft wurde. Man konnte nicht anders denken, als daß er ein gewöhnlicher Mann aus dem Volke sein müsse; sonst wäre er ja nicht mit den andern Leuten gekommen, sich taufen zu lassen. Also damit diese irrige Meinung des Volkes nicht die Oberhand behielte, darum that sich, als der Herr getauft war, über ihm der Himmel auf; darum stieg der Heilige Geist auf ihn herab und erscholl überdies zugleich die Stimme, welche seine Größe kundmachte, indem sie ihn für den eingeborenen Sohn Gottes erklärte. Wäre allein die Stimme erschollen, hätte man bloß die Worte gehört: „Dieser ist mein geliebter Sohn", so würde es leicht haben geschehen können, daß die Anwesenden dieselben auf Johannes bezogen. Denn die Stimme sprach nicht: Dieser, welcher jetzt die Taufe empfangen hat, ist mein geliebter Sohn, sondern einfach: „dieser"; und jeder, der das hörte, würde es viel eher auf den Täufer gedeutet haben, als auf den Mann, der sich eben taufen ließ, sowohl

wegen der hohen Würde des Täufers als aus den Gründen, auf die ich euch vorher aufmerksam gemacht habe. Deßhalb eben ließ sich der Heilige Geist sichtbar in der Gestalt der Taube auf Jesus nieder und gab so allen zu erkennen, daß mit dem Worte „dieser" nicht Johannes gemeint sei, sondern Jesus, der von ihm die Taufe empfangen hatte.

4. Aber warum, werdet ihr euch denken, warum glaubten sie denn nach einem so wunderbaren Ereignisse doch nicht an den Herrn? Liebe Christen, auch zu den Zeiten des Moses wirkte Gott viele Wunder, wenn sie auch anderer Art waren: und dennoch, nach allen diesen Wundern, nach dem Donnern und dem Blitzen und dem Schalle der Posaunen und allen jenen furchtbaren Zeichen, unter denen sie die zehn Gebote empfangen hatten, dennoch beteten sie wieder das goldene Kalb an und ergaben sich der Abgötterei. Ja die nämlichen, welche jetzt der Taufe des Herrn beiwohnten, waren, als sie drei Jahre später mit eigenen Augen selbst die Auferweckung des Lazarus sahen, doch so weit entfernt, an den, der solche Wunder wirkte, zu glauben, daß sie vielmehr wieder und wieder Versuche machten, ihm das Leben zu nehmen. Wenn somit nicht einmal die Auferweckung eines Todten im stande war, ihre Schlechtigkeit zu überwinden, ist es dann zu verwundern, daß die Stimme vom Himmel auf sie keinen Eindruck machte? Ist das Herz einmal verdorben, hat die Leidenschaft des Hasses und der Eifersucht es einmal in Besitz genommen, dann ergibt es sich auch auf die größten Wunder nicht mehr: so wie umgekehrt eine gute Seele alles gläubig annimmt und besonderer Zeichen kaum bedarf. Darum wundert euch nicht darüber, daß die Juden nicht an den Herrn glaubten; fraget vielmehr, ob nicht alles geschehen war, was nöthig sein konnte, um sie zum Glauben zu bringen. Schon durch den Mund des Propheten hatte einst Gott der Herr sich ihnen gegenüber hiermit gerechtfertigt. Er hatte nach seiner Gerechtigkeit beschlossen, daß das israelitische Volk seiner fortwährenden Sünden wegen zu Grunde gehen sollte; damit nun nicht jemand seiner Vorsehung das zur Last legte, was die Folge ihrer Verkehrtheit war, darum sprach er: „Was ist, das ich noch hätte thun sollen diesem meinem Weinberge, das ich nicht gethan?" (Is. 5, 4.) Geradeso müßt ihr in dem gegenwärtigen Falle denken: Was konnte Gott thun, das er nicht gethan hätte? Und so oft ihr hört, daß man der Schlechtigkeit vieler Menschen wegen Gott und seine Vorsehung angreift, müßt ihr in dieser Weise dieselbe vertheidigen.

5. Aber laßt uns wieder auf die Erzählung des Evangeliums zurückkommen. „Nachdem Jesus getauft war, stieg er sogleich heraus aus dem Wasser, und siehe, der Himmel öffnete sich ihm." Ich frage nochmals, warum geschah das, daß sich der Himmel aufthat? Auch deßhalb, damit wir erkennten, daß eben das gleichfalls geschieht, da wir die Taufe empfangen; daß Gott uns dann zu sich in den Himmel einladet, der unsere Heimat ist, und uns auffordert, mit der Erde nichts gemein zu haben. Denket nicht, Christen, dem sei nicht so, weil ihr es nicht mit euern leiblichen Augen sehet. Es ist euch ja nicht unbekannt, daß Gott in den ersten Zeiten, damals als die Kirche gegründet wurde, die Geheimnisse und die wunderbaren Wahrheiten unserer heiligen Religion immer durch sichtbare Erscheinungen und Zeichen dieser Art den Menschen kundgab. Er that das darum, weil wir bei der Beschränktheit

unseres Geistes solcher augenfälliger Dinge bedürfen, und weil viele das Unsichtbare nicht fassen können und nur das Sichtbare auf sie Eindruck macht; aber es war dabei zugleich seine Absicht, daß diese sichtbaren Wunder, wenn sie sich auch später nicht mehr wiederholten, uns bestimmen sollten, das fest zu glauben, was er durch sie im Anfange kundgegeben. So ließ er ja auch am Pfingstfeste über dem Hause, wo die Apostel versammelt waren, jenes gewaltige Brausen, wie von einem nahenden Sturmwinde, sich erheben und die feurigen Zungen sichtbar werden, nicht der Apostel wegen, sondern um der Juden willen, die damals in Jerusalem waren. Dieses Wunder geschieht jetzt nicht mehr, und dennoch glauben wir fest an die Wahrheit, welche durch dasselbe einst verkündigt wurde. Und in gleicher Weise erschien bei der Taufe des Herrn die Taube; sie hatte zunächst die Bestimmung, denen, welche zugegen waren, und dem Johannes ganz unverkennbar den Sohn Gottes zu zeigen; aber Gott wollte uns dadurch zugleich belehren, daß auch auf uns der Heilige Geist herabkommt, wenn wir das Sacrament der Taufe empfangen. Eines sichtbaren Zeichens hierfür bedürfen wir nicht mehr; alle Wunder ersetzt uns der Glaube, denn wie der Apostel sagt, die Wunder wirkt Gott nicht der Gläubigen wegen, sondern um der Ungläubigen willen.

6. Aber warum erschien der Heilige Geist gerade in der Gestalt einer Taube? Die Taube ist ein sanftes, stilles, reines Wesen. Und der Heilige Geist ist der Geist des Friedens: darum offenbart er sich in dieser Gestalt. Es läßt sich indes noch ein anderer Grund hierfür angeben: er wollte uns nämlich durch die Gestalt, die er annahm, eine Thatsache aus alter Zeit ins Gedächtniß rufen. In jenen Tagen, als die Wasser der Sündfluth die ganze Erde bedeckten und dem gesamten Menschengeschlechte den Untergang drohten, da war es die Taube, welche das Ende der grausen Verwüstung verkündete, und in ihrem Schnabel den Oelzweig tragend, für die Erde als Botin des Friedens erschien. Diese Thatsache aber sollte eine andere vorbedeuten, welche damals noch einer fernen Zukunft angehörte. Zur Zeit der Sündfluth nämlich stand es um die Menschen viel schlimmer; sie hatten sich einer viel schwerern Strafe schuldig gemacht, und doch ließ Gott die Menschheit nicht zu Grunde gehen. An dieses sein Erbarmen sollte bei der Taufe des Herrn die Gestalt der Taube uns erinnern und uns so ein Ruf sein zu großer Hoffnung; sie sollte uns belehren, daß, wenn Gott damals, wo alles verloren schien, sich versöhnen ließ und die Menschheit rettete, wir dies um so mehr jetzt von ihm erwarten dürften; daß, wenn damals eine furchtbar schwere Strafe das Mittel der Rettung war, wir jetzt das Heil finden sollten durch Liebe und überschwängliche Gnade. Darum trägt die Taube dieses Mal nicht einen Oelzweig, sondern sie weist uns hin auf den, der unser Erlöser ist aus allem Jammer und das Unterpfand jeder seligen Hoffnung; sie bringt nicht einem einzelnen Menschen die Befreiung aus der Arche, sondern sie zeigt durch ihr Erscheinen der gesamten Menschheit den Weg zum Himmel und bringt statt des Oelzweiges für alle die Kindschaft Gottes.

Erkennet wohl, wie groß die Gnade ist, und hütet euch, von dem Heiligen Geiste darum eine geringere Meinung zu hegen, weil er in solcher Gestalt sich offenbarte. Denn ich weiß sehr gut, daß manche behaupten, es bestehe zwischen Christus und dem Heiligen Geiste ein ähnlicher Unterschied, wie zwischen dem

Menschen und der Taube, eben weil Christus in unserer Natur auftrat, der Heilige Geist dagegen sich in der Gestalt einer Taube zeigte. Was ist hierauf zu antworten? Nichts anderes als dieses, daß der Sohn Gottes die Natur des Menschen angenommen hatte, aber keineswegs auch der Heilige Geist die Natur der Taube. Es heißt im Evangelium ja auch nicht, er sei erschienen in der Natur der Taube, sondern in der Gestalt der Taube; und überdies offenbarte er sich nur dieses einzige Mal in dieser Gestalt und niemals sonst. Wenn ihr aus einer solchen vorübergehenden Erscheinung die Folgerung ziehen wollt, der Heilige Geist sei geringer als der Sohn Gottes, dann müßt ihr auch annehmen, daß er geringer sei als die Cherubim, und zwar um so viel, als die Taube unter dem Adler steht, denn in dieser Gestalt wurden die Cherubim gesehen; dann müßt ihr weiter zugeben, der Heilige Geist stehe unter den Engeln, weil diese, wie ihr selber wißt, oft in menschlicher Gestalt erschienen sind. Aber nein, Christen, es ist nicht so, gewiß nicht. Verwechselt doch nicht die Thatsache der Menschwerdung des Sohnes Gottes mit einer einmaligen Erscheinung in irgend einer sichtbaren Gestalt. Seid nicht undankbar einem Wohlthäter, wie es der Heilige Geist für uns ist, und vergeltet ihm nicht Gutes mit Bösem, nachdem er uns die Quelle des ewigen Lebens geöffnet hat. Denn mit der Würde der Kindschaft Gottes hat er uns frei gemacht von allem Uebel und alles, was gut ist, uns geschenkt.

Eben darum mußte von jener Zeit an die Taufe der Juden ein Ende nehmen und an ihre Stelle die unsrige treten, das heißt die christliche Taufe. Denn was der Herr später that in Rücksicht auf die Feier des Osterfestes, das that er hier in Rücksicht auf die Taufe. So wie er, sage ich, drei Jahre später beim letzten Abendmahle, indem er zugleich eine doppelte Osterfeier beging, die eine, nämlich die des Alten Bundes, aufhob und die andere an ihre Stelle setzte, gerade so ließ er hier, indem er die Taufe der Juden abschloß, jene Taufe beginnen, wodurch wir seiner Kirche einverleibt werden. Durch diese letztere allein wird der Mensch des Heiligen Geistes theilhaftig; eine solche Gnade vermochte die Taufe des Johannes nicht zu gewähren. Deshalb ereigneten sich auch jene wunderbaren Dinge, von denen wir gehört haben, keineswegs bei der Taufe der übrigen, sondern nur als er die Taufe empfing, durch welchen alle diese Gnaden uns zu theil werden sollten: darum that nur über ihm sich der Himmel auf, darum ließ allein auf ihn sich der Heilige Geist herab. Wir sollten dadurch erkennen, daß er, da wir die heilige Taufe empfangen, statt unseres frühern Lebens uns ein neues Leben verleiht; daß er da uns das Thor des Himmels aufschließt und den Heiligen Geist auf uns herabsendet, der uns unserer wahren Heimat entgegenführen soll, ja der uns überdies noch der höchsten Würde theilhaftig macht. Denn nicht Engel oder Erzengel werden wir durch ihn, sondern Kinder Gottes, von Gott selbst geliebt; dadurch will er uns in den Stand setzen, unsere hohe Bestimmung, das ewige Leben, zu erreichen.

7. Das sollten wir bedenken, und indem wir es bedenken, sollten wir ein Leben führen, das der Liebe dessen, der uns ruft, das der Gemeinschaft mit den seligen Bürgern des Himmels und der hohen Gnade, die uns zu theil geworden, in Wahrheit würdig wäre. Wir sollten der Welt gekreuzigt sein und uns die Welt, und mit aller Entschiedenheit wie Bürger des Himmels

leben. Dem Leibe nach sind wir freilich noch hier auf Erden; aber daraus folgt nicht, daß wir dieser Erde noch angehören, denn wir wissen, daß der, welcher unser Haupt ist, seinen Sitz im Himmel hat. Und gerade darum wollte der Herr, wie er zuerst auf diese Erde herabgestiegen und die Engel gleichfalls mit sich hierhergeführt, nachdem er uns zu Gliedern seines Leibes gemacht, wieder zurückkehren in den Himmel, damit wir lernten, daß wir auf dieser Erde ein Leben führen könnten, als ob wir schon im Himmel wären. Darum laßt uns doch nie vergessen jenes Adels, zu welchem wir gleich in den ersten Tagen unseres Lebens erhoben wurden; laßt uns Tag für Tag darauf bedacht sein, uns jenen herrlichen Wohnungen des Himmels mehr und mehr zu nähern und alles, was irdisch ist, als einen Schatten betrachten, der vorbeizieht, und wie einen Traum, an welchem keine Wahrheit ist. Wenn du ein armer Bettler wärest und ein Fürst dieser Erde nähme dich an Kindesstatt an und verliehe dir die Rechte seines Sohnes, ach, du würdest mit deinen Gedanken ja nicht mehr bei deiner ehemaligen Hütte weilen und ihrer Armut, und doch wäre der Abstand nicht von besonderer Bedeutung. So lege denn auch jetzt nicht so großen Werth auf das, was vergänglich ist, denn zu ganz andern Dingen bist du berufen. Und der, welcher dich berufen hat, das ist der Herr der Engel, und die Freude und die Herrlichkeit, auf die er dir das Recht gegeben, übersteigt allen Begriff und alles Verlangen. Er versetzt dich nicht auf dieser Erde von einem Orte an einen andern, wie der Fürst, von dem ich eben sprach, sondern er schenkt dir statt der Erde den Himmel, er gibt dir statt eines hinfälligen Lebens, an dessen Ende der Tod steht, die Unsterblichkeit und mit ihr eine Wonne, so überschwänglich groß, daß wir sie dann erst fassen werden, wenn wir ihrer theilhaftig sind.

Solche Güter warten euer, meine Christen, und doch bleibt fort und fort euer Sinn auf Geld und Gut gerichtet, hängt immer und immer euer Herz an Aufwand und eitlem Prunk; und doch begreift ihr nicht, daß alles, was die Augen unseres Leibes sehen können, werthloser als die schlechten Lumpen eines Bettlers ist. Wie könnt ihr denn Hoffnung haben, jener Herrlichkeit einst würdig befunden zu werden? Womit wollt ihr euch rechtfertigen? oder vielmehr was für Strafen müssen euch nicht treffen, da ihr nach solcher Gnade euch Dingen wieder hingebt, von denen ihr euch einst mit Schmerz und Abscheu abgewandt! Denn nicht einfach bloß als Menschen, sondern als Kinder Gottes werdet ihr gezüchtigt werden, wenn ihr Sünder wart, und je höher diese eure Würde, desto schärfer wird eure Strafe sein. Auch wir strafen ja einen Knecht weniger streng als einen Sohn, wenn beide sich des nämlichen Vergehens schuldig machen, namentlich wenn wir dem Sohne sehr hervorragende Beweise der Liebe gegeben hatten. Und wenn die ersten Menschen, die Gott in das Paradies gesetzt, nach so hoher Gnade um einer einzigen Uebertretung willen so vielfältiges Unheil treffen mußte: saget selbst, wie können wir, denen Gott das Recht auf den Himmel verliehen, die er zu Miterben seines eingeborenen Sohnes gemacht, wie können wir Vergebung hoffen, wenn wir, statt der Taube zu folgen, uns an die Schlange halten? Nein, uns wird Gott nicht mehr sagen: „Du bist Erde und sollst wieder zu Erde werden", noch auch: „In großer Mühseligkeit sollst du die Erde bebauen", oder etwas ähnliches, wie ehemals, sondern unser Antheil werden viel furchtbarere Dinge sein: die äußerste Finsterniß, unzerreißbare Ketten, der Wurm, der niemals stirbt, das Knirschen der Zähne. Und wahrlich mit vollem Rechte. Denn wer auch nach solchen Beweisen der Liebe von seiten Gottes nicht besser wird, der verdient es, daß ihn ohne Nachsicht die äußerste Strafe treffe[1].

Einst hatte der Prophet Elias die Gewalt, den Himmel zu öffnen und zu schließen, aber nur in dem Sinne, daß es in seiner Macht stand, den Regen herabzurufen über die Erde oder ihn fernzuhalten. Uns ist nicht in solcher Weise der Himmel aufgeschlossen, sondern so, daß es uns freisteht, in denselben einzugehen, und was noch mehr sagen will, nicht bloß selber einzugehen, sondern auch andere mit uns hineinzuführen, wenn wir nur wollen: so viel hat Gott uns anvertraut, so große Rechte hat er uns verliehen über alles, was er besitzt. Wenn denn also dort unsere Heimat ist, über den Sternen, so laßt uns darauf bedacht sein, dort auch alles zu hinterlegen, was uns gehört, damit es uns nicht verloren gehe. Denn hier auf der Erde bleiben uns ja unsere Schätze nicht. Ihr mögt sie hinter Schlössern und Riegeln aufbewahren noch so fest, ihr mögt tausend Wächter aufstellen, es mag euch gelingen, sie vor Diebstahl und Raub zu schützen, sie vor den Augen des Neides zu verbergen, von ihnen die Motten fernzuhalten, und so unmöglich es auch ist, selbst jenen Verfall, den immer die Zeit herbeiführt: dem Tode könnt ihr dennoch nicht entfliehen, und durch ihn wird euch in einem Augenblicke alles genommen werden, was ihr besitzt, genommen werden vielleicht, um in die Hände von Menschen überzugehen, die euch feind sind. Wenn ihr dagegen dort oben eure Schätze hinterlegt, wo eure Heimat ist, dann habt ihr von diesem allem nichts zu fürchten. Dort bedarf es keines Schlosses und keiner Riegel und keiner Bewachung; dort kann nichts gestohlen werden, nichts in Verlust gerathen, nichts mehr verderben.

Ist es folglich nicht im höchsten Maße unverständig, wenn wir uns hier Schätze sammeln, wo sie zu Grunde gehen müssen, jenseits hingegen, wo alles unversehrt bleibt, wo es fort und fort sich mehrt und zunimmt an Werth, auch nicht das mindeste hinterlegen, indes wir wissen, daß wir dort ohne Ende zu leben haben? O Christen, in dieser unserer Verkehrtheit liegt der Grund, weshalb die Heiden an die Wahrheit unserer Religion nicht glauben wollen! Denn sie wollen den Beweis dafür in unserem Handeln sehen, und wenn sie nun Zeugen sein müssen, wie wir mit großem Aufwand prächtige Häuser bauen und Lustgärten anlegen und großartige Bäder errichten und Landsitze kaufen, dann sträubt sich ihr Gemüth zu glauben, daß unser Sinn wirklich auf eine andere Heimat gerichtet ist, der wir entgegenziehen. Denn, so sprechen sie, wenn dem so wäre, dann würden die Christen alles, was sie

---

[1] Die vier letzten Sätze können offenbar nicht von jedem Christen gelten, der in eine schwere Sünde fällt oder auch in schweren Sünden lebt, sondern nur von solchen, die, wie einst Adam im Paradiese, im Zustande der schweren Sünde vor das Gericht Gottes treten. — Und wenn man die Worte des hl. Chrysostomus in dem Sinne nehmen wollte, als ob die Todsünde eines Christen schwerer und strafbarer wäre als die Sünde der ersten Menschen, so würde diese Auffassung durchaus unrichtig sein. Denn Adam sündigte einerseits in seiner Eigenschaft als das Haupt der Menschheit und ihr Vertreter, und er sündigte andererseits mit einer Freiheit und einer Erkenntniß, wie sie, die heilige Jungfrau ausgenommen, wohl keiner seiner Nachkommen besessen hat.

hier haben, verkaufen und das Geld in jener ihrer Heimat anlegen, und sie stützen sich dabei auf das Verfahren, das sonst die Menschen hier auf Erden einzuhalten pflegen. Das wißt ihr ja selbst, begüterte Leute trachten sich vor allem in jenen Städten Häuser und Gärten zu erwerben, wo sie sich niederzulassen denken. Wir hingegen machen es gerade umgekehrt: diese Erde, die wir so bald verlassen müssen, sind wir aufs eifrigste bemüht in unsern Besitz zu bringen und geben nicht bloß unser Geld hin, sondern selbst das Blut um wenige Joch Landes und ein paar Häuser; aber um den Himmel zu kaufen, können wir es nicht einmal über uns gewinnen, uns des Ueberflüssigen zu entäußern, da wir ihn doch um geringen Preis erwerben könnten und er, wenn wir es thäten, für immer unser Eigenthum sein würde. Dafür wird uns furchtbar schwere Strafe treffen, wenn wir arm und bloß in jene Welt hinüberziehen; und viel mehr noch als unsere eigene Armut wird das unser Verderben sein, daß wir andere in unsere eigene Verkehrtheit hineinbringen. Denn wenn die Heiden uns mit dieser Sucht nach den Gütern dieser Erde an so großen Geheimnissen, an den Sacramenten und am heiligen Opfer theilnehmen sehen, dann ist die natürliche Folge davon, daß in ihrem Herzen die gleiche Habsucht noch tiefere Wurzeln schlägt; ihretwegen muß folglich unsere Strafe noch um vieles härter werden. Sie sollten von uns alles, was sichtbar ist, verachten lernen, und gerade wir sind mehr als irgend jemand die Ursache, daß die Gier nach den Gütern dieser Erde in ihnen die Oberhand gewinnt; wie ist es da möglich, daß wir selig werden, indes wir zugleich die Schuld tragen an dem Verderben unserer Mitmenschen? Oder hat nicht Christus gesagt, daß wir das Salz der Erde sein sollten und das Licht der Welt? daß Herzen, die die Lust entnervt, von uns neue Frische und Kraft empfangen sollten, und Licht die Seelen, welche die Habsucht blind gemacht? Wenn wir also ihre Blindheit noch größer machen und ihre weichherzige Schwäche noch vermehren, welche Hoffnung dürfen wir uns dann noch machen auf die ewige Seligkeit? Keine Hoffnung, nein gewiß, auch nicht die mindeste, sondern Weinen und Knirschen der Zähne muß unser Antheil sein; gebunden an Händen und Füßen werden wir dem Feuer der Hölle überantwortet werden, nachdem die Sucht nach Geld und Gut uns vollständig zu Grunde gerichtet haben wird. O laßt uns das bedenken! Laßt uns die Fesseln dieser verführerischen Leidenschaft zerreißen, damit wir nicht jenen Fesseln verfallen, die uns dem unauslöschlichen Feuer preisgeben. Denn wer ein Sklave des Reichthums ist, der trägt Fesseln hier auf Erden und wird sie jenseits tragen auf ewig; wer dagegen diese Leidenschaft von seinem Herzen fernhält, der ist frei, frei hier und dort. Daß auch wir dieser Freiheit theilhaftig seien, daß wir das schwere Joch der Habsucht zerbrechen und uns auf zum Himmel schwingen, das verleihe uns allen die Gnade und die Liebe unseres Herrn Jesus Christus. Ihm sei die Herrlichkeit und die Ehre in Ewigkeit. Amen.

Die sechzehnte Missionspredigt Bertholds von Regensburg.

(Paränetisch.)

Von achterlei Speise in dem Himmelreich[1].

Es spricht der allmächtige Gott heute in dem heiligen Evangelio: „Meine Bürde ist ringe und mein Joch ist süß. Kommt her zu mir, ich will euch speisen." Und will euch der allmächtige Gott speisen, das will er thun mit achterlei Speise. Die will ich heute nennen euch allensamt. Er hat aber mehr Speise, denn Staub in der Sonne ist; noch mancherlei Speise will uns der allmächtige Gott geben, da er uns mit speisen will. Ihr Herren, eure Knechte können recht gar nichts; die da hie auf Erdreich kochen, die können recht nichts, das halt etwas wäre gegen so mancherlei Speise, die da zu Himmel ist. Die hat so mancherlei Geschmack, als Staub in der Sonne ist. Die Speisen auf Erdreich haben nicht mehr denn neunerlei Geschmack: sie kochen es hin, sie kochen es her, sie braten's hin, sie braten's her, wie immer sie es martern, so hat es doch nicht mehr denn neunerlei Geschmack. Die da zu Himmel sind, die können das wahre Kochen, die die Speise bereiten, dazu uns der allmächtige Gott geladen und gebeten hat. Die haben so vielerlei Geschmack, daß nimmermehr weder ich noch sonst jemand euch davon voll sagen kann, und ihrer sind mehr denn Staub in der Sonne. Da ihrer dann so viel der edeln Speisen sind, daß es niemand erdenken mag, so will ich euch doch achte nennen, auf daß, wenn jemand ist, der gern edle Speise genießet, daß er desto lieber zum Himmelreiche komme, dahin uns der allmächtige Gott geladen hat, zu dem Mahle, da er uns alle speisen will. Und darum hat er das Mahl so reichlich und so herrlich und kostbar gemacht, daß sie desto lieber zum Himmelreich kommen. Und so mancherlei Geschmack hat der allmächtige Gott diesen Speisen gegeben. Nun merket allesamt, welcherlei dieser Geschmack sei, der da achterlei ist.

Der erste Geschmack, den da die erste Speise hat, der hat die Kraft, wenn ihr zum Himmelreich kommt und wenn ihr die Speise nur einmal inne werdet, so habt ihr alsbald für immer Jugend ohne Alter. O ihr alten Leute, wie gar gerne sähet ihr allesamt, daß ihr jung wäret, und wurdet doch gern alt! Seht, da findet ihr beides an dieser ersten Speise und an dem ersten Schmacke, den die erste Speise hat. Und wollt ihr's Gott nicht

---

[1] Göbel, Die Missionspredigten des Franziskaners Berthold von Regensburg S. 242 ff.

zu Liebe thun und seiner heiligen Mutter, so thut es doch um das, daß ihr ewiglich lebet und daß ihr immer jung seid, wie ein Kind, das fünf Jahr alt ist. Daß das wahr sei, das zeigt man euch an den heiligen Engeln. Die sind älter denn sechzighundert Jahr, und wo man sie malt, da malt man sie anders nicht denn als ein Kind, das da fünf Jahr alt ist. Darum mögt ihr alle gern zum Himmelreich kommen, die Jungen samt den Alten. Die da hier jung sind, die werden doch gar bald alt; über sechzig Jahr spricht man: „Er ist ein alter Mann"; — und neigt einer sein Haupt gen ihn und spricht etwan: „Er ist wohl sechzig Jahr alt". Seid ihr aber dort sechzigtausend Jahr alt, so seid ihr so jung wie des ersten Tages. Darum mögen die Alten gerne zum Himmelreich arbeiten, zu den ewigen Freuden. Denn wenn ihr hunderttausend Jahre alt werdet, so hebt sich eure Jugend allererst an; und wenn ihr so manche tausend Jahre gelebt in den Freuden und in den Ehren, die Gott in dem Himmelreich geben will und dazu er euch geladen hat und damit er euch speisen will, so manche tausend Jahre als Tropfen in dem Meere sind, so hebt sich eure Jugend allererst an, und seid immer jung ohne Alter. Nun seht, welch eine Speise das ist und wie einen kräftigen Geschmack sie hat!

Die zweite Speise, die hat einen so kräftigen Geschmack, wenn alle Wasser Balsam wären, man könnte die Kraft und die Edelkeit der Speise nicht vergelten[1]. Ich spreche mehr: Wenn alle Berge golden wären, man könnte die Edelkeit damit nicht vergelten. Mit allem Reichthum, den diese Welt hat, könnte man diese Speise nicht vergelten, die euch Gott des andern Gerichts geben will, allen denen, die zum Mahle wollen kommen, dazu uns Gott geladen hat. Und die Speise hat so edeln Geschmack, und der Geschmack hat so große Kraft, wenn ihr derselben Speise nur zu einem Male inne werdet, so habt ihr fürbaß immer Wunsches Gewalt: alles, was ihr erdenken könnet oder möget, das wird alles vollbracht. Wollet ihr über hunderttausend Meilen weg in so kurzer Stund, als ein Augenbrau mag auf- und zugehen, so seid ihr dort. Nun seht, welch eine Speise das ist und welch einen edeln Geschmack die Speise hat! Es ist niemand, der es nicht nähme für diese ganze Welt, wenn sie golden wäre, daß er hätte Wunsches Gewalt. Das kann nicht geschehen in dieser Welt: denn der irdische Leib ist gar unedel, unedler denn die Seele, und wünschte vieles, was wider Gottes Willen wäre. Darum wird der Seele die Gewalt gegeben, wenn sie von dem irdischen Leibe scheidet in die ewigen Freuden zu der edeln Gottheit. Und der ist die edle Seele so gleich, daß nie ein Kind seiner Mutter so gleich war. Und weil die Seele Gott so gleich ist und wieder zu der Gottheit kommt, von dannen sie da kam, da sie der Engel dem Menschen eingoß in seiner Mutter Leib: so erkennt sie sich sogleich, daß sie wieder heimgekommen ist; und weil sie das gänzlich erkennet, daß sie nach der Gottheit gebildet ist und geadelt ist, und wie gänzlich sie dann die Gewalt erkennt, daß sie von Gott Wunsches Gewalt immer ewiglich haben soll, so minnet sie Gott so herzlich sehr, daß sie lieber Vater und Mutter, Bruder und Schwester und all ihr Geschlecht ewig in der Hölle wollte brennen lassen, ehe sie zu Gott begehrte, was sein Wille nicht ist.

---

[1] Vollkommenen Ersatz dafür geben, dem Werthe gemäß bezahlen.

So begehrt die Seele anderes nicht, denn was Gottes Wille ist. Sie wünschet, daß sie ewiglich bei Gott also sein möge; das wird ihr gewährt. Was immer sie zergänglicher Dinge wünschte, das wäre Gottes Wille nicht; daß sie etwa ihren Verwandten Ehre oder Gut auf dem Erdreich wünschte, das wäre alles Gottes Wille nicht, oder daß sie bei ihr in dem Himmelreich wären. Denn dann möchten die abtrünnigen Engel wohl sprechen, daß ihnen Gott hätte unrecht gethan; denn Gott hat dem Menschen zu freier Willkür gegeben, daß der Mensch sich selber verlieren oder bewahren mag. Darum wäre das auch Gottes Wille nicht. Alles, was Gottes Wille ist, das will auch die Seele; was die Seele will, das will auch Gott. Will die Seele sich führen wie der Vogel in den Lüften, das thut sie wohl und vieltausendmal ringfertiger. Will sie aller Engel Schar mit einem Anblicke beleuchten zumal, das ist geschehen. Will sie von einem Orte des Himmelreiches zum andern, wenn auch soviel tausend Meilen dazwischen sind, daß es niemand zählen oder rechnen kann, so ist sie von einem Ort bis an den andern so schnell, als ein Augenblick ergeht.

O ihr selige Christenheit! daß ihr doch erkennen möchtet, wie gar so edel die Seele ist und wie mannigfaltigen edeln Geschmack die Speise hat, dazu euch der allmächtige Gott geladen hat und mit speisen will! Des kann niemand das tausendste Theil sagen, wie ihm ist. Recht zu gleicher Weise so wenig als ein Kind, die Weil es in der Mutter Leib verschlossen ist, irgend eine Gezierde empfinden mag, die in der Welt ist, so wenig als das Kind empfinden mag die Gezierden alle, damit der allmächtige Gott die Welt geziert hat: das Firmament, und wie er das geziert hat mit Sonnen und mit dem edeln Sternenschein, mit Edelkeit der Steine und mit mancherlei lichter Blüthen Farben und Geschmack der Kräuter und der Blüthen und der Blumen, und all die Genehmheit und all die lustliche Freude, die die Welt hat, von Sommerwonne und von Vogelsange und von Saitenklange und von andern süßen Stimmen, und die Freude, die Menschenanblick gibt; so wenig das ein Kind empfinden mag, die Weil es in seiner Mutter Leib verschlossen liegt, und so fremd ihm davon zu sagen wäre, wenn es Vernunft hätte: — so wenig mag man je einem Menschen sagen von der unzähligen Freude und Wonne, die der allmächtige Gott der Seele geben will[1]. Und davon will ich euch achte sagen, daß ihr die andern besto besser erkennet an diesen achten, und auf daß ihr besto lieber zu den Freuden kommet und zu dem Mahle des allmächtigen Gottes, so will ich euch diese achte vollends sagen. Dabei merket die andern, denn ihrer ist soviel als Staub in der Sonne.

Die dritte Speise hat die Kraft: sobald ihr sie nur einmal empfindet und euch nur einmal wird, habt ihr fürbaß immer Freude ohne Trauer. Pfui, Tänzer und Tänzerinnen! ihr solltet gerne euch mühen um das Himmelreich, denn da ist Freude, die fest ist und die da während ist immerfort. Und ihr Torneyer (Turnierer)! all die Freude, die die Welt je gewann oder je gewinnen mag, das ist recht ein Staub und eine Eitelkeit, wie der weise Salomon da spricht und der gute St. Paulus. Der spricht also: All die Freude, die die Welt je gewann, das ist mir gerade wie ein Viertel an einem

---

[1] Vgl. Bd. I, S. 253 f.

Galgen[1]. So wohl mir damit wäre, wenn ich das liebkoste, so wohl ist es mir mit allen Freuden der Welt, es sei halt diese Freude oder jene. Darum sollt ihr dieser Welt Freude fliehen, auf daß ihr zu der Freude kommet, die kein Ende hat und die ohne Trauern ist. Euer Singen, ihr jungen Leute, und euer Tanzen und euer Springen und euer Glänzen und eure eitle Freude ist nichts und nichts, denn da geht der Jammersang nach, Trauern und Klagen. Darum sollt ihr gerne um das Himmelreich werben, wo Freude ohne Trauern ist.

Die vierte Speise, dazu euch der allmächtige Gott auch geladen hat, die heißt Reichthum ohne Armut. Pfui, Geiziger! da wird erst gewährt, was du begehrst und gelüstest. Möchtest du um das Himmelreich werben und vergelten und wiedergeben, Pfund für Pfund, Pfennig für Pfennig, Mark für Mark, bis auf den jüngsten Pfennig oder Hälbling, soferne du es leisten kannst und du die Leute weißt! Darum möget ihr gerne zum Himmelreich arbeiten, daß ihr ewiglich reich werdet ohne Armut und ohne Mühe. Ihr reichen Leute habt Sorge so groß und habt immer Furcht, daß ihr arm werdet. Und ihr armen Leute, ihr wäret meist alle gerne reich. Darum möget ihr armen und ihr reichen Leute gerne zum Himmelreich arbeiten, denn so ihr die Speise nur einmal kostet, so habt ihr immer Reichthum ohne Armut; da hat alle Armut ein Ende. Ihr Räuber! wäret ihr getreu und gewähr und hättet Arbeit um das Himmelreich, so dürftet ihr nimmermehr des Leibes Sorgen haben um Diebstahl und Raub. So müsset ihr des Leibes Sorge haben, und um Ehre und Gut und halt allezeit in Sorgen sein. Dasselbe spreche ich zu den Wucherern und zu den Vorkäufern und zu den Betrügern im Handel oder Handwerk. Pfui, ihr Geizigen, wie selten euch diese Speise wird, es wolle sich denn Gott gnädiglich über euch erbarmen! Ihr seid fremde Gäste an dem Mahle; denn ihr kommet nimmer dazu, ihr ersetzet denn und gebet wieder. Es ist aber Zinn und Kupfer zu einander gekommen, wenn der Geizige und das unrechte Gut zu einander kommen; das kann niemand scheiden, so wenig als man Zinn und Kupfer jemals scheiden mag. Dem entsagen alle Meister, die je die Schmelzkunst lernten. Zinn und Blei bringt man wohl voneinander, Zinn und Silber, Zinn und Gold, das bringt man alles wohl voneinander: aber Zinn und Kupfer, dem entsage alle Welt; das ist gute Glockenspeise, das klinget wohl. Wer ist dann froher als der Teufel, wenn er's dazu bringt, daß der Geizige und das unrechte Gut zusammenkommen? Da hat er's wohl geschafft, denn die kann kein Prediger noch mindre Brüder jemals voneinander bringen. Und darum seid ihr Geizigen fremde Gäste bei dem Mahle, das da heißt Reichthum ohne Armut. Du magst wohl eine Weile genug haben, das ist aber gegen den ewigen Reichthum, wie wenn da einer auf einem schnellen Rosse vor einem Kram(laden) schnell vorüberreitet und dem in den Kram nur ein Blick wird mit den Augen und der sogleich die Augen wieder aus dem Krame wirft, so wenig ist der Reichthum, den du hier mit dem unrechten Gut hast, gegen die Armut, die du darum ewiglich leiden mußt.

---
[1] Die ehemalige Justizpflege liebte, sich durch Galgenviertel, d. i. Theile vom Körper eines Hingerichteten, die sie bis zur Verwesung in Ketten an vier verschiedenen Galgen aufhängen ließ, in Respect zu setzen.

Die fünfte Speise, dazu euch der allmächtige Gott auch geladen hat, die heißet Leben ohne Tod. Und darum sollt ihr's also schaffen, ihr Herrschaften allesamt, daß ihr lebet, denn ihr mögt nicht sterben; darum kehrt euch zu dem ewigen Leben, wo ihr nimmer sterbet. „O weh, Bruder Berthold! Können die, die zur Hölle sind, auch nimmer sterben?" Nein, die sterben zu allen Zeiten. Ihr Leben heißet der ewige Tod, wie der gute St. Paulus da spricht: „Der Lohn nach den Sünden ist der Tod, aber die Gnade Gottes ist das ewige Leben." Darum fliehet den ewigen Tod und werbet um das ewige Leben, dazu euch der allmächtige Gott geladen hat, daß euch die Speise werde von Gott in den ewigen Freuden; dann seid ihr immer sicher vor dem ewigen Tode. Davor beschirme uns der allmächtige Gott! Denn da ist kein Rath: ihr müsset entweder immer leben oder immer sterben. O ihr reinen Gotteskinder, nun nehmet heute das Bessere! Es helfe mir der allmächtige Gott, daß ihr das Bessere wählet! Denn es ist gar ein ungleiches Ding: das ewige Leben und der ewige Tod.

Die sechste Speise, das ist Gesundheit ohne Siechthum. O welch eine Speise das ist! Seht, die ist auch gar eine edle Speise. Sie hat die Kraft und den Geschmack: sobald ihr sie nur einmal empfanget, so seid ihr fürbaß immer gesund ohne alles Siechthum. Nun seht, wie die Köche unseres Herrn, wie die können kochen und wie fleißiglich sie sich üben! Es verarzneiet mancher hier viele Pfunde und kann doch nicht heil werden noch gesund, und kann halt gar leicht weder genesen noch sterben. Seht, dort thut euch niemals das Haupt weh noch Zahn noch Aug noch Hand noch Fuß noch Rücken noch Rippe noch Ader noch irgend ein Glied, das an eurem Leibe ist, und ihr seid ewiglich gesund. Was gäbe einer, daß er nimmer gesund würde? Wenig oder halt nichts. Was gäbe einer, daß er nimmer siech würde? Ich halte dafür, er wollte immer ohne Fleisch darum sein oder ohne andere Dinge, die er gar hart entbehrte. Seht, nun sollt ihr nur eines thun und nur einem Dinge entsagen; das ist aller Dinge böstes und aller Dinge ungenehmstes, und ist halt so bös und so schädlich, daß nie ein Ding so schädlich war wie selbes. Auf daß ihr's alle meidet und fliehet, so will ich euch sagen, was es ist. Denn wenn ihr dasselbe Ding meidet, so wird euch der Geschmack der edeln Speise, die da heißet Gesundheit ohne Siechthum. Meidet die Sünde, das ist aller Dinge ungesundestes zu dem ewigen Leben. Darum hütet euch vor allen Hauptsünden, so werdet ihr gesund von dieser edeln Speise. Pfui, ihr Näscher[1] und Näscherinnen! Wie wollet ihr euch behüten vor diesem Gift zum ewigen Tode? Ihr seid gar ungesund an der Seele und tod-siech. Dasselbe sind die Geizigen und die Hoffärtigen und die Trägen in Gottes Dienst und die Neidigen und Hässigen und Zornigen und die mit Zauber und mit Giftsalben umgehen; und mit welcherlei Sünden die Leute umgehen, die ihnen Gott verboten hat, die sind allesamt ein Gift zum ewigen Leben, ich meine alle Sünden, die tödtliche heißen; davon kommt der ewige Tod. Buße nehme ich allezeit aus.

Die siebente Speise ist auch gar eine reiche Speise und gar wohlschmeckend und wohl gemeistert (meisterhaft verfertigt), die heißet Minne

---

[1] „Näscher" ist soviel als *fornicarius* oder auch allgemeiner = unkeusch.

ohne Haß. Das ist eine gar liebe Speise und hat einen tugendlichen, edeln Geschmack. Haß und Neid ist gar eine große Untugend, und thut dem Herzen so weh, wer Haß und Neid trägt, daß er immer gerne um das Himmelreich sollte werben, darum, daß ihm Haß und Neid nimmermehr weh thäte. Der wird nimmer recht wohlgemuth, wer Haß und Neid trägt in seinem Herzen. Wer aber Minne trägt gegen seinen Nächsten und gegen Gott und gegen seine eigene Seele, der hat ein sanftes Leben und mag ihm nichts Verdrießliches geschehen, weder klein noch groß. Denn alles, was ihm geschieht, das macht er sich nütze an seiner Seele und spricht anders nicht denn wie der gute Job, der Gott so herzlich minnete, daß Gott selber sprach, daß sich zu seinen Zeiten kein Gleicher auf dem Erdreich fände. Und ihm (Job) war herzlich wohl von der Minne, die er zu Gott trug und zu seinem Nächsten und zu seiner eigenen Seele. Ihm ward all sein Gut genommen und danach seine Kinder und seine eigene Gesundheit; aber er gewann nie einen Unmuth darum in sich. Die Minne ist der höchsten Tugenden eine; darum hat der allmächtige Gott die Minne so lieb, daß er das Himmelreich damit gezieret hat. Das ist die edle Speise, damit uns der allmächtige Gott speisen will. Darum sollen wir auf dem Erdreich die wahre Minne haben, daß wir im Himmelreich ewiglich damit gespeiset werden. Da ist Minne über Minne. Sobald ihr dieselbe Speise empfanget, habt ihr fürbaß immer und immer Minne zu allen Heiligen und zu den Engeln und zu dem allmächtigen Gotte, der selber die wahre Minne ist, und zu unserer Frauen St. Maria, der himmlischen Königin. Und die minnen dich auch herwiederum immer mehr ewiglich. Alles, was sie wollen, das willst auch du, und was du willst, das wollen auch sie. Und also wird die Minne so fest und so groß, daß sie immer mehr stäte ist. Und einer, der von Griechenland ist, den minnest du so sehr, daß es nimmer ein Mund recht sagen kann, und er minnet dich hinwieder. Und also minnen sie im Himmelreich ewiglich.

Die achte Speise, die uns der allmächtige Gott bereitet hat von Anbeginn der Welt, die heißet Schönheit ohne Häßlichkeit. Davon spricht der gute St. Augustinus wunder und wunder und der andern Heiligen ein großer Theil, wie schön die Seele ist, schöner benn die Sonne. O weh, ihr Frauen, die da gern unmäßig schön wären, ihr solltet fleißig werben um das Himmelreich, daß ihr gespeist werdet mit dieser edeln Speise! Denn von der Zeit, daß ihr nur einmal diese edle Speise genießet, seid ihr alsbald immer und immer so schön, daß es nimmer ein Mund sagen kann, und ist aller Unzierden keine an euch, weder Ungestalt unter den Augen noch an einer andern Statt. Sehet, des gebricht euch gar ein großer Theil hier auf dem Erdreich, denn die sich gar schön will dünken, der gebricht dennoch manches. Mag sie noch so schön sein, man spricht: „Ach, wäre nur das an ihr nicht!" Es sei Mann oder Frau, so lobet man sie selten ohne ein das oder ohne vier[1]. Pfui, ihr Färberinnen und ihr „Gilwerinnen"![2] wie gern ihr zum Himmel=

---

[1] D. h. ohne zu sagen: Wäre nur das nicht an ihr und das und das u. s. w.

[2] „Färberin" ist eine Frau, die sich schminkt, „Gilwerin" eine mit gelben Schleiern und Bändern. Berthold eifert heftig gegen die gelbe Farbe; Jüdinnen, Pfäffinnen und leichtfertigen Dirnen soll man die gelben Schleier und Bänder überlassen, daß man sie erkenne; ehrbare Frauen sollen sie nicht tragen, und die Männer sollen sie an ihnen nicht

reich möchtet kommen! Ihr seid aber gar fremde Gäste da im Himmelreich. Denn ihr habt Gott verläugnet, darum verläugnet er auch euch, wie man da liest von den zehn Jungfrauen. „Ich sage euch wahrlich, daß ich euch nicht weiß noch wissen will", sprach Gott selber zu den fünf Jungfrauen, die da thöricht waren. Die Färberin und die Gilwerin, die verläugnen Gott, also verläugnet er sie auch, wie Frau Jezabel auch geschah. Denn des Tages, da sie sich gar wohl gefärbet hatte, da mußte sie des Nachts brennen in der Hölle. Nun seht, ihr Färberinnen, welches euch besser sei: daß ihr heute wahre Reue gewinnet um alle eure Sünden und sie nimmermehr wollet thun und Buße empfanget nach Gottes Gnaden und nach euern Kräften, oder immer und ewiglich mit dem Teufel brennet in der Hölle. Ihr junge Welt, hütet euch vor dieser Sünde, denn sie wird sehr gerochen, das wisset ohne Zweifel. Welche sich in dieser oder andern Sünden übersehen haben, die gewinnen wahre Reue! Wohl dann alle zum Himmelreich, zu dem ewigen Mahle, dazu uns der allmächtige Gott geladen hat, wo wir so schön werden, wie der gute St. Paulus da spricht: Kein Auge hat es gesehen u. s. w., nun zuerst an der Seele und am jüngsten Tage an Leib und an Seele.

Wie schön der allmächtige Gott am jüngsten Tage den Leib will machen und wie davon der allmächtige Gott spricht, das ist ein Wunder. Ein Prophet begehrte von unserem Herrn, daß er ihm kundthäte, wie die Menschen erstehen sollen. Da sprach unser Herr: Geh in das Haus, da man Gebilde aus Erde wirken kann. Der Prophet that also und ging in eines Häfners Haus und sah dem in die Hände. Da sah er das: Wenn der ein Gebilde wirkte, das nicht wohl gerieth, so nahm er's und zerbrach es allessamt und machte dann ein anderes von demselben nach seinem Willen. Also will der allmächtige Gott thun. Darüber spricht der gute St. Augustinus: „So will auch unser Herr thun." Ist ein Mensch zu schwarz oder zu lang oder zu kurz oder höckericht oder krumm oder aussätzig oder unleutlich oder wie immer er mißgestaltet ist, so thut er wie der Häfner, der das Bild zerbricht, das nicht nach seinem Willen ist. Wenn der Mensch todtliegt, er sei schön oder nicht, so wird er wieder zu Erde, wie er aus Erde ward gemacht. Dann aber am jüngsten Tage wird Gott aus derselben Erde ein holdseliges Bild machen, daran keinerlei Tadel ist, und will sich das zu einer ewigen Spiegelschau nehmen in den ewigen Freuden. Und die will er dann speisen mit der Speise, die da heißet Schönheit ohne Häßlichkeit. Die aber zu dem Mahle nicht kommen wollen, dazu sie Gott geladen hat, die wird er verdammen in die stinkende Hölle, wo ihrer nimmermehr Rath wird.

Also habe ich euch diese achterlei Speise vorgelegt und den edeln Geschmack, den sie haben, und die edle Kraft, auf daß ihr desto lieber zu dem Mahle kommet, dazu uns der allmächtige Gott geladen hat. Danach sprech' ich also: Da der Speisen so viele sind wie Staub in der Sonne, so will ich euch noch etliche mehr sagen, daß ihr die andern fürbaß desto besser erkennt und desto

dulden. Die gelbe Tracht scheint damals eine neue Mode gewesen zu sein, die schon als solche, aber wohl auch deswegen für anstößig und unanständig gehalten wurde, weil die Jüdinnen sie liebten (die gelben Judenhüte im Mittelalter sind bekannt) und die Farbe den Begriff des Jüdischen, Neidischen weckt (Freygedank, Bescheidenheit, V. 725 [Göbel a. a. O. S. xxix]).

lieber kommet zu der großen Mahlzeit des allmächtigen Gottes, und will euch noch mehrere der edeln Speisen nennen. Es hat eine Speise den Geschmack: von der Zeit, daß du sie nur einmal empfängst, hast du fürbaß immer Glück ohne Unglück. Eine hat den Geschmack: von der Zeit, daß du sie nur einmal empfängst, bist du weise ohne Dummheit. Die hat den Geschmack, daß du immer Ehre hast ohne Schande. Die hat den Geschmack, wenn du sie empfängst, so hast du immer Lieb ohne Leid. Die hat den Geschmack, daß du immer hast Treue ohne Untreue. Die ist so tugendhaft und hat den Geschmack, daß du fürbaß immer hast Tugend ohne Untugend. Die wiederum hat den Geschmack, daß du immer hast Milde ohne Geiz; wieder eine andere Süße ohne Bitterkeit. Also mancherlei sind die Speisen, daß sie niemand zu Ende sagen kann. Darum sollt ihr Gott von ganzem Herzen minnen, denn er hat euch gar unmaßen lieb gehabt in vielen Dingen, daß er euch geschaffen und nach sich selber gebildet hat; das genügte ihm noch nicht, er erlöste uns mit seinem bittern Tode; das genügte ihm noch nicht, er hat uns noch so mancherlei Trachten und Speisen bereitet, wie man heute liest in dem heiligen Evangelio: „Meine Bürde ist ring und mein Joch ist süß, kommt her zu mir, ich will euch speisen."

Und daß das wahr sei, daß unseres Herrn Bürde ring ist und sein Joch süß, das sehen wir in vielen Dingen und das liest man an manchen Orten in der Heiligen Schrift. Das zeigt uns auch der allmächtige Gott an dem König David und an dem König Saul. Dem König David ging sein Sach wohl, darum weil er Gott gehorsam war; er nahm immer mehr zu an Ehre und an Gut. Der König Saul aber nahm ab an Ehre und an Gut bis an die Zeit, daß er unrechten Todes starb; da nahm David zu an Ehre und an Gut, bis daß er ein heilig Ende nahm. Da liest man gar viel in der Könige Bücher von den Königen, wie glücklich und wohl denen ihr Sach ging, die Gott gehorsam waren, und wie unselig es denen ging, die da wider Gott waren. Und etliche waren im Anfang gut und waren Gott recht gehorsam, und all die Weile sie so gehorsam waren, war Gott mit ihnen; aber wenn sie wider ihn waren, so war Gott wider sie. Und also steht es noch heute. Seht nur, wie selten die guten Tag gewinnen, die wider Gottes Hulden sind. Es reiten die Schildknechte[1] mit zerrissenen Schuhen in kaltem Wetter, daß ihm sein Mark in seinem Gebein erfriert, und fährt wie eine Heuschrecke in einem dünnen Gewand, und weiß zu Nacht nicht, wo seine Herberge ist, und liegt nimmer warm und ißt selten wohl und muß für sein Leben allezeit fürchten, weil er nicht weiß, wo die Leute über ihn kommen und er an Leib und Seele stirbt. So ist's dem Räuber wie dem Diebe und dem Diebe wie dem Räuber und andern ungerechten Leuten und den bösen Häuten, die auf dem Graben gehen, pfui! Nun seht ihr wohl, daß sie nimmer einen guten Tag erleben, wie billig ist. Aber alle, die mit Treue und Wahrheit umgehen, denen ist herzlich wohl und haben Glück und Ehre, und ist es halt, daß sie einen Gebresten haben, so fürchten sie den unrechten Tod nicht, wie jene müssen. Und die Näscher und Näscherinnen müssen manch Ungemach leiden, das die auch nicht leiden, die keusch und rein sind. Und die Ehebrecherinnen, die

---

[1] Die gemeinen Knechte der Ritter, welche oft Raub und Gewaltthätigkeiten verübten.

müssen manchen Schrecken nehmen und jetzund hinrucken und dann herwieder=
rucken und hingucken und hergucken und herwiedergucken, und müssen dann
sorgen um Leib und um Seele. Dasselbe ist's mit den Würflern und den
Spielern. Die werden nimmer gutes Muthes mit Fluchen und mit Schelten
und mit Unzuchten und mit Roheit und mit Schlagen und mit Raufen. Ihrer
mancher fährt auch eines unrechten Todes dahin.

Und also steht es mit allen, die mit tödtlichen Sünden umgehen. Aber
alle, die da tragen die Bürde unseres Herrn und sein Joch, die leben mit Liebe
und mit Segen. Damit ist ihnen wohl, denn es ist ihnen alles durch die Liebe
und die Minne unseres Herrn süß und ring. Darum sollt ihr die ringe Bürde
und das süße Joch unseres Herrn auf euch nehmen und sollt zu ihm kommen,
wie er euch heute gebeten hat, und sollt die hohen edeln Speisen empfangen,
die so manchen edeln Geschmack haben und deren Kraft so stark und so groß
ist. Und selbe Bürde unseres Herrn sollt ihr mit drei Tugenden tragen. Die
sind aller Tugenden beste. Denn es sind alle Tugenden mit diesen drei Tu=
genden beschlossen, und es sind viel tausend Seelen zu Himmelreich kommen
mit diesen drei Tugenden, wo sie ewiglich Mahlzeit mit Gott haben und mit
allem himmlischen Heer. Und dieser drei Tugenden heißt die erste Keuschheit,
die zweite Demuth, die dritte Geduldigkeit. Was da hie vornen in dem Ser=
mone von den zwei Wegen der Marter und Erbarmung, was da Rede geht
von den drei Tugenden, das soll man allhier sprechen; wie man die Bürde
und das Joch unseres Herrn tragen soll mit der Keuschheit und mit der
Demuth und mit der Geduld, und wie man die Unkeuschheit rügen soll und
die Hoffart und den Zorn. Alle nun, die das Joch unseres Herrn nicht tragen
mit diesen drei Tugenden, alle, die sich in diesen drei Tugenden und in andern
Sünden übersehen haben, die gewinnen allesamt wahre Reue und kommen zu
lauterer Beichte und zu Buße nach Gottes Gnaden und nach ihren Kräften!
Wohlan dann alle zu der edeln Mahlzeit und zu der Speise, womit wir das
ewige Leben empfangen! Das verleihe uns allensamt der Vater und der
Sohn und der Heilige Geist. Amen.

Panegyrische Predigt auf das Frohnleichnamsfest.
(Bourdaloue[1].)

Caro mea vere est cibus,
"Mein Fleisch ist wahrhaftig Speise" (Joh. 6, 56).

1. In den Worten, die ich vorher angeführt habe — „Mein Fleisch ist wahrhaftig Speise" —, in diesen wenigen Worten, sage ich, spricht unser Heiland die Würde und den hohen Werth seines allerheiligsten Leibes aus, und dieser hochheilige Leib des Sohnes Gottes ist es, der heute den Gegenstand unserer Betrachtung bilden soll. Nicht von der Person Jesu Christi will ich predigen, nicht von seiner Gottheit oder von seiner Seele, sondern von dem Leibe des Herrn. Und um eure Gedanken sofort auf das zu richten, um was es sich handelt, so beachtet, daß der Herr in den angeführten Worten, um den Juden die hohe Würde seines Leibes nahezulegen, sie nicht darauf hinweist, daß sein Leib der Tempel des Heiligen Geistes, das Allerheiligste Gottes, das vollendetste Werk seiner Weisheit und seiner Allmacht, sondern daß er eine Nahrung ist und eine Speise: *Caro mea vere est cibus*, „Mein Fleisch ist wahrhaftig Speise." Aber ist denn ein Nahrungsmittel, eine Speise ihrer Natur nach nicht etwas äußerst Unvollkommenes? Ganz gewiß, Christen, wenn es sich um jene gewöhnliche Nahrung handelt, welche dazu dient, unsere Kräfte wiederherzustellen und das natürliche Leben unseres Leibes zu erhalten; aber eine Speise, die ein Sacrament ist, die, obgleich ihrer Natur nach etwas Körperliches, die Kraft hat, uns die Gnade mitzutheilen, uns eines unsichtbaren, übernatürlichen Lebens theilhaftig zu machen, unsere Seele zu reinigen und zu heiligen: eine solche Speise ist ohne Zweifel etwas äußerst Werthvolles und der höchsten Verehrung würdig[2].

2. Das Fest, das wir begehen, heißt das Frohnleichnamsfest, das will sagen, das Fest des Leibes unseres Herrn. Daß es das in der That und im

---

[1] Les orateurs chrétiens XIII (Paris 1821), 31 ss. In den Ausgaben der Werke Bourdaloues findet sich das Original dieser Predigt im fünften Bande, welcher den besondern Titel Mystères (Panegyrische Predigten für die Feste des Herrn) hat. — Nummern zur Unterscheidung der Hauptgedanken haben die Predigten Bourdaloues nicht; ich habe dieselben hinzugesetzt, um die Uebersicht zu erleichtern.

[2] Im Original heißt es hier noch: Vierge sainte, c'est dans vos chastes entrailles, que ce sacré corps fut conçu; votre chair innocente et pure a été la chair de Jésus-Christ, et la chair de Jésus-Christ a été la vôtre: c'est par l'opération de l'Esprit céleste que cet ineffable mystère s'est accompli, et c'est auprès de ce divin époux que j'implore votre assistance, en vous disant, *Ave Maria*. (Vgl. unten Nr. 421.)

vollsten Sinne des Wortes ist, das möchte ich euch heute zeigen, und zu dem Ende will ich euch darthun, daß dem Leibe Christi keine höhere Ehre zu theil werden konnte, als diejenige ist, welche derselbe durch das Sacrament des Altars gewinnt. Damit ihr das leichter auffasset, wollen wir diesen Hauptgedanken in zwei Punkte zerlegen. Wie ihr wisset, kann man den Leib Jesu Christi in doppelter Weise betrachten, oder vielmehr, Jesus Christus hat einen zweifachen Leib: einen natürlichen, wie jeder von uns, und einen geistlichen Leib. Sein natürlicher Leib ist jener Leib aus Fleisch und Blut, den er unsertwegen angenommen hat; sein geistlicher Leib aber ist die Kirche, denn diese hat er nach der Lehre des Apostels mit sich selbst vereinigt und sie zu seinem Leibe gemacht. Ich sage also, der heutige Tag sei zugleich das hohe Fest dieses zweifachen Leibes Christi, warum? Weil das Fest, das wir begehen, der Tag der höchsten Ehre ist, sowohl für den allerheiligsten Leib des Herrn als für seine Kirche. Der Erlöser der Welt hätte seinem Leibe keine höhere Ehre anthun können, als indem er denselben zu einem Sacramente machte, und zwar zu dem ersten und heiligsten unter allen Sacramenten unserer Religion. Und wiederum, der Erlöser der Welt hätte seiner Kirche keine höhere Ehre anthun können, als indem er seinen allerheiligsten Leib in dieser Weise, nämlich als Sacrament, ihren Händen übergab. So ist die Kirche durch den Leib Jesu Christi groß und hochgeehrt, und nicht minder der Leib Jesu Christi durch die Kirche. Ich will sagen: Es ist die höchste Ehre für den Leib des Herrn, daß derselbe im Sacramente des Altars der Kirche übergeben wurde, das werdet ihr im ersten Theile dieser Predigt sehen. Und es ist andererseits die höchste Ehre für die Kirche, in diesem Sacramente den Leib des Herrn empfangen zu haben und zu besitzen; das ist der Inhalt des zweiten Theiles[1]. Laßt uns beginnen.

Erster Theil.

3. Es war eine Forderung der Gerechtigkeit, daß der Leib Jesu Christi hoch geehrt würde und daß der Herr selber jene Anstalten träfe, die nothwendig waren, damit demselben jene Verehrung zu theil würde, die ihm gebührt. Namentlich zwei Rücksichten mußten dem Sohne Gottes das nahelegen: erstens die Rücksicht auf die hohe Würde, zu welcher er seinen Leib erhoben hatte, indem er mit demselben in seiner Menschwerdung eine so enge Verbindung einging und ihn mit seiner göttlichen Person vereinigte, und zweitens die Rücksicht auf die tiefe Erniedrigung, welcher er seinen Leib bei seinem Leiden preisgegeben hatte.

Ich weiß nicht, Christen, ob ihr je den bezeichnenden Ausdruck beachtet habt, den der hl. Johannes gewählt hat, um das Geheimniß der Menschwerdung des Sohnes Gottes auszusprechen. Der Evangelist sagt nicht, der Sohn Gottes sei Mensch geworden; er sagt nicht, der Sohn Gottes habe sich verbunden mit einem geistigen Wesen, wie es die Engel sind[2]; er sagt nicht,

---

[1] Im Original setzt Bourdaloue hinzu: Quoique ce soit là un éloge plutôt qu'une instruction, nous pourrons néanmoins en tirer de solides conséquences pour l'édification de nos âmes. (Vgl. unten Nr. 429.)

[2] Das konnte er wohl auch nicht sagen.

er habe eine menschliche Seele angenommen, wie wir sie haben, sondern er sagt nur, daß das Wort Fleisch geworden ist: *Verbum caro factum est* (Io. 1, 14). Was soll das bedeuten? bemerkt dazu der hl. Augustin; das Fleisch ist ja das niedrigste, was es an dem Menschen gibt, es ist dasjenige, wodurch wir den Thieren ähnlich sind; warum bezieht also der hl. Johannes jene geheimnißvolle Verbindung zwischen einer menschlichen Natur und dem Sohne Gottes nur auf das Fleisch? Er thut es darum, antwortet der große Kirchenlehrer, weil er euch darauf hinweisen will, was Gott für uns gethan, was er für uns sein wollte, wie tief er sich erniedrigt hat, er, der Gott war und sich herabließ, Fleisch zu werden. Aber noch eine andere Wahrheit wollte der Heilige Geist uns zugleich nahelegen, deren wir gleichfalls sehr bedurften; wir sollten andererseits auch erkennen, welche hohe Würde dem Leibe Jesu Christi eigen ist. Denn aus dem Satze: „Das Wort ist Fleisch geworden", ergibt sich auch, wie uns der Glaube lehrt, daß der Leib Jesu Christi der Leib des Sohnes Gottes ist, daß er zu seiner göttlichen Person gehört und einen Theil derselben bildet; es ergibt sich, sage ich, aus diesem Satze, daß, wie durch die Menschwerdung der Sohn Gottes Fleisch wurde, geradeso eben dadurch das Fleisch, das er annahm, das Fleisch dessen wurde, der wahrhaft Gott ist. Gebührt mithin dem Leibe des Erlösers nicht die höchste Verehrung? Und mußte der Herr nicht Sorge tragen, daß demselben die geziemende Ehre zu theil würde?

Er mußte das ohne Zweifel um so mehr thun, je größer die Erniedrigung war, der er ihn in seinem Leiden preisgegeben hatte. Ist es ja doch dieser hehre Leib, der unsertwegen mit Schimpf und Schmach bedeckt, der durch die Geißelung zerrissen, durch die Hände der Henker entweiht ward; ist es ja doch dieser allerheiligste Leib, der, um alles mit einem Worte zu sagen, wenn ich mich so ausdrücken soll, an erster Stelle die Kosten unserer Erlösung tragen mußte. Nicht die Seele des Sohnes Gottes war ja das Opfer für unser Heil, sondern sein allerheiligster Leib. Seinen Leib opferte er für uns auf dem Altare des Kreuzes, derselbe war hochheilig, und er ließ ihn für uns zum Fluche werden, derselbe hatte Anspruch auf die höchste Ehrfurcht von seiten der Menschen, und er gab ihn ihren Mißhandlungen preis. Dafür mußte er ihm Ersatz gewähren, mußte er ihn ebenso hoch ehren, als er erniedrigt worden war, oder vielmehr, als er ihn selber erniedrigt hatte. Und das ist es eben, was der Herr durch das Sacrament des Altars gethan; in dieser Absicht setzte er dasselbe ein, und das ist auch der Grund, weshalb wir heute das Fest seines Leibes feiern.

Denn in der That, andächtige Christen, in dem Sacramente des Altars ist der Leib Christi mehr verherrlicht als durch alle übrigen glorreichen Geheimnisse seines Lebens, und der Glanz, mit welchem der Sohn Gottes seinen Leib verklärte, da er aus dem Grabe hervortrat, kann nicht in Vergleichung kommen mit jener Ehre, mit welcher er denselben auszeichnete und noch Tag für Tag auszeichnet im heiligsten Sacramente. Es ist möglich, daß euch das, was ich sage, überrascht; aber gebet nur acht, ich will euch überzeugen, daß es Wahrheit ist. Es waren ohne Zweifel hohe Vorzüge, mit welchen der Herr, indem er von den Todten auferstand, seinen Leib ausstattete: derselbe war keinem Schmerze und keiner Beschwerde mehr zugänglich; er konnte sich mit reißender Geschwindigkeit und mit der größten Leichtigkeit von einem Orte zum andern bewegen; keine Mauer, keine verschlossene Thür war für ihn mehr ein Hinderniß; er glänzte schöner als der Mond und leuchtete klarer als die Sonne. Allein alle diese wunderbaren Eigenschaften sind von der Art, daß Gott, wenn er wollte, jedes Geschöpf derselben theilhaftig machen könnte; hier dagegen, im Sacramente des Altars, sehen wir den Leib des Herrn hoch über alles Erschaffene erhoben und gewissermaßen mit Vorzügen ausgestattet, welche nur Gott eigen sind; er erscheint in diesem Sacramente in einer Weise, er empfängt in demselben Eigenschaften, er bringt Wirkungen hervor, die nur Gott hervorbringen kann.

Es wäre überviel zu sagen, wenn ich euch das vollständig auseinandersetzen wollte. Darum will ich euch nur auf das wichtigste aufmerksam machen und auf das, was eure Andacht am meisten fördern muß. Ich übergehe somit, daß der allerheiligste Leib des Herrn im Sacramente des Altars in gewissem Sinne der Unermeßlichkeit Gottes theilhaftig wird; denn der Glaube lehrt uns ja, daß er an keinen Ort gebunden ist, da er in diesem Sacramente zu gleicher Zeit an jedem Orte der Welt gegenwärtig sein kann. Ich übergehe gleichfalls, daß der Leib des Herrn im Sacramente sich in gewisser Rücksicht vergeistigt, indem er in der Hostie in der Weise eines geistigen Wesens gegenwärtig ist, der ganze Leib in der ganzen Hostie, und der ganze Leib wiederum in jedem Theile derselben. Auch davon will ich nicht reden, daß der Leib Christi im Sacramente gewissermaßen ewig ist und unvergänglich, weil er in demselben sein wird bis ans Ende der Zeiten, oder vielmehr, daß er im Sacramente täglich stirbt, aber eines Todes stirbt, der wunderbarer ist als selbst die Unsterblichkeit, die er im Himmel besitzt, weil er nur stirbt, um fort und fort durch die Worte der Wandlung aufs neue ins Leben zu treten. Das sind lauter Wirkungen der Allmacht Gottes, durch welche sie den Leib des Erlösers ehren will. Aber das größte von allen Wundern, und dasjenige, welches die übrigen insgesamt einschließt, und dasjenige, welches Jesus Christus im Evangelium vorzugsweise betont hat, und dasjenige, das man am wenigsten zu beachten pflegt, und dasjenige, welches wir an erster Stelle beherzigen sollten, und dasjenige, welches unwidersprechlich den Leib des Herrn am meisten verherrlicht, das ist — ich habe es bereits gesagt, aber wir müssen es noch besser erwägen —, das ist dieses, daß der Leib Christi im Sacramente die Nahrung unserer Seele wird.

Seht, Christen, der Leib Christi ist an sich, wie unser eigener Leib, nur von Erde, er ist ein Körper, wie alle Dinge, die wir rings um uns sehen, und doch besitzt er die Kraft, unserem Geiste Leben zu verleihen. Der natürlichen Ordnung der Dinge gemäß ist es der Geist, durch welchen das Fleisch lebt; hier gibt umgekehrt, in unbegreiflich wunderbarer Weise, das Fleisch dem Geiste das Leben, es macht ihn von sich abhängig, es beseelt ihn, es dient ihm als Nahrung, die ihn erhält. Denn wie der hl. Ambrosius hervorhebt, und es ist der Mühe werth, daß ihr das wohl auffasset, denn, sage ich, als der Sohn Gottes zu Kapharnaum den Juden die Einsetzung dieses hochheiligen Sacramentes ankündigte, da sagte er nicht zu ihnen: *Ego sum cibus*, „Ich bin die Speise", sondern er sagte: *Caro mea vere est cibus*, „Mein Fleisch ist wahrhaftig die Speise", deren ihr zur Erhaltung eures geistlichen

Lebens bedürfet. Es ist nicht die Seele Christi, es ist nicht seine Gottheit, welche in der heiligen Communion unsere geistliche Nahrung bildet, sondern es ist sein Fleisch. Freilich ist unter der Gestalt sowohl des Brodes als des Weines auch seine Seele und seine Gottheit gegenwärtig, aber nur deshalb, weil sie sich von seinem Leibe und Blute nicht trennen lassen; das, was unsere Seele nährt, was der Sohn Gottes uns ausdrücklich und eigentlich als Nahrungsmittel gegeben hat, das ist sein Fleisch, und dieses sein Fleisch gibt unserer Seele Bestand, es verleiht ihr Wachsthum und Stärke, und, wie Tertullian sich ausdrückt, reiche Fülle des Lebens. Ist nun das nicht die höchste Ehre für den Leib des Herrn, daß er es ist, der unsern Sinn vergeistigt, daß er es ist, der uns die Gnade mittheilt und ein Leben in uns weckt, wie Gott es lebt?

Ja, ich sage es noch einmal, diese wunderbare Einrichtung Gottes allein verleiht dem Leibe des Herrn einen übernatürlichen, gewissermaßen göttlichen Vorzug. Denn nur das Fleisch Gottes kann so Wunderbares wirken, und wenn Gott einen Leib annahm, konnte er denselben nicht höher auszeichnen, als indem er ihm die Kraft mittheilte, solche Wirkungen hervorzubringen. Eben diese Kraft ist aber dem Leibe Christi im Sacramente eigen. Das legt uns die Kirche nahe, wenn sie uns denselben durch die Hand des Priesters reicht und ihn dabei die Worte sprechen läßt: *Corpus Domini nostri Iesu Christi custodiat animam tuam in vitam aeternam*, „Empfange, o Christ, den Leib deines Herrn und deines Gottes," — wozu? „auf daß er deine Seele bewahre für das ewige Leben." Begreift ihr jetzt, andächtige Christen, den unvergleichlich hohen Vorzug des Leibes Christi? Der natürlichen Ordnung der Dinge gemäß liegt es der Seele ob, den Leib zu erhalten; wo es sich dagegen um das geistliche Leben handelt, um das Leben der Gnade, da ist es der Leib Christi, der unsere Seele erhält. Gott hat diese Einrichtung einerseits getroffen, um uns der Gnade theilhaftig zu machen, aber er hat andererseits dabei nicht minder die Absicht gehabt, den Leib seines Sohnes auszuzeichnen und ihn mit einer Herrlichkeit und Ehre zu umgeben, über die sich keine höhere denken läßt.

4. Ist es hiernach zu verwundern, wenn Gott in hoher Weisheit es zugleich so gefügt hat, daß wir diesen Leib des Herrn in unsern Kirchen vor uns haben und ihn anbeten müssen? Was hat denn größern Anspruch auf unsere Verehrung und Anbetung als der Leib, der uns des Lebens theilhaftig macht und uns die Unsterblichkeit verleiht? Und wo sollten wir ihm diese Verehrung besser darbringen als eben im allerheiligsten Sacramente? Denn gerade in diesem hat ihm ja Gott jene wunderbare Kraft ertheilt, vermöge deren er uns mit dem Leben der Gnade erfüllt und uns dem Geiste nach ernährt. Ja, sagt der hl. Ambrosius, wir beten auch heute noch das Fleisch unseres Erlösers an, und zwar in jenem Geheimnisse, das er selber eingesetzt und das wir jeden Tag auf unsern Altären feiern. Der Leib des Herrn, fährt er fort, ist aus Erde gemacht so gut wie der unsrige, und die Erde wird in der Heiligen Schrift der Schemel der Füße Gottes genannt; aber dieser Fußschemel Gottes, wie wir ihn in der Person des Erlösers und in dem Sacramente seines Leibes vor uns haben, ist etwas ungleich Erhabeneres als die Throne der Könige, und das ist der Grund, weshalb wir denselben

anbeten. Ich konnte nicht verstehen, fügt der hl. Augustin hinzu, was Gott damit sagen wollte, wenn er uns durch den Propheten den Befehl gibt, den Schemel seiner Füße, das ist die Erde, anzubeten: *Adorate scabellum pedum eius*, „Betet an den Schemel seiner Füße" (Pf. 98, 5); ich konnte mir nicht denken, wie man das ohne Sünde thun könne; aber in dem Sacramente des Altars findet dieser Befehl Gottes seine Erklärung. Wir erfüllen denselben Tag für Tag, so oft wir den Leib des Herrn empfangen; denn ehe dieses geschieht, beten wir denselben an. Das sind wir ihm schuldig, denn er ist zwar aus Erde gemacht und darum der Fußschemel Gottes; aber er ist doch zugleich die Nahrung unseres geistlichen Lebens, und so begehen wir durch diese Anbetung nicht nur keine Sünde, sondern es würde vielmehr eine schwere Sünde sein, wenn wir ihm dieselbe versagen wollten.

Darin liegt denn auch der Grund, weßhalb die Kirche das heutige Fest eingesetzt hat, das Fest des Frohnleichnams, das heißt des Leibes unseres Herrn. Sie wollte hierdurch der Gesinnung und dem Beispiele des Heilandes selbst entsprechen. Jesus Christus setzte das Sacrament des Altars ein, um dadurch, wie wir gesehen haben, seinen hochheiligen Leib zu ehren, und die Kirche feiert dem Sacramente des Altars ein hohes Fest, gleichfalls um dadurch eben diesen Leib Christi zu ehren.

5. Aber warum, werdet ihr fragen, warum trägt man heute den Leib des Herrn in feierlicher Procession umher? Das will ich euch sagen. Wir thun das erstens zur Erinnerung daran, daß der Sohn Gottes sich selber getragen hat, als er sein Fleisch und sein Blut seinen Aposteln darreichte. Denn es ist offenbar, daß er damals seinen eigenen Leib selber trug; was die Heilige Schrift in einem bildlichen Sinne von David sagt, daß er nämlich sich selbst in seinen Händen getragen, das ging an jenem Abende an dem Sohne Gottes buchstäblich in Erfüllung. Das sind genau die Worte des hl. Augustin. Indem aber der Herr in dieser Weise sich selber trug, bereitete er sich selber die höchste Ehre; denn auf ehrenvollere Weise konnte er nicht getragen werden als von ihm selber und in seinen eigenen Händen. Dieses Geheimniß, sage ich, will die Kirche uns heute vergegenwärtigen, da sie den Leib des Herrn durch die Hände der Priester tragen läßt, denn dies sind gleichsam die Hände des Sohnes Gottes selbst.

Aber warum trägt man den Herrn auch aus der Kirche hinaus auf die Straßen und öffentlichen Plätze? Das thun wir, um ihm unsere Danksagung darzubringen dafür, daß er einst selber Judäa und Galiläa durchzog, sich in alle Städte und Ortschaften begab und überall, wo er hinkam, die Kranken heilte (Matth. 9, 35). Darum läßt ihn die Kirche in der ganzen Christenheit umhertragen und hegt dabei die Zuversicht, er werde unter uns dieselben Wunder wirken, die er unter den Juden wirkte. Denn ihr dürft nicht zweifeln, meine Christen, daß der Erlöser, wenn er heute an euern Häusern vorüberzieht, dieselben durch seine Nähe heiligen werde; ihr dürft nicht zweifeln, daß er über alle öffentlichen Plätze seinen besondern Segen spendet, und daß man auch heute von ihm wird sagen müssen, was einst von ihm der Apostel sagte: *Pertransiit benefaciendo*, „Er ließ allerorts, wo er hinkam, die Spuren seiner freigebig spendenden Liebe zurück" (Apg. 10, 38). Ein schönes Vorbild hierfür hat Gott uns in einer Thatsache aus der Geschichte des Alten Bundes gegeben.

Joseph, der Patriarch, hatte für die Jahre der Unfruchtbarkeit und der Hungersnoth ganz Aegypten mit Brod versorgt. Dafür ließ ihn der König Pharao einen fürstlichen Wagen besteigen und so alle Provinzen seines Landes durchziehen, und er hatte dabei verordnet, daß jedermann ihm seine Ehrfurcht bezeigen und sich vor ihm niederwerfen solle. Seht, der Sohn Gottes hat uns das Brod vom Himmel gegeben, seinen allerheiligsten Leib; darum führt ihn heute die Kirche uns vor wie auf einem Throne und unter einem Baldachin, darum trägt sie ihn in feierlichem Zuge an alle Orte der christlichen Welt und befiehlt allen, die ihr angehören, vor ihm die Kniee zu beugen und ihm ihre Huldigung und Anbetung darzubringen. Sie hat hierbei, wie der hl. Franz von Sales bemerkt, zugleich noch eine andere Absicht: sie will nämlich dem Herrn öffentlich und in amtlicher Weise einen Ersatz geben für alle Kränkungen und Unbilden, die ihm in den Straßen von Jerusalem angethan wurden, als ihn seine Feinde von einem Gerichtshofe zum andern schleppten. Hierfür, sage ich, will ihm die Kirche Genugthuung leisten, darum trägt sie ihn öffentlich umher, und das ganze Volk muß ihn unter andächtigem Gebete und frommen Gesängen begleiten.

Soll ich euch noch einen andern Grund angeben, der sehr wesentlich ist? Die Kirche trägt den Herrn umher, um ihn zu verherrlichen, und zwar glänzend zu verherrlichen für alle Siege, welche er in dem Sacramente seines Leibes über die Irrlehre und den Unglauben errungen hat. Beachtet wohl, was ich sage. Vor zwei= und dreihundert Jahren [1] machten die Irrgläubigen der Kirche den Vorwurf, solche Processionen wären Neuerungen und während der ersten Jahrhunderte in der Kirche nicht in Gebrauch gewesen. Darauf erhielten sie die Antwort, es wäre ganz natürlich, daß dieselben neu seien, denn sie würden ja nur darum gehalten, weil die Lehre der Kirche von dem Sacramente des Altars eben ihre neuen Irrlehren gegen dieses Sacrament überwunden und vernichtet habe. In den ersten Jahrhunderten trug man den Leib des Herrn nicht in feierlicher Procession umher, weil es damals noch keine Irrthümer gegeben, über die derselbe triumphirt hätte; seitdem dagegen sich Irrlehrer erhoben, um die wahre Lehre von dem heiligen Sacramente anzugreifen; seitdem sich Menschen verschworen, seine wirkliche Gegenwart unter der Gestalt des Brodes frevelhaft zu läugnen, und er diese Männer der Lästerung durch die Kraft seines Wortes niedergeschmettert hatte: von der Zeit an hielt sich die Kirche für verpflichtet, ihm für diesen Sieg einen feierlichen Triumphzug zuzuerkennen.

6. Indes wir dürfen einen andern Gedanken nicht übergehen, der noch mehr geeignet ist, eure Andacht zu befördern. Die Kirche möchte nämlich durch diese Processionen auch so viele Beleidigungen sühnen, welche schlechte Christen dem Erlöser der Welt im Sacramente des Altars schon angethan haben und fort und fort noch immer anthun. Ja in Wahrheit, Christen, für uns selber hat die Kirche diese Feier eingeführt, damit wir durch dieselbe Ersatz leisten; sie hat sie eingeführt für alle unsere Unandacht, für alle unsere Sacrilegien, für alle unsere Unehrerbietigkeiten vor den Altären Jesu Christi

---

[1] Bourdaloue spricht in der „gegenwärtigen Zeit": Nos hérétiques nous reprochent que ces processions sont des nouveautés. . . .

und in seinen Kirchen, für alle die Aergernisse, die wir dort geben, für alle die unwürdigen Communionen so vieler scheinheiliger Sünder, für alle die Messen, welche von schlechten Priestern gelesen werden, für all den Kaltsinn, mit welchem wir zum Tische des Herrn hinzutreten, für alle Nachlässigkeiten, deren selbst fromme Christen sich bei der heiligen Communion schuldig machen, ja für eure Fehler und für die meinigen seit so vielen Jahren, als wir an diesem Geheimnisse der Liebe theilnehmen, euretwegen und meinetwegen sind diese Processionen angeordnet, damit durch dieselben der Leib des Herrn unseres Gottes geehrt werde, und damit diese Ehre ihm eine Art von Ersatz sei für alle die Unbilden, die wir ihm bis auf diese Stunde zugefügt haben und täglich aufs neue zufügen.

Und dabei möchte ich euch auf eine Thatsache aufmerksam machen, die euch beschämen muß und worüber ihr nicht zu bitter weinen könnt. Was thun wir denn eigentlich, wenn wir die Ehrfurcht verletzen, welche dem allerheiligsten Sacramente gebührt? Das ist ein Gedanke, möchte ich glauben, der auch auf die gefühllosesten Herzen Eindruck machen müßte. Also was thun wir in diesem Falle? Wir bewirken dann, daß dieses Sacrament, welches ganz eigentlich zur Verherrlichung des Leibes Christi eingesetzt ist, sich für eben diesen hochheiligen Leib in ein Geheimniß der Erniedrigung, in ein Geheimniß der Entehrung und der Schmach, in ein Geheimniß der Schande verwandelt. Ich bitte euch, beherziget, was ich sage. Fürwahr, der Leib des Erlösers muß tausendmal mehr von uns ertragen im heiligsten Sacramente, als er je in seinem Leiben von den Juden hat ertragen müssen. Denn während seines Leidens wurde er nur eine bestimmte Zeit hindurch mißhandelt; hier ist er allen Beleidigungen bloßgestellt bis zum Ende der Welt. Bei seinem Leiden kam nur das über ihn, was Jesus Christus wollte, und nur darum, weil er es wollte; hier hat er alles sozusagen gezwungener Weise und wider seinen Willen zu ertragen. Wenn er während seines Leidens mißhandelt wurde, so befand er sich damals eben noch in dem Zustande einer dem Schmerze zugänglichen, sterblichen Natur; hier ist er in einem Zustande, der das Leiden ausschließt, und in diesem Zustande wird er verunehrt. Das, was ihm während seines Leidens widerfuhr, das diente dazu, Gott zu verherrlichen und die Menschheit zu erlösen; was er dagegen hier ertragen muß, das bringt den Menschen Verderben und beeinträchtigt die Ehre Gottes[1]. Ach, Christen, wie sollten diese Erwägungen uns mächtig antreiben, die Ehrfurcht und die aufmerksamste Sorgfalt diesem erhabenen Geheimnisse gegenüber in unserem Herzen wachzurufen und jederzeit lebendig zu erhalten!

7. Was soll nun hiernach ein frommer Christ während der acht Tage dieser Festoctave thun? Ich will es euch sagen. Ihr sollt während dieser Tage der Andacht in die Absicht und den Sinn der Kirche eingehen und mit ihr bemüht sein, den Leib des Herrn, soviel ihr könnt, zu ehren. Das ist in einem Worte alles. Was heißt das aber, dem Leibe des Erlösers Ehre erweisen? Das heißt jene Uebungen der Andacht und der Frömmigkeit vornehmen, die wir dem Sacramente des Altars gegenüber vornehmen können,

---

[1] Allseitig wahr sind diese Gedanken wohl kaum; jedenfalls können sie mißverstanden werden. Man vergleiche u. a. die Bd. I, S. 422 f. gegebene Lehre des hl. Thomas.

das heißt handeln wie Magdalena, die uns ein Beispiel ganz besonderer Andacht zu dem heiligsten Leibe des Sohnes Gottes gegeben hat, da sie ihn mit ihren Thränen benetzte, ihn trocknete mit ihren Haaren und wohlriechendes Salböl über ihn ausgoß. Für diesen Beweis ihrer Verehrung, sagt der hl. Thomas von Aquin, sprach ihr der Herr in sehr ausdrücklicher Weise Lob und Anerkennung aus, nicht als ob er auf Dinge, welche der Sinnlichkeit zusagen, einen Werth gelegt hätte, sondern weil es ihm Freude machte zu sehen, wie sein hehrer Leib geehrt wurde. Dem Leibe des Erlösers Ehre erweisen, das heißt weiter oft und gern die Kirche besuchen und kniend vor seinem Altare verweilen, ihm dort in andächtigem Gebete das Opfer des Lobes und der Anbetung, der Huldigung und des Dankes darbringen, das heißt oft aufs neue, aber in lebendigem Glauben und wahrhaft aus dem Herzen zu ihm sprechen: Du allerheiligster Leib des Sohnes Gottes, der du jetzt verklärt bist, du warst einst der Preis, um den ich erlöst wurde; was sollte ich mithin nicht alles thun, um dich zu ehren! Und da du in diesem Sacramente bei uns bleiben wolltest, um in demselben von uns die Verehrung entgegenzunehmen, die dir gebührt, wie ist es möglich, daß Christen schlecht genug sein können, auch hier noch dich zu verunehren? So will wenigstens ich oft hierherkommen, dir meinen Dank und meine Anbetung darzubringen, und wie gern möchte ich alle Menschen, die auf der Welt sind, hier um dich versammeln! Solche und ähnliche Gefühle der Andacht sollen wir in unserem Herzen wecken, und da heute der Leib des Herrn in feierlichem Zuge umhergetragen wird, so sind wir schuldig, alles aufzubieten, was in unserer Macht steht, um zur Erhöhung dieser Feierlichkeit in jeder Weise beizutragen. Ihr insbesondere, andächtige Frauen, ihr verwendet oft so viel Sorge auf tausend überflüssige Dinge, welche nur dem Aufwande und der Eitelkeit dienen, seht, hier ist euch eine Gelegenheit geboten, solche Dinge zu heiligen, indem ihr sie dem Leibe des Sohnes Gottes weihet, indem ihr sie opfert zur Verschönerung der heiligen Gefäße, zur Verzierung der Tabernakel, in denen derselbe aufbewahrt wird, zur Ausschmückung der Kirchen und der Kapellen, in denen er wohnen muß. Ihr laßt es euch so sehr angelegen sein, euern Leib zu schmücken, ihr wendet für diesen Zweck so viele Mittel an, ihr macht so bedeutende Ausgaben dafür, ihr laßt es euch so viele Mühe und so viel Nachdenken kosten; aber ist es denn wohl recht, daß euer Leib, daß dieses Fleisch, in dem der Hang zur Sünde wohnt, dieses Fleisch, das der Verwesung geweiht ist und so bald schon nichts mehr sein wird als Staub und Asche, ist es recht, daß dieses euch mehr gilt als der Leib Jesu Christi?

Endlich, wenn heute der Leib des Sohnes Gottes aus der Kirche erhoben und wie in einem Triumphzuge hinausgetragen wird, was thut da ein guter Christ? Er schließt sich dem Zuge an, er folgt seinem Erlöser in der Procession und gibt ihm persönlich das Ehrengeleite. Sehr mit Recht können wir uns hier einer Stelle aus dem Hohenliede erinnern und darin die Liebe und die Andacht vorgebildet finden, welche wir üben sollen, indem wir an der Procession theilnehmen. Sie habe, sagt dort die Braut, den, welchen sie liebt, gesucht an dem Orte, wo er sonst zu weilen pflege, aber ihn nicht gefunden: „Ich suchte, den meine Seele liebt; ich suchte ihn und fand ihn nicht"; deshalb, fährt sie fort, habe sie sich aufgemacht hinauszugehen, die

Stadt zu durchwandern und ihn auf den Straßen und öffentlichen Plätzen zu suchen: „So will ich gehen und die Stadt durchwandern, auf Märkten und Straßen will ich suchen, den meine Seele liebt"; hierbei, sagt sie weiter, seien ihr die Beamten und die Hüter der Stadt begegnet, sie habe sie gefragt, ob sie ihren Gemahl nicht gesehen, und unmittelbar darauf habe sie ihn in ihrer Mitte[1] bemerkt: „Es trafen mich die Wächter der Stadt, ein wenig nur war ich an ihnen vorüber, da fand ich ihn, den meine Seele liebt"; da sei sie dann auf ihn zugeeilt und von seiner Seite nicht mehr gewichen, bis sie ihn in das Haus ihrer Mutter geleitet: „Ich erfaßte ihn und lasse ihn nicht, bis ich ihn gebracht in das Haus meiner Mutter" (Hohel. 3, 1 ff.). Was soll dieser Zug bedeuten, andächtige Christen? Doch ihr errathet schon, was ich sagen will. Die Braut ist die Seele des Christen; sie sucht heute den Erlöser der Welt im Tabernakel, wo er sonst immer zu weilen pflegt, und findet ihn dort nicht; darum begibt sie sich auf die Straßen der Stadt und auf die öffentlichen Plätze, um zu sehen, ob er dort sei. Und hier findet sie ihn in der That, geleitet von seiner Ehrenwache, umgeben von seinen Dienern, die ihn in tiefer Ehrfurcht tragen, und von einer zahlreichen Menge andächtigen Volkes; sie fällt ihm zu Füßen, sie betet ihn an, sie folgt ihm mit den Augen, und sie weicht nicht von ihm, bis er wieder zurückgekehrt ist an den Ort, von wo er auszog, der in wahrem Sinne das Haus unserer Mutter ist, denn er ist ja das Haus der Kirche[2].

Aber laßt uns auf unsern Hauptsatz zurückkommen. Es ist die höchste Ehre für den Leib Christi, daß derselbe im Sacramente des Altars der Kirche geschenkt ward, und es ist andererseits die höchste Ehre für die Kirche, den Leib Christi in diesem Sacramente empfangen zu haben und zu besitzen. Diesen zweiten Gedanken haben wir jetzt ins Auge zu fassen, darum erneuert eure Aufmerksamkeit.

Zweiter Theil.

8. Wenn es, wie wir früher gesehen haben, unserem Heilande am Herzen liegen mußte, seinen natürlichen Leib, sein allerheiligstes Fleisch zu verherrlichen, so war er nicht minder darauf bedacht, hohe Ehre auch seinem geistlichen Leibe, das heißt seiner Kirche, zu theil werden zu lassen. Wir alle bilden mit Jesus Christus einen einzigen Leib; das lehrt uns der hl. Paulus, da er schreibt: „Ihr seid der Leib Christi, und jeder ist ein Glied dieses Leibes" (1 Kor. 12, 27). Der Sohn Gottes, der uns erlöst hat, ist unser Haupt,

---

[1] Au milieu d'eux, sagt Bourdaloue; in der Heiligen Schrift heißt es: *Paululum cum pertransissem eos* ...

[2] Im Original folgen hier noch die Worte: Y a-t-il rien de plus juste que cette figure? Früher (wo es oben heißt: „Sehr mit Recht ...") hat Bourdaloue gesagt: Et c'est, mes chers auditeurs, ce que l'esprit de Dieu nous a divinement exprimé dans l'épouse des Cantiques: ce passage *convient admirablement à mon sujet, et l'application que j'en fais vous paraîtra bien naturelle.* Ich muß gestehen, daß ich das ganz und gar nicht finden kann. Jedenfalls enthalten Bourdaloues Predigten viele Anwendungen von Stellen der Heiligen Schrift, welche die hier gemachte an Natürlichkeit und Schönheit sehr weit übertreffen. Man dürfte den Epilog des ersten Theiles wohl mit Recht als die schwächste Stelle der ganzen Predigt bezeichnen.

und wir, die wir die heiligmachende Gnade besitzen, sind seine Glieder. Für die Glieder ist es offenbar eine Ehre, einem Haupte anzugehören, das gekrönt ist mit Herrlichkeit; aber gerade so bringt es dem Haupte Ehre, wenn es die Glieder seines Leibes aller Vorzüge theilhaftig macht und jeder Auszeichnung, deren sie fähig sind. Eben das ist es aber, was der Herr gethan hat, indem er das Sacrament seines Leibes und Blutes einsetzte, und wir können deshalb den heutigen Tag mit vollem Rechte das Fest der Kirche nennen oder das Fest des geistlichen Leibes Christi; denn das Sacrament, dem dieser Tag geweiht ist, bringt der Kirche die höchste Ehre, es macht sie groß und glorreich vor Gott.

Gewiß, meine Christen, so unerschöpflich auch der Schatz ist, der ihm zu Gebote steht, der Erlöser der Welt konnte für seine Kirche nichts Ehrenvolleres, nichts Größeres thun, als daß er das Sacrament seines Leibes in ihre Hände gab. Indem er dieses that, erreichte er in vollem Maße seine Absicht, sich eine Kirche zu schaffen, die, wie der Apostel (Eph. 5, 27) sagt, hehr und glorreich wäre, prangend im schönsten Schmucke des Himmels; denn der Besitz des Leibes und Blutes Christi verleiht der Kirche alle diese Vorzüge in der That[1]. Soll ich euch das erklären? O, es wäre so viel darüber zu sagen; aber höret. Einst, in den Tagen des Alten Bundes, eigneten die Juden sich den Vorrang zu vor allen Völkern der Erde und waren stolz darauf, daß sie einen Gott hätten, der es nicht verschmähte, mitten unter ihnen zu wohnen und vor ihnen herzuziehen. Es gibt kein zweites Volk, so redete Moses (5 Mos. 4, 7) zu ihnen, das Götter hätte, die sich ihm nahen, und darum gibt es auf dieser Erde kein Volk, so hoch geehrt wie wir. Aber in welcher Weise wohnte denn Gott bei den Israeliten? Durch die Lade des Bundes; bei dieser gab er ihnen seine Weisungen, an diese hatte er seinen Schutz geknüpft, den er ihnen verheißen. War diese Bundeslade der wahre Gott Israels? Keineswegs, sie war nur ein Bild von ihm, sie war nur sein Zelt, und desungeachtet, weil sie inmitten der zwölf Stämme aufgestellt war, sie auf ihren Zügen begleitete und zur Zeit des Krieges ihrem Heere ins Feld nachgetragen wurde, rühmten sie sich, daß ihr Gott ihnen überall folge, daß er überall bei ihnen sei. Aber, andächtige Christen, was ist das gegen die Ehre, welche der Kirche zu theil wird, und uns mit ihr, durch das Sacrament des Altars? In diesem Geheimnisse weilt Gott selber, seiner Wesenheit nach und mit der ganzen Fülle seiner Gottheit, leibhaftig und wirklich mitten unter uns, er wohnt in unsern Kirchen, er kommt selbst zu uns ins Haus, wir dürfen nicht bloß uns ihm nähern, wir dürfen ihn berühren, wir dürfen ihn als die Nahrung unserer Seele empfangen, und in ganz anderem Sinne als einst von den Israeliten gilt von uns das Wort: „Es ist kein anderes Volk so groß, daß es Götter hätte, die sich ihm nahen!"

Der Prophet Ezechiel redet von einer geheimnißvollen Stadt, groß, reich und herrlich, deren Name war: „Der Herr ist daselbst" oder „Stadt Gottes":

---

[1] Immensa divinae largitatis beneficia exhibita populo christiano, inaestimabilem ei conferunt dignitatem. Neque enim est aut fuit aliquando tam grandis natio, quae habeat deos appropinquantes sibi, sicut adest nobis Deus noster (*Thom.* Opusc. 57 [Brev. Rom. in festo Corp. Christi, lect. 4]).

Et nomen civitatis: Dominus ibidem (Ez. 48, 35). Es war nichts anderes als die Kirche Christi, deren Schönheit und Größe Gott unter diesem Bilde dem Propheten zeigte. Oder welcher bezeichnendere Name ließe sich für die Kirche erdenken? *Dominus ibidem*, „die Stadt Gottes", so heißt sie mit vollem Rechte, so heißt nur sie allein: denn in ihr hat Gott ja seine Wohnung; in ihr hat er sich unwiderruflich anheischig gemacht, bleibend bis ans Ende der Welt zu wohnen, denn das Sacrament seines Leibes und Blutes bindet ihn an die Kirche, und es ist ihm nicht möglich, jemals von ihr sich zu entfernen. *Et nomen civitatis: Dominus ibidem.*

9. Ist aber das schon die ganze Ehre, welche der Kirche durch dieses Sacrament zu theil wird? Nein, wir müssen noch mehr sagen. Der Gegenwart Gottes gewürdigt zu werden, das ist ohne Zweifel etwas Großes; aber etwas Größeres, eine viel höhere Ehre noch ist es, seines Umganges gewürdigt zu werden und in vollem Vertrauen mit ihm verkehren zu dürfen. Diese Ehre wird aber der Kirche durch das allerheiligste Sacrament zu theil. Denn was thut Jesus Christus in diesem Geheimnisse? Er verkehrt mit den Menschen, er besucht die Menschen, er empfängt Besuche von den Menschen, er hört die Klagen der Menschen an, er nimmt die Bitten entgegen, welche die Menschen ihm vortragen, er schlichtet die Zwistigkeiten der Menschen, er unterweist die Menschen, er spendet ihnen Trost. Die Menschen sind aber die Glieder seiner Kirche; es ist mithin die Kirche, der er diese Ehre erweist. Dabei kommt mir eine Bemerkung in den Sinn, welche Wilhelm von Paris in seiner Auslegung des Propheten Daniel macht. Als der König Nabuchodonosor wegen des Traumgesichtes, das er gehabt, seine Wahrsager zu Rathe zog und von ihnen verlangte, daß sie ihm den Traum selbst angäben, da erwiderten sie ihm, es gäbe keinen Menschen, der das vermöchte, nur die Götter wären dazu im stande; aber diese hätten mit den Menschen keinen Verkehr (Dan. 2, 11). Ueber diese Antwort, erzählte die Heilige Schrift, gerieth der König in heftigen Zorn und erkannte, daß alle Weisheit der Wahrsager nichts war als Irrthum und Betrug. Warum ergab sich das aber aus ihrer Antwort? Darum, weil sie voraussetzten, daß die Götter des Himmels sich nicht so tief herabließen, um mit den Menschen in Verkehr zu treten. Hierdurch verriethen sie ihre Unwissenheit, ohne es selbst zu ahnen; denn es gab ja einen Gott, den Gott der Christen, der einst die Menschen der hohen Ehre, mit ihm umzugehen, würdigen und in dem Umgange mit ihnen seine größte Freude finden sollte. So hat er, wie ihr wißt, es selber ausgesprochen: „Es ist meine Wonne, zu weilen unter den Kindern der Menschen" (Spr. 8, 31).

Also das, sage ich, ist das hohe Vorrecht der Kirche Jesu Christi, daß sie in vollem Vertrauen mit ihrem Herrn und Gott verkehren darf; denn hierdurch, spricht der hl. Johannes Chrysostomus, sind wir in gewisser Beziehung fast den Auserwählten im Himmel gleichgestellt. Ihre Seligkeit besteht darin, daß sie Gott besitzen; aber besitzen nicht auch wir ihn ganz und vollständig im Sacramente? Christus unser Herr, fährt der heilige Kirchenlehrer fort, sah sich getheilt zwischen der triumphirenden Kirche und der streitenden Kirche; dieselben machten sich den Besitz seines allerheiligsten Leibes streitig, die eine wie die andere glaubte darauf Ansprüche zu haben. Aber wozu einst alle Weisheit des Salomon nicht ausreichte, das ist ihm, dem neuen Salomon, gelungen. Ohne seinen Leib zu theilen, hat er ihn doch beiden geschenkt: der triumphirenden Kirche sichtbar und ohne Verhüllung, der streitenden Kirche unter den heiligen Gestalten des Brodes und des Weines.

10. Läßt sich noch Größeres sagen? Ja, andächtige Christen, es sind noch höhere Vorzüge übrig, die uns mit dem heiligsten Sacramente zu theil geworden sind. Aber ich kann euch dieselben nicht mehr vollständig auseinandersetzen; nur einen Hauptgedanken will ich euch noch vorführen, und der genügt, Engel und Menschen mit Bewunderung zu erfüllen. Das Sacrament des Altars ist für uns und für alle Christen, die es empfangen, eine beständig fortgesetzte Ausdehnung des Geheimnisses der Menschwerdung. So lehren uns die Kirchenväter, und ich will euch erklären, was sie sagen. Ihr wißt, zu welch hoher Würde die Menschheit Jesu Christi in jenem seligen Augenblicke erhoben wurde, da der Sohn Gottes sie mit seiner Person vereinigte. An dieser hohen Würde nun, an dieser Ehre läßt Jesus Christus alle, die seiner Kirche angehören, theilnehmen, wenn er sich in der heiligen Communion ihnen hingibt; denn dadurch geht er in uns ein, dadurch verbindet er sich mit uns und wird sozusagen vollkommen eins mit uns. Eben aus diesem Grunde, lehrt der hl. Cyrillus, wird der Empfang dieses Sacramentes Communion genannt, das heißt Gemeinschaft, und diese Lehre des heiligen Kirchenvaters gründet sich auf das Wort des Herrn: „Wer mein Fleisch ißt und mein Blut trinkt, der bleibt in mir und ich in ihm" (Joh. 6, 57).

Und darum können wir auch sagen, daß zwar nicht im vollen und eigentlichen Sinne, aber in gewisser Weise der Sohn Gottes fort und fort in den Händen seiner Diener, nämlich der Priester, gleichsam aufs neue Mensch wird. O wie verehrungswürdig, ruft deshalb der hl. Augustin aus, wie hochheilig ist der Stand des Priesters, da der Sohn des ewigen Vaters, da unser Herr und Gott, der einmal in dem Schoße Mariä Mensch geworden, in ihren Händen ohne Aufhören dasselbe große Werk erneuert![1] Erwäget, meine Christen, zu welcher Würde Gott die heilige Jungfrau erhob, da er sie sich zur Mutter auserwählte, und schließet hieraus auf die Würde des Priesters. Der Mutter des Herrn gegenüber üben wir eine besondere Art der Verehrung, wie sie keinem Heiligen, keinem Engel gebührt, weil in ihr das Wort Fleisch angenommen hat; wie groß muß aber dann auch unsere Ehrfurcht dem Priester

---

[1] O veneranda sacerdotum dignitas, in quorum manibus Filius Dei perpetuo incarnatur *(Aug.)*. Wo St. Augustin das sagt, gibt Bourdaloue nicht an. — Der Sohn Gottes fängt in den Händen des Priesters an, unter der Gestalt des Brodes gegenwärtig zu sein, in der Absicht, jene, die ihn empfangen, wie Bourdaloue sich vorher ausgedrückt, „an jener hohen Würde theilnehmen zu lassen", zu welcher seine Menschheit in dem Augenblicke seiner Menschwerdung sich erhoben sah. Unter dieser Rücksicht, aber, wenn ich nicht irre, nur unter dieser, mag man sagen können, daß „der Sohn Gottes in den Händen der Priester gleichsam und in gewisser Weise *(dans une certaine propriété de termes)* aufs neue Mensch wird". Uebrigens möchte ich so subtile, so schwer verständliche Dinge beim Volke nicht vortragen. Denn von Stellen wie diese nehmen die Leute entweder nichts mit sich nach Hause oder Mißverständnisse, irrige Anschauungen, Zweifel und störende Grübeleien. Das letztere gilt auch von den zunächst folgenden Sätzen; die Vergleichung zwischen der Würde der heiligen Jungfrau und der Würde des Priesters dürfte sich überdies gegen den Vorwurf der Uebertreibung schwerlich rechtfertigen lassen.

gegenüber sein, der die Gewalt besitzt, den Leib des Herrn in seinen Händen zu bilden[1], ihn durch die Kraft seiner Worte entstehen zu lassen, ihn in sein Herz aufzunehmen, nicht etwa einmal, sondern so oft er die Feier der heiligen Geheimnisse wiederholt!

Doch diese Gedanken sind zu hoch für uns; fassen wir vielmehr das ins Auge, was sich uns bei diesem Sacramente an erster Stelle darbietet, was an demselben die Hauptsache ist, was wir mit unsern Augen sehen können. Um seine Kirche hoch zu ehren, nährt Jesus Christus sie im Sacramente des Altars mit seinem Leibe, gibt ihr sein Blut als Trank und sein Fleisch als Speise; das will sagen, er nährt sie mit dem Fleische Gottes, mit dem Blute Gottes, mit dem Leibe Gottes[2]. Christen, was sollen wir dazu sagen? Kann es uns je gelingen, das auszudrücken, was über jeden Ausdruck hinausgeht, was all unser Denken, was selbst alles Verlangen unseres Herzens übersteigt? Genährt zu werden mit dem Fleische Gottes, diese Ehre war der Kirche vorbehalten, weil sie die Tochter Gottes, weil sie die Braut des Königs der Glorie, und vor allem weil sie der geistliche Leib Christi ist. Denn es geziemt sich, daß die Braut von einer Speise lebe, welche der Größe ihres Gemahls entspricht, daß die Tochter eine Nahrung habe, wie sie der Adel ihres Vaters, und die Glieder des Leibes, wie sie die hohe Würde des Hauptes verlangt. Nun gab es aber für die Braut Gottes, für die Tochter Gottes, für den geistlichen Leib Gottes nur eine angemessene Nahrung, nämlich eben das Fleisch Gottes. Die Israeliten waren die Knechte Gottes, und darum, sagt der hl. Hieronymus, genügte für sie als Nahrung das Manna, welches die Heilige Schrift das Brod der Engel nennt; für uns dagegen, die Gott so hoch erhoben hat, daß er uns den Adel seiner Kindschaft verlieh, für die Kirche, die aus dem Blute Christi geboren wurde, ist das Brod der Engel zu gering; ihr gebührt das Brod Gottes, und darum gibt Jesus Christus uns dieses im Sacramente des Altars.

11. Was für Folgerungen für unsere Gesinnung und unser Leben müssen wir nun aus den Wahrheiten ziehen, die ich euch heute vorgetragen habe? Namentlich diese zwei: daß wir einerseits der Kirche große Hochachtung und Ehrfurcht schuldig sind, und daß wir andererseits mit aller Sorgfalt darauf bedacht sein sollen, unsern Leib immer rein zu bewahren und frei von Sünde.

Hochachtung, sagte ich zuerst, und Verehrung sind wir der Kirche schuldig, welche der geistliche Leib Christi ist. Oder können wir sie wohl ehren, wie sie es verdient, nachdem der Herr selbst sie so hoher Ehre gewürdigt hat? Sie ist es, durch die er uns sein Fleisch und sein Blut darreicht; sie ist es, der wir nach seinem Willen dasselbe verdanken sollen, denn ihr hat er es anvertraut, und wenn wir je dieses Sacrament aus andern Händen empfingen als aus den ihrigen, dann würde uns das Fleisch und das Blut Christi nicht

---

[1] De le *former* dans leurs propres mains. Mir scheint, das ist concionatorie dictum (vgl. Bd. I, S. 428).

[2] C'est-à-dire, la chair *d'un Dieu*, le sang *d'un Dieu*, le corps *d'un Dieu*. Vielen Uebersetzungen französischer und italienischer Originale gegenüber mag es der Mühe werth sein, darauf aufmerksam zu machen, daß im Deutschen mit dem Worte „Gott", wenn es den wahren Gott bezeichnet, sich der unbestimmte Artikel nicht verbinden läßt.

bloß nicht mehr zum Heile gereichen, sondern es würde für uns tödtliches Gift sein. Wohl ist es an erster Stelle Maria, die Mutter Jesu, der wir den allerheiligsten Leib des Herrn verdanken; aber schließlich hat doch Maria ihn uns nur einmal gegeben, die Kirche hingegen gibt ihn uns alle Tage von neuem; Maria hat ihn allgemein der ganzen Menschheit gegeben, und die Kirche reicht ihn jedem Einzelnen aus uns; Maria hat ihn uns gegeben, damit er uns erlöse und über uns herrsche, die Kirche aber gibt ihn uns als unsere Nahrung, die mit uns Eines wird. Urtheilet hiernach selber, was wir der Braut des Sohnes Gottes schuldig sind, mit welcher Treue wir ihr anhangen müssen, mit welchem Eifer wir für sie einstehen, mit welcher Willigkeit wir ihre Anordnungen aufnehmen, mit welcher Gewissenhaftigkeit wir denselben entsprechen müssen.

Und übersehet dabei nicht, was für schwere Kämpfe die Kirche zu bestehen hatte, was für Verfolgungen sie auf sich nehmen mußte, indem sie uns diese Speise des Heiles gab, und selbst gerade, weil sie uns dieselbe gab und sie für uns bewahrte. Ihr wißt ja selber, wie oft schon die Feinde des Glaubens in die Gotteshäuser eingedrungen sind, um ihr das Sacrament gewaltsam zu entreißen; ihr wißt selber, was für Greuel sie dabei verübt, wie sie ihr Heiligthum entweiht, ihre Altäre umgestürzt, ihre Tabernakel erbrochen, ihre heiligen Gefäße geraubt haben, wie sie an ihre Kinder, an ihre Priester, ja selbst an den Herrn im Sacramente sacrilegisch gewaltsame Hand gelegt. Jetzt noch schaudert uns bei der Erinnerung an diese Frevel. Aber ist es nicht noch viel trauriger, daß die Mutter der Christenheit, indes sie von ihren Feinden in solcher Weise mißhandelt wird, von uns selber Tag für Tag die gleichen Mißhandlungen ertragen muß? Und hat sie nicht vollen Grund, in bitterem Schmerze zu klagen mit den Worten des Propheten: *Filios enutrivi*, ich habe Kinder geboren, ich habe sie groß gezogen unter vielen Sorgen, sie genährt mit der Milch der reinen Lehre, ihnen als Speise das Fleisch Gottes gereicht, *ipsi autem spreverunt me* (Is. 1, 2), aber sie haben mich verachtet? Denn sehet, Christen, die Feinde unseres Glaubens haben die Kirche verachtet, indem sie ihre Gotteshäuser entweihten; aber wenn wir in denselben uns so vieler Unehrerbietigkeiten, so vieler Aergernisse schuldig machen, entweihen wir sie da nicht gleichfalls? Die Feinde des Glaubens haben die Kirche verachtet, indem sie ihr Heiligthum verunreinigten, ihre Altäre umstürzten, ihre Tabernakel erbrachen; aber in diesem nämlichen Heiligthum, vor eben diesen Altären, angesichts eben dieser Tabernakel, ach, wie viel böse Gedanken und sündhafte Begierden habt ihr da nicht vielleicht schon unterhalten, wieviel entehrenden Leidenschaften euch hingegeben! Die Feinde des Glaubens haben die Kirche verachtet, indem sie mit den heiligen Geheimnissen ihren Spott trieben und das Sacrament des Leibes Christi verunehrten; aber verunehrt ihr nicht das nämliche Sacrament, wenn ihr euch im Stande der schweren Sünde befindet und dennoch wagt, es zu empfangen? Treibt ihr nicht auch beinahe euern Spott mit den heiligen Geheimnissen, wenn ihr bei denselben gegenwärtig seid mit nicht größerer Sammlung, mit nicht mehr Andacht und Zurückhaltung, als ob ihr euch bei einer durch und durch weltlichen Unterhaltung befändet? Wenn die Feinde des Glaubens die Kirche verachteten, dann waren sie eben ihre erklärten Feinde und ihre offenen Verfolger, und darum mußte diese

Verachtung sie weit weniger schmerzen; aber was wir ihr anthun, das empfindet sie um so tiefer, da wir ihre eigene Heerde sind, da wir ihre Jünger sind, da wir ihre Kinder sind. „Kinder habe ich aufgezogen und sie groß gemacht, sie aber haben mich verachtet!"

Ich habe an zweiter Stelle gesagt, die Wahrheiten, die wir heute erwogen haben, müßten uns bestimmen, mit aller Sorgfalt darauf bedacht zu sein, daß wir unsern Leib immer rein bewahren und frei von Sünde. Ja, Christen, so sehr wir auch in vielfacher Beziehung der Verachtung werth sind, wir sind dennoch schuldig, vor uns selber, wenn ich so sagen darf, Ehrfurcht zu haben, weil wir insgesamt zu dem geistlichen Leibe Christi gehören und es so gut von uns gilt als von der Kirche, wenn der Apostel spricht: „Ihr seid der Leib Christi." Ob auch unser Leib an und für sich etwas sehr Niedriges ist, die Lehre von dem Sacramente des Altars muß uns dennoch demselben gegenüber mit Hochachtung erfüllen, und die Gottesfurcht muß diese Hochachtung lebendig erhalten; warum? nicht mehr allein darum, weil der Heiligen Schrift zufolge unser Leib der Tempel des Heiligen Geistes ist; das will viel sagen, aber es ist doch noch zu wenig; nicht mehr allein darum, weil unser Leib der lebendige Tabernakel ist, in welchem der Leib Christi ruht; auch das ist noch zu wenig; sondern darum, weil in Kraft der heiligen Communion unsere Leiber selbst zu Gliedern Jesu Christi werden. Das ist die Lehre des Apostels. „Wisset ihr nicht," so schreibt er den Christen zu Korinth, „wisset ihr nicht, daß eure Leiber die Glieder Christi sind," „und daß ihr nicht seid euer eigen" (1 Kor. 6, 15. 19), das heißt, daß es euch folglich nicht mehr freisteht, damit zu thun, was euch beliebt, weil dieselben Jesu Christo gehören, weil sie sein Eigenthum sind und Theile seines Leibes?

O wie sollte diese große Wahrheit uns mächtig ergreifen, wie sollte sie uns antreiben, mit der größten Sorge unsern Leib rein zu bewahren und frei von aller Schuld! Eben diese wichtige Mahnung legte der hl. Paulus den Christen wieder und wieder ans Herz. Es lag ihm viel daran, daß sie ihre Seele heiligen möchten; aber es lag ihm in ganz besonderer Weise daran, daß sie ihren Leib heilig hielten, weil er vor Augen hatte, daß derselbe zum Leibe Christi gehöre. Mit dem größten Nachdruck, in den stärksten Worten legte er ihnen diesen Gedanken nahe: Welche Schmach, so schrieb er ihnen, was für ein Greuel würde es sein, wenn ihr die Glieder Jesu Christi entweihen, wenn ihr sie schänden, wenn ihr sie den schmutzigen Gelüsten einer öffentlichen Dirne preisgeben wolltet![1] Ach Christen, wollte Gott, ich hätte nicht Grund, mehr als der Apostel, hier diesen nämlichen Vorwurf zu wiederholen! Aber was für Ausschweifungen sind denn noch übrig, welche Art von jenen Sünden, die das Heilige entweihen, gibt es denn, wozu euch der Verfall und die Entartung des öffentlichen Lebens nicht hinreißt? Ja, Sünden, die das Heilige entweihen, sage ich; denn ihr müßt nicht meinen, als ob ihr nur dann den Leib Christi entweihet, wenn ihr denselben im Zustande der schweren

---

[1] Nescitis quoniam corpora vestra membra sunt Christi? Tollens ergo membra Christi, faciam membra meretricis? Absit. An nescitis quoniam qui adhaeret meretrici, unum corpus efficitur? Erunt enim, inquit, duo in carne una (1 Cor. 6, 15. 16).

Sünde empfanget; ihr thut es nicht minder, wodurch? durch jene thierischen Lüste, durch jene unflätigen Genüsse, zu welchen die wilde Leidenschaft euch treibt, in denen ihr den Leib des Erlösers schändet, weil ihr euern eigenen schändet. Und darum habt auch ihr zu zittern vor dem Fluche, den der Apostel über jene Christen ausspricht, welche unwürdig das Sacrament empfangen. Ein solcher, spricht er (1 Kor. 11, 27. 29), „wird schuldig sein des Leibes und Blutes des Herrn, weil er den Leib des Herrn nicht unterscheidet"; auch ihr unterscheidet ihn nicht, auch ihr bedenkt nicht bei euch selber, welche Rücksicht der Leib des Herrn von euch erheischt, und darum seid auch ihr vor Gott schuldig des Leibes und des Blutes Christi. O laßt uns dieses fürchterliche Urtheil nicht wider uns herausfordern! Laßt uns die Liebe des Herrn und seine gnädigsten Anstalten zu unserem Heile, nicht zur Quelle unseres Verderbens machen! Laßt uns darauf bedacht sein, mit allem Ernste unsern Leib rein und heilig zu bewahren und dadurch den allerheiligsten Leib des Gottmenschen zu ehren, auf daß wir einst theilhaben können an jener Herrlichkeit, deren er im Himmel genießt. Dazu möge uns verhelfen der allmächtige Gott der Vater, der Sohn und der Heilige Geist. Amen.

Anmerkung.

Einen ganz gewiß sehr wirksamen Gedanken vermisse ich in dieser Predigt. Es ist derjenige, den uns die Kirche nahegelegt in der letzten Oration der Messe für das Fest der Unbefleckten Empfängniß Mariä [1], den vollständiger noch der hl. Cyrillus von Alexandrien ausspricht, wenn er (zu Joh. 6, 57) also schreibt: „Darum entschließe dich, fromm und den Geboten Gottes gemäß zu leben, und dann empfange das Sacrament: und sei überzeugt, daß es nicht nur den Tod von uns fernhält, sondern auch die Krankheiten in uns vertreibt. Denn indem Christus (durch dasselbe) in uns einkehrt, bindet er das wilde Gesetz des Fleisches, das in unsern Gliedern stürmt, belebt er in uns die Gottesfurcht, ertödtet er die ungeordneten Gefühle unseres Herzens, und er rechnet uns die Sünden, die er in uns findet, nicht zu [2], sondern heilt vielmehr, was in unserer Seele krank ist. Er verbindet unsere Wunden [3], er richtet, was gesunken ist, wieder auf; denn er ist der gute Hirt, der sein Leben hingibt für seine Schafe." [4] Ich will sagen, Bourdaloue hätte (oben Nr. 3) nicht bei der nährenden, das übernatürliche Leben erhaltenden Wirksamkeit des Fleisches Christi stehen bleiben, sondern auch die heilende Kraft desselben den Christen nahelegen, er hätte nicht bloß betonen sollen, daß der Leib Christi lebenspendende Speise ist, sondern auch, daß er das specifische Gegenmittel bildet wider jenes Gift, das infolge der ersten Sünde die Natur des Menschen in allen ihren Theilen und an erster Stelle sein Fleisch durchzogen hat. Neben

---

[1] Sacramenta quae sumpsimus, Domine Deus noster, *illius in nobis culpae vulnera reparent*, a qua immaculatam beatae Mariae conceptionem singulariter praeservasti (Postcom. d. 8. Dec.).

[2] Das ist natürlich nicht von Todsünden zu verstehen, es sei denn, der Communicirende wäre ohne seine Schuld sich derselben nicht mehr bewußt.

[3] Vgl. Ez. 34, 16.   [4] *Cyrill. Alex.*, In Io. Expos. l. 4, c. 2 extr.

dem Gedanken, auf welchen Bourdaloue sich beschränkt, wäre der hiermit angedeutete sicher noch wirksamer gewesen als jener erste; denn er übertrifft denselben an Popularität und tröstender Kraft genau um so viel, als jedes Christenherz, das aus dem Glauben lebt, gerade diese Vergiftung und diesen krankhaften Zustand seines ganzen Wesens schmerzlicher und tiefer empfindet. Durch nichts ja macht sich der Werth der Gesundheit fühlbarer als durch die Krankheit, und wir sind deßhalb weniger dankbar für das Brod, durch das jene erhalten, als für die Arznei, durch welche diese gebannt wird.

Das soll nun freilich nicht so viel heißen, als ob die vorstehende Predigt, die unter den Predigten Bourdaloues noch zu den kürzern gehört, nicht schon mehr als viel zu lang wäre. Aber wenn man den eben bezeichneten Punkt noch hinzunimmt, so könnte man den reichen Stoff, den sie enthält, sehr wohl zu drei selbständigen Predigten verarbeiten. Denn wie es überhaupt in den Predigten von Bourdaloue, im Gegensatze zu denen Massillons, der Fall zu sein pflegt, so erscheinen auch in dieser nicht wenige bedeutende Gedanken in so gedrängter Fassung gegeben, daß sie einer weitern Ausführung nicht bloß fähig sind, sondern vor dem Volke einer solchen geradezu bedürfen.

Elfter Abschnitt.

Anweisungen in Rücksicht auf die Quellen, aus denen der Inhalt der geistlichen Vorträge zu schöpfen ist.

306. „Die Vorträge unserer meisten Prediger", schreibt Gisbert, „sind zu einförmig und infolgedessen langweilig. Woher kommt das? Es kommt großentheils daher, weil sie alles, was sie sagen, aus ihrem eigenen Geiste schöpfen, oder um es mit einem Worte auszudrücken, weil sie erfinden wollen. Das ist auf dem Gebiete der geistlichen Beredsamkeit ein äußerst nachtheiliger Mißgriff. Jeder Redner, und der geistliche mehr noch als der profane, muß die entsprechenden Gedanken auffinden, nicht sie erfinden. Das, was zum Gegenstande des Vortrags gehört, aufzusuchen, es zu sammeln und es dann wiederzugeben, das ist die ganze Aufgabe des Predigers. Aber statt dessen bestehen viele hartnäckig darauf, alles, was sie vortragen, durch ihre eigene Denkkraft erzeugen zu wollen. Wissen solche denn nicht, was eine Predigt ist? Wenn wir es genau sagen sollen, sie ist ein Vortrag, der sich ganz auf die Heilige Schrift, auf die Lehre der Kirchenväter und der Concilien gründet, und in welchem die Lehren der christlichen Religion mit den Folgerungen, die daraus fließen, den Anweisungen der Beredsamkeit gemäß dem Volke vorgelegt werden. Nun stammt aber von all diesem nichts vom Prediger selbst, wächst nichts davon auf seinem eigenen Boden. Werk des Predigers ist von dem ganzen Vortrage nur die Anordnung der Gedanken und ihre Verbindung, sowie der sprachliche Ausdruck. Die Wahrheiten selbst, der Inhalt, die Gedanken müssen ganz der christlichen Lehre entnommen sein. Das Material ist nicht eine Schöpfung des Predigers, sondern es ist gegeben; er hat nichts zu thun, als dasselbe angemessen zu verarbeiten." [1]

Ich weiß nicht, m. H., ob die Verirrung, über welche Gisbert sich in diesen Worten beschwert, der Drang und das hartnäckige Streben, alles, was sie sagen, selbst zu erfinden, durchweg bei unsern Predigern so übermäßig stark ist. Das Uebel der Gegenwart in diesem Punkte dürfte ein anderes sein. Unsere Prediger steifen sich nicht darauf, alle ihre Gedanken selbst erzeugen zu wollen; sie schöpfen aus Quellen, nur daß es nicht die rechten sind. Ich kann in diesem Punkte nicht als Augenzeuge reden; aber wie wäre es möglich, daß die Literatur der neuesten Zeit so überreich ist an Sammlungen von Predigten und an Zeitschriften für die Kanzel, wenn diese bei der Vorbereitung für die Verkündigung des Wortes Gottes nicht sehr stark und von

---

[1] *Gisbert*, L'éloq. chrét. dans l'idée et dans la pratique chap. 11, n. 1. 2. 8.

sehr vielen benutzt würden? Daß man in solchem Maße zu solchen Hilfs=
mitteln greift, das ist vielleicht noch viel nachtheiliger als die Thatsache, welche
wir den französischen Meister rügen hörten. Beda Weber hat darum wohl
kaum unrecht, wenn er über „die Buchhändlerspeculation mit gedruckten Pre=
digtwerken" in noch schärfern Ausdrücken sich ergeht. „Es war dabei weder
von seiten der Compilatoren noch der Verleger auf etwas anderes abgesehen,
als für gemeinen Gelderwerb die Faulheit und den Blödsinn der Cleriker
auszubeuten. Die buchmacherisch Aneignung fremden Eigenthums trug ihren
Fluch in die geistige Aneignung des Stoffes von seiten angehender Prediger.
Das Sündengeld der Industrie erzeugte die Sündenschuld der Persönlichkeit,
welche für beide büßen muß. Was die Compilatoren und Drucker an Geld
gewinnen, verliert der fahrende Warenverschleißer auf der Kanzel an Wahr=
heit, Eigenthümlichkeit und Natur. Die eigene Person wird dabei auf die
Seite gestellt und dafür eine fremde zur Anschauung und Aeußerung gebracht,
ein Nachspiel der alten Komödie, wo die Larve eine so große Rolle spielte.
Der Hausgarten bleibt bei diesem Mummenschanz unangebaut liegen und ver=
wildert ganz, während die Kunst der Heuchelei, mit fremder Ware um Menschen=
beifall zu angeln, das Herz öde und leer läßt. Auf diesem Holzwege, um
nicht Bretter der Bühne zu sagen, sind viele hoffnungsreiche Talente zu Schanden
gegangen. Der schwunghafte Warenverschleiß deutet einen ungeheuern Bankrott
der Geister an."[1] Was übrigens diesen „Bankrott" betrifft, so darf man,
glaube ich, weder die „Compilatoren" noch die Verleger noch auch die Ab=
nehmer der in Rede stehenden Predigtwerke in erster Linie für denselben
verantwortlich machen. Das Vaticanische Concil hatte sehr guten Grund,
wenn es mit großem Ernst an eine durchgreifende Reform der theologischen
Studien dachte.

Kommen wir hiernach auf unser Thema. Woher sollen Sie die Gedanken
zu Ihren geistlichen Vorträgen schöpfen? Mir scheint, ich brauche Ihnen das
kaum ausdrücklich zu sagen. Den Inhalt Ihrer Vorträge hat das Wort Gottes
zu bilden, die geoffenbarte Wahrheit in ihrer Anwendung auf das Leben.
Ihre Aufgabe ist, durch oratorische Darstellung der übernatürlichen Wahrheiten
für das christliche Leben, es weckend und fördernd, thätig zu sein; Sie haben
darum nicht schlechthin die Wahrheit, abstract und an sich, darzustellen, son=
dern nach ihren Beziehungen zum Leben, in beständiger Verbindung mit den
besondern Erscheinungen desselben, mit seinen thatsächlichen Zuständen, Fällen
und Eigenthümlichkeiten, in ihrem Verhältnisse zu der Natur, den Neigungen
und dem gesamten Streben des Menschenherzens. Die Quellen, aus denen
Sie schöpfen müssen, werden mithin nothwendig zweifacher Art sein: auf
der einen Seite die Geschichte und die Erfahrung, insofern diese Ihnen die
Ergebnisse und Thatsachen des innern wie des äußern Lebens bietet, Sie mit
seinen Gesetzen und seinen Eigenthümlichkeiten bekannt macht; auf der andern
Seite aber diejenigen Urkunden und Wissenschaften, welche das geschriebene
und das überlieferte Wort Gottes sowie die nähere Erklärung und Begrün=
dung desselben enthalten. Von der zuerst bezeichneten Quelle und der für die
Verkündigung des Wortes Gottes nothwendigen Kenntniß des Lebens war

---

[1] Beda Weber, Cartons aus dem deutschen Kirchenleben S. 421.

schon (im dritten Abschnitte) die Rede. Sehen wir deshalb von dieser ab, so stellen sich im einzelnen als Quellen für den Inhalt der geistlichen Vorträge die folgenden dar:

1. die Heilige Schrift;
2. die liturgischen Bücher der Kirche;
3. die Entscheidungen des Heiligen Stuhles und der Concilien;
4. die Werke der Kirchenväter;
5. die gesamte Theologie, namentlich die Dogmatik, die Moraltheologie und die Kirchengeschichte.

Sagen wir über jede dieser Quellen das Nothwendige.

Erstes Kapitel.

Die Heilige Schrift.

§ 1.

Die Bedeutung der Heiligen Schrift für die Verwaltung des Wortes Gottes. Winke für die Lesung derselben, nach Bossuet. Der „wörtliche" und der „mystische" Sinn von Schrifttexten. Die „Accommodation" von Stellen der Heiligen Schrift.

307. Die Heilige Schrift ist unter allen Büchern, wie an sich das vornehmste und das ehrwürdigste, so auch für den Priester, in Rücksicht auf die Verkündigung des Wortes Gottes, ohne Vergleich das nothwendigste und das nützlichste. Sie enthält ja nicht bloß einen sehr bedeutenden Theil der christlichen Lehre, sondern sie enthält denselben überdies in einer Fassung und Form, deren Haupturheber Gott selber ist. Wir haben gefordert, daß jeder geistliche Vortrag praktisch sei: der ganze Inhalt der Heiligen Schrift ist aber eminent praktisch; denn alles, was sie uns lehrt, hat die unmittelbare Bestimmung, das übernatürliche Leben in uns zu fördern. Wir haben verlangt, daß jeder geistliche Vortrag „für das Volk sehr leicht verständlich", d. h. populär sei; es gibt aber kein Buch, das bei solcher Tiefe der Gedanken in dem Maße sich durch Popularität auszeichnete wie durchweg die Heilige Schrift. (Daß sie auch dunkle Stellen enthält, das stelle ich offenbar hiermit nicht in Abrede.) Wir haben die Vorschrift gegeben, der Priester müsse in der Verkündigung des Wortes Gottes den natürlichen Gesetzen des menschlichen Erkennens zu entsprechen wissen; es gibt wiederum keine Darstellungsweise, welche in der Berücksichtigung dieser Gesetze die Weise der Heiligen Schrift erreichte. Es konnte auch nicht anders sein; denn niemand kennt ja diese Gesetze und das, was dieselben erheischen, so vollkommen als der, aus dessen Weisheit sie genommen sind, der Urheber der menschlichen Natur. Daß die Heilige Schrift überdies eine Fülle jener Elemente der Darstellung enthält, deren Werth und Bedeutung wir im fünften Abschnitt eben aus den erwähnten Gesetzen gefolgert haben, namentlich Aehnlichkeiten und Analogien, Gegensätze, historische Züge, darauf habe ich Sie bereits aufmerksam gemacht. Weiter lernten wir im sechsten Abschnitte die Heilige Schrift als die zweite Hauptquelle der „unmittelbaren" sowohl als der „dialektischen" Beweise kennen; im siebenten (Nr. 163) stellten wir den Grundsatz auf, daß es kein wirksameres, kein zuverlässigeres Mittel gebe in der Verkündigung des Wortes Gottes, das Gefühl der Hörenden tief und nachhaltig zu ergreifen, als die unausgesetzte geschickte Handhabung der Heiligen Schrift; bald darauf (Nr. 168) mußte ich Ihnen abermals bringend rathen, in Ihren geistlichen Vorträgen soviel nur immer möglich die Heilige Schrift zu verwerthen und sich ihre Sprache und ihre Darstellungsweise anzueignen, weil Sie dadurch am sichersten das erreichen würden, daß Ihre Vorträge immer der Natur des menschlichen Gemüths entsprächen und sich durch die rechte Natürlichkeit empfählen.

Soll ich diesen Gründen für die Bedeutung der heiligen Bücher unserer Aufgabe gegenüber noch jene hinzufügen, welche sich aus den im achten Abschnitte entwickelten Gedanken ergeben? Die geistlichen Vorträge sollen sich durch Neuheit und Schönheit empfehlen; erhabene Stellen, Sentenzen, Parabeln, Erzählungen, ethische Zeichnungen, Gleichnisse, immer in der rechten Weise verwerthet, sollen sie geeignet machen, die Zuhörer zu fesseln und ihre Aufmerksamkeit wach zu erhalten. Die Heilige Schrift ist das reichste Magazin für alle diese Elemente; es gibt kein Buch, das vom Anfang bis zum Ende mit der anspruchslosesten Einfachheit so viel edle Schönheit, so viel Schwung und Großartigkeit verbände; und wenn es Ihnen endlich um Neuheit und Originalität zu thun ist, so erscheint ja die Unbekanntschaft mit dem Inhalte der heiligen Bücher wie überhaupt die Unwissenheit in religiösen Dingen in der fortgeschrittenen Bildung unserer Zeit geradezu als ein wesentliches Element, und ist es ja, wie vor nicht vielen Jahren ein Gelehrter bemerkt hat, in der That so weit gekommen, „daß, wer etwas recht Originelles, Neues, Unerhörtes sagen will, eine Stelle oder eine Geschichte aus der Heiligen Schrift anführen muß" [1]. So stellt sich also geradezu allen Rücksichten der Beredsamkeit gegenüber „das Buch der Bücher" in der That dar als die erste, die vorzüglichste, die eigentlichste Quelle, aus welcher wir bei der Verkündigung des Wortes Gottes unsere Gedanken zu schöpfen haben, und es erweist sich allseitig und in seinem vollen Sinne als wahr das Wort St. Augustins: „**Im rechten Geiste predigen wird der Priester genau um soviel mehr oder minder, als er sich den Inhalt der heiligen Bücher mehr oder minder zu eigen gemacht hat.**" [2]

308. Sie sehen hieraus, m. H., daß die Heilige Schrift für die Verwaltung des Wortes Gottes eine wesentlich andere Bedeutung hat als für die wissenschaftliche Theologie. Die letztere betrachtet die heiligen Bücher gleichfalls als den ersten ihrer *loci*; indes ihr sind diese *loci* nichts weiter als

---

[1] Histor.-polit. Bl. LIX, 880.
[2] *Sapienter autem dicit homo tanto magis vel minus, quanto in Scripturis sanctis magis minusve profecit.* Non dico in eis multum legendis memoriaeque mandandis, sed bene intellegendis, et diligenter earum sensibus indagandis. Sunt enim qui eas legunt, et neglegunt; legunt ut teneant, neglegunt ne intellegant. Quibus longe sine dubio praeferendi sunt, qui verba earum minus tenent, et cor earum sui cordis oculis vident. Sed utrisque ille melior, qui et eas et cum volet eas dicit, et sicut oportet intellegit. *Huic ergo qui sapienter debet dicere, etiam quod non potest eloquenter, verba Scripturarum tenere maxime necessarium est.* Quanto enim se pauperiorem cernit in suis, tanto eum oportet in istis esse ditiorem (*Aug.*, De doctr. christ. 4, c. 5, n. 7. 8).

Quellen, denen sie ihre Beweise entnimmt. Auch die geistliche Beredsamkeit sucht, wenn wir von den Entscheidungen des Heiligen Stuhles und der Concilien absehen (vgl. Nr. 123), ihre vorzüglichsten Beweise in der Heiligen Schrift; aber damit ist die Bedeutung der letztern für die Predigt und die Katechese bei weitem nicht erschöpft. Ich habe es ja schon gesagt: die Heilige Schrift soll den geistlichen Vorträgen nicht bloß überzeugende Kraft geben, sie soll auch dazu beitragen, daß dieselben populär und praktisch, anziehend, schön, gehaltvoll, natürlich, eindringlich, ergreifend, wirksam werden.

Dazu ist es aber offenbar nicht genug, daß man nur, wo es sich um Beweisführung handelt, nach Weise mancher dogmatischer Handbücher eine Anzahl von Texten aneinanderreihe. Das bezeichnete Resultat wird vielmehr nur dann erreicht werden, wenn, ich möchte sagen, der gesamte Inhalt des Vortrags der Heiligen Schrift entnommen scheint, insofern derselbe sich großentheils und soviel als möglich aus oratorisch behandelten und gut ausgeführten Stellen der Heiligen Schrift zusammensetzt. Oft lassen sich dabei hervorragendere Gedanken fast ausschließlich mit den Worten des Heiligen Geistes, durch zweckmäßig verbundene Schrifttexte ausdrücken; Stellen dieser Art haben, wenn die Texte gut gewählt und ungezwungen zusammengefügt sind, immer eine ganz besondere Schönheit, Weihe und Salbung. Beispiele hierfür finden Sie vielleicht nirgends zahlreicher als in den Schriften des hl. Bernhard; die Reden, Erlasse und Rundschreiben des glorreichen Papstes Pius IX. zeichnen sich nicht selten gleichfalls durch eine solche Verkettung von Texten der Heiligen Schrift sehr vortheilhaft aus. Ein Beispiel aus dem Schluß der Encyklika *Gravibus Ecclesiae* vom 24. December 1874, durch welche der Jubiläumsablaß für das Jahr 1875 verkündigt wurde, mag uns genügen.

„An euch alle endlich, die ihr Kinder der katholischen Kirche seid, wenden wir uns und ermahnen mit der Liebe des Vaters euch insgesamt, daß ihr diese Gelegenheit, den Jubiläumsablaß zu erlangen, in der Weise benutzt, wie es eine aufrichtige Sorge um euer Heil von euch erheischt. Wenn jemals sonst, dann ist es vor allem jetzt nothwendig, geliebte Kinder, daß wir unser Gewissen reinigen von den todten Werken*, daß wir Opfer der Gerechtigkeit bringen* und würdige Früchte der Buße*, daß wir säen in Thränen, um dereinst in Freude zu ernten*. Die Majestät Gottes legt es uns nahe genug, was sie von uns fordert, denn lange schon seufzen wir ja, unserer Verkehrtheit wegen, unter ihrem Dräuen und unter dem Schnauben des Odems ihres Zornes*. Die Menschen sind gewohnt, sagt ein heiliger Bischof, wenn sie sich in übermäßiger Bedrängniß sehen, Gesandte an die ihnen zunächst wohnenden Völker zu schicken und bei diesen Hilfe zu suchen. Uns laßt, denn das ist besser, an Gott eine Gesandtschaft abordnen, bei ihm laßt uns um Hilfe flehen, zu ihm mit Gebet, mit Fasten und Almosen aus ganzem Herzen uns wenden. Denn je mehr wir uns Gott nahen, um so weiter werden von uns unsere Feinde weggetrieben werden. Aber ihr vor allen höret auf unsere apostolische Stimme — denn als Gesandter an Christi Statt reden wir zu euch* —, ihr, die ihr mühselig seid und belastet*, die ihr euch verirrt habt von dem Wege des Heils und nun das harte Joch niedriger Leidenschaften tragen müßt und der Knechtschaft des Teufels. Nein, verachtet nicht den Reichthum der

Güte, der Geduld und der Langmuth Gottes*; und wo euch jetzt eine so günstige, eine so leichte Gelegenheit geboten wird, Vergebung zu erlangen, verhärtet nicht euer Herz*, handelt nicht so, daß ihr ohne Entschuldigung seid* vor Gott, eurem Richter, und häuft euch nicht den Zorn für den Tag des Zornes und der Offenbarung des unerbittlichen Gerichtes Gottes*. So nehmt es denn, ihr Abtrünnigen, zu Herzen*, versöhnt euch mit Gott*; die Welt vergeht und ihre Lust*; thut weg von euch die Werke der Finsterniß, ziehet die Waffen des Lichtes an*, höret auf, Feinde zu sein eurer eigenen Seele*, auf daß ihr derselben doch endlich den Frieden gewinnet in diesem Leben und in dem andern den ewigen Lohn der Gerechten."

In diesen wenigen Sätzen sind folgende sechzehn Schriftterte verwerthet (die mit * bezeichneten Stellen): Hebr. 9, 14. Pf. 4, 6. Matth. 3, 8. Pf. 125, 5. Pf. 17, 16. 2 Kor. 5, 20. Matth. 11, 28. Röm. 2, 4. Pf. 94, 8. Röm. 1, 20; 2, 5. Jf. 46, 8. 2 Kor. 5, 20. 1 Joh. 2, 17. Röm. 13, 12. Tob. 12, 10. Kürzere Beispiele finden sich mitunter in besonders gelungenen Orationen des Meßbuchs[1].

309. Es ist indes leicht einzusehen, daß von einer solchen Verwerthung der Heiligen Schrift nur dann die Rede sein kann, wenn der Priester mit ihrem Inhalte in hohem Maße vertraut, von ihrem Geiste ganz erfüllt ist. Diese gründliche Kenntniß des Buches von Gottes Hand findet man heutzutage nicht häufig, aber es ist hohe Zeit, daß es anders werde. Es bleibt Ihnen einfach keine Wahl, m. H.: wenn Ihnen daran liegt, in der Verkündigung des Wortes Gottes einmal zum Heile der Christenheit etwas Rechtes zu leisten, dann müssen Sie sich dieselbe um jeden Preis erwerben. Das Mittel dazu liegt in Ihrer Hand, es ist *Lesung, Studium, Betrachtung der Heiligen Schrift*; aber anhaltende, tägliche, beständig wiederholte Lesung, zweckmäßiges Studium, andächtige, mit Gebet verbundene Betrachtung. Ein sehr beherzigenswerthes Wort hat über diesen Punkt — und über einen damit nahe zusammenhängenden — vor einigen Jahren ein Mann vom Fach gesprochen, in einem Aufsatze über „Das Studium der Vulgata". Ich will Ihnen seine Gedanken, soweit sie unsern Gegenstand berühren, fast unverändert mittheilen; denn sie gehören zu jenen, die man nicht genug verbreiten kann.

„Bis auf einen gewissen Grad bleibt es wahr, daß die Liebe zur Heiligen Schrift und die Beschäftigung mit derselben bei den Katholiken unverantwortlich weniger als bei den Protestanten ersichtlich ist. Zur Bibelkunde sollte, auch wenn kein specieller, in der Zeit gelegener Impuls vorhanden ist, jeden Christen ein allgemeiner, stets bleibender Antrieb führen, der aus den immer neuen Bedürfnissen des menschlichen Herzens sich ergibt. Für jeden christlich denkenden

---

[1] Ad sacram, Domine, mensam admissi hausimus aquas in gaudio de fontibus Salvatoris: sanguis eius fiat nobis, quaesumus, fons aquae in vitam aeternam salientis (Postcomm. in festo Pret. Sang. [Is. 12, 3. Io. 4, 14]). — Deus qui inter cetera sapientiae tuae miracula etiam in tenera aetate maturae sanctitatis gratiam contulisti: da quaesumus, ut beati Stanislai exemplo tempus instanter operando redimentes, in aeternam ingredi requiem festinemus (Or. in festo S. Stanislai K. [Eph. 5, 16. Hebr. 4, 11]). — Ut nobis, Domine, caelestis quem sumpsimus panis sit vitae, beato Stanislao Confessore tuo intercedente quaesumus, ut panis sit intellectus, et potus aqua sapientiae salutaris (Postcomm. ibid. [Io. 6, 85. 48. Eccli. 15, 3]).

und handelnden Menschen ist die religiöse Belehrung und Erbauung eine unabweisliche Nothwendigkeit, und hierzu bietet sich die Heilige Schrift als das geeignetste, ja als das hauptsächlichste Mittel und als der Quell jeder anderweitigen Nahrung an. Diese Wahrheit wird von den Protestanten, mag sie auch einseitig von ihnen entstellt werden, jedenfalls mehr anerkannt als von den Katholiken, und es bleibt hierin der Hauptgrund zu suchen, warum bei jenen so unverhältnißmäßig mehr für die Ausbreitung der Bibelkunde geschieht als bei uns. Bei den Protestanten, d. h. bei den gläubigen, ist und bleibt die Bibel das Buch der täglichen Lesung und Erbauung, neben dem kaum ein anderes aufkommen kann; das ist eine Thatsache, die wir, abgesehen von ihrem innern Werthe, anerkennen müssen. Der katholische Büchermarkt aber wird, je länger je mehr, mit allen erdenklichen Predigt- und Erbauungsbüchern überschwemmt, die wenigstens zu einem großen Theile eine Oberflächlichkeit der Ansicht und des Geschmacks in religiösen Dingen herbeiführen, wie sie sich mit der aus der Heiligen Schrift zu schöpfenden Nahrung nicht vereinen läßt. Einst war es anders. In die Liturgie der Kirche selbst ist nie etwas aufgenommen worden, das nicht der Heiligen Schrift selbst entstammt wäre oder doch den Geist der Schrift athmete. Bis auf den heutigen Tag sind die officiellen Lehr- und Erbauungsbücher der Kirche, Brevier, Meßbuch, Ritualien, entweder direct der Heiligen Schrift entnommen oder doch mit ihren Worten und Gedanken verfaßt. Ein Buch des Alten Testaments führt den bezeichnenden Namen Ecclesiasticus, den die Augsburger Bibel ebenso treffend mit ‚Buch vom geistlichen Leben' wiedergibt. Mit welchem Nachdruck haben die Väter immer und immer wieder die tägliche und stündliche Lesung des göttlichen Wortes eingeschärft! Wie eindringlich empfiehlt der hl. Hieronymus einer römischen Mutter, ihr siebenjähriges Kind an den biblischen Schriften zur Tugend heranzuziehen![1] Daß solche Mahnungen nicht ungehört blieben und daß die Gläubigen in der Heiligen Schrift die Hauptquelle ihrer geistigen Erhebung fanden, dafür zeugen aus den frühern Jahrhunderten, neben deren mehr gelehrter Literatur, die mannigfachen biblischen Darstellungen, welche die Katakomben enthalten. Mit Anfang des Mittelalters beginnt im Abendlande eine noch unübersehbare Reihe von prosaischen und poetischen Schriftwerken, die einzig darauf berechnet sind, den Inhalt der heiligen Schriften zum Gemeingut für alle zu machen und so ihrer Andacht zu dienen. Die Kirche zu Schwarzrheindorf bei Bonn enthält in ihrer untern, für die ländliche Gemeinde bestimmten Hälfte einen Bildercyklus aus dem 13. Jahrhundert, welcher den

---

[1] Es dürfte die folgende Stelle gemeint sein: Pro gemmis et serico divinos codices amet, in quibus non auri et pellis babylonicae vermiculata pictura, sed ad fidem placeat emendata et erudita distinctio. Discat primo psalterium, his se canticis avocet, et in proverbiis Salomonis erudiatur ad vitam. In Ecclesiaste consuescat, quae mundi sunt, calcare. In Iob virtutis et patientiae exempla sectetur. Ad Evangelia transeat, numquam ea positura de manibus. Apostolorum acta et epistolas tota cordis imbibat voluntate. Cumque pectoris sui cellarium his opibus locupletaverit, mandet memoriae prophetas, heptateuchum, et Regum et Paralipomenon libros, Esdrae quoque et Esther volumina. Ad ultimum sine periculo discat Canticum canticorum: ne si in exordio legerit sub carnalibus verbis spiritualium nuptiarum epithalamium, non intellegens vulneretur (*Hier.*, Ad Laetam, de institutione filiae [Paulae minoris] epist. 107, al. 7, n. 12).

ganzen Inhalt des Buches Ezechiel in genialer Weise zur Anschauung bringt. Das jahrzehntelange Kopfzerbrechen der Kunsthistoriker zur Erklärung dieser Darstellungen zeigt, welch andere Bekanntschaft mit der Schrift und welch andere Empfänglichkeit für dieselbe damals im Volke gewesen sein muß als heute.

„Die Liebe und Andacht nun, welche den göttlichen Inhalt der Heiligen Schrift als Nahrung für sich und andere zu verwerthen suchte, sie allein hat die biblischen Wissenschaften ins Leben gerufen. Was soll auch die wissenschaftliche Beschäftigung mit der Heiligen Schrift anders, als den Zweck verwirklichen, um dessentwillen uns die Heilige Schrift allein von Gott gegeben ist? Das Bedürfniß religiöser Bildung und Erhebung hat von jeher bei den Juden wie bei den Christen den biblischen Büchern, die doch ursprünglich nur eine singuläre Bestimmung hatten, allgemeine Liebe zugewendet und allgemeine Bedeutung verschafft. Aus diesem Bedürfnisse der Belehrung und Erbauung sind die Septuaginta und die Targums, die man gewiß als die Anfänge der biblischen Studien bezeichnen muß, hervorgegangen. Auch im Verlaufe des kirchlichen Lebens hat das Bestreben, aus der Heiligen Schrift die geistige Nahrung zu gewinnen, zu unzählig vielen und gerade zu den bedeutendsten exegetischen Leistungen, wie zu denen des hl. Hieronymus, Augustinus, Johannes Chrysostomus geführt, und wenn die Polemik eine Hebung der Bibelwissenschaft bewirkt hat, so lag auch hier vor allem die Sorge zu Grunde, nicht um die Seelennahrung gebracht zu werden, welche das Gotteswort bietet. Dabei darf nicht übersehen werden, daß bis ins späte Mittelalter alle Schriftsteller, welche über religiöse Dinge schrieben, zum Verständniß der Heiligen Schrift gelegentlich überaus viel beigetragen und ihre Leser stets von neuem auf die Heilige Schrift als ihre Quelle zurückgeführt haben. Seitdem dagegen in unserer Kirche andere Zustände eingetreten sind, seitdem namentlich unter dem Einflusse des Protestantismus eine rationalistische Predigtweise und eine subjective Frömmigkeit überhand genommen, ist das Interesse für die Heilige Schrift erkaltet, die Bekanntschaft mit derselben selten geworden, und die katholische Literatur hat naturgemäß nur wenige Erscheinungen auf dem Gebiete der Bibelkunde aufzuweisen.

„Man wende nicht ein, hieran trage das Gebot des Trienter Concils betreffs des allgemeinen Bibellesens die Schuld. Diese über alle Kritik erhabene Bestimmung läßt den Gläubigen gewiß Freiheit genug, sich der Heiligen Schrift zum Heile ihrer Seele zu bedienen. Was aber weit wichtiger ist, dem Clerus ist gewiß durch den betreffenden Canon keine Schranke gezogen, um von der Heiligen Schrift in seinem Berufe den weitesten Gebrauch zu machen. Gerade der Clerus ist es aber, bei welchem die Liebe zur Heiligen Schrift und die Kenntniß derselben am meisten vermißt wird, und er trägt gewiß vorzugsweise die Schuld, daß über ungenügende Pflege der biblischen Wissenschaften bei uns geklagt werden darf.

„Wie nun dieser Klage abgeholfen werden kann, ist mit dem Vorstehenden schon gesagt. Ist bei uns erst wieder das Interesse geweckt für den ewigen Inhalt der Heiligen Schrift, ist auch nur eine Ahnung vorhanden von dem geistigen Reichthum, welcher aus ihr zu schöpfen, so wird die geistige Thätigkeit sich bald die biblischen Bücher zum besondern Gegenstande gewählt haben.

An den Priesterstand der katholischen Kirche tritt daher zunächst die Forderung heran, in den Schacht der biblischen Tiefen hinabzusteigen und die dort geborgenen unermeßlichen Schätze zu seinem und anderer Heile zu heben. Nicht alle, die zum Dienste am Altare und in der Seelsorge berufen sind, haben auch die Aufgabe, dem Unglauben und der falschen Kritik unserer Tage mit gelehrten Waffen entgegenzutreten. Wohl aber haben alle, die mit der priesterlichen Würde bekleidet sind, damit auch die Forderung überkommen, sich und andere zu heiligen. Bei der Erfüllung dieser Aufgabe nun bildet die Heilige Schrift das vollkommenste und nothwendigste Rüstzeug; denn das Wort der Schrift ist noch immer, wie der Heilige Geist selbst es nennt, ‚die Leuchte für unsere Schritte und das Licht auf unsern Pfaden' (Ps. 118, 105), und ‚wie der Regen niederstürzt und der Schnee vom Himmel fällt und dorthin fürder nicht zurückkehrt, sondern die Erde tränkt und befruchtet und triebkräftig macht und Samen dem Säer gibt und Brod dem Essenden, so ist mein Wort, das ausgeht aus meinem Munde; es kehrt nicht leer zu mir zurück, sondern wirkt, was immer ich will, und gedeiht in dem, wozu ich es gesandt' (Is. 55, 10. 11). Man leite deshalb den Clerus an, in der Heiligen Schrift seine geistige Nahrung zu suchen, man öffne ihm die unerforschlichen Tiefen derselben, man zeige ihm, welch ein Material zur Erbauung, zur Tröstung, zum Unterricht, zur Predigt in derselben verborgen liegt; man lehre die Priester und die Studirenden, sich an der Heiligen Schrift zu erbauen, sie zur täglichen Lesung zu nehmen und mit ihr oberflächliche Predigtsammlungen und ähnliche Literatur zu vertauschen. Leider gibt es bis jetzt nur wenige Lehrer oder Schriftsteller, welche sich entschließen können, bei der Schrifterklärung die praktische und erbauliche Seite zu berücksichtigen und so die Frucht ihrer Bemühungen allgemein zugänglich zu machen, gilt doch ein solches Bestreben als unwissenschaftlich und veraltet. Es bleibt daher vorerst nichts anderes übrig, als auf die alten Exegeten, sei es aus der patristischen, sei es aus späterer Zeit, zurückzugehen. Wenn hier mancherlei, das unserem Geschmacke nicht mehr zusagt, in den Kauf genommen werden muß und einzelne Anforderungen, welche die jetzige Zeit stellen zu müssen glaubt, nicht befriedigt werden, so entschädigt dafür der Geist der Frömmigkeit und Andacht, die unerschütterliche Ueberzeugung von der Erhabenheit des göttlichen Wortes und das stete Bestreben, dieses Wort fruchtbringend zu machen. Dies sind ja gerade diejenigen Eigenschaften, welche wir jedem Schriftforscher unserer Zeit zunächst wünschen müssen, um wieder ein eifriges, nachhaltiges Bibelstudium herbeigeführt zu sehen. Die klassische Form der Neuzeit wird sich leicht damit vereinigen lassen. . . . Einstweilen aber werden wir uns mit der mangelhaften Form und der lästigen Breite der ältern Exegeten aussöhnen müssen, um nur das Nothwendigste für jetzt zu gewinnen, nämlich, daß unsere Priesterschaft die Heilige Schrift nicht als Object gelehrter Experimente, sondern als Nahrung der Seele kennen lerne und diese Nahrung den ihr anvertrauten Seelen auszutheilen verstehe." [1]

So weit der Mann vom Fache über unsern Gegenstand. Ich muß ihn aber noch etwas weiter reden lassen. Als ich Ihnen vorher den Satz vorlas,

---

[1] Kaulen, Das Studium der Vulgata (Der Katholik XXIV [1870], 888 ff.).

„daß über ungenügende Pflege der biblischen Wissenschaften bei uns geklagt werden dürfe, daran trage vorzugsweise der Clerus die Schuld," da schwebte mir eine ähnliche Bemerkung auf der Zunge wie jene, zu welcher mich kurz nach dem Anfange dieses Abschnittes die scharfen Worte Beda Webers veranlaßten, und ich war im Begriff zu sagen, daß die eigentliche Schuld des Uebels schließlich denn doch nicht beim Clerus, sondern etwas höher liegen dürfte. Ich habe diesen Gedanken damals fallen lassen, dafür darf ich Ihnen aber jetzt auch jene Sätze nicht vorenthalten, in welchen Kaulen selber ihn ausspricht und begründet; denn nur so ist der Vorwurf nicht ungerecht, welchen er in den angeführten Worten dem Clerus machte.

„Ich kann," so fährt er einige Zeilen nach der vorher gelesenen Stelle fort, „ich kann hier eine Bemerkung nicht unterdrücken, die aus unmittelbarer Erfahrung geschöpft ist. Wenn der Cleriker mit der rechten Liebe und Begeisterung für die Heilige Schrift erfüllt werden soll, so ist gewiß auf die erste Einführung desselben in das Schriftstudium besondere Sorgfalt zu verwenden. Bekanntlich geschieht diese Einführung auf der Universität durch die sogen. Einleitungswissenschaft, von welcher die Studirenden schon in den obern Klassen des Gymnasiums einen Vorgeschmack bekommen. Der Definition nach soll diese Disciplin alle diejenigen Vorkenntnisse vermitteln, welche zum Lesen und Verstehen der heiligen Schriften erforderlich sind, und es ist also ganz naturgemäß, dieselbe an den Anfang des theologischen Studiums zu verlegen. Allein statt sich auf die Mittheilung der genannten Vorkenntnisse zu beschränken, behandelt die Einleitung auch eine Menge von Fragen, deren Beantwortung nur das Resultat der tiefsten und eingehendsten Bibelstudien sein kann; so die Fragen nach Echtheit und Unverfälschtheit der ganzen Bücher oder einzelner Theile, die Hypothesen über ihren Ursprung u. dgl. Daß diese Gegenstände für jemand, der mit den betreffenden Schriften selbst keine genaue Bekanntschaft geschlossen hat, ohne Anregung und ohne Wirkung vorübergehen müssen, wird wohl jeder zugeben. Nun ist es aber Thatsache, daß die Studirenden infolge unserer jetzigen Gymnasialbildung mit höchst geringer Kenntniß auch nur der biblischen Geschichte zur Universität kommen. Werden sie nun in den ersten Wochen mit Zweifeln gegen die Echtheit des Pentateuchs und deren Lösung bekannt gemacht, so ist dies gewiß nicht der Weg, um sie in den biblischen Inhalt einzuführen und ihnen Liebe und Pietät gegen die Heilige Schrift beizubringen. Ich will nicht von der Gefährlichkeit sprechen, welche die Negation für junge, unerfahrene Geister, die auch durchaus nicht immer durch eine tiefere Frömmigkeit geschützt sind, mit sich bringt; das Geschick des Lehrers kann ja dieser Gefahr vorbeugen. Auch ist gewiß in unsern jetzigen Zeitumständen die Apologetik einer der nothwendigsten Gegenstände, womit die Theologen sich zu beschäftigen haben. Allein die betreffenden Fragen dürfen nicht im Anfange des theologischen Studiums behandelt werden, wie sie auch von der ältern Schule mit richtigem Blick in die Dogmatik verwiesen worden sind. Im Anfange soll der junge Theologe den Inhalt der Heiligen Schrift nur kennen, verstehen und gebrauchen lernen; ist dies geschehen, so kann die Apologetik derselben auch Bedeutung und Interesse für ihn haben. Jetzt aber schreibt sich aus dem unerquicklichen Eindruck, den die ersten biblischen Studien auf sie gemacht, die Gleichgiltigkeit so vieler Priester gegen die Heilige Schrift zum größten Theile her. Der jugendliche Geist kann kein Interesse nehmen an der Behandlung von Fragen, die wegen Unkenntniß ihres Objectes nur theoretische Geistesübung für ihn bleiben. Daß im Verlaufe des theologischen Studiums die exegetischen Vorlesungen auch nicht immer geeignet sind, Begeisterung für den Inhalt der Heiligen Schrift zu erwecken, braucht nur kurz erwähnt zu werden; denn unsere Universitätsbildung zeigt im ganzen viel mehr das Bestreben, die Studirenden in die eigenen gelehrten Forschungen einzuführen, als sie ihrem Bedürfnisse gemäß stufenweise zu erziehen und heranzubilden."

310. An diese Gedanken Kaulens, denen Gott geben möge, daß sie mehr und mehr Beachtung finden, schließe ich einige praktische Anweisungen für die Lesung der Heiligen Schrift, welche Bossuet ganz in demselben Geiste um das Jahr 1670 für den Cardinal von Bouillon (Emmanuel Theodosius de la Tour-d'Auvergne) zusammenstellte.

„Man richte seine Aufmerksamkeit zunächst auf diejenigen schönen Stellen, die man versteht, ohne sich um die minder verständlichen Sorge zu machen. Dadurch wird der Geist sich den gesamten wesentlichen Inhalt der heiligen Bücher aneignen. Denn St. Augustin hat recht, wenn er bemerkt, daß die dunkeln Stellen keine andern Wahrheiten enthalten als jene, die leicht verständlich sind. Diese letztern sind überdies die schönsten, und wenn mir die Ausbildung eines Menschen in noch zartem Alter anvertraut und ich dabei frei wäre, so würde ich ihm eine Anzahl schöner Stellen der Bibel auswählen und ihn dieselben immer aufs neue lesen lassen, so daß er sie auswendig lernte. Jedenfalls gelangt man auf die angegebene Weise dahin, sich das Schönste zu eigen zu machen; das Schwierigere kann man später ins Auge fassen. Uebrigens kann man ja gründliche Kenntnisse besitzen, ohne alles zu wissen, und die Bibel wird man doch nie erschöpfend innehaben. Die Erfahrung hat mich gelehrt, daß, wenn man hartnäckig darauf besteht, nicht eher weiterzugehen, als man auch die dunkeln Stellen ergründet hat, man bei diesen die Zeit verbraucht, welche auf die Betrachtung der klaren verwendet werden sollte; denn die letztere ist es, welche den Geist bildet und das Herz erbaut. Die Schwierigkeiten muß man nur nach und nach zu lösen suchen und an erster Stelle immer darauf bedacht sein, das Klare und das Bestimmte, was man findet, zu seinem Eigenthum zu machen." Hiernach empfiehlt Bossuet dem Cardinal als Commentare für die Evangelien das Werk Maldonats[1], für die Briefe der Apostel das von Estius; dann setzt er hinzu: „Die Commentare soll man eigentlich nur dann lesen, wenn man wirklich auf eine Schwierigkeit stößt. Denn sie häufen zuviel überflüssige Dinge. Vielleicht haben sie Grund dazu, da ja die Weise der Auffassung bei Verschiedenen sehr verschieden ist und infolgedessen auch das Bedürfniß. Aber eben darum muß jeder nur da sich um Aufklärung umsehen, wo er fühlt, daß er derselben bedarf: so wird jeder das finden, was für ihn paßt. Schließlich noch eine unentbehrliche Erinnerung in betreff der ganzen Heiligen Schrift, aber namentlich der Briefe des hl. Paulus. Man muß darin nicht zu sorg-

---

[1] Eine gute neue Ausgabe, besorgt von Dr. M. Raich, erschien 1874 bei Kirchheim in Mainz.

fältig nach dem Zusammenhange und der Verbindung aller einzelnen Gedanken suchen. Der Apostel pflegt alles zu sagen, was über den Gegenstand, von dem er redet, zu sagen ist; aber er denkt dabei nicht selten mehr an diesen Gegenstand selbst als an das, was er unmittelbar vorher gesagt hat. Die Rücksicht auf diese Thatsache hat mir manche Schwierigkeit gehoben, namentlich in den Briefen an die Römer und an die Galater, sowie überhaupt in jenen Stellen, welche Glaubenslehren enthalten." [1]

Sehr rathsam, um nicht zu sagen unerläßlich nothwendig, ist es übrigens, daß man die Lesung der heiligen Bücher „mit der Feder in der Hand" anstelle, d. h. daß man sich jede beachtenswerthere Stelle ihrem Inhalt nach notire. Doch hierüber werde ich am Ende dieses Abschnittes etwas mehr sagen. Daß eine gute „Concordanz" die Benutzung der Heiligen Schrift wesentlich erleichtern kann, das wissen Sie, ohne daß ich es ausdrücklich bemerke.

311. Wollen Sie aber bei der Verkündigung des Wortes Gottes die Heilige Schrift in der rechten Weise verwerthen, dann ist es nothwendig, daß Sie in Rücksicht auf den Sinn der Stellen die rechten Grundsätze haben und streng nach diesen Grundsätzen verfahren. Die so zahlreichen Sammlungen gedruckter Predigten und die ascetische Literatur geben in dieser Rücksicht — wie in mancher andern — gar häufig ein Beispiel, das nichts weniger als Nachahmung verdient. Die Grundsätze, die ich im Auge habe, werden allerdings in der Hermeneutik gegeben. Dessenungeachtet halte ich es nicht für zwecklos, Ihnen dieselben hier in Kürze vorzuführen, und zwar mit ausschließlicher und unmittelbarer Rücksicht auf die Predigt und die Katechese. Ich folge dabei dem bekannten Werke von Patrizi[2]. Worum es sich handelt, das ist kurz dieses, daß wir klar und genau den Begriff des dreifachen Sinnes bestimmen, den man in Stellen der Heiligen Schrift finden oder in welchem man dieselben anwenden kann, und zugleich sagen, in welcher Weise sich die Stellen der Heiligen Schrift mit Rücksicht auf diesen dreifachen Sinn bei der Verwaltung des Wortes Gottes gebrauchen lassen.

Der „Sinn" jedes Buches oder jedes Satzes in einem Buche ist dasjenige, was der Verfasser des Buches durch die von ihm gewählten Worte auszudrücken beabsichtigte. Der Sinn einer Stelle der Heiligen Schrift somit ist der Gedanke, den der Heilige Geist uns durch dieselbe kundgeben wollte; denn der Heilige Geist ist ja an erster Stelle der Verfasser der heiligen Bücher. Als erster Grundsatz ist nun dieses festzuhalten, daß es sich mit der Heiligen Schrift im allgemeinen gerade so verhält wie mit jedem andern Buche. Ich will sagen: wie in jedem andern Buche, so haben auch in der Heiligen Schrift die Worte an sich, unmittelbar und direct, nur einen einzigen Sinn, weil der Heilige Geist durch dieselben in allen Fällen, unmittelbar und zunächst, nur einen Gedanken, eine Thatsache, eine Wahrheit, nicht mehrere zugleich, uns mitzutheilen beabsichtigte. Hiermit ist die Ansicht jener ausgeschlossen, welche annehmen, es gebe Stellen in der Heiligen Schrift, welche einen mehrfachen

---

[1] *Bossuet*, Sur le style et la lecture des écrivains et des Pères de l'Église pour former un orateur. (Im Anhang der Pariser Ausgabe von 1860 des öfter angeführten Werkes von Gisbert.)

[2] De interpretatione Scripturarum sacrarum liber I. Romae 1844.

„wörtlichen" Sinn haben[1]. Man hat, um ein Beispiel anzuführen, die ersten Worte der Heiligen Schrift: „Im Anfange erschuf Gott den Himmel und die Erde", in verschiedener Bedeutung genommen, insofern das Wort „im Anfange" sowohl den Beginn der Zeit als auch den Sohn Gottes bedeuten könne, der sich selber den „Anfang" nennt[2]. Welcher von diesen beiden der Sinn der in Rede stehenden Stelle sei, das haben wir hier nicht zu erörtern; aber jedenfalls bedeutet sie entweder das eine oder das andere, nicht beides zugleich.

Hat die Heilige Schrift die bezeichnete Beschaffenheit mit jedem andern Buche gemein, so findet sich indes bei ihr andererseits eine Eigenthümlichkeit, die sie von jedem andern Buche unterscheidet. Es gibt nämlich in derselben Stellen, welche insofern einen zweifachen Sinn haben, als die Thatsache, die sie nach dem wörtlichen Sinne ausdrücken, ihrerseits selbst wieder als Zeichen (Analogie) dient, um etwas anderes zu bedeuten, das in Christus dem Herrn oder in seiner Kirche sich vollziehen sollte[3]. Als Beispiel hierfür kann die Stelle 2 Mos. 12, 46 dienen: „Ihr sollt an demselben nicht ein Bein zerbrechen." Dem wörtlichen Sinne nach ist hier lediglich von dem Osterlamme die Rede. Aber das rücksichtlich des Osterlammes gegebene Verbot bedeutete den Beschluß Gottes, daß an dem allerheiligsten Leibe des Erlösers kein Bein zerbrochen werden solle, und die alljährlich sich wiederholende Thatsache der Beobachtung dieses Verbotes bedeutete die Thatsache, welche an dem Leibe des Herrn in der Erfüllung jenes Beschlusses sich in der Fülle der Zeiten wirklich vollziehen sollte. Daß dem so ist, das lehrt uns der Heilige Geist selbst in den Worten des Evangelisten: „Dieses aber geschah, auf daß das Wort der Schrift in Erfüllung ginge: Ihr sollt daran nicht ein Bein zerbrechen" (Joh. 19, 36). Es wollte also der Heilige Geist durch die erste Stelle (2 Mos. 12, 46) in der That zwei Thatsachen ausdrücken, und insofern hat dieselbe einen zweifachen Sinn, einen „wörtlichen" *(literalis)* und einen „mystischen" *(mysticus, spiritualis)*. Letzteres ist der Name, mit welchem der andere durch den wörtlichen vermittelte Sinn von der Wissenschaft bezeichnet wird, und es ist nothwendig, m. H., daß Sie die Bedeutung dieses Namens festhalten und darauf bedacht seien, nur in dieser Bedeutung das Wort „mystisch",

---

[1] *Sensus literalis Scripturarum multiplex non est (Patrizi l. c. c. 3, a. 2, n. 59).*

[2] Dicebant ergo ei: Tu quis es? Dixit eis Iesus: Principium, qui et loquor vobis (Io. 8, 25).

[3] Auctor sacrae Scripturae est Deus, in cuius potestate est, ut non solum voces ad significandum accommodet, quod etiam homo facere potest, sed etiam res ipsas. Et ideo, cum in omnibus scientiis voces significent, hoc habet proprium ista scientia, quod ipsae res significatae per voces etiam significant aliquid. Illa ergo prima significatio, qua voces significant res, pertinet ad primum sensum, qui est sensus historicus vel literalis; illa vero significatio, qua res significatae per voces iterum res alias significant, dicitur sensus spiritualis, qui super literalem fundatur, et eum supponit (*Thom.*, S. theol. 1, q. 1, a. 10 c [*Patrizi* l. c. p. 171]). — Actor ... rerum non solum potest verba accommodare ad aliquid significandum, sed etiam res potest disponere in figuram alterius; et secundum hoc in sacra Scriptura manifestatur veritas dupliciter. Uno modo, secundum quod res significantur per verba, et in hoc consistit sensus literalis; alio modo, secundum quod res sunt figurae aliarum rerum, et in hoc consistit sensus spiritualis. Et sic sacrae Scripturae plures sensus competunt (*Thom.*, Quodlib. 7, a. 14 c [*Patrizi* l. c. p. 224]).

wo vom Sinne der Heiligen Schrift die Rede ist, zu nehmen; sonst ist der Begriffsverwirrung und dem Mißbrauch Thür und Thor geöffnet. Zwei andere Stellen des Alten Testaments, welche den bezeichneten zweifachen Sinn haben, finden Sie angegeben Gal. 4, 22—31 und Matth. 2, 15. Das Neue Testament enthält keine Stellen mehr, wenigstens wenn wir von den Evangelien absehen, welche außer dem wörtlichen noch einen mystischen Sinn hätten; denn mit der Herabkunft des Heiligen Geistes hörten die Vorbilder auf.

Beachten Sie, um alles richtig aufzufassen, noch Folgendes. Der mystische Sinn ist nicht zu verwechseln mit einem ethischen oder allegorischen Sinne, welchen die heiligen Väter, und nach ihrem Vorgange auch andere, nicht selten in Stellen auch des Neuen Testamentes finden oder vielmehr in dieselben hineinlegen. Dieser gründet sich lediglich darauf, daß Thatsachen, welche die Heilige Schrift erzählt, als sinnfällige Analogien für ethische oder anderartige übernatürliche Wahrheiten benutzt werden. Beispiele finden Sie im Römischen Brevier[1]. — Noch weniger darf der mystische Sinn mit dem tropischen verwechselt werden. Tropische Wendungen, Allegorien oder Metaphern, kommen sowohl in solchen Stellen vor, die nur einen wörtlichen, als in jenen, welche neben diesem einen mystischen Sinn haben; die einen wie die andern können aber gerade so gut aller figürlichen Ausdrücke entbehren. Nur einen wörtlichen Sinn haben z. B. folgende zwei Stellen: „Im Anfang erschuf Gott den Himmel und die Erde"; — „Und Gott ruhte aus am siebenten Tage"; aber die erste enthält nur eigentliche Ausdrücke, die zweite ist eine Allegorie. Einen wörtlichen Sinn dagegen und einen mystischen haben diese Stellen: „Ihr sollt daran nicht ein Bein zerbrechen" — „Der Stein, den verworfen haben die Bauleute, der ward zum Eckstein" (Ps. 117, 22); auch hier ist die erste Stelle in eigentlichen Ausdrücken gegeben, die zweite allegorisch.

Hiermit haben wir die Begriffe bestimmt. Was nun die geistlichen Vorträge betrifft, so ist es offenbar, daß die Anwendung von Stellen im wörtlichen Sinne weitaus am häufigsten sein wird. Insofern es sich um den mystischen Sinn handelt, dürfen Sie nicht übersehen, daß derselbe einer Stelle nur dann zuerkannt werden kann, wenn die Autorität entweder der Heiligen Schrift selbst oder der Kirche oder der heiligen Väter das Vorhandensein desselben verbürgt. Denn er findet sich nur dort, wo der Heilige Geist die Absicht hatte, ihn mit den Worten zu verbinden; aus den Worten selbst läßt sich aber diese Absicht des Heiligen Geistes nicht erkennen; sie kann uns nur durch eine unfehlbar lehrende Autorität kundgegeben werden.

312. Einen andern Sinn außer den zwei, von denen die Rede war, hat in Wirklichkeit keine Stelle der Heiligen Schrift; denn nur diese zwei waren vom Heiligen Geiste beabsichtigt. Nicht selten werden indes doch Worte der Heiligen Schrift nicht nur in religiösen Schriften und geistlichen Vorträgen, sondern auch von der Kirche selbst in einem Sinne gebraucht, der weder der wörtliche ist noch der mystische, sondern ein von beiden wesentlich verschiedener dritter. So wird in der Messe von den hll. Johannes und Paulus (26. Juni) und wieder in jener für die Octav der Apostelfürsten (6. Juli) als Epistel

---

[1] De Comm. Evangelist. ll. 3. Noct. — Sabb. Quatt. temp. Sept. ll. — Dom. 15. post Pent. ll. 3. Noct.

eine Stelle aus dem Buche Sirach gelesen, in welcher der Heilige Geist das Andenken großer Männer des Alten Bundes feiert[1]; die Epistel der Messe an den Festen heiliger Aebte bildet eine Stelle, in welcher die Heilige Schrift den Moses verherrlicht[2]; was der Heilige Geist im Buche der Weisheit von den Patriarchen Jakob und Joseph sagt, wird in einer andern Epistel[3] auf heilige Martyrer angewendet und in gleicher Weise mehrere Stellen der Heiligen Schrift, in denen von der Weisheit, d. h. von dem Sohne Gottes, die Rede ist, auf die heilige Jungfrau[4]. Das sind Beispiele, in welchen der in Rede stehende dritte Sinn der Heiligen Schrift erscheint; man pflegt ihn den „angewandten Sinn" (sensus accommodatus oder accommodatitius) zu nennen; er ist indes, wie ich schon andeutete, nicht wirklich ein Sinn der Heiligen Schrift, und richtiger wäre es, von einer Anwendung oder Accommodation des Sinnes der Heiligen Schrift zu reden als von einem „angewandten Sinne" derselben.

Da die Kirche selbst Gedanken der Heiligen Schrift in dieser Weise verwerthet, so ist das offenbar auch dem Priester bei der Verkündigung des Wortes Gottes gestattet. Nur ist dabei Folgendes zu beachten.

Erstens sollte die Accommodation nie in der Weise geschehen, daß die Zuhörer irregeführt werden, indem sie glauben, die Stelle habe in der Heiligen Schrift und nach der Absicht des Heiligen Geistes wirklich den Sinn, in welchem der Prediger sie gebraucht. Damit das vermieden werde, ist es in vielen Fällen durchaus nothwendig, daß man zugleich den wirklichen Sinn angebe.

Zweitens ist es offenbar, daß Stellen der Heiligen Schrift, im angewandten Sinne genommen, unmittelbar nie als Beweise dienen können. Denn sie sind ja nicht ein Zeugniß des Heiligen Geistes, da dieser von dem Gegenstande, auf den der Prediger die Worte bezieht, in denselben gar nicht redet. Mittelbar und indirect können indes accommodirte Stellen mitunter doch ein beweisendes Moment erhalten, dann nämlich, wenn die Stelle in derselben Weise auch von der Kirche oder von heiligen Vätern auf den Gegenstand angewendet wird, um den es sich handelt. Ein Beispiel hierfür ist, außer den vorher angeführten, die Communio am Feste Mariä Himmelfahrt[5].

Drittens. Die Accommodation darf nicht unstatthaft sein. In einem ascetischen Buche betrachtet der Verfasser die Mutter des Herrn unter dem Kreuze und hebt hervor, daß sie dort nicht übermäßig geklagt und geweint habe. Als Verzierung läßt er dann den Text Spr. 8, 29 folgen[6]. Wer die Stelle kennt, der muß lachen. — Ein französischer Autor, Bellefroid, ist der

---

[1] Hi viri misericordiae sunt ... (Eccli. 44, 10—15).

[2] Dilectus Deo et hominibus Moyses, cuius memoria ... (ibid. 45, 1—6).

[3] Iustum deduxit (Dominus) per vias rectas ... (Sap. 10, 10—14 [M. *In virtute*, de Com. un. M.]).

[4] Ego sapientia ... (Prov. 8, 12 sqq. [ll. 1. Noct. in festis B. M. V.]). Dominus possedit me ... (ibid. 8, 22—35 [Epist. M. in fest. Immac. Concept., Nativ., Despons. B. M. V.]). Ego ex ore Altissimi prodivi ... (Eccli. 24, 5 sqq. [ll. 1. Noct. in fest. Maternit. B. M. V.]).

[5] Optimam partem elegit sibi Maria, quae non auferetur ab ea in aeternum.

[6] ... legem ponebat aquis, ne transirent fines suos.

Ansicht, daß, wenn das Fest Mariä Himmelfahrt auf den zehnten Sonntag nach Pfingsten fiele, an welchem das Evangelium von dem Pharisäer und dem Zöllner gelesen wird, man sehr wohl die Worte: „Ich bin nicht wie die übrigen Menschen" (Luc. 18, 11), auf die heilige Jungfrau anwenden und sie so als Vorspruch für die Predigt über das Geheimniß des Festes gebrauchen könnte. Als ob es nicht ungeziemend wäre, diejenige, welche sich die Magd des Herrn nannte in dem Augenblicke, da sie seine Mutter wurde, in Worten reden zu lassen, welche der bezeichnendste Ausdruck des gottentfremdeten pharisäischen Hochmuthes sind [1]. — Im Buche der Sprüche (6, 27 ff.) mahnt der Heilige Geist, daß man die Gelegenheit zur Sünde meide, und vergleicht dabei die unausweichliche Wirkung des sinnlichen Hanges in der Menschennatur mit der Wirkung des Feuers. „Kann wohl jemand Feuer bergen in seinem Busen, ohne daß seine Kleider brennen? oder auf Kohlen gehen, ohne daß verbrannt werden seine Fußsohlen? Also wer hineingeht zum Weibe seines Nächsten, er wird nicht mehr rein sein, wenn er sie berührt hat." Es gibt Erbauungsschriften, wo das in diesen Worten gebrauchte Bild für einen ganz andern Gegenstand dienen muß. Von der Wärme der Andacht und der Liebe redend, welche die heilige Communion in dem Herzen des Christen erzeugen sollte, rufen sie aus: „Kann wohl jemand Feuer bergen . . .", und citiren dabei gewissenhaft: „Spr. 6, 27". Ich meine, man sollte begreifen, daß sich das nicht schickt. Wenigstens wäre, wenn man einmal die Analogie benutzen will, dieselbe nicht als eine vom Heiligen Geiste gebrauchte zu bezeichnen, nicht mit seinen Worten zu geben und darum die Citation wegzulassen.

Was ist also zu beobachten, damit man nicht Stellen der Heiligen Schrift in unstatthafter Weise accommodire? Man muß die Stelle nicht losgerissen für sich nehmen, sondern sie im Context, nach dem ganzen Zusammenhange ins Auge fassen. Hat man dadurch ihren wahren Sinn, d. h. den vom Heiligen Geiste beabsichtigten, erkannt, so muß man sehen, ob zwischen den Personen oder Thatsachen, auf welche die Stelle sich in der Heiligen Schrift bezieht, und denen, auf die man dieselbe anwenden will, eine wirkliche Analogie, eine Art von Parallelismus bestehe. Nur in diesem Falle ist die Accommodation zulässig; die Worte der Heiligen Schrift dürfen aber dabei nicht geändert werden. Ganz tadellose Accommodationen sind es hiernach, wenn Bourdaloue vom hl. Franz von Sales die Worte gebraucht: „In seiner Treue und Sanftmuth hat ihn der Herr heilig gemacht" (Eccli. 45, 4); wenn an der Spitze einer Sammlung von Gebeten zu Ehren des hl. Aloysius als Motto die Worte stehen: „Preisen wird mich das Volk, und ehren mich die Alten, den Jüngling" (Weish. 8, 10); wenn am Feste des Namens Mariä der Vers gebraucht würde: „Freuen sollen sich alle, die auf dich hoffen, und in dir sich rühmen, welche lieben deinen Namen" (Ps. 5, 12), oder am Feste Mariä Geburt die Worte: „Viele werden ob seiner Geburt sich freuen" [2].

---

[1] Pharisaeus stans haec apud se orabat: Deus, gratias ago tibi, *quia non sum sicut ceteri hominum* (Luc. l. c.).

[2] Multi in nativitate eius gaudebunt (Luc. 1, 14). Aber es wäre Fälschung der Heiligen Schrift, wenn man ohne weiteres übersetzen wollte: „. . . ob ihrer Geburt . . ."; denn es ist vom hl. Johannes Baptista die Rede.

§ 2.
Unmittelbar praktische Anweisungen für die Verwerthung von Schrifttexten in der Verkündigung des Wortes Gottes.

313. Es sind jetzt noch einige unmittelbar praktische Anweisungen übrig, welche sich theils auf die Wahl der Schrifttexte, theils auf die oratorische Ausführung und Verwerthung derselben beziehen[1].

Halten Sie sich zunächst an den Grundsatz, niemals Texte zu bringen, die nicht vollkommen zur Sache passen. Es ist ein sehr unverständiges und nutzloses Verfahren, wenn man, um eben die Heilige Schrift möglichst oft anzuführen, Stellen gebraucht, deren wahrer Sinn dem Gedanken, mit dem man sie verbindet, wenig oder gar nicht entspricht. So findet man z. B. in Predigten über die Hölle oder über das Fegfeuer, wo es sich darum handelt, die Zuhörer fühlen zu lassen, welchen Schmerz den Verdammten, beziehungsweise den leidenden Seelen, die Ausschließung von der Anschauung Gottes bereiten muß, die Worte des Absalom verwerthet, welcher seinem Vater, da er vor ihm nicht erscheinen durfte, durch Joab sagen ließ: „Ich sehne mich, das Angesicht des Königs zu sehen; gedenkt er aber noch meiner Schuld, so möge er mich tödten" (2 Kön. 14, 32). Wie kann man dabei vergessen, daß dieses Sehnen und dieser ganze Schmerz des gottvergessenen Empörers nichts als Heuchelei war?

Unter zur Sache passenden Stellen die vorzüglichern sind meistens diejenigen, welche zugleich den Grund dessen angeben, was sie enthalten (z. B. Weish. 4, 11. 12. Matth. 5, 3 ff. 29. 30. 45—47). Besser als die oft gebrauchten und darum mehr bekannten Stellen sind im allgemeinen die minder gewöhnlichen; denn diese haben den Vorzug der Neuheit und wecken dadurch mehr die Aufmerksamkeit der Zuhörer. Das ist indes nicht so zu nehmen, als ob man dieser Rücksicht wegen die „klassischen Texte", d. h. diejenigen, deren die Kirche und die heiligen Väter zur Beweisführung für bestimmte Lehren sich vorzugsweise bedienen und die infolgedessen bekannter zu sein pflegen, beiseite lassen sollte. Aber man muß darauf bedacht sein, Stellen dieser Art mit besonderer Gründlichkeit und Sorgfalt zu behandeln und sie dadurch anziehend und interessant zu machen. Dieses Mittel wird immer wirksam sein, denn wenn manche Schrifttexte den Leuten aus dem Katechismus und aus Predigten auch noch so geläufig sind, so sind es doch meistens nur die Worte, die sie kennen, ohne von der Tiefe und Bedeutung des Sinnes eine Ahnung zu haben.

Endlich sind unter mehreren Schriftstellen jene vorzuziehen, welche sich in höherem Maße für oratorische Ausführung eignen. Denn nicht das ist es, was ich Ihnen empfehlen wollte, wenn ich Sie ermahnte, die Heilige Schrift soviel als möglich zu verwerthen, daß Sie viele Stellen häufen möchten, ohne dieselben eingehender zu berücksichtigen. Damit ist wenig oder nichts gewonnen; die Worte des Heiligen Geistes können nur dann wirken, wenn sie erwogen, beherzigt, nach ihrer ganzen Tiefe erfaßt und verstanden werden. Zu diesem Verständnisse aber bringt es das Volk niemals, mag es eine Schriftstelle auch

---

[1] Vgl. *Kleutgen*, Ars dicendi n. 499. 500.

noch so oft hören, wenn ihm der Inhalt derselben nicht entwickelt und durch weitere Ausführung nahegelegt wird.

314. Bei dieser Ausführung kann natürlich sehr verschiedenartig verfahren werden. Man pflegt in den Lehrbüchern mehrere Weisen dafür anzugeben, und es ist nicht unnütz, daß wir die vorzüglichern derselben hier gleichfalls berücksichtigen.

1. Eine sehr einfache Weise, einen Schrifttext auszuführen, besteht darin, daß man eine Erklärung benutzt, welche über den in Rede stehenden Text die Kirche gibt oder die heiligen Väter. Es ist aber hierbei darauf zu sehen, daß man die Erklärung populär umgestalte, wenn sie nicht schon in dieser Weise abgefaßt ist.

2. Häufig ergeben sich sehr brauchbare Gedanken, wenn man die besondern Begriffe, die ein Schrifttext enthält, oder die besondern Satztheile näher ins Auge faßt und erwägt. Das Verfahren hierbei ist jenem nicht unähnlich, welches der hl. Ignatius in den Geistlichen Uebungen für die „zweite Weise zu beten" empfiehlt. Mitunter knüpfen sich erläuternde Bemerkungen und Gedanken von Bedeutung an jedes Wort, oft wenigstens an das eine und das andere. Lesen Sie fleißig die Homilien des hl. Johannes Chrysostomus über die Heilige Schrift, dann werden Sie diese Weise bald verstehen. Ein Beispiel aus einer Homilie Gregors des Großen finden Sie im Römischen Brevier, in den Lectionen der dritten Nocturn für den vierten Adventsonntag, ein anderes ist das folgende.

„Ist es nicht dies, was uns der Heilige Geist durch den Mund Salomons nachdrucksvoll verkündigt? Nachdem er im Buche Ecclesiastes über das Thun und Treiben der Menschen so manche tiefsinnige Lehren ertheilt hat, kommt er endlich zum Schlusse und spricht: ‚Lasset uns nun insgesamt das Ende aller Rede vernehmen.' Merket wohl, ‚das Ende aller Rede' sagt er, das, worauf zuletzt alle heilsamen Vorschriften hinauslaufen, welches sie alle in sich begreift. Was also ist dies? ‚Fürchte Gott und halte seine Gebote; denn das ist der ganze Mensch.' Gewichtvoller Ausspruch! Gott fürchten und seine Gebote halten, das ist der ganze Mensch. Lasset uns jedes Wort erwägen. Unter der Furcht Gottes versteht die Heilige Schrift nicht bloß den heilsamen Schrecken, den uns die göttliche Gerechtigkeit einflößen muß, sondern auch die fromme Scheu und die Ehrfurcht, die wir vor seiner Majestät haben sollen; sie bezeichnet damit überhaupt alle Gott dem Herrn gebührende Verehrung, wie ja auch wir, wenn wir einen Menschen gottesfürchtig nennen, damit sagen wollen, daß er gegen Gott so gesinnt sei, wie es sich geziemt, und alle Pflichten gewissenhaft erfülle, die wir gegen ihn haben. Dies also ist das erste, was vom Menschen gefordert wird: er soll Gott, seinen Schöpfer und Herrn, fürchten, verehren, anbeten, mit Dankbarkeit ihm ergeben sein. Aber jene frommen Uebungen, durch welche wir dieser Pflicht in gewissen Stunden genugthun, sollen in unserer Seele eine Gesinnung hervorbringen, die nicht vorübergeht. Die Frucht unserer Gebete, die Frucht des ganzen Gottesdienstes muß die sein, daß wir in allen Dingen, die wir unternehmen, in allen Umständen unseres Lebens, in frommer Ehrfurcht vor Gott wandeln, immer bereit, seinem heiligsten Willen uns zu unterwerfen: ‚Fürchte Gott und halte seine Gebote, denn das ist der ganze Mensch'; — das ist es, was von dem Menschen gefordert wird, das, was seinen ganzen Werth und sein Verdienst bestimmt; hiernach allein wird sein ewiges Schicksal entschieden werden. „Fürchte Gott und halte seine Gebote, denn das ist der ganze Mensch, und alles, was geschieht, Gutes und Böses, Gott wird es ins Gericht bringen."[1]

Der hl. Hieronymus macht die Bemerkung, „in der Heiligen Schrift sei jedes Wort, jeder Buchstabe, jeder Punkt voll tiefen Sinnes"[2]. Das Wort ist wahr, und eben auf die Thatsache, welche es enthält, gründet sich das Verfahren, das ich Ihnen gerade empfehle. Indes muß man doch den erwähnten Ausspruch nicht unrecht anwenden. Ich will sagen, man muß auch hier wie in allen Dingen Maß halten und nicht in gesuchter Weise die Ausdrücke der Heiligen Schrift deuten, um gewaltsam etwas hineinzulegen, was kein vernünftiger Mensch darin finden kann. In der vierten seiner „Predigten im Apostolischen Palaste" (Nr. 5) redet Segneri (zu den Prälaten des päpstlichen Hofes) also:

„Aber wenn wir wollen, daß Gott uns liebe, dann müssen wir eine vollkommene Reinheit besitzen; rein müssen unsere Gedanken sein, rein unsere Worte, rein unser ganzes Thun, oder wie Salomon es mit einem Worte sagt: rein muß unser Herz sein. ‚Wer die Reinheit des Herzens liebt,' spricht er, ‚der wird zum Freunde haben den König' (Spr. 22, 11), d. h. Gott den Herrn, wie die Ausleger der Heiligen Schrift diese Worte erklären. Beachten Sie dabei überdies, daß es nicht genügt, diese vollkommene Reinheit, in welcher Weise immer, zu besitzen; man muß dieselbe lieben, *diligere*, d. h. es ist nicht genug, daß man dieselbe zufällig und für den Augenblick besitze, und noch weniger, daß man sie nur zum Schein besitze, nur sich zu stellen wisse, als besäße man sie; man muß sie besitzen durch feste und entschiedene Richtung des Willens, wie man jene Tugenden besitzt, die im Herzen tiefe Wurzel geschlagen haben."

Diese Stelle, so vortrefflich dieselbe auf den ersten Blick erscheinen kann, ist fehlerhaft; der Text der Heiligen Schrift, den Segneri anführt, hat mit der Wahrheit nichts zu thun, welche zu beweisen er denselben gebraucht, weil das Wort „den König" keineswegs, wie er annimmt, Gott bedeutet, sondern ganz in seinem eigentlichen Sinne genommen werden muß[3]. Unter dieser Rücksicht wird also in den angeführten Sätzen jener üble Fehler begangen, vor welchem ich Sie im sechsten Abschnitte (Nr. 125) nachdrücklich gewarnt habe. Sehen wir aber von diesem Fehler ab, so bilden dieselben ein vortreffliches Beispiel für die Weise der Verwerthung von Schrifttexten, von der wir reden; der Ausdruck „lieben" wird ganz richtig betont und seine Bedeutung den Hörenden nahegelegt. Wenn dagegen, um auf das zurückzukommen, wovon ich vorher redete, wenn, sage ich, abermals Segneri (32. Fastenpredigt, Nr. 3), um darzuthun, daß es bei einem wahren Diener Gottes mehr bedürfe, ihn von einer guten Handlung zurückzuhalten, als ihn zu einer solchen zu bestimmen, darauf hinweist, wie Gott der Herr, um den

---

[1] Kleutgen, Predigten II, 5 f.   [2] Bei *Kleutgen*, Ars dicendi n. 500.
[3] Qui diligit cordis munditiam, *propter gratiam labiorum suorum* habebit amicum regem (Prov. 22, 11). Segneri läßt das mittlere Glied des Satzes in seiner Predigt weg. Vgl. Loch und Reischl.

Abraham zur Opferung seines Sohnes zu veranlassen, nur zu ihm „sprach: Abraham, Abraham"[1], dagegen später, um die Vollziehung des Opfers zu hindern, „genöthigt war zu rufen, und zwar sehr stark zu rufen"[2]; oder wenn derselbe (a. a. O. Nr. 4) darin, daß der Herr in den Worten bei Matth. 23, 37 die gegenwärtige Zeit gebraucht und nicht die vergangene[3], die Wahrheit bestätigt sehen will, daß Gott „der vergangenen und nachgelassenen Sünden nicht gedenkt, sondern nur der gegenwärtigen und nicht vergebenen": so heißt das doch kaum etwas anderes als die eigenen Gedanken in die Ausdrücke der Heiligen Schrift hineinzwingen, so wenig sie auch in dieselben passen. Das *clamavit* in der ersten Stelle ist sowohl durch die gefährliche Lage des Isaak als dem Patriarchen gegenüber, dessen Aufmerksamkeit von dem heroischen Opfer, das er zu bringen im Begriff stand, ganz absorbirt sein mußte, psychologisch vollkommen motivirt; was aber die zweite Stelle betrifft, so steht mit der willkürlichen Deutung Segneris das in den zwei unmittelbar vorhergehenden Versen (35. 36) Enthaltene ja in geradem Widerspruch[4]. Denn aus diesen ergibt sich, daß Gott die Sünden gegen den Heiligen Geist, deren sich das jüdische Volk in den vergangenen Jahrhunderten fort und fort schuldig gemacht, demselben keineswegs nachgelassen hatte; mithin kann auch der Grund, weshalb der Herr in den von Segneri hervorgehobenen Worten die gegenwärtige Zeit gebraucht, unmöglich derjenige sein, welchen der letztere angibt. Bei Origenes, auf welchen er sich beruft, habe ich einen Gedanken dieser Art vergebens gesucht.

Solche unzulässige Deutungen der Heiligen Schrift, und schlimmere, waren übrigens während des 17. und zum Theil auch während des 18. Jahrhunderts in Predigten und Erbauungsschriften an der Tagesordnung. Man befolgte den goldenen Rath:

„Im Auslegen seid nur immer munter,
Legt ihr nicht aus, so leget unter."

Segneri selbst äußert sich hierüber in der Vorrede zu seinen Fastenpredigten. Er sei, sagt er, bei der Ausarbeitung derselben in übler Lage gewesen, weil er den Grundsatz festgehalten, die Wahrheiten, die er vortrug, wahrhaft zu beweisen. Denn infolge dieses Grundsatzes „hatte ich nicht mehr die Freiheit, alles ohne Auswahl zu verwerthen, was ich in jenen Werken auch religiösen Inhaltes fand, aus denen die Prediger zu schöpfen pflegen. Man begegnet in mehreren dieser Bücher heutzutage einer Menge von Schriftauslegungen, die wohl originell sind, aber in demselben Grade willkürlich und falsch; die von da auf die Kanzel wandern, um bewundert zu werden und lebhaften Beifall zu ernten, aber sehr unverdienterweise. Solcher Auslegungen nun habe ich

---

[1] *Dixit* ad eum: Abraham, Abraham (Gen. 22, 1).
[2] Et ecce Angelus Domini de coelo *clamavit*: Abraham, Abraham (ibid. v. 11).
[3] Ierusalem, Ierusalem, quae *occidis* Prophetas, et *lapidas* eos qui ad te missi sunt ... (Die ganze Stelle findet sich oben Bd. I, S. 461.)
[4] Ut veniat super vos omnis sanguis iustus qui effusus est super terram, a sanguine Abel iusti usque ad sanguinem Zachariae, filii Barachiae, quem occidistis inter templum et altare. Amen dico vobis, venient haec omnia super generationem istam (Matth. 23, 35. 36).

mich um keinen Preis irgendwie bedienen können. Denn wenn dieselben unwidersprechlich insgesamt falsch sind (mag man sich auch noch so viel Mühe geben, sie durch irgend eine nichtsbedeutende Autorität zu stützen), wie hätte ich glauben sollen, durch sie meine Sätze beweisen, und zwar in Wahrheit beweisen zu können? Um wahrhaft zu beweisen, hatte ich mich mit Schriftstellen zu versehen, die wohl sehr zahlreich, aber alle tadellos und klar sein mußten; ich hatte dieselben überdies größtentheils in jenem Sinne zu gebrauchen, dem niemand widersprechen kann, d. h. im wörtlichen.... Es ist aber bekannt genug, daß der wörtliche Sinn gerade derjenige ist, den das gewöhnliche Volk beim Gebrauche der Schrift weniger liebt als jeden andern."

Sie sehen aus dem letzten Satze, m. H., daß es den Predigern des 17. Jahrhunderts in beneidenswerthem Maße gelungen war, den Geschmack des Volkes zu verderben. Die Beispiele, welche ich vorher angeführt, und noch manche Stellen in Segneris Werken nicht minder beweisen Ihnen andererseits, daß Audisio recht hat, wenn er in seinen Vorlesungen über die geistliche Beredsamkeit bemerkt, Segneri sei dem Grundsatze, den er in Rücksicht auf den Gebrauch der Heiligen Schrift in seiner Vorrede aufstelle, selbst nicht immer treu geblieben. Es ist eben auch großen Geistern nicht gegeben, die verkehrte Richtung und die Fehler der Zeit, deren Kinder sie sind, immer und ganz vollständig zu überwinden. Wenn wir deshalb allerdings Grund haben, den großen Segneri in dieser Beziehung zu entschuldigen, so ist es dagegen andererseits ebenso gegründet, wenn ich von Ihnen verlange, daß Sie bei der Benutzung sowohl seiner als anderer Werke aus jener Zeit auch in dieser Beziehung mit Auswahl und Urtheil vorgehen. Selbst nicht wenig Büchern aus neuerer Zeit gegenüber bedarf es dieser Vorsicht, insofern jene „willkürlichen und falschen" Schriftauslegungen, von denen Segneri redet, oft ohne Kritik nachgeschrieben werden, oder ein durch vielfache Beschäftigung mit ältern Werken irregeleiteter Geschmack mitunter auch sich glücklich schätzt, neue von gleichem Werthe zu Tage fördern zu können. Denn gerade das, Corruption des Geschmacks in dieser Rücksicht, ist sehr leicht eine Folge des häufigen Gebrauchs der in Rede stehenden ältern Werke. Darum habe ich nie begreifen können, wie man das sonst immerhin praktisch eingerichtete Betrachtungsbuch von Nikolaus Avancinus *(Vita Iesu Christi)* noch immer gebrauchen, neu auflegen und Clerikern empfehlen kann.

3. Nicht wenige Gedanken, namentlich Vorschriften und Grundsätze für das christliche Leben, finden sich in der Heiligen Schrift wiederholt und an mehreren Stellen, aber in verschiedener Weise ausgesprochen. Sammelt man diese, seien es eigentliche Parallelstellen oder nicht, so läßt sich durch Verbindung derselben oft eine sehr gute Ausführung eines Schrifttextes herstellen. Kleutgen erinnert beispielshalber an die Worte: „Das himmlische Reich leidet Gewalt", zu deren Ausführung folgende andere Stellen dienen können: „Niemand wird gekrönt werden, der nicht gesetzmäßig gekämpft hat"; „So jemand zu mir kommt und nicht hasset Vater und Mutter..."; „Wenn dich dein Auge ärgert..."; „Wer nicht sein Kreuz mir nachträgt..."; „Wer seine Seele liebt..."; „Noch habt ihr nicht bis aufs Blut widerstanden..."; „Wer ausharret bis ans Ende, der wird selig werden." Ein anderes Beispiel hierfür bildet die Stelle aus der Encyklika Pius' IX., welche ich Ihnen

früher vorgelesen habe (S. 76). In andern Fällen können historische Züge aus der Heiligen Schrift benutzt werden, um einen Text zu beleuchten, namentlich wenn derselbe eine „Sentenz" enthält.

4. Ein viertes, häufig sehr brauchbares Mittel gründet sich auf die Anwendung des Gegensatzes. Hören Sie ein gutes Beispiel hierfür von Massillon. In seiner Predigt auf Allerheiligen, vor Ludwig XIV. in der königlichen Kapelle zu Versailles, verbindet er mit dem Vorspruche: „Selig die Trauernden, weil sie werden getröstet werden", folgenden Eingang:

„Sire, wenn hier in diesem Augenblicke an der Stelle Jesu Christi die Welt zu reden hätte, so würde sie Eurer Majestät gegenüber sicher nicht dieselbe Sprache führen. Selig der Fürst, würde sie sagen, der nie ins Feld gezogen, als um zu siegen; der nur dazu so viele Mächte gegen sich unter den Waffen sah, um ihnen einen desto ruhmvollern Frieden zu dictiren; der allezeit größer war als die Gefahr, allezeit größer als der Sieg. Selig der Fürst, der während einer langen und glücklichen Regierung in ungestörter Ruhe sich freuen darf der Früchte seiner Größe, der Liebe seiner Völker, der Achtung seiner Feinde, der Bewunderung der Welt, der Vortheile seiner Eroberungen, des Glanzes seiner Werke, der Weisheit seiner Gesetze, der erhebenden Hoffnung auf eine zahlreiche Nachkommenschaft, dem schließlich nichts mehr übrig ist zu wünschen, als daß er das, was er besitzt, lange genießen könne. So würde die Welt reden; aber, Majestät, Jesus Christus redet nicht wie die Welt.

„Selig, so spricht er zu Ihnen, nicht derjenige, welcher die Bewunderung seiner Zeit ist, sondern der, dessen erste Sorge die Zeit bildet, welche jenseits des Grabes liegt, der mit aufrichtiger Seele sich selbst verachtet und alles, was wie er dahingeht; denn ihm gehört das himmlische Reich. *Beati pauperes spiritu, quoniam ipsorum est regnum caelorum.*

„Selig nicht derjenige, dessen Regierung und dessen Thaten die Geschichte im Andenken der Menschen Unsterblichkeit verleiht, sondern der, welcher durch seine Thränen die Geschichte seiner Sünden im Andenken Gottes selber auslöscht; denn er wird ewiglich getröstet werden. *Beati qui lugent, quoniam ipsi consolabuntur.*

„Selig nicht derjenige, welcher durch neue Eroberungen die Grenzen seines Reiches erweitert hat, sondern der es verstand, seine Neigungen und seine Leidenschaften einzuengen in die Schranken der Gebote Gottes; denn er wird ein Land besitzen, das länger Bestand hat als die Herrschaft über die ganze Welt. *Beati mites, quoniam ipsi possidebunt terram.*

„Selig nicht derjenige, welcher, durch die Stimme der Völker erhoben über alle Fürsten, die vor ihm waren, im Genusse seiner Größe und seines Glanzes sich glücklich fühlen darf, sondern der auch auf dem Throne nichts findet, das seines Herzens würdig wäre, und darum die volle Glückseligkeit hienieden nur in der Tugend sucht und in der Gerechtigkeit; denn er wird gesättigt werden. *Beati qui esuriunt et sitiunt iustitiam, quoniam ipsi saturabuntur.*

„Selig nicht derjenige, den die Menschen den Großen genannt haben und den Unüberwindlichen, sondern der, welchem einst vor dem Angesichte Jesu Christi die Unglücklichen das Zeugniß geben werden, daß er ihnen Vater, daß er reich war an Barmherzigkeit; denn er wird Barmherzigkeit finden auch für sich selber. *Beati misericordes, quoniam ipsi misericordiam consequentur.*

"Selig endlich nicht derjenige, der jederzeit das Schicksal seiner Feinde in seiner Hand hielt und mehr als einmal der Erde den Frieden zurückgab, sondern der sich selber den Frieden zu erringen wußte und es verstand, von seinem Herzen das Laster und die ungeordneten Neigungen auszuschließen, die es nicht zur Ruhe kommen lassen; denn ein solcher wird ein Kind Gottes heißen. *Beati pacifici, quoniam filii Dei vocabuntur.*

"Ja, Sire, diese sind es, die Jesus Christus für selig erklärt, und das ganze Evangelium kennt keine andere Glückseligkeit auf dieser Erde als die Tugend und die Freiheit von der Sünde."[1]

Eine kürzere, aber schöne Stelle aus einem Fragment von Bossuet theilt der Cardinal Maury mit.

"In der Heiligen Schrift lesen wir, wie Gott der Idole spottet, welche Götter genannt und als solche angebetet werden. ,Wo sind', so redet er zu den Völkern, ,wo sind sie jetzt, jene Götter, auf die ihr eure Hoffnung setztet? Sie sollen kommen, euch zu helfen, und in eurer Bedrängniß euch beistehen!' (5 Mos. 32, 37.) Versteht ihr den Sinn dieser Worte? Seht, der große Gott, der allein in Wahrheit Gott ist, der allein, um seiner Güte willen, mit Recht diesen Namen führt, er will uns in diesen Worten nahelegen, daß es eine unerträgliche Anmaßung ist, wenn ein Wesen sich Gott nennen läßt, ohne durch großartige Erweise seiner Güte sich dieses Namens würdig zu zeigen. Das ist ein ganz anderer Begriff von Gewalt und Majestät als jener, den die Gewaltigen der Erde sich davon zu bilden pflegen. Sie glauben, die eigentlichen Denkmäler ihrer Größe müßten in Ruinen bestehen, nicht in Werken des Wohlthuns: daher die Kriege, daher das Blutvergießen ohne Maß, daher die stolzen Unternehmungen dieser Länderverwüster, welche man Eroberer nennt."[2]

5. Oft ergeben sich gute Gedanken für die Ausführung eines Schrifttextes, wenn man die Umstände erwägt, d. h. wenn man, wo es sich um eine Aeußerung oder um eine That handelt, die redende oder die handelnde Person ins Auge faßt und was zu ihr gehört; weiter diejenigen, an welche die Worte gerichtet sind oder welche Theilnehmer, Zeugen oder der Gegenstand der Handlung waren; wenn man die Zeit, die Veranlassung, den Grund, den Ort, die Weise der Handlung berücksichtigt, sowie die Stimmung und die Gefühle, von welchen die Worte oder die That in dem Redenden oder Handelnden sowohl als in den Hörenden oder den sonst Betheiligten begleitet sein mußten. Um diese Umstände vollständig und richtig bestimmen zu können, müssen Sie die ganze Stelle im Context studiren; denn sowohl das, was vorausgeht, als das Folgende ist in dieser Rücksicht oft von großer Bedeutung. (Ich habe, wenn ich nicht irre, bereits gesagt, daß man überhaupt immer die Schriftstellen im ganzen Zusammenhange lesen muß, wenn man nicht oft Gefahr laufen will, sie in einem ganz falschen Sinne zu nehmen.) Der Hervor-

---

[1] *Massillon*, Sermon sur la fête de tous les Saints (Sermons pour l'Avent p. 1).
[2] *Bossuet*, Fragments d'un sermon sur les moyens de sanctifier la grandeur, pour le quatrième dimanche du carême (*Maury*, Essai sur l'éloquence de la chaire I, 489).

hebung der Umstände bedient sich der hl. Bernhard[1], um den Vers auszuführen: „Seinen Engeln hat er befohlen deinetwegen, daß sie dich behüten auf allen deinen Wegen"; Sie haben die Stelle im Brevier in der vierten Lection für das Fest der heiligen Schutzengel (2. October). Beispiele für diese Weise der Ausführung kommen häufig vor, namentlich in den Homilien des hl. Chrysostomus. In dem folgenden, das ich wieder einer Predigt Massillons entnehme, bewegen sich alle Gedanken in Umständen, welche die Personen betreffen, die handelnde und diejenige, auf welche sich die Handlung bezieht.

„Aber Petrus hat nicht den Muth, zu gestehen, daß er ein Jünger des Erlösers ist; eine feigherzige Angst macht ihn blind, er erklärt, daß er diesen Menschen gar nicht kenne: *Non novi hominem*. Er will selbst mit dem Namen seines Meisters und Gottes nicht bekannt sein. Feigherziger Jünger! Es ist ja doch derselbe Jesus, der dich aus einem gewöhnlichen Fischer zu einem Fischer von Menschen gemacht hat, der dich von deinem Kahne und deinem Netze weggerufen, um dich zum Haupte und zum höchsten Diener seiner Kirche zu erwählen; *non novi hominem:* er kennt ihn nicht mehr. Es ist ja doch der Sohn des lebendigen Gottes, dem du einst so hochherzig Zeugniß gegeben, für den du so oft betheuert hattest, gern sterben zu wollen; *non novi hominem:* er will nichts mehr von ihm wissen. Es ist ja der gute Meister, der dich zu seinem bevorzugtesten Vertrauten erkoren, der dich in seine verborgensten Geheimnisse eingeweiht und allezeit vor seinen übrigen Jüngern ausgezeichnet hat; er behauptet auch, seinen Namen nicht zu kennen: *non novi hominem*. Aber es ist ja doch der Herr, welcher dich hielt, als du über die Wellen des Sees dahingingst, dem Winde und Meer gehorsam waren, den du auf dem Tabor im Lichte seiner Unsterblichkeit gesehen, von so großer Herrlichkeit umgeben. Er kennt ihn nicht mehr: *non novi hominem*. Aber es ist ja doch der Messias, dem alle Propheten Zeugniß gegeben haben; es ist jenes Lamm Gottes, das dir einst Johannes Baptista gezeigt, das alle Opfer vorgebildet, nach welchem alle deine Väter verlangt haben; es ist ja der, den vor kurzem noch die Menschen bald für Elias bald für Johannes den Täufer oder für einen aus den Propheten hielten, und den du selber anerkannt hast als den Sohn Gottes und als seinen Gesandten, der allein die Worte des ewigen Lebens habe; er kennt ihn nicht mehr: *non novi hominem*. Er vergißt seiner Wohlthaten, seiner Wunder, seiner Lehre. Ach, Christen, bis zu welchem Grade vermag doch die Rücksicht auf die Menschen ein schwaches und furchtsames Herz zu verblenden! Und wenn man auf Menschen seine Hoffnung setzt, sich vor den Menschen fürchtet, was bleibt dann von allem, was man ist und hat, noch übrig, wofür man Jesu Christo gutstehen könnte?"[2]

6. Im achten Abschnitte (Nr. 217) war von zwei Figuren die Rede, welche man die Berathschlagung und die Dubitation nennt. Diese Figuren werden bei der Ausführung von Schriftstellen, die einen bedeutenden Gedanken enthalten, mitunter sehr passend angewendet, namentlich wenn die Stelle auf

---

[1] mit ausdrücklicher Anführung von mehreren der bekannten Begriffe, unter welche die verschiedenen Arten von Umständen fallen: *Quis, quid, ubi, quibus auxiliis, cur, quomodo, quando.*

[2] *Massillon*, Sur la passion de N. S. J.-C., I⁰ partie (Mystères).

den ersten Blick nicht so leicht verständlich erscheint oder doch an und für sich in verschiedenem Sinne genommen werden könnte. Die bezeichneten Wendungen dienen nicht nur, die Aufmerksamkeit zu wecken, sondern oft bieten sie auch Gelegenheit, andere Stellen der Heiligen Schrift verwandten Inhalts in die Erklärung hereinzuziehen. Ein Beispiel hierfür enthält die Stelle aus einer Homilie Gregors des Großen, welche ich Ihnen früher einmal vorlas (S. 454, Bd. I); ein zweites aus dem hl. Bernhard finden Sie im Brevier in der achten Lection für die Octav des Schutzengelfestes, ein drittes von St. Augustin gleichfalls im Brevier in der siebenten Lection für das Fest des hl. Camillus (18. Juli). Der hl. Johannes Chrysostomus bedient sich der in Rede stehenden Weise in seinen Homilien sehr häufig.

7. Manche Stellen der Heiligen Schrift enthalten Gedanken, die sich dadurch sehr angemessen ausführen lassen, daß man Rücksichten hervorhebt, welche zu dem Inhalte der Stelle in Causalbeziehung stehen; ich will sagen, daß man je nach der Verschiedenheit des Gedankens entweder die Zwecke auseinandersetzt, welche die Weisheit Gottes im Auge hatte, indem sie dieses und jenes wirkte oder geschehen ließ, oder die Gründe angibt, weshalb irgend welche Ursache diese und jene Wirkung erzeugt, oder die Rücksichten, welche uns bestimmen müssen, der in einer Stelle ausgesprochenen ethischen Vorschrift Folge zu leisten. Ein Beispiel für das letztere deutet Kleutgen an, indem er zur Ausführung der Worte: „Du sollst den Herrn, deinen Gott, lieben ..." (Matth. 22, 37) diese fünf Gedanken bezeichnet: „So lasset uns denn Gott lieben, weil Gott uns zuerst geliebt hat" (1 Joh. 4, 19); „Ist er denn nicht dein Vater, der dich als Erbe nahm, der dich gebildet und erschaffen?" (5 Mos. 32, 6); „Habe deine Freude an dem Herrn, und er wird dir gewähren deines Herzens Wünsche" (Ps. 36, 4); „Kostet und sehet, wie süß ist der Herr; selig der Mensch, der auf ihn seine Hoffnung setzt" (ebd. 33, 9); „Was habe ich im Himmel und was verlange, außer dir, ich hier auf Erden?" (ebd. 72, 25.) Dagegen werden in der folgenden Stelle die psychologisch-ethischen Gründe entwickelt, weshalb das Leiden für Gott auf die Seele wirkt wie auf das Gold das Feuer.

„Und mögen auch manche, wann sie anfangen, um Jesu Christi willen Verfolgung zu leiden, zu dieser Vollkommenheit in der Tugend noch nicht gelangt sein, so werden sie zu derselben eben durch dieses Leiden geführt. Denn von jenen insbesondere, die ihrer Frömmigkeit wegen von den Menschen geplagt werden, müssen wir die Worte der Schrift verstehen: ‚Gott hat sie geprüft und seiner werth gefunden; wie Gold im Feuerofen hat er sie geprüft und als ein Brandopfer sie gnädig aufgenommen' (Weish. 3, 5 f.). Wie die Gluth des Feuers alle Schlacken und alles Unreine von dem edeln Metalle absondert, also reinigen die Schmerzen der Verfolgung des Menschen Seele. Bemerket, um dieses wohl aufzufassen, daß in der Heiligen Schrift das Gold oftmals ein Bild jener Weisheit ist, welche in den göttlichen Büchern als die höchste Vollkommenheit gepriesen wird. Diese Weisheit besteht darin, daß die Seele Gott höher schätzt als alles andere und darum nichts will und verlangt als ihn und sein ewiges Reich. Die Schlacke also, welche von dem Golde der Seele, damit es lauter sei, gesondert werden muß, was ist sie anders als jedwede noch fortdauernde Anhänglichkeit an geschaffene Dinge? Nun sind es aber die aus Liebe zu Gott ertragenen Leiden, und besonders die Leiden der Verfolgung, welche diese Anhänglichkeit in uns ertödten. Ein Christ wird, weil er sich gläubig und gottesfürchtig erweist, verspottet und beschimpft; kann er standhaft bleiben, ohne das Verlangen nach eitler Ehre in sich zu ersticken? Er wird, weil er nicht die Wege der Sünde betreten will, gehindert, in der Welt sein Glück zu machen, oder er wird gar, weil er seiner Pflicht gegen Gott getreu bleibt, der schon erworbenen Güter beraubt, seines Amtes entsetzt, aus dem Vaterlande verwiesen; kann er es ertragen ohne jene hohe Gesinnung, in welcher der Prophet ausruft: ‚Was habe ich im Himmel und was verlange ich auf Erden außer dir, du Gott meines Herzens? Mir ist es gut, Gott anzuhangen und meine Hoffnung zu setzen auf den Herrn, meinen Gott?' Wenn er endlich in Banden und Kerker geworfen, wenn er mißhandelt, wenn er zum Tode geführt wird, mit welcher Entschiedenheit muß er dann von allem, was ein Menschenherz außer Gott lieben kann, sich losreißen und zu dem, was ewig ist, sich erheben! mit welchem Starkmuth die bittersten Schmerzen ertragen, um Gott nicht zu verlieren! O ja, dies ist in Wahrheit das Brand=opfer, wodurch der Mensch im Feuer der Liebe sich selbst ganz und ungetheilt, mit allem, was er ist und hat, der Majestät Gottes hingibt." [1]

Auch für diese Weise sind die Beispiele in den Homilien des hl. Chry=sostomus häufig.

8. Eine besonders wirksame Ausführung einer Schriftstelle läßt sich oft dadurch bilden, daß man sie auf verschiedene Menschenklassen oder auf ver=schiedene Thatsachen, Erscheinungen, Zustände, Ansichten anwendet und ihre Wahrheit oder ihre Bedeutung in Rücksicht auf jede derselben hervortreten läßt. Dieses Verfahren ist seinem Wesen nach nichts anderes als die im fünften Abschnitt (Nr. 112) besprochene „Auflösung in Theile"; man faßt je nach den Umständen das Subject, das Prädicat, das Object oder irgend einen andern Begriff des auszuführenden Satzes ins Auge und zählt die Theile oder die Rücksichten auf, welche derselbe umschließt. In dieser Weise führt Leo der Große die Worte des Herrn Joh. 12, 32 aus [2]. Die folgende Stelle ist einer Predigt St. Augustins entnommen.

„Erinnert euch an die Worte des Psalmes. ‚Fahre hinauf', spricht der Prophet, ‚fahre hinauf, o Gott, über alle Himmel!' Wem gelten diese Worte? Konnte er zu Gott dem Vater sprechen: ‚Fahre hinauf!' der sich niemals er=niedrigt hat? Nein, du fahre hinauf, der du umschlossen warst vom Schoße der Mutter; du, der du wurdest in der, die du erschaffen hast; du, der du in der Krippe lagst, den als unmündiges Kind die Mutter trug, indes du selber die Welt trugst, den Simeon sah auf ihren Armen und als den großen Gott benedeite, den Anna, die Wittwe, an der Brust der Mutter sah und als den Allmächtigen erkannte; du, der du hungertest unsertwegen, Durst littest unsertwegen, ermüdet wardst vom Wege unsertwegen; du, der du alles ge=tragen hast für uns, der du schlummertest und doch nicht einschliefst als Hüter Israels; ja du, den Judas feilbot, den die Juden kauften und doch nicht ihr

---

[1] Kleutgen, Von der Verfolgung um der Gerechtigkeit willen (Predigten II, 283).
[2] Die Stelle steht im Brevier, am 14. September, Lection 8 u. 9 *(Traxisti enim, Domine, omnia ad te . . .)*.

eigen nennen konnten; du, der gefangen, gebunden, gegeißelt, mit Dornen ge=
krönt, ans Kreuz geschlagen, mit der Lanze durchbohrt, gestorben, begraben
war: du ‚fahre hinauf, o Gott, über alle Himmel'. Besteige im Himmel deinen
Thron, der du am Kreuze hingst; laß als ihren Richter dich die Menschheit
erwarten, der du einst von Menschen gerichtet wardst und verurtheilt."[1]

Noch ein Beispiel aus der 23. Fastenpredigt (Nr. 5) Segneris:

„Was wird es hiernach sein, Christen, wenn Gott der Herr auch selbst
noch, indem er auf unsere Kirchen schaut, sich zum Zorne gereizt fühlen muß?
‚Auf was hin wird er uns da noch gnädig sein können?' (Jer. 5, 7.) Wo
ist da noch ein Ort, der seine Barmherzigkeit für uns aufruft? wo noch ein
Haus, das uns Sicherheit gewähren könnte? Da habt ihr die wahre Ursache
so vielfältigen Unglücks, das gegenwärtig unsere Städte, auch die blühendsten,
verheert und zu Grunde richtet: ‚es ist die Rache des Herrn, die Rache für
seinen Tempel' (ebd. 51, 11), um es mit den Worten des Propheten klar
und unzweideutig auszusprechen. Ihr klaget, daß die Kriege kein Ende nehmen
und immer blutiger werden: ‚es ist die Rache des Herrn, die Rache für seinen
Tempel'. Ihr wundert euch, daß immer aufs neue wieder Seuchen und an=
steckende Krankheiten hereinbrechen: ‚es ist die Rache des Herrn, die Rache
für seinen Tempel'. Ihr zittert bei den sich wiederholenden Nachrichten von
zerstörendem Erdbeben, von Ueberschwemmung und Feuersbrunst: ‚es ist die
Rache des Herrn, die Rache für seinen Tempel'. Nein, suchet nicht nach
andern Erklärungen so schwerer allgemeiner Bedrängnisse; ihre vorzüglichste
Ursache liegt darin, sagt der hl. Chrysostomus, daß wir nicht einmal in unsern
Kirchen uns enthalten, den Zorn Gottes wider uns zu reizen, während die
Kirchen doch dazu gebaut sind, daß wir ihn versöhnen und seine Gnade auf
uns herabziehen."

In diesem Beispiele tritt außer der Anweisung, die ich durch dasselbe
beleuchten wollte, auch noch die „oratorische Wiederholung eines Gedankens"
hervor. Ich erwähne das, um Sie aufmerksam zu machen, daß diese oratorische
Wiederholung kaum bei irgend einer Art von Gedanken so an der Stelle ist
wie bei Texten der Heiligen Schrift. Gelungene Wiederholungen dieser Art
kommen namentlich bei Massillon vor; so die folgende Stelle:

„Ja, Christen, man sammelt im spätern Leben nur, was man in den
ersten Jahren gesäet hat. Wenn ihr auf die Verwesung säet, spricht der Apostel,
so werdet ihr auch von der Verwesung ernten. Ihr sagt es ja alle Tage
selber, daß man stirbt, wie man gelebt hat, daß der Charakter sich nicht mehr
ändert, daß man alle Fehler und alle Verkehrtheiten der frühern Jahre ins
Alter mit hinübernimmt, und daß es das beneidenswertheste Glück ist, wenn
man seinem Gemüthe frühzeitig die rechte Richtung zu geben weiß und von
den Tagen der Jugend an sich gewöhnt, wie ein Prophet sich ausdrückt, das
Joch des Herrn zu tragen: ‚Gut ist es dem Menschen, wenn er das Joch
getragen hat von seiner Kindheit an' (Klagel. 3, 27).

„In der That, meine Christen, selbst wenn wir allein die Ruhe und
den Frieden dieses irdischen Lebens berücksichtigen, wie glücklich ist eine Seele,
welche sich gleich anfangs der Tugend zuwendet und jene unbändigen Leiden=

---

[1] *Aug.*, Serm. 262 (in die Ascensionis Domini II.) al. de diversis 18.

schaften in ihren ersten Regungen erstickt, die später das Herz krank machen und den eigentlichen Grund alles Jammers und aller Verbitterung unseres Lebens bilden! ‚Gut ist es dem Menschen, wenn er das Joch getragen hat von seiner Kindheit an.‘ Wie glücklich ist eine Seele, welche nur Edles und Reines in sich aufgenommen und es sich erspart hat, durch eigene traurige Erfahrung mit so vielen sündhaften Genüssen bekannt zu werden, welche das Herz auf immer vergiften, die Einbildungskraft verunreinigen und tausend häßliche und störende Bilder zurücklassen, Bilder, die uns dann auch auf den Weg der Tugend begleiten, die in allen Fällen unsere Sünden überdauern und oft selbst wieder neue Sünden werden! ‚Gut ist es dem Menschen, wenn er das Joch getragen hat von seiner Kindheit an.‘ Wie glücklich ist eine Seele, die in ihren ersten Jahren sich unschuldige und stille Freuden geschaffen und sich gewöhnt hat, mit diesen zufrieden zu sein, die sich nicht jenen unseligen Zustand bereitet hat, wo man heftiger und sündhafter Genüsse nicht mehr entbehren kann und infolge einer lange fortgesetzten Befriedigung aufregender Leidenschaften die friedliche Stille der Tugend unerträglich findet! ‚Gut ist es dem Menschen, wenn er das Joch getragen hat von seiner Kindheit an.‘ O diese ersten Jahre, in Gottesfurcht und reiner Züchtigkeit verlebt, welche Fülle von Gnaden ziehen sie auf die ganze übrige Zeit des Lebens herab! Wie sind sie uns ein Unterpfand, daß das Auge des Herrn wachen wird über alle unsere Wege! Wie sind wir ihretwegen in besonderem Maße der Gegenstand der liebreichen Sorge Gottes und seines väterlichen Wohlgefallens! ‚Gut ist es dem Menschen, wenn er das Joch getragen hat von seiner Kindheit an.‘"[1]

315. Zur Ergänzung des bisher Gesagten noch drei Gedanken. In welcher Weise eine Schriftstelle am entsprechendsten ausgeführt werde, das hängt offenbar nicht bloß von ihrer Beschaffenheit ab, sondern vorzugsweise auch von dem nächsten Zweck, um dessentwillen man sie benutzt. Diesen Zweck muß man mithin vor Augen haben, d. h. man muß daran denken, ob man durch eine Stelle zunächst beweisen oder auf das Gefühl wirken oder den Vortrag verschönern und anziehender machen will. Weil das nicht bedacht, weil die Stellen plan- und gedankenlos der Predigt eingefügt werden, darum geht oft die ganze Wirkung, die sie haben könnten, verloren.

Daß mitunter Worte der Heiligen Schrift (oder der Kirche oder der Kirchenväter) sehr dienlich sind, um den Zuhörern mit größerer Freiheit einen Gedanken nahelegen zu können, den der Priester, etwa weil derselbe den Zuhörern nicht angenehm ist, mit seinen eigenen Worten minder leicht aussprechen würde, das wird Sie ohnedies das eigene Urtheil lehren.

In den Ausgaben der französischen und italienischen Prediger findet man die Schriftstellen fast immer in lateinischer Sprache gegeben. Es mag dieser Gebrauch, die Texte auch lateinisch anzuführen, vor Zuhörern, deren Muttersprache mit der lateinischen sehr nahe verwandt und denen deshalb die letztere nicht gerade fremd ist, minder unstatthaft sein; in Deutschland wäre es dagegen kaum verständig, wenn man auch diese ausländische Sitte nachahmen wollte. Freilich, in jenen seltenen Ausnahmefällen, wo ein bedeutender Theil

---

[1] *Massillon*, Sur le délai de la conversion, IIe partie (Avent).

der Zuhörerschaft die lateinische Sprache versteht, dient es ohne Zweifel dazu, die Wirksamkeit des geistlichen Vortrags zu heben, wenn man sie nicht gerade alle Stellen, aber doch die bedeutendern auch in der unerreichbaren Sprache der Vulgata hören läßt; vor dem Volke dagegen hieße das nichts weiter als den Fluß der Rede immer aufs neue ganz zwecklos unterbrechen und unnütz die Zeit verschwenden. Damit will ich nicht gesagt haben, daß man nicht sehr wohl hie und da eine kurze Stelle oder einen kleinen Theil einer längern in lateinischer Sprache einfließen lassen könne; es kann dieses wenigstens dazu dienen, die Zuhörer aufmerksam zu machen, daß es Worte der Heiligen Schrift sind, die sie vernehmen, und den Prediger der Nothwendigkeit zu überheben, zu oft das „die Heilige Schrift sagt" oder „spricht der Heilige Geist" oder „es steht geschrieben" oder „so schreibt der Apostel" wiederholen zu müssen. (Nicht wenige lassen den Herrn oder den Apostel nie „sprechen" oder „schreiben", sondern immer „rufen" und „uns zurufen". Ob diese Ausdrucksweise aus Frankreich stammt oder der poetischen Sprache lateinischer und griechischer Autoren aus der Zeit eines schlechten Geschmackes entnommen ist, das brauchen wir nicht zu untersuchen; ich wollte nur im Vorbeigehen bemerken, daß solche Poesie in der Verkündigung des Wortes Gottes sehr selten an der Stelle sein dürfte.)

Zweites Kapitel.
Die liturgischen Bücher.

316. Die Bücher, welche ich meine, sind das Meßbuch, das Brevier, das Rituale und das Pontificale. Ein großer Theil dessen, was sie enthalten, besteht aus unverändert aufgenommenen Stücken aus der Heiligen Schrift, ein anderer aus Gebeten, Hymnen, Responsorien, Antiphonen, welche von hervorragenden, mehrfach von heiligen Männern ganz im Geiste der Heiligen Schrift, oft aus ihr angehörenden Gedanken verfaßt und nur nach sorgfältiger Prüfung von der Kirche gutgeheißen und für die liturgischen Handlungen adoptirt worden sind. Somit bieten die liturgischen Bücher einerseits eine Menge von Schriftstellen, wie sie für die verschiedenen Feste und Zeiten des kirchlichen Jahres passen; andererseits kann man nirgends besser als in den Gebeten und Hymnen der Kirche lernen, welches der Geist und die Bedeutung der einzelnen Feste und heiligen Zeiten ist, und mit was für religiösen Gefühlen, in welcher Stimmung der Christ sie begehen soll. Analoges gilt in Rücksicht auf die Formularien für die Verwaltung der Sacramente und der Sacramentalien, für die Weihungen und Segnungen; sie geben den zuverlässigsten Aufschluß über die Bedeutung dieser Handlungen und ihre Wirkungen, und sie sind der richtigste Ausdruck der Gesinnung, welche wir denselben gegenüber zu hegen haben.

Hieraus ergibt sich klar genug, von welcher Bedeutung für die Verkündigung des Wortes Gottes und die Förderung des christlichen Lebens die liturgischen Bücher sein müssen. Aber freilich muß man damit vertraut sein, wenn man im stande sein will, den Schatz großer Gedanken und tief religiöser Empfindung zu verwerthen, der in denselben niedergelegt ist. Es dahin zu bringen, das ist nicht schwer, wenn man frühzeitig anfängt, die liturgischen

Formularien zu studiren und sein Gemüth aus ihnen zu nähren. Man sucht oft und fragt nach Betrachtungsbüchern und findet so schwer eines, das einem paßte, und es läge doch so nahe für den Cleriker und den Priester, den Stoff für seine Betrachtungen an erster Stelle aus dem Meßbuch, aus dem Brevier oder dem Rituale zu nehmen; ein Buch, aus dem man besser beten lernen könnte als aus diesen Gebetbüchern der Kirche, gibt es ja sicher nicht. Entschlösse man sich, sie mehr zu benutzen, dann würde auch in Rücksicht auf religiöse Gefühle und den Ausdruck derselben mehr und mehr ein besserer Geschmack herrschend werden und die Unnatürlichkeit, der Schwulst, die Affectation und jenes getragene Pathos sich allmählich verlieren, das aus der profanen Rhetorik sowohl als aus Schriften erbaulichen Inhalts so oft sich auf die Kanzel verirrt, um das Wort Gottes zu verunstalten.

Aeußerst gelungen ist die Anwendung, welche von verschiedenen liturgischen Elementen Bourdaloue macht in seiner Predigt über das Geheimniß der allerheiligsten Dreifaltigkeit. Ich muß Ihnen die Stelle vorlesen, sie ist zu schön:

„... Eben darum, andächtige Christen, ist die Formel, in welcher wir unserem Glauben an die allerheiligste Dreifaltigkeit Ausdruck geben — ich meine die Worte: Im Namen des Vaters und des Sohnes und des Heiligen Geistes —, eben darum, sage ich, ist diese Formel so heilig, so ehrwürdig und so erhaben. Und eben darum muß dieselbe auch nach der Anordnung Jesu Christi fast bei allen Sacramenten zur Anwendung kommen. Die heilige Taufe ist das Sacrament der Wiedergeburt, und diese unsere Wiedergeburt vollzieht sich nur im Namen des Vaters und des Sohnes und des Heiligen Geistes; die heilige Firmung verleiht uns Kraft und Festigkeit und Stärke in dem Leben der Gnade: auch sie wird uns gespendet im Namen des Vaters und des Sohnes und des Heiligen Geistes; im Sacramente der Buße erlangen wir die Vergebung unserer Sünden: wir werden von denselben losgesprochen wiederum im Namen des Vaters und des Sohnes und des Heiligen Geistes; die Kirche stattet diejenigen, welche sie zur Würde des Priesterthums erhebt, mit hoher Vollmacht aus, mit übermenschlicher Gewalt: sie thut es abermals, indem sie dieselben weiht im Namen des Vaters und des Sohnes und des Heiligen Geistes; und wenn wir endlich den Segen empfangen von dem Priester oder dem Bischofe, so spenden sie uns denselben nicht anders als im Namen des Vaters und des Sohnes und des Heiligen Geistes. Daraus sollen wir erkennen, sagt der hl. Augustin, daß es in der Kirche Christi keine Gnade gibt, kein Heil, keine Rechtfertigung und keine Vergebung der Sünden anders als durch den Glauben an die Dreifaltigkeit.

„Hierin liegt auch der Grund jener frommen christlichen Gewohnheit, vermöge deren wir unsern Handlungen immer das Bekenntniß dieses unseres Glaubens vorausgehen lassen, indem wir kein Werk beginnen, ohne vorher das Kreuzzeichen zu machen und dabei zu sprechen: Im Namen des Vaters und des Sohnes und des Heiligen Geistes. Wir anerkennen hierdurch, daß alles Verdienst unserer Werke von diesem Glauben abhängt, und daß ohne denselben, was immer wir thun könnten, unnütz sein würde und ohne Werth vor Gott, ohne Verdienst für das ewige Leben. Es sind die heiligen Apostel, welche uns diese Uebung zuerst gelehrt haben; die Kirche hat dieselbe treu bewahrt, die Christen haben sie zu allen Zeiten heilig gehalten, und die Irr=

lehrer haben sie nicht verwerfen können, ohne dadurch zu verrathen, daß sie entschlossen waren, alles zu verwerfen. Oder saget selbst, was kann denn dem Geiste des Christenthums mehr entsprechen, als daß man beim Beginn einer jeden Handlung die heilige Dreifaltigkeit anruft und dabei das Zeichen des Kreuzes macht? Und doch können sie diesen Gebrauch nicht leiden, und einer der Punkte ihrer angeblichen Reform mußte darin bestehen, daß derselbe abgeschafft wurde; aber gerade dadurch sah sich die Kirche bestimmt, mit desto größerer Entschiedenheit dafür einzutreten und ihn aufrechtzuhalten. Gerade darum beginnt sie ihre Tagzeiten mit dem Bekenntnisse des Glaubens an den Vater und den Sohn und den Heiligen Geist; gerade darum müssen in jedem ihrer Gebete diese drei göttlichen Personen ausdrücklich genannt werden; gerade darum singt sie keinen Psalm, keinen Hymnus, keinen Lobgesang, ohne ihn mit diesem Bekenntnisse zu beschließen; gerade darum verpflichtet sie uns, die wir ihre Priester sind, mehr als hundertmal[1] an jedem Tage den andächtigen Spruch zu wiederholen: Ehre sei dem Vater und dem Sohne und dem Heiligen Geiste. Sie weiß, daß wir vor Gott dem Herrn nichts aussprechen können, das ihm wohlgefälliger und mehr dazu angethan wäre, uns sein Herz zu gewinnen; sie weiß, daß dieser Spruch allein höhern Werth hat und größere Wirksamkeit zur Heiligung unserer Seele als alle andern Gebete. Darum möchte sie, daß wir denselben beständig wiederholen, daß wir Tag und Nacht ohne Aufhören sprechen könnten: Ehre sei dem Vater und dem Sohne und dem Heiligen Geiste, — nach dem Beispiele eines heiligen Einsiedlers, der auf einer hohen Säule wohnte und mehrere Jahre, die er dort zubrachte, kein anderes Gebet verrichtete als dieses.

„Bei dieser Gelegenheit kann ich nicht unterlassen, euch auf einen Punkt von vorzüglicher Wichtigkeit aufmerksam zu machen, wenngleich ihr ihn vielleicht nicht für so wichtig halten mögt. Bedenket einmal, wenn wir, ihr sowohl als ich selber, wenn wir, sage ich, jedesmal, wo wir diese ehrwürdigen Worte ausgesprochen haben: Ehre sei dem Vater und dem Sohne und dem Heiligen Geiste, oder die andern: Im Namen des Vaters und des Sohnes und des Heiligen Geistes, wenn wir es immer mit solcher Ehrfurcht und Andacht gethan hätten wie jener heilige Einsiedler, von dem ich eben sprach, wie viele Verdienste würden wir uns dadurch vor Gott gesammelt haben! Gewiß, wenn wir das stets vor Augen hätten, wir würden die Worte, von denen ich rede, oft wiederholen und sie nie anders aussprechen als mit tiefer Andacht, und es würde uns das eine reiche Quelle großer und werthvoller Gnaden sein. Denn diese kurzen Worte sind ja der Ausdruck derjenigen Uebungen des christlichen Lebens, welche unter allen den höchsten Werth haben. Aber wenn wir dieselben aussprechen, so thun wir es ohne Sammlung und Aufmerksamkeit und denken dabei an ganz andere Dinge oder an gar nichts; so ist es ganz natürlich, wenn uns ein solches Aussprechen keinen Nutzen bringt, wenn es uns vielleicht auch noch nicht eine einzige Gnade verdient hat. Und was noch schlimmer ist, wir beleidigen geradezu die drei göttlichen Personen, auf die sich jene Worte beziehen, indem wir dieselben so gedankenlos aussprechen.

---

[1] Das ist doch etwas hyperbolisch gesprochen. Im Brevier wenigstens kommt das *Gloria Patri* nicht sechzigmal vor.

Nicht nur, daß wir in dieser Weise die heilige Dreifaltigkeit nicht ehren, wir verunehren sie; nicht nur, daß wir uns um werthvolle Gnaden bringen, die wir uns verdienen könnten, wir reizen Gott zum Zorne wider uns. Denn diese Namen, Vater, Sohn und Heiliger Geist, es sind ja göttliche Namen, es sind heilige Namen, voll Herrlichkeit und Majestät, Namen, der Hölle furchtbar, Namen, denen wir die tiefste Ehrfurcht schuldig sind, die wir deshalb nie anders als mit Sammlung und Andacht aussprechen dürfen.

„Und nicht das allein; es sind überdies Namen, die in noch höherem Maße unsere Liebe in Anspruch nehmen als unsere Verehrung, weil an sie unser Heil und die Rettung unserer Seele geknüpft ist, die es eben deshalb in noch höherem Maße verdienen, daß wir ihnen gegenüber die innigste Andacht hegen. Beachtet wohl, was ich sage, andächtige Christen. Wenn wir einst auf dem Sterbebette liegen und der Priester an unserer Seite in diesen letzten Augenblicken unserer Seele, da sie vor Gott erscheinen soll, Muth einzusprechen sich bemüht und für sie betet: was für Namen wird er da geltend machen, um seinen Gebeten größere Kraft und Wirksamkeit zu geben? Die Namen des Vaters und des Sohnes und des Heiligen Geistes. *Proficiscere*, so wird er nach der Vorschrift der Kirche sprechen, *proficiscere, anima christiana*, ziehe hin, christliche Seele, im Namen des Vaters, der dich erschaffen, im Namen des Sohnes, der dich mit seinem Blute losgekauft, im Namen des Heiligen Geistes, der dich geheiligt hat. Das sind die hohen, die allgewaltigen Namen, welche die Legionen der Hölle zurücktreiben, welche alle ihre Anstrengungen zu nichte machen und bei diesem so gefahrvollen Uebertritt die Hilfe des Himmels und seine Gnaden auf uns herabziehen. Aber ich habe noch nicht alles gesagt. Wenn nämlich kurz darauf der Priester sich an Gott wendet und ihm die scheidende Seele empfiehlt, welchen Beweggrund wird er da anführen, um die Barmherzigkeit Gottes für sie günstig zu stimmen? Ja weiß nicht, Christen, ob ihr diesen Beweggrund jemals erwogen, ob ihr denselben auch nur jemals gehört habt; aber derselbe muß euch mit dem innigsten Vertrauen erfüllen und eure Andacht gegen die aller Anbetung würdige Dreifaltigkeit in hohem Maße beleben. So vernehmet ihn denn. *Licet enim peccaverit, tamen Patrem et Filium et Spiritum sanctum non negavit, sed credidit*. Ach, Herr, so wird der Priester des lebendigen Gottes flehen, es ist freilich wahr, die Seele, für die ich deine Barmherzigkeit anrufe, ist nicht frei gewesen von den Schwachheiten der Menschenkinder, sie ist oft gefallen, sie hat viele und große Sünden begangen. Aber du lasse sie Erbarmen finden vor deinem Angesichte; gedenke nicht ihrer alten Missethaten und des Bösen, das sie in der Hitze der Begierde und in der Raserei der Leidenschaft vor dir gethan, denn du weißt ja, mein Gott, daß sie bei all ihrer Sündhaftigkeit doch die allerhöchste Dreifaltigkeit anerkannt und geglaubt hat an den Vater und den Sohn und den Heiligen Geist: *tamen Patrem et Filium et Spiritum sanctum non negavit, sed credidit*. Ja, du weißt es, Herr, daß ihr die Ehre dieser drei göttlichen Personen wahrhaft am Herzen lag, daß sie, indem sie dich anbetete, du Herr und Schöpfer aller Dinge, eben diese drei Personen jederzeit in Ehrfurcht und Treue angebetet hat: *et zelum Dei in se habuit, et Deum qui fecit omnia fideliter adoravit*. Seht ihr da, Christen, wie der Glaube an die allerheiligste Dreifaltigkeit und das Bekenntniß der brei göttlichen Personen, aber ein Bekenntniß, das von tiefer Ehrfurcht, das von lebendiger Andacht getragen wird, wie es einen der stärksten Gründe der Zuversicht und des Vertrauens bildet, das wir, die Geschöpfe Gottes, unserem Herrn und Schöpfer gegenüber hegen dürfen?"[1]

Drittes Kapitel.
Die Entscheidungen des Heiligen Stuhles und der Concilien. Die Werke der Kirchenväter.

317. Von den Entscheidungen des Heiligen Stuhles und der Concilien war schon im sechsten Abschnitt (Nr. 123) die Rede, als wir von den „unmittelbaren" Beweisen handelten. Ich hoffe, Sie erinnern sich noch, wie nachdrücklich ich Sie damals aufgefordert habe, diese Entscheidungen in der Verkündigung des Wortes Gottes häufiger und mit mehr Verständniß zu verwerthen, als es vielfach zu geschehen pflegt.

Die Kirchenväter sind der Christenheit, wie Sie gleichfalls wissen, von Gott dem Herrn dazu gegeben worden, die in der Heiligen Schrift und in der Predigt Christi und seiner Apostel ausgesprochenen übernatürlichen Wahrheiten eingehender zu erklären und sie so in ihren Schriften den spätern Geschlechtern zu übermitteln. Unter dieser Rücksicht sind sie Zeugen der Offenbarung. Nach welchen Grundsätzen man zu verfahren habe, um in jedem einzelnen Falle ihr Zeugniß richtig zu würdigen, das lehrt die Theologie: andererseits haben Sie in Ihren Studien Gelegenheit genug, die Weise kennen zu lernen, in welcher dieses Zeugniß für die Beweisführung verwerthet wird.

Aber noch von einer andern Seite sind die Schriften der Kirchenväter für die Verkündigung des Wortes Gottes von der höchsten Bedeutung. Ein großer Theil derselben besteht eben aus geistlichen Vorträgen, also aus Erzeugnissen der geistlichen Beredsamkeit von der Hand tüchtiger Meister; und die meisten jener Schriften, welche nicht oratorische Vorträge sind, sondern belehrende Abhandlungen, erscheinen in einer Weise gearbeitet, daß sie fast vollkommen das Gepräge der didaskalischen Beredsamkeit tragen. Denn die Kirchenväter behandelten die christliche Lehre kaum in jener Weise, wie es später die Schule zu thun sich gewöhnte, als bloßen Gegenstand des Wissens, sondern sie hielten auch in ihren wissenschaftlichen Arbeiten den Grundsatz St. Augustins fest, den ich früher einmal angeführt habe: „Wer immer die Heilige Schrift oder einen Theil derselben verstanden zu haben glaubt, aber so, daß sein Verständniß nicht die Erbauung und die zweifache Liebe zu Gott und gegen den Nächsten unterstützt und fördert, der hat sie noch keineswegs verstanden. Denn diese drei sind es, denen alles Wissen und alle übernatürliche Erkenntniß dienstbar sein muß: Glaube, Hoffnung und Liebe." Daraus ergibt sich einerseits, daß die Arbeiten der heiligen Väter großentheils in eminentem Sinne als Muster zu gelten haben, an welchen wir die Grundsätze der geistlichen Beredsamkeit studiren, an denen wir lernen müssen, in welcher Weise das Wort Gottes zu verkündigen ist, wenn es das

---

[1] *Bourdaloue*, Sermon sur la trèssainte Trinité, IIe partie (Mystères).

christliche Leben wahrhaft und wirksam fördern soll; anderseits, daß sie eine reiche Quelle bilden nicht bloß, wie ich vorher schon sagte, von Zeugnissen für die Beweisführung, sondern auch von Gedanken jeder Art, die sich in der Verkündigung des Wortes Gottes verwerthen lassen.

318. Daß nicht die Werke aller Kirchenväter gleich hohen Werth haben, daß nicht jedes derselben unter den angegebenen Rücksichten die gleiche Empfehlung verdient, das versteht sich, ohne daß ich es sage, von selbst. Ich will Ihnen die Bemerkungen mittheilen, in welchen Fenelon die Weise der hervorragendsten Kirchenväter, und insbesondere auch ihre Mängel, kurz charakterisirt. Dieselben finden sich in seinen zwei schon wiederholt erwähnten Schriften, dem Schreiben an den Secretär der französischen Akademie und den Dialogen über die Beredsamkeit.

Fenelon macht mit den lateinischen Kirchenvätern den Anfang. Die Schriften Tertullians, sagt er, enthalten manches, das großen Werth hat. Er ist in seinen Gefühlen oft wunderbar großartig; überdies bildet er die Quelle für die richtigen Grundsätze bezüglich der Tradition, sowie für manche Thatsache und das kirchliche Leben seiner Zeit. Seine sprachliche Darstellung indes kann man nicht loben. Er bringt oft unrichtige und unklare Gedanken, wendet oft Metaphern an, die unverständlich und hart erscheinen. Leider sind es gerade seine Fehler, was die meisten seiner Leser vorzugsweise anzieht. Viele Prediger verderben sich mit seinen Schriften den Geschmack. Sie studiren dieselben, weil es ihnen darum zu thun ist, Seltsamkeiten vorbringen zu lernen; sie lassen sich durch seine Sprache blenden, welche ganz ungewöhnlich und überdies noch hochfahrend ist. Kurz, man sollte sich davor hüten, in der Weise, wie er denkt und sich ausdrückt, ihn nachzuahmen; dagegen die großartige Kraft des Gefühls, die er in seinen Werken niedergelegt hat, und die Kenntniß des christlichen Alterthums aus denselben sich anzueignen bemüht sein.

Der hl. Cyprian ist gleichfalls einigermaßen schwülstig; in seinem Jahrhundert und in seiner Heimat war es kaum anders möglich. Indes wenn auch sein Stil und seine Ausdrucksweise von dem Bombast seiner Zeit und von afrikanischer Härte nicht frei sind, so zeichnen sich doch seine Schriften durch oratorische Kraft sehr vortheilhaft aus; es sind Stellen darin, die mit ihrer großartigen und hinreißenden Beredsamkeit an Demosthenes erinnern. Ueberall tritt uns bei ihm eine große Seele entgegen, der Rede vollkommen mächtig, welche ihren Empfindungen in würdiger und ergreifender Sprache Ausdruck zu geben weiß. Nur hie und da erscheint seine Sprache in gesuchter Weise geziert.

Wenn St. Augustin sehr oft mit den Wörtern spielt, so ist das wieder der Fehler seiner Zeit, zu welchem er überdies bei seinem Scharfsinn und der Lebhaftigkeit seines Geistes einen natürlichen Hang hatte. Er besaß jedenfalls ausgezeichnete Anlagen für die Beredsamkeit. Seine Beweisführung ist von seltener Kraft, er ist reich an großen Gedanken, er besitzt die vollkommenste Kenntniß des menschlichen Herzens, seine Darstellung ist edel, er beobachtet in allen seinen Vorträgen mit der größten Strenge das Decorum, seine Rede ist fast immer ansprechend, einnehmend und voll tiefer Empfindung. Er ist erhaben und zugleich populär; vermittelst äußerst faßlicher Gedanken steigt er auf zu den höchsten Grundwahrheiten; er stellt Fragen, er läßt sich selber

Fragen stellen und beantwortet sie: seine Rede ist wie ein Dialog zwischen ihm und den Zuhörern. Alle seine Werke tragen das Siegel der Liebe zu Gott; dieselbe wohnte nicht nur in seinem Herzen, sondern er verstand es auch wunderbar, dem, was er fühlte, Ausdruck zu geben.

Auch der hl. Hieronymus hat, was den Stil betrifft, seine Fehler; indes seine Darstellung ist männlich und groß. Er bleibt sich nicht immer gleich, aber er ist beredter als die meisten, die es um jeden Preis sein wollen. Es wäre Kleingeistigkeit, würdig eines Mannes von der Grammatik, wenn man die Kirchenväter nur nach ihrer Sprache und dem Stil beurtheilen wollte; die Beredsamkeit und die Richtigkeit und Schönheit des Stils sind zwei ganz verschiedene Dinge.

Der hl. Ambrosius folgt gleichfalls mitunter der Mode seiner Zeit. Er befleißt sich jener Schönheit des Stils, wie man sie damals liebte. Es finden sich in seinen Werken sehr schöne, erhabene Stellen. Der hl. Leo ist schwülstig, aber erhaben. Gregor der Große gehört einer noch schlimmern Periode an; dennoch tritt in seinen Schriften vielfach große Kraft und Würde hervor.

Man muß eben dasjenige, was bei diesen großen Männern, wie bei allen übrigen Schriftstellern ihrer Jahrhunderte, eine Wirkung der schlimmen Zeit ist, in der sie lebten, von dem wohl unterscheiden, was sie aus ihrem eigenen Geiste und Herzen schöpften, um auf ihre Zuhörer zu wirken. Denn gerade in jener für die Religion so gesegneten Periode lag die Beredsamkeit sehr im argen. Schon bald nach Augustus fing diese Kunst und zugleich die gesamte lateinische Literatur an zu sinken. Juvenal ist bereits weniger fein als Horaz; Seneca in seinen Tragödien und Lucan haben einen widerwärtigen Bombast. Die Kirchenväter traten auf, als dieser Verfall sich bereits vollzogen hatte; man darf sie deshalb keineswegs in jeder Beziehung für mustergiltig halten. Sie gingen in die Schule bei den schlechten Rhetoren ihrer Zeit, und der allgemein herrschende Geschmack riß sie mit sich, ein Geschick, dem ja auch die Verständigsten fast nie widerstehen. Man hielt es damals nicht für erlaubt, in einfacher und natürlicher Weise zu reden. Die Welt befand sich, was die Beredsamkeit betrifft, in einer Lage, ungefähr wie es in Rücksicht auf die Kleidung der Fall sein würde, wenn sich niemand getraute, in einem Gewande von schönem Stoff zu erscheinen, der nicht mit einer äußerst dichten Stickerei bedeckt wäre.

Die geistlichen Vorträge, die wir von den Kirchenvätern besitzen, sind übrigens ihrer Mehrzahl nach unter ihren Werken das minder Vorzügliche. Sie wußten die Beredsamkeit der Heiligen Schrift sehr wohl zu schätzen und geben laut derselben Zeugniß; aber die ihrige bleibt hinter dieser weit zurück. Es gibt Leute, die einen so verkehrten Geschmack haben, daß sie die Schönheit der Prophetie des Isaias nicht empfinden, dafür aber dem hl. Petrus Chrysologus Bewunderung zollen. Und doch darf man bei diesem Kirchenvater, trotz des schönen Namens, der ihm zu theil geworden, nichts weiter suchen als den Kern der christlichen Lehre unter einer unendlichen Fülle von mißlungenen, geistreich sein sollenden Wendungen [1].

---

[1] Petrus, Bischof von Ravenna, starb um 450 oder 456. Einer seiner Nachfolger, Namens Felix, sammelte die 176 von ihm hinterlassenen Vorträge, und dieser war es, der

Im Orient blühte der gute Geschmack in der Beredsamkeit länger. Die griechische Sprache erhielt sich dort fast in ihrer vollen Reinheit. Der hl. Johannes Chrysostomus wußte sie ausgezeichnet zu handhaben; sein Stil ist breit[1]; aber er hat es nicht auf falsche Eleganz abgesehen; alles ist bei ihm dem Zwecke der geistlichen Beredsamkeit untergeordnet; er gibt den Gedanken stets die angemessenste Folge; mit der Heiligen Schrift ist er äußerst vertraut und besitzt dabei die vollkommenste Kenntniß des menschlichen Lebens; er redet zum Herzen, er setzt das niedere Erkenntnißvermögen in Thätigkeit; er trägt vielsagende und durchaus wahre Gedanken vor, und dabei fehlt es ihm keineswegs an tiefer Empfindung. Mit einem Worte, ihn kann man als einen großen Prediger bezeichnen. Gregor von Nazianz ist gedrängter und poetischer, aber er geht etwas weniger darauf aus, bestimmend auf seine Zuhörer zu wirken. Indes findet man doch bei ihm sehr ergreifende Stellen. Basilius der Große ist voll Würde, reich an Sentenzen, streng selbst in der Sprache. Er hatte über die christliche Lehre bis in die kleinsten Einzelheiten tiefe Studien gemacht; er kannte gründlich alle Krankheiten der Seele und ist darum für die Seelsorge ein ausgezeichneter Meister.

Das sind die Rücksichten, nach denen man die Schriften der heiligen Väter beurtheilen muß. Hat man diese nicht vor Augen, so läuft man Gefahr, sich das minder Gute daraus anzueignen und in seine geistlichen Vorträge ihre Fehler zusammenzutragen. In alledieſem liegt aber freilich keineswegs ein Grund, die Kirchenväter oder auch die übrigen religiösen Schriftsteller jener Zeit minder hochzuachten[2].

319. Sie werden beachtet haben, m. H., daß Fenelon so großes Lob, wie dem hl. Johannes Chrysostomus, keinem andern Kirchenvater zuerkennt; denn allein von ihm sagt er, daß man ihn mit Recht einen großen Prediger nennen könne. In der That wird, wo es sich um die Predigt für das Volk handelt, also um das, was wir vor allem im Auge haben, der Patriarch von Konstantinopel in vollster Uebereinstimmung von jeher an erster Stelle genannt. Seine Werke also muß ich Ihnen vor allen andern viel und mit Ausdauer zu lesen bringend empfehlen, namentlich die Homilien über das Evangelium des hl. Matthäus, nach Bossuets Urtheil das vorzüglichste seiner Werke[3], wenigstens für den Prediger; weiter die Homilien über die Briefe an die Römer, die Korinther, die Epheser und die Philipper, und jene über die Psalmen. Aber auch seine übrigen Schriften verdienen alle Beachtung; denn selbst seine Abhandlungen zeichnen sich durch Popularität, Lebendigkeit, praktischen Werth, tiefe Empfindung, Anschaulichkeit, durch das Fesselnde des

---

dem Heiligen 250 Jahre nach dessen Tode aus etwas zu starker Begeisterung für ihn den glänzenden Beinamen Chrysologus gab. Seine Beredsamkeit hat nichts Außerordentliches. (Nach Despois [*Fénelon*, Lettre sur les occupations de l'Académie française p. 28] und Delzons [*Fénelon*, Dialogues sur l'éloquence p. 129].)

[1] Das war in mündlichen Vorträgen eben nothwendig. (Vgl. Bd. I, S. 160. 175. 569 f.)

[2] Nach *Fénelon*, Dialogues sur l'éloquence (éd. Delzons) p. 122 ss.; Lettre sur les occupations ... (éd. Despois) p. 28. 29.

[3] A l'égard de S. Chrysostome, son ouvrage *sur S. Matthieu* l'emporte, à mon jugement (*Bossuet* l. c. [*Gisbert* l. c. p. 410]).

virtuell dialogischen Tones und ein unvergleichliches Geschick in Verwerthung der Heiligen Schrift fast in gleichem Maße aus wie seine oratorischen Vorträge[1].

Neben dem genannten Kirchenlehrer empfiehlt Bossuet dem Prediger den hl. Augustin[2]. Ob übrigens unter Ihnen manche sind, denen es die Umstände nicht unmöglich machen werden, wenn Sie das befolgen, was ich bezüglich der Heiligen Schrift und der liturgischen Bücher bemerkt habe, außer mit den Werken des hl. Chrysostomus sich auch noch mit denen anderer Kirchenväter viel zu befassen, das muß ich sehr bezweifeln. Wünschen müßte man es freilich; aber was hilft das Wünschen gegenüber den gebieterischen Forderungen der Wirklichkeit? Eben darum kann ich es auch nicht für meine Aufgabe halten, Ihnen hier über die Werke der heiligen Väter eingehendere Angaben zu machen. Wenn je einzelne aus Ihnen in die Lage kämen, in Rücksicht auf die Lecture von Werken der Kirchenväter mehr thun zu können, als gewöhnlich dem Seelsorger möglich ist, so würden Sie die hierfür etwa wünschenswerthen Aufschlüsse in jedem guten Handbuche der Patrologie finden.

320. Daß Sie, wenn Sie Schriften von Kirchenvätern lesen, oder wenn Ihnen, wie es beim Breviergebete wenigstens nothwendig der Fall ist, einzelne Stücke daraus begegnen, daß Sie, sage ich, nicht gerade alles und jedes bewundern oder für eminent brauchbar halten dürfen, das haben Sie schon aus den kurzen Bemerkungen Fenelons erkannt, die ich Ihnen vorher mitgetheilt habe. Auch in den Werken der größten Geister findet sich Mangelhaftes, Unbedeutendes, Gesuchtes, und was im 4. und 5. Jahrhundert angemessen und recht war, das ist es nicht immer auch im 19. noch.

Was insbesondere den Sinn und die Auslegung der Heiligen Schrift angeht, so muß freilich der von der Kirche ausgesprochene Grundsatz gelten, daß in dieser Rücksicht die Auslegung der Kirchenväter maßgebend bleibt. Aber Sie müssen diesen Grundsatz recht verstehen. Derselbe fordert nur, daß man in der Erklärung der Heiligen Schrift von der übereinstimmenden und constanten Auslegung der Kirchenväter nicht abweiche[3]. Es finden sich in

---

[1] Multitudinem, pietatem ac splendorem concionum ceterorumque eius scriptorum, *interpretandi etiam rationem, et inhaerentem sententiae sacrorum librorum explanationem* omnes admirantur; dignumque existimant cui Paulus Apostolus, quem ille mirifice coluit, scribenti et praedicanti multa dictasse videatur (Brev. Rom. 27. Ian., lect. 6).

[2] A l'égard de S. Augustin, je voudrais le lire à peu près dans cet ordre: les livres *de la Doctrine chrétienne*, le premier: théologie admirable. Le livre *de catechizandis rudibus; de moribus Ecclesiae catholicae; Enchiridion ad Laurentium; de spiritu et littera; de vera religione; de civitate Dei*: ce dernier, pour prendre, comme en abrégé, toute la substance de sa doctrine. Mêlez quelques-unes de ses épîtres: celles *à Volusien, ad Honoratum, de gratia novi testamenti*; ainsi que quelques autres. — Les livres *de sermone Domini in monte*, et *de consensu Evangelistarum* (*Bossuet* l. c.).

[3] ... ut nemo ... contra eum sensum, quem tenuit et tenet sancta mater Ecclesia ... aut etiam contra *unanimem consensum Patrum*, ipsam Scripturam sacram interpretari audeat ... (Conc. Trid. sess. 4. decr. de editione et usu sacrorum librorum). — Quoniam vero, quae sancta Tridentina Synodus de interpretatione divinae Scripturae ad coercenda petulantia ingenia salubriter decrevit, a quibusdam hominibus prave exponuntur, Nos, idem decretum renovantes, hanc illius mentem

ben Werken der letztern oft erbauliche Auslegungen von Schrifttexten, die sich aber weder auf den wörtlichen noch auf den mystischen Sinn dieser Texte stützen. Somit sind sie, wie Fenelon sagt, willkürliche Deutungen, und an diese sich zu halten, ist man sicher nicht verpflichtet, wie denn auch die Kirchenväter selbst in solchen Auslegungen voneinander abweichen. Wo sie dagegen in Rücksicht auf einen Punkt der christlichen Lehre der Auffassung der Kirche Ausdruck geben, da darf man allerdings die Heilige Schrift nicht in einem Sinne deuten, der mit ihrer Erklärung nicht vereinbar wäre[1].

Offenbar ist es, auch ohne daß man mit den Werken der Väter durch eigene Lesung vertraut ist, nicht schwer, geeignete Stellen aus denselben in den geistlichen Vorträgen anzuführen. Man findet dieselben zahlreich in theologischen und religiösen Büchern, namentlich auch in den Predigten von Bossuet und Bourdaloue. Behandeln muß man sie im Vortrage in verschiedener Weise, je nach ihrem Inhalt und dem nächsten Zwecke, dem sie dienen sollen. Kürzere Aussprüche kann man wörtlich anführen; bei längern ist es besser, sie nur dem Sinne nach wiederzugeben, aber ohne daß dieser entstellt wird. Daß die Stellen echt sein müssen und man sich mancher nicht bedienen darf, die aus unterschobenen Werken entnommen, aber bei einer gewissen Klasse von Schriftstellern noch immer in Curs sind, versteht sich von selbst. Auch in lateinischer Sprache soll man die Aeußerungen der heiligen Väter noch viel weniger bringen als die Texte der Heiligen Schrift.

Viertes Kapitel.
Die Theologie: Dogmatik, Moraltheologie, Kirchengeschichte. Die ascetische Literatur.

321. Es ist ein eigenthümliches Zeichen der Oberflächlichkeit des menschlichen Geistes, daß man so vielfach der Ansicht begegnet, um vor dem Volke aufzutreten oder um erbauliche Bücher für das Volk zu schreiben, bedürfe man keiner gründlichen Wissenschaft. Als ob der eigentliche Zweck der wissenschaftlichen Theologie schließlich nicht gerade der wäre, dem übernatürlichen Leben und der Christenheit, somit an erster Stelle dem Volke zu dienen, und als ob die Schule überhaupt noch ein Recht hätte zu existiren, wenn sie nicht für das Leben arbeitete. Gisbert stellt den Satz auf, der Priester müsse, um das Wort Gottes zu verkündigen, die Theologie besser innehaben als der, welcher das Amt hat, dieselbe zu lehren[2]. Sie wissen, m. H., daß ich Ueber-

---

declaramus, ut in rebus fidei et morum, ad aedificationem doctrinae christianae pertinentium, is pro vero sensu sacrae Scripturae habendus sit, quem tenuit ac tenet sancta mater Ecclesia, cuius est iudicare de vero sensu et interpretatione Scripturarum sanctarum; atque ideo nemini licere contra hunc sensum, aut etiam contra **unanimem consensum Patrum**, ipsam Scripturam sacram interpretari (Pius IX., sacro approbante Concilio, Const. *Dei Filius*, d. d. 24. Apr. 1870, c. 2, *De revelatione* extr.).

[1] *Fénelon* l. c. 3, p. 115.
[2] Je dis bien plus: le prédicateur doit être plus théologien que le théologien même (*Gisbert* l. c. chap. 10, n. 18).

treibungen nicht liebe; darum ist es keineswegs meine Absicht, indem ich diesen Satz anführe, ihn als meine eigene Thesis zu adoptiren. Aber das läßt sich wohl nicht in Abrede stellen, daß derselbe der Wahrheit viel näher steht als die eben erwähnte Ansicht, welcher gründliche Kenntniß der Theologie für den Priester, der nur für das Volk zu arbeiten hat, das überflüssigste Ding von der Welt zu sein scheint. Nicht, wie Gisbert etwas gar zu rhetorisch behauptet, eines bedeutendern wissenschaftlichen Fonds als der Gelehrte bedarf der Priester, um für das Volk in der rechten Weise wirken zu können; aber eine recht tüchtige theologische Durchbildung ist ihm durchaus unentbehrlich, und es ist unter einer Rücksicht viel schlimmer, wenn es ihm hieran fehlt, als wenn der Lehrer der Theologie nicht ganz jene Wissenschaft besitzt, die seiner Aufgabe entspricht. Denn dieser unterrichtet Studirende, die einigermaßen selbst zu urtheilen vermögen und im stande sind, durch eigenes Studium wissenschaftlicher Werke etwaige Lücken auszufüllen, Irriges zu berichtigen; das Volk dagegen kann das nicht thun: es ist auf seinen Seelsorger angewiesen; wenn dieser irrt, so irrt es mit ihm, und die unklaren Begriffe und die einseitigen Anschauungen und die halbwahren Sätze, die es von ihm hört, die trägt es mit sich durch die Welt. Das könnte minder schlimm erscheinen, wenn die Verkündigung des Wortes Gottes keinen andern Zweck hätte als theoretische Ausbildung des Verstandes; aber sie soll ja die Herzen leiten, sie soll das freie Streben und das Handeln bestimmen, sie soll unmittelbar für das übernatürlich-ethische Gebiet, für das religiöse Leben thätig sein. Kann der Priester es verantworten, wenn er es unternimmt, Wahrheiten von solcher Bedeutung öffentlich zu behandeln, ohne dieselben gründlich zu kennen? wenn er sich der augenscheinlichen Gefahr aussetzt, bloße Meinungen der Schule als Glaubensartikel aufzuführen, Lehren der Religion zu entstellen, ihre Geheimnisse durch unrichtige Darstellung dem Zweifel, dem Widerspruche, dem Spotte preiszugeben, die ethischen Anforderungen bald zu hoch zu spannen, bald wieder die auf ihn Hörenden von wesentlichen Pflichten freizusprechen?

Zu dieser Rücksicht kommen aber noch manche andere, welche sich aus den besondern Anforderungen der Beredsamkeit ergeben. Der Prediger hat die Lehren der Religion nicht in trocken didaktischer Weise auseinanderzusetzen, sondern oratorisch; er darf nicht abstract und allgemein reden, wie es die Schule thut, sondern jeder seiner Vorträge soll für das Volk sehr leicht verständlich sein. Wir haben aber im vierten Abschnitt bereits gesagt, daß eine der ersten Bedingungen, um populär reden zu können, die klare, gründliche, allseitige Kenntniß des Gegenstandes bildet, den man zu behandeln hat; und wie ist es andererseits möglich, lebendig, anziehend, fesselnd, schön, mit Wärme und Gefühl, mit Feuer und Begeisterung eine Wahrheit auszuführen, wenn man sie nur halb verstanden, nur unklar und mangelhaft erfaßt hat?

Sie sehen hieraus, m. H., wie wichtig es ist, nicht nur, daß Sie während der Zeit Ihrer Studien mit allem Ernste darauf bedacht seien, sich auf dem Gebiete der Dogmatik sowohl als der Moraltheologie gut zu orientiren, sondern auch, daß Sie später niemals aufhören, sich mit diesen Wissenschaften eifrig zu beschäftigen, um die gewonnenen Kenntnisse sowohl zu bewahren als zu vertiefen und zu ergänzen. Die Werke, welche die Dogmatik behandeln, sind Ihnen bekannt; unmittelbarer geeignet, Gedanken für die Ver=

kündigung des Wortes Gottes zu bieten, als die streng wissenschaftlichen Werke dürften übrigens neben dem Römischen Katechismus die Lehrbücher der Religion von Wilmers und Deharbe sowie die Erklärungen des Katechismus von Schmitt und Schuster sein. Auch gehaltvollen Predigten tüchtiger Theologen, wie Bourdaloue, Kleutgen, Segneri, kann man oft sehr brauchbaren theologischen Stoff entnehmen, namentlich wenn dieselben in so gedrängtem Stil abgefaßt und darum so reich an Gedanken sind wie die der zwei zuerst genannten. Was die praktische Seite der Moraltheologie betrifft, so gebührt, wie Sie wissen, dem scharfsinnigen Ballerini das Verdienst, durch Rückkehr zu der Präcision, zu der Klarheit und Gründlichkeit der ältern Schule und vielfach auch zu ihren Anschauungen dieser Wissenschaft wieder die Stellung errungen zu haben, die sie durch ihre Wichtigkeit einzunehmen berechtigt ist. Das fortgesetzte Studium seiner werthvollen Leistungen wird Sie in den Stand setzen, in unmittelbar praktischen Fragen Ihre Zuhörer immer das Rechte zu lehren und gewisse hier nicht näher zu charakterisirende Ansichten oder Behauptungen zu vermeiden, die sich vielleicht seit zweihundert Jahren auf der Kanzel und in Erbauungsschriften in einer Weise festgesetzt hatten, als ob sie die unbestreitbarste Wahrheit wären.

Ich weiß nicht, ob es nöthig ist, daß ich nach dem Gesagten noch einen Gedanken Gisberts wiederhole. „Wenn man übrigens", sagt er, „gründliches theologisches Wissen besitzen soll, so gehe man andererseits nie darauf aus, seine Gelehrsamkeit an den Tag zu legen, und wenn dieselbe mitunter doch hervortritt, so geschehe das nur um des Zweckes willen und gewissermaßen wider Willen des Priesters. Man gebrauche niemals, wie gewisse Prediger es mit Affectation zu thun gewohnt sind, Wendungen wie diese: ‚so lehrt mich die Theologie'; ‚ein Theolog wird verstehen, was ich sage'. Vorzutragen hat man freilich das, was die Theologie einen lehrt; aber wozu das Volk darauf aufmerksam machen? Das heißt ja in die Trompete stoßen; das heißt den Leuten bekannt geben, daß man ein Mann der Wissenschaft ist und als solcher angesehen werden will. Man sollte es den Leuten überlassen, das zu entdecken; solche Hinweise auf sich selbst erscheinen bei einem Prediger als eine sehr widerwärtige Eitelkeit. Und wenn das, was man sagt, nur von einem Theologen verstanden werden kann, warum sagt man es denn? Es gehört ja dann gar nicht auf die Kanzel; denn alles, was man dort sagt, das soll jedermann verstehen können."[1] — Daß man in der Predigt sich auf einzelne Theologen großen Namens, z. B. Suarez oder Bellarmin, ausdrücklich berufe, wie es Segneri mitunter thut, scheint mir nicht passend zu sein, es sei denn, dieselben würden von der Kirche zugleich als Heilige verehrt, wie z. B. Thomas von Aquin. Sonst kennt das Volk doch ihren Namen nicht, geschweige denn, daß es ihre wissenschaftliche Bedeutung zu würdigen verstände.

322. Zur Kirchengeschichte, welche ich in der Ueberschrift an dritter Stelle genannt habe, sind auch die Darstellungen des Lebens einzelner Heiligen oder anderer in der Kirche großer Erscheinungen zu rechnen. Der Werth ihres Inhalts für die Verkündigung des Wortes Gottes ergibt sich aus dem,

---

[1] *Gisbert* l. c. chap. 10, n. 19.

was ich im fünften und siebenten Abschnitt über historische Züge, im sechsten über die Inductionsbeweise, im achten über die Erzählung Ihnen gesagt habe.

Aber die Züge, die Sie als historische anführen, müssen durchaus wahr und vollkommen glaubwürdig sein; darum achten Sie ernstlich darauf, dieselben nur bewährten Schriftstellern zu entnehmen, und greifen Sie nicht zu allerlei „Chroniken" und specula exemplorum, um daraus zu schöpfen. Meistens soll der Gewährsmann, der die Thatsache erzählt, den Zuhörern ausdrücklich genannt werden. Was die Lebensgeschichten einzelner Heiligen betrifft, so dürften diejenigen in allen Fällen minder zuverlässig sein, welche im rhetorischen Ton der panegyrischen Rede auftreten. Glauben Sie ja nicht ohne weiteres alles, was Sie in solchen Büchern gedruckt sehen; nicht selten machen die Verfasser sich zuerst ein ideales Bild zurecht, ein Erzeugniß ihres eigenen Geistes und ihrer Phantasie; in die Umrisse dieses Bildes werden dann die sich vorfindenden historischen Züge hineinconstruirt und hineingearbeitet und so lange daran weggenommen oder hinzugethan, bis alles paßt. Der Stil der Geschichtschreibung ist nicht die oratorische Prosa, sondern die historische, welche der didaktischen Beredsamkeit angehört. Viel Rhetorik sollte ein historisches Buch einem jeden verdächtig machen, und sicher ist es keineswegs bloß das Gebiet der profanen Geschichtschreibung, auf welchem sich das alte *omnis homo mendax* von jeher bewährt hat.

323. Der Name „Ascese" bezeichnet nichts anderes als die Uebung oder die Praxis des christlichen Lebens. Was die Ascetik und die ascetische Literatur enthalten, das ist demnach die Anwendung der christlichen Lehre auf das Leben. Auch die geistliche Beredsamkeit hat unausgesetzt diese Anwendung zu machen; die ascetische Literatur ist mithin offenbar für sie eine sehr ergiebige Quelle von Gedanken.

Aber ich habe es vorher schon angedeutet: nur jene Werke verdienen Berücksichtigung und Anerkennung, deren Verfasser sich durch eine gründliche Kenntniß der wissenschaftlichen Theologie und der Philosophie empfehlen. Darum muß ich Sie, um das in einem frühern Abschnitt bereits Gesagte zu wiederholen, zunächst auf die ascetischen Schriften solcher Männer verweisen, welche zugleich als Theologen anerkannt sind, wie Thomas von Aquin, Bonaventura, Franz von Sales, Gerson, Bellarmin, Lessius; neben diesen aber gelten als bewährte Schriftsteller dieser Gattung: Nieremberg, Avila, Ludwig von Granada, de Ponte, Fenelon, Scaramelli, Scupuli, Rodriguez u. a. Denn die „Nachfolge Christi" ausdrücklich zu nennen, darf ich wohl nicht für nöthig halten; übrigens habe ich Sie ja auf dieses Buch sowie auf die Schriften von Heinrich Suso bereits wiederholt aufmerksam gemacht. Uebersehen Sie indes bei der Benutzung solcher Bücher nicht, daß der Stil derselben nicht der eigentlich oratorische ist, und daß sie nicht geschrieben sind, um vorgetragen und gehört, sondern um gelesen zu werden. Darum ist es immer nothwendig, daß Sie darauf sehen, die Gedanken, welche Sie solchen Büchern entnehmen, in der Weise auszudrücken, wie es die oratorische Beredsamkeit thun soll.

Benutzen Sie aber andere, minder vorzügliche ascetische Schriftsteller, so müssen Sie — ich habe es Ihnen schon einmal gesagt — noch überdies darauf aufmerksam sein, daß diese immerhin Wahres und Gutes sagen, aber dabei die Gewohnheit haben, kaum jemals etwas zu beweisen. Hierin dürfen Sie denselben jedenfalls nicht nachahmen; denn die geistliche Beredsamkeit bedarf nothwendig der Beweisführung, wenn sie für das Leben wirksam sein soll. Viel besser ist es indes jedenfalls, wenn Sie namentlich auch auf diesem Gebiete der Literatur mit aller Entschiedenheit den Grundsatz befolgen, sich ausschließlich an das wahrhaft Ausgezeichnete zu halten und ascetische Schriften, welche mit den vorher bezeichneten nicht auf einer Linie stehen, ganz unbeachtet zu lassen. Des Mittelmäßigen und des die Mittelmäßigkeit nicht einmal Erreichenden gibt es gerade hier außerordentlich viel; man verliert aber immer, wenn man zum Mittelmäßigen greift. — „Von den Betrachtungsbüchern für gewisse Zeiten und Andachten des Jahres, wie über das Leiden Christi, über das allerheiligste Altarssacrament, über das heiligste Herz Jesu, über die seligste Jungfrau, scheint eine so unerschöpfliche Auswahl zu Gebote zu stehen, daß man es fast für unmöglich halten möchte, da nicht etwas Solides zu treffen. Leider scheint aber vieles wie Fabrikarbeit eben nur um des lieben Geldes willen geschrieben, anderes wie zum Zeitvertreib als Spielsache zusammengetändelt, nicht weniges von ganz unberufenen oder unreifen, ja krankhaften Federn, oft ohne irgend welche Grundlage oder Kenntniß von den Grundsätzen der Ascese ausgesonnen zu sein. Denke man nur an gewisse freilich eingewanderte Marien- und Herz-Jesu-Monate." [1] Der Verfasser hätte noch an manche andere Erzeugnisse „denken" lassen können, die keineswegs „eingewandert" sind [2].

Fünftes Kapitel.

Grundsätze für die Verwerthung profaner Erudition in der Verkündigung des Wortes Gottes. Ueber Materialiensammlungen.

324. Der Bischof von Belley erzählt in seiner bekannten Schrift über den hl. Franz von Sales, die ich schon wiederholt angeführt habe, folgenden Zug aus seinem eigenen Leben: „Im Jahre 1610 hatte man mich eingeladen, in Chambery, der Hauptstadt von Savoyen, vor dem Senate die Fastenpredigten zu halten. Es waren kaum sechs Monate, seit ich durch Franz von Sales zum Bischof geweiht war. Ich stand damals in der Blüthe der Jahre; alles, was ich in den Schulen gelernt hatte, namentlich aus der schönen

---

[1] Hieronymus von Seedorf, Die Ascese S. 52.
[2] Eine ebenso lehrreiche als authentische Charakteristik der Richtung eines vielleicht nicht kleinen Theiles der gegenwärtigen ascetischen Literatur enthält das folgende Actenstück. Zunächst verurtheilt und verbietet in demselben die Inquisition zwei Schriften „Ueber das reinste Blut Mariä", ein Gegenstand, der auch von Predigern, namentlich in Vorträgen über das heiligste Sacrament und die Communion, schon wiederholt in einer Weise behandelt wurde, daß verständige Christen davon sehr wenig erbaut waren. Indem dann Pius IX. das Urtheil der Inquisition bestätigt und dessen Veröffentlichung anordnet, gibt er zugleich den Befehl, daß bei dieser Gelegenheit an gewisse ascetische Schriftsteller eine „Mahnung" erlassen werde. In einer Zeit, wo fort und fort neue Andachten erfunden und warm empfohlen werden, verdient diese „Mahnung" namentlich von denen gekannt und berücksichtigt zu werden, die in der Lage sind, die Aufnahme von Schriften und Andachten dieser Art fördern oder verhindern zu können. Wie gegründet es ist, wenn

Literatur, die ich immer sehr geliebt, war mir noch ganz frisch in der Erinnerung: und da ich nur von dem reden konnte, was ich wußte, so schöpfte ich unausgesetzt aus diesem meinem Vorrathe und brachte vielerlei auf die Kanzel, Altes und Neues. Franz von Sales hielt sich in seiner Residenzstadt Annecy auf. Man berichtete ihm, meine Predigten seien voll von Blumen und Duft und alles ströme infolgedessen zu denselben zusammen, wie die Bienen dem Zucker und dem Honig zufliegen. Aber der Heilige, der die Sache mit ganz andern Augen ansah und in diesem Punkte nach sehr bestimmten Grundsätzen urtheilte, hätte lieber mehr religiösen Inhalt und weniger profanen, mehr Salbung und weniger funkelnde Gedanken in meinen Vorträgen gesehen. Darum schrieb er mir einen lehrreichen Brief. Der Duft meiner Salben bringe bis zu ihm, sagte er mir darin; er komme sich vor wie Alexander, der, als er nach den Glücklichen Inseln fuhr, deren Nähe aus den Wohlgerüchen erkannte, welche der Wind über das Meer bis zu seinen Schiffen trug. Aber nach so vielen Boten, hieß es weiter, die ihm Tag für Tag erzählten, daß mein Lager ganz voll Blumen sei und mein Hausgeräth von Cedern- und Cypressenholz, daß

---

der Papst das Vorgehen, welches zu rügen er sich genöthigt sieht, als „gefährlich" bezeichnet, insofern dasselbe einerseits leicht Fälschung der religiösen Anschauungen bei dem christlichen Volke herbeiführe, andererseits den Feinden der Kirche neue Waffen gegen dieselbe biete, das ließe sich unschwer durch verschiedene Thatsachen beweisen.

Feria IV., die 13. Ianuarii 1875.

Suprema Sacra Congregatio Eminentissimorum S. R. E. Cardinalium in tota Republica christiana contra haereticam pravitatem Inquisitorum Generalium, in feria IV., die 13. Ianuarii 1875, damnavit et proscripsit, sicuti damnat et proscribit, atque in Indicem librorum prohibitorum referri mandavit libros qui sequuntur.

1. *Del Sangue purissimo e verginale della gran Madre di Dio Maria SS. Operetta dommatico-ascetica. Napoli 1863.* Auctor laudabiliter se subiecit et opus reprobavit.

2. *Del Sangue sacratissimo di Maria. Studii per ottenere la festività del medesimo. Perugia 1874.* Auctor laudabiliter se subiecit et opus reprobavit.

Eadem die et feria.

Sanctissimus Dominus noster Pius Divina Providentia Papa IX., audita super praemissis relatione una cum voto EE. DD. Cardinalium, in solita audientia R. P. D. Adsessori impertita, decretum confirmavit et promulgari mandavit.

Mandavit praeterea Eadem Sanctitas Sua, *per huiusmodi promulgationem monendos esse alios etiam scriptores, qui ingenia sua acuunt super iis aliisque id genus argumentis quae novitatem sapiunt, ac sub pietatis specie insuetos cultus titulos etiam per ephemerides promovere student, ut ab eorum proposito desistant, ac perpendant periculum quod subest*, pertrahendi fideles in errorem etiam circa fidei dogmata, et ansam praebendi Religionis osoribus ad detrahendum puritati doctrinae catholicae ac verae pietati.

Datum Romae die 28. Ianuarii 1875.

Fr. Vincentius Leo Sallua, Ord. Praed.
Commissar. gen. S. R. et Univ. Inquisitionis.

Iuvenalis Pelami, *S. R. et Univ. Inquis. Notarius.*

L. S. Philippus Ossani, *Mag. Curs.*

mein Weinberg seinen Blüthenduft nach allen Seiten ausströme, daß man in meiner Behausung nichts als Blumen sehe und auf allen Seiten der Frühling lache, — erwarte er jetzt auch andere Boten, die ihm vom Sommer und vom Herbst und von der Ernte Bericht erstatteten. Ich bin begierig zu hören, sagte er, ob die Blüthen auch Früchte ansetzen. Schließlich gebe er mir den Rath, meinen Weinberg von den überflüssigen Reben aus der schönen Literatur zu reinigen, ihn zu beschneiden und die vielen ausländischen Zierpflanzen wegzunehmen. Es sei zwar recht gut, wenn man die Gefäße Aegyptens im Dienste der Stiftshütte verwende, aber das dürfe doch nur sehr mäßig geschehen. Die Auslegung des Evangeliums müsse mit diesem selber, in Rücksicht auf seine Sprache und seine Einfachheit, in Einklang stehen; auf die Wangen eines Wesens wie die Theologie gehöre weder weiß noch roth, und man müsse sich noch weit mehr hüten, das Wort Gottes zu fälschen, als das Geld." [1]

Sie haben in dieser Anweisung des hl. Franz von Sales einen Theil der Gedanken, m. H., welche der erste unserer Zusätze zu umfassen hat. Es handelt sich nämlich um die Frage, inwiefern sich bei der Verkündigung des Wortes Gottes auch profane Erudition verwerthen lasse. Die Grundsätze, welche wir den weisen Bischof von Genf seinem Freunde empfehlen hörten, beziehen sich namentlich auf die Anwendung der mythologischen Dichtungen der Alten und der Poesie. Aber ich bin geneigt, diese Grundsätze etwas zu milde, zu „tolerant" zu finden. Es ist begreiflich, wenn sie das sind. Denn auch so schon treten sie in den entschiedensten Gegensatz zu dem Geschmacke der Zeit, wo sie ausgesprochen wurden; gerade das 17. Jahrhundert überschritt in dieser Beziehung alles Maß. Sie brauchen, um sich davon zu überzeugen, nur Segneris Fastenpredigten zu lesen; Segneri verurtheilt in der Vorrede zu denselben diese Richtung seiner Zeit, und er hat das hohe Verdienst, dieselbe in Italien gebrochen zu haben: und dennoch findet man bei ihm selbst noch häufig genug Züge aus den Fabeln der Alten, mitunter recht unpassende, und Citate aus heidnischen Schriftstellern. Schärfer als die Gedanken des hl. Franz von Sales ist in dieser Rücksicht der Grundsatz, den Kleutgen[2] aufstellt: „Züge aus der Mythologie und Stellen aus Dichtern wird man bei der Verkündigung des Wortes Gottes nur in sehr seltenen Fällen mit Nutzen oder ohne Gefahr verwenden; denn es ist der Würde des geistlichen Vortrags gegenüber fast immer ungeziemend, sie anzuführen." Dieses Princip rathe ich Ihnen bringend, immer festzuhalten. Ist es aber überhaupt unpassend, die profane Poesie mit dem Worte Gottes zu vermengen, so kann es noch viel weniger gestattet sein, jene klassischen Dichter der neuern Zeit auf der Kanzel reden zu lassen oder auch nur zu nennen, welche erwiesenermaßen Feinde Christi und aller positiven Offenbarung waren und in ihren Werken als Apostel jener neuen Religion erscheinen, welche der berühmteste unter ihnen, Goethe, ganz bezeichnend „eine Art weltlich Evangelium" genannt hat.

Aber auch in der Verwerthung anderer dem profanen Gebiete angehörender Kenntnisse muß man sparsam und zurück-

---

[1] *Camus*, L'Esprit de St. François de Sales (Paris 1841) p. 364.
[2] Ars dicendi n. 506.

haltend sein. Auch in dieser Rücksicht befolgte die Mode des 17. Jahrhunderts natürlich das gerade entgegengesetzte Princip. „Wenn es mir ernst war mit meinem Predigen," sagt Segneri in seiner Vorrede, auf jene Mode hindeutend, „dann stand es dazu, so kam mir vor, nicht gut, wenn ich, mehr als sich ziemte, bald den Philosophen hätte machen wollen, bald den Physiker, bald den Rechtsgelehrten, bald den Chemiker, bald den Astrologen, bald den Anatomieverständigen, bald alles dies zusammen." Und ein anderer verständiger Mann hatte sich schon früher also vernehmen lassen: „Ein großes Hinderniß für den Erfolg der Predigt ist die Ansicht nicht weniger, welche in ihren Vorträgen, um das Volk anzuziehen, einen bunten Reichthum an Kenntnissen aller Art zur Schau stellen zu müssen glauben. Infolge dieser ihrer Ueberzeugung sind sie mit dem rastlosesten Eifer bemüht, alles zu lesen, alles zu studiren und ganz besonders es dann in ihren Predigten anzubringen. Profane Geschichte, Poesie, Philosophie, Mathematik, Physik, und Gott weiß, was sonst noch: es gibt keine Wissenschaft und keine Kunst, womit sie nicht Parade machen. Das ist die reinste Eitelkeit. Sie würden viel besser daran thun, zu meditiren und lediglich das Wort Gottes vorzutragen: dadurch wäre das christliche Leben gefördert. Was ist die Frucht ihrer gelehrten Reden? Wind. Die Zuhörer finden ihre Unterhaltung dabei, und über den Prediger wird Gott Gericht halten."[1]

Am ehesten lassen sich noch von Zeit zu Zeit Züge aus der profanen Geschichte gebrauchen. Bedenken Sie immer, daß Sie das Wort Gottes nicht für wissenschaftlich Gebildete, sondern für das Volk vortragen; dem Volke bleiben aber die Resultate der Wissenschaft immer etwas Fremdartiges, seinen Anschauungen Fernliegendes, oder es fühlt wenigstens zu gut, daß die Religion einer solchen Stütze nicht bedarf und daß profanes Beiwerk, in größerer Fülle angebracht, sich der übernatürlichen Wahrheit gegenüber nicht gut ausnimmt. Und man sollte doch auch meinen, bemerkt Gatti sehr mit Recht, „daß sich mit geistlicher Gelehrsamkeit, mit der Geschichte der Häresien, mit den Canones, mit der christlichen Archäologie schon Aufwand genug machen ließe". Hüten Sie sich überdies, daß es nie den Anschein habe, als ob es Ihnen darum zu thun wäre, Ihre Erudition zur Schau zu tragen; und hüten Sie sich noch viel mehr, je so unverständig zu sein, daß Sie etwas Derartiges in der That beabsichtigen. „Ein Prediger, der es in seinen Vorträgen darauf anlegt, gelehrt zu erscheinen, wird das Volk überzeugen, daß er gelehrt ist, und die Sachverständigen, daß er sich lächerlich zu machen versteht; aber wen wird er bestimmen, die Gerichte Gottes zu fürchten und sein Leben zu ändern?"[2]

325. Es ist noch eine kurze praktische Bemerkung übrig, mit welcher ich diese Anweisungen über die Quellen für den Inhalt der geistlichen Vorträge beschließen will. Wie Sie wohl großentheils wissen, gibt es eine ziemliche Auswahl sogen. „Bibliotheken" oder „Promptuarien" für Prediger, d. h. Werke, in denen für die verschiedenen Gegenstände der geistlichen Vorträge Stellen aus der Heiligen Schrift und aus den Kirchenvätern, Beweise aus der Theologie,

---

[1] Aquaviva bei *Morel*, Le Prédicateur chap. 22 (*Nadal*, Dictionnaire d'éloquence sacrée, Appendice II, p. 1251).   [2] *Gisbert* l. c. chap. 1, n. 1.

historische Züge, Analogien, Gegensätze und andere Elemente zusammengestellt und übersichtlich geordnet sind. Materialiensammlungen dieser Art sind ohne Zweifel für den Priester ein Hilfsmittel, welches ihm das Auffinden von Gedanken für seine Vorträge erleichtern kann. Aber die Erleichterung und die Hilfe, die sie gewähren, ist selten besonders groß. Auch in den besten werden Sie neben manchem Brauchbaren immer recht vieles finden, das Sie nicht brauchen können. Wenn Sie darum solche Sammlungen benutzen, so lassen Sie sich doch nie verleiten, einfach daraus abzuschreiben, sondern studiren Sie das dort Gebotene, wählen Sie mit Urtheil und Verständniß aus und lassen Sie alles minder Geeignete zurück. Ganz anders aber als durch eine solche Arbeit eines fremden Verfassers werden Sie sich das Auffinden brauchbaren Stoffes erleichtern, wenn Sie frühzeitig, d. h. spätestens jetzt, anfangen, selbst eine solche Materialiensammlung oder *Silva rerum* anzulegen, und mit beharrlicher Ausdauer darauf bedacht sind, dieselbe täglich mehr zu vervollständigen. Aus allem, was ich in diesem Abschnitt sowohl als bei andern Veranlassungen gesagt habe, geht klar genug hervor, daß fortwährendes Lesen und Studiren für den Priester unbedingt nothwendig ist, wenn er im stande sein will, die religiösen Wahrheiten, die er dem Volke vorzulegen hat, in angemessener Weise auszuführen, und wenn seine Vorträge sich jederzeit durch Gedankenreichthum, durch Neuheit, Mannigfaltigkeit und praktischen Gehalt empfehlen sollen. Aber es kommt darauf an, daß man den Stoff, den man durch Lectüre und durch Studium gewinnt, festzuhalten und so zu bewahren wisse, daß man ihn im gegebenen Falle immer zur Hand hat. Auf das Gedächtniß kann man hierfür nicht hinlänglich rechnen: und Sie werden von Ihren Bemühungen im Lesen und Studiren sicher den siebenfachen Gewinn haben, wenn Sie dabei beständig die Feder bereit halten, um **alles Vorzügliche, das Ihnen begegnet, sofort zu notiren**. Das einfachste Verfahren hierbei dürfte dieses sein, daß man die Gedanken, die bewahrt zu werden verdienen, unter fortlaufenden Nummern in ein Heft einträgt, kürzere vollständig, längere nur dem Inhalte nach, und dann in einem Register, in welchem für jeden Buchstaben des Alphabets eine entsprechende Anzahl Seiten bestimmt sein muß, das Thema („Armut", „Buße", „Beicht", „Gebet", „Hölle", „Sünde" . . .), zu welchem der eingetragene Gedanke gehört, und die Nummer verzeichnet, unter welcher derselbe in die Materialiensammlung eingetragen ist. Wo es sich hierbei um Texte der Heiligen Schrift handelt, um Stellen aus dem Meßbuch oder dem Brevier oder sonst aus Büchern, die man voraussichtlich immer zur Hand haben wird, da ist offenbar das Einschreiben in die Materialiensammlung unnöthig, und es genügt, den Gedanken durch Bezeichnung des Themas, unter welches er fällt, und genaue Citation des Buches und der Stelle, wo er sich findet, bloß in dem Register zu vermerken.

In dieser Weise verfuhr der fromme und eifrige Michael Wittmann, der als ernannter Bischof von Regensburg im Jahre 1833 starb. Er hatte es sich zum Gesetze gemacht, erzählt der Verfasser seiner Lebensgeschichte, aus allen Büchern und Schriften, die er las oder studirte, Auszüge zu verfertigen oder das Anziehendste und Brauchbarste daraus zu Papier zu bringen oder doch sich anzumerken, wo über diesen oder jenen Gegenstand etwas zu finden sei. Auf solche Weise sammelte er über die heiligen Schriften sieben Foliobände, welche mit Auszügen aus den berühmtesten Schriftstellern, besonders aus den heiligen Vätern, angefüllt waren. . . . Er schrieb auch vier andere Bücher voll von Notizen, welche zusammen wenigstens 2000 Seiten und vielleicht mehr als 10000 Citate, Bemerkungen, Auszüge aus 500—600 Schriftstellern und Quellen alter und neuer Zeit enthalten. . . . Dazu verfaßte er dann auch ein vollständiges Personal- und Realregister in zwei Bänden, so daß es ihm möglich wurde, jeden notirten Gedanken im Falle des Bedürfnisses augenblicklich zu finden. Es war dies um so nothwendiger, da er die Gedanken in bunter Mischung, ohne eine nach dem Inhalte gemachte Classification oder Ausscheidung, in der Ordnung und Reihenfolge einzutragen pflegte, wie sie ihm bei der Lectüre gerade begegneten[1].

---

[1] Vgl. Mittermüller, Leben und Wirken des frommen Bischofs Michael Wittmann S. 27.

Homilie über Röm. 8, 28—39.

(Von dem hl. Johannes Chrysostomus[1].)

"Wir wissen aber, daß denen, welche Gott lieben, alles mitwirket zum Guten, denen, welche der Absicht gemäß berufen sind als Heilige. Denn die, welche er vorher erkannte, hat er auch vorbestimmt, gleichgestaltet zu werden dem Bilde seines Sohnes, damit er sei der Erstgeborne unter vielen Brüdern. Die er aber vorbestimmt hat, die hat er auch berufen; und die er berufen, die hat er auch gerechtfertigt; die er aber gerechtfertigt hat, die hat er auch verherrlicht. Was also werden wir sagen hierzu? Wenn Gott für uns ist, wer ist wider uns? Der selbst seines eigenen Sohnes nicht geschont, sondern für uns alle ihn hingegeben hat: wie hat er nicht auch mit ihm uns alles geschenkt? Wer wird Anklage erheben wider die, welche Gott ausgewählt? Gott ist es, der sie rechtfertigt: wer ist, der sie verdammen wollte? Christus Jesus ist für uns gestorben, mehr noch, er ist auferstanden, er ist zur Rechten Gottes, er legt selbst Fürbitte ein für uns! Was also wird uns scheiden von der Liebe Christi? Trübsal? oder Bedrängniß? oder Hunger? oder Blöße? oder Gefahr? oder Verfolgung? oder das Schwert? so wie geschrieben steht: ‚Um deinetwillen leiden wir den Tod den ganzen Tag, sind wir erachtet gleich Schafen zum Schlachten.' Aber in all diesem überwinden wir und mehr als das[2], durch den, welcher uns liebt[3]. Denn ich bin gewiß, daß weder Tod noch Leben, weder Engel noch Herrschaften noch Gewalten, daß weder Gegenwärtiges noch Zukünftiges, weder Höhe noch Tiefe, noch irgend anderes Erschaffene uns wird scheiden können von der Liebe Gottes, welche ist in Christus Jesus, unserem Herrn" (Röm. 8, 28—39).

1. In dem ganzen Abschnitte, den ich euch eben vorgelesen habe, wendet sich der Apostel zu denen, welche von Drangsal und Leiden getroffen sind. Ja, auch schon in den vorhergehenden Versen, die wir in der letzten Homilie betrachteten, hat er eben diese im Auge. „Die Leiden", so hörten wir ihn damals sprechen, „die Leiden der gegenwärtigen Zeit sind nicht zu vergleichen

---

[1] In ep. ad Rom. hom. 15. Die (32) Homilien über diesen Brief des Apostels wurden 391 zu Antiochien gehalten.

[2] Das *superamus* der Vulgata lautet im griechischen Original: ὑπερνικῶμεν. Der hl. Chrysostomus legt natürlich das letztere seiner Homilie zu Grunde. — Im Vers 38 fehlt bei Chrysostomus das *fortitudo* der Vulgata.

[3] So zu übersetzen nöthigt uns der Sinn, in welchem Chrysostomus diese Worte nimmt und erklärt. Vgl. unten Nr. 7, S. 126 f.

mit der Herrlichkeit, welche geoffenbart werden soll an uns"; „die ganze Schöpfung zumal seufzt und ist in Wehen", und „für die Hoffnung sind wir errettet worden", und „wir warten es ab in Geduld", und „um was wir beten sollen, wie sich's gebührt, wissen wir nicht"; bei allen diesen Gedanken, sage ich, hat der Apostel solche im Auge, die Gott mit schweren Leiden heimsucht. Er weist sie an, nicht nach dem zu verlangen, was sie selber für zuträglich halten, sondern was der Heilige Geist sie lehrt. Denn gar manches, was dem Menschen wünschenswerth erscheint, bringt ihm in Wirklichkeit nur Nachtheil. So glaubten auch die Christen zu Rom, ein ruhiges Leben, frei von Gefahren, frei von Trübsal und Sorge, müsse ihnen zuträglich sein. Und das ist nicht zu verwundern; war ja der hl. Paulus selbst früher dieser Ansicht. Als er aber dann belehrt wurde, daß gerade das Gegentheil von alledem das Bessere wäre, da wendete er diesem seine Liebe zu. Früher hatte er den Herrn dreimal gebeten um Befreiung aus der Drangsal; aber nachdem er von Gott die Antwort vernommen: „Es genügt dir meine Gnade, denn die Kraft wird in der Schwachheit vollendet" (2 Kor. 12, 9), von diesem Augenblicke an freute er sich der Verfolgung und war stolz auf seine übermäßig großen Leiden. „Ich habe Wohlgefallen," schrieb er in diesem Sinne an die Korinther (ebd. 12, 10), „ich habe Wohlgefallen an den Verfolgungen, die ich leide, an meinen Schwachheiten und Bedrängnissen." Eben darum sagte er in dem Abschnitte, den wir neulich betrachtet haben: „Wir wissen nicht, um was wir beten sollen, wie sich's gebührt", und ermahnte die Christen, solches dem Heiligen Geiste anheimzustellen. Denn der Heilige Geist trägt um uns Sorge mit größter Umsicht, und es ist einmal so der Wille Gottes.

2. Also nachdem er die Christen zu Rom in dieser Weise ermahnt hat, läßt er die Worte folgen, die ich euch heute vorgelesen habe, und legt ihnen zunächst eine Wahrheit ans Herz, die sehr geeignet war, sie zu trösten. „Denn wir wissen," so sagt er ihnen, „daß denen, welche Gott lieben, alles mitwirkt zum Guten. „Alles", sagt er; folglich insbesondere auch das, worüber man glauben möchte, mit Recht traurig zu sein. Denn mag auch Drangsal, mag Noth und Armut, mag Gefangenschaft oder Hunger oder der Tod, kurz mag was immer uns treffen, Gott ist mächtig genug, dieses alles in das Gegentheil zu verwandeln; seine Macht und seine unergründliche Weisheit, ich wiederhole es, sind groß genug, uns jede Last leicht zu machen und es so zu fügen, daß sie uns zum Heile wird. Darum hat der Apostel nicht gesagt, daß über jene, die Gott lieben, nichts Böses komme, sondern daß es ihnen „mitwirkt zum Guten"; das will sagen, daß Gott sich des Bösen selbst bedient, um diejenigen, die davon getroffen werden, zu verherrlichen. Das ist offenbar viel mehr, als wenn er das Leiden nur von ihnen fernhielte oder sie wieder davon befreite, nachdem es sie getroffen hat. Diese Wahrheit bewährte sich zum Beispiel an jenen drei Männern, welche der König Nabuchodonosor zu Babylon in den Feuerofen werfen ließ. Gott bewahrte sie nicht davor, daß sie in den Ofen geworfen wurden; er löschte auch das Feuer nicht aus, als man sie hineingeworfen hatte, sondern er ließ die Flamme fortlodern wie vorher und machte dadurch den Sieg und den Ruhm jener drei Bekenner um so herrlicher. Und in dem Leben der Apostel wirkte er ähnliche Wunder fort und fort.

Können doch schon Menschen, welche treu den Grundsätzen der Vernunft folgen, die Natur der Dinge gleichsam umwandeln, so daß sie, obgleich sie in Armut leben, glücklicher zu sein scheinen als die Reichen und groß dastehen, indes sie unbekannt und ungeehrt sind; um wieviel mehr muß Gott im stande sein, bei denen, die ihn lieben, das nämliche zu bewirken und noch Größeres als dieses! Nur dieses eine ist erforderlich, daß man ihn in Wahrheit liebe; dann ergibt sich alles weitere von selbst. Und sowie, wenn wir diese eine Bedingung erfüllen, auch das, was ein Uebel zu sein scheint, uns zum Vortheil gereicht, so bringt denen, welche Gott nicht lieben, auch das Gute selbst Schaden. So wurden die Juden durch die Wunder, die der Herr vor ihren Augen wirkte, durch die göttlichen Geheimnisse, die er ihnen vortrug, und durch die bewunderungswürdigen Lebensregeln, die er sie kennen lehrte, ins Verderben gestürzt; denn um dieser willen behaupteten sie, er sei ein Feind Gottes, und um jener willen, er sei vom Teufel besessen; seiner Wunder wegen aber suchten sie ihm das Leben zu nehmen. Dem Räuber hingegen, der neben dem Herrn am Kreuze hing, durchbohrt mit Nägeln, bedeckt mit Schmach, in unsäglicher Pein, diesem brachte das alles nicht nur keinen Nachtheil, sondern den größten Gewinn. Da seht ihr, wie denen, die Gott lieben, alles mitwirkt zum Guten[1].

3. „Denn diejenigen," fährt der Apostel fort, „welche er vorhererkannt, hat er auch vorbestimmt, gleichgestaltet zu werden dem Bilde seines Sohnes." Zu solcher Würde erhebt er sie; was der eingeborne Sohn Gottes von Natur war, das sind auch sie, die Gott vorhererkannt, geworden durch die Gnade. Aber der Ausdruck „gleichgestaltet dem Bilde seines Sohnes" genügt dem Apostel nicht; deshalb fügt er hinzu: „damit er", der Sohn Gottes, „der Erstgeborne sei"; und auch hier bleibt er noch nicht stehen, sondern er verstärkt den Gedanken noch durch die Worte: „unter vielen Brüdern", um die Verwandtschaft und die Zusammengehörigkeit der Christen mit dem Sohne Gottes in möglichst helles Licht zu stellen. Ihr müßt indes dabei beachten, daß hier von dem Sohne Gottes nach seiner menschlichen Natur die Rede ist; denn seiner Gottheit nach ist er nicht der Erstgeborne, sondern der Eingeborne.

Bedenket wohl, andächtige Christen, wie unschätzbar groß diese Gnade ist, und gebet deßhalb nicht bangen Zweifeln Raum in Rücksicht auf die Zukunft. Denn der Apostel beweist noch von einer andern Seite, wie angelegentlich Gott um uns Sorge trägt, indem er hervorhebt, daß diese hohe Würde uns schon von Ewigkeit her zugedacht war. Wir Menschen können unsere Begriffe von den Dingen nur von diesen selbst entnehmen und müssen sie darum zuerst vor uns haben, wenn wir sie kennen lernen wollen; Gott hingegen, vor dessen Augen von Ewigkeit her alles offen liegt, hat das alles von jeher beschlossen, weil er uns von Ewigkeit geliebt hat. Das wollen die Worte sagen: „Die er aber vorbestimmt hat, die hat er auch berufen; und die er berufen, die hat er auch gerechtfertigt" durch die Wiedergeburt im Sacramente der Taufe; „die er aber gerechtfertigt hat, die hat er auch ver-

---

[1] Hier folgen im Original einige Sätze, in welchen die Worte behandelt werden: „denen, welche der Absicht gemäß berufen sind als Heilige". Ich habe diese Sätze weggelassen, theils weil sie nicht sehr klar, theils weil der Sinn, in welchem Chrysostomus die angeführten Worte nimmt, wohl kaum der rechte ist. Vgl. Reischl zu Röm. 8, 28.

herrlicht", indem er in ihre Seele seine Gnade ausgoß und sie zu Kindern Gottes machte.

„Was also werden wir sagen hierzu?" fragt alledem gegenüber der Apostel. Als ob er spräche: So rede denn niemand ferner von unsern Bedrängnissen noch von den Gefahren, die uns umgeben. Denn möchten auch manche in Rücksicht auf die Zukunft Bedenken hegen, jenen Wirkungen der Güte Gottes gegenüber, die uns bereits zu theil geworden sind, können sie nichts erwidern. Gott hat uns von Ewigkeit her geliebt, er hat unsere Sünden getilgt, er hat uns seine Gnade geschenkt; er hat uns aber das alles zu theil werden lassen durch Mittel, welche äußerst betrübend und entehrend schienen: Geißeln, Bande und das Kreuz haben der Welt das Heil gebracht. Sowie ihm also, das ist der Gedanke des Apostels, sowie ihm die schweren Leiden, die er selbst auf sich nahm und die dem Anscheine nach ein großes Unglück waren, das Mittel sein mußten, wodurch er die gesamte Menschheit erlöste und ihr die Freiheit brachte, gerade so bedient er sich auch der Trübsale, welche dich niederbeugen, um dich glücklich und groß zu machen.

4. „Wenn Gott für uns ist, wer ist wider uns?" so heißt es weiter. Wer ist auf dieser Erde, will der Apostel sagen, der nicht wider uns wäre? Hat nicht die ganze Welt sich wider uns erhoben, Fürsten und Völker, unsere eigenen Hausgenossen, unsere Verwandten, unsere Mitbürger? Und dennoch haben wir nicht im mindesten zu besorgen, daß alle diese Widersacher uns irgendwie Schaden bringen; sie müssen uns vielmehr wider ihren Willen den Siegeskranz flechten, und wir sind ihnen unter tausend Rücksichten zum Danke verpflichtet: denn Gottes Weisheit versteht es, ihre Feindseligkeiten gegen uns so zu wenden, daß sie zu unserem Heile dienen müssen und zu unserer Verherrlichung. Ist es also nicht vollkommen wahr, daß niemand wider uns ist? Wurde nicht auch Job einst gerade dadurch groß, daß der Teufel gegen ihn in die Schranken trat? Der Fürst der Finsterniß bot gegen den heiligen Mann dessen Freunde auf, sein Weib, eine schreckliche Krankheit, seine Hausgenossen und tausend Kunstgriffe der verschiedensten Art: und doch widerfuhr ihm nichts Böses. Doch das ist noch nichts Großes, so bedeutend es auch scheinen mag; viel mehr ist das, daß alles dem Job Vortheil brachte und Gewinn. Es war eben Gott für ihn: darum mußte auch das, was wider ihn zu sein schien, seinem Wohle dienstbar werden. Das Gleiche seht ihr bei den Aposteln des Herrn. Juden, Heiden, falsche Brüder, Fürsten und Völker, Hunger und Armut und tausendfache Beschwerden waren wider sie, und doch war nichts wider sie. Denn eben dadurch sind sie ja groß und herrlich geworden, geehrt von Gott und den Menschen.

Ist es also nicht ein seltener, ein unvergleichlich hoher Vorzug, den nach dem Worte des Apostels jene besitzen, welche dem Herrn treu anhangen und in Wahrheit mit ihm gekreuzigt sind? Nicht einmal der Fürst auf dem Throne kann sich eines solchen Vorzuges rühmen. Denn gegen ihn erheben sich oft die Barbaren, ziehen mit Heeresmacht Feinde heran; seine eigenen Wachen verschwören sich gegen sein Leben, aufrührerische Unterthanen rotten sich zusammen und empören sich wider ihn, und von hundert andern Seiten hat er Verderben zu fürchten; wider einen wahren Christen dagegen vermag niemand etwas, weder ein Mensch, noch der Teufel, noch irgend welche andere Macht. Nehmt ihm sein Vermögen: ihr habt ihm nur das Recht verschafft auf weit größern Lohn; bringt ihn um seine Ehre: er steht durch eure Verleumdungen vor Gott nur um so ruhmreicher da; gebt ihn der Entbehrung, dem Hunger preis: sein Ansehen kann dadurch nur wachsen, und die Vergeltung wird für ihn um so reicher sein; laßt ihn das leiden, was für das Härteste gilt, überantwortet ihn dem Tode: ihr habt ihm die Krone des Martyriums verschafft. Christen, wo gibt es ein Leben, so glücklich wie dieses, wo nichts dem Menschen Schaden bringen kann, wo selbst diejenigen, die auf sein Verderben sinnen, sein Bestes fördern müssen, um nichts weniger als seine aufrichtigsten Freunde? Hat mithin der Apostel nicht recht, wenn er fragt: „Wenn Gott für uns ist, wer ist wider uns?"

Aber es war ihm noch nicht genug, was er gesagt hatte; er wollte die Christen zu Rom auch noch an den größten Beweis der Liebe Gottes gegen uns erinnern, auf den er immer und immer wieder zurückzukommen pflegt, daran nämlich, daß Gott seinen Sohn für uns geopfert hat. Nicht bloß gerechtfertigt hat uns Gott, schreibt er darum, nicht bloß verherrlicht durch die heiligmachende Gnade, nicht bloß dem Bilde seines Sohnes uns ähnlich gemacht: sondern er hat unsertwegen selbst seines Sohnes nicht geschont. Und „der selbst seines eigenen Sohnes nicht geschont, sondern ihn für uns alle hingegeben hat: wie hat er nicht auch mit ihm uns alles geschenkt?" In starker, tief empfundener Bewegung weist uns der Apostel in diesem Satze auf die Liebe Gottes hin. Wie kann Gott je uns verlassen, will er sagen, um derentwillen er seines eigenen Sohnes nicht geschont, für die er ihn selbst dahingegeben hat? O Christen, erwäget es in eurer Seele, was das für eine Liebe sein mußte, die auch des eigenen Sohnes nicht schonte, sondern ihn dahingab; ihn dahingab für alle, für Menschen ohne Werth, für Undankbare, für Feinde, für solche, die Gott lästern! „Wie hat er nicht auch mit ihm uns alles geschenkt?" Das heißt, wenn er uns seinen Sohn geschenkt hat, und nicht nur geschenkt, sondern ihn unsertwegen in den Tod gegeben, wie könnt ihr noch Zweifel hegen in Rücksicht auf andere Dinge, da ihr den habt, der über alles herrscht? Wie könnt ihr noch der Besorgniß um irdische Güter Raum geben, da ihr den besitzt, dem alles als Eigenthum gehört? Wenn er uns das Höchste schenkte, da wir seine Feinde waren, wie wird er uns nicht auch das minder Werthvolle geben, nachdem wir seine Freunde geworden sind?

5. Gehen wir weiter. „Wer wird Anklage erheben wider die, welche Gott ausgewählt?" Hier wendet sich der Apostel gegen diejenigen, welche behaupteten, der Glaube bringe keinen Vortheil, und nicht glauben wollten, daß mit dem Menschen eine so plötzliche Umwandlung vorgehen könne, wie sie bei der Bekehrung zum Christenthum stattfand. Er widerlegt diese mit einem Worte, indem er auf die Größe dessen hinweist, von welchem die Erwählung zum Glauben ausgeht. Darum sagt er nicht: wer wird Anklage erheben gegen die Diener Gottes oder gegen die, welche an Gott glauben, sondern „gegen die, welche Gott ausgewählt". Denn die Thatsache, daß Gott einen Menschen auswählt, ist der sicherste Beweis für seine Tugend. Oder wenn ein kundiger Stallmeister aus den jungen Pferden diejenigen ausgesucht hat, die zu schnellem Laufe tüchtig sind, wird da noch jemand Einsprache thun,

und nicht vielmehr ein jeder sich lächerlich machen, der die getroffene Wahl tadeln wollte? Um wieviel mehr machen somit diejenigen sich lächerlich, die sich herausnehmen, eine Wahl anzugreifen, welche Gott selbst in Rücksicht auf die Seelen getroffen hat! „Gott ist es, der sie rechtfertigt: wer ist, der sie verdammen wollte?" Der Apostel sagt nicht: Gott ist es, der ihnen ihre Sünden nachläßt, sondern, was viel mehr bedeutet, „Gott ist es, der sie rechtfertigt". Denn wenn jemand durch den Spruch des Richters selbst, und eines solchen Richters, für gerecht erklärt wird, welche Aussicht hat dann der Ankläger? Darum dürfen wir auch die Trübsale nicht fürchten: denn Gott ist mit uns, das hat er bewiesen durch so vieles, das er gethan; noch auch die böse Zunge der Juden: denn Gott hat uns ausgewählt und uns gerechtfertigt, und was das Bewunderungswürdigste ist, er hat es gethan durch den Tod seines Sohnes.

Wer wird also uns verdammen, wo Gott uns die Krone reicht, wo Christus für uns gestorben ist und zu alledem noch für uns betet? Denn „Christus", so fährt der Apostel fort, „ist für uns gestorben; mehr noch, er ist auferstanden, er ist zur Rechten Gottes, er legt selbst Fürbitte ein für uns!" Nachdem er nämlich wieder heimgegangen ist in seine Herrlichkeit, hat er nicht aufgehört, um uns Sorge zu tragen, sondern er betet für uns und hegt fort und fort gegen uns die gleiche Liebe. Es war ihm nicht genug, für uns den Tod zu leiden; der denkbar größte Beweis der Freundschaft zeigt sich ja darin, wenn man nicht bloß selber mit Freuden alles thut für den, welchen man liebt, sondern überdies noch die Hilfe eines andern für ihn in Anspruch nimmt. Denn das ist es, was der Apostel durch die Worte: „Er legt Fürbitte ein", sagen wollte. Er bediente sich, um uns die Liebe des Herrn nahezulegen, eines Ausdruckes, der unsern Verhältnissen und unserer Weise zu reden entnommen ist, wie denn auch die früher von ihm gebrauchten Worte: „Gott hat seines Sohnes nicht geschont", in dieser Weise aufgefaßt werden müssen, wenn sie nicht widersinnig sein sollen. Um ein derartiges Mißverständniß auszuschließen, eben darum hob er zuerst hervor, daß der Herr „zur Rechten Gottes ist", und fügte dann erst hinzu, daß er „Fürbitte einlegt für uns"; denn in jenen ersten Worten war ja die vollkommene Gleichheit des Sohnes mit dem Vater ausgesprochen, und es konnte seine „Fürbitte für uns" nicht mehr als ein Beweis seiner geringern Macht und Würde gedeutet werden, sondern nur als ein Zeichen seiner Liebe. Denn der, welcher das Leben selbst ist und die Quelle alles Guten, der gleichen Wesenheit wie der Vater; der, welcher Todte aus dem Grabe ruft und ihnen das Leben wiedergibt, und alles andere wie der Vater wirkt: wie sollte der nöthig haben zu beten, um uns zu Hilfe zu kommen? Der aus eigener Macht uns Verlorene, dem Verderben Verfallene erlösen, uns gerecht und zu Kindern Gottes machen, uns den Himmel wieder aufschließen und vollbringen konnte, was niemand mehr zu hoffen wagte: wie sollte der, nachdem er alles vollbracht und unsere menschliche Natur auf den Thron des Himmels erhoben hatte, um minder Großes zu stande zu bringen, noch zum Gebete seine Zuflucht nehmen müssen? So ist es also offenbar, daß der Apostel nur darum sagt, der Erlöser lege Fürbitte ein für uns, um uns nahezulegen, wie groß und wie innig seine Liebe gegen uns ist. . . .

6. Wenn somit der Heilige Geist in uns fleht mit unaussprechlichem Seufzen, und Christus für uns gestorben ist und Fürbitte einlegt, und der Vater seines eigenen Sohnes nicht geschont hat um unsertwillen, was fürchten wir dann? Was zagen wir, da wir der Gegenstand so großer Liebe, so umsichtiger Fürsorge sind? Weil er dieses nachgewiesen, deshalb fügt jetzt der Apostel mit großer Zuversicht hinzu, was folgt. Er sagt nicht: So müsset denn auch ihr Gott lieben; sondern wie hingerissen von Begeisterung ob so überschwänglicher Liebe, ruft er aus: „Was also wird uns scheiden von der Liebe Christi?" Nicht von der Liebe Gottes sagt er: denn es ist ihm dasselbe, ob er Gott oder Christus nennt. „Was soll uns scheiden von der Liebe Christi? Trübsal? oder Bedrängniß? oder Hunger? oder Blöße? oder Gefahr? oder Verfolgung? oder das Schwert?" Beachtet hier, andächtige Christen, mit welcher Ueberlegung der hl. Paulus seine Worte gewählt hat. Er führt nicht jene Leidenschaften auf, von denen wir uns tagtäglich überwinden lassen, das Verlangen nach Geld und Gut, die Ehrsucht, die Zornmüthigkeit, sondern er nennt Uebel, die viel mächtiger auf uns wirken, die im stande sind, unserer Natur Gewalt anzuthun und wider unsern Willen auch die festeste Treue zum Wanken zu bringen: Trübsal und Bedrängniß. Aufzählen freilich lassen sich diese Uebel leicht, ihre Namen sind bald ausgesprochen: aber jeder einzelne umschließt tausendfältige Kämpfe. Fasset etwa nur das erste Wort ins Auge: Trübsal. Indem der Apostel dieses ausspricht, umfaßt er darin zugleich Kerker und Fesseln und Verleumdung und falsche Anklage und Verbannung und alle übrigen Drangsale, jene ganze endlose Schar von Leiden, welche den Menschen treffen können. Und dieser ganzen schrecklichen Schlachtreihe bietet er Trotz; eben darum drückt er seine Gedanken auch in der Form der Frage aus: er will es nämlich als unwidersprechlich gewiß hinstellen, daß den, welcher der Gegenstand solcher Liebe und so umfassender Fürsorge von seiten Gottes ist, nichts von Christo scheiden kann.

Damit es aber nicht den Anschein habe, als wäre der Christ in solchen Prüfungen verlassen und ohne Trost, darum führt er ein Wort des Propheten an, in welchem dieser Jahrhunderte früher jene Prüfungen vorhergesagt, indem er zu Gott also sprach: „Um beinetwillen leiden wir den Tod den ganzen Tag, sind wir erachtet gleich Schafen zum Schlachten", oder mit andern Worten, sind wir vor aller Augen dem Leiden preisgegeben. Aber in allen diesen Drangsalen, so furchtbar hart sie auch sind, haben wir genügenden Trost, und mehr als das, in dem Gedanken, warum wir leiden. Denn wir leiden nicht um der Menschen willen, nicht um irgend etwas anderes, das dieser Erde angehört, sondern für den, welcher der König aller Dinge ist. Und nicht nur auf diesen Grund des Trostes weist er seine Christen hin, sondern er bietet ihnen noch einen andern von großer Kraft. Wir sind Menschen und können darum nicht wieder und wieder aufs neue sterben, sondern nur einmal; indes darum soll unser Lohn um nichts geringer sein. Denn ob es uns auch unserer Natur zufolge nicht gegeben ist, in Wirklichkeit den Tod mehr als einmal zu leiden, so hat doch Gott es uns möglich gemacht, dem Willen nach ihm das Opfer unseres Lebens Tag für Tag zu bringen. Daraus folgt, daß wir mit gerade so viel Kronen in die Ewigkeit hinübergehen werden, als die Tage sind, die wir auf dieser Erde gelebt; ja mit noch viel mehr Kronen; denn es steht in unserer Macht, an einem Tag zweimal und wiederholt zu sterben, weil dem, der sich beständig zu diesem Opfer bereit hält, für jedesmal, so oft er seinen Entschluß erneuert, der ganze Lohn zu theil wird. Das eben deutete der Prophet an, indem er sagte: „Um deinetwillen sterben wir", nicht jeden Tag, sondern „den ganzen Tag". Deshalb eben führt der Apostel seine Worte an, weil sie für Christen noch viel trostreicher sind. Jene, so will er nämlich sagen, jene, die zur Zeit des Alten Bundes lebten, empfingen keinen bessern Lohn für ihre Leiden als Güter dieser Erde, die mit diesem flüchtigen Leben dahin sind[1]: und dennoch galt ihnen das Leben für nichts, und sie fürchteten keinen Kampf und keine Gefahr; verdienen dem gegenüber wir wohl Entschuldigung, wir, denen der Himmel verheißen ist und eine unvergängliche Krone und nie endende Seligkeit, wenn wir dennoch weichherzig und feige sind und an Muth und Festigkeit es ihnen nicht einmal gleichthun?

Der Apostel spricht diesen Gedanken freilich nicht aus; er überläßt es seinen Zuhörern, durch eigenes Nachdenken auf denselben zu kommen; er begnügt sich, bloß das Zeugniß des Propheten anzuführen und sie durch dieses darauf hinzuweisen, daß wir unser Leben selbst für Gott den Herrn opfern und nichts fürchten sollen, wenn seine Vorsehung uns in solche Umstände kommen läßt. Indes fügt er noch einen andern Gedanken hinzu. Es hätte nämlich jemand einwenden können, es sei nicht schwer, solche Opferwilligkeit zu empfehlen; aber es komme darauf an, ob man dieselbe auch durch die That bewähre. Deshalb setzt er noch das andere Wort aus dem Propheten hinzu: „Wir sind erachtet gleich Schafen zum Schlachten." Hiermit weist er nämlich auf die Apostel hin und auf die Todesgefahren, denen sie sich tagtäglich ausgesetzt sahen und in denen sich ihr Heldenmuth und ihre Geduld glänzend bewährte: wie das Schaf, will er sagen, da man es schlachtet, keinen Widerstand leistet, also auch wir.

7. Aber das Menschenherz hört trotz alledem nicht auf, bei der übergroßen Menge solcher Kämpfe zu zagen; denn es ist furchtsam und schwach. Darum richtet er seine Zuhörer nochmals auf und sucht ihnen Muth und Siegesgewißheit einzuflößen, indem er spricht: „Aber in alle diesem überwinden wir, und mehr als das, durch den, welcher uns liebt." Darin, will er sagen, liegt das Wunderbare, daß wir nicht nur siegen, sondern siegen gerade durch die Verfolgungen, die man uns bereitet; daß wir nicht nur siegen, sondern mehr als siegen, das heißt mit aller Leichtigkeit, ohne Anstrengung und Mühe. Denn nicht nur, wo das Leiden uns wirklich trifft, sondern schon indem wir unser Herz dazu bereiten und den Entschluß fassen, es zu ertragen, triumphiren wir allerorts über unsere Feinde. Und das ist natürlich: denn Gott ist es, der mit uns streitet. Darum soll niemand es unglaublich finden, wenn wir unter den Geißelhieben triumphiren über jene, die uns quälen; wenn wir, da man uns des Landes verweist, größer dastehen als unsere Verfolger; wenn wir sterbend über die uns Ueberlebenden den Sieg

---

[1] Das ist doch wohl nicht ganz richtig; man vergleiche z. B. Tob. 2, 18. — Fuerunt tamen aliqui in statu veteris testamenti habentes caritatem et gratiam Spiritus sancti, qui principaliter expectabant promissiones spirituales et aeternas; et secundum hoc pertinebant ad legem novam (*Thom.*, S. theol. 1, 2, q. 107, a. 1 ad 2).

davontragen. So unglaublich ein solcher Ausgang auch erscheint, meine Christen, ihr müßt denselben vollkommen begreiflich finden, wenn ihr dabei die Macht Gottes in Rechnung bringet und seine Liebe. Denn in Wahrheit siegten sie nicht bloß, sondern es waren die vollkommensten, die glänzendsten Siege, die sie errangen, so daß sie selber fühlen mußten, wie ihre Verfolger nicht gegen Menschen kämpften, sondern gegen jene unüberwindliche Macht, die über den Sternen thront. Erinnert euch nur der Juden, da die Apostel in ihrer Mitte standen, wie sie in Verlegenheit waren und sprachen: „Was sollen wir machen mit diesen Menschen?" Ist denn das nicht seltsam, daß, wo sie dieselben in ihrer Gewalt hatten, gefangen, gefesselt, vor Gericht gestellt, sie sich nicht zu helfen wußten und rathlos waren, überwunden gerade durch das, wodurch sie glaubten, den Sieg davontragen zu können? Aber nicht Gewaltige dieser Erde, nicht Henker, nicht Scharen böser Geister, nicht der Fürst der Finsterniß selbst war im stande, über sie zu triumphiren; wer immer den Kampf mit ihnen aufnahm, jeder mußte schmählich unterliegen und Zeuge sein, wie jeder neue Kampf nur ihren Sieg befördern half. Darum gebrauchte der Apostel die Wendung: „Wir überwinden, und mehr als das." Fürwahr, eine neue Art zu siegen: daß sie gerade durch das überwanden, was ihnen den Untergang bringen sollte, und niemals geschlagen wurden, vielmehr immer mit einer Siegesgewißheit den Kampf aufnahmen, als ob sie den Ausgang in ihrer Hand hätten.

8. Hören wir den letzten Gedanken. „Denn ich bin gewiß, daß weder Tod noch Leben, weder Engel noch Herrschaften noch Gewalten, daß weder Gegenwärtiges noch Zukünftiges, weder Höhe noch Tiefe, noch irgend anderes Erschaffene uns wird scheiden können von der Liebe Gottes, welche ist in Christus Jesus unserem Herrn." Das ist ein großes Wort; aber wir verstehen es nicht, weil wir nicht die Liebe haben, die dazu nöthig wäre. Indes ob es auch ein großes Wort ist, es ist doch nichts der Liebe gegenüber, mit welcher uns Gott umfaßt; eben darum spricht es der Apostel erst aus, nachdem er vorher die Liebe Gottes erhoben hat. Der Sinn seiner Worte ist aber dieser. Er hat in dem Vorhergehenden schwere Leiden dieses Lebens aufgezählt und gesagt, daß jene, die Christo angehören, durch keines derselben sich bestimmen lassen, ihrem Herrn untreu zu werden. Aber was ist es nöthig, schließt er jetzt, von zeitlicher Drangsal zu reden und von Leiden, die nur der Antheil dieses vergänglichen Daseins sind? Selbst wenn es sich um jene Dinge handelte oder um jene gewaltigen Wesen, welche der jenseitigen Welt angehören, um Tod und Leben, um Engel und Erzengel und alle die Scharen der himmlischen Heere, das alles finde ich nicht der Beachtung werth der Liebe Christi gegenüber. Denn ob mir jemand auch mit jenem zukünftigen Tode drohte, der niemals stirbt, um mich von Christo loszureißen, oder ob jemand mir das ewige Leben in Aussicht stellte, ich würde den Antrag um jeden Preis zurückweisen. Was erwähne ich die Großen und die Gewaltigen der Erde? was den und den? Stellt mir die Engel entgegen und die Mächte des Himmels insgesamt und alles, was ist und was noch sein wird, alles hier auf Erden und im Himmel, alles unter der Erde und alles über dem Himmel, ich erachte es für nichts im Vergleich mit jener Liebe. Und als ob das immer noch nicht genug wäre, um die Liebe seines Herzens vollständig auszudrücken,

geht er noch über das, was er gesagt hat, hinaus, indem er schließlich die Worte hinzufügt: „noch irgend anderes Erschaffene"; das heißt: selbst wenn es noch andere Welten gäbe, groß wie diese sichtbare, herrlich wie die unsichtbare jenseits, nichts, nein nichts sollte mich von jener Liebe scheiden.

9. Ihr müßt diese Worte nicht in dem Sinne auffassen, als ob es denkbar wäre, daß von den Engeln oder den andern seligen Geistern je ein Versuch dieser Art gemacht würde: gewiß nicht; der Apostel redet nur darum so, weil er seiner Liebe gegen Christus unsern Herrn mit aller Kraft Ausdruck geben wollte. Dieselbe war so beschaffen, daß er Christus nicht um dessentwillen liebte, was ihm angehört, um des Lohnes willen und des ewigen Lebens, das er uns verheißen hat, sondern umgekehrt dies alles nur um Christi willen; ihn allein hatte er im Auge, und nur eines fürchtete er, nämlich seine Liebe zu verlieren. Das war ihm entsetzlicher als die Hölle selbst, sowie ihm daran, daß er in dieser Liebe ausharrte, mehr gelegen war als an einem Throne des Himmels. O Christen, was ist dann von uns zu halten! Der hl. Paulus legte im Vergleich mit der Liebe Christi nicht einmal auf die Freuden des Himmels einen Werth, und wir schätzen höher als unsern Erlöser Dinge, die wir aus dem Unrath, aus dem Kothe zusammenlesen! Der Apostel war bereit, um dieser Liebe willen, wenn er hätte wählen müssen, der Hölle anheimzufallen und des Himmels verlustig zu sein, und wir sind nicht einmal im stande, auch nur dieses kurze Erdenleben um Christi willen hintanzusetzen! Sind wir denn auch nur werth, ihm die Schuhe nachzutragen, da wir uns von der Hochherzigkeit seines Sinnes so weit entfernt bekennen müssen? Er achtet Christo gegenüber selbst einen Thron des Himmels für nichts; uns dagegen gilt Christus wenig, aber was er uns verheißt, das liegt uns gar sehr am Herzen. Und wollte Gott, es läge uns wirklich am Herzen; aber dem ist ja gar nicht einmal so: er hat uns den Himmel verheißen, aber wir kümmern uns um denselben nicht und laufen statt dessen Schattenbildern und Träumen nach. Dabei verfährt Gott in seiner übergroßen Langmuth und Erbarmung gegen uns, wie wenn ein Vater, der sein Kind lieb hat, wo dieses des beständigen Umganges mit ihm sich überdrüssig zeigt, allerlei Kunstgriffe anwendet, um es an sich zu ziehen. Da wir nämlich nicht jene Liebe gegen ihn im Herzen tragen, die ihm gebührt, so thut er alles Mögliche, auf daß wir mit ihm vereinigt bleiben. Und dennoch harren wir nicht bei ihm aus und lassen uns verlocken von den Reizen dieser Erde wie Kinder von ihrem Spielzeug. Nicht also that der hl. Paulus; seine Gesinnung war die eines treuen Sohnes, der mit aufrichtiger Liebe an seinem Vater hängt; dem es deshalb nur darum zu thun ist, bei seinem Vater zu sein, während ihm an allem andern wenig liegt; ja noch mehr: der nicht gleichmäßig seinen Vater und das Gute liebt, das er ihm verdankt, sondern lieber in Armut und Noth an seiner Seite leben als fern von ihm glücklich sein möchte.

Entsetzen fürwahr sollten sich deshalb alle, welche nicht einmal die unrechte Liebe zum Gelde um Gottes willen überwinden, ja welche diesen unverständigen Hang nicht einmal um ihrer selbst willen überwinden! Paulus war bereit, um Christi willen alles zu ertragen, nicht des ewigen Lebens, nicht seiner eigenen Ehre wegen, sondern rein aus Liebe zu ihm; uns dagegen vermag weder Christus, noch das, was wir von ihm empfangen, von den flüchtigen Freuden dieses Lebens loszureißen, sondern wie gewisse Thiere, die den Schmutz lieben, gehen wir dem nach, was unsere Seele unrein macht[1]. Oder was haben wir vor diesen Thieren voraus, wenn trotz so leuchtender Vorbilder doch unser Auge fort und fort zur Erde gesenkt bleibt, und wir es nicht über uns gewinnen können, dasselbe auch nur ein wenig zum Himmel zu erheben? Sieh, Gott hat seinen Sohn für dich hingegeben, und du gibst dem nicht einmal ein Stück Brod, der für dich dahingegeben, der für dich getödtet ward. Deinetwegen hat sein der Vater nicht geschont, und er war doch sein eingeborner Sohn, und wenn du diesen jetzt vor Hunger vergehen siehst, so hast du kein Gefühl für ihn, indes du doch nur von dem ihm etwas geben würdest, was sein Eigenthum ist, und es ihm nur deiner selbst wegen geben würdest. Läßt sich eine größere Verkehrtheit denken? Er ist geopfert worden für dich, er hat den blutigen Tod gelitten für dich, jetzt irrt er von Hunger gequält umher für dich, von dem, was ihm gehört, sollst du ihm etwas geben nur deines eigenen Vortheils wegen, und trotz alledem willst du nicht! Muß es denn nicht härter als Marmor sein, das Herz, das aller dieser Rücksichten ungeachtet in seiner Unempfindlichkeit zu verharren vermag? Ach, es war dem Herrn nicht genug, den Tod zu leiden und ihn am Kreuze zu leiden; er wollte auch noch arm werden und ein Fremdling und heimatlos und nackt; er wollte krank sein und im Kerker liegen, ob er vielleicht wenigstens so dich gewinnen könnte. Wenn du es mir keinen Dank weißt, spricht er, daß ich für dich gelitten habe, so habe wenigstens Mitleid mit meiner Armut. Wenn du mit meiner Armut kein Mitleid hast, so laß wenigstens meine Krankheit dich rühren, wenigstens die Leiden meiner Gefangenschaft dich erweichen, und wenn selbst diese auf dich keinen Eindruck machen, so gewähre meine Bitte doch aus Rücksicht darauf, daß sie so geringfügig ist. Es ist ja nichts Großes, was ich verlange; ich bitte dich nur um ein Stück Brod, um ein Mittel, mich vor der Kälte und dem Ungemach des Wetters zu schützen, nur um ein paar freundliche Worte des Trostes! Läßt auch das dich noch ungerührt, so sei mir wenigstens gut um des Himmelreiches, um der Belohnung willen, die ich dir verheißen habe. Auch darauf willst du keine Rücksicht nehmen? So möge wenigstens der Gedanke an die menschliche Natur dich erweichen, die uns beiden gemeinsam ist, und gedenke jener Noth, in welcher ich nackt für dich am Kreuze hing, und wenn du auch das nicht willst, wenigstens dieser Noth und Blöße, die ich jetzt in den Armen leide. Deinetwegen ward ich damals gebunden, deinetwegen bin ich es auch jetzt, damit entweder das eine oder das andere dich bewege, mir irgend eine Barmherzigkeit zu erweisen; deinetwegen fastete ich damals, deinetwegen hungert mich auch jetzt; am Kreuze hangend mußte ich Durst leiden, auch jetzt leide ich Durst in den Armen, um sowohl durch dieses wie durch jenes dich an mich zu ziehen und dich zum Erbarmen zu bewegen um deines eigenen Heiles willen. Ob du mir auch tausend und tausend Beweise meiner Liebe zu vergelten hast, ich verlange dennoch nichts von dir so, als ob du es mir schuldig wärest, sondern ich lohne dir alles wie eine aus freien Stücken gereichte Gabe, und

---

[1] Im Original heißt es: „sondern wie Schweine und Schlangen und Vipern, so wälzen wir uns im Schlamme und im Unflath".

schenke dir für diese Dinge ohne Werth das ewige Leben. Ich sage ja nicht: Mache meiner Armut ein Ende, oder hilf mir, daß ich reich werde, wenn ich gleich nur um beinetwillen arm bin; sondern ich bitte dich nur um Brod, um ein Kleidungsstück und eine kleine Erquickung in meinem Hunger. Und wo ich im Gefängnisse bin, verlange ich ja nicht, daß du meine Ketten lösest und mich befreiest, sondern ich wünsche nur eines, daß du kommest, mich zu sehen, indes ich um beinetwillen gefesselt bin; das ist mir Liebe genug, und bloß hierfür schenke ich dir den Himmel. Ich habe freilich dich aus furchtbar schweren Fesseln befreit; aber ich gebe mich gern zufrieden, wenn du mir nur die Freude machst, mich im Gefängnisse zu besuchen. Wohl könnte ich dir auch ohne dieses die ewige Krone geben; aber ich möchte sie dir schuldig sein, damit du sie mit größerer Freude tragest. Eben aus diesem Grunde, obgleich ich mich selbst zu nähren im stande wäre, gehe ich auch umher und suche Almosen, und stehe vor deiner Thüre und strecke bittend die Hand aus. Denn ich möchte von dir ernährt werden, weil ich dich so innig liebe; eben darum komme ich gern bei dir zu Tische, wie Freunde thun, und bin stolz darauf, mit dir zu speisen, und wenn einst die ganze Welt sich um mich versammelt, dann verkündige ich laut vor aller Menschheit deine Verdienste um mich und stelle dich ihr vor als meinen Ernährer. O Christen, wenn uns jemand Unterstützung und Nahrung gewährt, so schämen wir uns dessen und suchen es soviel als möglich geheim zu halten; der Sohn Gottes dagegen, weil er uns so innig liebt, verkündiget einst, ob wir auch davon schweigen, mit großen Lobeserhebungen öffentlich alles, was wir ihm gethan, und er schämt sich nicht, es allen Engeln und Menschen zu sagen, daß wir ihn gekleidet haben, da er nichts hatte, sich zu bedecken, daß wir ihn gespeist haben, da er Hunger litt[1]. So laßt uns denn dieses festhalten und uns nicht mit unfruchtbarem Beifall begnügen, sondern auch danach thun. Denn was hilft euer Händeklatschen und Beifallrufen? Nur eines wünsche ich von euch, daß ihr ausführt, was ich sage, und meinen Ermahnungen mit allem Ernste Folge leistet; das ist für mich das schönste Lob, das ist für euch wahrer Gewinn, das bringt mir höhere Ehre als eine Fürstenkrone. So geht denn hin, euch selber und mir diesen Kranz durch die Hand der Armen zu flechten, damit wir hier auf Erden alle uns der seligen Hoffnung erfreuen, und wenn wir hinübergehen, der Freude des ewigen Lebens nach ihrer ganzen Fülle theilhaftig werden durch die Gnade und Liebe unseres Herrn Jesus Christus. Ihm und mit ihm dem Vater zugleich und dem Heiligen Geiste sei Ruhm, Herrlichkeit und Ehre jetzt und immer und in ewige Zeiten. Amen.

---

[1] Wie das Folgende beweist, brach bei diesen Worten in der Kirche ein Sturm des Beifalls los. Vgl. Bb. I, S. 605. Ob auch eine Unsitte, unmotivirt — wie in den meisten Fällen, wo es die Mode eingeführt — war das Händeklatschen an dieser Stelle jedenfalls nicht.

Die erste Unterweisung des hl. Cyrillus von Jerusalem über den Heiligen Geist.

Vorbemerkung.

Die 24 didaskalischen Predigten oder Unterweisungen (*Catecheses*) des hl. Cyrillus umfassen den einleitenden Vortrag (*Procatechesis*), die 18 Unterweisungen „zur Vorbereitung auf die Taufe" (*ad illuminandos*) und die fünf „mystagogischen" Unterweisungen „für die Neugetauften" (*ad recens illuminatos*). Um das Jahr 315 geboren, hielt Cyrillus diese Unterweisungen das erste Mal im Jahre 347 oder 348, einige Jahre nachdem er die Priesterweihe empfangen hatte: jene „zur Vorbereitung auf die Taufe" während der sechs Wochen vor dem Osterfeste, die „mystagogischen" in der Osterwoche; die Spendung der Taufe fand in der Osternacht statt.

In der Ueberschrift wird jede Unterweisung als ἐν Ἱεροσολύμοις σχεδιασθεῖσα bezeichnet; die lateinische Uebersetzung sagt dafür: ex tempore habita, Nirschl in der Kemptener Bibliothek „aus dem Stegreif gehalten". Touttée, in der zweiten Dissertation [1], welche seiner vortrefflichen Ausgabe der Werke des heiligen Kirchenvaters vorausgeht, ist der Ansicht, „Cyrillus habe seine Unterweisungen nicht niedergeschrieben, sondern sie aus dem Stegreif vorgetragen, ‚extemporirt'" [2]. Als einen Grund für diese seine Ansicht führt er namentlich die eben bezeichnete Ueberschrift an (σχεδιασθεῖσα), welche „sich allerdings in einigen Manuscripten nicht finde" [3]; überdies beruft er sich auf eine Aeußerung des Verfassers einer kleinen Chronologica adnotatio, welche sich an ein Verzeichniß der Ueberschriften der Unterweisungen anschließt, auf manche Fehler gegen die Grammatik und andere Ungenauigkeiten, sowie auf einen gewissen Mangel der rechten Ordnung, welche in den Unterweisungen mehrfach hervortreten.

Mir wird es schwer zu glauben, daß ein Priester, und wenn er noch so tüchtig ist, im stande sein sollte, religiöse Unterweisungen von so hohem Werthe wie diese „aus dem Stegreif" zu halten; noch unwahrscheinlicher kommt es mir vor, daß ein Priester wie Cyrillus so wenig gewissenhaft sein kann, die ihm übertragenen Unterweisungen für die Katechumenen „aus dem Stegreif", d. h. ohne Vorbereitung, wenigstens ohne gründliche und sorgfältige, zu halten.

---

[1] De scriptis S. Cyrilli, ac potissimum de Catechesibus.
[2] ... quod non ante scripto digesserit, sed ex tempore fuderit catecheses (*Touttée* l. c. c. 6, n. 40).
[3] ... quamquam id verbum in nonnullis mss. deest (ibid.).

Andererseits muß ich gestehen, daß mich die von Touttée geltend gemachten Gründe keineswegs überzeugen. Dieselben beweisen lediglich, daß der Text der Unterweisungen, wie derselbe gegenwärtig vorliegt, nicht einem von Cyrillus selbst gearbeiteten Manuscripte entnommen sein dürfte, sondern den Aufzeichnungen eifriger Zuhörer, welche die Vorträge des Cyrillus in richtiger Schätzung ihres seltenen Werthes nachschrieben. Das und nichts weiter bezeugt in der That der von Touttée angeführte Verfasser der Chronologica adnotatio[1]. Und eben das genügt vollständig, um die Fehler, die Ungenauigkeiten und die Abweichungen von der rechten Ordnung in den Unterweisungen zu erklären; dem seligen Berthold von Regensburg ist es ja, wie wir früher von ihm selber gehört haben, noch schlimmer gegangen[2]. Was aber das Wort σχεδιασθεῖσα betrifft, so läßt sich dasselbe gerade so gut mit „schnell nachgeschrieben" wiedergeben als durch „aus dem Stegreif gehalten" oder ex tempore habita.

Wenn ich hiernach die Ansicht Touttées ihrem zweiten Theile nach, welchem auch Nirschl in seiner erwähnten Uebersetzung Ausdruck gegeben hat, für unrichtig, jedenfalls für ganz unerwiesen halte, so lasse ich dagegen den ersten Theil derselben gern dahingestellt sein; ob Cyrillus „seine Unterweisungen niedergeschrieben" oder nicht, das dürfte sich schwer endgiltig entscheiden lassen. Uebrigens scheinen mir die letztern, auch in der minder vollendeten Gestalt, wie wir sie haben, den unwidersprechlichen Beweis zu liefern, daß der heilige Kirchenlehrer in mehr als genügendem Maße alle Vorzüge besaß, um im stande zu sein, bei seinen Vorträgen jene Methode zu befolgen, welche Fenelon für die bessere erklärt: das will sagen, nicht dieselben ohne sorgfältige Vorbereitung zu halten, sondern sie nicht vollständig zu schreiben oder jedenfalls sie nicht auswendig zu lernen. (Vgl. unten Abschnitt 15, Nr. 451.)

Die hier folgende Unterweisung ist die sechzehnte „zur Vorbereitung auf die Taufe"; sie schließt sich an den Artikel des Glaubensbekenntnisses der Kirche zu Jerusalem: „Und an den Heiligen Geist, den Tröster, welcher geredet hat durch die Propheten." Der Gewohnheit gemäß wurde vor jeder Unterweisung durch den Lector ein entsprechender Abschnitt aus der Heiligen Schrift gelesen, den der Vortragende bestimmte; vor der sechzehnten Unterweisung ist als Lesung angegeben 1 Kor. 12, 1 ff. Wie aus dem Gesagten schon hervorgeht, richtete sich die Unterweisung zunächst an diejenigen, welche in der Osternacht die Taufe zu empfangen hatten; zugleich waren aber auch Christen aus allen Ständen in großer Zahl dabei gegenwärtig. Als Anrede für ein in dieser Weise aus Getauften und Nichtgetauften zusammengesetztes Auditorium konnte ich nur den Ausdruck „andächtige Zuhörer" wählen; im Original findet sich keine eigentliche Anrede, was sich aus dem früher Gesagten leicht erklärt. Mit Rücksicht auf den Zweck, der mich bestimmte, diese Unterweisung hier in unserer Sprache zu geben, habe ich einige Stellen ausfallen lassen.

---

[1] Ταύτας δὲ μόνας (κατηχήσεις), ἐν τῷ λέγεσθαι τῶν σπουδαίων τινὲς ἐκλαβόντες, ἔγραψαν. — Has autem solas, cum pronuntiarentur excipientes, studiosi quidam exscripserunt (*Migne*, Patr. Graec. tom. XXXIII, col. 325).

[2] Vgl. Bd. I, S. 101.

Schließlich will ich noch darauf aufmerksam machen, daß die früher (Bd. I, S. 110 ff.) nach Hirscher gegebenen Grundsätze, welche in der Darstellung der Lehre vom Heiligen Geiste vor dem Volke zu beobachten seien, in dieser wie in der folgenden Unterweisung des hl. Cyrillus in sehr auffallender Weise hervortreten. Darin liegt ohne Zweifel ein nicht zu unterschätzender Beweis für die Richtigkeit dieser Grundsätze.

---

1. (Nr. 1. 2.) Um euch die Lehre von dem Heiligen Geiste vorzutragen, bedarf ich in Wahrheit in hohem Maße der Gnade des Heiligen Geistes; nicht damit ich rede, wie es seiner würdig ist: denn das ist unmöglich; sondern damit ich im stande sei, das, was ich der Heiligen Schrift entnehme, euch ohne Gefahr eines Irrthums mitzutheilen. . . . Denn nur das, was uns die Heilige Schrift von ihm sagt, werde ich euch vortragen; was sie uns nicht lehrt, danach wollen wir nicht vorwitzig forschen. Es ist der Heilige Geist selbst, der in der Heiligen Schrift zu uns redet: er selber also hat uns über sich das mitgetheilt, was ihm gefiel und für uns gut war. Also das, was er uns gelehrt hat, will ich euch sagen; denn was er uns nicht gelehrt hat, das können wir uns nicht getrauen zu bestimmen.

2. (Nr. 3. 4.) Es gibt nur **einen** Heiligen Geist, nur **einen**, der für uns nach dem Worte des Herrn „der Tröster" ist. Ihr habt bereits gelernt, andächtige Zuhörer, daß es nur **einen** Gott den Vater gibt und keinen zweiten; daß es nur **einen** eingebornen Sohn Gottes gibt, und daß dieser keinen Bruder hat: geradeso gibt es auch nur **einen** Heiligen Geist und nicht noch einen zweiten, der diesem an Majestät und Würde gleichstände. Was ist denn der Heilige Geist? Er ist ein Wesen, unendlich an Macht; er ist Gott und darum unerforschlich und unermeßlich. Er ist das Leben selbst; er erkennt alles; er weihet und heiliget alle Dinge, welche Gott durch Christus schafft[1]. Er ist es, der die Seele der Gerechten erleuchtet: er erfüllte einst die Propheten, er wirkte im Neuen Bunde in den Aposteln. Es ist eine Irrlehre, die ihr verabscheuen sollet, wenn manche sich vermessen, das Wirken des Heiligen Geistes zu spalten. Es gibt nur **einen** Gott den Vater, und er ist der Gott des Alten Bundes sowohl als des Neuen; es gibt nur **einen** Jesus Christus, den Herrn, der im Alten Bunde verheißen wurde und im Neuen Bunde in diese Welt kam: und so gibt es auch nur **einen** Heiligen Geist, der einst durch die Propheten Christus unsern Herrn vorherverkündigte und nach der Menschwerdung des Sohnes Gottes vom Himmel herabstieg, um ihm Zeugniß zu geben.

Darum ist es ein Frevel, den Alten Bund von dem Neuen zu scheiden und zu behaupten, der Heilige Geist des Alten Bundes sei ein anderer als

---

[1] In den zwei letzten Sätzen habe ich vollere Ausdrücke gebraucht, als im Original stehen; auch im Verlauf wird das noch wiederholt der Fall sein. Meine Absicht ist eben, ein Muster einer Unterweisung über den Heiligen Geist zu geben, das sich allerdings treu an die Lehre des hl. Cyrillus anschließt, aber sich dabei soviel als möglich in Ausdrücken bewegt, wie sie der Gegenwart entsprechen.

der des Neuen Bundes; es ist das ein Frevel, sage ich, und eine Sünde wider den Heiligen Geist selber, der gleicher Würde ist mit dem Vater und dem Sohne, und bei der Taufe mit diesen zwei als eine Person der allerheiligsten Dreifaltigkeit genannt wird. Denn der eingeborne Sohn Gottes hat seinen Aposteln mit klaren Worten den Befehl gegeben: „Gehet hin und lehret alle Völker, und taufet sie auf den Namen des Vaters und des Sohnes und des Heiligen Geistes." Unsere Hoffnung gründet sich somit auf den Vater, den Sohn und den Heiligen Geist. Wir lehren nicht, daß es drei Götter gebe: das ist die Ketzerei der Marcioniten; sondern wir bekennen einen Gott, den Vater und den Sohn und den Heiligen Geist. Unser Glaube kennt keine Theilung; wir beten jede dieser drei Personen in gleicher Ehrfurcht an als Gott. Dieselben sind weder ihrer Natur nach voneinander verschieden, noch sind sie, wie der Irrlehrer Sabellius behauptet, nur eine einzige Person: sondern wir glauben in tiefster Ehrfurcht an den einen Vater, der uns seinen Sohn gesendet hat, uns zu erlösen; wir glauben an den einen Sohn, der uns die Verheißung gab, uns vom Vater den Heiligen Geist zu senden; wir glauben an den einen Heiligen Geist, der durch die Propheten geredet hat und der einst am Pfingstfeste hier zu Jerusalem, in der Kirche zu den Aposteln auf dem Berge Sion, in der Gestalt von Zungen aus Feuer über die Apostel herabgekommen ist. Denn alles Gute wurde ja an erster Stelle uns zu theil: hier stieg einst Christus vom Himmel hernieder; hier stieg auch der Heilige Geist vom Himmel hernieder. In Rücksicht hierauf sollten wir diese Unterweisung über den Heiligen Geist eigentlich in der Kirche auf dem Berge Sion halten[1], sowie wir hier, auf Golgatha, die Lehren von Christus und von seinem Leiden vorgetragen haben. Aber der, welcher dort sich über die Apostel herabließ, ist an Majestät und Größe dem, welcher hier ans Kreuz geschlagen wurde, vollkommen gleich; darum halten wir auch diese Vorträge in dieser Kirche: denn unser Glaube und unsere Andacht macht zwischen beiden keinen Unterschied.

3. (Nr. 11. 12.) Hören wir jetzt, was der Herr im Evangelium sagt von dem Geiste, den diejenigen empfangen sollten, die an ihn glaubten. „Wer an mich glaubt," spricht er, „aus dessen Innerem werden, wie die Schrift sagt, Ströme fließen lebendigen Wassers" (Joh. 7, 38): nicht sichtbare Ströme natürlichen Wassers, welche die Erde befruchten, Dornen hervorzubringen und Bäume und Pflanzen, sondern Ströme zur Erleuchtung der Seele. In demselben Sinne sagt der Herr bei einer andern Gelegenheit: „Und das Wasser, das ich ihm geben werde, wird in ihm werden die Quelle eines lebendigen Wassers, das emporströmt ins ewige Leben" (Joh. 4, 14). Das ist wohl ein Wasser ganz neuer Art, das lebt und nach oben strömt, aber nur über diejenigen sich ergießt, die seiner würdig sind!

Aber warum nennt der Herr die Gnade des Heiligen Geistes Wasser? Ich will es euch sagen. Das Wasser ist ein Element, das einen nothwendigen Bestandtheil jedes Dinges bildet; das Wasser gewährt den Thieren wie den Pflanzen Nahrung und Wachsthum; das Wasser ergießt sich im Regen vom Himmel über diese Erde, und indem es überall dieselbe Beschaffenheit hat und

---

[1] Der hl. Cyrillus hielt seine Vorträge in der Kirche der Auferstehung.

einerlei Farbe, bringt es doch die mannigfaltigsten und verschiedenartigsten Wirkungen hervor. Eine und dieselbe Quelle wässert den ganzen Garten, ein und derselbe Regen fällt nieder auf der ganzen Erde: aber er wird in der Narcisse und in der Lilie weiß, roth in der Rose, violett im Veilchen, gelb und blau in der Hyacinthe und wieder anders gefärbt in andern Blumen; er erscheint anders in der Palme und anders in der Rebe des Weinstockes; er wird alles in allen Dingen und bleibt doch stets in seiner Art derselbe, weil er sein Wesen nicht ändert. Denn der Regen ist ja nicht an einem Orte so und dort wieder anders beschaffen, sondern er paßt sich der Natur jeder Pflanze an und wird für eine jede das, was ihr entspricht. In solcher Weise nun theilt auch der Heilige Geist, obgleich er nur einer ist und eines Wesens und untheilbar, jedem Einzelnen die Gnade zu, wie es ihm gefällt. Und gleichwie ein hinwelkender, fast erstorbener Baum, wenn ihn das Wasser wieder durchzieht, wieder zu grünen anfängt und Sprossen zu treiben, so trägt auch die Seele des Sünders, wenn aufrichtige Sinnesänderung sie des Heiligen Geistes wieder würdig macht, wieder edle Trauben der Gottesfurcht und der christlichen Tugend. Und während der Heilige Geist nur eine Wesenheit hat und eine Natur, sind doch die Gnaden, welche der Weisheit Gottes gemäß und um der Verdienste Christi willen von ihm ausgehen, mannigfaltig und verschieden. Dem einen verleiht er Einsicht und Beredsamkeit, einem andern enthüllt er die Zukunft, einem dritten gibt er Gewalt über die bösen Geister, und wieder einen andern setzt er in den Stand, die Heilige Schrift zu verstehen und auszulegen. Hier verleiht er einer Seele ein höheres Maß von Enthaltsamkeit, dort leitet er eine an, Werke der Barmherzigkeit und der Liebe zu üben; diesen lehrt er, sich abzutödten und Uebungen strenger Buße vorzunehmen, jenen, irdische Freuden und sinnlichen Genuß zu verachten, und abermals einen andern macht er stark für den Tod um des Glaubens willen. So wirkt er in jeder Seele in verschiedenartiger Weise, indes er selbst einer ist und immer sich gleich bleibt. Denn also lehrt uns der Apostel: „Einem jeden wird verliehen die Offenbarung des Geistes zum Heile: dem einen wird durch den Geist gegeben das Wort der Weisheit, dem andern aber das Wort der Wissenschaft nach demselben Geiste; dem einen der Glaube in demselben Geiste, einem andern die Gabe, Kranke zu heilen in dem einen Geiste; einem andern die Gabe, Wunder zu wirken, einem andern die Weissagung, einem andern die Unterscheidung der Geister, einem andern die Gabe, in Sprachen zu reden; einem andern die Gabe der Auslegung von Sprachen. Alles dieses", so schließt der Apostel, „alles dieses wirkt aber der eine und derselbe Geist, indem er den Einzelnen insbesondere zutheilt so, wie er will" (1 Kor. 12, 7—11).

4. (Nr. 15—21.) Ihr müßt aber beachten, wenn ihr die Heilige Schrift nicht mißverstehen wollt, daß dieselbe den Namen „Geist" nicht bloß von der göttlichen Person gebraucht, von welcher wir jetzt reden, sondern von verschiedenen Wesen. Insbesondere werden in der Heiligen Schrift auch die Teufel „Geister" genannt. Aber dann ist jedesmal das Beiwort „unrein" hinzugefügt; die Teufel heißen die „unreinen Geister", damit nicht jemand meine, es sei in solchem Falle von dem Heiligen Geiste die Rede. Der Name „Geist" ist nämlich an sich unbestimmt und allgemein; jedes Wesen, das nicht einen sichtbaren und greifbaren Leib hat wie wir, wird in der Sprache der Heiligen

Schrift „Geist" genannt. Einen solchen Leib[1] haben nun aber die Teufel nicht; deßhalb heißen sie „Geister".

Sie sind aber von dem Heiligen Geiste unendlich weit verschieden. Denn wenn der unreine Geist in die Seele eines Menschen eindringt, — gebe der Herr, daß ein jeder aus euch und daß auch alle, die nicht hier sind, vor einem solchen Unglück bewahrt bleiben! — wenn, sage ich, der unreine Geist sich der Seele eines Menschen bemächtigt, dann stürzt er auf sie los, wie ein nach Blut lechzender Wolf sich auf das Schaf stürzt, das er verschlingen will: mit wilder Wuth stürmt er daher, die Empfindung seiner Nähe ist Entsetzen erregend, die Seele fühlt sich in dichte Finsterniß gehüllt; er überfällt sie wider alles Recht, um fremdes Eigenthum mit Gewalt an sich zu reißen und sich nach Belieben des Leibes und der Glieder zu bedienen, die einem andern gehören. Hat er so den Menschen in seine Gewalt gebracht, dann wirft er ihn zur Erde — wie er ja selber einst vom Himmel gefallen ist; dann verdreht er ihm die Zunge, preßt ihm gewaltsam die Lippen zusammen, läßt Schaum aus seinem Munde hervorgehen statt der Worte, umgibt ihn mit Finsterniß[2]: das Auge des Unglücklichen steht offen, aber die Seele sieht durch dasselbe nicht mehr, und er windet sich zitternd wie im Todeskampfe. Fürwahr ein tiefer Haß muß es sein, der den Menschen gegenüber die bösen Geister erfüllt und sie treibt, kein Erbarmen zu kennen, indem sie dieselben so entsetzlich mißhandeln!

Nicht also verfährt der Heilige Geist; das sei fern! Er hat im Gegentheil nur das Beste des Menschen und sein ewiges Heil im Auge. Seine Nähe ist sanft und wohlthuend, wie erquickender Duft das Gefühl derselben, sein Joch milde und leicht; Strahlen von Licht und Einsicht gehen vor ihm her. Er nähert sich der Seele mit dem Herzen und mit der sorgenden Liebe eines schützenden Freundes; denn er kommt, sie zu erlösen, sie gesund zu machen, sie zu unterweisen, zu ermuthigen, zu stärken, zu trösten und zu erleuchten, zunächst sie selber, und durch sie dann weiter auch andere Seelen. Und wie ein Mensch, der im Finstern saß, wenn er mit einemmal an das Licht der Sonne hinausgeführt wird, sein Auge erleuchtet fühlt und nun in voller Klarheit ihm die Dinge sich darstellen, die er früher nicht sehen konnte, so fühlt der, welchen der Heilige Geist heimsucht, seine Seele erleuchtet, und über sich selbst erhoben erkennt er die Dinge, die ihm früher verborgen waren. Dem Leibe nach ist er noch auf der Erde, aber vor seiner Seele thut sich wie in einem Spiegel der Himmel auf. Wie einst Isaias, sieht er dann den Herrn der Heerscharen sitzen hoch auf dem Throne seiner Herrlichkeit, schaut wie Ezechiel den, welcher thront über den Cherubim, sieht wie Daniel die tausendmal tausend, welche ihm dienen, und die zehntausendmal hunderttausend, die ihn rings umstehen[3]; umspannt, so beschränkt er auch ist, mit dem Auge seines Geistes den Anfang der Welt und ihr Ende, die Mitte der Zeiten und die Reihenfolge derer, die über sie herrschen; er hat das alles niemals gelernt, aber der ist bei ihm, von welchem alle Erkenntniß ausgeht und alles Licht.

---

[1] Touttée hält dafür, Cyrillus sei der Ansicht gewesen, daß die Engel und die Teufel nicht reine Geister seien, sondern mit einem sehr feinen, für uns unwahrnehmbaren Leibe bekleidet. Man vergleiche seine Anmerkung zu dieser Stelle bei *Migne* l. c. tom. XXXIII, col. 989.

[2] Vgl. Marc. 9, 17. 19.   [3] Js. 6, 1. Ez. 10, 1. Dan. 7, 10.

Darum, ob auch rings Mauern ihn einschließen, das Auge seines Geistes bringt weit durch sie hinaus, und er erkennt, was fern von ihm andere thun. Der hl. Petrus war nicht zugegen, als Ananias und Saphira ihre Besitzungen verkauften, aber durch den Heiligen Geist war er dennoch Zeuge davon. „Warum", so sprach er, „warum hat Satan dein Herz eingenommen, daß du belügest den Heiligen Geist?" (Apg. 5, 3.) Es war kein Ankläger wider sie aufgetreten; es war kein Zeuge erschienen; wie wußte er um das, was sie gethan hatten? „Blieb dein Acker nicht dir, wenn er blieb, und wenn du ihn verkauftest, war nicht der Kaufpreis zu deiner Verfügung? Warum hat dein Herz sich verleiten lassen, solches zu thun?" (Ebd. 5, 4.) Petrus hatte sich nie mit den Wissenschaften befaßt; aber durch die Eingebung des Heiligen Geistes wußte er das, was auch die Weisesten unter den Heiden nie und nimmer zu entdecken vermocht haben würden. Ein Beispiel derselben Art haben wir an dem Propheten Elisäus (4 Kön. 5, 20 ff.). Er hatte den Naaman von seinem Aussatze geheilt und keinen Lohn dafür annehmen wollen. Sein Diener Giezi indes ließ sich für die Liebe, die ein anderer als er dem Naaman erwiesen, werthvolle Geschenke geben und verbarg dieselben in seinem Hause an einem finstern Orte. Aber vor den Heiligen ist die Dunkelheit nicht finster. Als Giezi wieder zu ihm kam, stellte ihn Elisäus zur Rede; und wie Petrus sprach: „Sage mir, habt ihr wirklich um diesen Preis euern Acker verkauft?" so fragte der Prophet seinen Diener: „Woher kommst du, Giezi?" Nicht, als ob er es nicht gewußt hätte, richtete er an ihn diese Frage, sondern weil er tiefen Schmerz empfand über das, was Giezi gethan. Denn „war nicht mein Herz dabei," sprach er zu ihm, „als der Mann umkehrte von seinem Wagen aus dir entgegen?" Dem Leibe nach war ich hier eingeschlossen; aber der Geist, den Gott mir verliehen, schaut in die Ferne, und er ließ mich klar sehen, was du weit von hier thatest. Du hast Geld genommen dafür, daß ich den Fremden von seinem Aussatze geheilt hatte; dafür sollst du jetzt der Erbe seines Aussatzes sein. Ich habe nach dem Gebote dessen gehandelt, der mir gesagt: Umsonst habt ihr es empfangen, umsonst sollt ihr es auch geben; du hingegen hast die Gnade verkauft: nimm jetzt auch das Handgeld für deinen Handel. — In diesen Beispielen seht ihr, andächtige Zuhörer, wie der Heilige Geist die Seele erleuchtet: wie er nicht nur die Unwissenheit von ihr nimmt, sondern sie auch in den Stand setzt, zu erkennen, was andern verborgen ist.

Und auch die Zukunft vermag er zu enthüllen. Es sind jetzt fast tausend Jahre, daß der Prophet Isaias lebte, und damals schon, wo sie noch eine volkreiche Stadt war, reich an öffentlichen Plätzen, angesehen und mächtig, damals schon stand Sion vor seinem Geiste wie eine verlassene Hütte im Weingarten, und er verkündigte voraus, was sich in unsern Tagen erfüllen sollte. „Sion wird gepflügt werden wie ein Saatfeld," sprach er, „und es wird verlassen stehen die Tochter Sion wie eine Hütte im Weingarten und wie eine Laube in einem Gurkenfelde."[1] Urtheilet selber, ob sich diese Weissagung genau bewährt hat; der Ort ist ja in der That gerade jetzt ganz voll von Gurkenfeldern.

---

[1] Mich. 3, 12. Is. 1, 8. Der hl. Cyrillus schreibt durch ein Versehen auch die erste Stelle dem Propheten Isaias zu.

Aber noch großartigere Wirkungen bringt der Heilige Geist in den Seelen hervor. Wenn du dich jemals, indes du vielleicht saßest, ohne an etwas Bestimmtes zu denken, zur Keuschheit hingezogen fühltest und zur Enthaltsamkeit, dann war er es, der in deinem Herzen wirkte. Hat nicht oft schon eine Jungfrau, da ihr die Aussicht auf eine vortheilhafte Verbindung offen stand, dieselbe zurückgewiesen, weil er sie die Enthaltsamkeit vorziehen lehrte? Hat nicht oft schon ein Mann aus den höchsten Kreisen, vom Heiligen Geiste erleuchtet, auf Rang und Reichthum verzichtet? Hat nicht schon mancher, der in der Blüthe der Jugend stand, da er eine schöne Gestalt sah, das Auge geschlossen und sie nicht angeschaut und so seine Seele vor der unreinen Begierde bewahrt? Fragt ihr, wie das geschah? Es war abermals der Heilige Geist, der ihn so zu handeln bestimmte. Allüberall herrscht in der Welt der Betrug und die Sucht zu besitzen, und Christen entschließen sich, freiwillig arm zu sein. Warum? Auf Antrieb des Heiligen Geistes. O in Wahrheit, eine Gabe von unendlich hohem Werthe ist er, der Heilige Geist, der gute Geist, und wohl mit Grund wird uns die Taufe gespendet auf den Namen des Vaters und des Sohnes und des Heiligen Geistes! In der Kraft des Heiligen Geistes nimmt der Mensch, obgleich noch in sterblichem Leibe, den Kampf auf mit dem Ungestüm einer ganzen Schar böser Geister; oft gelingt es ihm, einen Dämon, den viele mit eisernen Ketten nicht bändigen konnten, durch die Kraft des Heiligen Geistes, der in ihm waltet, vermittelst der Worte des Gebets zu bezwingen: und der bloße Hauch seines Mundes peinigt den unsichtbaren Geist des Abgrunds wie brennend Feuer. Daraus seht ihr, was für einen mächtigen Bundesgenossen und Schützer uns Gott in dem Heiligen Geiste gegeben hat, was für einen großen Lehrer der Kirche, was für einen gewaltigen Schirmer. Darum laßt uns vor den bösen Geistern keine Furcht haben und selbst vor ihrem Haupte, dem Teufel, nicht; denn unvergleichlich viel stärker als sie ist der, welcher für uns wider sie streitet. Nur darauf müssen wir bedacht sein, daß wir ihm den Zugang öffnen; denn wie die Schrift sagt: „Er geht umher und sucht, wer seiner würdig sei" (Weish. 6, 17), das heißt, wem er seine Gaben mittheilen könne.

Warum nennen wir aber den Heiligen Geist, wie im Glaubensbekenntnisse gesagt wird, „den Tröster"? Darum, andächtige Zuhörer, weil er uns eben Trost spendet; weil er durch seine Eingebungen uns Muth einflößt und uns aufrichtet; weil er, wie der Apostel sagt, „sich unserer Schwachheit annimmt". „Denn", fährt der Apostel fort, „um was wir beten sollen, wie sich's gebührt, wissen wir nicht; aber der Geist selber tritt für uns ein mit unaussprechlichem Seufzen" (Röm. 8, 26). Oft geschieht es, daß ein Mensch um Christi willen ungerechterweise Mißhandlungen und Schmach leiden muß; es wartet seiner das Martyrium; er sieht vor seinen Augen nur Folterqualen, Scheiterhaufen, das Schwert, die wilden Thiere oder einen jähen Abgrund. Aber drinnen in seiner Seele vernimmt er die Stimme des Heiligen Geistes: „‚Bleibe treu dem Herrn' (Pf. 26, 14), o Mensch; gering nur ist, was du ertragen mußt, und groß ist der Lohn dafür; nur kurze Zeit hast du zu leiden und wirst dafür dann ewig bei den Engeln sein; ‚nicht zu vergleichen sind die Leiden der gegenwärtigen Zeit mit der einstigen Herrlichkeit, welche offenbar werden soll an uns'" (Röm. 8, 18). Und indem er so zu seinem Herzen redet, läßt er den Menschen das Himmelreich sehen und zeigt ihm das Paradies der Wonne: und der Martyrer sieht nur mit dem Auge des Leibes noch seine Richter, aber dem Geiste nach schon in den Himmel versetzt, achtet er für nichts die Marter, die so entsetzlich schien.

Daß dem so ist, daß die Blutzeugen wirklich nur in der Kraft des Heiligen Geistes mit ihrem Blute dem Herrn Zeugniß gaben, das geht klar hervor aus den Worten, welche der Erlöser selbst zu seinen Jüngern gesprochen: „Wenn sie aber euch hinführen vor die Synagogen und die Obrigkeiten und die Gewaltigen, seid nicht besorgt, was ihr entgegnen oder was ihr reden sollt. Denn der Heilige Geist wird euch lehren zu derselben Stunde, was ihr sprechen müsset" (Luc. 12, 11. 12). Es ist einfach unmöglich, daß ein Mensch Christo dem Herrn mit seinem Blute Zeugniß gebe ohne den Beistand und die Kraft des Heiligen Geistes. Denn wenn, wie wir im Anfange[1] den Apostel sagen hörten, „niemand zu bekennen vermag, daß Jesus der Herr ist, außer im Heiligen Geiste", wer wird dann im stande sein, für Jesus sein Leben zu opfern, außer im Heiligen Geiste?

5. (Nr. 22—24.) In Wahrheit groß ist in dem, was er spendet, der Heilige Geist, wunderbar groß und alles vermögend. Rechnet einmal nach, wieviel ihr seid, die gegenwärtig hier sitzen, alle, die in dieser Kirche versammelt sind. In der Seele jedes Einzelnen wirkt der Heilige Geist auf die jedem angemessene Weise; „er ist" nach der Verheißung des Propheten (Agg. 2, 6) „in unserer Mitte" und sieht das Benehmen eines jeden, sieht unsere Gedanken und unser Herz, sieht, was wir reden und im Sinne haben. Das ist ohne Zweifel schon etwas Großes; aber es ist noch wenig. Bedenket weiter, indem der Heilige Geist euch dabei erleuchtet, wieviel Christen in diesem ganzen Bisthume sind, und noch weiter, wieviel in der ganzen Provinz Palästina. Danach richtet das Auge von dieser Provinz auf das gesamte römische Reich; und dann wieder weiter, auf die ganze Welt: laßt die Völkerstämme der Perser und die Bewohner von Indien an euch vorüberziehen, die Sarmaten, die Gallier, die Spanier, die Mauren, die Libyer und Aethiopier und die vielen andern, die wir nicht einmal zu nennen wissen; denn es gibt noch viele Völker, von denen uns nicht einmal der Name bekannt ist. Stellt euch nun die Bischöfe jedes Volkes vor, ihre Priester, ihre Diakonen, ihre Mönche und Jungfrauen und die übrigen Christen: und danach den Heiligen Geist, wie er sie alle insgesamt regiert und leitet und allen seine Gaben spendet; wie er diesen Keuschheit verleiht, andern Enthaltsamkeit und immerwährende Jungfräulichkeit, andern großen Eifer zu Werken der christlichen Liebe und Mildthätigkeit, wieder andern den Entschluß, auf irdischen Besitz zu verzichten und freiwillig arm zu sein, und abermals andern Gewalt über die bösen Geister. Und wie das Licht mit einemmal, so wie es aufstrahlt, seine Klarheit nach allen Seiten ergießt, so erleuchtet auch der Heilige Geist sofort einen jeden, der offene Augen hat. Wenn darum jemand blind ist und infolge dessen seiner Gnade nicht theilhaftig wird, so klage er nicht den Heiligen Geist an, sondern nur seinen eigenen Unglauben.

---

[1] In dem vor der Unterweisung gelesenen Abschnitte 1 Kor. 12, 1 ff. Vgl. die „Vorbemerkung" S. 132.

In solcher Weise wirkt der Heilige Geist in der ganzen Welt. Aber laßt uns nicht auf der Erde bleiben; laßt uns hinaufsteigen mit unsern Gedanken in den Himmel und dort die zahllosen Myriaden der Engel sehen. Und dann erhebt euch, wenn es euch möglich ist, noch höher hinauf: stellt euch die Erzengel vor, die Kräfte, die Fürstenthümer, die Gewalten, die Throne, die Herrschaften. Der Meister aller dieser Chöre, ihr göttlicher Lehrer, ist der Heilige Geist, der Tröster; er allein ist es, der über sie die Gnade und die Heiligkeit ausgießt. Seiner bedurfte Elias, Elisäus, Isaias, die Menschen waren wie wir; seiner bedürfen Michael und Gabriel, die an der Spitze der Engel stehen. Nichts Erschaffenes ist ihm an Würde gleich; alle Chöre der Engel, die ganze unabsehbare Gesamtheit der Heerscharen des Himmels können mit ihm nicht in Vergleich kommen: sie verschwinden vollständig vor der Majestät des Trösters und der unendlichen Fülle seiner göttlichen Wesenheit. Und indes sie dienende Geister sind, die Gott aussendet, wie es ihm gefällt, durchforscht er die Tiefen Gottes, wie der Apostel uns lehrt, da er schreibt: „Der Geist durchforscht alles, auch die Tiefen Gottes. Denn wer von den Menschen weiß, was des Menschen ist, außer der Geist des Menschen, der in ihm ist? Also auch, was Gottes ist, weiß niemand als der Geist Gottes" (1 Kor. 2, 10. 11).

Er war es, der in den Propheten Christus den Herrn vorherverkündigte; er wirkte in den Aposteln; er ist es auch, der bis auf diesen Tag in der Taufe der Seele sein Siegel aufdrückt. Der Vater gibt dem Sohne, und der Sohn theilt hinwieder dem Heiligen Geiste mit. Denn nicht ich bin es, Jesus Christus selbst ist es, der gesagt hat: „Alles ist mir übergeben worden von meinem Vater" (Matth. 11, 27), und von dem Heiligen Geiste spricht er: „Wenn aber er kommt, der Geist der Wahrheit, .. der wird mich verherrlichen: denn von dem Meinigen wird er nehmen und es euch verkündigen" (Joh. 16, 13. 14). Ihr müßt diese Worte aber nicht unrecht verstehen, indem ihr dieselben nach menschlicher Weise nehmet. Wenn der Herr sagt, daß ihm vom Vater alles übergeben worden sei, so heißt das nicht soviel, als ob er es jemals nicht gehabt hätte, und wenn er sagt, der Heilige Geist werde alles von dem Seinigen nehmen, so ist das nicht so auszulegen, als ob der Heilige Geist später einmal etwas erhalten hätte, was ihm früher abging. Der Vater nämlich, das ist die Lehre unseres Glaubens, der Vater spendet jede Gnade durch den Sohn mit dem Heiligen Geiste. Es werden uns nicht etwa gewisse Gnaden von dem Vater zu theil, andere von dem Sohne und wieder andere von dem Heiligen Geiste: denn es gibt nur eine Erlösung, nur eine Gottheit, nur einen Glauben; wir kennen nur einen Gott den Vater, nur einen Herrn, den eingebornen Sohn des Vaters, nur einen Heiligen Geist, den Tröster. Und hiermit müssen wir uns begnügen; die Natur oder das Wesen Gottes dürfen wir nicht erforschen wollen. Wenn die Heilige Schrift uns auch hierüber Aufschluß gäbe, dann würde ich es euch sagen; aber wo sie schweigt, da dürfen wir nicht verwegen uns selber Aufschluß geben wollen. Damit wir selig werden, ist es genug, für uns zu wissen, daß wir den Vater und den Sohn und den Heiligen Geist anbeten und an sie glauben müssen.

6. (Nr. 25—32.) Eben dieser Heilige Geist war es, der zu der Zeit des Moses über die 70 Aeltesten herabkam — aber ich muß fast besorgen,

geliebte Zuhörer, daß der Vortrag euch zu lang wird und ihr ermüdet. Doch derjenige, über welchen ich euch unterweise, der wird, hoffe ich, uns allen noch weitere Kraft verleihen, mir, um zu reden, und euch, um aufmerksam zuzuhören. Also wie ich sagte, eben dieser Heilige Geist kam zu der Zeit des Moses über die 70 Aeltesten... Moses hatte dieselben nach dem Befehle Gottes ausgewählt; „da stieg", so berichtet die Heilige Schrift, „da stieg herab der Herr in der Wolke und nahm von dem Geiste, der in Moses war, und gab ihn den 70 Männern" (4 Mos. 11, 25), nicht, als ob der Heilige Geist selbst zertheilt worden wäre, sondern es wurde seine Wirksamkeit und seine Gnade vertheilt je nach der Empfänglichkeit jedes Einzelnen.... Später erzählt die Heilige Schrift: „Und Josue, der Sohn des Nun, ward erfüllt von dem Geiste der Weisheit, weil Moses ihm seine Hände aufgelegt hatte" (5 Mos. 34, 9). Aus diesen Worten seht ihr, daß das Zeichen dieser Gnade im Alten und im Neuen Bunde das nämliche ist. Moses theilte den Heiligen Geist mit durch Auflegung der Hände, und der hl. Petrus spendete ihn, wie wir in der Apostelgeschichte (8, 17) lesen, gleichfalls durch Auflegung der Hände. Auch über euch, die ihr die Taufe empfangen sollet, wird die Gnade des Heiligen Geistes kommen; in welcher Weise, das will ich jetzt nicht auseinandersetzen, denn es ist noch nicht die Zeit dazu.

Weiter kam der Heilige Geist über alle Gerechten und Propheten des Alten Bundes: über Enos, Henoch, Noe, über Abraham, Isaak und Jakob. Daß in dem Patriarchen Joseph „der Geist Gottes wäre", das erkannte selbst der König Pharao (1 Mos. 41, 38). Von Moses und den großen Thaten, die er durch den Heiligen Geist ausführte, habt ihr schon oft gehört. Den Heiligen Geist hatte auch Job, dieses Muster starkmüthiger Geduld, und die Heiligen des Alten Bundes insgesamt, deren Namen ich euch im einzelnen nicht anführen will. Auch als die Stiftshütte errichtet werden sollte, sendete Gott den Heiligen Geist, auf daß er Beseleel, den Meister, und seine kunstsinnigen Genossen mit Weisheit erfülle.

Durch die Kraft des Heiligen Geistes übte ferner, wie wir in dem Buche der Richter lesen, Othoniel sein Richteramt, war Gedeon gewaltig, errang Jephte seine Siege, zog Debbora, die Frau, in die Schlacht, vollbrachte Samson, solange er recht handelte und den Heiligen Geist nicht betrübte (Eph. 4, 30), jene Heldenthaten, die über die Kraft des Menschen so weit hinausgehen[1]. Von Samuel und David berichten die Bücher der Könige, wie sie durch den Heiligen Geist weissagten und Meister der Propheten waren. Samuel hatte den Namen „der Seher"; David aber sagt ausdrücklich: „Der Geist des Herrn hat geredet durch mich", und im Psalme betet er zu Gott dem Herrn: „Deinen Heiligen Geist nimm nicht hinweg von mir", und wieder: „Dein guter Geist wird führen mich auf dem rechten Wege."[2] Dann lesen wir in den Büchern der Chronik, daß Azarias unter dem Könige Asa des Heiligen Geistes theilhaftig wurde, Jahaziel unter dem Könige Josaphat und Zacharias, den das Volk steinigte, zur Zeit des Joas[3]. Und im zweiten

---

[1] Richt. 3, 10; 6, 34; 11, 29; 4, 4; 13, 25; 14, 6. 19.
[2] 1 Kön. 9, 9. 11. 2 Kön. 23, 2. Ps. 50, 13; 142, 10.
[3] 2 Par. 15, 1; 20, 14; 24, 20. 21.

Buche Esdras (9, 20) heißt es von dem Volke Israel: „Du gabest ihnen deinen guten Geist, sie zu unterweisen." Daß weiter Elias, der in den Himmel aufgenommen ward, und Elisäus des Heiligen Geistes voll waren, diese zwei große Wunderthäter, das wißt ihr bereits, ohne daß ich es hier weiter ausführe.

Eine große Zahl von Zeugnissen über den Heiligen Geist enthalten endlich die Bücher der Propheten, der zwölf kleinern sowohl als der übrigen. So spricht der Prophet Michäas: „Ich aber bin erfüllt von der Kraft des Geistes Gottes"; der Prophet Joel weissagt im Namen des Herrn: „Und danach wird es geschehen: ich werde ausgießen meinen Geist über alles Fleisch"[1]; und durch Aggäus spricht Gott zu seinem Volke: „Seid stark und fürchtet nicht, denn ich bin mit euch, sagt der Herr der Heerscharen, und mein Geist wird sein in eurer Mitte."[2] Bei Isaias aber, dem gewaltigsten unter den Propheten, steht geschrieben: „Und es wird ruhen auf ihm der Geist des Herrn, der Geist der Weisheit und der Einsicht, der Geist des Rathes und der Stärke, der Geist der Wissenschaft und der Frömmigkeit, und erfüllen wird ihn der Geist der Furcht Gottes." Der Prophet spricht in diesen Worten die Wahrheit aus, daß der Heilige Geist seinem Wesen nach einer ist und ungetheilt, aber seine Wirkungen verschiedenartig. Weiter heißt es bei demselben Propheten: „Siehe, mein Knecht, mein Auserwählter, an welchem Gefallen hat meine Seele; ich habe meinen Geist auf ihn gelegt"; und wiederum: „Ich werde ausgießen meinen Geist über deine Kinder und meinen Segen über deine Nachkommen"; an einer andern Stelle: „Und jetzt sendet mich der Herr, der Allmächtige, und sein Geist"; abermals: „Dies ist mein Bund mit ihnen, spricht der Herr: Mein Geist, welcher ruht auf dir, und meine Worte, die ich gelegt in deinen Mund, sie werden nicht weichen aus deinem Munde"; wieder an einer andern Stelle: „Der Geist des Herrn ist auf mir, deshalb, weil mich gesalbt hat der Herr, frohe Botschaft zu bringen den Armen, hat er mich gesendet"; von den Juden endlich und ihrer Untreue sagt er: „Sie haben zum Zorne gereizt den Geist seines Heiligen und ihn betrübt"; und: „Wo ist der, welcher einst gelegt hat in ihr Inneres den Geist seines Heiligen?"[3]

Kommen wir zu dem Propheten Ezechiel — wenn ihr anders nicht zu sehr ermüdet seid. „Es fiel auf mich der Geist des Herrn", schreibt dieser Prophet, „und sprach zu mir: Rede: also spricht der Herr." Die Worte „er fiel auf mich" müßt ihr recht verstehen: sie sind der Ausdruck einer sehr großen Liebe. So heißt es ja auch, daß Jakob seinem Sohne Joseph „um den Hals fiel", als er ihn nach langer Trennung wiedersah, und der Herr erzählt uns in dem Evangelium, wie der Vater des verlorenen Sohnes, als dieser aus der Fremde zurückkehrte, „von Erbarmen ergriffen ihm entgegeneilte, ihm um den Hals fiel und ihn umarmte". Weiter sagt der Prophet Ezechiel: „Alsbald erhob mich der Geist und führte mich nach Chaldäa zu den Gefangenen, im Schauen, im Geiste Gottes." Andere Zeugnisse aus

---

[1] Καὶ τὰ ἑξῆς, „und das Weitere", heißt es hier im Original. Ohne Zweifel trug Cyrillus entweder die ganze Stelle vor oder dieselbe war seinen Zuhörern schon geläufig. Gegenwärtig ließe sich das letztere sicher nicht voraussetzen.

[2] Mich. 3, 8. Joel 2, 28. Agg. 2, 5. 6.

[3] Is. 11, 2. 3; 42, 1; 44, 3; 48, 16; 59, 21; 61, 1; 63, 10. 11.

demselben Propheten habe ich in einer andern Unterweisung bereits angeführt, wie diese Worte: „Ich will aussprengen über euch reines Wasser, daß ihr rein werdet, und euch geben ein neues Herz, und einen neuen Geist legen in eure Mitte, und bewirken, daß ihr wandelt in meinen Geboten und haltet und übet meine Satzungen"; ebenso diese andern: „Es kam über mich die Hand des Herrn, und sie führte mich hinaus im Geiste des Herrn."[1]

Wieder war es der Heilige Geist, welcher der Seele des Daniel jene Weisheit verlieh, auf daß er Gericht hielte über die zwei Greise, er selber noch so jung an Jahren. Susanna, die keusche Frau, war als Ehebrecherin zum Tode verurtheilt worden. Kein Anwalt tritt für sie auf; denn wer hätte sie den Händen der zwei Greise, der hoch angesehenen Richter des Volkes, entreißen können? Man führt sie hinaus zum Tode; sie ist schon in den Händen der Scharfrichter. Da mit einemmal erscheint ihr ein Helfer, der Tröster selbst, der Geist Gottes, welcher heiliget jede vernünftige Creatur. Auf, spricht er zu Daniel, auf, junger Mann, erhebe die Anklage wider die Alten, die noch angesteckt sind von den Sünden der Jugend! Denn so erzählt die Heilige Schrift: „Da erweckte der Herr den Heiligen Geist in einem jungen Manne, dessen Name war Daniel." Und um es kurz zu sagen, durch das Wort des Daniel wurde die keusche Frau gerettet. Ausführlich kann ich euch jetzt die Geschichte nicht vortragen; ich wollte nur das Zeugniß über den Heiligen Geist anführen. Selbst der König Nabuchodonosor erkannte, daß in Daniel der Heilige Geist wäre, denn er sagte zu ihm: „Daniel, du Oberster der Wahrsager, ich weiß, daß du den Heiligen Geist Gottes in dir hast."[2] Zum Theil enthielten diese Worte die Wahrheit, zum Theil waren sie unrichtig. Daß Daniel den Heiligen Geist habe, war richtig; aber er war nicht der Oberste der Wahrsager; denn er gehörte nicht zu den Zeichendeutern, sondern sein Wissen kam vom Heiligen Geiste. Eben dadurch hatte er dem Könige auch früher schon den Traum von der großen Bildsäule ausgelegt, dessen der König selbst, der ihn gehabt hatte, sich nicht mehr erinnerte (Dan. 2, 31 ff.). Da seht ihr, was der Heilige Geist vermag: Dinge, welche diejenigen, die sie gesehen haben, nicht mehr wissen, lehrt er andere erkennen und auslegen, obgleich sie ihnen vollständig fremd waren.

Noch sehr vieles könnte ich euch aus dem Alten Testamente vorführen und dadurch die Lehre von dem Heiligen Geiste vollständiger auseinandersetzen; aber es ist uns nicht viel Zeit mehr übrig[3], und ich darf euch nicht übermäßig in Anspruch nehmen. Darum wollen wir uns für jetzt mit dem begnügen, was ich heute aus dem Alten Testamente angeführt habe, und in der nächsten Unterweisung, wenn es Gott gefällt, jene Zeugnisse erwägen, welche aus dem Neuen Testamente noch übrig sind. Indessen möge der Gott des Friedens, um unseres Herrn Jesus Christus und um der Liebe des Heiliges Geistes willen, euch alle der himmlischen Gaben seines Geistes theilhaftig machen. Sein ist die Herrlichkeit und die Macht in alle Ewigkeit. Amen.

---

[1] Ez. 11, 5; 11, 24; 36, 25—27; 37, 1.
[2] Dan. 4, 6. In der Vulgata lautet die Stelle etwas anders.
[3] Weil das Osterfest schon sehr nahe war und mit diesem die Taufe und das Ende dieser Unterweisungen.

Aus der zweiten Unterweisung des hl. Cyrillus von Jerusalem über den Heiligen Geist[1].

1. (Nr. 1—3.) In der letzten Unterweisung habe ich Eurer Liebe[2] einen kleinen Theil von den Zeugnissen der Schrift über den Heiligen Geist, so gut ich konnte, vorgetragen. Jetzt wollen wir mit Gottes Hilfe diejenigen ins Auge fassen, welche aus dem Neuen Testamente noch übrig sind. Wie ich aber neulich, damit mein Vortrag nicht zu lang würde, manches unerwähnt lassen mußte, so kann ich auch heute von dem, was noch übrig ist, nur einen Theil berücksichtigen; denn die Lehre vom Heiligen Geiste umfaßt sehr viel, und meine Kraft, das gestehe ich euch offen, reicht nicht aus, euch dieselbe erschöpfend vorzutragen. Auch heute werde ich nicht gelehrte Gedanken bringen, die von Menschen stammen, denn davon hättet ihr keinen Nutzen; vielmehr will ich euch nur an das erinnern, was die Heilige Schrift uns lehrt. Auf diese Weise können wir nicht irre gehen; denn wir folgen so der Lehre des Apostels Paulus, wenn er schreibt: „Wir reden nicht in erlernten Worten menschlicher Weisheit, sondern nach der Lehre des Heiligen Geistes fassen wir das auf, was geistig ist" (1 Kor. 2, 13).

Und dabei verfahren wir wie solche, die zu Lande oder zur See eine weite Reise machen: sie haben nur ein Ziel im Auge, das sie erreichen wollen; aber die Schwachheit und die Bedürfnisse der Natur nöthigen sie doch, mehrfach in einer Stadt oder in einem Hafen Halt zu machen. Wenn ich also aus dem nämlichen Grunde zwei Unterweisungen über den Heiligen Geist halte, so dürft ihr daraus nicht den Schluß ziehen, als ob es einen doppelten Heiligen Geist gäbe; denn derselbe ist seinem Wesen nach durchaus nur einer... Und insbesondere ist der Tröster nicht eine von dem Heiligen Geiste verschiedene Person[3], sondern diese zwei Namen bezeichnen nur einen und denselben Geist, welcher eine lebendige Person ist, welcher redet und wirkt und alle mit Vernunft begabten Wesen, die Gott durch Christus erschaffen hat, durch seine Gnade heiligt. Eben darum, damit sich niemand durch die verschiedenen Namen des Heiligen Geistes verleiten ließe, irrigerweise zu meinen, als ob durch diese Namen auch verschiedene Wesen bezeichnet würden, eben darum hat die katholische Kirche in weiser Fürsorge uns gelehrt, im Glaubensbekenntnisse unsern Glauben auszusprechen „an den einen Heiligen Geist, den Tröster, welcher geredet hat durch die Propheten". Sie wollte uns hierdurch nahelegen, daß es nur einen Heiligen Geist gibt, so vielfach und verschieden auch die Namen sind, mit denen derselbe bezeichnet wird.

---

[1] Diese ist unter den 18 Unterweisungen „zur Vorbereitung auf die Taufe" *(ad illuminandos)* die vorletzte. Als die derselben vorausgehende Lesung ist angegeben 1 Kor. 12, 8 ff. (Vgl. die „Vorbemerkung" S. 132.)

[2] Ταῖς τῆς ὑμετέρας ἀγάπης ἀκοαῖς. „Euer Lieb und Andacht" sagt man in Süddeutschland bei gewissen Veranlassungen noch jetzt, aber meines Wissens leider nicht mehr in der Predigt. Caritas Vestra kommt bei dem hl. Augustin oft vor.

[3] Das war die Irrlehre der Valentinianer und zum Theil auch der Montanisten.

2. (Nr. 4. 5.) Von diesen verschiedenen Namen will ich euch jetzt zunächst einige angeben. Mitunter wird einfach der Name „Geist" gebraucht, wie in der Stelle, die wir eben vorlesen hörten: „Dem einen wird durch den Geist gegeben das Wort der Weisheit."[1] Ein anderes Mal heißt er „der Geist der Wahrheit", wie in den Worten des Erlösers: „Wenn aber Er kommen wird, der Geist der Wahrheit" (Joh. 16, 13). Dann heißt er „der Tröster", wie gleichfalls in den Worten des Erlösers: „Wenn ich nicht weggehe, wird der Tröster nicht kommen zu euch" (Joh. 16, 7). Daß nun diese drei Namen ein und dasselbe Wesen bezeichnen, davon könnt ihr euch sehr leicht überzeugen. Einmal sagt der Herr: „Der Tröster aber, der Heilige Geist" (Joh. 14, 26); hiernach ist offenbar „der Heilige Geist" und „der Tröster" das nämliche. An einer andern Stelle aber heißt es: „Und einen andern Tröster will ich euch geben, daß er bei euch bleibe ewiglich, den Geist der Wahrheit", und wieder: „Wenn aber kommt der Tröster, den ich euch senden werde von dem Vater, der Geist der Wahrheit" (Joh. 14, 16; 15, 26); folglich ist auch „der Geist der Wahrheit" kein anderer als „der Tröster".

Ein anderer Name ist „der Geist Gottes", wie geschrieben steht: „Und ich sah den Geist Gottes herabsteigen wie eine Taube" (Joh. 1, 32), und wiederum: „Die getrieben werden vom Geiste Gottes, alle die sind Kinder Gottes" (Röm. 8, 14). Ferner heißt er „der Geist des Vaters", wie da der Erlöser spricht: „Nicht ihr seid es, die reden, sondern es ist der Geist eures Vaters, der in euch redet" (Matth. 10, 20), oder wenn der Apostel Paulus schreibt: „Darum beuge ich meine Kniee zu dem Vater unseres Herrn Jesu Christi, . . . daß er euch gebe . . . mit Kraft ausgestattet zu werden durch seinen Geist" (Eph. 3, 14. 16). Dann heißt er „der Geist des Herrn", wie in den Worten des hl. Petrus: „Warum seid ihr übereingekommen, zu versuchen den Geist des Herrn?" (Apg. 5, 9.) Weiter „der Geist Gottes und Christi", wie der Apostel schreibt: „Ihr seid nicht im Fleische, sondern im Geiste, wenn anders der Geist Gottes in euch wohnt. Wenn aber jemand den Geist Christi nicht hat, so gehört er ihm nicht an" (Röm. 8, 9). Dann „der Geist des Sohnes Gottes", wie geschrieben steht: „Weil ihr aber Kinder (Gottes) seid, darum hat Gott den Geist seines Sohnes in eure Herzen gesendet" (Gal. 4, 6). . . .

Noch verschiedene andere Namen für den Heiligen Geist finden sich in der Heiligen Schrift. Der Apostel Petrus nennt ihn in seinem ersten Sendschreiben (1, 2) „den Geist der Heiligung", und der Apostel Paulus „den Geist der Kindschaft": „Ihr habet", schreibt er an die Römer (8, 15), „ihr habet nicht abermals den Geist der Knechtschaft empfangen zur Furcht, sondern empfangen habt ihr den Geist der Kindschaft, in welchem wir rufen: Abba, Vater." In dem Briefe an die Epheser (1, 13) nennt ihn derselbe Apostel „den Geist der Verheißung"; in dem Briefe an die Hebräer (10, 29) „den Geist der Gnade". Ich könnte euch noch ähnliche Namen dieser Art anführen. In der letzten Unterweisung haben wir bereits gesehen, wie er in den Psalmen einmal „der gute Geist" genannt wird, ein anderes Mal „der edle

---

[1] 1 Kor. 12, 8. Vgl. S. 144, Note 1.

Geist"[1]; wie er bei dem Propheten Isaias „der Geist der Weisheit und der Einsicht" heißt, „der Geist des Rathes und der Stärke, der Wissenschaft und der Frömmigkeit und der Furcht Gottes" (oben S. 142).

Aus alle diesem nun, sowohl was ich früher als was ich heute gesagt habe, geht klar hervor, daß es nur einen Heiligen Geist gibt, so verschieden auch seine Namen sind; daß dieser Geist eine lebendige Person ist und von Ewigkeit eines mit dem Vater und dem Sohne; ... daß er redet und wirkt und Gnaden spendet und heiligt. Denn, wie ich neulich schon gesagt habe, alles, was Gott wirkt zu unserer Erlösung und zu unserem Heile, das ist die eine gemeinsame That des Vaters und des Sohnes und des Heiligen Geistes, ohne jede Theilung oder Trennung. So haltet also fest, ich wiederhole es, daß der Heilige Geist des Alten Bundes nicht ein anderer ist als der des Neuen, daß es vielmehr einer und derselbe ist, der in den heiligen Büchern des Alten wie des Neuen Bundes zu uns redet.

3. (Nr. 6—9.) Dieser Heilige Geist ist es, der über die heilige Jungfrau Maria kam. Sie sollte die Mutter Christi werden, des eingebornen Sohnes Gottes; darum überschattete sie die Kraft des Allerhöchsten, darum kam über sie der Heilige Geist und heiligte sie, damit sie den aufnehmen könnte, durch welchen alles gemacht ist. Wir haben schon früher gehört, daß diese ihre Mutterschaft von jeder Makel und allem, was niedrig ist, vollkommen frei war; darum brauche ich das nicht abermals zu sagen. Ich verkündige dir nur, was geschehen soll, sagte der Erzengel zu ihr, aber ich habe keinen Theil daran. Ich bin nur gesandt, dir meine Ehrfurcht zu bezeigen und dich zu grüßen; daß du die Mutter des Sohnes Gottes wirst, das ist die Gnade eines andern: „Der Heilige Geist wird über dich kommen und die Kraft des Allerhöchsten dich überschatten; darum wird das Heilige, das geboren werden soll aus dir, der Sohn Gottes genannt werden" (Luc. 1, 35).

Weiter offenbaren sich die Wirkungen des Heiligen Geistes an Elisabeth. Denn seine liebreiche Fürsorge und seine Gnade wird nicht nur den Jungfrauen zu theil, sondern auch denen, die in rechtmäßiger Ehe leben. „Und Elisabeth", sagt die Schrift, „ward erfüllt vom Heiligen Geiste" (Luc. 1, 41) und weissagte: „Wie wird das mir zu theil," so sprach die fromme Dienerin Gottes, „daß die Mutter meines Herrn zu mir kommt?" Sie schätzte sich so glücklich ob eines solchen Besuches. Wieder war es der Heilige Geist, der bald nachher den Zacharias erfüllte, daß auch er weissagte und verkündigte, welch großes Heil und welche Gnade der eingeborne Sohn Gottes der Welt bringen würde und daß Johannes der Täufer sein Vorläufer zu werden bestimmt sei; Er war es abermals, der dem Simeon, diesem gerechten Manne, die Verheißung gegeben hatte, er werde den Tod nicht sehen, ehe er den Gesalbten des Herrn gesehen hätte; er führte den Greis in den Tempel, daß er das Kind auf seine Arme nähme und demselben Zeugniß gäbe.

Von Johannes erzählt uns der Evangelist, daß er von dem Schoße seiner Mutter an mit dem Heiligen Geiste erfüllt und von ihm geheiligt ward, um einst den Herrn zu taufen. Er selbst konnte den Heiligen Geist nicht

---

[1] Ps. 142, 10; 50, 14. Vgl. oben S. 141. Die zweite Stelle, Ps. 50, 14, führt der hl. Cyrillus in der 16. Unterweisung übrigens nicht an.

ertheilen, sondern er verkündigte den, welcher ihn ertheilen sollte. Deshalb sprach er zu dem Volke: „Ich taufe euch nur im Wasser; derjenige aber, welcher nach mir kommt, ... der wird euch in dem Heiligen Geiste taufen und im Feuer" (Matth. 3, 11). Warum sagte er: „im Feuer"? Weil der Heilige Geist einst in Zungen aus Feuer herabkommen sollte... Als dann der Herr von ihm wirklich die Taufe empfing, da stieg auf diesen selbst der Heilige Geist herab, damit seine hohe Würde nicht verborgen bliebe. In diesem Sinne sagte Johannes der Täufer: „Der, welcher mich sandte, zu taufen im Wasser, der sprach zu mir: Auf den du sehen wirst den Geist herniedersteigen und bleiben auf ihm, dieser ist es, welcher tauft im Heiligen Geiste" (Joh. 1, 33). ...

4. (Nr. 11. 12.) Lasset uns jetzt über den Heiligen Geist die Worte des Erlösers selbst vernehmen. Er versichert uns, daß wir nicht anders als durch den Heiligen Geist des ewigen Lebens würdig werden können: „Wenn jemand nicht wiedergeboren wird aus dem Wasser und dem Heiligen Geiste, so kann er nicht eingehen in das Reich Gottes" (Joh. 3, 5). Er lehrt uns, daß es der Vater ist, von dem wir den Heiligen Geist empfangen: „Wenn ihr, die ihr böse seid, euern Kindern gute Gaben zu geben wißt, um wieviel mehr wird mein Vater vom Himmel seinen guten Geist denjenigen geben, die ihn darum bitten" (Luc. 11, 13) ... Er lehrt uns, daß das Heil und die Erlösung, die er uns brachte, das Werk des Heiligen Geistes ist, daß mithin ein jeder, der die Gnade der Erlösung hartnäckig zurückweist, eben dadurch gegen den Heiligen Geist sündigt und unrettbar verloren ist, solange er in dieser Gesinnung verharrt: „Wenn ich", so sprach er in diesem Sinne zu den verstockten Pharisäern, „wenn ich durch den Geist Gottes die Teufel austreibe, dann ist offenbar das Reich Gottes zu euch gekommen"; „deshalb sage ich euch, jegliche Sünde und Lästerung wird erlassen werden den Menschen; aber die Lästerung des Heiligen Geistes wird nicht erlassen werden. Und wer ein Wort redet wider den Sohn des Menschen, es wird ihm nachgelassen werden; wer aber wider den Heiligen Geist redet, dem wird es nicht nachgelassen werden, weder in dieser Welt noch in der zukünftigen" (Matth. 12, 28. 31. 32).

Ganz vorzüglich aber sprach der Sohn Gottes mit seinen Jüngern von dem Heiligen Geiste am letzten Abende vor seinem Leiden, da er von ihnen Abschied nahm. Er wollte sie dadurch aufrichten, trösten, ermuthigen. „Ich werde den Vater bitten," sagte er zu ihnen, „und er wird euch einen andern Tröster geben, damit er bei euch bleibe ewiglich, den Geist der Wahrheit, den die Welt nicht empfangen kann, weil sie ihn nicht sieht und ihn nicht kennt; ihr aber kennet ihn, denn er wird bei euch bleiben und in euch sein." „Dieses", fuhr er fort, „habe ich zu euch geredet, da ich noch bei euch weile. Der Tröster aber, der Heilige Geist, welchen der Vater euch senden wird in meinem Namen, er wird euch alles lehren und euch alles nahelegen, was ich euch je gesagt habe." Später kommt er abermals darauf zurück: „Wenn gekommen sein wird der Tröster, welchen ich euch senden werde vom Vater, der Geist der Wahrheit, der vom Vater ausgeht, dann wird er Zeugniß geben von mir." Dann tröstet er sie wieder: „Ich sage euch die Wahrheit: es ist gut für euch, daß ich weggehe; denn wenn ich nicht weggehe, wird der Tröster nicht kommen zu euch; nachdem ich aber weggegangen bin, werde ich ihn euch senden. Und wenn er gekommen ist, dann wird er die Welt überweisen über die Sünde und über die Gerechtigkeit und über das Gericht." „Noch vieles", so schließt endlich der Herr, „noch vieles habe ich euch mitzutheilen, aber ihr könnt es jetzt nicht tragen. Wenn aber jener gekommen ist, der Geist der Wahrheit, dann wird er euch einführen in alle Wahrheit; denn er wird nicht reden von sich selber aus, sondern was er gehört hat, wird er reden, und das Zukünftige wird er euch verkündigen. Er wird mich verherrlichen, weil er von dem Meinigen nehmen und es euch mittheilen wird. Alles, was immer der Vater hat, ist mein; darum habe ich gesagt: von dem Meinigen wird er nehmen und es euch mittheilen."[1] Das sind alles Worte des eingebornen Sohnes Gottes; ich habe euch dieselben vorlesen wollen, damit ihr nicht den Worten der Menschen Gehör schenket.

Zunächst gab dann der Erlöser seinen Aposteln theil an der Gnade des Heiligen Geistes schon am Tage seiner Auferstehung. „Er hauchte sie an", erzählt der Evangelist, „und sprach zu ihnen: Empfanget den Heiligen Geist! Welchen ihr die Sünden nachlassen werdet, denen sind sie nachgelassen, und welchen ihr sie behalten werdet, denen sind sie behalten" (Joh. 20, 22. 23). Einst, als er im Anfange den Menschen schuf, hatte Gott ihn gleichfalls angehaucht (1 Mos. 2, 7) und ihn dadurch der Gnade des Heiligen Geistes theilhaftig gemacht; aber diese Gnade war durch die Sünde wieder verloren gegangen, darum haucht er sie jetzt abermals an. Wenn er ihnen aber hierdurch für jetzt theil gab an der Gnade des Heiligen Geistes, so sollte dieselbe bald in viel reicherem Maße über sie kommen. Gern, so sprach er zu ihnen, gern möchte ich euch jetzt schon mehr geben; aber ihr seid noch nicht im stande, mehr zu fassen. Darum empfanget für jetzt soviel, als eurer Kraft angemessen ist, und wartet noch auf das vollere Maß; „bleibet in Jerusalem, bis ihr angethan werdet mit Kraft aus der Höhe" (Luc. 24, 49). . . .

5. (Nr. 13—19.) So stieg denn der Herr hinauf zum Himmel und erfüllte, was er ihnen verheißen. „Ich werde den Vater bitten," hatte er zu ihnen gesagt, „und er wird euch einen andern Tröster geben" (Joh. 14, 16). Sie harrten aus und warteten auf die Ankunft des Heiligen Geistes; „und", sagt die Schrift, „als der Tag des Pfingstfestes gekommen war", — hier in unserer Stadt, in Jerusalem; denn auch diese Ehre gehört uns, und wir reden jetzt nicht von Gnaden Gottes, die anderswo gespendet sind, sondern die hier bei uns der Menschheit zu theil wurden. Also am Tage des Pfingstfestes waren sie versammelt, da stieg der Tröster vom Himmel herab; da kam er, der die Kirche hütet und heiligt, der Führer der Seelen, der im Sturme das Steuer hält, der den Irrenden leuchtet, der für den Kampf die Preise aussetzt und den Siegern die Krone reicht. Er kam, sage ich, die Apostel mit Kraft zu umgeben und sie zu taufen. Denn der Herr hatte ja zu ihnen gesagt: „Ihr werdet getauft werden in dem Heiligen Geiste nach nicht vielen Tagen" (Apg. 1, 5). Nicht einen Theil der Gnade empfingen sie dieses Mal, sondern es kam über sie die Kraft des Heiligen Geistes nach ihrer ganzen Fülle. Wie nämlich der Mensch, wenn er ins Wasser hinabsteigt, um die Taufe zu empfangen, nach allen Seiten rings vom Wasser umgeben wird,

---

[1] Joh. 14, 16. 17. 25. 26; 15, 26; 16, 7. 8. 12—15.

so umgab sie nach allen Seiten, wie eine Fluth, der Heilige Geist, nur noch mit dem Unterschiede, daß das Wasser bloß von außen mit dem Leibe in Berührung tritt, indes der Heilige Geist auch das tiefste Innere der Seele ergreift. Kommt euch das unverständlich vor? Ich will es euch durch ein Gleichniß aus dem täglichen Leben erklären, das zwar nur ein schwaches und unvollständiges Bild gibt, aber doch vielleicht manchem dienlich sein kann. Wenn ihr ein Stück Eisen ins Feuer haltet, dann geht das Feuer ein in dasselbe und durchdringt es und macht es ganz zu Feuer; es war früher kalt, und jetzt ist es glühend, es war dunkel, und jetzt leuchtet es hell. Nun ist das Feuer nicht ein Geist, sondern etwas Körperliches und das Eisen gleichfalls. Wenn mithin ein körperliches Element, ohne Widerstand zu finden, in einen andern Körper einzubringen und ihn also umzuwandeln vermag, ist es da zu verwundern, wenn der Heilige Geist in die innerste Tiefe der Seele bringt?

Die großartige Bedeutung der Gnade, die sich über die Apostel ergoß, sollte aber nicht verborgen bleiben; darum erscholl gleichsam eine Posaune vom Himmel. Denn, wie der hl. Lucas berichtet, „es entstand plötzlich vom Himmel ein Brausen wie eines dahinfahrenden gewaltigen Sturmes", weil nämlich derjenige sich nahte, der die Menschen lehrt, das himmlische Reich mit Gewalt an sich zu reißen; „und dieses Brausen erfüllte das ganze Haus, wo sie versammelt waren" (Apg. 2, 2). So war also das Haus der Behälter für das geistige Wasser; die Jünger befanden sich in dem Hause, und das Haus füllte sich ganz mit jener unsichtbaren übernatürlichen Fluth; so wurden sie vollständig in dieselbe eingetaucht und darin getauft, wie der Herr es ihnen verheißen hatte. . . . „Und sie sahen Zungen wie aus Feuer, die sich vertheilten und sich auf einen jeden von ihnen niederließen, und es wurden alle erfüllt mit dem Heiligen Geiste" (Apg. 2, 3. 4). Das Feuer ging ein in sie; aber es war nicht verbrennendes Feuer, sondern solches, das die Kraft hat zu heiligen, das die Dornen der Sünden verzehrt und der Seele überirdische Schönheit verleiht. Bald wird auch über euch dieses Feuer kommen, um eure Sünden wie Dornen hinwegzunehmen und zu vertilgen, um das edle Bild Gottes in eurer Seele noch schöner zu machen und euch die Gnade mitzutheilen; denn auch damals machte es die Apostel derselben theilhaftig. Die feurigen Zungen aber, welche sich auf sie niederließen, sollten ihrem Haupte wie eine neue geistige Krone sein. Vor den Garten der Wonne hatte Gott einst, nach der ersten Sünde, einen Cherub mit einem feurigen Schwerte gestellt, daß er jedem den Zutritt verwehre; jetzt brachten feurige Zungen der Menschheit die Gnade zurück, und der Eingang des Paradieses war ihr wieder erschlossen.

„Und sie hoben an", sagt die Schrift weiter, „zu reden in fremden Sprachen, wie der Heilige Geist es ihnen auszusprechen gab" (Apg. 2, 4). Petrus und Andreas, obgleich beide aus Galiläa, redeten in der Sprache der Perser oder der Meder; ebenso redeten Johannes und die übrigen zu den verschiedenen Völkern je in ihrer Sprache. Denn nicht erst seit den letzten Jahren strömen hier in Jerusalem fort und fort so viele Fremde aus allen Ländern der Erde zusammen; schon zu jener Zeit war es so. Aber wo gibt es sonst einen so gewandten Lehrmeister, der seine Schüler in einem Augen=

blicke Dinge zu lehren versteht, über welche sie nie einen Unterricht empfangen haben? Man braucht so viele Jahre, um mit Hilfe einer Grammatik und vielfältiger Uebung es dahin zu bringen, daß man sich bloß in der griechischen Sprache geläufig auszudrücken versteht, und keineswegs alle sprechen dieselbe gleich gut: ein Meister der Redekunst bringt es darin vielleicht zur Vollkommenheit, aber nicht immer auch ein Lehrer der Grammatik, und wer auch die Grammatik inne hat, dem ist die Philosophie wieder fremd. Aber der Heilige Geist macht die Apostel in einem Augenblicke vertraut mit einer Menge von Sprachen zugleich, die ihnen bis dahin völlig unbekannt gewesen waren. Das ist fürwahr eine bewunderungswürdige Weisheit, das ist ein offenbares Werk Gottes. Oder in welchem Verhältnisse steht die langjährige Unwissenheit der Apostel zu dieser nie erhörten Kenntniß so vieler Sprachen, die ihnen jetzt mit einemmal zu theil geworden war?

Als das Volk, das infolge des Brausens in großer Menge zusammengeströmt war, die Apostel in so vielen Sprachen reden hörte, ward es verwirrt (Apg. 2, 6). Das war eine neue Verwirrung, jener einstigen traurigen Verwirrung entgegengesetzt, welche Gott bei dem Thurmbau zu Babel verhängt hatte, um den Hochmuth zu strafen. Denn die letztere führte zur Entzweiung der Gemüther, weil das Werk, das sie unternommen hatten, gegen Gott gerichtet war; die Verwirrung am Pfingstfeste dagegen stellte die Eintracht wieder her, weil sie guten Willens waren. Also sie verwunderten sich und sprachen: „Wie hören wir diese Männer ein jeder in seiner Landessprache reden?" Einige aber spotteten und sagten: „Sie sind voll von süßem Wein" (Apg. 2, 8. 13). Das war Spott, aber es war doch wieder die Wahrheit. Denn sie war in der That ein süßer Wein, die Gnade des Neuen Bundes, aber ein Wein von jenem unsichtbaren Weinstocke, der zur Zeit der Propheten oft schon Früchte getragen und jetzt mit neuer Kraft in vollere Blüthe trat. Wie nämlich, um das Bild festzuhalten, ein natürlicher Weinstock immer derselbe bleibt, aber nicht in jedem Jahre gleich fruchtbar ist: so hatte der Heilige Geist auch schon in den Propheten gewirkt; aber jetzt begann er ein neues, viel großartigeres Werk. Auch den Heiligen des Alten Bundes hatte er von seiner Gnade gegeben: aber jetzt ergoß er dieselbe in überströmender Fülle; jene hatten einen Theil derselben empfangen: die Apostel wurden, wie wir vorher gesagt haben, „in dem Heiligen Geiste getauft".

Indes Petrus wußte, was ihn erfüllte; darum „erhob er seine Stimme, und sprach zu ihnen": Ihr Männer aus Israel, die ihr stolz seid auf den Propheten Joel und doch die Schrift nicht verstehet! „Nicht, wie ihr vermuthet, sind diese hier trunken" (Apg. 2, 14. 15). Trunken sind sie nämlich allerdings, aber nicht so, wie ihr es meinet, sondern wie die Schrift sagt: „Sie werden trunken werden von der Fülle deines Hauses, und mit dem Strome deiner Wonne wirst du sie tränken" (Pf. 35, 9). Ihre Trunkenheit ist eine vollkommen besonnene, welche, ganz anders als leibliche Trunkenheit, die Sünde tilgt und dem Herzen das Leben gibt. Leibliche Trunkenheit bewirkt, daß der Mensch sich auch solcher Dinge nicht mehr erinnert, die ihm sonst vollkommen bekannt sind; diese Trunkenheit dagegen verleiht umfassendes Wissen. Sie sind trunken von dem Weine jenes geistigen Weinstockes, der gesagt hat: „Ich bin der Weinstock, und ihr seid die Reben" (Joh. 15, 5).

Und wenn ihr mir nicht glauben wollt, so denkt nur, in welcher Stunde des Tages wir stehen: „Es ist ja erst die dritte Tagesstunde!" Der, welcher nach dem Evangelisten Marcus (15, 25) um die dritte Stunde ans Kreuz geschlagen wurde, derselbe hat heute um die dritte Stunde seine Gnade auf die Erde gesendet. Denn seine Gnade ist nicht eine andere als die Gnade des Heiligen Geistes; der Gekreuzigte gab uns einst die Verheißung, und jetzt hat er sie erfüllt. Wenn ihr aber, fuhr der Apostel fort, wenn ihr aber noch ein Zeugniß aus der Schrift verlanget, so höret: „Dieses ist das, was gesagt worden ist durch den Propheten Joel: Es wird geschehen danach, spricht der Herr, ich werde ausgießen von meinem Geiste über alles Fleisch, und es werden weissagen eure Söhne und eure Töchter, und auf meine Knechte und meine Mägde werde in jenen Tagen ich ausgießen von meinem Geiste, und sie werden weissagen" (Apg. 2, 16—18). Der Heilige Geist, das seht ihr aus diesen Worten, der Heilige Geist macht keinen Unterschied der Person; denn er sucht nicht irdischen Rang und Würde, sondern ein frommes Herz. Darum soll der Reiche sich nicht eitlem Selbstvertrauen hingeben und der Arme nicht den Muth sinken lassen; jeder sei nur darauf bedacht, daß er sich gut vorbereite, der himmlischen Gnade theilhaftig zu werden.

6. (Nr. 20.) Ich habe euch heute schon lange aufgehalten, und ihr seid vielleicht müde. Aber es ist noch manches übrig, und wenn ich euch die Lehre vom Heiligen Geiste vollständig vortragen wollte, so müßte ich noch eine dritte Unterweisung halten, ja noch mehrere. Aber ich kann in dieser Beziehung nichts anderes thun als auf eure Nachsicht rechnen. Das heilige Osterfest ist schon sehr nahe: darum habe ich heute die Unterweisung weiter ausgedehnt; und doch war es mir noch nicht möglich, euch alle Zeugnisse aus dem Neuen Testamente vorzuführen. Es sind noch viele Züge aus der Apostelgeschichte übrig, in denen wir sehen, wie der Heilige Geist durch Petrus und die übrigen Apostel wirkte, und dazu kommen noch mehrere Stellen aus den allgemeinen Sendschreiben, sowie aus den 14 Briefen des hl. Paulus. Von diesem allem will ich euch jetzt nur noch einiges kurz vorführen, wie eine Blumenlese aus einem großen Garten.

(In den hiernach folgenden Nummern, 21—33, berücksichtigt der hl. Cyrillus die Stellen: Apg. 2, 14 ff.; 2, 42; 3, 1 ff.; 4, 8 ff.; 5, 1 ff.; 5, 32 ff.; 6, 3 ff.; 8, 29 ff.; 9, 17 ff.; 9, 32 ff.; 10, 20 ff.; 11, 24. 28; 13, 2; 15, 28 ff.; 13, 5 ff.; 14, 7 ff.; 15, 41; 16, 6 ff.; 17, 1 ff.; 18, 1 ff.; 19, 1 ff.; 20, 7 ff.; 20, 23; 26, 2 ff.; 28, 1 ff.; 28, 25; 1 Kor. 2, 4; 2 Kor. 1, 22. Röm. 8, 11. 2 Tim. 1, 14. 1 Tim. 1, 4. Eph. 3, 5. Hebr. 3, 7; 10, 15. Eph. 6, 17—19. 2 Kor. 13, 13. Viele dieser Stellen werden übrigens nur ganz kurz berührt. Ich finde die bezeichneten Nummern zu wenig ausgeführt, als daß es meinem Zwecke entspräche, dieselben hier wiederzugeben.)

7. (Nr. 34—38.) Alles, was ich bisher gesagt habe, und noch viel mehr, das ich zu übergehen genöthigt war, muß einen jeden, der Einsicht hat, überzeugen, daß der Heilige Geist wahrhaft eine Person ist, daß er in unserer Seele wirkt und sie heiligt. Ich würde nicht zu Ende kommen, wenn ich euch alles vortragen wollte, was in den 14 Briefen des Apostels Paulus über diese Person der allerheiligsten Dreifaltigkeit noch enthalten ist. Indem ich

darum der Kürze der Zeit wegen dieses übergehe, bitte ich den Heiligen Geist, daß er mir das nachsehen, euch aber durch seine Gnade selbst behilflich sein wolle, alles, was ihn betrifft, vollständiger kennen zu lernen. Wenn ihr eifrig seid, so wird es euch nicht schwer fallen, das durch fleißiges Lesen der Heiligen Schrift zu erreichen. Uebrigens haben ja ohne Zweifel sowohl die zwei letzten Unterweisungen als das, was ich in den frühern gesagt, dazu beigetragen, euch fester zu begründen in dem Glauben „an den einen Gott, den allmächtigen Vater, und an unsern Herrn Jesus Christus, seinen eingebornen Sohn, und an den Heiligen Geist, den Tröster". Darum jetzt zum Schlusse nur noch eine wichtige Erinnerung.

Sehet wohl zu, daß ihr nicht, wie einst Simon der Zauberer, mit falschem Sinne euch der Taufe nahet, ohne aufrichtiges Verlangen nach der Wahrheit. Ich kann in dieser Beziehung nichts anderes thun als euch ernstlich warnen. Wohl euch, wenn ihr fest stehet im Glauben; sollte aber jemand in Unglauben gefallen sein, der kehre heute noch mit aller Entschiedenheit um und glaube wieder, ohne zu schwanken. Nicht Menschen sind es, die euch die Gnade der Taufe spenden, sondern von Gott selbst empfanget ihr sie; ... darum schauet nicht auf die Person dessen, der euch tauft, sondern seid eingedenk des Heiligen Geistes, von dem wir reden. Denn der Heilige Geist ist bei der Taufe zugegen, um eurer Seele sein Siegel aufzudrücken, ein himmlisches Siegel, das Siegel Gottes, vor welchem die bösen Geister zittern; wie geschrieben steht: „In Christo Jesu habt ihr, da ihr den Glauben annahmet, das Siegel empfangen durch den Heiligen Geist, den Geist der Verheißung" (Eph. 1, 13). Aber er prüft die Seelen, und er wirft die Perlen nicht den Schweinen hin. Wer in falscher Gesinnung hinzutritt, den tauft wohl der Mensch, aber der Heilige Geist tauft einen solchen nicht. Die aber im Geiste des Glaubens kommen, die empfangen äußerlich die Taufe zwar auch von Menschen, aber ihnen spendet der Heilige Geist die unsichtbare Gnade. Es ist eine große Prüfung, eine verhängnißvolle Musterung, die in der kurzen Zeit einer Stunde sich vollzieht; wer diese Gelegenheit verloren gehen läßt, für den gibt es keine zweite Taufe mehr; bereitet ihr euch dagegen mit allem Eifer vor, der Gnade theilhaftig zu werden, dann wird eure Seele mit übernatürlichem Lichte erfüllt und mit einer Kraft, die sie niemals noch besaß; dann werden euch Waffen in die Hand gegeben, welche euch den bösen Geistern furchtbar machen, und solange ihr dieselben nicht wegwerfet, solange ihr unversehrt in eurer Seele das Siegel des Heiligen Geistes bewahrt, wird der Teufel sich euch nicht nahen. Denn er hat Furcht vor diesem Siegel, und wie der Herr spricht, im Geiste Gottes werden die bösen Geister ausgetrieben (Matth. 12, 28).

O daß denn lebendiger, fester Glaube euch erfülle! Nicht bloß die Vergebung aller Sünden wird euch dann zu theil, sondern eine Fülle übernatürlicher Gnade. . . . [1] Denn jeder empfängt, soviel er je nach dem Zustande seiner Seele zu fassen fähig ist; ähnlich wie beim Handel gewinnt jeder um so mehr, je mehr Sorgfalt und Mühe er aufbietet. Für alle Zukunft wird

---

[1] Der hl. Cyrillus verheißt und wünscht seinen Zuhörern an dieser Stelle ausdrücklich auch jene Wundergaben des Heiligen Geistes, von denen in der Apostelgeschichte und 1 Kor. 12 die Rede ist.

dann der Heilige Geist, der Tröster, euch Hüter und Beschützer bleiben; wie um seine Soldaten wird er um euch Sorge tragen, euer Aus- und Eingehen beschützen und für euch streiten wider die, so euch nachstellen. Ja, an Gnaden jeder Art wird er euch reich machen, wenn ihr ihn nur durch keine Sünde betrübet, wie der Apostel uns ermahnt: „Betrübet nicht den Heiligen Geist Gottes, durch welchen ihr das Siegel empfangen habt auf den Tag der Erlösung" (Eph. 4, 30). Was müßt ihr also thun, andächtige Zuhörer, wenn ihr die Gnade des Heiligen Geistes hochschätzet? Ihr müßt euch mit aller Sorgfalt vorbereiten, derselben theilhaftig zu werden, und wenn ihr sie dann empfangen habt, dann müßt ihr euch hüten, daß ihr sie nicht durch Sünde wieder preisgebet.

Und so möge denn Gott, der Herr aller Dinge, welcher in dem Heiligen Geiste geredet hat durch die Propheten, welcher einst hier zu Jerusalem seinen Heiligen Geist ausgegossen über die Apostel, so möge er, sage ich, auch über euch ihn jetzt ausgießen, und dann wolle er durch ihn auch uns behüten und uns allen seine Gnade geben, daß wir jederzeit jene Früchte des Heiligen Geistes tragen, welche der Apostel (Gal. 5, 22. 23) bezeichnet: Liebe, Freude, Friede, Langmuth, Milde, Güte, Treue, Bescheidenheit, Enthaltsamkeit, in Christo Jesu, unserem Herrn. Durch ihn und mit ihm und dem Heiligen Geiste sei Ehre dem Vater, jetzt und immer und von Ewigkeit zu Ewigkeit. Amen.

Fünftes Buch.
Die besondern Arten der geistlichen Vorträge.

Zwölfter Abschnitt.
Die Katechese.

326. Wir stehen bei dem letzten Buche unserer Theorie. Nachdem wir derselben in den zwei ersten Abschnitten die nothwendige Grundlage gegeben, befaßten wir uns in den neun folgenden unter drei Hauptpunkten mit jenen Rücksichten, welche den beiden Erscheinungsformen der geistlichen Beredsamkeit gemeinsam sind. Jetzt müssen wir die besondern Anweisungen entwickeln für die verschiedenen Arten der geistlichen Vorträge, welche unter eine jede der erwähnten zwei Erscheinungsformen fallen. Ich habe Ihnen diese verschiedenen Arten im zweiten Abschnitt bereits genannt: es sind die Katechese, die didaskalische Predigt und die Homilie für die didaskalische Beredsamkeit, für die paregoretische aber die paränetische Predigt und die panegyrische. Hiermit ist der Gegenstand und die Aufgabe dieses letzten Buches unserer Theorie angedeutet. Wir beginnen mit der Katechese.

327. Der Etymologie nach bedeutet das Wort Katechese einen Vortrag[1]; der kirchliche Sprachgebrauch hat aber den Begriff verengert, und nach diesem nannte man „Katechesen" jene Vorträge, in welchen die Kirche solche, die die Lehren der Religion noch nicht kennen, in dieselben einführt. Die 19 Unterweisungen, durch welche der hl. Cyrillus von Jerusalem Erwachsene zum Empfange der Taufe vorbereitete, sowie die fünf, welche er an dieselben hielt, nachdem sie getauft waren, haben deshalb die Ueberschrift Κατηχήσεις, und die von dem hl. Augustin in 27 Kapiteln zusammengestellte Anleitung für die erste religiöse Unterweisung solcher, die in die Kirche aufgenommen zu werden verlangen, führt den Titel: *De catechizandis rudibus*. Gleich in den ersten Sätzen dieser Schrift erscheint das Wort in dem Sinne, den ich angegeben habe[2].

---

[1] Κατηχεῖν, von erhöhter Stelle aus reden, vortragen.
[2] Petisti a me, frater Deogratias, ut aliquid ad te *de catechizandis rudibus*, quod tibi usui esset, scriberem. Dixisti enim, quod saepe apud Carthaginem, ubi

In christlichen Ländern sind es an erster Stelle und unter allen Umständen die Kinder, etwa vom fünften bis zum vierzehnten Jahre, welche der Einführung in die Wahrheiten der Religion und in das christliche Leben bedürfen: auf Grund dieser Thatsache hat sich der Begriff des Wortes abermals verengert, so daß man unter dem Namen Katechese meistens und zunächst einen Vortrag versteht, durch welchen Kinder in den Lehren der christlichen Religion unterwiesen werden. In diesem seinem engsten Sinne haben wir in unserer Theorie das Wort zu nehmen. Denn Sie wissen selbst, m. H., daß Katechesen dieser Art ganz gewiß zu den vorzüglichsten Aufgaben Ihres Berufes gehören werden, und wenn Sie je in die Lage kämen, hie und da auch Erwachsene, um sie etwa zur Aufnahme in die Kirche vorzubereiten, in die christliche Lehre einführen zu müssen, so würde es Ihnen nicht schwer sein, die Grundsätze, wonach Sie dabei zu verfahren hätten, aus jenen Anweisungen zu entnehmen, welche theils in diesem Abschnitte theils in den übrigen unserer Theorie enthalten sind.

Ich habe schon im zweiten Abschnitt gesagt und es eben wiederholt, die Katechese falle unter die erste Erscheinungsform der geistlichen Beredsamkeit, unter die didaskalische nämlich. Es ergibt sich das aus dem Begriff der Katechese, wie ich ihn eben bestimmte, namentlich wenn Sie sich zugleich dessen erinnern, was ich im zweiten Abschnitt (Bd. I, Nr. 41) über die jeder geoffenbarten Wahrheit wesentlich eigene Beziehung zum ethischen Leben gesagt habe. Damit ist aber das Wesen und die Aufgabe der Katechese festgestellt. Ihre Aufgabe umfaßt nothwendig jene zwei Punkte, aus denen sich die Aufgabe der didaskalischen Beredsamkeit überhaupt zusammensetzt (Bd. I, Nr. 42). Die Katechese soll mithin „das Wort Gottes oder die Lehren der christlichen Religion den Kindern in der Weise nahelegen, daß sie ihnen einerseits die klare und bestimmte Auffassung derselben vermittelt und sie andererseits bestimmt, dieselben als die Norm ihres Lebens in festem Glauben und entschiedener wirksamer Liebe zu umfassen". Oder um es kürzer zu sagen: der Priester hat, insofern er die Kinder in der christlichen Lehre unterweisen soll, eine doppelte Aufgabe: er muß sie in der Religion unterrichten, und er muß zugleich ihr Herz bilden für christliche Gesinnung und christliches Leben. Diese Doppelaufgabe ist es, die der hl. Johannes Chrysostomus im Auge hat, wenn er sagt: „Eine größere Kunst als diese gibt es nicht[1]. Denn was ist von solcher Bedeutung, und was ist so schwer als dieses, die Seele des Kindes zu bilden und ihr die rechte Richtung zu geben? Wer das versteht, der ist wahrlich größer als der geschickteste Bildhauer und der beste Maler!"[2]

Die vorzüglichsten Rücksichten, nach denen Sie, um der bezeichneten zweifachen Aufgabe zu entsprechen, in der Unterweisung der Kinder verfahren sollen, werde ich Ihnen in dem Folgenden in zwölf Grundsätzen angeben. In mehreren Punkten halte ich mich dabei an das Werk von Augustin Gruber:

Diaconus es, ad te adducuntur, *qui fide christiana primitus imbuendi sunt*, eo quod existimeris habere *catechizandi* uberem facultatem . . . (*Aug.*, De catech. rud. c. 1 init.).

[1] Τῆς τέχνης ταύτης οὐκ ἔστιν ἄλλη μείζων.
[2] *Chrys.*, In Matth. hom. 59, al. 60, n. 7.

„Des hl. Augustin Theorie der Katechetik, übersetzt und erläutert für unsere Zeit und ihre Bedürfnisse."[1] Dieses Werk enthält eine Uebersetzung der schon erwähnten Abhandlung St. Augustins „Von der ersten religiösen Unterweisung", aber so, daß an jedes der 27 Kapitel dieser Abhandlung sich eine sehr eingehende „Erläuterung" anschließt; es ist entstanden aus Vorlesungen, welche Gruber als Fürsterzbischof von Salzburg während der Wintersemester 1828 und 1829 jeden Donnerstag für die Alumnen seines Priesterseminars gehalten. Es gibt freilich noch andere gute Theorien der Katechese; es gibt manche richtige Vorschriften für die letztere, die man bei Gruber nicht findet; in Rücksicht auf stilistische Vollendung läßt sein Werk etwas zu wünschen übrig; die Uebersetzung der Schrift St. Augustins erscheint oft hart und schwerfällig: dessenungeachtet weiß ich nicht, ob wir eine Theorie der Katechese haben, welche mehr empfohlen zu werden verdiente. Außer der genannten Theorie gab Gruber noch ein anderes Werk heraus: „Praktisches Handbuch der Katechetik für Katholiken oder Anweisung und Katechisationen im Geiste des hl. Augustinus." Dieses „praktische Handbuch" besteht aus zwei „Theilen": der erste[2] enthält in 23 „Katechisationsskizzen", an deren jede sich eine „Lehrerinnerung" schließt, den „Elementarunterricht der Kleinen", d. h. für Vorbereitungsschüler von fünf bis sieben Jahren; der zweite[3] in 37 Skizzen, wieder je mit einer „Lehrerinnerung", den „Religionsunterricht für die Schüler der ersten Klasse". Der dritte und vierte Theil, welche die Darstellung der christlichen Lehre für die zweite und dritte Klasse enthalten sollten, sind nicht zu stande gekommen.

Viele recht gute Anweisungen für die Katechese enthält auch das sehr verbreitete „Lehrbuch der Erziehung und des Unterrichts" von Ohler (Mainz, Kirchheim). Unter dem Titel „Theoretisch-praktisches Handbuch der Katechetik... von Augustin Gruber, überarbeitet und durch zwei Zugaben vermehrt"[4] hat neuestens ein Ungenannter den größern Theil der Schriften Grubers wieder herausgegeben und diesem den größten Theil von Hirschers „Katechetik", einen guten Theil von Hirschers „Besorgnisse..." und einen großen Theil von der „Erklärung des katholischen Katechismus von Deharbe" angeschlossen. Man kann diesen Gedanken kaum als einen glücklichen bezeichnen. Auch der Titel des Werkes ist jedenfalls nicht der rechte; derselbe sollte vielmehr, wie Magnus Jocham in einer Recension bemerkt, dem Inhalte entsprechend etwa so lauten: „Praktisches und Theoretisches über das Katechesiren, von Gruber, Hirscher, Deharbe und einem Ungenannten."

---

[1] 3. Aufl. Salzburg, Mayr, 1844.
[2] 7. Aufl. Ebd. 1858.   [3] 4. Aufl. Ebd. 1858.
[4] Regensburg, Pustet, 1870.

Erstes Kapitel.

Der katechetische Unterricht soll nicht eine Anleitung zu speculativem Auffinden der religiösen Wahrheiten sein, sondern eine ganz objective Darstellung derselben, welche sich ausschließlich auf die Autorität Gottes und der Kirche stützt und darauf ausgeht, in den Kindern nicht die natürliche Erkenntniß, sondern die eingegossene übernatürliche Tugend des Glaubens auszubilden.

§ 1.
Zwei Beweise für diesen Grundsatz.

328. Mit einem Worte drückt unsern Satz der hl. Augustin aus, wenn er den katechetischen Unterricht beständig mit dem Ausdrucke *narratio* bezeichnet [1]. Denn *narratio* ist ja eben nichts anderes als die objective Darstellung von Thatsachen, welche auf Grund des Ansehens des Zeugen bei dem Hörenden gläubige Aufnahme beansprucht.

„Der Glaube", lehrt der Apostel (Röm. 10, 17), „der Glaube erzeugt sich durch das Hören, und zwar durch das Hören des Wortes Christi." Daß dem so ist und so sein sollte, das bestätigt die ganze Geschichte der Offenbarung. Von jeher hat die Weisheit Gottes, um die Menschheit die übernatürliche Wahrheit zu lehren, sich keines andern Mittels bedient als dieses, daß sie ihr dieselbe durch beglaubigte Zeugen verkündigen ließ. Darum erscheint in der Fülle der Zeiten der Sohn Gottes selbst als „der getreue Zeuge" (Offb. 1, 5), die Erkenntniß Gottes, die er allein im Schoße des Vaters aus eigener Anschauung besitzt, der Menschheit „mitzutheilen" [2]; was er „verkündiget, das weiß er, und er gibt Zeugniß von dem, was er gesehen", und die Sünde des Unglaubens vollzieht sich darin, daß „sein Zeugniß nicht angenommen wird" [3]. Darum besteht das Amt derjenigen, welche der Herr an seiner Stelle als Boten der Wahrheit in die Welt sendet, abermals darin, daß sie von ihm und seiner Lehre vor der Menschheit Zeugniß geben: „Ihr werdet die Kraft des Geistes empfangen, der über euch kommen wird, und mir Zeugen sein in Jerusalem und in ganz Judäa und in Samaria, und bis an das Ende der Erde" (Apg. 1, 8). Darum „fügt Gott, daß der Herr nach seiner Auferstehung sichtbar werde, nicht dem gesamten Volke, sondern den von ihm bestimmten Zeugen"; darum fordert nach der Himmelfahrt des Herrn der Fürst der Apostel die mit ihm Versammelten auf, mit ihm dahin zu wirken, daß an die Stelle des Verräthers Judas ein anderer als „Zeuge der Auferstehung" des Sohnes Gottes ernannt werde; darum verlangt er am

---

[1] Itaque prius de modo *narrationis* quod te velle cognovi, tum de praecipiendo atque cohortando, postea de hac hilaritate comparanda, quae Deus suggesserit disseremus (*Aug.* l. c. c. 2, n. 4 extr.).

[2] Deum nemo vidit umquam; unigenitus Filius, qui est in sinu Patris, ipse *enarravit* (Io. 1, 18).

[3] Amen amen dico tibi: quia quod scimus loquimur, et quod vidimus *testamur*, et *testimonium* nostrum non accipitis (Io. 3, 11).

Pfingstfeste von dem Volke, daß es die Auferstehung des Erlösers glaube auf Grund des Zeugnisses, das er und die übrigen Apostel darüber ablegten[1]. Darum achtet der Apostel keine Drangsal, keine Beschwerde und keine Todesgefahr, wenn er nur „vollende seinen Lauf und das Amt erfülle, das er von dem Herrn empfangen, Zeuge zu sein für das Evangelium der Gnade Gottes"; darum befiehlt er seinem Jünger, das, was dieser von ihm gehört, „zuverlässigen Männern anzuvertrauen, welche tüchtig seien, wieder andere zu lehren"[2].

Es war hiernach der Wille des Gründers und des Herrn der Kirche, daß die Wahrheiten der Offenbarung durch Zeugen verbreitet, durch Zeugen bewahrt und fortgepflanzt und, weil er ihnen den nie aufhörenden, jede Irreleitung ausschließenden Beistand seines Geistes verbürgt, auf ihr Zeugniß und ihr Ansehen hin geglaubt würden. Wo es sich darum handelt, das Verfahren zu bestimmen, das beim Vortrage der Lehren des Glaubens eingehalten werden soll, da muß aber ohne Zweifel der Wille dessen maßgebend sein, welcher dieses Glaubens „Urheber und Vollender" ist. Nur, oder wenigstens zunächst, als von Gott gegebene und von der Kirche unwidersprechlich bezeugte Wahrheiten müssen folglich die Sätze der christlichen Lehre den Kindern vorgelegt und diese angeleitet werden, auf Grund dieses unfehlbaren Zeugnisses und der höchsten Autorität Gottes dieselben anzunehmen und festzuhalten.

In den Katechismen des Mittelalters wird dem Kinde die Frage zugewiesen und die Antwort dem Lehrer; auch in dem größern Katechismus von Bellarmin[3] ist das noch der Fall. Ein protestantischer Gelehrter[4] will in dieser Einrichtung den Grundsatz des katholischen Mittelalters ausgesprochen sehen, wonach allein die lehrende Kirche im Besitze der Wahrheit ist, die sie zu verwalten und welche von ihr die Menschheit zu empfangen hat. Diese Deutung ist ganz die rechte, nur daß der bezeichnete Grundsatz nicht bloß dem katholischen Mittelalter angehört, sondern ebensosehr dem christlichen Alterthum und der Gegenwart. Die Kirche Gottes kannte nie einen andern Weg, auf dem der Mensch in den Besitz der übernatürlichen Wahrheit gelangen könnte, als indem er dieselbe von ihr empfinge und auf ihr Ansehen hin sie anerkännte und glaubte.

Daß dieser Anschauung das Verfahren in der Katechese durchaus entspreche, das fordert aber namentlich auch der wesentliche Zweck derselben. Ich habe in dem an die Spitze dieses Kapitels gestellten Grundsatze gesagt, der katechetische Unterricht müsse darauf ausgehen, in den Kindern nicht die natürliche Erkenntnißkraft, sondern die eingegossene Tugend des Glaubens auszubilden. Nicht als ob das letztere geschehen könnte, ohne daß die natürliche Erkenntnißkraft in Thätigkeit gesetzt würde; nicht als ob es ein eminenteres Mittel gäbe, auch die natürliche Vernunft zu vervollkommnen, als gerade die Mittheilung der übernatürlichen Wahrheit. Aber diese Ausbildung der natürlichen Kraft ist bei alledem doch noch nicht die Aufgabe der Katechese. Dieselbe

---

[1] Apg. 10, 40. 41; 13, 30. 31; 1, 22; 2, 32; 3, 15.
[2] Apg. 20, 24. 2 Tim. 2, 2.
[3] Dichiarazione più copiosa della dottrina cristiana, per li giovani della terza classe.
[4] Gerhard v. Zezschwitz in seinem „System der christlich-kirchlichen Katechetik".

hat, wie jede kirchliche Verkündigung des Wortes Gottes, keine andere Bestimmung, als das übernatürliche Leben zu wecken und zu fördern, mithin, insofern es sich um die didaktische Seite in dem Vortrage der Religionslehre handelt, zunächst die eingegossene Tugend, die übernatürliche Fähigkeit des Glaubens zu pflegen und auszubilden. Der Glaube ist aber nicht eine Thätigkeit oder ein Erzeugniß des natürlichen Denkvermögens, sondern er ist Uebung des Gehorsams, der Unterwerfung des erschaffenen Geistes unter die absolute Oberhoheit seines Schöpfers. Je stärker in dem Christen das Gefühl seiner unbedingten Abhängigkeit von Gott ist, je aufrichtiger die Demuth der Gesinnung, je vollendeter, um es mit den Worten des Herrn zu sagen, „die Armut dem Geiste nach", desto rückhaltloser öffnet sich seine Seele dem Einstrahlen des Lichtes von oben, desto inniger ist sein Anschluß an die Kirche, desto tiefer wurzelt in seinem Herzen der Glaube, desto allseitiger und desto wirksamer beherrscht er das Leben. Diese „Armut dem Geiste nach" zu fördern, das war ohne Zweifel das vorzüglichste Ziel, das die Weisheit Gottes im Auge hatte, da sie die Erkenntniß der übernatürlichen Wahrheit von der Unterwerfung unter das Ansehen der von ihr beglaubigten Zeugen abhängig machte[1]; diese „Armut dem Geiste nach" zu fördern, diese Demuth der Gesinnung, diese Einfalt des Herzens, dieses Gefühl der unbedingtesten Abhängigkeit alles endlichen Erkennens von dem Erkennen der unerschaffenen Weisheit in den Kindern zu nähren, zu pflegen und zu möglichst hoher Vollendung auszubilden, das muß mithin unter dieser Rücksicht die vorzüglichste Sorge des Priesters sein. Er thut aber gerade das Gegentheil, wenn er die Kinder zu analytischem Auffinden der religiösen Wahrheiten anleitet; wenn er sie die ethischen Normen des Handelns durch Reflexion entdecken und aus ihrer eigenen Vernunft schöpfen lehrt; wenn er mehr dahin arbeitet, daß die Kinder die christlichen Lehren begreifen, als daß sie dieselben glauben; wenn er die Gewißheit derselben und den Anschluß an sie als auf die eigene menschliche Einsicht gegründet erscheinen läßt und die Kinder gewöhnt, nicht darum an erster Stelle und selbst ausschließlich dies und jenes für wahr zu halten, weil Gott es gesagt hat und die Kirche es verbürgt, sondern weil Beobachtung, Erfahrung und Vernunftgründe sie zu der Ueberzeugung führen, daß es so sei. Sie werden das vollständiger auffassen und sich entschiedener davon überzeugen, m. H., wenn ich Sie auf einige wesentliche Fehler aufmerksam mache, welche gegen den aufgestellten Grundsatz im katechetischen Unterrichte theils begangen wurden, theils auch jetzt noch begangen werden.

§ 2.

Der Naturalismus in der Katechese. Die *praeambula fidei*; die „eigentlichen" und die „secundären" Beweise; die „ausschließlich entwickelnde" Methode. Der Naturalismus und das Vaticanische Concil.

329. Der erste der erwähnten Mißgriffe besteht darin, daß man den Religionsunterricht in die Lehre von der „natürlichen Religion" und von der geoffenbarten Religion zerfallen läßt und somit zunächst die „natürliche Religion"

---

[1] Nam quia in Dei sapientia non cognovit mundus per sapientiam Deum, placuit Deo, per stultitiam praedicationis salvos facere credentes (1 Cor. 1, 21).

vorträgt, weil man die Schüler „zuerst zu vernünftigen Menschen und danach zu Christen bilden müsse"[1]. Diese „natürliche Religion" umfaßt dann die sogenannten *praeambula fidei*: die Sätze von der Geistigkeit, Freiheit, Unsterblichkeit der Seele, vom Dasein Gottes und mehreren seiner Eigenschaften, von mehreren jener Pflichten des Menschen endlich, welche im Naturgesetze enthalten sind. Namentlich die wissenschaftlichen Beweise für das Dasein Gottes den Kindern beizubringen, gibt man sich oft viele unnütze Mühe; wenigstens war es so in der ersten Hälfte dieses Jahrhunderts. „Der eine Katechet fragt stundenlang über das, daß alles einen Urheber haben müsse, also auch die Welt; daß die Dinge dieser Welt nicht von den Menschen gemacht sein können, weil die Menschen zum Machen und Arbeiten Stoff bedürfen; daß der Bäcker das Brod aus dem vom Müller gemahlenen Mehle mache, der Müller das Korn zum Mahlen vom Bauer, dieser es aus der Erde erhalte u. s. w., damit die armen sechs- oder siebenjährigen Kinder daraus finden sollen: Es gibt einen Gott. Der andere durchgeht die ganze Schöpfung und zeigt in der Beschaffenheit jedes Thieres, jeder Pflanze, in der Bewegung der Himmelskörper, in der Abwechselung des Tages und der Nacht, der Jahreszeiten, in allen großen und kleinen Naturerscheinungen die verständige Ordnung, die nur ein höchst verständiges Wesen hervorbringen und erhalten könne, damit nun die sechs- und siebenjährigen Kinder darauf kommen: Es gibt einen Gott!"[2] Selbst der edle Sailer gibt[3] ein im Sinne des hier von Gruber an erster Stelle angedeuteten Verfahrens gearbeitetes „Muster einer Kinderlehre für kleinere Zöglinge: Von dem, daß es einen Gott gebe".

Was ist von einem solchen Vorgehen zu halten? Es unterliegt keinem Zweifel, daß die Wahrheiten, welche ich eben als den Inhalt der „natürlichen Religion" bezeichnet habe, von der menschlichen Vernunft bewiesen werden können; es ist nicht minder gewiß, daß jede übernatürliche Erkenntniß die natürliche Ueberzeugung vom Dasein Gottes, das Wissen um ihn und um wenigstens einige seiner Eigenschaften, als wesentliche Bedingung in allen Fällen voraussetzt. Aber, um zuerst diesen Punkt zu berücksichtigen, es ist ein Irrthum, wenn der Priester glaubt, es sei seine Aufgabe, zunächst diese wesentliche Bedingung zu verwirklichen. Dieselbe ist ohne sein Zuthun bereits erfüllt; wenn die Kinder zur Katechese kommen, dann haben sie längst die zum Glauben erforderliche Ueberzeugung vom Dasein Gottes und die übrigen mit derselben zusammenhängenden natürlichen Vorkenntnisse. Denn diese Vorkenntnisse müssen ja keineswegs in jedem Christen das Resultat eigener Geistesarbeit sein und durch dialektische Beweisführung feststehen; weitaus die meisten Menschen haben, um zu denselben zu gelangen, kein anderes Mittel als **Belehrung durch andere**, denen sie Glauben schenken können, und ihre Ueberzeugung von der Wahrheit dessen, was man ihnen gesagt hat, gründet sich zunächst oder auch ausschließlich auf natürliche Autorität, auf das Zeugniß glaubwürdiger Menschen. Nun haben aber die Kinder, wenn sie anfangen, die Katechese zu besuchen, bis dahin ja nicht etwa ein bloß vegetatives oder animalisches Leben geführt; sie kommen ja nicht aus der Wildniß, sondern

---

[1] Gruber, Theorie der Katechetik S. 82.   [2] Ebd. S. 86.
[3] Vorlesungen aus der Pastoraltheologie II, 254—259.

aus dem Hause ihrer Eltern, aus einer christlichen Umgebung. Das Zeugniß derer, mit denen sie lebten, daß sie unausgesetzt in Rede und That sich äußern sahen; vor allem die Anleitung einer frommen Mutter, die sie zu Gott ihre Hände falten und vor ihm, dem unendlich Heiligen, dem Allwissenden und überall Gegenwärtigen, Ehrfurcht haben lehrte, hat sie längst zu der Ueberzeugung geführt, daß sie einen höchsten Herrn über sich haben, der ihr Schöpfer und Vater und Gott ist, dessen unsichtbarer Majestät sie Anbetung und Unterwerfung schuldig sind; und die Gnade des Heiligen Geistes, deren sie durch die Taufe theilhaftig geworden sind, hat alles gethan, was noch zu thun übrig war, um dieser Ueberzeugung unerschütterliche Festigkeit zu geben und sie zu einer geeigneten Grundlage der darauf zu bauenden religiösen Erkenntniß und christlichen Gesinnung zu machen. Unter solchen Umständen kann es offenbar nur ein sehr ungeschickter Gedanke sein, wenn der Katechet die Seele des Kindes als eine *tabula rasa* ansieht und eine Ueberzeugung, welche dasselbe oft in einer Vollkommenheit besitzt, wie man sie nur wünschen kann, durch einen gelehrten metaphysischen Beweis hervorbringen will, den zu fassen der noch gar nicht ausgebildete Verstand absolut unfähig ist. Die einzige Wirkung, die ein solches Verfahren haben kann, wird darin bestehen, daß die Unbefangenheit und die Einfalt des kindlichen Sinnes gestört, die bis dahin feststehende Ueberzeugung erschüttert wird; denn da die Kinder den Katecheten das Dasein Gottes als eine noch ungewisse, eines Beweises bedürfende Thatsache behandeln sehen, die gelehrten Beweise aber nicht verstehen, so kann es ja nicht anders sein, als daß sie eben jetzt anfangen zu zweifeln[1].

Das nämliche gilt in noch höherem Maße von den übrigen Wahrheiten der „natürlichen Religion". Wo sich nicht dialektische Geübtheit des Denkvermögens, wo sich nicht scharfe metaphysische Begriffe finden, da ist es nicht möglich, daß die Beweise für jene Wahrheiten aufgefaßt werden und eine Ueberzeugung wirken; sie werden mithin nothwendig Ungewißheit und Zweifel erzeugen und der demüthigen Bereitwilligkeit zu glauben Eintrag thun.

Ueberdies aber führt die Theilung der religiösen Lehren in „natürliche" und geoffenbarte die Kinder zu einem zweifachen Irrthum. Erstens nämlich gewöhnen sie sich, die Gesamtheit der Wahrheiten, welche ihre Gesinnung und

---

[1] „Den ersten Religionsunterricht von uns Kindern", erzählt Ringseis, „ließ sich die Mutter angelegen sein. Jeden Morgen nahm sie, weil wir im Alter sehr verschieden waren, je ein Kind einzeln vor und lehrte uns beten: das Vaterunser mit Ave Maria, den ‚Glauben an Gott', Morgen=, Abend= und Tischgebet, den Englischen Gruß mit seinen drei Vorsprüchen u. dgl. m. Die größern Kinder mußten dann vorbeten. Auch besuchten wir täglich die heilige Messe. Vor allem wurde uns Gottes Allgegenwart und Wissen der heimlichsten Gedanken eingeprägt, wobei das stete ‚Hab Gott vor Augen' dann großen Eindruck machte, — auch der liebe Schutzengel und die Heiligen als Zeugen unseres Thuns und Denkens uns dargestellt. Strenge Schamhaftigkeit ward mit dieser Grundlehre der Allgegenwart des Reinsten und Heiligsten zunächst in Verbindung gesetzt, und ebenso eine vollkommene Wahrhaftigkeit . . ." (Jugenderinnerungen des königl. bayrischen Geheimraths Dr. Joh. Nep. v. Ringseis [Histor.=polit. Bl. LXXV, 401 f.]). So werden freilich nicht alle Kinder vorgebildet, besonders heutzutage; aber ähnliche Familien, ähnliche Mütter gibt es doch überall noch manche. Was soll für Kinder, die in dieser Weise erzogen sind, ein metaphysischer Beweis für die Existenz Gottes oder die Unsterblichkeit der Seele?

ihr Leben bestimmen sollen, als ein Ganzes zu betrachten, das aus zwei verschiedenartigen Stücken zusammengesetzt ist, aus Resultaten der natürlichen Erkenntniß und aus andern Wahrheiten, die Gott durch seine Offenbarung hinzugegeben hat. Diese Vorstellung ist aber unrichtig; denn wie das gesamte Leben des Christen in allen seinen Aeußerungen nur eines ist und ganz der übernatürlichen Ordnung angehört, ebenso sind auch die religiösen Wahrheiten, welche dasselbe beherrschen, insgesamt Gegenstand des übernatürlichen Glaubens. Der zweite Irrthum, den ich andeutete, ist der Wahn, als ob die Menschheit den Inhalt der „natürlichen Religion" wirklich sich selber zu verdanken hätte. Dem ist aber wieder gar nicht so. Die in Rede stehenden Wahrheiten sind solche, die die Vernunft zu erkennen allerdings im stande ist, aber keineswegs thatsächlich jemals selbständig erkannt hat, ja welche sie, wie die Geschichte des Heidenthums und seiner Verirrungen darthut, infolge der ethischen Corruption, der die Menschheit anheimfiel, nicht einmal festzuhalten und zu bewahren vermochte[1]. Ist diese Thatsache, wenn sie beherzigt wird, sehr dazu angethan, die „Armut dem Geiste nach" und das Gefühl unserer allseitigen Hilfsbedürftigkeit und Abhängigkeit zu fördern, so wirkt dagegen das in Rede stehende Verfahren, indem es die Thatsache verläugnet, gerade das Gegentheil, da es die menschliche Vernunft als zum Theil wenigstens sich selber genügend erscheinen läßt. Unter dieser Rücksicht sagt Gruber nicht zuviel, wenn er dasselbe für ein „Verbrechen an dem Katechumenen" erklärt, „weil man ihn dadurch von der Erkenntniß seiner gänzlichen Abhängigkeit von dem Schöpfer losreißt, ihm vorspiegelt, als wäre er sein eigener Gesetzgeber, und ihn so im strengsten Sinne moralisch tödtet".

330. Aber nicht bloß die besprochene Scheidung in eine doppelartige Religion ist verwerflich; ein wesentlicher Mißgriff unserem Grundsatze gegenüber wird zweitens auch dann begangen, wenn man die vorher bezeichneten Wahrheiten der Religion, welche auch die Vernunft entdecken kann, vorzugsweise und an erster Stelle mit Hilfe der natürlichen Erkenntniß entwickelt und feststellt, und dann erst auf das Zeugniß der Offenbarung hinweist. „Es ist dies", sagt Gruber, „ein beinahe allgemeines Vergehen beim katechetischen Unterrichte. Man entwickelt z. B. die Begriffe von der Allmacht, Weisheit, Güte, Gerechtigkeit, Heiligkeit, Geistigkeit, Ewigkeit, kurz von den wichtigsten Eigenschaften Gottes der Länge und Breite nach aus den natürlichen Erscheinungen, aus unsern Vorstellungen von den Eigenschaften der Seele, und wenn man die Kinder genug gefoltert hat, alle diese Erscheinungen aufzufassen und die Eigenschaften unserer Seele zu erkennen (wobei ihnen noch dazu die Fragen häufig so gestellt werden, daß sie, auch ohne den Unterricht verstanden zu haben, wie man will, ja oder nein sagen), und nun glaubt, den Vernunftbegriff der Eigenschaften Gottes haarscharf bestimmt und festgesetzt zu haben: dann läßt man noch die Autorität der göttlichen Offenbarung hinten nachhinken, indem man sagt: ‚Gott sagt dieses selbst von sich in der

---

[1] Huic (supernaturali) divinae revelationi tribuendum quidem est, ut ea, quae in rebus divinis humanae rationi per se impervia non sunt, in praesenti quoque generis humani conditione ab omnibus expedite, firma certitudine et nullo admixto errore cognosci possint (Pius IX., sacro approbante Concilio, Const. *Dei Filius*, c. 2, *De revelatione*).

Heiligen Schrift', in diesem und jenem Texte, und meint endlich gar, alles gethan zu haben, wenn man sich den Text von den Kindern wieder sagen läßt und denselben nun erläutert, um ja zu zeigen, daß dies, was Gott gesagt hat, vollkommen mit dem übereinstimme, was wir schon durch unsere bloße Vernunft erkannt haben. Begreift man denn nicht, daß auf diese Weise die Autorität Gottes bei den Kindern ganz in den Schatten gestellt wird? daß dadurch die Kinder so recht eigentlich angeleitet werden, die Religion als ihr eigenes Werk anzusehen, dem sie nur noch die Ehre anthun sollen, klarzustellen, daß Gott selbst das nämliche sage, was sie ohne Gott gefunden haben? Begreift man nicht, daß so der junge Christ mit allen seinen religiösen Begriffen ganz eigentlich verdorben wird, indem er lernt, sich selbst als den Schöpfer seiner Religion zu betrachten und Gott für die Erkenntniß derselben keinen Dank zu wissen? indem er überdies dazu vorbereitet wird, bei diesen von ihm selber gefundenen Begriffen nur so lange zu verharren, als es seiner Sinnlichkeit behagt, dieselben aber, eben als von ihm selbst gemachte, sofort fahren zu lassen, wenn sie seiner Sinnlichkeit nicht mehr zusagen? Denn die in den Schatten gestellte Autorität Gottes, welche beim Unterrichte nur gebraucht wurde, um hintenher das zu unterstützen, was er bereits selbst entdeckt hatte, wird nicht im stande sein, dieses sein Werk dem Andrange der wider dasselbe sich erhebenden Sinnlichkeit gegenüber aufrechtzuhalten. Und wäre dem selbst nicht so: ist es nicht schon verderblicher Hochmuth, wenn der Mensch seine religiösen Begriffe mitten im Sturme der Leidenschaft nur darum festhält, weil er sie gefunden hat?

„Den Schaden, den sie auf diese Weise anrichten, verschlimmern manche Katecheten häufig noch überdies durch die Art ihrer Fragen. Bald bedienen sie sich solcher Fragen, welche die religiöse Lehre, um die es sich gerade handelt, fast als zweifelhaft oder als unrichtig erscheinen lassen; z. B.: ‚Wie kann das sein, daß Gott überall ist? Ich sehe ihn ja nicht', oder: ‚Vielleicht ist doch die Welt so von selbst entstanden?' oder: ‚Die Leiber der Menschen verfaulen ja in der Erde; wie sollen sie denn wieder auferstehen können?' Bald gebrauchen sie, um sich, wie sie meinen, verständlich zu machen, solche Ausdrücke, die, wo es sich um das Wort Gottes handelt, unter aller Würde sind. So stellte ein Katechet anläßlich des Ausdruckes ‚von Gott eingegossene Tugend' die Frage: ‚Gießt uns Gott durch einen Trichter die Tugend ein?' Durch ein solches Verfahren wird die Autorität Gottes, die ohnehin schon in Schatten gestellt ist, ganz vernichtet; es erscheint die gesamte Religion als ein bloßes Machwerk der menschlichen Vernunft; in den Kindern regen sich dunkle Zweifel, ob ihr Religionslehrer wohl selbst der Sache gewiß sei, die er vorträgt: so hört die Religion als Glaube ganz auf, und das eingeflößte menschliche Wissen bleibt nicht nur unfruchtbar, sondern es wird auch dem steten Wechsel der Vorstellungen preisgegeben, der bei allem menschlichen Wissen unvermeidlich ist." [1]

Den in dieser Nummer bezeichneten Fehler sowohl als den zuerst behandelten trifft auch die Bemerkung, welche Gruber an einer andern Stelle macht.

---

[1] Nach Gruber a. a. O. S. 34. 87. Vgl. Overberg, Christkatholisches Religionshandbuch I, 15—17.

„Diese Methode zerstückt den Unterricht auf eine verderbliche Weise, indem sie den größten Theil der Lehre dem Ansehen der eigenen Einsicht und nur den kleinern dem Ansehen der ewigen höchsten Vernunft zuordnet, und diese Trennung führt die schlimme Folge mit sich, daß die Katechumenen, durch das erstere gewöhnt, alle Wahrheiten in sich selbst zu finden, schwer und nur halb dazu kommen, auf die bloße Autorität Gottes auch nur eine Wahrheit recht innig zu glauben. Ich getraue mich auch zu behaupten, daß die Lauheit so vieler Christen, der kalte, unfruchtbare Mechanismus so mancher Geistlichen gerade in dieser verkehrten Methode des in der Jugend erhaltenen Unterrichtes einen vorzüglichen Grund habe, und daß nur durch die Rückkehr zu jener durch und durch auf Gottes Autorität und auf das feste Auffassen des innigen Zusammenhanges der ganzen göttlichen Offenbarung gegründeten Methode diesem Verderben theils abgeholfen, theils in die Zukunft vorgebeugt werden könne."[1] Die letzten Gedanken des erfahrenen Erzbischofs sind sehr wahr und verdienen alle Beachtung. Die Demuth, die Unterwerfung unter die Autorität ist schon ohnedies dem gefallenen Menschen nichts weniger als natürlich; sie faßt so schwer tiefe Wurzeln in seinem Herzen, er übt sie nicht gern, weder im Glauben noch im Leben. Und doch liegt in ihr für die Menschheit alles Heil, und in ihr allein das Heil. Ist es also möglich, daß eine Methode, wodurch der Geist der Unterwerfung unter die Autorität nicht nur nicht genährt, sondern vielmehr in seinem Werden erstickt und vernichtet wird, ist es möglich, daß eine solche Methode in der ersten christlichen Erziehung andere als tiefgehende verderbliche Wirkungen habe?

331. Das Verfahren beim religiösen Unterricht der Kinder, welches ich Ihnen als verwerflich an dritter Stelle noch vorzuführen habe, steht mit den zwei bisher behandelten Fehlern im innigsten Zusammenhange, oder es ist vielmehr nichts anderes als die vollständige, consequente Durchführung von Anschauungen, aus denen auch jene zwei Fehler hervorgingen. Ich meine jene Methode des Unterrichts, welche die „ausschließlich entwickelnde", die „hervorlockende", die „heuristische", oft, aber mit Unrecht auch die „sokratische" genannt wird. Das Princip dieser Methode drückt Ohler also aus: „Alles, was die Kinder nicht aus sich selbst gewinnen, ist etwas Fremdes, Unnatürliches und Unwahres. Der Katechet darf daher keine Wahrheit in die Seele des Kindes hineinlegen, sondern er muß jede Wahrheit aus der Seele des Kindes herausentwickeln."[2] Sie sehen, m. H., daß diese Theorie von unserer Seite eine Widerlegung nicht zu beanspruchen hat. Nach einem solchen Princip kann beim Religionsunterricht wohl der Rationalismus und der Naturalismus verfahren, aber nicht eine Kirche, welche in dem Worte des Heiligen Geistes: *fides ex auditu*, die Geschichte ihrer Entstehung anerkennt und das Gesetz ihrer Existenz.

Es scheint unglaublich, daß ein Princip wie das angeführte sich wirklich geltend machen und unter dem katholischen Clerus Anhänger und Vertheidiger finden konnte. Wohl hatte schon Theodoret von Cyrus sich veranlaßt gesehen, die Forderung gläubiger Annahme des von höherer Autorität Gegebenen, wo

---

[1] Gruber a. a. O. S. 229.
[2] Ohler, Lehrbuch der Erziehung und des Unterrichts § 210.

es sich um die Religion handle, als berechtigt und als unerläßlich nachzuweisen. „Bedarf es nicht", hatte er gesagt, „auch in menschlichen Dingen überall des Glaubens? Kann jemand, ohne einem andern zu glauben, eine Kunst erlernen oder eine Reise zur See unternehmen, oder Landbau treiben, oder wenn er krank ist, sich einem Arzte anvertrauen? Das Wissen dagegen ist nicht der Antheil eines jeden, sondern der Vorzug derer, welche sich dasselbe durch Unterricht und lange Erfahrung erworben und hierdurch den Gegenstand inne haben, um den es sich handelt. . . . Und darum ist es eine widersinnige und durchaus unzulässige Anschauung, nach welcher, indes bei jedem anderartigen Unterrichte das Wissen dem Lehrer eigen ist, den Lernenden aber zusteht zu glauben, nur da, wo es sich um religiöse Erkenntniß handelt, die Ordnung eine umgekehrte sein und dem Glauben das Wissen vorausgehen soll."[1] So hatte sich, sage ich, schon im 5. Jahrhundert der Bischof von Cyrus zu reden veranlaßt gesehen. Aber die Gegner, welche Theodoret widerlegte, waren Heiden; die Anhänger der naturalistischen, „ausschließlich entwickelnden" Methode dagegen standen innerhalb der katholischen Kirche: darin liegt das Auffallende. Die Sache erklärt sich nur, wenn wir die Richtung vor Augen haben, welche um die Mitte des vorigen Jahrhunderts in der Wissenschaft sich geltend zu machen anfing. „Vorzugsweise veranlaßt durch die Philosophie Wolffs und durch den Einfluß der englischen Deisten und Freidenker bildete sich damals eine ganz eigenthümliche Auffassungs- und Denkweise aus, welche auch vielseitig die Theologie beherrschte. Ihr Princip war, frei von aller Autorität lediglich mit eigenen Augen zu sehen, da die Beurtheilung auch der religiösen Wahrheit allein Sache des gesunden Menschenverstandes sei. Diese Auffassungsweise erhielt den Namen ‚Aufklärung'. Die neue Lehre begann bei den Protestanten und zunächst auf deutschen Hochschulen, indes auch selbst an katholischen Universitäten eine wichtige Rolle zu spielen. Ueberall aber trug sie das charakteristische Merkmal an sich, daß die Jünger der Aufklärung sich durch ihren Widerwillen gegen alles dem Mittelalter Angehörende bemerklich machten, nach und nach aber sich von allem Positiven oder von dem definirten katholischen Glauben mehr und mehr zurückzogen. Es ist diese Erscheinung eine ungemein merkwürdige, in der katholischen Kirche kaum glaubliche. Bei den Aufklärungstheologen wurden selbst die Grundfragen des Christenthums, die Gottheit Christi und sein Evangelium, in Frage gestellt von Männern, die selbst als Priester in kirchlichen Ehrenämtern und Würden standen, die der Kirche keineswegs feindlich sein wollten, die Interessen und Rechte derselben bei Gelegenheit aufs entschiedenste vertheidigten, an ihrer Disciplin und ihrem Cultus unerschütterlich festhielten und dabei doch nicht aufhörten, fort und fort an dem Grabe der Kirche zu schaufeln. Das gewöhnliche Auge wird bei oberflächlicher Betrachtung in solchen Männern Heuchler erblicken, das psychologische Auge dagegen nichts weniger als solche. Es war vielmehr in ihnen ein doppelter Mensch. Der eine trug den frommen Mutterglauben, der sich nun einmal nicht austilgen läßt, der andere die Folgen einer der Zeit nicht angemessenen wissenschaftlichen Erziehung und Heranbildung. So trat skeptisches Forschen schließlich an die Stelle der religiösen Ueberzeugung und

---

[1] *Theodoret.*, Therapeut. serm. 1 (*Migne* l. c. tom. LXXXIII, col. 817. 820).

machte sich, unbekümmert um die letzten Consequenzen, nach irgend einer Richtung hin geltend. Aber alle diese Aufklärungsmänner würden auf das entschiedenste protestirt haben, hätte man ihnen den Beweis liefern wollen, durch ihre Doctrinen hätten sie aufgehört, Mitglieder der katholischen Kirche zu sein. Ihre Richtung war nicht der eigentliche Rationalismus: denn dieser stellt sich feindlich der Kirche gegenüber, die Berechtigung ihrer ganzen Existenz verneinend; sie war ebensowenig Josephinismus oder Febronianismus: denn diese beiden gingen zunächst darauf aus, mehr oder minder äußere Verhältnisse in ihrer Weise zu ändern, und wollten dabei die Grundpfeiler des Christenthums, die Gottheit Christi sowie alle Mysterien des Glaubens, unangetastet stehen lassen."[1]

Ich habe Ihnen diese Charakteristik mittheilen wollen, weil in den Zuständen, welche sie zeichnet, sowohl die in diesem Kapitel berührten Erscheinungen als andere mit ihnen verwandte ihre Erklärung finden. Wenn übrigens der Verfasser des Aufsatzes, welchem ich die Stelle entnommen habe, die Ansicht ausspricht, die Richtung, welche er charakterisirt, sei „nicht der eigentliche Rationalismus" gewesen, so scheint mir diese Bemerkung einer Erläuterung zu bedürfen. Der von dem Verfasser selbst als das Princip der „Aufklärung" bezeichnete Grundsatz, wonach „die Beurtheilung der religiösen Wahrheit allein Sache des gesunden Menschenverstandes" und darum in diesem Punkte keine Autorität zu beachten ist, dieser Grundsatz ist doch jedenfalls ganz eigentlich rationalistisch. Damit will ich freilich nicht sagen, als ob die Richtung der Männer, von denen der Verfasser redet, genau diejenige gewesen sei, welche man gegenwärtig „Rationalismus" nennt. Dieselbe war vielleicht nicht ein ethischer Rationalismus, sondern ein bloß intellectueller, nicht ein formeller, sondern ein materieller, nicht ein offener, sondern ein noch latenter; sie war nicht ein bewußter, bis zu den letzten Consequenzen durchgeführter Rationalismus, aber es bedurfte keineswegs neuer Principien, sondern lediglich dieser vollständigen Durchführung, um aus ihr den vollendetsten Rationalismus im eigentlichen Sinne des Wortes hervorgehen zu lassen. Die Anhänger des in Rede stehenden Systems waren sich der letzten Consequenzen desselben noch nicht bewußt und immerhin nicht entschlossen, diese anzuerkennen. Eben infolgedessen glaubten sie noch ganz in der Kirche zu stehen, und äußerlich war es auch so; eben dadurch begreift sich der mächtige Einfluß, den ihre Anschauungen auf das gesamte kirchliche Leben in Deutschland gewinnen konnten, und die weitgehenden Wirkungen, welche dieselben in der seelsorglichen Praxis, bis hinab zum religiösen Elementarunterricht, hervorgebracht haben. Die Klarheit des Blickes, mit welcher Augustin Gruber das Verderbliche dieser Wirkungen erkannte, und der Eifer und die Entschiedenheit, womit er, neben nicht vielen andern, den nächsten Ursachen derselben entgegentrat, gereicht ihm ebensosehr zur Ehre als zu hohem Verdienste. Der ausgezeichnete Erzbischof starb

---

[1] Vgl. Histor.-polit. Bl. LXV, 54 ff. — „Während" im Anfange unseres Jahrhunderts, so berichtet Ringseis in seinen schon angeführten „Jugenderinnerungen", „während ein Theil des Clerus sich ganz dem Unglauben ergab und ... vielfach die einflußreichsten Stellen besetzte, verknöcherte ein anderer Theil in einer unsäglich geistlosen Orthodoxie, die, wie seltsam dies auch klingen mag, häufig doch wieder mit dem seichtesten Rationalismus versetzt war" (Histor.-polit. Bl. LXXVI, 743).

1835; hätte er ein gutes Menschenalter länger leben können, dann würde ihm eine große Freude mehr zu theil geworden sein: er wäre Zeuge gewesen, wie in seiner dritten Sitzung das vaticanische Concil für immer die Principien vernichtete, aus denen die von ihm mit so ruhmvollem Eifer und so bedeutendem Erfolge bekämpften praktischen Verirrungen hervorgegangen waren[1].

Zweites Kapitel.

Wenn es gleich nothwendig ist, daß dem Unterricht ein Katechismus, d. h. ein Abriß der christlichen Lehre in didaktisch=abstracter Form, zu Grunde gelegt werde, so darf doch die Katechese nie eine bloß abstracte Auseinandersetzung der religiösen Wahrheiten sein, sondern der Priester muß es verstehen, die letztern beständig mit den entsprechenden Thatsachen der Offenbarung in Verbindung zu bringen und an dieselben anzulehnen. Ueberdies sollen zu weiterer Belebung des Unterrichts auch andere historische Züge aus der Geschichte der Kirche und dem christlichen Leben zu Hilfe genommen werden.

§ 1.

Zwei Gründe für diese Forderung. Praktische Erläuterung derselben.

332. Erinnern Sie sich zunächst wieder an die allgemeine Regel, welche wir im fünften Abschnitte aufgestellt haben. „Bei der Verkündigung des Wortes Gottes sollen soviel als möglich dem menschlichen Leben und der sichtbaren Natur angehörende Erscheinungen verwerthet und durch sie das Uebersinnliche greifbar gemacht werden. Der Priester soll überdies soviel als möglich die Natur des niedern Erkenntnißvermögens berücksichtigen und es verstehen, dieses in seinen Zuhörern zu jener Thätigkeit in den Stand zu setzen und zu vermögen, welche geeignet ist, die intellectuelle Auffassung sehr leicht, vollkommen klar, lebendig und lichtvoll werden zu lassen" (Bd. I,

---

[1] Tum nata est et late nimis per orbem vagata illa rationalismi seu naturalismi doctrina, quae religioni christianae utpote supernaturali instituto per omnia adversans, summo studio molitur, ut Christo, qui solus Dominus et Salvator noster est, a mentibus humanis, a vita et moribus populorum excluso, merae quod vocant rationis vel naturae regnum stabiliatur (Pius IX. l. c. Const. *Dei Filius*, d. d. 24. Apr. 1870, post. init.).

Cum homo a Deo tamquam Creatore et Domino suo totus dependeat, et ratio creata increatae Veritati penitus subiecta sit, plenum revelanti Deo intellectus et voluntatis obsequium fide praestare tenemur. Hanc vero fidem, quae humanae salutis initium est, Ecclesia catholica profitetur virtutem esse supernaturalem, qua, Dei aspirante et adiuvante gratia, ab eo revelata vera esse credimus non propter intrinsecam rerum veritatem naturali rationis lumine perspectam, sed *propter auctoritatem* ipsius Dei revelantis, qui nec falli nec fallere potest. Est enim fides, testante Apostolo, sperandarum substantia rerum, argumentum non apparentium (ibid. c. 3, *De fide*).

Hoc quoque perpetuus Ecclesiae catholicae consensus tenuit et tenet, duplicem esse ordinem cognitionis, non solum principio, sed obiecto etiam distinctum: principio quidem, quia in altero naturali ratione, in altero fide divina cognoscimus:

S. 214). Diese Regel gründet sich auf die Natur des menschlichen Erkennens: sie hat mithin auch, wo es sich um die religiöse Unterweisung von Kindern handelt, ihre volle Geltung. Diese Regel gründet sich auf die Abhängigkeit des intellectuellen Erkennens von dem niedern: diese Abhängigkeit ist aber nie größer als im Kindesalter; die Regel ist mithin, wo es sich um die religiöse Unterweisung von Kindern handelt, von höherer Bedeutung als irgendwo anders.

Wissen Sie, wie die pädagogische Weisheit jenes Naturalismus, von welchem im ersten Kapitel die Rede war, dieser Regel zu entsprechen suchte? „Man wollte sich", erzählt Augustin Gruber, „mit Kindern von fünf bis sieben Jahren über sinnliche Gegenstände" (Brod, Bank, Stuhl, Tisch, Holz, Stein, Haus, Stroh ...) „zur Sammlung sinnlicher Anschauungen besprechen; dann über die körperlichen Sinneswerkzeuge; dann über das Dasein einer Seele in uns und über die Kräfte und Fähigkeiten der Seele; man wollte die natürlichen Gefühle der Liebe zu den Eltern, zu den Geschwistern, zu Mitschülern, zu den Lehrern in ihnen wecken und über die Natur dieser Gefühle mit ihnen räsonniren, um dann — auf den Begriff von Gott zu kommen. Umständlich ist diese Behandlung durchgeführt in dem Büchlein: „Fragen an Kinder, von der ascetischen Gesellschaft in Zürich', das in den 1780er Jahren sehr gerühmt wurde."[1] Wir brauchen über diese Verirrung weiter kein Wort zu verlieren. Das rechte Verfahren, unserer allgemeinen Regel gegenüber, empfiehlt Bossuet seinen Seelsorgern in dem Pastoralschreiben, mit welchem er den von ihm selbst verfaßten „Katechismus für die Diöcese Meaux" einführte. „Verbinden Sie mit Ihren Unterweisungen historische Züge aus der Heiligen Schrift oder aus zuverlässigen Schriftstellern. In solchen Erzählungen liegt, wie die Erfahrung lehrt, ein eigener Reiz; sie wecken die Aufmerksamkeit, und sie werden Ihnen das Mittel sein, wodurch Sie bewirken

---

obiecto autem, quia praeter ea, ad quae naturalis ratio pertingere potest, credenda nobis proponuntur mysteria in Deo abscondita, quae, nisi revelata divinitus, innotescere non possunt (ibid. c. 4, *De fide et ratione*).

Si quis dixerit, fidem divinam a naturali de Deo et rebus moralibus scientia non distingui, ac propterea ad fidem divinam non requiri, ut revelata veritas *propter auctoritatem Dei revelantis credatur*, anathema sit (ibid., *De fide* can. 2).

Si quis dixerit, in revelatione divina nulla vera et proprie dicta mysteria contineri, sed universa fidei dogmata posse *per rationem* rite excultam *e naturalibus principiis intellegi et demonstrari*, anathema sit (ibid., *De fide et ratione* can. 1).

[1] Gruber, Praktisches Handbuch der Katechetik I, 28. — Ein Reflex der hier von Gruber charakterisirten Richtung dürfte es sein, wenn Overberg in seinem „Religionshandbuch" (I, 59) den „Faden für die Kleinen" also anfängt: „Eure Eltern lieben euch, das könnt ihr alle Tage genug merken. Daran könnet ihr es merken, daß sie euch alles Nöthige und Nützliche zu verschaffen suchen und sich darum viele Mühe geben. Wenn eure Eltern sich auch noch so viele Mühe geben, so können sie allein euch alles Nöthige doch nicht verschaffen.... Und wenn auch alle Menschen noch so fleißig hülfen, so wären sie doch alle zusammen nicht im stande, alles das zu machen und zu thun, was dazu nöthig ist, um Brod zu haben. Wer macht und thut denn alles das, was alle Menschen zusammen nicht machen und thun können? O Kinder, ihr wisset es noch nicht, wie glücklich wir sind! (oder wenn sie davon gehört haben (!): Ihr wisset es schon, wie glücklich wir sind!) Wir haben alle einen einzigen, unsichtbaren Vater im Himmel" u. s. w. Diesen Gedanken entsprechend, beginnt Overbergs kleiner Katechismus, wenn ich mich recht erinnere, mit der Frage: „Woran könnet ihr es wissen, daß euch eure Eltern lieb haben?"

können, daß die Kinder die religiösen Wahrheiten gern und willig in ihr Herz aufnehmen. Wenn Sie darum über ein Geheimniß oder über ein Sacrament Unterricht geben wollen, so müssen Sie als Grundlage die Thatsachen vorausgehen lassen, in benen sich das Geheimniß vollzogen hat oder die zur Geschichte der Einsetzung des betreffenden Sacraments gehören... Bei diesen Erzählungen kommt aber alles darauf an, daß man die Thatsachen für die Phantasie anschaulich und lebendig darzustellen wisse. Seien Sie darauf bedacht, die Phantasie und das niedere Erkenntnißvermögen der Kinder zu fesseln, um durch diese sich ihres Geistes und ihres Herzens zu bemächtigen."[1]

333. Hiermit ist bereits ziemlich viel gesagt; aber suchen wir die Sache noch etwas tiefer zu fassen. Ich habe Sie schon früher einmal darauf aufmerksam gemacht, wie die Weisheit Gottes in der Weise, in welcher sie der Menschheit die übernatürlichen Wahrheiten mittheilen und nahelegen wollte, der Natur und den Gesetzen des menschlichen Erkennens genau entsprochen hat. In der wissenschaftlichen Theologie und zum Theil auch im Katechismus erscheint die christliche Offenbarung freilich als ein Aggregat von abstracten Begriffen, als ein System von Lehrsätzen: aber diese ihre Gestalt ist das Resultat menschlicher Thätigkeit; aus dem Munde Gottes ist sie nicht so hervorgegangen. „In der christlichen Religion", sagt Fenelon, „ist alles Ueberlieferung, alles Geschichte, alles historische Vergangenheit."[2] Nicht durch todte Worte hat Gott das Menschengeschlecht gelehrt, nicht Schultheorien und abstracte Systeme ihm vorgelegt, sondern durch Thatsachen hat er uns unterwiesen, in Ereignissen und Handlungen und andern sichtbaren Erscheinungen uns die Wahrheiten geboten, deren wir, um ihm gefallen zu können, bedurften. Darum liegt nicht nur nichts näher, als daß in den Religionsunterricht unausgesetzt historische Züge verflochten werden, sondern es ist schlechthin nicht möglich, jemanden eine treue und richtige Auffassung der übernatürlichen Offenbarung zu vermitteln, wenn man ihm nicht die geschichtlichen Begebenheiten vorführt, in welchen die Gedanken der Offenbarung eben ausgedrückt erscheinen oder an welche dieselben sich wenigstens anlehnen, ohne die sie darum jedenfalls nicht vollständig verstanden werden können. Lesen Sie die Vorträge der ersten Boten der christlichen Religion in der Apostelgeschichte (2, 15—36; 3, 12—26; 7, 2—53; 8, 35; 10, 34—43; 13, 16—41; 17, 22—31); dieselben sind nicht didaktische Auseinandersetzungen abstracter Wahrheiten, sondern sie bewegen sich insgesamt in historischen Thatsachen. Und daß die Kirche auch in den folgenden Zeiten die Unterweisung in den Grundlehren des Christenthums als einen wesentlich historischen Unterricht betrachtete, das ergibt sich schon aus dem bereits erwähnten Ausdrucke *narratio*, mit welchem der hl. Augustin diese Unterweisung bezeichnet[3]; das ergibt sich aus der Einrichtung und der liturgischen Feier des kirchlichen Jahres, durch welche in den Festen und in den heiligen Zeiten

---

[1] *Bossuet*, Catéchisme du Diocèse de Meaux. Avertissement aux Curés, Vicaires, aux Pères et aux Mères, et à tous les Fidèles de son Diocèse, 6 Oct. 1686 (Oeuvres VI [Versailles 1815], 9. 10).

[2] *Fénelon*, Dialogues sur l'éloquence II, 80.

[3] Narratio plena est, cum quisque primo catechizatur ab eo quod scriptum est: *In principio fecit Deus coelum et terram* (*Aug.* l. c. c. 3, n. 5).

die Geschichte des Falles und der Erlösung in ihren wesentlichsten Momenten dem Christen immer aufs neue nahegelegt wird; das tritt überdies namentlich in der Sorge und dem Eifer hervor, womit die Kirche selbst in den Tagen der Katakomben bemüht war, durch Bilder in den Kirchen, in den Häusern, auf öffentlichen Plätzen nicht bloß die historischen Thatsachen aus dem irdischen Leben des Herrn, sondern auch jene ganze Fülle typischer Erscheinungen, welche das Alte Testament enthält, den Gläubigen bekannt zu machen und beständig vor Augen zu stellen. Denn nicht auf Verschönerung der Kirchen und anderer Gebäude hatte die religiöse Malerei es an erster Stelle abgesehen, sondern auf Unterweisung und Erbauung [1]. „Wir sind von Gottes Gnaden berufen und bestimmt, den Ungebildeten, welche nicht lesen können, die Wunder des Glaubens zu verkündigen", so hieß es in den Satzungen der Malerzunft von Siena.

Daß man in dem katechetischen Unterricht ganz so verfahre, wie es St. Augustin in dem vorher angeführten Namen sowohl als durch die zwei von ihm gegebenen Entwürfe [2] andeutet, d. h. daß der Unterricht an erster Stelle und im eigentlichen Sinne Erzählung der heiligen Geschichte sei, das geht gegenwärtig freilich nicht an. Es ist vielmehr, wie ich es in unserem Grundsatze ausgesprochen habe, unerläßlich nothwendig, daß dem Unterrichte ein sogen. Katechismus, ein Abriß der christlichen Lehre in didaktischer Form, zu Grunde gelegt und nach diesem vorgegangen werde. Bei dem eigentlich historischen Verfahren würde es schwerlich zu erreichen sein, daß die Kinder insgesamt die Grundzüge der christlichen Lehre in jener Vollständigkeit, die einzelnen Begriffe und Sätze derselben mit jener Bestimmtheit und Schärfe auffaßten, deren sie, den zahllosen Angriffen und Entstellungen des Unglaubens und der Irrlehre gegenüber, in unserer Zeit bedürfen; anderseits müßte das historische Verfahren auch vielfältige Wiederholungen veranlassen.

Wie man aber die Erklärung des Katechismus einzurichten habe, um sowohl der natürlichen Weise des menschlichen Erkennens und der unentwickelten Fassungskraft der Kinder als dem wesentlich historischen Charakter der christlichen Lehre gebührend Rechnung zu tragen, das ist in der Anweisung Bossuets, die ich Ihnen vorher mitgetheilt habe, klar genug angedeutet. Die Wahrheiten z. B. von Gott und seinen Eigenschaften, von der Erschaffung des Menschen und seiner Bestimmung, von dem Gehorsam, den wir Gott und seinen Geboten schuldig sind, von der Sünde und ihren Folgen, lassen sich ganz leicht mit der Geschichte der Schöpfung und des Sündenfalles der Engel sowohl als der ersten Menschen in Verbindung bringen und an dieselbe anlehnen; die Lehren von der allerheiligsten Dreifaltigkeit, von der Menschwerdung des Sohnes Gottes, von der Erlösung durch ihn, von der Gründung und Einrichtung der Kirche sind insgesamt in Thatsachen ausgesprochen, welche in den Evangelien und der Apostelgeschichte erzählt werden; mehrfach finden sie sich überdies in typischen Einrichtungen oder Ereignissen

---

[1] Illud vero diligenter doceant Episcopi, per historias mysteriorum nostrae redemptionis, picturis vel aliis similitudinibus expressas, *erudiri et confirmari* populum in articulis fidei commemorandis et assidue recolendis ... (Conc. Trid. sess. 25, *De invocatione Sanctorum*).

[2] L. c. c. 17—27.

des Alten Testamentes vorgebildet; für die verschiedenen Gebote Gottes und überhaupt für die ethischen Anweisungen des Christenthums liegen die dazu gehörenden Züge in der Geschichte der Verkündigung des Gesetzes auf dem Berge Sinai, in vielen Berichten von über die Sünde verhängten Strafen oder von Anerkennung, Empfehlung und Belohnung des Verdienstes aus der ganzen Heiligen Schrift, endlich in verschiedenen Handlungen und Ereignissen des irdischen Lebens unseres Erlösers. Ausgezeichnete Muster, an denen Sie die Kunst, die Thatsachen der heiligen Geschichte in die Erklärung des Katechismus einzuflechten, mit Erfolg studiren können, sind die „Katechisationsskizzen" in dem „Praktischen Handbuch der Katechetik" von Augustin Gruber, das ich bereits (S. 156) genannt habe und das ich Ihnen hier abermals sehr empfehle.

Vor allem aber seien Sie bei dem Vortrage historischer Thatsachen der Mahnung Bossuets eingedenk, dabei die Phantasie und das niedere Erkenntnißvermögen der Kinder entsprechend in Thätigkeit zu setzen. Ein Mittel, das für diesen Zweck wirksam ist wie kein anderes, sind Bilder, welche die Thatsachen der heiligen Geschichte, insbesondere Züge aus dem Leben des Herrn, anschaulich darstellen. Vernachlässigen Sie es um keinen Preis, dieses Mittel, wo es irgend möglich ist, in Anwendung zu bringen, namentlich bei den jüngern Kindern; nichts ist geeigneter, die Wahrheiten der Religion, schon ehe sie lesen können, ihrem Geiste und ihrem Herzen nahe zu bringen und ihnen dieselben für das ganze Leben unvergeßlich zu machen. Colorirte Bilder verdienen dabei aus naheliegenden Gründen vor den bloß schattirten den Vorzug [1].

§ 2.

Eine Ansicht Hirschers in Rücksicht auf den historischen Charakter der Katechese. Ueber historische Züge, welche nicht der Offenbarung entlehnt sind. Ein verfehlter Rath von Aegidius Jais.

334. Dem vorher von der Nothwendigkeit eines Katechismus Gesagten gegenüber muß ich einer Frage erwähnen, die in neuerer Zeit wiederholt angeregt und besprochen wurde: ob es nämlich zweckmäßig sei, „den Religionsunterricht sogleich mit einem Katechismus anzufangen". Hirscher verneint dieselbe entschieden und bringt sehr ernstlich

---

[1] Bilder-Bibel. Vierzig Darstellungen der wichtigsten Begebenheiten des Alten und Neuen Testaments. Vierzig sorgfältig colorirte Blätter in Lithographie (12 für das Alte, 28 für das Neue Testament). Quer-Folio, mit Titel und Inhaltsverzeichniß. Textbeigabe in Quer-Folio (12 S.): Kurze biblische Geschichte von Dr. J. Schuster. Freiburg, Herder, 1883. M. 14.

Le Catéchisme en images, dessiné par Elster, sous la direction de l'abbé Couissinier. Paris, Schulgen, 1862. (Prachtausgabe Fr. 6. Feine Ausgabe Fr. 2½. Volksausgabe Fr. 1.)

M. B. Couissiniers Bilder-Katechismus. Düsseldorf, Schulgen, 1868. M. 2. (Enthält auf 112 Octavblättern 46 Bilder aus dem Alten Testament und 66 aus dem Neuen.)

Goldenes Weihnachtsbüchlein für brave, gute Kinder. Regensburg, Pustet, 1876. 3. Aufl. M. 3.

Dasselbe französisch: Bethléem et Nazareth, 15 gracieux tableaux de la sainte Enfance.

darauf, daß „in den drei ersten Schuljahren", d. h. bis die Kinder acht oder neun Jahre alt sind, „nur biblische Geschichte gelehrt und kein Katechismus gebraucht werde", in der Weise indeß, daß dabei „das Erklären und Einlernen von Gebeten, guten Sprüchen und Versen u. s. w. nicht ausgeschlossen" sei[1]. Wenn ich auch keineswegs jedem Gedanken, wodurch er diese Ansicht zu rechtfertigen sucht, beistimmen möchte, so sind doch die meisten Gründe, die er anführt, wahr und von Bedeutung. Eine Rücksicht, die sich noch stärker betonen ließe, als Hirscher es thut, scheint mir in der Thatsache zu liegen, daß es kaum viele Christen geben dürfte, bei denen sich nicht für das ganze Leben an den Namen „Katechismus" ein starkes Gefühl von Unbehaglichkeit und Widerwillen zu knüpfen pflegte, in deren Erinnerung das Elementarbuch der Religionslehre anders dastände denn als eine *res odiosa*. Das ist sicher nicht etwas Vortheilhaftes; denn das Odium reflectirt sich leicht auf den Inhalt des Katechismus und zieht jedenfalls die Folge nach sich, daß das widerwärtige Buch, wenn einmal die Jahre des Unterrichts glücklich überstanden sind, nie mehr in die Hand genommen wird. Sollte aber dieser Widerwille nicht vorzugsweise darin seinen Grund haben, daß das Erkenntnißvermögen bei Kindern vor dem achten und neunten Jahre viel zu wenig entwickelt ist, als daß eine abstracte Doctrin, wie sie der kleine Katechismus enthält, für dasselbe nicht eine ganz heterogene, unverdauliche Nahrung bildete? Es ist in Wahrheit „schade um den Eindruck, den die religiösen Wahrheiten auf das jugendliche Gemüth, wofern sie im geeigneten Alter vorgetragen werden, hervorbringen, aber nie hervorbringen werden, wenn man sich bereits in der frühesten Schulzeit an ihnen müde gelernt hat"[2].

Auch Jakob Schmitt spricht sich dahin aus, daß wenigstens „im ersten Schuljahre die dem Geistlichen für den Religionsunterricht zugemessene Zeit durch Erklärung der nothwendigsten Gebete und der ersten biblischen Geschichten des Alten und Neuen Testaments wohl ganz in Anspruch genommen sei" und auch „im zweiten Schuljahre" noch „der biblische Geschichtsunterricht jedenfalls Hauptsache sein sollte"[3]. Dieser Ansicht kann man sicher nicht widersprechen. Die hiernach sich noch ergebende Frage, ob, wie Hirscher will, auch noch im dritten Schuljahre der Religionsunterricht historisch bleiben solle, statt durch eigentliche Erklärung eines Katechismus gegeben zu werden, diese Frage mag ich nicht entscheiden. Ich bin geneigt zu glauben, daß es eher vortheilhafte als üble Folgen haben würde, wenn man im Sinne Hirschers verführe, aber unter einer Bedingung. Der kleinste der drei von Bellarmin verfaßten Katechismen[4] enthält das Kreuzzeichen, das Vaterunser, das Ave Maria, das Apostolische Glaubensbekenntniß, die zehn Gebote Gottes, die fünf Gebote der Kirche, das bekannte kurze Gebet zum Schutzengel, die Namen der sieben Sacramente, der vier „Cardinal-Tugenden", der sieben Gaben des Heiligen Geistes, die acht Seligkeiten; dann werden die Werke der leiblichen

---

[1] Hirscher, Besorgnisse hinsichtlich der Zweckmäßigkeit unseres Religionsunterrichts S. 104. [2] Ebd. S. 108.
[3] Schmitt, Erklärung des kleinen Deharbeschen Katechismus, Vorwort zur ersten Auflage S. VI.
[4] Sommario della dottrina cristiana, da impararsi a mente da' fanciulli della prima classe.

und der geistlichen Barmherzigkeit aufgezählt, die sieben Hauptsünden, die denselben entgegengesetzten Tugenden, die sechs Sünden gegen den Heiligen Geist und die vier himmelschreienden Sünden; weiter die Vermögen der menschlichen Seele, die Sinne des Leibes, die vier letzten Dinge; hiernach folgen die Geheimnisse des Rosenkranzes, „der Engel des Herrn", ein kurzes Tischgebet, der Psalm De profundis mit dem allgemeinen Gebete für die Verstorbenen, endlich die Formeln für die Acte der drei göttlichen Tugenden. Der ganze Katechismus ist zwölf Duodez=Seiten stark; dabei sind acht der genannten Gebets=Formularien noch sowohl in lateinischer als italienischer Sprache gegegeben. Einen Abriß von so geringem Umfange kann man sicher den Kindern, sobald sie geläufig lesen können, ohne Nachtheil in die Hand geben; wenn man es zweckmäßig findet, einzelnen der angeführten Punkte eine andere Ordnung zu geben oder sonst kleine Aenderungen vorzunehmen, so habe ich hiergegen nichts. Einen Katechismus dieser Art also lasse man die Kinder nach und nach auswendig lernen und benutze zugleich bei dem Vortrage der biblischen Geschichte jede sich bietende Gelegenheit, an die entsprechenden im Katechismus enthaltenen Punkte zu erinnern und dieselben durch die Thatsachen kurz zu erläutern. Unter dieser Bedingung bin ich, wie ich sagte, nicht abgeneigt, das von Hirscher befürwortete Verfahren für das rechte zu halten. Daß man dagegen, wie Hirscher (a. a. O. S. 107) will, den Kindern der untersten Klasse von manchen der wesentlichsten Punkte der christlichen Lehre gar keine Kenntniß gebe, damit kann ich nicht einverstanden sein. Aber das ist eine Frage, die wir später für sich behandeln (vgl. unten Nr. 346 ff.).

335. Kommen wir hiernach auf unsern Hauptgegenstand zurück. Sowohl zur Ergänzung bei religiösen Wahrheiten, für welche aus der Heiligen Schrift kein unmittelbar geeigneter Zug zu Gebote steht, als zugleich der Mannigfaltigkeit und des Wechsels wegen ist es zweckmäßig, daß *man auch passende Thatsachen aus der Geschichte der Kirche und überhaupt aus dem christlichen Leben zu Hilfe nehme.* „Wie der hl. Augustin seinen Katechumenen auf die Martyrer, auf ihre Standhaftigkeit und deren Wirksamkeit für die Verbreitung des Christenthums aufmerksam macht[1], so sollen auch wir öfter, als es jetzt üblich ist, auf die Martyrer und andere Heilige aufmerksam machen. Das Vorhalten solcher Beispiele weckt den in Kindern ohnebies sehr thätigen Nachahmungstrieb, und bei geschickter Behandlung wird durch die Bekanntschaft mit den Martyrern und andern Heiligen die Verwahrung gegen verführerische Beispiele und Lehren der Welt in den Katechumenen tief gegründet und befördert. Die Beispiele der hl. Agnes, die mit dreizehn Jahren, des hl. Pancratius, der mit vierzehn Jahren den Martyrertod starb; der sieben Söhne der hl. Felicitas, die sämtlich Jünglinge waren, der jüngste aber, Alexander, noch ein Kind, und die alle den Tod für Jesu Glauben litten; des hl. Ponticus, der, fünfzehn Jahre alt, unter den ermunternden Zusprüchen seiner Mutter Blandina die Martern eines grausamen Todes bestand; des hl. Vitus, der gleichfalls mit fünfzehn Jahren seinen Glauben durch den Tod besiegelte, und anderer jugendlicher Martyrer und Heiligen geben die natürliche Veranlassung, von unsern kleinen Katechumenen

---

[1] L. c. c. 24, n. 44.

Standhaftigkeit in Beobachtung des göttlichen Gesetzes, den Lockungen verführerischer Lehren und Beispiele gegenüber, mit Nachdruck zu fordern, sie zu gewöhnen, daß sie den Blick stets auf Gott und seine Gebote gerichtet halten, und ihren Entschluß zu kräftigen, nie von dem Wege des Glaubens und der Gottesfurcht abzuweichen." [1]

Was Sie in Rücksicht auf Erzählungen dieser Art beobachten müssen, das haben wir in dem vorhergehenden Abschnitte (Nr. 322) gesagt. Halten Sie indeß dabei immer fest, daß das eigentliche und das erste historische Material für die Katechese nur die in der Heiligen Schrift enthaltenen Thatsachen und concreten Erscheinungen bilden. Denn nur diese hat der Heilige Geist selbst uns mitgetheilt; darum können nur sie als unmittelbar von Gott an uns gerichtete Unterweisung gelten und als der sichtbare, für unsere Erkenntniß berechnete Ausdruck von Wahrheiten, die wir auf das höchste Ansehen des Urhebers der Offenbarung hin unverbrüchlich fest glauben sollen. Andere Erzählungen hingegen, deren Gewißheit sich nur auf menschliches Zeugniß gründet, sind bloß geeignet, das Uebersinnliche und das Allgemeine zu veranschaulichen, den Unterricht zu beleben und anziehend zu machen und auf das Herz erwärmend und erbauend zu wirken.

336. Ich will diesen Gegenstand nicht verlassen, ohne noch zwei Gedanken von Jais zu erwähnen, die bei ihm zu finden mich nicht wenig überrascht hat. „Ich möchte beinahe sagen," räth er zunächst, „man soll keine einzige Kinderlehre halten, ohne etwas dabei zu erzählen." Dieser Rath, in der rechten Weise verstanden, ist gut; wenn Sie die vorher gegebenen Anweisungen befolgen, dann werden Sie sicher bei jeder Katechese „etwas erzählen". Aber Jais versteht die Sache keineswegs in unserem Sinne. „Die biblischen Geschichten" eignen sich nach seiner Ansicht vielfach nicht für die Katechese; auch „Erzählungen von Büßern und Einsiedlern, von Wundern und Wunderthaten u. s. w. taugen für die Kinder nicht". Vielmehr „soll die Erzählung leicht zu verstehen, zu beurtheilen und anzuwenden, oder aus der Kinderwelt genommen sein, in dem Lebenskreise der Kinder liegen". Und „man darf sich beim Erzählen nicht gewissenhaft an die Wahrheit, an ein Factum binden: es ist auch erlaubt zu dichten, zu malen [2]. Der Heiland erzählte vieles, was nicht geschehen ist; er lehrte in Gleichnißreden. Doch sollen es die Kinder nicht wissen, daß die Erzählung bloß erdichtet sei, sonst haben sie kein Interesse dabei; ja sie beschuldigen wohl gar den Katecheten einer Lüge. Man erzähle also kühn und keck, ohne nur anzustoßen, als wenn alles wirklich so geschehen wäre. Sollten auch die Kinder an der Wahrheit zweifeln und sogar fragen, ob dieses oder jenes wirklich geschehen sei, so antworte man ohne Bedenken: Ja, dieses ist schon oft geschehen; es gab und gibt noch wirklich solche Kinder" [3]. Ich habe Ihnen diese Aeußerungen fast vollständig vorführen wollen, m. H., damit Sie an einem Beispiele sehen, in welchem

---

[1] Nach Gruber, Theorie der Katechetik S. 268.

[2] Hier führt Jais die Verse an:
Pictoribus atque poetis
Quidlibet audendi semper fuit aequa potestas.

[3] Jais a. a. O. S. 166. 167.

Maße auch verständige und fromme Männer, wie es der vortreffliche Jais war, sich verirren können, wenn die Zeit, der sie angehören, in wesentlichen Fragen irre geht. Was den von Jais ausgesprochenen Anschauungen zu Grunde liegt, das ist vorzugsweise jener latente Naturalismus, von welchem in dem vorhergehenden Kapitel die Rede war. Denn diesem konnten freilich weder „die biblischen Geschichten" zusagen noch die „Erzählungen von Büßern und Einsiedlern, von Wundern und Wunderthaten". Wenigstens wüßte ich nicht, was man auch gegen die letztern, wenn sie wahr und verbürgt sind, anderes einwenden wollte, als daß sie ihrem Inhalte nach vollständig der übernatürlichen Ordnung angehören: die ist es aber gerade, welche der Naturalismus perhorrescirt.

Wenn Jais dabei für das, was er nicht gutheißen mochte, wenigstens etwas Brauchbares substituirt hätte! Denn einen ungeschicktern Griff konnte er doch kaum thun, als indem er Erzählungen wählte, „die aus der Kinderwelt genommen" seien, und noch dazu „erdichtete" Erzählungen. Jais verlangt ja selber, daß die Erzählungen dazu angethan seien, den Unterricht angenehm und interessant zu machen. Nun ist es aber, vor allem bei Kindern, nicht das Kleine, Bekannte, Gewöhnliche, Alltägliche, das den Geist fesselt und die Aufmerksamkeit spannt, sondern das Neue, das Unerhörte, das Wunderbare, das Große. Wo gibt es Züge, welche in höherem Maße diese Eigenschaften haben als jene Thatsachen, welche in der Heiligen Schrift und in der Geschichte der Kirche enthalten sind, und wo können sich diese Vorzüge weniger finden als in Erscheinungen, die „der Kinderwelt" angehören oder „im Lebenskreise der Kinder liegen"? Und wenn vollends die Erzählungen noch dazu nicht wirkliche Geschichte, sondern wie die von Jais einst herausgegebenen erdichtet und tendenziös construirt sind, um den Kindern irgend eine Lebensregel oder eine ethische Wahrheit nahezulegen, dann verlassen Sie sich darauf, daß die Kinder, nachdem sie die eine und die andere gehört, auch nicht das mindeste Interesse mehr dafür haben, sich vielmehr dabei noch ärger langweilen werden als bei der trockensten Erklärung des Katechismus. Denn der Priester mag noch so „kühn und keck erzählen, als ob alles wirklich so geschehen wäre", die Kinder haben viel zu viel natürlichen Verstand, als daß sie die Dichtung nicht sehr bald als solche erkännten, und wenn man ihnen auf eine etwaige Frage, die sie aber kaum nothwendig finden werden zu stellen, „ohne Bedenken" die doppelsinnige Antwort gibt, das sei „schon oft" geschehen, so wissen sie sofort, woran sie sind. Ja, Kinder hören und lesen gern Erzählungen; aber das kann ich Ihnen nach den Erinnerungen aus den Jahren meiner eigenen Kindheit bezeugen, daß ich beim Lesen der eben erwähnten von Jais herausgegebenen Erzählungen für Kinder jedesmal, von der ersten bis zur letzten, das unangenehme Gefühl einer getäuschten Erwartung empfand, und die Schulstunden, wo wir in dem sogen. „Jaisbüchlein" unsere Leseübungen anstellen mußten, mir ebenso widerwärtig waren wie gewisse Katechesen, während dagegen nichts mich in solchem Maße, auch bei öfter wiederholter Lesung, ansprach und fesselte wie Overbergs „Biblische Geschichte". Schon aus diesem Grunde allein, um der Rücksicht willen auf den Zweck, den Jais selbst durch das Einflechten von Erzählungen erreicht wissen will, kann ich seine Ansicht nur durchaus unpädagogisch finden.

Dazu kommen aber noch bedeutendere Gründe. Es ist nicht gleichgiltig, ob mit dem Worte des Priesters mehr oder minder gewiß, in mehr oder minder reichem Maße, die Gnade des Heiligen Geistes in den Herzen der Kinder wirke; diese Gnade verbindet sich aber am sichersten und an erster Stelle mit jenem Worte, das in den heiligen Büchern der Heilige Geist selbst an die Menschheit gerichtet hat. Dazu kommt, daß die historischen Züge ja keineswegs einzig deshalb in den Unterricht verflochten werden sollen, damit derselbe interessant sei, sondern vorzugsweise, wie wir gesehen haben, weil der wesentlich historische Charakter der Offenbarung es erheischt und die einzelnen Lehren der Religion gar nicht vollkommen und in der rechten Weise aufgefaßt werden können, wenn man sie von ihrer historischen Grundlage ablöst. Die Fülle des um dieser Rücksicht willen zu Erzählenden ist aber schon fast zu groß, als daß für Erdichtetes noch viel Zeit und Raum übrig bliebe. Endlich schickt es sich gar nicht, daß mit dem Worte Gottes, mit der Lehre der Wahrheit, Erdichtetes und Fingirtes gemischt werde, und wer es thäte, der würde dadurch ohne Zweifel, nicht minder als es oft Prediger und ascetische Schriftsteller mit ihren Uebertreibungen thun, die Entschiedenheit und die Unerschütterlichkeit des Glaubens beeinträchtigen, mit welcher die religiösen Wahrheiten von den Kindern aufgenommen und durch das ganze Leben festgehalten werden sollen. — Wenn Jais sich noch auf das pictoribus atque poetis aus der Epistel an den Piso und seine Söhne beruft, so genügt es, darauf zu erwidern, daß der Priester, wo er als bevollmächtigter Diener der Kirche auftritt, um „das Wort der Wahrheit" zu lehren, ja doch weder Maler noch Dichter ist.

Drittes Kapitel.

Was die Eintheilung der christlichen Lehre betrifft, so ist jene, welche der Römische Katechismus anwendet, ohne Zweifel die beste. Der Priester soll aber Sorge tragen, die Katechese so einzurichten, daß in jedem Jahre bezw. alle zwei Jahre der Hauptsache nach die ganze christliche Lehre und nicht bloß Bruchstücke derselben den Kindern vorgeführt werde.

§ 1.

Die Eintheilung des Römischen Katechismus; apriorischer Beweis ihrer Vorzüglichkeit. Beweis durch Induction: Die Eintheilung der christlichen Lehre bei Overberg und bei Deharbe. Ein neuerer mißlungener Angriff gegen die Eintheilung des Römischen Katechismus. Die Eintheilung der christlichen Lehre in den Lehrbüchern für den höhern Religionsunterricht.

337. Es ist nicht meine Absicht, durch diesen Grundsatz, was den ersten Theil desselben angeht, Ihnen eine Anweisung zu geben, in welcher Weise Sie, wenn Sie einmal die Kinder zu unterrichten haben, die christliche Lehre eintheilen sollen. Denn es wird Ihnen nicht freistehen, in diesem Punkte nach eigenem Urtheile zu verfahren. Sie werden vielmehr jene Eintheilung festhalten müssen, welche dem Katechismus, den Sie zu erklären haben, zu

Grunde liegt; diesen Katechismus zu wählen, hat aber der Seelsorger nicht das Recht; er muß sich an das von dem Bischofe für die Diöcese vorgeschriebene Buch halten. Die Frage, mit der wir uns hier befassen, ist also eigentlich nur die, wie der Katechismus eingetheilt sein sollte.

Beachten Sie überdies, daß, wenn wir nach der zweckmäßigsten Eintheilung der christlichen Lehre für die katechetische Unterweisung fragen, es sich um etwas ganz anderes handelt als um eine Eintheilung des Inhalts der Offenbarung für die wissenschaftliche Theologie. Die Aufgabe der letztern ist von jener, welche die Katechese verfolgen muß, durch und durch verschieden; überdies beabsichtigt die wissenschaftliche Theologie ja nicht die Unterweisung von Kindern.

Der Römische Katechismus zerfällt, wie Sie ohne Zweifel wissen, in vier Theile: der erste erklärt das Apostolische Glaubensbekenntniß, der zweite handelt von den Sacramenten, der dritte von den zehn Geboten, der vierte von dem Gebete des Herrn. Wie Sie leicht sehen, ist diese Eintheilung eine rein äußere, nicht eine innere, eine materielle, nicht eine formelle; sie gründet sich nicht auf das innere Wesen der religiösen Wahrheiten, auf ihre besondere Beschaffenheit, auf einen den einzelnen Klassen eigenen Unterschied, sondern auf vier kirchliche Formeln, in denen sich ebenso viele Reihen geoffenbarter Wahrheiten zusammenfassen. Eine zweckmäßigere Eintheilung der christlichen Lehre, habe ich in dem Grundsatze gesagt, gibt es nicht; schon darum nicht, weil diese die kirchliche ist und sie allein das Ansehen des grauen Alterthums für sich hat[1]. Es kann ja keinem Zweifel unterliegen, daß die Kirche in einer Angelegenheit von solcher Bedeutung, wie es die erste Unterweisung in der christlichen Lehre ist und die hierfür zu treffende Anordnung der letztern, in besonderer Weise vom Heiligen Geiste geleitet wurde; es ist andererseits von nicht zu unterschätzender Wichtigkeit, daß der Christ von seinen ersten Jahren an gewöhnt und angeleitet werde, sich so innig als möglich an die Kirche anzuschließen und darum, wo es sich um das übernatürliche Leben und um die Offenbarung handelt, alles in der Weise aufzufassen und anzuschauen, wie sie es thut, die von Gott gesetzte Lehrerin des Glaubens, „die Säule und der Grundbau aller Wahrheit". Und wenn der Wunsch berechtigt ist, daß der Katechismus in der gesamten Kirche nach Inhalt und Anlage denselben Grundtypus an sich trage, welcher andere Plan kann da auf allgemeine Anerkennung und Aufnahme Anspruch haben als derjenige, den die Kirche von jeher als den ihrigen betrachtet hat?

Wir können aber für den vorzüglichen, um nicht zu sagen ausschließlichen Werth der Eintheilung des Römischen Katechismus einen vielleicht noch entscheidendern Grund anführen. Man hat wiederholt den Versuch gemacht, andere, welche wissenschaftlicher aussahen, an ihre Stelle zu setzen; aber man hat keine erfunden, die frei wäre von Fehlern und an Einfachheit, Popularität und praktischer Brauchbarkeit der in Rede stehenden gleichkäme. Es ist vollkommen der Mühe werth, daß ich Ihnen das an drei der bekanntesten

---

[1] Sapientissime *maiores nostri* totam hanc vim et rationem salutaris doctrinae in quattuor haec capita redactam distribuerunt: Apostolorum Symbolum, Sacramenta, Decalogum, Dominicam orationem (Catech. Rom. Praef. n. 12).

Katechismus-Eintheilungen nachzuweisen suche, an jener von Overberg, Deharbe und dem seligen Petrus Canisius.

338. Overberg handelt im ersten Hauptstücke „vom Dasein und von den Eigenschaften Gottes", im zweiten „von dem Ziel und Ende des Menschen", im dritten „von den Werken Gottes zu unserem Heile", im vierten „von unsern Pflichten". Mehr motivirt als in dieser kurzen Fassung und systematischer erscheint diese Eintheilung in den Fragen, mit welchen Overberg im Anfange seines Katechismus dieselbe einführt. „Wie kann die christliche Lehre eingetheilt werden?" „In vier Hauptstücke, nach den vier Fragen, die ein jeder verständige Mensch möchte gerne beantwortet haben." — „Welche sind diese vier Fragen?" „Die erste ist: Wer ist es und wie ist der beschaffen, der mir das Leben gab? Die zweite: Wozu gab mir Gott das Leben? Die dritte: Was hat Gott gethan, was thut er, und was wird er noch thun, um mir zum ewigen Leben zu verhelfen? Die vierte: Was muß ich selbst thun, um zum ewigen Leben zu gelangen?"[1]

Beachten Sie zunächst, aber nur im Vorbeigehen, wie auch selbst hier wieder jener Naturalismus hervortritt, der die Signatur der Zeit bildete, welcher Overberg angehörte. Die Antwort auf die vier Fragen, welche „ein jeder verständige Mensch" beantwortet wünscht, ist in dem Sinne Overbergs offenbar nicht die natürliche Religion, sondern der Gesamtinhalt der übernatürlichen Offenbarung, „die christliche Lehre", um deren Eintheilung es sich ja eben handelt. Mir scheint aber, es ist mindestens semipelagianisch, wenn man dem Menschen, bloß insofern er „verständig" ist, also ohne daß die zuvorkommende Gnade in ihm wirkt, das Bedürfniß und das Verlangen zuschreibt, im Besitze der übernatürlichen Offenbarung, der christlichen Religionserkenntniß zu sein. Daß Overberg seiner Gesinnung nach ein durch und durch treuer Katholik war, weiß ich sehr wohl. Uebrigens wollte ich das Gesagte, wie ich schon angedeutet habe, nur im Vorbeigehen bemerken; denn es handelt sich in diesem Kapitel um etwas anderes.

Die Eintheilung, welche Overberg aufstellt, nimmt sich auf den ersten Blick vielleicht gar nicht übel aus; sie trägt ein Gepräge von Wissenschaftlichkeit, sie scheint die christliche Lehre in ein System zu bringen, das sich mit logischer Consequenz entwickelt. Aber gerade dadurch, daß sie so stark nach der Schule riecht, wird sie für das Leben minder geeignet. Die vier alten Formeln sind glücklich beseitigt; allein eben das ist ein erster Mißgriff. Denn diese vier Formeln sollen ja doch beständig, von den Kinderjahren bis zum letzten Athemzuge, im Herzen des Christen und in seinem Munde sein; wenn das, dann ist es doch jedenfalls etwas werth, wenn für das ganze Leben gerade unmittelbar an sie sich der Inhalt seiner religiösen Erkenntniß knüpft, mit ihnen die ersten Gefühle der Gottesfurcht und der Andacht, die ursprünglichsten und darum am tiefsten wurzelnden Regungen seines Glaubens, seines Hoffens und seiner Liebe verwachsen sind. Das wird aber dadurch nicht erreicht, daß am Schlusse des dritten Hauptstückes auf einmal das Apostolische Glaubensbekenntniß zum Vorschein kommt, als in welchem — *mirabile dictu* —

---

[1] Overberg, Katechismus der christkatholischen Lehre zum Gebrauche der größern Schüler (Münster 1889, Stereotyp-Ausgabe) S. 8.

„alles kurz enthalten sei, was man bis dahin in den drei ersten Hauptstücken der christlichen Lehre gelernt habe", und im vierten der Unterweisung „vom Gebete" als „die allerbeste Vorschrift, sowohl innerlich als mündlich zu beten", das Vaterunser eingefügt wird[1]. Bei einem solchen Verfahren kann es gar nicht anders sein, als daß die Kinder sich daran gewöhnen, diese Formeln nicht als das, was sie im Sinne der Kirche sowohl als durch ihren Ursprung und durch ihren Inhalt sind, sondern als Zugabe und Beiwerk als etwas sehr Untergeordnetes und Nebensächliches zu betrachten[2].

Aber das ist nicht das einzige, was man an Overbergs Eintheilung aussetzen muß. Die Sacramente und das Gebet, diese eigentlichen und einzigen Mittel der Erzeugung, der Erhaltung und Vollendung des übernatürlichen Lebens, werden in den Ueberschriften der Kapitel weder genannt noch angedeutet; so müssen sie vor den Augen der Kinder in den Hintergrund treten. Statt von Geboten Gottes redet die Ueberschrift des vierten Hauptstückes, echt kantisch-naturalistisch (vgl. unten Nr. 369), von „unsern Pflichten". Und wenn im zweiten Hauptstück „vom Ziel und Ende des Menschen" gehandelt und dabei auch in der zweiten Unterweisung (Fr. 11 ff.) „unser Ziel auf Erden" bekannt gegeben und die Pflicht, „Gott treu zu dienen", besprochen wird, dann müßte doch hier nothwendig die Lehre von den zehn Geboten ihre Stelle haben, und wenn im dritten Hauptstück neben zwei andern die Frage beantwortet wird, „was Gott zu unserem Heile noch täglich thue", so verlangt doch die Logik sowohl als die richtige Auffassung des Dogmas, daß bei Beantwortung derselben der Sacramente nicht bloß mit einigen, keineswegs sehr gut gewählten Worten (S. 102, Fr. 376. 377) gedacht, sondern das ganze Kapitel von den Sacramenten als den vorzüglichsten unter den täglich sich erneuernden Thätigkeiten Gottes zu unserem Heile den Kindern vorgeführt werde. Statt dessen ist die Lehre von den Sacramenten sowohl als von den Geboten in das vierte Hauptstück versetzt, d. h. sie bildet einen Theil der Abhandlung „von unsern Pflichten", einen Theil der Antwort auf die Frage: „Was muß ich selbst thun, um zum ewigen Leben zu gelangen?" Das Verständniß der Lehre von dem *opus operatum* und dem *non ponentibus obicem*[3] ist dadurch sicher nicht gefördert, vielmehr einer in der Theorie zum Pelagianismus und in der Praxis zum Jansenismus sich hinneigenden Auffassung Vorschub geleistet, als ob nämlich die Wirksamkeit der Sacramente an erster Stelle von dem Thun des Menschen abhänge und es deßhalb auf dieses vorzugsweise ankomme. Selbst die Verhältnisse des Umfanges der einzelnen Hauptstücke nehmen sich fast so aus, als ob sie diesen Pelagianismus fördern sollten; denn das vierte Hauptstück, die Lehre von dem, „was wir selbst thun müssen", ist mehr als doppelt so stark (S. 110—326) als die drei ersten Hauptstücke zusammen.

Zu allen diesen Mängeln der Overbergschen Eintheilung — ich habe sie nur flüchtig berührt — kommt schließlich noch der Uebelstand, daß sie ganz und gar nicht populär ist. Halten Sie die Eintheilung des Römischen

---

[1] Overberg a. a. O. S. 109. 283, Fr. 421. 568.
[2] Cf. Catech. Rom. p. 1, c. 1, n. 2.
[3] Conc. Trid. sess. 7, *De Sacramentis in genere* can. 8. 6.

Katechismus daneben und urtheilen Sie selber, welche von beiden Kinder leichter verstehen; denken Sie nach, ob Sie wohl annehmen können, daß Schülern von neun bis zwölf Jahren die rationelle Motivirung und die analytische Gliederung der vier Hauptstücke mit dem unlogisch vertheilten Inhalt einleuchten und zum Bewußtsein gebracht werden wird; und endlich, wenn es Ihnen um eine zuverlässige Probe zu thun ist, sehen Sie zu, wieviel Erwachsene unter denen, die nach Overbergs Katechismus unterrichtet wurden, es gibt, die sich noch der vier Hauptstücke und des Inhalts der einzelnen erinnern. Ich bin weit entfernt, m. H., die großen Verdienste des frommen Overberg um das christliche Leben und insbesondere um die religiöse Bildung der Jugend zu verkennen oder dieselben schmälern zu wollen; seine „Biblische Geschichte für Elementarschulen" ist eine Arbeit von hohem Werthe und stand bis vor nicht vielen Jahren einzig da in ihrer Art; aber sein Katechismus trägt gar zu sehr — und zwar nicht allein in der Eintheilung — die Spuren der naturalistischen und abstracten Richtung der Zeit, der Overberg angehörte, und je mehr Concessionen er dieser gemacht, desto mehr hat er die traditionelle kirchliche Methode der katechetischen Unterweisung verlassen. Solchen Bestrebungen gegenüber gilt das Wort Beda Webers: „Das Göttliche kann nicht getheilt, nicht im Kleinhandel vermäkelt, nicht scheidekünstlerisch in Elemente ohne organische Verbindung aufgelöst werden. Bei menschlichen Lehren und Satzungen verhält es sich freilich anders. Diese wollen nach allen Seiten erwogen, paragraphirt und tropfenweise wie Valeriana und Aqua Laurocerasi in einem Löffel Wasser genommen werden. Was aus eigener Kraft in organischer Lebendigkeit ewig grün durch die Jahrhunderte fortblüht, hat nicht nöthig, überflüssige Auslagen zu machen, um die einzelnen Theile zu fügen und zu löthen. Nur wo dieses Gesamtleben fehlt, da treten Klemperer, Verzinner und Lackirer ein, um mit vieler Mühe ein leidliches Ensemble herzustellen. Die katholische Lehre hat keinen Anfang und kein Ende im Sinne der Kirche; das erste ist so gut das letzte, wie das letzte das erste ist." [1]

339. Der Katechismus von Deharbe, der sogen. „Regensburger", ist in vielen Diöcesen eingeführt, von vielen Bischöfen gutgeheißen. Indes daraus folgt doch kaum, daß er nicht in einzelnen Punkten etwas zu wünschen übrig lassen mag, und namentlich nicht, daß man nicht gute Gründe haben kann, in einem Punkte, wo er von dem Römischen Katechismus abweicht, dem letztern den Vorzug zu geben. Das gilt eben bezüglich der Eintheilung, von der wir gegenwärtig handeln. Deharbe sagt zwar in seinem Vorworte gerade in Rücksicht auf diese, er habe sich „gewissenhaft an die Vorschrift des Römischen Katechismus gehalten", welche durch „eine vieljährige Erfahrung bewährt" sei „und ihres kirchlichen Ansehens wegen zu allen Zeiten als Norm gelten" müsse [2]. Aber das kann nur in einem weitern Sinne verstanden sein. Thatsächlich ist die von Deharbe gewählte Eintheilung von der des Römischen Katechismus ganz wesentlich verschieden, und ich kann nicht umhin, dieselbe wenig zweckmäßig zu finden.

---

[1] Beda Weber, Cartons aus dem deutschen Kirchenleben S. 250—252.

[2] Katholischer Katechismus. Für die Jugend sowohl als für Erwachsene (6. Aufl., Regensburg 1848) S. x.

Damit Sie sich hiervon überzeugen, will ich Ihnen zunächst die vier Fragen vorlesen, in welchen Deharbe (a. a. O. S. 34) seine Eintheilung angibt.

„Fr. 9. Was ist also das Nothwendigste hienieden?

Daß wir Gott recht kennen lernen, ihn lieben und ihm dienen, damit wir selig werden."

„Fr. 10. Was müssen wir zu diesem Ende thun?

Wir müssen 1. alles glauben, was Gott geoffenbart hat, 2. alle Gebote halten, die Gott zu halten befohlen hat, 3. die Gnadenmittel gebrauchen, die Gott zu unserem Heile verordnet hat."

„Fr. 11. Wo lernst du dies alles?

In dem christlichen Unterrichte oder Katechismus."

„Fr. 12. Wovon handelt also der Katechismus?

1. Von dem Glauben,
2. von den Geboten,
3. von den Gnadenmitteln, nämlich von den Sacramenten und dem Gebete."

Daß in dieser Anordnung die Gebote, welche der Römische Katechismus in seinem dritten Theile behandelt, das zweite Hauptstück bilden; daß der Inhalt des zweiten Theiles des Römischen Katechismus, die Lehre von den Sacramenten, mit dem seines vierten Theiles, der Lehre vom Gebete, vereinigt ist und beide so als drittes Hauptstück erscheinen: das ist freilich keineswegs eine Verschiedenheit, die ich als wesentlich bezeichnen will, wenngleich sie mir mißfällt und es nicht schwer sein würde, die Unzweckmäßigkeit dieser Aenderung nachzuweisen. Aber der Römische Katechismus bildet seine vier Theile einfach auf Grund der vier Formeln, an die er die besondern ihnen entsprechenden religiösen Wahrheiten anschließt; seine Eintheilung ist eine äußere und materielle. Deharbe dagegen bringt jede der drei Reihen von Wahrheiten, aus denen seine drei Hauptstücke sich ergeben, in Beziehung zu einer besondern Thätigkeit oder Aeußerung des übernatürlichen Lebens. Wir müssen glauben, wir müssen die Gebote halten, wir müssen die Gnadenmittel gebrauchen, so heißen diese drei, dem Begriffe nach allerdings verschiedenen Thätigkeiten. Mag die Sache so gemeint sein oder nicht, die hierauf gegründete Eintheilung erscheint nothwendig nicht mehr als eine bloß äußere, sondern als eine innere und formelle, die sich aus der verschiedenartigen Beschaffenheit und Bestimmung der zu jedem Hauptstück gehörenden Wahrheiten ergebe. Das erste Hauptstück[1], so muß man denken und so werden Kinder ganz unvermeidlich die Sache auffassen und für ihr ganzes Leben festhalten, das erste Hauptstück enthält jene Wahrheiten, welche keine andere Bestimmung haben, als Gegenstand des Glaubens zu sein; den Inhalt des zweiten Hauptstückes bilden diejenigen, welche unser Thun und Lassen regeln, zum Glauben aber in keiner Beziehung stehen; die Wahrheiten des dritten Hauptstückes endlich weisen uns lediglich an, wie wir verfahren müssen, um der Gnade Gottes theilhaftig zu sein. Mit einem Worte, die Folge der formellen Eintheilung muß sein, daß sich die Anschauung festsetzt, als ob die in den einzelnen Haupt=

---

[1] Es hat (a. a. O. S. 35) die Ueberschrift: „Von dem Glauben". Die Ueberschrift des ersten Theiles im Römischen Katechismus dagegen lautet: De fide *et Symbolo fidei*.

stücken behandelten Lehren ihren ausschließlichen und erschöpfenden Zweck in jener Aeußerung des übernatürlichen Lebens hätten, zu der sie in Beziehung gestellt und unter welche sie auf Grund dieser Beziehung rubricirt erscheinen. Denn die Vernunft lehrt ja jeden Menschen, was die Dialektik wissenschaftlich ausdrückt, wenn sie sagt, daß unter den Theilen, in die ein Ganzes zerlegt wird, immer irgend ein Gegensatz bestehen müsse und der eine derselben nicht in dem andern enthalten sein dürfe[1].

Nun ist aber die bezeichnete Anschauung ganz unrichtig. Denn geradeso wesentlich wie die im ersten Hauptstück vorgetragenen Lehren sind ja die im zweiten und dritten behandelten Gegenstand des übernatürlichen Glaubens, und wenn umgekehrt die im zweiten Hauptstücke entwickelten Gebote Gottes uns anweisen, was wir thun und lassen, wie wir unser inneres und äußeres Leben einrichten sollen, so enthält ja doch ebensowenig das erste oder das dritte Hauptstück auch nur eine religiöse Wahrheit, welche schließlich einen andern Zweck hätte, als unsere Gesinnung, unser Wollen und Handeln zu bestimmen. Eben darin, daß diese beiden Thatsachen durch sie in den Hintergrund gestellt, um nicht zu sagen verläugnet werden, liegt die praktische Schädlichkeit der Eintheilung, von der wir reden; sie erzeugt oder sie begünstigt wenigstens einen unwirksamen, rein theoretischen Glauben und eine Befolgung der Gebote, die aus einer übernatürlichen Glaubensüberzeugung keine Lebenskraft und keine höhere Weihe ziehen kann, weil sie nicht in einer solchen wurzelt.

Erwidern Sie mir nicht, daß die in dem ersten Hauptstücke vorgetragenen Lehren freilich nicht ausschließlich Gegenstand des Glaubens seien, aber doch vorzugsweise; daß ebenso die Lehre von den Geboten zwar gleichfalls durch den Glauben festgehalten werden müsse, aber vorzugsweise doch unser Thun und Lassen zu regeln bestimmt sei. Es ist hieran etwas Wahres. Aber es wird ja den Kindern eben dies nirgends gesagt, und wenn man es ihnen sagte, so würden sie es nicht hinlänglich verstehen. Denn so feine Unterscheidungen sind ihnen zu hoch: sie kennen nur greifbare, materielle Verschiedenheit.

340. Mit der bezeichneten in unmittelbarer Verbindung steht eine zweite Anschauung, welche durch eine Eintheilung wie die von Deharbe aufgestellte meiner Ansicht nach unausweichlich herbeigeführt wird und die gleichfalls unrichtig und praktisch schädlich ist. Wenn nämlich die drei Aeußerungen des übernatürlichen Lebens: „glauben", „die Gebote halten" und „die Gnadenmittel gebrauchen", eine Theilung der religiösen Wahrheiten begründen, je nachdem von den letztern die einen zu der ersten, andere zu der zweiten, wieder andere zu der dritten dieser Aeußerungen in Beziehung stehen, dann müssen eben diese Aeußerungen auch unter sich verschieden sein. Denn wären sie das nicht, wäre namentlich „alle Gebote halten, die Gott zu halten befohlen hat" und „alles glauben, was Gott geoffenbart hat" im Grunde eines und dasselbe, dann müßten ja die religiösen Wahrheiten, welche in Beziehung zu dem ersten stehen, gleichmäßig auch unter das zweite fallen und umgekehrt; es

---

[1] Membra divisionis aliquo modo opposita esse debent. — Unum divisionis membrum alterum non includat.

ließen sich somit den bezeichneten beiden Aeußerungen gegenüber nicht mehr zwei Reihen oder Klassen von religiösen Wahrheiten unterscheiden. Also, um es concreter auszudrücken, die Eintheilung Deharbes führt die Kinder naturgemäß zu der Anschauung, daß die beiden Ausdrücke: „Gottes Gebote halten" und „alles glauben, was Gott geoffenbart hat", zwei Dinge bezeichnen, welche objectiv und ihrem Wesen nach verschieden sind und im wirklichen Leben sich so voneinander trennen lassen, daß sowohl jenes ohne dieses als dieses ohne jenes vollkommen bestehen kann. Diese Anschauung wird noch gefördert, wenn das zweite Hauptstück, die Lehre von den Geboten, mit der Frage eingeleitet wird: „Ist es genug, daß der Mensch alles glaubt, was Gott geoffenbart hat?" und hierauf die Antwort lautet: „Nein, er muß auch Gottes Gebote halten." [1] Denn Frage und Antwort hätten ja keinen Sinn, wenn es nicht ganz gut möglich wäre, daß der Mensch alles von Gott Geoffenbarte „glaubte" und doch nicht „seine Gebote hielte"; ist hingegen dieses sehr wohl möglich, dann müssen ohne Zweifel die in Rede stehenden Ausdrücke zwei Dinge bezeichnen, die objectiv und ihrem Wesen nach verschieden sind. Der Christ, so werden Kinder nothwendig die Sache auffassen, kann „die Gebote Gottes halten", ohne gerade „alles, was die Offenbarung lehrt, zu glauben"; er kann umgekehrt „alles glauben, was Gott geoffenbart hat", und doch nicht „seine Gebote halten"; diese zwei Leistungen sind voneinander unabhängig, darum im wirklichen Leben trennbar: es kann einer jeden der beiden Aufgaben für sich genügt werden, während die andere unerfüllt bleibt [2].

---

[1] Katholischer Katechismus (Regensburg 1848) S. 90, Fr. 1.

[2] Wer etwa nicht überzeugt sein sollte, daß „Kinder nothwendig die Sache in dem angegebenen Sinne auffassen werden", der lese in dem Folgenden, wie einer der besten und am meisten geschätzten Erklärer des Deharbeschen Katechismus den Kindern dieselbe vorzulegen räth.

„Wer in den Himmel kommen will, der muß vor allem glauben, was Gott geoffenbart hat. Davon haben wir während des letzten Jahres im Religionsunterricht gesprochen. Ich habe euch gezeigt, was das heißt: ‚glauben‘, warum und wie wir das glauben müssen, was Gott geoffenbart hat. Auch habe ich euch das hauptsächlichste von dem, was Gott geoffenbart hat, erklärt. Nun müssen wir weiter fortfahren. Denn mit der Lehre vom Glauben ist der Religionsunterricht nicht fertig, so wenig als der Glaube allein hinreicht, uns in den Himmel zu bringen. Was ist denn noch weiter nothwendig? Der Katechismus sagt es euch: ‚Ist es zur Erlangung der Seligkeit genug, daß wir alles glauben, was Gott geoffenbart hat?‘ — ‚Nein, wir müssen auch seine Gebote halten.‘

„Es hat schon Christen gegeben (z. B. Luther), die lehrten, der Glaube allein mache selig; es sei also genug zur Erlangung der Seligkeit, wenn man nur fest glaube. Haben diese recht? Nein; wenn wir in den Himmel kommen wollen, müssen wir nicht nur glauben, was Gott geoffenbart hat, sondern auch seine Gebote halten, thun, was er befohlen hat. Woher wissen wir das? Von Christus selbst. Denn als ein Jüngling ihn fragte: ‚Guter Meister, was muß ich Gutes thun, um das ewige Leben zu haben?‘ da sagte Jesus nicht: Es ist genug, daß du an mich glaubst; Gott bewahre! Er sagte vielmehr: ‚Willst du zum Leben eingehen, so halte die Gebote‘; also: Du hast den Glauben schon; aber das ist nicht genug, du mußt auch die Gebote Gottes erfüllen. Und ein anderes Mal sagte Jesus: ‚Nicht jeder, der zu mir sagt: Herr! Herr! wird in das Himmelreich eingehen, sondern wer den Willen meines Vaters, der im Himmel ist, thut‘, d. h. nicht jeder, der an mich glaubt, kommt in den Himmel, sondern nur wer glaubt und die Gebote Gottes hält.

„Das ist auch ganz natürlich. Oder ist ein Kind deswegen, weil es seine Eltern

Nun ist aber diese Anschauung abermals unrichtig und in ihren Folgen schädlich. Warum ist sie unrichtig? Einerseits weist das erste unter den Geboten Gottes den Menschen an, „alles, was Gott geoffenbart hat, zu glauben"; es ist mithin nicht möglich, „Gottes Gebote zu halten", ohne daß man zugleich „alles glaube", oder wenn wir uns der Ausdrücke eines in der neuern Zeit beliebten Pseudo-Arioms bedienen wollen, es ist nicht möglich, „sittlich zu sein, ohne religiös zu sein". Andererseits und in voller Uebereinstimmung hiermit sind nach dem Sinne des Christenthums und in der Sprache der Kirche die Ausdrücke „alles glauben, was Gott geoffenbart hat" und „Gottes Gebote halten" so gut wie synonym, und das, was sie bezeichnen, ist objectiv und der Sache nach eines und dasselbe. Fassen Sie, um nur einen Beweis hierfür anzudeuten, das Formular ins Auge, nach welchem dem römischen Rituale gemäß das Sacrament der Taufe gespendet wird[1]. Der zu Taufende begehrt von der Kirche „den Glauben", in der Ueberzeugung, daß „der Glaube ihm das ewige Leben gewähre". Die Kirche bestätigt diese seine Ueberzeugung, erwidert ihm aber unmittelbar darauf: „Wenn du also eingehen willst zum Leben, so halte die Gebote...." Der Besitz des ewigen Lebens wird hiernach geradeso gut durch den „Glauben" erlangt wie durch das „Halten der Gebote": jener ist nicht minder der adäquate Grund der Auserwählung als dieses[2]. Beide sind mithin objectiv und der Sache nach eines und dasselbe, und es geht, diesen Begriff des Glaubens vorausgesetzt, keineswegs an zu sagen, es sei „nicht genug, daß der Mensch alles glaube, was Gott geoffenbart", sondern „er müsse auch Gottes Gebote halten".

Ich weiß sehr wohl, daß in der Heiligen Schrift und in der christlichen Lehre das Wort „glauben" auch in einem Sinne vorkommt, nach welchem die aus dem Regensburger Katechismus angeführten Gedanken ganz richtig sind. Es wird mit dem Worte nicht selten auch das bloße theoretische Anerkennen und Fürwahrhalten der Offenbarungslehren bezeichnet, der „Glaube ohne Werke", von dem der hl. Jacobus (2, 17. 20) und nach ihm das Concil

---

kennt und weiß, was sie von ihm wollen, schon ein braves Kind, das Belohnung verdient? Nein; wann ist es nur brav? u. s. w. Nun, durch den Glauben kennen wir unsern himmlischen Vater und wissen, was er von uns will. Ist das schon genug? Sind wir deswegen schon brav und der himmlischen Belohnung würdig? Was muß dazu kommen?..." (Schmitt a. a. O. II [3. Aufl., Freiburg 1875], 1 f.). (Die gesperrten Stellen wurden von mir unterstrichen.)

[1] *N., quid petis ab Ecclesia Dei?* Patrinus respondet: *Fidem.* Sacerdos: *Fides quid tibi praestat?* Patrinus respondet: *Vitam aeternam.* Sacerdos: *Si igitur vis ad vitam ingredi, serva mandata* . . . (Rit. Rom., Ord. Bapt. parvulor.).

[2] Hanc fidem (quae per caritatem operatur) ante baptismi Sacramentum ex Apostolorum traditione Catechumeni ab Ecclesia petunt, cum petunt *fidem vitam aeternam praestantem;* quam sine spe et caritate fides praestare non potest (Conc. Trid. sess. 6, De iustific. c. 7). — (Sehr kindlich-naiv nimmt sich der Lehre des Concils gegenüber, daß die Antwort des zu Taufenden, er begehre von der Kirche „den Glauben", sich auf die Anweisung der Apostel gründe, die Weisheit jener Diöcesan-Ritualien aus, welche die Antwort des Römischen Rituale ausgemerzt haben und ihn statt des Glaubens „die Taufe" verlangen lassen. Und indem sie dann consequent fortfahren: *Baptismus quid tibi praestat?* R. Vitam aeternam, sprechen sie einen Satz aus, der einfach falsch ist. Qui *crediderit* et baptizatus fuerit, salvus erit [Marc. 16, 16].)

von Trient (a. a. O.) sagen, daß er „todt und unnütz" sei. Aber das ist nicht der volle Begriff jenes Glaubens, der von dem Christen gefordert wird. Oder genügt vielleicht der Priester bei der Behandlung des ersten Deharbeschen Hauptstückes seiner Aufgabe, wenn er die Kinder zu einem einfachen übernatürlichen Fürwahrhalten der zwölf Glaubensartikel anleitet, das auf ihre Gesinnung und ihr Thun ohne Einfluß bleibt? Ist es kein Irrthum, wenn die Kinder im Besitze der ganzen Frucht der Katechesen über das erste Hauptstück zu sein wähnen, weil sie den Inhalt der zwölf Artikel verstanden haben und bezüglich ihrer Wahrheit keinen Zweifel hegen? Das erste wie das zweite wird durch die in Rede stehende Eintheilung jedenfalls nahegelegt: so nahe, daß vereinzelte Gedanken im Katechismus selbst, welche mit diesen irrigen Anschauungen etwa nicht vereinbar sind, schwerlich im stande sein werden, dieselben zu verwischen.

Der Glaube nach seinem vollen Begriff ist, der Auffassung der Heiligen Schrift und der Väter zufolge, seiner Natur und seinem ganzen Wesen nach „ein wirksames Anerkennen der geoffenbarten Wahrheiten", ein Fürwahrhalten derselben, das zugleich die entschiedene allseitige Unterwerfung des Herzens unter ihre Normen, den festen Willen, ihnen gemäß zu hoffen und zu lieben, zu handeln und zu leben, in sich schließt[1]. Jener Glaube hingegen, welchem gegenüber man sagen kann, „es ist nicht genug, daß der Mensch den ganzen Inhalt der Offenbarung glaubt, er muß auch die Gebote halten", dieser ist freilich auch noch „wahrhaft Glaube"[2] und nicht etwa dem Wesen oder der Art nach ein anderer als der eben charakterisirte Glaube nach seinem vollen Begriff; aber er ist „nicht eine Tugend" im eigentlichen Sinne des Wortes[3], und er steht zu dem Glauben, der das ewige Leben wirkt, in dem Verhältniß wie zu einem Dinge, das in seiner Art vollständig und ganz ist, ein anderes derselben Art, das sehr mangelhaft, unvollständig, verstümmelt, jedenfalls für seinen Zweck ganz unbrauchbar ist. Ein Mensch, den irgend ein schwerer Unfall an allen Gliedern vollständig gelähmt, vielleicht auch noch des Gebrauches seiner Vernunft beraubt hat, ist

---

[1] Cum credere sit actus intellectus assentientis vero ex imperio voluntatis, ad hoc quod iste actus sit perfectus, duo requiruntur: quorum unum est, ut infallibiliter intellectus tendat in suum obiectum, quod est verum; aliud autem est, ut voluntas infallibiliter ordinetur ad ultimum finem, propter quem assentit vero. Et utrumque invenitur in actu fidei formatae. Nam ex ratione ipsius fidei est, quod intellectus semper feratur in verum, quia fidei non potest subesse falsum. Ex caritate autem quae format fidem, habet anima quod infallibiliter voluntas ordinetur in finem bonum. Et ideo fides formata est virtus. Fides autem informis non est virtus: quia etsi actus fidei informis habeat perfectionem debitam ex parte intellectus, non tamen habet perfectionem debitam ex parte voluntatis (*Thom.*, S. theol. 2, 2, q. 4, a. 5 c).

[2] Si quis dixerit, amissa per peccatum gratia, simul et fidem semper amitti; aut fidem quae remanet, non esse veram fidem, licet non sit viva; aut eum qui fidem sine caritate habet, non esse Christianum: anathema sit (Conc. Trid. sess. 6, *De iustificatione* can. 28).

[3] Fides formata et informis non differunt specie, sicut in diversis speciebus exsistentes; differunt autem sicut perfectum et imperfectum in eadem specie. Unde fides informis, cum sit imperfecta, non pertingit ad perfectam rationem virtutis: nam virtus est perfectio quaedam, ut dicitur in 7. Physic. text. 17 et 18 (*Thom.* l. c. ad 3).

immer noch wahrhaft ein Mensch, aber er kann keine seiner Aufgaben mehr erfüllen. In analoger Weise müssen wir uns, den angeführten Worten des hl. Thomas entsprechend, jenen „Glauben" denken, der zum ewigen Leben „nicht genügt", wenn der Mensch nicht überdies „auch Gottes Gebote hält". Kann man es zweckmäßig finden, wenn die Christen schon in der Kindheit durch ihren Katechismus angeleitet werden, mit den Worten „der Glaube" und „glauben" den Begriff gerade dieser unvollständigen und mangelhaften Thätigkeit zu verbinden? Liegt vielleicht der Begriff des „durch die Liebe thätigen Glaubens" und die Uebung des letztern dem Herzen und dem Geiste des natürlichen Menschen nicht ohnedies schon fern genug?

341. Es ist noch die Eintheilung übrig, von welcher in seinem, das erste Mal im Jahre 1554 zu Wien herausgegebenen Katechismus der selige Petrus Canisius ausgeht[1]. Canisius hat fünf Hauptstücke und einen Anhang. Die drei ersten Hauptstücke bildet die Lehre von den drei göttlichen Tugenden: mit der Lehre vom Glauben im ersten Hauptstücke wird die Erklärung des Apostolischen Glaubensbekenntnisses verbunden; mit der Lehre von der Hoffnung im zweiten das Vaterunser und die Erklärung desselben; mit der Lehre von der Liebe im dritten die Unterweisung von den zehn Geboten Gottes und den Geboten der Kirche. Das vierte Hauptstück enthält den Unterricht über die Sacramente; das fünfte handelt unter dem Titel „Von der christlichen Gerechtigkeit" von den Sünden und den guten Werken; endlich wird im Anhange die Lehre von den vier letzten Dingen des Menschen gegeben.

Im fünften Kapitel die Lehre „Von der christlichen Gerechtigkeit" besonders und für sich zu behandeln, dazu wurde Canisius ohne Zweifel durch die Lutherische Irrlehre von der „Rechtfertigung allein durch den Glauben" veranlaßt. Was ihn aber bestimmte, die in den drei ersten Hauptstücken behandelten Reihen von Wahrheiten je zu besondern Aeußerungen des übernatürlichen Lebens, nämlich zu einer der drei göttlichen Tugenden, in Beziehung zu setzen, weiß ich nicht zu sagen. Die Rücksicht auf den Römischen Katechismus, der erst von dem hl. Pius V. herausgegeben wurde, konnte ihn freilich noch nicht beeinflussen. Aber die Eintheilung, welche diesem zu Grunde liegt, war ja nicht neu, und noch im Jahre 1535 hatte Wicelius einen Katechismus herausgegeben, der, wie später der Römische, nur in etwas anderer Folge, in vier Hauptstücken das Apostolische Glaubensbekenntniß, die zehn Gebote, das Gebet des Herrn und die Sacramente behandelte[2].

---

[1] Gruber (Praktisches Handbuch der Katechetik I, 12) nennt als das Jahr, wo dieser Katechismus erschienen sei, 1545; aber in diesem Jahre war Canisius erst 24 Jahre alt. Sein erstes katechetisches Werk, die *Summa doctrinae christianae sive Catechismus maior*, wurde 1554 gedruckt. Sechs Jahre später verfaßte Canisius hiervon einen Auszug unter dem Titel: *Institutiones christianas, sive parvus Catechismus Catholicorum*, welcher 1561 gedruckt worden sein dürfte. Dieses letztere Buch und der abermals aus diesem für die Kleinen gemachte Auszug ist eigentlich das, was man den Katechismus des seligen Canisius nennt; das größere Werk, die *Summa doctrinae christianae*, eignet sich mehr für den Katecheten als für die Kinder. (Vgl. Rieß, Der selige Petrus Canisius [Freiburg 1865] S. 120 ff.)

[2] Wicelius (Georg Witzel), geb. 1501 zu Fulda, nahm 1521 die Irrlehre Luthers an und wurde Prediger. Zehn Jahre später, 1531, kehrte er aber zur Kirche zurück und arbeitete eifrig gegen die Irrlehre; er starb 1573 zu Mainz. (Nach Gruber.)

Sie werden sich bei einiger Reflexion leicht überzeugen, m. H., daß gegen die Eintheilung von Canisius namentlich jene Einwendung, welche ich an erster Stelle (Nr. 339) gegen die von Deharbe gewählte erhoben habe, sich gleichfalls geltend machen läßt. Wenn ich mich hiernach auch mit dieser Eintheilung nicht ganz einverstanden erklären kann, so werden Sie mir darum jedenfalls nicht den Vorwurf machen wollen, als ob es meine Absicht wäre, den anerkannten Werth des Katechismus von Canisius und das hohe Verdienst seines Verfassers um die Kirche irgendwie zu beeinträchtigen. Meine Bedenken sollen lediglich das Urtheil begründen, das ich in der Ueberschrift dieses Kapitels ausgesprochen habe, daß nämlich die Eintheilung des Römischen Katechismus vor den von ihr mehr oder weniger abweichenden den Vorzug verdiene, daß somit der Wunsch gerechtfertigt sei, es möchte jeder Katechismus von dieser kirchlichen Eintheilung ausgehen.

342. Die unserem Satze gerade entgegengesetzte Ansicht hat vor einiger Zeit der Verfasser des neuen **Budweiser Katechismus**[1] geltend zu machen und zu vertheidigen gesucht. Der letztere gibt die christliche Lehre in vier Hauptstücken, deren Ueberschriften also lauten:

1. „Von Gott und seinen Werken" (die neun ersten Artikel des Apostolischen Glaubensbekenntnisses, mit Ausnahme der zweiten Hälfte des neunten, welche sich auf die „Gemeinschaft der Heiligen" bezieht);

2. „von der christlichen Gerechtigkeit" (die Lehre von den Geboten);

3. „von dem Gottesdienst";

4. „von den letzten Dingen, der Gemeinschaft der Heiligen und dem Ende der Welt."

Um diese seine Eintheilung zu rechtfertigen, bemerkt der Verfasser in der Vorrede (S. III) zunächst, „unsere Zeit mache einen gründlichen Religionsunterricht ganz besonders nöthig"; bald darauf (S. IV) fährt er also fort: „Meine Ueberzeugung, daß ein sich ausschließlich an feststehende und voneinander isolirte Formeln anlehnender Katechismus, wie es der bei uns gebräuchliche ist, durch den also vorgezeichneten Lehrgang den Gesetzen eines gründlichen Unterrichtes nicht Rechnung tragen könne, führte mich dahin, den religiösen Lehrstoff in **genetischer und chronologischer Ordnung** anzureihen."

Ich will dieser Motivirung gegenüber nicht hervorheben, m. H., daß der Verfasser des Budweiser Katechismus durch dieselbe der Kirche fast den Vorwurf zu machen scheint, als ob sie in der Vergangenheit entweder nicht darauf hingearbeitet, daß die Kinder in der Religion „gründlich" unterrichtet würden, oder sich eines Verfahrens bedient hätte, das für diesen Zweck nicht geeignet war. Es genügt mir, seiner „Ueberzeugung" einfach die entgegengesetzte Ueberzeugung der Verfasser des Römischen Katechismus entgegenzuhalten, die Ueberzeugung derer überdies, die ihn gutgeheißen und seit 300 Jahren aufs wärmste empfohlen haben, und endlich die Ueberzeugung der ganzen kirchlichen Vergangenheit, von welcher die Verfasser des Römischen Katechismus, wie sie in

---

[1] Katechismus der christkatholischen Religion für die Volksschulen, von Anton Skočdopole. Budweis 1874.

der früher angeführten Stelle sagen, ihre Eintheilung des Lehrstoffes entlehnten. So steht Ueberzeugung der Ueberzeugung gegenüber und Autorität der Autorität. Gründe, welche bewiesen, daß seine „Ueberzeugung" richtig sei und Anspruch auf Anerkennung habe, bringt der Verfasser nicht. Er gibt freilich (S. III) einige Eigenschaften an, die ein Unterricht, wenn er „gründlich" sein solle, haben müsse; aber er liefert nicht den Nachweis, daß mit der Eintheilung des Römischen Katechismus diese Eigenschaften des Unterrichtes nicht vereinbar seien. Und „voneinander isolirt", wie S. IV gesagt wird, sind die Formeln, an welche der Römische Katechismus seine vier Theile anlehnt, ganz und gar nicht; es ist sehr leicht, den innigsten Zusammenhang zwischen denselben nachzuweisen.

Ein zweiter Grund, durch den der Verfasser sein von dem Römischen Katechismus abweichendes Vorgehen in der Eintheilung des Stoffes rechtfertigen zu können glaubt, soll in der Nothwendigkeit liegen, „der allgemeinen didaktischen Regel Rechnung zu tragen, wonach die Schüler auf jeder Unterrichtsstufe ein Ganzes zu erhalten haben . . ." (Vorrede S. V). Diese Nothwendigkeit anerkenne ich vollkommen; sie ist in dem zweiten Theile eben dieses unseres dritten Grundsatzes ausgesprochen. Aber der Verfasser unterläßt wieder, den Beweis zu führen, daß bei der Eintheilung des Römischen Katechismus der bezeichneten didaktischen Regel nicht geradeso gut entsprochen werden könne wie bei irgend einer andern.

Wir können uns somit durch diese zwei Gründe — und weitere werden nicht aufgeführt — keineswegs veranlaßt sehen, den Satz, den wir in diesem Kapitel vertheidigen, zurückzunehmen oder für minder zuverlässig zu halten, und etwa die „chronologische und genetische Ordnung" des Budweiser Katechismus zweckmäßiger zu finden als diejenige, welche der Römische anwendet. Wir können das letztere um so weniger, als die Eintheilung des Budweiser Katechismus überdies sehr wesentliche Bedenken gegen sich zu haben scheint. Der Verfasser betont, wie ich vorher bemerkte, mit vollem Rechte die Nothwendigkeit „eines gründlichen Religionsunterrichtes" für unsere Zeit. Gerade die von ihm aufgestellte Eintheilung ist aber von der Art, daß sie diese „Gründlichkeit" beeinträchtigen muß, statt sie zu fördern. Inwiefern? Hören Sie. Wenn der Unterricht in der Religion „gründlich" sein soll, dann muß derselbe jedenfalls vor allem so beschaffen sein, daß die Kinder die religiösen Wahrheiten vollkommen richtig auffassen. Nun führt aber die Eintheilung, um die es sich handelt, Kinder nothwendig zu verschiedenen unrichtigen Auffassungen. Ich will Ihnen das kurz beweisen.

Das dritte Hauptstück des Budweiser Katechismus handelt, wie ich schon angegeben habe, „von dem Gottesdienste". „Gottesdienst", so werden die Kinder im Anfange des Hauptstückes (S. 88) belehrt, „Gottesdienst sind alle jene heiligen Handlungen, wodurch die katholischen Christen nach der Anordnung Jesu und der Kirche Gott sichtbar verehren." Als Handlungen dieser Art werden dann bezeichnet und nacheinander besprochen: Das Gebet, das heilige Meßopfer, die gemeinschaftlichen Andachten, die Sacramente, die Segnungen und Weihungen.

Kinder, die man nach diesem Katechismus unterrichtet, werden infolge dieser Darstellung sich die Anschauung bilden,

1. als ob die Betheiligung am „Gottesdienste" nicht zu der „christlichen Gerechtigkeit" gehörte; denn sonst würde derselbe ja nicht, von der letztern geschieden, neben ihr ein eigenes Hauptstück bilden;

2. als ob die Sacramente nicht zunächst zur Heiligung der Menschen eingesetzt wären, sondern an erster Stelle eine Art jener Handlungen seien „wodurch die katholischen Christen ... Gott sichtbar verehren"[1]; denn sonst könnten sie ja nicht in das Hauptstück „vom Gottesdienste" gehören;

3. als ob in gleicher Weise das Gebet an erster Stelle dazu diene, daß „Gott sichtbar verehrt" werde, während ja doch das, was das Wesen des Gebetes ausmacht, „die Erhebung des Gemüthes zu Gott", an sich etwas Unsichtbares ist und andererseits das Gebot, zu beten, sich vorzugsweise auf die Bedeutung gründet, welche das Gebet hat als Mittel, der Gaben Gottes, insbesondere seiner übernatürlichen Gnaden, theilhaftig zu werden[2];

4. als ob wiederum die „Segnungen und Weihungen" zunächst dazu stattfänden, damit Gott dem Herrn eine „sichtbare Verehrung" dargebracht werde, wo sie doch ihrem Wesen nach nichts anderes sind als das amtliche Gebet der Kirche zum Heile und zur Heiligung der Christen;

5. als ob die Sacramente in derselben Weise wirksam wären wie das Gebet, die Segnungen und Weihungen und die „gemeinschaftlichen Andachten", nämlich *ex opere operantis*, indes sie doch *ex opere operato*, durch die ihnen objectiv inhärirende Kraft, unfehlbar und nothwendig der entsprechenden Gnade einen jeden theilhaftig machen, welcher derselben „kein Hinderniß setzt".

Sie könnten vielleicht einwenden, der zuletzt bezeichneten unrichtigen Auffassung lasse sich durch ausdrückliche Belehrung vorbeugen. Aber sind Sie auch im stande, dafür zu garantiren, daß diese Belehrung den Kindern im Unterrichte immer so nahegelegt werde, und bei diesen trotz ihrer Oberflächlichkeit so viel Beachtung finden werde, daß die natürliche Folge der verfehlten Zusammenstellung dadurch sicher paralysirt wäre? Die Sacramente sind eben Handlungen von ganz singulärer Natur, neben denen es nichts ihnen Gleichartiges auf der Erde gibt; eben deßhalb war es sehr verständig, wenn der Römische Katechismus ihnen ein besonderes Hauptstück zuwies. Sollten sie aber im Budweiser Katechismus ein solches einmal nicht bilden, dann waren sie nicht in das dritte Hauptstück aufzunehmen, sondern in das erste. Denn viel mehr als „gottesdienstliche Handlungen" sind die Sacramente „Werke Gottes", von denen ja eben im ersten Hauptstücke die Rede ist. Andererseits forderte auch die von dem Verfasser beabsichtigte „genetische und chronologische Ordnung", daß die Lehre von den Sacramenten der im zweiten Hauptstücke gegebenen Unterweisung über „die christliche Gerechtigkeit" vorausgehe. Durch die Sacramente bezw. durch die Gnade, die sie uns vermitteln, werden wir ja erst fähig, den Anforderungen der christlichen Gerechtigkeit zu entsprechen.

Ein sehr wesentlicher Fehler ist es schließlich, wenn der Katechismus, von dem wir reden, den Artikel von der „Gemeinschaft der Heiligen" gemeinsam

---

[1] Der Römische Katechismus definirt so: Sacramentum est invisibilis gratiae visibile signum, *ad nostram iustificationem institutum* (Part. II, c. 1, n. 4).

[2] ... quas preces *tamquam instrumentum necessarium* nobis (Deus) dedit, *ad id quod optaremus consequendum* (Catech. Rom. p. 4, c. 1, n. 8).

mit der Lehre „von den letzten Dingen und dem Ende der Welt" im vierten Hauptstücke behandelt. Die Gemeinschaft der Heiligen ist ja mit der Kirche Christi gesetzt und nicht etwas erst bei der Vollendung aller Dinge zu Setzendes [1]. In dem ein Jahr später von ihm herausgegebenen Auszuge [2] hat der Verfasser diesen Fehler freilich aufgehoben.

So erscheint denn auch dieser Versuch, die Eintheilung des Römischen Katechismus durch eine andere zu ersetzen, abermals vollständig mißlungen, und wir sehen in diesem übeln Erfolge mit Recht einen neuen Beweis für die Richtigkeit des Satzes, den wir vertheidigen.

343. Lassen Sie mich, nachdem ich einmal über die Eintheilung der Religionslehre für die Unterweisung von Kindern meine Gedanken auszusprechen veranlaßt war, ein Wort über denselben Gegenstand in Rücksicht auf die Lehrbücher für den höhern Religionsunterricht hinzufügen. Diese zerlegen gegenwärtig, wenn ich nicht irre, insgesamt die Religion in die „Glaubenslehre" und die „Sittenlehre" (oder auch „Pflichtenlehre"). Die Eintheilung entspricht der Scheidung der wissenschaftlichen Theologie in Dogmatik und Moral und ist ohne Zweifel aus dieser hervorgegangen. Ueber den Werth dieser letztern Einrichtung, welche von den Protestanten als ein großer Vorzug der neuern Zeit gerühmt wird, bei den Theologen der Vorzeit dagegen sich nicht findet, mögen Sie das Urtheil Kleutgens vergleichen, im letzten Bande seiner „Theologie der Vorzeit" (S. 589 f., Nr. 310). Ich bin mit ihm der Ansicht, daß die erwähnte Trennung keineswegs als ein Fortschritt zu Besserem gelten kann. Und in gleicher Weise mag ich auch die entsprechende Theilung der Lehrbücher nicht angemessen finden; jedenfalls sprechen dagegen, weil diese Bücher nicht der Schule, sondern unmittelbar dem christlichen Leben dienen sollen, noch stärkere Gründe als jene, welche Kleutgen gegen die Trennung der christlichen Dogmatik und Moral geltend macht.

Die vorzüglichsten derselben sind diejenigen, welche ich vorher dem Regensburger Katechismus gegenüber angeführt habe. Die Schüler gewöhnen sich daran, das, was sie im ersten Bande ihres Lehrbuches finden, als den adäquaten Gegenstand ihres Glaubens zu betrachten, der mit dem Leben nichts zu thun habe; denn die Anweisungen für das Leben, die „Sittenlehre", sollen ja im zweiten Bande folgen. Umgekehrt lernen sie die Erörterungen über die „Pflichten", über Tugend und Sünde als eine Sammlung von praktischen Anweisungen auffassen, die von dem übernatürlichen Glauben unabhängig seien. Das ist aber einerseits eine ganz falsche Anschauung; denn aus jeder Wahrheit, welche in der „Glaubenslehre" behandelt wird, fließen Vorschriften für Gesinnung und Handeln, und keine Forderung der „Sittenlehre" hat Anspruch oder Aussicht, williges Gehör zu finden, außer insofern sie auf übernatürlich geoffenbarte, also zu glaubende Wahrheiten sich gründet. Und dieselbe Auffassung ist andererseits praktisch verderblich. Was sie nothwendig im Gefolge hat, das ist ein unwirksamer, todter Glaube und eine Kenntniß der ethischen Vorschriften, welcher es an der das Herz beherrschenden Kraft vollständig gebricht, weil sie nicht im übernatürlichen Glauben wurzelt.

---

[1] Cf. Catech. Rom. p. 1, c. 10, n. 24.
[2] Erster Katechismus ꝛc. (Budweis 1875) S. 28.

Hirscher bringt sehr ernstlich darauf, daß die christliche Sittenlehre aus der Glaubenslehre gleichsam hervorwachsen und daher so vorgetragen werden müsse, daß sie von dieser in allen ihren Theilen durchdrungen sei. Die Vorschrift ist vollkommen gegründet und aller Beherzigung werth; es gibt auch, glaube ich, kaum eine Theorie der katechetischen Unterweisung oder der Verkündigung des Wortes Gottes, wo dieselbe nicht ausgesprochen würde. Aber wäre sie nicht überflüssig, wäre nicht das Verfahren, das sie verlangt, von selbst sichergestellt, wenn die Lehrbücher der Religion das Glauben und das Lieben, die Erkenntniß und das Handeln nicht auseinanderrissen? Und solange nicht bloß die Wissenschaft, sondern auch die Lehrbücher für die religiöse Unterweisung diese Trennung festhalten, wird die angeführte Vorschrift der Theorie im stande sein, sich praktische Geltung zu verschaffen und die widernatürliche, künstlich gegrabene Kluft wieder auszufüllen? Mir scheint, die Erfahrung hat längst zur Genüge bewiesen, daß sie es nicht ist.

§ 2.
Es soll den Kindern in jedem Jahre der ganze Inbegriff der christlichen Lehre vorgeführt werden.

344. Ueber den ersten Theil unseres Grundsatzes haben wir, glaube ich, genug gesagt; gehen wir zum zweiten über. Ist es natürlich und angemessen, die christliche Lehre für die Unterweisung in vier Abschnitte zu zerlegen, so würde es dagegen ein Fehler sein, wenn man diese Eintheilung beim Unterricht in der Weise berücksichtigen wollte, wie es etwa die Wissenschaft thun würde; ich will sagen, wenn man den Kindern jedes Jahr einen Abschnitt des Katechismus erklärte und so erst in vier oder fünf Jahren das Ganze beendigte. Es ist vielmehr nothwendig, daß man jedes Jahr den Kindern die gesamte christliche Lehre vorführe, oder wenigstens, daß man in dieser Weise bis etwa zum neunten oder zehnten Jahre ihres Alters mit ihnen verfahre, von da an aber jedenfalls alle zwei Jahre den ganzen Katechismus durchnehme. Damit will keineswegs gesagt sein, daß Sie in jedem Jahre das nämliche vortragen sollen, sondern die Hauptsachen, die Grundgedanken, welche den Inbegriff der christlichen Lehre bilden, sollen jedes Jahr wiederholt, für die eingehendere Erklärung und weitere Ausführung dagegen je nach dem Alter, der Fassungskraft und den Bedürfnissen der Kinder verschiedene Punkte ausgewählt werden.

Es ist ein sehr richtiger Grundsatz, schreibt Augustin Gruber, daß man den Stoff des Unterrichtes nach der Fassungskraft und den Bedürfnissen der zu Unterrichtenden bestimmen müsse; aber dieser Grundsatz ist nicht so zu verstehen und anzuwenden, als ob man die göttliche Offenbarung in der Weise zerstückelt vortragen dürfte, daß man auch Haupttheile derselben den Kindern jahrelang vorenthält. Der Hauptinbegriff der Offenbarung soll ihnen in einem Schuljahre bekannt werden. Da der Unterricht sich ganz an die Geschichte anlehnt, so wird derselbe leicht ins Gedächtniß aufgenommen, und es kann, wenn die Unterweisung in der rechten Weise vorgenommen wird, nicht fehlen, daß auf die empfänglichen Kinderherzen höchst heilsame Eindrücke gemacht werden, welche Ehrfurcht und Liebe gegen Gott und Geneigtheit zum Gehorsam gegen ihn in noch dunkeln Gefühlen erzeugen. Was aber in dieser Weise zunächst dem Gedächtnisse übergeben wird, das kann in einem Schuljahre nicht auch alles erklärt, deutlich gemacht und in der praktischen Anwendung gezeigt werden. Insofern es sich also darum handelt, zu bestimmen, welche Punkte eingehender behandelt werden sollen, in dieser Beziehung muß die Rücksicht auf die Fassungskraft und die Verhältnisse der Kinder maßgebend sein. Jene Punkte sind im ersten Jahre eingehender zu behandeln, welche die Kinder leichter auffassen und von denen sie gerade jetzt schon Anwendung in ihrem Leben machen können, und so ist von Jahr zu Jahr mit der weitern Vertiefung der einzelnen Lehren fortzuschreiten. Es sollen somit, um den ausgesprochenen Grundsatz beispielshalber auf eine Klasse anzuwenden, die Kinder der ersten Klasse die Schöpfungsgeschichte und in derselben die vorzüglichsten Eigenschaften Gottes kennen lernen; weiter die Geschichte des Sündenfalles, in welcher hervorgehoben werden muß, wie der Mensch schuldig ist, den Geboten Gottes zu gehorchen; sie sollen ferner bekannt werden mit der Verheißung des Erlösers und den Hauptpunkten der Lebensgeschichte Jesu, mit seinem Tode, seiner Auferstehung und Himmelfahrt und den hiermit in Verbindung stehenden Lehren von der Erlösung, von unserer Unsterblichkeit und einstigen Auferstehung, von der allerheiligsten Dreifaltigkeit und der Sendung des Heiligen Geistes; sie sollen endlich die zehn Gebote Gottes und die fünf Gebote der Kirche, sowie die sieben Sacramente und die nothwendigsten Gebete wissen. Aber eine eingehendere Belehrung über die ganze Ausdehnung der Gebote Gottes, über den Sinn der Kirchengebote, über die heiligen Sacramente mit Ausnahme der Taufe erheischen ihre Verhältnisse noch nicht, und sie sind auch noch nicht im stande, eine solche hinlänglich zu fassen; darum bleibt der ausführlichere Unterricht hierüber den folgenden Schuljahren vorbehalten [1].

Wenn Sie noch eine vollständigere und anschaulichere Erklärung des hiermit charakterisirten Verfahrens wünschen, so vergleichen Sie die zwei Theile des „Praktischen Handbuches" von Gruber, welches ich Ihnen früher (S. 156) empfohlen habe.

345. Aber auf welche Gründe stützt sich die Forderung, von der wir reden, daß nämlich alle Hauptpunkte der christlichen Lehre jedes Jahr den Kindern vorgeführt werden sollen? Dieselbe erscheint namentlich durch zwei Rücksichten geboten. Erstens handelt es sich, was die Aufgabe und das Ziel der Katechese betrifft, bei der letztern nicht um das bloße theoretische Wissen, sondern um das Handeln und Thun. Die Katechese soll die Kinder anleiten und in den Stand setzen, als Christen gesinnt zu sein und zu leben, und zwar mit der Kirche zu leben, der sie angehören. Dieses innere und äußere christliche Leben, diese Einigung mit dem Leben der Kirche soll aber nicht erst dann beginnen, wenn die sechs oder acht Jahre der katechetischen Unterweisung abgeschlossen sind, sondern sie soll sobald als möglich ihren Anfang nehmen, in jenen allerersten Jahren, wo das Herz noch weich, das Gemüth noch offen, die Seele noch rein und unverdorben zu sein pflegt. Es bedarf zu diesem Leben mit der Kirche nicht eines eingehenden gründlichen Wissens in Rücksicht auf jede einzelne religiöse Wahrheit; aber dasselbe kann sich nicht ungehemmt

---

[1] Nach Gruber, Theorie der Katechetik S. 78 f.

entwickeln, solange von den wesentlichen Punkten, von den Hauptlehren der Offenbarung, den Kindern noch mehrere ganz unbekannt sind.

Das ist der erste Grund, weßhalb wir verlangen müssen, daß den Kindern schon im ersten Jahre sämtliche Grundlehren der Religion vorgeführt werden; hören Sie jetzt den zweiten. Selbst wenn die Katechese keine andere Aufgabe hätte, als die Kinder mit der christlichen Lehre bekannt zu machen, würde das bezeichnete Verfahren das einzig zweckmäßige sein. Denn so oft es sich darum handelt, die Kenntniß einer Gesamtheit von Dingen, welche zusammengehören und ein Ganzes bilden, andern zu vermitteln, gelangt man viel sicherer und leichter zum Ziele, indem man ihnen zuerst nur alle wesentlichen Punkte vorführt und sie so eine übersichtliche, vorläufige und unvollendete Auffassung des Ganzen gewinnen läßt, als wenn man sie sofort jedes einzelne Element für sich bis ins kleinste Detail kennen lehrt und die übersichtliche Auffassung des Ganzen erst aus der Kenntniß der einzelnen Theile hervorgehen lassen will. Je ungeübter in den zu Unterrichtenden die intellectuelle Kraft, je geringer ihre geistige Thätigkeit ist, desto seltener wird man auf diesem zweiten Wege etwas erreichen. Nun ist aber gerade die christliche Lehre wesentlich ein Ganzes, dessen Theile zu einander in der innigsten Beziehung stehen und darum nur miteinander und durcheinander vollständig aufgefaßt werden können. Lehrt man deshalb die Zöglinge jedes Jahr nur ein Stück der Religionslehre kennen, ohne Sorge zu tragen, daß sie zugleich alle übrigen Hauptpunkte festhalten, so werden sie es nie zu einer Totalauffassung der christlichen Lehre, zu einem klaren Ueberblick über ihren Gesamtinhalt bringen; sie werden Bruchstücke lernen, die sie zu einem Ganzen zu verbinden unvermögend sind und die sie überdies nie hinlänglich verstehen, weil keines ohne die übrigen verstanden werden kann.

Es sind auch hier wieder mehr oder weniger jene naturalistischen Anschauungen, von denen früher die Rede war, welche diesem unzweckmäßigen Verfahren beim Religionsunterrichte Eingang verschafft haben. Man vergaß, daß der Inhalt der Katechese übernatürliche Wahrheit, daß ihre Aufgabe schließlich keine andere sei, als durch Verkündigung des Wortes Gottes die im Innern schon wirkende Gnade des Heiligen Geistes zu ergänzen und christliches Leben in Gesinnung und That hervorzurufen; man verfuhr, als ob man lediglich für das Wissen, und zwar für natürliches Wissen zu arbeiten berufen wäre. „Leider", so klagte in diesem Sinne Beda Weber, „leider haben viele Religionslehrer von ihrer Amtsstellung in der Kirche keinen Begriff. Sie zerlegen die Glaubens- und Sittenlehre mit akademischer Grazie und Bequemlichkeit in Jahresabschnitte, deren letzter dem Abendmahle gilt. So hört das arme Kind alle Jahre ein Stück dieser Religionsweisheit, während das kirchliche Leben mit seinen tausend Anforderungen es stündlich umkreist und meistert. Das erste Stück ist bereits vergessen, wenn das zweite beginnt, und wenn die Lehre vom Abendmahle anfängt, so fehlen die vorausgehenden Stützen, um den festen Boden der höhern Ansicht und Vollendung darauf zu legen. Die katholische Lehre hat keinen Anfang und kein Ende im Sinne der Kirche; das erste ist so gut das letzte, wie das letzte das erste ist. Wer daher nicht in jedem Schuljahre die Gesamtlehre der Kirche zur Anschauung und Einlebung bekommt, kann sie nie richtig fassen, tief sich einleben und in lichter That als Ganzes gestalten. Dieses Abschnittliche in der Lehre ist protestantisch, weil es alle Jahre neue Bruchstücke zu Markte bringt, und widerspricht allen gesunden Lehrgrundsätzen. Soll ein Kind in der Geographie geschickt werden, so zeichnet man die Landkarte auf die Tafel und läßt sie von Kindeshand nachzeichnen. So nimmt es die Gesamtheit des geographischen Eindruckes als Licht- und Merkbild in die Seele, und es ist nichts leichter, als in die vorhandenen Grundformen der physischen Ländergestaltung die Einzelheiten der Landes- und Volksbeschaffenheit einzutragen. Die Bergeshöhen und Meerestiefen können nur in einem Gesamtbilde aller bekannten Höhen und Tiefen der Erde gründlich erfaßt und wissenschaftlich aneinander gereiht werden.

„Hiernach verfährt die Welt schon längst, um ihre Zöglinge durch gewinnreichen Unterricht zu bilden. Nur viele deutsche Religionslehrer begreifen diese allfaßliche Kunst noch nicht. Wie ungeschickte Theologen dociren sie vor kleinen Kindern ein ganzes Semester von den Eigenschaften Gottes, die kein Mensch jemals begreifen, nur kindlicher Glaube in sich aufnehmen kann. Sie reden von den Königen Judas und Israels so ausführlich wie gemeine Landesrabbiner vor jüdischen Schuljungen und rechnen es sich nicht zur Sünde, daß die Langeweile wie ein tödtliches Gift die Religionsstunden ansteckt und allgemeines Gähnen verbreitet. Sie denken kaum jemals ernstlich daran, die Kluft zwischen dem Unterricht und dem Leben, zwischen der Schule und der Kirche, zwischen dem Präceptor und dem Priester wirksam auszufüllen, aus dem sonderbaren Grunde, um die lieben Kleinen frühzeitig richtig denken zu lehren, als ob man überhaupt denken könnte ohne Gedanken und Verständniß der Kirche, die in tausend leicht auffaßbaren Prachtbildern vor uns steht und sich selbst als Lebens- und Musterbild in ihrer Gesamtheit darstellt. Unter so löblichen Bemühungen kommen sie in vier Jahren zu der Lehre vom heiligsten Sacramente und wollen die Aepfel vom Baume schütteln, ohne zu bedenken, daß die Blüthen durch ihre Schuld ohne Fruchtansatz längst abgefallen sind. Der Religionslehrer sorge also, daß der gesamte Inhalt der Religionslehre wenigstens jedes Jahr einmal vor dem Geiste und Herzen des Kindes zur Anschauung und Aufnahme kommt. Seine Kunst besteht auch nur in dieser Gesamtausprägung der Glaubenslehre in möglichst gemessenem Zeitraume und in der geschickten Ergänzung der Umrisse durch allmähliches Eintragen der einzelnen Farben und Tinten ins Gesamtgemälde je nach dem Verhältnisse der aufsteigenden Lehrjahre. Sodann halte er für ganz fest und gewiß, daß alle Worte verschwendet sind, wenn das Gelehrte nicht durchlebt wird, wenn die Schule nicht in der Kirche aufgeht." [1]

---

[1] Beda Weber a. a. O. S. 252 ff.

Viertes Kapitel.

Es ist ein Irrthum, wenn man glaubt, einzelne, obgleich wesentliche Punkte der christlichen Lehre in der katechetischen Unterweisung ganz übergehen zu dürfen, weil die Kinder dieselben noch nicht vollkommen auffassen oder weil sie den Verhältnissen des Kindesalters gegenüber noch keine unmittelbar praktische Bedeutung haben.

346. Rousseau will, daß die Kinder, bevor sie fünfzehn Jahre alt seien, von Gott auch nicht den Namen hören; denn „man dürfe mit dem Kinde nur von dem reden, was es begreife". So weit gehen freilich diejenigen nicht, deren Anschauungen ich bei dem vorstehenden Grundsatze im Auge habe; aber das Princip, aus welchem diese Anschauungen fließen, ist im Grunde mit dem des Genfer Philosophen ziemlich nahe verwandt. Viele Katecheten, sagt Gruber, „wollen keine Lehre der Offenbarung vortragen, ehe die Kinder dieselbe **ganz vollständig fassen können**, keine Pflicht, bevor die Katechumenen in der Lage sind, sie auszuüben. Selbst mancher kleine Katechismus hat das Gebrechen, von den Kirchengeboten zu schweigen, weil die kleinsten Kinder an die Beobachtung derselben noch nicht gebunden sind."[1] Ich bedaure, daß in dieser Beziehung auch Hirscher sich verirrt hat. „Ebenbild Gottes," schreibt derselbe, „Erbsünde u. s. w., wieviel gehört dazu, diese Begriffe zu fassen! selbst unter den Erwachsenen, wie viele mögen es sein, welche sich eine deutliche Vorstellung von denselben machen! Aehnliches, was für kleine Kinder unfaßlich oder wenigstens für jetzt ganz unpraktisch ist, findet sich in den für sie bestimmten Katechismen in großer Menge. So wird z. B. gelehrt, das dritte Gebot Gottes befehle, den Sonntag durch gottselige Werke zu heiligen, besonders durch Anhörung der heiligen Messe und des Wortes Gottes, und ihn nicht zu entheiligen durch knechtliche Arbeit und sündhafte Lustbarkeiten. So wird gelehrt, daß die Vorsteher der Kirche die Gewalt haben, Gebote zu geben, und welche Gebote sie gegeben haben. So werden die sieben Hauptsünden aufgezählt und gesagt, warum man sie Hauptsünden nenne. Ebenso werden die sieben Sacramente aufgezählt und Bedeutung und Zweck ihrer Einsetzung angegeben, sonach auch die Sacramente der Firmung, der letzten Oelung, der Priesterweihe und Ehe aufgeführt u. s. w. Man muß fragen, wozu?"[2]

Namentlich der zweiten Rücksicht wegen, welche Gruber und Hirscher in den angeführten Stellen berühren, weil nämlich „die Katechumenen noch nicht in der Lage seien", die betreffenden Lehren „auszuüben", diese mithin für sie „für jetzt wenigstens ganz unpraktisch" seien, pflegt vielfach auch bei der Unterweisung der obersten Klasse und selbst im höhern Religionsunterricht, an Gymnasien und sogen. höhern Töchterschulen, von den Sacramenten der heiligen Oelung, der Priesterweihe und der Ehe, von den Ehehindernissen, von den Pflichten der Eltern gegen ihre Kinder, der Herrschaften ihren Dienstboten gegenüber, von den Pflichten des Bürgers in Rücksicht auf das staatliche

---

[1] Gruber a. a. O. S. 74. 75.   [2] Hirscher a. a. O. S. 107.

Gemeinwesen, überhaupt von „Standespflichten", wenig oder nie die Rede zu sein. Die Anschauungen, welche sich in dem hiermit charakterisirten Verfahren kundgeben, sind unrichtig; ich brauche, um Sie davon zu überzeugen, nur zwei Thatsachen hervorzuheben, die von den Vertretern derselben übersehen werden.

347. Die Katechese gehört zur Verkündigung des Wortes Gottes, und die Verkündigung des Wortes Gottes ist nicht ein Unterricht, der natürliches Wissen zu erzeugen beabsichtigt, sondern sie ist eine übernatürliche Thätigkeit, welche von der im Herzen wirkenden Gnade des Heiligen Geistes unterstützt und ergänzt wird; das ist die erste Thatsache. Eben infolgedessen handelt es sich beim Religionsunterrichte nicht darum, daß die Kinder das, was sie hören, begreifen, sondern daß sie es glauben; nicht darum, daß sie sofort zu einer vollständigen und erschöpfenden Auffassung der einzelnen Lehren gelangen, sondern daß ihnen zwar nicht unrichtige, aber doch immer nur vorläufige, noch keineswegs ganz deutliche religiöse Begriffe beigebracht werden.

„Daß wirklich so früh, als ein Kind Sprachverständniß gewinnt, ihm geholfen werden soll, religiös zu werden, deutet der merkwürdige Umstand an, daß erfahrungsgemäß die Kinder außerordentlich bald, schon mit zwei Jahren und noch früher, Sinn und Stimmung für das Religiöse zeigen, wenn man solches ihnen entgegenbringt. Auch hier zeigt sich die Wahrheit des Ausspruches von Tertullian: ‚Die Seele ist schon von Natur aus christlich.' Die Kinder beten gerne, wenn sie dazu angeleitet werden. . . . Gerade in den jüngern Kindern dürstet die Taufgnade, wie eine junge Pflanze, nach dem Religiösen in Beten, Gottesdienst und Belehrung."[1] „Sobald sie anfangen zu sprechen," sagt darum Bossuet sehr mit Recht in seinem „ersten Katechismus", „muß man den Kindern die hier folgenden Fragen[2] vorlegen und sie die entsprechenden Antworten lehren, soweit sie dieselben behalten können. Dabei muß man sich aber hüten, ihnen lästig zu fallen, und sich auch keine Sorge darum machen, ob sie die Antworten verstehen: denn Gott wird ihnen das Verständniß zur rechten Zeit schon geben."[3] Bossuet hat hier jenen religiösen Unterricht im Auge, welchen die Eltern ihren Kindern ertheilen sollen, bevor diese noch die Schule oder die Katechese besuchen können; ganz das nämliche gilt aber offenbar auch für die spätere Zeit. Die Auffassung irgend eines Punktes der christlichen Lehre ist ja nicht darum falsch oder unnütz für das übernatürliche Leben, weil sie unvollendet und nicht erschöpfend ist. Auch dunkle Vorstellungen sind oft von ungemeiner Wirksamkeit auf das Gemüth des Menschen; es ist aber eben das Gemüth der Träger des religiösen Lebens, und „im Herzen vollzieht sich jener Glaube, der den Menschen gerecht macht", nicht in der Intelligenz. Gibt es doch in der Religion sehr viele Sätze, welche auch die Erwachsenen, und wären sie noch so gelehrt, während dieses irdischen Lebens niemals vollständig begreifen. Wahrheit muß es freilich immer sein, was wir von den Geheimnissen des Glaubens, auch von den

---

[1] Alban Stolz, Erziehungskunst S. 80. 87.
[2] Ueber ihren Schöpfer, über die drei Personen der allerheiligsten Dreifaltigkeit, über die Allgegenwart und Allwissenheit Gottes, über die Menschwerdung des Sohnes Gottes u. s. w.
[3] *Bossuet*, Premier Catéchisme VI (Oeuvres, Versailles 1815) 13.

unbegreiflichsten und tiefsten, auffassen und festhalten; aber wo ist der Sterbliche, der in jedem Geheimnisse, wie etwa in der Lehre von der allerheiligsten Dreifaltigkeit oder von der Person des Erlösers, die ganze Wahrheit erfaßt hätte, der nicht mehr „schaute wie vermittelst eines Spiegels und im Räthsel", dessen Erkennen und dessen Wissen nicht mehr ein „theilweises" wäre? Was es heißt, daß Gott überall ist und alles sieht, das hat sicher noch nie ein erschaffener Geist ergründet. Aber eben diese Wahrheit, von der unverdorbenen Seele des Kindes noch so unvollkommen erfaßt, wirkt mächtig auf sein Herz und beherrscht sein Gemüth, es treibend, daß es darauf bedacht sei, dem reinen Auge des Allerheiligsten niemals zu mißfallen; und ihr Wirken in dieser Richtung ist in der Kinderseele meistens viel erfolgreicher und gesegneter als in jenen Geistern, die um so weniger glauben, je mehr sie sich zu wissen dünken.

Seien Sie nur überzeugt, m. H., es ist Wahrheit, und es geht auch jetzt noch alle Tage in Erfüllung, das Wort des Propheten: „Aus dem Munde der Kinder und der Säuglinge hast du dir Lob bereitet um deiner Feinde willen"; und „die Weisheit", das heißt nicht das tönende Wort menschlicher Gelehrsamkeit, sondern die in die Seele ausgegossene Gnade des Geistes von oben — „die Weisheit schließt auf den Stummen den Mund und verleiht den Zungen der Unmündigen Beredsamkeit"[1]. Lassen Sie sich doch niemals einnehmen von jener Befangenheit, die sich unvermerkt des Geistes so leicht bemächtigt, vermöge deren man die Tiefe des Glaubens nach der Tiefe theologischer Speculation zu beurtheilen sich gewöhnt und geneigt ist, menschliche, rein natürliche Bildung in religiösen Dingen als den Maßstab christlicher Erkenntniß, christlicher Liebe und christlichen Lebens anzusehen. Die Weisheit der Schule allein ist hölzern wie die Katheder und die Schulbänke, die Wissenschaft allein ist kalt und todt wie die Mauern des Hörsaals. Mancher einfache Landmann, manches fromme Bauernkind, das die Unschuld der heiligen Taufe und die Gnade des ersten Glaubens in der Einfalt demüthiger Unterwerfung unter die Autorität voll und unversehrt bewahrt hat, versteht das Vaterunser und die zehn Gebote, das Gesetz christlicher Hoffnung und christlicher Liebe — freilich nicht für die Speculation der Schule, aber für das Leben — ungleich tiefer und gründlicher als etwa ein hochgelehrter Doctor der Theologie, der durch viele Semester cum eminentia und durch sämtliche Rigorosa cum applausu hindurchgegangen ist und nun mit *sententia probabilis* und *probabilior*, mit Systemen christlicher Ethik und natürlicher Moral, mit Distinctionen und „Subdistinctionen", mit Duns Scotus und Schmalzgruber und Covarruvias und Castro Palao und „Salmanticenses" sich breit zu machen versteht[2]. „Wenn ich", so erzählt in seinem letzten Werke von sich

---

[1] Pf. 8, 3. Weish. 10, 20. 21.
[2] Wir schreiben glänzende Moralgesetze,
Die Herzenseinfalt übt sie spielend aus;
Wir fangen uns in eigner Klugheit Netze,
Die Einfalt wandelt in der Freiheit Haus.

O Herzenseinfalt, süßer Kinderglaube,
Du sicherer Bote einer schöneren Welt!
Du bringst den Oelzweig, wie dort Noas Taube,
Wenn uns des Zweifels Sündfluth überfällt!

selber Beba Weber, des Tages gedenkend, da er, noch nicht zehn Jahre alt, zum erstenmal die heilige Communion empfing, „wenn ich meinen Glaubensinhalt von damals in Bezug auf diesen wichtigsten Theil der katholischen Lehre" (das Sacrament des Leibes Christi) „betrachte, so haben alle nachfolgenden Studien, alle Schulweisheit theologischer Aufklärer, aller Tiefsinn geistreicher Professoren und Asceten zur gläubigen Einfalt des zehnjährigen Knaben nichts eigentlich Neues oder wesentlich Ergänzendes hinzugefügt. Dagegen schlugen die Fluthen vielgestaltiger Erlebnisse, das grauenvolle Gewühl neidischer Zweifel, die schwere Wucht des ruchlosen Beispiels an die Glaubensfestigkeit; daß sie nicht unterging und hinweggespült wurde, daß selbst in den bedenklichsten Stürmen des Lebens der Leuchtthurm nie erlosch und das Felsenufer religiöser Ueberzeugungen der Brandung siegreich trotzte: die Schule hat es wahrlich nicht gethan; die Religionsphilosophie von Innsbruck ist daran gänzlich unschuldig, selbst die theologischen Studienanstalten von Brixen und Trient haben dafür wenig oder nichts gearbeitet; die göttliche Gnade, welche im zehnten Lebensjahre durch Christi Fleisch und Blut als einzige Weisheit und Heiligung eingegossen wurde, ist dabei Lehrmeisterin, meine Friedensstifterin und einzige Seligkeit gewesen." [1]

Doch kehren wir zu unserem Gegenstande zurück. Was ich Ihnen empfehlen wollte, m. H., das ist dieses: wo es sich um das christliche Leben handelt, nie zu vergessen, daß das eigentliche und das vorzüglichste Princip aller Resultate, von denen dasselbe abhängt, nicht menschliches Thun, sondern die übernatürliche Gnade des Heiligen Geistes ist. Dieser Thatsache gegenüber stellt sich auch hier wieder als der wahre Grund jener Ansicht, die wir als unrichtig bezeichnen, derselbe Naturalismus dar, dessen ich schon wiederholt erwähnt habe. Der hl. Augustin berührt fast im Anfange der größern Skizze für die katechetische Unterweisung, welche in seiner bereits angeführten Abhandlung enthalten ist, einige sehr tiefe Wahrheiten: von der Ruhe Gottes nach der Schöpfung am siebenten Tage, von der ewigen Ruhe des künftigen Lebens, von dem Abfall des Menschen von Gott und wie er die Ruhe, welche er durch die Sünde verloren, wiederfinde durch den Glauben an den menschgewordenen Sohn Gottes [2]. An diese Stelle knüpft Gruber folgende Gedanken,

---

Du hebst den Staubgebornen aus dem Staube
Empor zu Welten, die kein Seraph zählt;
Und fliehst vor roher Männerthat und Kriegen,
Und weilst am Krankenbett und Kinderwiegen.

P. Gall Morel, Das sterbende Landmädchen (Gedichte, erste Sammlung S. 255).

[1] Beba Weber a. a. O. S. 249.

[2] De qua requie (scil. quam praeparavit Deus diligentibus eum) significat Scriptura, et non tacet, quod ab initio mundi, ex quo fecit Deus caelum et terram et omnia quae in eis sunt, sex diebus operatus est, et septimo die requievit. Poterat enim omnipotens et uno momento temporis omnia facere. Non autem laboraverat, ut requiesceret, quando *dixit et facta sunt, mandavit et creata sunt* (Ps. 148, 5): sed ut significaret, quia post sex aetates mundi huius, septima aetate tamquam septimo die requieturus est in sanctis suis: quia ipsi in illo requiescent post omnia bona opera in quibus ei servierunt, quae ipse in illis operatur, qui vocat, et praecipit, et delicta praeterita dimittit, et iustificat eum qui prius erat impius. Sicut autem cum illi ex dono eius bene operantur, recte dicitur ipse

die zwar nicht ausschließlich, aber größtentheils hierher gehören. „Mit diesen kurzen, aber ungemein viel in sich fassenden, den Hauptüberblick der göttlichen Heilsanstalt liefernden Gedanken will der heilige Vater das nach der Ruhe in Gott sich sehnende Herz seines Katechumenen gewaltig ergreifen und auf die weitere Erklärung des Ganzen begierig machen, so daß der Katechumene *mehr ahnt als einsieht*, welche wichtige Belehrungen über Gott er nun umständlicher hören werde und nach diesen um so inniger verlangt, da ihm durch dieselben die so sehnlich gewünschte Ruhe in Gott angekündigt wird. *Diese Methode des Unterrichts ist freilich von der in der neuern Zeit üblich gewordenen weit verschieden.* Man will jetzt in der Religionslehre von den bekanntesten sinnlichen Erscheinungen anfangen und dieselben so übereinander aufrichten, daß der Katechumene sich darauf von selbst wie auf einer Stufenleiter erhebe und zur höhern Wahrheit aufsteige. Aber dadurch verliert der Unterricht beinahe alles Interesse für den Katechumenen. Denn das beständige Ausholen von bekannten und unwichtigen Dingen kann in ihm keine besondere Theilnahme wachrufen: er hört nur das mit Interesse, was er noch nicht weiß, und wenn wir gleich allerdings darauf bedacht sein müssen, daß er das Vorgetragene mit klarem und bewußtem Verständniß auffasse, so ist es doch selbst psychologisch unrichtig, wenn wir meinen, eine Hauptwahrheit nicht eher aussprechen zu dürfen, bevor wir nicht alle Mittelvorstellungen, durch die man zur Erkenntniß derselben gelangen kann, und zwar von der untersten aufwärts, einzeln durchgearbeitet haben. Der Gang des hl. Augustin war psychologisch richtiger. Er ergreift zuerst das Herz des Katechumenen; er steigert dessen Empfindungen von dem Gefühle der Nichtigkeit des Irdischen bis hinauf zum Verlangen nach Gott in der Ewigkeit, und nun trägt er ihm den Satz vor: ‚Die Ruhe in Gott wird gefunden durch den Glauben an das Wort Gottes, das Mensch geworden ist.' Der Katechumene ergreift diesen Satz und harrt der Auseinandersetzung desselben mit gespannter Aufmerksamkeit, weil mit erhöhtem Interesse, entgegen.

„Zwar kann ein solches Eingreifen durch einen so reichhaltigen Satz wie der angeführte ist, bei unsern kleinen Katechumenen nicht statthaben; bei ihnen würde auch der hl. Augustin nicht so sprechen; aber das seinem Verfahren zu Grunde liegende Princip ist auch bei ihnen anwendbar, nur muß

---

operari, sic cum in illo requiescunt, recte dicitur ipse requiescere. Nam quod ad ipsum attinet, pausationem non quaerit, quia laborem non sentit. Fecit autem omnia per verbum suum: et Verbum eius ipse est Christus, in quo requiescunt angeli et omnes caelestes mundissimi spiritus in sancto silentio. Homo autem peccato lapsus perdidit requiem quam habebat in eius divinitate, et recipit eam in eius humanitate: ideoque opportuno tempore, quo ipse sciebat oportere fieri, homo factus et de femina natus est. A carne quippe contaminari non poterat, ipse carnem potius mundaturus. Ipsum antiqui sancti venturum in revelatione Spiritus sancti cognoverunt et prophetaverunt; et sic salvi facti sunt credendo quia veniet, sicut nos salvi efficimur credendo quia venit, ut diligeremus Deum, qui sic nos dilexit, ut unicum Filium suum mitteret, qui humilitate nostrae mortalitatis indutus et a peccatoribus et pro peccatoribus moreretur (*Aug.* l. c. c. 17, n. 28).

(Zu richtigem Verständnisse dieser Stelle halte man fest, daß sie, wie schon gesagt wurde, dem Entwurfe des Vortrags entnommen ist, welchen der Priester dem zu Unterweisenden halten soll.)

es richtig angewendet werden. Die falsche Weisheit verschmäht diesen Gang des heiligen Vaters. Statt z. B. das Herz des Kindes bei dem ihm angebornen Gefühle: ‚Den Herrn des Weltalls, Gott, sind wir zu ehren schuldig‘, zu ergreifen und daran die weitere Belehrung über Gott und seine Anstalten zu unserem Heile zu knüpfen, gefällt sie sich darin, daß sie zuerst durch weitschweifige Vergleichungen der bekanntesten Dinge und die daraus gezogenen Urtheile und Schlüsse seinen Verstand bearbeitet, um ihm den Begriff von Gott und Gottes Dasein bruchstückweise beizubringen. Ist aber ein solches Verfahren der angemessene Gang der religiösen Bildung? Sind es die Theileindrücke von einem Gegenstande oder ist es der Totaleindruck, der am ersten und am stärksten auf den Menschen wirkt? Und kann man erwarten, daß das Erkenntnißvermögen zur Thätigkeit angeregt werde, wenn kein Interesse im Gefühle vorausgegangen ist?"[1]

348. War die erste Thatsache, welche ich den im Anfange dieses Kapitels bezeichneten Anschauungen gegenüber geltend machen wollte, mehr allgemeiner Natur, so bezieht sich *die zweite* unmittelbar auf die Wirksamkeit der katechetischen Unterweisung für die ethische Bildung des Herzens und für das Leben. Man meint, die Kinder nicht mit Pflichten und ethischen Bestimmungen bekannt machen zu sollen, welche sie noch nicht angehen, also, wie wir Hirscher sich ausdrücken hörten, in Rücksicht auf sie „für jetzt ganz unpraktisch" sind. Aber man vergißt, daß die Kinder diese Pflichten und Bestimmungen um so sicherer und um so treuer einst erfüllen werden, je früher sie dieselben kennen gelernt haben, und man bedenkt nicht, daß man, indem man dieselben vorläufig ganz unberührt läßt, der spätern Geringschätzung derselben und den damit sich verbindenden Uebertretungen den Weg bahnt. Dem Herzen des Kindes ist die Unterwerfung und der Gehorsam wie natürlich; das unentweihte Gemüth, in welchem der Stolz und die Selbstsucht noch nicht lebendig geworden, in welchem noch frei und durch nichts gehemmt die Gnade des Heiligen Geistes waltet, beugt sich leicht und gern vor der Autorität, die es verehrt; je frühzeitiger dem Menschen die Kenntniß des Gebotes vermittelt wird, desto tiefer senkt sich darum das Gefühl der Verpflichtung in die Seele, desto festere Wurzeln schlägt das Bewußtsein der unbedingten ethischen Nothwendigkeit, es zu erfüllen.

Erfährt dagegen der Mensch erst in späterer Zeit, daß z. B. „das dritte Gebot Gottes befiehlt, den Sonntag zu heiligen, besonders durch Anhörung der heiligen Messe und des Wortes Gottes" (oben S. 195), oder daß es Tage und Zeiten gibt, an denen die Kirche das Fasten vorschreibt, oder daß die Schließung der Ehe an Bedingungen geknüpft ist, welche die Kirche gesetzt hat, und daß die letztere unter verschiedenen Umständen die Ehe verbietet und unmöglich macht, dann stellen sich Bestimmungen dieser Art nicht nur, weil sie ihm erst nachträglich bekannt werden und gleichsam außerhalb jenes Rahmens zu liegen scheinen, der das Wesen der christlichen Lehre, wie es ihm früher geboten wurde, umschließt, als etwas minder Wesentliches und weniger Bedeutendes dar, sondern der schon erwachte Hang zur Ungebundenheit und das in der Natur des Menschen liegende Sich-sträuben gegen das Gesetz ist auch

---

[1] Nach Gruber a. a. O. S. 202 ff.

Ursache, daß dieselben bei weitem nicht mit jener willigen Hingebung umfaßt und als berechtigt anerkannt werden, wie es in den ersten Jahren der Kindheit der Fall gewesen wäre. In viel höherem Maße wird dieser Nachtheil sich dann ergeben, wenn in spätern Jahren der Entschluß, z. B. eine bestimmte Ehe einzugehen, bereits gefaßt ist und nun erst die Betreffenden erfahren, daß das Gesetz der Kirche einer Verbindung im Wege steht, für die sie schon mit Leidenschaft eingenommen sind und in welcher sie bereits angefangen haben, eine wesentliche Bedingung ihres Lebensglückes zu sehen. Die Bischöfe von Australien führten auf dem zweiten Provincialconcil zu Melbourne (1869) bittere Klage darüber, daß die Zahl der gemischten Ehen in beunruhigendem Maße mehr und mehr zunehme; die gleiche Klage wiederholte auf der in demselben Jahre abgehaltenen Diöcesansynode der Bischof von Birmingham in England, Wilhelm Bernard Ullathorne. „Wenn die heranwachsende Jugend", so schloß der letztere mit den Worten des eben bezeichneten Provincialconcils, „wenn die heranwachsende Jugend die Anschauungen und die Lehre der Kirche in Rücksicht auf gemischte Ehen aus dem Munde der Eltern und des Clerus so oft und so ausführlich vernähme, wie dies der Fall sein sollte, das Uebel würde sicher in Abnahme kommen."[1] In demselben Sinne schreibt Overberg: „Wer es, wie ich, durch eine vieljährige Erfahrung gelernt hat, daß die gemeinen Leute, welche Gottesfurcht haben, sogleich, wenn sie ermahnt werden, geneigt sind, etwas, welches böse ist, als böse anzuerkennen und zu fliehen, im Fall sie es unter der Rubrik ‚Sünde' in ihrer Jugend haben kennen gelernt, im Gegentheil aber oft gar nicht oder doch schwer dahin zu bringen sind, der wird es nicht zweckwidrig finden, daß ich hinter einem jeden der heiligen zehn Gebote ein Verzeichniß der Sünden, die am häufigsten dagegen begangen werden, angeführt habe."[2]

Dazu kommt schließlich noch eine andere Rücksicht. Welche Garantie hat man denn, daß die Christen gewisse übernatürliche Wahrheiten jemals auffassen, auf gewisse Pflichten jemals aufmerksam werden, geschweige denn, daß sie den ganzen Umfang und die Bedeutung derselben erkennen, wenn man sie damit nicht früher bekannt machen will, als ihre Verhältnisse dieselben für sie eintreten lassen? Der hl. Alfons macht die Bemerkung, es sei sehr selten der Fall, daß Eltern sich über die in der Erziehung ihrer Kinder begangenen Sünden oder Vernachlässigungen in der Beicht anklagen, und empfiehlt deshalb dem Beichtvater, unter Umständen sie danach zu fragen. Es ist überhaupt eine Thatsache allgemeiner Erfahrung, daß die „Standespflichten" von den Christen wenig beachtet, die gegen dieselben begangenen Sünden oft weder erkannt noch gebeichtet werden. Worin haben aber diese Erscheinungen ihren Grund? Die Kinder, wenn sie die Katechese besuchen, haben noch keinen bestimmten Stand, und in dem „Beichtspiegel", nach welchem man sie die Gewissenserforschung anstellen lehrt, geschieht deshalb der Sünden gegen Standespflichten auch keine Erwähnung. Nun pflegen sicher die meisten Menschen die Schablone, an welche sie sich bei bestimmten, wiederholt vorzunehmenden Handlungen in der Jugend gewöhnt haben, für das ganze Leben beizubehalten.

---

[1] Histor.-polit. Bl. LXXIX, 873 f.
[2] Overberg, Christkatholisches Religionshandbuch: An den Leser 1. S. 9.

Wo deshalb in der Katechese nach jener Anschauung verfahren wurde, der zufolge keine Pflicht vorzutragen ist, bevor die Kinder in der Lage sind, dieselbe auszuüben, da kann es ja kaum anders sein, als daß die besondern Obliegenheiten, welche zu den allgemeinen Pflichten des Christen erst später infolge bestimmter Verhältnisse hinzutreten, vollständig unbeachtet bleiben. Soll das Entgegengesetzte erreicht werden, dann muß man die Kinder gerade auch auf diese Punkte, welche zu üben sie noch nicht in der Lage sind, ganz vorzugsweise und mit besonderem Nachdruck aufmerksam machen und ihnen oft die Pflicht ans Herz legen, sich später, wenn die entsprechenden Umstände eingetreten sein werden, um weitere Belehrung gewissenhaft umzusehen.

Es war den angegebenen Rücksichten gegenüber sehr verständig, wenn Jakob Schmitt in seiner „Erklärung des mittleren Deharbeschen Katechismus" auch die Erklärung des Abschnittes „von der Ehe" gab, obgleich, wie er in einer Anmerkung (Bd. III, S. 490) sagt, „die Lehre vom Sacramente der Ehe nach dem Lehrplan der Erzdiöcese Freiburg in der Volksschule nicht durchgenommen, sondern auf die Christenlehre verschoben wird". Viel weniger verständig, um nicht zu sagen, sehr unzweckmäßig und zugleich unrichtig, kann ich nicht umhin das zu finden, was Schmitt im Eingange der Unterweisung über das bezeichnete Sacrament den Katecheten zu den Kindern sprechen läßt. Dieser Eingang lautet so: „Wir kommen nun an das siebente und letzte Sacrament, das, wie ich euch schon gesagt habe, nicht alle Menschen empfangen. Da es nur den Erwachsenen gespendet wird, so geht es euch vorläufig noch wenig an, und ich erkläre euch nur das Nothwendigste so weit, daß ihr den Katechismus recht verstehen könnt" (a. a. O.). Geradeso wahr wie vom Sacramente der Ehe ist offenbar der letzte Satz vom Sacramente der Priesterweihe und mit einiger Aenderung auch von der heiligen Oelung, und ganz Aehnliches ließe sich in Rücksicht auf das Gebot des Fastens sagen. Andererseits ist es aber kaum ein geeignetes Mittel, die Aufmerksamkeit der Kinder zu fördern, wenn man ihnen von vornherein erklärt, das, was man zu sagen im Begriffe steht, „gehe sie vorläufig noch wenig an".

Ich will diesen Gegenstand mit einer Erinnerung beschließen, welche Bossuet in dem früher schon angeführten Pastoralschreiben an den Clerus seiner Diöcese richtete; denn dieselbe bestätigt vollkommen die Anweisung, die ich bisher begründet habe. „Wenn Sie (in diesem unserem Katechismus) mitunter Dinge finden, welche Ihnen über die Fassungskraft der Kinder hinauszuliegen scheinen, so dürfen Sie doch darum die Mühe nicht scheuen, sie dieselben lernen zu lassen. Denn vorausgesetzt, daß solche Lehren in kurzen und wohlerwogenen Ausdrücken erklärt werden, gelangen die Kinder, mögen sie auch die Erklärung anfangs nicht gleich auffassen, indem sie darüber nachdenken, nach und nach dahin, sie zu verstehen; das lehrt die Erfahrung. Ueberdies mußten wir das Beste aller im Auge haben und es deshalb für weniger schlimm halten, daß die minder Geübten und die minder Begabten Dinge fänden, die ihnen zu hoch wären, als wenn wir den übrigen etwas vorenthalten hätten, das sie im stande wären aufzufassen. Auch waren wir der Ansicht, die Frucht des katechetischen Unterrichts dürfe nicht bloß darin bestehen, daß die Christen die Elemente der Religionslehre kennen lernten, sondern sie sollten durch denselben auch befähigt werden, nach und nach tiefer eingehende Unterweisungen zu verstehen. Unter dieser Rücksicht mußten wir darauf bedacht sein, sie durch den Katechismus auf diese vorzubereiten und sie deßhalb hie und da die Sprache der Heiligen Schrift und der Kirche hören zu lassen, damit sie im stande wären, aus den Predigten, die sie in der Folge hören würden, Nutzen zu ziehen." [1]

Fünftes Kapitel.

Der Priester soll den Kindern die einzelnen religiösen Wahrheiten in jener Folge, wie sie sich im Katechismus finden, mit Sorgfalt erklären und, soweit es angeht, zu vollem Verständniß zu bringen suchen. Wenn es bei dieser Erklärung allerdings nothwendig ist, daß man sich zu den Kindern soviel als möglich herablasse, so muß man doch andererseits sehr darauf bedacht sein, daß man ihnen nicht Veranlassung gebe, manche Punkte unrichtig aufzufassen und sich schiefe Begriffe zu bilden.

§ 1.
Sechs Anweisungen für die Erklärung der christlichen Lehre.
Wesentliche Bedingungen der vollen und leichten Verständlichkeit der Katechese.
Praktische Bemerkungen für den sprachlichen Ausdruck.

349. „Wer andere unterrichtet, der muß dabei vor Augen haben, daß er das, was er sie zu lehren beabsichtigt, solange sie ihn nicht verstehen, ihnen noch gar nicht gesagt hat. Denn wenn er gleich Gedanken, die er selbst versteht, vor ihnen ausgesprochen hat, so kann das doch keineswegs für ebensoviel gelten, als ob er ihnen dieselben gesagt hätte, weil sie ihn ja nicht verstanden haben." [2]

Die Erklärung der einzelnen religiösen Wahrheiten ist, insofern der eine Theil seiner Aufgabe darin besteht, die Kinder zu unterrichten, das Wesentlichste, was der Priester nach dieser Seite als Katechet zu leisten hat. Darum ist es unerläßlich, m. H., daß Sie sich diese Kunst, die Sätze der christlichen Lehre Kindern zum Verständniß zu bringen, mit allem Ernste anzueignen suchen. Das Mittel hierfür sind aber nicht so sehr theoretische Regeln, als vielmehr einerseits Lesung und Studium von Mustern und aufmerksames Anhören guter Katechesen, andererseits fleißige und anhaltend fortgesetzte Uebung. Bereiten Sie sich auf die Katechesen, die Sie zu halten haben werden, immer gewissenhaft vor, mit der gleichen Sorgfalt wie auf die Predigt; unterlassen Sie niemals, dieselben vollständig zu schreiben oder wenigstens unter Umständen eine ausführliche Skizze schriftlich zu entwerfen und diese eingehend zu überdenken: ohne dieses werden Sie es in der Kunst der

---

[1] *Bossuet*, Catéchisme du diocèse de Meaux, Avertissement aux Curés..., 6 Oct. 1686 (Oeuvres VI [Versailles 1815], 4).

[2] Qui dicit cum docere vult, quamdiu non intellegitur, nondum se existimat dixisse quod vult ei quem vult docere. Quia etsi dixit quod ipse intellegit nondum illi dixisse putandus est, a quo intellectus non est (*Aug.*, De doctr. christ. 4, c. 12, n. 27).

katechetischen Erklärung nicht weit bringen, abgesehen davon, daß Sie nicht Ihre Pflicht thun. Einige Anweisungen für die Erklärung der religiösen Wahrheiten habe ich Ihnen übrigens freilich doch zu geben.

350. Zunächst ist es nothwendig, daß Sie sich bei derselben **streng an den Katechismus halten** und diesen als Leitfaden beständig dem Unterrichte zu Grunde legen. Hüten Sie sich, „nach eigenen Heften lesen" zu wollen und es unter Ihrer Würde zu finden, sich beim Vortrage der christlichen Lehre Schritt vor Schritt an ein Buch zu halten, das für die Kinder zusammengestellt ist und in dem Sie vielleicht mit Grund manches anders wünschten. Lassen Sie immer, bevor Sie anfangen zu erklären, die entsprechende Frage mit der Antwort oder eine Anzahl Fragen und Antworten, wenn mehrere zusammengehören, von einem der Kinder vorlesen, oder tragen Sie Sorge, daß dieses geschehe, nachdem Sie die Erklärung gegeben haben und bevor Sie dieselbe mit den Kindern wieder durchgehen. Unterlassen Sie dieses, dann werden die Kinder sich gar nicht bewußt, daß das, was Sie ihnen auseinandersetzen, die Erklärung ihres Katechismus ist, auch wenn Sie genau die Ordnung des letztern einhielten. Die Folge davon ist aber, daß die Katechese und der Katechismus ihnen immer zwei fremde, voneinander ganz unabhängige Dinge bleiben, daß sie den Katechismus, der ihnen in Fleisch und Blut übergehen sollte, nie gründlich verstehen und andererseits keinen Text besitzen, der ihnen in gedrängter Kürze das in der Katechese Gehörte wieder vorführte und es ihnen dadurch möglich machte, das Empfangene zu bewahren.

Daß, wenn eine Antwort des Katechismus aus mehreren Gedanken oder Punkten zusammengesetzt ist, diese voneinander getrennt und je für sich erklärt werden müssen; daß in gleicher Weise in einem Satze oft nicht bloß **ein Wort**, sondern mehrere, oder auch alle wesentlichen Begriffe je für sich einer besondern Auseinandersetzung bedürfen, und dann erst der Sinn des ganzen Satzes den Kindern verständlich gemacht werden muß: das sind zwei Bemerkungen, welche naheliegen und sich von selbst zu verstehen scheinen, aber sicher häufig genug nicht beachtet werden.

Die Elemente und Mittel, welche man, um den Kindern das Einzelne zu erklären, anwenden muß, insbesondere insofern es sich um Dinge handelt, die der übersinnlichen Ordnung angehören, haben wir im fünften Abschnitt kennen gelernt: die Analogie, das Gleichniß, die Parabel, den Gegensatz, die Wirkungen. Abstracte Begriffe werden am besten durch historische Züge veranschaulicht [1].

Damit Sie aber, was die Erklärung betrifft, sicherer das Rechte treffen, müssen Sie einerseits immer den wesentlichen Zweck der Katechese fest im Auge behalten, andererseits einen richtigen Begriff haben von der **Fassungskraft und der Denkweise der Kinder** und sich in ihre Seele gewissermaßen hineinzuversetzen suchen. Man darf bei Kindern nicht zuviel voraussetzen, aber freilich auch nicht zu wenig. Auch das letztere geschieht von manchen: sie bilden sich von dem intellectuellen Leben der Kinder eine ganz verkehrte, kindische Vorstellung, und indem sie sich von dieser leiten lassen,

---

[1] Beispiele hierfür und einige weitere Bemerkungen finden sich bei Ohler a. a. O. S. 258 ff., § 198 ff.

wird ihr Verfahren oft geradezu abgeschmackt. „Es wäre ein lächerlicher Pedantismus," bemerkt Hirscher nicht ohne Grund, „wenn der Katechet die alltäglichsten Vorstellungen erläutern oder erzeugen zu müssen glaubte, gleichsam als fehlten den Kindern auch die gewöhnlichsten Begriffe. Nicht nur ist eine solche Voraussetzung ganz irrig, sondern man würde hierdurch unsäglichen Zeitverlust erleiden und, sofern man das Bekannte und Triviale wiederkauete, den Kindern Langeweile und Ekel verursachen." Häufiger geschieht es freilich, daß man bei den Kindern zuviel voraussetzt. Wir geben uns ja überhaupt sehr leicht der Täuschung hin, es könne andern nicht unbekannt sein, was wir selber schon lange gewußt haben. Viele Wörter und Redeweisen nun sind in der Wissenschaft gang und gäbe, welche im gewöhnlichen Leben entweder gar nicht vorkommen oder dort eine ganz andere Bedeutung haben; dem Priester sind infolge seiner Studien diese Ausdrücke geläufig, und darum liegt es ihm nahe zu meinen, der gemeine Mann und selbst die Kinder müßten dieselben ebensogut verstehen, während sich diese entweder gar nichts dabei denken oder etwas Unrichtiges. Die Folge dieser Täuschung sind dann Erklärungen wie diese, welche sich in einem Handbuche zu einem neuern Katechismus findet: „Wenn du nun aber, mein Kind, hörest, daß die zweite Person in der Gottheit vom Vater gezeugt oder aus ihm geboren ist und deshalb der eingeborne Sohn Gottes genannt wird, so darfst und sollst du die Zeugung des Vaters und die Geburt des Sohnes nicht anders als in einem höchst geistigen, geheimnißvollen Sinne verstehen. Diese göttliche Erzeugung, die nach der Lehre der heiligen Väter vom ewigen Vater durch das Erkennen seiner selbst ausgeht, ist so erhaben und unaussprechlich, daß der Prophet Isaias (53, 8) staunend ausruft: Wer vermag dieselbe zu erklären!" „Welches Kind", so fragt hierzu mit Recht ein Recensent in einem literarischen Blatte, „welches Kind, welcher Erwachsene, ja selbst welcher gebildete Laie vermag eine solche Erklärung zu verstehen? Glaubt der Verfasser, die Kinder hätten die Fähigkeit, den hl. Thomas zu studiren, oder ist für das religiöse Leben des christlichen Volkes damit etwas gewonnen, wenn es papageiartig solche Erklärungen nachspricht?" — Ein anderes Beispiel dieser Art, in welchem aber freilich der Mißgriff bei weitem nicht so groß erscheint, führt Gruber an: „Man muß bei den Kleinen sich mit richtigen Begriffen begnügen, wenn sie auch nicht vollkommen deutlich sind. Die Weisheit Gottes z. B. als das Haben der vollkommensten Absichten und das Anwenden der vollkommensten Mittel Kindern darstellen wollen ist verlorene Mühe; ihnen wird Gottes Weisheit nur darin erkennbar, daß Gott alles schön eingerichtet hat." [1]

In dem ersten der zwei angeführten Beispiele ist übrigens nicht bloß die Rücksicht auf die Fassungskraft der Kinder übersehen, sondern ebensosehr die andere, von der ich eben sagte, daß sie den Priester beständig leiten müsse, die Rücksicht auf den wesentlichen Zweck der Katechese. Nur was dieser fordert, soll man erklären und ausführen: also die religiösen Hauptbegriffe und die Ausdrücke, welche der Heiligen Schrift und der Kirche eigenthümlich sind. Ich habe es schon wiederholt hervorgehoben, m. H.: die Unterweisung der Christenheit in der Religion und die wissenschaftliche Dar-

---

[1] Gruber a. a. O. S. 78.

stellung der religiösen Wahrheiten in der Theologie sind zwei ganz verschiedene Dinge. Der unmittelbare und nächste Zweck der letztern ist rein natürliches Wissen; die Verkündigung des Wortes Gottes dagegen hat keine andere Aufgabe als wesentlich die, übernatürliches Leben zu wecken und zu fördern. Das, und nur das, soll deshalb auch die Katechese: finis praecepti *caritas*. Diese zwei ganz verschiedenen Dinge nun, die wissenschaftliche Darstellung der Offenbarungssätze und die Verkündigung des Wortes Gottes, werden, wie Gruber ganz richtig bemerkt, „von den Katecheten häufig verwechselt oder vermengt. Die Theologie nimmt ihrem Zwecke zufolge nothwendig oft Fragen und deren Lösung auf, welche außer dem eigentlichen Zwecke der Offenbarung liegen. Trägt darum der Katechet seinen jungen Katechumenen gelehrte Forschungen vor aus dem Gebiete der Theologie, so verfehlt er den Zweck der Offenbarung leicht. So hörte ich einen Katecheten erwachsene Katechumenen fragen, warum aus den drei göttlichen Personen die zweite und nicht die erste oder dritte Mensch geworden sei. Natürlich erhielt er keine Antwort, und er gab dann selbst die Lösung, daß die zweite göttliche Person, der Logos, das Wort, die nach außen manifestirende Person sei; dabei berief er sich auf Aeußerungen einiger heiliger Väter, welche den Sohn Gottes, den Logos, für den, welchen Abraham als einen der ihm erschienenen Engel anbetete, für den, der aus dem Dornbusche mit Moses sprach u. s. w., erklärten. Es ist offenbar, daß derlei Forschungen im Volks- und Kinderunterrichte zu nichts führen, als daß man über die gnädigsten Anstalten Gottes zu unserem Heile, statt sie bemüthig zu glauben, anzubeten und in gläubiger und bemüthiger Unterwerfung zur innern Heiligung anzuwenden, nur müßig und ohne Frucht, ja oft zum Nachtheil der Religion grübeln lerne. Jede von dem eigentlichen Zwecke der göttlichen Offenbarung nicht geforderte Frage gehört also schlechterdings nicht in den katechetischen Unterricht." [1] „Wenn daher ein junger Katechet, wie wohl zuweilen geschieht, seinen jungen Zöglingen gelehrte Bruchstücke aus dem Gebiete der antiquarischen, linguistischen, dogmengeschichtlichen, patristischen Studien vorträgt oder sie auf exegetische Schwierigkeiten und kritische Bedenken aufmerksam macht, von denen sonst in der Gemeinde keine Ahnung ist, so muß man solche armselige Eitelkeit und Dürftigkeit des Geistes mindestens belächeln." [2]

351. Soll übrigens die von dem Priester gegebene Erklärung und Ausführung der religiösen Wahrheiten dazu angethan sein, den Kindern das Verständniß derselben zu vermitteln, dann gilt ohne Zweifel für dieselbe ganz Analoges, wie wir es im vierten Abschnitt rücksichtlich der geistlichen Vorträge vor dem Volke allgemein verlangt haben; sie muß nicht bloß verständlich, nicht bloß für die Kinder verständlich, sondern für die Kinder sehr leicht verständlich sein. Daß ich das hier weiter begründe, ist nach dem, was ich in dem eben bezeichneten Abschnitt über die Nothwendigkeit der Popularität gesagt habe, sicher überflüssig; auch sehr viele von den Anweisungen, welche ich an jener Stelle gegeben habe, finden in der Katechese gleichfalls ihre volle Anwendung. Es ist darum genug, wenn ich Sie hier nur an einzelne der-

---

[1] Gruber a. a. O. S. 79.
[2] Vgl. Hirscher, Katechetik S. 25.

selben erinnere, bezw. die eine und die andere ergänzende Bemerkung für die Katechese hinzufüge.

Wie bei jedem Vortrage, so ist auch bei der Katechese eine wesentliche Bedingung der vollen und leichten Verständlichkeit entsprechende **Einheit und Ordnung**. Was die erste betrifft, so kann sie der Katechese wohl kaum fehlen, wenn der Priester sich beim Unterricht an den Katechismus hält und nur mit einigem Geschick darauf sieht, nicht Sätze miteinander zu verbinden, die nicht zusammengehören. "Einheit ist Licht. Mancher Ausdruck, der für sich allein den jüngern und jüngsten Schülern noch unverständlich ist, erhält seine Beleuchtung aus der Einheit, die alle Worte beherrscht. Sie ahnen wenigstens, was dieses oder jenes sagen wolle; denn das vorangestellte Thema des ganzen Vortrags legt den Sinn fast greifbar nahe. Bessere Schüler, welche bereits fähig sind, einer faßlich behandelten Erzählung oder Entwicklung nach allen Einzelheiten zu folgen, werden von einem gewissen Reize ergriffen, welchen die Uebersicht eines Ganzen gewährt; sie werden in eine wahre geistige Spannung versetzt."[1]

Digressionen muß man in der Katechese vermeiden, es sei denn, sie wären nothwendig und kurz; heben sie auch in der That die Einheit nicht auf, so thun sie es doch der Beschränktheit der Kinder gegenüber, und jedenfalls beeinträchtigen sie die Uebersichtlichkeit des Vortrags. Auch nach Mannigfaltigkeit der Gedanken und des Ausdruckes darf man nicht in dem Maße streben, wie dies bei Vorträgen für Erwachsene nothwendig ist. Vielmehr muß man die wesentlichen Gedanken der Erklärung mehrmals mit denselben Worten wiederholen und nicht in synonymen Ausdrücken; denn wenn die Kinder andere Worte hören, so glauben sie sehr leicht auch, daß es sich um andere Dinge handle. Das gilt namentlich für die erste Erklärung der einzelnen Lehren; denn nachdem man dieselben den Kindern einmal zum Verständniß gebracht hat, ist es freilich nothwendig, daß man sie auch in anderer Weise ausdrücke und von den Kindern wiedergeben lasse.

Ordnung wird in der Erklärung herrschen, wenn unter den einzelnen Elementen derselben **dialektische Folge und Verbindung** herrscht; das kann freilich nur der Fall sein, wenn der Priester sich sorgfältig vorbereitet und alles, was er sagen will, wohl durchdacht hat. "Wir legen also großes Gewicht darauf, daß eine Katechese, welche vor den Kleinen gehalten wird, das in sich vereinige, was man unter den ‚logischen Eigenschaften' einer guten Darstellung begreift. Nichts wäre unwahrer als die Meinung, daß man sich da in ungeordneter Art gehen lassen dürfe. Im Gegentheil ist gerade bei den jüngsten Katechumenen mit der größten Sorgfalt darauf zu sehen, daß die Gedanken gut disponirt seien, in ihren Einheitspunkten griffig hervortreten und in klarer, lichtvoller Weise entwickelt werden. Die Sammlungen von Beispielen und Gleichnissen, welche in der katechetischen Literatur der letzten Jahre an Zahl die andern Erzeugnisse überragen, sind gewiß dankenswerthe Gaben; ist es aber nicht möglich, daß sie da und dort verführerisch wirken? Haben sie nicht schon bei dem einen oder andern Katecheten der Meinung

---

[1] Mey, Vollständige Katechesen für die untere Klasse der katholischen Volksschule, Einleitung (2. Aufl.) S. XXXII.

Vorschub geleistet, es sei bei der Katechese mehr auf Mannigfaltigkeit als auf Einheit, auf Schmuck mehr als auf Gehalt zu sehen, und es verdiene angenehme Unterhaltung den Vorzug vor der klaren, correcten, gründlichen Unterweisung? Es gibt auch eine geistige Naschhaftigkeit; der Befriedigung dieser darf der Katechet nicht dienen. Nahrhaftes Brod, das Brod des Lebens, sollen wir den Kindern reichen. Dasselbe manchmal mit etwas Honig zu versüßen, ist lobenswerth und klug; stets aber soll es gesunde Speise, kräftige Milch sein, nicht Leckereien. Noch strengern Tadel verdient das gegentheilige Verfahren, das Verfahren jener nämlich, welche den jüngsten Katechumenen nicht Brod, sondern Mehl und Teig vorsetzen, d. h. Lehren und Lehrsätze, die nicht in eine genießbare, verdauliche Gestalt gebracht worden." [1]

352. Mehr vielleicht als von allem andern aber hängt, was die volle und leichte Verständlichkeit betrifft, auch bei der Katechese vom **sprachlichen Ausdrucke** ab. „Beim Unterricht der jüngsten und jüngern Katechumenen muß derselbe offenbar so einfach, schlicht und faßlich sein, als es nur immer möglich ist. Das weiß jedermann, und diese Regel, wie leicht ist sie gegeben! Die Ausführung dagegen hat mit erheblichen Schwierigkeiten zu kämpfen. Im ersten Briefe an die Korinther (14, 18. 19), wo vom Gebrauche der übernatürlichen, vom Heiligen Geiste verliehenen Gabe der Sprachen die Rede ist, sagt der Apostel Paulus: ‚Ich danke meinem Gott, daß ich alle Sprachen rede, die ihr sprechet; aber in der Kirche will ich lieber fünf Worte verständlich reden, damit ich andere unterrichte, als zehntausend Worte in Sprachen.' Das gilt, wie es überhaupt von der Verkündigung des Wortes Gottes gesagt ist, im vollsten Sinne auch für die Katechese: fünf faßliche Worte haben in der Schule mehr Werth als zehntausend in einer Sprache, welche die Kinder nicht verstehen. Diese ‚fünf Worte', wie schwer sind sie manchmal zu finden! Gründliche Auffassung der Wahrheit, tiefes Eindringen in die Sache zeigt sehr oft den Weg dazu; denn in Sachen der Religion ist nicht selten das **Tiefste das Einfachste**." [2]

Es ist allgemein anerkannt, daß als Schulsprache vom Katecheten sowohl als von den Kindern die Schriftsprache zu gebrauchen ist, daß die katechetische Sprache mithin rein und grammatisch richtig sein muß. Der Priester darf sich von dem Streben, den Kindern recht nahe zu kommen, niemals verleiten lassen, die Fehler gegen Formlehre und Syntax nachzuahmen, welche die Unbehilflichkeit der Kleinen zu begehen pflegt. Vielmehr soll er sie zu sich heraufheben, ihnen mit sprachrichtigem Ausdrucke vorgehen und sie gewöhnen, sich richtig auszudrücken. Aus demselben Grunde vermeide er auch veraltete Wörter, Provincialismen, Wörter und Redensarten aus der Volksmundart. Er selbst, sage ich, soll diese vermeiden; denn den Kindern mitunter zu gestatten, daß sie dieselben anwenden, das ist allerdings nothwendig. Nachdem sie einige Zeit die Schule besucht haben, gelangen sie freilich dahin, den Katecheten in der einfachen Schriftsprache zu verstehen; aber sich selbst darin auszudrücken, fällt ihnen schwerer. In der ersten Zeit muß man zufrieden sein, wenn sie vorgesprochene Sätze nachsprechen und auf die Fragen, die man

---

[1] Mey a. a. O. S. xxxiv. [2] Ebd.

ihnen stellt, mit einzelnen im Unterricht gehörten Wörtern antworten. Bedient sich ein Kind dabei eines mundartlichen Ausdruckes, so hüte sich der Katechet wohl, darüber zu lachen oder das Lachen älterer Schüler zu dulden. Vielmehr lobe er das Kind, daß es sich das Herz genommen hat, einen eigenen Ausdruck zu suchen und sich damit herauszuwagen; darauf gebe er ihm die Ausdrucksweise nach der Schriftsprache an, etwa mit der Formel: „Das kann man auch so sagen", oder: „Wir wollen das so ausdrücken."

Dem angeführten Grundsatze, daß als Schulsprache die Schriftsprache zu dienen habe, müssen wir indes noch eine wesentliche nähere Bestimmung hinzufügen. Die Sprache der katechetischen Unterweisung soll allerdings die Schriftsprache sein, aber mehr in jener Form, wie sie im gebildeten Umgange gesprochen oder im brieflichen Verkehre gebraucht wird. Der Briefstil steht der Sprache des Umgangs näher und ist darum viel einfacher als die Büchersprache. Insbesondere beachten Sie Folgendes:

1. Uebersehen Sie nie, daß Sie infolge Ihrer wissenschaftlichen Bildung und Lecture die religiösen Wahrheiten großentheils in ganz unpopulären Formeln zu denken gewohnt sein werden. Darum müssen Sie eine eigene Aufmerksamkeit darauf verwenden, daß Sie den ganzen Vorrath der Ihnen geläufigen Terminologie als beim katechetischen Unterricht mehr oder weniger unbrauchbar wegwerfen und, besonders für die jüngern Katechumenen, die Ausdrucksweise des gemeinen Mannes und des Kindes aufsuchen. Ausländischer und vieldeutiger Wörter, wissenschaftlicher Kunstwörter und solcher, die nur in der Poesie oder in der Sprache der höhern Kreise gewöhnlich sind, müssen Sie sich enthalten.

2. Kinder denken langsam; darum dürfen Sie nicht in langen Perioden zu ihnen sprechen, sondern in kleinen, kurzen Sätzen, so daß Hauptsatz an Hauptsatz sich reiht und ein Gedanke nach dem andern aufgefaßt werden kann. Zwischensätze verwirren und sind deshalb in selbständige Sätze zu verwandeln; die Sätze sind auch nicht durch Mittelwörter zusammenzuziehen, sondern aufgelöst darzustellen. Sehr fehlerhafte Katechismusfragen sind unter dieser Rücksicht z. B. diese zwei:

„Wie konnten aber alle diese Offenbarungslehren so lange aufbewahrt werden, daß die Menschen, welche später lebten, dieselben erkannten, und daß auch wir und diejenigen, welche nach uns leben, dieselben erkennen?"

„Wie wird unser Verhalten gegen Gott genannt, wenn es so ist, wie es nach den Lehren sein soll, welche wir über den Glauben, die Hoffnung und die Liebe zu Gott und darüber, was diese Tugenden für unser Denken, Wünschen, Begehren und Wollen von uns fordern, bisher kennen gelernt haben?"

3. Damit den Kindern die wesentlichen Begriffe in den Sätzen immer klar gegenwärtig bleiben, muß man darauf bedacht sein, dieselben deutlich hervortreten zu lassen. Deshalb ist nothwendig, daß man die demonstrativen und relativen Fürwörter und Conjunctionen sparsam anwende und dafür desto häufiger das Substantiv selbst wiederhole.

4. Es ist gut, die eigentliche Genitiv-Form öfter durch eine jener Umschreibungen oder Umgehungen zu ersetzen oder zu erläutern, welche in der Umgangssprache üblich sind.

5. Das abstracte Substantiv kann und soll sehr oft dadurch vermieden werden, daß dafür das Verbum oder ein Adjectiv gebraucht wird. Z. B. statt: „Das Gebet ist für uns Pflicht", sagt man besser: „Wir sind schuldig, zu beten"; der Satz: „Die Macht Gottes ist sehr groß" wird verständlicher gegeben durch: „Gott ist sehr mächtig"; die Frage in einem Katechismus: „Haben sich die Menschen auch zu allen Zeiten eine richtige Vorstellung von Gott gemacht?" sollte so lauten: „Ist das, was die Menschen von Gott gedacht haben, immer auch wahr gewesen?"

6. Die Vorstellung von Gefühlen und andern Vorgängen des innern Lebens bilden Kinder sich leichter, wenn man die sichtbaren Erscheinungen bezeichnet, durch welche sich dieselben zu äußern pflegen, als wenn man sie mit ihrem eigentlichen Namen nennt. Statt z. B. zu sagen: „Da erschrak das böse Kind, als es auf der bösen That erwischt ward, und es hatte Reue über dieselbe", wird man sich viel besser so ausdrücken: „Das böse Kind fing an zu zittern, als es beim Bösesthun erwischt ward; das Herz that ihm weh; ach mein Gott, sagte es, hätte ich es doch nicht gethan!" Wenn Sie mit Aufmerksamkeit die Heilige Schrift lesen, werden Sie das Verfahren, das ich Ihnen hier empfehle, überall angewendet finden.

7. Obgleich für die Schriftsprache als das historische Tempus das Imperfectum gilt, so ist diesem doch vor den Kindern sehr oft das Perfectum vorzuziehen, namentlich wenn man ihnen Fragen stellt[1].

§ 2.
Allseitige Richtigkeit der Erklärung. Die Nothwendigkeit sorgfältiger Vorbereitung.

353. Die nach dem bisher Gesagten nothwendige Rücksicht auf die niedrige Stufe des intellectuellen Lebens, auf der die Kinder stehen, und das Streben, bei der Erklärung des Katechismus nichts zu sagen, das ihre Fassungskraft überstiege, kann aber auch eine sehr nachtheilige Folge haben. Nicht selten, bemerkt Gruber, verfehlt sich ein Katechet dadurch gegen die genaue Wahrheit des Dogma, daß er nur Halbwahres vorträgt, das eben darum auch zu irrigen Vorstellungen führen muß, oder daß er wenigstens durch seine Erklärung die volle Wirksamkeit der dogmatischen Lehre schwächt, welche von der ganz richtigen Auffassung derselben wesentlich bedingt ist[2]. Denn „wie der reine Strahl der Sonne auf einen Gegenstand nicht scheinen kann, wenn man ein unreines Glas dazwischen hält, so kann der reine Strahl göttlichen Lichtes, der in jedem geoffenbarten Glaubenssatze enthalten ist, die Seele der Kinder nicht erleuchten und erwärmen, wenn er durch das entstellende Glas falscher, willkürlicher, halbwahrer, unklarer Ausdrücke zu dem Kinde gelangt. Es ist unmöglich auszusprechen und wird erst am Throne Gottes offenbar werden, welchen Schaden ein solcher Unterricht anrichtet."[3]

---

[1] Nach Mey (a. a. O. S. xxxv), Hirscher (a. a. O. S. 504 ff.) und Gruber (a. a. O. S. 131).

[2] Vgl. Gruber a. a. O. S. 249.

[3] Ketteler, Der Religionsunterricht in der Volksschule.

Gruber gibt einige Beispiele solcher Erklärungen von religiösen Wahrheiten. Wenn der Katechet den Begriff der Erbsünde nur dadurch bestimmt, daß er sagt: „Adam und Eva mußten sterben, weil sie gesündigt hatten; wir sterben auch alle: darum sagen wir, wir haben die Sünde geerbt", so ist alles dieses wahr; aber es ist damit nur das Erben der Strafe und nicht die Fortpflanzung der Sünde ausgesprochen. Oder wenn der Katechet von der Barmherzigkeit Gottes sagt: „Gott verzeiht uns, wenn wir ihn um Verzeihung bitten", so ist dies freilich sehr verständlich gesprochen; aber wie es lautet, ist dem Irrthum Platz gegeben, als ob man ohne Reue und Sinnesänderung auch Vergebung erlange. Es ist also beim katechetischen Unterrichte nothwendig darauf zu sehen, daß auch bei der größten Herablassung zu der Fassungskraft der Kinder die Gedanken noch ganz wahr bleiben. Und bei der Erklärung eines Begriffes kann man allerdings, je nach der Fähigkeit der Katechumenen, weniger oder mehr Theile desselben hervorheben; aber das, was man sagt, muß so viel sein, daß der Begriff irrthumsfrei und richtig dasteht. Wenn der Priester den Satz des Katechismus: „Der Glaube ist eine von Gott eingegossene Tugend", so erklärt: „Gott hat uns seine Lehre bekannt gemacht; Gott hat dir Eltern und Priester gegeben, die dich unterweisen. Wenn du nun das glaubst, was diese dir von Gott sagen, dann hat dir Gott den Glauben eingegossen", so hat er wohl eine verständliche Erklärung vorgetragen; aber er hat die Lehre der Kirche wesentlich entstellt, und seine Erklärung ist im Grunde pelagianisch. Denn es ist in derselben ja weder von dem Beistande der actuellen Gnade die Rede, noch von der habituellen übernatürlichen Fähigkeit zu glauben, mit welcher Gott bei der Rechtfertigung die Seele ausstattet und in welcher eben die „eingegossene" Tugend des Glaubens besteht [1].

Ungenauigkeiten und Verstöße gegen die kirchliche Lehre, wie die angeführten, haben ihren Grund theils darin, daß dem Katecheten selbst die klare und gründliche Kenntniß der dogmatischen Wahrheit fehlt, theils in dem Mangel an gehörigem Studium und der nachlässigen Vorbereitung für die Katechese, oder wie Gruber sich ausdrückt, in der „Bequemlichkeitsliebe". Ueber die unerläßliche Nothwendigkeit, daß der Priester mit der wissenschaftlichen Theologie vertraut sei, habe ich an einer andern Stelle gesprochen (Nr. 321). Darum will ich Ihnen hier eine warme Ermahnung vorlesen, welche Gruber gleich im Beginn seiner Vorträge an seine angehenden Katecheten richtet, um sie vor nachlässiger Verwaltung ihres wichtigen Amtes zu warnen.

„Es gibt", sagt der eifrige Erzbischof in der „Erläuterung" zum ersten Kapitel der Schrift des hl. Augustin, an den ersten Hauptgedanken der letztern anknüpfend [2], „es gibt auch eine schöne Unzufriedenheit mit unsern Amts-

---

[1] Vgl. Gruber a. a. O. S. 129. 180.

[2] Dixisti enim, quod saepe apud Carthaginem, ubi diaconus es, ad te adducuntur, qui fide christiana primitus imbuendi sunt, eo quod existimeris habere catechizandi uberem facultatem et doctrina fidei et suavitate sermonis: te autem paene semper angustias pati, id ipsum, quod credendo christiani sumus, quo pacto commode intimandum sit; unde exordienda, quo usque sit perducenda narratio; utrum exhortationem aliquam terminata narratione adhibere debeamus, an prae-

verrichtungen, die uns zum Bessermachen spornt und zugleich unsere Heiligung fördert: jene Unzufriedenheit, die aus heilig liebender Demuth entspringt. Eine solche Unzufriedenheit war die des Diakons Deogratias. Von dieser Unzufriedenheit spricht der fromme Graf von Stolberg: „Wer mit seinem, sei es mündlichen oder schriftlichen Vortrage leicht zufrieden ist, von dem kann man versichert sein, daß dieser Vortrag seicht, daß seicht auch sei des Vortragenden Erkenntniß oder Gefühl. Denn bei innigem Anschauen eines geistigen Gegenstandes wird der Denker und der Empfinder auf Gedanken und Empfindungen geführt werden, welche auszudrücken ihm nicht leicht scheint. Je besser sich der gute Schriftsteller ausdrückt, desto mehr wird er mit dem Ausdrucke hinter dem zurückbleiben, was er von dem Gegenstande ahnt, weil er viel ahnt, da hingegen der oberflächliche Darsteller in breiter Rede sich selbst gar leicht Genüge leisten wird, weil ihm nichts ahnt von der geistigen Dinge Höhe und Tiefe. In göttlichen Dingen ist dieses um so mehr der Fall, weil deren Erkenntniß nur dem Demüthigen zugänglich wird, der, seiner Schwäche sich bewußt, Gott um Erkenntniß und um würdigen Ausdruck des Erkannten bittet und daher aus der wahren Quelle schöpft, nach welcher der sich selbst Genügende sich nicht umsieht.'[1] Ja, meine Freunde, je tiefer der Priester von den Lehren des Glaubens durchdrungen ist; je mehr er den tiefen Sinn und die reiche Anwendbarkeit derselben, die unergründliche Weisheit und Güte Gottes in der Offenbarung dieser Wahrheiten, die großen Anforderungen zur Heiligkeit des Herzens und des Wandels, die darin liegen, erfaßt hat: desto unzufriedener wird er sein mit den Worten, mit welchen er sie ausdrückt und andern vorträgt; er findet so schwer das Kleid, das würdig genug wäre, um unter demselben den großen Schatz darzustellen, den er liebend seinen Mitchristen mittheilen möchte. Es ist buchstäblich wahr, daß des Vortragenden Erkenntniß und Gefühl seicht sei, sobald der Vortrag seicht ist, und er ist es gewöhnlich dann, wenn jemand mit seinem Vortrage leicht zufrieden ist. Es ist wahr, daß nur der Demüthige zur vollen Erkenntniß gelangt, weil er aus der wahren Quelle schöpft, die allein in dem demüthigen Flehen zu Gott um Erleuchtung zu finden ist; aber eben darum sieht er sich in seinem Ausdrucke immer hinter dem zurückbleiben, was er von dem Gegenstande im Herzen trägt. So ein Mann war der Diakon Deogratias; solche Männer sollen wir alle sein.

„Es ist erbärmlich, wenn der Priester mit seinem Vortrage so schnell und leicht zufrieden ist, wenn ihn in seiner Seichtheit und Arbeitsscheu der unglückliche Gedanke beherrscht, es sei für den Bauer bald etwas gut genug; wenn er darum ohne Vorbereitung oder mit halber Vorbereitung die Kanzel oder die Schule betritt; wenn er dann, da man ihn über das Fade, Seichte, nur Halbwahre seines Vortrages zurechtweist, die Forderung für überspannt

---

cepta sola, quibus observandis, cui loquimur, noverit christianam vitam professionemque retineri. Saepe autem tibi accidisse confessus atque conquestus es, *ut in sermone longo et tepido tibi ipse vilesceres essesque fastidio*, nedum illi quem loquendo imbuebas, et ceteris qui audientes aderant; eaque te necessitate fuisse compulsum, ut ea me quam tibi debeo caritate compelleres, ne gravarer inter occupationes meas tibi de hac re aliquid scribere (*Aug.*, De cat. rud. c. 1, n. 1).

[1] Stolberg, Geschichte der Religion Jesu Christi XIV (Wien 1818), 299.

ansieht und, sich auf das Polster seiner Trägheit ruhig hinlegend, sich in den Traum einwiegt: Ich habe ja nichts Falsches gesagt; das Bessere ist bei meinem Volke verlorene Arbeit.

„Strebet, meine Freunde, danach, eure Amtsverrichtungen ganz und des hohen Gegenstandes, den sie betreffen, wahrhaft würdig zu vollziehen, und begnüget euch nie mit dem, was ihr leistet, sondern erkennet, daß ihr es stets noch besser machen solltet. Das werdet ihr, wenn ihr selbst in die Lehren des Glaubens tief eindringt und dadurch sie mit ihrer vollen Kraft zur Heiligung in euch selbst aufnehmet. Das könnt ihr aber nur, wenn ihr in Demuth zu Gott flehet und in Demuth das heilsame Mißtrauen gegen euch selbst, die schöne Unzufriedenheit mit euern Leistungen in euch festhaltet. Dann verleiht euch Gott die Kraft, gut und wirksam zu reden zu den unsterblichen Seelen, die eurer Sorge anvertraut sein werden."[1]

Sechstes Kapitel.

Die Lehren, welche der Katechismus enthält, sind für das christliche Leben nicht alle von gleicher Nothwendigkeit und Bedeutung. Der Priester soll deshalb das Wesentlichere von dem minder Nothwendigen unterscheiden und seine Mühe und Sorge an erster Stelle darauf verwenden, daß die Kinder in den wesentlichen Punkten gut unterrichtet werden.

§ 1.

Allgemeine Begründung dieser Vorschrift. Welche die wesentlichern Punkte seien. Eingehendere Bemerkungen in Rücksicht auf die Unterweisung über die Acte der drei göttlichen Tugenden und der Reue, über das Gebet, den Empfang der Sacramente und andere Uebungen, über das sechste und das neunte Gebot Gottes.

354. Der eben ausgesprochene Grundsatz schließt sich an den vorhergehenden enge an; er enthält eine ergänzende Anweisung für das Verfahren des Priesters bei der Erklärung des Katechismus.

Insofern wir voraussetzen, daß der letztere in der rechten Weise gearbeitet ist und nicht überflüssige Dinge enthält, wäre es freilich nur wünschenswerth, daß der gesamte Inhalt desselben den Kindern zu vollem Verständniß gebracht und alle Wahrheiten, die er bietet, ihr geistiges Eigenthum würden. Indes das ist der Umstände wegen in den wenigsten Fällen erreichbar. Wo nur sehr wenige zu unterrichten sind, da mag ein solches Resultat sich mitunter erzielen lassen, aber meistens besteht jede Klasse aus vielen Katechumenen; unter diesen vielen wird abermals meistens eine ziemliche Anzahl solcher sein, welche intellectuell wenig begabt sind, und eine gleichfalls nicht unbedeutende Zahl anderer, die entweder wenig guten Willens oder durch häusliche Verhältnisse und anderartige Umstände gehindert sind, dem Unterricht in der Religion jenen Fleiß und jene Mühe zuzuwenden, ohne welche das bezeichnete wünschenswerthe Resultat in keiner Weise verwirklicht werden kann. Diese

---

[1] Gruber a. a. O. S. 6 ff.

thatsächlichen Zustände, zu denen fast immer noch verschiedene andere hindernd hinzukommen werden, sind es, welche ich bei dem ausgesprochenen Grundsatze im Auge habe. Es ist dringend nothwendig, daß der Priester denselben Rechnung zu tragen wisse. Denn was wird geschehen, wenn er sie unbeachtet läßt? Er wird die Abschnitte seines Katechismus gleichmäßig durchnehmen und sich vielleicht redlich Mühe geben, den Kindern jeden Begriff und jede Antwort so klar als möglich auseinanderzusetzen; aber die Folge wird sein, daß manche seiner Schüler, wo nicht sogar recht viele, in verschiedenen Punkten unwissend oder doch sehr ungenügend unterrichtet bleiben, deren volles Verständniß für das christliche Leben äußerst nothwendig ist, während sie vielleicht andere religiöse Wahrheiten recht gut aufgefaßt haben, deren sie viel eher entbehren könnten. „Man hört nicht selten sagen: Ich habe den Katechismus so und so vielmal ganz durchgenommen. Jenen gegenüber, welche aus Nachlässigkeit oder Redseligkeit niemals vorankommen, ist das ein Lob; dagegen erregt es die Besorgniß, man höre den Docenten reden, nicht den Erzieher für das Leben. Man lehre immerhin, was im Katechismus steht; aber man vergesse nicht, daß an vielem wenig, an anderem alles liegt. *Non multa, sed multum!*" [1]

Die Punkte der christlichen Lehre, welche für die Verwaltung des Wortes Gottes von vorzüglicher Bedeutung sind, habe ich Ihnen bereits im zehnten Abschnitt vorgeführt und je nach ihrer besondern Beziehung zum übernatürlichen Leben charakterisirt. Hiernach sind Sie im stande, das Wesentliche von dem minder Nothwendigen gehörig zu unterscheiden, und es bedarf für diesen Zweck keiner ausführlichen Erörterung mehr. Denn daß den Umständen der Zeit und des Ortes Rechnung zu tragen ist; daß insbesondere jene Wahrheiten, welche von den Irrgläubigen vorzugsweise angegriffen werden, in entsprechender Weise berücksichtigt und die schon etwas reifern Kinder, soweit es angeht, in den Stand gesetzt werden müssen, die bedeutendern und am häufigsten vorkommenden Einwendungen zurückzuweisen: das ergibt sich nicht nur aus früher von uns besprochenen Grundsätzen, sondern dem verständigen Seelsorger legt es auch das eigene Urtheil, namentlich in religiös gemischten Gegenden, hinlänglich nahe. Nur in Rücksicht auf die Unterweisung der Kinder über die vorzüglichsten Uebungen des christlichen Lebens will ich deshalb dem theils im zehnten Abschnitte, theils in dem vorhergehenden Kapitel Gesagten hier einige ergänzende Bemerkungen hinzufügen.

355. Die wesentlichsten Uebungen des christlichen Lebens sind einerseits der Empfang der Sacramente der Buße und des Altars, sowie die Theilnahme am heiligen Meßopfer und den übrigen liturgischen Lebensäußerungen der Kirche; andererseits jene Acte, welche die Grundlage und das Wesen des „innern Lebens" bilden. Reden wir zuerst von diesen.

Was versteht man unter dem „innern Leben"? Das ist jene Seite vom ethischen Leben des Menschen, welche unsichtbar und verborgen ist, die Gesamtheit jener freien Regungen, Gefühle und Strebungen, welche sich im Herzen, d. h. im Gemüthe als dem Träger des ethischen Lebens, vollziehen.

---

[1] Hirscher, Besorgnisse hinsichtlich der Zweckmäßigkeit unseres Religionsunterrichtes S. 86.

Das innere Leben ist also mit einem Worte „das Leben des Herzens". Daraus ergibt sich die Bedeutung und die Wichtigkeit des innern Lebens, und warum der Heilige Geist mit Nachdruck mahnt: „Mit aller Sorge hüte dein Herz, denn es ist der Quell des Lebens" (Spr. 4, 23). Nach der Gesinnung, welche der Mensch hegt, nach den Gefühlen, die er in seinem Gemüthe nährt, bestimmt sich sein ethischer Werth oder Unwerth, und die Gutheit oder Schlechtigkeit auch seiner äußern Handlungen hängt an erster Stelle von der Absicht ab, aus der sie hervorgehen. Und was insbesondere das christliche Leben betrifft, so haben jene übernatürlichen Fähigkeiten, welche die Bedingung und die Wurzel desselben sind, die „eingegossenen" Tugenden, ja eben auch gerade im Herzen ihren Sitz, und ihre Aeußerungen gehören wesentlich und zunächst nicht dem sichtbaren, sondern dem innern Leben des Menschen an.

Eben diese Aeußerungen der eingegossenen Tugenden sind es darum, welche die besondere Aufmerksamkeit des Priesters in der katechetischen Unterweisung erheischen. Ich will sagen, es ist sehr wichtig, daß die Kinder über dasjenige gut unterrichtet werden, was sie thun müssen, um in der rechten Weise die Acte des Glaubens, der Hoffnung, der Liebe, der Reue und alle übrigen religiösen Gemüthsthätigkeiten in ihrem Herzen zu wecken und zu erneuern, in denen die rechte Gesinnung des Christen Gott dem Herrn gegenüber ihren Ausdruck findet und die wir in uns zu erzeugen haben, wenn wir beten. Wie soll der Katechet in dieser Absicht verfahren?

Das Gefühl, die Strebethätigkeit, hängt psychologisch von dem Erkennen ab, von der Auffassung des Geistes. Die Wahrheiten nun und die Gründe, denen gegenüber sich die in Rede stehenden übernatürlichen Acte erzeugen müssen, sind in den bekannten Formeln zusammengefaßt, welche man, mehr oder weniger gut, in jedem Gebetbuche und in jedem Katechismus findet. **Diese Formeln müssen die Kinder auswendiglernen, so daß sie dieselben ganz geläufig hersagen können und sie für ihr ganzes Leben festhalten.** Das ist eines, wofür der Priester Sorge tragen muß; aber es ist freilich das allermindeste. Denn Thätigkeiten des Gemüths vollziehen sich nicht durch Worte, und den Glauben oder die Reue in seinem Herzen haben, das ist etwas wesentlich anderes als die Formeln hersagen, in welchen die Gründe des Glaubens und der Reue, sowie auch diese Acte selbst zusammengefaßt sind. Kann man ja selbst mit Aufmerksamkeit und vollem Verständniß solche Formeln lesen oder aussprechen, ohne in seinem Herzen den dazu gehörenden Act hervorzubringen. Denn dieser erzeugt sich nur, wenn die Erkenntniß der entsprechenden Wahrheiten lebendig, voll und klar ist, wenn mithin dieselben mit Ernst erwogen, überdacht und beherzigt werden und andererseits die Gnade des Heiligen Geistes erleuchtend und anregend hinzutritt. Eine Hauptaufgabe des Katecheten besteht deshalb darin, daß er die in Rede stehenden Wahrheiten, die Gründe jener Acte, welche in den Formeln kurz angedeutet sind, den Kindern klar mache, sie eingehend und mit Wärme entwickle und sie dadurch praktisch anleite, die übernatürlichen Acte, um die es sich handelt, eben jetzt in ihrem Herzen hervorzurufen. Denn gerade das ist es, was den meisten Menschen außerordentlich schwer zu fallen pflegt, eine übersinnliche Wahrheit, und namentlich eine übernatürliche, welche nur durch den Glauben erkannt wird, zu betrachten, sie aufmerksam zu erwägen und tief zu beherzigen. Es würde ihnen aber bei weitem nicht so schwer sein, wenn man es sie in der Kindheit gehörig lehrte. Und die beste Weise, es die Kinder zu lehren, besteht eben darin, daß der Katechet sie, wie ich vorher sagte, **praktisch** dazu anleitet, indem er nämlich die übernatürlichen Gründe jener Acte in der Katechese nicht kalt und trocken durchgeht, sondern sie mit lebendiger Klarheit, mit Wärme und Bewegung, oder um es mit dem technischen Ausdrucke zu sagen, mit jener „Salbung" (Bd. I, Nr. 162) der Auffassung und zugleich dem Herzen der Kinder nahelegt, daß der Vortrag sie ergreift und die Acte, von denen wir reden, thatsächlich in ihnen veranlaßt. Schwer ist das ganz und gar nicht, vorausgesetzt, daß der Priester selbst die gleichen Gefühle in sich hegt und aus dem Herzen, nicht bloß mit tönenden Worten redet; denn Kinderherzen sind weich und werden, zumal da die Gnade in ihnen nicht so große Hindernisse findet, viel leichter religiös angeregt als Erwachsene. Wenn der Glaube, die Hoffnung, die Liebe, die Reue auf diese Weise actuell lebendig in ihrer Seele sind, dann ist es leicht, ihnen zu erklären, was Glaube, Hoffnung, Liebe, Reue ist. Durch die bloße Definition dagegen und abstracte Erläuterungen, die man dazu gibt, wird man ihnen diese Begriffe gerade so wenig klar machen, als man es einem Blindgebornen durch Beschreibung zum Verständniß bringen kann, was grün und roth und weiß und blau ist.

Ein Mittel, wodurch man die in der angegebenen Weise von den Kindern gewonnenen Begriffe von den religiösen Gemüthsthätigkeiten noch ergänzen und vervollständigen kann, besteht darin, daß man ihnen in **historischen Zügen Personen vorführt**, in welchen jene innern Acte lebendig sind und in sichtbarem Handeln oder in Worten ihre Aeußerung finden. Woher diese historischen Züge zu nehmen seien, das haben wir wiederholt gesagt. „Statt das Tändeln mancher Katecheten nachzuahmen, welche den Begriff der Hoffnung aus den Erwartungen des Kindes vom Vater, von einem reichen Manne, vom Kaiser entwickeln, fange man sogleich mit den Erwartungen von Gott an, die sich auch beim Kinde" (oder vielmehr gerade beim Kinde) „leicht erzeugen lassen; und statt erdichtete kleinliche Kindergeschichten zu erzählen, um den Begriff von Gewissensangst, Reue u. dgl. zu veranschaulichen, führe man den Kindern die biblischen Thatsachen von Adam und Eva vor, von Kain, von den Brüdern des Joseph, von David, oder man lehne die Erklärung an die unvergleichliche Parabel vom verlornen Sohne an, in welcher das Ganze der Buße — Erkenntniß, Reue, Vorsatz, Bekenntniß, Genugthuung — so unerreichbar schön gezeichnet ist." [1] Auch hier ist es wieder der leidige Naturalismus, gegen welchen Gruber kämpft. Man glaubt es kaum, wie derselbe sich überall eingedrängt hat. Selbst Ohler [2] gibt noch als Grundlage „eines Musters, wie durch eine Erzählung der abstracte Begriff ‚Reue' erläutert werden kann", „nach Overberg" eine Geschichte von einem die Kühe hütenden Kinde, das unter einem Baume sitzt und bitter weint, weil es seine Mutter beleidigt hat, und das dann mit einem eben vorbeikommenden Manne über die Gründe seiner Reue philosophirt. Eigentlich existiren solche Kinder im Monde; die Conception leidet an philosophischer Unwahrheit, und man muß

---

[1] Gruber a. a. O. S. 40.   [2] A. a. O. (3. Aufl.) S. 276.

nicht glauben, als ob Schüler von acht Jahren nicht Verstand genug hätten, um das zu fühlen und infolgedessen die ganze Dichtung langweilig und fade zu finden. Aber um hiervon abzusehen, warum erzählt man denn nicht lieber die ergreifenden dramatischen Scenen von Petrus und Magdalena, oder von dem reumüthigen Schächer, oder einen großartigen Zug aus der Kirchengeschichte? warum nicht das Historische statt des ungeschickt Fingirten, das Wirkliche statt idealer Phantasiegebilde, das Uebernatürliche statt des Natürlichen, das Wort Gottes statt menschlicher Erfindung?

Endlich ist es, damit die Kinder über die Acte, um die es sich handelt, gut unterrichtet werden, noch nothwendig, daß man sie auf zwei Dinge wieder und wieder aufmerksam mache. Das erste ist, daß dieselben übernatürliche Thätigkeiten sind, darum nicht durch unsere eigene Kraft in der Seele erweckt werden und bestehen können, sondern nur durch die Hilfe des Heiligen Geistes, um die wir deshalb, so oft wir den Glauben, die Reue u. s. w. erwecken wollen, inständig beten müssen. Das zweite ist, daß diese Acte sehr wohl in uns sein können, ohne daß wir dieses fühlen, es sinnlich wahrnehmen. Gut und wünschenswerth ist es freilich, daß das niedere Strebevermögen bei allem, was gut ist, dem höhern sich vollkommen anschließe und nicht unmerkbar, sondern mit entsprechender Energie und Intensität seine Thätigkeit begleite. Aber bei der Zerrüttung, der die menschliche Natur durch die Sünde anheimgefallen ist, läßt sich das in vielen Fällen nicht erreichen, und Gott verlangt es nicht. Die religiösen Gemüthsthätigkeiten vollziehen sich vorzugsweise und an erster Stelle in dem höhern Strebevermögen.

Es ist wichtig, m. H., ich wiederhole es, daß Sie die Kinder zur Erweckung der in Rede stehenden religiösen Acte durch sorgfältige Unterweisung gebührend anleiten. Dieselben bilden die wesentlichen Elemente der religiösen Gemüthsverfassung des Christen, sie sind die Grundlage und die Form des innern Lebens; in der Erneuerung derselben, in der Uebung der drei göttlichen Tugenden und der Reue, besteht vorzugsweise die Vorbereitung zum Empfange der heiligen Sacramente „der Todten" sowohl als „der Lebendigen", und was am Sterbebette beim Herannahen des Todes der Priester dem Christen vorbetet, wenn er bereits unsicher ist, ob dieser ihn noch hört, das sind wieder die Acte des Glaubens, der Hoffnung, der Liebe und der Reue, freilich in gedrängter Fassung, wie jene Augenblicke es erheischen.

356. Von ganz gleicher Wichtigkeit, wie die bisher zunächst berücksichtigten besondern Uebungen, ist aber für das christliche Leben das Gebet überhaupt. Daß Sie die Kinder gut beten lehren, darauf müssen Sie deshalb gleichfalls in besonderem Maße bedacht sein: um so mehr, je häufiger die Anleitung hierzu im elterlichen Hause vollständig vernachlässigt wird, je größer infolgedessen die Zahl jener Kinder zu sein pflegt, die alljährlich in die Schule eintreten, ohne selbst die allernothwendigsten Gebete des Christen auch nur einigermaßen innezuhaben. Sie müssen also auch hier wieder darauf sehen, daß alle Kinder gute Formeln für die täglichen Gebete auswendiglernen[1] und dieselben durch häufiges Wiederholen auch den am wenigsten Begabten

---

[1] Die nothwendigsten Gebete für Schulkinder, zum Vor- und Nachbeten, sowie zum Auswendiglernen. Von Dr. Jos. Walter. Brixen, Weger, 1882.

so tief eingeprägt werden, daß sie ihnen für das ganze Leben unvergeßlich sind. Weiter müssen Sie mit unermüdlicher Sorge, durch oft erneuerte Erinnerungen und durch immer fortgesetzte Beobachtung und Ueberwachung es dahin bringen, daß die Kinder sich das Aeußere der Andacht zu eigen machen und angewöhnen; daß sie die Worte des Gebetes, sowohl beim öffentlichen als beim Privatgebet, langsam, deutlich, fromm und mit Ehrfurcht aussprechen; daß sie das Kreuzzeichen nie anders als vollständig, andächtig und erbaulich machen; daß ihre Haltung beim Beten jederzeit ernst und ehrerbietig sei und der Ausdruck innerer Sammlung und Ehrfurcht.

Zu allem diesem endlich müssen Sie bewirken, daß die Kinder das Beten nicht, wie es so vielfältig geschieht, als ein gedankenloses, mechanisches Außenwerk treiben, daß sie nicht bloß mit der Zunge, sondern vorzugsweise mit dem Herzen und aus der Seele beten. Dazu ist wieder erforderlich, wie ich es vorher von den Formeln der vorzüglichsten religiösen Acte gesagt habe, daß ihnen der Sinn und der Inhalt der einzelnen Gebete zum Verständniß gebracht und daß sie zugleich angeleitet und daran gewöhnt werden, immer mit Aufmerksamkeit und Sammlung zu beten und die Gefühle, die sie mit Worten ausdrücken, auch im Herzen lebendig zu machen. Geschieht das nicht, unterläßt man es, ihnen die eingeübten Gebete zu erklären, „so gewöhnen sich die Kinder an einen höchst traurigen Mechanismus.... Ein großer Theil der Schuld an der auch gegenwärtig weithin herrschenden geistlosen Gebetsweise trifft eben darum in der That die Katecheten von ehemals und heute. Sie haben sich die Pflege der Andacht zu wenig angelegen sein lassen, insbesondere in den ersten Jahren des Schulbesuches sich nicht eifrig genug bemüht, die Kinder das Beten zu lehren, d. h. an den eingeübten Formularien den Gebetsgeist zu wecken und zu leiten. Es gibt Blumen, welche im ersten Frühlinge aufgehen; sind sie zu ihrer Zeit ausgeblieben, so ist ein späteres Blühen eine seltene Sache. Eine solche Blume ist die Andacht. Der Heilige Geist hat sie durch die heilige Taufe in das Herz des Kindes gepflanzt; aber sie muß alsbald herangezogen und gepflegt werden, wenn das Licht des Glaubens mit seinen ersten Strahlen das junge Herz berührt. Die Klage über gleichgiltige Mütter u. dgl. nützt nichts. Wir müssen die Verhältnisse nehmen, wie sie sind, und da ist es nun einmal Thatsache, daß viele Eltern bezüglich der religiösen Anleitung alles gethan zu haben meinen, wenn sie ihre Kinder fleißig zur Schule schicken. Lernen nun die Kinder das Beten hier nicht, lernen sie es hier nicht frühzeitig und in stufenmäßigem Fortschritt, so werden es manche von ihnen niemals lernen, andere erst sehr spät, wenn einmal die Noth des Lebens sie in die Schule genommen hat." [1]

Ein Uebelstand, welcher zum Gegentheile der Andacht führt, zu gedankenlosem, zerstreutem Wortgebet, ist die in manchen Familien, Schulen, Gemeinden und Kirchen wahrzunehmende Gewohnheit, die gemeinsamen mündlichen Gebete, wie Litaneien oder den Rosenkranz, mit großer Geschwindigkeit „herabzuhaspeln"; dieselbe hat ohne Zweifel nicht selten darin ihren Grund, daß man die zu recitirenden Gebete in sehr unverständiger Weise häuft und vervielfältigt. Ein wirksames Mittel andererseits, die Kinder dahin zu bringen, daß

---

[1] Mey a. a. O. S. XXVIII f.

sie eifrig und mit Andacht beten, werden Sie anwenden, wenn Sie ihnen die Lehre von der Gnade, namentlich von der Nothwendigkeit derselben und ihrer Wirksamkeit, gut zu erklären und tief in die Seele zu legen verstehen. Denn wer es mit lebendigem Glauben erfaßt hat, daß wir „nicht fähig sind, etwas" übernatürlich Gutes „zu denken aus uns selber, sondern all unser Vermögen aus Gott ist"; wer es beherzigen gelernt hat, daß „niemand Jesum ‚den Herrn' nennen kann, außer im Heiligen Geiste", und daß wir, wie in einem ihrer Gebete die Kirche sich ausdrückt, „Gott zu gefallen, ohne Gott nicht vermögen"[1]: der weiß, weshalb und um was er zu beten hat, und sieht in der Anrufung des Heiligen Geistes, wie sie namentlich religiösen Handlungen, z. B. der Vorbereitung auf den Empfang der Sacramente, der Verkündigung des Wortes Gottes in der Predigt und in der Katechese, vorausgeschickt zu werden pflegt, etwas mehr als eine fromme, alte Sitte, die man anstandshalber beibehält, weil sie nun einmal Gewohnheit geworden ist.

357. Als die andere Klasse der wesentlichsten Uebungen des christlichen Lebens habe ich den Empfang der Sacramente der Buße und des Altars bezeichnet, sowie die Theilnahme an dem heiligen Meßopfer und den übrigen Handlungen des kirchlichen Gottesdienstes[2]. Daß ich Ihnen die Bedeutung dieser Handlungen und daraus die Wichtigkeit des in dieselben einführenden Unterrichts für die Kinder noch beweise, m. H., das ist sicher nicht nöthig. Aber gut ist es ohne Zweifel, wenn ich Sie in Rücksicht auf dieselben an das Wort aus den „Sprüchen" (22, 6) erinnere: „Der Jüngling bleibt bei seinem Wege; auch wenn er alt geworden, wird er von demselben nicht abgehen." Wie Sie die Kinder, die Ihnen anvertraut sein werden, beichten lehren, communiciren, die Messe und die Predigt hören, den Sonntag heiligen, die Zeiten und die Feste des kirchlichen Jahres begehen, so werden weitaus die meisten derselben bis zu ihrer letzten Beicht und Communion das alles fortmachen. Haben Sie sie mithin in das Verständniß des kirchlichen Jahres eingeführt, haben Sie sie gelehrt und daran gewöhnt, im rechten Geiste der heiligen Messe beizuwohnen, haben Sie ihnen eine eingehende, gründliche, sorgfältige, praktische Anleitung gegeben für die Beicht und die Communion und keine Mühe gescheut, daß sie alles und jedes, was dazu gehört, vollkommen auffaßten, dann haben Sie viel, sehr viel geleistet für den innern Frieden Ihrer Zöglinge und ihr Wohl auf dieser Erde und für ihre Auserwählung in der Ewigkeit. Wo dagegen diese Punkte oberflächlich abgethan werden, wo auf dieselben kein größeres Gewicht gelegt wird als auf jede andere Lehre des Katechismus, da fehlen den Kindern in ihrer Bildung für das religiöse Leben Elemente, die schlechthin unentbehrlich sind,

---

[1] Dirigat corda nostra, quaesumus Domine, tuae miserationis operatio: quia tibi sine te placere non possumus (Or. Dom. 18 post Pent.).

[2] Meßbüchlein für fromme Kinder. Von G. Mey, Pfarrer in Schwörzkirch. Mit Bildern von L. Glötzle. Freiburg, Herder, 1874. „In der 44 Seiten starken Einleitung, welche aber den für Kinder bestimmten Exemplaren nicht beigegeben ist, erhält der Katechet Anweisung, wie er die Kinder anzuleiten hat, daß sie im rechten Geiste der heiligen Messe anwohnen" (vgl. Liter. Handweiser 1875 Sp. 146).

Sehr geeignete Meßgebete für Kinder enthält auch das S. 217, Note, erwähnte Schriftchen von J. Walter.

und es ist sehr die Frage, ob sie sich dieselben in späterer Zeit jemals aneignen werden.

Beim Unterricht über das Sacrament der Buße insbesondere ist es nothwendig, daß man auf alles einzelne eingehe, was zu dem würdigen Empfange desselben gehört; daß man namentlich auch auf die mannigfachen Fehler aufmerksam mache, welche dabei begangen zu werden pflegen, und angebe, wie dieselben zu vermeiden sind. Vor allem wichtig sind zwei Dinge: daß die Kinder angeleitet werden, um keinen Preis je eine Sünde wissentlich zu verschweigen, und daß ihnen die unbedingte Nothwendigkeit der Reue mit Nachdruck ans Herz gelegt und sie in den Stand gesetzt werden, dieselbe zu erwecken. Ueber den letzten Punkt war vorher die Rede. — Was den Empfang der heiligen Communion betrifft, so soll man nicht unterlassen, die Kinder, bevor sie dieselbe das erste Mal empfangen, praktisch einzuüben und sie genau zu lehren, was sie dabei im einzelnen äußerlich zu beachten haben. Ob eine Gemeinde gute Katecheten gehabt hat, darüber kann man sich durch nichts ein zuverlässigeres Urtheil bilden, als wenn man in derselben Beicht hört und die heilige Communion austheilt.

Insofern hier übrigens von äußern Uebungen des religiösen Lebens die Rede ist und von Dingen, die ihrer Natur nach nicht der Zweck selbst sind, sondern Mittel für den Zweck, mag es nicht überflüssig sein, wenn ich noch eine Bemerkung anderer Art hinzufüge. Es ist allbekannt, daß der Mensch sich zu äußern Uebungen im allgemeinen verhältnißmäßig ziemlich leicht versteht, dagegen zu aufrichtiger Selbstverläugnung und entschiedener Hingebung an den Willen Gottes überaus schwer zu bringen ist; daß er die Betheiligung an religiösen Werken gern für Religiosität nimmt und stets geneigt ist, Inneres und Aeußeres, Zweck und Mittel miteinander zu verwechseln. Gerade auch in der Gegenwart tritt diese Verwechslung mehrfach wieder ziemlich sichtbar zu Tage, und die Klagen über „Veräußerlichung der Religion" sind keineswegs ganz ungegründet. Jedenfalls soll man, wenn man die Kinder zu den Uebungen des religiösen Lebens mit Sorgfalt anleitet und Eifer und Liebe zu denselben in ihnen zu wecken bemüht ist, diese Anleitung nicht in der Weise einrichten, daß sie sich gewöhnen, Gebot und Rath zu verwechseln und sich einzubilden, wenn sie nur häufig die Mittel anwenden, auch schon im Besitze dessen zu sein, was durch die Mittel erreicht werden soll. Sie sollen wissen, daß es sehr gut ist, viel zu beten und häufig die Kirche zu besuchen, aber vorausgesetzt, daß darüber keine wirklichen Pflichten vernachlässigt werden; daß es lobenswerth ist, oft das Wort Gottes zu hören, daß aber „nicht die Hörer des Gesetzes gerecht sind vor Gott, sondern die, welche es erfüllen"; daß es wünschenswerth ist und dringend zu empfehlen, daß man oft die heiligen Sacramente empfange, daß es aber sowohl in der rechten Absicht als in der rechten Weise, sowie mit entsprechender Vorbereitung geschehen muß und der häufige Empfang derselben nicht ein Beweis der Heiligkeit ist[1], sondern ein Mittel der Heiligung. Ich weiß wohl, daß es Gegenden gibt, wo diese Bemerkungen unnöthig oder selbst nachtheilig sein mögen; aber

---

[1] Frequens Confessio et Communio etiam in his, qui gentiliter vivunt, est nota praedestinationis (Prop. 56 inter 65 damn. ab Innocentio XI., 2. Mart. 1679).

es gibt auch solche, wo sie sehr an der Stelle sind und mancher Verirrung und Verkehrtheit vorbeugen können. Sie kennen jene Leute, von denen der Herr einst sagte: „Alle ihre Werke thun sie, um angeschaut zu werden von den Menschen; sie machen ihre Gedenkzettel breit und groß ihre Quasten: sie lieben aber die ersten Plätze bei Gastmahlen und die vordersten Stühle in den Synagogen und die Begrüßungen auf dem Markte" (Matth. 23, 5. 6). Dieses Geschlecht ist keineswegs ausgestorben[1].

358. Noch einen Punkt muß ich an dieser Stelle nothwendig besprechen. Mit den bisher behandelten hat derselbe nur das gemein, daß er für das christliche Leben von hervorragender Bedeutung ist; dagegen steht er, was die Sache betrifft, zu jenen eher in gegensätzlicher Beziehung. Ich werde Ihnen dabei größtentheils Gedanken von Alban Stolz vortragen.

„Das Kind ist gleichsam noch ein Menschensproß; es gärt und sprießt bei ihm in Leib und Seele. Die natürlich guten Anlagen und die übernatürliche Gnade einerseits, andererseits die angebornen bösen Neigungen, auch noch durch böse Einflüsse von außen geweckt, regen sich, bekriegen und besiegen sich wechselseitig. Der Erzieher hat vor allem darauf Bedacht zu nehmen, daß er das Unkraut, welches allmählich keimt und wächst, frühzeitig wahrnehme und ausreute. Denn es ist überhaupt viel wichtiger, daß die Entwicklung der Sünde verhütet und daß mancherlei Gutes gefördert wird; das Gute selbst wird verkümmert und erstickt, wenn das Unkraut der Sünde, und sei es auch nur eine einzige Qualität, ungestört heranwachsen kann. Der Boden muß rein erhalten werden."

Nun gibt es aber kein Unkraut, das den Boden schneller und gründlicher unfähig macht, noch irgend etwas Edles zu erzeugen, als jene Sünde, welche der Keuschheit entgegengesetzt ist. *Non est bonum aliquod sine castitate*, sagt Gregor der Große in der bekannten Homilie. „Die Keuschheit ist die unerläßliche Vorbedingung alles sittlichen Lebens, um nichts weniger, als der Leib und sein Leben die unerläßliche Grundbedingung des Menschseins ist. Darum muß das Kind vor keinem Uebel sorgfältiger gehütet werden, als vor diesem wahrhaft ärgsten aller Uebel, nämlich vor Sünden gegen das sechste Gebot." Ob auch die Katechese in dieser Rücksicht ihre Aufgabe hat? Ob nicht in sehr vielen Fällen der größte Theil, ja die ganze Aufgabe ihr allein zufällt, da ja in den meisten Fällen in der Familie hierfür gar nichts geleistet, vielfach selbst in der entgegengesetzten Richtung gearbeitet wird? „Es ist ebenso gefährlich," bemerkt Overberg[2], „über die Sünden wider die Keuschheit zu wenig als zu viel zu sagen." Ohne Zweifel; aber diese Anweisung ist zu unbestimmt. Fassen wir die Sache näher ins Auge.

„Was die Verführbarkeit der Kinder, bei denen sich doch der Geschlechtstrieb der Ordnung der Natur zufolge nur wenig regt, so sehr erhöht, warum deshalb eine ganze Schule oder Kameradschaft so schnell verdorben wird, das

---

[1] In Rücksicht auf die Frage, wie oft rathsam sei, die heilige Communion zu empfangen, stellt der Cardinal de Lugo in der Abhandlung *De Eucharistia* disp. 17 sehr verständige Grundsätze auf, welche gegenwärtig von manchen beherzigt zu werden verdienten.

[2] Bei Mey a. a. O. S. 153.

ist der eigenthümliche Umstand, daß das Gewissen der Kinder in dieser Beziehung meistens ganz ungeweckt ist, und sie sich infolgedessen, wenn sie von selbst oder verleitet durch andere in derartige Versündigungen verfallen, entweder gar nicht oder kaum merkbar beunruhigt fühlen. Vor Eltern und Lehrern freilich verbergen sie die Sache sorgfältig; in Beziehung auf Gott dagegen fühlen manche Kinder sich so wenig beunruhigt dabei als bei andern Natürlichkeiten; daher können sie nach der That oft so unbefangen ihre gewohnten Gebete verrichten, wie wenn nichts geschehen wäre." Auch das ist eben eine der unseligen Folgen der ersten Sünde. Was folgt aber aus dieser Thatsache? Dieses folgt daraus, daß das zunächst liegende und zugleich das wirksamste Mittel, die Kinder vor innerer und äußerer Befleckung zu sichern, darin besteht, daß man in betreff der Sünden gegen das sechste Gebot frühzeitig ihr Gewissen wecke und ihnen Furcht und tiefen Abscheu vor denselben ins Herz pflanze. Daß dies geschehe, daran ist in Wahrheit alles gelegen, auch in Rücksicht auf die spätere Zukunft; ohne dieses reicht alle Wachsamkeit von Eltern und Lehrern, reichen alle andern Mittel nicht aus. „Und gerade dieses, die Weckung des Gewissens in dieser Rücksicht, wird fast allgemein vernachlässigt, sei es aus Unverstand, sei es aus Bequemlichkeit. Kinder sind von Natur aus gewissenhaft; wenn ihnen mit Bestimmtheit und religiösem Ernst etwas als schwere Sünde bezeichnet wird, so scheuen sie sich davor. Gerade aber gegen die schlimmste Sünde wird nicht vorgebaut; man sagt nichts Bestimmtes und Genügendes dagegen, indem man sich dem faulen Troste und dem angenehmen Dusel überläßt, es sei besser, den unschuldigen Seelen gar nichts zu reden von solchen Dingen. Und wenn dann die Versuchung oder die Verführung an das junge Menschenkind herankommt, so fehlt es an bestimmter Erkenntniß und darum an der Abwehr des Gewissens.

„Es ist wahrhaft kläglich, wie so manche Katechismen mit einigen für Kinder nichtssagenden Ausdrücken über diese Sünde hinwegschleichen und es dem Geschick oder Ungeschick des Lehrers überlassen, ob und wie er das hohle Wort erläutern wird. Es wäre gerade Aufgabe der Berufenen, welche einen Katechismus verfassen, daß sie dem Katecheten selbst die richtige Bezeichnung bieten, um nicht bis zur Gefährlichkeit concret die Sache zu nennen und doch zugleich auch nicht in der Art unbestimmt zu reden, daß soviel als nichts damit gesagt ist. Mit der gewöhnlichen Katechismusphrase, welche die Kinder in diesem Punkte unterweisen soll, ‚sie dürften nichts thun, worüber sie erröthen würden, wenn Eltern oder Lehrer es sähen‘, ist nichts geleistet; denn es kommen im Kinderleben gar vielerlei Dinge vor, die keineswegs gerade unerlaubt sind, wobei sie sich aber doch durch Eltern oder Lehrer gestört fühlen, zumal wenn diese ein strenges Regiment führen. Das Erröthen und das Sich-schämen ist überhaupt nichts weniger als ein sicheres Zeichen, daß es mit einer Handlung oder einer Seele schlimm steht. Wird ein Kind angetroffen, da es in einem Zimmer laut betet, oder wirft man ihm mit ernsthaftem Gesichte vor, es habe gestohlen, so wird es regelmäßig erröthen. Zugleich liegt es aber gar nicht in der Natur des Kinderleichtsinnes, bei irgend einem Muthwillen ernstliche Reflexionen zu machen, ob jene weise Redensart darauf anzuwenden sei."

„Es sind mir" — ich habe Ihnen gesagt, m. H., daß ich Ihnen größtentheils Gedanken von Alban Stolz vortrage; aber ich bestätige auf Grund meiner eigenen Erfahrungen jedes seiner Worte — „es sind mir nicht wenig Fälle bekannt, wo junge Leute auf das bestimmteste behaupteten, sie würden nicht in ein solches Laster verfallen sein, nicht jahrelang darin beharrt haben, wenn ihnen von seiten der Eltern oder Lehrer irgend eine Belehrung oder Warnung gegen diese Sünde zugekommen wäre. Ohne nachdrückliche Warnung und gemessene Belehrung bleibt die Jugend unreinen Versuchungen gegenüber gewissenlos, mögen dieselben äußere oder innere sein. Nur ein unkräftiges, unklares Gefühl regt sich bisweilen dagegen, gleichsam das blindgeborne Gewissen. Hingegen ist mir kein einziger Fall bekannt, daß je die betreffende Belehrung, wenn sie in ernsten, mit Vorsicht gewählten Worten gegeben wurde, der jugendlichen Seele Gefahr oder Schaden gebracht hätte. Ich halte es für eine wahrhaft diabolische Verblendung, wenn Geistliche oder Eltern meinen, die ihnen anvertraute Jugend werde am sichersten unschuldig bleiben, wenn sie selbst von derartigen Versündigungen nie etwas sagen; als ob die Finsterniß der Unwissenheit vor einer Sünde schützen könnte, welche vor allem die Finsterniß liebt, Finsterniß braucht und in dieser am üppigsten gedeiht." Eines freilich wird man erreichen durch dieses weise Schweigen: daß die Kinder über die Sünden, welche hierher gehören, sich in der Beicht nicht anklagen, weil sie keinen rechten Ausdruck wissen, womit sie dieselben bezeichnen könnten; weil sie überdies die Idee haben, von solchen Dingen könne und dürfe anständigerweise nie und nimmer gesprochen werden, und weil ihr Gewissen in diesem Punkte nicht geweckt ist. Und dieses Verschweigen so wesentlicher Dinge in der Beicht wird dann oft jahrelang, ja gar nicht selten ein Jahrzehnt hindurch und länger fortgesetzt, und mit ihm die traurige Sünde, die den Menschen „zu den Gemächern des Todes führt" (Spr. 7, 27).

359. Ist es hiernach ohne allen Zweifel unerläßlich nothwendig, daß Sie in der Katechese die Kinder verständlich und mit voller Bestimmtheit über das belehren, was der Keuschheit zuwider ist oder sie gefährdet, so „versteht es sich andererseits von selbst, daß jedes Wort, das Sie bei dieser Belehrung gebrauchen, genau überlegt sein muß. Es ist rathsam, daß man namentlich diese Unterweisung vollständig niederschreibe, vielleicht auch, daß man sie vorlese. Wie und wieweit die Kinder bezüglich der Versündigungen gegen das sechste Gebot gewarnt und belehrt werden müssen, das hängt zunächst von ihrem Alter und ihrer Entwicklung ab. So viel aber kann man ihnen unbedenklich sagen, es gebe sehr schwere Sünden am Leibe", man könne sich an seinem Leibe sehr schwer versündigen. Der Mensch sei keineswegs unbeschränkter Herr über sich selber, so daß er mit sich selbst verfahren könne, wie er wolle (*non estis vestri*), und etwa nur darauf zu sehen habe, daß er andern keinen Schaden zufüge; er sei strenge verpflichtet, mit seinem Leibe sich so zu benehmen, seine Sinne und seine Glieder einzig so zu gebrauchen, wie es die Weisheit und die Heiligkeit Gottes verlangt, der ihn gemacht hat. „Der Leib sei überdies durch die Taufe (und andere Sacramente) hochgeweiht, sei heiliger als eine Kirche oder ein Altar". Der Leib sei der Tempel des Heiligen Geistes; er sei zwar jetzt noch häßlich und niedrig, dem Kranksein, dem Tode und der Verwesung unterworfen; aber er sei

bestimmt, einst verklärt aufzuerstehen und unter den Engeln ewig am Throne Gottes zu sein. „Wenn man nun am Leibe solche Theile, die immer zugedeckt sein sollen, muthwillig und ohne Nothwendigkeit an sich oder an andern aufdecke, anschaue oder berühre, so sei das eine Sünde gegen das sechste Gebot. Und diese Sünde sei so schwer, daß es schon eine Todsünde sei, wenn man ohne vernünftigen Grund freiwillig und mit bösem Wohlgefallen an solche verbotene Dinge auch nur denke oder aus böser Lust davon rede, oder wenn man gern und mit bösem Wohlgefallen zuhöre, wo Todsünder Späße und Erzählungen vorbringen von unreinen verbotenen Dingen." (Man vergleiche hierzu die Katechese von G. Mey, unten nach dem Schlusse dieses Abschnittes.)

Später, wenn die Kinder schon reifer sind, ist es ohne Zweifel nothwendig, daß man auch von den schrecklichen Strafen rede, welche Gott auf die Versündigungen gegen die Keuschheit gesetzt hat; zunächst, indem man eine passende Auswahl jener ergreifenden Stellen ihnen vorführt, in denen die Heilige Schrift im Alten wie im Neuen Testament sich darüber ausspricht; dann auch durch Schilderung der verwüstenden Folgen, welche sich an Sünden dieser Art knüpfen. „So oft man aber Kindern von der Schwere und den schlimmen Folgen dieser Sünden gesprochen hat, ist auch eine Art Tröstung nothwendig für jene, die sich etwa getroffen fühlen. Insbesondere ermahne man sie noch etwa so: Wenn nun eines von euch das Unglück gehabt hat, aus Unwissenheit in eine solche Sünde zu fallen, so bekennet es recht aufrichtig dem Beichtvater, damit er euch helfe, von Gott Verzeihung zu bekommen und vor fernern Versündigungen dieser Art bewahrt zu bleiben." [1]

Ein wirksames Schutzmittel gegen die Sünde, von der wir reden, läge ohne Zweifel auch in der christlichen Lehre vom Sacramente der Ehe, wenn dieselbe den Kindern und den Heranwachsenden je in einer ihrer Reife entsprechenden Weise vorgetragen und namentlich die Heiligkeit und der übernatürliche Charakter des durch dieses Sacrament begründeten Standes ihnen nahegelegt würde. Ich habe schon früher einmal bemerkt, daß es nicht gut ist, wenn man die Lehre vom Sacrament der Ehe in der Katechese und im höhern Religionsunterricht kaum berührt. Diese Lehre ist ein wesentlicher Theil der christlichen Offenbarung und von dem Urheber der letztern ganz gewiß nicht bloß für diejenigen bestimmt, welche im Ehestande leben oder gerade im Begriffe stehen, in denselben einzutreten. Sehr wahr und beachtenswerth sind in dieser Beziehung die folgenden Worte Hirschers, denen dieselbe Ansicht zu Grunde liegt. „Man hat mir", schreibt er in der Vorrede zu seinem Leben Mariä, „man hat mir die Bemerkung gemacht, es kommen in dem Buche Stellen vor, die man der Jungfrau in die Hände zu geben Anstand nehmen möge, weil sie ihr leicht zum Anstoß werden können. Ich antworte: Wenn solches bei der in reiner Kindlichkeit aufgewachsenen, nun eben erst erblühenden Jungfrau besorgt wird, bin ich insoweit einverstanden, als ich glaube, die Lesung könne da und dort die Aufmerksamkeit der Jungfrau auf geschlechtliche Verhältnisse hinlenken, auf welche sie außerdem jetzt noch nicht gerathen wäre. Uebrigens wird der natürliche Trieb und die

---

[1] Vgl. Alban Stolz a. a. O. S. 91. 93. 97. 101 ff.

äußere Umgebung in kurzem doch auf das Geschlechtliche hinführen. Es ist daher die Frage, ob es gerathener sei, dabei die Jungfrau sich selbst, ihrem stillen Sinnen und Ahnen, ihrem spähenden Horchen und Umfragen bei ihren Gespielen u. s. w. zu überlassen, oder ob es besser, daß sie zur Kenntniß des Geschlechtlichen gelange an und in dem Leben heiliger Personen. Ich bin unbedingt für das letztere. Denn ach, während Mütter oft ihr Kind in glücklicher Unwissenheit zu bewahren glauben, wird dasselbe nichts weniger als in Unwissenheit gelassen, vielmehr eifrig unterrichtet. Und während das Kind der Mutter gegenüber in glücklicher Unwissenheit zu leben scheint, will es nichts weniger als unwissend bleiben, sondern horcht nach allen Seiten und lernt von allen. Aber nun gerade das, was es nicht lernen, und gerade so, wie es nicht lernen sollte. Mögen die Mütter daher den Unterricht über das Geschlechtliche nicht der Welt überlassen, sondern selbst übernehmen und ihn an das Leben der heiligsten Jungfrau und Mutter und an das Leben der andern heiligen Personen anknüpfen." [1]

§ 2.
Die Lehren von der Unschuld, der Jungfräulichkeit und der „Aureola" in der Predigt und der Katechese.

360. Die Gedanken, welche ich Ihnen über den letzten Punkt des vorhergehenden Paragraphen vorgetragen, habe ich, wie ich wiederholt bemerkte, größtentheils einem Werke von Alban Stolz entnommen, dem man nur die weiteste Verbreitung wünschen kann. Einen Gedanken von Stolz indes, der auch zur Sache gehören würde, habe ich absichtlich übergangen. Derselbe lautet also:

„Etwas reifern Kindern ... mag insbesondere noch gesagt werden: Jede andere Sünde könne vollständig verziehen werden, wenn der Mensch sie ernstlich bereut und beichtet; wer aber gegen das sechste Gebot eine Sünde ausübt, der tilge an seiner Person das Allerschönste, die Unschuld, aus, und diese könne durch keine Reue und Buße mehr gewonnen werden, sie sei verloren für die Ewigkeit. Man könne zwar auch Verzeihung erlangen durch wahre Buße und selig werden; aber den besondern Vorzug im Himmel, welchen die bekommen, welche ihre Unschuld nie verloren haben, können andere nicht mehr erreichen." [2]

Mit dieser Stelle kann ich nicht einverstanden sein. Ich führe dieselbe indes nicht in der Absicht an, um einen Gedanken eines hochverdienten Schriftstellers, dessen Arbeiten ich selbst viel verdanke, zu widerlegen, sondern ich möchte von derselben nur Veranlassung nehmen, Sie auf ein Thema aufmerksam zu machen, das in Predigten und ascetischen Schriften oft berührt oder behandelt wird, aber keineswegs in der rechten Weise.

Zunächst kommt es dabei auf zwei ganz wesentlich verschiedene Begriffe an, Unschuld *(innocentia)* und Jungfräulichkeit *(virginitas)*. Worin besteht die Unschuld? Darin, daß der Mensch, nachdem er das erste Mal

---

[1] Hirscher, Das Leben der seligsten Jungfrau und Gottesmutter Maria. Zu Lehr und Erbauung für Frauen und Jungfrauen. Vorrede S. v.
[2] Alban Stolz a. a. O. S. 103. Vgl. oben S. 18.

die Gnade der Rechtfertigung erlangt, keine Todsünde begangen hat; sie ist der Fortbestand der durch die heilige Taufe bewirkten Reinheit von schwerer Sünde.

Und worin besteht die Jungfräulichkeit? Der Begriff derselben läßt sich nicht so einfach ausdrücken wie der der Unschuld. Nach der Lehre des hl. Thomas geht die Jungfräulichkeit verloren, erstens durch freiwillige Vollziehung jenes Actes, an welchen die Weisheit Gottes die Fortpflanzung der Menschheit gebunden hat, mag der Act rechtmäßig sein (in der Ehe) oder unerlaubt; sie geht aber zweitens gleichfalls verloren, wenn der Einzelne, er sei Mann oder Weib, für sich allein in naturwidriger Weise freiwillig an seinem Leibe den jenem Acte entsprechenden Vorgang veranlaßt, oder wo dieser ohne sein Zuthun eintritt, demselben mit vollem Bewußtsein zustimmt. Insofern sie nicht bloß eine thatsächliche Beschaffenheit, sondern eine Tugend ist, umfaßt die Jungfräulichkeit wesentlich zwei Momente, ein materielles und ein formelles, ein physisches und ein ethisches. Das materielle Moment liegt in der Thatsache, daß der vorher bezeichnete Vorgang am Leibe des Menschen mit seiner freien Zustimmung niemals stattgefunden hat; das formelle oder das ethische Moment besteht in dem von dem Menschen ausdrücklich gefaßten Entschluß, aus übernatürlichen Gründen sich für immer alles dessen zu enthalten, wodurch jener Vorgang naturgemäß herbeigeführt wird [1].

Nur der, in welchem diese beiden Momente sich vereinigen, besitzt die Jungfräulichkeit in jenem vollen Sinne, in welchem sie als eine besondere Tugend gilt, und zwar als die größte unter jenen Tugenden, welche unter den Begriff der Keuschheit fallen, aber keineswegs als die größte unter den Tugenden überhaupt. Denn der Glaube, die Hoffnung, die Liebe zu Gott, die Gottesfurcht und manche andere Tugenden haben höhern Werth als die Jungfräulichkeit [2]. An einer Stelle verlangt der hl. Thomas sogar, damit

---

[1] Virginitas hoc importat, quod persona cui inest, immunis sit a concupiscentiae adustione, quae esse videtur *in consummatione* maximae delectationis corporalis, qualis est venereorum delectatio.... Ipsa autem immunitas a delectatione, quae consistit in seminis resolutione, se habet materialiter; ipsum autem propositum, perpetuo abstinendi a tali delectatione, se habet formaliter et completive in virginitate (*Thom.* 1. c. 2, 2, q. 152, a. 1°). — Delectatio quae est ex seminis resolutione, dupliciter potest contingere. Uno modo ut procedat ex mentis proposito: et sic tollit virginitatem, sive fiat per concubitum, sive absque concubitu. ... Alio modo potest provenire praeter propositum mentis, vel in dormiendo, vel per violentiam illatam, cui mens non consentit, quamvis caro delectationem experiatur, vel etiam ex infirmitate naturae, ut patet in his qui fluxum seminis patiuntur: et sic non perditur virginitas, quia talis pollutio non accidit per impudicitiam, quam virginitas excludit (ibid. ad 4). — In virginitate est sicut formale et completivum, propositum perpetuo abstinendi a delectatione venerea: quod quidem propositum laudabile redditur ex fine, in quantum scilicet hoc fit ad vacandum rebus divinis. Materiale autem in virginitate est integritas carnis absque omni experimento venereae delectationis (ibid. a. 3°).

[2] Respondeo dicendum, quod aliquid potest dici excellentissimum dupliciter. Uno modo in aliquo genere: et sic virginitas est excellentissima, scilicet in genere castitatis: transcendit enim et castitatem vidualem et coniugalem. Et quia castitati antonomastice attribuitur decor, ideo virginitati per consequens attribuitur excellentissima pulchritudo.... Alio modo potest aliquid dici excellentissimum simpliciter, et sic virginitas non est excellentissima virtutum. Semper enim finis excellit id quod est ad finem; et quanto aliquid efficacius ordinatur ad finem, tanto

die Jungfräulichkeit als Tugend gelten könne, daß der Mensch sich durch ein Gelübde für sein ganzes Leben verpflichtet habe, sie zu bewahren[1].

Die ältere Theologie nennt den wesentlichen, allen Auserwählten gemeinsamen Lohn des ewigen Lebens, die Seligkeit in der Anschauung und dem Genusse Gottes, die „Aurea". Sie unterscheidet von dieser unter dem Namen „Aureola" einen besondern Lohn, der jenem gegenüber eine außerwesentliche Zugabe bildet und denjenigen zu theil wird, welche sich durch gewisse hervorragende Werke im Dienste Gottes ausgezeichnet haben. Als solche werden bezeichnet das Martyrium, die Verkündigung des Wortes Gottes und die Lehrthätigkeit in der Theologie und die Jungfräulichkeit, von der wir eben handeln. Aber nur solche, lehrt der hl. Thomas, haben Anspruch auf die „Aureola" der Jungfräulichkeit, welche dieselbe in dem vorher bezeichneten vollen Sinne besitzen, in dem sie eine Tugend ist[2].

Wer die Jungfräulichkeit verloren hat, sei es in der Ehe, sei es durch eine Sünde, der kann dieselbe ihrem vollen Begriffe nach nicht wiedergewinnen. Aber ein solcher kann dasjenige wiedergewinnen, was an der Jungfräulichkeit das Vorzüglichere ist und gleichsam den Geist und die Seele, die *causa formalis*, derselben bildet, nämlich das vorher bezeichnete formelle oder ethische Moment dieser Tugend, welches im Willen des Menschen liegt[3].

melius est. Finis autem ex quo virginitas laudabilis redditur, est vacare rebus divinis. Unde ipsae virtutes theologicae, et etiam virtus religionis, quarum actus est ipsa occupatio circa res divinas, praeferuntur virginitati. Similiter etiam vehementius operantur ad hoc quod inhaereant Deo, martyres, ... et viventes in monasteriis, ... quam virgines. ... Et ideo virginitas non simpliciter est maxima virtutum (ibid. 2, 2, q. 152, a. 5 c).

[1] 4. Praeterea, nulla virtus perditur sine peccato. Sed virginitas perditur sine peccato, scilicet per matrimonium. Ergo virginitas non est virtus. — Ad quartum dicendum, quod virginitas secundum quod est virtus, *importat propositum voto firmatum integritatis perpetuo servandae*. Dicit enim Augustinus in lib. De virginit. c. 8 in fin., quod *per virginitatem integritas carnis ipsi creatori animae et carnis vovetur, consecratur, servatur*. Unde virginitas secundum quod est virtus, numquam amittitur nisi per peccatum (ibid. a. 8 ad 4).

[2] Illis tantum virginibus aureola proprie debetur, *quae propositum habuerunt virginitatem perpetuo conservandi*, sive hoc propositum voto firmaverint, sive non: et hoc dico secundum quod aureola proprie accipitur ut praemium quoddam merito redditum; quamvis hoc propositum aliquando fuerit interruptum, integritate tamen carnis manente, dummodo in fine vitae inveniatur: quia virginitas mentis reparari potest, quamvis non virginitas carnis (*Thom.*, In IV. dist. 49, q. 5, a. 3, solut. 1). — Insofern ein Gedanke in dieser Stelle mit dem, was Thomas in der vorhergehenden Note sagt, in Widerspruch steht, ist zu beachten, daß die Summa einer spätern Zeit angehört als der Commentar oder das *Scriptum in libr. Sententiarum*, und überhaupt die erstere höheres Ansehen genießt.

[3] Virtus per poenitentiam reparari potest quantum ad id quod est formale in virtute, non autem quantum ad id quod est materiale in ipsa. Non enim si quis magnificus consumpserit divitias suas, per paenitentiam peccati restituuntur ei divitiae. Et similiter ille qui virginitatem peccando amisit, per paenitentiam non recuperat virginitatis materiam, sed recuperat virginitatis propositum. Circa materiam virginitatis autem est aliquid quod miraculose reparari poterit divinitus, scilicet integritas membri, quam dicimus accidentaliter se ad virginitatem habere; aliud autem est, quod nec miraculose reparari potest, ut scilicet qui expertus est voluptatem veneream, fiat non expertus. Non enim Deus potest facere, ut ea quae facta sunt, non sint facta (*Thom.*, S. theol. 2, 2, q. 152, a. 3 ad 3).

An diese Wahrheiten schließen sich nun folgende praktische Bemerkungen für die Verkündigung des Wortes Gottes.

1. Die Unschuld wird nicht bloß durch eine schwere Sünde gegen die Keuschheit verloren, sondern durch jede schwere Sünde gegen irgend ein Gebot Gottes. Man soll mithin in der Verkündigung des Wortes Gottes nicht so von der Unschuld reden, daß das Volk sich die Anschauung bildet, als ob der Mensch nur infolge der Unkeuschheit aufhöre, unschuldig zu sein; denn diese Anschauung ist falsch.

2. Um die Jungfräulichkeit bringt sich der Mensch nicht durch jede schwere Sünde gegen die Keuschheit, sondern nur durch gewisse Arten derselben. Es ist freilich wahr, daß schwere Sünden gegen die Keuschheit sehr leicht zu eben diesen Arten führen; aber es ist doch nicht gut, die Leute zu der Meinung zu veranlassen, als ob jede Sünde gegen die Keuschheit die Jungfräulichkeit aufhebe, und zwar so aufhebe, daß sie nicht wieder erlangt werden könne; denn diese Meinung ist irrig.

3. Es ist wahr, daß niemand, der die Unschuld durch welche Sünde immer verloren, dieselbe jemals wieder erlangen kann. Aber es ist auch wahr, daß eine ernste und vollkommene Buße den Christen höher hinaufheben kann, als er vor dem Falle stand, d. h. daß er durch dieselbe sich eines vollern Maßes von Gnade, Liebe und Verdienst theilhaftig machen kann, als er vor der Sünde besaß[1]. Daneben ist es Thatsache, daß weitaus die meisten Christen in eine schwere Sünde fallen, mithin die Unschuld verlieren. Nun ist aber die erste der zwei angeführten Wahrheiten, für sich allein erkannt und beherzigt, sehr dazu angethan, von dieser großen Mehrheit die einen noch leichtsinniger und die andern muthlos und verzagt zu machen. Will man deshalb von dieser ersten reden, so sollte man nicht unterlassen, immer auch die zweite hinzuzufügen. Muth und Hoffnung sind jedenfalls nicht minder nothwendige Momente für das christliche Leben als Furcht und Reue. Ich weiß nicht, ob die Kirche der Wahrheit von der Unwiederbringlichkeit der einmal verlornen Unschuld in einem Gebete oder irgendwo sonst jemals Ausdruck gegeben hat; wohl aber lehrt sie uns um Energie und Ausdauer im Dienste Gottes beten zu dem, der „die Unschuld liebt und sie wiederherstellt"[2].

---

[1] Quantum ad Deum, homo per peccatum amittit duplicem dignitatem: unam principalem, qua scilicet computatus erat inter filios Dei per gratiam; et hanc dignitatem recuperat per paenitentiam, quod significatur Luc. 15 in filio prodigo, cui paenitenti pater iussit restitui „stolam primam, et annulum, et calceamenta". Aliam vero dignitatem amittit secundariam, scilicet innocentiam, de qua, sicut ibidem legitur, gloriabatur filius senior, dicens: „Ecce tot annis servio tibi, et numquam mandatum tuum praeterivi"; et hanc dignitatem paenitens recuperare non potest; *recuperat tamen quandoque aliquid maius*, quia, ut Gregorius dicit in hom. de centum ovibus, 34. in Evang. aliquant. a princ., „qui errasse a Deo se considerant, damna praecedentia lucris sequentibus recompensant. Maius ergo gaudium de eis fit in caelo; quia et dux in proelio plus eum militem diligit, qui post fugam reversus hostem fortiter premit, quam illum qui numquam terga praebuit, et numquam aliquid fortiter fecit" (ibid. 3, q. 89, a. 3 c).

[2] Deus, innocentiae *restitutor* et amator, dirige ad te tuorum corda servorum: ut spiritus tui fervore concepto, et in fide inveniantur stabiles, et in opere efficaces (*Super populum*, in fer. 4. post Dom. 2. Quadr.).

4. Es ist wahr, daß, wer die Jungfräulichkeit verloren hat, dieselbe nach ihrem vollen Begriffe nicht wieder erlangen kann. Aber es ist auch wahr, daß ein solcher dasjenige wieder erlangen kann, was in der Jungfräulichkeit das Vorzüglichere und das Wesentlichere ist, den Entschluß, keusch und enthaltsam zu leben; und weiter ist es wahr, daß eben dieser, wenn er vielleicht das formelle Element, nämlich eben diesen Entschluß, bevor er das materielle verlor, gar nicht besaß, später, nachdem er diesen Entschluß gefaßt hat, von der Tugend der Jungfräulichkeit viel mehr hat als vor seinem Falle. Daneben ist es wiederum Thatsache, daß es äußerst wenig Menschen gibt, welche die Jungfräulichkeit nicht verlieren. Will man mithin nicht Dinge vortragen, welche fast nur dazu angethan sind, von den vielen, die diesen Vorzug verlieren, die einen noch leichtsinniger zu machen und die andern muthlos, dann muß man abermals sich nicht auf die erste Wahrheit beschränken, sondern auch die zweite damit verbinden. „Aber die läßt sich ja dem Volke schwerlich klar machen!" Ganz recht; darum schweige man lieber ganz von der Sache.

5. Es ist wahr, daß denen, welche die Jungfräulichkeit im vollen Sinne des Wortes bewahrt haben, im ewigen Leben außer dem wesentlichen, allen Seligen gemeinsamen noch ein besonderer Lohn, die „Aureola", zu theil wird. Aber durch diesen besondern Lohn an und für sich stehen solche noch keineswegs schlechthin höher als diejenigen, welche sich denselben nicht verdient haben. Denn das Maß und die Intensität des wesentlichen Lohnes, der „Aurea", bestimmt sich nach der Fülle des Verdienstes und der Gnade, deren sich der Mensch theilhaftig gemacht hat. Es kann aber sehr wohl geschehen, daß ein Christ, der die Jungfräulichkeit nicht bewahrt hat, an Verdienst und Heiligkeit einen andern übertrifft, der dieselbe ihrem vollen Sinne nach bewahrt hat[1]. Die hl. Maria Magdalena und der Apostel Petrus haben beide weder die Jungfräulichkeit bewahrt noch die Unschuld; es wird aber dennoch unter denen, welche das Glück hatten, unschuldig zu bleiben und überdies die „Aureola" der Jungfräulichkeit tragen, sicher nicht wenige geben, welche im ewigen Leben weniger hoch stehen als sie. Es ist mithin unrecht, wenn man vor dem Volke so redet, daß die Leute sich die Anschauung bilden, als ob jene, welche die Jungfräulichkeit bewahrt haben, im Himmel schon darum allein des höchsten Grades der Seligkeit theilhaftig wären. Sonst müßte man sie auch insgesamt über die Engel setzen; denn für diese gibt es keine „Aureola" der Jungfräulichkeit.

---

[1] 3. Praeterea, tanto aliqua virtus est maior, quanto per eam aliquis Christo magis conformatur. Sed maxime aliquis conformatur Christo per virginitatem: dicitur enim Apoc. 14, 4 de virginibus, quod *sequuntur agnum quocumque ierit;* et quod *cantant canticum novum, quod nemo alius poterat dicere.* Ergo virginitas est maxima virtutum.

Ad tertium dicendum, quod virgines *sequuntur agnum quocumque ierit,* quia imitantur Christum, non solum in integritate mentis, sed etiam in integritate carnis, ut Augustinus dicit in lib. De virginitate c. 27 a med. Et ideo in *pluribus* sequuntur Agnum: *non tamen oportet quod magis de propinquo,* quia aliae virtutes *faciunt propinquius inhaerere Deo* per imitationem mentis. Canticum autem novum quod solae virgines cantant, est gaudium quod habent de integritate carnis servata (*Thom.* l. c. 2, 2, q. 152, a. 5 ad 3. Cf. *Thom.*, In IV. dist. 49, q. 5, a. 1, solut. et ad 2).

6. Die erwähnte „Aureola" wird nach dem Gesagten nur denen zu theil, welche die Jungfräulichkeit ihrem vollen Begriffe nach, d. h. nach beiden Momenten besitzen, die sie umschließt. Will man vor dem Volke von der „Aureola" reden, dann muß man mithin auch diese Wahrheit nicht verschweigen. Denn wenn man sie verschweigt, so werden die Leute erstens glauben, auf die „Aureola" hätten alle diejenigen Anspruch, welche nur das materielle Moment der Jungfräulichkeit besitzen, obgleich sie die Absicht oder den Wunsch hegen, in den Ehestand zu treten, oder in früher Kindheit, ehe sie einen Entschluß der Jungfräulichkeit fassen konnten, gestorben sind, und überdies werden zweitens die meisten sich der Meinung hingeben, schlechthin jeder Christ erlange die „Aureola", wenn er nur nicht, sei es in der Ehe, sei es in unerlaubter Weise, jene Verbindung vollzogen hat, durch welche naturgemäß die Menschheit fortgepflanzt wird. Denn daß durch diese Handlung die Jungfräulichkeit verloren geht, das weiß im allgemeinen auch das Volk; daß der Mensch sich aber auch in anderer Weise um diesen Vorzug bringen kann, davon haben vielleicht ebenso wenige eine Ahnung, als es viele sind, die in dieses Unglück fallen. Der erwähnte Irrthum aber erzeugt in jedem Falle eine falsche Erwartung, und in sehr vielen ist er überdies eine starke Nahrung der Eigenliebe und hochmüthiger Selbstüberschätzung.

Aus allem, was ich gesagt habe, m. H., dürfen wir wohl den Schluß ziehen, daß es nicht angemessen ist, in der Verkündigung des Wortes Gottes von der „Jungfräulichkeit" im eigentlichen Sinne und der sie im ewigen Leben auszeichnenden „Aureola" viel zu reden. Tragen Sie dem Volke die Glaubenswahrheit vor, daß die Ehelosigkeit und die Enthaltsamkeit an und für sich und ihrem Wesen nach vorzüglicher und verdienstlicher ist als der Ehestand; schildern Sie die Schönheit, den Frieden, den Segen und den reichen Lohn der Keuschheit, den Fluch und die verheerenden Folgen und den Jammer, den die entgegengesetzte Sünde unausweichlich nach sich zieht; mahnen Sie zur Wachsamkeit und zum beständigen Gebete; pflanzen Sie Ehrfurcht vor der allerheiligsten Dreifaltigkeit, die alles sieht und richtet, und ernste Furcht Gottes, so tief Sie können, in die Herzen: aber verzichten Sie darauf, Dinge zu berühren, die recht poetisch aussehen und in der That großartige Wahrheiten enthalten, aber sich kaum so behandeln lassen, daß nicht vielfältiges Mißverständniß, unnützes Grübeln und allerlei irrige Anschauungen hervorgerufen werden. Zum Schlusse will ich Ihnen eine Stelle vorlesen aus den Predigten Bertholds von Regensburg; sie zu beurtheilen sind Sie nach dem, was ich gesagt habe, selbst im stande.

„Und also lohnt der allmächtige Gott diesen Leuten allensamt seinen Dienern. Den ersten gibt er den allerhöchsten Lohn im Himmelreich, den zweiten den mitteln Lohn, den dritten gibt er den allermindesten und den niedersten in dem Himmelreich . . .

„Die ersten, das sind alle die, die ohne alle Hauptsünde (Todsünde) von dieser Welt scheiden mit der Reinheit ihres keuschen Magdthums (Jungfräulichkeit). Die kommen zu dem obersten Gesinde auf dem Spiegelberg[1]. Denen

---

[1] „Die Idee vom Spiegelberge, als einem Orte der Wonne und Freude, einem himmlischen Saal, hat nichts Biblisches, es ist der Glasberg der Volksmärchen (Grimms Kinder- und Hausmärchen S. 47. 92. 93. 175. 219)." (Göbel a. a. O. S. 869.)

wird das königliche Gewand angelegt, und der königliche Ring wird an ihre Hand gestoßen, und die königliche Krone aufgesetzt, und werden wonniglich geleitet durch die Stadt des himmlischen Jerusalem, die der gute St. Johannes sah, die so hoch geziert war mit Gold und mit edlem Gesteine, und werden viel hoch gelobt und geehrt von der Engel Sang. Das Kleid ist der sonnenfarbene Schein und die Zierde, die sie empfangen von dem wonniglichen Anblicke des allmächtigen Gottes. Der königliche Ring ist die stete Gemahlschaft der ewigen Freuden, die sie mit Gott haben. Die königliche Krone ist das Kränzlein ihres keuschen Magdthums, das da niemand mehr trägt in dem himmlischen Saal, und ist der wonnigliche Sang, den sie da singen, der da so süß durch den Himmel klinget. Das königliche Pferd, das ist, daß sie immer auf dem Spiegelberg erhöht sind mit so großen Ehren, die nimmer ein Mund vollkommen sagen kann.

„Der zweiten sind auch viele, so Gott will, vor meinen Augen; das sind alle die, die das Magdthum verloren haben oder mit andern Sünden Gottes Huld verloren haben, sie seien Eheleute oder wer sie sind in aller Welt, die wider Gott gesündet haben mit Hauptsünden, und diese mit ihrem gesunden Leibe und mit wahrer Reue und mit lauterer Beicht gebüßet haben. Ihr Herrschaften alle, die Gottes Huld verloren haben, kehret nun wieder! Kommt ihr nicht auf den obersten Spiegelberg, wie der gute St. Paulus, so möge mir nimmer leider geschehen, als wenn ihr St. Peters Genossen werdet[1]; dann kommt ihr noch zu so großen Freuden und zu so großem Lohne, daß ihn euch alle Welt nimmer voll loben könnte."[2]

Siebentes Kapitel.

Der Zweck der Katechese erheischt nicht nur, daß die Kinder die Hauptwahrheiten der christlichen Lehre wohl verstehen, sondern auch, daß sie dieselben im Gedächtnisse bewahren. Darum soll der Priester häufig Wiederholungen anstellen und andererseits Sorge tragen, daß die Kinder ihren Katechismus genau und vollständig auswendiglernen.

361. Wenn es überhaupt wahr ist, was das bekannte Sprichwort sagt: „Nicht für die Schule, für das Leben lernen wir", so gilt das wohl an erster Stelle von dem Unterricht in der Religion. Es ist ja eben die Theorie des christlichen Lebens, was in der Katechese den Kindern beigebracht wird; die Wahrheiten, welche der Katechismus ihnen bietet und der Priester ihnen zum Verständniß zu bringen hat, sie sollen das Gesetz und die leitende Norm ihrer

---

[1] Diese Stelle ist schwer verständlich. Im Original (Pfeiffer, Berthold von Regensburg I, 380) lautet sie so: Sô müese mir niemer leider geschehen, danne ob ir sant Pêters genôsen werdet:... Der Sinn scheint dieser zu sein: „Ihr könnt zwar, nachdem ihr schwer gesündigt habet, durch die Buße es nicht dahin bringen, daß ihr des höchsten Lohnes im Himmel theilhaftig werdet; aber was mich hierüber sehr wohl trösten kann, das ist, daß ihr doch, wie der hl. Petrus, den Lohn der zweiten Klasse der Auserwählten erlanget." In der im ersten Bande (S. 481) von uns gegebenen Stelle redet übrigens Berthold ganz anders.

[2] Göbel a. a. O. S. 415 f., 24. Predigt: „Von den vier Dienern Gottes."

Gesinnung und ihres Handelns sein für die ganze Zukunft; mithin ist es auch nothwendig, ihnen dieselben in der Weise beizubringen, daß sie für alle Zukunft ihr Eigenthum bleiben. Es ist richtig, daß man eine Wahrheit darum noch keineswegs weiß, weil man den Ausdruck derselben ausschließlich mit dem Gedächtnisse aufgefaßt hat, sonst wären auch die Raben und die Papageien fähig, etwas zu „wissen"; aber es ist ebenso wahr, daß man eine Wahrheit, die man verstanden hat, nur so lange weiß, d. h. als geistiges Eigenthum besitzt, als man sie durch das Gedächtniß im Geiste bewahrt und festhält: *tantum scimus, quantum memoria tenemus.*

Es ist deshalb erstens nothwendig, daß der Priester im katechetischen Unterrichte häufig Wiederholungen anstelle, in welchen er das, was er den Kindern zur Erklärung des Katechismus vorgetragen hat, ihnen wieder und wieder vorführt. Den Anfang jeder Katechese sollte aus diesem Grunde eine kurze, übersichtliche Recapitulation des Inhalts der unmittelbar vorhergehenden bilden; am Ende jeder Katechese sollte der Priester das, was er eben vorgetragen hat, kurz und den Hauptpunkten nach wieder angeben; nach Verlauf einer längern Zeit oder besser nach Beendigung größerer Abschnitte des Katechismus sollten abermals eine oder mehrere Stunden dazu verwendet werden, die Wahrheiten, welche behandelt wurden, wiederholend durchzunehmen. Der hl. Karl Borromäus empfiehlt überdies, daß vor dem Schlusse jedes Jahres in feierlicher Weise eine Wiederholung angestellt werde, welche den ganzen Unterricht des Jahres umfaßt, und wobei diejenigen, welche das Gehörte am besten aufgefaßt haben und wiederzugeben wissen, durch gute Zeugnisse, Bilder und andere entsprechende Geschenke belohnt werden.

Das zweite Mittel für den Zweck, um den es sich handelt, besteht darin, daß die Kinder den Abriß der christlichen Lehre, d. h. den Katechismus, vollständig und wörtlich auswendiglernen. Dieses Memoriren hatte vor fünfzig Jahren viele Gegner, und es hat deren auch jetzt noch; indes die Gründe, welche sich dagegen vorbringen lassen, treffen wohl nur das unverständige Verfahren beim Gebrauch des Gedächtnisses. Was man in Rücksicht auf diesen Punkt zu beobachten hat, ist namentlich dieses, daß man den Kindern nicht zu viel auf einmal auswendigzulernen gebe und daß man sie nicht solches auswendiglernen lasse, was sie noch gar nicht verstehen. In dieser Beziehung ist es ein verständiger Rath, welchen Jakob Schmitt gibt: „Ich halte es für sehr wünschenswerth, daß der Katechet die Lection, die er aufgibt, vorher lesen lasse und die Wort- und allernöthigste Sacherklärung beifüge. In der nächsten Stunde lasse er dann die ausführlichere Erläuterung folgen."[1] Sie müssen aber darauf halten, m. H., daß die Kinder den Inhalt des Katechismus genau und wörtlich, ohne irgend welche Aenderung wiederzugeben wissen. Diejenigen, sagt Ohler ganz richtig, welche nicht auf das wörtliche Aufsagen der Lectionen des Katechismus bringen, sondern sich bloß mit dem Wiedergeben des Sinnes begnügen, bedenken nicht, wieviel bei religiösen Wahrheiten von der Genauigkeit und Bestimmtheit des Ausdrucks abhängt. Mit dem Worte ändert sich ja leicht auch der Sinn und oft wird

---

[1] Schmitt a. a. O. I, S. v.

derselbe entstellt[1]. Weniger begabte Kinder überdies, die meistens nicht im stande sind, etwas mit ihren eigenen Worten auszudrücken, werden selten oder nie dazu kommen, die nothwendigen religiösen Wahrheiten für das Leben festzuhalten, wenn man sie nicht nöthigt, den Katechismus wörtlich dem Gedächtnisse einzuprägen. Endlich kann man nur, wenn man wörtliches Hersagen verlangt, sich vergewissern, ob die Lection gelernt worden ist, und die Kinder selbst lernen mit Ernst und Eifer nur dann, wenn sie wissen, daß sie alles genau wiederzugeben haben.

Einige andere nicht unpraktische Bemerkungen über diesen Gegenstand finden Sie bei Ohler a. a. O. § 186—190. Daß man die Kinder gute Gebetsformularien sowie Sprüche und Denkverse lernen lassen soll, davon war schon früher die Rede; überdies erinnere ich Sie noch insbesondere an den vortrefflichen Rath Bossuets, den ich Ihnen im elften Abschnitt mitgetheilt habe (oben Nr. 310).

Achtes Kapitel.

Nothwendiger noch, als daß die Kinder in der christlichen Lehre gut unterrichtet werden, und von größerer Bedeutung ist es, daß der Priester den andern wesentlichen Haupttheil seiner Aufgabe erfülle, auf ihre Gesinnung und ihr freies Streben nachhaltig zu wirken und ihr Herz für das christliche Leben zu bilden. Deshalb sind nicht bloß die religiösen Wahrheiten fortwährend mit dem wirklichen Leben, seinen Erscheinungen und Bedürfnissen in Verbindung zu bringen und praktische Folgerungen namentlich auch für die Verhältnisse des Kindesalters und der Jugend daran zu knüpfen, sondern es muß die Katechese auch dazu angethan sein, religiöse Gefühle in den Kindern lebendig zu machen und so ihr Gemüth wirksam und entscheidend zu bestimmen.

§ 1.
Zur Begründung des aufgestellten Satzes.

362. Wo immer es sich um Erziehung und Unterricht handelt, da muß als oberster Grundsatz und nothwendiges Gesetz ohne Zweifel dieses gelten: Unter den Vermögen, die man ausbildet, und unter den Gegenständen, die man behandelt, ist jenes Verhältniß, jene Proportion festzuhalten, welche thatsächlich und in der Wirklichkeit unter denselben besteht. Daraus folgt unmittelbar, daß der Unterricht in der Religion und die Unterweisung für das christliche Leben immer und überall die erste Stelle einnehmen muß. Denn einen Lehrgegenstand von höherer Bedeutung als die christliche Lehre gibt es ja nicht, und höhere Kräfte, die auszubilden wären, als die eingegossenen Tugenden besitzt der Mensch nicht.

---

[1] Darum ist es auffallend und sicher nicht gut, daß sich in dem neunten Artikel des Apostolischen Glaubensbekenntnisses vielfach eine ganz unrichtige Uebersetzung festgesetzt hat; die Worte *sanctam ecclesiam catholicam* geben die Katechismen meistens so: „eine heilige katholische Kirche". Das Wort „eine" ist hier nicht etwa das Zahlwort, sondern

So evident aber diese Folgerung ist, so entschieden wird sie vielfach verläugnet, und das gerade da am meisten, wo man für menschliches Wissen und profane Kenntnisse das Vollkommenste zu leisten glaubt und zum Theil wirklich Vorzügliches leistet. In diesem Mißverhältnisse, in dieser mit Sorgfalt gepflegten Cultur der natürlichen Geisteskräfte, während die übernatürliche Seite vollkommen brach liegen blieb, in dieser Ausbildung durch profane Erudition, während für das religiöse Gebiet kaum durch einen dürftigen Elementarunterricht gesorgt wurde, liegt der hauptsächlichste Grund jener bekannten Thatsache, daß der Unglaube und mit ihm die Gottlosigkeit und das Laster vorzugsweise und zunächst in den sogen. gebildeten Klassen der Gesellschaft um sich gegriffen hat und herrschend geworden ist. „Wer die Verbrecherwelt beobachten will, der kann constatiren, daß die ruchlosesten Missethäter jene sind, welche ein gewisses Maß von Wissen besitzen und dabei aller Religion bar sind." [1] Das bezeugt authentisch auch der französische Arzt Descuret: „Die Statistiken der Gefängnisse und der Spitäler von Europa beweisen, daß Irrsinn sowie Selbstmord und die übrigen Verbrechen mit dem Unterricht und der sogen. Aufklärung zunehmen. Nach den zahlreichen Thatsachen, von denen ich Zeuge gewesen, und den durch Familien oder durch das Ministerium mir gemachten Mittheilungen glaube ich, ohne Besorgniß widerlegt zu werden, behaupten zu können, daß von je hundert eines Verbrechens angeklagten Individuen fünfzig unter die Gleichgiltigen in Religionssachen, vierzig unter die Ungläubigen und zehn unter die Glaubenden gezählt werden können. Aehnliche Verhältnisse und Procente würden sich bei Selbstmördern und Wahnsinnigen ergeben." [2] Und ganz ähnlich spricht sich ein deutscher Gelehrter aus: „Unter den Bevölkerungen und Klassen, bei welchen man eine höhere Bildung voraussetzen muß, ist der Selbstmord häufiger als bei den minder gebildeten. Die Länder und Ländertheile mit vollkommenerem Unterrichtswesen zeigen im allgemeinen eine höhere Frequenz des Selbstmordes." [3]

Es würde indes ein Irrthum sein, m. H. — ich spreche diesen Gedanken hier nicht zum erstenmal aus —, es würde ein Irrthum sein, wenn Sie glauben wollten, die eigentliche Ursache und die letzte Wurzel dieser immer weitern Verbreitung des Unglaubens und dessen, was ihm zu folgen pflegt, wäre, in Verbindung mit Erweiterung der natürlichen Kenntnisse, der Mangel

---

es ist der unbestimmte Artikel; denn das Zahlwort steht nicht im Apostolischen Glaubensbekenntnisse. Nun wird aber in der deutschen Sprache ein concreter, sichtbarer, allgemein bekannter Gegenstand, wie es die Kirche Christi ohne Zweifel ist, niemals mit dem unbestimmten Artikel genannt. „Die heilige katholische Kirche" sollte es heißen. Ich weiß, daß im griechischen Symbolum an dieser Stelle das Wort ἐκκλησίαν ohne Artikel steht; aber es wäre unrichtig, wenn man glaubte, in der deutschen Sprache überall dort den unbestimmten Artikel gebrauchen zu können, wo die griechische den Artikel wegläßt. In Frankreich sagt man la sainte église catholique und in Italien la santa chiesa cattolica. Wer behaupten würde, in dem in Deutschland sehr verbreiteten „eine heilige katholische Kirche" liege eigentlich die Häresie von der unsichtbaren Kirche ausgesprochen, der hätte nach meiner Ansicht keineswegs unrecht.

[1] Histor.-polit. Bl. LVII, 68.
[2] *Descuret*, La médecine des passions. Paris 1852 (Histor.-polit. Bl. LXXIV, 890).
[3] Adolf Wagner, Statistisch-anthropologische Untersuchungen (Hamburg 1864) S. 182 (Histor.-polit. Bl. a. a. O.).

an entsprechendem religiösem Wissen, der Abgang theoretischer Bekanntschaft mit jenen Gründen, durch welche die Wissenschaft die Sätze der christlichen Lehre zu beweisen und zu vertheidigen gewohnt ist. Nicht als ob die Unwissenheit in religiösen Dingen an dem Uebel, um das es sich handelt, nicht ihren Theil hätte; aber bei weitem mehr Theil daran hat die Verkehrtheit des Willens und die Corruption des übernatürlich-ethischen Lebens. Corde *creditur ad iustitiam*, „im Herzen hat der Glaube seinen Sitz, der den Menschen heiligt", nicht im Kopfe, nicht im Verstande; ebenso ist es auch das Herz, in welchem der Unglaube geboren und vollendet wird, indem es zuerst von der Liebe Gottes zur Sünde abfällt, von der Sünde zur Gottlosigkeit, von der Gottlosigkeit zum Unglauben. Chateaubriand, wird erzählt, hatte eines Tages alle hervorragenden Schriftsteller von Paris in seinem Salon um sich versammelt. „Meine Herren," sagte er zu ihnen, „ich erlaube mir, Ihnen eine Frage vorzulegen; antworten Sie mir auf Ihre Ehre und auf Ihr Gewissen. Würden Sie nicht insgesamt den Muth haben, katholisch zu sein, wenn Sie den Muth hätten, keusch zu sein?" Alles schwieg; einige lächelten; aber niemand antwortete „Nein".

Was folgt aus dieser Thatsache? Dieses, daß die Verkündigung des Wortes Gottes wie überhaupt, so namentlich auch den Kindern gegenüber mehr als alles andere das im Auge haben muß, wodurch von den Herzen die Sünde ausgeschlossen und die Treue gegen Gott gepflanzt wird; daß mithin der Zweck der Katechese damit nichts weniger als erreicht ist, wenn die Kinder den Inhalt ihres Katechismus hinlänglich verstehen und ihn im Gedächtnisse haben, es vielmehr weit wichtiger und weit nothwendiger ist, daß der Priester auch seiner andern wesentlichen Aufgabe entspreche, **die Herzen der Kinder zu ernster Gottesfurcht zu bilden und sie zu erziehen für wahres christliches Leben**. Geschieht das nicht, dann werden „Hörer des Gesetzes" gebildet und nicht „Vollbringer"; es sind aber nicht jene, sondern nur diese „gerecht vor Gott" (Röm. 2, 13); dann werden Scheinchristen großgezogen, die „Herr! Herr! sagen"; aber nicht diesen ist das Himmelreich verheißen, sondern nur solchen, „die den Willen des Vaters thun, der im Himmel ist" (Matth. 7, 21).

„Wer dem Kopfe Glaubens- und Sittenlehre beigebracht, hat wenig gethan, wenn er den Lehrling dabei nicht zugleich in eine Verfassung gesetzt hat, daß er Willen und Lust empfindet, die Wahrheiten zu glauben und die Gebote zu halten. Nicht einseitig ums Lehren handelt es sich, sondern zugleich, ja vorzugsweise um die Willigkeit, das Gehörte zu glauben und zu üben. Ja, wenn der Zögling nur das Wenigere hätte, d. h. die Grundwahrheiten des Evangeliums kräftig glaubte und die Grundgesinnungen eines wahren Christen im Herzen trüge, so wäre er, wenn vielleicht auch nicht vor den Menschen; so doch gewiß vor Gott besser daran als ein anderer, welcher alle die Hunderte (zumal oft praktisch indifferenten) Fragen seines Katechismus beantworten könnte, aber weder einen lebendigen noch thätigen Glauben hätte."[1] Hirscher hatte Grund, diesen Gedanken in seinen „Besorgnissen" zu betonen. Denn, um

---

[1] Hirscher, Besorgnisse hinsichtlich der Zweckmäßigkeit unseres Religionsunterrichtes S. 62.

Alban Stolz reden zu lassen, „die Katecheten machen es in der That oft so, wie es die meisten Katechismen machen[1]: sie nehmen nur den Kopf der Kinder in Anspruch; diese sollen auswendiglernen und schwätzen können beim Examiniren. Der Unterricht bewegt sich in allgemeinen Redensarten und wird auf das wirkliche Leben wenig oder gar nicht angewendet; Gemüth und Wille der Kinder bleiben bei der trockenen Verstandesarbeit so unangeregt wie beim Kopfrechnen. Daher erklärt es sich, daß oft die bösesten Buben im Religionsunterricht vortrefflich zu antworten wissen. Ja es kommt oft nicht einmal zum Verständniß, sondern nur zum Hersagen allein. Manche Kinder geben ganz richtige Antworten, wie sie im Katechismus gedruckt sind, ohne daß sie etwas davon verstehen: wie der Meßdiener geläufig sein Confiteor hersagt und dabei aufs Herz klopft. Auf diese Art wird manchmal mit dem ledernen Unterricht auch die Religion unangenehm. Daher wird in den Schulen oft so wenig für die Religiosität gewonnen, weil es dem Lehrenden an Eifer oder Geschick oder an beidem fehlt. Selbst der verständliche Religionsunterricht wird gewöhnlich zu wenig auf das wirkliche Leben angewandt, sondern bewegt sich in allgemeinen Redensarten; daher wirkt er auch so wenig auf das Leben."[2]

Alban Stolz berührt in diesen Worten die beiden Eigenschaften, welche die Katechese haben muß, wenn sie auch der zweiten Aufgabe des Katecheten, von der wir handeln, entsprechen soll. Dazu ist nämlich, um es mit Ausdrücken zu sagen, welche wir früher schon gebraucht und erklärt haben, dazu ist nothwendig, daß sie praktisch sei und daß sie Salbung habe. Damit will ich gerade nicht sagen, daß jede einzelne Katechese diese zwei Eigenschaften haben müsse; denn das würde, in den untern Klassen wenigstens, wo den Kindern oft noch zu sehr das Verständniß fehlt, kaum möglich sein. Aber daß jede religiöse Wahrheit, auf die man etwa zwei, drei, vier Katechesen verwendet, nicht bloß erklärt, sondern auch auf das Leben angewendet und mit religiöser Wärme dem Herzen der Kinder nahegelegt werde, das ist ebenso möglich als nothwendig. (Vgl. Bd. I, S. 59.)

§ 2.
Wie der Priester insbesondere verfahren müsse, damit seine Katechesen „praktisch" seien und damit dieselben „Salbung" haben.

363. Die zuerst genannte Eigenschaft haben wir der Gesamtheit der geistlichen Vorträge gegenüber im dritten Abschnitt eingehend behandelt. Ich erinnere Sie namentlich an eine Vorschrift, die wir dort aufstellten. Damit die Katechese praktisch sei, muß der Priester alle religiösen Wahrheiten, die er vorträgt, mit dem wirklichen Leben in unmittelbare Beziehung bringen; er muß fortwährend darauf bedacht sein, dieselben auf die concreten Erscheinungen und Vorkommnisse, auf die thatsächlichen Fälle, Bedürfnisse, Zustände des äußern und namentlich auch des innern Lebens der Hörenden anzuwenden; es muß den Kindern bei jedem Punkte der christlichen Lehre nahegelegt werden, welche Gesinnung die darin enthaltene Thatsache von ihnen erheischt, wie sie

---

[1] Insofern der Katechismus seinem Wesen nach ein gedrängter Abriß der christlichen Lehre ist, kann derselbe übrigens in dieser Rücksicht wohl kaum anders eingerichtet sein.
[2] Alban Stolz a. a. O. S. 242.

dieser letztern entsprechen sollen, was sie in Rücksicht auf dieselbe zu thun, zu meiden, zu bessern, zu bereuen, welche Mittel sie anzuwenden haben, um derselben in ihrem Handeln Rechnung zu tragen. Unterläßt es der Priester, so habe ich Ihnen früher gesagt, diese Anwendungen des Allgemeinen auf das Einzelne zu machen, diese bestimmten Folgerungen aus den Prämissen, die er erklärt, zu ziehen, dann werden es die Zuhörer sicher auch nicht thun, und der Vortrag bleibt eine theoretische Erörterung ohne weitere Wirkungen. Wenn aber das wahr ist, wo es sich um erwachsene Zuhörer handelt, so gilt es offenbar noch viel mehr von den Kindern, die mit ihrem Verstande keinen einzigen sichern Schritt machen können, ohne daß man sie an der Hand führt. So müssen Sie also, um nur ein Beispiel anzuführen, aus der Lehre von der Allmacht und Vorsehung Gottes nicht bloß die allgemeine Folgerung ableiten, daß wir mit fester Zuversicht auf Gott bauen, uns seinen Fügungen immer unterwerfen, zu ihm in jeder Noth unsere Zuflucht nehmen sollen, sondern es sind einzelne bestimmte Fälle namhaft zu machen, in welchen der Christ und in welchen insbesondere auch schon Kinder diese Tugenden zu üben haben, wie etwa langwierige Krankheit, Armut, verschiedene Gefahren, Bedrängniß durch böswillige Menschen, Mißwachs und Theuerung u. dgl.

Und nicht etwa bloß solche Anwendungen soll man in der Katechese machen, welche die Kinder erst nach Jahren, wenn sie erwachsen sind, zu befolgen in der Lage sein werden, sondern es handelt sich vorzugsweise auch darum, daß sie die Wahrheiten, die sie kennen lernen, sofort ins Leben einführen und in Gesinnung und That festhalten. Denn sie werden ja nicht erst nach Jahren Christen sein, sondern sie sind es längst, seit dem Tage ihrer Taufe; die Wahrheiten des Christenthums sollen darum auch jetzt schon ihr Herz und ihr Leben beherrschen. Gerade die Uebung der christlichen Lehre ist überdies das wirksamste Mittel, das Verständniß derselben und die Lebendigkeit des Glaubens zu fördern; „wenn jemand den Willen dessen, der mich gesandt hat, thun will, so wird er erkennen, ob meine Lehre aus Gott ist oder ich aus mir selber rede" (Joh. 7, 17). Darum also müssen, um mit Grubers Worten zu reden, die Katechumenen im Unterrichte häufig angeleitet werden, alle die verschiedenen Veranlassungen in ihrem kindlichen Leben, in denen sie mit Rücksicht auf Gott und nach einem bestimmten Gesetze Gottes handeln können und darum auch sollen, einzeln anzuschauen, damit sie lernen, jede ihrer Handlungen unter das göttliche Gesetz, unter eine Lehre des Glaubens aufzunehmen. Bei der Behandlung z. B. der Allwissenheit Gottes muß sogleich die Anwendung gemacht werden: „Gott sieht dich in der Kirche, in der Schule, zu Hause, auf dem Felde, im Walde; auch bei finsterer Nacht sieht er, was du thust und was du denkst. Wie will er, daß du in der Kirche sein sollst? Weil er dich nun dort sieht, was wirst du thun? Wie in der Schule" u. s. w. Oder bei dem Vortrage der Wahrheit: Jesus hat am Kreuze sterbend die Strafen unserer Sünden gebüßt, muß wieder unmittelbar die Anwendung folgen: „Liebe Kinder, wie abscheulich ist also die Sünde vor Gott! Wie abscheulich muß sie sein, weil Jesus ihretwegen starb! Wenn du ein Kreuzbild ansiehst, in der Kirche, oder zu Hause, oder am Wege, was mußt du denken? Was mußt du da Jesus versprechen, der unserer Sünden wegen gestorben ist? — Nicht wahr, wenn du deinen Eltern ungehorsam wärest, so wäre das Sünde? Sollteſt du alſo doch ungehorſam ſein wollen? Da thäteſt du wieder ſo etwas, wofür Jeſus hat leiden müſſen. Wenn du mit deinen Geſchwiſtern zankeſt, wäre es Sünde?" u. ſ. w. Wenn Anwendungen dieſer Art bei allen Punkten der chriſtlichen Lehre gemacht werden, dann gewöhnen ſich die Kinder daran, dieſelbe mit ihrer Geſinnung und mit ihrem Leben in Verbindung zu denken, und ſo darf man Hoffnung haben, den Zweck des Unterrichtes zu erreichen[1]. Wer dagegen dieſe Rückſicht vernachläſſigt und bei den praktiſchen Anwendungen höchſtens die Zeit des ſpätern Lebens im Auge hat, der handelt, bemerkt Overberg[2] mit Recht, wie ein Baumeiſter, der das Material für einen Bau zuſammenbringt, aber nicht anfängt, wirklich zu bauen. Das Gebäude wird nicht bloß niemals vollendet, ſondern nach und nach geht auch alles wieder verloren, was der Mann mit Aufwand von Mühe und Koſten herbeigeſchafft hatte. Gerade ſo muß bei den Kindern die Kenntniß der religiöſen Wahrheiten und der Eifer, ihnen gemäß zu handeln, nach und nach ohne Wirkung wieder verſchwinden, wenn an den Bau des geiſtigen Hauſes Gottes in ihnen nicht unverzüglich Hand angelegt, d. h. wenn ſie nicht veranlaßt werden, die Anweiſungen des Chriſtenthums gerade auch in ihren gegenwärtigen Umſtänden und Verhältniſſen ſchon mit Ernſt und Eifer zu üben.

Ich will hier eine ſehr gute Bemerkung von Alban Stolz nicht übergehen, wenn ſie auch nur dem erſten Theile nach gerade an dieſe Stelle gehört: „Jeder Geiſtliche, der für ſeinen Beruf nicht ganz verdorrt iſt, macht die Erfahrung, daß die Willigkeit, ſeine Fehler abzulegen und gute Gewöhnungen ſich anzueignen, in keinen Lebensverhältniſſen bei einem Menſchen leichter anzuregen iſt als bei den Erſtcommunicanten. Guter Unterricht und entſprechende Vorübungen bewirken bei Kindern, daß ihnen der Tag ihrer erſten Communion der ſchönſte, ein übernatürlicher Lichtpunkt für das ganze Leben wird. Nur muß der Religionslehrer ſich hüten, mit vielen Drohungen gegen unwürdige Communion zu ängſtigen. Wenn die Warnung dagegen ſchreckhafter wird, als für die gutwilligen Kinder nothwendig iſt, ſo iſt die Folge davon, daß der Rauch von Angſt die wahre Erbauung und freudige Liebe nicht aufkommen läßt und ſelbſt vom Tiſch des Herrn zurückhält, wenn in ſpäterer Zeit die Communion dem freien Willen anheimgegeben iſt."[3]

364. Als die zweite Eigenſchaft, welche die Katecheſe haben müſſe, wenn ſie ihrer zweiten weſentlichen Aufgabe entſprechen ſoll, habe ich die Salbung bezeichnet. Sie werden ſich noch erinnern, was man darunter verſteht: der geiſtliche Vortrag, haben wir im ſiebenten Abſchnitt (Bd. I, S. 351) geſagt, hat Salbung, wenn er dazu angethan iſt, tief ins Gemüth zu gehen und nachhaltig wirkende religiöſe Gefühle wachzurufen.

Wenn Sie genau zuſehen, m. H., ſo könnten Sie der Anſicht ſein, ich hätte hier entweder einen Punkt überſehen oder ich wäre im Begriff, ſchon früher behandelte Vorſchriften unnöthigerweiſe zu wiederholen. Die zweite weſentliche Aufgabe der Katecheſe beſteht nämlich, wie Sie wiſſen, darin, daß ſie auf das Gemüth der Kinder, inſofern dieſes der Träger des übernatür-

---

[1] Vgl. Gruber a. a. O. S. 89.   [2] A. a. O. I, 25.
[3] Alban Stolz a. a. O. S. 246.

lichen Lebens ist, mit andern Worten auf ihr freies Streben, bestimmend wirke und sie dahin bringe, die Wahrheiten der Religion als die Norm ihres Lebens in festem Glauben und mit entschiedener wirksamer Liebe zu umfassen. Diese Aufgabe, insofern dieselbe ihrem Wesen nach allen geistlichen Vorträgen gemein ist, haben wir im dritten Buche unserer Theorie (Abschn. 5—9) erschöpfend zu behandeln gesucht. Als die beiden eigentlichen psychologischen Momente für die Bestimmung des freien Strebens stellten sich uns dar einerseits die mit übernatürlicher Gewißheit verbundene klare Auffassung der religiösen Wahrheiten, andererseits dem jedesmaligen besondern Zwecke des Vortrags entsprechende religiöse Gefühle. Von diesem zweiten Moment stehe ich auch jetzt wieder zu reden im Begriff; hätte ich nicht auch das erste wieder berücksichtigen sollen? Und wenn ich desselben nicht erwähnte, war es nicht auch, was das zweite betrifft, überflüssig, hier abermals auf dasselbe zurückzukommen?

Die Antwort ist einfach. Von dem, was der Priester thun muß, um die Kinder zu klarer Auffassung der religiösen Lehren zu führen, ist in den vorhergehenden Kapiteln bereits die Rede gewesen, da die Vermittelung dieses Resultats ja eben die erste wesentliche Aufgabe der Katechese bildet; was aber die übernatürliche Gewißheit von der Wahrheit der einzelnen Lehren betrifft, so erzeugt sich diese in Kindern leicht und bald. Sie verehren den Priester aus vollem Herzen als den von der Kirche bevollmächtigten Boten Gottes und glauben seinem bloßen Zeugniß; keine Vorurtheile, keine Zweifelsucht, keine eingewurzelte Verkehrtheit des Willens hemmt noch in ihnen das Wirken der Gnade und die Entfaltung der eingegossenen Tugend des Glaubens; und insofern es allerdings nothwendig ist, die Glaubensüberzeugung in ihnen fest zu begründen, genügen hierzu fast in allen Fällen die „unmittelbaren" Beweise, unter denen — ich habe dem verkehrten Verfahren mancher Katechismen gegenüber guten Grund, das hier mit Nachdruck zu wiederholen — die Entscheidungen des Heiligen Stuhles und der Concilien durchaus die erste Stelle einnehmen (Bd. I, S. 262 f.); für die „dialektischen" Beweise ist ohnedies ihre Urtheilskraft, wenn wir von den Inductionsbeweisen absehen, viel zu wenig entwickelt. Auf dieses Mittel der geistlichen Beredsamkeit, die Beweisführung, hier abermals einzugehen, war also ohne Zweifel überflüssig. Nun ist es freilich wahr, daß in jungen Herzen, wie ich schon einmal bemerkte, auch Gefühle sich leicht wachrufen lassen. Aber jedenfalls erzeugen sich religiöse Gefühle bei der Katechese doch nur dann, wenn die letztere in der Weise gehalten wird, daß sie geeignet ist, dieselben zu veranlassen. An dieser Bedingung fehlt es aber thatsächlich sehr häufig. Wenn die Katechetik, wie es nicht selten geschieht, als ein Theil der Unterrichtslehre („Methodik") statt als ein Kapitel der geistlichen Beredsamkeit angesehen wird und die Vorschriften über die Unterweisung der Kinder in der Religion in eine Kategorie gestellt erscheinen mit jenen, nach welchen sie im Schreiben und Lesen und Rechnen unterrichtet werden sollen, dann ist es ganz natürlich, wenn die Katecheten ihre Elementarschule als einen akademischen Hörsaal en miniature betrachten und die Stelle, von welcher aus sie ihren Vortrag halten, als ein theologisches Katheder, das nur etwas weniger Stufen hat, mit andern Worten, daß sie ihr Amt so auffassen und ausüben, als ob sie ausschließlich Lehrer wären und keine weitere Aufgabe hätten, als die Kinder zu unterrichten.

Da haben Sie den Grund, weshalb ich es angemessen finde, über das zweite der beiden Mittel, durch die der Priester auf das Herz wirken und es für das christliche Leben bilden soll, und über die diesem Mittel entsprechende Eigenschaft der Katechese, die Salbung, einiges insbesondere zu bemerken.

Bevor ich aber die nähern Vorschriften hierfür angebe, will ich Ihnen eine gerade in dieser Rücksicht sehr lehrreiche Stelle aus einem Briefe des hl. Franz Xaverius vorlesen, in welchem derselbe über sein eigenes Verfahren bei der Katechese berichtet. „An den Sonntagen", so schreibt der Heilige an die Mitglieder der Gesellschaft Jesu zu Rom unter dem 12. Januar 1544 aus Cochin, „an den Sonntagen versammelte ich Männer und Frauen, Knaben und Mädchen im Bethause. Sie pflegten alle mit Freuden zu kommen und voll Verlangen, das Wort Gottes zu hören. Ich sprach ihnen zunächst, mit lauter Stimme und in ihrer Muttersprache, das Kreuzzeichen vor, das Gebet des Herrn, den Englischen Gruß und das Apostolische Glaubensbekenntniß und ließ sie alles gemeinsam nachsprechen, was ihnen große Freude machte. Hiernach sprach ich allein wieder das Glaubensbekenntniß, indem ich bei jedem Artikel absetzte und sie fragte, ob sie denselben mit voller Entschiedenheit glaubten. Alle betheuerten dann laut und einstimmig, indem sie die Hände auf der Brust kreuzten, ihren aufrichtigen und festen Glauben. Das Glaubensbekenntniß pflege ich sie öfter wiederholen zu lassen als andere Gebete; dabei lehre ich sie, daß diejenigen, welche alles glauben, was in demselben enthalten ist, Christen genannt werden. Nach dem Glaubensbekenntnisse lege ich ihnen die zehn Gebote ans Herz; ich hebe dabei hervor, daß in diesen das christliche Gesetz enthalten ist; daß, wer dieselben alle in gebührender Weise beobachtet, ein guter Christ und des ewigen Heiles sicher, wer dagegen nur eines übertritt, ein schlechter Christ ist und ewig verdammt wird, wenn er nicht für seine Sünde Buße thut. Dieser Gedanke macht nämlich auf die Neubekehrten sowohl als auf die Heiden besondern Eindruck; denn sie erkennen daraus, wie heilig das Gesetz des Christenthums ist und wie vollkommen seine Uebereinstimmung mit sich selbst und mit der Vernunft. Weiter bete ich ihnen die vorzüglichsten Gebete vor, das Vaterunser und das Ave Maria.

„Hiernach wiederholen wir abermals die Artikel des Glaubensbekenntnisses, indem wir an jeden derselben das Vaterunser und Ave Maria, je mit einem bestimmten Spruche, anschließen. Nach dem ersten Glaubensartikel z. B. lasse ich sie mir nachsprechen: ‚Jesu, Sohn des lebendigen Gottes, verleihe uns die Gnade, diesen ersten Artikel deiner heiligen Lehre vollkommen zu glauben; darum bitten wir dich, indem wir dir das Gebet aufopfern, das du selbst uns gelehrt hast.' Dann folgt der andere Spruch: ‚Heilige Maria, Mutter Jesu Christi unseres Herrn, erlange uns von deinem liebsten Sohne die Gnade, diesen ersten Artikel seiner Lehre treu und fest zu glauben.' In derselben Weise verfahren wir auch bei den übrigen elf Artikeln.

„Eines ähnlichen Mittels bediene ich mich auch, um ihnen die zehn Gebote nachdrücklich ans Herz zu legen. Nachdem wir z. B. das erste Gebot von der Liebe, die wir Gott schuldig sind, gemeinsam hergesagt haben, fahren wir fort: ‚Jesus Christus, Sohn des lebendigen Gottes, verleihe uns doch, daß wir dich über alles lieben', und beten dann um diese Gnade das Vaterunser. Weiter sagen wir: ‚Heilige Maria, Mutter Jesu Christi, erlange uns von deinem Sohne die Gnade, sein erstes Gebot treu zu beobachten'; dann folgt das Ave Maria. Gerade so machen wir es bei den andern neun Geboten, indem wir nur in den eingeschobenen Sprüchen die angemessene Aenderung vornehmen. Eben um diese Gnade gewöhne ich sie auch in ihren täglichen Gebeten inständig zu bitten, und von Zeit zu Zeit sage ich ihnen, daß, wenn sie derselben sich theilhaftig machen, sie auch alles übrige in reicherem Maße erlangen werden, als sie selbst es wünschen können." [1]

Ich denke, m. H., Sie werden kaum widersprechen, wenn ich der Ansicht bin, daß das Volk auf der Fischerküste, in dieser Weise unterrichtet, im Christenthum bessere Fortschritte machen konnte, als wenn die armen Leute im Geiste der "ausschließlich hervorlockenden" Methode mißhandelt worden wären. Suchen wir jetzt die Grundsätze, welche in dem Verfahren des Apostels von Indien thatsächlich hervortreten, allgemein auszudrücken und unserer Aufgabe entsprechend zu vervollständigen.

365. Zunächst ist es bei allen religiösen Wahrheiten — und keineswegs bloß bei jenen, welche im ersten Hauptstücke "Von dem Glauben" enthalten sind [2] — das Gefühl des Glaubens, das man anzuregen hat, um so in den Kindern den Act des Glaubens hervorzubringen. "So oft man eine Wahrheit erklärt und festgestellt hat, immer endet man mit der Frage: Glaubst du nun an diese Wahrheit? Die Antwort ist: Ja, ich bin fest überzeugt von ihr; ich glaube daran. Und nun wird die Frage umgewendet und gesagt: Was ist es also, so du festiglich glaubest? Nenne es mir! Und der Inhalt wird in gedrängter Fassung angegeben. Nur durch solche immer wiederkehrende, durchaus concrete Glaubensacte füllt sich das Wort ,Ich glaube' mehr und mehr mit einem Inhalt und erhält mehr und mehr Wahrheit und Ernst." [3]

Außerdem, daß sie nothwendiges Object des Glaubens ist, umschließt aber jede geoffenbarte Thatsache noch je ihre eigenthümlichen Momente, vermöge deren sie, gehörig erwogen und beherzigt, der Gegenstand bestimmter religiöser Gefühle, der Grund einer entsprechenden religiösen Gesinnung zu sein geeignet und bestimmt ist. Sie müssen also bei der Vorbereitung für die Katechese die Lehren, welche gerade den Gegenstand derselben bilden, auch unter dieser Rücksicht ins Auge fassen; Sie müssen es sich klar machen, welche religiösen Gefühle dieselben in dem Christen, in den Kindern zu wecken und zu nähren sich eignen, Furcht, oder Verlangen, oder Ergebung, oder Dank, oder Freude, oder Reue, oder Muth, oder Liebe, ... und sie dann in der Weise auszuführen wissen, daß diese Gefühle in den Kindern wirklich entstehen. Es ist ein großes, aber leider häufig hervortretendes Gebrechen bei geistlichen Vorträgen, sagt Gruber in seiner "Erläuterung" zum 16. Kapitel der Schrift St. Augustins, wenn man irgend eine religiöse Wahrheit so behandelt, daß ihre Wirksamkeit, das Herz vom Irdischen loszureißen und eine herrschende Richtung auf die ewigen Güter zu erzeugen, in keiner Weise oder nur ungenügend verwerthet wird. Man müht sich oft damit ab, eine Religionswahrheit bis in ihre kleinsten Bestandtheile zu zergliedern, ihre Richtigkeit durch gelehrte oder populäre Beweise außer Zweifel zu setzen, ihre

---

[1] S. Francisci Xaverii epist. lib. 1, ep. 14, n. 3. 4 (I [Bononiae 1795], 81 sq.).
[2] Vgl. oben S. 181 f.   [3] Hirscher a. a. O. S. 63.

Anwendbarkeit für diesen oder jenen Fall des menschlichen Lebens zu zeigen, und man denkt nicht daran, zugleich auch das hervortreten zu lassen und zu betonen, worin ihre eigentliche Kraft liegt den Täuschungen der Sinnlichkeit gegenüber und jener das Herz mächtig berührende Einfluß, der es vom Irdischen zum Himmlischen hinaufhebt. Gerade dadurch würde man ganz eigentlich dem Zwecke der Offenbarung gemäß auf die Menschen wirken; infolge des bezeichneten Verfahrens hingegen wird der Unterricht einerseits trocken und bloßer Gegenstand des Verstandes, und anderseits tritt derselbe mit gebieterischen Anforderungen für das Leben auf, ohne daß er etwas thäte, die Schwachheit der Natur zur Erfüllung dieser Forderungen zu unterstützen und stark zu machen. Wenn wir die Lehrweise Jesu Christi, wie sich dieselbe in den heiligen Evangelien darstellt, fleißig studiren, so finden wir, daß sich jeder Vortrag des Herrn um den Gedanken herumbewegt, uns vom Irdischen zum Himmlischen zu erheben. Wenn wir die Geschichte der Apostel und ihre Briefe durchgehen, so sehen wir, wie eben diese Idee den Kern aller ihrer mündlichen und schriftlichen Vorträge bildet. Das fordert auch der ganze Zweck der göttlichen Offenbarung. Das seit der Sünde der ersten Menschen und infolge derselben uns allen angeborne Verderben besteht in Beziehung auf unsern innern Zustand darin, daß wir Vorneigung zum Irdischen haben und uns schwer zum Ewigen erheben, ja es nur durch Gott vermögen. Diesem Verderben also sollen, soviel an uns liegt, alle unsere religiösen Vorträge entgegenarbeiten; alle sollen jene Momente hervortreten lassen, durch welche die Wahrheit, um die es sich handelt, das Herz zu ergreifen sich eignet, um es vom Irdischen, vom Sinnlichen loszumachen und zum Himmlischen, zum Ewigen hinaufzuheben. In diesem Geiste wurden die Wahrheiten der Religion von den heiligen Vätern behandelt; ihre Schriften beweisen das. Doch ich habe Ihnen diesen Grundsatz, den ich hier mit den Gedanken Grubers, wenn auch nur zum Theil mit seinen Worten wiederholt, schon bei andern Gelegenheiten nahegelegt. Nützlicher mag es sein, wenn ich Ihnen an zwei Beispielen eine nähere Andeutung gebe, in welcher Weise Sie demselben in der Katechese entsprechen sollen.

Die Offenbarung lehrt uns, daß „Gott die Liebe ist", und sie führt uns zahllose Thatsachen vor, in denen sich seine Liebe gegen uns bewährt. Welche Gefühle und Gesinnungen werden Sie nun, wo Sie den Kindern diese Wahrheit vortragen, in ihren Herzen zu wecken haben? „Ich denke," antwortet Hirscher, „etwa folgende:

Ein freudiges Wohlgefallen an dem unendlichen, über dem Weltall waltenden Liebegeist und ein seliges Hinschauen auf sein Herz;

eine Lust an dem stets erneuten Durchdenken seiner Werke und ein freudiges Verweilen bei der in denselben widerstrahlenden Liebe;

eine immerwährende Lobpreisung seines Namens und seiner ewig währenden Huld;

das lebhafte Gefühl der Pflicht im Anblick der von ihm erhaltenen Kräfte und Güter, diese Güter und Kräfte dem zum ewigen Eigenthum und Dienst wieder zu geben, von welchem man sie empfangen hat, und die Entschlossenheit hierzu (die Schrift sagt: ‚Laßt uns Gott lieben, denn er hat uns zuerst geliebt' [1 Joh. 4, 19]);

eine unbegrenzte Hingebung an seine Führungen, eine feste Beruhigung für Gegenwart und Zukunft, nach dem Worte: ‚Er, der seinen eingebornen Sohn für uns alle dahingegeben hat, sollte er uns mit ihm nicht alles schenken?' (Röm. 8, 32);

endlich die Ueberzeugung, daß jeder Liebe hat und Liebe austheilt, der aus Gott geboren ist, und daß aus Gott nicht ist, wer nicht liebt, mit der Frage: Bin ich aus Gott, und habe ich seinen Geist?" (1 Joh. 4, 11. 21. 7; 3, 14).

Ein zweites Beispiel gibt Hirscher in Rücksicht auf die Lehre von der unendlichen Gerechtigkeit Gottes. Dieser Wahrheit gegenüber soll man die Kinder zu folgenden Gesinnungen und Gefühlen anzuregen suchen:

„Daß sie Furcht haben vor jeder, besonders vor jeder schweren Sünde, um nicht in die Hand des gerechten Gottes zu fallen;

daß sie die Sünder nie um ihr Glück beneiden, vielmehr erkennen, daß das Glück, in welchem sie verblendet dahinleben, ihr größtes Unglück sei;

daß sie unverschuldete Leiden nicht als Strafe, sondern als gnädig verhängte Mittel der Besserung und sittlichen Bewährung ansehen und benutzen;

daß sie verschuldete Leiden in Demuth und Unterwerfung hinnehmen, erkennend, daß sie gerecht sind und außerdem zur Besserung des Lebens verhelfen wollen;

daß sie bei dem Anblicke der Leiden und Uebel in der Welt guten Muth behalten und den schuldlos Bedrängten Muth einsprechen, hinweisend auf die gewisse Erlösung;

daß sie eifrig Werke der Gerechtigkeit üben, weil, je treuer das Wirken und Dulden, desto größer der Lohn (2 Kor. 9, 6);

daß sie sich nicht leichthin selbst für gerecht halten: nur einer ist der Richter, und nicht wer sich selbst rechtfertigt, ist gerecht;

daß sie nicht etwa ihre Besserung verschieben und auf die Langmuth Gottes sündigen; wer weiß, wann der unendlich Gerechte die mißachtete Langmuth zurückzieht?

daß sie bei dem Anblicke der Gewaltthat, der Unterdrückung und aller Laster in der Welt Ruhe, Trost und Freude finden in der Ueberzeugung, daß ein allmächtiger Richter und Vergelter ist und herrschet" (2 Tim. 4, 8. Offb. 7, 17. Jac. 1, 12).

366. Das Gesagte bezog sich auf allgemeine religiöse Wahrheiten, welche nicht unmittelbar der Ausdruck einer ethischen Vorschrift sind. Entsprechendes gilt aber nicht weniger, wenn ein Gebot, eine besondere Pflicht den Gegenstand der Katechese bildet. Sie dürfen sich bei Punkten dieser Art nicht darauf beschränken, die Kinder bloß zu lehren, was das Gebot verbietet und gebietet, und wie man sich gegen dasselbe versündigt, oder in welcher Weise man die Pflicht erfüllen soll, sondern Sie müssen, auch wenn sich im Katechismus hierfür vielleicht nicht die mindeste Andeutung fände, Sie müssen die Kinder durch Ihre Vorträge auch willig und geneigt stimmen, das Gebot zu erfüllen. Sie müssen Scheu und Furcht vor den Uebertretungen desselben in ihrer Seele wecken. Zwei Beispiele hierfür entnehme ich abermals der schon wiederholt erwähnten Schrift Hirschers.

Das zweite Gebot lautet: „Du sollst den Namen Gottes nicht eitel nennen." Der Sinn dieses Gebotes ist: Du sollst auch nicht das mindeste thun, was der Ehrfurcht gegen Gott zuwider ist, oder positiv: Du sollst tiefe Ehrfurcht haben vor der Majestät des Herrn, deines Gottes. Was also unter der Rücksicht, von der wir handeln, bei der Unterweisung über dieses Gebot vor allem noth thut, das ist die Erzeugung einer tiefen Furcht und Ehrfurcht vor Gott dem Herrn, einer Furcht und Ehrfurcht, welche ein leichtfertiges oder gar lästerliches Aussprechen des Namens Gottes, die Anrufung desselben zur Erhärtung einer Lüge, das Murren gegen Gottes Vorsehung und seine Anordnungen, die Verletzung eines Gelübdes zur reinen Unmöglichkeit macht. Gewiß ist, daß im täglichen Leben der Name Gottes millionenmal leichtsinnig oder gedankenlos ausgesprochen, zu Versicherungen, auch zu unwahren, angerufen, in Fluchworten mißbraucht wird. Warum? Weil es durch und durch an der Furcht Gottes fehlt und an der Ehrfurcht vor seiner Majestät. Diese Gesinnungen also müssen den Kindern eingepflanzt, oder vielmehr, sie müssen in ihnen lebendig gemacht und gehegt werden. Der Priester muß ihnen die unendliche Größe und Majestät Gottes nahelegen, seine unverletzbare Heiligkeit und Gerechtigkeit, seine erschreckliche Macht, seine Allgegenwart, und andererseits die tiefe Niedrigkeit des Menschen und seine unbedingte allseitige Abhängigkeit von der Gnade seines Schöpfers. Durch die Beherzigung dieser Thatsachen zu Furcht und heiliger Ehrfurcht erweckt, müssen die Kinder die Größe der Schuld, welche sie durch die vorher bezeichneten Sünden auf sich laden würden, lebhaft fühlen und in diesem Gefühle jede, auch die kleinste Entheiligung des Namens Gottes kräftig verabscheuen; sie müssen andererseits zugleich den festen Entschluß in sich wecken, Gott dem Herrn diese Ehrfurcht im Gebete, in ihrem Reden, in ihrem Benehmen und Handeln bei jeder Gelegenheit mit Sorgfalt und eifrigem Willen zu erweisen. Hebt die Katechese über das zweite Gebot nicht die angedeuteten Thatsachen mit Wärme und Nachdruck hervor, weckt sie nicht in den Kindern die diesen Thatsachen entsprechenden Gefühle und mittels dieser eine tiefe, heilige Scheu vor allem, was die Majestät Gottes nur im mindesten verunehrt: dann darf der Priester nimmermehr erwarten, daß die Versündigungen gegen das zweite Gebot verabscheut und gemieden oder auch nur begriffen, gewürdigt und gefühlt werden. Sein Wort ist ohne Licht und Kraft; der Kopf der Kinder lernt, ihr Herz bleibt ungebildet.

Ein anderes Beispiel. Bei der Unterweisung über das achte Gebot lehrt man die Kinder, daß es durch dieses Gebot verboten ist, etwas wider den Nächsten, das nicht wahr ist, vor Gericht auszusagen; weiter, daß Lüge und Verstellung, Ehrabschneidung und Verleumdung, falscher Argwohn und freventliches Urtheil, überhaupt ungerechte Schädigung der Ehre des Nächsten unerlaubt und sündhaft sind. Weiter erklärt man ihnen, wann und wie man die bezeichneten Sünden begehe und wozu der Verleumder verpflichtet sei. Das ist alles wahr und gut; nur darf wieder der Priester bei diesem bloßen Unterrichte nicht stehen bleiben. Oder was wird derselbe sonst nützen? Werden etwa die Kinder die Versündigungen darum, weil sie dieselben einfach kennen gelernt haben und sie zu definiren wissen, dauernd von sich fernhalten? Ich denke, nein! Falsches Zeugniß, Lüge, Verstellung, Ehrabschneidung, Verleumdung werden so lange unüberwunden da sein, als nicht der Geist der Wahrhaftigkeit, des heiligen Selbstgefühles, der Gerechtigkeit und der christlichen Liebe in den Herzen erweckt und wirksam geworden ist. Der böse Geist weicht nur dem heiligen. Aber wie ist dieser zu erzeugen? Wie ist namentlich und vor allem der Geist der Wahrhaftigkeit in der Seele lebendig zu machen und fest zu begründen? Das kann wieder nur dadurch bewirkt werden, daß der Priester den Kindern jene Thatsachen vorführt und ans Herz legt, welche ihrer Natur nach dazu angethan sind, die religiösen Gefühle der Liebe zur Geradheit und Redlichkeit, des Abscheues und des Hasses gegen Verstellung, Ungerechtigkeit, Trug und Lüge in den Herzen hervorzurufen. Er wird also darauf hinweisen, daß Gott der rein Wahrhaftige sei; daß er die Geister, und namentlich auch die Menschen nach seinem Bilde, also mit dem Charakter der Wahrhaftigkeit geschaffen habe; daß aller Verkehr Gottes mit den Geistern, und der Geister mit Gott, und der Geister untereinander, und alle Freude und Seligkeit dieses Verkehrs auf der Wahrhaftigkeit beruhe; ferner, daß niemand unwahr sein könne, ohne sich selbst zu entehren, und daß niemand zur Lüge greife, außer wenn er habe ein Herz, dessen Gedanken und Absichten das Licht scheuen müssen; dann weiter, daß der Teufel dieses als sein Merkzeichen an sich habe, daß er ein Lügner sei durch und durch und seine mörderischen Gedanken unter trügerischen Worten zur Ausführung bringe; dann, daß die Welt, daß das Menschengeschlecht sich in dem Grade zu einer Rotte feiner und offener Schufte gestalte, in welchem die Lüge um sich greift. Durch Hervorhebung dieser Thatsachen wird die Bedeutung und die Würde der Wahrhaftigkeit den Kindern zur Anschauung kommen und von ihnen empfunden werden; dessen bedarf es aber eben, wenn sich in ihnen jene ethische Verfassung bilden soll, in welcher wir falsches Zeugniß, Lüge und Heuchelei mit Abscheu belegen und von uns fernhalten.

In ähnlicher Weise müssen Sie auch in Rücksicht auf die übrigen Versündigungen gegen das achte Gebot, den Argwohn, das frevenlliche Urtheil, die Verleumdung, verfahren. Wenn man diese Sünden nennt, definirt und angibt, wann und wodurch sie begangen werden, so ist das ganz in der Ordnung; aber das allein setzt keine Feindschaft zwischen ihnen und dem menschlichen Herzen. Diese Feindschaft hat ihre Wurzel in dem lebhaften Sinne für Gerechtigkeit und in jener Liebe, welche nach den Worten des Apostels nicht beneidet, nicht eigensüchtig ist, nicht Freude hat am Unrecht, sondern an der Wahrheit, die alles glaubt und alles hofft und alles erträgt. Aber dieser Gerechtigkeitssinn selber und diese Liebe gründet sich wieder auf religiöse Wahrheiten und die in demselben enthaltenen ethischen Momente[1].

367. Die Momente, welche auf das Gefühl der Kinder wirken und sie bewegen sollen, dürfen aber offenbar nicht in der trockenen Form des didaktischen Vortrags ausgesprochen werden. Es bedarf für die affectiven Stellen der Katechese, insofern dieselbe vor Kindern gehalten wird, freilich nicht jener oratorisch-pathetischen Ausführung, wie dieselbe der eigentlichen Predigt vor dem Volke, namentlich der paränetischen, entspricht; aber es bedarf allerdings, wenn die Katechese auf das Herz der Kinder Eindruck machen soll, einer warmen und bewegten Entwicklung der jeweiligen Momente, in welcher die Wärme und das religiöse Gefühl, das die Beherzigung derselben

---

[1] Vgl. Hirscher a. a. O. S. 10. 15. 69 ff.

in der Seele des Priesters selbst erzeugt, in natürlicher Weise unverkennbar hervortritt.

Das alles erheischt nach dem, was wir im siebenten Abschnitt (Kap. 6—8) festgestellt haben, keine weitere Begründung. Dagegen ist es sicher nicht unnütz, wenn ich Ihnen die Gedanken wiederhole, in welchen Hirscher die eben ausgesprochenen Forderungen unmittelbar für die Katechese dem Priester nahelegt. Die Wahrheit oder die Thatsache, welche das Gemüth der Kinder in Bewegung setzen soll, „muß vor allem ihre Wirkung an dem Katecheten selbst gethan haben und thun. Er muß aus eigener Erfahrung wissen, was und wodurch dieselbe wirkt. Die Seite dann, von welcher aus sie auf ihn selbst den lebhaftesten Eindruck gemacht hat und macht, das, was ihn selbst an ihr vorzugsweise bewegt hat und bewegt, das wird er auch seinen Katechumenen vorhalten. Und es wird wirksam sein, weil es so gegeben wird, wie es bereits gewirkt hat. Hierzu kommt aber noch die Kraft des Beispiels. Schwer möchten sich die Zöglinge erwecken lassen, solange sie ihren Führer unangeregt sehen. Denn eine Art von Instinct läßt sie nicht ernstlich an die Wirklichkeit einer Sache glauben, von welcher sie den, der sie ihnen verkündet, nicht durchdrungen sehen. Dagegen übt die innere Bewegung, welche in dem Vortrage des Katecheten sich offenbart, eine unfehlbare Kraft auf sie: ihr Gemüth sucht, besonders wenn es den Katecheten liebt, unwillkürlich den Zustand innerlich nachzubilden und zu gewinnen, den sie in dem Tone des Priesters, in seinen Mienen und Gebärden und in der ganzen Form des Ausdruckes seiner Gedanken und Empfindungen hervortreten sehen. Darum soll der Priester als Katechet vor allem selbst bewegt sein (und geliebt!), dann wird sowohl die Form des Ausdruckes seiner Gedanken als sein ganzes Aeußeres die Wirksamkeit seines Vortrags auf das Gemüth der Kinder unterstützen; besonders auch werden sich ihm von selbst jene sprachlichen Wendungen darbieten, welche die Rhetorik als solche aufführt, die das Gefühl anzuregen sich eignen. Er wird seine gesteigerte Empfindung, die Kinder dadurch gleichsam ansteckend, z. B. ausdrücken: in der Vision (‚ach, ich sehe die Verdammten gegen ihre Verführer aufstehen . . .‘), in dem Ausruf (‚o wenn ihr nur dieses eine allezeit bedächtet!‘), in der Betheuerung (‚nein, fürwahr, nie kann es dem Kinde gut gehen, das seine Eltern nicht ehrt!‘), in der Verwünschung (‚verflucht sei, wer die Unschuld ärgert!‘) u. s. w. Oder er wird die Kinder geradezu zu einem dem Gegenstande angemessenen Empfinden und Verlangen auffordern, durch die Anrede, die Frage, den Wunsch, die Ermahnung, die inständige Bitte u. s. w."[1]

Schließlich noch ein Gedanke, der mir einfiel, während ich die Worte Hirschers las. Das Herz des Priesters, die Stimmung, die in ihm lebendig wird, soll auf die Kinderherzen, religiöse Stimmung und frommen Sinn erzeugend, wirken. Darum ist es wichtig, daß das Herz des Priesters religiös, mit Gott vereinigt sei. Das Herz des Kindes ist (durchweg) rein, und rein ist auch das Licht des Heiligen Geistes, das in demselben, das äußere Wort befruchtend, wirkt; darum ist es nothwendig, daß auch das Herz des Priesters rein sei.

---

[1] Nach Hirscher, Katechetik S. 458. (Vgl. Bb. I, S. 381 ff.)

Neuntes Kapitel.

Die Gründe, wodurch der Priester auf das Gemüth der Kinder zu wirken sucht, sollen nicht natürliche sein und dieser Erde angehören, sondern er soll jene Momente verwerthen, welche die Offenbarung uns nahelegt. Diese sind vor allen die Barmherzigkeit und Liebe Gottes gegen uns, wie dieselbe sich namentlich in der Erlösung bewährt hat; die absolute Oberhoheit und Majestät Gottes, welche unbedingte Unterwerfung und tiefe Ehrfurcht heischt, und seine Gerechtigkeit, die nach Verdienst belohnt und straft. Diese Momente sind somit durch die Katechese fort und fort hervorzuheben und so tief als möglich in die Seele der Kinder einzusenken, in der Weise indes, daß zuletzt alles dahin gerichtet wird, die Liebe gegen Gott in ihnen zu wecken und zu nähren, welche „der Zweck der Offenbarung" ist.

§ 1.

Die paränetische Seite der Katechese und der Naturalismus. Wie man aus den Kindern, statt gottesfürchtige Christen, schlau berechnende Egoisten macht. In welcher Weise die irdischen Folgen des Guten und des Bösen als bestimmendes Moment zu verwerthen seien.

368. Was den Charakter und den ethischen Werth des Menschen bestimmt, das sind die Rücksichten, nach denen er zu handeln, die Ziele, welche er bei seinem Thun im Auge zu haben, die Gründe, von denen er sich, was seine Gesinnung, seine Neigungen und seine freien Entschlüsse betrifft, beeinflussen und leiten zu lassen gewohnt ist. Es ist mithin nicht gleichgiltig, welche Richtung in dieser Beziehung der Einzelne in seiner Jugend einschlägt, und es ist eben darum von der größten Wichtigkeit, daß der Priester in seinen religiösen Unterweisungen und Ermahnungen, insofern er durch dieselben auf das Gemüth der Kinder zu wirken und ihr Herz für das christliche Leben zu bilden hat, die rechten Momente hervorhebe und die Kinder anleite, ihre Treue gegen Gottes Gebote und ihr Christenthum auf jenen Grund zu bauen, ohne welchen dasselbe weder wahren Werth hat noch Bestand und feste Dauer.

Diese rechten Momente sind aber ohne Zweifel keine andern als jene, welche die Offenbarung uns ans Herz legt. Sie lassen sich auf die drei zurückführen, welche ich vorher bezeichnet habe: wir sollen unsere Gesinnung und unser Leben den Anweisungen des Christenthums gemäß einrichten aus Rücksicht auf die Liebe Gottes gegen uns, aus Rücksicht auf seine absolute Oberhoheit über uns und aus Rücksicht auf seine vergeltende Gerechtigkeit; mit andern Worten: was den Charakter des Christen ausmacht und allein ihm übernatürlichen Werth gibt, was darum in ihm herrschen und sein ganzes Leben bestimmen soll, das ist die Liebe zu Gott, die Ehrfurcht vor seiner Majestät und die Hoffnung auf den Lohn, den er verheißt, sowie die Furcht vor seinen Strafen. Eigene Beweise hierfür, m. H., brauche ich Ihnen wohl nicht zu geben; wer etwa solche verlangt, der findet deren ohne Zahl vom ersten Verse des ersten Buches Moses bis zum letzten der Geheimen Offenbarung, in sämtlichen Erbauungsschriften der heiligen Väter und in allen gleichartigen Kundgebungen der Kirche.

Daß Sie in der Katechese so gut wie auf der Kanzel diese Momente verwerthen müssen und nicht irgend welche andere, das versteht sich eigentlich von selbst, und es wurde dasselbe bereits vorausgesetzt, wenn ich in dem vorhergehenden Kapitel sagte, die Katechese müsse Salbung haben und dazu angethan sein, religiöse Gefühle in den Kindern zu wecken. Denn religiöse Gefühle können sich ja nicht anders als jenen Momenten gegenüber erzeugen, welche die Offenbarung uns kennen lehrt. Es könnte darum wenigstens der erste Theil unseres neunten Grundsatzes überflüssig erscheinen, und er wäre das in der That, wenn nicht auch auf diesem Gebiete wieder jener Naturalismus sich geltend machte, dem wir schon wiederholt begegnet sind.

369. Sie kennen ihren Grundzügen nach die ethischen Anschauungen von Kant und Fichte. Der erstere setzte an die Stelle Gottes als des Urhebers der moralischen Ordnung „den geistigen Reflex des preußischen Korporalstockes", wie ihn die Frau von Staël-Holstein genannt hat, den „kategorischen Imperativ". Das einzige zulässige Moment ethisch guten Handelns, lehrte er, sei „die Achtung vor dem Sittengesetze um des Gesetzes selbst willen", „die Ehrfurcht vor der majestätischen Hoheit des kategorischen Imperativs"; jeder andere Beweggrund des Handelns, namentlich auch die Rücksicht auf den Willen Gottes und auf die ewige Vergeltung, sei „Unlauterkeit und Heteronomie". Fichte ging noch einen Schritt weiter; er ließ an die Stelle des kategorischen Imperativs, der doch wenigstens noch aussieht wie eine objective, von dem Menschen selbst unabhängige Norm, die subjective Ueberzeugung treten. Nach Fichte soll der Mensch „selbständig handeln, unabhängig von Naturtrieb und Neigung, nur bestimmt durch die eigene Ueberzeugung der Pflicht. Denn die sittliche Aufgabe des Menschen ist die Selbstrealisirung des reinen Ich. Dieses reine Ich postulirt sich selbst, spricht sich aus eben in der Pflicht: darum soll der Mensch aus bloßer Pflicht handeln. Gut kann eine Handlung nur dann sein, wenn ihre einzige Quelle pflichtmäßige Ueberzeugung ist." Es gibt viele, welche meinen, die oft so abstrusen Speculationen der Gelehrten hätten keinen Einfluß auf das Leben, namentlich des eigentlichen Volkes, und wären darum sehr gleichgiltige Dinge. Nichts ist weniger richtig als diese Ansicht, vor allem, wo es sich um so eminent praktische Gedanken handelt wie die oben erwähnten. Das Gefühl, selbst sich Gesetzgeber, Schöpfer der Norm des Handelns zu sein, ist dem Hochmuthe des menschlichen Geistes fast noch wohlthuender als der Traum, alle Wahrheit aus sich selbst produciren zu können. Welche Aufnahme und welche Verbreitung den Ideen der zwei genannten Philosophen zu theil wurde, das können Sie allein schon aus der noch jetzt fast allgemein üblichen und auch von guten Christen vielfach gebrauchten Phrase abnehmen, vermöge deren „ethisch recht handeln" ebensoviel ist als „nach seiner Ueberzeugung handeln". Daß manche mit diesem Ausdrucke einen ganz richtigen Begriff verbinden, will ich gern glauben; aber der Ausdruck selbst ist jedenfalls weder christlich noch philosophisch, sondern einfach atheistisch.

Aber Sie mögen fragen, was das alles mit der Katechese zu thun hat. Das ist bald gesagt. Gruber rügt in seinen Vorträgen einen Fehler, der bei der Behandlung der Sittenlehre häufig begangen werde und darin bestehe, daß die Katecheten, gerade wie es in der Philosophie geschehe, auch im Religionsunterrichte nur von Pflichten reden und nicht von Geboten. „Und wenn sie über die ‚Pflichten‘ nach ihrem Inhalte und Umfange gesprochen haben, kommen sie zuletzt auch dahin zu sagen, diese und jene ‚Pflicht‘ sei auch durch dieses und jenes Gebot Gottes befohlen." Da haben Sie den kategorischen Imperativ Kants, oder wenn Sie lieber wollen, die „eigene Ueberzeugung der Pflicht" nach Fichte als das Princip des christlichen Handelns in die Katechese verpflanzt, natürlich mit nachträglicher Erwähnung Gottes, weil die Sache doch einen religiösen Anstrich haben muß. Ein solches Verfahren hat nothwendig dieselben üblen Folgen, wie die früher (S. 164) besprochene „heuristische" Methode. Es beeinträchtigt, sagt Gruber mit Recht, die Autorität Gottes und schwächt die Ehrfurcht und den Gehorsam ihm gegenüber; denn Gott als Gesetzgeber wird dem geistigen Auge des Kindes entrückt und das letztere angeleitet, die Pflicht zuerst, gleichsam als Selbstgesetzgeber, aus sich selbst herauszufinden. Das eigentlichste Princip aller reinen Pflichterfüllung, das Princip der Liebe zu Gott, wird ganz außer acht gelassen, und Selbstsucht und Selbstgenügsamkeit sollen bewirken, daß der Mensch die Verpflichtung anerkenne und ihr entspreche.

Das ist indes erst eine Seite der falschen Richtung, welche der Naturalismus der Katechese, insofern sie das Herz der jungen Christen bilden soll, gegeben hat. Man fühlte zu gut, daß der abstracte Begriff der Pflicht, trotz aller seiner ehrfurchtgebietenden „majestätischen Hoheit", doch sehr wenig zu leisten vermag, wenn es sich darum handelt, den gesetzlosen Drang der Natur zu bändigen und den Willen in den Schranken der ethischen Ordnung festzuhalten. Darum nahm man ein zweites Moment zu Hilfe: die Rücksicht auf den Vortheil, auf die guten und übeln Folgen des Handelns. Man glaubt die Kinder in ethischer Beziehung am besten zu bilden, wenn man sie von der Zweckmäßigkeit und Nützlichkeit der einzelnen Vorschriften überzeugte, und sie vom Bösen durch nichts wirksamer zurückhalten zu können als durch den Hinweis auf die natürlichen übeln Folgen, welche sich für dieses irdische Leben an dasselbe knüpfen.

Wie sich hiernach die paränetische Seite der Katechese gestaltet, davon werden Sie sich am leichtesten einen Begriff machen, wenn ich Ihnen ein Beispiel vorlese, das Gruber aus der Erfahrung geschöpft hat. „Die Lehre von den Pflichten der Kinder gegen ihre Eltern", sagt er, „behandeln viele Katecheten beiläufig also: ‚Du warst ein kleines Kind, das sich durchaus nicht helfen konnte; wie du es jetzt bei deinem noch ganz kleinen Bruder siehst, so ging es auch dir; nun bist du wohl größer, aber noch könntest du dir Brod, Kleidung und Wohnung nicht selbst verschaffen; hast auch kein Geld, es zu kaufen. Da hat dich deine Mutter gepflegt und getragen und besorgt, wie sie es jetzt deinem kleinen Bruder thut; und auch jetzt noch arbeiten Vater und Mutter für dich und theilen dir von dem mit, was sie erworben; sie nähren, kleiden, versorgen dich. Sieh, wie sie dich lieb haben! wieviel hast du doch von ihnen Gutes! sieh, wie du sie wieder lieb haben mußt! wie du dich über sie freuen, gern bei ihnen sein, ihnen wieder Freude machen mußt! . . . Du machst ihnen Freude, wenn du immer nur das thust, was sie wollen;

wenn du es sogleich und ganz und gern thust, was sie befehlen; wenn du ihnen gehorsam bist. Alles das ist dir auch gut, was sie dir befehlen; sie wissen es besser als du, was dir gut ist. . . . Sieh, da sagte der Vater dem Kinde: Laß das Messer liegen! Das Kind nahm es dennoch und schnitt sich damit. Da sagte ein anderes Mal die Mutter: Kind, iß nicht von dem Obste, es ist noch nicht zeitig! Das Kind aß dennoch, und so wurde es krank, bekam heftige Schmerzen, starb daran. Sieh, hätten die Kinder gehorsamt, so wäre ihnen dieses Uebel nicht geschehen; die Eltern wissen es besser als du, was dir gut oder schädlich ist. . . . Weil die Eltern dir so viel Gutes thun, darum mußt du sie auch für mehr halten, als du bist; du mußt sie in Ehren haben; du mußt ja fleißig beten, daß sie dir Gott noch lange leben lasse, damit sie für dich noch lange sorgen können; und wirst du groß und deine Eltern alt, dann mußt du ihnen für das, was sie dir gethan haben, wieder Gutes thun und ihnen deine Dankbarkeit zeigen. . . . Sieh, Kind, das will auch Gott von dir; er hat das Gebot gegeben: Du sollst deinen Vater und deine Mutter ehren u. s. w. Auch Jesus war seinen Eltern unterthänig u. s. w.' Wo ist in diesem ganzen Unterrichte", ruft Gruber mit Recht aus, „reine Moral? wo ein Blick auf übernatürliche Liebe? Und was soll hinterher das Gebot Gottes und das Beispiel Jesu, nachdem der ganze vorausgegangene Unterricht nur Selbstsucht und Eigendünkel gepflanzt hat?"

Hiernach stellt der fromme Erzbischof der verfehlten Behandlung das richtige Verfahren, gleichfalls in einem concreten Beispiele, gegenüber. „Wie ganz anders nimmt sich die Unterweisung über die nämliche Pflichtlehre aus, wenn sie von der Autorität Gottes, von der Offenbarung ausgeht! Und welche ganz andere Resultate wird dann der Unterricht über diesen Gegenstand haben, wenn der Katechet in der Behandlung der zehn Gebote Gottes von der Darstellung und Erklärung der drei ersten Gebote, die Gott angehen, nun zur Erläuterung der übrigen sieben übergeht, welche die Menschen betreffen, und deshalb so beginnt: ‚Unter allen Menschen, denen wir nach Gottes heiligem Willen etwas schuldig sind, sind die Eltern die ersten. Deshalb spricht das vierte Gebot: Du sollst deinen Vater und deine Mutter ehren! Sieh, der liebe Vater im Himmel, der dich erschaffen hat und der alles, was du nöthig hast, erschaffen hat, der gibt dir Vater und Mutter, die an seiner Stelle bei dir sind, die dir das austheilen sollen, was er dir schenkt und denen du, da du sie siehst, ebenso folgen sollst wie ihm, den du nicht siehst. Gott hat dich erschaffen; aber deinen Eltern hat er befohlen, daß sie für dich, solange du klein bist, sorgen, dich pflegen, dich nähren sollen. Das that und thut deine Mutter, dein Vater, aus Liebe zu Gott und zu dir, aus Gehorsam gegen Gott. Darum mußt du sie lieben als diejenigen, welche die Stelle Gottes bei dir vertreten; darum mußt du dich freuen, daß Gott sie dir gegeben hat; darum mußt du ihnen Freude machen; und sieh, wenn du deinen Eltern Freude machst, so machst du Gott dem Herrn Freude, weil sie an seiner Stelle bei dir sind; wenn du deine Eltern betrübst, so betrübst du Gott und bist vor ihm abscheulich. Was sie dir befehlen, das mußt du thun; denn Gott will es so. Du mußt alles thun, was Gott will, mußt es genau, geschwind und gern thun, eben weil Gott es will; also mußt du auch alles, was deine Eltern dir befehlen, genau, geschwind und gern thun, als ob Gott selbst es dir befehlen würde; denn deine Eltern befehlen dir anstatt Gottes. Darum mußt du sie auch in Ehren halten, sie für die anschauen, die anstatt Gottes bei dir sind; du mußt für sie beten, weil Gott sie dir gegeben hat, und weil sie dir so viel Gutes thun; du mußt ihnen auch dann noch folgen, wenn du schon erwachsen sein wirst; und wieviel Freude wirst du Gott machen, wenn du, da du groß und deine guten Eltern alt sein werden, diese, die an Gottes Stelle dir gegeben sind, aus Liebe zu Gott und zu ihnen nun selbst pflegen und bis in das Grab ehren wirst! — Weil die Eltern anstatt Gottes sind, darum segnet Gott die Kinder, die ihre Eltern ehren, und züchtiget strenge die Kinder, welche die Ehre, die sie ihnen schuldig sind, ihnen nicht erweisen, sie betrüben und kränken u. s. w.' Darauf wird die Geschichte von Joseph und seinem Vater Jakob, von Absalom und seinem Vater David zur Erbauung und Warnung umständlich erzählt, und endlich Jesus der Gottmensch, der seiner Mutter und seinem Nährvater unterthänig war und selbst unter den größten Schmerzen am Kreuze noch für seine Mutter sorgte, als das schönste Muster zur Nachahmung den Kindern vorgeführt. So geht die ganze Unterweisung von Gott aus und kommt auf Gott zurück; so wird reine, uneigennützige Moralität erzielt und jeder Einwendung der Sinnlichkeit vorgebeugt." [1]

370. Jene falsche Anschauung, auf welche sich die zweite Richtung der bisher besprochenen Verirrung in der Katechese gründet, ist zu stark verbreitet, und die Folgen sind, wo sie herrschend wird, zu schlimm, als daß wir dieselbe nicht noch etwas weiter berücksichtigen sollten. Sie will die Kinder für die Normen des ethischen Handelns dadurch gewinnen, daß sie dieselben anleitet zu begreifen, wie nützlich, wie zweckmäßig, wie vortheilhaft und nothwendig für das irdische Wohlsein des Menschen jene Normen sind; sie will ihre Treue in Erfüllung ihrer Pflichten dadurch sicherstellen, daß sie sie gewöhnt, immer auf die zeitlichen Folgen ihres Thuns zu sehen und sich vor allem Nachtheiligen sorgfältig zu hüten. Es ist ganz und gar keine Uebertreibung, wenn Gruber wiederholt bemerkt, daß eine Erziehung nach solchen Grundsätzen den Menschen moralisch gründlich verdirbt; daß sie ihn einfach zum Speculanten, zum egoistischen Berechner bildet, der sich aber überdies, durch die Täuschungen der Sinnlichkeit irre geführt, häufig verrechnen und ganz falsch speculiren wird. Es ist das, sage ich, ganz und gar keine Uebertreibung. Sie haben vielleicht in der Geschichte der Philosophie oder in der Moralphilosophie von einem ethischen System gehört, welches die Utilitätstheorie genannt wird. Das Princip dieser Theorie ist eben die sorgfältige Berechnung des eigenen Vortheils. „Jeder Einzelne", lehrt sie, „hat darauf zu sehen, daß er sich selber und um seiner selbst willen der Gesamtheit, deren Glied er ist, auf dieser Erde des Guten so viel gewinne, als nur möglich. Wer mithin sich enthält, andern zu schaden, wer andern Gutes thut, den leitet dabei ausschließlich die Rücksicht auf den persönlichen Vortheil." Denn die Tugend, so definirt mit naiver Unverschämtheit einer der ersten Vertreter dieser Theorie, Jeremias Bentham, die Tugend besteht einfach darin, daß der

---

[1] Gruber a. a. O. S. 54 ff.

Mensch um den größern Vortheil den kleinern, um den bleibenden den vorübergehenden, um den sichern den ungewissen fahren lasse und zum Opfer bringe[1]. Sehen Sie, m. H., diese Utilitätstheorie, und gar nichts anderes ist in ihrem letzten Grunde jene pädagogische Verirrung, vor der ich Sie warnen wollte. Statt die Kinder unablässig auf ihren Schöpfer und Herrn und seine höchste Autorität hinzuweisen, vor welcher der geschaffene Wille sich ohne alle Rücksicht auf eigene Lust, auf eigenen Gewinn, unbedingt zu beugen hat; statt freudigen Dank und hingebende Liebe gegen ihren Erlöser in ihnen zu wecken; statt, mit einem Worte, ihr Herz für die Einwirkung jener Momente des Handelns empfänglich zu machen, welche die Offenbarung uns bietet, und darum, insofern zu diesen allerdings auch die guten und schlimmen Folgen unseres Thuns gehören, die übernatürlichen Folgen desselben ihnen wieder und wieder vorzuhalten, namentlich jene, welche auf der andern Seite des Grabes liegen: scheinen viele Katecheten alle diese Momente gar nicht zu kennen und sind auf nichts anderes bedacht, als ihre Zöglinge zu gewöhnen, daß sie die unmittelbaren und nächsten Folgen ihres Handelns, zeitliche Vortheile und zeitlichen Nachtheil, irdischen Gewinn und Verlust, natürliche Güter und Uebel ins Auge fassen und in Rechnung ziehen. So bilden sie dieselben nicht zu gottesfürchtigen Christen, sondern zu engherzigen, schlau berechnenden Egoisten. Ob sie mit Erfolg arbeiten? Wenn nicht, wie wäre dann die Menschheit, wie wäre dann die Kirche Gottes von solchen „politischen" Geistern so voll?

Es ist eine schöne Stelle, in welcher der edle Gruber seiner gerechten Entrüstung über diese verderbliche Pädagogik Ausdruck gibt. „Die übernatürlichen Folgen unserer Handlungen in der Ewigkeit scheinen diesen Katecheten beim Auge der Kinder viel zu fern zu liegen; sie meinen, lieber zu den nächstliegenden als den wirksamern ihre Zuflucht nehmen zu sollen, und selbst unter diesen halten sie wieder die natürlichen und irdischen Folgen, wie Krankheit, Schande, Bestrafung, für die bedeutendsten. Aber diese Männer beurtheilen, leider! die Kinder zu sehr nach ihrer eigenen fehlerhaften Gesinnung, begreifen nicht, was ein noch unverborbenes Kinderherz mächtig ergreifen könne, und übersehen ganz, wie sie durch ein solches Vorgehen die wahre religiöse Sittlichkeit der Kinder untergraben und ihre weichen Herzen von Gott zur niedrigen Selbstsucht ableiten. Weil sie nur auf die irdischen Folgen ihrer Handlungen sehen, weil ihnen nur Gesundheit, Geld, Ehre und Vergnügen der Sporn ist, recht zu handeln, so meinen sie, auch dem unschuldigen Herzen der Kinder gegenüber seien nur diese Vorstellungen wirksam, und haben gar keine Ahnung davon, wie empfänglich die Seele des noch unverborbenen Kindes für das schöne Gefühl ist: Gott hat mich lieb! und wie wenig Eindruck auf das gute Kind Geld und Ehre vor den Menschen macht. Ihrem Auge liegen die Folgen in der Ewigkeit fern, weil in ihrem Herzen die Sinnlichkeit das Uebergewicht hat, und darum bilden sie sich ein, auch das unschuldige Kind könne den Blick nicht auf ewigen Lohn, auf ewige Strafe richten. Es ist ja, in der Wahrheit gesprochen, unrichtig, wenn wir uns die Folgen unseres Handelns in der Ewigkeit fern denken. Bei der Ungewißheit des Todes, bei

---

[1] Cf. *Dom. Solimani*, Inst. phil. mor. I, 131.

der täglichen Erfahrung, daß nicht bloß Greise, sondern auch kraftvolle Männer und kleine Kinder sterben, müssen wir ja offenbar einsehen, daß jedem aus uns nichts näher liegt als die Ewigkeit; der religiös gebildete Mensch sieht sich täglich an der Pforte der Ewigkeit, und es ist unsere Verbildung, die uns die Ewigkeit als etwas Entferntes ansehen läßt. Darum ist es auch ganz gewiß, daß auf ein einfach gutmüthiges Kind, wenn ich ihm bei einem großen Fehler, den es begeht, sage: „Kind! wenn dich Gott in diesem Augenblicke hätte sterben lassen, wie wäre es dir gegangen?" — diese Vorstellung einen weit wirksamern Eindruck macht, als es bei einem in Sündenlust ergrauten Greise vom höchsten Alter der Fall wäre. Müßte man aber wirklich voraussetzen, daß die Thatsachen des zukünftigen Lebens uns fernliegen, so sollte ja eben das geistige Auge durch wiederholtes Hinschauen nach denselben geübt werden, wie man das Auge des Leibes, wenn es kurzsichtig ist, durch Sehen in die Ferne verbessert.

„Uebrigens ist es einleuchtend, daß eine Bearbeitung des Herzens der Katechumenen, wie die in Rede stehende, ganz dazu angethan ist, die schönen Gefühle der Liebe zu Gott und der auf diese sich gründenden Nächstenliebe in ihnen vollständig zu ersticken und sie dafür zu selbstsüchtigen Berechnern ihrer eigenen Vortheile zu bilden. Dazu kommt dann noch das arge Uebel, daß sie sich in dieser Berechnung häufig verrechnen werden. Denn die sinnverwirrende Heftigkeit der bösen Begierde bringt ihnen die Zahlen ihrer Rechnung dermaßen in Unordnung, daß sie, was die Folgen ihrer Handlungen betrifft, nie das richtige Product herausbringen, sondern in der Hast der Leidenschaft Dinge thun, aus denen ihnen oft ein starkes Product schlimmer Folgen erwachsen muß. Nein! unsere Christen sollen nicht darum nicht stehlen, nicht lügen, nicht unkeusch sein, damit sie nicht eingesperrt und körperlich gestraft werden oder damit sie nicht die Achtung und das Vertrauen der Menschen verlieren, nicht in die Gefahr wilder, schmerzhafter Krankheiten verfallen, nicht vor der Zeit sterben müssen; sie sollen nicht darum arbeiten und sparsam sein, damit sie sich Geld sammeln und dann nicht darben dürfen. Sie sollen das erstere unterlassen und das letztere thun, weil Gott es so will, weil sie ihm dadurch wohlgefallen, weil er sie dafür lieben wird. Als Gebot Gottes muß jede Pflicht zuerst den Kindern hingestellt werden: als Gebot Gottes, der uns liebt und aus Liebe zu uns den Gehorsam gegen sein Gebot unnachsichtig fordert. Und die verschiedenen Theile der Pflicht mit ihren besondern Punkten, welche die Vernunft entwickelt, müssen wieder nur als Ausflüsse aus dem Gebote Gottes vorgeführt werden, d. h. als von Gott durch eben dieses Gebot nothwendig ausgesprochene Forderungen, deren treue Erfüllung wieder die Liebe zu Gott von uns erheischt. So werden die Vorschriften für Gesinnung und Handeln aus Gott abgeleitet und auf Gott, als den einzigen Beweggrund, sie zu befolgen, zurückgeführt."[1]

371. Aber soll man denn, fragen Sie vielleicht, von den zeitlichen vortheilhaften Folgen der Gottesfurcht und der christlichen Tugend vor den Kindern vollständig schweigen? Soll man die irdischen Uebel, welche sich naturgemäß an die Sünde ketten, gar nicht hervorheben? Allerdings soll

---

[1] Gruber a. a. O. S. 54. 58. 248.

man es. Aber diese irdischen guten und bösen Folgen sollen nicht das einzige Moment sein, durch das man die Kinder tugendhaft machen will; sie sollen auch nicht das vorzüglichste, nicht das erste sein, nicht für das wirksamste gehalten werden; sie sollen endlich so hervorgehoben werden, wie sie die Offenbarung uns darstellt: als von Gott aus Liebe angeordnete Vergeltung des Guten und des Bösen, die aber keineswegs eine erschöpfende, sondern nur eine vorläufige Vergeltung ist, nur ein äußerst unbedeutendes Theilchen jenes Lohnes und jener Strafe, welche der Treue gegen Gott oder der Untreue gebühren, darum nur ein Vorspiel jener Vergeltung, welche jenseits des Grabes einem jeden, genau wie er es verdient hat, zugemessen werden soll.

Es ist beachtenswerth, und ich halte es dem erschreckenden Einflusse gegenüber, welchen die Grundsätze der Utilitätstheorie im Leben auf allen Seiten und in allen Kreisen bewähren, keineswegs für überflüssig, Sie darauf aufmerksam zu machen, mit welchem Ernst der hl. Augustin darauf bringt, daß jede Rücksicht auf irdische Güter und zeitlichen Gewinn von dem Herzen des angehenden Christen ausgeschlossen sei. Wir sehen das aus einer Stelle im Anfange der ersten jener zwei Katechesen, welche er als Muster seiner Theorie über die katechetische Unterweisung eingefügt hat[1]. Die Zahl derer, welche St. Augustin an zweiter Stelle charakterisirt — denen es allerdings darum zu thun ist, Gott zum Freunde zu haben, aber um des irdischen Gewinnes willen; die von Gott verlangen, daß er ihnen, weil sie ihm zu gefallen suchen, zeitliches Glück in diesem Leben schenke und mehr davon schenke als denen, die ihm nicht anhangen, nicht nach seinem Gesetze leben wollen —, die Zahl, sage ich, so gesinnter Diener und Dienerinnen Gottes ist auch unter den Christen außerordentlich groß. Wollen Sie sich davon überzeugen, so dürfen Sie nur achtgeben, in wie vielen Ihnen, wenn Sie einmal in den Kampf des Lebens werden hinausgetreten sein, jene Stimmung begegnet, jene mißtrauische Kleingläubigkeit, jene Verzagtheit, jene Unzufriedenheit mit der Vorsehung Gottes und jenes Zweifeln an derselben, welches der hl. Augustin

---

[1] Tu autem, *quia veram requiem, quae post hanc vitam christianis promittitur, quaeris*, etiam hic eam inter amarissimas vitae huius molestias suavem iucundamque gustabis, si eius qui eam promisit, praecepta dilexeris. Cito enim senties, dulciores esse iustitiae fructus quam iniquitatis; et verius atque iucundius gaudere hominem de bona conscientia inter molestias, quam de mala inter delicias: *quia non sic venisti coniungi Ecclesiae Dei, ut ex ea temporalem aliquam utilitatem requiras*. Sunt enim, qui propterea volunt esse christiani, ut aut promereantur homines, a quibus temporalia commoda exspectant, aut quia offendere nolunt quos timent. *Sed isti reprobi sunt:* et si ad tempus eos portat Ecclesia, sicut area usque ad tempus ventilationis paleam sustinet, si non se correxerint, et propter futuram sempiternam requiem christiani esse coeperint, in fine separabuntur. Nec sibi blandiantur, quod in area possunt esse cum frumento Dei: quia in horreo cum illo non erunt, sed igni debito destinantur. Sunt etiam alii meliore quidem spe, sed tamen non minore periculo, qui iam Deum timent, et non irrident christianum nomen, nec simulato corde intrant Ecclesiam Dei, sed *in ista vita exspectant felicitatem, ut feliciores sint in rebus terrenis, quam illi qui non colunt Deum*: ideoque, cum viderint quosdam sceleratos et impios ista saeculi prosperitate pollere et excellere, se autem vel minus habere ista vel amittere, perturbantur, tamquam sine causa Deum colant, et facile a fide deficiunt (*Aug.* l. c. c. 16. 17, n. 25. 26).

als die Folge der in Rede stehenden Gesinnung bezeichnet[1]. Gruber zeichnet die letztere sehr gut. Solche Christen „wollen fromm leben, aber nur damit Gott es ihnen hier in zeitlichen Dingen wohl ergehen lasse; sie geben Almosen, aber sie fordern dafür, daß ihnen auch Gott ihren zeitlichen Erwerb wieder segne, und bezwecken recht eigentlich irdischen Segen bei ihren sogen. Werken der Barmherzigkeit. Abgesehen davon, daß auf diese Weise, wenn sie wirklich jenen zeitlichen Segen von Gott erhalten, die Worte Jesu an ihnen erfüllt werden: ‚Sie haben ihren Lohn bereits empfangen‘, und folglich jenseits keinen mehr zu hoffen, abgesehen davon, daß auf diese Weise nur niedrige Selbstsucht sie belebt und ihre sogen. Werke der Barmherzigkeit vielmehr Werke einer unedlen Eigennützigkeit sind, ist überdies selbst die Gefahr für sie da, daß sie, wie der hl. Augustin bemerkt, unzufrieden und verstimmt werden, wenn sie Sünder oder Nichtchristen in irdischer Rücksicht glücklicher sehen als sie selber sind, und daß sie infolgedessen vom Glauben und der Ausübung der dem Glauben entsprechenden Werke abfallen."

„Dieses sei uns", setzt Gruber hinzu, „als Wink gegeben, wie wir bei allen unsern Gläubigen die Rücksichten auf zeitlichen Segen Gottes, als vorherrschende Triebfeder, fernzuhalten bemüht sein müssen. Es ist zwar unwidersprechlich, daß das ganze Walten der Vorsehung Gottes, auch in zeitlichen Dingen, ein fortgesetztes Vergelten ist; aber es ist ebenso unwidersprechlich, daß dieses Vergelten sich nach der unendlichen und darum unergründlichen Weisheit Gottes vollzieht, die in der Leitung des Irdischen die Erreichung des Ewigen unverrückt beabsichtigt und eben darum bei der Vergeltung im Irdischen auf eine uns unerklärbare Weise zu Werke geht, aber gerade hierdurch die Lauterkeit unserer Absichten uns erleichtern will. Indem wir nämlich in der irdischen Vergeltung das Maß, das wir uns denken, nicht finden, sollen wir erkennen, daß die Zeit der vollen, auch uns ebenmäßig scheinenden Vergeltung erst im zukünftigen Leben eintritt. Wir sollen also den Christen allerdings zeigen, daß Gott schon in diesem Leben Vergelter unserer Handlungen sei; aber wir sollen ihnen auch anschaulich machen, daß die Art, wie Gott hienieden vergilt, uns kurzsichtigen Menschen oft unbegreiflich sei, daß er, als liebender Vater unserer Seele, uns oft mit äußerlichen Unglücksfällen belohne, weil diese, mit Geduld ertragen, uns heilsamer sind, als irdisches Wohlergehen es sein würde, und sicherer zu den ewigen Belohnungen führen als dieses, indem sie unser trotziges, widerspänstiges Herz demüthigen, seinen Hang zum Irdischen mäßigen und in uns das Verlangen nach dem erzeugen, was ewig ist. So sollen wir die Christen vor der fehlerhaften Richtung, welche das Gute vorwiegend um des zeitlichen Segens willen thut, zu verwahren suchen. Und eben diese Vorsicht haben wir auch in der Unterweisung unserer kleinen Katechumenen anzuwenden. Auch ihren Blick müssen wir auf das Ewige hinlenken, und wenn wir ihnen auch die zeitlichen Folgen des Guten und des Bösen — und zwar als Gottes Vergeltung und nicht als bloß natürliche, Gottes Einwirkung nicht bedingende Folgen — vorhalten, so ist doch auch von diesen sogleich wieder auf jene Folgen überzugehen, welche

---

[1] *... perturbantur, tamquam sine causa Deum colant, et facile a fide deficiunt.*

der Ewigkeit angehören, und so zu verhindern, daß sie nicht bei den zeitlichen Folgen allein stehen bleiben und diese zur Triebfeder ihres Handelns machen."[1]

§ 2.

Die drei rechten Momente für die religiöse Bildung des Herzens. Die beste Methode, in den Kindern die „vollkommene" Liebe zu Gott tief zu begründen, nach dem hl. Augustin. Die rechte Liebe zu Gott und eine Entstellung derselben.

372. Nachdem wir mit dem bisher Gesagten die Rücksichten auf das Irdische als Motive des Handelns für das christliche Leben ausgeschlossen haben, bleibt uns noch übrig, die drei vorher schon genannten übernatürlichen Momente, welche die Offenbarung selbst uns empfiehlt, miteinander zu vergleichen.

Was die christliche Lehre von der Gerechtigkeit Gottes und der jenseitigen Vergeltung betrifft und ihr gegenüber die Furcht vor der ewigen Verwerfung und vor den Leiden des Fegfeuers, sowie andererseits das Verlangen nach den Freuden des Himmels, so habe ich bereits im zehnten Abschnitt namentlich von der Furcht Gottes eingehend gehandelt und Sie aufmerksam gemacht, wie nothwendig es sei, daß dieselbe in jedem Christen immer lebendig bleibe. Es wäre bei alledem unrecht, m. H., wenn Sie dieses Moment, das eudämonische, zu sehr vorwiegend oder gar ausschließlich in Anwendung bringen und über dasselbe die zwei ethischen Momente, den Gehorsam, die Ehrfurcht und die Unterwerfung, welche wir der Majestät Gottes schuldig sind, sowie die Liebe und die Treue, welche der von seiten Gottes uns erwiesenen Liebe gegenüber sich in uns erzeugen müssen, vernachlässigen wollten. Denn erstens sind diese zwei, Gehorsam und Liebe, viel geziemendere, viel eblere, des Christen viel würdigere Beweggründe für die Beobachtung der Gebote Gottes als die Furcht vor der Verwerfung für sich allein. Zweitens würden Sie sehr irren, wenn Sie der Meinung wären, die letztere sei unter allen Umständen, namentlich wo es sich um Kinder handelt, von größerer Wirksamkeit als die zwei zuerst genannten. Kindsmädchen freilich und unverständige Erzieherinnen glauben oft, man müsse Kindern gegenüber alles für eine Todsünde erklären, wovon man sie wirksam zurückhalten will, und ihnen für jede Uebertretung die Hölle in Aussicht stellen. Aber ein unverdorbenes offenes Herz, das noch keine bedeutendere Sünde um den ihm vom Heiligen Geiste in der Taufe anerschaffenen Adel gebracht hat, wird viel sicherer und viel nachhaltiger bestimmt durch die Ehrfurcht vor der Größe und der Heiligkeit des Allgegenwärtigen, durch den Gehorsam seiner höchsten Autorität gegenüber, durch Dankbarkeit und Liebe, zu welcher es sich, in der Erinnerung an zahllose empfangene Beweise unendlicher Liebe und Erbarmung, aufgefordert und getrieben fühlt, als durch das Streben, eigenen Schaden und selbst auch nie endende Unglückseligkeit von sich abzuwenden. Viel sicherer, sage ich, und viel dauernder werden gute Kinder die Frömmigkeit üben und freiwillige Uebertretungen der Gebote Gottes meiden, wenn infolge der in der

---

[1] Nach Gruber a. a. O. S. 198 ff.

Katechese erhaltenen Anleitung im entsprechenden Falle ihr Herz ihnen sagt: "Ich bin schuldig, das zu thun, das ist der Wille Gottes", oder "Das ist nicht erlaubt", oder "Wie könnte ich dieses Böse thun und sündigen wider meinen Gott?" — als wenn es sie nur an die Gerechtigkeit Gottes erinnert und an die ewige Strafe. Dazu kommt endlich drittens, daß das Wesen des Christenthums ja nicht die Furcht vor Gott ist, sondern die Liebe zu ihm; daß mithin die Beobachtung der Gebote Gottes, wenn sie sich ausschließlich oder auch bloß vorwiegend auf die Furcht vor den ewigen Strafen gründet, dem Geiste unserer heiligen Religion keineswegs ganz entspricht. Wollen Sie die Kinder zu echten Christen im Geiste des Evangeliums heranbilden, dann müssen Sie mithin sich alle Mühe geben, jene Liebe, welche der Heilige Geist in ihre Herzen eingegossen hat, in ihnen lebendig zu machen, zu nähren und zu kräftigen, und es dahin zu bringen, daß diese das vorzüglichste Moment werde, das ihre Gesinnung und ihr ganzes Thun beherrscht.

Ich kann, um diese Anweisung weiter zu begründen und auszuführen, nichts Besseres thun, als daß ich die schönen Gedanken wiederhole, in denen der hl. Augustin dieselbe entwickelt. Es sind das Gedanken, welche vielen Priestern, wenn man ihre Weise in der Verkündigung des Wortes Gottes betrachtet, ziemlich fremd zu sein scheinen, und es liegt in denselben eine solche Weisheit, daß Gruber [1] keinen Anstand nimmt zu erklären, "das gewöhnliche katechetische Verfahren" nehme sich ihnen gegenüber aus "wie eine armselige Pfuscherei".

373. "Bei der gesamten Darstellung des Inhaltes der Heiligen Schrift" (oder der christlichen Offenbarung), heißt es zunächst im dritten Kapitel der Abhandlung St. Augustins, "muß der Priester nicht nur selbst beständig den Zweck der Offenbarung vor Augen haben, welcher ,die Liebe ist aus reinem Herzen und gutem Gewissen und aufrichtigem Glauben', um diesem Zwecke alles, was er vorträgt, dienstbar zu machen, sondern er muß auch seine Zuhörer fort und fort auf denselben hinweisen. Denn auch jene Bücher der Heiligen Schrift, welche vor der Menschwerdung des Sohnes Gottes verfaßt wurden, sind einzig und allein dazu geschrieben worden, daß eben diese Menschwerdung des Herrn dadurch verkündigt und der Menschheit nahegelegt würde. . . ." [2] Den Beweis dieses letzten Satzes, den der hl. Augustin hier zunächst folgen läßt, übergehe ich, weil wir desselben hier nicht bedürfen; ich habe ihn übrigens bereits an einer andern Stelle Ihnen vorgelesen [3]. Der Anfang des vierten Kapitels aber schließt sich an den ganzen Gedanken an, den ich eben gelesen habe. "Was", so fährt nämlich dort der heilige Kirchenlehrer fort, "was war aber mehr der Zweck dieser Menschwerdung des Sohnes Gottes, als daß uns in derselben die Liebe des Sohnes Gottes zu uns kund=

---

[1] A. a. O. S. 47.

[2] In omnibus sane non tantum nos oportet intueri praecepti finem, quod est *caritas de corde puro et conscientia bona et fide non ficta* (1 Tim. 1, 5), quo ea quae loquimur cuncta referamus: sed etiam illius quem loquendo instruimus, ad id movendus atque illuc dirigendus aspectus est. Neque enim ob aliud ante adventum Domini scripta sunt omnia, quae in sanctis Scripturis legimus, nisi ut illius commendaretur adventus... (*Aug.* l. c. c. 3, n. 6).

[3] Siehe Bd. I, S. 245 f.

gegeben und eindringlich nahegelegt würde: indem, ‚da wir ihm noch feind waren, Christus für uns starb'? Denn, wie gesagt, der Zweck der Offenbarung und die Vollendung des Gesetzes ist eben die Liebe: wir sollen einerseits uns gegenseitig lieben, und gleichwie ‚er sein Leben eingesetzt hat für uns, so gleichfalls unser Leben einsetzen für unsere Brüder'; und es soll uns andererseits, wenn es uns zu viel war, von selbst Gott zu lieben, wenigstens jetzt nicht zu viel sein, seine Liebe zu erwidern, nachdem ‚er uns zuerst geliebt' und ‚seines eingebornen Sohnes nicht geschont, sondern ihn für uns alle dahingegeben hat'[1].

„Es soll uns, sage ich, nicht zu viel sein, ihn dafür wiederzulieben. Denn nichts regt ja mehr zur Liebe an, als wenn man von der andern Seite zuerst geliebt wird, und mehr als roh ist das Herz, das nicht bloß nicht aus freien Stücken lieben, sondern nicht einmal die Liebe erwidern will. Selbst in der unreinen und sündhaften Liebe bewährt sich dies. Denn da sehen wir diejenigen, welche geliebt zu werden verlangen, auf alle Weise sich bemühen, die Innigkeit ihrer eigenen Liebe an den Tag zu legen und zu bewähren, und es dann als eine Forderung der Gerechtigkeit betrachten, daß ihnen von denen, die sie an sich fesseln wollen, mit Gegenliebe vergolten werde; und sehen sie nun diese wirklich von dem Feuer ergriffen, dann entbrennt hinwieder eben dadurch in ihnen selber die Liebe nur noch stärker. Wenn somit das Herz, das kalt war, wo es sich geliebt fühlt, warm zu werden anfängt, und das Herz, das schon brannte, wo es seine Neigung erwidert sieht, noch heftiger entflammt wird: so gibt es offenbar nichts, das mehr dazu angethan wäre, die Liebe anzuregen oder zu steigern, als wenn man, bevor man selbst liebte, sich geliebt sieht oder aber, da man seinerseits zuerst liebt, Erwiderung dieser Liebe hoffen kann oder schon wahrnimmt. Wenn aber dieses sich selbst bei unreinen Liebesverhältnissen bewährt, um wieviel mehr muß es von der rechten Liebe gelten! Oder was sucht man anders zu verhüten, wo man darauf bedacht ist, den, welchen man liebt, nicht zu verletzen, als dieses, daß er nicht denke, man liebe ihn nicht, oder man liebe ihn weniger, als man selbst von ihm geliebt wird? Denn wenn er das glaubt, dann wird die Neigung, vermöge deren die Menschen im vertrauten Umgange miteinander Genuß finden, bei ihm erkalten, und wenn er zu viel Selbstverläugnung besitzt, als daß diese Kränkung seine Liebe vollständig auslöschen könnte, so wird er zwar fortfahren, zu lieben, aber nur, um dem andern Gutes zu thun; den Genuß der Freundschaft dagegen wird er dabei nicht mehr finden[2].

---

[1] Quae autem maior causa est adventus Domini, nisi ut ostenderet Deus dilectionem suam in nobis, commendans eam vehementer: quia *cum adhuc inimici essemus, Christus pro nobis mortuus est*? (Rom. 5, 8. 9. 10.) Hoc autem ideo, quia *finis praecepti et plenitudo legis caritas est*: ut et nos invicem diligamus, et quemadmodum *ille pro nobis animam suam posuit, sic et nos pro fratribus animam ponamus* (1 Io. 3, 16); et ipsum Deum, *quoniam prior dilexit nos* (ibid. 4, 10), et *Filio suo unico non pepercit, sed pro nobis omnibus tradidit eum* (Rom. 8, 82), si amare pigebat, saltem nunc redamare non pigeat (*Aug.*, De cat. rud. c. 4, n. 7).

[2] Nulla est enim maior ad amorem invitatio, quam praevenire amando: et nimis durus est animus qui dilectionem, si nolebat impendere, nolit rependere. Quodsi in ipsis flagitiosis et sordidis amoribus videmus, nihil aliud eos agere qui amari vicissim volunt, nisi ut documentis quibus valent, aperiant et ostendant,

„Noch eine andere Rücksicht verdient aber hier besondere Beachtung. Freilich sehen auch Höherstehende es gern, wenn jene, die unter ihnen stehen, sie lieben; sie freuen sich ihrer Ergebenheit und lieben sie um so mehr, je mehr Beweise sie davon erhalten. Aber wenn sich der Niedere von dem Höhern geliebt sieht, so ist die Wirkung hiervon eine ungleich stärkere und die Gegenliebe viel inniger, die sich infolgedessen in ihm erzeugt. Denn die Liebe thut dem Herzen mehr wohl, wo sie nicht der Dürre des Mangels ihre Gluth verdanken muß, sondern dem Ueberflusse freien Wohlwollens entquillt; die erstere ist das Kind der Bedürftigkeit, die zweite der Barmherzigkeit[1].

„Wenn aber zu dem allem noch kommt, daß der Niedere sich gar keine Hoffnung mehr machen zu dürfen glaubte, als ob ihn der über ihm Stehende noch jemals lieben könnte, und wenn dieser dann aus freien Stücken sich herabläßt, ihm den Beweis zu liefern, wie groß seine Liebe gegen ihn sei, während er sich ein solches Glück gar nicht mehr zu versprechen wagte, dann muß er ohne Zweifel mehr, als man sagen kann, sich zur Gegenliebe getrieben fühlen. Wo ist nun aber ein Wesen, das höher stünde als Gott in seiner Majestät als Richter? Und wo ist ein Wesen, das verzweifelter unglücklich wäre als der Mensch in seinen Sünden? Denn er hatte sich ja auf Gnade und Ungnade um so rückhaltloser den gewaltigen Geistern des Hochmuths überantwortet, welche keine Seligkeit zu verleihen im stande sind, je vollständiger er alle Hoffnung aufgegeben hatte, als ob seiner jemals noch jener gewaltige Geist sich annehmen könnte, der nicht hochzustehen trachtet durch Schlechtigkeit, sondern hochsteht, weil er überreich ist an Gutheit[2].

„Es ist also, um das Gesagte nochmals kurz zusammenzufassen, vor allem deshalb Christus in die Welt gekommen, damit der Mensch erkännte, wie sehr

quantum ament, eamque imaginem iustitiae praetendere affectant, ut vicem sibi reddi quodam modo flagitent ab eis animis, quos illecebrare moliuntur, ipsique ardentius aestuant, cum iam moveri eodem igne etiam illas mentes, quas appetunt, sentiunt; si ergo et animus qui torpebat, cum se amari senserit, excitatur, et qui iam fervebat, cum se redamari didicerit, magis accenditur: *manifestum est, nullam esse maiorem causam, qua vel inchoetur vel augeatur amor, quam cum amari se cognoscit qui nondum amat, aut redamari se vel posse sperat vel iam probat, qui prior amat.* Et si hoc etiam in turpibus amoribus, quanto plus in amicitia! Quid enim aliud cavemus in offensione amicitiae, nisi ne amicus arbitretur, quod eum vel non diligimus, vel minus diligimus quam ipse nos diligit? Quod si crediderit, frigidior erit in eo amore, quo invicem homines mutua familiaritate perfruuntur; et si non ita est infirmus, ut haec illum offensio faciat ab omni dilectione frigescere, in ea se tenet, qua non ut fruatur, sed ut consulat, diligit (ibid.).

[1] Operae pretium est autem animadvertere, quomodo, quamquam et superiores velint se ab inferioribus diligi, eorumque in se studioso delectentur obsequio, et quanto magis id senserint, tanto magis eos diligant: tamen quanto amore exardescat inferior, cum a superiore se diligi senserit. Ibi enim gratior amor est, ubi non aestuat indigentiae siccitate, sed ubertate beneficentiae profluit. Ille namque amor ex miseria est, iste ex misericordia (ibid.).

[2] Iam vero si etiam se amari posse a superiore desperabat inferior, ineffabiliter commovebitur in amorem, si ultro ille fuerit dignatus ostendere, quantum diligat eum, qui nequaquam sibi tantum bonum promittere auderet. Quid autem superius Deo iudicante, et quid desperatius homine peccante? Qui se tanto magis tuendum et subiugandum superbis potestatibus addixerat, quae beatificare non possunt, quanto magis desperaverat posse sui curam geri ab ea potestate, quae non malitia sublimis esse vult, sed bonitate sublimis est (ibid.).

Gott ihn liebt. Und er sollte das zweitens darum erkennen, damit er sich dadurch getrieben fühlen möchte, den zu lieben, der ihn seinerseits zuerst geliebt, und damit er zugleich seinen Nächsten lieben möchte, dem Gebote und dem Beispiele dessen folgend, der ihm Nächster geworden war, indem er in ihm nicht den Nächsten, sondern den in weiter Ferne Irrenden geliebt hatte. Alles aber drittens, was in den heiligen Büchern vor der Menschwerdung des Herrn geschrieben worden, sollte dazu dienen, sein dereinstiges Erscheinen in der Welt vorauszuverkündigen, und nicht minder verkündet alles, was nach diesem seinem Erscheinen auf Gottes Geheiß geschrieben worden, abermals Christum und fordert uns auf zur Liebe. Daraus folgt, daß an jenen zwei Geboten der Liebe gegen Gott und gegen den Nächsten nicht nur ‚das ganze Gesetz hängt und die Propheten' (diese zwei Stücke bildeten damals, als der Herr diese Worte sprach, die ganze Heilige Schrift), sondern in gleicher Weise auch alle übrigen Bücher, welche später zu unserem Heile noch geschrieben wurden. . . .[1]

„Nun gibt es aber nichts, das zur Liebe in entschiedenerem Gegensatze stände als der Neid und die Eifersucht; diese aber ist die Tochter des Stolzes. Darum wollte unser Herr Jesus Christus, indem er Gott war und Mensch wurde, uns nicht nur den Beweis liefern, wie sehr Gott uns liebt, sondern überdies zugleich uns das Muster der Demuth sein und so diese starke Krankheit unserer Seele durch ein noch stärkeres Heilmittel heben. Denn ein großes Elend ist der Mensch mit seinem Stolze, aber eine noch größere Erbarmung ist Gott in seiner freiwilligen Niedrigkeit.

„So laß denn diese Liebe das Ziel sein, das du bei aller Unterweisung im Auge hast, und was immer du vorträgst, das trage so vor, daß die, welche du unterweisest, indem sie dich hören, glauben, indem sie glauben, hoffen, und indem sie hoffen, lieben."[2]

---

[1] Si ergo maxime propterea Christus advenit, ut cognosceret homo, quantum eum diligat Deus; et ideo cognosceret, ut in eius dilectionem a quo prior dilectus est, inardesceret, proximumque illo iubente et demonstrante diligeret, qui non proximum, sed longe peregrinantem diligendo factus est proximus; omnisque Scriptura divina quae ante scripta est, ad praenuntiandum adventum Domini scripta est, et quidquid postea mandatum est literis et divina auctoritate firmatum, Christum narrat, et dilectionem monet: manifestum est, non tantum totam legem et prophetas in illis duobus pendere praeceptis dilectionis Dei et proximi, quae adhuc sola Scriptura sancta erat, cum hoc Dominus diceret: sed etiam quaecumque posterius salubriter conscripta sunt memoriaeque mandata divinarum volumina literarum. Quapropter in veteri testamento est occultatio novi, in novo testamento est manifestatio veteris. Secundum illam occultationem carnaliter intellegentes carnales, et tunc et nunc paenali timore subiugati sunt. Secundum hanc autem manifestationem spirituales, et tunc quibus pie pulsantibus etiam occulta patuerunt, et nunc qui non superbe quaerunt, ne etiam aperta claudantur, spiritualiter intellegentes, donata caritate liberati sunt (*Aug.* l. c. c. 4, n. 8).

[2] Quia ergo caritati nihil adversius quam invidentia; mater autem invidentiae superbia est: idem Dominus Iesus Christus, Deus homo, et divinae in nos dilectionis indicium est, et humanae apud nos humilitatis exemplum, ut magnus tumor noster maiore contraria medicina sanaretur. Magna est enim miseria superbus homo: sed maior misericordia, humilis Deus. *Hac ergo dilectione tibi tamquam fine proposita, quo referas omnia quae dicis, quidquid narras ita narra, ut ille cui loqueris, audiendo credat, credendo speret, sperando amet* (ibid.).

Auf diese Vorschrift, welche in dem ganzen Kapitel begründet werden sollte, kommt der hl. Augustin bald nachher abermals zurück. „Bei allen einzelnen Thatsachen und Ereignissen," sagt er im sechsten Kapitel, „welche die religiöse Unterweisung umfaßt, soll man den Zweck derselben und ihre Bedeutung hervortreten lassen, insofern sie dadurch die Liebe zu fördern geeignet werden; denn diese ist ja das Ziel, von welchem in unserem Handeln sowohl als in unseren Reden sich unser Auge niemals abwenden soll." [1] Wir sollen, erläutert Gruber sehr gut, überall die Liebe Gottes gegen uns nachweisen, um dadurch fromme Gegenliebe in den Kindern zu erzeugen. Bei jeder Katechese muß im Vordergrunde der Gedanke stehen: „So sehr liebt uns Gott!" So sehr, um Beispiele anzuführen, daß er uns nach seinem Bilde schuf, daß er dem gefallenen Menschen den Erlöser verhieß, daß er das israelitische Volk in wunderbarer Weise führte, um den Glauben auf der Erde zu erhalten. So sehr liebt uns Gott, daß er uns Gebote gab, um uns den Weg des Heiles zu zeigen und uns zum ewigen Leben zu führen, daß er Strafe droht, um uns im Glauben und im Gehorsam zu erhalten, daß er wirklich straft, um uns auf den rechten Weg zurückzubringen. So sehr liebt uns Gott, daß er seinen eingebornen Sohn uns zum Erlöser bestimmte, daß dieser in unserer Knechtsgestalt unter uns wandelte, daß er Blut und Leben als Versöhnungsopfer hingab, um uns zur Liebe gegen ihn und zum Hasse gegen die Sünde zu verpflichten, daß er sichtbar auferstand und zum Himmel auffuhr, um uns unserer Unsterblichkeit und Auferstehung zu versichern und die Wahrheit seiner Lehre zu besiegeln. So sehr liebt uns Gott, daß er seinen Heiligen Geist sandte, damit derselbe immer mit seiner Kirche sei, daß er durch seinen Heiligen Geist unablässig alle Tage unseres Lebens erleuchtend und anregend in unserer Seele wirkt und für die besondern Bedürfnisse unserer Pilgerschaft uns seine besondern Gnaden durch die heiligen Sacramente zu theil werden läßt. So sehr liebt uns Gott, daß er seiner Kirche auch die Gewalt verlieh, Gesetze zu geben, damit ihre Anordnungen uns die Erfüllung seiner heiligen Gebote erleichtern und sichern möchten [2]. Richten Sie Ihre Katechesen diesem Geiste entsprechend ein, m. H., dann bilden Sie die Herzen der Kinder für das christliche Leben in der rechten Weise.

374. Eine weitere Bestätigung dessen, was ich über das Verhältniß der Furcht vor Gott und der Liebe zu ihm gesagt habe, insofern beide wesentliche Momente des christlichen Lebens sind, enthält noch eine andere Stelle in der Abhandlung des hl. Augustin. Ich theile Ihnen dieselbe gleichfalls mit, aber mehr ihres vorzüglichen Werthes wegen, als weil es mir bezüglich dieses Punktes noch weiterer Beweise zu bedürfen scheint. Die Stelle folgt unmittelbar auf eine andere, die ich Ihnen vor kurzem vorgelesen habe (Nr. 371, S. 254, Note 1). Nachdem St. Augustin in dieser zwei Klassen von Menschen

---

[1] Exordienda narratio est ab eo, quod fecit Deus omnia bona valde, et perducenda, ut diximus, usque ad praesentia tempora Ecclesiae: ita ut singularum rerum atque gestorum quae narramus, causae rationesque reddantur, *quibus ea referamus ad illum finem dilectionis*, unde neque agentis aliquid, neque loquentis oculus avertendus est (ibid. c. 6, n. 10).

[2] Vgl. Gruber a. a. O. S. 81.

charakterisirt hat, deren Streben, weil von der Rücksicht auf Irdisches geleitet und getragen, dem Geiste des Christenthums nicht gemäß sei und für das christliche Leben nicht genüge, fährt er also fort: „Wer aber um der ewigen Seligkeit willen die christliche Religion anzunehmen beabsichtigt und um jener immerdauernden Ruhe willen, welche nach diesem Leben den Dienern Gottes verheißen ist; wem es darum zu thun ist, dadurch dem ewigen Feuer zu entgehen, dem Lose des Teufels, und Theil zu erlangen an der ewigen Herrlichkeit mit Christus: der ist schon ein wahrer Christ. Ein solcher wird infolge dieser seiner Gesinnung behutsam sein in jeder Versuchung und darauf sehen, daß irdische Güter und Genüsse ihn nicht verführen, Widerwärtigkeiten ihn nicht entmuthigen; er wird Maß halten im Ueberfluß, und im Leiden starkmüthig und geduldig bleiben. Er wird überdies nach und nach vollkommener werden und sich zu jener Höhe der Gesinnung erheben, wo die Liebe zu Gott größer ist als die Furcht vor der Hölle; wo er, wenn Gott zu ihm spräche: ‚Genieße die Lust dieser Erde ohne Aufhören und sündige, soviel du kannst; du wirst darum nicht sterben, noch in die Hölle gestürzt werden, sondern bloß von mir geschieden sein‘ — wo er, sage ich, vor einer solchen Freiheit sich entsetzen und um keinen Preis sündigen würde, nicht mehr, um nicht dem Verderben zu verfallen, sondern um den nicht zu beleidigen, den er liebt."[1] Also, das ist in diesen Worten ausgesprochen, die Treue gegen Gott und seine Gebote aus Furcht vor den ewigen Strafen und aus Verlangen nach dem ewigen Lohn ist gut und dem Geiste der christlichen Religion gemäß; aber viel höhern Werth hat diese Treue, wenn sie aus Liebe zu Gott hervorgeht. Und nach dieser Liebe, „die niemals aufhört", soll der Christ streben; er soll nicht bei der Furcht und der Hoffnung stehen bleiben, sondern diese sollen ihm eine Stufe sein, auf der er sich zu der vollkommenern Gesinnung erhebt.

Es ist die Aufgabe des Katecheten, bemerkt Gruber in Rücksicht hierauf, den Kindern diesen Uebergang von der Furcht zur Liebe zu erleichtern. Er muß bei seinem Unterrichte immer bemüht sein, ihnen die Ruhe in Gott, die Hoffnung der unbegreiflichen und unverlierbaren Seligkeit bei Gott näherzurücken; er muß sie über das Glück, bei Gott in Gnaden zu stehen, Gott wohlgefällig zu sein, so häufig und so eingehend unterweisen, daß die Furcht vor Gott bei ihnen mehr in den Stunden schwerer Versuchung als in ihrem gewöhnlichen Handeln hervortritt, und daß auch die in solchen Fällen sich regende Furcht mehr eine aus der Liebe gegen Gott hervorgehende Scheu ist,

---

[1] Qui autem propter beatitudinem sempiternam et perpetuam requiem, quae post hanc vitam sanctis futura promittitur, vult fieri christianus; ut non eat in ignem aeternum cum diabolo, sed in regnum aeternum intret cum Christo: vere ipse christianus est: cautus in omni tentatione, ne prosperis rebus corrumpatur, et ne frangatur adversis, et in abundantia bonorum terrenorum modestus et temperans, et in tribulationibus fortis et patiens. Qui etiam proficiendo perveniet ad talem animum, ut plus amet Deum quam timeat gehennam; ut etiamsi dicat illi Deus: Utere deliciis carnalibus sempiternis, et quantum potes pecca; nec morieris, nec in gehennam mitteris, sed mecum tantummodo non eris: exhorrescat, et omnino non peccet, non iam, ut in illud quod timebat, non incidat, sed ne illum quem sic amat offendat; in quo uno est requies, quam oculus non vidit, nec auris audivit, nec in cor hominis ascendit, quam praeparavit Deus diligentibus eum (1 Cor. 2, 9) (*Aug.* l. c. c. 17, n. 27). (Die Fortsetzung dieser Stelle findet sich oben S. 198, Note 2.)

ihm zu mißfallen, als ausschließlich die Furcht, von ihm verworfen zu werden[1]. „Auch die Strenge der Gerechtigkeit Gottes", sagt in diesem Sinne, in unmittelbarem Anschlusse an das vorher von uns gelesene vierte Kapitel, ganz besonders schön der hl. Augustin, „auch die Strenge der Gerechtigkeit Gottes, welche das Herz des Menschen in heilsamer Furcht erschüttert, soll der Priester als einen Unterbau verwenden, auf welchem er die Liebe sich erheben läßt. Er soll seine Zuhörer dahin führen, daß sie sich glücklich fühlen in dem Gedanken, von dem sich geliebt zu wissen, vor dem sie sich zu fürchten haben; daß sie Muth fassen, ihn wiederzulieben, und seiner Liebe, auch wenn sie keine Strafe zu fürchten hätten, doch um keinen Preis mißfallen möchten."[2]

375. In diesem Satze ist das Wesen der Gesinnung, welche Gott dem Herrn gegenüber den Christen erfüllen soll, die „kindliche Furcht Gottes", sehr gut charakterisirt. Aber auch ein anderer Gedanke liegt sowohl in dieser letzten Stelle als in der vorher (S. 262, Note 1) angeführten; und um jede unrichtige Auffassung des Gesagten auszuschließen, will ich nicht unterlassen, Sie auf denselben aufmerksam zu machen. Es geht nämlich aus beiden klar hervor, daß auch die Erinnerung an die Gerechtigkeit Gottes ein wesentliches Element der christlichen Gesinnung ist, daß auch die Furcht vor den Gerichten Gottes ihren hohen Werth hat. Wenn wir darum mit dem hl. Augustin lehren, das eigentliche Moment, von welchem das christliche Leben getragen sein soll, sei die Liebe zu Gott, so meinen wir damit nicht eine Liebe, welche die Ehrfurcht vor der Majestät „des Königs der Ewigkeit, des Unsterblichen und Unsichtbaren", ausschlösse oder auch nur verminderte; und wenn wir verlangen, daß, damit jene Liebe gegen Gott sich erzeuge und lebendig bleibe, in den Thatsachen der Offenbarung seine Barmherzigkeit und seine Liebe gegen uns besonders hervorgehoben und nachgewiesen werde, so sind wir weit entfernt, damit einer gewissen Richtung das Wort zu reden, welche namentlich in den ersten Jahrzehnten des laufenden Jahrhunderts in weiten Kreisen herrschend war, und deren Anschauungen, wie mir scheint, in der gerade bei ihr am meisten beliebten Redeweise „der liebe Gott" ihren kürzesten Ausdruck finden. Diese Richtung schiebt die Lehre von der Gerechtigkeit Gottes beiseite und will nicht davon geredet wissen, noch daran erinnert sein; was sie aber die Güte Gottes oder seine Liebe nennt, das ist eine sentimentale, wohlwollende Weichheit, welche sich vor allem dadurch empfiehlt und liebenswürdig macht, daß sie den natürlichen Neigungen des Menschenherzens, wenn sie dieselben nicht geradezu begünstigt, doch auch nicht in den Weg tritt. Der Gott dieser Richtung, sagt ein genialer, aber nicht rühmlich bekannter deutscher Philosoph aus der neuern Zeit, „ist ein liebender Vater, der die Welt gemacht hat, daß es hübsch vergnügt darauf zugehe, und der, wenn man sich nur in gewissen Stücken seinem Willen fügt, auch nachher für eine noch viel hübschere Welt sorgen wird." Oder, wie Beda Weber es vielleicht noch bezeichnender ausdrückt, „ihr Gott ist ein freundlicher morgenländischer Emir, aus dessen Barte

---

[1] Vgl. Gruber a. a. O. S. 201.

[2] De ipsa etiam severitate Dei, qua corda mortalium saluberrimo terrore quatiuntur, caritas aedificanda est; ut ab eo quem timet, amari se gaudens (is qui catechizatur), eum redamare audeat, eiusque in se dilectioni, etiamsi impune posset, tamen displicere vereatur (*Aug.* l. c. c. 5, n. 9).

beständig die Thränen der Rührung träufeln, mit einem Schäferstock von grünem Schilfrohr, damit er ja niemanden wehe thun kann." Das ist offenbar auch nicht entfernt mehr der Gott des Christenthums.

Es ist allerdings dem Geiste der Offenbarung zuwider, sagt Gruber in diesem Sinne, wenn man die Strafgerechtigkeit Gottes so darstellt, daß ihre Betrachtung nur sklavische Furcht vor der Strafe und dem Strafenden erzeugt und sich eine Gesinnung bildet, vermöge deren der Mensch, wenn er auch aus Furcht sich des Bösen enthält, doch im Herzen bedauert, daß auf dasjenige Strafe gesetzt sei, was er sehnlich wünscht, und nur aus Furcht vor der Strafe, wider seinen Willen, entbehrt. Aber es ist ebensosehr dem Inhalte und der Absicht der Offenbarung zuwider, wenn man, was man seit einigen Decennien [1] im Religionsunterrichte thut und gethan wissen will, Gott nur als einen weichen Vater darstellt, der alles Böse auch ohne Sinnesänderung hingehen lasse und auch dem im bösen Sinne Verharrenden verzeihe; wenn man besorgt, man möchte die Menschen durch die Darstellung der Gerechtigkeit Gottes und ihrer Strafen zu viel ängstigen, ihnen das Herz zu schwer machen. Nein! Gott ist Vater, barmherziger Vater, aber auch ein weiser, ein unendlich heiliger und gerechter Vater; er ist gnädig und barmherzig und verzeiht darum gerne dem, der seinen bösen Sinn aufrichtig ändert; aber er ist auch heilig und gerecht, und straft den im bösen Sinne Verharrenden; er thut jedoch auch dieses mit der liebreichen Absicht, durch die verhängte Strafe und durch Ankündigung der einstigen gerechten Vergeltung den Sünder, solange er in diesem Prüfungsleben wandelt, zur Sinnesänderung zu führen. Gott ist die Liebe, da er dem sich ernstlich Bessernden verzeiht; Gott ist die Liebe, da er dem Bösen die Strafe androht, weil nur das Gutsein der Seele Heil bringt und die Androhung der Strafe zum Gutsein führen soll; Gott ist die Liebe, da er dem die Drohung nicht achtenden Bösen wirklich Strafen zusendet, damit er fühle, daß es Unheil bringt, wenn man vom Rechtthun und Gutsein abweicht [2].

Lassen Sie mich noch einen Rath hinzufügen, m. H. Es ist, wie ich schon sagte, die vorher bezeichnete falsche Richtung, welche den Ausdruck „der liebe Gott" ganz besonders liebt, und ihr, glaube ich, verdankt derselbe vorzugsweise seine Aufnahme und weite Verbreitung. Dadurch dürfte es hinlänglich begründet sein, wenn ich Ihnen rathe, diese pietistisch-sentimentale Wendung ganz zu vermeiden, dieselbe wenigstens bei der Verkündigung des Wortes Gottes, auf der Kanzel oder in der Katechese, niemals zu gebrauchen. Es trägt sicher nicht dazu bei, in den Kindern die dem Menschen so unentbehrliche und doch seinem Leichtsinn so fernliegende Ehrfurcht vor der Majestät des „Herrn der Heerscharen" zu fördern, wenn der Priester für ihn kein anderes Attribut hat als dasjenige, womit sie in der Kinderstube gewöhnt wurden, ihrer Zärtlichkeit gegen „den lieben Onkel" und „die liebe Tante", „die liebe Fanny" und „den lieben Hans" Ausdruck zu geben. „Solange überall so viel Sünde ist, solange insbesondere der Name Gottes, statt mit tiefer Ehrfurcht ausgesprochen zu werden, millionen- und millionenmal eitel und leichtfertig genannt, ja tausend- und tausendmal in Flüchen und Be-

---

[1] Gruber hielt seine Vorträge in den Jahren 1828 und 1829.
[2] Vgl. Gruber a. a. O. S. 63.

theuerungen mißbraucht wird, muß mit Bestimmtheit angenommen werden, daß Gott da überall nie erkannt ... worden sei. Wer je einmal zu einer wirklichen Erkenntniß Gottes gekommen ist, wird nie seinen Namen eitel nennen."[1] Hirscher zieht aus diesen Gedanken eine umfassendere Folgerung; aber ich bin überzeugt, er würde mir vollkommen zustimmen, wenn ich sage, daß die Redeweise „der liebe Gott" die rechte Erkenntniß Gottes beeinträchtigt, und daß sie ganz dazu angethan ist, den Mißbrauch seines allerheiligsten Namens zu fördern. Und in der Heiligen Schrift, bei den heiligen Vätern, in der Sprache der Kirche werden Sie familiäre Wendungen dieser Art ganz gewiß vergebens suchen; dort und nirgend anders müssen wir aber ohne Zweifel lernen, wie wir uns in der Verkündigung des Wortes Gottes ausdrücken sollen.

Gruber schließt seine Bemerkungen über das dritte Kapitel der Schrift des hl. Augustin mit einem Gedanken, der ganz hierher gehört, insofern in diesem Paragraphen von der religiösen Gesinnung, von dem Gehorsam und der Liebe gegen Gott und der Furcht vor ihm die Rede war, in welche der Priester das Herz der Kinder hineinbilden soll. „Damit wir", sagt er, „hierzu im stande seien, muß der Grund dazu in uns selber gelegt sein. Wer Kinder so unterrichten will, daß das Erkennen Gottes für ihr Erkennen, der Wille Gottes für ihren Willen das oberste Gesetz ist, der muß selbst keine andere Richtschnur in seinem Erkennen und in seinem Wollen haben. Wer bewirken will, daß die Kinder an der Autorität Gottes in ihrem Denken und Wollen hangen, der muß selbst mit dem wahren Sinne eines Kindes Gottes an der Autorität Gottes in seinem Denken und Wollen hangen. Wer die gesamte Denk= und Willenskraft der Kinder durch die in der Geschichte der Führungen Gottes liegenden Vorstellungen so bilden will, daß alle seine Katechisationen von diesen Führungen Gottes ausgehen und auf sie zurückkommen, daß in seinem ganzen Auftreten nirgends menschliche Faselei, sondern nur reine göttliche Wahrheit erscheint: ja, der muß selbst für sich in reiner, demüthiger Gesinnung an Gottes Belehrungen festhalten; der muß die göttliche Offenbarung nicht obenhin und nur fürs Wissen studirt haben, sondern durch und durch von ihr erfüllt sein. Dann stellt sich ihm in seinem Kinderunterrichte bei jeder Art von Erläuterungen einer Religionswahrheit das Passende aus den geoffenbarten Führungen Gottes dar; er ist nie verlegen, den einfachsten menschlichen Begriff auf Gott zu beziehen und so unausgesetzt heilige Liebe im Glauben an Gott und an seinen zu unserer Erlösung gekommenen Sohn zu pflanzen."[2]

„Wenn das Herz des Katecheten kalt ist, wie kann er das Herz der Kinder erwärmen? Zwischen einem gelehrten Wortemacher und einem guten Katecheten ist ein so großer Unterschied wie zwischen der Schulsprache und der Herzenssprache. Nur diese allein geht zu Herzen. Das ist eine der zu wenig erkannten Ursachen, warum manche Kinder, die, wie man sagt, sehr gut unterrichtet sind, doch dabei erzböse Kinder sind, eine der zu wenig beherzigten Ursachen, warum bei so vielen Anstalten, bei so schweren Bemühungen, bei so großem Aufwande an Zeit und an Talenten die Katechesen an manchen

---

[1] Hirscher, Besorgnisse hinsichtlich der Zweckmäßigkeit unseres Religionsunterrichtes S. 6. 7.
[2] Nach Gruber a. a. O. S. 42.

Orten doch nicht gedeihen wollen. Es fehlt bei dem Katecheten. Er besitzt alle Eigenschaften, nur eine mangelt ihm: ernste Begeisterung für Religion und Tugend", tief im Herzen wurzelnde Gottesfurcht [1].

§ 3.
Die Lehre von der „vollkommenen" Liebe nach der Offenbarung und die Fälschung derselben in Katechismen und Erbauungsschriften der Neuzeit.

376. Was wesentlich zur Ausführung unseres neunten Grundsatzes gehört, das haben wir hiermit gesagt. Ich kann aber nicht umhin, hier noch einen besonders wichtigen Punkt zu behandeln, der mit dem Inhalt und dem Zwecke dieses Kapitels sehr nahe zusammenhängt; das ist das Thema von der „vollkommenen", besser, von der „eigentlichen" Liebe zu Gott und was mit diesem in unmittelbarer Verbindung steht, von der „vollkommenen" Reue, oder von der „Reue aus eigentlicher Liebe". Fürchten Sie nicht, daß ich Ihnen etwa eine metaphysische Erörterung über das Wesen der eigentlichen Liebe vortragen werde; eine solche finden Sie in meiner Aesthetik (Nr. 50 ff.); hier will ich Ihnen nur ganz einfach dasjenige vorführen, was die Offenbarung uns in Rücksicht auf den bezeichneten Gegenstand lehrt.

Diese Lehre der Offenbarung ist zunächst in dem vierten Kapitel der Abhandlung des hl. Augustin, das wir vor kurzem gelesen haben, ganz unverkennbar und mit vollster Klarheit ausgesprochen. Der Satz, welchen der heilige Kirchenvater dort zu beweisen beabsichtigt, ist derjenige, der den Schluß des eben genannten Kapitels bildet: Was der Katechet bei der religiösen Unterweisung als höchstes und letztes Ziel im Auge haben muß, das ist dieses, daß er in den Herzen derer, die er unterweist, die Liebe gegen Gott wecke und fördere (oben S. 260). Es kann hiernach keinem Zweifel unterliegen, daß von der „vollkommenen" oder eigentlichen Liebe zu Gott die Rede ist, nicht von der unvollkommenen. Wer dennoch daran zweifeln möchte, der dürfte bloß bedenken, daß ja doch nur von der „vollkommenen" Liebe die Worte gelten, daß „an ihr das ganze Gesetz hänge und die Propheten", und daß sie der „Zweck der Offenbarung sei und die Vollendung des Gesetzes"; St. Augustin redet aber von der Liebe, von welcher diese Worte gelten [2]. Um nun den eben angegebenen Satz zu beweisen, argumentirt der heilige Lehrer im dritten und vierten Kapitel folgendermaßen:

Der eigentliche Gegenstand und der Mittelpunkt der gesamten Offenbarung ist der Sohn Gottes, seine Menschwerdung und die Erlösung durch ihn.

Nun liegt aber die ethisch-pädagogische Bedeutung der Menschwerdung des Sohnes Gottes und der Erlösung durch ihn vorzugsweise darin, daß nichts mehr geeignet ist als diese Thatsache, die Menschen zur Liebe gegen Gott zu bestimmen.

Folglich muß, wer andere in den Lehren der Offenbarung unterweist, dieselben an erster Stelle unter dieser Rücksicht und von dieser Seite darstellen.

---

[1] Nach Jais, Bemerkungen über die Seelsorge (5. Aufl.) S. 99.
[2] Vgl. oben S. 260. 257 f.

Der Untersatz dieses Syllogismus wird im vierten Kapitel, das ich Ihnen vorgelesen habe, entwickelt und bewiesen. In kurzer Fassung ist der Gedanke dieses Kapitels dieser:

Es gibt kein wirksameres, kein der Natur des Menschenherzens angemesseneres Mittel, den Menschen zur Liebe zu bestimmen, als wenn man ihn aufrichtig und selbstlos liebt und ihm hiervon Beweise liefert.

In der Menschwerdung des Sohnes Gottes und in seiner ganzen erlösenden Thätigkeit für uns liegt aber der unverkennbarste Beweis übergroßer und mehr als ganz unverdienter Liebe Gottes gegen uns.

Folglich ist nichts mehr geeignet, nichts psychologisch wirksamer, die Liebe zu Gott in den Menschen zu erzeugen und zu beleben, als eben die Menschwerdung des Sohnes Gottes und die gesamte Thatsache der Erlösung durch ihn.

Dieser letzte Gedanke ist es, m. H., um den es mir hier vor allem zu thun ist. Denn es liegt in demselben, wenn Sie ihn in Verbindung mit dem betrachten, was ich vorausgeschickt habe, diese Wahrheit ausgesprochen: Wenn der Christ die Liebe erwägt, mit welcher Gott ihn zuerst geliebt hat; wenn er die Erweise und die Aeußerungen dieser Liebe beherzigt, d. h. die Gaben, Gnaden, Wohlthaten, mit denen ihn Gott überhäuft und die er ihm noch für das andere Leben zugedacht und verheißen hat; wenn er auf Grund dieser Thatsachen sich bestimmt, Gott seinen Schöpfer, seinen Erlöser, seinen Wohlthäter, den Urheber seines Friedens, seines Glückes und seiner Seligkeit auch seinerseits zu lieben; dann ist diese Liebe nicht unvollkommene, nicht uneigentliche, sondern eigentliche, „vollkommene" Liebe; dann erfüllt er durch diese Gesinnung ganz und erschöpfend das Gebot der Liebe; dann besitzt er jene Liebe, von welcher der Apostel schreibt, daß sie „ausgegossen wird in unser Herz durch den Heiligen Geist". Und wenn der Christ auf Grund der durch Erwägung der angegebenen Momente erweckten Liebe seine Sünden bereut, dann ist diese Reue nicht die unvollkommene, sondern die vollkommene Reue, durch welche auch vor dem Empfange des Sacramentes der Buße alle Sünden getilgt werden.

Keine andern als diese Anschauungen St. Augustins in Verbindung mit dem andern vorher[1] angeführten Gedanken desselben liegen einem spanischen Sonett zu Grunde, das einige dem hl. Ignatius, andere dem hl. Franz Xaver zuschreiben, und das bald als „Act der Liebe zu Gott", bald als „Act der vollkommenen Reue" wiederholt gedruckt wurde. In deutsche Prosa übertragen lautet dasselbe also:

„Nicht bestimmt mich, mein Gott, dich zu lieben, der Himmel, den du mir verheißen; nicht, dich nicht zu beleidigen, die Schrecken der Hölle. Du selbst bist es, o Herr, was mich dazu bestimmt; es bestimmt mich dazu das, daß ich dich mit Nägeln durchbohrt, in großer Marter und voll von Wunden, dort am Kreuze hangen sehe; es bestimmt mich dazu deine tiefe Erniedrigung und dein bitterer Tod. Es bestimmt mich mit einem Worte deine Liebe zu mir, und das mit solcher Macht, daß, wenn es auch keinen Himmel gäbe, ich

---

[1] S. 262, in dem zweiten Theile der aus Kap. 17, Nr. 27 der Schrift *De catechizandis rudibus* gegebenen Stelle.

dich dennoch lieben würde, und wenn es keine Hölle gäbe, dich dennoch fürchten. Du brauchst mir nichts zu schenken, damit ich dich liebe; denn hätte ich auch von allem, was ich von dir hoffe, nichts zu hoffen, dennoch würde ich dich lieben in demselben Maße, wie ich jetzt dich liebe." [1]

Auch in der „Betrachtung, um die Liebe zu Gott in uns zu erwecken" [2], welche der hl. Ignatius am Schlusse seiner „Geistlichen Uebungen" gibt, gründen sich die drei ersten „Punkte" durchaus auf die nämlichen Anschauungen. Daß es sich dort auch nicht entfernt um die „unvollkommene" Liebe handelt, wie ich mitunter behaupten hörte, beweist schon das Gebet, welches die Gesinnung ausspricht, die das Resultat der im ersten „Punkte" angedeuteten Erwägung sein soll; denn diese Gesinnung ist durchaus die „vollkommene" Liebe, und zwar ein hoher Grad derselben [3].

377. Ich habe die Wahrheit, die ich eben aus den Worten St. Augustins entwickelt, vorher als eine besonders wichtige bezeichnet. Das ist sie in der That. Oder glauben Sie nicht, daß es sehr bedeutende Folgen nach sich ziehen muß, wenn das christliche Volk keine Kenntniß oder doch keine klare und bestimmte Vorstellung mehr hat von den eigentlichsten und den wirksamsten Motiven jenes religiösen Actes, welcher den Gegenstand „des ersten und des höchsten Gebotes" bildet, welcher „der Zweck der gesamten Offenbarung" und „die Vollendung des Gesetzes" ist, und in jenen Fällen, wo man das Sacrament der Buße nicht empfangen kann, das einzige Mittel der Vergebung der Sünden, somit unter Umständen das einzige Mittel, der ewigen Verdammniß zu entgehen und des ewigen Lebens theilhaftig zu werden? Dahin ist es aber in manchen Gegenden thatsächlich gekommen, daß eben jene wirksamsten, der Natur des Menschenherzens mehr als alle andern angemessenen Motive der vollkommenen Liebe als solche angesehen werden, welche nur die unvollkommene Liebe erzeugen und an ihrer Stelle als das ausschließliche und einzige Motiv

---

[1]
No me mueve, mi Dios, para quererte,
El cielo que me tienes prometido:
Ni me mueve el infierno tan temido
Para dexar por esso de ofenderte.

Tu me mueves, Señor: mueveme el verte
Clavado en essa cruz, y escarnecido;
Mueveme el ver tu cuerpo tan herido;
Muevenme tus afrentas, y tu muerte.

Mueveme al fin tu amor, y en tal manera,
Que aunque no hubiera cielo, yo te amara,
Y aunque no hubiera infierno, te temiera.

No me tienes que dar porque te quiera:
Que aunque quanto espero, no esperára,
Lo mismo que te quiero, te quisiera.

S. Franc. Xav. epist. omn. libr. quattuor II (Bononiae 1795), 507.

[2] *Contemplatio ad obtinendum amorem.*

[3] Das Gebet lautet nach Roothaans Uebersetzung also:
Sume, Domine, et suscipe omnem meam libertatem: meam memoriam, meum intellectum, et omnem voluntatem meam, quidquid habeo et possideo: tu mihi haec omnia dedisti, tibi, Domine, ea restituo: omnia tua sunt, dispone pro omni voluntate tua. Da mihi tuum amorem et gratiam; nam haec mihi sufficit.

der vollkommenen Liebe ein Gedanke gilt, welcher der Beschränktheit und der Schwachheit der menschlichen Natur im allgemeinen viel zu hoch liegt und von den meisten viel zu schwer erfaßt wird. Es ist das eine der schlimmen Folgen jener Lehren, welche der Jansenismus erfunden und nach ihm der Quietismus weiter ausgebildet und in Umlauf gesetzt hat. Wohl hat die Kirche den Jansenismus verworfen; wohl hat Innocenz XII. in dem Breve *Quum alias* vom 12. März 1699 23 Sätze des Quietismus, welche Fenelon in einer Abhandlung [1] vorgetragen hatte, verurtheilt und insbesondere die Lehre von der „uneigennützigen" oder „reinen" Liebe zu Gott, die von aller Rücksicht auf uns selbst gelöst sein müsse, für unrichtig erklärt. Aber die Nachwirkungen dieser Theorien sind auch in katholischen Gebetbüchern und Erbauungsschriften und selbst in Katechismen noch bis auf diesen Tag sichtbar.

So wird z. B. in einem Katechismus Folgendes gelehrt. „Vollkommen ist die Reue, die aus der Liebe Gottes allein entspringt. Eine solche Reue heißt vollkommen, weil sie sich auf Gott allein und seine unendlichen Vollkommenheiten bezieht, ohne geflissentliche Rücksicht auf uns [2]. — Unvollkommen ist die Reue, die aus Furcht Gottes oder aus Dankbarkeit gegen Gott entspringt [3]. Die Reue entspringt (aber) aus der Dankbarkeit gegen Gott, wenn wir unsere Sünden bereuen, weil wir dadurch Gott, unserem Schöpfer, Erlöser, Heiligmacher und Seligmacher, für seine vielen und großen Wohlthaten undankbar gewesen sind und uns derselben unwürdig gemacht haben. Eine solche Reue heißt unvollkommen, weil sie sich wohl auf Gott bezieht, aber auch auf uns selbst Rücksicht nimmt, wegen der Strafen Gottes, die wir zu fürchten, oder der Wohlthaten Gottes, die wir empfangen haben."

Ein zweiter Katechismus stellt diese Sätze auf. „Die Liebe ist vollkommen, wenn wir Gott hauptsächlich wegen seiner selbst lieben, d. h. weil er die höchste unendliche Güte und Vollkommenheit ist. Die Liebe ist unvollkommen, wenn wir Gott hauptsächlich wegen seiner Gaben und Wohlthaten lieben." Sind diese Angaben noch unbestimmt und doppelsinnig — wenigstens wenn man es darauf anlegt, sie zu rechtfertigen —, so erklären sie sich, und zwar nicht in günstigem Sinne, durch die zwei später in demselben Katechismus gegebenen Formeln der Reue, welche also lauten: „Die unvollkommene Reue: O mein Gott! Alle meine Sünden sind mir von Grund meines Herzens leid, weil ich durch dieselben dich, meinen Herrn und Gott, meinen Schöpfer und Erlöser, meinen größten Gutthäter und strengsten Richter, beleidigt und ich verdient habe, von dir gestraft zu werden." „Die vollkom-

---

[1] Explication des maximes des Saints sur la vie intérieure, par Messire de Salignac-Fénelon, Archevêque Duc de Cambrai, Précepteur de Messeigneurs le Duc de Bourgogne, d'Anjou, et de Berry. A Paris chez Pierre Anbouin, Pierre Emirii, Charles Clousier. 1697. (So ist der Titel des Buches angegeben in dem Breve *Quum alias*, bei *Viva*, Damnatae Theses p. 509.)

[2] Dieser Satz, um das hier im Vorbeigehen zu sagen, ist unrichtig. Die Reue heißt vollkommen, insofern sie sich auf „vollkommene" Liebe gründet; die Liebe aber heißt vollkommen, wenn sie alle Eigenschaften oder Merkmale hat, welche zum Wesen der Liebe, nach dem vollen Begriff derselben, gehören.

[3] Diese Stelle sowie die übrigen in den folgenden Citationen sind von mir unterstrichen.

mene Reue: O mein Gott! Alle meine Sünden bereue ich von ganzem Herzen, ganz allein deswegen, weil ich dadurch dich, das allerhöchste und liebenswürdigste Gut, welches ich jetzt über alles liebe, erzürnt und beleidiget habe."

Diese beiden Katechismen treten offenbar in geraden Widerspruch mit der Lehre St. Augustins. Der erste verlangt, daß bei der Reue, wenn sie vollkommen sein soll, keine „geflissentliche Rücksicht auf uns selbst" stattfinde, und erklärt die aus der Dankbarkeit für die Gnade der Erlösung und der Heiligung hervorgehende Reue für unvollkommen, weil sie „auch auf uns selbst Rücksicht nehme"[1]. Der zweite leitet in der Formel der unvollkommenen Reue den Christen an, eben diese, die unvollkommene Reue, auch dadurch zu erwecken, daß er die Liebe erwägt, welche ihm Gott als sein „Schöpfer, Erlöser und größter Gutthäter" bewiesen hat, und läßt ihn dann in der Formel der „vollkommenen" Reue sich Gott dem Herrn „ganz allein" als dem höchsten und liebenswürdigsten Gute gegenüberstellen, das er beleidigt habe. Damit ist doch ohne Zweifel mindestens angedeutet, um nicht zu sagen ganz unzweideutig ausgesprochen, daß die Rücksicht auf die Liebe, welche Gott der Menschheit erwies, indem er seinen Sohn Mensch werden, für sie leiden und sterben und sie dadurch erlösen ließ, nur unvollkommene Liebe erzeuge. Und nach St. Augustin ist „Christus vor allem deshalb in die Welt gekommen und für uns gestorben, damit der Mensch erkännte, wie sehr Gott ihn liebt, und dadurch sich bewogen fühlte, den wenigstens wiederzulieben, der ihn seinerseits zuerst geliebt" (oben S. 260). Der Hauptzweck der Menschwerdung des Sohnes Gottes von dieser Seite wäre also gewesen, die Menschen zur unvollkommenen Liebe gegen Gott zu bewegen![2]

Ein dritter und ein vierter Katechismus geben für die „vollkommene" Reue gleichfalls nur den einen Beweggrund an, „weil man Gott, das allerhöchste Gut, welches man über alles liebt, beleidigt hat"; als Beweggründe der unvollkommenen Reue dagegen, „weil die Sünde an sich abscheulich ist,

---

[1] als ob eine Liebe möglich oder auch nur denkbar wäre, bei welcher der Liebende gar keine „Rücksicht auf sich selber nimmt". Man vergleiche „Das Gemüth ꝛc." Nr. 32, S. 60 ff., sowie folgende zwei Sätze, die ersten unter den 23 aus der Schrift Fenelons: *Explication des maximes des Saints*, gezogenen, welche Innocenz XII. in dem vorher bezeichneten Breve verurtheilte:

1. Datur habitualis status amoris Dei, qui est caritas pura, *sine ulla admixtione motivi proprii interesse*. Neque timor paenarum neque desiderium remunerationum habent amplius in eo partem. Non amatur amplius Deus propter meritum, neque propter perfectionem, neque propter felicitatem in amando inveniendam.

2. In statu vitae contemplativae sive unitivae amittitur omne motivum interessatum timoris et spei.

[2] Ich will hier der vorher angeführten Reueformel gegenüber auch die Bemerkung nicht übergehen, daß mir die bei uns stehend gewordene Redeweise, wonach Gott das höchste Gut genannt wird, sehr unzweckmäßig zu sein scheint. Der Ausdruck „das Gut" ist zugleich abstract und ganz metaphysisch und darum so unpopulär als möglich. Man untersuche einmal, was sich das Volk bei dem Worte denkt. Hat die Heilige Schrift sich desselben auch nur ein einziges Mal bedient? Man lese z. B. 5 Mos. 32, 6—18; die Gründe „vollkommener" Liebe zu Gott und entsprechender Reue, welche dort dem Volke nahegelegt werden, wirken sicher ganz anders als der unfaßliche, kalte Gedanke: „Gott ist das höchste Gut."

ober weil auf sie der Verlust des Himmels und die ewige Strafe der Hölle folgt". Ich fürchte, in diesem Sinne unterrichtet, werden die meisten Christen daran verzweifeln, es je zu einer vollkommenen Reue zu bringen, und an erster Stelle jene, welche unter Umständen derselben am meisten bedürfen, die in schwere Sünden Gefallenen nämlich.

Besser als die bisher berücksichtigten behandelt den in Rede stehenden Punkt der Katechismus von Overberg. Er unterscheidet zwar die Reue „aus reiner Liebe" und die Reue „aus dankbarer Liebe"[1]: und diese Unterscheidung mag ich in einem Katechismus insofern nicht billigen, als sich infolge derselben fast nothwendig die Meinung erzeugen muß, als ob die „dankbare" Liebe, d. h. jene, welche nach St. Augustins Lehre der Sohn Gottes durch seine Menschwerdung und sein bitteres Leiden an erster Stelle in den Herzen der Menschen hervorzurufen und zu begründen beabsichtigte, genau genommen nicht „rein", d. h. nicht frei von unschöner Selbstsucht wäre; diese Meinung würde aber kaum etwas anderes sein als der Irrthum Fenelons. Indes Overberg macht diesen Mißgriff dadurch einigermaßen wieder gut, daß er lehrt: „Wer Gott liebt, der wird von ihm wieder geliebt, die Liebe mag eine dankbare oder reine Liebe sein"[2]; denn hiermit ist ausgesprochen, daß auch die Reue aus „dankbarer" Liebe „vollkommene" Reue sei, mithin vor dem Empfange des Sacraments der Buße die Sünde tilge. Uebrigens ist auch Overbergs Darstellung weder ganz genau noch hinlänglich klar, und wer behaupten wollte, daß auch sie quietistische Anschauungen fördere, der würde, glaube ich, die thatsächlichen Beweise hierfür ohne große Mühe herstellen können, wenn er in den Gemeinden des Münsterlandes Umschau hielte.

Hören Sie noch die Gedanken, in welchen Bossuet in seinem „Katechismus für die Diöcese Meaux" die Lehre von der Reue, von der unvollkommenen und der vollkommenen, zusammenfaßt. „Um Abscheu und Schmerz über seine Sünden zu erwecken, soll man erwägen, wie gerecht und wie strenge Gott ist, und wie schrecklich die Todsünde, da sie uns der ewigen Strafen der Hölle würdig macht. Weiter soll man betrachten, daß die Güte Gottes unendlich groß, daß er unser Schöpfer ist, dem wir alles verdanken, der uns mehr liebt als der beste Vater seine Kinder; ferner, daß der Sohn Gottes für uns Mensch geworden, daß er unsertwegen ein Kind war, arm und den Beschwerden dieses Lebens unterworfen; daß er alle möglichen Leiden auf sich genommen hat, um uns zu erlösen; und daß die Sünden, die wir im Begriffe stehen zu beichten, Ursache seines Todes gewesen sind. Wenn jemand den Tod seines Vaters veranlaßt hätte, so würde ihn das ja sein ganzes Leben lang schmerzen; Jesus Christus ist uns aber mehr als ein Vater, und er hat sein Leben für uns hingegeben. Dieser Beweggrund der Reue, die Liebe, ist der vorzüglichere, und die Reue, welche durch Liebe vollkommen ist, hat die Kraft, wenn wir zugleich das Verlangen haben, das Sacrament der Buße zu empfangen, uns

---

[1] „Wenn wir Gott lieben, weil er uns so gut, so ist dies die dankbare Liebe; lieben wir ihn aber, weil er an sich selbst so gut ist, so heißt dies reine Liebe" (Overberg, Christkatholisches Religionshandbuch II, 458. Vgl. „Katechismus der christkatholischen Lehre" S. 277, Fr. 776. 777).

[2] A. a. O. S. 279, Fr. 784.

unverzüglich wieder in den Stand der Gnade zu versetzen."[1] Das ist die echte katholische Lehre von der vollkommenen Reue, und eben darum ist sie praktisch, für jeden Christen brauchbar und verständlich. So hatte Bossuet geschrieben, dreizehn Jahre, bevor die Verirrungen des Quietismus von der „uneigennützigen" Liebe in Rom verurtheilt wurden; wie es möglich war, daß nach dieser Verurtheilung mehr als ein und ein halbes Jahrhundert hindurch die rechte Auffassung dieser Lehre so vielfach entstellt und mit quietistischen Ideen versetzt, ja oft eben diese an der Stelle der einfachen und klaren Wahrheit festgehalten werden konnten, das kann man wirklich versucht sein unbegreiflich zu finden.

378. Aber Sie sagen mir vielleicht, ich hätte Ihnen versprochen, Ihnen bezüglich der „vollkommenen" Liebe und Reue die Lehre der Offenbarung vorzulegen, bisher aber nur **einen** Zeugen der Offenbarung angeführt. Darauf könnte ich antworten, daß das Zeugniß des hl. Augustin, wie es in dem vierten Kapitel seiner Schrift „Von der ersten religiösen Unterweisung" sich darstellt, insofern es sich dort ja eben **darum handelt**, das Wesen der Liebe zu Gott, als des eigentlichen Zweckes der Offenbarung und darum auch aller religiösen Unterweisung, zu charakterisiren, doch wohl genügen dürfte, um den Anschauungen neuerer Schriftsteller die Wage zu halten, namentlich, wenn dem großen Kirchenlehrer nicht nur eine Autorität wie Bossuet zur Seite steht, der doch in dieser Frage anerkanntermaßen dem Quietismus gegenüber die wahre Lehre der Kirche aufrechthielt, sondern überdies noch die in Rede stehenden neuern Schriftsteller unverkennbar von Anschauungen stark beeinflußt erscheinen, welche die Kirche verworfen hat. Aber es ist nicht meine Absicht, mich auf das Zeugniß des Bischofs von Hippo zu beschränken.

---

[1] *Qu'est-ce qu'il faut considérer pour s'exciter à la haine et au regret de ses fautes?*

Il faut considérer la rigoureuse justice de Dieu, et l'horreur du péché mortel, qui nous rend dignes de souffrir éternellement les peines de l'enfer.

Quelle autre considération faut-il encore employer à s'exciter au regret de ses péchés?

Que la bonté de Dieu est infinie, qu'il est notre créateur, à qui nous devons tout, qui nous aime plus que les meilleurs pères ne font leurs enfants.

Que faut-il encore penser?

Que le Fils de Dieu s'est fait homme pour nous, enfant, nécessiteux; qu'il a enduré toutes sortes d'outrages pour nous sauver; et que les péchés que nous allons confesser, ont été la cause de sa mort.

A quel regret doit-on être excité par cette pensée?

Si on avait fait mourir son père, on en aurait du regret toute sa vie. Jésus-Christ nous est plus qu'un père, et il a donné sa vie pour nous...

Lequel de ces deux motifs est le plus parfait?

Celui de l'amour.

Quelle est la perfection?

C'est que la contrition parfaite en charité suffit, avec le désir du sacrement, pour nous remettre incontinent en grâce.

Bossuet, Catéchisme du diocèse de Meaux (Oeuvres VI, 161. 162).

Erlauben Sie mir nur zuerst noch, an Ihren eigenen gesunden Sinn zu appelliren. Der gegenwärtig auf vielen Seiten herrschenden Auffassung gemäß, die auch einzelne von Ihnen mir entgegengehalten haben, soll es im Grunde Egoismus, mithin unvollkommene Liebe sein, wenn wir Gott den Herrn darum lieben, weil er uns erschaffen, erlöst, geheiligt, mit Wohlthaten überhäuft hat und uns einst das ewige Leben geben will: mit einem Worte, weil er gegen uns gut ist. Was meinen Sie denn, wenn Sie sich eines Pestkranken annähmen, der verlassen und hilflos daläge, eines Menschen, der Ihnen ganz fremd wäre; wenn Sie ihn mit Hintansetzung Ihres eigenen Lebens pflegten und ihm das Leben retteten: würde ein solcher Liebe gegen Sie hegen? Und würden Sie sagen, das sei „eigennützige", unvollkommene Liebe? Oder erinnern Sie sich an die Geschichte im Evangelium von dem barmherzigen Samaritan. Sollte der Mann, den die Räuber geschlagen, beraubt und halbtodt hatten liegen lassen, gegen den großmüthigen Fremden aus Samaria, der sich seiner erbarmt, ihn gerettet, ihn aus reinster und uneigennützigster Liebe in die Herberge gebracht und die Kosten seiner Pflege und Wiederherstellung auf sich genommen hatte, nicht innigen Dank und aufrichtige Liebe gefühlt haben? Und haben Sie den Muth zu behaupten, diese Liebe, weil sie sich auf empfangene Wohlthaten gründete, wäre nicht eigentliche, nicht reine, sondern uneigentliche, unvollkommene Liebe gewesen? In diesem Falle würde ich Sie bitten, mir zu erklären, warum denn der Undank eine so große Schmach ist, der Verrath an einem Wohlthäter als eine so tiefe Niederträchtigkeit gilt. Denn dann würde ja der Undankbare lediglich eine Gesinnung verläugnen, die aus der Selbstsucht entspränge und somit höchstens um sehr wenig besser wäre als diejenige, von welcher er sich thatsächlich leiten läßt [1].

---

[1] Die, wenn ich nicht irre, der neuern Zeit angehörenden Ausdrücke „Liebe aus Dankbarkeit" und „dankbare Liebe" dürften unklaren Auffassungen und verworrenen Begriffen ihren Ursprung verdanken; jedenfalls sind sie ganz dazu angethan, Unklarheit und Begriffsverwirrung zu fördern. „Liebe um bewiesener Liebe willen" oder „Liebe gegen einen Wohlthäter" wären geeignetere Ausdrücke.

Uebrigens — um von den Namen abzusehen — wo man nicht anzuerkennen vermag, daß die Gesinnung der Dankbarkeit oder die „dankbare Liebe" gegen einen Wohlthäter in Wahrheit „eigentliche" Liebe ist, da scheint man nicht zu bedenken, daß bei der Wohlthat immer zwei Dinge in Betracht kommen: die Gesinnung des Wohlthäters, d. h. seine Liebe, und die Gabe, welche er spendet. In beneficio dando duo considerantur, scilicet *affectus* et donum (*Thom.*, S. theol. 2, 2, q. 106, a. 4°). Und zwar ist jene, die Liebe, welche der Wohlthäter durch die Wohlthat kundgibt, das vorzüglichere und eigentlichere Moment; denn eben sie ist es, durch welche die gespendete Gabe zur „Wohlthat" wird und der Spender zum „Wohlthäter". Omnis actus moralis ex voluntate dependet. Unde beneficium, secundum quod ad laudabile, prout ei gratiae recompensatio debetur, materialiter quidem consistit in effectu, sed *formaliter et principaliter in voluntate*. Unde Seneca dicit in 1. de benef. c. 6 circa princ.: Beneficium non in eo quod fit aut datur consistit, sed *in ipso dantis aut facientis animo* (ibid. a. 5 ad 1). Eben darum bildet auch in der Dankbarkeit für empfangene Wohlthaten das vorzüglichere Moment nicht die vergeltende Spendung einer Gegengabe oder auch die äußere Danksagung, sondern die innere Gesinnung, welche der Christ seinem Wohlthäter gegenüber hegt und hegen soll. Sicut beneficium magis in affectu consistit quam in effectu, ita etiam recompensatio *magis in affectu* consistit (ibid. a. 3 ad 5). Nun liegt aber der Grund, welcher den Christen zu dieser innern Gesinnung seinem Wohlthäter gegenüber verpflichtet, in dem Gebote der

Kommen wir hiernach auf die Lehre der Offenbarung zurück. Die Heilige Schrift fordert uns mehrfach auf, Gott den Herrn zu lieben, und es kann keinem Zweifel unterliegen, daß es immer die „vollkommene", die eigentliche Liebe ist, von der sie redet, wenn sie in solchen Stellen die Ausdrücke „Liebe" und „lieben" gebraucht. Denn ohne einen sie näher bestimmenden Zusatz angewendet, bezeichnen diese Wörter eben die eigentliche Liebe, und bloß zur uneigentlichen Liebe gegen Gott kann uns überdies der Heilige Geist nicht auffordern. In manchen Stellen nun, um die es sich handelt, werden uns auch die Gründe ans Herz gelegt, die uns zur Liebe gegen Gott bestimmen sollen. Dieser Gründe sind zwei: der eine, seltener vorkommende, ist die Schönheit Gottes, mithin die Seligkeit und der Genuß, welchen die Liebe zu ihm und die Vereinigung mit ihm in seiner Anschauung gewähren muß; der andere findet seinen kürzesten Ausdruck in dem schönen Worte des hl. Johannes: „Uns lasset Gott lieben, weil Gott zuerst uns geliebt hat."[1] Erinnern Sie sich z. B. an die ergreifende Ermahnung (5 Mos. 10, 12 ff.), die ich Ihnen bei einer andern Gelegenheit vorgelesen habe (Bd. I, S. 531 f.).

Namentlich die in dem Geheimnisse der Erlösung sich offenbarende Liebe Gottes gegen uns gibt der Heilige Geist uns immer und immer wieder zu beherzigen. Er weist uns darauf hin, daß „Gott uns seinerseits zuerst geliebt und seinen Sohn gesendet hat als Sühnung für unsere Sünden"[2]; er erinnert uns, daß der Sohn Gottes „aus Liebe sein Leben für uns eingesetzt"[3], daß er „uns geliebt und sich selbst für uns hingegeben"[4], daß er „uns geliebt und uns reingewaschen von unsern Sünden in seinem Blute"[5], daß er „die Seinen geliebt und sie geliebt hat bis ans Ende"[6], daß er „unsertwegen arm wurde,

---

„eigentlichen" Liebe. Debitum gratitudinis *ex caritate derivatur* (*Thom.* l. c. a. 6 ad 2; cf. q. 107, a. 1 ad 3). Das Gebot der Liebe weist nämlich einen jeden an, die besondere Liebe, welche der Wohlthäter ihm erweist, mit entsprechender Gesinnung zu erwidern. Folglich ist eben diese Gesinnung, welche man „Dankbarkeit" oder „dankbare Liebe" nennt, ihrem Wesen nach „eigentliche" Liebe.

Oder kann man denn im Ernst der Ansicht sein, der selbstlosen Liebe eines Wohlthäters könne durch „uneigentliche" Liebe zu ihm entsprochen werden, welche ja ihrem Wesen nach nichts anderes ist als die Liebe zur eigenen Person? Es gibt freilich gemeine Seelen, deren Dankbarkeit nichts ist als Egoismus; aber eben darum ist dieselbe auch keineswegs wahre Dankbarkeit, sondern der bloße Schein dieser Tugend: es fehlt ihr ja das vorzüglichere Moment, dasjenige, durch welches sie erst das wird, was sie sein soll. Wer bei der Betrachtung der Wohlthaten Gottes in seinem Herzen eine Gesinnung weckte etwa wie jene, mit welcher in den Jahren 1846 und 1847 die Freimaurerei Pius IX. verherrlichte, von dem wird allerdings niemand sagen, er hege gegen Gott den Herrn „eigentliche" Liebe.

[1] Nos ergo diligamus Deum, *quoniam Deus prior dilexit nos* (1 Io. 4, 19).

[2] In hoc est caritas, non quasi nos dilexerimus Deum, sed quoniam ipse prior dilexit nos, et misit Filium suum propitiationem pro peccatis nostris (ibid. 4, 10).

[3] In hoc cognovimus caritatem Dei, quoniam ille animam suam pro nobis posuit (ibid. 3, 16).

[4] Ambulate in dilectione, sicut et Christus dilexit nos, et tradidit semetipsum pro nobis oblationem et hostiam Deo in odorem suavitatis (Eph. 5, 2). — Quod autem nunc vivo in carne, in fide vivo Filii Dei, qui dilexit me, et tradidit semetipsum pro me (Gal. 2, 20).

[5] Gratia vobis et pax, ... et a Iesu Christo, ... qui dilexit nos, et lavit nos a peccatis nostris in sanguine suo (Apoc. 1, 4 sq.).

[6] ... cum dilexisset suos, qui erant in mundo, in finem dilexit eos (Io. 13, 1).

da er reich war, auf daß wir reich würden durch seine Armut"[1]: aber er ermahnt uns nie, „Gott allein und seine unendlichen Vollkommenheiten" ins Auge zu fassen, „ohne geflissentliche Rücksicht auf uns" selber, oder Gott „ganz allein deswegen zu lieben, weil er das allerhöchste und liebenswürdigste Gut" sei.

Ich denke, m. H., aus dieser Thatsache ziehe ich mit Recht den Schluß: Der Lehre der Heiligen Schrift zufolge ist die Liebe Gottes gegen uns, die sich in den von ihm uns zu theil gewordenen Wohlthaten offenbart, nicht nur ein ganz zulässiger Beweggrund der eigentlichen oder „vollkommenen" Liebe und der ihr entsprechenden Reue, sondern sie ist derjenige, dessen wir uns vorzugsweise und an erster Stelle bedienen sollen, um die vollkommene Liebe in uns lebendig zu machen, weil der Heilige Geist uns gerade diesen fast ausschließlich empfiehlt und somit auch seine Gnade sich vorzugsweise mit diesem verbindet. Daß eben dieser Beweggrund zugleich der psychologisch am meisten wirksame ist, fühlen Sie wohl von selbst, und wir hörten es auch den hl. Augustin bereits hervorheben: „Es gibt nichts, das mehr dazu angethan wäre, die Liebe anzuregen, als wenn man, bevor man selbst liebte, sich geliebt sieht", „und mehr als roh ist das Herz, das nicht bloß nicht aus freien Stücken lieben, sondern nicht einmal die Liebe erwidern will" (oben S. 258). Sie sehen daraus, daß der Jansenismus, wie in mehreren andern Punkten, so auch hier ganz das rechte Mittel wählte, insofern es ihm nämlich darum zu thun war, die wesentlichen Uebungen und Bethätigungen des übernatürlichen Lebens so zu erschweren, daß sie den meisten unmöglich wurden. Geradezu unbegreiflich ist es aber dem gegenüber, ich sage es nochmals, daß bis auf diese Stunde noch so viele Unterrichts- und Erbauungsbücher von dieser Lüge des Jansenismus mehr oder weniger tingirt erscheinen. Die Katechismen wenigstens hätten doch überzeugt sein dürfen, daß sie sich ohne Gefahr, trotz aller Scheingründe des Quietismus, an den Römischen Katechismus halten dürften; dieser kennt aber für die Liebe, insofern sie die höchste unter den drei göttlichen Tugenden ist, mithin doch wohl für die „vollkommene" Liebe, nur einen einzigen Beweggrund, nämlich die Erweise der übergroßen Liebe Gottes gegen uns[2].

379. Den Beweis aus der Heiligen Schrift habe ich Ihnen hiermit gegeben; was lehren uns die Kirchenväter? Sie stehen im vollsten Einklange mit der Heiligen Schrift: sie weisen, wo sie von der „vollkommenen" Liebe zu Gott reden, auf dieselben zwei Beweggründe hin und auf keinen andern. In der Schrift Basilius' des Großen, welche den Titel hat: „Kürzere Erklärung der Regeln", lautet die 212. Frage: „Wie die Liebe zu Gott begründet werde?" Basilius antwortet hierauf also: „Dadurch, daß wir die

---

[1] Scitis enim gratiam Domini nostri Iesu Christi, quoniam propter vos egenus factus est, cum esset dives, ut illius inopia vos divites essetis (2 Cor. 8, 9).

[2] Nam cum Deum dicimus immobilem, incommutabilem, perpetuo eundem manentem, fidelem recte sine ulla iniquitate confitemur: ex quo oraculis eius assentientes, omnem ipsi fidem et auctoritatem tribuamus necesse est. Qui vero omnipotentiam, clementiam, et ad benefaciendum facilitatem ac propensionem illius considerat, poteritne spes omnes suas in illo non collocare? *At si bonitatis et dilectionis ipsius effusas in nos divitias contempletur,* illum poteritne non amare? (Cat. Rom. part. III, c. 2, n. 4.)

Wohlthaten Gottes betrachten und die denselben entsprechende Gesinnung in uns hegen, wie dieses sogar bei den Thieren hervortritt. Denn der Hund liebt nur den, von welchem er seine Nahrung erhält. Eben das wird uns nahegelegt in dem Vorwurfe, den Gott dem Volke bei dem Propheten Isaias (1, 2. 3) macht: „Kinder habe ich großgezogen und hoch erhoben; sie aber haben mich verachtet. Es kennt das Rind seinen Eigenthümer, und der Esel die Krippe seines Herrn; aber Israel kennt mich nicht, und mein Volk hat kein Verständniß.' Wie nämlich das Rind und der Esel naturgemäß den lieben, der ihnen zu fressen gibt, weil er ihnen Gutes thut, ebenso ist es ja nicht möglich, daß wir Gott, der uns so zahlreiche und so großartige Wohlthaten spendet, nicht dafür lieben, wenn wir dieselben nur beherzigen und guten Willens sind; denn die Neigung zur Dankbarkeit ist uns angeboren, und die Gegenliebe bildet sich ohne Anleitung in· jeder unverdorbenen Seele von selbst."[1] In der „eingehendern Erklärung der Regeln" finden wir diesen Grund der Liebe zu Gott weiter ausgeführt[2]; außer diesem behandelt Basilius dort aber noch den andern Gedanken, welchen ich vorher, wo von der Heiligen Schrift die Rede war, an erster Stelle nannte, daß nämlich Gott die höchste Schönheit, und darum die Liebe zu ihm und die Vereinigung mit ihm der höchste Genuß sei[3]. Auch dieser Grund wird von dem hl. Augustin gleichfalls wiederholt hervorgehoben. „Auch jenen Christen", so weist er den Katecheten von Karthago an, zu seinem Zöglinge zu sprechen, „auch jenen Christen ahme nicht nach, die du ein schlechtes Leben führen siehst; schließe dich vielmehr den Guten an, die du leicht finden wirst, wenn du selber gut bist: und dann dienet gemeinsam Gott dem Herrn und liebet ihn in uneigennütziger Liebe, darum nämlich, weil er selbst unser ganzer Lohn sein wird und wir bereinst im Genusse seiner Gütheit und Schönheit ewig selig sein sollen."[4] Beachten Sie, wie St. Augustin hier jene Gesinnung, vermöge deren wir Gott lieben, weil er unser höchstes Gut, unser Lohn, unsere Freude und unsere Seligkeit ist, ausdrücklich als „uneigennützige" Liebe bezeichnet. Dasselbe thut er in einer frühern Stelle derselben Schrift, wo sich wieder, wie in der eben angegebenen aus der „eingehendern Erklärung der Regeln" von Basilius dem Großen, die beiden vorher genannten Gründe der eigentlichen Liebe zu Gott gemeinsam betont finden[5].

---

[1] *Bas. M.*, Reg. brevius tract. Resp. ad interrog. 212 (*Migne*, P. G. XXXI, 1228).
[2] *Bas.*, Reg. fusius tract. Resp. ad interrog. 2, n. 2—4 (ibid. p. 911—915).
[3] Ibid. n. 1, p. 910.
[4] Etiam quos in ipsa Ecclesia catholica videris male viventes, ... non eos imiteris: sed potius coniungaris bonis, quos inventurus es facile, si et tu talis fueris; ut simul *colatis et diligatis Deum gratis, quia totum praemium nostrum ipse erit*, ut in illa vita bonitate eius et pulchritudine perfruamur (*Aug.* l. c. c. 27, n. 55).
[5] Ex Domini nostri Iesu Christi adventu sexta aetas agitur: ut iam spiritualis gratia, quae paucis tunc patriarchis et prophetis nota erat, manifestaretur omnibus gentibus: *ne quisquam Deum nisi gratis coleret*, non visibilia praemia servitutis suae, et praesentis vitae felicitatem, sed *solam vitam aeternam, in qua ipso Deo frueretur, ab illo desiderans*; ut hac sexta aetate mens humana renovetur ad imaginem Dei, sicut sexta die homo factus est ad imaginem Dei. Tunc enim et lex impletur, dum non cupiditate rerum temporalium, sed caritate illius qui praecepit,

Aber es würde eine lange Arbeit sein, wenn ich Ihnen, um meinen Beweis vollständig zu führen, eine Menge von Stellen dieser Art aus den heiligen Vätern vorlesen wollte. Und wir sind in der That in der Lage, die Controverse auf kurzem Wege abschließen zu können. Geben Sie acht. In seinem früher (S. 269) genannten Buche lehrt Fenelon also:

„Die in Rede stehende Lehre von der reinen, uneigennützigen Liebe ist zwar schlechthin nichts anderes als die einfache, dem Evangelium entsprechende Vollkommenheit, auf welche auch die gesamte Tradition hinweist; **indes pflegten die geistlichen Vorsteher ehemals die Gesamtheit der Gerechten doch nur zur Uebung der eigennützigen Liebe anzuleiten, weil diese der denselben zugemessenen Gnade entsprach.**"

Aus diesem Satze folgt offenbar, daß die vom Quietismus ausgebildete Theorie von der „uneigennützigen" und „reinen" Liebe sich in den Schriften der heiligen Väter nicht findet; daß diese, wenn es sich um die Liebe zu Gott handelte, sich des Gedankens, „Gott sei an sich selbst das vollkommenste Gut, und der Mensch müsse ihn ganz allein deshalb, ohne Rücksicht auf sich selbst, lieben", keineswegs zu bedienen pflegten. Denn Fenelon würde sicher nicht ein seiner Lehre so ungünstiges Geständniß gemacht haben, wenn er die Kirchenväter als Zeugen für dieselbe hätte anführen können. In den Werken der letztern begegneten ihm nur die zwei andern, vorher nach Basilius dem Großen und dem hl. Augustin angegebenen Beweggründe. Da auf diese nach seiner Theorie sich die reine Liebe zu Gott nicht gründen kann, sondern nur die „unvollkommene" oder die „eigennützige", so blieb ihm, wenn seine Anschauungen nicht mit der Tradition in Widerspruch erscheinen sollten, nur ein Ausweg: er mußte annehmen und behaupten, es habe der Christenheit ehemals die zur „vollkommenen" Liebe erforderliche Gnade gefehlt, und es hätten sich deshalb die heiligen Väter darauf beschränkt, die Christen zur unvollkommenen Liebe anzuleiten.

Nun wurde aber diese Behauptung von Innocenz XII. zurückgewiesen durch die Verurtheilung des vorletzten unter den 23 Sätzen, welche das Breve vom 12. März 1699 als in dem Buche Fenelons enthalten und zugleich als unzulässig bezeichnet[1]. Ist es mithin nach der Lehre der Kirche unwahr, daß die Kirchenväter die Christen ihrer Zeit zur „vollkommenen" oder „reinen" Liebe gegen Gott nicht anleiteten, dann ist das Gegentheil davon wahr und gewiß; dann ist es weiter wahr und gewiß, daß von den vorher angegebenen Beweggründen, deren sich die Kirchenväter thatsächlich bedienen („Gott ist

---

fiunt quaecumque praecepit. Quis autem non redamare affectet iustissimum et misericordissimum Deum, *qui prior sic amavit iniustissimos et superbissimos* homines, ut propter eos mitteret unicum Filium, per quem fecit omnia, qui non sui mutatione, sed hominis assumptione homo factus, non solum cum eis vivere, sed etiam pro eis et ab eis posset occidi? (*Aug.* l. c. c. 22, n. 39.)

[1] Quamvis haec doctrina *(de puro amore)* esset pura et simplex perfectio evangelica, in universa traditione designata: *antiqui Pastores non proponebant passim multitudini iustorum nisi exercitia amoris interessati, eorum gratiae proportionata.* — Prop. 22. inter 23, in libro „Explication des Maximes des Saints" contentas atque ab Innocentio XII. damnatas Brevi *Quum alias.*

gegen uns unendlich gut", und „Gott ist unser Gut, unser Lohn und unsere Seligkeit"), wenigstens einer nothwendig als angemessener und vollgiltiger Beweggrund der „vollkommenen" oder der eigentlichen Liebe zu Gott anerkannt werden muß. Daß dieses somit von dem ersten, von der Liebe Gottes gegen uns, jedenfalls gilt, das werden Sie nach allem, was ich in diesem Paragraphen gesagt habe, sicher nicht mehr in Zweifel ziehen wollen. Nicht minder gewiß ist das nämliche freilich auch in Rücksicht auf den andern, der, mit einem Worte, in der **Schönheit Gottes** liegt; aber dieser ist einerseits vielleicht für das Volk weniger faßlich, und es bedürfte andererseits, um denselben genau zu entwickeln und gegen jede Einwendung sicherzustellen, einer eingehendern Erörterung, auf die ich mich hier nicht einzulassen habe.

Zehntes Kapitel.

Was die Methode der Katechese angeht, so darf dieselbe nicht ausschließlich akroamatisch, aber noch weniger ausschließlich erotematisch sein; es muß vielmehr das erotematische Verfahren mit dem akroamatischen in angemessener Weise verbunden werden. Der Priester wird aber, indem er den Kindern Fragen stellt, in der rechten Weise nur dann vorgehen, wenn er dabei den doppelten Zweck vor Augen hat, welchen das erotematische Verfahren vermitteln soll. Dieser Zweck ist einerseits, daß sich herausstelle, ob die Kinder das Vorgetragene hinlänglich aufgefaßt haben, andererseits, daß sie veranlaßt werden, sowohl dem Vortrage mit Aufmerksamkeit zu folgen, als auch in eigener geistiger Thätigkeit das Empfangene zu verarbeiten.

380. Wenn Sie das beobachten, m. H., was wir namentlich in dem ersten, zweiten, fünften und achten Grundsatze für die Katechese verlangt haben: das heißt wenn Sie die Lehren der Religion als etwas Gegebenes, als objectiv feststehende Thatsachen, als das Wort Gottes den Kindern vorlegen; wenn Sie dieselben an die Thatsachen der heiligen Geschichte anlehnen und bestrebt sind, sie Ihren Zöglingen soviel als möglich zu vollem Verständniß zu bringen; wenn Sie endlich darauf bedacht sind, auch der zweiten Hauptaufgabe der Katechese zu entsprechen und Ihre Unterweisungen deßhalb so einzurichten wissen, daß dieselben nicht nur praktisch sind, sondern auch religiöse Gefühle in den Kindern anregen: dann werden Sie der Gefahr, ausschließlich „erotematisch"[1] zu verfahren, sicher nicht ausgesetzt sein. Es wäre darum wohl kaum nöthig gewesen, die Warnung vor dieser Verirrung in den Grundsatz ausdrücklich aufzunehmen. Was mich dazu veranlaßt hat, das ist eine briefliche Aeußerung eines vortrefflichen Pfarrers, der ehemals hier studirte. „Die sogen. Christenlehre", schrieb mir dieser eifrige Seelsorger, „wie sie an Sonn- und Festtagen hier in der Kirche gehalten wird, bedarf einer gänzlichen Umgestaltung. Die unverständige Fragemethode, womit der Katechet die Antworten aus den ‚Christenlehrpflichtigen' hervorlockt, zugleich aber die erwach-

---

[1] ἐρωτηματικός, von ἐρωτάω, fragen.

senen Christen aus der Kirche hinaustreibt, müßte vollständig oder doch größtentheils beseitigt werden, und es wären statt des ewigen Fragens von dem Priester klare, lebendige, anregende Unterweisungen zu halten." Sie sehen hieraus, daß es wenigstens der in manchen Gegenden noch herrschenden Praxis gegenüber nicht überflüssig ist, das ausschließlich erotematische Verfahren ausdrücklich zu verurtheilen [1].

Hervorgegangen ist diese Verirrung ohne Zweifel aus dem System der früher besprochenen „heuristischen" Methode; denn wenn der Katechet, wie die Weisheit des Naturalismus es fordert, „keinen Gedanken in die Seele der Kinder hineinlegen darf, sondern verpflichtet ist, jede Wahrheit aus derselben hervorzuziehen", dann bleibt ihm freilich nichts übrig als unausgesetzte Unterredung mit seinen Schülern und beständiges Fragen. Eben daher, weil die Grundsätze des Naturalismus, wenn auch vielfach latent, weit und breit zur Herrschaft gelangt waren, eben daher erklärt es sich denn auch, daß man damals mit der „katechetischen Frage" in der Theorie der Katechese so viel Wesens machte und die letztere in die Anleitung, um nicht zu sagen Dressur zum Fragen fast vollständig aufgehen ließ. „Woher kommt es", so beginnt Jais in seinen „Bemerkungen über die Seelsorge" den Abschnitt „Von dem Katechesiren", „woher kommt es, daß bei so vielen vorhandenen Schriften vom Katechesiren, bei so vielen Regeln und Anweisungen zum Katechesiren es vielleicht doch so wenig gute Katecheten gibt?" Die richtige Antwort dürfte nicht die sein, welche er selber gibt: „es komme das daher, weil man aus dem zu viel Kunst mache, was doch mehr Natur als Kunst sein solle"; die Ursache liegt vielmehr in der eben berührten principiellen Verirrung, in der naturalistischen Auffassung der Aufgabe der Katechese und der hieran sich knüpfenden Thatsache, die Jais in dem unmittelbar auf den angeführten folgenden Satze charakterisirt: „Wir haben Bücher, in welchen nicht nur dem angehenden Katecheten alle Fragen, die er stellen soll, genau vorgeschrieben, sondern auch sogar dem Kinde alle Antworten, die es ertheilen wird, in den Mund gelegt werden."

Viel näher als dieser Mißgriff liegt bei unsern Grundsätzen die Gefahr, daß man ausschließlich „akroamatisch"[2] verfahre, d. h. immer vortrage und die Kinder gar nicht oder zu wenig frage. Auch das wäre ein großer Fehler, der schlimme Folgen haben müßte. Denn wenn man die Kinder nicht veranlaßt, das, was man ihnen vorgetragen hat, auszusprechen und wiederzugeben, so kann man ja gar nicht beurtheilen, ob sie es auch nur einigermaßen aufgefaßt haben. „Man muß deshalb Fragen stellen", lehrt St. Augustin, „und untersuchen, ob die Schüler das Vorgetragene verstanden haben,

---

[1] Leider thut freilich auch gegenwärtig die Theorie mehrfach das Ihrige, jene „unverständige" Methode zu fördern. In einem keineswegs alten Büchlein wird der Begriff der Katechese ausschließlich durch folgenden Satz bestimmt: Vulgaris catechizandi pueros ratio ea est, ut doctrinam christianam eis explicemus *nobis interrogantibus, ipsis respondentibus*. Die ganze Theorie der Katechese umfaßt 18 Zeilen; dann folgt behufs weiterer Erklärung der Verweis auf zwei Werke eines andern Verfassers. In dem einen der letztern wird die Katechese als „die gesprächsweise (sic) Form des Religionsunterrichtes" bezeichnet; in dem andern wird so definirt: „Das Wort ‚Katechese' bedeutet mündlichen Unterricht, und nach jetziger Annahme insbesondere — den gesprächsweisen Unterricht in den Anfangsgründen der christlichen Glaubens- und Sittenlehre." [2] ἀκροαματικός, von ἀκροάομαι, hören.

und je nach ihren Antworten muß man dann die Sache noch faßlicher und eingehender erklären, oder umgekehrt das, was sie verstanden haben, nicht weiter auseinandersetzen."[1] „Um den Kindern klare Begriffe beizubringen, sind zeitraubende Unterredungen und oftmalige Wiederholungen, nicht bloß mit einer Schulklasse im ganzen, sondern mit den einzelnen Schülern, unter Berücksichtigung ihrer Individualitäten, nothwendig. Es ist eine ungeheure Täuschung, wenn ein Katechet, nachdem er einen auch noch so faßlichen Vortrag gehalten und dann einige Fragen darüber gestellt hat, sich der Meinung hingibt, er dürfe nun das Lehrstück als abgemacht und allgemein erfaßt ansehen. Man muß zu den einzelnen Kindern und ihrer oft erstaunlichen Denkunbeholfenheit sich herablassen, namentlich bei solchen Wahrheiten, die für jeden Christen *necessitate medii et praecepti* zu glauben nothwendig sind."[2]

Es ist hiernach vollkommen gegründet, wenn Tobias Lohner behauptet, von diesem Ausfragen der Kinder hänge fast der ganze Erfolg der Katechese ab. Folgen Sie darum ja nicht dem Vorgange jener Katecheten, welche viel reden und viel erklären, aber den Kindern entweder gar nicht oder nur hie und da und im Vorbeigehen eine flüchtige Frage stellen; machen Sie es sich vielmehr zur unverbrüchlichen Regel, einen bedeutenden Theil der für den Unterricht zu verwendenden Zeit und Mühe dem prüfenden und nachhelfenden Ausfragen zu opfern. Und wenn es freilich meistens nicht angeht, daß Sie in jeder Katechese jedes Kind fragen, so tragen Sie jedenfalls Sorge, von Zeit zu Zeit sich mit einem jeden insbesondere zu befassen, und nicht eines ganz zu übersehen. Hüten Sie sich namentlich auch, vorzugsweise oder selbst ausschließlich die fähigern Schüler zu fragen und die weniger begabten zu vernachlässigen. Es ist natürlich, daß man seine Fragen lieber an solche richtet, von denen man eine gute Antwort erwarten darf; aber die Folge eines solchen Verfahrens ist, daß die übrigen — und ihre Zahl ist fast immer die bei weitem größere — sich zurückgesetzt fühlen und Muth und Lust verlieren, und gerade diese bedürfen ja am meisten der Aneiferung und der Nachhilfe.

Wenn Sie das Gesagte beobachten, so wird das durchweg schon genügen, um auch jene Wirkung sicherzustellen, die ich an zweiter Stelle als Grund und Zweck des erotematischen Verfahrens bezeichnet habe: daß nämlich die Aufmerksamkeit der Kinder rege gehalten und dieselben veranlaßt werden, mit wirklicher Theilnahme und eigener geistiger Thätigkeit dem Vortrage zu folgen. Ein weiteres Mittel, diesen andern Zweck noch mehr zu fördern, besteht darin, daß man mitunter auch durch Fragen die Kinder anleitet, aus Thatsachen, die man erzählt, oder aus religiösen Wahrheiten, die man sie bereits gelehrt hat, durch eigene Reflexion Folgerungen zu ziehen oder dieselben weiter zu entwickeln, sie auf concrete Fälle und auf das Leben anzuwenden. Dieses „sokratische" Verfahren hat offenbar mit der „heuristischen" Methode, von welcher im ersten Kapitel dieses Abschnittes die Rede war, gar nichts gemein; ich

---

[1] ... Interrogatione quaerendum, utrum (audiens) intellegat, ... et agendum pro eius responsione, ut aut planius et enodatius loquamur, aut opinionem contrariam refellamus, aut ea quae illi nota sunt, non explicemus latius ... (*Aug.* l. c. c. 13, n. 18).

[2] Mey, Zur Katechismusfrage (Theol. Quartalschr. [Tübingen 1863] S. 477).

habe Sie bereits damals darauf aufmerksam gemacht, daß es ganz unrichtig war, wenn man jenes widersinnige Vorgehen als „sokratisch" bezeichnete. Sokrates hat der menschlichen Vernunft niemals zugemuthet, Folgerungen zu ziehen, für welche ihr die Prämissen vollständig fehlen, und aus sich selber Wahrheiten zu produciren, von denen sie auch nicht die schwächsten Keime in sich trägt.

381. Obgleich ich der Ansicht bin, daß Jais vollkommen recht hat, wenn er eine Häufung von Anweisungen für das erotematische Verfahren unzweckmäßig findet, so will ich doch einige praktische Bemerkungen über diesen Gegenstand, welche Mey in seinem schon wiederholt erwähnten Werke macht, an dieser Stelle nicht übergehen.

a) Namentlich wo Sie ein Lehrstück das erste Mal mit den kleinern Schülern durchnehmen, dürfen Sie nicht vergessen, daß Sie von den Kindern nur so viel zu erfragen berechtigt sind, als diese von Ihnen gehört haben. Man läßt sich durch die Täuschung, als ob der Gegenstand, weil man darüber, aber vor andern Schülern, schon oft geredet hat, auch den gegenwärtigen Katechumenen schon bekannt sein müsse, zu unbilligen Fragen verleiten, und das verstimmt und entmuthigt die Kinder.

b) Es ist bei den Kindern der untern Klasse ein durchaus verfehltes Verfahren und auch in den höhern Klassen nichts weniger als zweckmäßig, wenn der Katechet das Fragen und das Erklären, wie es gerade der Zufall gibt, miteinander vermischt, indem er zwischen die Fragen immer neue Gedanken hineinschiebt, so daß nicht klar hervortritt, ob es Wiederholung ist und Erläuterung des bereits Vorgetragenen oder weitere Auseinandersetzung des Gegenstandes. Vielmehr soll die Katechese nach den Hauptmomenten ihres Inhalts in zwei oder drei Nummern zerlegt und dann zwischen akroamatischem Vortrag und Fragen eine sichere Linie gezogen werden. Nach jeder Nummer werde recapitulirend gefragt, ehe der Vortrag zur nächsten Nummer weitergeht. Mitunter, wenn sich eine Nummer in größere Absätze theilt, muß jeder Absatz für sich mit ein paar Fragen wiederholt werden. Selbst nach der Erläuterung eines einzelnen Begriffes kann es die Wichtigkeit desselben nothwendig machen, daß man alsbald darüber frage, um zu sehen, ob derselbe klar aufgefaßt oder noch weiteres darüber zu sagen sei. Im allgemeinen aber sei man darauf bedacht, für das Fragen immer je einen ganzen, wenn auch kleinen Gedankenkreis zusammenzunehmen; das ist besser und fördert mehr das Verständniß, als wenn der Stoff zerstückelt wird. Das Secirmesser bringt kein Leben.

c) Wie in allen Dingen, so ist auch beim Fragen in der Katechese ein verständiges Maß einzuhalten. Wenn man zu viel fragt, so werden die Kinder verwirrt; sie vermögen die vielen Stücke, in welche das Ganze zerlegt worden, nicht mehr zusammenzubringen, und namentlich die schwächern verlieren den verbindenden Faden.

d) Wenn man auf eine Frage keine Antwort erhält, so muß man sich hüten, den Kindern ungerechte Vorwürfe zu machen oder sonst in harte Worte zu verfallen, die wie plumpe Tritte in das frisch bepflanzte Gartenbeet die zarten Keime erdrücken. Vielleicht liegt der Grund, weshalb das Kind nicht zu antworten weiß, nur in der unzweckmäßigen Fassung der Frage. Man sei bann nicht eigensinnig, sondern ändere seine Frage, indem man etwa sagt: Gib acht, ich will anders fragen. Bei den jüngern geschieht es nicht selten, daß ein Kind auf eine Frage nur darum schweigt, weil es den schriftmäßigen Ausdruck nicht findet und in der Weise, wie es zu Hause sprechen würde, in der Schule nicht sprechen zu dürfen meint. Aber freilich fehlt es auch in keiner Schule an Fällen, wo die Antwort aus Mangel an Aufmerksamkeit oder richtiger Auffassung ganz ausbleibt oder verfehlt wird. Da muß man denn in aller Geduld durch Nebenerläuterungen und Zwischenfragen nachhelfen. Bisweilen hilft freilich alle Kunst nichts, weil das Kind aus irgend einem Grunde eben jetzt nicht klar zu denken, seine Aufmerksamkeit nicht zu fixiren vermag. Ein Katechet, der, wie der gute Hirt, die Seinen kennt, fühlt das Hinderniß alsbald, und meistens ist es das beste, ohne Lärm und Tadel ein anderes Kind aufzurufen. Bei ältern Schülern hat man freilich zuweilen Grund, strenger zu verfahren.

e) Was die Form der Fragen angeht, so sollen dieselben im allgemeinen immer einfache, grammatisch richtige, vollständige Fragesätze sein. Nur dann, wenn sich der Sinn aus dem Zusammenhange, und zwar der Fassungskraft der Kinder gegenüber, unverkennbar ergibt, kann mitunter das Fragewort allein die Stelle des vollständigen Satzes vertreten.

Mey verwirft, im Anschlusse an diese Vorschrift, auch Fragen wie diese: ‚Gott belohnt —?‘ ‚Und bestraft —?‘ ‚Wenn wir thun, was Gott befiehlt, da machen wir Gott —?‘ ‚Und dann hat Gott uns —?‘ Gruber dagegen stellt in den „Katechisationsskizzen" in seinem „Praktischen Handbuch der Katechetik" Fragen dieser Art ohne Bedenken, und ich finde keinen Grund, gegen ihn der Ansicht von Mey beizupflichten.

f) Wenn der Katechet gut fragt, so werden es die Kinder leicht dahin bringen, daß sie, was die Form angeht, gut antworten. In dieser Rücksicht müssen sie vorzugsweise in den untern Klassen „erzogen" werden; der Gegenstand des Religionsunterrichtes ist ja ohne Zweifel ein solcher, für den sich durchaus nur eine schöne, würdige Weise des Antwortens ziemt. Jene Antworten, welche man die Kinder hat einüben lassen, sollen diese nachher, so oft danach gefragt wird, jedesmal ganz, in einem vollständigen Satze, wiedergeben. Bei andern Antworten bestehe man wenigstens dann gleichfalls darauf, daß sie in ganzen Sätzen erfolgen, wenn es sich um einen wichtigern Lehrpunkt handelt. Bei Zwischenfragen dagegen oder bei solchen, die sich auf untergeordnete Gegenstände beziehen, muß man auch grammatisch elliptische Antworten gestatten. Denn die Kinder jedesmal, wo sie nur mit einem Worte oder mit wenigen geantwortet haben, zu corrigiren und zur Vervollständigung des grammatischen Satzes anzuhalten, das wäre allerdings eine ebensosehr geisttödtende als zeitraubende Pedanterie[1].

Einige weitere Anweisungen für das erotematische Verfahren finden Sie noch bei Ohler, Lehrbuch der Erziehung und des Unterrichts § 194 ff., S. 252 ff.

---

[1] Vgl. Mey, Vollständige Katechesen S. xxxviii ff.

Elftes Kapitel.

Um seiner zweifachen Aufgabe mit Erfolg entsprechen zu können, muß der Priester Sorge tragen, daß er sich die Herzen der Kinder gewinne, ihr Vertrauen und ihre Liebe besitze und ihnen überdies die Katechese soviel als möglich leicht und angenehm mache.

382. Die Rücksichten, auf welche sich diese Forderung gründet, haben wir insgesamt im achten Abschnitt eingehend behandelt. Daß ich dieselbe hier besungeachtet ausdrücklich wieder aufstelle, das rechtfertigt sich vollkommen durch die Wichtigkeit, welche sie gerade für die religiöse Unterweisung der Kinder hat. Uebrigens werde ich mich darauf beschränken, Ihnen eine Anzahl unmittelbar praktischer Erinnerungen vorzuführen, wie dieselben sich bei verschiedenen der vorzüglichern Meister auf diesem Gebiete finden.

„Ein verständiger Kinderlehrer", schreibt zunächst Michael Sailer, „entfernt soviel als möglich alles Unangenehme von dem Unterrichte der Kinder. Denn das Andenken an das Unangenehme beim Unterrichte bewirkt Abneigung gegen die Religion, die sie mit dem Unterrichte selbst, wie den Unterricht mit den unangenehmen Eindrücken, verwechseln. Dieses Unangenehme für Kinder findet sich

1. in der zu langen Zeit des Unterrichts;
2. in der Kälte, Unreinlichkeit u. s. w. des Ortes;
3. in der mürrischen, finstern Laune des Lehrers;
4. in seinem polternden, widerlichen Tone;
5. in den Schimpfreden und Schlägen, mit denen mancher die Wahrheit den Kindern hineinschimpft;
6. in den Sachen, die vorgetragen werden, insofern dieselben für die Jugend gar keinen Reiz haben;
7. in der Methode, wenn dieselbe einzig aufs Auswendiglernen dringt;
8. in der Sprache, wenn sie den Kindern fremd ist."[1]

Theils dieselben Gedanken, theils neue dazu faßt in den folgenden Worten Alban Stolz zusammen: „Die Persönlichkeit und das Benehmen des Geistlichen ist von solchem Gewichte bei den Schulkindern, daß ihre Zuwendung zur Religion oder ihre Abwendung größtentheils davon abhängt. Freundlichkeit des Religionslehrers ist für nachhaltige Wirkung so wichtig als die Religionslehre selbst. Strenge und Strafen mögen das Kopflernen fördern, verschließen aber das Herz für den Inhalt. Aber erst ein Aergerniß, das der Religionslehrer den Kindern gegeben hat, macht fast immer eine lebenslängliche Wirkung auf dieselben. Sonst gilt dem Kinde der Geistliche als ein höheres, heiliges Wesen. Ich sah als junges Kind, wie der Pfarrer in der Vesper ohnmächtig wurde, ich meinte, er sei todt. Da kam mir in großer Lebendigkeit der Gedanke, wie die Seele des Pfarrers so glückselig sei, indem sie jetzt in den Himmel gefahren, während mir selber es bös ginge, wenn ich sterben müßte."[2]

---

[1] Sailer, Vorlesungen aus der Pastoraltheologie II, 242.
[2] Alban Stolz, Erziehungskunst S. 244.

„Der Katechet", sagt in Uebereinstimmung mit den letzten Gedanken Jais, „soll mehr durch sein Beispiel als mit Worten lehren. Wenn das Beispiel überhaupt mehr wirkt als Worte, so gilt dieses besonders bei den Kindern, welche sozusagen mehr mit den Augen als mit den Ohren hören. Der Unterricht legt in den Kopf des Kindes Begriffe hinein; das Beispiel gräbt in seine zarte Seele bleibende Eindrücke. Schon die stille Gegenwart eines wahrhaft und von Herzen frommen Geistlichen hält die Kinder mehr in Schranken als alles Poltern und Lärmen eines ihrer Achtung nicht würdigen Katecheten. Erwachsene oder betagte Menschen können sich schon eher einigermaßen darein finden, wenn das Leben des Priesters seiner Lehre widerspricht. Aber Kinder nehmen alles so, wie sie es empfangen. Ermahnungen, die in dem Munde des Katecheten leere Worte sind, sind auch in den Ohren der Kinder nichts anderes als leere Worte, die ihnen sogar viel mehr schaden als nützen; denn sie werden dadurch zu der abscheulichen und ohnedies schon so gewöhnlichen Heuchelei verleitet." [1]

Mit der Kraft des Beispiels und der Gottesfurcht und der Frömmigkeit, wodurch der Priester sich der Verehrung der Kinder würdig macht, muß sich aber auf richtige und hingebende Liebe zu ihnen verbinden. „Wer Kinder gut unterrichten will," so ermahnte vor Jahren Ludwig Colmar als Bischof von Mainz die Priester seiner Diöcese, „der muß sich der Fassungskraft und der Gemüthsart eines jeden unter ihnen anzupassen und darum seine Methode fast ins Unendliche abzuändern wissen. Ihr Herz allein und Ihr Eifer für das Seelenheil der Jugend kann Sie lehren, allen alles zu werden, und Ihnen die Regeln entdecken, die Sie sowohl bei dem Unterrichte jedes einzelnen Kindes als ganzer Abtheilungen zu befolgen haben. Alles, was wir Ihnen hier sagen können, ist, daß Sie schon viel werden geleistet haben, wenn Sie, ohne darum die Ordnung und den Zusammenhang in Ihren katechetischen Unterweisungen außer acht zu lassen, Trockenheit und Gleichgiltigkeit, ja ich möchte sagen eine gewisse Strenge und Härte vermeiden, welche bei vielen derjenigen nur zu sehr herrschend ist, die sich diesem wichtigen Lehramte unterziehen, und welche oft allein schon hinreicht, Kindern für ihr ganzes Leben Ekel und Widerwillen einzuflößen gegen Wahrheiten, die ihre höchste Freude ausmachen sollten. Lieben Sie die Kinder, lassen Sie ihr Wohl sich angelegen sein: das ist die Hauptregel. Lieben Sie dieselben, und bald werden Sie, nach dem Beispiele des hl. Paulus, im Kreise dieser unschuldigen Kleinen wie eine zärtliche Mutter sein; lieben Sie sie, und bald werden Sie sich die Fertigkeit erwerben, durch die Heiterkeit Ihrer Stirn, durch die Sanftmuth Ihrer Worte, durch die Einfalt Ihrer Gleichnisse, durch das Treffende Ihrer Anwendungen, durch die Geduld, in welcher Sie ihnen hundertmal und immer mit neuer Güte wiederholen, was sie zu fassen Mühe haben, durch Ermunterung und Belohnungen, wenn sie guten Willen zeigen, ihnen Liebe zum Religionsunterrichte beizubringen; mit einem Worte, bald werden Sie unterrichten, wie Jesus, der göttliche Kinderfreund, die Kleinen im Laufe seines sterblichen Lebens unterrichtet hat." [2]

---

[1] Jais a. a. O. S. 99.
[2] Biographie Colmars S. LXXXVIII (Predigten Bd. I).

Jais erinnert deßhalb sehr mit Recht: „Klage oder schmähe nie über die Ungelehrigkeit, über den harten Kopf eines Kindes. Das Kind wird dadurch, oft unschuldigerweise, beschämt und infolgedessen verzagt; es fürchtet dann und scheut den Priester.... Schimpfnamen soll man nie aus dem Munde des Kinderlehrers hören, noch auch Drohungen, wie etwa diese: ‚Ich will dich schon bei deinem Vater, deiner Mutter verklagen.' Die Kinder sehen dieses für Rache an; die Eltern aber wissen in solchen Fällen oft kein Maß oder Mittel zu treffen. Wehe den meisten Kindern, wenn der Katechet nicht vernünftiger ist als die Eltern!"[1] „Wer hat", schreibt Segneri in seiner „Unterweisung für Seelsorger", „wer hat wohl je durch Rauch die Bienen angelockt? Es gibt Geistliche, die nichts anderes thun als die Kinder mit rauhen Worten und Aeußerungen des Unwillens anfahren; statt, wenn dieselben eine unrechte Antwort geben, sie zu entschuldigen, werfen sie ihnen ihre Dummheit vor, schelten und erschrecken sie; mitunter kommt es selbst zu thätlicher Mißhandlung. Kann man bei einem so rohen und abstoßenden Verfahren erwarten, daß die Kinder gern und mit Freude zum Unterricht kommen? Nicht einmal Löwen zu zähmen ist dasselbe gut; wie soll es zarte Lämmer anziehen? Christus, unser Herr, wußte ohne Zweifel, wie man Kinder behandeln muß; und wie liebreich ging er mit ihnen um! ‚Er schloß sie in seine Arme, legte ihnen die Hände auf und segnete sie' (Marc. 10, 16). Wenn es darum bei einzelnen einer Züchtigung bedarf, so übertrage der Seelsorger diese Sache einem andern, damit er nie selber genöthigt sei, scharf aufzutreten. Jedermann weiß, was für ein großer Geist St. Augustin war. Und dennoch gesteht dieser von sich selbst, daß er ‚angefangen habe, den Ambrosius zu lieben, nicht um der Wahrheit willen, die er lehrte, sondern wegen der Freundlichkeit und Güte, mit welcher er ihm entgegenkam'. Hieraus mag jeder schließen, was er von Kindern zu erwarten hat, denen alles Urtheil noch vollständig abgeht."[2]

Zwei leichte Mittel, das Vertrauen und die Anhänglichkeit der Kinder an den Priester zu fördern, welche Jais empfiehlt, liegen allerdings sehr nahe; es mag indes doch nicht unnütz sein, wenn ich dieselben hier nicht übergehe. Das eine besteht darin, daß man die Kinder, wenn sie einem auf der Straße oder wo immer begegnen, freundlich anrede, sie etwa frage, wohin sie gehen, woher sie kommen, was sie machen u. dgl. „Die Kinder laufen dann voll Freude nach Hause und erzählen den Eltern, was der Herr gesagt habe, und die Eltern erfreuen sich mit ihnen." Das zweite Mittel ist, daß man sich um den Taufnamen der Kinder erkundige und sie beim Anreden, Ausfragen u. s. w. mit diesem nenne. „Man legt dadurch sowohl bei den Kindern als bei ihren Eltern große Ehre ein. Die Kinder freuen sich, wenn man sie bei ihrem Taufnamen nennt, und Kinder und Eltern sehen darin ein Zeichen, daß man sie einer besondern Aufmerksamkeit würdig achtet."[3]

Von nicht minderem Werthe als diese ist übrigens sicher eine damit verwandte Bemerkung von Mey: „Der Katechet erscheint vor den Kindern als der Gesandte Gottes zur Verkündigung der Wahrheit, welche vom Himmel kommt und zum Himmel führt. Mit dieser Würde, die so getreu als möglich

---

[1] Jais a. a. O. S. 104.   [2] *Segneri*, Il Parroco istruito c. 8.
[3] Jais a. a. O. S. 108.

im ganzen Verhalten und in jedem Wort sich ausprägen soll, scheint es mir unvereinbar zu sein, wenn er die Namen jener Kinder, die eine Antwort geben sollen, in der verkürzten, verunstalteten Form des gewöhnlichen Verkehrs ausspricht. Auch zur Sache selbst will sich das nicht schicken. ‚Sepple‘ und ‚Hansjörgle‘, ‚Kätherle‘ und ‚Franzele‘ u. s. w. ist da am ungeeigneten Platze, wo es sich um die Erklärung und Aufhellung jenes Glaubens handelt, zu dessen Bekenntniß das Kind bei der Taufe durch die feierliche Frage aufgefordert worden ist: ‚Joseph, Johann Georg, glaubst du an Gott den Vater, den allmächtigen Schöpfer des Himmels und der Erde?‘ Da in einer Schule gewöhnlich mehrere Kinder denselben Taufnamen tragen, so möge es der Katechet sich zur Gewohnheit machen, jedes Kind, das einmal die Schule besucht, mit seinem Tauf= und Geschlechtsnamen aufzurufen. Es wirkt das erhebend auf das Kind; die würdige Ansprache sagt ihm, daß es an einem andern Orte als zu Hause oder auf der Gasse sich befindet. Man kann kindlich mit den Kindern umgehen, ohne zu einer kindischen Weise herabzufallen."[1] Damit ist freilich auch Jais vollkommen einverstanden. „Der Kinderlehrer soll zwar heiter, munter und fröhlich, aber niemals lustig sein; mit den Kindern kindlich, aber nicht kindisch; zutraulich, aber nicht familiär, nicht gemein, sonst verliert er alle Achtung und Würde."[2]

383. Wenn der Priester die Seele der Kinder und ihr Heil aufrichtig liebt, so wird diese Liebe ihn veranlassen, auf alles aufmerksam zu sein, was ihnen beschwerlich und unangenehm ist und dadurch den Erfolg der Katechese hindert oder beeinträchtigt. Den hl. Augustin beseelte eine umsichtige Liebe dieser Art: das beweist unter anderem eine Stelle aus dem 13. Kapitel seiner schon oft genannten Abhandlung, die ich Ihnen jetzt vorlesen will. Sie müssen sich dabei erinnern, daß St. Augustin zunächst jenen Unterricht in der Religion im Auge hat, den der Priester Erwachsenen ertheilt, und zwar nur einem oder nur wenigen, um sie für die Taufe vorzubereiten.

„Oft geschieht es auch, daß der, welchen man unterweist, indes er im Anfange mit Interesse zuhörte, sich vom Hören oder vom Stehen ermüdet fühlt; man sieht ihn gähnen, und er gibt auch wider seinen Willen zu er= kennen, daß er daran denkt fortzugehen. In einem solchen Falle muß man entweder" durch den Vortrag selbst „seinen Eifer wieder anregen, . . . oder ihm dadurch zu Hilfe kommen, daß man ihn einladet, sich zu setzen. Uebrigens würde es ohne Zweifel besser sein, wenn man ihn, sofern es angeht, immer gleich vom Anfange der Unterweisung an sitzen ließe. In gewissen Diöcesen jenseits des Meeres" (Rom und Mailand) „ist es üblich, daß nicht bloß der Seelsorger, der die Predigt hält, seinen Sitz hat, sondern auch sämtliche Zu= hörer. Diese Gewohnheit ist sehr verständig; denn dadurch werden schwächere Leute vor großer Ermüdung durch langes Stehen geschützt, infolgederen sie entweder aufhören würden, auf den Vortrag achtzugeben, oder sich genöthigt sähen, die Kirche zu verlassen. Und doch ist es bei weitem nicht so nachtheilig, wenn von einer großen Volksmenge ein Einzelner, der schon der Gemeinde der Christen angehört, die Kirche verläßt, um neue Kräfte zu sammeln, wie wenn das jemand thut, der noch zum Empfange der Taufe vorbereitet wird; ein

---

[1] Mey a. a. O. S. XLII. [2] Jais a. a. O. S. 102.

solcher sagt nicht, warum er fortgehe, weil er sich schämt, und doch ist es ihm oft unmöglich zu bleiben, wenn er nicht schließlich vor Schwäche umfallen will. Ich sage das auf Grund meiner eigenen Erfahrung: ich hatte einmal einem Manne vom Lande den ersten Unterricht in der Religion zu geben, und dem ging es genau, wie ich eben angedeutet habe. Daraus habe ich gelernt, daß man diesen Punkt sehr im Auge haben muß. Und ist es denn nicht im Grunde auch eine unerträgliche Anmaßung, wenn unsereiner Männer, die unsere Brüder sind oder denen wir helfen sollen, daß sie unsere Brüder werden, und die unter dieser Rücksicht noch viel größern Anspruch auf unsere liebreiche Fürsorge haben, wenn wir, sage ich, solche vor uns nicht sitzen lassen, indes die Frau im Evangelium (Luc. 10, 39) das Wort unseres Herrn, den die Engel umstehen, sitzend anhören durfte?[1] Bei einer kurzen Predigt, oder wenn es des Ortes wegen nicht angeht, mögen freilich die Zuhörer immerhin stehen, aber vorausgesetzt, daß ihrer nicht viele und daß es nicht solche sind, die erst in die Kirche aufgenommen werden sollen. Denn wenn man nur einen unterweist oder zwei, oder doch wenige, die sich zum Eintritt in die Kirche gemeldet haben, ist es immer bedenklich, sie während des Vortrages stehen zu lassen. Hat man denselben nichtsdestoweniger einmal so begonnen, dann soll man jedenfalls, sobald man bemerkt, daß der Zuhörer müde wird, ihm erlauben, sich zu setzen, oder vielmehr ihn durchaus dazu nöthigen.... Ueberdies muß man in solchen Fällen den baldigen Schluß des Vortrages in Aussicht stellen und diesen wirklich rascher zu Ende führen."[2]

Ich glaube, Sie werden hiernach leicht entscheiden können, m. H., ob St. Augustin mit den folgenden Bemerkungen von Jais[3] einverstanden sein würde: „Wenn die Schulstube zu enge oder zu niedrig, vom Rauche schwarz, von mephitischem Dampfe neblig ist; wenn die Kinder vor Kälte zittern oder vor Hunger schmachten; wenn sie voll von Schmutz und in unbequemen Bänken wie Heringe zusammengepreßt, wie Missethäter in einen Kerker eingesperrt sind: dann ist es kein Wunder, daß sie aus dem Unterrichte wenig Nutzen schöpfen. — Kinder, besonders kleinere Kinder, stundenlang auf die Bank hinbinden oder auf einen Fleck hinstellen, ist unnatürlich; es ist nicht möglich, daß sie eine so lange Zeit ruhig aufmerken, eine so lange Zeit nur still sitzen oder stehen können. Sind größere und kleinere, dem Alter nach gar zu verschiedene Kinder beisammen, so lasse man die kleinern früher nach Hause gehen; man rufe sie lieber öfter zusammen, als daß man sie auf einmal zu lange martere. Man kann sie auch abtheilen und jetzt den kleinern einen kürzern, ein anderes Mal den größern einen längern Unterricht geben. Auf dem Lande ist dieses wegen der großen Verschiedenheit der Kinder und der Entfernung der Wohnungen oft nothwendig."

384. In sehr naher Verbindung mit dem Inhalte und dem Zwecke des gegenwärtigen Kapitels stehen noch zwei Anweisungen, welche Gruber mit seiner „Erläuterung" des 13. und des 17. Kapitels der Abhandlung des

---

[1] Quis enim ferat arrogantiam nostram, cum viros fratres nostros, vel etiam quod maiore sollicitudine curandum est, ut sint fratres nostri, coram nobis sedere non facimus: et ipsum Dominum nostrum, cui assistunt angeli, sedens mulier audiebat?

[2] *Aug.* l. c. c. 13, n. 19.   [3] A. a. O. S. 104 f.

hl. Augustin verbindet. Ich theile Ihnen dieselben, wenngleich manche Gedanken darin uns nicht mehr neu sind, dem Wesentlichen nach unverändert mit, weil sie besondern praktischen Werth haben.

In der ersten sind die vorzüglichsten Mittel zusammengestellt, die Aufmerksamkeit und die geistige Theilnahme der Kinder während der Katechese lebendig zu erhalten.

1. Von hoher Bedeutung für diesen Zweck ist das Benehmen des Katecheten, zunächst seine äußere Haltung. Vorzüglich muß sich in seinem Auge und im Tone seiner Stimme sein eigenes Glauben, Hoffen und Lieben offenbaren. Weiter muß sein Auge alle Kinder unablässig beobachten; es muß eigentlich regieren, indem es stets über alle hinblickt und sie dadurch an die Person des Katecheten fesselt. Liebe und Ernst müssen der Ausdruck des Auges wie der Stimme sein. Man irrt sehr, wenn man glaubt, durch überlautes Sprechen oder gar durch zornathmendes Poltern die Aufmerksamkeit erwirken zu können. Je lauter der Katechet spricht, desto leichter werden die Kinder unaufmerksam und unruhig. Er rede daher nicht lauter, als gerade nöthig ist, damit er von allen gehört werde; die Schüler müssen gleichsam genöthigt sein, mäßig aufzumerken, um den Unterricht zu vernehmen.

2. Wenn die Kinder aufmerksam sein sollen, so trage man namentlich Sorge, daß die Katechese vollkommen faßlich und ihrer geistigen Kraft angepaßt sei. Der Kunstgriff dagegen, daß man ihnen ankündigt, man werde ihnen „recht schöne Sachen" vortragen, die zu wissen ihnen sehr heilsam sei, ist eine wirkungslose eitle Phrase, wenn derselbe öfter als äußerst selten gebraucht wird: und es kommt hinter derselben meistens nur eine Alltagsgeschichte aus einem Lesebüchlein oder ein armseliges Herumfragen über gewöhnliche Dinge zum Vorschein, so daß man am Ende durchaus nichts angeben könnte, worin das Wichtige und Schöne zu suchen wäre, das mit Pomp angekündigt wurde. Weit mehr als durch diese Vorankündigung von Schönheiten und heilsamen Wirkungen wird die Aufmerksamkeit gefördert, wenn der Unterricht mit der Erinnerung beginnt, daß wir in Gottes Gegenwart wieder von Gott sprechen wollen, und mit einem Gebete, bei welchem man Sorge trägt, daß die Kinder dasselbe mit Ehrfurcht und Andacht verrichten.

3. Daß nichts wirksamer ist, die Aufmerksamkeit zu wecken, als historische Züge, haben wir mehr als einmal gesagt. Wenn jedes Lehrstück mit einer Geschichte aus der göttlichen Offenbarung angefangen wird: mit einer Geschichte, an welche sich die zu behandelnde Wahrheit anlehnt oder aus welcher die vorzutragende ethische Vorschrift entwickelt und gefolgert werden kann, und wenn diese Geschichte treu, faßlich und mit lebendiger Anschaulichkeit erzählt wird, dann wird es fast immer gelingen, die Aufmerksamkeit rege zu machen und zu erhalten. Daß für denselben Zweck auch das Fragen wirksam ist, haben wir noch vor kurzem gehört.

4. Zur Erhaltung der Aufmerksamkeit unerläßlich ist übrigens auch, daß man nicht die ganze Zeit des Unterrichts hindurch bei der Bearbeitung einer einzigen Seelenkraft stehen bleibe. Jedes Seelenvermögen ermattet, wenn es zu lange ohne Unterbrechung angestrengt wird. Darum muß man auch in

dieser Beziehung auf angemessenen Wechsel bedacht sein. Man muß nach entsprechender Thätigkeit des Erkenntnißvermögens auf die Anregung des Gemüths übergehen und zugleich praktische Entschlüsse für das Leben in den Kindern hervorzurufen suchen.

Die zweite Anweisung Grubers behandelt das Verfahren, welches in Rücksicht auf Lob und Tadel, auf Belohnungen und Strafen eingehalten werden soll, insofern auch diese Mittel anzuwenden sind, um die Kinder zu Fleiß und Eifer beim Religionsunterricht zu bestimmen.

Es ist eine bekannte Erscheinung, daß manche Kinder in der Katechese großen Eifer an den Tag legen, andere dagegen sich träge und theilnahmslos zeigen und infolgedessen wenig Fortschritte machen. Nun pflegt man die erstern, um ihren Eifer und Fleiß noch mehr zu fördern, mit Lob und Belohnungen auszuzeichnen, die letztern bald durch Tadel und Strafen zu größerer Anstrengung und Thätigkeit zu spornen, bald gleichfalls durch Lob und Belohnungen zu reizen. Dieses Verfahren läßt sich keineswegs schlechthin und unbedingt empfehlen. Freilich, wer im Religionsunterrichte nichts mehr sieht als in irgend einem der übrigen Lehrfächer, der kann zu den bezeichneten Mitteln unbedingt seine Zuflucht nehmen; wer aber den Religionsunterricht als die Sache Gottes, als ein wesentliches Mittel des übernatürlichen Heiles der ihm Anvertrauten anerkennt, der muß bei demselben von Lob und Tadel, von Strafe und Belohnung einen sehr bedingten Gebrauch machen, wenn er nicht, während er den Unterricht zu fördern sucht, den Zweck des Unterrichts beeinträchtigen will. So wie die gesamte religiöse Unterweisung sich auf Gott, auf unser Verhältniß zu Gott und die daraus sich ergebenden Resultate bezieht, so sind die Kinder, indem man sie ihres Fleißes und ihrer Leistungen wegen lobt, vor allem auf das Lob hinzuweisen, das sie eben deshalb vor Gott haben; weiter ist dem Gedanken, daß Gott an ihrem fleißigen Lernen Freude habe, sofort der andere hinzuzufügen, daß Gott auch die Beobachtung dessen von ihnen fordere, was sie erkennen, und zwar um so strenger, je besser sie es erkennen; man muß sie überdies ermahnen, ihre Kenntnisse und ihren Fleiß nicht hochmüthig für ihr eigenes Werk zu halten, sondern sie in Demuth als eine Gabe und ein Geschenk Gottes zu betrachten; die Belohnung muß ihnen endlich nur als ein Zeichen des Wohlgefallens Gottes gereicht werden und mit der Erinnerung an den Lohn des ewigen Lebens, der nicht dem bloßen Wissen, sondern nur dem Wissen und dem Thun zu theil wird. Der Tadel anderseits, wodurch man die Trägen zum Fleiße zu spornen sucht, muß so eingerichtet werden, daß er dem trägen Kinde nicht so sehr das Mißfallen des Katecheten als vielmehr das Mißfallen Gottes über seine Trägheit fühlbar macht; und selbst die Strafe, die man anwendet, um der fortgesetzten Trägheit abzuhelfen, ist mit Beziehung auf Gott zu geben, als ein Zeichen des Mißfallens Gottes und als eine Büßung seiner Gerechtigkeit gegenüber. Nur wenn sie in dieser Weise gehandhabt werden, kann das Lob und die Belohnung der fleißigen Zöglinge, der Tadel und die Bestrafung der trägen und nachlässigen bei der religiösen Unterweisung zulässig erscheinen.

Zwölftes Kapitel.

Das wirksamste Mittel für den Erfolg der Katechese und unter jeder Rücksicht der wichtigste Punkt liegt schließlich darin, daß die Kinder alle religiösen Wahrheiten auf den zu beziehen, alle Motive des Handelns in dem zu finden sich gewöhnen, mit einem Worte, daß sie ihn vollkommen kennen und aufrichtig lieben lernen, welcher „der Weg ist und die Wahrheit und das Leben", „der Urheber des Glaubens und sein Vollender", „das Licht der Welt", „Jesus Christus gestern und heute und derselbe in Ewigkeit".

385. „Es ist eine schöne Arbeit", so schrieb im Jahre 1828 Clemens Brentano an eine ihm befreundete Dame, welche in einer Erziehungsanstalt thätig war (Margarete Versflassen), „es ist eine schöne Arbeit, aus dem Kinderherzen einen ewigen Faden herauszuspinnen, der, bei dem Eintritt in das Labyrinth an das Herz Jesu befestigt, nach allen Irrwegen wieder an dasselbe zurückleiten wird. Vielleicht auch gibt es keine gründlichere Kranken- und Armenpflege als fromme Kindererziehung."

Der geniale Dichter hat in diesen Worten den wichtigsten Punkt in der Aufgabe religiöser Unterweisung und Erziehung sehr bezeichnend angedeutet. Die Katechese entwickelt die übernatürlichen Fähigkeiten, sie befruchtet durch das Wort Gottes die Keime übernatürlicher Anschauungen und christlichen Strebens, welche der Heilige Geist durch die Taufe in die Seele der Kinder gelegt hat; eben damit „spinnt sie aus ihrem Herzen den ewigen Faden" religiöser Gesinnung heraus, den Faden lebendigen Glaubens und jener Liebe, welche „niemals aufhört"; aber dieser Glaube muß sich gründen auf den „von Gott erwählten und hochgewertheten lebendigen Eckstein" (1 Petr. 2, 4. 6); diese Liebe ist nur dadurch lebensfähig, daß sie aus der Wurzel des einen „wahren Weinstockes" ihre Kraft und ihre Nahrung zieht, oder nach Brentanos Bild: dieser Faden religiöser Grundsätze und christlicher Gesinnung besitzt nur dann Halt und Stärke, ist ein zuverlässiger Führer auf den vielfach verschlungenen Wegen dieses Erdenlebens nur dann, wenn das Herz des Sohnes Gottes den unbeweglichen Punkt bildet, an den ihn die Erziehung und die erste Unterweisung befestigt hat.

Allgemeiner haben wir eben diesen Gedanken bereits gegen das Ende des zehnten Abschnitts ausgesprochen; ein mit demselben verwandter war uns im letzten Kapitel des fünften Abschnitts begegnet, und die Anweisung, welche in gleichem Sinne den Seelsorgern der Römische Katechismus gibt, habe ich Ihnen schon an einer frühern Stelle vorgeführt[1]. Der Gedanke ist bedeutend genug, m. H., um zu verdienen, daß wir ihn auch hier wieder betonen. „Alles", so hörten wir in der Ausführung unseres neunten Grundsatzes (S. 260) den hl. Augustin sagen, „alles, was in den heiligen Büchern vor der Menschwerdung des Herrn geschrieben worden, sollte dazu dienen, sein bereinstiges Erscheinen in der Welt vorauszuverkünden; und nicht minder verkündet alles, was nach diesem seinem Erscheinen auf Gottes Geheiß

---

[1] Vgl. S. 80 f. und Bd. I, S. 241 ff. u. S. 105.

geschrieben worden, abermals Christum." St. Augustin hat die Wahrheit, welche er im vierten Kapitel seiner Schrift in diesem Satze zusammenfaßt, im dritten eingehender begründet, und der Kern dieses dritten Kapitels, sagt Augustin Gruber, ist der hohe Gedanke: der Zweck der gesamten Offenbarung, der Gedanke, um den ihr ganzer Inhalt sich gruppirt, ist einzig der zur Erlösung der gefallenen Menschheit bestimmte Gottmensch, der menschgewordene Sohn Gottes. „Jesus ist der Mittelpunkt der Schöpfung und aller übernatürlichen Führungen Gottes; er ist das Haupt des ganzen Leibes der gottgefälligen Menschheit. Was gerecht und selig ward seit dem Sündenfalle Adams, das ward es durch den Glauben an den Erlöser: vor seiner Ankunft durch den Glauben an den, der einst kommen sollte, seit seiner Ankunft durch den Glauben an den, der in der Fülle der Zeiten gekommen ist" (vgl. Bd. I, S. 245 f.). „Die stufenweise fortschreitende Offenbarung hatte ausschließlich den Zweck, die Menschen zu diesem Glauben zu führen, und alle, welche dieselbe in diesem Sinne aufnahmen, gelangten zu jeder Zeit zu dem Ziele ihrer Heiligung und der ewigen Seligkeit. Darum muß bei der Katechese der Zögling in der ganzen Geschichte der Offenbarung, von Adam bis auf Christus, den zweiten Adam, so geleitet werden, daß er dieselbe fort und fort in ihrer Beziehung auf Christus, als den Erlöser der Menschheit, auffassen lernt, und alles dazu dient, den Glauben an ihn in ihm zu wecken und zu beleben."

In unmittelbarer Verbindung mit diesem Gedanken steht ein anderer, mit welchem Gruber später seine „Erläuterung" zum 21. Kapitel der Schrift des hl. Augustin beschließt. „Wie überhaupt in den Schriften der Kirchenväter, so tritt auch beim hl. Augustin immer das Bestreben hervor, die **gesamten Führungen Gottes mit dem Menschengeschlechte in ihrer Beziehung auf den Heiland der Welt darzustellen.** Jesus Christus und seine Kirche ist alles in allem. Jesus Christus, welcher der Anfang und die Vollendung der ganzen Heilsanstalt ist, soll in allen Führungen der Welt wirksam erkannt, seine Kirche, in der allein das Heil ist, soll überall gesehen, geliebt, festgehalten werden. Das war es, was die heiligen Väter unausgesetzt im Auge hatten, wenn sie in allen Thatsachen und Einrichtungen des Alten Bundes Vorbilder anerkannten, dieselben deuteten und ihre Erfüllung im Neuen Bunde nachwiesen. Dieser Auffassung entsprechend soll demnach auch unser Streben in der katechetischen Unterweisung beständig dahin gehen, daß wir in unsern Kleinen den Hinblick auf Jesus, auf seine Gesinnung und Handlungsweise, auf die reine himmlische Absicht, welche in jeder seiner Handlungen hervorleuchtet, zu schärfen uns bemühen. Wir müssen tief in ihre Seele die lebendige Ueberzeugung legen: **Das, was sie zu ihrem Heile bedürfen, komme ihnen durch Jesus zu, und durch ihn allein;** was sie allein gut und selig machen kann, das sei die Uebereinstimmung ihrer Gesinnung und ihres Handelns mit Jesus; was sie daher aus allen Kräften zu erreichen streben müssen, das liege alles im Glauben an Jesu Lehre, in der Hoffnung auf sein Verdienst und auf die von ihm verheißenen Güter und in der Liebe dessen, was er geliebt und als der Liebe werth uns durch sein Wort und durch sein Beispiel empfohlen hat."[1]

---

[1] Nach Gruber a. a. O. S. 25. 241.

386. Halten Sie es nicht für schwer, m. H., Ihre Unterweisungen so einzurichten, daß sie dazu angethan sind, diese Gesinnung in den Kindern zu begründen. Thatsächlich und objectiv stehen ja alle religiösen Wahrheiten in Verbindung mit dem Sohne Gottes und dem Werke seiner Erlösung; man muß also nur darauf bedacht sein, diese Verbindung immer hervorzuheben. Und was namentlich die ethischen Vorschriften des Christenthums betrifft, so hat der Herr die meisten davon selbst ausgesprochen und dazu noch durch sein Beispiel uns gezeigt, wie wir sie erfüllen sollen.

Ich hebe, um Ihnen noch eine kleine Anleitung für die Praxis zu geben, einige Andeutungen heraus, welche Bossuet in seinen Katechismen einzelnen Lectionen vorausgehen läßt.

„Erste Lection: Ueber die christliche Lehre im allgemeinen. Man beginne diese Unterweisung, indem man den Nutzen des katechetischen Unterrichts nachweist, insofern der Christ durch denselben den Weg kennen lernt zum ewigen Leben. Dabei erzähle man den Kindern, wie Jesus, da er zwölf Jahre alt war, den Lehrern zuhörte, sie fragte und ihnen Antwort gab (Luc. 2, 46). Denn durch dieses Geheimniß hat der Herr die Jahre des ersten Jugendunterrichtes heiligen und uns gewissermaßen ein Bild der katechetischen Unterweisung geben wollen. Ueberdies führe man den Kindern den Herrn auch vor während der übrigen Zeit seiner Kindheit, wie er gehorsam war und Fortschritte machte (Luc. 2, 40. 51. 52), und man ermahne sie wieder und wieder, soviel ihnen möglich ist, die heilige Kindheit Jesu nachzuahmen und sich derselben innig anzuschließen."

„Zweite Lection: Ueber das Kreuzzeichen. Man kann davon ausgehen, daß man den Kindern den Herrn am Kreuze vorstellt, wie er die Menschen segnet und uns lehrt, daß aller Segen im Kreuze liegt."

„Dritte Lection: Ueber das Geheimniß der allerheiligsten Dreifaltigkeit. Man erzähle hier die Geschichte der Taufe des Herrn, bei welcher die drei göttlichen Personen sich offenbarten."

„Fünfte Lection: Von dem Apostolischen Glaubensbekenntnisse. Historischer Zug: Jesus Christus, nachdem er von den Todten auferstanden ist, sendet seine Apostel in die ganze Welt, seine Lehre zu verkündigen (Matth. 28, 18 f.); oder, wenn man lieber will, eine andere Stelle, wo Jesus seine Apostel aussendet und seinen Willen ausspricht, daß man auf ihre Worte hin glaube, etwa Luc. 9, 2 ff."[1]

„Ueber das Sacrament der Buße. Erste Lection: Das Sacrament der Buße im allgemeinen und die drei Stücke, welche dazu gehören. — Jesus Christus verleiht nach seiner Auferstehung den Aposteln die Gewalt, die Sünden nachzulassen (Joh. 20, 21 ff.)."

„Ueber das Sacrament des Altars. Dritte Lection: Von der Communion. — Maria Magdalena weint am Grabe des Herrn und sucht seinen Leichnam. Wie entbrennt ihre Liebe und ihre Andacht, da sie diesen allerheiligsten Leib erblickt, wie er lebt und verklärt ist!"

---

[1] *Bossuet*, Catéchisme du diocèse de Meaux. Abrégé pour ceux qui commencent (Oeuvres I [Versailles 1815], 16. 18. 20. 22).

„Ueber dasselbe. Fünfte Lection: Was man unmittelbar vor der Communion und bei derselben thun müsse. — Die Demuth und der Glaube des Hauptmanns, da Jesus zu ihm ins Haus kommen will (Matth. 8, 8). Der Glaube jener Frau, welche überzeugt ist, sie müsse gesund werden, wenn sie nur den Saum seines Kleides anrühre. Jesus wird auf allen Seiten gebrängt von der ihn umgebenden Volksmenge; aber wahrhaft angerührt fühlt er sich nur von derjenigen, die ihn anrührt mit lebendigem Glauben (Matth. 9, 20. Luc. 8, 42 ff.)."

„Ueber das Sacrament der Ehe. Die Vermählung der heiligen Jungfrau mit dem hl. Joseph. Die Hochzeit zu Kana, welche der Herr durch seine Anwesenheit und durch sein erstes Wunder auszeichnet (Joh. 2). Die Erschaffung des Weibes (1 Mos. 2, 21 ff.). Die Vermählung des jungen Tobias (Tob. 7, 8 ff.)."[1]

387. Hiermit mag es genug sein; es ist ohnedies Zeit, daß wir zu den andern Arten der geistlichen Vorträge zu kommen suchen. Zwei ernste Worte von Jais und von Sailer mögen diese Anweisungen für die Katechese abschließen.

„Es gibt", bemerkt der erstere, „es gibt vielleicht mehr gute Prediger als gute Katecheten; wenigstens liegen einigen die Predigten weit mehr am Herzen als die Katechesen. Warum? Bei jenen findet unsere Eigenliebe, unsere Eitelkeit ihre Rechnung. Man will sich doch nicht prostituiren, und wir hören es nicht ungern, wenn unsere Predigten gelobt, hoch angerühmt werden. Mit den Katechesen hingegen glaubt man es nicht so genau nehmen zu müssen; sie sind ja doch nur für die Kinder, und die Kinder verstehen es nicht, es mag getroffen oder gefehlt sein. Wenn die Kinder nur zuweilen eine halbe Stunde lang divertirt und jährlich einmal zur Parade aufgestellt werden, so ist man schon mit sich selbst zufrieden. Aber nein! die Katechesen sind weit wichtiger, weit nützlicher und nothwendiger als die Predigten. Mit den letztern müssen wir am Christenthum der Zuhörer nur so pfuschen; in der Katechese wird für dieses Christenthum der Grund gelegt. In der Predigt wissen wir nie, ob wir verstanden werden; in der Katechese können wir uns, indem wir Fragen stellen, davon überzeugen. Bei der letztern lernen wir überdies die Kinder unserer Gemeinde kennen, ihre Begriffe und Fähigkeiten, ihre Gesinnungen und Vorurtheile, ihre guten und übeln Eigenschaften: das ist ein großer Vortheil. Und jedenfalls ist ohne gründliche Unterweisung der Kinder im Christenthum an keine Reformation der Sittlichkeit zu denken, keine bessere Generation zu hoffen."[2]

Michael Sailer aber schließt in seinen „Vorlesungen aus der Pastoraltheologie" (Bd. II, S. 253) den kurzen Abschnitt über die Katechese also: „Ich bin zu schonend, um zu fragen, wie sich diejenigen vor dem Richterstuhle dessen, der die Herzen prüft und die Gedanken sieht, rechtfertigen werden, die entweder gar ohne alle Vorbereitung Kinderlehre halten oder wenigstens keine größere zu diesem wichtigsten Berufsgeschäfte mitbringen, als sie der

---

[1] *Bossuet*, Catéchisme pour ceux qui sont plus avancés l. c. p. 158. 188. 194. 199.

[2] Vgl. Jais a. a. O. S 97 f.

unbedeutendsten Sache schenken. Aber bitten, beschwören muß ich alle meine Zuhörer, daß sie die Vorbereitung zur Kinderlehre für eine der allerwichtigsten aus den Berufsarbeiten eines Seelsorgers ansehen möchten. Bitten und beschwören muß ich alle meine Zuhörer, daß sie sich einst durch Kinderlehren ihre Gemeinde selbst erziehen möchten. Denn den alten dickstämmigen Baum magst du nimmer beugen; aber das zarte Kinderherz kannst du bilden, wie du willst. Bitten und beschwören muß ich darum meine Freunde, daß sie einst ihrer Gemeinde nichts Geringeres werden möchten als der Kinderfreund Jesus inmitten der Kinder."[1]

Wenn Sie bereinst einmal einer Aneiferung und Hilfe bedürfen, m. H., diesen Mahnungen gewissenhaft und treu zu entsprechen; wenn unter den sicher nicht geringen Beschwerden Ihres Amtes die Schwachheit der Natur erliegen will und Ihnen Lust und Freude und Eifer und Muth vergeht: dann lesen Sie das zehnte, das zwölfte und das vierzehnte Kapitel in der Schrift St. Augustins: „Von der ersten religiösen Unterweisung", und ich bürge Ihnen dafür, die Kraft dieses gigantischen Geistes wird auch jetzt, nach fast anderthalb Jahrtausenden noch, die Kraft des Ihrigen wieder wecken, und an der zarten Liebe dieser liebenswürdigen, tief empfindenden Seele wird Ihr Eifer und Ihr Muth und Ihre Liebe sich neu entzünden.

---

[1] Eine sehr beherzigenswerthe Mahnung in demselben Sinne, aber eingehender und in schärferem Tone richtet an die Seelsorger Alban Stolz in seinem „Kalender für Zeit und Ewigkeit", Jahrg. 1845, in der Erläuterung der Bitte „Zukomme uns dein Reich" (Ausgabe von 1847, S. 48—50).

Fünf „Katechisationsskizzen" von Augustin Gruber.

(Für Kinder von fünf bis sieben Jahren.)

Aus Liebe müssen wir Gott gehorsam sein[1].

Nun wisset ihr schon, daß Gott euch, mich und alles, was nur da ist, gemacht und erschaffen hat, nicht wahr? Und ihr denket darum auch mit Freuden an Gott, der alles gemacht hat? — Ihr wisset, daß Gott gar so gut ist und so gütig? Nicht wahr? — Wie war Gott gegen die Engel, als er sie erschaffen hatte? Wie waren sie? Wie ging es ihnen da bei Gott im Himmel? — Wie war Gott gegen die ersten Menschen? Schon ihren Leib hatte er so schön mit Augen, Ohren, Mund, Händen und Füßen gemacht; damit sie aber auch sehen, sprechen, arbeiten und gehen könnten — was gab er ihnen in den Leib? — Und so waren sie nicht todt, sondern —? Und wo setzte er sie hin? Wie war es da? und was sollten sie dort? Aber wie sollte ihnen die Arbeit sein? Und was erlaubte er ihnen zu ihrer Nahrung? — Und auch über die Thiere sollten sie Gewalt haben. Wie war also Gott gegen Adam und Eva?

Da müssen die heiligen Engel wohl auch über den lieben Gott recht viele Freude haben? ihn recht lieb haben? ihm wieder Freude machen wollen? — Und Adam und Eva, da sie sahen, wie gut Gott ist, wie lieb er sie hatte: was mußten sie über Gott haben? Und weil er ihnen Freude machte, was mußten sie ihm machen wollen? Nicht wahr, da hatten sie Gott recht lieb, wenn sie ihm Freude machen wollten?

Nun hört, liebe Kinder, wie die heiligen Engel Gott Freude machen. Sie thun alles, was Gott ihnen befiehlt; sie sind ihm unterthänig; sie thun alles mit Freuden, was er ihnen sagt. Damit machen sie Gott Freude. Ich werde euch andere Male erzählen, wie Gott schon manche Engel auf die Erde geschickt hat, den Menschen etwas zu sagen; mit Freuden waren sie Gott gehorsam und thaten, was er befahl. — Hat dir deine Mutter noch nichts vom heiligen Schutzengel gesagt? — oder dir? — Sieh, der liebe, gute Gott befiehlt diesem Engel, dich zu beschützen — und er thut es mit Freuden. — Also, liebe Kinder, wodurch machen die Engel Gott Freude — was thun sie immer, wenn Gott ihnen befiehlt? — Wie sind sie in dem, was Gott befiehlt? — Und was machen sie Gott mit ihrem Gehorsamsein? — Da sie mit ihrem

---

[1] Gruber, Praktisches Handbuch der Katechetik I, 85 ff.

Gehorsamsein Gott Freude machen, so zeigen sie Gott, daß sie ihn lieb haben. Nicht wahr? — Wenn einer der Engel Gott nicht gehorsam wäre, machte der Gott Freude? — Meinet ihr, hätte der Gott lieb? — Und würde der liebe Gott einen solchen Engel noch lieb haben?

Ach, Kinder! ich muß euch sagen, daß es denn doch vielen Engeln eingefallen ist, Gott ungehorsam zu sein. Sie dachten: Wir wollen nicht immer das thun, was Gott will! Wir wollen nicht Gott dienen; wir wollen thun, was uns gefällt! — War das recht? War das gut, dem lieben, guten Gott, der sie erschaffen hat, der sie so glückselig sein ließ, nicht gehorsamen wollen? War das nicht sehr böse? Waren sie jetzt noch gute Engel? — sondern —? — Konnte Gott noch an ihnen Freude haben? Nein, er, der gute Gott, der es ihnen so lange gut gehen ließ, als sie gut und ihm gehorsam waren, verjagte sie aus dem Himmel, wo sie selig[1] waren, in einen Ort, wo sie unglückselig sind und den wir die Hölle nennen; diese bös gewordenen Engel aber heißen wir Teufel. — Ach, wären sie doch Gott unterthänig und gehorsam geblieben!

Höret nun aber wieder von den ersten Menschen Adam und Eva. Auch gegen sie, wie ihr wisset, war Gott so gütig und gab ihnen so viel Gutes in dem schönen Garten. — Sie hatten auch wirklich den lieben Gott recht lieb, hatten Freude an ihm und — was sollten sie ihm wieder machen —? Denket nach! Womit machen die guten Engel Gott Freude? Wenn er befiehlt, so —? Wenn er einen Engel wohin schickt, so —? Womit macht man also Gott Freude? — Was mußten also auch die ersten Menschen thun, um Gott Freude zu machen? Wie mußten sie gegen Gott, wenn er ihnen etwas befiehlt, sein? — Ja, Kinder, Gott ist der Herr, und alles, was er erschaffen hat, muß ihm unterthänig und gehorsam sein, und wer Gott lieb hat, ist auch ihm gern gehorsam.

Nun seht, Gott sagte dem Adam und der Eva auch, was er wolle, daß sie thun sollten; er gab ihnen ein leichtes Gebot, damit sie ihm gehorsam sein lernen sollten. — Er sprach: Von allen Bäumen in diesem Garten dürfet ihr die Früchte essen; aber von diesem Baume, der in der Mitte des Gartens steht, dürfet ihr nicht essen; wenn ihr davon esset, werdet ihr sterben müssen. — Was hatte Gott zu Adam und Eva gesagt? Was erlaubte er ihnen zu thun? Was verbot er ihnen aber? — Solange sie nun von den andern Bäumen aßen, aber von dem, den Gott verboten hatte, nicht aßen, was hatte Gott an ihnen? Solange sie ihm gehorsam sein werden, so lange machen sie Gott —? Womit konnten sie also zeigen, daß sie Gott lieb haben? — Wenn sie aber von der verbotenen Frucht dieses Baumes essen würden, wären sie da noch gut geblieben? Gott gehorsam? Hätte Gott dann auch an ihnen Freude gehabt? Was mußten sie also thun, um Gott Freude zu machen?

Und wir, liebe Kinder, wenn wir Gott lieb haben und ihm Freude machen wollen, müssen das, was Gott uns befiehlt —? was er uns verbietet —? Dann machen wir Gott —? Ach, wie wäre das so böse, wenn wir Gott nicht gehorsam sein wollten — dem guten, lieben Gott, der uns

---

[1] Im Zustande der „Seligen" waren die Engel vor ihrer Bewährung jedenfalls nicht, sonst hätten sie nicht sündigen können.

so lieb hat, so viel Gutes uns gibt! Nichts wollen wir thun, was Gott verbietet — alles thun, was er befiehlt, weil wir ihn lieb haben! — Und dann hat auch Gott uns lieb und an uns Freude.

Ich werde euch schon nach und nach alles sagen, was Gott will, daß wir thun sollen, und was er nicht will, daß wir thun sollen, was er befiehlt und was er verbietet. Aber weil ihr Gott lieb habt und ihm Freude machen wollt, so versprechet es ihm schon heute! Alles, was ich euch sagen werde, daß Gott befiehlt, wollen wir —? Alles, was ich euch sagen werde, daß Gott verbietet, wollen wir —? Wir wollen gehorsam gegen Gott —?

So, Kinder, wenn ihr es so machet, wie ihr jetzt versprochen habt, wenn ihr Gott gehorsam seid: dann machet ihr dem lieben, guten Gott Freude; ihr habt ihn lieb, dann hat auch er euch lieb.

Gott ist überall da und weiß alles[1].

Ihr habt es wohl behalten, liebe Kinder, was ich euch jüngsthin erzählet habe? Weil Gott die Engel so lieb hatte und ihnen so viel Freude machte, was mußten nun auch die Engel Gott machen wollen? Und womit konnten sie ihm Freude machen? — Haben denn aber alle Engel Gott gehorsam bleiben wollen? — Wollten also einige nicht thun, was Gott wollte, daß sie thun sollten? — Wie war das von ihnen? — Und da sie so böse Engel wurden, was that Gott nun mit den Bösen? Behielt er sie im Himmel? — sondern —?

Und der liebe Gott, der gegen die Engel so gütig war, sie so lieb hatte; den aber auch die guten Engel lieb haben und ihm durch Gehorsam Freude machen — der gute und liebe Gott hatte auch Adam und Eva lieb, und sie mußten auch —? und wie zeigen, daß sie ihn lieb haben? — Was hat ihnen Gott dort in dem schönen Garten befohlen? was erlaubt? was verboten? — Solange also Adam und Eva Gott gehorsam waren, so lange hatten sie Gott lieb, und Gott hatte sie lieb; denn Gott hat nur die lieb, die ihm gehorsam sind, und der, der Gott ungehorsam ist, der hat Gott auch nicht lieb.

Nun höret, wie es weiter mit Adam und Eva ging. — Einer aus den bösen Engeln, die Gott nicht gehorsam sein wollten und die darum in die Hölle verstoßen wurden, wo sie höchst unglücklich sind, wollte nicht, daß die ersten Menschen Adam und Eva Gott gehorsam bleiben sollten, und wollte machen, daß auch sie das thun sollten, was ihnen Gott verboten hatte. Er verbarg sich in eine Schlange im Garten und sprach zur Eva: Warum esset ihr denn nicht von den schönen Früchten in diesem Garten? — Eva antwortete: Wir essen ja von den schönen Früchten im Garten; nur allein von der Frucht des Baumes da, der in der Mitte des Gartens ist, hat uns Gott verboten, zu essen. Wenn wir davon essen, würden wir sterben müssen. — Der böse Engel antwortete: O, ihr werdet nicht sterben, sondern wenn ihr davon esset, werdet ihr selbst wissen, was gut oder böse ist; ihr werdet dann kein Gebot Gottes mehr halten dürfen, sondern selbst nach eurem Willen handeln

---

[1] Gruber a. a. O. I, 89 ff.

können. — Eva hatte, leider! an dem Versprechen Freude. Vorwitzig sah sie die verbotene Frucht am Baume an; sie kam ihr so schön vor; sie meinte, sie werde auch recht gut schmecken. Sie nahm eine Frucht vom Baume — aß davon; gab auch dem Adam — und Adam aß auch!

Weh, weh, den armen, ungehorsamen Menschen! Gott hatte sie so lieb; auch sie hatten Gott lieb! Gott machte ihnen so viele Freude; auch sie hätten ihm Freude machen sollen! Womit sollten sie ihm Freude machen? — Aber sie —? — Es ist aus, sie sind nicht mehr gute — sie sind böse Menschen! Nicht wahr?

Vorher hatten sie so viele Freude an Gott; aber jetzt fürchteten sie Gott! Sie verbargen sich unter dem Gesträuche und zitterten, da sie an Gott dachten.

Gott rief: Adam, wo bist du? — Adam sprach: Ich habe deine Stimme wohl gehört, o Gott! aber ich fürchte mich vor dir. Gott sprach: Du fürchtest dich, weil du gegessen hast von der Frucht, von der zu essen ich dir verboten habe!

Kinder, Gott war also dabei, da die ersten Menschen sündigten; aber sie sahen ihn nicht. Er wußte alles, was sie geredet und gethan haben! Gott ist nicht nur im Himmel, er war auch dort im Garten bei den ersten Menschen; er ist auch bei uns da — in dem Hause eurer Eltern — in der Kirche — im Walde — auf dem Felde. Gott ist überall da. Aber sehen kann man ihn nicht, weil er keinen Leib hat. Sieh, Kind, in meinem Leibe ist eine Seele; meinen Leib siehst du, aber meine Seele —? In deinem Leibe ist eine Seele; deinen Leib sehe ich, aber deine Seele —? So ist es auch bei Gott. Er ist überall da; aber sehen kann man —? Er weiß alles, weil er überall da ist. — Als Adam und Eva böse wurden, wo war Gott? Was rief er sogleich? Wo war er also? Als Adam sagte, er fürchte sich vor Gott; was sagte Gott? Mußte es ihm Adam erst sagen, daß er von der verbotenen Frucht gegessen habe? Sondern Gott wußte —? Und sagte es ihm sogleich selbst.

So habet ihr denn wieder Schönes von Gott gelernt, meine Lieben! Ihr wisset, daß Gott überall ist, und daß er alles weiß. Wenn ihr nun denket: Gott ist überall bei mir, muß euch das ja freuen. — Hier in der Schule ist —? Was ich euch sage, das höret, das —? Was ihr mir versprecht, daß ihr ihm gehorsam sein wollt, das höret, das —? Wenn ihr zu Hause seid bei euern Eltern, wer ist noch dabei? Wer sieht alles, wie ihr euch da aufführt? Wer hört, wer weiß alles, was ihr zu den Eltern, Geschwistern, andern Leuten redet? — Wenn ihr auch ganz allein in der Kammer seid, wer ist doch noch dort? Wer weiß auch, was ihr dort im Finstern machet? — Gott war dabei, als Adam und Eva böse wurden; er wußte, was sie thaten; und konnte er sie noch lieb haben? — Konnten auch sie jetzt den lieben Gott mit Freuden lieb haben? — Anstatt sich über Gott zu freuen, was thaten sie? War es ihnen lieb, daß er da war? Was machten sie, weil sie sich vor ihm fürchteten? — Aber half ihnen das etwas? Wie rief Gott? — Und was sagte er dem Adam, warum er sich fürchtete? — Wer wäre also da, wenn eines aus euch Böses thut im Walde? zu Hause? in der Schule? — Solange ihr Gutes thut, was Gott will, so lange könnet ihr mit Freuden denken: Gott ist bei mir, er sieht und weiß, was ich mache. Ist das aber auch so, wenn ihr böse wäret? Dächtet ihr da freudig: Gott ist bei mir? Wenn es euch aber einfällt: Gott ist da! er hat's gesehen, er weiß es, was ich Böses that, da müßtet ihr euch vor Gott —? Ach! da müßtet ihr wünschen, ihr könntet euch vor Gott verstecken, wie es Adam und Eva wollten! Aber das hat ihnen nicht geholfen und würde euch —? Gott hätte denn doch es gesehen — und weiß es — und könnte an euch keine Freude haben, und ihr an ihm auch nicht! Ihr müßtet euch fürchten vor Gott.

Denket oft daran, liebe Kinder, daß Gott überall bei uns ist und alles sieht und weiß! Führet euch aber auch darum immer gut auf, so daß ihr Gott Freude machet, daß ihr ihm gehorsam seid! — Wer hat aber die ersten Menschen verführt? Warum war er verborgen? — So gibt es auch böse Menschen, die andere bös machen wollen; böse Kinder, die die guten Kinder zum Bösesthun bringen wollen. — Glaubt, ihr Guten, diesen Bösen nicht! Hätten Adam und Eva dem bösen Engel nicht geglaubt, wie gut wäre es gewesen!

Gott straft den Ungehorsam[1].

Also ungehorsam waren die ersten Menschen dem lieben, guten Gott; wisset ihr noch, wie? — Weil sie nun thaten, was Gott verboten hatte, hatten sie da wohl Gott noch lieb? — Wenn sie recht daran gedacht hätten, wie lieb sie Gott habe, wie viel Gutes er ihnen gegeben hat; wenn sie darum auch Gott recht lieb gehabt hätten: würden sie wohl von der Frucht gegessen haben, die ihnen Gott verboten hatte? — O gewiß! sie würden gedacht haben: wir haben unsern guten Gott lieb, wir wollen nur das thun, was er will; wir wollen das nicht thun, was er nicht will; nicht wahr? — Weil sie aber nicht dachten, wie lieb sie Gott habe, so wollten sie das thun, was ihnen beliebt, und nicht das, was Gott will. — O meine Kinder, wenn auch ihr fleißig denket, wie lieb euch Gott hat, werdet ihr wohl etwas thun, was Gott nicht will? — Was ihr aber wisset, daß Gott es will, das werdet ihr —?

Und ihr könnet ja leicht daran denken, wie lieb euch Gott habe; er gibt euch ja immerfort Gutes. Und ihr wisset ja: Wo ist Gott? Nur im Himmel? Wo ist er noch? War er auch dabei, als Adam und Eva sündigten? das thaten, was er verboten hatte? Ist er also auch dabei, wenn ihr ihm ungehorsam wäret? Und was ihr thut, wer weiß es? Wieviel weiß Gott?

Und als Adam und Eva bös geworden waren, haben sie noch mit Freuden gedacht, daß Gott bei ihnen sei? — Was thaten sie vielmehr? Und warum versteckten sie sich? Weil sie Gott ungehorsam geworden waren, fürchteten sie sich vor Gott, den sie vorher, solange sie gut waren, lieb gehabt hatten.

Ja, meine Lieben, Gott will, daß wir ihm gehorsam seien; und sind wir es nicht, so straft er uns und thut, was uns weh thut.

Gott sprach zu Eva: Ich werde viel Leiden über dich kommen lassen, du sollst mit deinen Kindern viele Schmerzen auszustehen haben und deinem Manne Adam unterthänig sein. Zu Adam sprach Gott: Schwer wirst du

---

[1] Gruber a. a. O. I, 43.

die Erde bearbeiten, und sie wird dir doch noch Disteln und Dornen tragen; im Schweiße deines Angesichtes wirst du dein Brod dir erwerben, bis dein Leib selbst zu Staub und Erde wird. Beide werdet ihr sterben. — Dann verjagte sie Gott aus dem schönen Garten hinaus.

Was sprach Gott zu Eva? was zu Adam? Was sagte er, daß mit ihnen beiden zuletzt geschehen werde? — Wenn nun die Zeit kommen wird, daß sie sterben, mußte die Seele, die macht, daß der Leib lebendig ist, aus dem Leibe heraus. Die hört aber nicht auf zu leben, sie lebt auch außer dem Leibe. Aber, liebe Kinder, wohin meinet ihr, daß diese bös gewordenen Seelen des Adam und der Eva kommen sollen? — Ihr wißt ja noch, wohin Gott die bös gewordenen Engel hinwies? Und wie geht es ihnen in der Hölle? — Wer hat Adam und Eva angereizt, von der Frucht, die Gott ihnen verboten hatte, zu essen? — Wessen Willen haben sie da gethan? Anstatt Gott zu folgen, sind sie — wem gefolgt? Zu wem gehörten also auch ihre bös gewordenen Seelen? Wohin sollten also auch ihre Seelen, wenn sie beim Sterben aus dem Leibe gehen würden, kommen? Und wie würde es ihnen dort in der Hölle gehen müssen?

Sehet, Kinder, wie Gott das Ungehorsamsein gegen ihn strafet. Und so ist es recht! — Gott hat uns erschaffen, er ist unser Herr; so müssen wir ihm unterthänig sein. Gott hat uns so lieb, so müssen wir ihn auch lieb haben. Gott macht uns Freude; was müssen wir ihm machen? Aber womit machen wir ihm Freude? — Wenn wir ihm ungehorsam sind, machen wir ihm keine Freude, haben ihn nicht lieb; dann ist es recht, wenn er — was thut? — Ja, recht ist es, wenn Gott das Böse bestraft.

Und weiß der liebe Gott jedes Böse, das wir thun? Wo ist er denn? Wieviel weiß er? — Was wir also immer thun oder reden, oder uns nur denken, wer weiß es? — Und was thut er, wenn wir etwas thun, was er verboten hat? — Ja, er straft das Böse.

Oft straft er wohl nicht sogleich. Adam und Eva starben nicht auf der Stelle, sondern lebten noch lange; aber endlich starben sie doch! — Der liebe Gott straft oft langsam, aber gewiß!

Saget mir noch einmal, meine Lieben, wie hat Gott den Adam und die Eva bestraft? Was mußte Eva leiden? was Adam? Was mußte zuletzt mit beiden geschehen? Und was sollte mit ihren Seelen geschehen, wenn der Leib stirbt? Wohin sollten sie kommen? Wer war schon in der Hölle? Zu wem sollten also auch ihre Seelen kommen? — Und recht war das, daß sie dahin kommen sollten, wo der ist, dem sie zum Ungehorsamsein gegen Gott Folge geleistet haben!

Sehet darum, liebe Kinder, wie ihr Gott stets gehorsam sein müsset, damit er euch nicht strafe. — Ueberall ist Gott bei euch; überall sieht er und weiß er, wie ihr euch aufführt. Nirgends also dürft ihr Böses thun, was Gott verbietet. — Alle Augenblicke macht euch Gott Freude, läßt euch leben, schenkt euch Gutes; immer und immer müßt ihr darum dem guten Gott mit Gehorsamsein Freude machen. — O, weh dem Kinde, das sich verführen läßt, Böses zu thun! — Wie sich Adam und Eva vor Gott fürchteten, muß sich dieses Kind vor Gott —? Wie sich Adam und Eva vor Gott umsonst verstecken wollten, weil er überall da ist, so kann sich auch dieses Kind vor Gott nicht —? Wie Gott Adam und Eva strafte, so wird Gott auch dieses —? Wie die Seelen von Adam und Eva nach dem Tod ihres Leibes wohin kommen sollten? — so würde auch die Seele des bösen Kindes wohin kommen sollen?

O Kinder! gut wollen wir alle sein, dem lieben Gott Freude machen durch Gehorsam — ihm zeigen, daß wir ihn recht lieb haben, indem wir nichts thun, was er verbietet, alles thun, was er befiehlt! Dann hat er uns lieb; wir freuen uns, wenn uns einfällt: Gott ist bei mir da! Er hat Freude an dem, was ich thue. Dann gibt er uns wieder um so viel mehr Freuden; denn Gott belohnt alles Gute — an allen, die ihm gehorsam sind.

Jesus als zwölfjähriger Knabe[1].

Noch, liebe Kinder, will ich euch von dem lieben Jesus etwas erzählen, da er ein Knabe war von zwölf Jahren seines Alters. — Dreimal im Jahre mußten die erwachsenen Juden aus dem Lande in die Stadt Jerusalem, um die Kirche zu besuchen, an gewissen Festzeiten reisen. Der hl. Joseph und die heilige Mutter Maria reisten nun auch gewöhnlich dahin, und nahmen den Knaben Jesus auch mit sich dahin. — So thaten Joseph und Maria es auch, da Jesus zwölf Jahre alt war. — Bei solchen Reisen gingen gewöhnlich viele Menschen eines Ortes miteinander, wie bei uns bei einer Procession oder bei einem Umgange, wo dann die Kinder gern wieder mit Kindern gingen oder zu den sonstigen Bekannten auf dem Wege sich hielten. — Nachdem die Festtage vorüber waren, kehrten sie wieder nach Hause zurück. Einen ganzen Tag waren sie schon von Jerusalem weggegangen, und als sie an einem Orte über Nacht bleiben wollten, kam Jesus nicht zu seiner lieben Mutter und dem hl. Joseph. Sie dachten, er werde bei andern bekannten Leuten sein. Des andern Tages suchten sie ihn nun bei allen ihren Bekannten; aber Jesus war nicht da. Voll Aengsten gingen nun die frommen Eltern wieder nach Jerusalem zurück, und suchten ihren lieben Jesus auch dort wieder überall. Drei Tage war er schon von ihnen weg! Nun gingen sie in die Kirche, und sieh! da war Jesus! — da saß er mitten unter den Lehrern, denen er aufmerksam zuhörte, die er um allerlei Schönes fragte, und denen er wieder, da sie ihn fragten, antwortete. Und alle, die da waren, verwunderten sich, da er gar so verständig und schön antwortete. — Da freute sich die heilige Mutter Maria, ihren lieben Sohn wiedergefunden zu haben, und sagte zu ihm: Mein Sohn, warum hast du uns das gethan? Sieh, dein Vater und ich haben dich mit Schmerzen gesucht. Und Jesus antwortete: Warum habt ihr mich denn gesucht? Dachtet ihr nicht daran, daß ich dort sein muß, wo ich von meinem Vater sprechen kann? — Gehorsam und willig ging aber nun der heiligste Knabe Jesus mit seinen Eltern nach Nazareth, wo sie wohnten; dort war er ihnen stets unterthänig, und von Tag zu Tag, wie er älter ward, zeigte sich an ihm, wie so gar verständig er sei, und Gott, sein himmlischer Vater, und alle guten Menschen liebten ihn täglich mehr. — Dort in Nazareth blieb er bei seinen Eltern, bis er dreißig Jahre alt war.

---

[1] Gruber a. a. O. I, 62 ff.

O, liebe Kinder! diese schöne Geschichte müsset ihr mir wieder recht schön erzählen. Was mußten die erwachsenen Juden dreimal im Jahre thun? Wohin reisen? Und was hatten sie zu Jerusalem zu thun? Wohin dort zu gehen? Wohin ging also auch der fromme hl. Joseph? Und die heilige Mutter Maria? Und auch den Knaben Jesus nahmen seine heiligen Eltern mit, wohin? Und was wollten sie dort? Seht, liebe Kinder, was thun auch eure guten Eltern? Wohin gehen auch sie an Sonn- und Feiertagen? Und was wollen sie in der Kirche thun? Und da nehmen sie auch euch dahin mit. — Seht, der Knabe Jesus ging freudig mit seinen Eltern nach Jerusalem in die Kirche, damit er dort von dem lieben Gott hören und sprechen und zu ihm beten konnte. So sollet auch ihr mit euern Eltern gern zur Kirche gehen und euch vornehmen, dort von dem lieben Gott gern zu hören und gern zu Gott beten.

Und als die Festtage vorüber waren, wohin gingen die heiligen Eltern Jesu wieder? Und wie reisten da die Leute, allein oder mehrere miteinander? Und da auf dem Wege gesellten sich Kinder zu —? Erwachsene, Bekannte —? Wenn also Jesus nicht auf dem Wege bei den Eltern war, wo dachten die heiligen Eltern, daß er sein werde? — Aber am Abende gingen die Kinder wieder zu den Eltern; doch Jesus, wo war der geblieben? Was thaten die Eltern, als ihr heiliger Sohn Jesus nicht zu ihnen kam? Und als sie ihn bei den Bekannten nicht fanden, so gingen sie wieder —? Und wo fanden sie ihn da? — Und was machte er dort? Und wie hörte er den Lehrern zu? Und wie antwortete er ihnen, wenn sie ihn fragten? — Und ging er dann gern mit seinen lieben Eltern? Und wie war er ihnen zu Hause, wenn sie ihm etwas befahlen? O Kinder! sagt mir noch einmal: wo war Jesus gern? Ja, in der Kirche! Und mit wem redete er da? Wo redet ihr mit euern Lehrern? Ja, in der Schule. — Und wo ging er dann gern mit seinen Eltern hin? Wie war er da gegen sie? — O Kinder! seht da an dem Knaben Jesus, wie ihr sein müsset. Gern ging Jesus in die Kirche; wohin sollt auch ihr gern gehen? — Jesus hörte und sprach dort gern von dem lieben Gott; wo höret auch ihr von Gott, und wo fraget man euch über den lieben Gott? — Nicht nur in der Kirche, sondern auch wo? Und wo blieb Jesus dann, wenn er nicht in der Kirche war? — Wo sollt auch ihr gern sein? — Ja, Kinder! der Knabe Jesus war gern in der Kirche und bei den Lehrern — bei den Eltern; so sollt auch ihr nur gern sein wollen —? wo —? — Und Jesus merkte gut auf, was die Lehrer sagten, und ihr sollt —?

Und als die heilige Mutter Maria dem Knaben Jesus klagte, daß sie ihn mit Schmerzen gesucht haben, was antwortete er? — Seht, er wollte sagen: Es war ja nicht nöthig, mich zu suchen; ihr hättet ja sogleich denken sollen, daß ich da sein werde, wo ich von meinem Vater sprechen kann. — Kinder, merket das wohl: Wer ist der Vater, von dem Jesus sprechen will? Ja, Gott ist es; der Engel Gabriel hat es ja schon gesagt, daß Jesus der Sohn Gottes sein werde. Seht, jetzt nennt er selbst Gott seinen Vater. — Ja, Gottes Sohn ist Jesus Christus, unser Herr und Heiland. Merket es wohl, und habet ihn lieb, und machet ihm Freude, dem lieben Jesus, dem Sohn Gottes.

Jesus wird im Jordan getauft und zeigt seine wunderthätige Macht[1].

Als Jesus dreißig Jahre alt war, fing er an, die Menschen von Gott und von dem zu belehren, was Gott von uns Menschen haben will, und was der gute, liebe Gott uns wieder geben und wie er uns glückselig machen will ohne Ende — wenn wir ihn recht lieb haben und ihm recht gehorsam sind; und wie er uns dazu selbst gern helfen will, weil wir gar zu schwach zum Guten geworden sind durch die Sünde der ersten Menschen, die uns alle verdorben hat.

Ehe Jesus zu lehren anfing, hatte auch ein frommer Mann, der Johannes hieß, zu predigen angefangen. Er ermahnte die Menschen, daß sie sich bessern und gut zu werden trachten sollen, weil der Erlöser der Menschen, der Heiland, sich bald zeigen werde. Diejenigen Menschen, welche ihm versprachen, daß sie sich bessern, das Böse stehen lassen, das Gute und Rechte thun wollten, die ließ er in einen Fluß steigen und begoß sie mit Wasser, als ein Zeichen, daß sie auch in der Seele rein vom Bösen sein wollen; das nannte man Taufen, und der hl. Johannes heißt darum Johannes der Täufer.

Jesus kam nun auch zu Johannes hin, und obschon seine Seele höchst rein war, er sich also nicht zu bessern brauchte, ließ er sich doch von Johannes taufen. — Und als Jesus nach der Taufe betend aus dem Wasser stieg, that sich der Himmel auf, der Heilige Geist fuhr in leiblicher Gestalt, wie eine Taube, herab auf ihn; und es kam eine Stimme vom Himmel: Du bist mein geliebter Sohn, an dir habe ich mein Wohlgefallen.

Was that also Jesus, da er dreißig Jahre alt war? — Zu wem ging er zuerst? — Was that dieser Johannes? — Und was predigte er den Leuten? — Und die ihm versprachen, sich zu bessern, die hat er im Wasser —? Wie nennt man ihn darum? — Was that nun auch Jesus bei dem hl. Johannes dem Täufer? — Und als Jesus getauft war, was geschah? — Wer kam über ihn herab? — Von wem kam die Stimme vom Himmel herab? Was sagte sie? — Wie wird also Jesus von Gott genannt? Wessen Sohn ist also Jesus? — Weil also Jesus Gottes Sohn ist, so ist Gott sein Vater. Denket daran, was hat schon der Engel Gabriel zur hl. Maria von dem Kinde gesagt, das sie bekommen wird — wessen Sohn werde es sein? Und der zwölfjährige Jesus selbst sagte seiner Mutter: Warum habt ihr mich denn gesucht? Dachtet ihr nicht, daß ich da sein müsse, wo —? Seht, nun sagt Gott der Vater selbst zu Jesus: Du bist —? Und wer kommt, wie eine Taube, über Jesus herab? — O liebe Kinder, seht, es sind drei Personen in Gott: der Vater, der Sohn und der Heilige Geist. Wer läßt die Stimme vom Himmel herab hören? Was sagt Gott der Vater von Jesus, der sich taufen ließ, daß er ist? Wer kommt sichtbarlich, wie eine Taube, über Jesus, den Sohn Gottes, herab? — Also diese drei Personen sind in Gott: der Vater, der Sohn und der Heilige Geist. — Seht, diese drei göttlichen Personen nennen wir und sagen, daß wir an sie glauben, da wir das Kreuz machen. Wir sagen: Im Namen des Vaters, und des Sohnes, und des Heiligen Geistes. Es ist ein Gott in drei Personen. — Wie viele gött=

---
[1] Gruber a. a. O. I, 67 ff.

liche Personen sind also? — Wie heißen sie? — Diese drei göttlichen Personen sind aber nur ein Gott. Wir haben nur einen Gott. Aber wieviel sind göttliche Personen? Sie heißen? — So oft ihr das Kreuz machen werdet, so oft nennet ihr Gott den Vater, den Sohn und den Heiligen Geist. So oft ihr das Kreuz machet, müsset ihr an Gott denken — da ihr saget: Im Namen des Vaters, an den Vater; und des Sohnes, an den Sohn, der Jesus Christus ist; da ihr saget: und des Heiligen Geistes, an den Heiligen Geist. — Wir glauben also an einen Gott, und in Gott an drei Personen, den Vater, den Sohn und den Heiligen Geist.

Von dem hl. Johannes dem Täufer ging Jesus weg und brachte vierzig Tage und Nächte in einer einsamen Gegend, wo niemand wohnte, mit Fasten und Beten zu. Dann reiste er im Judenlande herum und predigte; und wie er herumreiste und predigte, so that er auch überall den Menschen Gutes. Ich werde euch nach und nach sagen, was der liebe Jesus uns Schönes von Gott gelehrt hat, und ich hoffe, ihr werdet es euch wohl merken und auch thun, was er will, daß wir thun sollen. — O, wenn er nur jetzt noch unter uns leben möchte! Wenn wir ihn selbst sehen, selbst sprechen hören könnten! Wie wäre das so erfreulich! — Aber was er gelehrt hat, das ist theils aufgeschrieben, theils wissen wir es daher, weil es die, welche ihn hörten, andern erzählt, und diese es wieder andern, und so bis auf uns erzählt haben. — Und das Gute, was er, als er lebte, den Menschen gethan hat, das war so viel und so erfreulich, daß man sehen und sagen muß: Das kann kein Mensch, das kann nur Gott, Gottes Sohn, thun.

Ich will euch heute nur noch einiges von dem, was Jesus gethan, um unglücklichen Menschen zu helfen, erzählen.

Oefters machte er Menschen, die blind waren, sehend. Und dabei hatte er nicht nöthig, ein heilendes Mittel (Arznei, Medicin) zu geben. Einmal sprach er bloß zu dem Blinden, der ihn bat, daß er sehen möchte: Ich will, du sollst sehen; und der Blinde konnte sogleich sehen. Ein anderes Mal berührte er mit seiner Hand die Augen zweier Blinden, und sogleich wurden sie sehend. Wieder ein anderes Mal sah er einen Menschen, der schon blind auf die Welt gekommen war; diesem bestrich er die Augen mit seinem Speichel und etwas Erde von dem Wege, schickte ihn zu einem Teiche, wo er sich waschen solle, und als der, welcher in seinem Leben nie gesehen hatte, dieses that, konnte er sehen.

Menschen, die taub waren und stumm (nicht hören und nicht reden konnten), machte er hörend und redend. Auch dazu brauchte er nur es zu wollen. Er legte einmal seine Finger in die Ohren eines solchen Tauben, berührte mit seinem Speichel die Zunge desselben, sah gegen den Himmel zu seinem Vater und sprach: Thu dich auf! und sogleich konnte er hören und sprechen.

Lahme Menschen, die gar nicht gehen konnten, brachte man, auf ihrem Bette liegend, zu ihm hin, und der barmherzige und allmächtige Jesus half. Er sprach: Steh auf, nimm dein Bett und geh nach Hause. Und der Lahme konnte sogleich stehen und gehen.

Kinder, sehet, welch erstaunliche Dinge Jesus zum Besten unglücklicher Menschen gethan hat! Wenn er jetzt unter uns wohnte, und wir das sehen würden, wie plötzlich auf seinen Befehl ein Blinder sehend wird — ein Tauber hörend — ein Stummer redend — ein Lahmer, der auf dem Bette liegend, sich nicht bewegen kann, auf seinen Befehl plötzlich aufstände und sein Bett davontrüge, wie würden wir uns wundern und sagen: Er kann alles machen, was er will; er ist so gut, daß er allen helfen will! — Und wenn er uns nun predigte, müßten wir nicht alles glauben, was er sagt? Und wenn er uns etwas befähle, müßten wir es —? Ja, liebe Kinder, auch zu der Zeit, als Jesus lebte, haben die guten Menschen, die da die erstaunlichen Dinge sahen, welche er wirkte, erkannt, daß Jesus von Gott gekommen sein müsse, und an ihn geglaubt. — Der Blinde, der von seiner Geburt an blind gewesen war, und den Jesus sehend gemacht hatte, sagte zu den bösen Menschen: Niemals hat man gehört, daß jemand einen Blindgebornen sehend gemacht hätte; wenn dieser Jesus nicht von Gott wäre, hätte er das nicht thun können. Als er den Taubstummen geheilt hatte, riefen alle Umstehenden laut aus: Alles macht er wohl, die Tauben hörend, die Stummen redend.

Ja, an ihn, liebe Kinder, an ihn wollen auch wir glauben; dem lieben Jesus, der so viele große Dinge gethan hat, wollen wir folgen in allem, was er uns gelehrt hat und ich euch sagen werde.

Eine Katechese von G. Mey.

(Für Kinder von sieben bis zehn Jahren.)

Die zehn Gebote. (Zweite Katechese[1].)

Wer das letzte Mal recht aufgemerkt hat, weiß schon, was heute vorkommt. Ueber die zehn Gebote werde ich wieder mit euch reden, und zwar über die, welche Gott auf die zweite Tafel geschrieben hat.

1. Du N. N. sag mir: Wie viele Gebote hat Gott auf die zweite Tafel geschrieben? ... Wie heißen die sieben Gebote der zweiten Tafel? ... Diese sieben gehören zusammen; was lehren alle sieben miteinander? ...

2. Ich will es nun mit diesen sieben Geboten auch so machen, wie bei den drei ersten. Ich will eines nach dem andern erklären.

IV. Du sollst Vater und Mutter ehren, auf daß du lange lebest und es dir wohl gehe auf Erden. Wie heißt das vierte Gebot Gottes? ... Dieses Gebot hat Gott zu oberst auf die zweite Tafel geschrieben. Er will haben, daß die Menschen dasselbe ganz besonders vor Augen haben und beobachten. Vater und Mutter muß man ehren, d. h. man muß Ehrfurcht, Achtung vor ihnen haben. Warum soll man Vater und Mutter ehren? Weil sie Stellvertreter Gottes sind. Vater und Mutter sind an Gottes Stelle da, sie sind von Gott aufgestellt, daß sie für die Kinder sorgen. Wenn also ein

---

[1] Mey a. a. O. S. 74 ff.

Kind Vater und Mutter nicht ehrt, dann ehrt es Gott nicht, der ihm Vater und Mutter gegeben hat. Woran aber sieht man es, ob ein Kind rechte Ehrfurcht vor seinen Eltern habe? Wenn es ihnen geschwind und willig folgt. An solchen Kindern hat Gott eine große Freude. Er schenkt ihnen ein **langes Leben** und macht, daß es ihnen wohl, d. h. gut geht. Brave Kinder haben Glück und Segen schon auf der Erde, und ein noch größeres Glück bekommen sie im Himmel. Ich will hierüber ein Sprüchlein sagen:

> Halte, Kind, das viert' Gebot,
> Brave Kinder segnet Gott!

V. Du sollst nicht tödten ... Tödten heißt jemanden todtmachen oder ums Leben bringen. Einen Menschen tödten, o das wäre eine arge Sünde! Wer hat diese arge Sünde begangen? ... Wie ist Kain dafür gestraft worden? ... Aber schon das ist nicht recht, wenn man im Herzen einen Zorn auf jemand hat, ihm etwas Böses wünscht, Zank und Streit anfängt, andere wirft oder schimpft. Alles das hat Gott im fünften Gebot verboten.

VI. Du sollst nicht Unkeuschheit treiben ... Das heißt so viel als: du sollst nichts Unschamhaftes thun. Ich habe euch erzählt, wie die gottlosen Menschen im Wasser umgekommen sind. N. N., sag mir den Spruch, worin das vorkommt! ... Es hat Gott über jene Menschen darum einen so großen Zorn gehabt, weil sie unkeusche, unschamhafte Dinge getrieben haben. Sehet da, Kinder, unschamhafte Dinge sind vor Gott abscheuliche Dinge. O Kinder, seid doch immer recht schamhaft!

Ich will euch nun sagen, was ein schamhaftes Kind thut und was es nicht thut.

Morgens beim Aufstehen nimmt ein schamhaftes Kind alsbald sein Kleid und **bedeckt sich**. So machen es alle anständigen, gottesfürchtigen Leute. Den Kopf, den Hals und die Hände, manchmal auch die Füße, läßt man bloß, die übrigen Theile des Leibes werden bedeckt, selbst im Sommer, wenn es ganz heiß ist. Was so zugedeckt ist am Leib, das soll man ohne Noth auch **nicht anschauen oder anrühren**. Nein, das thut ein schamhaftes Kind nicht, und es läßt sich auch von andern Leuten nicht unanständig berühren. Wenn ein kleines Brüderlein oder Schwesterlein sein Röcklein zu weit aufhebt, so mag ein schamhaftes Kind das nicht sehen; es sagt: deck dich zu! Wo etwas Unschamhaftes geschieht, oder wenn unanständige Reden geführt werden, wüste Lieder gesungen werden, so bleibt ein schamhaftes Kind nicht dabei stehen, es hat keine Freude daran. Es wird über solche Dinge traurig im Herzen und geht weg. Kommt ihm etwas in den Sinn, was unschamhaft ist, so denkt es nicht darüber nach, sondern **jagt den bösen Einfall fort**, wie man die Wespe fortjagt, die ins Gesicht sitzen will. Ein schamhaftes Kind geht nicht in den Abtritt hinein, wenn schon ein anderes Kind darin ist, und muß es sonstwo die Nothdurft verrichten, so geht es auf die Seite, wo niemand dazu sieht. So an den Weg hin — pfui! ein artiges Kind schämt sich, das zu thun! Am Abend beim Auskleiden gibt das schamhafte Kind wieder recht acht, daß es nicht nackt oder halbnackt gesehen werde. Es legt sich anständig ins Bett hinein, es greift nicht an seinem Leib herum, es läßt die Hände ruhig im Bette liegen.

Beim Aufstehen, unter Tags, beim Bettgehen denkt das schamhafte Kind an Gott. Gott sieht alles, er hört alles, er weiß alles. Seine Augen sehen in den finstersten Winkel hinein; er sieht, was unter der Decke geschieht. Daran denkt das schamhafte Kind, und darum thut es nichts, was vor Gottes heiligen Augen unrecht wäre. Auch betet es fleißig zum Schutzengel. Der Schutzengel reicht ihm dann die Hand, er führt das Kind, daß es rein bleibe an Leib und Seele.

Ich habe euch einmal von einem Knaben erzählt, der sehr schamhaft gewesen ist. Wer weiß noch, wie hat der Knabe geheißen? . . . **Stanislaus** hat unschamhafte Reden gar nicht hören können. Was ist ihm geschehen, wenn jemand beim Essen etwas Unschamhaftes geredet hat? . . . Weil Stanislaus so schamhaft gewesen ist, so hat ihn Gott überaus lieb gehabt. Jetzt ist er unter den Heiligen im Himmel. Liebe Kinder, seid immer recht schamhaft! Schamhafte, keusche Kinder kommen in den Himmel zu den Engeln, die unschamhaften werden in die Hölle geworfen zu dem Teufel.

VII. Du sollst nicht stehlen . . . Das heißt so viel als: du sollst nichts nehmen, was einem andern gehört. Ein Kind, das einem andern Kinde ein Bild aus dem Buche nimmt, oder das unter einem fremden Baume Obst aufliest, oder das zu Hause heimlich ein Stück Brod abschneidet, ein solches Kind hat gestohlen. Es hat etwas gethan, was Gott verboten hat — es hat eine Sünde begangen. Was einem andern gehört, darf man auch nicht verderben. Und was muß man thun, wenn man etwas gefunden hat? Dem muß man es wiedergeben, welcher es verloren hat. So hat es Gott befohlen. Was er sagt, müssen alle Menschen befolgen.

VIII. Du sollst kein falsches Zeugniß geben . . . Ein falsches Zeugniß geben jene Menschen, welche lügen[1]. „Du sollst kein falsches Zeugniß geben" heißt also so viel als: du sollst nicht lügen! Die Schlange im Paradies hat gelogen. Sie hat gesagt: esset, ihr werdet nicht sterben! Sie hat wohl gewußt, daß Adam und Eva sterben müssen, wenn sie vom verbotenen Baume essen. Und doch sagt sie: ihr werdet nicht sterben! Sie hat anders gesagt, als sie gewußt hat — sie hat gelogen. Da sehet ihr, wie häßlich das Lügen ist. Die, welche lügen, machen es dem Teufel nach.

IX. und X. Du sollst nicht begehren deines Nächsten Hausfrau. Du sollst nicht begehren deines Nächsten Gut . . . Diese zwei Gebote wollen wir zusammennehmen. Es heißt da zweimal: du sollst nicht begehren! Denket an das, was ich euch früher über die böse Lust gesagt habe. In der Seele entsteht manchmal die Lust zum Bösen. Von wem haben die Menschen diese Lust geerbt? . . . Was muß man thun, wenn die böse Lust im Herzen sich regt? . . . Wie hat Gott zu Kain gesagt? . . . Dafür heißt es im neunten und zehnten Gebot: du sollst nicht begehren! Das heißt also so viel als: du sollst kein böses Verlangen in der Seele aufkommen lassen. Gebet sorgfältig acht, l. K., daß kein Unkraut im Herzen wachse! Gott sieht auch in das Herz hinein.

3. Liebe Kinder! In den zehn Geboten zeigt uns Gott den rechten Weg. Wer das befolgt, was Gott in den zehn Geboten sagt, der kommt in

---

[1] Dieser Satz ist offenbar unrichtig; ebenso der folgende.

ben Himmel. Schon auf Erden geht es solchen Menschen gut. Der himmlische Vater sorgt für sie ganz besonders. Darum, Kinder, laufet immer auf diesem Wege, den euch Gott in den zehn Geboten zeiget! Das bringt reichen Lohn — Lohn auf der Erde und Lohn im Himmel.

> Zehn Wort' von Gott gegeben,
> Zeigen dir den Weg zum Leben;
> Weiche niemals ab davon,
> Folgsamkeit bringt reichen Lohn!

Homilie über Matth. 6, 1—15.

(Von dem hl. Johannes Chrysostomus[1].)

"Habet acht, daß ihr eure Werke der Liebe nicht thuet vor den Menschen, um von ihnen gesehen zu werden; sonst werdet ihr keinen Lohn haben bei eurem Vater, der im Himmel ist. Wenn du folglich Almosen gibst, so stoße dabei nicht in die Posaune, wie die Heuchler thun in den Synagogen und an den Ecken, damit sie geehrt werden von den Menschen. Fürwahr, ich sage euch, sie haben ihren Lohn bereits empfangen. Wenn dagegen du Almosen gibst, so laß deine linke Hand nicht wissen, was die rechte thut, damit dein Almosen im Verborgenen sei, und dein Vater, der im Verborgenen sieht, wird es dir vergelten vor aller Welt[2]. Und wenn ihr betet, so sollet ihr nicht sein wie die Heuchler; diese beten nämlich gern in den Synagogen und an den Ecken der Straßen stehend, um von den Menschen gesehen zu werden. Fürwahr, ich sage euch, sie haben ihren Lohn bereits empfangen. Vielmehr, wenn du betest, geh in dein Gemach und schließe deine Thür, und bete zu deinem Vater, der im Verborgenen ist, und dein Vater, welcher im Verborgenen sieht, wird dir vergelten vor aller Welt. Da ihr aber betet, sollet ihr nicht viele Worte machen, wie es die Heiden thun. Denn diese meinen, daß sie um vieler Worte willen erhört werden. Machet es also nicht wie sie. Denn euer Vater weiß, was ihr bedürfet, bevor ihr ihn bittet.

"Ihr also sollet folgendermaßen beten: Vater unser, der du bist im Himmel, geheiligt werde dein Name. Zu uns komme dein Reich. Dein Wille geschehe, wie im Himmel, also auch auf Erden. Unser tägliches Brod gib uns heute. Und vergib uns unsere Schuld, wie auch wir vergeben unsern Schuldigern. Und führe uns nicht in Versuchung, sondern erlöse uns von dem Bösen. Denn

---

[1] In Matth. hom. 19. (Vgl. die Anmerkung S. 86.) Diese Homilie, in den griechischen Manuscripten eine einzige, lassen die lateinischen Ausgaben in zwei zerfallen, indem sie als die neunzehnte Homilie das erste, kleinere Stück aufführen (Nr. 1—5), das zweite (Nr. 6 ff.), welches die Erklärung des „Vaterunser" enthält, als die zwanzigste. Dieses zweite Stück kann ganz gut auch als eine bibaskalische Predigt gelten, insofern das Gebet des Herrn ja weit mehr als ein Theil der christlichen Lehre angesehen zu werden pflegt denn als ein Abschnitt aus der Heiligen Schrift.

[2] Die drei letzten Worte hat die Vulgata nicht.

bein ist das Reich und die Macht und die Herrlichkeit in Ewigkeit[1]. Amen. Wenn ihr nämlich den Menschen vergebet, was sie euch Böses thun, so wird auch euer Vater im Himmel euch vergeben; wenn ihr ihnen aber nicht vergebet, so wird auch er euch nicht vergeben." Matth. 6, 1—15.

1. Nachdem der Herr das Gebot der Feindesliebe aufgestellt hat, welches wir in der letzten Homilie beherzigten, fährt er fort, wie ich euch eben vorgelesen habe: „Habet acht, daß ihr eure Werke der Liebe nicht thuet vor den Menschen, um von ihnen gesehen zu werden." Es ist eine der mächtigsten unter den verkehrten Neigungen unserer Seele, welcher er durch diese Worte entgegentritt, die unverständige Gefallsucht und das Streben nach eitler Ehre, das gerade solche zu ergreifen pflegt, welche recht handeln. Bisher hat er dieser Verkehrtheit noch keine Erwähnung gethan; es hätte ja auch überflüssig erscheinen können, wenn er, ehe er uns noch zu guten Werken ermahnt hatte, schon über die Art und Weise hätte handeln wollen, wie dieselben zu verrichten seien. Nachdem er deshalb uns zuerst gelehrt hat, wie wir, um Gott dem Herrn zu gefallen, unsere Gesinnung und unser Leben einrichten sollen, sucht er jetzt den Wurm zu entfernen, der die Tugend zu verderben pflegt. Dieser Wurm erzeugt sich nämlich nicht sofort, sondern gerade dann, wenn wir recht viel Gutes gethan haben. Darum also ermahnte der Herr uns zuerst zu tugendhaftem Leben und geht dann erst dazu über, uns vor jener Neigung zu warnen, welche uns die Frucht und das Verdienst der Tugend raubt.

Beachtet aber, was für gute Werke er in dieser Beziehung an erster Stelle namhaft macht; es sind die Werke der Abtödtung, die Werke der Andacht und die Werke der Nächstenliebe, weil die Ehrsucht sich gerade mit diesen vorzugsweise verbindet. Ihr wißt ja, wie der hochmüthige Pharisäer betete: „Ich faste zweimal in der Woche, und gebe den Zehnten von allem, was ich besitze." Er verrichtete selbst sein Gebet nur aus Ehrgeiz, um dabei gesehen zu werden. Und weil sonst niemand anwesend war, darum wies er auf den Zöllner hin: „Ich bin nicht wie die andern Menschen, oder auch wie der Zöllner da" (Luc. 18, 12. 11). Beachtet weiter, wie der Heiland sich ausdrückt: gerade als ob von einem gefährlichen bösen Thiere die Rede wäre, das sehr schlau ist, und welches den, der nicht äußerst wachsam ist, sehr leicht unversehens überfällt: „Habet acht, daß ihr eure guten Werke nicht thuet vor den Menschen." Dieselbe Weise zu reden wendet auch der Apostel an, wo er die Christen zu Philippi warnen will: „Nehmt euch in acht vor den Hunden," schreibt er ihnen, „nehmt euch in acht vor den bösen Arbeitern" (Phil. 3, 2). Ganz unvermerkt schleicht nämlich dieser giftige Wurm sich ein, bläht in geräuschloser Stille das Herz auf und richtet im Verborgenen alles zu Grunde. Weil also der Herr in der vorhergehenden Stelle viel von den Werken der Nächstenliebe gesagt, seine Zuhörer ermahnt, sich durch Freigebigkeit hervorzuthun, und sie an Gott erinnert hatte, „welcher seine Sonne aufgehen lasse über Böse und Gute", darum sucht er jetzt alles zu entfernen, was einem so herrlichen Oelbaume, wie die Nächstenliebe ist, verderblich werden könnte. Deshalb also warnt er sie, ihre Werke der Liebe „vor den Menschen zu thun".

---

[1] Dieser doxologische Zusatz, den die Vulgata nicht hat, „wurde erst aus der Liturgie der griechischen Kirche in die biblischen Handschriften aufgenommen" (Reischl).

Und er fügt noch hinzu: „um von ihnen gesehen zu werden". Ihr könntet denken, als ob dieses durch die vorhergehenden Worte schon ausgedrückt wäre; wenn ihr aber genau zusehen wollt, so werdet ihr euch überzeugen, daß die zwei Gedanken ganz verschieden sind und sich in diesen Worten große Umsicht und Sorgfalt des Ausdruckes kundgibt. Denn es kann sehr wohl jemand ein gutes Werk vor den Menschen thun, aber dabei keineswegs die Absicht haben, von ihnen gesehen zu werden; und es kann umgekehrt jemand etwas nicht vor den Menschen thun und doch zugleich in der Absicht, von ihnen gesehen zu werden. Darum spricht der Herr sein Lob und seinen Tadel nicht einfach über unsere Handlung aus, sondern über die Absicht, in der wir sie verrichten. Hätte er sich weniger genau ausgedrückt, dann würde das leicht die Folge haben, daß manche sich von Werken der Nächstenliebe abhalten ließen; denn es ist ja nicht immer möglich, dieselben geheimzuhalten. Dieses verlangt darum der Heiland auch nicht; er stellt uns den Lohn oder die Strafe in Aussicht nicht für das, was wir thun, sondern für die Absicht, die wir dabei haben. Ihr dürft also nicht etwa sagen: „Was kann es mir für einen Nachtheil bringen, wenn andere sehen, was ich thue?" Denn der Herr würde euch erwidern: Nicht darum ist es mir zu thun, sondern um die Gesinnung, mit welcher du das Gute thust, und um deine Absicht. Ihm liegt daran, unsere Seele zu erziehen und sie von verkehrten Neigungen freizumachen. Darum legt er auch seinen Zuhörern, nachdem er sie vor der Sucht nach eitler Ehre gewarnt hat, nicht bloß den Schaden ans Herz, den dieselbe nach sich zieht, daß man nämlich dadurch allen Gewinn und allen Lohn verliert, sondern er richtet zugleich ihr Gemüth nach oben, indem er seines Vaters gedenkt und des Himmels, damit auch diese Rücksicht sie von der verkehrten Gesinnung abbringe. „Sonst werdet ihr", sagt er in diesem Sinne, „keinen Lohn haben bei eurem Vater, der im Himmel ist."

Aber auch hier bleibt er nicht stehen, sondern er geht noch weiter, um seinen Zuhörern auch noch von einer andern Seite tiefen Abscheu vor dieser sündhaften Gesinnung einzuflößen. Ihr erinnert euch ohne Zweifel noch, wie der Herr in der Stelle, die wir in der letzten Homilie betrachteten, auf die Zöllner und die Heiden hinwies[1], welche allgemein verachtet waren, um dadurch seine Zuhörer abzuschrecken, zu thun wie diese. Gerade so weist er hier auf die Heuchler hin, indem er fortfährt: „Wenn du folglich Almosen gibst, so stoße dabei nicht in die Posaune, wie die Heuchler thun." Das müßt ihr nicht so verstehen, als ob sie wirklich Posaunen dabei gehabt hätten, sondern er bedient sich dieses Bildes, um das Unverständige und Verkehrte ihres Verfahrens seinen Zuhörern lebendiger zum Bewußtsein zu bringen und fühlbarer zu machen. Und sehr mit Recht nennt er sie Heuchler. Denn dem äußern Scheine nach gaben sie Almosen, aber ihrer Gesinnung nach waren sie grausam und unmenschlich. Sie handelten nicht aus Theilnahme für ihre Mitmenschen, sondern lediglich um Ehre davon zu haben; das ist aber in hohem Grade unmenschlich, wenn jemand, während sein Nächster vor Hunger zu Grunde geht, statt ihm zu Hilfe zu kommen, nur seine eigene Ehre im Auge hat.

---

[1] Vgl. Matth. 5, 46. 47.

2. Nachdem der Sohn Gottes in dieser Weise sie zurechtgewiesen und die Verkehrtheit ihrer Gesinnung aufgedeckt hat, so daß seine Zuhörer sich schämen mußten, fortan so zu handeln, fügt er einen andern Gedanken hinzu, um diese Krankheit der Seele noch vollständiger zu heilen. Im ersten Verse hat er gesagt, wie man nicht thun solle; jetzt gibt er an, wie man thun solle. Wie soll man denn thun? „Laß deine linke Hand nicht wissen," sagt er, „was die rechte thut." Auch hier sind nicht im eigentlichen Sinne die Hände gemeint, sondern der Herr bedient sich nur eines möglichst starken Ausdruckes. Er will nämlich sagen: Wenn es möglich wäre, daß das Gute, das du thust, dir selber unbekannt bliebe, ja daß die Hände, welche du dabei gebrauchst, es nicht merkten, so müßtest du hierauf bedacht sein. So ist dieser Satz zu verstehen und nicht, wie man mitunter behauptet hat, als ob der Herr unter der „linken Hand" die Bösen gemeint und hätte sagen wollen, vor diesen solle man seine guten Werke verbergen; denn er weiset uns ja an, dieselben vor allen Menschen geheimzuhalten.

Jetzt beherziget aber auch, andächtige Christen, wie groß der Lohn ist, den der Herr uns verheißt. Denn nachdem er in den bisher erklärten Versen uns die Strafe vorgehalten hat, welche die Ehrsucht treffen muß, weist er uns in den folgenden auf das Verdienst und die Vergeltung hin, die unser Antheil ist, wenn wir das Gute in der rechten Absicht thun. Er ermahnt uns nämlich, vor Augen zu haben, daß Gott überall gegenwärtig ist und uns sieht; er ermahnt uns zu bedenken, daß unser Los ja nicht mit diesem kurzen Leben sich abschließt, sondern uns jenseits ein schreckliches Gericht erwartet, wo wir über alles, was wir gethan, zur Rechenschaft gezogen und nach Verdienst belohnt oder gestraft werden; er ermahnt uns endlich, uns zu erinnern, daß nichts, das wir je gethan, weder Kleines noch Großes, verborgen ist, mag es auch vor den Menschen verborgen zu sein scheinen. Denn alle diese Wahrheiten legt er uns nahe, indem er sagt: „Dein Vater, der im Verborgenen sieht, wird es dir vergelten vor aller Welt." So ist uns also das, was unsere natürliche Neigung verlangt, in mehr als überreichem Maße gewährt. Oder worauf geht diese unsere Neigung anders, als daß wir bei unsern guten Werken Zuschauer haben, die uns dafür ehren? Nun lehrt uns aber der Heiland eben, daß wir deren haben; daß nicht bloß Engel und Erzengel die Zeugen unserer Tugend sind, sondern Gott selbst, der Herr aller Dinge. Und wenn du dir außerdem auch noch Menschen als Zeugen wünschest, so sollst du seiner Zeit auch dieser Befriedigung nicht entbehren, ja dieselbe soll dir in weit höherem Maße zu theil werden, als du selber denkst. Denn wenn du jetzt darauf ausgehst, dich vor den Menschen hervorzuthun, so kann dir das bloß etwa vor zehn oder zwanzig Menschen gelingen, oder höchstens vor hundert; bist du hingegen jetzt darauf bedacht, deine guten Werke im Verborgenen zu thun, dann wird einst Gott selbst sie offenbaren, in Gegenwart der ganzen Welt. Wenn dir mithin daran liegt, daß die Menschen deine guten Werke sehen, dann suche sie jetzt geheimzuhalten, damit bereinst die gesamte Menschheit, dir zu viel größerer Ehre, dieselben kennen lerne, wo Gott selber sie allgemein bekannt macht und rühmt und hoch erhebt. Zudem hast du jetzt ja doch nichts Besseres zu erwarten, als daß diejenigen, vor deren Augen du dich auszuzeichnen bemüht bist, nur deinen Ehrgeiz verurtheilen;

einst dagegen, wenn Gott dich verherrlicht, wird man dich nicht geringschätzen, sondern aufrichtig bewundern.

Da wir demnach sowohl des Lohnes als der Ehre gewiß sind, wenn wir uns entschließen wollen, nur eine kurze Zeit zu warten, so sollten wir doch in der That begreifen, was für eine Thorheit es ist, uns um den einen wie um die andere zu bringen: unsern Lohn außer Gott zu suchen und unter den Augen Gottes darauf auszugehen, daß unsere Werke gesehen werden von den Menschen. Liegt uns daran, daß dieselben um jeden Preis gesehen werden, so müssen wir uns jedenfalls vor allen andern Gott als Zeugen wünschen, um so mehr, da er allein den Lohn sowohl als die Strafe in seiner Hand hat. Aber hätten wir selbst gar keine Strafe zu fürchten, so müßten wir dennoch, wenn es uns einmal um Anerkennung und Ehre zu thun ist, nicht, statt vor Gottes Augen gut zu sein, es lieber vor den Menschen sein wollen. Oder wer würde so unverständig sein, daß er, wenn der Landesherr selbst Zeuge seiner Verdienste zu sein wünschte, es vorzöge, sich lieber von Bettlern und ungebildetem Volke bewundern zu lassen? Darum weiset der Heiland uns an, nicht bloß unsere guten Werke nicht zur Schau zu stellen, sondern selbst darauf bedacht zu sein, daß sie geheim bleiben. Beachtet das wohl, andächtige Christen: es ist keineswegs dasselbe, wenn man es nicht darauf anlegt, gesehen zu werden, und wenn man sich bemüht, verborgen zu bleiben.

3. Hiernach heißt es weiter: „Und wenn ihr betet, so sollet ihr nicht sein wie die Heuchler; diese beten nämlich gern in den Synagogen und an den Ecken der Straßen stehend, um von den Menschen gesehen zu werden. Fürwahr, ich sage euch, sie haben ihren Lohn bereits empfangen. Vielmehr, wenn du betest, geh in dein Gemach und schließe deine Thür, und bete zu deinem Vater, der im Verborgenen ist." Auch hier nennt er sie wieder Heuchler und mit vollem Recht. Denn indem sie sich stellen, als ob sie zu Gott beteten, ist es ihnen nur um die Menschen zu thun, und ihre ganze Andacht besteht darin, daß sie sich lächerlich machen. Denn wem es mit der Andacht ernst ist, der zieht sich von den Menschen zurück und schaut einzig auf den, bei welchem es steht, sein Gebet zu erhören. Wer dagegen, statt auf diesen zu achten, seine Aufmerksamkeit und seine Augen auf alles andere richtet, der wird sicher leer ausgehen. Das hat er ja auch selbst gewollt. Darum sagt der Heiland nicht, solche würden keinen Lohn empfangen, sondern daß sie ihn schon empfangen haben, von denen nämlich, von welchen sie selber wünschten. Die Absicht Gottes war das nicht: er wollte ihnen s e i n e n Lohn geben; aber da solche Andächtige Lohn von den Menschen suchen, so verdienen sie ja keinen Lohn von Gott, für den sie nichts gethan haben. — Andererseits aber erkennen wir hieraus zugleich, wie groß die Güte Gottes ist; neben dem Guten, um das wir ihn bitten, und außer demselben verheißt er uns überdies für unsere Gebete noch einen besondern Lohn.

4. Nachdem der Erlöser hiermit diejenigen zurechtgewiesen hat, welche in verkehrter Weise beten, lehrt er uns, wie wir beten sollen. „Wenn du betest," befiehlt er uns, „so geh in dein Gemach." Wie, denkt bei diesen Worten vielleicht mancher von euch, soll man also nicht in der Kirche beten? Ganz gewiß soll man das, aber mit der rechten Gesinnung. Es ist immer die Absicht, auf welche Gott bei allem sieht, was wir thun. Wollte jemand sich

in sein Gemach zurückziehen und sich dort einschließen, aber in der Absicht, sich hierdurch hervorzuthun, so würde diese Zurückgezogenheit für ihn vollständig ohne Werth sein. Der Herr hat ja von den Heuchlern, welche gern öffentlich beten, ausdrücklich gesagt, daß sie es thun, „um von den Menschen gesehen zu werden". Er verlangt also von uns nicht gerade im buchstäblichen Sinne, daß wir „die Thür verschließen", sondern vor allem andern, daß wir der Gefallsucht die Thür unseres Herzens verschließen. Denn von Eitelkeit sollen wir uns immer frei halten, aber niemals mehr, als da wir beten. Wir sind ja ohnedies schon unandächtig und zerstreut genug; wenn nun noch dazu diese verkehrte Gesinnung in uns wohnt, wie werden wir da auf das achten, was wir im Gebete sagen? Wenn wir aber selbst nicht darauf achten, da es doch unsere eigene Noth ist und unsere eigenen Bedürfnisse, für die wir durch das Gebet Hilfe suchen, wie können wir dann verlangen, daß Gott darauf achte? ...

Wenn es uns darum zu thun ist, daß Gott uns erhöre, meine Christen, dann müssen wir vor Augen haben, daß es einzig der Eifer und die Inständigkeit des Verlangens ist, was dem Gebete Werth und Kraft verleiht: das Herz muß beten, nicht bloß die Lippen. So betete einst Moses in tiefem Schmerze seiner Seele (2 Mos. 14, 15); so betete Anna, die Mutter des Samuel, durch inniges Flehen ihres Herzens, ohne ein lautes Wort zu sprechen, und erhielt alles, was sie verlangte. ... In dieser Weise sollet auch ihr beten: durch inneres Seufzen, nicht mit Aeußerlichkeiten, welche nur Aufsehen machen und andere stören. „Zerreißet euer Herz", befiehlt uns Gott durch den Propheten, „und nicht eure Kleider" (Joel 2, 13); rufet zu Gott aus der Tiefe eurer Seele, wie es im Psalme heißt: „Aus der Tiefe rufe ich zu dir, o Herr" (Pf. 129, 1). Aus dem innersten Grunde des Herzens soll der Ruf um Hilfe in aller Stille und Verborgenheit zu Gott aufsteigen: unser Gebet soll gewissermaßen ein Geheimniß sein. Habt ihr nie beachtet, wie man in den Palästen der Fürsten Sorge trägt, allen Lärm und jedes Geschrei daraus fernzuhalten, und wie dort überall große Ruhe herrschen muß? In gleicher Weise solltet ihr, so oft ihr in die Kirche kommt, bedenken, daß ihr in einen Palast eintretet, nicht in den Palast eines irdischen Fürsten, sondern in einen solchen, der dem Könige des Himmels gehört, und darum solltet ihr euch in tiefster Ehrfurcht halten. Denn ihr stehet hier neben Engelchören, Erzengel sind eure Genossen, eure Gesänge vereinigen sich mit denen der Seraphim. Unter diesen himmlischen Heerscharen herrscht aber die vollendetste Ordnung und Ruhe, und mit heiligem Schauer singen sie dem Könige aller Dinge ihre geheimnißvollen Lieder. Ihnen also schließet euch an und sucht es ihnen in Sammlung und Andacht gleichzuthun. Ihr betet ja nicht zu einem Menschen, ihr betet ja zu Gott, dem überall Gegenwärtigen, der euer Gebet kennt, ehe ihr es aussprecht, und in die Tiefe des Herzens sieht. Wenn ihr in dieser Weise betet, so werdet ihr reichen Lohn dafür haben. Denn, sagt der Herr abermals, „dein Vater, welcher im Verborgenen sieht, wird dir vergelten vor aller Welt". Er sagt nicht: dein Vater wird dir gnädig sein, sondern: „er wird dir vergelten". Gott betrachtet sich, wenn wir so beten, als unsern Schuldner und läßt uns überreiche Vergeltung zu theil werden.

5. Hiernach geht der Sohn Gottes dazu über, uns das Gebet selbst zu lehren, das wir verrichten sollen. Er läßt indes noch eine Mahnung voraus-

gehen. „Da ihr betet", sagt er, „sollet ihr nicht viele Worte machen, wie es die Heiden thun." Vorher, wo von dem Almosen die Rede war, warnte er nur vor der Pest der Ehrsucht, ohne weiteres hinzuzufügen; er sagte z. B. nicht, daß man nur aus gerecht erworbenem Gute Almosen geben dürfe und nicht von dem, was man auf ungerechte Weise an sich bringen könnte. Denn das war allen bekannt genug; überdies hatte er sie hiervor früher schon gewarnt, indem er diejenigen selig nannte, die nach der Gerechtigkeit hungern, wie wir in einer frühern Homilie gehört haben. In Rücksicht auf das Gebet dagegen fügt er jetzt eine weitere Vorschrift hinzu, daß man nämlich dabei nicht viele Worte machen solle. Und wie er früher auf die Heuchler hinwies, so gedenkt er hier der Heiden; abermals nur darum, um seine Zuhörer durch die Erinnerung an Menschen, die sie tief verachteten, desto wirksamer zu bestimmen, daß sie sich schämen möchten, das verkehrte Verfahren derselben nachzuahmen. Ihr wißt ja, Christen, welche Scheu ein jeder davor hat, sich mit Menschen ohne Werth und von üblem Rufe verglichen zu sehen. Wenn aber der Heiland sagt, wir sollen nicht „viele Worte" machen beim Gebete, so meint er damit unnütze Worte. Unnütze Worte machen nämlich diejenigen, welche Gott um etwas Unpassendes bitten, z. B. um Ansehen und Ehre vor der Welt, oder daß er ihnen Ueberfluß an irdischen Gütern verleihen, oder daß er ihre Feinde strafen möge: mit einem Worte, welche um Dinge beten, die ihnen nicht zum Heile gereichen.

Ueberdies will der Heiland, glaube ich, durch die angeführten Worte uns auch das lange Beten untersagen; aber versteht mich recht: nicht, daß wir lange Zeit auf das Gebet verwenden, sondern daß wir viele lange Gebete hersagen, ohne dabei etwas zu denken. Denn ausharren im Gebete sollen wir ja; der Apostel ermahnt uns ausdrücklich: „Seid beharrlich im Gebete" (Röm. 12, 12). Und der Herr selbst hat uns das Gleiche gelehrt durch die Erzählung von der Wittwe, welche durch ihr anhaltendes Bitten den hartherzigen Richter bewegte, und nicht minder durch das andere Beispiel von dem Manne, der um Mitternacht zu seinem Freunde kam und diesen, da er schon zur Ruhe gegangen war, bewog, wieder aufzustehen, nicht aus Rücksicht auf die Freundschaft, sondern weil der andere nicht aufhörte zu bitten. Hierdurch, sage ich, hat Christus selbst uns die Vorschrift gegeben, daß wir alle anhaltend und mit Ausdauer beten sollen, nur nicht mit bloßem Lippengebet ohne Ende, sondern einfach und mit Andacht.

Das ist der Sinn der angeführten Worte, sowie auch der darauf folgenden: „Denn diese", die Heiden nämlich, „meinen, daß sie um vieler Worte willen erhört werden. Machet es also nicht wie sie. Denn euer Vater weiß, was ihr bedürfet, bevor ihr bittet." Aber, könntet ihr denken, wenn Gott das weiß, wozu sollen wir denn dann beten? Freilich nicht dazu, meine Christen, um Gott von unsern Anliegen in Kenntniß zu setzen, sondern damit wir uns seiner Barmherzigkeit würdig machen; damit wir durch das anhaltende Beten mit ihm vertraut werden, damit wir uns in der Demuth üben und unserer Sünden gedenken.

6. Nach dieser Mahnung fährt jetzt der Herr also fort: „Ihr also sollet folgendermaßen beten: Vater unser, der du bist im Himmel." Beherziget bei diesen Worten, andächtige Christen, wie der Heiland gleich im Anfange des Gebetes, das er uns lehrt, unser Gemüth von dieser Erde aufwärts erheben will und uns aller Wohlthaten gedenken läßt, die wir von Gott empfangen haben. Indem wir nämlich Gott den Herrn „Vater" nennen, bekennen wir durch dieses einzige Wort, daß wir die Vergebung unserer Sünden erhalten haben, daß uns die Strafen derselben nachgelassen wurden, daß wir der Rechtfertigung theilhaftig sind, und der Heiligung, und der Erlösung, und der Kindschaft Gottes, und des Rechtes, seine Erben zu sein, daß wir Brüder seines eingebornen Sohnes und der Führung des Heiligen Geistes gewürdigt worden sind. Denn es kann ja nur der Gott „seinen Vater" nennen, dem alle diese Gnaden zu theil wurden. In zweifacher Weise stimmt also der Herr unser Gemüth zur Andacht: durch die hohe Würde dessen, zu dem wir beten, und sein Verhältniß zu uns, und überdies durch die Größe der Wohlthaten, die wir von ihm schon empfangen haben. Mit den folgenden Worten: „der du bist im Himmel", soll nicht etwa gesagt sein, als ob Gott nur im Himmel wäre und nicht auch an andern Orten, sondern dieselben sollen unsere Aufmerksamkeit und unsere Gedanken von der Erde abziehen und uns helfen, dieselben auf das zu richten, was über diese Welt weit hinausliegt.

Uebersehet ferner nicht, wie der Erlöser uns anleitet, an unserem Gebete zugleich unsere Mitmenschen theilnehmen zu lassen. Denn er lehrt uns nicht sagen: Mein Vater, der du bist im Himmel, sondern „Unser Vater". Dadurch wird unser Gebet ein Gebet für die ganze Menschheit, so daß wir durch dasselbe nicht bloß für uns allein Hilfe suchen, sondern zugleich das Beste unserer Mitmenschen; dadurch nöthigt uns der Heiland, von unserem Herzen alle Feindseligkeit auszuschließen, allen Dünkel und alle Eifersucht, und jene uneigennützige Liebe in uns zu hegen, welche die Quelle alles Guten ist; dadurch verläugnet er endlich die Ungleichheit der menschlichen Verhältnisse und legt uns nahe, wie verschwindend klein der Unterschied ist zwischen dem Fürsten und dem Bettler, indem ja diejenigen Dinge, welche den höchsten Werth haben und deren wir an erster Stelle bedürfen, allen gemeinsam sind. Oder welche Bedeutung kann etwa niedrige Herkunft noch haben, wenn wir in einer höhern Ordnung alle den gleichen Adel besitzen und keiner vor dem andern etwas voraushat, der Reiche nicht vor dem Armen, der Herr nicht vor dem Knechte, der Fürst nicht vor seinen Unterthanen, der Feldherr nicht vor dem einfachen Soldaten, der Gelehrte nicht vor dem Ungebildeten? Denn Gott hat uns alle des gleichen Adels theilhaftig gemacht, indem er uns allen das Recht gab, ihn Vater zu nennen.

Laßt uns jetzt sehen, um was der Herr uns beten heißt. Eigentlich könnte allein der Anfang des Gebetes genügen, uns alle Tugend zu lehren. Denn durch diesen weist uns der Heiland, wie ich gesagt habe, auf die hohe Würde der Kindschaft Gottes hin und auf die Gnade, durch welche wir alle einander gleichstehen; dadurch ermahnt er uns zur Nächstenliebe, fordert uns auf, unser Herz von der Erde loszumachen und zum Himmel zu erheben, und erinnert uns, daß wir ein Leben führen müssen, welches der Gnade, die uns zu theil geworden, und des hohen Adels unserer Seele nicht unwürdig ist.

Indes diese Aufforderung zur Tugend genügte ihm noch nicht, er fügt eine weitere hinzu mit den Worten: „Geheiligt werde dein Name." So zu beten, geziemt sich in der That für den, welcher Gott seinen Vater nannte; es geziemt sich, sage ich, daß ein solcher zu allererst um die Verherrlichung seines Vaters bete und alles andere geringer schätze als die Ehre Gottes. Die Worte: „Geheiligt werde dein Name", bedeuten nämlich eben dieses: verherrlicht oder geehrt werde dein Name. Gott ist freilich, was ihn selbst betrifft, im vollsten Besitze seiner Herrlichkeit und wird es immer bleiben; um was wir beten sollen, das ist dieses, daß auch unser Leben dazu dienen möge, ihn zu verherrlichen. Wir haben ja schon in einer frühern Homilie gehört, wie der Heiland uns befahl: „Lasset leuchten euer Licht vor den Menschen, daß sie sehen eure guten Werke und euern Vater, der im Himmel ist, dafür preisen" (Matth. 5, 16). Und die heilige Schrift lehrt uns, daß die Seraphim Gott verherrlichen, indem sie singen: „Heilig, heilig, heilig" (Js. 6, 3); den Namen Gottes „heiligen" ist folglich ebensoviel als denselben verherrlichen. Verleihe uns, läßt uns also der Herr in der ersten Bitte sagen, verleihe uns, o Gott, so von Sünden rein zu leben, daß alle, die uns sehen, dich dafür verherrlichen. Ihr seht hieraus, daß es etwas sehr Großes ist, worum wir in den angeführten Worten bitten; denn ein in jeder Beziehung so untadelhaftes Leben zu führen, daß alle, welche Zeugen davon sind, Gott dafür preisen, das ist die vollendete christliche Tugend.

7. Die zweite Bitte lautet: „Zu uns komme dein Reich." In dieser Bitte habt ihr abermals den Ausdruck der Gesinnung eines guten Kindes, das nicht am Sichtbaren hängt, das den Genuß des Augenblickes und die Güter der Erde nicht für etwas Großes hält, sondern bei seinem Vater zu sein verlangt und nach dem sich sehnt, was uns verheißen ist; so betet, sage ich, ein reines Gewissen und eine Seele, welche die Liebe zum Irdischen überwunden hat. Solche Gesinnung, solches Verlangen erfüllte den Apostel Paulus; in diesem Sinne schrieb er in dem Briefe an die Römer (8, 23): „Wir selber, die wir die Erstlinge des Geistes haben, auch wir seufzen in uns, indem wir der Annahme zur Kindschaft Gottes entgegensehen, der Erlösung unseres Leibes" von dem Fluche des Todes und der Verwesung. Wenn diese Liebe zum Unsichtbaren in uns herrschend ist, dann kann irdisches Glück uns nicht mehr aufblähen und zeitliches Mißgeschick uns nicht mehr niederbeugen; dann sind wir, als ob wir bereits im Himmel lebten, von allen Wechselfällen dieser Welt unabhängig.

„Dein Wille geschehe, wie im Himmel, also auch auf Erden"; das ist die dritte Bitte. Dieselbe schließt sich an die vorhergehenden äußerst passend an. Der Heiland hat uns nämlich durch diese ans Herz gelegt, daß wir nach dem zukünftigen Leben verlangen, nach dem uns sehnen sollen, was jenseits des Grabes liegt; jetzt weist er uns an, darauf bedacht zu sein, daß wir, solange unser Verlangen sich nicht erfüllt, ein Leben führen, wie es die Bürger des Himmels thun. Wir sollen, sage ich, Verlangen haben nach dem Himmel und nach dem, was im Himmel ist; aber bis wir dorthin kommen, sollen wir die Erde zum Himmel machen, indem wir unser Reden und Handeln schon hier so einrichten, als ob wir bereits dort oben wären. Das ist die Gnade, um welche er uns in den angeführten Worten zu Gott beten heißt. Denn ob wir auch noch hier auf der Erde wohnen, so hindert uns doch nichts, die vollendete Tugend der Mächte des Himmels nachzuahmen und in allen Dingen zu thun wie sie. Der Sinn der Bitte ist also dieser: Sowie im Himmel alles, was du willst, ohne Verzug ausgeführt wird, und die Engel nicht etwa bald dir gehorsam sind bald wieder nicht, vielmehr in allen Dingen dir folgen und sich dir unterwerfen, nach dem Worte der Schrift: „Die ihr gewaltig seid an Macht und vollziehet sein Wort" (Pf. 102, 20): so verleihe auch uns Menschen, o Herr, unser Gott, daß wir nicht bloß zur Hälfte deinen Willen thun, sondern alles ganz und vollständig erfüllen, was du uns befiehlst.

Beachtet, meine Christen, daß für uns in dieser Bitte zugleich eine starke Aufforderung liegt, demüthig zu sein; der Heiland weist uns nämlich durch dieselbe darauf hin, daß die Tugend keineswegs bloß das Werk unseres guten Willens ist, sondern zugleich das Werk der Gnade Gottes. Andererseits sehen wir in derselben abermals, wie jeder von uns in seinem Gebete um die ganze Menschheit besorgt sein soll. Denn der Herr lehrt uns nicht beten: Dein Wille geschehe durch mich oder durch uns — sondern auf der ganzen Erde: allüberall möge der Irrthum verdrängt werden und die Wahrheit sich ausbreiten, überall jede Sünde gehindert werden und die Tugend herrschen, so daß in dieser Rücksicht der Himmel sich durch nichts von der Erde unterscheide. Das wäre ja in der That die Folge, wenn das, was ich gesagt habe, sich erfüllte: der Himmel und die Erde mit ihren Bewohnern und mit allem, was darin geschieht, wären dann nur noch der Natur nach voneinander verschieden, und die Menschen würden eine zweite Art von Engeln sein.

„Unser tägliches Brod gib uns heute." Der Herr gedenkt, daß wir Menschen sind, die er beten geheißen: „Dein Wille geschehe, wie im Himmel, so auch auf Erden"; daß wir Menschen sind, sage ich, die in einem Leibe von Erde wohnen, den Gesetzen der Natur unterworfen sind und nicht, wie die Engel, von allen Bedürfnissen frei. Wohl verlangt er von uns, daß wir, wie die Bewohner des Himmels es thun, alles, was Gott von uns will, vollkommen und treu erfüllen; aber er trägt zugleich der Schwachheit unserer Natur Rechnung; er fordert, daß wir ein gottesfürchtiges Leben führen, aber nicht, daß wir keine irdischen Bedürfnisse haben; denn unsere Natur verlangt die nöthige Nahrung, und dieser Nothwendigkeit uns zu entschlagen, ist uns nicht möglich.

Bei alledem aber legt der Heiland uns auch hier wieder, wo von den Bedürfnissen unseres Leibes die Rede ist, sehr nachdrücklich eine Gesinnung nahe, wie sie der geistigen Natur unserer Seele entspricht. Denn nicht um Reichthum heißt er uns beten, nicht um Vergnügen und Genuß, nicht um die Mittel eines überflüssigen Aufwandes in der Kleidung und andere Dinge dieser Art, sondern einzig und allein um Brod, und zwar um das tägliche Brod, ohne daß wir um den folgenden Tag uns Sorge machen. Er sagt ja ausdrücklich: „Unser tägliches Brod gib uns", und hiermit noch nicht zufrieden, fügt er noch ein Wort hinzu, welches das nämliche ausdrückt: „Unser tägliches Brod gib uns heute." Wir sollen also um den nächsten Tag keine unverständige Besorgniß haben; denn wir wissen ja gar nicht, ob wir denselben erleben werden. An einer andern Stelle dieses nämlichen Kapitels, auf die wir in einer spätern Homilie kommen werden, wird uns das noch nachdrücklicher empfohlen: „Sorget nicht auf morgen" (Matth. 6, 34), sagt dort der Herr. Er will nämlich, daß wir immer ein freies Herz haben, das zu allem bereit ist, was Gott verlangt, und nicht von übermäßigem Denken um Irdisches eingenommen und beschwert; darum sollen wir unsere natürlichen Bedürfnisse nur insoweit berücksichtigen, als die Nothwendigkeit es erheischt.

8. Wir kommen jetzt zur fünften Bitte. Ihr wißt selbst zur Genüge, andächtige Christen, daß wir auch nach der heiligen Taufe noch leicht in Sünden fallen. So offenbart uns der Erlöser denn abermals seine übergroße Liebe, indem er uns anweist, uns um den Nachlaß unserer Sünden an die Barmherzigkeit Gottes zu wenden und deßhalb zu beten: „Vergib uns unsere Schuld, wie auch wir vergeben unsern Schuldigern." Ist das nicht in der That überschwängliche Güte? Gott hat schon so vielfältigen Jammer von uns hinweggenommen, er hat uns so unaussprechlich großer Gnaden theilhaftig gemacht, und besungeachtet läßt er sich nach allem diesem, wenn wir sündigen, noch wieder herab, uns Verzeihung zu gewähren. Denn es ist offenbar, daß das Gebet, das uns der Heiland lehrt, nicht etwa für solche bestimmt ist, welche noch nicht die Taufe empfangen haben, sondern für uns Christen. Ihr könnt das sowohl aus den Anordnungen und dem Gebrauche der Kirche abnehmen, als auch schon aus den ersten Worten des Gebetes selbst: wer noch nicht zur Kirche gehört, der kann ja Gott nicht „Vater" nennen. Wenn also das Gebet des Herrn für uns Christen bestimmt ist und wir in demselben in aller Demuth Gott um Verzeihung unserer Sünden bitten müssen, dann kann es keinem Zweifel unterliegen, daß, wenn wir auch nach der Taufe wieder gesündigt haben, die Buße noch wirksam ist. Sonst hätte der Heiland uns nicht anleiten können, in dieser Weise zu beten.

So wie er aber, indem er uns in dieser Bitte an unsere Sünden erinnert, uns die Demuth empfiehlt, und wie er uns zugleich durch dieselbe zur Hoffnung ermuthigt und uns die unaussprechlich große Barmherzigkeit Gottes erkennen läßt, indem er uns die Vergebung unserer Sünden verheißt: so will er andererseits durch die Worte: „sowie auch wir vergeben unsern Schuldigern", uns nöthigen, jede Erinnerung an empfangene Beleidigungen fallen zu lassen. In dieser Beziehung verdient die Bitte, von der wir reden, ganz besondere Beachtung. Denn sehet, in den vorhergehenden Bitten hat der Heiland uns schon allgemein die christliche Tugend ans Herz gelegt und damit zugleich auch die Versöhnlichkeit; den Namen Gottes heiligen z. B. heißt alles erfüllen, was zur christlichen Vollkommenheit gehört; der Wille Gottes wiederum geschieht nur eben dadurch; wer Gott seinen Vater nennen kann, der muß ein Leben führen, das frei von Sünden ist: in allem diesem ist aber schon enthalten, daß man das Gebot der Versöhnlichkeit nach empfangenen Beleidigungen beobachte. Allein der Herr begnügt sich hiermit nicht. Wir sollen wissen, wie sehr ihm gerade dieses Gebot am Herzen liegt; darum erwähnt er desselben ausdrücklich und insbesondere. Und nach dem Ende des ganzen Gebetes kommt er nochmals auf das nämliche Gebot zurück, und nur auf dieses, indem er hinzufügt: „Wenn ihr nämlich den Menschen vergebet, was sie euch Böses thun, so wird auch euer Vater im Himmel euch vergeben" (Matth. 6, 14). So liegt also das Urtheil, das über uns gefällt wird, in unserer eigenen Hand, und wir selber haben dabei die erste Stimme.

Auch der Unverstand selbst sollte nicht den mindesten Grund haben, über das Gericht Gottes irgendwie Klage zu führen; darum wollte Gott die Entscheidung uns, die wir die Schuldigen sind, vollständig anheimgeben. So wie du selber über dich entscheidest, spricht er zu uns, so entscheide auch ich: gewährst du deinem Mitknechte Verzeihung, so werde ich dir gegenüber das Gleiche thun. Und doch sind die Umstände keineswegs auf beiden Seiten die nämlichen, meine Christen. Denn wir vergeben, weil wir selber der Vergebung bedürfen, Gott hingegen bedarf gar nichts; wir vergeben unsern Mitknechten, Gott seinen Knechten; wir haben uns vieler tausend Sünden schuldig gemacht, Gott kann keine Sünde begehen. Ueberdies aber offenbart sich hierin wieder die große Liebe Gottes. Er hätte uns auch ohne eine solche Bedingung alle unsere Verirrungen nachsehen können [1]; aber er wollte uns durch dieselbe viel Gutes zuwenden. Denn er verschafft uns in dieser Weise zahlreiche Gelegenheiten, Sanftmuth und Liebe zu üben; er veredelt unser Gemüth, dämpft in uns die Zornmüthigkeit und fördert unsere Einigung mit denen, welche mit uns Glieder **eines Leibes sind**.

Was können wir hiergegen einwenden? daß der Nächste uns **ungerechterweise** Böses zugefügt hat? Darum ist es eben eine Beleidigung; denn wenn es gerechterweise geschah, dann war es gar keine. Aber wir treten ja auch vor Gott hin, um für solche Beleidigungen von ihm Verzeihung zu erlangen, und für Beleidigungen, die viel größer sind. Und hiervon abgesehen, ist es ja eine große Gnade, die uns Gott erwiesen hat, indem er uns gebot, menschlich zu sein und jederzeit Milde zu üben. Ueberdies soll uns jenseits noch der große Lohn dafür zu theil werden, daß Gott für unsere eigenen Verkehrtheiten von uns keine Rechenschaft fordert. Christen, was für eine Strafe würden wir verdienen, wenn wir unter solchen Umständen, indes unser Heil in unsere eigene Hand gelegt ist, an uns selber zu Verräthern würden! Und wie könnten wir noch erwarten, in andern Anliegen Erhörung bei Gott zu finden, wenn wir in diesem Punkte, indes es ganz in unserer Macht steht, mit uns selbst kein Erbarmen hätten?

9. Es sind noch zwei Bitten übrig und der Schluß des Gebetes: „Und führe uns nicht in Versuchung, sondern erlöse uns von dem Bösen. Denn dein ist das Reich und die Macht und die Herrlichkeit in Ewigkeit. Amen." In den ersten Worten, welche die sechste und die siebente Bitte enthalten, weist uns der Heiland sehr fühlbar auf unsere Niedrigkeit hin und bemüthigt dadurch unsern Stolz; weiter lehrt er uns, nicht, daß wir dem Kampfe ausweichen, sondern daß wir denselben nicht aufsuchen sollen. Auf diese Weise wird der Sieg uns desto größere Ehre bringen und dem Teufel seine Niederlage desto größere Schande. Wenn wir zum Kampfe genöthigt werden, dann

---

[1] Dieser Satz dürfte wohl kaum zulässig sein. „Jeder, welcher nicht gerecht ist, ist nicht aus Gott, und der, welcher nicht liebt seinen Bruder; denn dies ist das Gebot, das ihr gehört habt von Anfang an, daß ihr einander liebet. ... Wer nicht liebt, bleibt in dem Tode. Jeder, welcher haßt seinen Bruder, ist ein Menschenmörder. Und ihr wisset, daß kein Menschenmörder das ewige Leben in sich hat" (1 Joh. 3, 10. 11. 14. 15). Wenn das Gebot der Liebe zu den Menschen, wie der Herr erklärt hat, dem Gebote der Liebe zu Gott „gleich ist" (Matth. 22, 39), dann stand es auch Gott dem Herrn nicht frei, uns die Erfüllung desselben zu erlassen.

müssen wir herzhaft streiten; solange dagegen derselbe nicht an uns herantritt, müssen wir uns ruhig halten und die Zeit des Kampfes abwarten: so beweisen wir zugleich Bescheidenheit und festen Muth.

Unter dem Namen „der Böse" versteht unser Heiland hier den Teufel; mit ihm will er, daß wir einen unversöhnlichen Krieg führen. Ihr müßt das aber nicht so nehmen, als ob der Teufel schon von Natur aus böse wäre; denn das Böse liegt niemals in der Natur eines Geschöpfes, die Gott ihm gegeben hat, sondern es ist eine Folge der Verkehrtheit des freien Willens. Dieser Name „der Böse" kommt dem Teufel an erster Stelle zu und mehr als irgend einem andern Wesen: einerseits, weil er in außerordentlich hohem Grade böse ist, und andererseits, weil er einen unversöhnlichen Krieg gegen uns führt, ohne daß wir ihm je etwas zu Leibe gethan hätten. Darum lehrt uns der Herr auch nicht sagen: erlöse uns von den Bösen, in der Mehrheit, sondern er gebraucht die Einheit: „von dem Bösen"; er will uns nämlich dadurch die Weisung geben, daß wir nicht gegen unsere Mitmenschen Bitterkeit hegen, wenn wir von ihnen etwas zu leiden haben, vielmehr statt ihrer den Teufel hassen sollen, weil dieser von allem Bösen der Urheber ist.

Nachdem aber der Heiland durch die Erinnerung an unsern Feind es uns ans Herz gelegt hat, standhaft zu kämpfen und nicht feige zu sein, will er uns jetzt auch ermuthigen und unsere Zuversicht beleben. Darum gedenkt er schließlich jenes obersten Kriegsherrn, unter dessen Führung wir streiten, und hebt hervor, daß dieser stärker ist als alle unsere Feinde: „Denn dein ist das Reich," spricht er, „und die Macht und die Herrlichkeit." Wenn sein das Reich ist, dann dürfen wir uns offenbar vor niemanden fürchten; denn dann vermag niemand ihm zu widerstehen oder seine Gewalt an sich zu reißen. Durch die Worte: „Dein ist das Reich", belehrt uns also der Herr, daß auch der Teufel, der wider uns streitet, seiner Herrschaft unterworfen ist, wenn derselbe auch einstweilen sich noch gegen Gott erhebt, weil dieser es zuläßt. In der That gehört ja auch der Teufel zu den Unterthanen Gottes, freilich zu den schlechten, die Gott verworfen hat, und er erkühnt sich nicht, auf einen seiner Mitunterthanen einen Angriff zu machen, wenn er nicht vorher dazu die Erlaubniß erhalten hat. Und nicht bloß das: wir wissen ja, daß er nicht einmal die Schweine anzufallen wagte (Matth. 8, 31) oder die Schafe und Rinder (Job 1, 12), bevor Gott ihm über dieselben Gewalt gab. Der gleiche Grund der Zuversicht liegt für uns wieder in den Worten: „Dein ist die Macht." Ob wir nämlich auch noch so schwach sind, unter der Führung Gottes dürfen wir doch niemals verzagt sein, da er mit der größten Leichtigkeit alles durch uns auszuführen vermag. Die letzten Worte endlich: „und die Herrlichkeit in Ewigkeit. Amen", weisen uns darauf hin, daß Gott nicht bloß vor allem Unglück, das uns drohen mag, uns zu behüten im stande ist, sondern daß es auch in seiner Hand liegt, uns mit Herrlichkeit und Ehre zu krönen. Denn wie seine Macht gewaltig, so ist auch seine Herrlichkeit unaussprechlich groß, und die eine wie die andere wird ewig dauern, wird nie ein Ende nehmen. Seht da, andächtige Christen, wie unser Heiland alles aufbietet, um uns mit Muth zu erfüllen und uns für den Kampf stark zu machen.

10. Hiermit ist das Gebet abgeschlossen, das der Sohn Gottes uns lehren wollte. Nach demselben kommt er in seiner Predigt, wie ich vorher schon er=

wähnte, abermals auf das Gebot der Feindesliebe zurück, um es uns fühlen zu lassen, daß er die Rachsucht über alles haßt und verabscheut und die derselben entgegenstehende Tugend mehr liebt als alle andern. Er hält darum seinen Zuhörern sowohl den Lohn als die Strafe vor: „Wenn ihr den Menschen vergebet, so wird **auch euer Vater im Himmel euch vergeben; wenn ihr ihnen aber nicht vergebet, so wird auch er euch nicht vergeben.**" Nicht ohne Grund erwähnt der Heiland abermals des Himmels und des Vaters im Himmel: wir sollen uns schämen, wo wir einen solchen Vater haben, zu thun wie die wilden Thiere und **nach den Grundsätzen der Welt zu handeln, wo wir berufen sind, den Himmel zu erben**. Denn nicht durch die Gnade allein müssen wir Kinder Gottes sein, sondern auch durch unser Leben. Nun gibt es aber nichts, das uns so sehr Gott ähnlich macht, wie die Versöhnlichkeit denen gegenüber, welche uns beleidigen und uns Unrecht thun. Das legte der Herr uns schon in dem vorhergehenden Kapitel ans Herz, indem er uns darauf hinwies, wie Gott die Sonne aufgehen läßt über Böse und Gute. Und in derselben Absicht läßt er uns auch in dem Gebete, das wir heute betrachtet haben, immer beten für alle unsere Mitmenschen. „**Vater unser**" sollen wir sagen, und „**zu uns komme dein Reich**", und „**dein Wille geschehe, wie im Himmel, also auch auf Erden**", und „**unser tägliches Brod gib uns heute**", und „**vergib uns unsere Schuld**", und „**führe uns nicht in Versuchung**", und „**erlöse uns**"; der Herr, sage ich, lehrt uns in der Mehrzahl sprechen, damit auch nicht ein Schatten von Feindseligkeit gegen unsere Mitmenschen in unserer Seele bleibe. Was für eine Strafe verdienen somit diejenigen, welche nach all diesem dennoch **nicht bloß ihren Feinden nicht verzeihen wollen**, sondern überdies auch noch Gott zur Rache wider dieselben aufrufen und dadurch das gerade Gegentheil thun von dem, was uns der Herr befohlen hat!

Seht, Christen, die **Wurzel alles Guten ist die Liebe**; darum wendet Gott jedes Mittel an, um die Eintracht und den Frieden unter uns zu fördern, darum bietet er alles auf, Zwietracht und Feindseligkeit und alles, was der Liebe zuwider ist, von uns fernzuhalten. Denn es gibt ja niemand, nein, gewiß niemand, keinen Vater, keine Mutter, keinen Freund, der uns so aufrichtig liebte und so treu wie Gott, der uns erschaffen hat. Das beweisen uns die Wohlthaten, die er Tag für Tag über uns ausgießt, und das beweisen nicht minder klar die Gebote, die er uns gegeben hat. Wendet dagegen nicht ein, daß es in diesem Leben doch so viel Bitteres gebe, so viele Mühseligkeiten und Leiden. Denn bedächten wir, wie vielfältig wir Gott den Herrn alle Tage beleidigen, dann würden wir uns nicht mehr wundern, wenn selbst noch mehr Unglück über uns käme; vielmehr darüber würden wir erstaunen, wenn uns irgend etwas Gutes zu theil würde. Aber für die Widerwärtigkeiten, die uns treffen, haben wir ein offenes Auge; an die Sünden dagegen, womit wir Tag für Tag Gott beleidigen, denken wir nicht: darum beklagen wir uns. Wollten wir nur die Sünden zählen, die wir an einem einzigen Tage uns zu Schulden kommen lassen, dann würden wir sofort begreifen, wie viel Schlimmes wir verdienen. Und um die Fehler gar nicht zu rechnen, die ein jeder aus uns sonst für sich begangen hat, und bloß diejenigen anzuführen, die heute geschehen sind: — freilich, ich kann nicht wissen, wie jeder von uns gesündigt hat; aber es ist auch gar nicht nöthig, das genau zu wissen; denn es werden so viele Sünden begangen, daß, wenn man auch eine große Menge übersieht, doch immer noch mehr als genug übrig bleiben[1]. Also: wer von uns war heute nicht nachlässig im Gebete? wer handelte nicht unüberlegt? wer war nicht eitel? wer redete nicht schlecht von seinem Nächsten und hatte keine böse Neigung? wer gestattete seinen Augen keine unerlaubte Freiheit? wer gedachte nicht mit leidenschaftlicher Erregung eines Feindes und ließ sich vom Zorne einnehmen? Wenn wir aber, indes wir in der Kirche sind und in kurzer Zeit, so vieler Verkehrtheiten uns schuldig machen, was wird es erst sein, nachdem wir die Kirche wieder verlassen haben? Wenn hier im Hafen die Wellen so hoch gehen, werden wir uns selbst auch nur noch erkennen, wenn wir uns wieder mitten auf der hohen See befinden, ich meine im Verkehr des öffentlichen Lebens, bei unsern Geschäften, im Kreise unserer häuslichen Sorgen? Und dennoch hat Gott uns ein rasches und zuverlässiges Mittel gegeben, um für unsere vielen und großen Sünden Verzeihung zu erlangen: ein Mittel, das überdies auch äußerst leicht ist. Oder was für Mühe kostet es denn, denen, die uns gekränkt haben, zu verzeihen? Nicht zu verzeihen und Feindschaft zu hegen, das ist hart; hingegen der Rachsucht entsagen, das bringt der Seele den Frieden und ist überaus leicht, wenn man nur will. Man hat ja, um das zu thun, nicht über das weite Meer zu fahren, oder einen langen Weg zu machen, oder den Gipfel eines hohen Berges zu ersteigen, oder große Summen Geldes auszugeben, oder seinen Leib zu kasteien, sondern man braucht bloß zu wollen, und man erlangt die Verzeihung aller Sünden.

Wenn du nun aber nicht bloß dem, der dich beleidigt hat, nicht verzeihen willst, sondern überdies noch Gott bittest, daß er ihn strafe, was kannst du da noch für dich hoffen? Denn zu derselben Zeit, da du ihn um Barmherzigkeit anflehst, reizest du ihn zum Zorne wider dich; äußerlich hast du die demüthige Stellung eines Menschen, der betet, und zu gleicher Zeit brüllst du wie ein wildes Thier und richtest wider dich selbst die Pfeile des bösen Feindes. Das war der Grund, warum der Apostel, da er vom Gebete redete, auf nichts stärker drang, als daß wir dieses Gebot befolgten: „Die, welche beten," schreibt er, „sollen reine Hände zu Gott erheben, ohne Zorn und Feindseligkeit" (1 Tim. 2, 8). Sagt selbst, Christen, wer auch da, wo er selber der Barmherzigkeit bedarf, die Rachsucht nicht aufgibt, sondern sie in seinem Herzen bewahrt, indes er doch weiß, daß das nur das Schwert gegen sich selber kehren heißt: wann wird ein solcher Mensch versöhnlich sein und sich dieses abscheulichen Giftes entledigen? Und wenn ihr noch nicht begreift, wie ein solches Verfahren aller Vernunft zuwiderläuft, stellt euch nur das gleiche unter Menschen vor, dann werdet ihr die Größe dieses Frevels einsehen. Denkt euch, es käme jemand, der euch schwer beleidigt hätte, in großer Noth zu euch, um euch um Verzeihung zu bitten und eure Hilfe in Anspruch zu nehmen. Indes er nun vor euch auf den Knieen liegt, tritt sein Feind herein, da hört er plötzlich auf, euch zu bitten, erhebt sich und stürzt auf diesen los, um ihn zu schlagen. Würde euch das nicht noch mehr gegen ihn einnehmen? Gerade so ist es aber bei Gott der Fall. Ihr tragt ihm eure Anliegen vor, aber

---

[1] Die Anakoluthie dieses Satzes entspricht dem Original.

auf einmal hört ihr auf zu beten, um mit euern Worten euern Feind zu schlagen, indem ihr Gott um Rache gegen ihn anrufet. Das heißt doch nicht weniger als die Gebote Gottes mit Füßen treten und ihm zumuthen, daß er selbst denselben zuwiderhandle, nachdem er uns ja befohlen hat, alle Rachsucht für empfangene Beleidigungen fahren zu lassen. Oder kann er etwa dieses seines Gebotes vergessen haben? Ist er denn ein Mensch? Nein, er ist Gott! Er weiß alles, er besteht darauf, daß seine Gebote mit vollster Treue beobachtet werden! Und weit entfernt, solche Bitten zu erhören, zürnt er denen, welche sie an ihn zu richten wagen, und haßt sie schon darum allein und verhängt über sie die schwersten Strafen.

Und doch gibt es Christen, die in der Verkehrtheit so weit gehen, daß sie nicht bloß Gebete wider ihre Feinde verrichten, sondern auch die Kinder derselben verfluchen, und wenn es möglich wäre, ihr Fleisch verzehren möchten oder vielmehr dieses wirklich thun. Erwidere mir nicht, du habest doch deine Zähne nicht in das Fleisch deines Feindes geschlagen! Denn soviel an dir war, hast du viel Schlimmeres gethan, indem du betetest, daß die Rache des Himmels über ihn kommen, daß er dem ewigen Verderben überantwortet werden und mit seinem ganzen Hause zu Grunde gehen möchte. Oder ist das nicht mehr, als wenn du ihn mit deinen Zähnen zerfleischt hättest? Nein, das hat Christus dich nicht gelehrt; so deinen Mund mit Blut zu besudeln, das hat er dich nicht geheißen. Denn eine Zunge, die solche Gebete spricht, ist abscheulicher als ein mit Menschenblut besudelter Mund. Wie kannst du bei der Feier des heiligen Opfers deinen Bruder umarmen? Wie unterfängst du dich, an dem Opfer selbst theilzunehmen? Wie darfst du, das Herz voll solchen Giftes, das Blut des Herrn trinken? Denn wo du Gott bittest: Vernichte ihn! laß Verderben über sein Haus kommen! richte alles zu Grunde! wo du ihm wünschest, daß er tausendmal sterbe — bist du ja um nichts besser als ein Mörder oder vielmehr als ein menschenfressendes Thier!

11. Darum, Christen, laßt uns von dieser Leidenschaft, von dieser Raserei uns freimachen, und wie der Herr uns befohlen hat, aufrichtiges Wohlwollen und Liebe hegen denen gegenüber, die uns beleidigt haben, damit wir ähnlich werden unserem Vater, der im Himmel ist. Wir werden es sicher über uns vermögen, wenn wir uns unsere Sünden ins Gedächtniß rufen, wenn wir ernstlich nachdenken über alles Böse, das wir gethan, in Gedanken und Werken, im Verkehr mit andern und in der Kirche. In der Kirche, sage ich. Denn fürwahr, wenn wir keine andere Sünde begingen, allein für die Unehrerbietigkeiten, deren wir uns hier schuldig machen, verdienen wir die härteste Strafe. Während aus den Schriften der Propheten, aus den Briefen der Apostel die großen Werke Gottes verkündigt werden, während Gott der Herr selbst zu uns redet, schweifen wir mit unsern Gedanken draußen umher, ist unsere Seele voll von dem Lärm weltlicher Angelegenheiten, herrscht unter uns nicht einmal jener Ernst und jene Ruhe, wie unter den Zuschauern im Theater, wenn dort ein Edict des Kaisers bekannt gemacht wird. Denn dort erhebt sich bei einer solchen Gelegenheit alles von den Sitzen: Consuln, Präfecte, Senat und Volk stehen schweigend und lauschen, und wollte jemand während dieser tiefen Stille plötzlich mit lautem Geschrei hereinstürzen, so würde er das als eine Majestätsbeleidigung schwer büßen müssen; hier werden

uns Schriften vorgelesen, die vom Himmel her an uns gerichtet sind, und es herrscht dabei auf allen Seiten Unruhe und großer Lärm. Und doch steht der, von welchem die Schriften stammen, um so vieles höher als der Kaiser, und doch erheischt der Ort, an dem wir uns befinden, ganz andere Rücksichten von uns als das Theater; denn derselbe ist nicht bloß für die Menschen bestimmt, sondern auch für die Engel, und doch sind die Feste und die Geheimnisse, welche hier gefeiert werden, unendlich viel großartiger und erhabener, und darum viel würdiger der tiefsten Ehrfurcht und Andacht! Darum fordert auch der Heilige Geist nicht nur die Menschen auf, an dem Lobe Gottes theilzunehmen, sondern auch die Engel und die Erzengel und alle Bewohner des Himmels und der Erde zumal: „Benedeiet den Herrn alle seine Werke", heißt es im 102. Psalm. Denn nicht von geringer Bedeutung sind die Thaten Gottes in der Schöpfung der Welt und viel mehr noch in der Erlösung; sie übersteigen allen Ausdruck, allen Begriff und alle menschliche Fassungskraft. Und diese Thaten Gottes sind es, welche die Verfasser der Heiligen Schrift, erfüllt vom Heiligen Geiste, in den Stellen ihrer Bücher, die wir hier vorlesen hören, Tag für Tag verherrlichen, jeder in verschiedener Weise. So heißt es z. B. in einem Psalm: „Du bist hinaufgefahren zur Höhe und hast hinweggeführt die Gefangenen" (Pf. 67, 19); in einem andern: „Gewaltig ist der Herr und stark im Kampfe" (Pf. 23, 8). Denn dazu ist der Sohn Gottes in diese Welt gekommen, den Gefangenen Erlösung anzukündigen und den Blinden Rettung aus ihrer Finsterniß. . . . Ein anderer Prophet weissagt die Fülle des Friedens, welchen der Erlöser uns brachte, und spricht: „Sie werden alsdann ihre Schwerter umschmieden in Pflugscharen und ihre Lanzen in Sicheln" (Jf. 2, 4). Ein dritter wendet sich in demselben Sinne an Jerusalem: „Erfreue dich hoch, du Tochter Sion," ruft er aus, „denn siehe, dein König kommt zu dir, sanftmüthig, und sitzend auf einer Eselin" (Zach. 9, 9). Wieder ein Prophet verkündigt seine Ankunft, indem er weissagt: „Kommen wird zu seinem Tempel der Herr, den ihr suchet, und der Engel des Bundes, nach welchem ihr euch sehnet" (Mal. 3, 1); und abermals ein anderer ruft aus in tiefer Bewunderung: „Das ist unser Gott! und kein zweiter kann in Vergleich kommen mit ihm" (Bar. 3, 36). Und indes diese heiligen Worte und viele andere der gleichen Art gelesen und gesungen werden; indes wir von tiefster Ehrfurcht erfüllt sein und es uns vorkommen sollte, als wären wir nicht mehr auf dieser Erde: in solch heiliger Stunde sind wir nicht gesammelter, als ob wir uns mitten auf einem öffentlichen Platze wüßten, halten keine Ruhe, reden untereinander über Dinge, die uns gar nichts angehen, und das während der ganzen Zeit der heiligen Handlung!

Wenn wir nun, während wir in kleinen und großen Dingen, in Wort und That, draußen und hier in der Kirche uns so vieler Fehler schuldig machen, wenn wir, sage ich, zu alle diesem noch um das Verderben unserer Feinde beten: welche Hoffnung können wir da haben, daß es uns gut gehen werde? Wir fügen ja hierdurch zu den vielen und großen Sünden, die wir schon auf uns haben, noch eine neue, ebenso große hinzu! Dürfen wir uns da noch wundern, wenn unvermuthete Unglücksfälle über uns kommen? Wäre es nicht vielmehr sonderbar, wenn es anders ginge? Denn daß uns Unglück trifft, das entspricht ja ganz dem natürlichen Laufe der Dinge, und es könnte nur als ein seltener Zufall gelten, wenn wir davon befreit blieben. Oder wäre es benn nicht unnatürlich, wenn Feinde Gottes, die ihn zum Zorne gegen sich reizen, sich des Lichtes der Sonne und ihrer Wärme erfreuten und des Regens und aller andern Gaben Gottes, Menschen, die grausamer sind als die wilden Thiere und in Haß und Feindschaft gegen einander wüthen — ohne Rücksicht darauf, daß sie den Leib des Herrn empfangen, ohne Rücksicht auf tausend Wohlthaten Gottes, ohne Rücksicht auf sein Gebot, das er so oft wiederholt hat?

Ach Christen, ich bitte euch, laßt uns das beherzigen, laßt uns das Gift wegthun aus unserem Herzen, laßt uns Gebete verrichten, die unser würdig sind, und statt zu hassen wie die bösen Geister, sanft wie die Engel sein! Wie schwer man uns auch beleidigt hat, benken wir, daß wir mit benen, die uns Böses thun, so enge verbunden sind, benken wir an den großen Lohn, der unser wartet, wenn wir dieses Gebot erfüllen, unterbrücken wir unsern Zorn, damit wir im gegenwärtigen Leben vor Unglück bewahrt bleiben und einst der Herr so mit uns verfahre, wie wir unsern Mitknechten gethan haben. Das Gericht, das uns bevorsteht, ist so streng, ist so fürchterlich; machen wir es uns leicht, sichern wir uns den glücklichen Ausgang besselben, seien wir darauf bedacht, durch rückhaltloses Verzeihen (es ist ja nicht hart, es ist ja nicht schwer!) uns das zu erwerben, was wir dadurch, daß wir uns von Sünden rein hielten, nicht zu erwerben im stande waren, das Anrecht nämlich, mit voller Zuversicht vor unserem Herrn und Richter zu erscheinen, den Anspruch auf seine übergroße Barmherzigkeit! Thun wir das, bann werden wir auch schon in diesem Leben die Liebe aller unserer Mitmenschen besitzen, und mehr als sie wird Gott uns lieben und einst uns die Krone des ewigen Lebens geben. O daß wir alle dieser Krone theilhaftig werden möchten durch die Gnade und Erbarmung unseres Herrn Jesus Christus! Ihm sei Ehre und Herrlichkeit ewiglich. Amen.

Anmerkung.

1. Das letzte Stück dieser Homilie, das paränetische (Nr. 10 u. 11), ist ein vorzüglicher Beweis für den tiefen psychologischen Blick und die vollendete oratorische Meisterschaft des hl. Johannes Chrysostomus. Man würde dasselbe sehr unrichtig beurtheilen, wenn man darin die vollkommene Einheit vermissen wollte. Alles, was Chrysostomus in den zwei bezeichneten Nummern sagt, auch die lange Stelle über die Unehrerbietigkeiten in der Kirche (S. 323 f.), bient schließlich nur dem einen Zwecke, die Zuhörer zur Versöhnlichkeit und zu aufrichtigem Verzeihen zu bestimmen. Man vergleiche Bd. I, S. 410—412: „Die Mischung verschiedenartiger Gefühle".

2. In dem britten Dialoge Fenelons heißt es: „Jeder Prediger sollte seine Vorträge so einrichten, daß es ihn keine bedeutende Anstrengung kostete, sie zu halten, und es ihm dadurch möglich wäre, oft zu predigen. Der Vortrag müßte immer kurz sein, so daß der Priester ohne Beschwerde für sich und das Volk jeden Sonntag nach dem Evangelium einen halten könnte. Die Bischöfe der Vorzeit, bejahrt und mit Arbeiten überladen, wie sie waren, machten offenbar nicht so viele Umstände, wie gegenwärtig die Prediger thun,

da sie während des Hochamtes, das sie selber hielten, dem Volke das Wort Gottes verkündigten. Heutzutage muß ein Prediger, wenn er seine Sache gut gemacht haben soll, die Kanzel nicht anders verlassen als ganz in Schweiß gebadet, außer Athem und unfähig, an dem nämlichen Tage noch etwas weiteres zu leisten."[1] Auch der hl. Franz von Sales beruft sich darauf, daß die Predigten der Kirchenväter sich insgesamt durch Kürze ausgezeichnet hätten (Bd. I, S. 508). Die vorstehende Homilie des Patriarchen von Konstantinopel scheint gerade nicht dazu angethan zu sein, diesen Gedanken des Kirchenlehrers von Genf und des Erzbischofs von Cambrai zu bestätigen; auch die früher (S. 36 ff. 119 ff.) gegebenen Homilien waren keineswegs besonders kurz, namentlich die zweite derselben. Aber es dürfte wohl auch kaum feststehen, daß Chrysostomus seine Homilien genau so hielt, wie dieselben jetzt vorliegen. „Diejenigen, welche zu lang waren," sagt Montfaucon[2], freilich zunächst von den Homilien über die Psalmen, „konnte er ja sehr wohl in zwei oder drei zerlegen, wie auch gegenwärtig die Prediger nicht selten thun." Man sollte überhaupt gedruckten Predigten gegenüber immer vor Augen haben, daß dieselben, mögen sie auch sonst ausgezeichnet sein, doch in zwei Punkten häufig nicht als Muster gelten können: in Rücksicht auf die Länge und in Rücksicht auf den Stil. (Vgl. Bd. I, S. 569 f.)

---

[1] *Fénelon*, Dial. sur l'éloquence III, 121.
[2] In opp. S. Io. Chrys. tom. V, Praef., § 2 extr.

Dreizehnter Abschnitt.
Die didaskalische Predigt. Die Homilie.

Erstes Kapitel.
Die didaskalische Predigt oder die Unterweisung. Die drei wesentlichen Stücke derselben: Der Eingang, die Ausführung, die Peroration.

388. Die Aufgabe und damit der Begriff der didaskalischen Predigt ist Ihnen aus dem früher Gesagten bereits bekannt. Sie ist, um eine eigentliche Definition zu geben, „ein geistlicher Vortrag, in welchem eine religiöse Wahrheit in der Weise behandelt wird, daß die Darstellung geeignet ist, den Hörenden die klare Auffassung jener Wahrheit zu vermitteln und zugleich sie zu bestimmen, dieselbe als Norm ihres Lebens in festem Glauben und entschiedener wirksamer Liebe zu umfassen". Die didaskalische Predigt dient somit erwachsenen, oder genauer, bereits unterrichteten Christen gegenüber dem nämlichen zweitheiligen Zwecke, welchen für Kinder die Katechese verwirklichen soll: sie muß sowohl unterrichten als auf das freie Streben bestimmend wirken. Die Belehrung, ich bitte Sie, das wohl zu beachten, m. H., die Wirkung auf das Erkenntnißvermögen der Zuhörer bildet hiernach für die didaskalische Predigt den einen wesentlichen Theil ihrer Aufgabe und erscheint keineswegs bloß als Mittel (oder „Durchgangspunkt"), wie es in den paregoretischen Vorträgen der Fall ist.

Sie sehen hieraus, daß von den im vorhergehenden Abschnitte für die Katechese gegebenen Anweisungen alle diejenigen, welche sich nicht ausschließlich oder vorzugsweise auf die Eigenthümlichkeiten und Anforderungen des Kindesalters gründen, insgesamt auch für die didaskalische Predigt ihre volle Geltung haben werden.

Infolge eben dieser Rücksichten, der Identität ihrer Aufgabe und der hierdurch nothwendig bedingten Gemeinsamkeit vieler Vorschriften wird die in Rede stehende Art, die didaskalische Predigt oder die Unterweisung, auch wohl „katechetische Predigt" genannt. Einen andern Grund dieses dritten Namens kann ich nicht anerkennen, insbesondere nicht denen beistimmen, welche den Namen „katechetische Predigt" mit dem Katechismus (dem Buche) in Verbindung zu bringen und ihn dadurch zu motiviren scheinen, daß die katechetische Predigt „die einzelnen Lehren des in der Diöcese üblichen Katechismus nach Fragen und Antworten in zusammenhängender Rede behandle", somit

„einen Abschnitt des Katechismus zur Grundlage habe, gerade so wie die Homilie einen Abschnitt der Heiligen Schrift". Die aus dieser Erklärung hervorgehende Auffassung des Begriffs der in Rede stehenden Predigtform ist viel zu enge. Die katechetische Predigt oder die Unterweisung kann sich freilich an den Katechismus anlehnen, ihn auch in der bezeichneten Weise förmlich zu Grunde legen; in vielen Fällen wird es selbst das gerathenste sein, daß sie so verfahre: aber gebunden ist sie doch an den Katechismus keineswegs; sie muß sich weder nothwendig an seine Ordnung halten, noch ist es ihr verwehrt, Gegenstände zu behandeln, welche im Katechismus gar nicht vorkommen oder nur kurz berührt erscheinen.

Was wir hier über die didaskalische Predigt den im zwölften Abschnitt enthaltenen Anweisungen noch hinzuzufügen haben, das betrifft namentlich die formelle Seite derselben, ihren Bau und ihre innere Einrichtung. Wie an jeder Predigt, so sind auch bei der didaskalischen drei wesentliche Bestandtheile oder Stücke zu unterscheiden, aus denen sie sich zusammensetzt: der Eingang, die Ausführung und die Peroration. Wir müssen jedes dieser Stücke für sich berücksichtigen.

389. Vor ein Buch setzt man einen Titel, an die Spitze einer Abhandlung oder eines Kapitels eine Ueberschrift; nicht selten wird dieselbe noch durch eine in kleinerem Druck gegebene Uebersicht des Inhalts erweitert und vervollständigt. Wozu das? Damit der Leser von Anfang an orientirt sei; damit er wisse, um was es sich handle, was der Gegenstand seiner geistigen Thätigkeit sein werde, worauf er darum seine Gedanken zu richten habe; damit er sich zugleich ein Urtheil darüber bilden könne, ob die Sache seiner Aufmerksamkeit werth sei; weiter auch dazu, damit er den Weg, den ihn der Verfasser zu führen beabsichtigt, wie aus der Ferne überschaue, sich eine vorläufige Vorstellung davon bilde und dadurch um so leichter im stande sei, der Darstellung mit Sicherheit und Verständniß, ohne Ueberdruß und Ermüdung zu folgen. Das nämliche, was bei einer Abhandlung der Zweck der Aufschrift und der übersichtlichen Angabe des Inhalts, ist bei der didaskalischen Predigt nicht ausschließlich und erschöpfend, aber wesentlich und an erster Stelle die Aufgabe des Einganges[1]. Sehr auffallend läßt Berthold von Regensburg diese Auffassung hervortreten in dem ersten Satze seiner 36. Missionspredigt, wenn anders dieser erste Satz, so wie er ist, von ihm selber stammt: „Das ist eine Predigt, wie man sich bereiten soll mit der wahren Reue und mit der lautern Beicht und mit der gnädigen Buße (denn das gar unmaßen noth ist, daß man sich wohl bereiten kann), daß man unsern Herrn würdiglich empfange" (Bd. I, S. 560).

Es soll also hiernach der Priester im Eingange den Gegenstand der Predigt bezeichnen und angeben, von welcher Seite und in welcher Absicht er denselben behandeln will, was vorzugsweise das Resultat der zu gebenden Unterweisung sein, welchen besondern Zweck dieselbe fördern, was für etwaigen Mißständen oder Verkehrtheiten sie entgegenwirken, welchem Bedürfnisse sie abhelfen soll. Bei in Verbindung stehenden Vorträgen, welche einen zusammenhängenden Stoff behandeln, z. B. einen fortlaufenden größern Ab-

---

[1] *Exordium, principium, prooemium,* προοίμιον. Cf. *Quint.*, Inst. orat. 4, c. 1 init.

schnitt der christlichen Lehre, liegt es oft sehr nahe und ist es vielfach auch zweckmäßig, daß man den Vortrag an den unmittelbar vorhergehenden oder an einen frühern anlehne, indem man die Beziehung hervorhebt, in welcher dieselben zu einander stehen. Wenn die Ausführung in mehrere besondere Punkte zerfällt, wie das für die didaskalische Predigt zu empfehlen ist, dann sollen auch diese Punkte im Eingange den Zuhörern klar angegeben werden.

Die vorzüglichste Aufgabe des Einganges für die didaskalische Predigt und den wesentlichen Inhalt desselben habe ich Ihnen hiermit angegeben[1]. Es gibt Fälle, wo man sich damit begnügen darf, bloß dieser Aufgabe Rechnung zu tragen, und somit in einem bis zu drei Sätzen den Eingang abschließen kann. Meistens ist es indes nothwendig, daß Sie soviel als möglich noch zwei andern Rücksichten zu entsprechen suchen, und auch in den eben berührten Fällen sollen diese Rücksichten nicht ganz außer acht gelassen werden. Eine unerläßliche Bedingung nämlich des Erfolges ist für jeden Vortrag die, daß die Zuhörer achtgeben und dem Redenden mit williger Aufmerksamkeit folgen. Und unter den Momenten, welche den Erfolg namentlich eines oratorischen Vortrags vermitteln helfen, ist vielleicht das wirksamste das Vertrauen und die günstige Stimmung, welche die Zuhörer dem Vortragenden gegenüber hegen. Nun ist gerade der Eingang eines Vortrags für diese zwei Rücksichten von vorzüglicher Bedeutung. Denn wer sogleich im Beginn seines Auftretens die Zuhörer zu fesseln und für sich und seine Sache einzunehmen weiß, dem werden sie mit Aufmerksamkeit und Theilnahme auch an solchen Stellen folgen, die minder ansprechen, sowie umgekehrt die Verstimmung und die Unaufgelegtheit, die ein matter, eintöniger, trockener, nichtssagender, langweiliger Eingang erzeugt hat, im Verlauf der Rede kaum durch sehr wirksame Mittel wieder gehoben werden kann.

Die Elemente und die Mittel, welche den zwei bezeichneten Rücksichten dienen, haben wir im achten Abschnitt ausführlich behandelt. Je mehr die Predigt gleich im Eingange praktisch zu werden verspricht; je unmittelbarer sie sich an die Zuhörer wendet; je weniger diese besorgen müssen, ihre Aufmerksamkeit durch Gedanken in Anspruch nehmen lassen zu sollen, die sie schon hundertmal gehört, die darum allen Reiz für sie verloren haben; je bedeutender die ersten Gedanken sind, die der Prediger ausspricht; je angemessener, je populärer, je edler die Sprache: desto sicherer wird es ihm gelingen, ihre Aufmerksamkeit wachzurufen und während des ganzen Vortrags lebendig zu erhalten. Von den im vierten Kapitel des achten Abschnittes besprochenen besondern Elementen, welche sich eignen, den Vortrag anziehender zu machen, lassen sich für den Eingang nicht selten sehr vortheilhaft die Sentenz, das Gleichniß und die Erzählung verwenden; natürlich müssen aber diese, wenn sie brauchbar sein sollen, mit dem Gegenstande und dem Zwecke der ganzen Predigt in entsprechender Verbindung stehen. Im allgemeinen halten Sie als Grundsatz fest, daß der Eingang immer mit Sorgfalt gearbeitet sein

---

[1] Intellegenter ut audiamur, et attente, a rebus ipsis ordiendum est. Sed facillime auditor discit, et quid agatur intellegit, si complectare a principio genus naturamque causae, si definias, si dividas, si neque prudentiam eius impedias confusione partium, nec memoriam multitudine (*Cic.*, De partit. orat. c. 8, n. 29).

und sich durch Gehalt der Gedanken, durch gewählte Diction und durch Würde und Gefälligkeit der Pronunciation empfehlen soll[1]. Zu gesuchter Ziererei und geschmackloser Affectation möchte ich Ihnen durch diesen Rath freilich keinen Anlaß geben.

Insofern es sich andererseits darum handelt, daß der Eingang dazu angethan sei, das Wohlwollen und das Vertrauen der Zuhörer dem Priester gegenüber zu fördern, so müssen Sie hier mehr noch als im weitern Verlauf Ihrer Vorträge in verständiger Weise darauf bedacht sein, das vor Augen zu haben, was ich Ihnen in den drei letzten Kapiteln des eben erwähnten achten Abschnittes nahegelegt habe. Hüten Sie sich namentlich, zuviel Selbstvertrauen und jene Zuversicht an den Tag zu legen, welche sich im Beginne der Rede wie Arroganz ausnimmt[2]; tragen Sie vielmehr Sorge, daß aufrichtige Bescheidenheit und Mäßigung die Gedanken, den Ausdruck, den Ton Ihrer Stimme und Ihr ganzes Auftreten beherrsche. In kindische Furchtsamkeit und Verzagtheit, die so weit geht, daß man verwirrt erscheint und die Worte nicht finden kann und im Vortrage stockt, darf die Bescheidenheit freilich auch nicht ausarten. Um hiervor desto sicherer geschützt zu sein, sollte man gerade den Eingang immer mit vorzüglicher Sorgfalt dem Gedächtnisse einprägen[3].

Diese Bemerkungen können, glaube ich, insofern es sich hier um die didaskalische Predigt handelt, bezüglich des Einganges genügen. Wenn von den paregoretischen Predigten die Rede sein wird, werde ich noch einige andere hinzufügen, welche allerdings auch dazu dienen können, das hier Gesagte zu ergänzen.

390. An den Eingang schließt sich das zweite wesentliche Stück der Predigt, die **Ausführung**. Sie ist das, was der Name andeutet: die oratorische, der Aufgabe der didaskalischen Beredsamkeit entsprechende Darstellung oder Auseinandersetzung der im Eingange angegebenen und charakterisirten religiösen Wahrheit. Beachten Sie folgende Regeln.

1. In jeder didaskalischen Predigt ist nur eine religiöse Wahrheit zu behandeln oder wenigstens eine einheitliche Gesamtheit religiöser Wahrheiten. Wir haben dieses früher (Nr. 351) selbst für die einfache Katechese verlangt. Behandeln Sie in einer Predigt zwei oder drei Lehren, welche weder dem Stoffe nach auch dem unmittelbaren praktischen Zwecke nach zusammengehören,

---

[1] Principia autem dicendi semper cum accurata et acuta, et instructa sententiis, apta verbis, tum vero causarum propria esse debent. Prima est enim quasi cognitio et commendatio orationis in principio, quae continuo eum qui audit, permulcere atque allicere debet (*Cic.*, De orat. 2, c. 78, n. 315).

[2] Mihi etiam quique optime dicunt, quique id facillime atque ornatissime facere possunt, tamen nisi timide ad dicendum accedunt, et in exordienda oratione perturbantur, paene impudentes videntur. Tametsi id accidere non potest. Ut enim quisque optime dicit, ita maxime dicendi difficultatem, variosque eventus orationis, exspectationemque hominum pertimescit (ibid. 1, c. 26, n. 119. 120). — Frequentissime vero prooemium decebit et sententiarum et compositionis et vocis et vultus modestia: adeo ut in genere causae etiam indubitabili fiducia se ipsa nimium exserere non debeat (*Quint.* l. c. 4, c. 1).

[3] Turbari memoria, vel continuandi verba facultate destitui, nusquam turpius, cum vitiosum prooemium possit videri cicatricosa facies; et pessimus certe gubernator, qui navem, dum portum egreditur, impegit (ibid. 4, c. 1).

so wird nicht nur der Vortrag fast immer zu lang werden, sondern es wird auch die Auffassung und das Festhalten des Empfangenen dem an geistige Thätigkeit nicht gewöhnten Volke sehr erschwert, die Wirkung auf das freie Streben aber um so mehr gehindert, je verschiedenartiger die Forderungen sind, welche dem Herzen gleichzeitig nahegelegt werden.

2. Da für die bidaskalische Beredsamkeit die eine ihrer zwei wesentlichen Aufgaben die Belehrung oder der Unterricht bildet, so bringt es die Natur der Sache mit sich, daß **der Inhalt der Ausführung meistens in zwei oder drei Punkte zerfalle**. Denn unterrichten und lehren kann man ja nicht, ohne die Gedanken und die Begriffe voneinander zu unterscheiden und je für sich zu behandeln. Diese Punkte soll man darum immer hervortreten lassen, so daß **sie von den Zuhörern klar und bestimmt aufgefaßt werden müssen**. Deshalb sind dieselben zunächst, wie ich schon erwähnt habe, im Eingange anzugeben; überdies aber sollen sie in der Ausführung selbst wieder hervorgehoben werden und die sichtbare Gliederung derselben bilden.

3. Was die den erwähnten Punkten und überhaupt den Gedanken des Vortrages zu gebende Folge betrifft, so ist auch bei der bidaskalischen Predigt, soweit es angeht, der Grundsatz festzuhalten, auf den ich im folgenden Abschnitte ausführlicher zurückkommen werde: daß nämlich **die Bedeutung und das Gewicht der Gedanken im Verlaufe der Rede wachsen soll, nicht aber sich mindern darf**. Die anziehendsten Gedanken und namentlich die stärksten Gründe sind deshalb nicht gleich im ersten Punkte zu verbrauchen, sondern, wenn es der Gegenstand gestattet, später zu verwerthen.

4. Was Sie in der Ausführung zu thun haben, das können Sie mich nach allem Frühern wohl kaum noch fragen. Sie müssen einerseits die religiöse Wahrheit, um die es sich handelt, dem Volke **erklären**, daß es im stande sei, dieselbe richtig, bestimmt und vollständig aufzufassen; Sie müssen dieselbe **begründen**; Sie müssen Mißverständnisse ausschließen oder ihnen vorbeugen, Schwierigkeiten und etwaige Einwürfe **widerlegen**, und Sie müssen in Verbindung mit allem diesem zugleich durch **praktische Anwendungen und Folgerungen** die Bedeutung der betreffenden Wahrheit für das Leben, ihre Beziehung zu seinen besondern Erscheinungen, Zuständen und Bedürfnissen hervortreten lassen.

Was insbesondere die Begründung der Sätze betrifft, die Sie behandeln, so bitte ich Sie, dabei das vor Augen zu haben, was ich Ihnen in dieser Beziehung wiederholt nahegelegt habe[1]. Die „Begründung" der religiösen Wahrheiten ist wesentlich und zunächst nichts anderes als der Nachweis, daß dieselben in der Offenbarung enthalten seien oder aus geoffenbarten Wahrheiten sich mit Nothwendigkeit ergeben. Was durch eine solche Begründung bewirkt werden soll, das ist nicht Wissen, sondern Glauben, nicht subjective Ueberzeugung, sondern demüthige Anerkennung dessen, was Gott selbst oder was seine Kirche uns lehrt. In dieser Weise faßten die heiligen Väter die Begründung der religiösen Wahrheiten auf[2]. Ein Muster in dieser Rücksicht

---

[1] Man vergleiche namentlich Bd. I, S. 262 ff. 285 ff. 296 f. und oben S. 157 ff.
[2] Quam vitam (aeternam) nosse non possunt nisi qui experiuntur: experiri autem non poterunt, nisi qui credunt. *Si enim exigatis, ut quod vobis promittit Deus, demonstremus vobis, non possumus.* Sed audistis, quomodo conclusit Evan-

ist der Anfang der vierten Unterweisung des hl. Cyrillus von Jerusalem „für die Neugetauften". Derselben geht als Lesung voraus die Stelle 1 Kor. 11, 23 ff.[1]; an diese Worte anknüpfend, beginnt Cyrillus also:

„Schon allein diese Unterweisung des hl. Paulus ist mehr als genügend, euch mit unerschütterlicher Gewißheit zu überzeugen von der Wahrheit des hohen Sacraments, das zu empfangen ihr die Gnade hattet und durch welches ihr des Leibes und des Blutes Christi theilhaftig wurdet. ‚In jener Nacht', so lehrt uns der Apostel, ‚in jener Nacht, in welcher Jesus Christus unser Herr verrathen wurde, nahm derselbe das Brod, sprach das Dankgebet, brach das Brod und gab es seinen Jüngern, indem er sagte: Nehmet dies und esset es, es ist mein Leib. Dann nahm er den Kelch, sprach wieder das Dankgebet und sagte: Nehmet diesen Kelch und trinket daraus, dies ist mein Blut.' Wenn somit der Sohn Gottes selbst es ausgesprochen und von dem Brode gesagt hat: ‚Das ist mein Leib', wer wird hiernach noch die Vermessenheit haben, daran zu zweifeln? Wenn der Herr selbst es uns versichert, wenn er ausdrücklich gesagt hat: ‚Das ist mein Blut', wer wird noch Bedenken haben und sagen, daß es nicht sein Blut sei? Das Wasser hat er einst zu Kana in Galiläa in Wein verwandelt, der dem Blute ähnlich ist, und er sollte unsern Glauben nicht verdienen, wo er den Wein in Blut verwandelt? Es war bei einer Vermählung, wie sie für diese Erde gefeiert werden, wo er dieses große Wunder wirkte, und wir sollten es nicht noch viel natürlicher finden, wenn er denen, welche durch die Taufe geistlicherweise mit ihm selbst vermählt sind, seinen Leib und sein Blut als Nahrung hingibt? Darum laßt uns dieses Sacrament jederzeit empfangen mit der Ueberzeugung und dem festen Glauben, daß es der Leib und das Blut Christi ist.... Betrachtet das, was euch gereicht wird, nicht als gewöhnliches Brod und gewöhnlichen Wein; der Herr selbst hat uns gelehrt, daß es sein Leib und sein Blut sei. Unsere Sinne nehmen freilich etwas anderes wahr; aber durch den Glauben soll unsere Ueberzeugung unerschütterlich feststehen. Nicht nach dem Geschmacke dürfen wir urtheilen wollen; der Glaube gibt uns die über jeden Zweifel erhabene Gewißheit, daß wir die hohe Gnade haben, den Leib und das Blut Christi zu empfangen."[2]

Wenn Sie sich aber auf die angegebenen Punkte, Erklärung, Begründung und Sicherstellung, Anwendung der religiösen Wahrheit, in der Ausführung beschränken wollten, so hätten Sie kaum mehr gethan, als der ersten der zwei Aufgaben der didaskalischen Beredsamkeit genügt: Sie hätten fast ausschließlich unterrichtet und gelehrt. Im achten Kapitel des vorhergehenden zwölften Abschnittes (Nr. 362) habe ich gesagt, die Katechese müsse, wenn sie ihrer

---

gelium Ioannis: Beati qui non vident et credunt (Io. 20, 29). Et videre vultis, et ego. *Pariter credamus, et videbimus.* Non simus duri adversus verbum Dei. Numquid enim, fratres, dignum est, ut Christus descendat modo de caelo, et cicatrices suas nobis ostendat? Ideo illi incredulo ostendere dignatus est, ut obiurgaret dubios, et instrueret credituros (*Aug.*, In die Dominico octavarum Paschae serm. 259, al. 19, n. 1).

[1] „Denn ich habe empfangen von dem Herrn, was ich euch auch überliefert habe, daß der Herr Jesus in der Nacht, in welcher er überantwortet wurde, das Brod nahm und danksagend es brach und sagte: Nehmet und esset, dies ist mein Leib" u. s. w.

[2] *Cyrill. Hier.*, Catech. 22, mystagog. 4, n. 1. 2. 3. 6.

Aufgabe entsprechen soll, nicht bloß klar, gründlich und praktisch sein, sondern auch „Salbung" haben. Es versteht sich wohl von selbst, daß dieses auch von der bidaskalischen Predigt gilt. Somit muß dieselbe den Zuhörern nicht nur die Gründe vorführen, welche sie bestimmen sollen, die Wahrheit, um die es sich handelt, mit übernatürlichem Glauben anzuerkennen, sondern namentlich auch jene Momente, deren Beherzigung sie dahin führen wird, dieselbe als die Richtschnur ihrer Gesinnung und als Gesetz ihres Lebens und Handelns zu umfassen. Und die Entwicklung dieser Gründe und dieser Momente des freien Strebens darf nicht eine trockene, schulmäßige Exposition, sondern sie muß eine warme, bewegte, oratorische Darstellung sein, die auch das Gemüth der Hörenden in Anspruch nimmt und dazu angethan ist, die entsprechenden religiösen Gefühle in ihnen anzuregen. In jenem Maße wie die paregoretische Beredsamkeit erheischt und gestattet freilich die bidaskalische **die Anwendung des affectiven Moments** meistens nicht. Aber entbehren kann, wie gesagt, die bidaskalische Predigt dasselbe in keiner Weise; vielmehr muß wahres religiöses Gefühl auch sie vom Anfang bis zum Ende durchziehen, wenn sie nicht bloßer unfruchtbarer Unterricht, sondern religiöse Unterweisung sein und der wesentlichen Natur des Wortes Gottes entsprechen soll. Eben deshalb habe ich dieses zweite unter den wesentlichen Stücken der Predigt, von dem wir handeln, nicht, wie mehrere thun, Abhandlung nennen wollen, sondern Ausführung; denn mit dem erstern Namen pflegt man ja auch das Erzeugniß der Schule, die rein didaktische Dissertation, zu bezeichnen, und darum ist er sehr dazu angethan, den angedeuteten nothwendigen Unterschied zwischen dieser und der Predigt in den Hintergrund treten zu lassen.

5. Je mehr nach dem Gesagten durch den einen wesentlichen Theil ihrer Aufgabe, zu unterrichten, in der bidaskalischen Predigt das affective Moment beschränkt wird, desto wichtiger ist es, daß Sie die im achten Abschnitt (Nr. 214—249) besprochenen Mittel, die Aufmerksamkeit zu spannen und wach zu erhalten, in derselben mit Sorgfalt zu verwerthen suchen. Vorträge, welche, wie es bei den paregoretischen der Fall ist, das Gemüth mächtig ergreifen und eben darum auch die Phantasie lebhaft anregen, sind hierdurch allein schon mehr im stande, die Aufmerksamkeit beständig rege zu erhalten; wo dagegen mehrfach der nüchterne Unterricht und die ruhige Belehrung vorherrschen muß, da sind die Hörenden viel leichter versucht, sich der Zerstreuung und einem theilnahmslosen Stumpfsinn zu überlassen.

6. Besondere Beachtung verdient noch, wie aus allgemeinen Rücksichten, so eben auch in dieser Beziehung (vgl. Bd. I, S. 504), ein Gedanke Fenelons. „Es gibt kaum eine Wahrheit der christlichen Lehre," schreibt er in seinen „Dialogen", „die sich nicht an **historische Thatsachen** anlehnen ließe. Einer von Platos Vorzügen besteht eben darin, daß er seine ethischen Schriften meistens mit historischen Zügen und Ueberlieferungen beginnt, welche für alles Folgende eine Art von Grundlage bilden. Diese Methode läßt sich beim Vortrage der christlichen Religion noch viel leichter einhalten; denn in dieser ist alles Ueberlieferung, alles Geschichte, alles historische Thatsache. Bei den meisten Predigern ist der Unterricht, den sie geben, zu dürftig und die Beweise zu wenig überzeugend, eben weil sie nicht zu jenen Quellen hinaufgehen. — Man kann recht gut seinen Zuhörern, ohne daß sich diese

verletzt fühlen, die historischen Thatsachen wieder vorführen, an welche die erste Entstehung und Einführung der verschiedenen Uebungen unserer Religion sich knüpft. Weit entfernt, daß ein solches Zurückgehen auf die ersten Anfänge kleinlich erscheinen könnte, würden vielmehr die meisten Predigten dadurch eine Kraft und eine Schönheit gewinnen, die ihnen gegenwärtig abgeht. Ohne dasselbe ist der Vortrag für das Volk weder belehrend noch wirksam. Die Kirche wiederholt z. B. so oft den Gedanken des hl. Paulus, daß Jesus Christus unser Osterlamm sei; wie können die Leute das verstehen, wenn man ihnen nicht erklärt, worin die Osterfeier bei den Juden bestand und wie dieselbe angeordnet war, um einerseits die fortdauernde Gedächtnißfeier ihrer Befreiung aus Aegypten zu bilden und zugleich andererseits eine Befreiung von ungleich höherer Bedeutung darzustellen, welche das Werk des Erlösers sein sollte? In diesem Sinne habe ich gesagt, daß in der christlichen Lehre fast alles historisch ist. Aber der Prediger bedarf einer gründlichen Kenntniß der Heiligen Schrift, wenn er diese Wahrheit vollständig verstehen will." [1]

391. Die gleiche Rücksicht, wie die vorher bezeichnete, hat mich auch bestimmt, indem ich für das dritte und letzte wesentliche Stück der Predigt statt des deutschen „Schluß" den Ausdruck Peroration gewählt habe. Einen „Schluß" hat auch die bloß unterrichtende Abhandlung, aber nicht eine „Peroration". Der Schluß eines oratorischen Erzeugnisses hat eben wieder etwas Eigenthümliches, das ihn von dem gleichnamigen Theile eines bidaktischen Aufsatzes specifisch unterscheidet; darum ist es gut, daß er auch durch einen nur ihm eigenen Namen unterschieden werde, mag dieser Name auch einer fremden Sprache entlehnt sein.

Die Peroration der bidaskalischen Predigt setzt sich aus zwei Elementen zusammen, welche der wesentlichen zweitheiligen Aufgabe der „Unterweisung" entsprechen: einem bidaktischen und einem affectiven. Das bidaktische besteht in der „Recapitulation" (ἀνακεφαλαίωσις), d. h. in der übersichtlichen, gedrängten Wiederholung der Hauptgedanken, welche der Vortrag entwickelt hat. Der Zweck dieser Wiederholung ist zunächst, die Zuhörer zu unterstützen, daß sie die Wahrheiten, die ihnen vorgeführt wurden, sicherer festhalten und im Gedächtnisse bewahren, und eben dieser Rücksicht wegen sollte die Recapitulation in bidaskalischen Predigten im allgemeinen immer gemacht werden. Dabei werden Sie indes selber begreifen, m. H., daß es sich nicht um eine eintönige, nackte Wiederaufzählung der vorausgehenden Gedanken handeln kann. Die Recapitulation muß frisches Leben athmen; der Priester muß darauf bedacht sein, den Gedanken, die er abermals vorführt, durch die verschiedenen Mittel der Beredsamkeit, sowie namentlich auch durch Benutzung der Heiligen Schrift neuen Reiz, neues Gewicht, neue Kraft und Bedeutung zu geben [2].

---

[1] *Fénelon* l. c. II, 79. 80; III, 90. 91.

[2] In hac (rerum repetitione et congregatione) quae repetemus, quam brevissime dicenda sunt, et quod graeco verbo (ἀνακεφαλαίωσις) patet, decurrendum per *capita*. Nam si morabimur, non iam enumeratio, sed altera quasi fiet oratio. Quae autem enumeranda videntur, cum pondere aliquo dicenda sunt et aptis excitanda sententiis, et figuris utique varianda: alioqui nihil est odiosius recta illa repetitione, velut memoriae iudicum diffidentis (*Quint.* l. c. 6, c. 1 init.).

Diese Vorzüge erlangt übrigens die Recapitulation besonders auch dadurch, daß mit ihr das andere Element der Peroration, das **affective oder pathetische**, geschickt verbunden wird. **Dieses Element darf in der Peroration noch viel weniger fehlen als in irgend einem andern Theile des Vortrags.** Denn alles Vorausgehende wirkte dahin, die Gemüther für die entsprechenden religiösen Gefühle vorzubereiten und mehr und mehr empfänglich zu machen; infolge der gegebenen Erläuterungen und Beweise steht die religiöse Wahrheit in ihrem vollen Lichte und zugleich in ihrer ganzen übernatürlichen Gewißheit vor dem Geiste der Zuhörer; wenn sie darum je die Kraft hat, erwärmend und bewegend auf sie zu wirken, dann muß das jetzt der Fall sein. Jene Prediger, welche das affective Element in der Peroration vernachlässigen, lassen die günstigste Gelegenheit unbenutzt, den Hauptzweck der geistlichen Beredsamkeit, die Bestimmung des freien Strebens, zu verwirklichen. **Viele neue Anweisungen hierfür habe ich Ihnen übrigens, nach dem namentlich im siebenten Abschnitt Gesagten, an dieser Stelle nicht mehr zu geben; nur auf einige Punkte muß ich Sie aufmerksam machen.**

392. Damit Sie den ersten derselben besser auffassen, will ich Ihnen zunächst die Peroration vorlesen, mit welcher Berthold von Regensburg seine bidaskalische Predigt „Von den fremden Sünden" beschließt.

„Also wird der Mensch verdammt um die fremden Sünden, so gut wie um die eigenen. Und ihr sollt wissen, daß euch nichts so schädlich ist wie die Sünde. Das spricht der gute St. Paulus: Die Sünde fällt den Menschen in den Abgrund der Hölle, wo sein nimmermehr Rath wird. Und darum, ihr Herrschaften allesamt, ihr habet eigene Sünden oder fremde Sünden, ihr habet kleine Sünden oder große Sünden, gewinnet wahre Reue und lautere Beicht, und empfanget Buße nach Gottes Gnaden und nach euern Kräften, daß ihr sprechen möget wie der gute St. Martin. Als der von dieser Welt schied und auch durch die zwei Wachen fuhr[1], da sprach er zu dem Teufel: ‚Fahr hin, du blutiges Thier! Du findest an mir nichts, es ist allesamt gebüßt, klein und groß.' Denn sie durchsuchen euch sehr genau. Und darum sehet euch vor, und hütet euch vor fremden Sünden und vor eigenen Sünden, ihr junge Welt, die ihr noch ohne Hauptsünde (Todsünde) seid. Hütet euch, sage ich; denn die Sünde ist viel besser zu meiden als zu büßen. Es wird euch nimmermehr so wohl, als dieweil ihr ohne Sünde seid. Ihr höret wohl, wie mancherlei die Sünden sind und wie schwer sie zu büßen sind. Und kommet auf den linden Weg zum Himmelreich, wie der gute St. Ulrich und der gute St. Nikolaus, und der andern ein großer Theil. Die aber da gesündigt haben und fremde Sünden oder eigene haben gethan, die sollen darum nicht verzagen, sondern gewinnen wahre Reue und kommen zu lauterer Beicht und zu Buße nach Gottes Gnaden und nach ihren Kräften. Wenn ihr dann aus dem

---

[1] Die Predigt ist, wie man aus dem ersten Satze des Einganges sieht, am Feste Petri Kettenfeier gehalten. In der Apostelgeschichte (12, 10) erzählt aber der hl. Lucas, der Engel sei mit dem Apostel „an der ersten und zweiten Wache vorübergegangen". In gleicher Weise, sagt Berthold im Eingange, „muß ein jeglicher Mensch, wann seine Seele vom Leibe scheidet, durch zwei Wachen. Die eine Wache ist um des Menschen eigene Sünden, die andere um seine fremden Sünden".

Kerker" (des Leibes) „erlöst werdet und ihr durch die zwei Hinterhalte sollt fahren, welche die Teufel euch legen, daß euch dann der Engel durch die zwei Wachen geleite nach Jerusalem in die Stadt, wie dem guten St. Peter da geschah, dessen Fest man heute begeht in der heiligen Christenheit, da er von den Ketten erlöset ward. Und darum sollt ihr ihn anrufen, daß er euch erwerbe die Gnade unseres Herrn, daß er euch entbinde von allen den Sünden, damit ihr gebunden seid an Leib und an Seele, daß ihr gewiesen und geleitet werdet von den heiligen Engeln vor allen Stricken des Teufels, vor aller der Wache und vor all den Aengsten und all den Nöthen, denen wir hier auf dieser Erde preisgegeben sind infolge der Bürde des Fleisches und der Süße der Welt und der Räthe des Teufels; und daß wir kommen in das himmlische Jerusalem, wo wir uns erkennen werden, daß wir in dem rechten Erbtheil sind. Denn alle die Weile, daß wir in dieser Welt sind, so sind wir in dem Elende und finden nirgends Stätigkeit, da wir nichts als Täuschung und Eitelkeit hier haben. Damals erkannte sich der gute St. Peter, als er nach Jerusalem in die Gasse kam, da erkannte er sich. Vorher war er ganz gewesen, wie wenn er in einem Traume wäre. Also sind wir in dieser Welt ganz wie in einem Traume, und darum sollen wir den guten St. Peter anrufen, daß er uns bei unserem Herrn erlangen helfe, daß wir bereinst uns erkennen in dem himmlischen Jerusalem. Daß uns das allen widerfahre, mir mit euch und euch mit mir, zuerst an der Seele und am jüngsten Tage an Leib und an Seele, das verleihe uns allensamt der Vater und der Sohn und der Heilige Geist. Amen." [1]

An und für sich betrachtet, verdient diese Peroration alles Lob, wenn wir davon absehen, daß sie keine Recapitulation enthält. Aber eines kann man doch mit Recht daran ausstellen. Die Peroration soll unmittelbar und möglichst ausschließlich dem Gegenstande und dem besondern Zwecke der Predigt entsprechen, deren Abschluß sie bildet. Das thut die eben gelesene nicht: sie ist zu generisch und nicht hinlänglich specifisch. Es ist eine warme und eindringliche Ermahnung, daß man die Sünde meide oder sich davon frei mache, wenn man in dieselbe gefallen; statt dessen hätte sie nur die fremden Sünden ins Auge fassen sollen; denn nur über diese werden die Zuhörer in der ganzen Predigt unterwiesen. Die meisten fremden Sünden werden begangen, weil man von Menschen etwas hofft oder von Menschen etwas fürchtet. Ein geeigneter Gedanke für die Peroration wäre deshalb etwa dieser gewesen: „Setzt eure ganze Hoffnung auf Gott und nicht auf die Menschen; fürchtet euch nicht vor den Menschen, aber fürchtet aus ganzer Seele Gott den Herrn." Mit der Ausführung dieses Satzes hätte sich sehr leicht auch eine Recapitulation verbinden lassen.

Wenn Sie sich durch ernstes Nachdenken und Betrachtung in den Gegenstand Ihrer Predigt, mit beständiger Rücksicht auf die Bedürfnisse Ihrer Zuhörer, vertieft haben, dann werden sich Ihnen die rechten Gedanken für die affective Seite der Peroration meistens unschwer bieten. Eine sehr gute Vorschrift, um dieselben sicherer zu finden, gibt indes Quintilian. Man vergegenwärtige sich, sagt er, in einer Totalanschauung den gesamten Inhalt des

---

[1] Pfeiffer, Berthold von Regensburg I, 218 f.

Vortrags, namentlich jene seiner Momente, welche auf das Gefühl zu wirken geeignet sind; unter diesen (oder aus den mit ihnen unmittelbar verwandten) wähle man dann dasjenige aus, was auf einen selbst, wenn man unter den Zuhörern wäre, den zweckmäßigsten Eindruck machen würde[1].

Ganz besonders wirksam, die Peroration zu heben, ihr Lebendigkeit, Schönheit und ergreifende Kraft zu verleihen, sind Texte der Heiligen Schrift, sei es, daß man mehrere derselben verbindet oder einen Text von tieferem Gehalt oratorisch ausführt, namentlich auch vermittelst der im elften Abschnitt (S. 98 f.) erwähnten Figur der Repetition. Auch eine längere zusammenhängende Stelle aus der Heiligen Schrift, z. B. ein Psalm, oratorisch ausgeführt, bildet oft eine sehr wirksame Peroration, angemessener indes vielleicht in paregoretischen Predigten als in denen, von welchen gegenwärtig die Rede ist.

Wenn dagegen manche empfehlen, daß man die Gedanken der Peroration, wenigstens die letzten, in die Form eines Gebetes bringe und mit einem solchen dann schließe, so kann ich hiermit nicht einverstanden sein. Daß dieser Rath das Beispiel klassischer Prediger, wie Bourdaloues und besonders Massillons, für sich hat, weiß ich sehr wohl, aber ich glaube, ihr Verfahren in diesem Punkte nicht für klassisch, jedenfalls nicht für maßgebend halten zu dürfen. Warum nicht? Das Beten ist eine rein subjective Thätigkeit des Gemüths, welche einen ziemlichen Aufwand der eigenen Kraft, ein bedeutendes Maß innerer Activität verlangt. Während einer Predigt dagegen verhalten sich die Zuhörer, im allgemeinen wenigstens, fast ausschließlich receptiv und passiv; diese Receptivität bleibt selbst dann bei ihnen das Vorherrschende, wenn sich im Verlaufe des Vortrags die Gemüthsbewegung auch zu einer mehr als gewöhnlichen Stärke gesteigert hat. Fängt darum am Ende der Peroration der Prediger auf einmal an zu beten, so ist das wie ein plötzlicher Wechsel der Scene: wer ihm folgen und in seinem Herzen mitbeten will, der muß mit einemmal sein Gemüth aus dem Zustande der Receptivität, der, nebenbei gesagt, den meisten recht angenehm zu sein pflegt, in eine ziemlich energische Activität versetzen. Das ist ein unpsychologischer Sprung, der unter einer großen Zuhörermenge nur äußerst wenigen gelingt; die meisten werden gar nicht einmal versuchen, denselben mitzumachen, und den Prediger sein Gebet allein declamiren lassen, froh der tröstlichen Gewißheit, daß die Predigt nicht mehr lange dauern kann. Da überdies in den meisten Gegenden die Gewohnheit herrscht, daß die Leute sich von ihren Sitzen erheben und niederknien, sobald der Priester sein Gebet beginnt, so bildet das hierdurch veranlaßte Geräusch, sowie die für das Niederknien nothwendigen Vorkehrungen noch ein sehr wirksames Mittel, die durch die Predigt erzeugte religiöse Stimmung zu dämpfen, die Aufmerksamkeit von dem Vortrage abzuziehen und die Aufgelegtheit zu der Anstrengung, die ein ernstes Gebet erheischt, vollends aufzuheben. Dazu kommt noch, daß es sehr schwer ist, ein Gebet so zusammen-

---

[1] Et brevissimum quidem hoc praeceptum dari utrique parti (accusatori et patrono) potest, ut totas causae vires orator ante oculos ponat; et cum viderit, quid invidiosum, favorabile, invisum, miserabile aut sit in rebus aut videri possit, ea dicat quibus, si index esset ipse, maxime commoveretur (*Quint.* l. c. 6, c. 1).

zustellen und so vorzutragen, daß es sehr vielen gleichmäßig zusagt und alle sich geneigt finden, mit lebendigem Gefühle sich demselben anzuschließen. Und wenn Sie schließlich noch die Erfahrung zu Rathe ziehen wollen, so brauchen Sie nur sich selbst zu fragen, m. H., ob Sie wohl in den Fällen, wo Sie eine Predigt mit einem Gebete beschließen hörten, besonders andächtig mitgebetet oder an der übrigen Zuhörerschaft Zeichen einer entsprechenden Andacht wahrgenommen haben. Eine Reflexion dieser Art wird Sie schwerlich für die französische Mode (ich weiß nicht, ob sich bei dem hl. Chrysostomus oder bei Segneri auch nur eine Peroration dieser Art findet) besonders begeistern. Damit will ich indes freilich nicht gesagt haben, als ob nicht ein kurzes Gebet von einem oder zwei Sätzen, in Form einer Apostrophe, mitunter die Predigt sehr gut beschließen könnte, noch auch mich gegen jene Gewohnheit erklären, vermöge deren gewisse Predigten, namentlich bei Missionen, mit einer gemeinsamen „Abbitte" geschlossen werden.

Was ich früher vom Eingange bemerkt habe, das gilt auch von der Peroration: sie muß mit besonderer Sorgfalt gearbeitet werden. „Ende gut, alles gut", heißt ein oft gebrauchtes Sprichwort. Ein geistlicher Vortrag darf nicht verlöschen wie ein ersterbendes Licht, nicht mit matten, nichtssagenden Gedanken schließen; vielmehr soll gerade in den letzten Sätzen in besonderem Maße Geist und Würde hervortreten. Wenig Geist verräth der Prediger, wenn seine Vorträge fast immer in ganz gleicher Weise endigen; wenn er bei jedem Thema schließlich denen, die seinen Mahnungen Folge leisten, das ewige Leben, den Lohn der Auserwählten, verheißt oder wünscht. Das nächste Resultat, das aus dem treuen Festhalten an der gerade behandelten religiösen Wahrheit hervorgehen soll, ist ins Auge zu fassen, nicht das am weitesten entlegene, das schließlich den Endzweck alles übernatürlich Guten bildet. „Die so gewöhnliche Schlußformel: ‚was ich euch von Herzen wünsche', ist oft sehr gezwungen, schon zu stark abgenutzt und verdirbt nicht selten den schon gemachten Eindruck. Aber man will daran das ‚Amen' knüpfen. Ist denn das Amen allemal nothwendig?"[1] Unter uns gesagt, nach meinem Dafürhalten wäre es viel besser, dieses hergebrachte Schlußwort ganz fallen zu lassen; denn es beeinträchtigt oft die oratorische Freiheit in nachtheiliger Weise.

Doch das mag ein Punkt von geringer Bedeutung zu sein scheinen. Aber sehr der Beachtung werth ist jedenfalls die Warnung, mit welcher Hugo Blair eine seiner Vorlesungen beschließt. „Bei jedem Vortrage ist es von großer Wichtigkeit, daß man die rechte Zeit für das Ende zu treffen und die Rede wirklich zu einem eigentlichen Abschluß zu bringen wisse. Der Redner muß es einerseits vermeiden, auf einmal und ganz unversehens abzubrechen; aber er darf ebensowenig die Erwartung der Zuhörer täuschen, und wenn diese längst dem letzten Worte entgegensehen, noch um den Schluß herumzuflattern so lange fortfahren, bis sie seiner herzlich satt sind."[2] Dieses letztere ist in der That das unvermeidliche — und wohlverdiente — Los jener Prediger, welche auf der Kanzel nie zu Ende kommen können und dadurch, wie Friedrich

---

[1] Jais a. a. O. S. 77.
[2] *Blair*, Lectures on Rhetoric and Belles-Letters lect. 32.

von Hurter zu sagen pflegte, stark an den Jäger erinnern, der auf Auerhähne ausgeht. Der Auerhahn fliegt nämlich, gerade wenn der Jäger anlegt und losdrücken will, immer wieder davon; so ist der Jäger genöthigt, oft und oft aufs neue ihm nachzusetzen und Stellung zu nehmen und anzulegen, bevor es ihm einmal gelingt zu schießen. In ähnlicher Weise „kommen" jene Herren, wie sie selber es ankündigen, zweimal und dreimal und noch öfter „zum Schluß"; und die Zuhörer sind froh über die tröstliche Nachricht, ordnen vorläufig ihren Anzug, nehmen Hut und Regenschirm und Gebetbuch und halten sich auf das „Amen" bereit; aber wo sie meinen, es müsse jetzt endlich ertönen, da öffnet sich unversehens eine neue Schleuse von Nutzanwendungen und Ermahnungen und Reflexionen und Zusätzen und nachträglichen Bemerkungen, deren Segen den „theuersten Christen" um keinen Preis vorenthalten werden darf. Im Grunde aber kommt das vergebliche Ringen des Predigers lediglich daher, weil er sich nicht gehörig vorbereitet und namentlich die Peroration „dem Heiligen Geiste überlassen" zu sollen geglaubt hat. Er fühlt, daß der Vortrag doch eine gewisse Abrundung haben und nicht wie in der Mitte abgebrochen aussehen sollte; aber die „runden" Gedanken, deren er hierzu bedarf, fliegen nicht so in der Luft herum, daß man sich der Mühe überheben könnte, sie mit ernstem Studium zu suchen.

Was die Dauer der didaskalischen Predigt angeht, so sollte sich dieselbe auf etwa eine halbe Stunde beschränken. Ungefähr zwei Drittel dieser Zeit müßte auf die Ausführung kommen und von dem dritten der kleinere Theil für den Eingang, der größere für die Peroration verwendet werden.

393. Es dürfte nicht überflüssig sein, wenn ich Sie schließlich an die bereits im dritten Abschnitte von uns hervorgehobene Nothwendigkeit erinnere, daß Sie, bevor Sie eine Predigt zu arbeiten anfangen, sich jedesmal vollkommen klar darüber seien, was Sie mit derselben beabsichtigen, und diesen besondern Zweck dann bei der Ausarbeitung immer vor Augen haben. Insofern es sich um einen didaskalischen Vortrag handelt, müssen Sie also einerseits zusehen, welche die religiöse Wahrheit und welche die Begriffe sind, die Sie Ihren Zuhörern erklären und auseinandersetzen wollen, und welche die schiefen Auffassungen und die Schwierigkeiten, denen Sie vorzubeugen oder die Sie auszuschließen haben; andererseits aber zugleich auch, welche religiöse Gefühle, welche Gesinnung, welche Entschlüsse eben diese religiöse Wahrheit in dem Christen erzeugen und tragen soll, in welcher bestimmten Richtung Sie mithin auf das freie Streben Ihrer Zuhörer zu wirken haben. Wenn Sie sich über diese Fragen nicht klar sind, dann arbeiten Sie lediglich aufs Gerathewohl, ohne Plan und ohne Ziel.

Soll ich Ihnen jetzt noch ausdrücklich den dringenden Rath geben, die didaskalische Predigt hochzuschätzen und oft Vorträge dieser Gattung zu halten? Von allen Seiten läßt sich gegenwärtig die Klage vernehmen, daß es mit der Kenntniß der christlichen Religion und dem Verständniß der meisten ihrer Lehren in der Christenheit schlecht bestellt sei, und fast bei jedem Schritte hat man Gelegenheit, die Rechtmäßigkeit dieser Klage bestätigt zu sehen. Es ist eine allgemein anerkannte Thatsache, ich wiederhole es, „daß in unserer Zeit gerade über religiöse Dinge eine Unklarheit und Unwissenheit verbreitet ist, welche zu den wirklichen Fortschritten dieser unserer Zeit auf andern

Gebieten des Wissens einen grellen Gegensatz bildet"[1]. Und in dieser weithin herrschenden Unklarheit und Unwissenheit liegt ein vorzüglicher Grund, weßhalb die Anstrengungen des Antichristenthums zur Verbreitung des Unglaubens und des Indifferentismus, namentlich durch die Presse, sich so glänzender Erfolge rühmen können. Fassen Sie dem gegenüber die Aufgabe und den Begriff der didaskalischen Predigt ins Auge, dann werden Sie den Schluß zu ziehen selber im stande sein.

Zweites Kapitel.
Die Homilie.

§ 1.
Begriff der Homilie. Die oratorischen Vorzüge der Heiligen Schrift und der Werth der Homilie.

394. Unter den verschiedenen Bedeutungen des griechischen ὁμιλία ist eine, wonach es so viel heißt als ein Gespräch, eine Unterhaltung oder eine Rede. An diese schließt sich die engere Bedeutung, vermöge deren das Wort der technische Ausdruck geworden ist für jene geistlichen Vorträge, in denen ein Abschnitt aus der Heiligen Schrift ausgeführt wird. Hiermit ist der Begriff der Homilie angedeutet. Sie setzt sich die Aufgabe, den Zuhörern einen Abschnitt aus der Heiligen Schrift zu erklären und sie zu bestimmen, die darin ausgesprochenen Wahrheiten als Norm ihrer Gesinnung und ihres Lebens festzuhalten. In den Werken der Kirchenväter wird freilich der Name Homilie nicht ausschließlich in diesem engen Sinne gebraucht, sondern auch anderartigen geistlichen Vorträgen, didaskalischen sowohl als paregoretischen, beigelegt, in denen es sich nicht zunächst um die Erklärung der Heiligen Schrift handelt. Hier aber nehmen wir das Wort genau in dem bezeichneten Sinne und definiren mithin: „Eine Homilie ist ein geistlicher Vortrag, in welchem ein Abschnitt aus der Heiligen Schrift in der Weise behandelt wird, daß die Darstellung geeignet ist, den Zuhörern das Verständniß desselben zu vermitteln und sie zu bestimmen, die darin ausgesprochenen religiösen Wahrheiten als Norm ihres Lebens in festem Glauben und mit entschiedener wirksamer Liebe zu umfassen."

Insofern ich gesagt habe, die Homilie behandle einen bestimmten Abschnitt aus der Heiligen Schrift, bitte ich Sie zu beachten, daß ich hiermit keineswegs allein oder vorzugsweise die von der Kirche für die Liturgie der verschiedenen Feste und Tage des Jahres vorgeschriebenen Evangelien und Episteln („Perikopen") meine: der in der Homilie auszuführende Abschnitt kann jedem beliebigen Buche des Alten und Neuen Testaments entnommen werden[2]. Sie wissen, daß die heiligen Väter in fortlaufenden Vorträgen die

---

[1] Histor.-polit. Bl. LXVIII (1871), 551.
[2] Nicht bloß zu wenig bestimmt, sondern namentlich zu enge ist darum folgende Definition: L'homélie est une explication simple et pieuse, une sorte de paraphrase *de l'évangile ou de l'épitre*, d'où l'on tire des réflexions morales pour l'édification des auditeurs (*Nadal*, Dictionnaire d'éloquence sacrée, Art. *Homélie*).

Evangelien, die Briefe der Apostel und einzelne Bücher des Alten Testaments vor dem Volke behandelten; das war die gewöhnlichere Gestalt ihrer Predigten. „Die Predigt der Kirchenväter schließt sich stets an die biblische Vorlesung an und ist darum fast durchgehends Homilie. Der Gang der Predigt ist daher auch fortwährend ein freier, nur durch den biblischen Text gebundener, ohne künstliche Ein= und Abtheilung und ohne Concentration des biblischen Stoffes in ein Hauptthema, so daß meistens sogar mehrfache Materien in einer Predigt behandelt werden." [1]

395. Zunächst kann ich nicht anders, m. H., als Sie bringend er= mahnen, dem Vorgange der heiligen Väter zu folgen, d. h. entsprechend häufig Homilien zu halten. Wäre die Homilie nicht dem Geiste der christlichen Religion in hohem Maße entsprechend, wäre sie nicht eine äußerst angemessene Weise der Verkündigung des Wortes Gottes, ein sehr wirksames Mittel, unter den Christen das übernatürliche Leben zu fördern, dann müßte es ja unerklärlich erscheinen, daß die Kirchenväter sich ihrer durchaus vor= wiegend bedienten. Denn ihre Urtheilsfähigkeit in dieser Beziehung wird doch wohl niemand in Zweifel zu ziehen versucht sein; wollten Sie aber sagen, den gegenwärtigen Zeitverhältnissen sei diese Art der Predigt nicht mehr ent= sprechend, dann müßten Sie auch behaupten, den Bedürfnissen der Gegenwart gegenüber könne die Heilige Schrift ihrer Bestimmung nicht mehr genügen. Eine Menge von Rücksichten, aus denen sich der hohe Werth der Homilie ergibt, habe ich im elften Abschnitte berührt, als von der Heiligen Schrift, insofern dieselbe die vorzüglichste Quelle der Gedanken für die geistlichen Vor= träge ist, die Rede war (Nr. 307. 309); hören wir jetzt, wie sich über diesen Gegenstand Fenelon ausspricht, zunächst über die oratorischen Vorzüge der Heiligen Schrift und dann über die Ausführung biblischer Abschnitte in geist= lichen Vorträgen. Ich will, indem ich Ihnen seine Gedanken übersetze, wie an einer frühern Stelle wieder die dialogische Form des Originals beibehalten; erinnern Sie sich, daß Fenelon die drei Personen des Dialogs mit den drei ersten Buchstaben des Alphabets bezeichnet.

„**A.** Damit man die oratorischen Vorzüge der Heiligen Schrift zu em= pfinden im stande sei, dazu ist nichts dienlicher, als daß man seinen Geschmack an der Einfachheit des Alterthums bilde; namentlich die Lectüre der alten griechischen Schriftsteller ist in dieser Rücksicht sehr zu empfehlen. Ich sage, der alten; denn jene Griechen, welche bei den Römern mit Grund alles An= sehen verloren hatten und von ihnen *Graeculi* genannt wurden, waren voll= ständig entartet. Wie ich Ihnen schon gestern sagte, muß man den Homer, den Plato, den Xenophon und die übrigen alten Klassiker kennen. Dann wird man sich von der Weise der Schrift nicht mehr überrascht finden; denn es sind fast dieselben Eigenthümlichkeiten, der gleiche Ton der Erzählung, die nämlichen Bilder für große Erscheinungen, dieselben Gefühle, denen man darin begegnet. Der Unterschied, der zwischen beiden hervortritt, fällt ganz zum Vortheil der Heiligen Schrift aus. Sie übertrifft unendlich weit alle Klassiker an Natürlichkeit und Einfalt, an Lebendigkeit der Darstellung, an großartiger Erhabenheit. Niemals ist selbst Homer der Großartigkeit der Gesänge des

---

[1] Lüft, Liturgik II, 353.

Moses nahegekommen, namentlich des letzten" (5 Mos. 32), „den alle israelitischen Kinder auswendiglernen mußten. Niemals hat eine griechische oder lateinische Ode die Erhabenheit der Psalmen erreicht. Jener Psalm z. B., welcher anfängt: ‚Gott über die Götter, Jehovah redet und ruft der Erde'[1], geht weit über alle menschliche Vorstellung hinaus. Nie hat Homer noch irgend ein anderer Dichter es dem Isaias gleichgethan, wenn dieser die Majestät Gottes schildert, in dessen Augen die Reiche der Erde nur wie ein Sandkorn sind, und das Weltall wie ein Zelt, das man heute aufschlägt, um es morgen wieder abzubrechen[2]. Bald hat dieser Prophet die volle zarte Weichheit der Ekloge, wie da, wo er die lachenden Bilder des Friedens malt[3], und dann steigt er wieder so hoch, daß er alles unter seinen Füßen läßt. Welche Leistung des profanen Alterthums ferner läßt sich mit der rührenden Klage des Jeremias" (Kap. 9 und in den „Klageliedern") „über das Unglück seines Volkes in Vergleich bringen, oder mit dem Gesichte, in welchem Nahum" (Kap. 2.3) „das stolze Ninive dem Anstürmen eines zahllosen Kriegsheeres erliegen sieht? Es ist, als ob man das Heer selbst sähe, als ob man das Getöse der Waffen und der Streitwagen wirklich vernähme; alles ist mit jener Lebendigkeit gezeichnet, welche die Einbildungskraft fortreißt. Der Prophet läßt den Homer weit hinter sich zurück. Oder lesen Sie bei Daniel" (Kap. 5) „die Stelle, wo er dem Baltassar das Strafgericht Gottes verkündigt, das sofort über ihn hereinbrechen soll, und zeigen Sie mir dann in den großartigsten Schöpfungen des Alterthums etwas, das sich mit solchen Stellen vergleichen ließe.

„Dazu kommt, daß die Darstellung in der Heiligen Schrift immer vollkommen angemessen erscheint; überall herrscht der rechte Ton, in der Erzählung, in den ins Einzelne gehenden Vorschriften der Gesetze, in der Beschreibung, in den pathetischen Abschnitten, in der Verkündigung der Geheimnisse, in den Ermahnungen für das ethische Leben. Kurz, der Unterschied zwischen den Propheten und den profanen Dichtern ist ebenso groß wie zwischen dem wahren Enthusiasmus und dem falschen. Die einen erscheinen in Wahrheit begeistert, und man empfindet bei ihnen unverkennbar etwas Göttliches; an den andern, indem sie sich anstrengen, sich über sich selbst zu erheben, bleibt jederzeit die menschliche Schwäche sichtbar. Nur in dem zweiten Buche der Makkabäer, im Buche der Weisheit, namentlich gegen das Ende, und in dem Buche Sirach, vorzugsweise im Anfange, treten Spuren jener Schwülstigkeit

---

[1] Deus deorum Dominus locutus est, et vocavit terram (Ps. 49).

[2] Ecce gentes quasi stilla situlae, et quasi momentum staterae reputatae sunt: ecce insulae quasi pulvis exiguus. Et Libanus non sufficiet ad succendendum, et animalia eius non sufficient ad holocaustum. Omnes gentes quasi non sint, sic sunt coram eo, et quasi nihilum et inane reputatae sunt ei (Is. 40, 15—17). — Ecce Dominus dissipabit terram.... Confractione confringetur terra, contritione conteretur terra, commotione commovebitur terra, agitatione agitabitur terra sicut ebrius, et auferetur quasi tabernaculum unius noctis (ibid. 24, 1. 19. 20).

[3] Habitabit lupus cum agno, et pardus cum haedo accubabit; vitulus et leo et ovis simul morabuntur, et puer parvulus minabit eos. Vitulus et ursus pascentur; simul requiescent catuli eorum, et leo quasi bos comedet paleas. Et delectabitur infans ab ubere super foramine aspidis, et in caverna reguli, qui ablactatus fuerit, manum suam mittet (ibid. 11, 6—8).

des Stils hervor, welche die Griechen, damals schon im Verfall, im Orient verbreiteten, nachdem dort mit ihren Waffen auch ihre Sprache zur Herrschaft gelangt war. Doch es ist eine vergebliche Arbeit, diese Dinge durch Worte jemanden zum Verständniß bringen zu wollen; man muß sie selber lesen, wenn man sie fühlen will.

„B. Ich werde unverzüglich den Versuch machen, denn ich fühle mich stark dazu angetrieben. Man sollte sich wirklich mit diesem Studium mehr befassen, als man gewöhnlich thut.

„C. Ich kann mir recht gut vorstellen, daß das Alte Testament sich durch eine solche Großartigkeit und Lebendigkeit der Darstellung auszeichnet, wie Sie dieselbe eben rühmten. Aber die Einfachheit der Vorträge Jesu Christi übergehen Sie mit Stillschweigen.

„A. Diese Einfachheit, welche in den Worten des Herrn hervortritt, entspricht durchaus dem antiken Geschmack; sie steht in vollem Einklange sowohl mit Moses als mit den Propheten und entlehnt diesen selbst ziemlich oft die Ausdrücke. Aber so einfach und gewöhnlich seine Sprache auch erscheint, sie ist doch an vielen Stellen erhaben und reich an Redefiguren. Es wäre leicht, die Evangelien in der Hand, im einzelnen den Nachweis zu liefern, daß wir in dem gegenwärtigen" (dem 17.) „Jahrhundert keinen einzigen Prediger haben, der in dem Maße, auch in seinen am besten gearbeiteten Vorträgen, die Redefiguren verwerthete, wie Jesus Christus es in seinen populären Predigten gethan hat. Dabei habe ich keineswegs etwa die Reden des Herrn im Evangelium des hl. Johannes im Auge, bei welchem fast alles handgreiflich den Stempel des Göttlichen trägt, sondern ich denke an seine gewöhnlichsten Reden, welche die andern Evangelisten aufgeschrieben haben.

„Die Apostel bedienen sich in ihren Briefen derselben Sprache, mit dem Unterschiede indes, daß Jesus Christus, weil die Wahrheit, die er lehrt, ganz sein Eigenthum ist, dieselbe mit der vollsten Ruhe vorträgt. Er sagt, was ihm beliebt, und er sagt es ohne die geringste Mühe. Er redet vom Himmelreich und den Herrlichkeiten desselben wie von dem Hause seines Vaters. Alle jene großartigen Dinge, die wir anstaunen, verstehen sich für ihn von selbst; er ist darin geboren und spricht nur aus, was er sieht, wie er selbst uns versichert. Die Apostel hingegen erliegen unter dem Gewichte der Wahrheiten, welche ihnen geoffenbart werden; sie vermögen nicht alles auszudrücken, was vor ihrem Geiste steht; es fehlen ihnen die Worte. Daher kommen bei ihnen jene Umstellungen der Gedanken, jene unbestimmten Ausdrücke, jene ohne Ende aneinander gereihten Sätze. Alle diese Unebenheiten der Sprache sind beim hl. Paulus und bei den übrigen Aposteln ein Zeichen, daß der Geist Gottes den ihrigen fortriß. Indes ungeachtet dieser kleinen stilistischen Mängel ist bei ihnen doch alles voll Adel, Leben und Kraft. Was die Geheime Offenbarung betrifft, so tritt uns in derselben die gleiche Großartigkeit entgegen und die gleiche Begeisterung wie bei den Propheten. Die Ausdrücke sind in beiden vielfach die nämlichen, und diese Uebereinstimmung dient mitunter, das Verständniß beider zu erleichtern. Sie sehen hieraus, daß nicht bloß die Bücher des Alten Testaments sich durch oratorische Vorzüge in hohem Maße auszeichnen, sondern nicht weniger auch die des Neuen in dieser Rücksicht wahre Muster sind."

Hiermit ist die Prämisse ausgesprochen[1]; jetzt zieht Fenelon den Schluß, um den es an dieser Stelle auch uns zu thun ist. Lesen wir weiter.

„C. Vorausgesetzt also, daß die Heilige Schrift sich durch oratorische Vorzüge in hohem Maße auszeichnet, was wollen Sie daraus folgern?

„A. Daß diejenigen, welche dieselbe zu predigen haben, ohne Bedenken ihre oratorischen Vorzüge nachahmen oder vielmehr dieselben ihr entlehnen können.

„C. Man pflegt ja in der That auch die schönsten Stellen, die man findet, für die Predigt zu benutzen.

„A. **Es heißt die Heilige Schrift verunstalten, wenn man sie die Christen nur in abgerissenen Bruchstücken kennen lehrt.**

---

[1] Den nämlichen Gedanken, welcher hier die Prämisse Fenelons bildet, führt auch in seiner Abhandlung „Ueber die Unterweisung in der christlichen Lehre" ebenso anziehend als überzeugend St. Augustin aus:

Hic aliquis forsitan quaerit, utrum auctores nostri, quorum scripta divinitus inspirata canonem nobis saluberrima auctoritate fecerunt, sapientes tantummodo, an eloquentes etiam nuncupandi sint. Quae quidem quaestio apud meipsum, et apud eos qui mecum quod dico sentiunt, facillime solvitur. Nam ubi eos intellego, non solum nihil eis sapientius, verum etiam nihil eloquentius mihi videri potest. Et audeo dicere, omnes qui recte intellegunt quod illi loquuntur, simul intellegere, non eos aliter loqui debuisse. Sicut est enim quaedam eloquentia quae magis aetatem iuvenilem decet, est quae senilem; nec iam dicenda est eloquentia, si personae non congruat eloquentis: ita est quaedam, quae viros summa auctoritate dignissimos, planeque divinos decet. Hac illi locuti sunt, nec ipsos decet alia, nec alios ipsa; ipsis enim congruit: alios autem, quanto videtur humilior, tanto altius, non ventositate, sed soliditate transcendit. Ubi vero non eos intellego, minus quidem mihi apparet eorum eloquentia; sed eam non dubito esse talem, qualis est ubi intellego. . . .

Possem quidem, si vacaret, omnes virtutes et ornamenta eloquentiae, de quibus inflantur isti qui linguam suam nostrorum auctorum linguae, non magnitudine, sed tumore praeponunt, ostendere in istorum literis sacris, quos nobis erudiendis, et ab hoc saeculo pravo in beatum saeculum transferendis, providentia divina providit. Sed non ipsa me plus quam dici potest in illa eloquentia delectant, quae sunt his viris cum oratoribus gentilium poetisve communia: illud magis admiror et stupeo, quod ista nostra eloquentia ita usi sunt per alteram quandam eloquentiam suam, ut nec deesset eis, nec emineret in eis: quia eam nec improbari ab illis, nec ostentari oportebat; quorum alterum fieret si vitaretur, alterum putari posset si facile agnosceretur. Et in quibus forte locis agnoscitur a doctis, tales res dicuntur, ut verba quibus dicuntur, non a dicente adhibita, sed ipsis rebus velut sponte subiuncta videantur: quasi sapientiam de domo sua, id est pectore sapientis procedere intellegas, et tamquam inseparabilem famulam etiam non vocatam sequi eloquentiam. . . .

Neque enim haec humana industria composita, sed divina mente sunt fusa et sapienter et eloquenter: non intenta in eloquentiam sapientia, sed a sapientia non recedente eloquentia. Si enim, sicut quidam disertissimi atque acutissimi viri videre ac dicere potuerunt, ea quae velut oratoria arte discuntur, non observarentur et notarentur, et in hanc doctrinam non redigerentur, nisi prius in oratorum invenirentur ingeniis: quid mirum, si et in istis inveniuntur, quos ille misit qui facit ingenia? Quapropter et eloquentes quidem, non solum sapientes, canonicos nostros auctores doctoresque fateamur, tali eloquentia, qualis personis eiusmodi congruebat (*Aug.*, De doctr. christ. 4, c. 6, n. 9. 10; c. 7, n. 21).

Ueber den Sinn, in welchem St. Augustin den Ausdruck *eloquentia* nimmt, und über die hieraus sich ergebende Verschiedenheit zwischen *sapientia* und *eloquentia* vergleiche man das früher (Bd. I, S. 46. 50) Gesagte.

Für sich allein können solche Stellen, so schön sie auch sein mögen, nicht nach ihrem vollen Werthe empfunden werden, weil man den Zusammenhang nicht kennt; denn in der Heiligen Schrift steht alles in Zusammenhang, und gerade dieser Zusammenhang ist an ihr das Großartigste und das Wunderbarste. Aber weil man ihn nicht kennt, darum nimmt man solche herausgerissene Stellen in ganz falschem Sinne; man findet in denselben alles, was einem paßt, und ist mit Auslegungen zufrieden, die geistreich aussehen, aber durchaus willkürlich sind, und darum ganz und gar nicht dazu angethan, das Herz der Menschen wirksam zu bestimmen und sie im christlichen Leben zu fördern.

„B. Was sollten also die Prediger nach Ihrer Ansicht thun? Ausschließlich den Text der Heiligen Schrift ausführen, so wie derselbe vorliegt?

„A. Das will ich gerade nicht sagen; aber jedenfalls sollten sie sich nicht darauf beschränken, bloß eine Anzahl von Schriftstellen aneinanderzunähen. Sie sollten die Fundamentalgedanken der in der Heiligen Schrift niedergelegten übernatürlichen Wahrheit und die innere Verbindung der einzelnen Theile, welche die letztere umfaßt, auseinandersetzen. Sie sollten sich den Geist der Heiligen Schrift zu eigen machen, ihren Stil und ihre Redefiguren; ihre Vorträge sollten insgesamt dahin wirken, das Verständniß der Heiligen Schrift und den Geschmack an derselben zu fördern. Mehr hätte man nicht nöthig, um sich durch Beredsamkeit auszuzeichnen; denn in dieser Weise würde man das vollendetste Muster der Beredsamkeit nachahmen.

„B. Aber das ginge doch nur, wenn man, wie ich eben gesagt habe, den Text der Heiligen Schrift der Ordnung nach ausführte?

„A. Dazu möchte ich nicht alle Prediger verpflichten. Man kann Predigten über die Heilige Schrift halten, ohne die Heilige Schrift der Ordnung nach zu erklären. Das läßt sich übrigens nicht in Abrede stellen, daß es etwas ganz anderes sein müßte, wenn die Seelsorger sich an die Weise des christlichen Alterthums halten und dem Volke die Bücher der Heiligen Schrift, eines nach dem andern, auslegen wollten. Denken Sie sich nur, welches Ansehen ein Mann haben würde, der in seinen geistlichen Vorträgen nichts vorbrächte, das er lediglich selbst erfunden, vielmehr sich ausschließlich an die Gedanken und die Worte Gottes hielte und diese dem Volke auseinandersetzte. Zudem würde ein solcher zwei Dinge auf einmal thun: er würde nicht nur die in der Heiligen Schrift enthaltenen Wahrheiten erklären, sondern zugleich auch den Text der Schrift selbst; dadurch würde er die Christen gewöhnen, mit den Worten derselben immer auch ihren Sinn aufzufassen. Was für ein wirksames Mittel wäre das aber, um sie zu gewöhnen, in diesem Brode Gottes ihre Nahrung zu finden! Eine Zuhörerschaft ferner, welche die Auslegung aller vorzüglichern Stücke des Alten Testaments bereits gehört hätte, würde ganz anders befähigt sein, aus der Erklärung des Neuen Nutzen zu ziehen, als es heutzutage die meisten Christen sind. Der Prediger, von dem wir gestern" (im zweiten Dialog) „sprachen, hat neben großen Vorzügen diesen Fehler, daß seine Predigten schöne Abhandlungen sind über die christliche Lehre, aber nicht die christliche Lehre selbst; er verlegt sich zuviel auf ethische Zeichnungen und erklärt dabei nicht genug die Grundsätze der Lehre des Evangeliums.

"C. Es ist eben viel leichter, die Verkehrtheiten der Welt zu schildern, als den eigentlichen Inhalt der christlichen Lehre gründlich zu entwickeln. Um das erste zu thun, hat man nichts weiter nöthig als Erfahrung in Rücksicht auf das Treiben der Welt und Gewandtheit im Ausdruck; das andere setzt ernstes und gründliches Studium der Heiligen Schrift voraus. Es gibt nur wenige, die mit der christlichen Lehre so vollkommen vertraut sind, wie man es sein muß, um sie gut auseinanderzusetzen. Mancher hält auf der Kanzel schöne Reden, der nicht im stande wäre, eine gründliche Katechese zu halten und noch weniger eine Homilie.

"A. Sie haben genau das Rechte getroffen. Die meisten Predigten sind ja in der That nichts weiter als rationelle Erörterungen. Oft wird die Heilige Schrift nur nachträglich noch angeführt, anstandshalber oder zur Verzierung. Das heißt nicht mehr das Wort Gottes verkündigen; es ist reines Menschenwort, was man vorträgt, menschliches Machwerk.

"C. Sie werden einverstanden sein, daß solche Prediger darauf hinarbeiten, daß ‚das Kreuz Christi abgethan werde'.

"A. Denken Sie über dieselben, was Ihnen recht scheint. Mir war es lediglich darum zu thun, die oratorischen Vorzüge der Heiligen Schrift zu betonen und als Grundsatz festzustellen, daß alle Prediger des Evangeliums darauf bedacht sein sollen, sich an diese zu halten. Somit wären wir einverstanden miteinander, vorausgesetzt, daß Sie nicht gewisse übereifrige Prediger zu entschuldigen denken, die unter dem Vorwande apostolischer Einfachheit weder die in der Heiligen Schrift enthaltenen Lehren gründlich studiren noch die bewunderungswürdige Weise, auf das freie Streben der Menschen zu wirken, welche Gott uns in derselben lehrt. Sie bilden sich ein, man habe nichts weiter zu thun, als zu schreien und oft vom Teufel und von der Hölle zu reden. Freilich ist es nöthig, daß man auf das Volk durch lebendige und erschütternde Schilderungen tiefen Eindruck mache; aber wie man in dieser Absicht zu verfahren hat, das würde man eben in der Heiligen Schrift lernen. Ebenso könnte man an derselben in ganz vorzüglicher Weise die Mittel studiren, wodurch die Vorträge populär und der Natur des menschlichen Erkennens angemessen werden, ohne die ihnen entsprechende Würde und Kraft zu verlieren. Weil man von alledem nichts begriffen hat, daher kommt es, daß man häufig weiter nichts thut als das Volk betäuben. Es bleiben in seinem Geiste kaum irgend welche bestimmte Gedanken zurück, und selbst die Gefühle der Furcht, die man aufgeregt hat, sind nicht von Dauer. Jene ‚Einfachheit', die man affectirt, ist häufig nichts weiter als Unwissenheit und ein Unverstand, der Gott versucht. Nichts kann diese Leute entschuldigen als die Aufrichtigkeit ihrer Absicht.

"Man sollte, bevor man die Kanzel betritt, lange Zeit hindurch dem Studium und der Betrachtung der Heiligen Schrift obgelegen sein. Ein Priester, der sie gründlich innehätte, und der zu dem Ansehen, das ihm seine Würde und ein musterhafter Wandel verliehe, entsprechende oratorische Begabung besäße, würde keiner langen Vorbereitung bedürfen, um ausgezeichnete Vorträge zu halten. Man redet leicht von dem, wovon man voll und bewegt ist. Vor allem ein Gegenstand, wie es die Wahrheiten der Religion sind, weckt große

Gedanken und regt tiefe Empfindungen an, und das ist es, worauf sich die wahre Beredsamkeit gründet."[1]

396. Der letzte Absatz, den ich Ihnen vorgelesen, gehörte nicht wesentlich und ausschließlich mehr zur Ausführung des Hauptgedankens, um den es mir zu thun war; ich wollte denselben indes nicht weglassen, weil er sehr lehrreiche Bemerkungen enthält. Was aber unsern Gegenstand betrifft, m. H., so dürfen wir, meine ich, den Anschauungen Fenelons unbedenklich beistimmen, somit die Homilie, wo nicht gerade ausschließlich als die vorzüglichste, doch als eine sehr empfehlenswerthe Art der geistlichen Vorträge betrachten, die jedenfalls darauf Anspruch hat, höher geschätzt und mehr cultivirt zu werden, als es gegenwärtig der Fall sein dürfte.

Lassen Sie sich nicht irre machen durch die Thatsache, daß Fenelons Worte dem Anscheine nach großentheils wirkungslos verhallt sind. Die Grundsätze der Theorie allein, mögen sie noch so wahr sein und noch so unumstößlich, können nicht unmittelbar bestimmend in die Praxis eingreifen; was die Richtung einer jeden Kunst zunächst beherrscht, das sind die thatsächlichen Leistungen, die als klassisch geltenden Muster, die auf ihrem Gebiete hervorgebracht werden. Nun waren aber die klassischen Prediger des 17. und des

---

[1] *Fénelon* l. c. III (Paris 1861), 108—111.
Die Gedanken, welche Fenelon in unmittelbarem Anschluß an die im Text gegebenen folgen läßt, verdienen hier wenigstens in der Sprache des Originals eine Stelle zu finden. Man kann die Wünsche, welche darin ausgesprochen werden, für Ideale halten, Utopien sind es nicht.

Mais il faudrait trouver dans un prédicateur un père qui parlât à ses enfants avec tendresse, et non un déclamateur qui prononçât avec emphase. Ainsi il serait à souhaiter qu'il n'y eût communément que les pasteurs, qui donnassent la pâture aux troupeaux selon leurs besoins. Pour cela, il ne faudrait d'ordinaire choisir pour pasteurs que des prêtres qui eussent le don de la parole. Il arrive au contraire deux maux: l'un, que les pasteurs muets, ou qui parlent sans talent, sont peu estimés; l'autre, que la fonction de prédicateur volontaire attire dans cet emploi je ne sais combien d'esprits vains et ambitieux. Vous savez que le ministère de la parole a été réservé aux évêques pendant plusieurs siècles, surtout en Occident. Vous connaissez l'exemple de saint Augustin, qui, contre la règle commune, fut engagé, n'étant encore que prêtre, à prêcher, parce que Valerius, son prédécesseur, était un étranger qui ne parlait pas facilement. Voilà le commencement de cet usage en Occident. En Orient, on commença plus tôt à faire prêcher les prêtres. Les sermons que saint Chrysostome, n'étant que prêtre, fit à Antioche, en sont une marque.

Bis hierher hat die erste Person des Dialogs („A") geredet; jetzt nimmt die dritte das Wort, um die Gedanken Fenelons zu bestätigen und zu ergänzen.

C. Je suis persuadé de cela comme vous. Il ne faudrait communément laisser prêcher que les pasteurs. Ce serait le moyen de rendre à la chaire la simplicité et l'autorité qu'elle doit avoir; car les pasteurs qui joindraient à l'expérience du travail et de la conduite des âmes la science des Ecritures, parleraient d'une manière bien plus convenable aux besoins de leurs auditeurs; au lieu que les prédicateurs qui n'ont que la spéculation, entrent bien moins dans les difficultés, ne se proportionnent guère aux esprits, et parlent d'une manière plus vague, outre la grâce attachée à la voix du pasteur. Voilà des raisons sensibles pour préférer ses sermons à ceux des autres. A quel propos tant de prédicateurs jeunes, sans expérience, sans science, sans sainteté? Il vaudrait bien mieux avoir moins de sermons, et en avoir de meilleurs.

18. Jahrhunderts der Homilie nicht geneigt; sie arbeiteten nicht nach Fenelons Grundsätzen; sie lieferten Muster für die andern Arten der geistlichen Vorträge, namentlich für diejenige, welche der Rede des klassischen Alterthums in formeller Beziehung am nächsten steht, für die paregoretische Predigt. Anerkannte man ihre Leistungen als klassisch, dann war es ganz natürlich, wenn man sich an sie anschloß und die Reflexionen Fenelons unbeachtet ließ. Es ist ja auf allen Gebieten nicht die Wahrheit, welche das Urtheil der großen Menge beherrscht, sondern der Erfolg, und Grundsätze gelangen auf dem Boden der Praxis kaum jemals anders zur Geltung als dadurch, daß ein genialer Geist sie durch Thaten zur Geltung bringt. Dieser geniale Geist, ein Chrysostomus der neuern Zeit, ist für Fenelons Grundsätze über die Homilie bis auf diesen Tag noch nicht erschienen.

Uns soll das aber nicht abhalten, diese Grundsätze als vollkommen richtig anzuerkennen. Sie haben in Ihren geistlichen Vorträgen dem Volke die christliche Lehre vorzutragen; ein bedeutender Theil derselben, eine große Zahl der religiösen Wahrheiten ist in den Büchern der Schrift vom Heiligen Geiste selbst ausgesprochen; was sollte denn näher liegen, als daß Sie diese Wahrheiten in der Fassung und in jenen Ausdrücken, die Gott den Herrn selbst zum Urheber haben, und nicht in andern, dem Volke vorlegen und zu Gemüthe führen? Sie haben das Wort Gottes zu verkündigen; was ist denn eigentlicher, was ist in vollerem Sinne „Wort Gottes" als der Inhalt der Heiligen Schrift? Es muß ja als unverantwortlicher Unverstand erscheinen, wenn man dieses Geschenk des Heiligen Geistes vernachlässigen wollte und sich einbildete, es sei besser, ein menschliches Surrogat an seine Stelle zu setzen. Und ist denn die Heilige Schrift nur für Theologen bestimmt? Ist sie nicht das Eigenthum der gesamten Christenheit? Aber wie soll sie dem Volke zugänglich sein, wenn ihr reicher Inhalt ihm durch seine Priester nicht vorgeführt und erklärt wird?

Wo das Concil von Trient die Bischöfe und die Pfarrer nachdrücklich an ihre strenge Verpflichtung erinnert, vor dem Volke zu predigen, da nennt es als den Gegenstand und Inhalt der Predigt an erster Stelle die Heilige Schrift[1]. Das Gleiche ist der Fall im Römischen Pontificale bei der Consecration des Bischofs[2], und ebendaselbst wird das Amt des Bischofs, das

---

[1] *Praedicationis munus, quod Episcoporum praecipuum est, cupiens sancta Synodus, quo frequentius possit, ad fidelium salutem exerceri, ... mandat, ut in Ecclesia sua ipsi per se, aut si legitime impediti fuerint, per eos quos ad praedicationis munus assument, in aliis autem Ecclesiis per parochos, sive, iis impeditis, per alios ab Episcopo, impensis eorum qui eas praestare vel tenentur vel solent, deputandos, ... saltem omnibus diebus Dominicis et solemnibus diebus festis, tempore autem ieiuniorum Quadragesimae et Adventus Domini quotidie, vel saltem tribus in hebdomada diebus, si ita oportere duxerint, sacras Scripturas divinamque legem annuntient, si alias quotiescumque id opportune fieri posse iudicaverint (Conc. Trid. sess. 24, De reform. c. 4).*

(Beachtenswerth in Rücksicht auf die Frage, ob ein Christ verpflichtet sei, die Predigt zu hören, und meines Wissens wenig beachtet ist der Satz, welchen das Concil auf den angeführten unmittelbar folgen läßt: *Moneatque Episcopus populum diligenter, teneri unumquemque Parochiae suae interesse, ubi commode id fieri potest, ad audiendum verbum Dei.*)

[2] *Interrogat Consecrator:* Vis ea quae *ex divinis Scripturis* intelligis, plebem

Wort Gottes zu verkünden, nicht durch das Wort „predigen", sondern durch (die Heilige Schrift) „auslegen" ausgedrückt[1].

397. Man hat freilich gegen den Werth der Homilie ein Bedenken geltend gemacht, welches auf den ersten Blick nicht ohne Bedeutung zu sein scheint: daß nämlich die Rücksicht auf den Inhalt der einzelnen Verse des zu erklärenden Abschnittes der Heiligen Schrift den Priester nöthige, viele verschiedene Dinge zu besprechen, und darum der Homilie die Einheit abgehe. Sehen wir, ob dieser Grund gegen unsere Ansicht wirklich als entscheidend gelten kann.

Zunächst scheint mir das bezeichnete Bedenken dadurch entstanden zu sein, daß man bei dem Worte Homilie nur an eine Ausführung der sogen. „Perikopen" denkt, d. h. jener Abschnitte aus dem Alten und dem Neuen Testament, welche von der Kirche für besondere Tage und Feste des kirchlichen Jahres ausgewählt sind und als Theile der Liturgie im Römischen Meßbuch stehen. Es läßt sich nicht in Abrede stellen, daß unter diesen, den „Episteln" und „Evangelien", sich manche finden, in denen mehrfache, unter sich verschiedenartige religiöse Wahrheiten berührt werden. Aber es sind ja keineswegs ausschließlich oder auch nur an erster Stelle gerade diese Bruchstücke aus der Heiligen Schrift, welche wir im Auge haben, indem wir der Homilie das Wort reden. Was wir mit Fenelon für wünschenswerth erklären, das ist, wie wir vorher sagten, daß „die Seelsorger sich an die Weise des christlichen Alterthums hielten und dem Volke die Bücher der Heiligen Schrift, eines nach dem andern, auslegten". Nun gibt es aber in diesen „Büchern der Heiligen Schrift" eine große Menge von Abschnitten (und zwar von solchen, die mehr als lang genug sind, um die Grundlage eines vollständigen geistlichen Vortrags bilden zu können), in denen die vollkommenste Einheit herrscht.

So trägt z. B. der Apostel 1 Kor. 15, 12—58 die Lehre von der Auferstehung des Fleisches vor und 1 Kor. 7, 25—40 die Lehre von der Ehelosigkeit; das elfte Kapitel des Evangeliums von Matthäus durchzieht der eine Gedanke, daß der Unglaube der Lehre Christi und seiner Person gegenüber ohne Entschuldigung ist und schwer wird gestraft werden; die Lehre von dem Werthe und den Wirkungen der heiligen Communion ist enthalten in dem Abschnitte Joh. 6, 50—60; die Stelle Matth. 6, 19—34 concentrirt sich in dem Satze: „Der Christ soll nicht in unordentlicher Weise nach irdischem Besitze streben", weil erstens der Genuß des Irdischen unsicher und jedenfalls von kurzer Dauer, die Güter der übernatürlichen Ordnung dagegen unvergänglich sind (Vers 19. 20); weil zweitens die Sucht, zu erwerben, das Herz vergiftet (V. 21—23); weil dieselbe drittens den Menschen von Gott scheidet und zu vielen Sünden führt (V. 24), und weil viertens Gott seine Geschöpfe nicht verläßt und sicher namentlich für diejenigen sorgt, die an erster Stelle darauf bedacht sind, ihm zu gefallen (V. 25 ff.). In gleicher

---

cui ordinandus es, et verbis docere et exemplis? *R.* Volo. (Pont. Rom. *De Consecr. electi in Episc.*)

[1] Episcopum oportet iudicare, *interpretari*, consecrare, ordinare, offerre, baptizare, et confirmare (Pont. Rom. l. c.).

Weise lassen sich zu Homilien mit vollständiger Einheit des Inhalts und selbst des Zweckes viele historische Abschnitte der Heiligen Schrift verarbeiten, sowohl jene, welche Thatsachen aus dem Leben des Herrn, der heiligen Jungfrau, des hl. Johannes Baptista, einzelner Apostel oder welcher Personen immer enthalten, insofern sich in denselben eine bestimmte religiöse Hauptwahrheit ausprägt; als andere, deren Inhalt, allegorisch gedeutet, als Analogie für eine religiöse Wahrheit zu dienen sich eignet. Denken Sie z. B. an die Abschnitte von der Verkündigung Mariä, von der Geburt des Erlösers, von seiner Darstellung im Tempel, von der Anbetung der Weisen, von der Taufe des Herrn, von seiner Versuchung, von der Hinrichtung des Täufers, von der Brodvermehrung, von der Heilung des Blindgebornen, von der Auferweckung des Lazarus, von der Fußwaschung, von der Erscheinung des Herrn auf dem Wege nach Emmaus; weiter an die Erzählungen vom Sündenfall der ersten Menschen, von der Sündfluth, von dem Gerichte über Sodoma und Gomorrha und viele andere Thatsachen aus der Geschichte des Abraham, des Jakob, des Joseph, des Samson, des David, des Tobias, der Judith, Esther u. s. w. Ein einheitlicher Gedanke liegt endlich insbesondere auch in den zahlreichen Parabeln der Heiligen Schrift sowie in jenen Thatsachen, welche, wie die Geschichte von dem reichen Mann und dem Lazarus, oder die andere von dem barmherzigen Samaritan, vorgetragen wurden, um bestimmte religiöse Wahrheiten zu veranschaulichen.

Es ließe sich mithin ohne Zweifel eine sehr bedeutende Anzahl von Homilien halten, welche dem Princip, daß eine nothwendige Eigenschaft oratorischer Vorträge die Einheit sei, vollständig entsprächen. Indes möchte ich, m. H., daß Sie diese erste Antwort auf das in Rede stehende Bedenken gegen die Homilie nur als eine vorläufige betrachteten. Fassen wir die Homilien des hl. Johannes Chrysostomus ins Auge; er ist und bleibt ja der größte Meister in jener Kunst, mit der sich unsere ganze Theorie beschäftigt. Wie verfährt dieser Meister? Er beschränkt sich keineswegs darauf, bloß solche Abschnitte der Heiligen Schrift vor dem Volke zu behandeln, welche sich eignen, die Grundlage einer einheitlichen Rede zu bilden; er erklärt vielmehr in seinen Vorträgen über das erste Buch Moses, über die Evangelien von Matthäus und Johannes, über die Apostelgeschichte und über die Briefe des hl. Paulus ein Kapitel nach dem andern, einen Vers nach dem andern. Die natürliche Folge hiervon ist freilich, daß in diesen Erklärungen häufig mehrere verschiedene religiöse Wahrheiten zur Sprache kommen, ohne daß auch nur eine erschöpfend durchgeführt würde. Aber nachdem diese populäre Eregese, in didaskalischer Form, den größern Theil, drei Viertel, vier Fünftel, oft auch noch mehr, der für die Predigt bestimmten Zeit in Anspruch genommen hat, geht Chrysostomus dazu über, einen vorzüglichern Gedanken, sei es einen der bis dahin berührten oder einen solchen, der mit diesen in naher Verbindung steht, in paregoretischer Weise zu behandeln. In diesem letzten Stücke seines Vortrags herrscht dann jene Einheit, welche von den Gegnern der Homilie für jede Predigt verlangt wird. Daß die letztern ihre Gründe anführen, um derentwillen sie auf diesem Princip bestehen zu müssen glauben, stelle ich nicht in Abrede. Aber von entscheidender Bedeutung sind diese Gründe einzig in Rücksicht auf die paränetische Predigt (vgl. unten Nr. 408);

andererseits bin ich der Meinung, daß das Beispiel des hl. Chrysostomus bei seiner anerkannten Meisterschaft auf dem Gebiete der geistlichen Beredsamkeit auch für sich allein vollkommen genügt, um mich zu rechtfertigen, wenn ich Homilien von der Art, wie ich sie eben charakterisirt habe, auch in unserer Zeit nicht bloß für zulässig, sondern für sehr nützlich und empfehlenswerth halte.

Damit ist offenbar keineswegs gesagt, daß es nicht im allgemeinen ein wünschenswerther Vorzug ist, wenn in dem ganzen Vortrage und nicht bloß, wie bei den Homilien, die ich vertheidige, in dem letzten Stücke desselben ein einziger Hauptgedanke behandelt wird. Aber es gibt Vortheile, deren einer dadurch bedingt ist, daß man den andern opfert. Wollen Sie ausschließlich nur Predigten halten, in denen Sie ein einziges Thema relativ erschöpfend durchführen, dann müssen Sie darauf verzichten, das Volk mit ganzen Büchern der Heiligen Schrift oder auch nur mit fortlaufenden Theilen einzelner Bücher bekannt und vertraut zu machen, und sich zufrieden geben, wenn fortwährend, wie es gegenwärtig in der That vielfach der Fall ist, „jener himmlische Schatz, den in der Schrift der Heilige Geist in übergroßer Herablassung der Menschheit geschenkt hat, unverwerthet und unbeachtet im Winkel liegen bleibt" [1]. Die Kirche will das nicht; darum traf sie zu Trient weise Anordnungen, welche nur das eine zu wünschen übrig lassen, daß sie auch gegenwärtig und überall zur Ausführung kommen möchten.

Ich habe mich zur Rechtfertigung meiner Ansicht, daß das Gesetz von der Einheit des geistlichen Vortrags den Vortheilen zu weichen habe, welche nur durch die fortlaufende Erklärung von Büchern der Heiligen Schrift erzielt werden können, bisher allein auf den Vorgang und das Ansehen des hl. Chrysostomus berufen. Es ist Ihnen übrigens kaum unbekannt, m. H., und ich habe es früher schon angedeutet, daß außer ihm noch alle übrigen Kirchenväter auf meiner Seite sind. Gregor der Große stellt sogar in dem Schreiben, mit welchem er seine Erklärung des Buches Job dem hl. Leander von Sevilla übersandte, ausdrücklich ein allgemeines Princip auf für die geistliche Beredsamkeit, welches das Gesetz von der absoluten Nothwendigkeit vollkommener Einheit geradezu zu verläugnen scheint. „Wer geistliche Vorträge hält, der muß alles aufsuchen, was geeignet ist, die Hörenden für das christliche Leben zu unterweisen, und überzeugt sein, daß es der guten Einrichtung des Vortrags durchaus gemäß ist, wenn er, wo das die Erbauung fördern kann, von dem ersten Gegenstande seiner Rede verständig abgeht. Sein Vorbild muß jene Weise sein, welche in seinem Laufe ein Strom einzuhalten pflegt. Wenn derselbe nämlich, indem er in seinem Bette dahinfließt, seitwärts einer Niederung begegnet, so ergießt er sich ohne Verzug, seinen Weg verlassend, in dieselbe hinein, um, sobald er sie hinlänglich angefüllt, in sein Bett zurückzukehren. So, sage ich, gerade so hat der Priester zu verfahren bei der Verkündigung des Wortes Gottes. Wenn sich ihm, während er einen Gegenstand behandelt, ein anderer Gedanke bietet, der geeignet ist, die Erbauung der Zuhörer zu fördern, obgleich er nicht unmittelbar zu dem erstern gehört, so soll er auf

---

[1] ... ne caelestis ille sacrorum librorum thesaurus, quem Spiritus sanctus summa liberalitate hominibus tradidit, neglectus iaceat ... (Conc. Trid. sess. 5, De reform. c. 1).

diesen, wie zu einer anstoßenden Niederung, den Strom seiner Rede hinlenken, und nachdem er ihn entsprechend ausgeführt, die ursprüngliche Richtung seines Vortrags wieder aufsuchen."[1] Ich will dieses Princip, indem ich dasselbe hier anführe, gerade nicht schlechthin und für jede Art der geistlichen Vorträge adoptiren; aber so viel dürfte doch anerkannt werden müssen, daß die Forderung der Einheit in der geistlichen Beredsamkeit nicht ein Gesetz ist, welchem jede andere Rücksicht unter allen Umständen und um jeden Preis geopfert werden muß.

§ 2.
In welchem Sinne in der Homilie die Heilige Schrift auszulegen sei. Die innere Einrichtung der Homilie. Ueber die Unterscheidung einer „einfachen" und einer „oratorischen" Homilie.

398. Was die Frage betrifft, wie in der Homilie die Heilige Schrift auszulegen sei, so haben wir die nothwendige Grundlage zu ihrer Beantwortung im elften Abschnitt (Nr. 311 f.) bereits gegeben. Halten Sie sich immer an erster Stelle und vorzugsweise an den wirklichen Sinn der Stellen, d. h. befolgen Sie den Grundsatz, Ihren Zuhörern bei allen Stellen zuerst den wörtlichen und bei jenen, welche typisch sind, überdies, wenn es die Umstände angemessen erscheinen lassen, den mystischen Sinn vorzuführen. Nur diese zwei enthalten ja die Gedanken des Heiligen Geistes, nur sie bilden wirklich und in der That „den Sinn" der Heiligen Schrift. Auch über diesen Punkt finden sich bei Fenelon, im dritten seiner Dialoge, sehr gute Bemerkungen.

„B. Sie dürfen Ihre Belehrung nicht abbrechen, ohne mir noch Aufschluß zu geben über einen Punkt, in welchem ich keine Klarheit zu gewinnen vermag. Danach will ich Sie gehen lassen.

„A. Gut, sehen wir, ob ich im stande bin, Sie zufrieden zu stellen. Es würde mich freuen; denn es liegt mir wirklich daran, daß Sie Ihr Talent verwerthen und einfache, wirksame Predigten halten.

„B. Dem zufolge, was sie vorher sagten, sollte man auf der Kanzel dem Volke in fortlaufender Ordnung und dem wörtlichen Sinne nach die Heilige Schrift auslegen.

„A. Ohne Zweifel; das wäre etwas Herrliches.

„B. Aber woher kommt es denn, daß die Kirchenväter es nicht so machten? Sie beschäftigen sich, scheint mir, immer mit allegorischen Deutungen des Schrifttextes. Sehen Sie den hl. Augustin an, den hl. Gregor,

---

[1] Sed tamen quisquis de Deo loquitur, curet necesse est, ut quidquid audientium mores instruit, rimetur; et hunc rectum loquendi ordinem deputet, si cum opportunitas aedificationis exigit, ab eo se quod loqui coeperat, utiliter derivet. Sacri enim tractator eloquii morem fluminis debet imitari. Fluvius quippe dum per alveum defluit, si valles concavas ex latere contingit, in eas protinus sui impetus cursum divertit; cumque illas sufficienter impleverit, repente sese in alveum refundit. Sic nimirum, sic divini verbi esse tractator debet, ut cum de qualibet re disserit, si fortasse iuxta positam occasionem congruae aedificationis invenerit, quasi ad vicinam vallem linguae undas intorqueat; et cum subiunctae instructionis campum sufficienter infuderit, ad sermonis propositi alveum recurrat (*Greg. M.*, In epist. ad Leandrum Episc., libris Moralium praefixa c. 2 extr.).

den hl. Bernhard: diese finden überall verborgene Wahrheiten angedeutet; auf den wörtlichen Sinn gehen sie fast gar nicht ein.

„A. Die Juden zur Zeit Jesu Christi waren in geheimnißvollen und allegorischen Deutungen sehr erfinderisch geworden. Es scheint, daß namentlich die Therapeuten, die vorzugsweise zu Alexandria ihren Sitz hatten und nach Philo philosophirende Juden waren, nach Eusebius dagegen die ersten Christen, es scheint, sage ich, daß diese solchen Auslegungen der Heiligen Schrift in hohem Maße ergeben waren. Eben zu Alexandria war es nun, wo die allegorisirende Exegese unter den Christen ihre ersten Erfolge erlebte. Der erste unter den Vätern, welcher den wörtlichen Sinn fallen ließ, war Origenes. Sie wissen, welches Aufsehen er in der Kirche gemacht hat. Es ist zunächst religiöser Sinn, was zu solchen Auslegungen führt. Es gibt sich in denselben Geist und Scharfsinn kund, sie erscheinen zugleich ansprechend und erbaulich. Die meisten Kirchenväter haben sich ihrer stark bedient, weil sie dem Geschmacke ihrer Zeit folgten, der allem Anscheine nach auch ihr eigener war; so oft es sich indes um Begründung religiöser Wahrheiten handelte, griffen sie jederzeit getreu zu dem wörtlichen und zu dem mystischen Sinne zurück, welcher ja gewissermaßen gleichfalls als wörtlicher Sinn gelten muß. Nur nachdem das Volk in dem, was der wörtliche Sinn lehrt, vollständig unterrichtet war, boten ihm die Kirchenväter jene allegorischen Deutungen, um es zu erbauen und im geistlichen Leben zu stärken. Solche Erklärungen entsprachen in hohem Maße dem Geschmacke namentlich der orientalischen Christen, unter welchen sie auch zuerst aufgekommen waren; denn die Orientalen sind von Natur für mysteriöse und allegorische Ausdrucksweise überaus eingenommen. Bei der fast unausgesetzt fortlaufenden Lesung der Heiligen Schrift und den häufigen Vorträgen über dieselbe, wie sie in der Kirche üblich waren, fühlten sie sich durch eine so reiche Mannigfaltigkeit von Deutungen ganz besonders angesprochen.

„Aber bei uns, wo das Volk ohne Vergleich weniger unterrichtet ist, soll man darauf bedacht sein, zunächst den dringendern Bedürfnissen Rechnung zu tragen und deshalb mit dem wörtlichen Sinne den Anfang machen, freilich ohne deshalb die erbaulichen Deutungen gerade zu verachten, welche von den Vätern aufgestellt worden sind. Bevor man darauf denkt, die Speisen künstlich zuzubereiten, muß man zuerst Brod haben. Man kann, was die Auslegung der Heiligen Schrift betrifft, nichts Besseres thun, als sich die einfache und zuverlässige Methode des hl. Chrysostomus zum Muster nehmen. Die meisten Prediger unserer Zeit suchen nicht deshalb allegorische Deutungen auf, weil sie den wörtlichen Sinn seinem ganzen Inhalte nach schon hinlänglich erklärt haben, sondern sie lassen den letztern unberücksichtigt, weil sie keine Ahnung haben von seinem hohen Werthe und ihn, bei ihrer Weise zu predigen, trocken und unfruchtbar finden. In ihrem wörtlichen Sinne gefaßt, enthält die Heilige Schrift alle religiösen Wahrheiten und die vollständigsten, bis ins Einzelnste gehenden Anweisungen für das ethische Leben; alles, was sie bietet, hat eine unvergleichliche Kraft und Schönheit, und sie bietet es überdies in unerschöpflicher Fülle. Ein Prediger, der sich an diese Quelle hielte, würde jedesmal eine Menge neuer und gehaltvoller Gedanken vorzutragen haben. Es ist äußerst betrübend zu sehen, wie dieser Schatz vernachlässigt wird, und das von denen, welche ihn täglich vor sich haben.

"Wenn man sich der in Rede stehenden alten Gewohnheit, Homilien zu halten, wieder zuwendete, so würde es zwei Klassen von Predigern geben. Die eine würden jene bilden, welchen die volle oratorische Begabung abginge, und die deshalb die Heilige Schrift einfach auslegten, ohne sich zugleich ihren Adel und ihre Energie anzueignen. Vorausgesetzt, daß sie dabei mit Gründlichkeit und Sorgfalt verführen, würden sie immer vortreffliche Prediger sein; sie würden das besitzen, was St. Ambrosius verlangt: eine einfache Sprache, klar und leicht verständlich, eindringlich und ernst, fern von gesuchter Eleganz, aber dabei anziehend und gefällig[1]. Die andere Klasse würde aus solchen bestehen, die, im vollen Besitze des oratorischen Talents, die Heilige Schrift in der Sprache und Ausdrucksweise der letztern selbst erklärten, und diese wären eben dadurch vollendete Prediger[2]. Die ersten würden in eindringlicher und achtunggebietender Weise das Volk unterweisen; in den zweiten würde sich mit der Eindringlichkeit der Unterweisung noch die Großartigkeit, die begeisternde Kraft und die tiefe Empfindung der Heiligen Schrift verbinden: die Heilige Schrift würde sozusagen ihrem ganzen Wesen nach lebendig in ihnen sein, soweit das ohne eigentliche Inspiration möglich ist."[3]

Die allegorisirende Weise der Kirchenväter bei der Auslegung der Heiligen Schrift, von welcher in dem Vorhergehenden die Rede ist, kann denen aus Ihnen, welche das Römische Brevier zu beten haben, nicht unbekannt sein; denn dieses enthält in den Lectionen der dritten Nocturn nicht wenige Homilien, worin dieselbe hervortritt[4]. Wenn Fenelon andererseits sehr mit Recht die Methode empfiehlt, nach welcher der hl. Johannes Chrysostomus in seinen Homilien die Heilige Schrift zu behandeln pflegt, so will ich nicht unterlassen, Sie unter der nämlichen Rücksicht auf einen ascetischen Schriftsteller aus neuerer Zeit aufmerksam zu machen; das ist der Spanier Ludwig de Ponte. In den von ihm verfaßten „Betrachtungen" haben Sie überdies noch eine reiche Quelle von Gedanken zu Homilien über die vier Evangelien.

399. Es ist noch übrig, daß ich Ihnen über die technische Einrichtung der Homilie einige Anweisungen gebe.

Am schwersten ist es oft, namentlich bei fortlaufenden Homilien über ein Buch der Heiligen Schrift, einen guten Eingang zu machen. Man kann

---

[1] Oratio pura, simplex, dilucida atque manifesta, plena gravitatis et ponderis: non affectata elegantia, sed non intermissa gratia (*Ambr.*, De offic. ministrorum 1, c. 22, n. 101).

[2] An der Stelle, wo ich „im vollen Besitze des oratorischen Talents" gesagt habe, und vorher „die volle oratorische Begabung", steht im Original der Ausdruck: le génie poétique. Das ist wohl kaum das rechte Wort. Poesie und Beredsamkeit sind zwei, freilich verwandte, aber doch wesentlich verschiedene Künste, und damit jemand sich in der zweiten auszeichne, ist es keineswegs nothwendig, daß er auch zum Dichter geboren sei. Der französische Herausgeber, Delzons, bemerkt in einer Note zu einer Stelle im zweiten Dialog: Fénelon n'a pu s'empêcher en ceci, comme en tout, de donner trop à l'imagination; un certain goût de poésie naïve et riante était sa chimère, qu'il poursuivait jusque dans la chaire chrétienne (Ausgabe von 1861, S. 53).

[3] *Fénelon* l. c. III, 131—135.

[4] Man vergleiche z. B. die Lesungen der dritten Nocturn für folgende Tage: In festo S. Ioan. Ap.; in Dom. Quinquages.; fer. 6. quatt. temp. Quadrag.; fer. 5. infr. hebd. 2. Quadrag.; fer. 4. infr. hebd. 4. Quadrag.; Dom. in Palmis; ferner de Comm. Evang.; de Comm. Conf. Pont. 1. loc.; de Comm. Virg. 1. loc.

in demselben, je nach den Umständen, entweder den Zusammenhang des zu erklärenden Abschnittes mit dem Vorhergehenden darlegen oder die besondere Wichtigkeit, Bedeutung, Schönheit seines Inhalts betonen, oder einen kurzen Ueberblick desselben geben; oder man kann eine der religiösen Wahrheiten herausnehmen, welche in den zu behandelnden Versen enthalten sind. Besonders muß man darauf sehen, daß sich der Eingang nicht trocken und geistlos ausnimmt. Dagegen darf er freilich sehr kurz, und jedenfalls soll er einfach sein. Den biblischen Abschnitt, welcher den Gegenstand der Homilie bildet, muß man dem Volke, wenn er nicht sehr bekannt ist, offenbar entweder vorlesen oder aus dem Gedächtnisse, aber mit vollster Genauigkeit, vortragen. Die Vorlesung wird am besten dem ganzen Vortrage vorausgehen; die Recitation aus dem Gedächtnisse dagegen wäre entweder in den Eingang einzufügen, oder sie müßte unmittelbar auf denselben folgen.

Die Ausführung — so nenne ich auch hier das zweite und größere von den drei wesentlichen Stücken der Homilie, obgleich der Name hier vielleicht weniger paßt —, die Ausführung hat dann zunächst die Erläuterung der einzelnen Gedanken zu geben, welche der zu erklärende biblische Abschnitt enthält. Daß man dieselben genau in der Ordnung behandle, in welcher sie in der Heiligen Schrift aufeinander folgen, ist gerade nicht nothwendig; man kann mitunter Gründe haben, diese Ordnung zu ändern. Aber halten Sie sich bei der Erklärung, wie ich schon gesagt habe, durchaus an den wirklichen Sinn der Verse, und wo die Exegeten oder die Kirchenväter bezüglich desselben nicht einig sind, da wählen Sie eine gute Erklärung aus, um sie dem Volke vorzulegen; denn die verschiedenen Ansichten aufzuführen, wie es die wissenschaftliche Exegese thut, das ist bei der Verkündigung des Wortes Gottes kaum jemals zweckmäßig. Dagegen kann man freilich veranlaßt sein, falsche Deutungen auszuschließen oder auch zu widerlegen. Und wenn allerdings die einzelnen Gedanken, soweit es nöthig ist, erläutert werden müssen, so soll das natürlich immer zugleich mit Rücksicht auf den Zusammenhang geschehen und so, daß der Inhalt des ganzen Abschnittes verstanden und aufgefaßt wird.

Mit der bloßen Auseinandersetzung des Sinnes ist es übrigens freilich nicht gethan. Die Worte der Heiligen Schrift sollen wirksam werden für das christliche Leben; also ist darauf zu sehen, einerseits, daß in der Homilie Salbung herrsche, andererseits, daß sie praktisch sei (vgl. oben S. 236 ff.). Sie muß mithin dazu angethan sein, die dem Inhalte des biblischen Abschnittes entsprechenden religiösen Gefühle in den Zuhörern anzuregen, und sie muß zugleich die besondern Anweisungen für christliches Handeln und christliche Gesinnung hervorheben, welche in den Gedanken der Schrift angedeutet sind oder damit in unmittelbarer, jedenfalls in natürlicher Verbindung stehen. Ihre Homilien in dieser Weise einzurichten, wird Ihnen aber nur gelingen, wenn Sie daran gewöhnt sind, die Heilige Schrift betend zu betrachten. — Uebrigens müssen Sie freilich auch darauf achten, daß Sie die affectiven und die praktischen Elemente nicht übermäßig ausdehnen. Denn wenn das wiederholt geschähe, so würde das didaktische Element, die eigentliche Erklärung der Heiligen Schrift, zu sehr in den Hintergrund treten und das Ganze nicht mehr eine Homilie sein, sondern ein Aggregat paränetischer Stücke, die sich an zwei oder drei Verse der Heiligen Schrift anlehnten. Für die Homilie ist eben, wie wir gesagt haben, die Erklärung der Heiligen Schrift ein wesentlicher Theil ihrer Aufgabe.

Endlich gilt auch hier, was ich im vorhergehenden Kapitel (S. 333) in Rücksicht auf die didaskalische Predigt bemerkt habe: es sind nämlich auch für die Homilie jene Mittel von vorzüglicher Bedeutung, welche dazu dienen, den geistlichen Vortrag anziehend, interessant, schön zu machen und die Theilnahme der Zuhörer fortwährend lebendig zu erhalten. Namentlich müssen Sie sich bemühen, eine gewisse Gleichförmigkeit zu vermeiden, welche dadurch leicht entstehen kann, daß man immer aufs neue von dem Texte der Heiligen Schrift zur Erläuterung und Anwendung, von dieser wieder auf den folgenden Text übergeht. Aus allem Gesagten werden Sie leicht selber den Schluß ziehen, m. H., daß es keineswegs eine so leichte Arbeit sei, eine gute Homilie zu machen, wie manche sich einzubilden scheinen. Ueber einen Abschnitt der Heiligen Schrift eine halbe Stunde herumzureden, das ist freilich nichts Großes; aber das ist auch etwas ganz anderes, als eine Homilie halten.

Wie Sie die gegebenen Anweisungen ausführen sollen, das lernen Sie am besten, wenn Sie die Homilien des hl. Chrysostomus fleißig lesen und studiren. Eben das gilt auch insbesondere in Rücksicht auf die Peroration bei Homilien. Ich habe schon erwähnt, daß Chrysostomus in dem letzten Stücke seiner Vorträge über die Heilige Schrift, welches etwa den fünften, sechsten, achten oder neunten Theil derselben umfaßt, einen zu dem ganzen Inhalte passenden bedeutendern Gedanken, hie und da auch einen solchen, der mit dem Inhalte des erklärten Abschnittes nicht in nahem Zusammenhange steht, paränetisch zu behandeln pflegt. Dieses paränetische Stück bildet dann die Peroration, oder es geht, wenn es länger ist, in dieselbe über.

Schließlich muß ich Sie noch aufmerksam machen, daß man in analoger Weise, wie Abschnitte der Heiligen Schrift, auch manche Formularien aus den liturgischen Büchern als Gegenstand einer Homilie behandeln kann: wie etwa das Salve Regina, die Hymnen Ave maris stella, Veni Creator, Pange lingua, oder Stücke aus dem Rituale und dem Pontificale.

400. „Die Lehrer der geistlichen Beredsamkeit", berichtet Wurz, „pflegen die Homilie in viele Arten einzutheilen, wozu sie dann auch rechnen, wenn die Eintheilung" (des geistlichen Vortrags) „aus einem Texte genommen wird; wenn man" (dem geistlichen Vortrage) „einen Text zum Grund legt; wenn man aus einem Texte Gelegenheit nimmt, von einer sittlichen Materie zu handeln u. s. w. Allein auf diese Weise würde jede Predigt eine Homilie werden, da doch nach dem Gebrauche der heiligen Väter diese Benennung nur den Erklärungen größerer Stücke der Schrift zukommt."[1] Die hier von Wurz bezeugte Thatsache hat ihren Grund offenbar darin, daß man keinen scharf bestimmten Begriff der Homilie vor Augen hatte. Wurz erklärt nach dem oben Angeführten, er „nehme nur zwo einzige Arten der Homilie an, unter welche sich gar leicht die übrigen Arten bringen lassen". Als jene „zwo Arten" behandelt er dann „die niedrige Homilie" und die höhere. Auch gegenwärtig pflegen die Lehrbücher die „oratorische" oder die „höhere" Homilie der „einfachen" oder der „niedern" gegenüberzustellen.

---

[1] Wurz, Anleitung zur geistlichen Beredsamkeit II (2. Aufl.), 410.

Ich kann mich mit dieser Unterscheidung nicht einverstanden erklären. Denn was man mit dem Namen „oratorische" oder „höhere" Homilie bezeichnet, das sind nichts anderes als entweder paregoretische oder didaskalische Predigten, denen ein einheitlicher Abschnitt der Heiligen Schrift zu Grunde liegt, insofern die Hauptgedanken einem solchen entnommen sind, oder wie Wurz[1] sich ausdrückt, „deren Theile mit den Theilen des Evangeliums immer parallel laufen"[2]. Halten wir nun aber fest, daß zum Begriff der Homilie wesentlich dieses gehört, daß sie sich auch die Erklärung eines Abschnittes der Heiligen Schrift zur eigentlichen Aufgabe setzt — und das müssen wir festhalten, wenn wir einen bestimmten Begriff der Homilie haben wollen —, dann können wir paregoretische Predigten der angegebenen Art, wie z. B. die Fastenpredigt Massillons über die Geschichte von dem reichen Manne und dem Lazarus, durchaus nicht als wirkliche Homilien anerkennen, weil diesen eben das didaktische Element, die Erklärung, als wesentlicher Theil ihrer Aufgabe fremd ist. Sie mögen sich bei oberflächlichem Anschauen wie Homilien ausnehmen, sie mögen mit der Homilie manches gemein haben: eigentliche Homilien sind sie nicht. Didaskalische Vorträge dagegen, welche einen Abschnitt der Heiligen Schrift behandeln, sind allerdings wahre Homilien; aber der Umstand, daß der darin behandelte biblische Abschnitt zufällig einen einheitlichen Inhalt hat, unterscheidet sie von andern Homilien nicht in der Weise, daß man sie als eine eigene Art dieser Gattung von geistlichen Vorträgen zu betrachten berechtigt sein könnte.

Wer mit diesem Grunde nicht einverstanden sein und trotz desselben die Unterscheidung, um die es sich handelt, festhalten wollte, den würde ich ersuchen, für die zwei zu unterscheidenden Arten jedenfalls wenigstens andere Namen zu erfinden. Denn die gebräuchlichen: „oratorische" oder „höhere" Homilie und auf der andern Seite „einfache" oder „niedere", sind ohne Zweifel ebenso unmotivirt als unzweckmäßig. Inwiefern? Weil es ein Irrthum ist, wenn man glaubt, es müsse oder dürfe der eigentlichen Homilie, wenn ihr nicht ein einheitlicher Abschnitt der Heiligen Schrift zu Grunde liegt, der „oratorische" Charakter fehlen, oder dieselbe stehe minder hoch und habe geringern Werth als eine sogen. „höhere" Homilie. Das eine wie das andere wird aber durch die erwähnten Namen nahegelegt, und es sind dieselben eben darum durchaus dazu angethan, nicht nur die Achtung vor der eigentlichen Homilie bedeutend herabzustimmen, sondern auch ganz unrichtige Anschauungen von derselben zu verbreiten und sie dadurch in der Praxis wesentlich zu schädigen. „Mancher", so hörten wir früher Fenelon sagen, „mancher hält auf der Kanzel schöne Reden, der nicht im stande wäre, eine gründliche Katechese zu halten und noch weniger eine Homilie." Wenn Sie sich überzeugen wollen, daß dieses Wort nicht Uebertreibung ist, dann fragen Sie die Erfahrung.

---

[1] A. a. O. S. 422.
[2] Homiliam oratoriam vocamus eam, quae a iusta oratione hoc tantum differt, quod argumenta omnia ex uno Scripturae loco eruit (*Kleutgen*, Ars dicendi n. 524).

Homilie über den ersten Bußpsalm.

(Von dem hl. Johannes Chrysostomus[1].)

„Herr, strafe mich nicht in deinem Grimme, und nicht in deinem Zorne züchtige mich. Habe Erbarmen mit mir, o Herr, weil ich gar elend bin; hilf mir, o Herr, denn mein Gebein erbebt und meine Seele ist tief erschüttert: und du, o Herr, wie lange noch? Wende dich zu mir, o Herr, und errette meine Seele; hilf mir doch um deiner Barmherzigkeit willen! Denn im Tode ist ja niemand, der deiner gedächte; und wer wird im Todtenreiche dich preisen? Erschöpft bin ich vor Seufzen; jede Nacht benetze ich mein Lager und bade mit meinen Thränen meine Ruhestätte. Trüb geworden ist vor Gram mein Auge; ich bin gealtert ganz ob aller meiner Feinde. Lasset ab von mir, ihr Missethäter alle; denn der Herr hat gehört auf die Stimme meines Weinens. Ja, erhört hat der Herr mein Bitten, der Herr hat aufgenommen mein Gebet. Gib, daß in sich gehen[2] und sich schämen alle meine Feinde; laß sie umkehren und von Scham ergriffen werden bald und ohne Verzug" (Ps. 6).

1. „Herr, strafe mich nicht in deinem Grimme," betet der Prophet, „und nicht in deinem Zorne züchtige mich." Wenn die Heilige Schrift von dem Zorne Gottes redet, wenn sie sagt, der Herr sei ergrimmt, so müßt ihr das nicht so verstehen, als ob in Gott dem Herrn so, wie es bei uns Menschen der Fall ist, heftige Gefühle und leidenschaftliche Gemüthsbewegungen entstehen könnten. Das ist keineswegs möglich. Der Heilige Geist drückt sich in der Heiligen Schrift in dieser Weise aus, weil er sich zu unserer Weise zu denken herablassen will, damit wir ihn verstehen. Wir selbst pflegen ja

---

[1] *Expositio* in psalmum sextum. — Während jeder der fortlaufenden Vorträge des hl. Johannes Chrysostomus über die verschiedenen Bücher des Neuen Testaments sowie über das erste Buch Moses als ὁμιλία bezeichnet ist, trägt die hier in deutscher Uebersetzung folgende Arbeit nur die Ueberschrift: Εἰς τὸν ἕκτον ψαλμόν. Ebenso, bloß mit Aenderung der Zahl, lautet die Ueberschrift der andern Commentare (im ganzen sind es 58) über die Psalmen; nur jener über den vierten Psalm ist als Ἑρμηνεία εἰς τὸν τέταρτον ψαλμόν bezeichnet. In der lateinischen Uebersetzung heißt es theils Expositio in psalmum n., theils einfach In psalmum n. Es kann indeß kaum zweifelhaft sein, daß auch diese Arbeiten über die Psalmen eigentliche Homilien sind, welche Chrysostomus dem Volke vortrug; wahrscheinlich wurden sie zu Antiochien gehalten zwischen den Jahren 370 und 386. Man vergleiche *Montfaucon*, In opp. S. Io. Chrys. tom. V, Praef., § 2. 3.

[2] Ἐντραπήτωσαν heißt es bei Chrysostomus, wo die Vulgata hat: *conturbentur vehementer*.

oft ähnlich zu verfahren: wenn wir mit ungebildeten Leuten zu reden haben, so bedienen wir uns ihrer Ausdrucksweise; oder wenn jemand mit einem kleinen Kinde spricht, so lallt er mit ihm und läßt sich zu der schwachen Fassungskraft der Kindheit herab, mag er auch noch so gelehrt sein. Und nicht bloß in Worten geschieht das, sondern oft auch durch äußere Gebärden, wie wenn man, um dem Kinde Furcht einzujagen und es von verkehrten Dingen abzuschrecken, sichtbare Zeichen des Unwillens macht und sich zornig stellt. In ähnlicher Weise, sage ich, bedient sich der Heilige Geist der angeführten Ausbrücke, um auf unser Gemüth bei der Schwerfälligkeit unseres Geistes Eindruck zu machen; denn er ist darauf bedacht, mit uns zu reden, nicht so wie es seiner Majestät gemäß wäre, sondern wie unser Nutzen es erheischt.

Daß Gott nicht in der That der Gemüthsbewegung des Zornes unterworfen ist, das spricht er an andern Stellen klar genug aus, wie z. B. wenn er durch den Propheten Jeremias (7, 19) sagt: "Bringen sie etwa mich zum Zorne? und nicht vielmehr sich selber?" Aber ihr werdet leicht begreifen, daß Gott dem jüdischen Volke gegenüber nicht anders konnte, als nach menschlicher Weise reden. Wie der Zorn, so ist z. B. auch das, was wir "Haß" nennen, eine Gemüthsbewegung, die in Gott nicht sein kann; weiter gebraucht man, um zu sehen, die Augen, um zu hören, die Ohren, und beide gehören zu den Sinnen unseres Leibes. Wenn nun in Rücksicht hierauf Gott den Juden gesagt hätte, daß er gegen die Bösen keinen Haß hege oder daß er nicht sehe, was die Menschen thun, und ihre Worte nicht höre, was wäre davon die Folge gewesen? Sie hätten diese Lehre mißverstanden und sie in dem Sinne genommen, als ob es keine Vorsehung gäbe und keine Weisheit, welche diese Welt regiert mit allem, was darin geschieht. Daburch würden dann viele sich haben verleiten lassen, sich um Gott gar nicht mehr zu kümmern und einfach zu läugnen, daß es einen Gott gibt; das würde aber für sie das größte Unglück gewesen sein. Stand dagegen nur erst der Glaube an das Dasein Gottes fest, dann ließen sich einzelne irrige Anschauungen leicht berichtigen. Denn wer überzeugt ist, daß es einen Gott gibt, der wird sich, wenn er sich denselben auch zu menschlich vorstellt, nach und nach leicht auch überzeugen lassen, daß die Natur Gottes von der menschlichen Natur durchaus verschieden und über sie unendlich hoch erhaben ist; wenn dagegen jemand daran festhält, daß es in Gott keine Vorsehung gibt, und daß Gott um die Dinge außer ihm gar keine Sorge trägt, welchen Nutzen hat ein solcher davon, wenn man ihn belehrt, Gott könne nicht durch Gefühle aufgeregt werden wie der Mensch?

Aus diesem Grunde also sprach Gott zu dem jüdischen Volke zunächst in jener Weise, wie es in dem ersten Verse unseres Psalmes geschieht; nachdem er aber bei ihnen hierdurch den Glauben an ihn begründet hatte, berichtigte er allmählich ihre Vorstellungen und lehrte sie auch diese schwerer faßliche Wahrheit kennen, daß er von menschlichen Unvollkommenheiten und Gemüthsbewegungen frei ist.... So müßt ihr also in dem Psalme, den wir betrachten, euch den "Grimm" Gottes, von welchem der Prophet redet, nicht als eine leidenschaftliche Erregung vorstellen. Denn wie es schon Menschen, welche sich ernstlich in der Selbstbeherrschung üben, oft gelingt, kaum jemals in Zorn zu gerathen, so ist noch ungleich viel mehr die Natur Gottes solchen

Erregungen ebenso unzugänglich, wie sie der Veränderung, der Abnahme oder der Auflösung unzugänglich ist. Die Aerzte sehen sich oft veranlaßt, einem Kranken durch Brennen oder Schneiden Schmerz zu verursachen; ihr wißt aber sehr wohl, daß sie das nicht aus Erregtheit gegen den Kranken thun, sondern um ihn wiederherzustellen, nicht aus Zorn, sondern im Gegentheil aus Mitleid mit ihm und in der Absicht, ihn von seiner Krankheit frei zu machen. Die Worte also: „Strafe mich nicht in deinem Grimme", bedeuten nichts anderes als: Herr, ziehe mich nicht zur Rechenschaft für meine Sünden und strafe mich nicht für meine Missethaten.

2. Der Prophet betet weiter: „Habe Erbarmen mit mir, o Herr, weil ich gar elend bin." Das ist ein Gebet, wie es uns allen noth thut, und wenn wir auch gute Werke ohne Zahl verrichtet und den Gipfel der Vollkommenheit erreicht hätten. Darum betet auch David in einem andern Psalme: „Vor deinem Angesichte wird niemand gerecht befunden unter allen Lebendigen" (Ps. 142, 2), und wieder anderswo: „Wenn du auf die Sünden achten wolltest, o Herr, o Herr, wer wird bestehen?" (Ps. 129, 3); darum spricht der Apostel: „Ich bin mir nichts bewußt, aber dadurch bin ich nicht gerechtfertigt" (1 Kor. 4, 4), und in demselben Sinne der Weise in den Sprüchen (20, 9): „Wer kann sich rühmen, daß sein Herz rein sei, oder wer kann sagen, er sei frei von Sünde?"

Wir alle, sage ich, bedürfen der Barmherzigkeit Gottes; aber wir sind nicht alle würdig, daß Gott sie uns zu theil werden lasse. Denn auch daselbst, wo es sich um seine Barmherzigkeit handelt, verlangt Gott, daß man derselben würdig sei, wie er selbst es dem Moses gegenüber aussprach: „Ich erbarme mich, wessen ich will, und erzeige Gnade, wem es mir gefällt" (2 Mos. 33, 19). Wer also etwas gethan hat, um dessentwillen er Barmherzigkeit verdient, der darf mit Zuversicht beten: „Habe Erbarmen mit mir, o Herr"; wer sich dagegen der Vergebung unwürdig gemacht hat, der sagt vergebens: „Habe Erbarmen." Denn wenn allen Barmherzigkeit zu theil werden sollte, dann würde ja niemanden die Strafe treffen. Wie ich gesagt habe, auch wo er Barmherzigkeit übt, verfährt Gott mit Auswahl und verlangt, daß man derselben werth sei und sie verdiene.

Daß dem so ist, das wird uns durch zahlreiche Thatsachen bestätigt. Die heilige Geschichte lehrt uns nämlich, daß sehr oft verschiedene Personen in dieselbe Sünde fielen und doch nicht in gleicher Weise gestraft wurden, und zwar deßhalb, weil die Umstände nicht in allen Fällen dieselben waren. Es ist der Mühe werth, daß wir diesen Punkt eingehender ins Auge fassen. Alle Israeliten versündigten sich schwer, indem sie in der Wüste Abgötterei trieben; aber es traf sie nicht alle die gleiche Strafe: die einen mußten sterben, die andern erlangten Verzeihung. Es kommt nämlich bei der Sünde nicht einzig und allein auf die böse Handlung selbst an, die man begeht, sondern auch auf die Einsicht und die Erkenntniß, womit man sündigt, auf die äußere Veranlassung und auf die Absicht, die man dabei hat; ferner ob man aus Uebereilung sündigt oder verführt wird, oder aus eigenem Antriebe und mit voller Ueberlegung das Böse thut; dann, nach der Sünde, ob man in seinem bösen Willen verharrt oder hingegen den Fehler bald bereut. Ueberdies werden auch noch die äußern Verhältnisse in Rechnung gezogen, unter welchen diejenigen leben, welche die Sünde begehen. So haben z. B. die Menschen gesündigt zur Zeit des Alten Bundes, und sie sündigen auch jetzt in der Zeit des Neuen Bundes; aber für die letztern ist die Strafe schwerer, als sie es für die erstern war. In diesem Sinne schrieb der Apostel: „Wer das Gesetz des Moses gebrochen hat, der muß auf zwei oder drei Zeugen hin ohne Erbarmen sterben; um wieviel härterer Strafe wird würdig erachtet werden, wer den Sohn Gottes mit Füßen getreten und das Blut des Bundes für unrein geachtet hat!" (Hebr. 10, 28. 29.) Durch die Wendung: „um wieviel härterer Strafe wird ein solcher würdig erachtet werden", gibt der Apostel zu erkennen, daß es sich um eine äußerst schwere Strafe handelt. Weiter: es haben gesündigt die Menschen, welche vor dem Gesetze des Moses lebten, und abermals haben auch diejenigen gesündigt, welche unter dem Gesetze lebten, die Israeliten nämlich. Jene wurden weniger schwer gestraft als diese. „Denn alle," schreibt abermals der Apostel, „welche ohne das Gesetz gesündigt haben, werden ohne das Gesetz zu Grunde gehen", das heißt eben, sie werden gelinder gestraft werden; „die hingegen unter dem Gesetze gesündigt haben, werden nach dem Gesetze gerichtet werden" (Röm. 2, 12). Warum? Weil die erstern nur ihre natürliche Vernunft anklagt, die letztern hingegen nicht bloß ihre Vernunft, sondern dazu noch das Gesetz; je vollkommener sie von Gott im Guten unterwiesen waren, desto härter müssen sie auch leiden.

Ebenso begründet auch das Amt und die Würde dessen, der die Sünde begeht, einen Unterschied in der Schwere derselben. Dies ergibt sich z. B. daraus, daß im Alten Bunde für die Sünde des Hohenpriesters ein ebenso großes Opfer dargebracht werden mußte wie für die Sünden des ganzen Volkes; je höher mithin die Würde, desto schwerer war die Strafe. Aus demselben Grunde mußte die Tochter eines Priesters, wenn sie sich von einem Manne hatte verführen lassen, lebendig verbrannt werden, während in demselben Falle eine andere einfach zum Tode verurtheilt wurde.

Wieder eine andere Rücksicht, von welcher sowohl die Verzeihung der Sünde abhängt als umgekehrt die Strafe derselben, besteht darin, ob der Sünder hier auf Erden Buße gethan, oder vielmehr nach wie vor nur dem Genusse und der Freude gelebt hat. Dieser letztere wird jenseits eine schwerere Strafe zu ertragen haben; wer dagegen hier auf Erden gebüßt hat, eine geringere, wenn ihm nicht selbst alle Strafe nachgelassen wird. Ihr wisset ja, was Abraham dem reichen Manne antwortete, da dieser in der Hölle war: „Du hast dein Gutes schon erhalten während deines Lebens, Lazarus dagegen hat viel Schlimmes ertragen; jetzt wird er getröstet, du hingegen leidest Pein" (Luc. 16, 25). Dieser Reiche hatte sich freilich seine ganze Strafe für das andere Leben übrig gelassen; es gibt andere Sünder, welche nicht die ganze Strafe ungebüßt lassen, sondern nur einen Theil davon: solche haben dann jenseits weniger zu leiden als dieser.

Dann richtet sich die Verschiedenheit der Strafe immer auch noch nach der Verschiedenheit der Erkenntniß oder der Unwissenheit, mit welcher der Mensch das Böse thut. „Der Knecht," sagt unser Heiland, „welcher den Willen seines Herrn gekannt hat und nicht danach gethan, wird viele Schläge erhalten; wer denselben hingegen nicht gekannt und nicht gethan hat, wird wenige erhalten" (Luc. 12, 47. 48).

Noch manche andere Rücksichten können eintreten, auf welche sich eine Verschiedenheit der Strafe gründet und in gleicher Weise eine Verschiedenheit in dem Maße der Gnade und der Barmherzigkeit, welche dem Schuldigen zu theil wird. Denket z. B. nur an das erste Menschenpaar: Eva beging die Sünde, und Adam beging sie gleichfalls; die Sünde beider war an sich die nämliche, da beide von der verbotenen Frucht aßen; dessenungeachtet war die Strafe beider nicht gleich groß, indem das Weib schwerer gestraft wurde. Kain beging einen Mord und Lamech gleichfalls: dieser erlangte Barmherzigkeit, Kain dagegen wurde gestraft. Der Mann, welcher am Sabbat Holz gesammelt hatte, fand keine Gnade; David beging einen Ehebruch und einen Mord, und Gott vergab ihm. Lasset uns den Grund dieser Verschiedenheit aufzufinden suchen; das ist viel vortheilhafter für uns, als wenn man sich mit Unterhaltungen und zwecklosem Gespräche die Zeit vertreibt, und wenn wir selbst den Grund nicht fänden, so wäre schon das ein Gewinn für uns, daß wir danach suchen. Woher kam es also — um zunächst eine Thatsache wieder ins Auge zu fassen, deren ich schon früher gedachte —, woher kam es, daß von den Israeliten, welche insgesamt das goldene Kalb angebetet hatten, die einen gestraft wurden, die andern nicht? Es kam daher, weil die letztern ihre Sünde aufrichtig bereuten und, aus Eifer für die Ehre Gottes auch die Bande des Blutes nicht achtend, ihre eigenen Verwandten dem Willen Gottes gemäß um das Leben brachten, indes die erstern in ihrer Abgötterei unbußfertig verharrten. In diesem Falle war also die Sünde die nämliche, aber das Benehmen nach der Sünde war ungleich. Weiter: Woher kam es, daß bei Adam und Eva die Strafe nicht dieselbe war, da sie doch dieselbe Sünde begangen hatten? Daher, weil es eine andere Schuld war, wenn Eva sich von der Schlange betrügen ließ, als wenn Adam seinem Weibe folgte. Deßhalb bezeichnet der Apostel nur das, was der Eva widerfuhr, als Betrug, indem er schreibt: „Adam wurde nicht betrogen; das Weib hingegen ließ sich betrügen und gerieth in Uebertretung" (1 Tim. 2, 14). Warum ferner fand der Mann, welcher am Sabbat Holz gesammelt hatte, keine Gnade? Weil es einerseits eine arge Verkehrtheit war, das Gebot Gottes, nachdem es kaum gegeben war, sofort zu übertreten, und weil andererseits das Volk mit großer Furcht erfüllt werden sollte. Dieselbe Absicht hatte Gott auch bei der Strafe, welche er über Ananias und Saphira kommen ließ (Apg. 5).

Darum laßt uns, andächtige Christen, wenn wir in Sünden gefallen sind, wohl zusehen, ob wir uns auch so benehmen, daß wir der Barmherzigkeit Gottes würdig sind; ob wir wohl unsererseits alles thun, damit wir derselben theilhaftig werden; ob wir unsere Sünden aufrichtig bereuen; ob wir uns gebessert und von dem Bösen abgelassen haben. Denn das, wovon wir reden, nämlich der Barmherzigkeit Gottes theilhaftig werden, das ist eben nichts anderes, als durch Reue und Buße Vergebung der Sünden erlangen. Wir sehen das klar auch in dem Psalme, den wir betrachten; der König David bittet Gott den Herrn, er möge ihm vergeben um seiner Thränen und um seines bittern Reueschmerzes willen. „Jede Nacht", betet er, „benetze ich mein Lager und babe mit Thränen meine Ruhestätte; mein Gebein erbebt und meine Seele ist tief erschüttert." Das ist offenbar der Ausdruck aufrichtiger Buße und tiefer Zerknirschung.

3. Indes diese Gedanken kommen erst später; zunächst weist er Gott hin auf die Armseligkeit seiner Natur, indem er sagt: „Habe Erbarmen mit mir, o Herr, weil ich gar elend bin." Für sich allein hält er diesen Grund freilich nicht für genügend; denn wäre er das, dann würden wir aus Rücksicht hierauf insgesamt Vergebung erhalten, da wir ja alle Menschen sind. Uebrigens glaube ich, daß die angeführten Worte eigentlich einen andern Sinn haben. David weist nämlich durch dieselben auf seine Bedrängnisse hin als einen mächtigen Beweggrund in den Augen Gottes, ihm Gnade und Barmherzigkeit zu theil werden zu lassen. In diesem Sinne sagt er auch in einem spätern Verse: „Ich bin gealtert ob aller meiner Feinde." Denn Leiden und Drangsale, wenn wir sie mit Ergebung und Dank gegen Gott geduldig tragen, haben sehr große Kraft, den Herrn gnädig gegen uns zu stimmen und seine Barmherzigkeit auf uns herabzuziehen; an diese, glaube ich, erinnert er deshalb Gott den Herrn.

Dann fährt er fort: „Hilf mir, o Herr, denn mein Gebein erbebt und meine Seele ist tief erschüttert." Das ist die natürliche Folge der Sünde. Wenn über das Meer ein gewaltiger Sturm hinfährt, dann geräth alles in Aufruhr, der Schlamm auf dem Grunde wird aufgewühlt und steigt nach oben, Schiffe und Seefahrer schweben in der größten Gefahr. Aehnliches führt in uns die Sünde herbei: sie bringt die Seele in Verwirrung und erschüttert den Leib; in allen Kräften unserer Seele wüthet dann der Sturm, unsern Geist umgibt Finsterniß, alles ist in Gefahr zu Grunde zu gehen, weil nichts fest an seiner Stelle bleibt und überall wilde Bewegung herrscht. Diese Wirkungen treten namentlich bei denen hervor, welche sich der Sünde des Fleisches ergeben; aber nicht minder führt auch heftiger Zorn dieselben herbei oder übergroße Traurigkeit im Unglück. Alle diese Leidenschaften erschüttern Seele und Leib, sie werden im Auge sichtbar und entstellen das Gesicht; und gleichwie, wenn der Wagenlenker in plötzlichem Schrecken sich die Zügel entfallen läßt, die Pferde ohne Leitung in blinder Eile dahinrennen, so gerathen in der Seele des Menschen, wenn die Vernunft sie nicht mehr beherrscht, alle Vermögen in Unordnung und Aufruhr und erfüllen nicht mehr die Bestimmung, welche Gott ihnen gegeben hat.

Wir dürfen aber nicht unbeachtet lassen, in welcher Weise diese traurige Verwüstung in unserer Seele veranlaßt wird. Sie entsteht nämlich nicht etwa durch einen von uns unabhängigen äußern Zufall, wie wenn der Sturm das Meer aufwühlt, sondern sie ist die Folge unseres eigenen Leichtsinns, und es liegt nur an uns, ob sie eintreten soll oder nicht. Regt sich z. B. in dir die böse Lust, so wird dennoch das Feuer nicht auflodern, wenn du es nicht anfachest und ihm keine Nahrung gibst: wenn du deine Augen nicht lüstern umherschweifen lässest, nicht nach schönen Gesichtern dich umsiehst, nicht im Theater unzüchtigen Vorstellungen beiwohnst; das Feuer wird nicht auflodern, sage ich, dein Sinn wird nicht unrein werden, du wirst im stande sein, den sinnlichen Trieb zu beherrschen, wenn du ihn nicht stark machst durch übermäßige, üppige Nahrung, nicht mit Wein deine Vernunft überschwemmst. Ist also das genug, fraget ihr, um das sündhafte Feuer niederzuhalten? Nein, Christen, für sich allein kann das freilich noch nicht genügen. Ihr müßt auch noch andere Mittel zur Anwendung bringen: eifriges

Gebet, andächtigen und oft wiederholten Empfang der Sacramente, euern Verhältnissen entsprechendes Fasten, Mäßigkeit in Speise und Trank, Arbeit und nützliche Beschäftigung, welche jeden Müßiggang ausschließt, und vor allem andern die Furcht Gottes, die beständige Erinnerung an das Gericht, dem wir entgegengehen, an die unerträglichen Qualen der Verdammten und an die Seligkeit, die uns verheißen ist. Durch diese Mittel werdet ihr im stande sein, die entfesselte Begierde zu zügeln und das wilde Wogen des Meeres wieder zur Ruhe zu bringen.

4. Laßt uns in unserem Psalme fortfahren. „Und du, o Herr, wie lange noch?" heißt es weiter, und dann: „Wende dich zu mir, o Herr, und errette meine Seele; hilf mir doch um deiner Barmherzigkeit willen!"

Beachtet zunächst, wie David in jedem Verse aufs neue das Wort „o Herr" wiederholt. Er findet nämlich auch in diesem Worte einen besondern Grund der Nachsicht und der Gnade. Denn das ist es ja in der That, worauf vor allem andern unsere Hoffnung beruht: die unaussprechlich große Liebe Gottes gegen uns, und daß er so bereit ist und geneigt, mit uns Barmherzigkeit zu üben. Die Worte aber: „wie lange noch?" müßt ihr nicht als einen Ausdruck der Ungeduld und des Unwillens nehmen, sondern des Schmerzes und der Wehklage über die schwere Last der Leiden.

„Wende dich zu mir, o Herr, und errette meine Seele." Um zwei Dinge betet er hier: daß sich Gott zu ihm wenden möge und daß er seine Seele errette. Das nämlich liegt allen gottesfürchtigen Menschen immer an erster Stelle am Herzen, daß sich Gott mit ihnen versöhne, daß er ihnen gut und gnädig sei und sein Auge nicht von ihnen abwende. Haben sie das erlangt, dann sind sie auch des zweiten gewiß, der Rettung ihrer Seele. Es gibt freilich Menschen genug, welche für das Unsichtbare keinen Sinn haben und denen nur daran liegt, in ungestörter Ruhe das gegenwärtige Leben genießen zu können. Aber denen, welche Gott fürchten, geht nichts über das Heil ihrer unsterblichen Seele.

„Denn im Tode ist ja niemand, der deiner gedächte; und wer wird im Todtenreiche dich preisen?" Uebersehet nicht, wie viele Gründe David geltend macht, um Gott zum Erbarmen zu bewegen. „Denn ich bin gar elend", hat er im zweiten Verse gesagt; darauf im dritten: „denn mein Gebein erbebt, und meine Seele ist tief erschüttert"; weiter, wie ich euch eben aufmerksam machte: du bist ja „der Herr", an den mein Gebet sich richtet, und jetzt: „denn im Tode ist ja niemand, der deiner gedächte". Dieses letztere versteht er offenbar nicht so, als ob unser Dasein mit dem gegenwärtigen Leben ein Ende hätte; denn er wußte sehr wohl, daß wir von den Todten auferstehen werden; er will vielmehr damit sagen, daß, nachdem wir von dieser Erde geschieden sind, keine Sinnesänderung und kein Bereuen mehr möglich ist. Der reiche Mann in der Hölle bekannte seine Sünden und bereute sie; aber er hatte keinen Gewinn mehr davon, weil es zu spät war. Auch die thörichten Jungfrauen wünschten sehnlichst, als der Bräutigam plötzlich heranzog, Oel für ihre Lampen zu haben; aber niemand gab es ihnen. Darum also fleht der König David zu dem Herrn, daß er ihm die Gnade verleihen möge, hier auf Erden seine Sünden zu tilgen, damit er einst vor dem furchtbaren Gerichte mit Zuversicht erscheinen könne.

5. An diese Bitte schließt sich aber jetzt ein anderer Gedanke. Es nützt uns nichts, daß wir Gott bloß an unser Elend erinnern, an den traurigen Zustand unserer Seele, an seine große Barmherzigkeit oder an die Unmöglichkeit, jenseits noch Vergebung zu erlangen, wenn wir nicht in Verbindung mit der Gnade Gottes auch das Unsrige thun. Damit wir dieses nicht übersehen, fährt der Prophet also fort: „Erschöpft bin ich vor Seufzen; jede Nacht benetze ich mein Lager und babe mit Thränen meine Ruhestätte." Diese Worte sollten alle diejenigen erwägen, welche nicht von so hohem Range sind, wie David war; sie sollten erwägen, sage ich, welchen Schmerz und welche tiefe Reue über seine Sünden dieser Fürst bewies, den der königliche Purpur und die Krone schmückte. Ja, Christen, laßt uns das beherzigen, laßt uns unsere Sünden gleichfalls bereuen in tiefer Zerknirschung unseres Herzens. Seht, David war nicht einfach müde vor Seufzen, er war erschöpft davon; er weinte nicht bloß, er badete sein Lager mit Thränen, nicht einen Tag und zwei und drei, sondern Nacht für Nacht; und so hatte er nicht bloß eine Zeitlang gethan, sondern wir sehen aus seinen Worten, daß er es fort und fort thun wollte. Denn ihr müßt nicht denken, als ob er, nachdem er einmal so gehandelt, dann nachgelassen und sich Ruhe gegönnt hätte, sondern er setzte diese Uebung der Buße sein ganzes Leben fort — ganz anders als wir, die wir, nachdem wir uns einen einzigen Tag hindurch, oder auch nicht einmal so lange, einige Mühe gegeben haben, uns dann schnell wieder unserer Trägheit und der Zerstreuung und ausgelassener Freude hingeben. Nicht so, sage ich, handelte David: seine Thränen flossen fort und fort, er hörte nie mehr auf zu weinen, nachdem er schwer gesündigt hatte. O daß wir diesem Beispiele folgten! Denn wofern wir hier nicht weinen, nicht wenigstens in aufrichtigem Schmerze unsere Sünden bereuen [1] wollen, so bleibt uns nichts übrig, als jenseits zu wehklagen und zu weinen: und das umsonst, indes wir hier großen Gewinn davon hätten; und das in Schmach und Schande, während es uns hier zur Ehre gereichen würde. Daß dem so ist, das lehrt uns Christus selbst: „Dort wird Weinen sein", spricht er, „und Knirschen der Zähne" (Matth. 8, 12). Wer hier um seine Sünden weint, der wird großen Trost dafür empfangen. „Selig sind die Trauernden," heißt es, „denn sie werden getröstet werden" (ebd. 5, 5); dagegen: „Wehe euch, die ihr jetzt lachet, denn ihr werdet trauern und weinen" (Luc. 6, 25).

Und jene, die in Betten von Silber und Seide schlafen, möchten sie es sich zu Herzen nehmen, wie das Lager dieses büßenden Königs beschaffen war: nicht aus goldburchwirkten Stoffen, nicht mit kostbaren Steinen besetzt, sondern genäßt von Thränen! Und die Nacht war für ihn nicht eine Zeit der Ruhe, sondern des Weinens und der Wehklage. Bei Tage sah er sich durch Geschäfte

---

[1] Die letzten acht Worte stehen nicht im Original, müssen aber jedenfalls hinzugesetzt werden. Denn eine unerläßliche Bedingung der Rechtfertigung sind die Thränen nicht. Ueberhaupt dürfte sich bezüglich einzelner Gedanken dieser Nummer kaum in Abrede stellen lassen, daß sie Uebertreibungen sind. Es ist zu bedauern, daß es der Beredsamkeit, auch der geistlichen, so schwer wird, sich immer und ausschließlich an die einfache Wahrheit zu halten. Aber es ist begreiflich. Die Phantasie und das Gefühl sind in der Beredsamkeit sehr wesentliche Factoren; aber weder dieses noch jene ist das Vermögen für die Erkenntniß der Wahrheit.

und vielfältige Sorgen in Anspruch genommen; darum verwandelte er jene Stunden, wo andere sich der Ruhe überlassen, in Stunden der Buße und ließ dann um so unaufhaltsamer seine Thränen fließen, je weniger er besorgen mußte, gestört zu werden. Solche Thränen sind es, meine Christen, welche die Kraft haben, den Gluthstrom, der vom Richterstuhle Gottes ausgeht, das Feuer auszulöschen, von dem der Herr gesagt hat, daß es nie erlischt. Darum weinte auch der Apostel, wie er selber sagt, Tag und Nacht drei Jahre lang um die Verkehrtheiten anderer (Apg. 20, 31); wir dagegen vergießen nicht einmal eine Thräne um unsere eigenen Sünden, und nachdem wir den Tag in Lust und heiterer Unterhaltung hingebracht, liegen wir die Nacht in tiefen Schlaf begraben. Doch nein, nicht alle thun also: es gibt noch manche, die Schlimmeres thun, als wenn sie sich in tiefen Schlaf begrüben. Sie bleiben wach, um ihre gewinnsüchtigen Pläne zu entwerfen, um ihre Wuchergeschäfte und ihre betrügerischen Unternehmungen zu ordnen, oder um Anschläge auszusinnen gegen die Ehre und die Stellung ihrer Mitmenschen!

Wollt ihr verständig sein, Christen, dann müßt ihr euch hüten, solche nachzuahmen; dann müßt ihr um eure Seele ernstlich besorgt sein und an ihrem Heile arbeiten und wissen, daß die Thränen der Buße der befruchtende Regen sind, welcher der Tugend Gedeihen und Wachsthum bringt. Ein Lager, auf das solcher Regen fällt, ist keiner Sünde und keiner bösen Lust zugänglich; wer solche Thränen weint, dem gilt, was hier auf Erden ist, für nichts, jede Gefahr bleibt seiner Seele fern, sein Geist ist wie die Sonne rein und hell. Und denket nicht etwa, ich hätte, indem ich so rede, bloß die Mönche im Auge; nein, es handelt sich auch um solche, die mitten in der Welt leben, und gerade vorzugsweise um diese: denn gerade für sie ist die Buße am meisten nothwendig. Wer ernstlich Buße thut und tiefen Schmerz um seine Sünden fort und fort in seiner Seele lebendig erhält, über den kommt großer Friede, welchen keine verkehrte Gemüthsbewegung mehr stört; der freut sich, das Haus Gottes zu besuchen, und tritt mit vollem Vertrauen in dasselbe ein; der offenbart im Verkehr mit seinen Mitmenschen immer aufrichtige Liebe; kein Zorn, keine feindselige Gesinnung regt ihn auf, keine sündhafte Lust zieht ihn an, kein Verlangen nach irdischem Gewinn, kein Neid und keine Eifersucht hat Gewalt über ihn: denn alle diese Leidenschaften werden durch die Zerknirschung des Herzens verscheucht und ziehen sich vor den Thränen der Reue zurück wie die wilden Thiere in ihre Höhlen.

6. „Trüb geworden ist vor Gram mein Auge." Auch das ist wieder der Ausdruck der Zerknirschung, welche David in seiner Seele nährte, und der Angst vor dem Zorne Gottes, die ihn erfüllte. Das Wort Auge nämlich bedeutet hier das innere Auge, das Urtheil und die Klarheit des Geistes, welche durch die Erinnerung an unsere Sünden getrübt zu werden pflegt. Es standen ihm fort und fort seine Vergehungen vor Augen, und ihnen gegenüber gedachte er des Zornes Gottes; vor diesem ängstigte er sich und zitterte er, statt, wie die meisten thun, gedankenlos dahinzuleben. Solche Erschütterung der Seele ist die Mutter der Ruhe und des Friedens, solche Angst ist das Fundament der Sicherheit; wer diese Furcht vor Gott tief eingesenkt hat in sein Herz, der überwindet jeden Anbrang der Versuchung; ein Herz hingegen, das sie nicht kennt, wird schnell besiegt sein. Denn wie ein leichtes Fahrzeug

ohne Ballast, dem Wüthen der Stürme preisgegeben, unfehlbar sehr bald zu Grunde geht: gerade so muß dem Andrange so vieler Leidenschaften der Mensch erliegen, der ohne Schmerz und ohne Reue durch dieses Leben geht. In diesem Sinne sagt uns auch der Apostel von den Heiden, daß sie „jeglichen Schmerzgefühles bar, sich der Unlauterkeit überantworteten und allen Werken der Unreinheit und der Habsucht sich hingaben" [1]. Solange auf einem Schiffe der Steuermann für das Wohl der Mitfahrenden sich anstrengt und kümmert, dürfen diese vollkommen beruhigt sein; läßt er dagegen seine Sorge fahren und gibt er sich dem Schlafe hin, dann schweben alle in der größten Gefahr. Aehnlich ist es mit dem Menschen: wer lebhafte Furcht hat vor dem Gerichte Gottes und mit ernster Sorge darauf bedacht ist, sich sicherzustellen, der gewinnt dadurch Ruhe für seine Seele, indes der um nichts bekümmerte Leichtsinn mit seinem Kahne von den Wellen verschlungen wird.

Der Gedanke, den wir hiermit erwogen haben, ist nur die erste Hälfte des Verses; die zweite lautet so: „Ich bin gealtert ganz ob aller meiner Feinde." Was will der Prophet damit sagen? Es ist so viel als: meine Feinde haben meine Kraft gar sehr geschwächt. Seht, Christen, unser Leben ist ein fortwährender Kampf; von allen Seiten umgeben uns Feinde ohne Zahl, und die Stärke dieser Feinde nimmt zu, wenn wir in Sünden fallen. Darum müssen wir alles aufbieten, daß sie keine Gelegenheit finden, uns zu fassen, und um keinen Preis jemals mit ihnen Freundschaft schließen: dadurch allein sind wir sicher vor ihnen. Diese Feinde lehrte uns der Apostel kennen, da er den Christen zu Ephesus schrieb: „Wir haben nicht wider Fleisch und Blut zu kämpfen, sondern wider die Herrschaften und Gewalten, wider die Fürsten der Finsterniß und die Beherrscher dieser Welt" (Eph. 6, 12). Weil mithin ein so gewaltiges Heer von Feinden uns gegenübersteht, darum ist es nothwendig, daß wir fort und fort in den Waffen stehen und jede Gelegenheit zur Sünde von uns fernhalten. Denn nichts bewirkt in solchem Maße, daß wir altern und die Kraft verlieren, als es ihrer ganzen Natur nach die Sünde thut. In diesem Sinne heißt der Apostel die Christen die infolge ihrer Sünden über sie gekommene Altersschwäche von sich abthun, indem er ihnen schreibt: „Werdet nicht gleichgestaltet dieser Welt, sondern bildet euch wieder um durch Verjüngung eures Sinnes" (Röm. 12, 2). Deshalb, wer immer du sein magst, so du je durch Sünde gealtert wärest, sei darauf bedacht, durch ernstliche Sinnesänderung die Kraft deiner Jugend wiederzugewinnen.

7. „Lasset ab von mir," heißt es jetzt im Psalme, „ihr Missethäter alle; denn der Herr hat gehört auf die Stimme meines Weinens. Ja, erhört hat der Herr mein Bitten, der Herr hat aufgenommen mein Gebet." Was lehren uns diese Worte? Ihr habet oft genug gehört, wie ein sehr wesentliches Mittel, gottesfürchtig zu leben, darin besteht, daß man die Gemeinschaft und den Umgang mit bösen Menschen flieht. Dieses verlangt deshalb Christus der Herr von uns mit solcher Entschiedenheit, daß er uns den Befehl gibt, auch von solchen, die uns so theuer sind wie die unentbehrlichsten Glieder unseres

---

[1] Eph. 4, 19. Das zweite Wort des Verses, das die Vulgata mit *desperantes* wiedergibt, lautet bei Chrysostomus wie im Originaltext ἀπηλγηκότες.

Leibes, um jeden Preis uns zu scheiden, wenn sie uns Anlaß zur Sünde geben und die Verbindung mit ihnen unserer Seele Nachtheil bringt. „Wenn dich dein Auge ärgert," sagt er uns, „so reiße es aus, und wenn deine Hand dich ärgert, haue sie ab und wirf sie weg" (Matth. 5, 29. 30). Denn diese Worte sind nicht im eigentlichen Sinne, das heißt von den Gliedern unseres Leibes, zu verstehen, sondern von solchen Menschen, die uns lieb sind und uns nahe stehen; wir sollen unser freundschaftliches Verhältniß zu ihnen opfern, wenn dasselbe, statt uns und ihnen zum Heile zu gereichen, vielmehr üble Folgen hat. Diesem Grundsatze der Gottesfurcht also entsprach der büßende König; weit entfernt, Verbindungen und Beziehungen dieser Art zu suchen, brach er sie ab ohne Rücksicht und hielt sie mit aller Entschiedenheit von sich fern. Da seht ihr, was aufrichtige Buße wirkt, da seht ihr die Frucht der Thränen. Keine Neigung vermag ein wahrhaft zerknirschtes Herz mehr zu fesseln. Lasset auch uns mit solcher Entschiedenheit verfahren, meine Christen; und wenn der Mann, der unserer Seele Gefahr bringt, selbst eine Fürsten=
krone trüge, laßt uns seine Gunst zurückweisen. Nichts ist ja werthloser als ein Mensch, der sich dem Laster hingibt, mag er auch dabei auf dem Throne sitzen, wie auf der andern Seite den Menschen nichts höher adelt als wahre Tugend, und läge er auch in Ketten.

„Denn der Herr hat gehört auf die Stimme meines Weinens", setzt David hinzu. Diese Worte legen uns abermals die Wahrheit nahe, die ich bereits früher hervorgehoben habe: daß wir nämlich auch unsererseits mit=
wirken müssen, wenn uns daran liegt, von der Sünde frei zu werden. Denn David gedenkt wieder ausdrücklich dieser seiner Mitwirkung; und er sagt nicht einfach: der Herr hat gehört auf meine Stimme, sondern: „auf die Stimme meines Weinens". Dabei versteht er unter dem ersten Worte nicht den hör=
baren Schall, das äußerlich vernehmbare Tönen seiner Worte, sondern die Andacht und die innere Stimmung seiner Seele, und mit dem Worte „Weinen" meint er nicht bloß die sichtbaren Thränen, von denen seine Augen über=
flossen, sondern den Schmerz und die Sehnsucht, welche in seinem Herzen lebendig war. Wenn wir in dieser Weise Buße thun und dadurch bei Gott Erhörung finden, dann wird uns unfehlbar auch jene Stärke zu theil„ deren wir bedürfen, um jedem Umgang und jeder Verbindung ein Ende zu machen, die uns gefährlich ist.

8. Jetzt ist noch der letzte Vers des Psalmes übrig: „Gib, daß in sich gehen und sich schämen alle meine Feinde; laß sie umkehren und von Scham ergriffen werden bald und ohne Verzug." Es ist ganz die Gnade, deren sie bedürfen, um welche David in diesen Worten für seine Feinde betet. Denn wofern jemand, der schlechte Wege geht, sich schämt und umkehrt, so wird er vom Bösen ablassen. Er fleht zu Gott, daß sie umkehren mögen, und zwar unverzüglich. Wenn wir einen Menschen dahineilen sehen auf einem Wege, der ihn einem jähen Abgrunde zuführen muß, dann rufen wir ihm ja auch schleunigst zu: Mensch, wo gehst du hin? Ganz nahe vor dir liegt ein Ab=
grund! Ein wild gewordenes Pferd geht sicher zu Grunde, wenn es nicht bald gelingt, dasselbe festzuhalten. Und wenn jemand von einer giftigen Schlange gebissen ist, so vertheilt sich das Gift unfehlbar durch den ganzen Leib, wenn der Arzt nicht unverzüglich wirksame Gegenmittel anwendet.

Gerade so müssen wir in Rücksicht auf unsere eigene Seele handeln. Ich will sagen: wir müssen jeder unerlaubten Regung sofort und ohne Verzug Widerstand leisten, sonst wird sie stärker und bringt uns in immer stärkere Gefahr. Denn die Wunden, welche sich durch die Sünde in unserer Seele bilden, vergrößern sich, wenn man sie nicht achtet, sehr leicht, und sie machen die Seele nicht bloß krank und zum Guten schwach, sondern sie haben gar oft auch den ewigen Tod zur Folge. Sind wir hingegen darauf bedacht, das kleine Uebel fernzuhalten, so kann sich auch nichts Großes bilden. Urtheilet selbst: wer den festen Entschluß hat, alles Verletzende in seinem Benehmen zu vermeiden, der wird nicht im stande sein, einen Streit anzufangen; wer nicht im stande ist, einen Streit anzufangen, der wird mit allen Menschen Frieden halten; wer mit allen Menschen Frieden hält, der wird keinen Feind haben; wer aber keinen Feind hat und aufrichtige Nächstenliebe übt, der wird wahrhaft ein Mann der Tugend sein.

Laßt uns also das Böse nicht unbeachtet lassen, wenn es anfängt in uns zu entstehen, und dadurch verhüten, daß es zunimmt. Hätte Judas seine Habsucht gebändigt, so wäre er nicht in die furchtbare Sünde gefallen, den Sohn Gottes zu verrathen; hätte er diese Sünde vermieden, so wäre er nicht in das ewige Verderben gestürzt. Aus diesem Grunde warnt auch der Heiland uns nicht bloß vor Ehebruch und andern Werken der Unzucht, sondern auch vor ausgelassenen Blicken (Matth. 5, 28); er will die Wurzel des Bösen ausreißen, damit die Sünde um so gewisser überwunden werde. Das gleiche Verfahren beobachtete Gott auch den Juden gegenüber, nur in greifbarerer Weise, wie es dem weniger ausgebildeten Zustande ihres innern Lebens entsprach. Es war ihnen z. B. verboten, das Blut der Thiere zu genießen, und ein Pfand, das ihnen ein Armer gegeben, durften sie nicht bis nach Sonnenuntergang zurückbehalten (5 Mos. 24, 13): das erste Verbot sollte sie von Mordthaten abschrecken, das zweite aber sie vor Härte und Unmenschlichkeit bewahren. Diese Schranken bestehen jetzt freilich nicht mehr; aber eben darum herrscht überall Unordnung und Willkür. Deshalb, wenn sich in dir eine verkehrte Regung erhebt, betrachte sie nicht als eine Kleinigkeit, sondern bedenke, daß, wenn sie zunimmt, sie die Wurzel sehr schlimmer Dinge werden wird. Wenn wir sehen, daß in einem Hause ein kleiner Haufen Werg zu brennen anfängt, dann erschrecken wir und machen Lärm; in solchen Dingen lassen wir uns keineswegs dadurch beruhigen, daß der Anfang so geringfügig ist, sondern wir denken an das, was sich daraus entwickeln kann; darum sind wir gleich voll Angst und beeilen uns, den Brand vollständig zu löschen. Aber mit reißenderer Schnelligkeit als ein solches Feuer verwüstet die Sünde unsere Seele. Darum müssen wir wachsam sein und dem Unglück zuvorkommen. Denn sind wir in diesem Punkte leichtsinnig, so gelingt es uns später viel schwerer, das Uebel wieder zu heben. Ein Beispiel der gleichen Sorgfalt geben uns die Schiffsleute auf der See; sie gerathen nicht erst in Schrecken, wenn sie ihr Fahrzeug bereits mit Wasser angefüllt sehen, sondern sobald das Wasser nur anfängt, in das Schiff einzudringen. So laßt uns denn nicht leichtsinnig sein und kleine Fehler unbeachtet lassen, sondern mit Ernst und Entschiedenheit dieselben von uns fernzuhalten suchen, damit wir vor größern Sünden bewahrt bleiben und so der künftigen Freuden theilhaftig werden, durch die Gnade und die Liebe unseres Herrn Jesus Christus. Mit ihm sei Ehre, Macht und Herrlichkeit dem Vater und dem Heiligen Geiste jetzt und immer und in Ewigkeit. Amen.

Homilie über den sechsten Bußpsalm.
(Von dem hl. Johannes Chrysostomus[1].)

„Aus der Tiefe rufe ich zu dir, o Herr; o Herr, erhöre meine Stimme. Laß deine Ohren merken auf die Stimme meines Flehens. Wenn du auf die Sünden achten wolltest, o Herr, o Herr, wer wird bestehen? Aber bei dir ist Erbarmung, und um deines Gesetzes willen verlasse ich mich auf dich, o Herr. Meine Seele verläßt sich auf dein Wort[2], meine Seele hoffet auf den Herrn. Von der Morgenwache bis zur Nacht soll Israel vertrauen auf den Herrn. Denn bei dem Herrn ist Barmherzigkeit, bei ihm ist Erlösung überreich; ja, er wird erlösen Israel von allen seinen Sünden" (Ps. 129).

1. „Aus der Tiefe rufe ich zu dir, o Herr; o Herr, erhöre meine Stimme." Was bedeuten die ersten Worte: „aus der Tiefe"? Der Prophet sagt nicht einfach, mit meinem Munde rufe ich zu dir oder mit meinen Lippen; denn auch indes der Sinn umherschweift, pflegen gar oft ja die Worte hervorzuströmen; sondern er sagt „aus der Tiefe", das heißt tief unten aus meinem Herzen, mit großem Eifer, mit inbrünstiger Andacht, aus dem Innersten meines Gemüthes. Das ist die Stimmung einer Seele, die schwere Drangsal leidet. Starke Bewegung ergreift in solchen das ganze Herz, und sie flehen zu Gott in tiefem Schmerzgefühl; darum finden sie auch Erhörung.

Denn Gebete dieser Art haben eine ganz besondere Beständigkeit und Ausdauer; der Teufel mag alles aufbieten, es gelingt ihm dennoch nicht, sie zu stören oder ihnen ein Ende zu machen. Eine mächtige Eiche, die ihre Wurzeln tief hinab in die Erde sendet und sie um festes Gestein schlingt, bietet aller Gewalt des Sturmes Trotz; ein Baum hingegen, der fast nur auf der Oberfläche der Erde steht, wankt bei jeder Bewegung der Luft, und ein schwacher Windstoß wirft ihn entwurzelt zu Boden. Das gleiche ist der Fall bei dem Gebete. Steigt es aus dem Innersten des Herzens auf, hat es feste Wurzeln im tiefsten Grunde der Seele, dann wird sich die Wärme der Andacht und die Innigkeit des Sehnens nicht mindern, ob auch zahllose Zerstreuungen und fremde Gedanken sich erheben und der Teufel in Versuchungen seine ganze Macht entfaltet; Gebete aber, welche nur im Munde ihren Sitz haben und auf den Lippen, statt aus der Tiefe des Gemüthes zu kommen, die sind unfähig, sich zu Gott zu erheben, wegen der Gedankenlosigkeit dessen, der sie verrichtet. Denn sowie er ein Geräusch hört, wendet ein solcher diesem seine

---

[1] In psalmum 129. — Vgl. S. 358 u. 86 die Noten.
[2] In der Vulgata heißt es: „auf sein Wort".

Aufmerksamkeit zu; wo sich ein kleiner Lärm erhebt, da weiß er schon gar nicht mehr, daß er betet; und während sein Mund die tönenden Worte bildet, ist sein Gemüth ganz ohne Theilnahme und sein Herz ohne Empfindung.

Meine Christen, so beten die Heiligen nicht. Sie verrichteten ihr Gebet in tiefer Sammlung, und die wärmsten Gefühle der Ehrfurcht und inniger Andacht erfüllten dabei ihre Seele, wie sich das auch in der Demuth ihrer äußern Haltung kundgab. Als der Prophet Elias Gott den Herrn um Regen bitten wollte, da begab er sich in die Einsamkeit, kniete nieder, beugte das Haupt fast bis zur Erde und betete so in größter Inbrunst (3 Kön. 18, 42). Bei einer andern Gelegenheit sehen wir, wie er in aufrechter Stellung, zum Himmel gerichtet, betet, mit solcher Kraft, daß, wie er es verlangt hatte, Feuer vom Himmel über das Brandopfer herabkam und es verzehrte (ebd. V. 36—38). Und als er den Sohn der Wittwe vom Tode wiedererwecken wollte, streckte er sich der Länge nach hin und wirkte dieses Wunder der Todtenerweckung, indem er nicht gähnend und halb im Schlafe wie wir, sondern sehr inständig und mit großer Wärme zu Gott flehte (ebd. 17, 20—22). Doch wozu weise ich euch auf Elias hin und auf die Heiligen? War ich ja selber oft schon Zeuge, wie Frauen um ihren Mann, der in der Fremde war, oder für ein krankes Kind mit der tiefsten Andacht und unter vielen Thränen so lange beteten, bis sie ihr Verlangen erfüllt sahen. Wenn aber Frauen um ein Kind oder um einen Gatten, da er von ihnen fern ist, mit solcher Innigkeit und Wärme zu beten wissen, womit kann dann ein Mann sich rechtfertigen, der ohne alles Gefühl seine Gebete hersagt, indeß seine Seele todt ist? Diese Andachtslosigkeit ist der Grund, weshalb wir, da wir doch manches Gebet verrichten, uns niemals erhört sehen. Erinnert euch an das Beispiel der Anna, der Mutter des Propheten Samuel, wie sie aus der Tiefe des Herzens betete, wie sie dabei einen Strom von Thränen vergoß und wie solches Beten sie über sich selbst zu Gott erhob.

Denn ihr müßt nicht übersehen, daß das Gebet, wenn wir es in dieser Weise verrichten, uns an und für sich schon eine Quelle reichen Gewinnes ist, auch bevor wir noch der Gnade, um die es uns zu thun ist, theilhaftig geworden sind. Mit Innigkeit und warmer Andacht verrichtet, sage ich, hat das Gebet die größte Kraft, alle verkehrten Regungen unseres Herzens niederzuhalten, den Zorn zu sänftigen, die Eifersucht auszutreiben, die böse Lust zu dämpfen, die Liebe zum Irdischen zu ertödten, unser Gemüth mit Ruhe und Frieden zu erfüllen, kurz, uns hinauf über diese Erde zum Himmel zu erheben. Denn gleichwie durch den Regen die Härte des Bodens, auf den er herabfällt, erweicht wird, und im Feuer das Eisen, so erweicht sich durch die Wärme der Andacht die Seele wieder, wenn Sünden und böse Gewohnheiten sie verhärtet haben. Von Natur ist unsere Seele weich und bildsam, aber wie das Wasser der Donau oft infolge der Kälte gefriert und steinhart wird, so verhärtet sich durch Sünde und Leichtsinn die Seele und ist dann gefühllos wie ein Stein. Solche Härte wieder zu lösen, dazu bedarf es großer Wärme. Nichts ist aber in dieser Beziehung wirksamer als das Gebet. Wenn ihr darum euch anschicket zu beten, dann habet nicht allein das im Auge, daß euch dasjenige, worum ihr betet, gewährt werde, sondern heget auch das Verlangen, daß eure Seele sich durch das Gebet veredeln möge. Wer in solcher Weise seine Gebete verrichtet, der lernt das Irdische geringschätzen; sein Gemüth erhebt sich zu bleibender Vereinigung mit Gott, nichts Vergängliches vermag ihn zu fesseln, keine böse Neigung ihn zu beherrschen.

2. Wir müssen aber den ersten Vers des Psalmes, an den wir bisher unsere Betrachtung anlehnten, nochmals kurz ins Auge fassen, um ihn vollständig zu verstehen. Der Prophet sagt: „Aus der Tiefe rufe ich zu dir, o Herr; o Herr, erhöre meine Stimme." Die Worte: „ich rufe zu dir", sollen die innere Stimmung der Seele bezeichnen, nicht den hörbaren Klang der Worte. Zwei Wahrheiten liegen aber in diesem Verse angedeutet: die erste ist, daß wir unmöglich von Gott etwas verlangen können, wenn wir nicht auch das Unsrige dafür thun; die zweite, daß das anhaltende und inständige Gebet, von Thränen des Verlangens und der Zerknirschung begleitet, sehr viel vermag, um Gott zu bestimmen, daß er uns das, was wir verlangen, zu theil werden lasse. Denn auf die Worte: „aus der Tiefe rufe ich zu dir, o Herr", läßt der Prophet mit großer Zuversicht und wie im Bewußtsein, alles, was an ihm ist, geleistet zu haben, die andern folgen: „o Herr, erhöre meine Stimme".

„Laß deine Ohren merken", setzt er dann hinzu, „auf die Stimme meines Flehens." Die Worte „deine Ohren" bedeuten jene Eigenschaft Gottes, vermöge deren er unsere Wünsche und unser Verlangen erkennt; „die Stimme des Flehens" aber ist auch hier wieder nicht der sinnlich wahrnehmbare Ton, sondern das innere Gefühl der Seele, die Empfindung der Sehnsucht und des inständigen Verlangens.

3. Gehen wir zum dritten Verse über. Mancher könnte denken: Ich bin ein Sünder, beladen mit Vergehen ohne Zahl; ich kann nicht hintreten vor Gott und zu ihm beten und ihn anrufen. Darum schneidet der Heilige Geist diese Ausrede ab, indem er den Propheten weiter sprechen lehrt: „Wenn du auf die Sünden achten wolltest, o Herr, o Herr, wer wird bestehen?" Das will sagen: dann wird niemand bestehen. Denn es ist unmöglich, Christen, durchaus unmöglich, daß ein Mensch Barmherzigkeit und Gnade fände, wenn Gott über alles, was er gethan, mit voller Schärfe Rechenschaft von ihm verlangen würde. Ich sage das nicht, um euch zu leichtsinniger Sorglosigkeit zu veranlassen, sondern um diejenigen zu trösten und aufzurichten, die sich versucht fühlen zu verzweifeln. „Wer", so lehrt uns in den Sprüchen der Heilige Geist, „wer kann sich rühmen, ein reines Herz zu haben, oder wer darf sagen, er sei frei von Sünden?"[1] Und was soll ich euch auf gewöhnliche Menschen hinweisen? Wenn ich den Apostel Paulus hier vor uns erscheinen lassen könnte und über das, was er gethan, genaue Rechenschaft von ihm verlangte, er würde nicht bestehen. Denn was wird er sagen können? Er war als Eiferer für das Gesetz seines Volkes mit den Schriften der Propheten vollkommen vertraut; er sah alle die Wunder, welche vor seinen Augen gewirkt wurden, und besungeachtet fuhr er fort, die Christen zu verfolgen, und ließ nicht ab, bis er die wunderbare Erscheinung hatte und die schreckliche Stimme vernahm; bis dahin, sage ich, hörte er nicht auf, alles zu verwüsten

---

[1] Spr. 20, 9. Chrysostomus gibt diese Stelle nach den Septuaginta; in der Vulgata lautet sie nicht ganz so.

und zu Grunde zu richten. Und doch ging Gott der Herr über alles das hinaus und berief ihn zum Apostel und überhäufte ihn mit einer Fülle von Gnaden. Und der Fürst der Apostel, der hl. Petrus, verdient er nicht den Vorwurf, daß er nach unzähligen Wundern und Zeichen und trotz der liebreichen Ermahnung und der nachdrücklichen Warnung, die ihm der Herr ertheilte, sich einer sehr schweren Sünde schuldig gemacht? Aber auch ihm wurde wieder alles nachgesehen, und der Herr machte ihn zum Haupte seiner Apostel. In diesem Sinne sprach er zu ihm: "Simon, Simon, siehe, der Satan hat nach euch begehrt, um euch zu sieben wie Weizen; aber ich habe gebetet für dich, daß dein Glaube nicht ausgehe" (Luc. 22, 31. 32). Indes auch alle diese Nachsicht würde allein noch keineswegs genügen; wenn der Herr nicht auch nach all diesem noch wieder mit neuer Barmherzigkeit und Milde vorgehen, sondern nach der Strenge der Gerechtigkeit richten wollte, so würden alle schuldig erfunden werden und der Strafe werth. Das sprach der Apostel selber aus. "Ich bin mir nichts bewußt," schreibt er an die Korinther, "aber dadurch bin ich nicht gerechtfertigt" (1 Kor. 4, 4).

Auf zwei Punkte muß ich euch bei diesem Verse noch aufmerksam machen. Der Prophet sagt: "Wenn du auf die Sünden achten wolltest, o Herr, o Herr, wer wird bestehen?" Es geschieht nicht zufällig und ohne Grund, daß er zweimal sagt: "o Herr"; das Uebermaß der Barmherzigkeit Gottes steht vor seinem Geiste, Gottes unendliche Majestät und das unermeßliche Meer seiner Gütigkeit, und dieser Gedanke reißt ihn hin im Gefühle tiefer Ehrfurcht und innigen Vertrauens. Das andere, was ihr beachten müßt, ist die Wendung: "wer wird bestehen?" Der Prophet hätte auch sagen können: wer wird dann deiner Gerechtigkeit entgehen? aber diese Worte hätten viel weniger ausgedrückt.

4. "Aber bei dir ist Erbarmung", fährt er fort. Was will das sagen? Nicht durch unsere guten Werke, sondern allein durch deine Güte können wir den verdienten Strafen entgehen; es ist einzig deine Liebe zu uns, wenn dieselben nicht über uns kommen. Wolltest du hingegen uns deiner Gnade nicht theilhaftig werden lassen, so könnte nichts dereinst uns schützen vor deinem Zorne. Die nämliche Wahrheit spricht Gott auch durch den Propheten Isaias aus: "Ich bin es, ich selber, der auslöschet deine Missethaten um meinetwillen, und deiner Sünden will ich nicht gedenken" (Is. 43, 25). Das heißt, wie ich eben schon sagte: es ist nur meine Nachsicht, meine Barmherzigkeit, wenn du Gnade findest; denn was immer du selber haben und thun könntest, es würde dich in keiner Weise vor der Strafe retten.

"Um deines Gesetzes willen verlasse ich mich auf dich, o Herr. Meine Seele verläßt sich auf dein Wort, meine Seele hoffet auf den Herrn." Der Sinn dieser Worte ist der: Weil du unendlich barmherzig bist und weil du selber es uns so befiehlst, darum rechne ich darauf, daß ich selig werde. Wollte ich auf meine Schuld sehen und meine Schlechtigkeit, dann hätte ich längst alle Hoffnung aufgeben, längst verzweifeln müssen; aber vor meiner Seele steht dein Gebot, ich gedenke deines Wortes, und deshalb erfüllt Vertrauen mein Herz und feste Zuversicht. Was ist das denn für ein Wort, andächtige Christen? Es ist das Wort der Erbarmung. Denn er ist es, der uns durch den Propheten die Versicherung gibt, daß er "reich ist an Verzeihung"; und „meine Gedanken", fährt er fort, „sind nicht eure Gedanken, und meine Wege sind nicht eure Wege, sondern so hoch der Himmel ist über die Erde, so hoch sind meine Wege über eure Wege und meine Gedanken über eure Gedanken" (Js. 55, 7—9). Ebenso heißt es im 102. Psalm (13. 12. 14): „Wie der Vater sich erbarmt über seine Kinder, so hat der Herr sich erbarmt über die, so ihn fürchten"; und wieder: „Soweit der Aufgang absteht vom Niedergange, so fern machte er von uns unsere Missethaten"; „denn er kennt unser Gebilde, er gedenkt, daß wir Staub sind." In solchen Stellen der Heiligen Schrift haben wir die zuverlässige Bürgschaft, daß Gott nicht bloß diejenigen des ewigen Lebens theilhaftig macht, welche Gutes gethan haben, sondern auch den Bösen Schonung angedeihen läßt, und daß mitten unter unsern Sünden seine Sorge um uns und seine erbarmungsvolle Vorsehung wirksam ist.

Die Worte unseres Psalmes, von denen ich zuletzt sprach, werden mit Aenderung eines Wortes auch so wiedergegeben: „Um deines Namens willen verlasse ich mich auf dich, o Herr." Darin liegt für uns ganz der nämliche Gedanke des Trostes. Denn das bedeutet: So sehr ich auch ein Sünder bin und zahlloser Verkehrtheiten schuldig, so weiß ich doch, daß du, damit nicht dein Name entweiht werde, uns nicht gleichgiltig zu Grunde gehen lässest. So spricht auch der Herr selbst durch den Propheten Ezechiel (36, 22): „Nicht euretwegen thue ich also, sondern um meines Namens willen, auf daß derselbe nicht entweiht werde unter den Heiden."[1] Also ob wir auch nicht verdienen, daß wir gerettet werden, und ob auch unsere Werke nicht dazu angethan sind, uns Vertrauen einzuflößen, so dürfen wir dennoch um des Namens Gottes willen darauf rechnen, daß wir Gnade finden; diese Zuversicht ist uns geblieben. Und der Ausdruck der nämlichen Zuversicht wiederholt sich in den Worten: „Meine Seele verläßt sich auf dein Wort." Gott hat es uns so oft verheißen, er hat es uns so fest verbürgt, er werde sich unser erbarmen und uns gnädig sein: das ist für uns ein sicherer Anker zuversichtlicher Hoffnung, und darum dürfen wir niemals verzweifeln.

5. „Von der Morgenwache bis zur Nacht soll Israel vertrauen auf den Herrn." Fort und fort, will er sagen, bei Tag und bei Nacht, unser ganzes Leben sollen wir vertrauen auf Gott. Denn seid überzeugt, Christen, es gibt für uns kein wirksameres Mittel, der Hilfe Gottes theilhaftig zu werden und das Heil unserer Seele sicherzustellen, als wenn wir unser Auge unausgesetzt auf Gott gerichtet halten und nicht ablassen, auf ihn zu bauen, mag sich auch noch so viel ereignen, was uns zur Verzweiflung treibt. Das demüthige Vertrauen auf Gott ist eine unübersteigbare Mauer, eine feste Burg, ein unbezwinglicher Thurm. Und ob alles, was du rings um dich her erblickst, dir auch die größte Gefahr und Tod und Verderben zu drohen scheint, laß nicht ab, auf Gott zu hoffen und zu rechnen auf seine Hilfe. Ihm ist alles leicht, nichts kostet ihm Mühe, er findet immer einen Ausweg, wo es ist, als ob alle Wege verschlossen wären. Darum sei nicht bloß in solchen Tagen seiner Hilfe gewärtig, wo dir alles nach Wunsch geht, sondern dann vor

---

[1] διὰ τὸ ὄνομά μου, ἵνα μὴ βεβηλωθῇ ἐν τοῖς ἔθνεσιν, heißt es bei Chrysostomus; in der Vulgata hingegen: propter nomen sanctum meum, *quod polluistis* in gentibus.

allem, wenn das Meer hoch geht und heftige Stürme daherbrausen und die Gefahr aufs höchste steigt. Denn in solchen Augenblicken eben pflegt Gott mehr als je seine Macht kundzuthun. Das ist es, was der Heilige Geist uns nahelegen will in dem Verse, von dem wir reden: wir sollen immerdar auf ihn unsere Hoffnung setzen unser ganzes Leben hindurch, zu jeder Zeit und in jeder Lage.

Höret jetzt die zwei letzten Verse: „Denn bei dem Herrn ist Barmherzigkeit, bei ihm ist Erlösung überreich; ja er wird erlösen Israel von allen seinen Sünden." Bei Gott, sagt der Prophet, ist ein unerschöpflicher Schatz von Güte, eine nie versiegende Quelle von Barmherzigkeit. Wo aber solche Barmherzigkeit ist, da ist auch Erlösung, und nicht einfach Erlösung, sondern überreiche Erlösung, ein Meer von Erbarmen, das keine Grenzen hat. Wenn wir folglich auch in schwere Sünden verstrickt sind, so dürfen wir doch nicht den Muth sinken lassen, nicht verzweifeln. Denn wo Barmherzigkeit und Liebe walten, da wird das Böse, das wir gethan, nicht mit unnachsichtlicher Genauigkeit und Schärfe verrechnet, sondern es wird das meiste übersehen wegen der großen Güte dessen, der zu richten hat, und seiner Geneigtheit, zu schonen und zu verzeihen. Das ist aber eben die Gesinnung Gottes gegen uns Menschen; er wünscht immer mit uns Nachsicht zu üben und uns gnädig zu sein. „Ja, er wird erlösen Israel von allen seinen Sünden." Wenn dem also ist, schließt der Prophet, wenn das Meer der Güte Gottes nach allen Seiten überströmt, dann wird er offenbar ganz gewiß auch seinem Volke Hilfe bringen und es frei machen wie von den Strafen seiner Sünden, so auch von der Schuld derselben.

O Christen, laßt uns diese trostreiche Wahrheit vor Augen haben; laßt uns, weil wir dieselbe kennen, ausdauern im Gebete, beharrlich fortfahren, bei Gott Hilfe zu suchen, und niemals nachlassen, mag uns nun das zu theil werden, um was wir bitten, oder nicht. Denn wenn es bei ihm steht, unsere Bitten zu gewähren, dann steht es ja auch bei ihm, den Tag und die Stunde der Erhörung zu bestimmen, und die kennt er am besten. Ich sage es nochmals, laßt uns ausharren im Gebete und im Flehen zu Gott, laßt uns feststehen in dem Vertrauen auf seine Güte und Barmherzigkeit und um keinen Preis an unserem Heile jemals verzweifeln. Thun wir nur jederzeit, was an uns ist, dann wird Gott auch stets das Seine thun; denn bei ihm ist unaussprechlich großes Erbarmen und eine Liebe, die keine Grenzen hat. Möchten wir insgesamt derselben theilhaftig werden durch die Gnade und die Liebe unseres Herrn Jesus Christus! Mit ihm sei Ehre dem Vater und dem Heiligen Geiste von Ewigkeit zu Ewigkeit. Amen.

Predigt über das jüngste Gericht.
(Mac Carthy[1]. Paränetisch.)

> Tunc videbunt Filium hominis venientem in nube, cum potestate magna et maiestate.
> „Alsdann werden sie kommen sehen den Sohn des Menschen auf einer Wolke, in großer Macht und Majestät" (Luc. 21).

Soll ich euch offen und ohne Rückhalt gestehen, mit welcher Absicht ich heute auf diese Kanzel trete? Soll ich euch sagen, daß ich, von Entsetzen ergriffen bei dem Gedanken an das Gericht, das Gott am jüngsten Tage halten wird, den Versuch machen will, das ganze Gefühl meiner eigenen Angst auch in euch wachzurufen und diejenigen, welche in Sünden leben, wie durch einen Lärmruf aufzuschrecken, um sie womöglich herauszureißen aus ihrem verhängnißvollen Schlafe, ehe derselbe für sie übergeht in den Schlaf des ewigen Todes? Ja, vernehmet es, ihr Sünder alle, die ihr euch heute in dieser Kirche befindet; nicht etwa, um durch Gemälde ohne Wahrheit eure Einbildungskraft zu erhitzen oder in eurem Gemüthe eine werthlose Aufregung hervorzurufen, die schnell wieder vorüber ist, sondern in der Hoffnung, euch zu bekehren und eure Seele vor dem Verderben zu bewahren, will ich heute das großartigste und das furchtbarste Schauspiel an eurem Geiste vorüberziehen lassen, welches der Glaube uns kennen lehrt. Dabei werde ich in dem Eifer, der mich beseelt, alle jene Rücksichten einer zarten Schonung unbeachtet lassen, die zu beanspruchen ein weltlicher Sinn sich berechtigt glauben mag; vielmehr aus aufrichtiger Liebe zu euch auftreten mit dem vollen Ernste meines Amtes und der ganzen Strenge der Wahrheit. Ich weiß sehr wohl, wie leicht sich das Gefühl der Großen dieser Erde verletzt findet, und es ist mir, davon dürft ihr überzeugt sein, es ist mir schmerzlich und hart, eure Seele in Angst und Betrübniß zu versetzen; besungeachtet werde ich euch nicht mit schrecklichen Wahrheiten und traurigen Bildern verschonen; denn vielleicht ist ja das allein noch im stande, euch dahin zu bringen, daß ihr eure Sünden bereut, daß ihr von jenen falschen Freuden, von jenen Thorheiten, die euch in das Verderben stürzen, euch abwendet und den aufrichtigen und entschiedenen Entschluß fasset, in Zukunft ein Leben zu führen, nach welchem ihr ein barmherziges Gericht erwarten dürfet. Ach, Christen, ist es denn nicht besser, wenn ich euch für kurze Zeit Angst verursache, als wenn ich euch für immer zu Grunde gehen ließe? Und würde ich nicht die wesentlichste meiner Pflichten gegen euch verläugnen, wenn ich lange untersuchen wollte, ob es euch heute nicht vielleicht

---

[1] Sermons du R. P. de Mac Carthy d. l. C. d. J. I (Paris 1834), 81 ss. Die Predigt ist für den ersten Sonntag im Advent gearbeitet; sie gehört zu den „paränetischen Predigten der ersten Klasse". (Vgl. unten Nr. 408 ff.) — Nikolaus von Mac Carthy wurde am 19. Mai 1769 zu Dublin geboren; seine Familie gehörte dem ältesten Adel von Irland an. Erst am 19. Juni 1814 empfing er zu Chambery die Priesterweihe, trat 1818 in die Gesellschaft Jesu und starb am 3. Mai 1833 zu Annecy.

unangenehm ist, Dinge anzuhören, die, wenn sie über euch kämen, euch dereinst unerträgliche Qualen bereiten müßten?

Darum laßt uns denn mit gutem Willen und aufrichtigem Ernste gemeinsam die schrecklichen Ereignisse betrachten, welche sich am Tage des Weltgerichtes vollziehen werden. Es gab eine Zeit, wo der Gedanke an diese Ereignisse die Wüsten bevölkerte mit Mönchen und Einsiedlern; es gab eine Zeit, wo die Erinnerung daran mitten in ihrer tiefen Einsamkeit, nach einem Leben voll mühsamer Arbeit für die Kirche Gottes einen Hieronymus, nach einem Leben der Buße voll Fasten und Nachtwachen einen Hilarion zittern machte.

Aber, könntet ihr sagen, es wird ja über einen jeden aus uns schon im Augenblicke des Todes der unabänderliche Urtheilsspruch ergehen, der über unser Schicksal in der Ewigkeit entscheidet. Müssen wir also nicht vielmehr dieses besondere Gericht fürchten, statt so eingehend jenes andere zu betrachten, das den Abschluß der Weltzeit bildet und bei welchem das längst gefällte Urtheil nur bestätigt und der ganzen Menschheit feierlich bekannt gemacht werden wird?

Die Antwort auf diese Frage soll eben den Inhalt meiner heutigen Predigt ausmachen. Ich will euch nämlich gerade dasjenige vorführen, was durch das Weltgericht zu den Schrecken des besondern Gerichtes noch hinzutritt, und ihr werdet sehen, wie das Weltgericht die Rache Gottes besiegelt und das Verderben der Sünder vollständig macht. Wir können die Ereignisse, welche nach Gottes Anordnung an dem Tage seiner Gerechtigkeit stattfinden müssen, angemessen in drei Punkte zusammenfassen, die wir nacheinander erwägen wollen. Diese sind: die Auferstehung aller Menschen dem Leibe nach, die Enthüllung aller Geheimnisse des Gewissens vor der ganzen Welt, und der letzte Urtheilsspruch, welcher die Auserwählten und die Verworfenen auf ewig voneinander scheidet. Ich sage also: erstens, die Auferstehung dem Leibe nach wird für den unglücklichen Sünder eine Verdoppelung seiner Strafe sein; zweitens, die öffentliche Enthüllung aller Geheimnisse des Gewissens wird ihn mit unerträglicher Schande bedecken; drittens, das letzte Urtheil, ausgesprochen durch den Mund Jesu Christi, wird seine Verzweiflung vollenden.

Lasset uns diese drei Wahrheiten jetzt ernstlich zu beherzigen suchen. Ihr werdet mehr als einmal schaudern angesichts der fürchterlichen Rache Gottes; es schaudert mich selber, da ich mich anschicke, euch dieselbe zu schildern. Möge Gott der Herr uns die Gnade verleihen, sie zum Heile unserer Seele so zu erwägen, daß wir nie das Unglück haben, an uns selbst die Erfahrung zu machen, wie schrecklich sie ist [1].

Erster Punkt.

Ich sagte, erstens werde die Auferstehung dem Leibe nach für den Sünder eine Verdoppelung seiner Strafe sein. Aber wird nicht der Unglaube, da ich von einer Auferstehung rede, sofort lauten Widerspruch erheben? Wird er nicht

---

[1] Ich glaube, der Eingang wäre besser, wenn in der ersten Hälfte desselben weniger Bewegung hervorträte. Jedenfalls dürfen nur Prediger wie Mac Carthy es wagen, in solcher Weise schon im Beginn der Predigt aufzutreten. Man vergleiche den Eingang der Predigt Massillons über das jüngste Gericht, dann Bd. I, S. 415 f., und unten Nr. 419.

fragen wie jene Heiden, denen vor achtzehnhundert Jahren St. Paulus dieselbe Glaubenslehre vortrug, wie denn die Todten wieder lebendig werden können, und wo sie ihren Leib wiederfinden sollen, um sich aufs neue damit zu bekleiden? Das ist eine Frage, ernst und schwer zu lösen in den Augen der modernen Aufklärungsweisheit, aber nach dem Urtheile des großen Apostels so kindisch und so widersinnig, daß er diejenigen, die sich nicht schämten, ihm dieselbe entgegenzuhalten, ohne weiteres als Unverständige und als beschränkte Geister behandelt. „Es mag jemand sagen," schreibt er an die Korinther, „wie werden die Todten auferstehen? und in was für einem Leibe werden sie da erscheinen? *Insipiens* — unverständiger Mensch! . . ." (1 Kor. 15, 35. 36.)

In der That, was soll man anderes auf einen solchen Zweifel antworten? Wird denn im Ernste der, welcher das Leben gibt und nimmt, wann es ihm gefällt, es nicht auch zum zweitenmal zu geben im stande sein, wenn die von ihm festgesetzte Zeit gekommen sein wird? *Insipiens* — „unverständiger Mensch!" Wird der, welcher den Leib des Menschen aus dem Nichts hervorgezogen hat, nicht im stande sein, ihn wieder aus dem Staube hervorzuziehen? *Insipiens* — „unverständiger Mensch!" Werden die Elemente dieses Leibes — o Thorheit des Menschengeistes! — dermaßen zerstreut sein nach allen Enden der Welt, werden sie so viele Umwandlungen durchgemacht, sich mit einer so großen Menge fremdartiger Elemente gemischt und verbunden haben, daß schließlich auch das Auge des Schöpfers selbst sie nicht mehr zu entdecken und wiederzuerkennen, seine Hand sie nicht mehr zu fassen und miteinander zu vereinigen vermögen wird? *Insipiens* — „unverständiger Mensch!" Und es soll der Gerechte um seinen Lohn kommen, und es soll der Bösewicht der verdienten Strafe entgehen darum, weil Gott unter den Ruinen, die der Tod angehäuft hat, den einen und den andern nicht wiederauffinden kann, und sie dort somit gleich unerreichbar sind für seinen Zorn wie für seine Liebe? *Insipiens* — „unverständiger Mensch!" Und doch sind das, o großer Gott des Himmels und der Erde, und doch sind das die Hindernisse, durch welche man deine Allmacht aufhalten und die Absichten deiner Weisheit vereiteln zu können sich einbildet; das die nichtssagenden Bedenken, die man deinen ewig wahren Aussprüchen entgegenstellt; das die Gründe, auf welche hin man sich gegen deine furchtbarsten und unzweideutigsten Drohungen gesichert glaubt! Wir, o Herr, wir anerkennen und glauben, daß es für dich ein leichtes ist, Dinge zu thun, die unsern Begriff übersteigen, daß du durch einen Hauch wieder in das Leben rufen wirst, was du durch ein Wort erschufst; denn du hast es gesagt, daß wir alle auferstehen werden, um zu empfangen ein jeder nach seinen Werken: *Omnes quidem resurgemus* — „wir werden alle auferstehen" (1 Kor. 15, 51). Erwägen wir also jetzt, andächtige Christen, wie diese Auferstehung für den Sünder eine Verdoppelung seiner Strafe sein wird.

Von dem Augenblicke an, wo er den letzten Athemzug that, in die finstern Abgründe der Hölle gestürzt, leidet er inmitten der Gluth, die niemals sich mindert, namenlose Schmerzen; man möchte denken, sein Unglück hätte bereits seine volle Höhe erreicht. Aber es leidet noch nicht der ganze Mensch: nur seine Seele ist erst die Beute des verzehrenden Feuers; sein Leib, der andere wesentliche Theil des Menschen, ist ohne Leben und Empfindung auf der Erde zurückgeblieben. Die unglückliche Seele erinnert sich unter ihren Qualen des ihr so theuern Gefährten, mit welchem sie in glücklichern Tagen so enge verbunden war. Wie viele Freuden genoß sie damals mit ihm! Ihr ganzes Unglück hat angefangen, seit sie sich von ihm trennen mußte. Sie weiß, daß einst, wenn Jahre und Jahrhunderte dahingegangen sein werden, ein Tag kommen muß, den Gott allein kennt, wo ihre Verbindung mit dem Leibe, die ihr so süß war, sich wiederherstellen soll, um nie mehr gelöst zu werden. Sie macht sich Hoffnung, daß dieser Tag vielleicht ihr endlich einigen Trost bringen wird; darum erwartet sie denselben mit glühender Ungeduld. Jetzt bricht er wirklich an, dieser letzte aller Tage. Schon haben die Sterne des Firmamentes ihr Licht verloren; schon ist die Erde durch das Feuer gereinigt: da ertönt plötzlich das Schmettern der fürchterlichen Posaune; es bringt hinab tief in das Innerste der Erde; es ruft die Todten aller Generationen wieder in das Leben. Auf der Stelle geräth alles in Bewegung, wird alles von Geburtswehen ergriffen, um aufs neue das ganze Menschengeschlecht zu gebären. Der Staub der Gräber fängt an sich zu regen; die zerstreute Asche verbindet sich; die Knochen bilden sich wieder und fügen sich aneinander; sofort bedecken sie sich mit Fleisch: alle Leiber der Menschenkinder, mit allen ihren Gliedern, kommen wieder zum Vorschein, aber sie sind noch ohne Bewegung und ohne Leben. In diesem Augenblicke strömen aus ihren Aufenthaltsorten die Seelen herbei, um sich mit ihnen zu verbinden und sie wieder lebendig zu machen. Die Hölle thut sich auf und läßt ihre Opfer entweichen. Die verworfene Seele eilt hinaus aus ihrem finstern Kerker; mit der Schnelle des Blitzes sieht sie sich an den Ort versetzt, wo ihr Leib, an dem sie mit großer Liebe hängt, den sie so schwer vermißte, ihr wiedergegeben werden soll. In was für einem Zustande findet sie denselben jetzt wieder?

Fragen wir hierüber die Heilige Schrift; was lesen wir in derselben? Wir lesen in derselben, daß am jüngsten Tage ein jeder ernten wird, was er in der Zeit seines Lebens ausgesäet: „Was der Mensch gesäet hat," sagt der Heilige Geist, „das wird er auch ernten" (Gal. 6, 8). Wir lesen in derselben, daß diejenigen, welche in der Fäulniß der Sünde gelebt haben, sich niemals von der Verwesung des Todes frei sehen werden: „Wer da säet auf sein Fleisch," schreibt der Apostel, „der wird von dem Fleische auch die Verwesung ernten", „und die Verwesung wird an der Unverweslichkeit niemals theilhaben" (Gal. 6, 8. 1 Kor. 15, 50). Wir lesen in derselben, daß zwar alle Menschen aus dem Grabe hervorgehen, aber nicht alle auch von den Schrecken des Grabes werden erlöst werden: „Wir werden wohl alle auferstehen, aber wir werden nicht alle umgewandelt werden", schreibt abermals der Apostel (1 Kor. 15, 51). Wir lesen endlich in derselben, daß die Gerechten auferstehen werden zu einem neuen Leben, das nie mehr ein Ende nimmt, daß hingegen die Auferstehung der Bösen ein „zweiter Tod" sein wird, *mors secunda*, der viel schrecklicher ist als der erste (Offb. 20, 14); daß ihr Leib, vermöge einer schauerlichen Verbindung alles dessen, was der Tod und das Leben Furchtbares hat, daß der Leib der Gottlosen, sage ich, die lebendige, unverwüstliche Beute der Verwesung sein wird und der Würmer: „Fäulniß und Gewürm nehmen ihn als ihr Erbe", so lehrt uns mit ausdrücklichen Worten wieder der Heilige Geist (Eccli. 19, 3), und „die Strafe für den Leib des Gottlosen ist Feuer und Würmer" — *vindicta carnis impii ignis et vermis* (Eccli. 7, 19)[1].

Wenn ihr also je eine Leiche im Sarge gesehen habt, so vergegenwärtigt euch jetzt diesen niederschlagenden, widerwärtigen Anblick: die bleifarbene Blässe, die entstellten Züge, die gräßliche Auflösung, den Grabesgeruch, und dazu das Gewürm, welches seine ekelhafte Beute benagt und sie verzehrt. Das ist der Zustand, in welchem die Seele des Sünders jetzt den Leib vor sich sieht, der einst ihr Gott war, nach welchem sie mit so heftigem Verlangen sich zurücksehnte. Ach, was für ein Schmerz muß sie ergreifen, da sie sich so fürchterlich enttäuscht sieht! Wie! schreit sie auf, das ist die mir so theure Hälfte meines Wesens, der einstige Gefährte meiner Leiden und Freuden, an dem ich soviel Anmuth und Schönheit fand, den ich mit so großer Sorgfalt schmückte, dessen Triebe mein höchstes Gesetz waren? Allerdings, antwortet ihr eine schreckliche Stimme, das ist er, anerkenne ihn nur und tritt aufs neue in Verbindung mit ihm, in welcher du dich ja einst so selig fühltest. Wehe! sie schaudert, sie weicht zurück; sie kann den Anblick der Leiche, sie kann den Modergeruch nicht ertragen, der von derselben aufsteigt; sie möchte sich wieder hinabstürzen in die unterste Tiefe des dunkeln Abgrundes, um einer so schauerlichen Verbindung zu entfliehen. Aber eine unüberwindliche Gewalt hält sie zurück und treibt sie hin zu der grausigen Leiche; sie soll und muß mit derselben eine unauflösliche Vereinigung eingehen. Sie ist außer sich; gräßliche Verzweiflung erfaßt sie: O ich Unglückliche, ruft sie aus, so mußte es denn für mich noch etwas geben, das schlimmer ist als die Hölle! O du Sitz der Verwesung und der Fäulniß, o ekelhafter Unrath, wie schaudert mich vor dir! Sich dir nur nähern zu müssen, ist schon eine unausstehliche Marter; was wird es erst sein, in dich einzugehen, mitten in dir zu wohnen![2] . . . Und diese Wohnung habe ich selbst mir bereitet, selbst mir ausgewählt! Dieses scheußliche Fleisch habe ich höher gestellt als meinen Gott, als mein Gewissen, als eine ewige Glückseligkeit! So oft wünschte ich in meinem Wahnsinn, meine Natur umwandeln, mich meiner Geistigkeit und aller Vorzüge derselben entkleiden zu können, um mich in diesen Unflath zu versenken und ganz darin aufzugehen! In solcher Weise also rächst du dich, schrecklicher Gott, indem du mein unsinniges Verlangen in Erfüllung gehen lässest!

Unter solchem Jammern und Klagen geht die Seele, vergebens ankämpfend gegen eine unwiderstehliche Macht, ein in diesen Leib des Todes und erfüllt ihn zum gemeinsamen Unglück beider aufs neue mit Leben. Die Flammen, von denen sie selber verzehrt wird, greifen unverzüglich um sich, bemächtigen sich mit Gier ihrer neuen Beute, umfassen dieselbe, fressen sich in sie ein, ergießen sich wie ein reißender Strom durch alle Adern, durch alle Organe bis

---

[1] Man vergleiche zu dieser Stelle die Anmerkung nach dem Schlusse der Predigt.

[2] Im Original heißt es hier noch: Puis, se faisant une affreuse application des belles paroles que le prophète avait prononcées dans un sens bien différent: Le voilà donc, poursuit-elle, le lieu de mon repos pour l'éternité: *Haec requies mea in saeculum saeculi* (Ps. 131, 14). Am Ende des dritten der hieran sich anschließenden (und in der Uebersetzung wiedergegebenen) Sätze folgt dann der zweite Theil des Verses: *Hic habitabo quoniam elegi eam.* Ich kann die Accommodation dieses Textes nicht gelungen finden. Vgl. oben S. 86 f.

in das Mark der Knochen: und die Seele fühlt, wie jeder Theil ihres vom Feuer durchglühten Leibes dazu dienen muß, ihre Qual zu vervielfältigen. Wer vermöchte sie darzustellen, diese Augen, glühend vom Feuer der Hölle, und die unheimlichen Blicke, die sie nach allen Seiten werfen, und die heißen Thränen, die ohne Aufhören ihnen entströmen; diesen schrecklich verzerrten Mund, mit dem grausigen Knirschen der Zähne, das jetzt beginnt, um nie mehr ein Ende zu nehmen; dieses Gesicht, von welchem ehemals ein Strahl der Schönheit Gottes widerleuchtete, und das jetzt, in seiner ungeheuerlichen Häßlichkeit, nur mehr die Züge der Dämonen weist; alle diese mißgestalteten Glieder endlich, und den Geruch des Todes, den dieselben weit um sich her verbreiten! Wohin immer diese lebendige Leiche ihre Schritte lenkt, überall zieht man sich zurück vor ihr, überall flieht man, wie beim Nahen eines Gespenstes oder eines abscheulichen Ungethüms. *Et erit, omnis qui viderit te, resiliet a te*, spricht der Prophet: „Und es wird geschehen, ein jeder, der dich sieht, wird zurückweichen vor dir" (Nah. 3, 7). O meine Christen, wie ist jetzt alles so ganz anders, als es ehemals gewesen! Dieser hier war vielleicht ein Mann von sehr hoher Stellung, welchen einst alles umdrängte, um nur **einmal** mit einem Blicke von ihm beehrt, mit einem Lächeln ausgezeichnet zu werden. Oder es war einer jener liebenswürdigen Menschen im Sinne der Welt, über den in Gesellschaften alles entzückt zu sein pflegte, gesucht in der Stadt, gesucht bei Hofe, ohne welchen man keine Unterhaltung wahrhaft angenehm, keinen Genuß vollkommen fand. Oder es war eine berühmte Schönheit, die sich nur zu zeigen brauchte, um alle Augen auf sich zu ziehen, die stolz darauf war, alle Herzen zu fesseln, der man den Weihrauch anzündete wie einer Gottheit.

Wehe! welche Einsamkeit jetzt! welche Verlassenheit! was für Zeichen auf allen Seiten von Verachtung und Ekel! Oder stellt euch einmal zwei Verdammte vor, welche hier auf Erden in sündhafter Liebe zu einander gelebt, die im Rausche ihrer wahnsinnigen Gefühle sich tausendmal ewige Treue geschworen haben, und jetzt am jüngsten Tage einander begegnen. Welche Abneigung gegeneinander muß sie jetzt erfüllen, welcher Widerwille! Was für Vorwürfe werden sie sich machen, was für Verwünschungen, welcher Aerger, welche Verzweiflung wird ihr Gemüth erfüllen, daß sie sich verführen ließen durch einen elenden Götzen aus Unrath, daß sie sich ohne Vorbehalt einem Gebilde opferten, welches niemand mehr anders als verabscheuen kann! Wie muß sie nicht die Scham zu Boden drücken bei der Erinnerung an die unreinen Lüste, welche der Grund und die Nahrung ihres unerlaubten Verhältnisses waren! Und wie muß es sie treiben in rasender und machtloser Wuth, sich zu zerreißen und sich gegenseitig zu vernichten!

In so entsetzlicher Weise also wird buchstäblich in Erfüllung gehen das Wort der Heiligen Schrift: „Der Herr, der Allmächtige, wird sie heimsuchen am Tage des Gerichtes." Er wird ihren Leib aus dem Grabe hervorrufen, um ihn dem zweiten Tode zu überantworten: „er wird über ihr Fleisch Feuer kommen lassen, daß es sie brenne, und Gewürm", an ihnen zu zehren: *dabit enim ignem et vermes in carnes eorum*. Und dieses Feuer wird nie erlöschen, diese Würmer niemals sterben: und darum werden sie, lebendige Leichen, in einem Zustande, der schrecklicher ist als der Tod, fort und fort in alle Ewigkeit die Qualen dieser gräßlichen Strafe empfinden: *dabit enim ignem et vermes in carnes eorum, ut urantur et sentiant usque in sempiternum* (Iud. 16, 21).

Wenn diese Bilder euch mit Schauder erfüllen, andächtige Christen; wenn ihr nahe daran seid, euch zu beklagen, daß ich es wage, dieselben bloß euch vor die Seele zu führen; wenn ihr selbst den Gedanken daran nicht zu ertragen vermöget: was wird es dann sein, sie in der Wirklichkeit vor sich zu haben, oder vielmehr, was wird es sein, wenn jemand aus uns dereinst an sich selber diese entsetzlichen Dinge sich vollziehen sehen müßte! Und zu solchem Ende, ihr alle, die ihr an der Welt hanget und nach ihren Grundsätzen lebet, zu solchem Ende führen ja doch schließlich jene nichtigen Freuden und jene Vergnügungen jeder Art, in denen ihr euer Leben hinbringet, jene unausgesetzte Befriedigung der Sinnlichkeit, jene Sucht nach immer neuen Genüssen, von der ihr euch beherrschen lasset, jene endlosen Rücksichten und Sorgen um eure Person, d. h. um euern Leib; jene Charakterlosigkeit, vermöge deren ihr immer nur nach euern Launen handelt und nach euern Neigungen und nach allen Trieben der Natur; jene Leichtfertigkeit des öffentlichen Lebens, jener gesuchte Aufwand und jene ärgernißvolle Schamlosigkeit in der Kleidung, jene gefährlichen Verhältnisse, jene Verbindungen, welche nur unreine Liebe zusammenhält, jene zügellose Freiheit, die sich herausnimmt, alles zu denken, alles zu hören, alles zu sagen und alles zu thun; jene Vermessenheit, womit man auf die heiligen Gebote Gottes und auf die Würde des Menschen vergißt, um sich zu erniedrigen zu den Trieben und zu den Genüssen des Thieres! Denn das und nichts anderes ist es, was der hl. Paulus in seiner kräftigen und ausdrucksvollen Weise zu reden ein „Säen auf die Verwesung des Fleisches" nennt. Allen aber, welche so gesäet, d. h. so gelebt haben, kündigt er an, daß sie am Tage des Gerichtes, da ihr Leib aufersteht, keine andere Frucht ernten werden als die Verwesung und den Tod: „Wer auf sein Fleisch säet, *de carne et metet corruptionem* — der wird auch vom Fleische die Verwesung ernten"; indes hingegen diejenigen, setzt er hinzu, welche in Reinheit und im Geiste gesäet, d. h. welche ein keusches, gottesfürchtiges Leben geführt haben, ihren Lohn erhalten werden in der Verklärung ihres Leibes und einem ewig seligen Leben: „Wer aber säet auf den Geist, der wird vom Geiste das ewige Leben ernten" (Gal. 6, 8).

Um dessentwillen beschwöre ich euch, habet Mitleid, nicht bloß mehr mit eurer Seele, die ihr in so unwürdiger Weise entehrenden Neigungen opfert, sondern auch mit eurem Leibe, zu welchem ihr eine so zärtliche, so blinde Liebe heget. Erwäget doch, was für eine fürchterliche Marter ihr demselben bereitet, indem ihr ihm mit so rückhaltloser, mit so strafbarer Willfährigkeit schmeichelt. Ihr behandelt ihn ja gerade, als ob er ein Opferthier wäre, das ihr mästen wolltet für den Tag der Rache. Ach, Christen, ist es denn nicht genug, daß unser Leib zur Strafe für die erste Sünde, in welcher wir empfangen sind, schon zu einem ersten Tode verurtheilt wurde, dem niemand entgehen kann, und der bei den Schmerzen, die ihn begleiten, und der grauenhaften Verwesung, die er herbeiführt, für sich allein schon so voll von Schrecken ist? Müßt ihr ihn überdies auch noch, durch eure Sünden, die ihr selber begeht, einem zweiten Tode weihen, einem viel fürchterlichern Tode, dessen Folgen durch die ganze Ewig=

keit sich hindurchziehen? Seid ihr denn eure eigenen Henker und die unversöhnlichsten Feinde eurer eigenen Person?

Was könnt ihr mir hierauf erwidern? Daß ihr noch Zeit habet, euch vor einer solchen Gefahr sicherzustellen? Wer hat euch das gesagt? Wer hat die Vollmacht gehabt, euch noch den morgigen Tag zu versprechen und euch dafür zu bürgen, daß nicht schon diese Nacht für euch die letzte sein wird? — Oder werdet ihr eure Beruhigung in Zweifeln suchen und in den Einwendungen des Unglaubens? Ich bitte euch, was thun hier Einwendungen und Zweifel? Werden sie etwa die Beschlüsse des Ewigen umstoßen? Werden sie seiner Allmacht Fesseln anlegen? Werden sie ein Hinderniß sein, daß seine unfehlbaren Drohungen sich wirklich vollziehen? Redet euch ein, wenn ihr es vermöget, wenn euer Unverstand so weit reicht, redet euch immerhin ein, sage ich, daß das Grab eine Freistätte sei, wohin der Zorn Gottes euch nicht zu folgen vermöge, wo er nicht im stande sei, euch zu erreichen. Wird derselbe darum in diese Freistätte weniger leicht eindringen? Wird er darum weniger leicht euch aus derselben herausreißen, um euch vor den Richterstuhl Gottes zu stellen, den ihr gereizt habt, und euch in das Rachefeuer zu stürzen, welches der Hauch seines Mundes entzündet? Werdet ihr darum weniger leiden in der Gluth dieses Feuers, weil ihr euch geweigert habt, an dasselbe zu glauben?

Aber ihr antwortet vielleicht, Gott sei zu gut, als daß er uns einem doppelten Tode überantworten könnte; seiner Gerechtigkeit geschehe dadurch Genüge, daß wir einmal sterben, und damit habe für den Menschen alles ein Ende. So würde also das gleiche Los die Unschuld und das Laster erwarten, die Gottesfurcht und den Unglauben, den Meuchelmörder und sein Opfer, den Räuber und die Wittwe oder das Waisenkind, die er beraubt, den Bedränger der Menschheit und ihren Wohlthäter: sie würden alle in gleicher Weise einmal und für immer sterben, ohne daß jenseits des Grabes für die einen etwas zu fürchten, für die andern etwas zu hoffen wäre! So würde also den keuschen und abgetödteten Leib des frommen Christen, der einer Seele reich an Tugend bei guten Werken jeder Art als Werkzeug gedient, der vielleicht ein glorreiches Martyrium bestand und für die eigene Sache Gottes geopfert ward, und den unreinen Leib des Sünders, den Ehebruch und Blutschande und Raub und Todtschlag und vielleicht selbst Elternmord entweiht haben: so würde also den einen und den andern dasselbe Grab verschlingen, dieselben Würmer fressen, dieselbe Verwesung in den gleichen Staub verwandeln für immer! Nein, und nochmals nein, so wird es nicht gehen: dafür bürgen uns alle Eigenschaften Gottes, und die Vernunft sagt es uns nicht minder entschieden als der Glaube. Der erste Tod ist allen Menschen gemeinsam, weil er die Sühne einer Sünde bildet, die allen Kindern Adams gemein ist. Aber es wird eine andere Ordnung der Dinge eintreten, wo ein jeder empfängt, was er durch sein Thun sich verdient hat: und dann wird der Tod nur mehr für die Bösen sein, und das Leben nur mehr für die Guten.

O Christen, dieses Leben und dieser Tod, wie sind sie so ganz anderer Art als alles, was hienieden diesen Namen trägt! Dieses Leben, dessen Seligkeit wir uns nicht zu denken vermögen, und dieser Tod, den wir in seiner ganzen Grauenhaftigkeit nie und nimmer zu fassen im stande sind! Immer blühende Jugend, entzückende Schönheit, unaussprechliche Wonne, nie sich trübende Glückseligkeit ohne Maß, das wird nach der Auferstehung das neue Leben der Auserwählten sein; Jammer und Elend und Qualen ohne Grenzen, ein verzehrendes Feuer, das nie aufhört zu brennen, schauderhafte Häßlichkeit, eine Fäulniß ungleich schlimmer als die Verwesung des Grabes, das wird der zweite Tod der Verdammten sein. Entweder dieses Leben oder dieser Tod wird dir als Antheil werden, mein Christ; wähle, die Zeit ward dir nur dazu gegeben, daß du dem einen entgehen, des andern dich würdig machen könntest; denn das ist die große Aufgabe des Menschen, das ist seine einzige Bestimmung, deren hohe Bedeutung ihr vielleicht jetzt einigermaßen begreifet.

Damit ihr dieselbe noch tiefer fühlet, will ich euch die Ereignisse des jüngsten Tages noch weiter vorführen. Bisher haben wir gesehen, wie die Auferstehung dem Leibe nach für die Sünder eine Verdoppelung ihrer Strafe sein wird; jetzt will ich euch, im zweiten Punkte dieser Predigt, zeigen, wie die öffentliche Enthüllung aller Geheimnisse des Gewissens sie mit unerträglicher Schande bedecken muß.

Zweiter Punkt.

Man möchte glauben, die Schande des Sünders könne nicht mehr größer werden, nachdem derselbe einmal in dem Augenblicke, da seine Seele sich vom Leibe trennte, vor dem Richterstuhle des Allerhöchsten stand und dort seiner Schlechtigkeiten überwiesen und mit dem Urtheile ewiger Verwerfung gebrandmarkt wurde. Indes mag die Schmach, welche von dieser Zeit an auf ihm lastet, noch so schwer sein, dieselbe ist doch dem größten Theile der Geschöpfe Gottes nicht bekannt. Begraben mit ihm selber in die dichte Finsterniß der Hölle, hat sie keine weitern Zeugen als die Elenden, von denen sie getheilt wird, und Gott, der alles weiß und alles sieht. Vielleicht steht das Andenken des Unglücklichen auf dieser Erde noch in hohen Ehren; vielleicht ruhen seine Ueberreste in prachtvollen Grabmälern, sind die Annalen der Geschichte voll von seinem Namen, und ganze Länder widerhallen von seinem Lobe. Erst am Tage der Gerechtigkeit wird dieses ganze Nebelbild von Ruhm sich auflösen, um auch nicht die mindeste Spur zurückzulassen; erst an diesem Tage wird sich der Sünder auch um den kleinsten Rest von Ehre, von Ansehen, von Achtung gebracht sehen und den Kelch der Schmach leeren müssen bis auf die Hefe.

Ihr fühlt es wohl hinlänglich selbst, andächtige Christen, welche Schande schon allein das für ihn sein wird, daß er öffentlich vor den Augen der ganzen Welt sich einherschleppen muß als eine so ekelhafte, unfläthige Leiche, für jedes Auge ein Gegenstand des Schauders, weithin sichtbar gezeichnet mit dem Siegel der Hölle. Allein das ist doch nur erst ein schwaches Vorspiel der Demüthigungen, welche noch folgen sollen. Denn es erfüllen sich jetzt die Drohungen, welche Gott dem Sünder einst durch seine Propheten verkündigen ließ. Du hast gedacht, heißt es in einem Psalme, du hast gedacht, hartnäckiger Mensch, ich wäre wie du und würde deine Sünden nicht offenbar werden lassen; aber fürwahr, ich will dieselben alle ausbreiten im hellen Tageslichte und auf dich die ganze Schande wälzen, die du verdienst: *arguam te, et statuam contra faciem tuam* (Ps. 49, 21). „Ich werde", spricht Gott durch den Propheten

Nahum (3, 5), „ich werde den Völkern deine Blöße zeigen und allen Nationen deine Schande." Und durch einen andern Propheten droht der Herr: Ich werde deine Frevel und deine Greuelthaten auf dein Haupt laden; ich werde sie dir auf die Stirn schreiben und auf alle Glieder; ganz bedecken werde ich dich mit dem Schmutze deiner geheimsten Sünden: *Vias tuas ponam super te, et abominationes tuae in medio tui erunt* (Ez. 7, 4). Und so, fährt er fort, in diesem Zustande werde ich dann dich preisgeben der Verachtung und dem Gespötte aller Creaturen, und du wirst erkennen, aus dem Uebermaß deiner Schande, daß ich der Herr bin, und daß niemand ungestraft mir Trotz bietet: *et contumeliis te afficiam, et scietis quia ego Dominus* (Nah. 3, 6. Ez. 7, 4).

So stellt ihn euch denn vor, Gott den Allerhöchsten in seiner unerbittlichen Gerechtigkeit, wie er alle Schleier zerreißt, welche das verworfene Herz des Sünders verhüllen; wie er hineingreift mit gewaltiger Hand bis in die unterste Tiefe dieses Abgrundes von Schlechtigkeit und eine entsetzliche Menge von Ungeheuern und Gewürm daraus hervorzieht, ich will sagen von Missethaten und Sünden, deren Anblick den Sünder selbst mit Grauen erfüllt[1]. Da werden so viele böse Gedanken sichtbar, so viele abscheuliche Vorstellungen, entehrende Begierden, schändliche Blicke, sündhafte Reden; so viele Werke der Finsterniß, welche eine lange Reihe von Jahren ununterbrochen aufeinander gefolgt sind und die ganze Dauer eines Lebens im Geiste der Welt ausgefüllt haben. Da kommen zum Vorschein der Neid und die Eifersucht und der Haß und die Rachgier und der Verrath, die schwarze Intrigue und die Verlogenheit und die heimtückische Verleumdung und die Absichten und Anschläge des Meuchelmordes. Da werden die Sünden der Kindheit offenbar, die Sünden der Jugend, die Sünden der reifern Jahre, die Ausschweifungen eines zuchtlosen Greisenalters; die Sünden jedes einzelnen Tages, jeder Stunde, jedes Augenblicks; die eigenen Sünden und die fremden Sünden, d. h. diejenigen, deren Veranlassung oder deren Werkzeug oder deren Ursache jemand war; die Sünden, welche der Sünder durch eigene Schuld[2] nie erkannte, die er vergaß, die er vor sich selber zu verbergen suchte, und jene, die er sich als Tugenden anrechnete; Sünden jeder Art, Sünden aller Sinne und aller Glieder des Leibes, Sünden aller Kräfte und aller Vermögen der Seele; ungeheure Sünden, Sünden, für die es keinen Namen gibt: sie treten alle hervor und werden mit einemmal sichtbar; und so zahllos auch ihre Menge ist, nicht eine einzige entgeht den Augen der ganzen Welt, nicht ein einziger Umstand, so demüthigend dieselben sein mögen und so zermalmend für den Sünder, nicht ein einziger läßt sich vermissen, bleibt verborgen oder wird beschönigt: *Imponam tibi omnia scelera tua —* „ich werde auf dich wälzen alle deine Schlechtigkeiten, und nicht schonen soll mein Auge deiner, und ich werde mich nicht erbarmen" (Ez. 7, 8. 9).

---

[1] Mac Carthy läßt hier in lateinischer Sprache den Text folgen: *Illic reptilia quorum non est numerus* (Ps. 103, 25). Daß dieser Stelle das eben gebrauchte Bild („eine Menge von Ungeheuern und Gewürm") entlehnt wird, dagegen habe ich nichts einzuwenden; aber die Anführung des Textes kann ich den früher gegebenen Grundsätzen zufolge nicht für angemessen halten.

[2] Die drei letzten Worte stehen nicht im Original.

Wer wird im stande sein, diese entsetzliche Enthüllung zu ertragen? Da fällt zu gleicher Zeit die Maske der Heuchelei und die ganze Stirnlosigkeit der Unverschämtheit. O Christen, was für Enttäuschungen! Da zeigt sich ein Mann, der gar viel auf Ehre und Rechtschaffenheit zu halten schien, der diese Wörter beständig im Munde führte, der bei allem, was er that, die größte Uneigennützigkeit und Geradheit zur Schau trug, auf dessen Treue man mit vollster Zuversicht zu rechnen gewohnt war, dem man die wichtigsten Angelegenheiten anvertraute; und dieser Mann war ein Betrüger! Er hat den Ruf und das Ansehen, dessen er sich erfreute, nur seiner Verlogenheit verdankt, seinen hinterlistigen Ränken, seiner niederträchtigen Gewandtheit, sich zu verstellen und alles schlau zu berechnen; jetzt enthüllt sich vor der ganzen Welt seine Falschheit, seine Intriguen, seine Meineide und seine Betrügereien: *Ostendam gentibus nuditatem tuam* — „ich werde den Völkern deine Blöße zeigen und allen Nationen deine Schande" (Nah. 3, 5). Da sieht man einen Beamten; man hielt ihn für unzugänglich jeder Bestechung; er galt, in einem Jahrhundert allgemeiner Entartung, als ein ehrwürdiger Ueberrest der Gewissenhaftigkeit und der Biederkeit vergangener Zeiten, aber unter der Hand war ihm die Gerechtigkeit feil um Geld, und er häufte sich Kapitalien an auf Kosten der unterdrückten Unschuld; jetzt enthüllt sich vor der ganzen Welt der fluchwürdige Handel, den er trieb mit den Thränen der Wittwe und dem Blute der Waise; jetzt erkennen alle die ganze Nichtswürdigkeit und Roheit dieser elenden, feilen Seele: „Ich werde den Völkern deine Blöße zeigen und allen Nationen deine Schande." Da erscheint eine Frau, welche einst als ein Muster ehelicher Hingebung und Treue betrachtet wurde, welche die ganze Hochachtung und die ganze Liebe eines tugendhaften und arglosen Gatten besaß, aber in der That war sie eine Ehebrecherin; unter den liebenswürdigsten Formen verbarg sie ihren Widerwillen gegen alle ihre Pflichten, verbarg sie eine eiskalte Gleichgiltigkeit für alles, was nach dem Gesetze Gottes ihr theuer sein mußte, und dabei schamlose Neigungen und schändliche Gewohnheiten; jetzt enthüllt sich vor der ganzen Welt die Verderbtheit ihres Herzens, mit ihren fortwährenden Treubrüchen und Ausschweifungen: „Ich werde den Völkern deine Blöße zeigen und allen Nationen deine Schande." Da wird ein Mädchen sichtbar; ihre Eingezogenheit, ihr frommer Sinn und ihre Schamhaftigkeit wurden einst allgemein gerühmt; man sah sie oft in der Kirche, sie war so eifrig im Empfange der Sacramente, aber sie wandelte nicht mit aufrichtigem Herzen vor dem Herrn; sie hinterging einen liebreichen Beichtvater und ihre zu kurzsichtigen Eltern; sie mißbrauchte die heiligsten Dinge, um Leidenschaften und Verkehrtheiten leichter geheimhalten zu können, welche sie dem Auge des Allmächtigen doch nicht zu entziehen vermochte; jetzt enthüllen sich vor der ganzen Welt ihre beschämenden Sünden, ihre Heuchelei und ihre Sacrilegien: *Ostendam gentibus nuditatem tuam* — „ich werde den Völkern deine Blöße zeigen und allen Nationen deine Schande".

In dieser Weise werden am Tage des Gerichtes alle Heuchler entlarvt und der Schande preisgegeben werden. Aber du, verwegener Sünder, kühner Freigeist, der du gerade auf dein zügelloses Treiben stolz zu sein scheinst, der du offen dem Himmel Trotz bietest, und als ob du dich dann nicht mehr zu schämen hättest, so weit gehst, den Unterschied zwischen Laster und Tugend zu läugnen; du schmeichelst dir vielleicht, es werde dir minder schwer werden, die niederschmetternde Schande jenes Tages zu ertragen. Nimm dich in acht, daß du dich nicht verrechnest. Oder hast denn etwa nicht auch du deine Heuchelei, hast etwa nicht auch du deine Geheimnisse der Sünde und der Schmach, über welche du bei aller deiner Frechheit im Verborgenen erröthen mußt, die du mit Sorgfalt tief in dein Herz verschließest und auch deinen besten Vertrauten nicht offenbar werden lassen möchtest? Laß uns ehrlich sein. Auch da selbst, wo ihr euch mit der vollendetsten Schamlosigkeit eurer Schlechtigkeit rühmt, geschieht es wohl jemals, daß ihr alles saget, daß ihr euch zeiget, so wie ihr wirklich seid, und zwar vollständig, ohne Vorbehalt und ohne Schleier? O wenn Gott in diesem Augenblicke mir euer Gewissen aufschließen wollte, und mir dann den Befehl gäbe, hier vor dieser Versammlung, nicht die ganze Geschichte eures Lebens zu erzählen, sondern bloß was ihr in dem und dem Monat, an dem und dem Tage, zu der und der Stunde gethan habt; wenn ich hier öffentlich mittheilen müßte, nicht etwa alles, was ihr gethan oder gedacht habet, seit ihr geboren wurdet, sondern bloß — überhört das nicht — bloß die und die niedrige, gemeine Gesinnung, die ihr in eurem Herzen festgehalten und genährt habt, die und die Falschheit, die und die Niederträchtigkeit, die ihr beginget, die und die Neigung, von der ihr euch beherrschen laßt; die erbärmliche, ehrlose, empörende Lage, in welche bei der und der Gelegenheit eure Leidenschaft euch gebracht hat: fürwahr, das würde genug sein, euch vor Scham und Aerger sterben zu lassen. Wie könnt ihr von Stärke des Geistes reden? Ihr, die ihr euch beherrschen lasset von dem ohnmächtigsten, von dem feigsten Stolze, den es jemals gegeben hat; ihr, die ihr nicht einmal den Muth hättet, die Wunden eurer Seele, unter dem Siegel des allerheiligsten Geheimnisses, einem einzigen Menschen zu entdecken, dem Diener der Barmherzigkeit Gottes! Ihr, die ihr großentheils aus keinem andern Grunde ungläubig seid und die Religion eurer Väter verläugnet als darum, weil der bloße Gedanke euch mit Entsetzen erfüllt, daß ihr sonst verpflichtet sein würdet, eure Sünden zu bekennen, ob auch nur ein einziges Mal, nur um Vergebung derselben zu erhalten in dem Richterstuhle der Barmherzigkeit!

Was wird es also um euch sein vor jenem andern so furchtbaren Gerichte, welches angesichts des Himmels und der Erde gehalten werden wird, wenn zornentbrannt ein allmächtiger Richter, um euern Hochmuth zur Verzweiflung zu bringen, alle eure Ausschweifungen öffentlich enthüllt, nicht bloß diejenigen, deren ihr euch selber bewußt seid, sondern noch alles dazu, was ihr davon nicht kennet, und alles, was ihr längst vergessen habt; wenn er die schlafenden Ungeheuer weckt und jene, die ihr todt glaubtet, wieder lebendig macht; wenn es keine Falte eures Herzens gibt, die er nicht durchsucht, die er nicht offenlegt, aus der er nicht alles hervorzieht, was ihr selber darin nicht finden wolltet oder nicht zu finden im stande waret; wenn es kein Wort gibt, das während der ganzen Dauer eures Lebens je eurem Munde entfiel, keine flüchtige Vorstellung eurer Einbildungskraft, keine geheime Zustimmung eures Willens, keinen Blick, keine Regung, keine Begierde, keine Absicht, kein Vorhaben, das er nicht zu eurer Schande an das Tageslicht brächte; wenn er jedes Dunkel, in das ihr euch hüllet, zerstreut, alle Mauern durchbricht, hinter denen ihr euch verstecket, und dann das endlose Gewebe von Schamlosigkeiten und Ge=

meinheiten auseinanderrollt, durch die ihr eure Würde als Menschen entehrt habt, und mehr noch eure Würde als Christen; wenn er vielleicht Greuelthaten bloßlegt, die das Heidenthum verabscheut haben würde, vor denen die Natur selbst sich entsetzte; wenn er vor der ganzen Welt den Beweis liefert, daß einzig diese eure Verworfenheit, diese tiefe Schlechtigkeit eures Herzens, den wahren Grund eures Unglaubens bildete, eures Lästerns gegen das Heilige, eurer affectirten Verachtung der Tugend, welche ihr für Seelenstärke ausgabet und für Ueberlegenheit des Geistes; wenn er euch endlich für jede eurer Sünden in besonderer Weise zeichnet, indem er euch ebenso viele unaustilgbare abscheuliche Male aufdrückt; wenn er den ganzen Unrath eurer Leidenschaften und eurer Laster über euch ausschüttet und euch so vor der ganzen Welt hinstellt als Denkmale des Grauens und der Schande: *Et proiiciam super te abominationes, . . . et ponam te in exemplum* (Nah. 3, 6).

Jetzt stellt euch also den Sünder vor, andächtige Christen, gebrandmarkt und in solcher Weise erniedrigt, bedeckt mit so vielfältiger Unreinheit, wie er in diesem Zustande sich öffentlich zeigen muß, nicht im vollen Lichte der natürlichen Sonne, sondern beleuchtet von den hellen Strahlen der ewigen Sonne der Gerechtigkeit; von jenem Lichte Gottes, das nichts anderes ist als der Widerschein seiner Heiligkeit und seiner unendlichen Reinheit, vor dem selbst die Auserwählten Scheu haben, und in welchem die Engel sich nicht vollkommen rein fühlen. Von diesem blendenden Glanze beleuchtet, sage ich, „gehüllt" nach den Worten des Propheten „in Schande wie in einen Mantel" (Pf. 108, 29), muß der Unglückliche jetzt die Blicke der hehrsten und der zahlreichsten Versammlung aushalten, die es jemals gab; muß er hindurchziehen durch alle die unabsehbaren Reihen der himmlischen Geister und der jubelnden Auserwählten; muß er den Gegensatz ertragen, in welchem ihrer Schönheit und ihrem Glanze gegenüber seine Häßlichkeit und seine Schande hervortritt; muß er zur Strafe für sein einstiges Spotten und sein sacrilegisches Lästern von ihnen die verdiente Verachtung erfahren; muß er jenes fürchterliche Zischen über sich ergehen lassen, dessen der Prophet Ezechiel gedenkt: *Sibilaverunt super te* (Ez. 27, 36), und jenen bittern Hohn, von welchem in den Worten des Psalmes die Rede ist: „Sie werden lachen über ihn und sagen: Da seht den Menschen, der Gott nicht ansehen wollte als seinen Helfer" (Pf. 51, 8. 9); da seht ihn jetzt, der wider Gott sich auflehnte, der in die Trompete stieß und dem Allmächtigen den Krieg erklärte, der es für Blödsinnigkeit hielt, daß wir ihm dienten, und glaubten an sein Wort! Jetzt soll er uns sagen, ob die Religion ein Hirngespinst ist und die Verläugnung Gottes Aufklärung!

An diese bittern Worte der Auserwählten wird der Jammer und das Geschrei, werden die Anklagen derer sich anschließen, welche die Mitschuldigen und die Opfer seiner Sünden waren. Seht, wie sie von allen Seiten, rächenden Furien gleich, auf ihn losstürzen und mit der Stimme der Wuth und der Verzweiflung ihre Seele und ihre Ewigkeit zurückfordern, die sie durch ihn verloren haben. Ach, welch schauerliches Geheul, was für Verwünschungen und Flüche! — Du bist es, elender Verführer, der mir das Kostbarste geraubt, was ich hatte, Ehre und Tugend; der mich durch seine niedrigen Kunstgriffe und seine abscheulichen Zärtlichkeiten sich nachgezogen hat in den Abgrund alles Jammers! — Du bist es, schamloses Weib, die in meinem Herzen ein unreines Feuer entzündet, und beinetwegen sind mein Antheil jetzt die ewigen Flammen! — Du bist es, unnatürlicher Vater, herzlose Mutter, die mir einst das erste Beispiel des Unglaubens und der Zügellosigkeit gaben; statt meine bösen Neigungen bei ihrem Entstehen zurückzudrängen, habt ihr selber alles gethan, ihre Entwicklung zu beschleunigen, und jeden Zügel derselben zerbrochen: es ist euer Werk, daß ich verdammt bin! — Von dir, abscheulicher Gatte, habe ich die schändliche Anleitung zum Laster empfangen; aus dem ehrwürdigen heiligen Bande der Ehe hast du eine Schlinge für meine Tugend gemacht; wir hätten uns gegenseitig helfen sollen, daß wir selig würden, aber dir war es lieber, daß wir beide zu Grunde gingen, das ist es nun, was dein Weib deiner Liebe verdankt! — Aber wer könnte sie nennen, die Menge von Unglücklichen ohne Zahl, welche in rasender Wuth sich erheben wider die öffentlichen Fälscher der Moral und des Glaubens; wider die Verfasser und die Verbreiter von unsittlichen und glaubenswidrigen Büchern; wider alle diejenigen, welche die Wissenschaft, die Kunst, ihre Talente, ihre Arbeit, ihren Einfluß dem Triumphe des Lasters oder des Irrthums dienstbar gemacht, die jene mächtigen, nie versiegenden Quellen geöffnet haben, aus denen Menschen jedes Alters, jedes Standes, jedes Volkes bis zum Ende der Zeiten schöpfen werden, um in langen Zügen sich das Gift zu trinken, das der Seele den Tod bringt! O seht doch, wie Generationen, wie ganze Völker irregeleitet, verführt, zu Grunde gerichtet durch einen Sectenstifter, durch einen unsittlichen Dichter, durch einen Prediger des Unglaubens, seht, wie sie wüthend den Urheber ihres Verderbens verfolgen, wie sie von ihm Rechenschaft fordern für seine Betrügereien, für seine Unfläthigkeiten, für seine Lästerungen gegen die Religion und zum Himmel aufschreien um Rache wider den Mann, der sich eine Unterhaltung daraus gemacht hat, so viele Seelen in die Hölle zu stürzen!

Unter allen Stimmen, welche wider den Sünder zeugen, ist die stärkste übrigens diejenige, die aus seiner eigenen Brust sich erhebt, ich meine sein Gewissen. Solange er auf der Erde lebte, hat er es beständig niedergehalten; es durfte kaum seufzen und ganz im Stillen über ihn klagen; aber jetzt fühlt es sich frei, jetzt tritt es wieder ein in alle seine Rechte und in grimmiger Wuth brüllt es wie ein Löwe, um ihn auch seinerseits mit Entsetzen zu erfüllen und niederzuschmettern. Ein Zeuge, den niemand zurückweisen kann, ein Ankläger, der kein Erbarmen kennt, verkündigt es laut und offen, durch den Mund des Schuldigen selber, dessen abscheuliche Sünden; mit den schwärzesten Farben malt es seinen Widerwillen gegen alles Gute, seine Liebe zum Bösen, seine fortwährende Widersetzlichkeit gegen die bessere Erkenntniß seiner eigenen Vernunft, den Mißbrauch, den er fort und fort getrieben mit den Gnaden Gottes, seinen Undank und seinen Haß gegen den Urheber seines Daseins. Da verurtheilt und verflucht dann der Unglückliche sich selber; er sieht in der ganzen Welt kein Ungeheuer mehr, das häßlicher wäre als er, und weil er nicht weiß, wohin er sich mit seiner Schande verbergen soll, darum ruft er den Tod an und die Vernichtung, beschwört die Berge und die Hügel, daß sie über ihn fallen möchten, um unter ihren Massen diese Schmach zu begraben. Aber umsonst, er muß leben, um fort und fort sich zu sehen und fort und fort sich vor sich selbst zu entsetzen, um in alle Ewigkeit zu vergehen unter der unerträglichen Last einer Verworfenheit und einer Schande ohne Grenzen: „Sie werden aufwachen ... zur Schmach," spricht der Prophet, „auf daß sie dieselbe vor ihren Augen haben immerdar" (Dan. 12, 2).

Das also ist das volle Maß der Schande, welcher den Sünder die Enthüllung aller Geheimnisse seines Gewissens am jüngsten Tage preisgeben wird. Ich habe euch jetzt nur noch in Kürze zu zeigen, wie das Urtheil, welches der Allerhöchste als Richter noch über ihn zu sprechen hat, seine Verzweiflung vollenden muß. Ich bitte euch, nur noch einen Augenblick in Geduld mich anzuhören.

Dritter Punkt.

Der Richter ist bis jetzt noch nicht erschienen. Aber mußte nicht, von dem ersten Beginn dieses fürchterlichen Tages angefangen, alles den Sünder voraussehen lassen, daß er von ihm nur unerbittliche Strenge zu erwarten habe? Die grauenhafte Häßlichkeit des Leibes, der ihm wiedergegeben wurde, die zermalmende, rücksichtslose Veröffentlichung seiner geheimsten Sünden, die Schande, die auf ihm lastet, der Abscheu, welchen alle Geschöpfe gegen ihn an den Tag legen, läßt ihn alles das nicht klar genug erkennen, welche Stimmung ihm gegenüber er bei dem vorauszusetzen hat, in dessen Hand die Entscheidung über sein Schicksal liegt? Hat sich unter seinen Freunden, unter seinen Verwandten auch nur einer gefunden, der sich herbeigelassen hätte, ihm in seinem Unglück ein klares Zeichen von Theilnahme zu geben? Die Heiligen Gottes waren ehemals so eifrig bemüht um seine Rettung, sie empfanden so schmerzlich seine Verirrungen, sie waren für ihn so voll von Erbarmen und Liebe; hat sich jetzt unter ihnen auch nur einer gefunden, der ihn eines mitleidigen Blickes gewürdigt hätte? Selbst die Sünder, die ihm gleichen, selbst seine Mitschuldigen sind seine unversöhnlichen Feinde geworden. Ja auch die leblose Natur steht wider ihn auf und verfolgt ihn; die Elemente insgesamt geben je in ihrer Weise ihrem Hasse gegen ihn Ausdruck: die Erde brüllt unter seinen Füßen, voll Ungeduld darüber, daß sie sich noch genöthigt sieht, ihn zu tragen; das Meer fluthet über seine Ufer und ängstigt ihn durch das zürnende Brausen und das wilde Toben seiner Wasser; der Himmel läßt über seinem Haupte seine Donner rollen und schleudert ihm seine Blitze nach; die ganze Schöpfung stößt ihn zurück und hinab wieder zur Hölle: *Pugnabit cum illo orbis terrarum contra insensatos* — „kämpfen wird für ihren Herrn die ganze Welt wider die Unsinnigen"[1].

Unterdessen erglänzt hoch in der Luft in sanftem Lichte das hehre Zeichen des Heiles und der Erlösung, aber für den Sünder ist es nur ein Zeichen der Verwerfung und des Zornes. Er schaudert, da er es erblickt. Da ist es, spricht er, dieses Kreuz, das ich beschimpft, das ich so oft gelästert habe, das jetzt triumphirt mit denen, die es anbeteten! Dieses Kreuz, für mich einst geröthet von dem Blute des Sohnes Gottes, das mein Trost sein sollte und meine Zuversicht, und das jetzt mein Entsetzen und meine Verzweiflung ver-

---

[1] Weish. 5, 21. — Wer sich überzeugen will, daß die letzten Gedanken Mac Carthys nichts weniger sind als Gebilde der Phantasie, der lese die letzten Verse (22—24) dieses Kapitels im Buche der Weisheit.

doppeln muß! Dieses Kreuz, angesichts dessen es keine Entschuldigung mehr gibt für meine Schlechtigkeiten, angesichts dessen alle Qualen, die ich aushalten muß, gerecht erscheinen! Denn das Siegel dieses Kreuzes hatte ich ja in der Taufe empfangen, und dennoch hegte ich demselben gegenüber keine andere Gesinnung als die des Juden und des Götzenanbeters; wie sie es gethan haben, so wäre auch ich bereit gewesen, den an dasselbe zu heften, der jetzt Gericht halten soll über mich; wie könnte ich ein Recht haben, um Gnade zu bitten oder auf Gnade zu hoffen?

Endlich nahet sich der Abschluß des furchtbaren Trauerspiels. Oben am Firmamente wird die leuchtende Wolke sichtbar, welche den menschgewordenen Sohn Gottes trägt, und auf sie richten sich alle Blicke. Schöner als der Morgenstern, in tausendfach hellerem Glanze als die Sonne, umkleidet mit einer Herrlichkeit und Majestät, von der kein sterblicher Geist sich auch nur eine schwache Vorstellung bilden kann, ausgerüstet mit einer Hoheit und Macht, der gegenüber alle Größe der Monarchen dieser Erde weniger ist als nichts, umschart von Millionen von Engeln, in einem Meere von Licht: so läßt der oberste Richter der Lebendigen und der Todten sich nieder auf seinem Throne. Einen Augenblick herrscht ehrfurchtsvolles Schweigen und tiefe Stille, aber bald erheben sich von allen Seiten Jubelrufe, Lieder der Freude, eine brausende Harmonie von Gesängen des Lobes und des Dankes widerhallt am Gewölbe des Himmels. Die Auserwählten in ihrer Verklärung sehen jetzt zum erstenmal mit den Augen ihres Leibes die allerheiligste Menschheit des Sohnes Gottes, und im Anschauen dieser unaussprechlichen und entzückenden Schönheit, diesem Antlitze gegenüber, auf welchem zugleich mit allen menschlichen Tugenden sämtliche Vollkommenheiten der Gottheit leuchten, vermögen sie die Begeisterung ihrer Freude und ihrer Liebe nicht mehr zu beherrschen; Zittern ergreift sie: mit einemmal Adlern gleich sich auf in die Luft schwingend, fliegen sie in die Arme ihres Erlösers und nehmen dann, trunken von himmlischer Wonne, ihre Plätze ein zu seiner Rechten.

Finster in sich gekehrt, in tiefer Bestürzung, die Augen in den Staub bohrend, den er näßt mit bittern Thränen, steht bei dieser Scene der Sünder; gleichzeitig sieht er sich mit der ganzen elenden Schar des Teufels auf die linke Seite getrieben. Dort muß er anhören, wie sie um ihrer Tugenden willen gepriesen und ob ihres Sieges verherrlicht werden, sie alle, die er einst auf Erden mißachtet, verleumdet, verfolgt hat; dort muß er hören, wie der König der Glorie sie mit einer Stimme voll Milde und zärtlicher Liebe die Gesegneten seines Vaters nennt, wie er sie einladet, theilzuhaben an seinem Erbe und von seinem Reiche Besitz zu nehmen. Schwarzer Neid verzehrt dabei sein Herz und steigert seine Qual um ebensoviel, als er jene glücklich weiß. Zum Uebermaße seines Aergers erkennt er unter ihnen manche ehemalige Genossen seiner Schlechtigkeiten, die in aufrichtiger Reue zu Gott zurückkehrten, in dem Blute des Lammes gereinigt wurden von ihren Sünden, und weil sie der Gnade treu blieben bis an das Ende, jetzt mit den Auserwählten Gottes verherrlicht werden. Er ist Zeuge des Entzückens und des Jubels, der sie jetzt erfüllt, da sie gedenken, wie sie ihre bösen Neigungen überwanden, ihre Ketten zerbrachen und durch die Buße wiedergeboren wurden zu neuem Leben; da sie ihrer Kämpfe sich erinnern und ihrer Opfer und ihrer Thränen und um so leichten Preis sich jetzt den Himmel erschlossen sehen und ihr Glück gesichert auf immer. Bei diesem Anblick vermag er sein Jammergeschrei und sein Schluchzen nicht mehr zu unterdrücken. Wehe! ruft er aus, sich auf die Brust schlagend und sich mit seinen eigenen Händen zerfleischend, Unglücklicher, der ich bin! Hätte ich nicht auch thun können, was diese gethan, da sie doch die nämlichen bösen Neigungen hatten wie ich, die nämlichen Vorurtheile, die nämlichen Irrthümer, die nämlichen schlimmen Gewohnheiten und die nämlichen Laster? Und hatte nicht auch ich die gleiche Erkenntniß, die gleichen Gewissensbisse, die gleichen Gnaden, wodurch sie gerettet wurden? Unsinniger, Rasender, der ich war! Statt ihrem Beispiele zu folgen, habe ich ihre Bekehrung zum Gegenstande meiner einfältigen und rohen Spöttereien gemacht. Sie haben meinen Spott verachtet; heute jubelt die ganze Schöpfung ihnen zu bei ihrem Triumphe und ich bin auf ewig ein Gegenstand des Abscheues und des Ekels für alle Creaturen!

Während sich der Sünder diesen trostlos bittern Gedanken hingibt, wendet der gerechte Richter, nachdem er alle seine Heiligen gekrönt hat, sich zu den Verdammten. Allmächtiger Gott, wer vermöchte das Entsetzen dieser Unseligen zu fassen, und die neue Qual, die sie empfinden in dem Augenblicke, da dein allerheiligstes Angesicht, glühend vor Zorn, und einer sengenden Sonne gleich auf sie alle seine Strahlen schießt; da deine Blicke, als ob es ebensoviele feurige Pfeile wären, ihr Innerstes durchbohren und es martern mit unbeschreiblicher Gluth! Das ist es, was einst dein Prophet ausdrücken wollte, da er sagt, du würdest deine Feinde anfüllen mit Gluth wie eine Feueresse an diesem Tage, den er den Tag des Grimmes deines Angesichtes nennt: *Pones eos ut clibanum ignis in tempore vultus tui* (Ps. 20, 10). Aber wie wird ihnen? Was für ein Zittern befällt sie und schüttelt sie wie im Forste das Laub, da sie jetzt den Herrn mit fürchterlicher Stimme, vor welcher die Grundfesten der Erde erbeben, an sie die schrecklichen Worte richten hören: *Discedite a me, maledicti* — „gehet hinweg von mir, ihr Verfluchten!" (Matth. 25, 41.) Ich zerreiße hiermit für immer die Bande, welche bisher noch den Schöpfer mit widerspänstigen Geschöpfen, den Vater mit entarteten Kindern, den dreimal heiligen Gott mit unverbesserlichen Sündern vereinten. Gehet hinweg von mir! von mir, der ich euch Sein und Leben gab, der ich euch schuf nach meinem Ebenbilde, der ich euch theilnehmen zu lassen beabsichtigte an meiner eigenen Seligkeit; von mir, der ich euretwegen diese ganze schöne Welt ins Dasein rief und in so vielen Wohlthaten, womit ich in derselben euch überhäufte, euch nur das Unterpfand gab und ein schwaches Vorspiel der Freuden, die ich in dem Reiche meines Vaters für euch bereit hielt! Von mir, der ich euern Undank und eure Beleidigungen so lange Zeit ertrug, der ich euch so oft eure Sünden wieder nachließ, euch verfolgte mit meiner Gnade, und in der Hoffnung, eure Hartnäckigkeit zu besiegen, von einem Jahre zum andern euch ein Leben verlängerte, das ihr immer wieder mißbrauchtet! Von mir, der ich in meiner Liebe gegen euch so weit ging, daß ich mich zum Opfer für euch hingab, daß ich weinte für euch, für euch litt und starb und durch alles nur euern Haß zu gewinnen vermochte! Von mir, dem einzigen Urquell alles dessen, was gut ist; ihr habt zuerst mich verworfen, jetzt verwerfe ich meinerseits euch und überantworte euch dem Verderben; ich bin die wesenhafte Fülle alles Segens, und ich spreche heute feierlich über euch den Fluch aus. Elende, ihr habt den Fluch gewollt, ihr habt ihn selber euch gewählt als euern Theil: so laste er denn auf euch in alle Ewigkeit: *maledicti,* „ihr Verfluchten"! Eine furchtbare Stimme geht bei diesem Worte aus vom Throne Gottes und hallt wieder in den Gewölben des Himmels; ihr antwortet in schauerlichem Brüllen eine andere Stimme tief unten aus der Hölle; eine dritte ertönt von den Enden der Erde, von den vier Winden her; sie wiederholen alle zumal: Fluch! Verderben! . . . „Ihr Verfluchten!"

Geht denn hinweg, nimmt der Richter der Welt wieder das Wort, weit weg von mir; dahin, wo die ewigen Schmerzen wohnen, wo die Pein keine Grenzen kennt und die Verzweiflung kein Ende; wo das Feuer immer brennt und nie vernichtet; wo ein unsterblicher Wurm zerfrißt und niemals verzehrt; wo auch nicht der eine Trost dem Unglücklichen mehr bleibt, daß er hoffen darf, einmal zu sterben. „Geht hinweg von mir . . . in das ewige Feuer!" Nicht für den Menschen, das bevorzugte Werk der Hände meines Vaters, wurden einst diese grauenhaften Abgründe gegraben, sondern für den abgefallenen Engel, euern unversöhnlichen Feind und den meinen. Ihr wußtet, daß schwarzer Neid gegen euch ihn beseelte, daß er nur das Verderben der Menschheit athmete, und ihr habt ihn vorgezogen eurem Gott! Nicht zufrieden, euch in alle seine Schlingen zu stürzen, euch selbst zu durchbohren mit seinen Pfeilen, habt ihr überdies euch noch betheiligt an seinen Anschlägen wider die Menschen und wider mich; ihr seid das Aergerniß eurer Brüder geworden, die Verführer der Unschuld, die Verleumder der Tugend, die Verfolger der Gottesfurcht, die Teufel der Erde, die Diener, die Gehilfen, die Werkzeuge des Fürsten der Finsterniß, darum fordert die Gerechtigkeit, daß ihr jetzt auch sein Los mit ihm theilet, nachdem ihr seine Sache zu der eurigen gemacht und seine Werke gethan habt: „Gehet hinweg von mir . . . in das ewige Feuer, das bereitet ist dem Teufel und seinen Engeln" (Matth. 25, 41).

Hiermit hat der Herr ihnen ihr letztes Urtheil gesprochen. Er wirft auf sie noch einmal einen letzten Blick, der Entrüstung zugleich und des Mitleids, und wendet sich dann für immer von diesen Unglücklichen ab. Die Wolken, welche seine Stirn umschatteten, zerstreuen sich wieder, und mit einem Lächeln voll Huld und Majestät, das den Himmel und die Erde mit Freude erfüllt, läßt er seine Augen ruhen auf den Scharen der Gerechten. In diesem Augenblicke hört man die Lieder des Dankes und die Lobgesänge anstimmen, welche jetzt nie mehr verklingen sollen, und in brausenden Chören fällt in dieselben die ganze Schöpfung ein. Bei den mächtigen Klängen dieser Harmonien thun die Himmel ihre Pforten auf; in unabsehbarer Weite liegt ihre ganze Pracht und Herrlichkeit ausgebreitet vor den entzückten Blicken der Auserwählten; jetzt erheben sie sich, gemischt mit den Engeln, auf Flügeln des Windes, und halten, dem Lamme sich anschließend, ihren Einzug in die ewige Stadt Gottes, welche von ihren Siegesrufen und ihrem Jubel wiederhallt.

In dumpfem Schweigen betrachten die Verdammten dieses Schauspiel, da — o schauerlicher Gegensatz! — da fängt mit einemmal unter ihren Füßen die Erde an zusammenzubrechen, und die Abgründe der Hölle werden sichtbar nach ihrer ganzen Weite und bis auf den untersten Grund; sie fordern ihre Opfer. Und indem so die Unglücklichen jetzt die ganze Tiefe des schrecklichen Grabes messen, das sie verschlingen will; indem sie lebhafter als je empfinden, wie entsetzlich ihr Los ist, und demselben die Glückseligkeit der Diener Gottes gegenüberhalten, setzen sie ihrer Verzweiflung keine Grenzen mehr; alle Stärke, aller Muth verläßt sie, es bricht ihnen das Herz, sie vergießen Ströme von Thränen. Noch ein letztes Mal erheben sich ihre Augen zu dem himmlischen Vaterlande, das sie niemals wiedersehen sollen; sie erkennen unter denen, welche in dasselbe triumphirend ihren Einzug halten, ihre Freunde, ihre Mitbürger, ihre Verwandten; ganz deutlich zeigt sich ihnen der Platz, welcher ihnen bestimmt war und den jetzt andere einnehmen. In dem Augenblicke dieses herzzerreißenden Scheidens erwacht noch einmal in ihrem Herzen alles, was an warmem Gefühl und tiefer Empfindung je in demselben lebendig war, und mit von Seufzen und Schluchzen erstickter Stimme rufen sie aus: So lebe denn wohl, du Paradies der Wonne, du glorreiche Stadt des lebendigen Gottes, du Heimat des Friedens, der Ehre und der Seligkeit, für die wir erschaffen waren, von welcher unsere Sünden uns ausschließen auf immer! Lebe wohl, du Vater der Barmherzigkeit, der uns nicht mehr seine Kinder nennt, du Sohn Gottes, der du uns nicht mehr anerkennst als deine Brüder, Geist der Liebe, den wir gezwungen haben, uns zu hassen! Lebe wohl, du unser Erlöser, der du umsonst all dein Blut vergossen hast, um uns vor dem Verderben zu bewahren; lebe wohl, unvergleichliche Jungfrau, Mutter aller Lebendigen, die wir lieber zur Feindin haben wollten als zur Mutter; ihr, heilige Patrone, die ihr uns so viele Gnaden erflehtet, deren Wirkung unsere hartnäckige Bosheit vereitelte; ihr Schutzengel, die wir von uns hinwegstießen, um uns zu verbinden mit den Ungeheuern, deren Raub wir jetzt sein müssen! Lebet wohl, ihr, deren wir mit noch innigerem Gefühle, mit noch tieferem Schmerze gedenken: ihr gottesfürchtigen Freunde, deren Mahnen und deren Beispiel wir verachteten; du guter Vater, du fromme Mutter, die ihr so oft unter Thränen uns beschworet, Mitleid zu haben mit uns selber, und die wir nicht hören wollten; du, theure Gattin, mit welcher ein so innig-zartes Band uns vereint hatte, von der jetzt unsere Treulosigkeit uns für immer scheidet! Ja, lebt wohl, ihr alle, glückliche Bürger des Himmels, uns ruft die Hölle! Lebe wohl, schöner Tag einer ewigen Wonne, wir fahren hinab in die ewige Nacht! Lebe wohl, Freude, Friede, Trost, Hoffnung! Lebt wohl für immer! Qualen, Trauer, Verzweiflung sind von nun an unser Theil. Mit diesen Worten stürzen sie hinab in die hoch auflodernde Tiefe, und der Abgrund verschlingt brüllend seinen Raub. Seine Pforten schließen sich über ihnen, um sich nie mehr zu öffnen. Alles ist abgeschlossen. *Ibi erit fletus et stridor dentium* — „dort ist Weinen und Knirschen der Zähne".

Ich habe nicht mehr die Kraft, noch etwas hinzuzufügen. Möge Gott euch helfen, andächtige Christen, damit aufrichtige Bekehrung, treues Mitwirken mit der Gnade und Gottes unendliche Barmherzigkeit euch bewahre vor einem so grauenhaften Schicksal! Das wünsche ich euch von ganzem Herzen, im Namen des Vaters und des Sohnes und des Heiligen Geistes. Amen.

Anmerkung.

1. Zu jener Stelle auf S. 380, bei welcher ich auf diese Anmerkung verwiesen habe, fügt Mac Carthy in einer Note folgendes hinzu: "St. Augustin (De civ. Dei l. 21) hält es für wahrscheinlich, daß die Worte ‚ihr Wurm wird nicht sterben' von den Würmern zu verstehen seien, welche ewig an dem Leibe der Verdammten nagen werden. Im Buche Judith (16, 21) heißt es: ‚Ueber ihr Fleisch wird er Feuer kommen lassen und Würmer, daß sie brennen, und es fühlen in alle Ewigkeit.' Die Worte ‚über ihr Fleisch' beweisen, daß hier nicht von dem Wurme des Gewissens, und die Worte, ‚daß sie es fühlen in Ewigkeit', daß nicht von den Würmern des Grabes die Rede ist."

Das Ansehen des hl. Augustin hätte Mac Carthy mit größerem Nachdruck geltend machen können. Die Stelle im 21. Buche des Werkes *De civitate Dei,* welche er im Auge hat, ist ohne Zweifel das neunte Kapitel dieses Buches. Augustin handelt dort "von der Hölle und der Beschaffenheit der ewigen Strafen". Was den Sinn der Worte bei dem Propheten Isaias (66, 24) betreffe, "ihr Wurm wird nicht sterben und ihr Feuer nicht erlöschen", welche der Herr (Marc. 9, 42—47) dreimal wiederhole, führt der heilige Kirchenlehrer zunächst zwei Ansichten an. Die erste nehme sowohl das „Feuer" als den „Wurm" im übertragenen Sinne, die zweite das „Feuer" im eigentlichen Sinne, den „Wurm" aber im übertragenen. Diese zweite erklärt Augustin für richtiger (*credibilius dicitur,* l. c. n. 2); aber auch dieser noch zieht er eine dritte Ansicht vor, nach welcher in den bezeichneten Worten der Schrift nicht nur von einem eigentlichen Feuer, sondern auch von wirklichen Würmern die Rede sei. Hierfür beruft er sich auf die von Mac Carthy (oben S. 380) angeführte Stelle Eccli 7, 19: *Vindicta carnis impii ignis et vermis,* und bemerkt dazu: Potuit brevius dici, *Vindicta impii.* Cur ergo dictum est, *carnis impii,* nisi quia utrumque, id est et ignis et vermis, poena erit carnis?

Es ist hiernach offenbar ein Versehen, wenn Bellarmin in der ascetischen Schrift *De gemitu columbae, sive de bono lacrimarum* sagt: "Der hl. Augustin hält es für wahrscheinlicher, daß das Feuer den Leib quäle, der Wurm aber die Seele", und dabei auf *Aug.,* De civ. Dei 21, 9 verweist [1].

Basilius der Große stellt die Ansicht, welcher nach dem Vorstehenden St. Augustin sich zuneigt, einfach wie eine ausgemachte Sache hin. "Stelle dir den tiefen Abgrund vor und das Feuer, das keinen Glanz hat; das in der Finsterniß seine ganze Kraft besitzt, durch Brennen zu peinigen, dem aber alles Licht genommen ist. Weiter denke dir eine Gattung giftiger Würmer, die sich von Fleisch nähren, die ohne Aufhören fressen, aber niemals satt werden und durch ihr Fressen eine unerträgliche Marter verursachen. Dazu kann noch die unerträglichste Strafe von allen, die Beschämung und die ewige Schande. Vor solchen Dingen zittere, vor solchem Verderben habe Angst, daß diese Angst dich verständig mache und dir sei wie ein Zügel, der dich vom Bösen zurückzieht." [2]

Die Autorität dieser zwei Kirchenlehrer, in Verbindung mit den angeführten Stellen der Heiligen Schrift, ist ohne Zweifel genügend, um den

---

[1] In der Uebersetzung von Dr. Hense, Das Seufzen der Taube S. 144, wird diese Richtigstellung vermißt.   [2] *Bas.,* Hom. in ps. 33, n. 8.

Prediger zu rechtfertigen, wenn er in der Weise wie Mac Carthy die Qualen der Verdammten darstellt. Wäre übrigens der Ausdruck „Wurm" im übertragenen Sinne zu nehmen, so würde durch denselben nicht etwa eine gelindere, sondern nur eine noch härtere Marter bezeichnet sein; denn das Uebersinnliche hat immer mehr Realität und Wirksamkeit als das Materielle.

2. Manche Gedanken der vorstehenden Predigt sind offenbar jener des hl. Ephräm „über die zweite Ankunft unseres Herrn Jesus Christus"[1] entlehnt. Das gilt namentlich von den Worten, welche Mac Carthy die Verdammten sprechen läßt, unmittelbar bevor sie in die Hölle hinabstürzen (oben S. 394). Bei Ephräm heißt es (a. a. O. S. 201) also: „Indem sie dann sich von allen verlassen sehen, sehen, daß es für sie gar keine Hoffnung mehr gibt und gar keine Hilfe und niemand, der ihrer sich annähme — denn gerecht ist Gottes Gericht —, da wehklagen sie in bitterem Weinen und sagen: Wehe, was für eine lange Zeit haben wir unbenutzt dahingehen lassen in unserem sorglosen Leichtsinn! Wehe, wie haben wir uns betrogen! . . . Was sollen wir thun, jetzt wo die Zeit zur Buße dahin ist, wo niemand mehr für uns eintreten kann, wo die Thränen nichts mehr helfen, wo keine Arme mehr da sind und keine Nothleidende, uns das Oel zu verkaufen![2] denn der Markt ist vorüber! Da wir noch Gelegenheit hatten, da es noch in unserer Macht stand, da die Verkäufer unter Thränen uns nachriefen: So kaufet doch! da verschlossen wir ihnen das Ohr und wollten nicht auf sie hören und kauften nicht. Jetzt suchen wir und finden kein Oel mehr. Es gibt keine Erlösung mehr für uns Unglückselige, wir haben keine Barmherzigkeit mehr zu hoffen, denn wir sind derselben nicht werth. Gott richtet gerecht. Nie mehr werden wir die Reihen der Heiligen sehen, niemals schauen das wahre Licht. Wir sind von allen Guten geschieden. Was sollen wir noch sagen? Lebet wohl, ihr Auserwählte insgesamt! Lebet wohl, Apostel, Propheten, Märtyrer! Lebe wohl, du Chor der Patriarchen, lebe wohl, du Schar der Mönche! Lebe wohl, glorreiches Kreuz, du Quell des Lebens; lebe wohl, du Gottes Reich, himmlisches Jerusalem, Mutter der erstgebornen Kinder Gottes, du Paradies der Wonne, lebe wohl! Auch du lebe wohl, hohe Frau, Gottes Gebärerin, Mutter des Erlösers der Menschen! Lebet wohl, Vater, Mutter, Kinder, Söhne und Töchter! Nie mehr sehen wir euch wieder! — Und so zieht ein jeder von ihnen hin an den Ort der Qual, wie er ihn sich bereitet hat durch sein böses Thun, wo ihr Wurm nicht stirbt und ihr Feuer nicht erlischt."[3]

Es ist der Mühe werth, bei dieser Veranlassung auf die ausgezeichneten Vorträge des hl. Ephräm über die letzten Dinge besonders aufmerksam zu machen, sowie auf die von Pius Zingerle O. S. B. gearbeitete Uebersetzung von mehreren derselben in der Kemptner „Bibliothek der Kirchenväter".

---

[1] Sancti Patris nostri Ephraem Syri opera omnia quae exstant, in sex tomos distributa II (graece et latine, Romae 1743), 192 sqq.

[2] Das „Oel" der Parabel von den zehn Jungfrauen, Matth. 25, 1—13.

[3] Das „lebe wohl", „lebet wohl" ist in der griechischen Uebersetzung (das syrische Original ist nicht vorhanden oder wenigstens nicht gedruckt) durch σώζου, σώζεσθε ausgedrückt; die lateinische Uebersetzung hat *vale, valete*, Mac Carthy ganz entsprechend *adieu*.

Vierzehnter Abschnitt.
Die paränetische Predigt. Die panegyrische Predigt.

401. Die „paregoretische" Beredsamkeit haben wir, wie Sie sich erinnern müssen, im zweiten Abschnitt jene Richtung der geistlichen Beredsamkeit genannt, welche ausschließlich den zweiten Theil der Gesamtaufgabe der letztern (Bd. I, Nr. 40) ins Auge faßt. Eine paregoretische Predigt ist also „ein geistlicher Vortrag, in welchem eine religiöse Wahrheit in der Weise behandelt wird, daß die Darstellung geeignet ist, die Zuhörer zu bestimmen, dieselbe als Norm ihres Lebens in festem Glauben und mit entschiedener, wirksamer Liebe zu umfassen"; oder anders: eine paregoretische Predigt ist „ein geistlicher Vortrag, in welchem ein Gutes der übernatürlichen Ordnung so dargestellt wird, daß die Darstellung geeignet ist, die Zuhörer zu entschiedener und wirksamer Liebe desselben zu bestimmen". Daß diese zwei Definitionen identisch sind, das habe ich Ihnen bereits im zweiten Abschnitte gezeigt (vgl. Bd. I, Nr. 44).

Es dürfte Ihnen, ohne daß ich es ausdrücklich sage, hinlänglich klar sein, wodurch sich die paregoretische Predigt von der bidaskalischen unterscheidet. Während die letztere eine zusammengesetzte Aufgabe hat, nämlich die Christen zu unterrichten und auf ihr freies Streben bestimmend zu wirken, ist die Aufgabe der paregoretischen Predigt eine einfache, indem sie nur das freie Streben der Zuhörer zu bestimmen sucht. Ich glaube nicht, m. H., daß Sie so oberflächlich sein werden, hieraus die Folgerung zu ziehen, als ob allein die bidaskalische Predigt die Wahrheiten der Religion den Christen mit Klarheit und genauer Bestimmtheit vorführen müsse, indes die paregoretische sich mit unklaren Gedanken, mit vagen Begriffen und confuser Darstellung begnügen dürfe, weil sie ja eben nicht berufen sei, „den Zuhörern die klare und bestimmte Erkenntniß der christlichen Lehre zu vermitteln". Wer so schließen wollte, der würde dadurch verrathen, nicht nur, daß er von allem bisher Gesagten sehr wenig aufgefaßt, sondern vielleicht auch, daß er nicht übermäßig viel Dialektik habe. Als ihre Aufgabe freilich betrachtet es die paregoretische Beredsamkeit nicht, die Zuhörer zu klarer und richtiger Auffassung der religiösen Wahrheiten zu führen; aber daraus folgt keineswegs, daß eben dieses nicht für die ihr gestellte Aufgabe wesentliches Mittel sei, und noch weniger, daß sie sich mit confusen Gedanken und unklarer Darstellung begnügen dürfe. Wir haben ja wiederholt gesagt, durch welche Mittel man psychologisch auf das freie Streben wirkt[1]; wir haben nicht minder aus-

---
[1] Man vergleiche namentlich Bd. I, Nr. 91 u. 213.

drücklich betont, daß man weder das eine noch das andere dieser psychologischen Momente zur Anwendung bringen kann, wenn die religiösen Wahrheiten nicht einfach, klar, lichtvoll, sehr leicht verständlich, mit dialektischer Bestimmtheit und Ordnung dem Volke vorgelegt werden, und von allem diesem abgesehen ist es ja einer der elementarsten Sätze der Philosophie, daß jede Regung des Strebevermögens durch eine entsprechende Thätigkeit des Erkenntnißvermögens bedingt ist, mithin wer „das freie Streben eines andern bestimmen" will, zunächst darauf angewiesen ist, ihm die seiner Absicht entsprechende Erkenntniß zu vermitteln.

Sie werden sich weiter erinnern, daß wir an der Stelle, die ich vorher bezeichnet habe (Bd. I, Nr. 45), von den paregoretischen Vorträgen die „panegyrischen" als eine besondere Art dieser Gattung ausschieden. **Panegyrische Predigten**, sagten wir, seien diejenigen, welche an den Festen des kirchlichen Jahres, dem Geiste und dem Zwecke der Feier entsprechend, gehalten würden; alle übrigen paregoretischen Vorträge wollten wir, den panegyrischen gegenüber, paränetische nennen. Sie sehen hieraus, daß wir bei den Anweisungen für die letztere, die paränetische Predigt, einfach die Definition der paregoretischen zu Grunde legen können, wie ja auch die zwei Namen, paregoretisch und paränetisch, der Etymologie nach das nämliche bedeuten. Der Unterschied der zwei Arten, der paränetischen und der panegyrischen Vorträge, ist vorwiegend ein mehr äußerer, und nicht ein solcher, der das innere Wesen derselben in formeller Rücksicht besonders beeinflußte.

Erstes Kapitel.
Die paränetische Predigt.

402. Es ist von der Gesamtaufgabe der Verkündigung des Wortes Gottes zwar nur ein Theil, welchem die paregoretische Beredsamkeit und insbesondere die paränetische Predigt dient; aber es ist, wie ich bereits im Anfange (Bd. I, Nr. 43) hervorhob, der schwierigere Theil dieser Gesamtaufgabe, und zugleich der vorzüglichere. Ist die didaskalische Beredsamkeit genöthigt, immer zugleich dem didaktischen Theile ihrer Doppelaufgabe Rechnung zu tragen und dieser Rücksicht manches zu opfern, wodurch der andere Theil, die Bestimmung des freien Strebens, gefördert werden könnte, so fällt für die paregoretische Beredsamkeit diese Rücksicht weg; sie ist durch nichts gehindert, ihre Vorträge genau so einzurichten, wie es für die Wirkung auf den Träger des ethischen Lebens am meisten förderlich ist, und durchaus jedes psychologische Moment zu berücksichtigen, das für den Erfolg ihrer Thätigkeit irgendwie von Bedeutung sein mag. Und weil sie das kann, darum ist sie auch verpflichtet, es nicht zu unterlassen. Infolge hiervon ist die Einrichtung einer paränetischen Predigt etwas weniger einfach und sind für sie die Anweisungen der Theorie etwas zahlreicher und complicirter, als es bei den didaskalischen Vorträgen der Fall war.

Ich werde Ihnen diese Anweisungen in den folgenden Paragraphen vorführen. Zunächst haben wir drei Stücke ins Auge zu fassen, welche für die paränetische Predigt, soll ich sagen: das Fundament oder den Kern oder die

Wurzel — jedenfalls das bestimmende Princip bilden, die *causa formalis*, von welcher ihr Inhalt sowohl als ihre Gestalt beherrscht wird; diese sind der Hauptsatz, der besondere Zweck und der Centralgedanke. Weiter müssen wir über die Ausführung einiges bemerken und insbesondere die Rücksichten bestimmen, nach denen die Gründe, welche den Zweck der Predigt vermitteln sollen, die Elemente zur Ausführung des Centralgedankens, zu wählen und zu ordnen sind. Daran werden sich zuletzt die besondern Vorschriften schließen über den Eingang und die Peroration.

Um mit Klarheit vorzugehen, ist es aber nothwendig, daß wir vor allem **zwei Klassen von paränetischen Predigten** unterscheiden. Den Grund dieser Unterscheidung bildet zunächst die Beschaffenheit des besondern Gegenstandes der Vorträge, aber nur darum, weil infolge hiervon sich auch eine gewisse Verschiedenheit ergibt in Rücksicht auf ihre innere Gestaltung und auf das Verfahren, das man bei der Ausarbeitung der Vorträge einzuhalten hat. Sie können nämlich zum Gegenstande Ihrer Predigt entweder eine jener **allgemeinen religiösen Wahrheiten** nehmen, welche mehr universaler Natur sind und die Bestimmung haben, das christliche Leben nach verschiedenen Seiten zu beeinflussen oder auch es seiner Totalität nach zu beherrschen; oder Sie können einen **besondern Punkt der christlichen Ethik** paränetisch behandeln. Namentlich in Rücksicht auf jene drei Stücke, welche ich eben den Kern oder das bestimmende Princip der paränetischen Predigt nannte, begründet diese Unterscheidung eine Verschiedenheit des praktischen Verfahrens und darum auch der Anweisungen der Theorie; was dagegen die übrigen vorher bezeichneten Punkte betrifft, so können wir dieselben für beide Klassen gemeinsam behandeln.

§ 1.

Der Hauptsatz, der besondere Zweck und der Centralgedanke in paränetischen Predigten der ersten Klasse, nämlich in solchen, welche eine allgemeine religiöse Wahrheit behandeln.

403. Die „allgemeinen religiösen Wahrheiten", welche ich als Gegenstand der paränetischen Predigten der ersten Klasse betrachte, sind nicht besonders zahlreich. Es gehören zu denselben insbesondere die Lehren von der Sünde und ihren Strafen, vom Tode, von der Hölle, vom besondern Gerichte, von der Auferstehung des Fleisches, vom Weltgerichte, von der Bestimmung des Menschen und der übrigen erschaffenen Dinge, von dem ewigen Leben, von der Barmherzigkeit Gottes, von seiner Liebe gegen uns, vom Leiden und Tode des Herrn und ähnliche. Sie werden, wenn Sie ein Thema dieser Art paränetisch bearbeiten wollen, am zweckmäßigsten in folgender Weise verfahren.

Erstens. Vergegenwärtigen Sie sich zunächst — im Geiste oder durch Aufschreiben — soviel als möglich alles, was in den Quellen für die Verkündigung des Wortes Gottes über den Gegenstand, um den es sich handelt, z. B. über die Hölle, enthalten ist; suchen Sie dabei namentlich alle Stellen der Heiligen Schrift zu sammeln, welche sich auf denselben beziehen. Die Menge der Gedanken, die sich auf diese Weise ergeben, kann sehr bedeutend sein; Sie werden dieselben indes immer ohne besondere Mühe unter einen, zwei, vier, sechs ... Gesichtspunkte bringen und so die ganze Lehre der Offenbarung über Ihren Gegenstand in einem, zwei, vier oder auch mehreren Sätzen zusammenfassen. Ein gutes Lehrbuch der Dogmatik, ein Handbuch der Religionslehre, oder ein Werk wie die Betrachtungen von De Ponte kann Sie hierbei unterstützen. Insofern es sich z. B. um die Lehre von der Hölle handelt, werden Sie etwa folgende fünf Sätze erhalten.

1. „Die Verdammten sind ausgeschlossen von der Anschauung und dem Besitze Gottes, von aller Gemeinschaft mit den Engeln und den Auserwählten; sie sind mit allen Schlechten zu einem Gefängnisse verurtheilt und der Gewalt und dem Hasse der bösen Geister preisgegeben."

2. „Die Verdammten sind hinausgestoßen ‚in die äußerste Finsterniß', ein Gegenstand des Fluches Gottes und der Verachtung für alle Guten; sie sind aller Güter der menschlichen Natur (Erkenntniß der Wahrheit, Friede, Ehre, Freiheit) vollständig beraubt."

3. „Die Verdammten werden durch die Strafe des Feuers und des ‚Wurmes' gequält, und sie leiden ohne die mindeste Linderung, ohne allen Trost."

4. „Der Antheil der Verdammten ist die Verwesung (Gal. 6, 8) und ‚der zweite Tod'; sie sind die Beute der gräßlichsten Verzweiflung."

5. „Die Qualen der Verdammten dauern ewig."

Haben Sie die Sätze, welche die Offenbarung über den von Ihnen gewählten Gegenstand uns lehrt, in solcher Weise zusammengestellt, so nehmen Sie einen derselben als den „Hauptsatz" *(propositio)* Ihrer Predigt, indem Sie die übrigen für dieses Mal beiseite lassen. Für den Fall, daß ein einziger der zusammengestellten Sätze nicht Gedanken genug enthielte und darum nicht hinreichte, würden Sie natürlich zwei derselben oder auch drei miteinander verbinden, und es wäre unter Umständen nicht schwer, aus denselben wieder einen einzigen zu machen. So umfaßt Segneri in seiner 14. Fastenpredigt die ganze Lehre von der Hölle in dem Hauptsatze: „Das Los der Verdammten ist reines Leiden, ohne irgend welche Erleichterung"; Kleutgen in dem Hauptsatze: „Die Verdammten sind alles Guten und jeglicher Freude beraubt, und sie sind mit allen Uebeln und jeglichem Schmerze erfüllt."[1] Schiene Ihnen umgekehrt einer der zusammengestellten Sätze zu viel Stoff für eine Predigt zu enthalten, so würde es wieder nicht schwer sein, ihn zu verengern, indem Sie nur bestimmte Seiten desselben berücksichtigten und nur einen Theil der Gedanken verwertheten, welche darunter fallen.

Zweitens. Die Hauptsätze, welche Sie in der angegebenen Weise gewinnen, nehmen sich aber noch ganz theoretisch aus; sie unterscheiden sich durch nichts von einer wissenschaftlichen These oder dem Thema einer theologischen Dissertation. Damit Ihre Predigten, worin Sie solche Hauptsätze behandeln, nicht theoretische Abhandlungen werden, sondern das, was sie sein sollen, oratorische Vorträge, die dazu angethan sind, ins Leben einzugreifen, so müssen Sie nicht unterlassen, auch den „besondern Zweck", dem Ihre Predigt dienen soll, genau festzustellen. Ich habe zwar vorher bemerkt, die „allgemeinen

---

[1] Kleutgen, Predigten II, 185 ff.

religiösen Wahrheiten", welche in den paränetischen Predigten dieser ersten Klasse behandelt werden, seien mehr universaler Natur und bestimmt, das christliche Leben nach verschiedenen Seiten zu beeinflussen oder auch es unter jeder Rücksicht zu beherrschen und zu tragen. Aber das christliche Leben und was diesem entgegensteht, die Sünde und die Veranlassungen der Sünde, hat verschiedene Seiten, setzt sich aus einer Menge von Elementen zusammen, deren eines dieser und ein anderes jener der in Rede stehenden „allgemeinen Wahrheiten" mehr entspricht, vor allem, wenn diese Wahrheiten nicht ihrem vollen Inhalte nach, sondern nur theilweise und je nach einzelnen Punkten zur Behandlung kommen. Bei dem Hauptsatze z. B.: „Die Verdammten werden durch die Strafe des Feuers und des ‚Wurmes' gequält, und sie leiden ohne die mindeste Linderung, ohne allen Trost", legt sich als besonderer Zweck dieser nahe: „Die Zuhörer zu bestimmen, daß sie um jeden Preis die Sünde der Unkeuschheit von sich fernhalten und alles, was zu derselben führt." Zu dem Hauptsatze: „Die Verdammten sind hinausgestoßen in die äußerste Finsterniß, ein Gegenstand des Fluches Gottes und der Verachtung für alle Guten; sie sind aller Güter der menschlichen Natur vollständig beraubt", könnte der Zweck passen: „Die Zuhörer zu bestimmen, daß sie die Güter dieser Erde, insbesondere irdischen Besitz, Rang und Ehre, nicht in unordentlicher Weise suchen"; zu dem Hauptsatze: „Die Qualen der Verdammten dauern ewig", der Zweck: „Die Zuhörer zu bestimmen, daß sie vorübergehende Beschwerde und augenblickliche Mühe, wie solche z. B. von der Beicht und überhaupt vom Empfange der Sacramente, von den Uebungen des Gebets und andern unerläßlichen Mitteln des christlichen Lebens unzertrennlich ist, nicht scheuen mögen, um nie endenden Leiden zu entgehen."

Drittens. Durch die Verbindung des „besondern Zweckes" mit dem „Hauptsatze" ergibt sich dann in sehr einfacher Weise der „Centralgedanke" (status orationis), in welchem der an sich theoretische Hauptsatz unmittelbar praktisch wird. So würden aus den drei eben wieder erwähnten Hauptsätzen in Berücksichtigung des Zweckes, den ich für jeden derselben vorgeschlagen habe, folgende drei Centralgedanken hervorgehen: „Das Ende der Unkeuschheit ist das Feuer, das nicht erlischt, und der Wurm, der nicht stirbt, ist eine unerträgliche Marter ohne die mindeste Linderung"; „wer um irdischen Besitz oder um Befriedigung seines Ehrgeizes und seiner Selbstsucht die Gnade Gottes preisgibt, der wird einst, hinausgestoßen in die äußerste Finsterniß und alles dessen beraubt, was das Menschenherz nur verlangen kann, auf immer den Fluch Gottes und aller Auserwählten tragen"; „es ist besser, daß man die vorübergehende Beschwerde und die kurzen Opfer auf sich nehme, ohne welche es nicht möglich ist, der Gnade Gottes theilhaftig zu sein und sie zu bewahren, als daß man einer unerträglichen Pein entgegengehe, die nie ein Ende nimmt". Dem vorher (S. 400) angeführten umfassendern Hauptsatze Segneris entspricht dieser Centralgedanke: „Wer sich der Sünde hingibt und nicht ernstlich Buße thut, dessen unausweichliches Los wird einst in der Hölle reines Leiden sein ohne jede Linderung."

404. Damit Ihnen die Begriffe, von denen bisher die Rede war, und das Verfahren, um das es sich handelt, geläufiger werden, will ich Ihnen noch einige Beispiele vorführen.

1. **Gegenstand der Predigt**: Das besondere Gericht.

Hauptsatz: „Es ist dem Menschen beschieden, einmal zu sterben, und danach das Gericht" (Hebr. 9, 27), und „Der Sohn des Menschen wird kommen zu einer Stunde, da ihr es nicht vermuthet" (Luc. 12, 40).

Zweck: Die Zuhörer zu bestimmen, daß sie Sorge tragen, immer für den Tod bereit zu sein.

Centralgedanke: Die Thorheit und das Verderben derer, welche „nicht an das Ende denken" (5 Mos. 32, 29) und darum unvorbereitet von einem bösen Tode überrascht werden.

2. **Gegenstand**: Der Tod.

Hauptsatz: „Die Zeit ist kurz und die Gestalt dieser Welt geht vorüber" (1 Kor. 7, 29. 31), und „Wenn der Mensch stirbt, so nimmt er nichts mit sich, und seine Herrlichkeit steigt nicht mit ihm ins Grab" (Pf. 48, 18).

Zweck: Die Zuhörer zu bestimmen, daß sie ihr Herz von den Gütern und Genüssen dieser Erde losreißen und nicht unordentlich das Sichtbare lieben.

Centralgedanke: Es ist nicht weise und man wird betrogen, wenn man sein Herz an Dinge hängt, die schnell dahingehen, und es ist die größte Thorheit, wenn man um des Irdischen willen sich in Gefahr setzt, was unvergänglich ist, zu verlieren.

3. **Gegenstand**: Das Leiden und der Tod des Herrn.

Hauptsatz: Das Leiden des Herrn und sein Tod ist eine Wirkung der Sünde [1].

Zweck: Die Zuhörer zu bestimmen, daß sie ihre Sünden bereuen und sie für die Zukunft mit allem Ernste meiden.

Centralgedanke: In dem Leiden des Herrn, das so schwer war und so bitter, erkennen wir, wie schlecht und wie strafwürdig wir handeln, wenn wir sündigen.

4. **Gegenstand**: Die ewige Seligkeit.

Hauptsatz: Der Lohn, welchen Gott seinen Auserwählten bereitet hat, ist überaus herrlich und groß.

Erster Zweck: Die Zuhörer zu bestimmen, daß sie die Güter dieser Erde und ihre Freuden nicht hochschätzen und nicht daran hängen.

Erster Centralgedanke: Die Genüsse dieses Lebens und die Güter dieser Erde sind durchaus werthlos und verächtlich, wenn wir sie mit den ewigen Gütern und den Freuden des Himmels in Vergleich bringen; es ist darum sehr unverständig, wenn man an die erstern sein Herz in solcher Weise hängt, daß man der letztern verlustig wird [2].

Anderer Zweck: Die Zuhörer zu bestimmen, daß sie die Leiden dieses Lebens und die Beschwerden, welche die standhafte Uebung der Gottesfurcht mit sich bringt, bereitwillig und mit Ergebung auf sich nehmen.

---

[1] Cf. *Bourdaloue*, Mystères I, 5. *Bossuet*, Premier sermon pour le Vendredi saint.

[2] Vgl. Bourdaloue, Predigt auf das Fest Allerheiligen I, 1.

Anderer Centralgedanke: Die Seligkeit des ewigen Lebens ist so groß und von solcher Bedeutung, daß alle Opfer, die wir um derselben willen bringen, alle Leiden, die wir aus Rücksicht auf sie geduldig tragen, für nichts zu achten sind (Röm. 8, 18. 2 Kor. 4, 17. 18).

Dritter Zweck: Die Zuhörer zu bestimmen, daß sie die unchristliche Furcht vor dem Tode, insofern dieselbe aus unordentlicher Anhänglichkeit an dieses Leben hervorgeht, zu mäßigen suchen.

Dritter Centralgedanke: Der Besitz des ewigen Lebens macht uns im vollsten Sinne des Wortes glücklich; es ist darum unverständig und unrecht, wenn wir uns vor dem Tode, durch welchen wir in das ewige Leben eingehen, übermäßig fürchten.

405. Wenn Sie diese Beispiele ins Auge fassen, m. H., so erkennen Sie leicht das gegenseitige Verhältniß des Hauptsatzes und des Centralgedankens. Dieselben sind nicht identisch, sondern logisch voneinander verschieden; ich habe ja in dem letzten Beispiele drei Centralgedanken gegeben, welche insgesamt unter den nämlichen Hauptsatz fallen. Andererseits besteht aber zwischen beiden doch wieder der innigste Zusammenhang: der Centralgedanke liegt im Hauptsatze in der Weise, daß er sich durch die einfachste dialektische Operation daraus entwickeln läßt. Betrachten Sie den Hauptsatz als den Obersatz eines Syllogismus oder als den Vordersatz eines Enthymema, so ist der Schlußsatz desselben der Centralgedanke.

Ich finde es darum vollkommen gerechtfertigt, wenn ich für jedes dieser beiden Elemente auch besondere Namen gebrauche, obgleich der eine dieser Namen, der „Centralgedanke", soviel ich weiß, in den Lehrbüchern der geistlichen Beredsamkeit sonst nicht vorkommt. Man pflegt die Unterscheidung eben nicht zu machen und sich mit dem Hauptsatze zu begnügen. Das geht in manchen Fällen in der That recht gut an; dessenungeachtet halte ich es für nothwendig, Sie auf den Unterschied, um den es sich handelt, aufmerksam zu machen. Der Hauptsatz ist, wie ich vorhin schon bemerkte, sehr oft rein theoretisch; darum ist es sicher ein sehr wirksames Mittel, den praktischen Charakter der Predigt zu fördern, wenn man sich daran gewöhnt, in solchen Fällen sich nicht mit diesem allein zu begnügen, sondern, indem man den besondern Zweck seines Vortrags mit dem Hauptsatze in Verbindung bringt, auch den Centralgedanken genau und bestimmt zu formuliren. Daß dies meistens unterlassen wird, darin liegt ohne Zweifel eine der Ursachen, weshalb Vorträge über die früher bezeichneten religiösen Wahrheiten so vielfach mehr einer dogmatischen Abhandlung gleichsehen als einer paränetischen Predigt. Denn was man in der Predigt durchzuführen hat, das ist eben der Centralgedanke, nicht der bloß theoretische Hauptsatz, wenn man auch nicht selten Gründe haben kann, im Anfange der Predigt nicht den erstern, sondern nur den Hauptsatz offen auszusprechen und den Zuhörern anzukündigen.

Ein Gedanke, den ich bei Gisbert finde, bestätigt, was ich eben sagte. „Wenn man darauf achten will," bemerkt der Genannte, „so wird man sich überzeugen, daß die meisten Predigten fast rein theoretisch sind. Theoretische Predigten nenne ich nicht nur diejenigen, welche ganz theoretische Wahrheiten behandeln, wo der Prediger nur redet, um zu reden, und alles, was er sagt, so abstract ist und so unbestimmt, daß es ist, als ob er mit niemanden spräche und für niemand: diese üble Gewohnheit hat aufgehört; sondern ich verstehe unter dem angegebenen Namen alle jene Vorträge, in denen eine an sich praktische Wahrheit ausgeführt wird, aber durch und durch theoretisch. In diesen Fehler fällt man, wenn man eine praktische Wahrheit in einen allgemeinen Hauptsatz zusammenfaßt.... Die Sätze z. B.: ‚Der Mensch ist schuldig, Gott zu lieben‘, oder: ‚Die Hölle ist schrecklich‘, enthalten ganz praktische Wahrheiten. Aber wie verfährt nun der Prediger? Er legt dieselben seinen Zuhörern in ganz theoretischer Weise vor. Er stellt den Hauptsatz auf: ‚Die Hölle ist schrecklich, weil die Leiden der Verdammten über allen Begriff groß sind, und sie ist es zweitens, weil dieselben nie ein Ende haben‘; und dann ergeht er sich eine Stunde lang über die Schwere dieser Leiden und ihre ewige Dauer. Zuletzt, um seine Abhandlung zu beschließen, wendet er sich an seine Zuhörer, indem er sie ermahnt: ‚Seid ernstlich darauf bedacht, daß ihr der Hölle entgeht; meidet alles, was euch in dieselbe stürzen könnte‘ u. s. w. Das will sagen, die Peroration ist praktisch; alles Vorausgehende war reine Theorie, oder jedenfalls war die Behandlung rein theoretisch."[1] Was Gisbert weiter bemerkt, ist zu wenig klar gedacht, als daß es uns dienen könnte; aber die Thatsache, die er in der eben gelesenen Stelle constatirt, ist ganz richtig, und ihr gegenüber muß das Verfahren, das ich Ihnen angegeben habe, durchaus motivirt erscheinen.

Sehr geeignet, das über das Wesen und den Begriff des Centralgedankens Gesagte noch weiter zu beleuchten, sind einige Sätze aus dem sechsten Kapitel im dritten Buche der „Anweisungen" Quintilians. Der römische Rhetor handelt in diesem Kapitel sehr ausführlich über den *status* der Verhandlung oder der Rede; dieser *status* ist eben das, was wir den Centralgedanken genannt haben. Ich hebe aus der langen Erörterung Quintilians nur jene Hauptstellen heraus, welche für uns Werth haben. „Was wir den Centralgedanken nennen, das heißt ... bei Theodorus ‚der Hauptgedanke‘, auf den sich alles bezieht.... Als Centralgedanke wird das zu gelten haben, was sich dem Redner als dasjenige darstellt, das er vor allem ins hellste Licht stellen muß, und den Zuhörern als dasjenige, das sie vorzugsweise ins Auge fassen müssen. Darum werde ich als den Centralgedanken einer Rede immer jenen Satz betrachten, den ich aussprechen würde, wenn mir nicht mehr als einen Satz auszusprechen gestattet wäre.... Und das ist der Punkt, den der Redner jedesmal zuerst bei sich selber feststellen sollte, — auch wenn er für seinen Zweck noch manches andere zu sagen denkt —, was nämlich den Zuhörern vor allem am meisten einleuchten solle.... Nach Hermagoras ist der Centralgedanke jener Satz, von welchem aus das Thema aufgefaßt wird und auf den sich alle Beweise beziehen, auch diejenigen, welche zunächst zu den untergeordneten Gedanken gehören. Das war immer unsere Auffassung: daß nämlich der Centralgedanke jedesmal in dem liege, was an dem gesamten Thema für den Zweck der Rede das wirksamste ist, um was sich deshalb die ganze Rede

---

[1] *Gisbert*, L'éloquence chrétienne dans l'idée et dans la pratique chap. 14, n. 1. 2.

eigentlich drehen muß. Wenn man es vorzieht, dieses ‚den Fragepunkt' zu nennen oder ‚den Hauptgedanken', so habe ich hiergegen nichts einzuwenden."[1]

Die Gedanken, deren Sie zur Ausführung Ihres Centralgedankens bedürfen, werden sich unter dem Material finden, das Sie bereits gesammelt haben, wenn Sie anders in der Weise vorgegangen sind, wie ich angegeben habe (vgl. S. 399 „Erstens"). Nach welchen Rücksichten übrigens die Gedanken zur Ausführung zu wählen sind, das werden wir im dritten Paragraphen sagen. Wenden wir uns jetzt zunächst zu der andern Klasse der paränetischen Predigten, um zu sehen, wie sich bei diesen das Verfahren bezüglich der drei bisher behandelten Stücke und das gegenseitige Verhältniß derselben gestaltet.

§ 2.
Der besondere Zweck, der Centralgedanke und der Hauptsatz in paränetischen Predigten der zweiten Klasse, d. h. in paränetischen Predigten über besondere Punkte der christlichen Ethik.

406. Im Anfange dieses Abschnittes (Nr. 401) habe ich im Anschlusse an das im zweiten Abschnitt Festgestellte zwei Definitionen der paregoretischen und damit auch der paränetischen Predigt gegeben, und ich habe das, wenngleich beide der Sache nach dasselbe ausdrücken, nicht ohne Grund gethan. Wie nämlich auf die Predigten der ersten Klasse, von denen im vorhergehenden Paragraphen die Rede war, genau die erste jener zwei Definitionen paßt, so entspricht die zweite derselben unmittelbar den paränetischen Predigten der zweiten Klasse. Dieser zweiten Definition gemäß ist eine paränetische Predigt „ein geistlicher Vortrag, in welchem ein Gutes der übernatürlichen Ordnung so dargestellt wird, daß die Darstellung geeignet ist, die Zuhörer zu entschiedener und wirksamer Liebe desselben zu bestimmen". Suchen wir uns klar zu machen, was diese Worte enthalten.

Sie wissen aus der Metaphysik, und wir haben es im ersten Abschnitt (Bd. I, Nr. 9) erwähnt, daß die Schlechtigkeit nur die Verneinung der Gutheit ist und der Haß nichts anderes als die aus der Liebe zu einem Guten hervorgehende, aufhebende Strebung dem gegenüber, was uns von einem Guten fernhält oder dasselbe von uns ausschließt. Das ist der Grund, weshalb die Ausdrücke „gut" und „Liebe" in wissenschaftlichen Erörterungen immer auch die entgegengesetzten Begriffe „schlecht" und „Abscheu" oder „fliehende Strebung" einschließen oder andeuten. Die paränetischen Predigten, von

---

[1] Quod nos *statum* (στάσιν), id quidam *constitutionem* vocant, alii *quaestionem*, alii *quod ex quaestione appareat*: Theodorus *generale caput*, id est κεφάλαιον γενικώτατον, ad quod referantur omnia. ... Erit status causae, *quod et orator praecipue sibi obtinendum, et iudex spectandum maxime intellegit*. ... Ideoque in eo statum esse iudicabo, *quod dicerem, si mihi plus quam unum dicere non liceret* ... Et hoc est, quod ante omnia constituere in animo suo debeat orator, etiamsi pro causa plura dicturus est, *quid maxime liquere iudici velit* ... Hermagoras statum vocat, per quem subiecta res intellegatur, et ad quem probationes, etiam partium, referantur. Nostra opinio semper haec fuit, in eo credere statum causae, *quod esset in ea potentissimum, et in quo maxime res verteretur*. Id si quis *generalem quaestionem*, vel *caput generale* dicere malit, cum hoc mihi non erit pugna (*Quint.* l. c. 8, c. 6).

denen wir handeln, sind daher, unserer Definition entsprechend, nicht nur jene Vorträge, durch welche man die Zuhörer zu bestimmen sucht, irgend ein übernatürlich Gutes zu umfassen, sondern auch solche, durch welche man sie dahin bringen will, irgend ein übernatürlich Schlechtes zu fliehen, zu verabscheuen, zu meiden oder von sich abzuthun. Klarer: paränetische Predigten der zweiten Klasse sind diejenigen, durch welche man die Zuhörer dahin zu bringen beabsichtigt, entweder daß sie ein bestimmtes Gebot beobachten, einer bestimmten Pflicht nachkommen, ein bestimmtes Mittel der Gnade oder des Heiles in der rechten Weise gebrauchen, eine bestimmte Gesinnung hegen und festhalten, — oder daß sie eine bestimmte Sünde meiden, einer bestimmten Verkehrtheit entsagen, eine bestimmte ethische Gefahr, eine Ursache oder Veranlassung des Bösen von sich fernhalten. Es handelt sich mithin hier um paränetische Predigten z. B. über die Treue gegen Gott, über die Ehrfurcht, die wir ihm schuldig sind, über die Heilighaltung der Sonn= und Festtage, über die Pflichten der Eltern gegen ihre Kinder, über die Geduld, die Ergebung in den Willen Gottes, die Verzeihung von Beleidigungen, die Unterstützung der Armen, den Eifer und die Ausdauer im Gebete, den Eifer und die Andacht der heiligen Messe oder dem Sacramente des Altars gegenüber, die Aufrichtigkeit in der Beicht, die Bekehrung, das Gebet für die Seelen im Fegefeuer u. s. w., — und andererseits über die Hoffart, die geistliche Trägheit, die Trunksucht, die Unkeuschheit, die unordentliche Sucht nach irdischem Besitz, die Menschenfurcht, über unerlaubte und gefährliche Lectüre, über den unordentlichen Hang zu weltlichen Zerstreuungen und Unterhaltungen, oder über die nächste Gelegenheit im allgemeinen u. s. w. Diese Gegenstände u. ähnl. sind es, welche in den paränetischen Predigten der zweiten Klasse behandelt werden. Es lassen sich über dieselben, wenigstens über die meisten, freilich auch bidaskalische Predigten halten; aber wir berücksichtigen sie hier, insofern sie als Themata paränetischer Vorträge genommen werden.

Ich habe die Predigten dieser zweiten Klasse „paränetische Predigten über besondere Punkte der christlichen Ethik" genannt. Wenn Sie die Gegenstände betrachten, die ich aufgeführt habe, so werden Sie, um das im Vorbeigehen zu bemerken, leicht erkennen, daß ich das Wort „Ethik" nicht in dem engen Sinne nehme, in welchem es gleichbedeutend wäre mit „Sittenlehre" oder „Pflichtenlehre", insofern diese der „Glaubenslehre" gegenübergestellt zu werden pflegt. „Christliche Ethik" nenne ich vielmehr die Gesamtheit der Anweisungen, welche das übernatürliche Leben betreffen, mögen dieselben nun der üblichen Eintheilung gemäß zur „Sittenlehre" gerechnet werden oder sich unmittelbar an Wahrheiten anschließen, welche man in der „Glaubenslehre" zu behandeln pflegt.

407. Bevor wir dazu übergehen, das Verfahren festzustellen, welches man, um einen Vortrag der bezeichneten Art auszuarbeiten, einhalten muß, will ich Ihnen zunächst die Hauptgedanken aus zwei solchen Predigten von Segneri angeben; Sie werden dann die allgemeinen Anweisungen leichter auffassen.

In der achten seiner „Fastenpredigten" will Segneri jene Christen, die aufrichtig guten Willens sind, aber oft durch den Spott und das Gerede der Bösen sich vom Rechten abhalten lassen, bestimmen, sich über diese Rücksicht auf Menschen muthig hinauszusetzen. Er legt ihnen zu diesem Zwecke einfach folgende fünf Gründe ans Herz.

1. Es ist schlechthin unmöglich, dem Hasse der Bösen zu entgehen, wenn man gut sein will; sie können nicht anders, als den Guten feind sein, weil diese ihnen ein fortwährender lebendiger Vorwurf sind. Aber eben darum ist ihre Feindseligkeit nicht werth, daß man sie beachte.

2. Im Gegentheil, es ist glorreich, wenn man aus solchem Grunde von den Bösen gehaßt wird; denn man theilt dadurch das Schicksal der verdientesten Menschen, der größten Charaktere aller Zeiten, und wird ihr Genosse.

3. Gerade das erwirbt uns vor Gott das höchste Verdienst, und gerade das ist die Vollendung der Tugend, wenn man ihretwegen sich Leiden unterziehen, insbesondere Spott und Verachtung ertragen muß.

4. Uebrigens wird der Tag kommen, wo die jetzt Verachteten in großer Ehre ihren Verfolgern gegenüberstehen, diese dagegen der Schmach und dem Verderben anheimfallen werden.

5. Endlich ist es unehrenhaft und unwürdig, auf hinfällige Menschen mehr Rücksicht zu nehmen als auf Gott den Herrn.

Eine zweite Predigt Segneris, die hierher paßt, ist die zwölfte seiner „Fastenpredigten". Dieselbe richtet sich gegen die Verkehrtheit jener Menschen, welche sich nicht nur nicht schämen, öffentlich die Gebote Gottes zu übertreten, sondern hierin geradezu ihren Stolz setzen und sich ihrer Schlechtigkeit rühmen. Was der Prediger solchen gegenüber beabsichtigt und beabsichtigen muß, das ist von selbst klar: sie zu bestimmen, daß sie von dieser gottlosen Unverschämtheit ablassen. Segneri führt zu diesem Ende abermals fünf Gründe aus.

1. Es gibt keinen Menschen, der eine Ehre darein setzte, eine Arbeit schlecht ausgeführt zu haben, eine Kunst schlecht zu verstehen; es ist mithin widersinnig, wenn jemand stolz darauf ist, ein schlechter Christ zu sein.

2. Es ist dem Menschen natürlich, sich der Sünde zu schämen; wer folglich so weit gekommen ist, sich derselben rühmen zu können, dessen Herz ist durch und durch verderbt, und es ist ihm die Schlechtigkeit zur andern Natur geworden: er wird mithin schwer dem ewigen Tode entgehen.

3. Gott haßt den Stolz und straft ihn schwer, wenn er sich auf wirkliche Vorzüge gründet; um wieviel Schlimmeres haben die zu erwarten, welche auf ihre Sünden stolz sind!

4. Jede Sünde ist Ungehorsam gegen Gott; aber wer sich seiner Sünde rühmt, der verachtet Gott und reizt dadurch seinen Zorn in viel höherem Maße.

5. Die Offenbarung lehrt uns, daß Gott öffentlich begangene Sünden viel schwerer straft als solche, die im Verborgenen geschehen; denn die erstern sind zugleich andern zum Aergerniß. Um wieviel mehr ist beides der Fall, wenn der Sünder seine Schlechtigkeit absichtlich bekannt macht und sich derselben rühmt!

408. Suchen wir jetzt diesen Beispielen gegenüber das Verfahren, welches bei Predigten der in Rede stehenden Art zu beobachten ist, abstract und allgemein auszudrücken. Wie werden Sie, um eine paränetische Predigt der zweiten Klasse zu arbeiten, vorgehen müssen?

Erstens. Sie werden zunächst wissen oder sich klar machen, um was es sich handelt, welches Resultat Sie durch Ihren Vortrag hervorbringen wollen, in welcher besondern Rücksicht Sie das freie Streben Ihrer Zuhörer zu bestimmen beabsichtigen; anders: Sie werden überlegen und genau feststellen, welches das besondere Gute oder Schlechte der übernatürlichen Ordnung ist, für welches oder gegen welches sich energisch zu entscheiden Sie durch Ihren Vortrag die Zuhörer veranlassen wollen. Damit ist der „besondere Zweck" Ihrer Predigt fixirt.

In Rücksicht auf diesen „besondern Zweck" müssen Sie, wie bei paregoretischen Vorträgen überhaupt, so namentlich bei Predigten dieser Art, die Regel vor Augen haben: „**Der besondere Zweck der paregoretischen Predigt soll vollkommene Einheit haben.**" Das will sagen: das Gute, für welches, oder das Schlechte, gegen welches sich zu entscheiden Sie Ihre Zuhörer bestimmen wollen, darf nicht ein Mehrfaches, Verschiedenartiges sein, sondern es soll einer und derselben ethischen Art angehören. Es wäre also fehlerhaft, wenn man in einer Predigt sich z. B. den Zweck setzen wollte, die Zuhörer zum Vertrauen auf die heilige Jungfrau und zur Uebung der Sanftmuth zu bestimmen, oder zur Aufrichtigkeit in der Beicht und zugleich zur Ausdauer im Gebete, oder zur Vergebung empfangener Beleidigungen und zu Eifer und Andacht in Rücksicht auf die heilige Messe. Warum wäre das fehlerhaft? Erinnern Sie sich an jene Rücksichten, m. H., wodurch ich im zweiten Abschnitte (Bd. I, Nr. 43) die Nothwendigkeit von paregoretischen Vorträgen neben den bibaskalischen begründet habe. Es ist in vielen Fällen nicht leicht, sagte ich Ihnen damals, die Menschen wirksam zu bestimmen, daß sie mit voller Entschiedenheit den Forderungen des Christenthums zu entsprechen sich entschließen; denn die Treue gegen Gott und seine Gebote kostet der menschlichen Natur fast immer Mühe, Selbstverläugnung, schweren Kampf. Man wird darum des Erfolges um so gewisser sein, je mehr man die ganze Kraft der Beredsamkeit auf einen einzigen Punkt concentrirt und je mehr man eben dadurch andererseits es sich möglich macht, eine größere Anzahl jener Momente wirken zu lassen, welche dienen können, das beabsichtigte ethische Resultat zu vermitteln. Wollte man dagegen in einer Predigt zwei oder noch mehrere ethisch verschiedenartige Richtungen des freien Strebens ins Auge fassen, so würde nothwendig die eine die andere beeinträchtigen; die Erkenntnißkraft der Zuhörer sowohl als ihr Gefühl würde durch eine größere Zahl von verschiedenen Gegenständen in Anspruch genommen und könnte sich infolgedessen einem jeden nur mit verhältnißmäßig geringerer Kraft zuwenden; die perceptiven sowohl als die affectiven Thätigkeiten müßten deshalb nothwendig an Intensität verlieren, und die psychologische Wirkung beider, die Bestimmung des freien Strebens, würde weit mehr in Frage gestellt, als sie es bei der Schwierigkeit, die alles Gute für den Menschen immer hat, ohnedies schon ist. *L'union fait la force*, lautet die Umschrift der belgischen Münzen: Concentration, soweit es angeht, aller Kräfte auf einen Punkt, das ist, bei der Beschränktheit der Kräfte in uns, in dem gegenwärtigen Zustande unserer Natur das Geheimniß, ohne welches nichts Großes gewirkt werden kann.

Die bibaskalische Predigt, und mehr noch die Homilie, ist freilich meistens genöthigt, verschiedene Seiten des ethischen Lebens zu berühren; bei der erstern genügt die bloß äußere, materielle Einheit, welche sich durch die Einheit des behandelten Gegenstandes ergibt, und von der Homilie kann auch diese nur dann erwartet werden, wenn der ihr zu Grunde liegende Abschnitt aus der Heiligen Schrift seinem Inhalte nach materielle Einheit hat. Aber eben hierdurch haben wir ja die Nothwendigkeit paregoretischer Vorträge neben den beiden genannten begründet, daß diese allein nicht in allen Fällen entscheidend genug das freie Streben zu beherrschen im stande sind. Die paregoretische Predigt würde die Berechtigung ihrer Existenz verlieren, wenn sie nicht an dem Gesetze festhielte, jedesmal einen möglichst einheitlichen Zweck zu verfolgen und dadurch einem Bedürfnisse zu genügen, welchem die didaskalische Beredsamkeit ihrer Natur nach in manchen Fällen nicht genügen kann. Und unter eben dieser Rücksicht würde es überdies nicht bloß unmotivirt erscheinen, sondern das auch wirklich sein, wenn der Prediger in einem und demselben Vortrage für mehrere, verschiedene Zwecke arbeitete. Nun soll aber in den geistlichen Vorträgen soviel als möglich der Schönheit Rechnung getragen werden (Bd. I, Nr. 220, 226), und die Gesetze der Schönheit schließen alles Unmotivirte aus.

Zweitens. Haben Sie, der angegebenen Regel entsprechend, den besondern Zweck Ihrer Predigt fixirt, so müssen Sie die Gründe aufsuchen und zusammenstellen, welche, in der rechten Weise ausgeführt, dazu angethan sind, jene Richtung des freien Strebens, jene Gesinnung, jenen entschiedenen Entschluß, um den es sich handelt, in den Zuhörern zu veranlassen, und so das von Ihnen beabsichtigte Resultat zu vermitteln. Diese Gründe sind ihrem Wesen nach nichts anderes als Wahrheiten oder Sätze, zunächst und vorzugsweise aus dem Gebiete der übernatürlichen Offenbarung, aus deren jedem sich die übernatürliche Gutheit oder Schlechtigkeit jenes besondern Guten oder Schlechten ergibt, für oder gegen welches sich zu entscheiden Sie Ihre Zuhörer bestimmen wollen.

Erinnern Sie sich hierbei, daß die Dinge, wie wir im ersten Abschnitt (Bd. I, Nr. 6) gesagt haben, unter einer dreifachen Rücksicht gut (oder schlecht) sein, mithin auch unter ebenso vielfacher Rücksicht als gut (oder schlecht) dargestellt und erkannt und umfaßt (oder geflohen) werden können: insofern sie an sich gut (oder an sich schlecht), insofern sie angenehm (oder unangenehm, Leiden bringend), und insofern sie nützlich (oder hinderlich) sind; mit andern Worten, daß sich an den Dingen eine dreifache Gutheit (oder Schlechtigkeit) unterscheiden läßt: ethische, eudämonische und teleologische[1]. Jede einzelne jener Wahrheiten, welche Sie den Zuhörern vorführen, um sie für das besondere Gute (oder gegen das besondere Schlechte) einzunehmen, um das es sich in Ihrer Predigt gerade handelt, wird daher immer so beschaffen sein, daß sie dieses Gute (oder Schlechte) als ethisch gut (beziehungsweise ethisch schlecht), oder als eudämonisch gut (beziehungsweise eudämonisch schlecht), oder als teleologisch gut (beziehungsweise teleologisch schlecht) charakterisirt und erkennen läßt. Wieder mit andern Worten: jeder der Gründe, deren Sie sich in einer paränetischen Predigt bedienen, um Ihre Zuhörer zu bestimmen, wird immer einer von drei Klassen angehören: er

---

[1] Εὐδαιμονία, Glückseligkeit; τέλος, der Zweck.

wird entweder ein ethischer Grund sein, oder ein eudämonischer, oder ein teleologischer.

Damit Ihnen die Sache noch klarer sei, will ich Ihnen von den einzelnen besondern Begriffen, in welchen eine jede dieser drei Klassen sich darzustellen und zum Ausdruck zu kommen pflegt, die gewöhnlichsten nennen. Sie führen ethische Gründe an für einen Gegenstand (d. h. für eine Handlung, einen Entschluß, eine Richtung des freien Strebens), wenn Sie nachweisen, daß derselbe geboten, pflichtmäßig, geziemend, anständig, gerecht, billig, ehrenvoll, würdig, bewunderungswerth, glorreich u. s. w. ist; Sie führen ethische Gründe an gegen etwas, wenn Sie nachweisen, daß es unerlaubt, verboten, Sünde, ungeziemend, ungerecht, unbillig, grausam, niedrig, unwürdig, verächtlich, entehrend, schmachvoll ist. Sie lassen eudämonische Gründe wirken, wenn Sie darthun, daß das, worum es sich handelt, leicht, angenehm, verdienstlich, den innern Frieden fördernd, tröstlich, beseligend u. s. w., oder daß es beschwerlich, schmerzlich, beunruhigend, unangenehm, widerwärtig, gefährlich, verderblich, unheilbringend ist, daß es die Gnade Gottes aufhebt und dem ewigen Tode überantwortet. Sie bedienen sich endlich teleologischer Gründe, wenn Sie hervorheben, daß das je in Rede stehende Object für ein anderes nothwendiges oder wünschenswerthes Gut, z. B. um des ewigen Lebens, der Freundschaft Gottes, der actuellen Gnade, der Ruhe des Herzens ... theilhaftig zu werden, oder um die heiligmachende Gnade zu bewahren, oder um von einer bösen Gewohnheit frei zu werden, oder um der Hölle und andern Strafen Gottes zu entgehen, ein nothwendiges, unerläßliches, oder ein geeignetes, besonders wirksames Mittel ist; oder umgekehrt, wenn Sie zeigen, daß dasselbe Zwecken wie die bezeichneten gegenüber unnütz, werthlos, hinderlich, nachtheilig ist.

Einer der in diesen drei Klassen enthaltenen Begriffe wird in jedem Ihrer Gründe, durch welche Sie auf die Zuhörer dem besondern Zwecke Ihrer Predigt entsprechend wirken wollen, immer entweder offen hervortreten oder wenigstens verborgen liegen. Denn die angegebenen drei Klassen, mit den unter sie fallenden Begriffen, umfassen sämtliche *rationes boni*, d. h. sämtliche Rücksichten, unter welchen ein Ding als gut (oder schlecht) erscheinen kann, und andere Momente, auf das freie Streben der Menschen zu wirken, als die Gutheit (oder die Schlechtigkeit) mit den Rücksichten, welche dieser Begriff umschließt, gibt es nicht und kann es nicht geben (vgl. Bd. I, Nr. 5). Die dritte Rücksicht, die teleologische Gutheit, können wir übrigens, um die Sache zu vereinfachen, außer acht lassen. Denn die teleologische Gutheit eines Dinges besteht, wie ich gesagt habe, darin, daß es Mittel ist für ein anderes Gut. Da nun dieses letztere immer entweder der Ordnung des ethisch Guten angehört oder der Ordnung des eudämonisch Guten, so läßt sich die teleologische Gutheit immer entweder unter die ethische oder unter die eudämonische subsumiren. Der Zweck und das Mittel, die Wirkung und die Ursache, haben ja unter dieser Rücksicht, dem Strebevermögen gegenüber, immer dieselbe Beschaffenheit.

Was die Zahl der Gründe betrifft, welche Sie in einem bestimmten Falle den Zuhörern vorzuführen haben, so ist über diese nichts festzustellen; es müssen so viele und so wenige sein, daß sie einerseits genügen, das beab=

sichtigte Resultat der Predigt wirksam zu vermitteln, und andererseits sich in der Ihnen für den Vortrag zu Gebote stehenden Zeit hinlänglich entwickeln und ausführen lassen. Hiernach kann es geschehen, daß ihre Zahl sich bis auf vier, sechs oder selbst acht beläuft; aber auch, daß nur zwei oder nur ein einziger Grund zur Behandlung kommt. Das letztere ist z. B. der Fall in Kleutgens drei Predigten „von der Verfolgung der Kirche". Die Absicht des Predigers war, die Zuhörer zu bestimmen, daß sie sich durch die über die Kirche hereinbrechenden Drangsale nicht irre machen ließen, vielmehr gerade dieser Drangsale wegen sich um so entschiedener an dieselbe anschlössen. Es ergaben sich für diesen Zweck drei Gründe:

1. „Jesus Christus wurde von den Menschen gehaßt und verfolgt, weil er ihnen göttliche Wahrheit brachte und göttliches Leben. Dieselbe Wahrheit und dasselbe Leben vermittelt den Menschen, von ihrem Gründer dazu beauftragt und bevollmächtigt, die Kirche: und wie Jesus Christus, so wird auch sie eben darum gehaßt und verfolgt. Der Haß gegen die Kirche ist mithin geradezu Haß gegen Gott, und wer sich ihren Feinden anschließt, der wird der Wahrheit und des Lebens verlustig, welche nur durch sie zu finden sind."

2. „Jesus Christus wurde von den Menschen verachtet und gehaßt um der Buße und Selbstverläugnung, um des Leidens und der Niedrigkeit willen, die er, um uns zu erlösen, als seinen Antheil wählte. Nach seinem Vorgange predigt auch die Kirche ‚das Wort vom Kreuze', und leitet gleich ihm durch Lehre und Beispiel die Ihrigen an zur Abtödtung und Selbstverläugnung und Demuth: und deshalb wird auch sie von den Menschen verachtet und verfolgt. Wer sich mithin den Feinden der Kirche anschließt, der tritt in Widerspruch mit seinem Erlöser und macht sich der Früchte seiner Erlösung verlustig."

3. „Jesus Christus wurde von den Menschen gehaßt und verfolgt, weil er sich die höchste Gewalt über die Menschheit beilegte. Dieselbe geistliche Gewalt hat er seiner Kirche verliehen: und eben darum wird auch sie von den Menschen gehaßt und bekämpft. Wer sich den Feinden der Kirche anschließt, der lehnt sich mithin auf gegen Gott und wird mit jenen der Rache Gottes und dem Verderben anheimfallen."

Jeder dieser drei Gründe ist so umfassend, daß Kleutgen mit Recht der Ausführung eines jeden eine besondere Predigt widmet[1]. Zwei andere Beispiele von paränetischen Predigten der zweiten Klasse, in denen nur ein einziger Grund ausgeführt wird, bieten uns unter Segneris „Fastenpredigten" die elfte und die dreiunddreißigste. Die letztere soll die Zuhörer bestimmen, nie „politisch", d. h. im Geiste jener weltlichen und egoistischen Klugheit zu verfahren, welche, um ihre selbstsüchtigen Zwecke zu erreichen, ohne Scheu auch unerlaubte Mittel anwendet. Segneri führt zu dem Ende den einen Grund an: „Was nicht erlaubt, nicht recht ist, das ist auch niemals nützlich, und man betrügt darum sich selbst, wenn man meint, man könne je durch Unrecht sein Glück machen." In der elften Fastenpredigt faßt Segneri jene Christen ins Auge, welche, im Zustande und in der Gewohnheit der Sünde lebend, sich mit dem Gedanken beruhigen, auf dem Todesbette sich bekehren zu wollen. Der einzige Grund, den er, um sie zur Bekehrung zu bestimmen, geltend

---

[1] Kleutgen, Predigten I, 309—400.

macht, ist dieser: „Man verrechnet sich sehr leicht, und es ist darum eine große Verwegenheit, wenn man seine Bekehrung bis zum Tode aufschiebt."

Drittens. In Fällen, wie die zuletzt erwähnten, wo ein einziger Grund für die ganze Predigt genügt, bildet eben dieser den Centralgedanken derselben. Verwerthet man dagegen mehrere Gründe, so läßt sich der Centralgedanke ohne Mühe in folgender Weise gewinnen. Aus dem Vorhergehenden (S. 409 f.) ist offenbar, daß es immer sehr leicht sein muß, sämtliche Gründe, die man aufführen will, wie groß auch ihre Zahl sein möchte, unter einen Hauptgesichtspunkt oder unter zwei zusammenzufassen. Denn dieselben bilden, wie ich nachgewiesen habe, immer entweder eine oder zwei oder höchstens drei Klassen, von denen aber die dritte unter eine der beiden ersten fällt; sie werden sich also jedesmal durch einen Satz ausdrücken lassen, der entweder einfach oder aus zwei Gedanken zusammengesetzt ist. Einige Beispiele werden Ihnen klar machen, was ich sage.

In der dritten seiner Fastenpredigten will Segneri seine Zuhörer bestimmen, das Gebot der christlichen Feindesliebe zu befolgen. Die Gründe, welche er in dieser Absicht ausführt, sind insgesamt eudämonisch, den letzten ausgenommen. Segneri läßt diesen letzten unberücksichtigt und faßt die übrigen in den folgenden (einfachen) Centralgedanken zusammen: „Wer seinem Beleidiger nicht vergeben will, der schadet durch seinen Haß und seine Unversöhnlichkeit sich selber mehr als seinem Feinde."

Die dreiundzwanzigste Fastenpredigt handelt von den Sünden gegen die Ehrfurcht, welche dem Hause Gottes gebührt. Die Gründe, wodurch Segneri die Christen von denselben abschrecken will, sind theils ethische theils eudämonische; infolgedessen ist der Centralgedanke zusammengesetzt: „Die Unehrerbietigkeit in der Kirche ist eine schwere Beleidigung Gottes und wird darum mit Recht von Gott scharf gestraft."

Der Zweck der neunten Fastenpredigt ist, die Christen zu bestimmen, daß sie den im Fegfeuer leidenden Seelen eifrig zu Hilfe kommen. Segneri führt zuerst ethische Gründe aus, darauf einen eudämonischen. Der Centralgedanke (Segneri spricht ihn nicht aus) würde so lauten: „Es ist gefühllos, grausam, ungerecht, wenn wir uns der im Fegfeuer leidenden Seelen nicht annehmen; überdies bringt die Hilfe, die wir ihnen leisten, uns selbst die größten Vortheile."

Die sechs Gründe, welche Bourdaloue in seiner neunten Sonntagspredigt entwickelt, um seine Zuhörer zu bestimmen, an dem Kreuze Christi und an seiner Niedrigkeit nicht Aergerniß zu nehmen, concentriren sich in dem zusammengesetzten Satze: „Das Aergerniß an dem Kreuze Christi ist eine schwere Ungerechtigkeit gegen Gott, und es ist für den Menschen selbst höchst verderblich."

Uebrigens ist es bei Predigten dieser Art keineswegs immer nothwendig, daß man einen förmlichen Centralgedanken in der angegebenen Weise bilde, und noch weniger, daß man ihn ausspreche. Ich habe eben erwähnt, daß in der neunten Fastenpredigt Segneris kein Centralgedanke gegeben wird; das Nämliche gilt in Rücksicht auf jene zwei, deren Inhalt ich Ihnen früher (S. 406 f.) kurz angegeben habe, die achte und die zwölfte. Wenn Sie Ihren Zuhörern, da Sie eine paränetische Predigt der zweiten Klasse halten wollen, im Eingange den Gegenstand und den besondern Zweck derselben klar vorlegen, dann wissen diese von selbst, daß Sie ihnen die Gründe ans Herz legen wollen, welche sie bestimmen müßten, der ethischen Vorschrift, um die es sich handelt, zu entsprechen.

Viertens. Bei den paränetischen Predigten der ersten Klasse, von denen im vorhergehenden Paragraphen die Rede war, haben wir den „Hauptsatz" und den „Centralgedanken" unterschieden. Es ist vielleicht nicht in demselben Maße nothwendig, aber es ist doch keineswegs unzweckmäßig, wenn wir diese Unterscheidung auch hier machen. Wie ich nämlich früher in Rücksicht auf die paränetischen Predigten der ersten Klasse bemerkte, daß man Gründe haben könne, im Anfange des Vortrags nicht den Centralgedanken auszusprechen, sondern den allgemeiner und mehr theoretisch erscheinenden Hauptsatz, in ähnlicher Weise kann man es auch bei den Predigten, von denen wir jetzt handeln, mitunter zweckmäßig finden, im Eingange den Zuhörern statt des eigentlichen Centralgedankens einen andern Satz vorzulegen, der aber mit jenem wieder in nothwendiger dialektischer Verbindung steht. Im Centralgedanken treten nämlich die Rücksichten, unter welchen den Zuhörern das Object des durch die Predigt zu veranlassenden (setzenden oder verneinenden) Strebens dargestellt wird und durch welche sie bestimmt werden sollen, klar und ausdrücklich hervor. Nun sind aber die Rücksichten dieser Art (die *rationes boni vel mali*) weder mannigfaltig noch besonders zahlreich; darum müßte im Ausdrucke des Centralgedankens nothwendig eine gewisse Einförmigkeit eintreten, wenn derselbe jedesmal gerade in dieser einfachen Weise gegeben würde. Zu Grunde liegen freilich muß der paränetischen Predigt in allen Fällen ein Centralgedanke der bezeichneten Art, d. h. ein Satz, in welchem sich der Gegenstand des freien Strebens, das den Zweck der Predigt bildet, unter irgend einer Rücksicht als „gut" darstellt; aber was den Ausdruck betrifft, so kann man mit Hilfe der Dialektik meistens unschwer einen andern Satz an dessen Stelle setzen, der virtuell dasselbe sagt und dem Wesen nach mit ihm identisch ist. Ich gebe Ihnen wieder einige Beispiele.

In der achtundzwanzigsten seiner Fastenpredigten will Segneri jene Christen, welche sich im Zustande der schweren Sünde befinden, zum Schmerz darüber und zur Bekehrung bestimmen. Die acht Gründe, welche er ausführt, lassen sich in diesen Centralgedanken zusammenfassen: „Wer schwer gesündigt und sich noch nicht wieder zu Gott zurückgewendet hat, der befindet sich in einem äußerst traurigen Zustande." So ausgesprochen, würde indes der Centralgedanke für viele Zuhörer zu wenig Reiz, zu wenig Neuheit haben. Segneri faßt deshalb das Verfahren vieler Menschen, die sich im Zustande der schweren Sünde befinden, ins Auge, und gibt seinen Centralgedanken in dieser Form: „Es ist unbegreiflich, wie ein Christ, der sich im Zustande der schweren Sünde befindet, auch nur einen Augenblick sorglos und heiter sein kann." Dieser „Hauptsatz" ist weit mehr dazu angethan, die Aufmerksamkeit zu erregen, als der eigentliche Centralgedanke. Wie Sie leicht sehen, verhält er sich zu diesem wie der Schlußsatz eines Enthymema zu seinem Vordersatz.

Ein zweites Beispiel bietet Segneris sechzehnte Fastenpredigt, welche von der nächsten Gelegenheit zur Sünde handelt. Welches der besondere Zweck derselben sei, brauche ich Ihnen nicht zu sagen; ebenso ist der Centralgedanke von selbst gegeben: „Wer sich freiwillig und ohne einen ernsten Grund der nächsten Gelegenheit zur Sünde aussetzt, dem wird es sicher nicht gelingen, sich vor der letztern zu hüten; darum ist es ein Gebot Gottes, das unter einer schweren Sünde verbindet, daß man, soweit es angeht, die nächste Gelegenheit zur schweren Sünde meide." Indes Segneri spricht als Hauptsatz nicht diese Folgerung aus. Er berücksichtigt die Thatsache, daß viele Christen sich der irrigen Meinung hingeben, es genüge, um Vergebung der Sünden zu erlangen, daß man dieselben bereue und beichte, ohne den bestimmten Entschluß zu haben, die nächste Gelegenheit dazu fortan ernstlich zu meiden, und sagt deshalb: „Die Bekehrung eines Sünders, der sich nicht entschließen will, die nächste Gelegenheit zur Sünde zu meiden, ist keine wahre Bekehrung, sondern bloßer Schein." Das Verhältniß dieses Hauptsatzes zum Centralgedanken ist wieder das eben angegebene.

Hiernach dürfte Ihnen das Gesagte klar sein, wie es nämlich nicht selten zweckmäßig sein kann, daß man statt des einfachen und ursprünglichen Centralgedankens, welcher der Predigt zu Grunde liegt, einen andern entsprechenden Satz bilde, den man als Hauptsatz im Eingange ankündigt, und warum wir folglich mit Recht die Unterscheidung eines Hauptsatzes und eines Centralgedankens, wenngleich in etwas anderem Sinne, auch in Rücksicht auf die paränetischen Predigten der zweiten Klasse festhalten. Wendet man eine Substitution dieser Art nicht an, dann fallen freilich der Centralgedanke und der Hauptsatz zusammen.

409. Ich vermuthe, m. H., daß Ihnen das Verfahren für die Ausarbeitung paränetischer Predigten, wie ich es Ihnen bisher dargestellt habe, etwas umständlich vorkommen mag. Aber einerseits ist die Aufgabe, eine paränetische Predigt zusammenzustellen, auch gerade nicht eine solche, die man in einem Augenblick beendigen kann; andererseits mußten wir uns darum mit den behandelten Begriffen etwas eingehender beschäftigen und sie durch Beispiele zu erläutern suchen, weil es vor allem darauf ankam, daß Sie dieselben nach ihrem gegenseitigen Verhältnisse mit voller Bestimmtheit auffaßten und voneinander unterschieden. In der Wirklichkeit ist das Verfahren, das ich Sie zu lehren gesucht, wenn man sich einmal durch wiederholte Uebung einige Gewandtheit erworben hat, keineswegs besonders umständlich, und wenn ich Ihnen jeden einzelnen Schritt genau anzugeben gesucht habe, so ist damit ja nicht gesagt, daß Sie in jedem besondern Falle sklavisch denselben Weg zu gehen haben; es genügt, wenn Sie zu demselben Resultate gelangen, d. h. wenn Sie den besondern Zweck und den Centralgedanken Ihrer Predigt mit der nothwendigen Bestimmtheit festsetzen. Der eine wie der andere wird sich Ihnen in vielen Fällen darbieten, ohne daß Sie vorher über den Gegenstand Ihrer Predigt viel gedacht haben. Freilich sind Sie aber dann genöthigt, das letztere nachher zu thun: denn ohne ernstes Studium gedeiht kein Werk der geistlichen Beredsamkeit.

Die weitern Anweisungen für die paränetische Predigt können wir in Rücksicht auf die beiden bisher unterschiedenen Klassen gemeinsam behandeln. Zunächst habe ich Ihnen noch ergänzende Bemerkungen vorzutragen in Rücksicht auf die Eigenschaften des Centralgedankens und des Hauptsatzes; auf diese werden nacheinander jene fünf Punkte folgen, welche ich Ihnen schon im Anfange dieses Kapitels angegeben habe.

§ 3.

Nothwendige Eigenschaften des Centralgedankens und des Hauptsatzes. Die Ausführung der Gründe. Rücksichten, nach welchen die Gründe auszuwählen und nach welchen sie zu ordnen sind.

410. Was ich hier zunächst über die Eigenschaften des Centralgedankens und des Hauptsatzes zu bemerken beabsichtige, das liegt eigentlich schon in dem früher bei verschiedenen Veranlassungen Gesagten.

An erster Stelle pflegt in der Theorie die Forderung ausgesprochen und stark betont zu werden, daß der Centralgedanke (oder der Hauptsatz) Einheit haben müsse. Die Forderung ist ohne Zweifel gegründet; aber es ist nicht nöthig, daß ich noch viel darüber sage. Wenn Sie in den paränetischen Predigten „über allgemeine religiöse Wahrheiten" jedesmal nicht mehr als eine solche Wahrheit behandeln und oft auch nur einen Theil davon — und das werden Sie, so oft Sie der Anleitung folgen, die ich Ihnen darüber gegeben habe —; wenn Sie andererseits in den Predigten „über besondere Punkte der christlichen Ethik" jene Regel festhalten, die ich Ihnen vorgetragen und begründet habe, daß nämlich der besondere Zweck solcher Predigten immer vollkommene Einheit haben müsse: dann werden Ihre Centralgedanken und Ihre Hauptsätze jederzeit der Forderung entsprechen, um die es sich handelt.

411. Wie ich die zweite Eigenschaft, die für den Centralgedanken verlangt werden muß, mit einem Worte bezeichnen soll, das weiß ich nicht. Kleutgen scheint sie im Auge zu haben, wenn er vorschreibt, daß die Proposition *definita* sein müsse[1]; aber was er über diese Eigenschaft andeutet, dürfte kaum ganz genügend sein. Vielleicht könnten wir sagen: „Der Centralgedanke muß entsprechend umgrenzt sein", aber ohne Erklärung gibt dieser Ausdruck den Begriff vielleicht doch noch nicht vollständig. Ich sagte Ihnen im ersten Paragraphen, wo von den paränetischen Vorträgen der ersten Klasse die Rede war (S. 400), man müsse von den Sätzen, welche die zum Gegenstande der Predigt gewählte allgemeine Wahrheit umschließt, als Hauptsatz entweder einen nehmen, oder wenn einer nicht genügte, zwei oder auch mehrere miteinander verbinden, wenn dagegen umgekehrt ein Satz zu viel Stoff für eine Predigt zu enthalten schiene, ihn verengern und einen Theil der darin enthaltenen Gedanken fallen lassen. In gleicher Weise bemerkte ich später, als wir von den paränetischen Predigten der zweiten Klasse handelten (S. 411), die Zahl der Gründe, welche in einer Predigt zu verwerthen seien, bestimme sich nach der zweifachen Rücksicht, daß dieselben einerseits bedeutend genug sein müssen, um auf die Zuhörer in der beabsichtigten Richtung mit hinlänglicher Stärke zu wirken, und daß andererseits der Priester sie in der durch den Vortrag in Anspruch zu nehmenden Zeit genügend ausführen könne. Die Regel, welche ich an den erwähnten Stellen im Auge hatte, lautet, präciser ausgedrückt, also: *„Der Centralgedanke darf nicht zu arm an Inhalt, aber er darf auch nicht zu umfassend und zu voll sein."*

Viel zu voll wäre z. B. dieser Centralgedanke: „Die Habsucht ist ein häßliches Laster und wird schwer gestraft, die christliche Wohlthätigkeit da-

---

[1] *Kleutgen*, Ars dicendi n. 328.

gegen eine ebenso schöne als nothwendige Tugend." Zu umfassend wäre auch dieser Satz: „Es ist billig und recht, daß der heiligen Jungfrau jene Verehrung erwiesen werde, welche die Kirche Gottes ihr erweist." Denn die vielfachen Gründe, aus denen sich die Wahrheit dieses Satzes ergibt, lassen sich in der kurzen Zeit von einer halben Stunde oder höchstens 45 Minuten, und noch dazu in praktischer und populärer Weise, unmöglich eingehend und nur einigermaßen erschöpfend behandeln. Viel besser als der angeführte würde deshalb folgender Centralgedanke sein: „Die heilige Jungfrau ist die Mutter Gottes; darum hat sie Anspruch auf jene Verehrung, welche die Kirche ihr erweist." Abermals zu weit wäre der Satz: „Wir sind schuldig, Gott den Herrn über alles zu lieben", weil die Summe der Wahrheiten, welche unter diesen Ausdruck fallen, viel zu groß ist, als daß der Satz in einer Predigt anders als sehr oberflächlich und allgemein durchgeführt werden könnte. Es ließen sich zunächst zwei Centralgedanken unterscheiden, welche beide in dem angeführten enthalten sind: „Gott verdient unsere ganze Liebe, weil er unser Ursprung ist und unser Ziel und Ende und wir nur in ihm glücklich werden können", und: „Gott verdient unsere ganze Liebe, weil er zuerst uns geliebt und uns mit Wohlthaten und Beweisen seiner Liebe überhäuft hat". Aber dieser zweite Satz würde abermals zu viel enthalten; man müßte ihn wenigstens in drei zerlegen, indem man in einer Predigt die Beweise der Liebe darstellte, welche Gott uns in der Schöpfung, in der Erhaltung und in seiner fortwährenden väterlichen Sorge für uns gibt; in einer zweiten diejenigen, welche in der Erlösung, in der Hingabe des eingebornen Sohnes für die Welt, hervortreten; in einer dritten wieder solche, die in einzelnen besondern Zügen aus dem irdischen Leben des Erlösers liegen, namentlich dem Undank gegenüber, mit welchem ihm die Menschheit lohnte. Einen vierten Satz für denselben besondern Zweck gäbe noch die Lehre von der Barmherzigkeit Gottes.

Es ist äußerst wichtig, m. H., daß Sie die Vorschrift, welche ich Ihnen hiermit erklärt habe, wohl auffassen und festhalten. Was die Predigt interessant macht, was ihr Neuheit, Lebendigkeit, Klarheit, eindringliche Kraft, praktischen Werth gibt, das ist die gründliche Behandlung, die Vertiefung der Wahrheit, von der man redet; diese Vertiefung ist aber nur möglich, wenn man den Centralgedanken „entsprechend umgrenzt" hat. Recht volle, viel umfassende Hauptsätze sind freilich weit leichter zu bearbeiten, weil es keines gründlichen Eindringens bedarf, um den nöthigen Vorrath von Gedanken zur Ausführung zu finden; aber diese Ausführung ist dann auch selten mehr als ein vages Herumreden, ein oberflächliches Sich-Ergehen in verbrauchten Gemeinplätzen. Uebrigens will ich Ihnen hiermit anderseits doch auch nicht eine zu starke Umgrenzung des Centralgedankens empfohlen haben. Daß derselbe eine angemessene Fülle bedeutender Gedanken umschließe, das bleibt immer unerläßlich nothwendig; sonst kommt man dahin, mit einer inhaltlosen Wortemacherei die Zeit auszufüllen und seine wenigen Gedanken so lange zu dehnen, bis sie unsichtbar werden.

412. Hiernach muß ich Sie noch an jene Anweisungen erinnern, welche wir im achten Abschnitte gegeben haben, namentlich im vierten Kapitel. Dieselben beziehen sich freilich auf den gesamten Vortrag und alle seine besondern

Elemente; je wesentlicher indes eines der letztern ist und je mehr es hervortritt, desto wichtiger ist es auch, daß in Rücksicht auf dasselbe den erwähnten Vorschriften entsprochen werde. Darum müssen Sie bei dem Centralgedanken ganz besonders darauf sehen, daß derselbe ansprechend, neu, gehaltvoll, schön, bedeutend erscheine und in jeder Beziehung den Anforderungen des Geschmackes vollkommen entspreche. Ich habe schon in den zwei vorhergehenden Paragraphen erwähnt, daß man es nicht selten vorziehen muß, im Eingange der Predigt nicht den eigentlichen Centralgedanken den Zuhörern vorzulegen, sondern an seiner Stelle einen andern „Hauptsatz", der mit dem Centralgedanken in innerer dialektischer Verbindung steht. Die Gründe, welche dieses zweckmäßig erscheinen lassen, liegen großentheils eben in jenen Rücksichten, von denen ich rede. Daß Sie übrigens durch ein falsches Streben nach originellen und frappirenden Hauptsätzen sich nie zu unverständigen Spielereien verleiten lassen, nie jene abgeschmackte Mode des 17. und des 18. Jahrhunderts sich zum Muster nehmen dürfen, die das Höchste geleistet zu haben glaubte, wenn sie dem Volke statt eines klaren Gedankens eine vieldeutige Allegorie oder eine räthselhafte Antithese vorlegte, das brauche ich Ihnen hier wohl nicht mehr ausdrücklich zu sagen [1].

413. Was ist nun zur Ausführung des Centralgedankens zu thun, oder vielmehr, worin besteht diese Ausführung? Seinem Wesen nach ist der Centralgedanke immer die kurze Zusammenfassung der Gedanken, der Wahrheiten, der Gründe, welche die Zuhörer zu jenem freien Streben, das den besondern Zweck der Predigt bildet, bestimmen sollen; mit andern Worten, er ist eine übernatürliche Wahrheit, dazu angethan, das christliche Leben unter einer besondern Rücksicht, nach einer bestimmten Richtung zu beherrschen. Wodurch es psychologisch bedingt ist, daß das letztere wirklich geschehe, das haben wir bereits im Anfange des fünften Abschnittes (Bd. I, S. 207—209) gesehen. Die Zuhörer müssen einerseits zu der Gewißheit geführt werden, daß der Satz, um den es sich handelt, übernatürlich wahr ist. Sie haben ihnen somit erstens zu beweisen, daß derselbe zum Inhalte der Offenbarung gehöre, oder daß er aus andern geoffenbarten Sätzen sich mit dialektischer Nothwendigkeit ergebe. Andererseits müssen in den Zuhörern dem Inhalte des Central-

---

[1] Einige Beispiele von Hauptsätzen, wie sie die Periode des Zopfes liebte, wurden früher gegeben (Bd. I, S. 487). Ganz der nämliche Ungeschmack ist es, der sich in den allegorischen Büchertiteln aus jener Zeit kundgibt, wie etwa:

„Trauner, Ign., Geistliche Seelen-Jagd, d. i. Sonntags- und Kirchweyprebigten. Dillingen 1685."

„Wolff, Leo, *Rugitus leonis*, Geistliches Löwen-Brüllen, d. i. Advent-, Fasten- und Festtagspredigten. Augsburg 1701 ff."

„Wünter, J., Kurz und Gut, d. i. Sonntägliche Predigten des ganzen Jahres. Augsburg 1755."

„Wasserburg, Jordan, *Fluenta Iordanis*, d. i. Sonn- und Feiertags-, Oelberg- und Exempelpredigten. Landshut 1745."

„Venebien, H., Fruchtbarer Himmelsthau. Predigten für alle Sonn- und Feiertage. Regensburg 1744."

„Dionysius von Insprugg, *Piscina spiritualis*, d. i. geistlicher Schwemmteich, in welchem die kranke blinde lahme und dürre Seelen durch Sonn- und Feiertag-Predigten aufs ganze Jahr curirt und geheilt werden. Augsburg 1711."

gedankens und dem besondern Zwecke der Predigt entsprechende religiöse Gefühle erzeugt werden. Sie haben ihnen somit zweitens den Inhalt des Centralgedankens in der Weise zu entwickeln und vorzulegen, wie es diese Wirkung erheischt. Das Nähere über diese zwei psychologischen Mittel der geistlichen Beredsamkeit, die Beweisführung und die Veranlassung religiöser Gefühle, habe ich Ihnen im dritten Buche, vom fünften bis zum neunten Abschnitt, eingehend auseinandergesetzt.

Die „Ausführung", d. h., wie wir früher gesagt haben, jenes Stück des Vortrages, in welchem das eben Angegebene (vorzugsweise) geschieht, gliedert sich nach der Zahl der Gründe oder der partiellen Wahrheiten, die der Centralgedanke umschließt, in drei, vier, sechs, acht Punkte. Jeder Grund, jede partielle Wahrheit muß für sich in der Weise behandelt werden, daß sich dadurch in den Zuhörern sowohl die übernatürliche Ueberzeugung bildet von der Wahrheit des Centralgedankens als entsprechende religiöse Gefühle. Darum müssen Sie bei der Ausführung jedes Grundes immer seine Beziehung zum Centralgedanken und zu dem besondern Zwecke Ihrer Predigt im Auge behalten und hervortreten lassen. Dem letztern gegenüber sind die Gründe genau das, was ihr Name ausdrückt, Motive, Momente der Bestimmung des freien Strebens; dem Centralgedanken gegenüber erscheinen sie zunächst als Beweise, als Momente der Bestimmung des Urtheils. Mancher Grund ist seiner Natur nach vorwiegend das erste, mancher vorwiegend das zweite. Die erwähnte Beziehung, sage ich, muß in der Ausführung sichtbar hervortreten; andererseits müssen Sie die einzelnen Gründe, soviel Sie können, miteinander in Verbindung zu bringen bemüht sein, so daß die Ausführung sich wie ein organisches Ganzes darstellt, nicht wie ein Aggregat aus mehreren voneinander unabhängigen Gedanken.

Uebrigens läßt sich die Kunst der Ausführung nur durch Uebung und durch Studium von Mustern lernen. Was die letztern betrifft, so kenne ich keine, und es dürfte deren auch schwerlich geben, welche in dieser Rücksicht und für die paränetische Predigt mehr empfohlen werden könnten als Segneris „Fastenpredigten". Nur müssen Sie, wenn Sie diese studiren, sich sehr hüten, auch Segneris Fehler sich anzueignen, deren er allerdings neben seinen unvergleichlichen Vorzügen nicht wenige hat und sehr bedeutende. Eine brauchbare deutsche Uebersetzung von Segneris Fastenpredigten gibt es übrigens meines Wissens nicht; wenigstens ist die vor mehr als dreißig Jahren in Regensburg erschienene durchaus mißlungen. Das Studium solcher Muster für den Zweck, von welchem ich rede, darf indes nicht bloß darin bestehen, daß man sie mit Bedacht und Aufmerksamkeit liest, man muß sie analysiren, und insofern es sich eben darum handelt, daß man den innern Bau derselben kennen lerne, eine „Synopsis", einen Grundriß davon anfertigen. (Der Grundriß der 28. Fastenpredigt von Segneri findet sich nach dem Schlusse dieses Abschnittes unter den Beispielen zu demselben, Nr. I.)

414. Konnte ich Sie, was die Ausführung des Centralgedankens beziehungsweise der Gründe betrifft, auf früher Gesagtes verweisen, so muß ich dagegen auf zwei andere Punkte etwas näher eingehen: auf die Auswahl der Gründe und auf die Rücksichten, nach denen dieselben zu ordnen sind. Machen wir mit dem zuerst bezeichneten den Anfang.

„Ein tüchtiger Redner", bemerkt Cicero, „wird die Gedanken, die er vorzutragen hat, nicht bloß finden, sondern er wird sie auch mit bedächtiger Ueberlegung wägen."[1] Wenn Sie über den Gegenstand Ihres Vortrages gründlich nachdenken und studiren und forschen, so werden sich Ihnen oft sehr viele Gedanken bieten, welche unter denselben fallen. Daß Sie diese nicht insgesamt in den Vortrag hineinarbeiten dürfen, daß es ein Irrthum ist, wenn man glaubt, alles sagen zu sollen, was sich überhaupt über das Thema sagen läßt, das dürfte Sie ohne Zweifel schon das gesunde Urtheil lehren[2]. Nur was den jedesmaligen besondern Zweck des Vortrages fördert, nur was sich wirklich eignet, den Centralgedanken dem Zwecke entsprechend auszuführen, soll verwerthet werden.

Damit Sie aber desto sicherer das Rechte treffen, beachten Sie zunächst nach Ciceros Unterscheidung drei Klassen von Gründen, welche man fallen lassen soll: solche, die an sich keine Kraft, keine Bedeutung haben; solche, die mit dem besondern Zwecke der Predigt nicht unmittelbar zusammenhängen; endlich solche, die aus irgend einer andern Rücksicht nicht angemessen erscheinen[3]. Wer für seine Sache mit unbedeutenden, nichtssagenden Gründen kämpft, der macht dieselbe nur verdächtig. Gründe anzuführen, welche mit dem besondern Zweck, um den es sich handelt, nicht zusammenhängen, kann sich eigentlich nur der verleiten lassen, welcher die Beziehung von Zweck und Mittel, von Prämissen und Schlußsatz nicht aufzufassen versteht. Quintilian indes behauptet, es gebe viele, die aus Eitelkeit nur darauf bedacht sind, glänzende Gedanken zu bringen, mögen dieselben auch dem Zwecke, für den sie auftreten, in keiner Weise dienen[4], und wir haben uns im zweiten Abschnitte (Bd. I, S. 71 ff.) von Gisbert sagen lassen, daß ein solches Streben, aus dem gleichen Beweggrunde hervorgehend, auch bei der Verkündigung des Wortes Gottes keineswegs zu den Seltenheiten gehört. Aber es gibt auch Rücksichten, welche Sie bestimmen können, Gründe unbenutzt zu lassen, die an und für sich ganz gut wären. Wenn z. B. ein Grund von der Art ist, daß das Volk ihn nicht leicht auffassen würde, oder daß es, um ihn zu entwickeln, einer zu eingehenden Erörterung bedürfte; oder wenn durch die Ausführung desselben in der Seele der Zuhörer Einwendungen hervorgerufen werden müßten, welche vollständig wieder zu nichte zu machen man nicht hoffen kann; oder wenn man voraussieht, daß ein Gedanke die Zuhörer unangenehm berühren, sie verstimmen würde, und zugleich keine ethische Nöthigung besteht, denselben doch vorzubringen: in Fällen dieser Art und ähnlichen wird die Klugheit Sie ver-

---

[1] Iudicium igitur adhibebit; nec inveniet solum, quid dicat, sed etiam expendet (*Cic.*, Or. c. 15, n. 48).

[2] Nec tamen omnibus semper, quae invenerimus, argumentis onerandus est iudex: quia et taedium afferunt, et fidem detrahunt. Neque enim potest iudex credere satis esse ea potentia, quae non putamus ipsi sufficere qui dicimus. In rebus vero apertis argumentari tam sit stultum, quam in clarissimum solem mortale lumen inferre (*Quint.* l. c. 5, c. 12).

[3] Interdum ex illis locis aut *levia* quaedam, aut *causis aliena*, aut *non utilia* gignuntur; quorum ab oratoris iudicio delectus magnus adhibebitur (*Cic.* l. c. c. 15, n. 48).

[4] Sed plerique, eloquentiae famam affectantes, contenti sunt locis speciosis modo, vel nihil ad probationem conferentibus (*Quint.* l. c. 7, c. 1).

pflichten, die Gedanken, um die es sich handelt, unerwähnt zu lassen. Das Nämliche gilt in Rücksicht auf Gedanken, welche der Würde des Priesters oder des Wortes Gottes, oder des geweihten Ortes, wo dasselbe verkündigt wird, minder entsprechen. Doch diesen Punkt haben wir ja im achten Abschnitt schon behandelt, und die Sache versteht sich für jeden Mann, der Urtheil hat, eigentlich von selbst.

Und auch das versteht sich eigentlich von selbst, daß unter jenen Gründen, welche nicht unter die drei erwähnten Klassen fallen, vielmehr gut und brauchbar sind, noch eine verständige Auswahl getroffen werden soll, so oft man derselben — und das ist häufig der Fall — so viele hat, daß man nicht aller bedarf. Uebersehen Sie namentlich nicht, m. H., daß die Wirksamkeit und der Erfolg einer paränetischen Predigt nicht von der Menge der Gründe abhängt, die Sie etwa vorbringen, sondern von der Gewichtigkeit und der guten Ausführung der einzelnen; befolgen Sie deshalb den Grundsatz, welchen bei Cicero Marcus Antonius als den seinigen angibt: „Ich habe es mir zum Gesetze gemacht, wenn ich für eine Rede die Gründe feststelle, dieselben weniger zu zählen als vielmehr zu wägen."[1] Sicher werden Sie mit drei geeigneten Gründen, wenn Sie dieselben möglichst gut entwickeln und ausführen, weit mehr ausrichten, als wenn Sie zehn bis zwanzig vorbringen, deren jeden Sie aber, eben weil die große Zahl Ihnen eine gründliche Ausführung unmöglich macht, nur oberflächlich berühren. — Welche unter mehreren guten Gründen als die vorzüglichern zu betrachten sind, darüber werden Sie in jedem besondern Falle unschwer mit Sicherheit urtheilen, wenn Sie sich die Grundsätze gegenwärtig halten, welche ich vom dritten bis zum achten Abschnitte dieser Theorie entwickelt habe.

415. Die zweite Frage, welche ich vorher bezeichnet habe, betraf die Rücksichten, nach denen in der paränetischen Predigt die Gründe zu ordnen, d. h. nach denen entschieden werden soll, in welcher Folge dieselben zu behandeln seien. Merken Sie sich hierfür zunächst zwei Grundsätze.

Der erste ist dieser. Unsere Schätzung der Dinge, d. h. das Urtheil, das sich über ihre Größe und Bedeutung in unserem Geiste bildet, ist nicht absolut, sondern relativ. Dieser Gedanke ist uns schon früher einmal begegnet. Die Folge der angeführten Thatsache aber ist, daß auch an sich Bedeutendes uns minder groß erscheint und darum einen minder starken Eindruck auf uns macht, als es seiner Natur nach könnte und sollte, wenn unserem Geiste ein Bedeutenderes vorschwebt, womit wir es vergleichen. Wenn deshalb in einer paregoretischen Predigt auf sehr bedeutende Gründe andere folgen, die zwar an sich gut, aber doch weniger stark sind als die vorausgegangenen, dann werden sie den Zuhörern auch jene Bedeutung nicht zu haben scheinen, die ihnen wirklich eigen ist, und es wird eben hierdurch, lediglich infolge der Stellung, die ihnen gegeben wurde, ihre Wirksamkeit in nachtheiliger Weise beeinträchtigt werden. Hierauf gründet sich die Vorschrift Quintilians, die ich schon einmal angeführt habe: „Die Gründe müssen in der Rede stätig

---

[1] Equidem cum colligo argumenta causarum, non tam ea numerare soleo, quam expendere (*Cic.*, De orat. 2, c. 76, n. 309).

wachsen und an Bedeutung zunehmen; denn sobald das Folgende nicht mehr dazu angethan ist, den schon gemachten Eindruck zu verstärken, ist es, als ob es denselben schwächte, und die Gemüthsbewegung verliert sich sehr leicht vollständig, sobald sie anfängt abzunehmen." [1]

Der zweite Grundsatz ist in der folgenden Bemerkung Ciceros enthalten. „Ich kann durchaus nicht damit einverstanden sein, wenn manche ihre Rede mit solchen Gründen anfangen, die sehr wenig Kraft haben.... Es ist nothwendig, daß der Erwartung der Zuhörer so schnell als möglich entsprochen werde; bleibt dieselbe vorläufig unbefriedigt, so hat man später viel mehr Mühe. Denn es steht schlecht um die Sache, die nicht, so wie der Redner anfängt, dafür aufzutreten, sich sofort den Zuhörern empfiehlt." [2]

Diesen zwei Grundsätzen müssen Sie bei der Anordnung Ihrer Gründe immer zu entsprechen suchen. Am vollkommensten entsprechen Sie denselben, wenn Sie die Ausführung mit starken, entscheidenden Gründen beginnen, auf diese noch stärkere folgen lassen und mit den stärksten den Vortrag beschließen. Diese Weise der Anordnung soll daher durchweg die herrschende sein.

Es gibt indes zwei Fälle, welche eine andere Weise verlangen. Erstens kann es geschehen, daß man nicht eine hinreichende Menge starker Gründe vorräthig hat und sich deshalb genöthigt sieht, auch minder starke zu benutzen. Denn ganz unbrauchbar sind diese nicht, namentlich wenn mehrere miteinander verbunden werden [3]. In dem bezeichneten Falle also muß man, mit Rücksicht auf die beiden vorher angegebenen Grundsätze, mit starken Gründen anfangen, nach diesen die schwächern folgen lassen und mit den stärksten schließen [4].

---

[1] Cum in aliis, tum maxime in hac parte debet crescere oratio: quia quidquid non adiicit prioribus, etiam detrahere videtur; et facile deficit affectus, qui descendit (*Quint.* l. c. 6, c. 1). — Nam vis quaestionum semper crescere debet, et ad potentissima ab infirmissimis pervenire, sive sunt eiusdem generis, sive diversi (ibid. 7, c. 1).

[2] Atque etiam in illo reprehendo eos, qui quae minime firma sunt, ea prima collocant. In quo illos quoque errare arbitror, qui, si quando (id quod mihi numquam placuit) plures adhibent patronos, ut in quoque eorum minimum putant esse, ita eum primum volunt dicere. Res enim hoc postulat, ut eorum exspectationi qui audiunt, quam celerrime occurratur; cui si initio satisfactum non sit, multo plus sit in reliqua causa laborandum. Male enim se res habet, quae non statim ut dici coepta est, melior fieri videtur. Ergo ut in oratore optimus quisque, sic et in oratione firmissimum quodque sit primum: dum illud tamen in utroque teneatur, ut ea quae excellant, serventur etiam ad perorandum; si quae erunt mediocria (nam vitiosis nusquam esse oportet locum) in mediam turbam atque in gregem coniiciantur (*Cic.* l. c. 2, c. 77, n. 313. 314).

[3] Firmissimis argumentorum singulis instandum, infirmiora congreganda sunt: quia illa per se fortia, non oportet circumstantibus obscurare, ut qualia sunt, appareant; haec, imbecilla natura, mutuo auxilio sustinentur. Itaque, si non possunt valere quia magna sint, valebunt quia multa sunt, quae ad eiusdem rei probationem omnia spectant. Ut, si quis haereditatis gratia hominem occidisse dicatur: *Haereditatem sperabas, et magnam haereditatem, et pauper eras, et tum maxime a creditoribus appellabaris; et offenderas eum cuius haeres eras, et mutaturum tabulas sciebas.* Singula levia sunt, et communia: universa vero nocent, etiamsi non ut fulmine, tamen ut grandine (*Quint.* l. c. 5, c. 12).

[4] Quod pertinet ad actorem, non plane dissentio a Celso, qui sine dubio Cice-

Der zweite Fall, der eine Ausnahme von der gewöhnlichen Weise erheischt, bildet sich durch Umstände, die auf seiten der Zuhörer beziehungsweise des Gegenstandes und des besondern Zweckes der Predigt liegen. Es kann vorkommen, daß die erstern der Wahrheit gegenüber, welche Sie ihnen nahelegen wollen, von Vorurtheilen und irrigen Anschauungen eingenommen sind, oder daß Sie, was die von Ihnen beabsichtigte Wirkung Ihrer Predigt betrifft, aus irgend einem andern Grunde sehr wenig Theilnahme und Interesse bei Ihren Zuhörern voraussetzen können. Unter solchen Umständen kann häufig nur dadurch etwas erreicht werden, daß man den entscheidendsten Grund an die Spitze stellt und dadurch die Zustimmung zunächst des Urtheils gewissermaßen erzwingt. Damit Sie indes, wenn Sie so verfahren müssen, dennoch zugleich auch unserem ersten Grundsatze genügend Rechnung tragen, müssen Sie darauf sehen, daß die an jenen ersten, entscheidendsten sich anschließenden Gründe nicht schwach und nichtssagend seien, sondern gleichfalls ihre Bedeutung haben, und überdies muß Ihnen immer für die Peroration auch noch ein recht solider und durchgreifender Gedanke zu Gebote stehen.

416. Die Rücksichten, nach welchen Sie, um den hiermit für die Anordnung der Gründe aufgestellten Vorschriften entsprechen zu können, den Werth der erstern, ihre Stärke und ihre Bedeutung zu beurtheilen haben, sind, wie ich vor kurzem noch erwähnte, in jenen Anweisungen enthalten, die uns vom dritten bis zum achten Abschnitt beschäftigt haben. Desungeachtet mag es nicht überflüssig sein, wenn ich Sie noch ausdrücklich aufmerksam mache, daß es sich, so oft Sie eine Predigt arbeiten, um die psychologische Bedeutung der Gründe handelt und um die von dieser abhängige oratorische Anordnung derselben.

Man pflegt meistens sehr stark die „logische" Ordnung zu betonen und auf diese zu bringen; man thut recht daran; aber kleine Geister haben unrecht, wenn sie infolgedessen meinen, als ob es außer dieser gar keine „Ordnung" gäbe und als ob sich, wo Gedanken oder Wahrheiten zu gruppiren sind, niemals und nirgends Rücksichten von noch höherer Bedeutung geltend machen könnten. Nicht logische Ordnung soll in jeder Aufeinanderfolge von Wahrheiten herrschen, sondern jene, welche der Zweck erheischt, um dessentwillen man die letztern zusammenstellt, wenn Sie wollen, teleologische Ordnung. Die wissenschaftliche Darstellung hat nichts im Auge als Klarheit, Bestimmtheit, Leichtigkeit der Auffassung; dieses Ziel ist gesichert, wenn die Gedanken den Gesetzen der Dialektik entsprechend zusammengestellt und miteinander verbunden werden; darum ist für die Speculation in dieser Beziehung die logische Ordnung das oberste Gesetz. Aber die Beredsamkeit arbeitet für eine wesentlich andere Aufgabe als die Wissenschaft; für welche, das wissen Sie. Darf deshalb die reine Wissenschaft die Arten einer Gattung, die Theile eines Ganzen nicht voneinander trennen; hat sie zuerst das Wesen des Dinges, seine Ursachen, seine nothwendigen Eigenschaften ins Auge zu fassen, dann erst seine Wirkungen, seine zufälligen Besonderheiten und Erscheinungen, die ihm ähnlich

---

ronem est secutus, instat tamen huic parti vehementius, ut putet, primo firmum aliquid esse ponendum, summo firmissimum, imbecilliora medio: quia et initio movendus sit iudex, et summo impellendus (ibid. 7, c. 1).

sind; hält sie mit Recht daran fest, ihre Gründe nach den Quellen zu gruppiren, denen sie entnommen sind, und so z. B. einen theologischen Satz zuerst aus der Heiligen Schrift zu beweisen, darauf aus Zeugnissen der kirchlichen Vergangenheit, weiter aus dem Handeln und dem Leben der Kirche und endlich durch dialektische Folgerung aus andern theologischen Wahrheiten: so kann der geistlichen Beredsamkeit mitunter freilich der nämliche Gang entsprechen; aber an denselben gebunden ist sie nicht, und in sehr vielen Fällen wäre eine „logische" Disposition dieser Art für sie sehr unzweckmäßig und darum durchaus fehlerhaft.

Denn wie ich gesagt habe, die Beredsamkeit hat ihre Gründe, ihrer Aufgabe entsprechend, **oratorisch** zu ordnen; die oratorische Ordnung bestimmt sich aber nicht nach dem Range, welcher den Gründen der Logik gemäß zukommt, sondern nach ihrer **psychologischen Bedeutung. Wovon hängt aber die letztere ab?** Von Rücksichten, welche den Gesetzen der Logik durchaus fremd sind: allgemein und zunächst nämlich von jenen Gesetzen des menschlichen Erkennens, die wir im fünften Abschnitt behandelt haben; außerdem aber insbesondere noch von den jeweiligen Umständen: von der Gesinnung und Anschauungsweise der Zuhörer, von ihrer Gemüthsart, ihrer intellectuellen Ausbildung, ihrer Lebensweise und ihren gesamten äußern Verhältnissen; weiter von besondern Umständen der Zeit, zu welcher, und des Ortes, wo die Predigt zu halten ist; überdies auch noch von dem Grade wissenschaftlicher und namentlich oratorischer Befähigung, welcher dem Prediger eigen ist.

Diese Rücksichten also sind es, m. H., welche Sie vor Augen haben müssen, um über die psychologische Bedeutung Ihrer Gedanken und Ihrer Gründe richtig urtheilen und auf Grund dieser Schätzung entscheiden zu können, in welcher Folge Sie dieselben, den vorher aufgestellten Grundsätzen gemäß, in der Predigt zu behandeln haben. Es wird freilich Fälle geben, ich habe es eben gesagt, wo die hiernach fixirte oratorische Ordnung mit der logischen der Wissenschaft mehr oder weniger übereinstimmt; aber viel häufiger wird es geschehen, daß beide sich sehr wesentlich unterscheiden. Ganz abgesehen davon, was ich Ihnen im sechsten Abschnitt mit Nachdruck nahegelegt habe, daß bei der Verkündigung des Wortes Gottes die eigentlichsten und die entscheidendsten Beweise in der Lehre des Heiligen Stuhles und der Kirche liegen, — werden Sie z. B. nicht selten die Gründe, welche in Stellen aus der Heiligen Schrift enthalten sind, voneinander trennen, indem Sie einen Theil derselben im Anfange der Ausführung verwerthen, andere im Verlauf derselben und wieder einen Theil am Ende; Sie werden eine ähnliche Trennung vorzunehmen veranlaßt sein in Rücksicht auf Beweise, die einer und derselben Art angehören, z. B. den Beweisen durch Induction oder denen aus den Wirkungen und Folgen; Sie werden oft etwa mit Analogien oder mit Inductionsbeweisen beginnen, Gründe aus der Definition oder den Ursachen oder der Gattung in der Mitte der Predigt entwickeln und solche, die aus den Wirkungen genommen sind, als die entscheidendsten betrachten und darum zuletzt aufführen; Sie werden urtheilen, daß ethische Gründe der Würde nach zwar höher stehen als eudämonische, aber diese letztern besungeachtet sehr häufig viel wirksamer finden und darum ihnen, was ihre psychologische Bedeutung betrifft, den Vorzug geben und demgemäß ihre Stelle anweisen. So haben wir auch hier wieder einen wichtigen Punkt kennen gelernt, in welchem sich die Beredsamkeit sehr wesentlich von der Wissenschaft unterscheidet, bezüglich dessen Sie darum ernstlich darauf bedacht sein müssen, sich durch den Vorgang der letztern nicht beeinflussen und irreführen zu lassen. Je mehr man darauf angewiesen ist, sich mit gelehrten Studien zu beschäftigen — und das ist ja der Priester für sein ganzes Leben —, desto schwerer wird es, nicht zu vergessen, daß die Schule nicht nur ein ganz anderes Ziel verfolgt, sondern auch für ganz andere Kreise thätig ist als die Verkündigung des Wortes Gottes vor dem Volke: das ist ohne Zweifel eines der vorzüglichsten Hindernisse, welche der Vollendung und der Blüthe der geistlichen Beredsamkeit im Wege stehen.

§ 4.
Ueber den Eingang und die Peroration in paränetischen Predigten.

417. Sie begreifen wohl, ohne daß ich es besonders betone, daß von den Anweisungen, die ich in dem vorhergehenden Paragraphen zunächst für die paränetische Predigt gegeben habe, manche ihre Anwendung mehr oder weniger auch auf die bidaskalischen Vorträge finden. Und in gleicher Weise gehören die für die letztern im ersten Kapitel des 13. Abschnittes aufgestellten Vorschriften über den Eingang und die Peroration großentheils hierher. Es ist desungeachtet nothwendig, daß wir diese beiden Stücke der Predigt, namentlich den Eingang, hier noch mit unmittelbarer Rücksicht auf die paregoretischen Vorträge behandeln.

Ich werde es dabei nicht ängstlich zu vermeiden suchen, einzelnes früher Gesagtes wieder zu berühren, wenn die Natur der Sache das mit sich bringt; denn ich trage Ihnen ja nicht Mathematik vor oder sonst eine reine Wissenschaft, sondern ein System von Anweisungen, nach denen Sie arbeiten und handeln sollen. Die reine Wissenschaft soll Wiederholungen zu vermeiden suchen, und sie kann das; aber für die Theorie einer Kunst gelten andere Gesetze. Der Zweck der Theorie ist die Praxis, das Können und das Machen, nicht das bloße Wissen; darum muß sie Sorge tragen, daß ihre Anweisungen **befolgt und ausgeführt** werden, und darum ist sie fehlerhaft, wenn sie nicht manche Regeln dreimal und viermal einschärft. Ich sage das übrigens nicht gerade vorzugsweise in Rücksicht auf die Punkte, um die es sich gegenwärtig handelt. Was diese betrifft, so wäre freilich von vornherein jede Wiederholung ausgeschlossen gewesen, wenn ich, wie es gewöhnlich geschieht, die Einrichtung des Einganges und der Peroration für die bidaskalische Predigt gar nicht besonders behandelt, sondern Sie auf das in diesem Paragraphen zu Sagende verwiesen und die letztere allenfalls in einem kurzen Zusatze berücksichtigt hätte. Aber diesen Weg habe ich absichtlich nicht eingeschlagen. Ich halte es für nachtheilig und verkehrt, wenn die Theorie der bidaskalischen Predigt so stiefmütterlich behandelt wird, wie es meistens der Fall ist, und es war mir deshalb gerade darum zu thun, an jener Stelle, wo dieselbe zur Sprache kam, Ihnen die wesentlichen Anweisungen für dieselbe möglichst vollständig vorzuführen.

418. Den Zweck des Einganges und die hierfür dienenden wesentlichen Mittel habe ich Ihnen an der eben erwähnten Stelle (Nr. 389) klar und vollständig genug angegeben[1]. Der Eingang soll die ganze durch die Predigt beabsichtigte Wirkung vorbereiten und schon vorläufig hervorzubringen beginnen, darum so eingerichtet sein, daß er die Versammelten fesselt und ihre Aufmerksamkeit weckt, dieselben für den Prediger und den besondern Zweck des Vortrags günstig stimmt, namentlich aber ihnen die vorläufigen Elemente bietet, deren sie bedürfen, um die Predigt leicht und richtig aufzufassen.

Um dieser letzten Rücksicht willen müssen Sie den Grundsatz festhalten, im Eingange ihrer Predigten immer, Ausnahmefälle abgerechnet (vgl. Bd. I, Nr. 172), den besondern Zweck derselben unverkennbar hervortreten zu lassen und den Centralgedanken oder an seiner Stelle den Hauptsatz den Zuhörern bekannt zu geben. Dieses ist nach Aristoteles[2] im Eingange die Hauptsache und für den Erfolg des Vortrags am meisten nothwendig. Je nach den Umständen muß man mehr oder weniger Sorgfalt darauf verwenden, daß die bezeichneten Punkte gut aufgefaßt werden. Denn mitunter, wie z. B. bei einer Predigt am Allerseelentage, liegen dieselben so nahe, daß sie den Zuhörern fast schon im voraus bekannt sind und es einer ausdrücklichen, bestimmten Angabe kaum bedarf; in andern Fällen dagegen kann es nothwendig sein, daß Sie Ihren Centralgedanken, freilich in wechselndem Ausdrucke, zweimal wiederholen.

419. Die profane Rhetorik unterscheidet drei Arten des Eingangs: den einfachen, den feierlichen und den Eingang mit Insinuation[3]. Bei der Theorie der didaskalischen Predigt habe ich nur die erste dieser drei Arten vor Augen gehabt, weil diese allein für dieselbe paßt; höchstens in einzelnen Fällen könnte die Insinuation anzuwenden sein. Diese ist Ihnen aus dem Frühern bereits bekannt[4]. Ein einfacher Eingang, aber gut gearbeitet und schön, ist meistens auch in paränetischen Predigten am besten. (Ein Beispiel s. nach dem Schlusse dieses Abschnittes, Nr. II.)

Der feierliche Eingang setzt eine gehobene Stimmung voraus und einen Gegenstand, der etwas Großartiges hat. In panegyrischen Predigten an höhern Festen oder bei besondern Veranlassungen kann derselbe freilich sehr an der Stelle sein; aber Sie müssen dabei achtgeben, daß die „Feierlichkeit" sich nicht steif und zu sehr getragen ausnehme, und daß Sie nicht zu hoch fliegen. Wenn man sich durch Sammeln geeigneter Gedanken und durch Meditation über den Gegenstand der Predigt angeregt fühlt, so ist es freilich natürlich, daß auch im Eingange Spuren dieser Begeisterung sichtbar werden,

---

[1] Causa principii nulla est alia, quam ut auditorem, quo sit nobis in ceteris partibus accommodatior, *praeparemus*. Id fieri tribus maxime rebus, inter auctores plurimos constat: si *benevolum, attentum, docilem* fecerimus; non quia ista non per totam actionem sint custodienda, sed quia initiis praecipue necessaria, per quae in animum iudicis, ut procedere ultra possimus, admittimur (*Quint.* l. c. 4, c. 1). — Liquet, docilem hoc loco dici, qui *facile*, non qui libenter discit (*Kleutgen* l. c. n. 369).

[2] Rhet. 3, c. 14, n. 6.   [3] Exordium *simplex, solemne, insinuans*.

[4] Vgl. Bd. I, Nr. 172. Ein sehr gutes Beispiel der Insinuation ist der Eingang der zweiten Rede Ciceros gegen Rullus. Cf. *Blair*, Lectures on Rhetoric and Belles-Letters vol. II, lect. 31, p. 336.

und ohne Gefühl darf und soll derselbe nicht sein. Aber es ist offenbar nur Urtheilslosigkeit, wenn manche schon hier die ganze Kraft ihrer Begeisterung erschöpfen und der an seiner Quelle majestätisch dahinrauschende Strom ihrer Rede sehr bald schon sich verengt und verlangsamt, um sich schließlich im Sande zu verlieren. Wachsen soll die Kraft der Rede und die Begeisterung, nicht sich mindern; wir haben das bereits im vorhergehenden Paragraphen ausgesprochen. Ich empfehle Ihnen in dieser Beziehung sehr die Anweisung, welche Horaz zunächst für die Dichtkunst gibt; dieselbe gilt gerade so für die Beredsamkeit und wird in der Prosa sicher nicht weniger oft verletzt als in der Poesie:

„Auch fange dein Gedicht so laut nicht an
wie jener alte cyklische Poet:
‚Von Priams Schicksal, und dem weltberühmten Krieg
begeb' ich mich zu singen!‘ Großgesprochen!
Was kann der Mann uns sagen, das, den Mund
dazu so weit zu öffnen, würdig wäre?
Es kreißte, wie die Fabel sagt, ein Berg,
und er gebar, zu großer Lustbarkeit
der Nachbarschaft, ein kleines, kleines Mäuschen.
Um wieviel besser er, der niemals was
Unschicklich's vorgebracht: ‚Erzähle mir,
o Muse, von dem Mann, der nach Eroberung
von Troja vieler Menschen Städt' und Sitten sah.‘
Er gibt kein Feuerwerk, das in Rauch sich endet:
erst macht er Rauch, dann folgt ein rein und gleich
fortbrennend Feuer . . ."[1]

Verwandt mit dem zuletzt besprochenen, wenn auch an sich weniger groß, ist der häufig vorkommende Fehler, daß man den Vortrag mit der Figur der „Wortversetzung" (Bd. I, S. 382) beginnt, wie: „Groß, überaus groß war die Gnade . . ."; „Ein Gebot gibt es, welches . . ."; „Unnütz würde es sein . . ." Wo man zu reden erst anfängt, kann diese Figur nur selten natürlich sein.

(Ein Beispiel eines feierlichen Einganges s. unten Nr. III.)

Zum Theil auf die vorher erwähnte, aber zugleich auch noch auf andere Rücksichten[2] gründet es sich, wenn ich hier einer vierten Art des Einganges

---

[1] Nec sic incipies, ut scriptor cyclicus olim:
Fortunam Priami cantabo, et nobile bellum.
Quid dignum tanto feret hic promissor hiatu?
Parturient montes, nascetur ridiculus mus.
Quanto rectius hic, qui nil molitur inepte:
Dic mihi, Musa, virum, captae post tempora Troiae
Qui mores hominum multorum vidit et urbes.
Non fumum ex fulgore, sed ex fumo dare lucem
Cogitat, ut speciosa dehinc miracula promat.
Horat., Ep. ad Pisones v. 136—144.
Der poetische „Cyklus" begriff in sich die ganze Götter- und Heldenzeit: „cyklische Dichter" heißen daher jene, welche alle diese Fabeln in ein Werk zusammenflochten.

[2] Vgl. Bd. I, Nr. 207. 208, und oben Nr. 389.

einzig dazu gedenke, um Ihnen den Rath zu geben, sich derselben niemals zu bedienen: das ist der „gewaltsam-pathetische" Eingang[1]. Das Wesen dieser Art besteht darin, daß gleich in den ersten Sätzen durch das formelle Pathos eine starke Gemüthsbewegung zu vollem Ausdruck kommt. Wenn durch ein unvorhergesehenes Ereigniß von großer Bedeutung das Gemüth der Versammelten und des Redners wirklich stark erregt ist, dann kann es natürlich sein, daß diese Erregtheit schon im Anfange der Rede, ohne durch etwas anderes vorbereitet zu sein, sich in starkem Pathos kundgibt. Aber solche Fälle pflegen ja in der gewöhnlichen Verkündigung des Wortes Gottes kaum vorzukommen. St. Augustin drückt sich darum in der That sehr bescheiden aus, wenn er lehrt, „auch bei pathetischen Predigten müsse der Eingang immer, oder doch fast immer, ruhig und von starkem Gefühle frei sein"[2]. Ein Beispiel eines gewaltsam-pathetischen Einganges haben Sie in Segneris 33. Fastenpredigt (unten Nr. IV). An und für sich betrachtet ist der Eingang dieser Predigt ein Muster hoher Beredsamkeit; er mochte auch einem Meister wie Segneri recht gut stehen und auf italienische Zuhörer im 17. Jahrhundert ganz vortheilhaft wirken; bei alledem thun Sie jedenfalls besser, m. H., wenn Sie das Verfahren Segneris in diesem Eingange als eines jener Stücke betrachten, worin Sie ihm nicht nachzuahmen haben. Sehr verständig weist Ignaz Wurz die unverständigen „Liebhaber der Exordien ex abrupto" zurecht. „Der Prediger hat Zuhörer, die nicht wissen, wovon er reden wird, die sich zu bestimmter Stunde, nicht von ungefähr, sondern aus Vorsatz, ganz ruhig und gelassen in der Kirche einfinden; er hat eine mit reifer Ueberlegung verfertigte Predigt vorzutragen; er besteigt in einer ruhigen Fassung und sittsam die Kanzel; alles ist wie gewöhnlich, keine Umstände ändern sich.... Wie unanständig ist es nun nicht, wenn er plötzlich, ohne Vorbereitung, in die Heftigkeit geräth? Der Zuhörer fragt sich mit Fug: Was ist doch dem Manne begegnet? Eben noch hat er uns ganz gelassen das Evangelium vorgelesen, und jetzt lärmt oder weint er! Und da er den Ungrund dieser Hitze leicht einsieht, so zieht er den Prediger aus, wie es manchem geschehen ist, der sich die Aufmerksamkeit lieber durch Ungereimtheiten als durch die wahren Mittel der Beredsamkeit hat verschaffen wollen."[3]

420. Hugo Blair bemerkt sehr mit Recht, daß man oft große Mühe hat, einen guten Eingang zu arbeiten, und daß selten ein anderer Theil des Vortrags dem Verfasser soviel Beschwerde macht und soviel Sorgfalt in Anspruch nimmt wie dieser[4]. Vor allem ist man oft in Verlegenheit, woher man die Gedanken für den Eingang nehmen soll. Halten Sie zunächst das fest, was ich vorher gesagt habe, daß nämlich im Eingange immer der besondere Zweck der Predigt und der Centralgedanke oder der Hauptsatz den Zuhörern vorzulegen sei. Das sind freilich an sich nur erst rein didaktische

---

[1] Exordium *vehemens* sive *ex abrupto*.

[2] Nam et in grandi genere semper aut paene semper temperata decet esse principia (*Aug.*, De doctr. christ. 4, c. 23, n. 52). — Nihil est denique in natura rerum omnium, quod se universum profundat, et quod totum repente evolet: sic omnia quae fiunt quaeque aguntur acerrime, lenioribus principiis natura ipsa praetexuit (*Cic.* l. c. 2, c. 78, n. 317).

[3] Wurz, Anleitung zur geistl. Beredsamkeit I, 275. [4] *Blair* l. c. lect. 31.

Elemente, und wenn man bloß diese ganz trocken und einfach darstellte, so würde der Eingang einem wesentlichen Theile seiner Aufgabe, die Zuhörer anzuziehen und günstig zu stimmen, nur selten entsprechen. Damit derselbe auch hierzu geeignet sei, werden Sie in vielen Fällen aus den Gründen, welche Sie für Ihren Zweck, zur Ausführung des Centralgedankens, gesammelt haben, den einen und andern Gedanken benutzen können, namentlich solche Gedanken, die ihrer Natur nach dazu angethan sind, auf das Gefühl zu wirken[1]. (Ein Beispiel s. unten Nr. V.)

Je nach den Umständen können Sie auch die hohe Bedeutung des Gegenstandes hervorheben (nur nicht fast jedesmal) oder irgend eine besondere Eigenthümlichkeit desselben; oder wie vortheilhaft, oder wie wichtig es sei, daß die Wahrheit, um die es sich handelt, beherzigt und geübt werde; oder daß die Ansichten darüber sehr mannigfaltig, die Anschauungen unbestimmt und oft irrthümlich seien; oder daß viele nicht recht daran glauben, oder im Leben die Grundsätze beiseite setzen, welche sich daraus ergeben; oder daß es der Eigenliebe und der verderbten Natur große Mühe koste, sie zu befolgen u. s. w.[2] Mitunter kann man von einem allgemeinern, generischen Gedanken *(a genere)* ausgehen, wie etwa in einer Predigt über das Fasten von der Abtödtung. (Ein Beispiel s. unten Nr. VI.)

Bei Eingängen dieser Art, welche die Rhetorik „Eingänge aus der Sache selbst" *(ex visceribus causae)* zu nennen pflegt, muß man übrigens darauf bedacht sein, daß man nicht die Wirksamkeit eines an sich werthvollen Grundes oder Gedankens vermindere, indem man ihn schon im Eingange verbrauche. Es gibt Gedanken von Bedeutung, die aber ihre volle Wirkung nur dann thun, wenn sie an der rechten Stelle ausgesprochen werden; es gibt starke Gründe, die aber, wenn sie gebührenden Eindruck machen sollen, einer eingehendern Entwicklung bedürfen, als im Eingange möglich ist. Solche Gedanken und Gründe schon im Eingange zu benutzen, ist darum offenbar unzweckmäßig. (Vgl. die Bemerkung Ciceros am Ende der vorletzten Note.)

Eine zweite Klasse von Eingängen, welche die Rhetorik zu nennen pflegt, ist in der vorhergehenden eigentlich schon enthalten, und ich habe Sie auf

---

[1] Haec (principia) autem in dicendo non extrinsecus alicunde quaerenda, sed *ex ipsis visceribus causae* sumenda sunt. Idcirco tota causa pertentata atque perspecta, locis omnibus inventis atque instructis, considerandum est, quo principio sit utendum. Sic et facile reperietur. Sumentur enim ex iis rebus, quae erunt uberrimae vel in argumentis vel in iis partibus, ad quas dixi degredi saepe oportere. Ita et momenti aliquid afferent, cum erunt paene ex intima defensione deprompta, et apparebit ea non modo non esse communia, nec in alias causas posse transferri, sed *penitus ex ea causa quae tum agatur*, effloruisse. . . . Maxima autem copia principiorum ad iudicem aut alliciendum, aut incitandum, ex iis locis trahitur, qui *ad motus animorum* conficiendos inerunt in causa; quos tamen totos in principio explicari non oportebit, sed tantum impelli primo iudicem leviter, ut iam inclinato reliqua incumbat oratio (*Cic.* l. c. 2, c. 79, n. 318. 319. 324).

[2] Verum quoniam non est satis, demonstrare discentibus, quae sint in ratione prooemii, sed dicendum etiam, quomodo perfici facillime possint: hoc adiicio, ut dicturus intueatur, *quid, apud quem, pro quo, contra quem, quo tempore, quo loco, quo rerum statu, qua vulgi fama dicendum sit; quid iudicem sentire credibile sit antequam incipimus*; tum *quid desideremus* aut deprecemur. Ipsa illum natura eo ducet, ut sciat, quid primum dicendum sit (*Quint.* l. c. 4, c. 1).

dieselben überdies bereits im vorhergehenden Abschnitt (S. 329) aufmerksam gemacht: es sind diejenigen, in welchen man von einer Sentenz, von einem Gleichniß, von einem historischen Zuge oder überhaupt von der Darstellung einer bedeutendern thatsächlichen Erscheinung ausgeht; allgemeiner, in benen man eines jener Elemente verwerthet, welche zunächst geeignet sind, die Rede anziehend und interessant zu machen. Weil die Alten die Elemente dieser Art *illustrationes* nannten, darum heißen solche Eingänge *ab illustratione*. Wenn dieselben gut sind, dann werden sie immer zugleich „aus der Sache selbst" sein; darum sagte ich eben, diese zweite Klasse sei in der ersten eigentlich schon enthalten. Beispiele kommen namentlich bei Segneri häufig vor; nur sind die Züge, deren er sich bedient, mitunter für die Verkündigung des Wortes Gottes unpassend. Einen Eingang, der von einer Sentenz ausgeht, enthält Bossuets vierte Predigt auf Allerheiligen. (Zwei Beispiele s. Bd. I, S. 189 u. 547.)

Drittens sind noch die Eingänge „aus den Umständen" *(ab adiunctis)* zu erwähnen, welche indes in geistlichen Vorträgen weniger häufig zur Anwendung kommen können als in der profanen Rede. Wenn nämlich in der Zeit, in dem Tage, an welchem, oder in dem Orte, wo die Predigt gehalten wird, etwas Besonderes, Außergewöhnliches, Bedeutendes liegt, das mit dem Gegenstande der Predigt in Beziehung steht, dann ist es natürlich, wenn man solche Umstände im Eingange berücksichtigt und hervorhebt. In der Advent- und Fastenzeit, an den höhern Festen des kirchlichen Jahres und bei den sogen. Gelegenheitspredigten kann man sich mitunter eines Einganges dieser Art bedienen, aber man muß babei Sorge tragen, daß man weder übertreibe noch Gedanken vorbringe, die schon sehr verbraucht sind. Der Anfang „Wir feiern heute das Fest . . ." ist sehr bequem, aber das ist auch sein ganzer Werth. (Ein Beispiel s. unten Nr. VII.)

Woher Sie aber auch Ihren Eingang nehmen, Sie müssen immer nur solche Gedanken dazu verwerthen, daß derselbe dem Inhalt und dem besondern Zweck Ihrer Predigt nicht bloß vollkommen entspricht, sondern mit dem Ganzen innig verwachsen erscheint und, soweit sich das erreichen läßt, nur eben für diese Predigt paßt und für keine andere. Nicht in einer bloß äußerlichen, mechanischen Verbindung soll der Eingang mit dem übrigen Vortrage stehen, sondern in natürlichem, organischem Zusammenhange, wie ein Glied mit dem Leibe, wie ein Ast mit dem Baume[1]. Fehlt dieser Zusammenhang (exordium *separatum*) oder enthält der Eingang nur Gedanken, welche sich mit jedem andern Thema in Verbindung bringen lassen (exordium *vulgare*), so entspricht er seinem Zwecke nicht und ist darum fehlerhaft. Man verfällt in diesen letzten Fehler leicht, wenn man von einem sehr allgemeinen Gedanken ausgeht oder von einem solchen, der weit hergeholt ist und mit dem eigentlichen Inhalte der Predigt, wenn auch in wirklicher, doch in sehr entfernter Verbindung steht.

---

[1] Connexum autem ita sit principium consequenti orationi, ut non tamquam citharoedi prooemium affictum aliquod, sed cohaerens cum omni corpore membrum esse videatur. Nam nonnulli, cum illud meditati ediderunt, sic ad reliqua transeunt, ut audientiam sibi fieri nolle videantur. Atque eiusmodi illa prolusio debet esse, non ut Samnitum, qui vibrant hastas ante pugnam, quibus in pugnando nihil utuntur: sed ut ipsis sententiis, quibus proluserunt, vel pugnare possint (*Cic.* l. c. 2, c. 80, n. 325).

Gemeinplätze dieser Art sind z. B. das allen Menschen unaustilgbar anerschaffene Streben, glücklich zu sein, oder der Werth der Tugend, oder die Lehre von der ersten Sünde und dem Falle der ganzen Menschheit. „Er beginnt", sagt Horaz rühmend von Homer, bald nach der vor kurzem angeführten Stelle,

„er beginnt die Wiederkehr
des Diomedes nicht von Meleagers Tod,
noch den trojanischen Krieg von Ledas Eiern.
Stets eilt er, ohne Hast, zum Ende fort,
stürzt seinen Hörer mitten in die Sachen,
als wären sie ihm schon bekannt, hinein."[1]

Als fehlerhaft in dem in Rede stehenden Sinne bezeichnet Hugo Blair die bekannten Einleitungen, mit welchen Sallust seine zwei historischen Schriften, über die Verschwörung des Catilina und über den Krieg mit Jugurtha, beginnt. Beide, sagt er, könnten ebensogut vor jeder andern Geschichte stehen[2].

421. Wenn übrigens, wie ich sagte, der Eingang mit dem ganzen Vortrage zu einem organischen Ganzen verwachsen, nicht bloß äußerlich an denselben angeleimt sein soll, so bitte ich Sie, m. H., dies nicht so zu verstehen, als ob es ein Vorzug wäre, wenn Sie den Eingang und die Ausführung in der Weise miteinander verbinden würden, daß die Zuhörer gar nicht merken können, wo der Eingang beendigt ist und die Ausführung anfängt. Quintilian nennt ein solches Verfahren eine kindische, schülerhafte Gaukelei und erklärt dasselbe für sehr unzweckmäßig[3]. Und das ist es wirklich in der geistlichen Beredsamkeit, als deren nothwendigster Vorzug die Popularität gelten muß, noch mehr als in der profanen. Denn wenn die Zuhörer den Vortrag „sehr leicht" verstehen sollen, dann muß der Priester ja alles thun, damit es ihnen nicht entgehen könne, worauf er es abgesehen habe bei dem, was er eben sagt; das letztere finden sie aber äußerst schwer, oder vielmehr es muß ihnen entgehen, wenn sie nicht wissen, ob der Eingang noch fortdauert oder die Ausführung und damit die Begründung des Centralgedankens bereits begonnen hat.

Es ist darum gut, daß man nach Beendigung des Einganges eine kurze Pause mache, oder daß man sich daran gewöhne, den Eingang

---

[1] Nec reditum Diomedis ab interitu Meleagri,
Nec gemino bellum Troianum orditur ab ovo.
Semper ad eventum festinat, et in medias res
Non secus ac notas auditorem rapit ...
Horat. l. c. v. 146 sqq.

[2] *Blair* l. c. lect. 31.

[3] Quoties autem prooemio fuerimus usi, tum, sive ad expositionem transibimus sive protinus ad probationem, id debebit in principio postremum esse, cui commodissime iungi initium consequentium possit. Illa vero frigida et puerilis est in scholis affectatio, ut ipse transitus efficiat aliquam utique sententiam, et huius velut praestigiae plausum petat: ut Ovidius lascivire in Metamorphosi solet, quem tamen excusare necessitas potest, res diversissimas in speciem unius corporis colligentem. Oratori vero quid est necesse, surripere hanc transgressionem, et iudicem fallere, qui ut ordini rerum animum intendat, etiam commonendus est? Peribit enim prima pars expositionis, si iudex narrari nondum sciet. Quapropter, ut non abrupte cadere in narrationem, ita non obscure transcendere, est optimum (*Quint.* l. c. 4, c. 1 vers. fin.).

mit einer Formel abzuschließen, an welcher die Leute erkennen, daß derselbe beendigt ist, wie etwa: „Möge der Heilige Geist uns dabei mit seiner Gnade helfen", oder: „Laßt uns fortfahren, indem wir den Herrn um seinen Beistand bitten", oder: „Unter Anrufung der heiligsten Namen Jesus und Maria". Die Formel „Alles zu größerer Ehre Gottes" scheint mir dagegen an dieser Stelle sehr wenig passend, und „auch das Gewöhnliche ‚Ich bitte um Aufmerksamkeit und Geduld' ist eine längst abgenutzte und größtentheils vergebliche Bitte"[1]. Unübertrefflich natürlich finde ich das *Incominciamo* („Laßt uns anfangen") der italienischen Prediger; in demselben Maße unnatürlich aber erscheint, wenigstens in den meisten Fällen, am Schlusse des Einganges ein eigentliches Gebet (bei manchen regelmäßig mit „Du aber" beginnend), in welchem der Priester sich direct an Gott den Herrn oder an einen Heiligen wendet mit der Bitte, daß seine Worte fruchtbar und gesegnet sein mögen. Denn die Figur der Apostrophe, in welcher diese Gebete auftreten, ist viel zu stark pathetisch, setzt viel zu große Erregtheit des Gefühls voraus, als daß sie schon an der Stelle sein könnte, nachdem man kaum angefangen hat zu reden. Ich zweifle sehr, m. H., ob auch nur einer unter Ihnen ist, der bei einer solchen Apostrophe je andächtig mitgefühlt und mitgebetet hätte; auf naturwüchsige Gemüther wirkt eine erkünstelte Wärme dieser Art immer abkühlend und „unerquicklich wie der Nebelwind, der herbstlich durch die dürren Blätter säuselt". Beten Sie für sich allein oft und mit Inbrunst um den Segen Gottes für all Ihr Wirken; beten Sie viel, so oft Sie an einer Predigt arbeiten; ermahnen Sie häufig Ihre Gemeinde, sich der Gnade Gottes durch eifriges Gebet zu versichern; beten Sie langsam, mit Ernst und Andacht, das „Vaterunser", das man ja meistens der Predigt vorausgehen läßt; aber lassen Sie die „Invocatio" der Poetik den epischen Dichtern und folgen Sie nicht dem schlechten Geschmacke, der sie in die geistliche Beredsamkeit herübergeschleppt hat, mag sich derselbe auch durch das Beispiel sonst sehr guter Prediger zu rechtfertigen scheinen.

422. In dem innigsten Zusammenhange mit allen Vorschriften, die ich Ihnen über den Eingang gegeben habe, steht eine Anweisung, welche in voller Uebereinstimmung Cicero und Quintilian aufstellen, daß man nämlich um den Eingang der Rede erst dann besorgt sein und ihn erst dann entwerfen solle, wenn man den Inhalt der letztern, allen wesentlichen Punkten nach, schon vollständig bestimmt hat[2]. Wenn Sie in der entgegengesetzten Weise verfahren und den Eingang arbeiten, bevor Sie den besondern Zweck Ihrer Predigt, den Centralgedanken, die Gründe und die wesentlichen Elemente für die Entwicklung der letztern festgesetzt haben, so werden Sie fast immer entweder im Eingange einen nichtssagenden Gemeinplatz behandeln oder sich genöthigt sehen, die ganze Predigt dem bereits fertigen Eingange anzupassen, während doch der Eingang um der Predigt willen da

---

[1] Jais, Bemerkungen über die Seelsorge S. 70. — Das *benevolum et attentum facere* auditorem ist von Cicero und Quintilian sicher nicht in diesem Sinne gemeint.

[2] Hisce omnibus consideratis, tum denique id quod primum est dicendum, postremum soleo cogitare, quo utar exordio. Nam si quando id primum invenire volui, nullum mihi occurrit nisi aut exile, aut nugatorium, aut vulgare atque commune (*Cic.* l. c. 2, c. 77, n. 315. Man vergleiche oben S. 428, Note 1, und *Quint.* l. c. 3, c. 9).

ist, somit nach dieser sich bestimmen sollte. Damit soll aber nicht gesagt sein, setzt Quintilian hinzu, als ob man die ganze Rede auch zuerst schreiben sollte und danach erst den Eingang; denn geschrieben werden soll die Rede allerdings in jener Folge, in welcher sie vorzutragen ist [1].

Endlich ist noch eine Regel für den Eingang übrig, die wir am wenigsten übergehen dürfen: der Eingang soll kurz sein. Um genau zu reden, sollten wir eigentlich sagen: der Eingang soll, was seine Ausdehnung betrifft, zur Dauer des Vortrags und seinem ganzen Inhalte in angemessenem Verhältnisse stehen [2]. Aber die erste Fassung ist zweckmäßiger. Denn einerseits soll ja, wie wir früher gesagt haben, überhaupt der gesamte geistliche Vortrag kurz sein; andererseits wird in diesem Punkte ohne Zweifel am meisten dadurch gefehlt, daß man zu lange Eingänge macht, weil es eben schwerer ist, alles, was man sollte, in einem kurzen Eingange zu leisten.

Vielleicht aber liegt ein Grund, weshalb dieser Fehler so häufig ist, auch in der Menge der Vorschriften, welche die Rhetorik gerade für den Eingang aufzustellen pflegt. Man folgt in diesem Stücke dem Vorgange der alten Rhetoren; aber es ist mir mitunter vorgekommen, als ob die geistliche Beredsamkeit nicht nöthig hätte, alle jene Dinge mit Sorgfalt hervorzuheben, welche das Alterthum, nur die profane Kunst im Auge habend, freilich aus guten Gründen berücksichtigte. Ich habe mich dessenungeachtet bemüht, von den einmal üblichen keine Bemerkung, die mir Werth zu haben schien, zu übergehen. Es schadet sicher nicht, daß Sie dieselben insgesamt kennen; sich nicht mit übergroßer Aengstlichkeit um jeden Preis und unter allen Umständen an jede kleine Regel zu binden, das wird Sie der Ernst der Wirklichkeit und die Noth des Lebens ohnedies bald genug lehren. Und wenn Sie für diese Noth Verständniß und ein Herz haben, dann werden Sie schwerlich darauf ausgehen, aus bloßer Parademacherei im Eingange Ihrer Vorträge allerlei Ueberflüssiges zusammenzutragen und denselben dadurch länger werden zu lassen, als recht ist.

423. Das dritte wesentliche Stück der Predigt, die Peroration, habe ich im vorhergehenden Abschnitte (Nr. 391) bereits ziemlich eingehend behandelt. Es genügt darum, wenn ich die Anweisungen, die ich Ihnen dort gegeben, hier in Rücksicht auf die paregoretische Predigt durch wenige Gedanken ergänze.

Die zwei Elemente, aus denen sich die Peroration in der didaskalischen Predigt zusammensetzt, das didaktische und das affective, lassen sich oft recht gut auch in paregoretischen Vorträgen anwenden; sehr häufig indes kann das

---

[1] Neque ideo tamen eos probaverim, qui scribendum quoque prooemium novissime putant. Nam ut conferri materiam omnem oportet, et quid quoque loco sit opus constare debet, antequam dicere aut scribere ordiamur: ita incipiendum ab iis quae prima sunt. Nam nec pingere quisquam aut fingere coepit a pedibus; nec denique ars ulla consummatur ibi, unde ordiendum est. Quid fiet alioqui, si spatium componendi orationem stilo non fuerit? nonne nos haec inversa consuetudo deceperit? Inspicienda igitur materia est, quo praecepimus ordine; scribenda, quo dicemus (*Quint.* l. c. 3, c. 9 extr.).

[2] Modus autem principii, pro causa. Nam brevius simplices, longius perplexae suspectaeque et infames desiderant. Ridendi vero, qui velut leges prooemiis omnibus dederunt, ut intra quattuor sensus terminarentur. Nec minus evitanda est immodica eius longitudo, ne in caput excrevisse videatur, et quo praeparare debet, fatiget (ibid. 4, c. 1).

erste, die Recapitulation, wegfallen, so daß der Charakter der Peroration ausschließlich affectiv bleibt. Um entsprechend auf die Gemüther wirken zu können, werden Sie allerdings immer einen oder mehrere Hauptgedanken Ihrer Predigt oder solche, die mit diesen nahe verwandt sind, wiederholen müssen; allein es ist keineswegs nothwendig und oft nicht einmal zweckmäßig, daß diese Wiederholung, wie in didaskalischen Vorträgen, um ihrer selbst willen angestellt werde, d. h. um den Zuhörern das Festhalten der vorgetragenen Lehren zu erleichtern, sondern man wiederholt jene Hauptgedanken nur insofern, als dieselben geeignet sind, das Gefühl mächtig und nachhaltig zu ergreifen.

Ein besonders wirksames Mittel, der Gemüthsbewegung einen hohen Grad von Entschiedenheit und Stärke zu geben, haben wir im siebenten Abschnitt kennen gelernt: ich meine die Mischung verschiedenartiger Gefühle (vgl. Bd. I, Nr. 205). Wie ich Ihnen schon damals sagte, eignet sich dieses Mittel ganz vorzugsweise für die Peroration, und es läßt sich, der Natur der Sache nach, auch an keiner Stelle des Vortrags so leicht anwenden wie eben hier.

Je mehr hiernach, wenn die Recapitulation wegfällt, die Peroration nur mehr einem Zwecke dient, desto geeigneter wird sie offenbar, diesen zu verwirklichen; aber um so eifriger sollte man auch diese Stelle, das Ende des ganzen Vortrags, mit aller Sorgfalt benutzen. Ich habe in einem frühern Abschnitt erwähnt, daß zu Athen das Gesetz den Rednern nicht gestattete, in gerichtlichen und politischen Verhandlungen sich des Pathos zu bedienen; es war vorzugsweise die Peroration, welche infolge dieser sehr verständigen Bestimmung wegfiel, wie es Quintilian insbesondere in Rücksicht auf Demosthenes bemerkt[1]. Kann die Rücksicht, welche dieser Einrichtung zu Grunde lag, wie wir uns früher überzeugt haben, auf die geistliche Beredsamkeit keine Anwendung finden, dann liegt in der angeführten Thatsache ohne Zweifel ein schlagender Beweis, wie unverständig Sie handeln würden, wenn Sie die Peroration vernachlässigten. Dieselbe ist, wie Sulzer sagt, eigentlich dasjenige, um besscntwillen die ganze Rede gemacht worden; ohne sie ist die Rede wie ein dialektischer Schluß, welchem der Nachsatz fehlt.

Zuletzt will ich Sie nochmals darauf aufmerksam machen, daß Stellen der Heiligen Schrift sich vor allem in paregoretischen Vorträgen für die Peroration besonders vortheilhaft verwerthen lassen: bald, indem man eine kurze, gehaltvolle Stelle, einen oder zwei Verse, entwickelt oder sie wie eine Sentenz behandelt und nach Weise der Figur der *repetitio sententiarum* mehrfach wiederholt, in andern Fällen, indem man eine längere zusammenhängende Stelle, z. B. einen Psalm, eine Ermahnung aus den Reden des Herrn oder den Briefen der Apostel, oratorisch und mit Wärme ausführt. Mehr als eine weitere Auseinandersetzung werden Beispiele dienen, das, was ich sage, Ihnen klar zu machen. (S. unten Nr. VIII. IX. X. XI. XII.)

---

[1] Et fortasse epilogos illi mos civitatis abstulerit ... (*Quint.* 1 c. 10, c. 1; cf. 6, c. 1 post init.).

Zweites Kapitel.
Die panegyrische Predigt.

424. Die Ausgaben der Werke französischer Prediger pflegen einen Band zu haben oder zwei, welche den besondern Titel *Mystères* führen, und einen oder zwei andere mit dem Titel *Panégyriques*; unter dem ersten Namen bringen sie die Predigten für die Feste des Herrn und der heiligen Jungfrau, unter dem zweiten die Predigten für die Feste der Heiligen. Jene hat man deutsch „Geheimniß=Predigten" genannt, diese „Lobreden" oder „panegyrische Predigten". In diesem letzten Ausdrucke indes erscheint das Wort „panegyrisch" auf einen engern Sinn eingeschränkt, als es bei den Alten hatte. Ich habe Ihnen die Erklärung bereits im zweiten Abschnitt gegeben; von dem Worte πανήγυρις, welches eine Versammlung des Volkes, namentlich zu einer Festfeier, bedeutet, nannte man im Alterthum „panegyrische Reden" die oratorischen Vorträge, welche bei solchen Veranlassungen, dem Geiste der Feier entsprechend und um diese zu erhöhen, gehalten wurden: eine panegyrische Rede ist genau eine „Festrede". Es liegt, scheint mir, kein Grund vor, diese volle Bedeutung des Wortes fallen zu lassen und durch dasselbe nur den Begriff „Lobrede" auszudrücken, um so mehr, da man diesen letztern Ausdruck, wenigstens für die geistliche Beredsamkeit, doch kaum als einen gelungenen betrachten kann, und andererseits der Name „Geheimnißpredigt" sich ebensowenig besonders empfiehlt. Das Wort „Geheimniß" steht nämlich in diesem Namen in einem ganz andern Sinne, als es sonst in unserer Sprache hat; es bezeichnet in demselben nicht eine der natürlichen Einsicht unbegreifliche religiöse Wahrheit, sondern es wird in jener Bedeutung genommen, in welcher es die Ascetik gebraucht, da sie unter der Ueberschrift „Die Geheimnisse des Lebens Christi unseres Herrn"[1] alle bedeutendern Thatsachen aus dem irdischen Leben des Erlösers, von der Menschwerdung bis zur Himmelfahrt, als Gegenstände der Betrachtung aufführt.

Aus dieser Rücksicht ziehe ich es vor, das Wort „panegyrisch" in seiner ursprünglichen Bedeutung festzuhalten. Wir verstehen also unter dem Namen **panegyrische Predigten**, um es nochmals auszusprechen, jene **geistlichen Vorträge, welche an den Festen des Herrn und der heiligen Jungfrau oder an den Festen der Heiligen zur Förderung der Feier und dem Geiste und dem Zwecke derselben entsprechend gehalten werden.** Wir wollen zuerst von den Predigten an den Festen des Herrn und der heiligen Jungfrau handeln, dann von den Predigten an den Festen der Heiligen.

Aber vielleicht fragen Sie mich, warum ich die panegyrischen Predigten, das Wort in diesem Sinne gefaßt, gerade der paregoretischen Beredsamkeit zuweise. Kann man dem Geiste eines Festes nicht auch durch eine didaskalische Predigt entsprechen? Mitunter kann man das allerdings, namentlich dann, wenn ein didaskalischer Vortrag sich den Bedürfnissen der Zuhörer gegenüber,

---

[1] *Mysteria vitae Christi Domini nostri.* Exerc. spir. S. Ignatii (ed. *Roothaan*) p. 127.

insofern dieselben ungenügend unterrichtet sind, als zweckmäßiger darstellt. Aber normale Verhältnisse vorausgesetzt, sind doch die Festpredigten vorwiegend **paregoretischer** Natur, oder sie sollten es wenigstens sein. Wo noch Religiosität und lebendiges Christenthum herrscht, da erzeugen sich an Tagen wie Weihnachten, Ostern, Pfingsten, das Fest der Himmelfahrt des Herrn oder der heiligen Jungfrau, wie von selbst, schon vor der Predigt und ganz unabhängig von derselben religiöse Gefühle, wie sie dem Gegenstande der Feier entsprechen, in den Herzen der Christen, und diese bringen bereits eine festliche, gehobene Stimmung mit sich, wenn sie in der Kirche erscheinen. Gefühle dieser Art sind aber einem eigentlichen Unterricht, wie ihn doch die didaskalische Predigt fordert, keineswegs besonders günstig, während sie hingegen für die Aufgabe eines paregoretischen Vortrags, vorausgesetzt, daß derselbe ein richtig gewähltes Thema behandelt, eine äußerst vortheilhafte Vorbereitung bilden (vgl. Bd. I, Nr. 171). Dazu kommt andererseits, daß die religiösen Wahrheiten, welche an den Festen des kirchlichen Jahres, namentlich an den vorzüglichern, dem Geiste derselben entsprechend sich zur Behandlung empfehlen, insgesamt von der Art sind, daß sie sich vorzugsweise gerade für eine paregoretische Ausführung eignen. In der That gehören alle klassischen Muster von Predigten für die Festtage, soweit ich sie kenne, der paregoretischen Richtung an.

§ 1.
Panegyrische Predigten an den Festen des Herrn und der heiligen Jungfrau.

425. Um das rechte Thema und die Gedanken für eine Predigt dieser Art zu finden, müssen Sie klar und bestimmt den Geist des Festes aufzufassen suchen, um das es sich handelt, d. h. Sie müssen festzustellen suchen, nicht nur, welche besondere Thatsache die Kirche an demselben feiert, sondern auch, was für religiöse Gefühle und welche besondern Gesinnungen sie durch die Feier in den Christen zu wecken oder zu erneuern beabsichtigt, sowie was für ethische Momente und was für Anweisungen für das Leben in der Feier und ihrem Gegenstande liegen. Den rechten Aufschluß über alles dieses werden Sie erhalten, wenn Sie einerseits die Abschnitte der Heiligen Schrift studiren und erwägen, in denen die Thatsache, um die es sich handelt, erzählt, und überdies diejenigen, in welchen sie vorhergesagt oder typisch vorgebildet wird; andererseits die liturgischen Formularien genau ins Auge fassen, welche die Kirche, im Meßbuch und im Brevier, für das jeweilige Fest vorgeschrieben hat. Gute ascetische Werke, wie die Betrachtungen von Ludwig de Ponte, werden Ihnen nicht selten die Arbeit erleichtern, ebenso liturgische Schriften, welche den Geist der einzelnen Feste treu darstellen[1].

Hiernach müssen Sie dann in ähnlicher Weise, wie ich es Ihnen früher in Rücksicht auf die paränetischen Predigten der ersten Klasse angegeben habe (Nr. 403—405), den Hauptsatz, den besondern Zweck und den Centralgedanken Ihrer Predigt feststellen. Damit Sie sich von diesen Elementen, wie sie für panegyrische Predigten an den Festen des Herrn ge-

---
[1] Das Kirchenjahr, von Prosper Guéranger. Autorisirte Uebersetzung. Mainz, Kirchheim, 1875 ff.

eignet sind, leichter einen Begriff bilden, will ich Ihnen einige hierher gehörende Hauptsätze vorführen. Ich entnehme dieselben den Predigten von Bossuet, Bourdaloue und Mac Carthy, weil sie diejenigen sind, welche auf diesem Gebiete das Beste geleistet haben. Nur dürfen Sie nicht glauben, m. H., als ob auch das zum Wesen der Sache gehörte, daß sich der Hauptsatz, wie es in den anzuführenden Beispielen regelmäßig der Fall ist, aus zwei oder drei Gedanken zusammensetze. Der Hauptsatz einer paregoretischen Predigt kann sicher gerade so gut ein einfacher Satz sein als ein aus zwei oder drei Gedanken zusammengesetzter; ja das erstere ist sogar besser, schon darum, weil es sonst gar zu leicht geschieht, daß die für die geistlichen Vorträge so wesentliche Eigenschaft der Kürze verloren geht. Die Predigten der Genannten, aus denen ich die Hauptsätze anzuführen im Begriffe stehe, sind sicher viel zu lang.

Weihnachten. „Das Zeichen, woran die Hirten den Erlöser erkennen sollten[1], ist überaus geeignet, den neugebornen Erlöser zu charakterisiren und auszudrücken, wozu er geboren sei; dasselbe ist andererseits überaus geeignet, in dem Herzen der Menschen jene Wirkungen hervorzubringen, um derentwillen der Erlöser geboren ist." (Bourdaloue.)

Erscheinung des Herrn. „In den drei Weisen aus dem Morgenlande zeigt Gott uns das Muster der christlichen Weisheit, welche Gott sucht; in Herodes tritt uns die Verkehrtheit der falschen Weisheit der Welt entgegen, und das Verderben, in welches dieselbe stürzt." (Bourdaloue.)

Mariä Reinigung[2]. „Das sichere Los alles dessen, was sich hartnäckig Jesu Christo widersetzt, ist der Untergang; die zuversichtliche Bestimmung alles dessen hingegen, was unter seiner Fahne kämpft, ist der Sieg."[3] (Mac Carthy.)

Ostern. „Um mit Jesus Christus, der von den Todten auferstanden ist, eines neuen Lebens theilhaftig zu sein (Röm. 6, 4), müssen wir in uns die Sünde zerstören und dadurch die Gnade Gottes besitzen, müssen wir unsere verkehrten Neigungen überwinden und deshalb beständig kämpfen, müssen wir endlich unsern Leib ehren als einen Tempel des Heiligen Geistes und dadurch uns der glorreichen Auferstehung würdig machen." (Bossuet.)

Christi Himmelfahrt. „Wenn wir derselben Herrlichkeit wie Jesus Christus theilhaftig werden wollen, so müssen wir dieselbe verdienen wie er, und wenn wir sie wie er verdienen wollen, so müssen wir leiden wie er." (Bourdaloue.)

Pfingsten. „Der Heilige Geist erleuchtet uns und lehrt uns alle Wahrheit; er zerstört in uns, indem er sich mit uns vereinigt, alles Sündhafte und Irdische und heiligt uns; er gibt uns Muth und übernatürliche Kraft, für Gott alles zu vollbringen und alles zu ertragen." (Bourdaloue.)

Kreuz-Erhöhung. „In dem Kreuze Jesu Christi offenbart sich in der glänzendsten Weise sowohl die Macht Gottes als seine Barmherzigkeit." (Bossuet.)

---

[1] „Das soll euch als Zeichen dienen: ihr werdet finden ein Kind in Windeln gewickelt und liegend in einer Krippe" (Luc. 2, 12).

[2] Dieser Tag gehört so gut zu den Festen des Herrn wie zu denen der heiligen Jungfrau.

[3] „Dieser ist gesetzt zum Falle und zur Auferstehung für viele" (Luc. 2, 34).

Ueber die weitere Einrichtung der in Rede stehenden Festpredigten ist dem, was ich in dem vorigen Kapitel in Rücksicht auf die paränetische Predigt gesagt habe, kaum noch etwas hinzuzusetzen. Daß bei denselben vorzugsweise der „feierliche" Eingang (S. 425) an der Stelle sein kann, ist von selbst klar. Einfache Hauptsätze, ich sage es nochmals, verdienen vor zusammengesetzten im allgemeinen den Vorzug. Die Gründe müssen nach den früher gegebenen Grundsätzen gewählt und geordnet, mit Klarheit und Wärme sowohl als mit unausgesetzter Rücksicht auf das Leben und seine Bedürfnisse ausgeführt werden: der Peroration ist jene Sorgfalt zuzuwenden, welche ihr in jeder Predigt gebührt.

Uebrigens kann mitunter auch eine gut gearbeitete Homilie sehr wohl als Festpredigt dienen. Nicht selten läßt sich dazu das Evangelium, oder die Epistel, oder die Lectionen der ersten Nocturn im Brevier benutzen; in andern Fällen kann man einen dem Feste entsprechenden Psalm zu Grunde legen oder eine andere Stelle aus dem Alten Testament, welche entweder eine Prophetie enthält über den Gegenstand der Feier oder zu demselben in typischer Beziehung steht.

426. Was die panegyrischen Predigten für die Feste der heiligen Jungfrau betrifft, so will ich Ihnen gleichfalls zunächst einige Hauptsätze vorlesen, denen ich nur wenig hinzuzufügen habe.

Fest der unbefleckten Empfängniß. „Maria hat in ihrer unbefleckten Empfängniß über die Sünde vollkommen gesiegt: uns dagegen hat die Sünde in einen sehr traurigen Zustand gebracht; Maria wurde in ihrer Empfängniß durch die Gnade geheiligt: auch uns ist ein großes Glück und eine hohe Würde zu theil geworden, indem in der heiligen Taufe die Gnade uns zu Kindern Gottes machte; Maria ist der Gnade ihrer Empfängniß allzeit treu geblieben: auch wir sind aufs strengste verpflichtet, die Gnade hochzuschätzen und zu hüten, durch welche wir vor Gott alles sind, was wir sind." (Bourdaloue.)

Mariä Reinigung. „Indem Maria dem Gesetze gehorcht und ihren göttlichen Sohn opfert, ist sie uns einerseits das Muster eines demüthigen Gehorsams, der unsern Stolz beschämt, und andererseits das Muster eines heroischen Gehorsams, der unsere Scheu vor Beschwerde und unsere Trägheit verurtheilt." (Bourdaloue.)

Mariä Verkündigung. „Maria wurde die Mutter Gottes einerseits durch die Demuth ihres Herzens und andererseits um der Reinheit ihres Leibes willen." (Bourdaloue.)

Mariä Himmelfahrt. „Maria war groß während ihres Lebens auf Erden durch ein Uebermaß beispielloser Demüthigungen, welche wie ein dichter Schleier ihre Größe vollständig verhüllten; und sie ist groß nach ihrem Tode durch ein Uebermaß fast unbegrenzter Herrlichkeit, welche selbst über ihre Demüthigungen einen unvergänglichen Glanz ausgegossen hat." (Mac Carthy.)

Bourdaloue mag in den Bedürfnissen seines Auditoriums den Grund gesehen haben, der ihn in der Wahl seiner Centralgedanken mit Recht bestimmte; sonst kann man jedenfalls der Ansicht sein, daß einzelne seiner Predigten, wie z. B. die für Weihnachten oder für das Fest der unbefleckten Empfängniß

Mariä, mehr paränetischer Natur als eigentliche panegyrische Festpredigten sind. Nicht als ob ich die angeführten Hauptsätze als für ihre Tage unpassend bezeichnen wollte; aber vor einer Zuhörerschaft wenigstens, die großentheils aus guten Christen bestände, würde ich an den zwei erwähnten Festen im allgemeinen solche Hauptsätze vorziehen, deren Ausführung mehr dazu angethan wäre, Gesinnungen und Gefühle zu fördern, welche der erhebenden Stimmung festlicher Freude näher liegen: also etwa die Liebe und die Barmherzigkeit Gottes den Zuhörern nahezulegen, Bewunderung, Ehrfurcht, Hoffnung, Muth, Vertrauen, Dank, Treue, Verlangen und Sehnsucht nach den unsichtbaren Gütern in ihrer Seele zu wecken. Für das Fest der unbefleckten Empfängniß z. B. würde ein sehr guter Centralgedanke ohne Zweifel dieser sein: „Die unbefleckte Empfängniß Mariä ist für die Jungfrau selbst eine hohe Auszeichnung: aber ihre Ehre ist zugleich die Ehre der ganzen Menschheit, ihr hoher Vorzug ist uns ein Unterpfand großer Hoffnung und süßen Trostes; darum ist ihre unbefleckte Empfängniß für uns ein Grund hoher Freude." [1]

Indem ich aber jene Ansicht ausspreche, muß ich freilich auch das zugeben, einerseits, daß man nicht immer eine Zuhörerschaft haben mag, „die großentheils aus guten Christen", insbesondere aus solchen besteht, welche im religiösen Leben hinlänglich geübt und darum den bezeichneten Gefühlen leicht zugänglich sind; anderseits, daß es nicht immer leicht ist, eine hinreichende Menge von Gedanken zu finden, um solche Hauptsätze auszuführen. Und diese Schwierigkeit macht sich um so mehr fühlbar, je öfter man schon vor derselben Gemeinde, an einem der jährlich sich wiederholenden Feste gepredigt hat. Besonders groß ist sie namentlich an den Festen der heiligen Jungfrau. Um über die Mutter des Herrn wiederholt panegyrische Predigten halten zu können, bedürften wir eines bedeutenden Vorraths historischer Züge, concreter Thatsachen aus ihrem Leben; deren haben wir aber, wie Sie selber wissen, nur äußerst wenige. Selbst Massillon verzweifelte, nach wiederholten erfolglosen Versuchen, an der Möglichkeit, eine panegyrische Predigt im engern Sinne, eine eigentliche „Lobrede", auf die heilige Jungfrau zu stande zu bringen. „Eine Arbeit dieser Art", schrieb er in den letzten Jahren seines Lebens an einen Priester des Oratoriums, „ist nur leicht für Prediger ohne Talent, von denen niemand etwas erwartet, die mit allem zufrieden sind, von nichts eine Ahnung haben, das über ihren Gesichtskreis hinaus liegt, und sich einbilden, sie hätten eine Lobrede gearbeitet, wenn sie eine Anzahl historischer Züge, denen alle Bedeutung abgeht, mit einer noch größern Menge von nichtssagenden Gemeinplätzen zusammengerührt haben." [2] Ich gestehe offen, m. H., daß ich in dieser Beziehung keinen rechten Rath weiß. Benutzen Sie jene Quellen, welche ich Ihnen im zehnten Abschnitt (S. 28) bezeichnet habe, nehmen Sie noch die Predigten für die Feste der heiligen Jungfrau von Bourdaloue und Bossuet hinzu und thun Sie dann, was Ihnen möglich ist.

---

[1] Conceptio tua, Dei genitrix virgo, gaudium annuntiavit universo mundo..., heißt es in einer Antiphon (in 2. Vesp. ad *Magnificat*) in den beiden im Jahre 1863 abrogirten Officien des Festes der unbefleckten Empfängniß.

[2] Aus einem Briefe Massillons vom Jahre 1738 an Renaub, Priester des Oratoriums (bei *Maury*, Essai sur l'éloquence de la chaire I, 273).

Uebrigens genügt freilich eine Predigt von Bourdaloue meistens, um zwei oder auch drei daraus zu arbeiten. Jene für das Fest der unbefleckten Empfängniß z. B., von welcher ich Ihnen vorher den Centralgedanken angegeben habe, füllt in der französischen Ausgabe neunundbreißig Octavseiten, und man würde, um sie vorzutragen, gegen drei Stunden brauchen, wo nicht noch mehr. Dazu kommt noch, daß Bourdaloues Predigten, ganz im Gegensatze zu denen Massillons, in ziemlich gedrängtem Stile geschrieben sind, so daß man vielfach seine Gedanken ausführen und breiter ausdrücken muß, wenn dieselben „für das Volk sehr leicht verständlich", d. h. wenn die Predigt populär werden soll.

§ 2.
Panegyrische Predigten an den Festen der Heiligen.

427. Indem die Kirche uns die Feste der Heiligen feierlich begehen läßt, will sie dadurch, wie Ihnen nicht unbekannt ist, ein Dreifaches erreichen. Sie will uns anleiten, Gott den Herrn, dessen Werk die Heiligen sind, zu verherrlichen und ihm zu danken, daß er sie der Menschheit oder vielmehr seiner Kirche gegeben hat; sie will uns veranlassen, die Heiligen um ihrer Treue gegen Gott und ihrer hohen Verdienste willen zu verehren, uns ihrer Macht bei Gott dem Herrn zu erinnern und sie mit Vertrauen anzurufen, damit wir der Wirkungen ihrer Fürbitte theilhaftig werden; sie will endlich uns auffordern, das leuchtende Beispiel zu beherzigen, das ihr Leben uns bietet, und wie sie „zu kämpfen den guten Kampf", damit auch wir der Krone theilhaftig werden, welche sie sich errungen haben. Diesen dreifachen Zweck zu fördern, ist demnach die Aufgabe der panegyrischen Predigten an den Festen der Heiligen.

428. Die Quellen, aus denen der Stoff für diese Predigten geschöpft wird, sind alle diejenigen, welche wir im elften Abschnitt kennen gelernt haben, insbesondere natürlich die Lebensgeschichte des Heiligen, um den es sich handelt. Brauchbar werden aus der letztern im allgemeinen alle wahren Thatsachen und Züge sein, welche der eben bezeichneten dreifachen Aufgabe der in Rede stehenden Vorträge dienen können.

Der Inhalt oder das Thema der panegyrischen Predigt bestimmt sich eben nach den Thatsachen, welche dem Prediger zu Gebote stehen, sowie zugleich andererseits durch die Rücksicht auf die jeweiligen Umstände, insbesondere auf das Bedürfniß und die Erwartungen der Zuhörerschaft. Man kann allgemein den Charakter des Heiligen darstellen; aber man kann auch eine oder einige Tugenden auswählen, durch welche derselbe sich hervorgethan; man kann die Stellung behandeln, welche er in der Kirche einnahm, und seine Verdienste um die Christenheit; man kann den Weg und die Mittel ins Auge fassen, durch welche er zur Heiligkeit gelangt ist, die Hindernisse berücksichtigen, welche er zu überwinden hatte; man kann nachweisen, wie in seinem Leben die Vorsehung Gottes und die Macht seiner Gnade hervortritt, oder — diese Auffassung ist freilich etwas verbraucht — wie er Gott den Herrn und wie Gott ihn verherrlicht hat.

In Rücksicht auf die Elemente aber, welche man zur Ausführung benutzt, ist eine Bemerkung des Aristoteles auch für die geistliche

Beredsamkeit sehr beachtenswerth. Diese Elemente sollen nämlich soviel als möglich individuell sein, d. h. die Gedanken, welche man vorträgt, sollen sich, soweit es angeht, ausschließlich auf jenen Heiligen beziehen, dem die Predigt gilt, und namentlich die historischen Thatsachen solche sein, die ihm allein eigen und nicht mit andern gemein sind. „Nicht individueller Thatsachen würde ein Redner sich z. B. bedienen, der in Rücksicht auf den Achilles hervorhöbe, daß er ein Mensch, daß er ein Halbgott war oder daß er vor Troja gekämpft. Diese Gedanken würden gerade so gut dienen können, den Diomedes zu verherrlichen, als den Achilles. Individuelle Gründe dagegen liegen in jenen Thatsachen, welche allein den Achilles betreffen: wie, daß er den größten trojanischen Helden, den Hector, erschlagen und Cygnus den Unverwundbaren, der allein die Landung der Griechen unmöglich machte; daß er, obgleich unter den Helden der jüngste und ohne durch einen Eid verpflichtet zu sein, dennoch dem Unternehmen gegen Troja sich anschloß, und andere Züge dieser Art." [1]

Damit soll freilich nicht gesagt sein, als ob die ganze Predigt aus concreten Thatsachen bestehen müßte. Vielmehr ist es unerläßlich, daß man oft, um den Werth und die Bedeutung einer Thatsache oder eines bestimmten, dem Heiligen eigenen Vorzuges darzuthun und den Zuhörern fühlbar zu machen, vom Individuellen auf das Generische zurückgreife. Die Bedeutung einer großen That, der übernatürlich ethische Werth einer Tugend hängt ja an erster Stelle eben von ihrer Natur und ihrem Wesen ab, nicht von jenen Umständen, die von jeder concreten Aeußerung derselben, von jeder Einzelerscheinung unzertrennlich sind; andererseits haben allgemeine Wahrheiten viel weitern Umfang und vollern Inhalt als individuelle Züge und sind darum für oratorische Behandlung weit geeigneter (vgl. Bd. I, Nr. 133).

So hebt z. B. Bossuet an dem hl. Franz von Sales drei Vorzüge hervor: seine Weisheit voll Salbung, seine Mäßigung bei hoher Würde, seine herzgewinnende Sanftmuth in der Leitung der Seelen. Die Ausführung jedes Punktes enthält nothwendig auch die Darstellung und das Lob jener Vorzüge im allgemeinen.

„Der hl. Joseph wurde von Gott hoch geehrt," sagt derselbe, „indem Gott ihm drei werthvolle Kleinobe anvertraute: die gebenedeite Jungfräulichkeit Mariä, die allerheiligste Person seines Sohnes, endlich das Geheimniß der Menschwerdung des Wortes. Der Heilige entsprach dieser hohen Auszeichnung, er hütete dieses dreifache Kleinod durch drei bewunderungswürdige Tugenden: durch engelgleiche Reinheit, durch unerschütterliche Treue, durch die tiefste Demuth und Verborgenheit." In der Ausführung dieses Satzes muß offenbar sowohl der hohe Werth jener drei Pfänder als die Bedeutung der ihnen entsprechenden Tugenden, die letztern überhaupt und an sich betrachtet, entwickelt werden.

Um die Größe des hl. Franz von Assisi in seiner Liebe zur Armut in helles Licht zu setzen, führt abermals Bossuet aus, wie schwer der Natur die Armut ist, welches Heldenmuthes es darum zu einer solchen Liebe bedarf. In ähnlicher Weise verbreitet er sich in der panegyrischen Predigt auf den hl. Franz von Paula über die Nothwendigkeit und die Bedeutung der Buße, in jener

---

[1] *Arist.* l. c. 2, c. 22, n. 12.

auf die hl. Theresia über die großartigen Wirkungen der Liebe zu Gott. Und wieder aus demselben Grunde kommt der hl. Chrysostomus in seiner Predigt über den hl. Philogonius, welcher Bischof war, auf die Arbeiten für das Seelenheil der Mitmenschen und erhebt ihre hohe Verdienstlichkeit und ihre Bedeutung.

Hiernach werden Sie die Anweisung verstehen, um derentwillen ich diese Beispiele angeführt habe. Nicht ungeeignet, dieselbe weiter zu beleuchten, sind einige Gedanken, die sich bei Cicero finden; denn daß es sich in denselben nicht gerade um panegyrische Reden handelt, sondern um Anklage und Vertheidigung vor Gericht, das ändert an dem Wesen der Sache nichts [1].

Daß übrigens ein solches Zurückgehen auf die Gattung, eine solche Entwicklung allgemeiner Gedanken Sie nie berechtigt, in der Darstellung abstract zu werden, das brauche ich nach dem im vierten und fünften Abschnitt Gesagten wohl nicht ausdrücklich zu bemerken. Ebensosehr muß man darauf achten, daß man nicht gar zu weit aushole; daß man auf das Allgemeine nicht weiter eingehe, als es dem Zwecke des Vortrags entspricht und etwa selbst über jenes den besondern Gegenstand, den Heiligen, um den es sich handelt, so gut als aus den Augen verliere. Sonst entsteht eine Rede *de communi Martyrum*, wie man zu sagen pflegt, in welcher man an die Stelle des „N." nur den entsprechenden Namen zu setzen hat, um sie auf jeden beliebigen Heiligen anwenden zu können. „Der gewöhnlichste Fehler dieser panegyrischen Predigten", sagt in dieser Beziehung sehr mit Recht der Cardinal Maury, „ist jene vage Verschwommenheit, jenes deklamatorische Wesen, jener trivial emphatische Ton, jene widerwärtige Verschwendung von Prädicaten und Superlativen, kurz jener Schwall von Gemeinplätzen, die in keiner Weise jemals dazu angethan sind, einen individuellen Charakter zu zeichnen, und darum auch nicht eine bestimmte Person zu verherrlichen. Statt bis auf den Grund seines Themas vorzubringen, bleibt man am Anfange stehen und hält sich an die Oberfläche, an die äußere Gestalt, und indem infolgedessen die meisten panegyrischen Predigten sich lediglich noch durch die Ueberschrift unterscheiden und auf jeden Heiligen der gleichen Ordnung passen, lernt man durch sie keinen einzigen wirklich kennen." [2]

In jenen nicht seltenen Fällen, wo keine verbürgten Thatsachen vorliegen, bleibt indes nichts anderes übrig, als daß man statt des besondern einen dem Charakter des Heiligen oder überhaupt der Feier entsprechenden allgemeinen

---

[1] Nulla denique est causa, in qua id quod in iudicium venit, ex reorum personis, non *generum ipsorum universa disputatione* quaeratur. ... Argumenta et criminum et defensionis revocentur oportet *ad genus et ad naturam universam:* quod sumptuosus, de luxuria; quod alieni appetens, de avaritia; quod seditiosus, de turbulentis et malis civibus; quod a multis arguitur, de genere testium; contraque, quae pro reo dicuntur, omnia necessario a tempore atque homine ad communes rerum et generum summas revolventur. ... Nam etsi incurrunt tempora et personae, tamen intellegendum est, non ex iis, sed *ex genere* quaestionis pendere causas (Cic. l. c. 2, c. 31, n. 134. 135; c. 32, n. 139). — Orator, non ille vulgaris, sed hic excellens, a propriis personis et temporibus semper, si potest, avocat controversiam. Latius enim de genere quam de parte disceptare licet; ut quod in universo sit probatum, id in parte sit probari necesse (Cic., Orat. c. 14, n. 45).

[2] *Maury* l. c. I, 207 s.

Gedanken ausführe. Das Martyrium, das Leiden um Gottes willen, die Treue gegen Gott in standhaftem Bekenntniß des Glaubens, die Selbstverläugnung und der Kampf des Heiles, die Verachtung der Welt, die Bedeutung und die Größe des Priesterthums, die Buße, auch die Verehrung, die Nachfolge, die Herrlichkeit und der Lohn der Heiligen Gottes, das sind in solchen Fällen ganz geeignete Themata. Ein Beispiel eines solchen Vortrags bildet die letzte der panegyrischen Predigten von Massillon, „auf das Fest eines heiligen Martyrers, Patrons einer Kirche". Nach dem Vorspruche: „Ihr werdet Zeugniß geben von mir" (Apg. 1, 8) stellt Massillon den Centralgedanken auf: „Wie es die Martyrer gethan haben, so soll jeder Christ Zeugniß geben von dem Herrn — durch Selbstüberwindung, durch Unterwerfung unter Gottes heiligen Willen in Widerwärtigkeiten, durch Verachtung der Welt und dieses vergänglichen Lebens." Mehr noch als dieses sagt mir das Thema zu, welches in seiner panegyrischen Predigt auf einen Martyrer Fenelon behandelt; freilich legten ihm dasselbe die Umstände nahe. Es wurden nämlich die Gebeine eines Martyrers feierlich beigesetzt, welche man in den Katakomben gefunden und nach Frankreich gebracht hatte; der Name des Martyrers und sein Leben waren unbekannt. Fenelon predigte bei dieser Feier über die Bedeutung des Martyriums und über die Verehrung, welche den Reliquien der Martyrer gebührt.

429. Die bisherigen Bemerkungen bezogen sich auf die materiellen Elemente, auf die Gedanken, aus denen sich der Inhalt der panegyrischen Predigten für die Feste der Heiligen zusammensetzt. Was die Form, die innere Gestaltung oder eigenthümliche Richtung derselben betrifft, so bestimmt sich diese nach dem besondern Zwecke, welchen der Prediger dabei ins Auge faßt.

Beachten Sie zunächst, daß man sich gewöhnt hat, auch in den panegyrischen Predigten, in ähnlicher Weise wie bei den im vorhergehenden Kapitel besprochenen paränetischen, einen eigentlichen „Hauptsatz" aufzustellen, um den man dann alle Punkte und Gedanken zu gruppiren sucht. Infolge hiervon ist das Verfahren bei der Ausarbeitung dieser Predigten demjenigen ziemlich analog, welches ich Ihnen im zweiten Paragraphen des letzten Kapitels (Nr. 406 ff.) für die paränetischen Predigten der zweiten Klasse angegeben habe. In Rücksicht auf den „Hauptsatz" pflegt man besonders zu empfehlen, daß derselbe den eigenthümlichen Charakter, den „Geist" des Heiligen, um den es sich handelt, enthalte und zum Ausdruck bringe. Einige Hauptsätze dieser Art habe ich Ihnen vorher in den aus Bossuets Predigten entnommenen Beispielen bereits angegeben.

Dieses zunächst als rein historische Notiz vorausgesetzt, müssen wir, gleichfalls historisch und mit Rücksicht auf die Literatur der geistlichen Beredsamkeit, zwei Arten der panegyrischen Predigten unterscheiden. Einigermaßen werden Sie die Eigenthümlichkeit einer jeden dieser Arten schon auffassen, wenn ich Ihnen je den Hauptsatz aus zwei panegyrischen Predigten auf den hl. Johannes Baptista vorlese; die eine ist von Segneri, die andere von Bourbaloue.

„Der hl. Johannes Baptista hat während seines ganzen Lebens nicht ein einziges Wunder gewirkt (Joh. 10, 41); darin liegt der entschiedenste Beweis für die Größe seiner Heiligkeit und seines Verdienstes" (Segneri).

„Johannes der Täufer war von Gott erwählt, daß er dem Erlöser Zeugniß gäbe (Joh. 1, 7); auch wir sollen durch unsere Gesinnung und unser Leben unausgesetzt ein Zeugniß ablegen, wodurch Jesus Christus verherrlicht wird. Andererseits hat Christus der Herr seinem Vorläufer das ehrenvollste Zeugniß gegeben; wir müssen es uns gleichfalls verdienen, daß der Herr wenigstens in seinem letzten Gerichte uns ein günstiges Zeugniß gebe" (Bourdaloue).

In diesen Hauptsätzen, sage ich, charakterisirt sich bereits die Verschiedenheit und je die besondere Eigenthümlichkeit der zwei Richtungen, von denen ich rede. Die eine derselben hat ihre Vertreter vorzugsweise in Italien, die andere in Frankreich, wenigstens insofern wir auf beiden Seiten die klassischen Prediger ins Auge fassen. Segneri und überhaupt die italienischen Prediger schließen sich in ihren Vorträgen auf die Heiligen fast ganz dem Vorgange der Alten an; ihre panegyrischen Reden entsprechen jenen Reden, welche bei den letztern das *genus demonstrativum* (Bd. I, Nr. 37) bildeten: sie sind eigentliche Lobreden, „panegyrische" Vorträge im engern Sinne dieses Wortes. Demnach gehen die Genannten an erster Stelle und fast ausschließlich darauf aus, die übernatürlich-ethische Größe des Heiligen darzuthun und hervortreten zu lassen, ihn zu verherrlichen, die Bewunderung und die Verehrung der Zuhörer für ihn in Anspruch zu nehmen. Diesem Ziele entsprechend herrscht in ihren Predigten dieser Art durchweg ein höherer Schwung, ein Ton der Großartigkeit und der Begeisterung; der Stil und die ganze Anlage ist glänzend, und, mögen sie es auch in der Theorie nicht anerkennen, sie beobachten thatsächlich, wenigstens sehr oft, die der Verkündigung des Wortes Gottes wenig entsprechenden Grundsätze, welche Quintilian in Rücksicht auf die panegyrische Rede aufstellt[1]. Insoweit sich dazu Veranlassung bietet, werden dabei freilich im Vorbeigehen auch unmittelbar praktische Bemerkungen und Anwendungen auf das Leben gemacht; aber dieselben sind kurz und nicht zahlreich. Wesentlich anders pflegen die französischen Prediger zu verfahren. Ihre Vorträge auf die Feste der Heiligen sind eigentlich (meistens) paränetische Predigten; die historischen Thatsachen aus dem Leben des Heiligen bilden den kleinern Theil des Vortrags oder vielmehr eines jeden der unvermeidlichen zwei oder drei „Theile" desselben, und der Prediger benutzt diese Thatsachen als Grundlage und als Veranlassung, eine entsprechende religiöse Wahrheit oder mehrere untereinander zusammenhängende paränetisch auszuführen.

---

[1] Non idem *demonstrativis* et deliberativis et iudicialibus causis conveniet. Namque illud genus, *ostentationi* compositum, solam petit audientium voluptatem: ideoque omnes dicendi artes aperit, ornatumque orationis exponit: ut qui non insidietur, nec ad victoriam, sed ad solum finem laudis et gloriae tendat. Quare, quidquid erit sententiis populare, verbis nitidum, figuris iucundum, translationibus magnificum, compositione elaboratum, *velut institor quidam eloquentiae*, intuendum et paene pertractandum dabit (*Quint.* l. c. 8, c. 3). — Nam et iis actionibus, quae in aliqua sine dubio veritate versantur, sed sunt ad popularem aptatae delectationem, *quales legimus panegyricos*, totumque hoc demonstrativum genus, permittitur adhibere plus cultus, omnemque artem, quae latere plerumque in iudiciis debet, non confiteri modo, sed ostentare etiam, hominibus in hoc advocatis (ibid. 2, c. 10).

Denken Sie nicht, m. H., diese Verschiedenheit des Verfahrens sei etwas bloß Zufälliges. Die französischen Prediger handeln, indem sie ihre Richtung festhalten, durchaus principiell und mit Bewußtsein; sie perhorresciren die eigentliche „Lobrede" dermaßen, daß sie sich nicht enthalten können, sich wiederholt vor ihren Zuhörern hierüber zu äußern. „Aber damit ihr mehr Nutzen davon habet," sagt Bossuet mit Emphase in seiner Predigt auf den hl. Franz von Assisi, „überlassen wir, Christen, ja überlassen wir den Rednern für die Welt die Großartigkeit und den Prunk des panegyrischen Stils; ihnen liegt ja nichts daran, daß man sie verstehe, wenn sie nur sehen, daß sie Bewunderung finden. Wir stehen hier auf der Kanzel Jesu Christi, unseres Erlösers; die Einfachheit des Evangeliums soll darum die ganze Schönheit unserer Rede sein; wir wollen unsere Seele mit Wahrheiten nähren, welche wirklichen Werth haben und die man verstehen kann." Dieselbe Gesinnung äußert Bourdaloue. So in seiner Predigt auf den hl. Johannes den Evangelisten: „Die beste Weise, den Heiligen eine Lobrede zu halten, und diejenige, bei der man vor Täuschung am meisten geschützt ist, besteht darin, daß wir uns ihre Treue gegen Gott in der Absicht vergegenwärtigen, damit sie uns als Muster dienen." Und wieder im Eingange der panegyrischen Predigt auf den Apostel Paulus: „Betrachtet diesen meinen Vortrag nicht als eine bloße Lobrede, welche lediglich darauf hinausliefe, euch von dem hl. Paulus einen hohen Begriff zu geben. Ich habe es bereits gesagt: ich werde eine eigentliche Predigt halten, ich werde euch Anweisungen geben für das Leben, ich werde euch ein Beispiel vor Augen stellen, auf welches Gott uns heute hinweist, damit wir von demselben auf uns die Anwendung machen."[1] Die Grundsätze, welche sich in diesen Worten kundgeben, sind ganz die nämlichen wie jene, welche um dieselbe Zeit Fenelon im ersten seiner Dialoge aussprach. „Man soll das Lob eines großen Mannes nur vortragen, um das Volk mit seinen Tugenden bekannt zu machen, um es zur Nachahmung derselben anzueifern, um den Beweis zu liefern, daß Ehre und Tugend sich nicht voneinander trennen lassen. Darum sind aus einer panegyrischen Rede alle vagen und übertriebenen Lobeserhebungen, alle Schmeicheleien fernzuhalten; man muß nicht einen jener unfruchtbaren Gedanken darin lassen, welche für die Unterweisung der Zuhörer durchaus werthlos sind: alles muß geeignet sein, die Liebe zur Tugend in ihnen zu fördern. Im Gegensatze hierzu ist es bei den meisten panegyrischen Vorträgen, als ob der Redner nur deshalb die Tugenden verherrlichte, um die Person zu verherrlichen, welche dieselben geübt hat und die eben den Gegenstand der Lobrede bildet. Und daher kömmt es denn, daß man die Tugenden seines Helden hoch über alle andern hinaufzuheben pflegt. Freilich wird dieser Fehler bald nachher wieder gut gemacht; bei einer andern Gelegenheit setzt man zu Gunsten eines andern Helden die Vorzüge, die man erhoben hatte, wieder herab."[2]

Die letzte Beschwerde Fenelons hörten wir früher bereits Leibniz, Wurz und Michael Sailer aussprechen. Diese stäte Wiederholung derselben in den

---

[1] Man vergleiche auch die Aeußerung Bourdaloues in seiner Predigt auf das Frohnleichnamsfest oben S. 55, Note 1.
[2] *Fénelon*, Dial. sur l'éloquence I, 26. Vgl. Bd. I, Nr. 210.

verschiedensten Zeiten ist ohne Zweifel ein Beweis, daß die Lobrede, in der Weise der italienischen Prediger gehandhabt, leicht ausarten kann; daß sie der „Marktschreierei" und dem „Schwindel" etwas zu sehr offen steht, und wer die betreffende Literatur kennt, der weiß, daß es Perioden gibt, wo sie demselben in der That in nicht geringem Maße verfallen war. Indes vielleicht ist es doch zu weit gegangen, wenn Fenelon mit Bossuet und Bourdaloue sie dieser Entartung wegen vollständig zu verwerfen scheint. Kleutgen nimmt sie in Schutz. Es ist allerdings äußerst schwer, bemerkt derselbe, eine eigentliche „Lobrede" zu arbeiten, die wahrhaft gut ist, und viele bringen statt einer solchen entweder einen nackten, chronikenartigen Bericht von Thatsachen auf die Kanzel oder ein vages und oft ganz profanes Stück Rhetorik. Aber vorausgesetzt, daß man in der rechten Weise vorgeht, daß ein Hauptsatz von Gehalt und Bedeutung durch wahrhaft große Gedanken und Thatsachen entwickelt wird und die Ausführung nicht auf hohle Parademacherei berechnet, sondern der Großartigkeit des Inhalts angemessen ist, läßt sich ganz gewiß nicht in Abrede stellen, daß panegyrische Predigten dieser Art der dreifachen Aufgabe ihrer Gattung (vgl. oben Nr. 427) vollkommen entsprechen[1]. Kleutgen verweist hiernach überdies auf das Verfahren der heiligen Väter, Chrysostomus, Basilius, Gregor von Nazianz, deren panegyrische Predigten auf die Heiligen allerdings eigentliche Lobreden sind und viel mehr der italienischen als der französischen Richtung zugewiesen werden müßten.

430. Ich glaube, m. H., man kann diesen Gründen gerade nicht widersprechen. Nur das läßt sich denselben gegenüber vielleicht mit Recht bemerken, daß die Bedingungen, welche Kleutgen stellt, sich in der Wirklichkeit ziemlich selten erfüllt finden dürften, und Kleutgen selbst gesteht, daß es „äußerst schwer" ist, eine gute Lobrede jener Art zu arbeiten. Besser, als sie gewöhnlich sind, einfacher, praktischer und namentlich populärer würden, wenn ich nicht irre, die panegyrischen Predigten an den Festen der Heiligen ausfallen, wenn man sich dabei weder an die französischen Muster hielte noch an die italienischen, sondern die Grundsätze vor Augen hätte, welche Fenelon darüber in seinen Dialogen niedergelegt hat. Am bestimmtesten ausgesprochen finden sich dieselben am Schlusse des dritten Dialogs.

„B. Ach, Herr A.! Ich habe einen wichtigen Punkt vergessen; ich bitte Sie, bleiben Sie noch, ich verlange von Ihnen nur noch ein einziges Wort.

„A. Haben Sie noch jemand, den wir noch censuriren müssen?

„B. Ja, die panegyrischen Prediger. Sind Sie nicht der Ansicht, daß man, wenn man eine Lobrede auf einen Heiligen hält, seinen Charakter ins Auge fassen und hiernach alle seine Handlungen und alle seine Tugenden unter einen Hauptsatz bringen soll?

„A. Das ist allerdings ein gutes Mittel für den Redner, seine Gewandtheit und seinen Scharfsinn zu bewähren.

„B. Ich verstehe, was Sie sagen wollen: Sie sind mit diesem Verfahren nicht einverstanden.

---

[1] Cf. *Kleutgen* l. c. n. 520.

„A. Mir scheint, dasselbe ist in den meisten Fällen ein verfehltes. Man thut ja den Thatsachen Gewalt an, wenn man sie alle unter einen Gesichtspunkt bringen will. Es gibt im Leben eines Menschen eine große Menge von Handlungen, welche auf ganz verschiedene Gründe zurückzuführen sind und auf ganz verschiedenartige Eigenschaften hinweisen. Die Systemmacherei der Schule freilich ist immer bemüht, alles aus einem Princip zu entwickeln; aber ein Redner, der in solcher Weise verfährt, beweist dadurch, daß es ihm an richtiger Auffassung des wirklichen Lebens in hohem Maße fehlt. Die richtige Methode, ein vollkommen treues Bild herzustellen, besteht darin, daß man den ganzen Menschen zeichnet; man muß ihn redend und handelnd vor den Augen der Zuhörer auftreten lassen. Indem man ihnen darum sein Leben in seinem ganzen Verlaufe vorführt, muß man namentlich jene Züge herausheben, in welchen sein Charakter und die Wirkungen der Gnade an ihm in höherem Maße sichtbar werden, aber dabei zugleich es einigermaßen den Zuhörern überlassen, sich hierüber ihr Urtheil zu bilden.

„Die beste Weise, auf einen Heiligen eine Lobrede zu halten, besteht darin, daß man erzählt, was er des Lobes Würdiges gethan hat. Das ist es, was einer panegyrischen Predigt Kraft und Gehalt gibt; das ist es, was den Zuhörern zur Unterweisung dient und auf sie Eindruck macht. Oft gehen die Leute, nachdem sie den Prediger eine volle Stunde über einen Heiligen haben reden hören, aus der Kirche wieder nach Hause, ohne auch nur sein Leben kennen gelernt zu haben. Alles, was sie gehört haben, das ist im besten Falle eine Fülle von Gedanken und Reflexionen über eine kleine Zahl voneinander losgerissener und ohne innere Verbindung herausgehobener Thatsachen. Statt dessen sollte man vielmehr den Heiligen seiner ganzen Erscheinung nach zeichnen, indem man denselben den Leuten so vorführt, wie er wirklich war, in jedem Alter, in allen verschiedenen Lagen und Verhältnissen und in den vorzüglichsten Ereignissen seines Lebens. Dabei könnte man immer noch recht gut seinen besondern Charakter hervorheben; derselbe würde sich in seinem Handeln und in seinen Reden sogar viel klarer kundgeben, als man ihn durch geistreiche Bemerkungen und aprioristische Conceptionen der Phantasie darzustellen gewohnt ist.

„B. Sie sind also der Ansicht, man sollte eigentlich, statt einer Lobrede auf einen Heiligen, seine Lebensgeschichte vortragen?

„A. So ist es nicht gemeint; ich würde keineswegs eine einfache Erzählung auf die Kanzel bringen. Ich würde mich begnügen, den Zuhörern die vorzüglichsten Thatsachen aus seinem Leben vorzuführen; aber diese Thatsachen müßten scharf gezeichnet, die Darstellung gedrängt, lebendig, bewegt und voll Wärme sein. Jedes Wort darin müßte den Zuhörern von dem Heiligen einen hohen Begriff geben und zugleich zu ihrer religiösen Unterweisung dienen. Ueberdies aber würde ich mit den Thatsachen alle praktischen Bemerkungen verbinden, die ich für die geeignetsten hielte. Meinen Sie nicht, daß eine Predigt, in dieser Weise gearbeitet, sich durch eine edle und liebenswürdige Einfachheit empfehlen würde? Glauben Sie nicht, daß solche Vorträge mehr dazu angethan wären, das Volk mit dem Leben der Heiligen bekannt zu machen und es zu erbauen? Glauben Sie nicht sogar den oratorischen Grundsätzen gegenüber, die wir festgestellt haben, daß in einer solchen

Predigt mehr Beredsamkeit sein würde als in allen jenen schwülstigen Lob=
reden, die gegenwärtig an der Tagesordnung sind?"[1]

Ich überlasse es Ihnen, m. H., selbst zu entscheiden, ob Sie nicht die
von Fenelon empfohlene Weise der andern, freilich in Theorie und Praxis
überall eingebürgerten Hauptsatz=Zwangsuniform vorziehen wollen. Für diese
spricht die Mode; aber für die erstere spricht der Geist und die Freiheit, und
was schließlich alles entscheiden sollte, die Rücksicht auf den Gewinn der
Zuhörer und die Aufgabe der geistlichen Beredsamkeit. Lesen Sie das goldene
„Buch für Christen" von Alban Stolz, „Die hl. Elisabeth" und die „Legende"
desselben Verfassers; diese zwei Werke, obgleich nicht der oratorischen Gattung
angehörend, sondern der ascetisch=historischen, werden Ihnen sehr dazu be=
hilflich sein, zu lernen, wie Sie panegyrische Predigten auf die Heiligen nach
Fenelons Grundsätzen arbeiten können.

431. Auf die Stelle, die ich Ihnen eben vorgelesen, will ich jetzt noch
eine andere, aus Fenelons zweitem Dialoge folgen lassen, weil dieselbe eine
sehr praktische Anweisung enthält, die ihre Anwendung zwar auch in
anderartigen Predigten findet, aber vorzugsweise sich doch auf diejenigen be=
zieht, von denen wir eben reden. „Mir scheint," bemerkt die zweite Person
des Dialogs (B.), „daß es sehr schwer ist, die Einzelheiten und das Kleine
in edler Sprache zu behandeln, und man kann doch nicht umhin, es zu er=
wähnen, wenn die Darstellung gründlich und eingehend sein soll, wie Sie es
verlangen." Fenelons Unterweisung über diesen Punkt lautet also:

„Man fürchtet gegenwärtig so sehr, zu wenig nobel zu reden, daß die
Predigten meistens ganz allgemein gehalten und darum ohne Kraft sind. Wenn
man z. B. eine Lobrede auf einen Heiligen hält, so sucht man eine Menge
pomphafter Phrasen zusammen; man sagt dem Volke, er sei ein großer Mann
gewesen, er verdiene die höchste Bewunderung, er habe sich ausgezeichnet durch
himmlische Tugenden, er sei ein Engel gewesen und nicht ein Mensch, und so
besteht der ganze Vortrag in Ausrufen ohne Beweise und ohne historische
Zeichnung. Die Griechen verfuhren in gerade entgegengesetzter Weise: sie be=
dienten sich jener allgemeinen Ausdrücke, die nichts beweisen, sehr wenig; aber
sie erzählten viele Thatsachen[2]. Xenophon z. B. sagt in seiner ganzen Cyro=
pädie nicht ein einziges Mal, daß Cyrus Bewunderung verdiene; aber alles,
was er erzählt, bewirkt, daß man denselben bewundert. Das wäre die rechte
Weise, Lobreden auf die Heiligen zu halten; man müßte ihre Gesinnung und
ihre Thaten darstellen und dabei ins Einzelne eingehen. Wir lassen uns in
diesem Punkte von einer falschen Feinheit des Geschmackes beherrschen, wie
gewisse Leute aus der Provinz, die um jeden Preis kunstsinnig und geistreich
erscheinen wollen. Sie getrauen sich nichts zu sagen, was ihnen nicht ge=
wählt und über die gewöhnliche Weise erhaben vorkommt; ihre Sprache ist
immer affectirt, und sie würden glauben, zu tief herabzusteigen, wenn sie für
jedes Ding seinen eigentlichen Namen gebrauchten.

„Es gibt nichts, das zu den Gegenständen, welche die Beredsamkeit be=
handeln muß, nicht in Beziehung stände. Selbst die Poesie, welche sich doch

---

[1] *Fénelon* l. c. III, 135—137.
[2] Amas d'épithètes, mauvaises louanges; *ce sont les faits qui louent*, et la manière de les raconter (*La Bruyère*, Caractères chap. 1, p. 26).

am höchsten erhebt, wirkt nur dadurch, daß sie die Dinge mit allen ihren Umständen darstellt. Lesen Sie z. B. die Stelle, wo Virgil die Abfahrt der trojanischen Schiffe von der Küste Afrikas schildert, oder ihre Ankunft an den Gestaden Italiens; Sie finden dort die kleinsten Einzelheiten gezeichnet. Und es läßt sich nicht verkennen, daß die Griechen in der Verwerthung der Einzelheiten noch weiter gingen und sich dadurch noch augenfälliger der Natur anschlossen. Eben wegen dieser Menge von kleinen Zügen würden viele den Homer zu wenig geistreich, zu einfach finden, wenn sie nur den Muth dazu hätten. Homer hat vermöge dieser naturwüchsigen Einfachheit, für welche wir viel zu wenig Sinn haben, eine auffallende Aehnlichkeit mit der Heiligen Schrift, nur daß ihn diese ebensoweit übertrifft, als er selber, was die Kunst natürlicher Darstellung angeht, das ganze übrige Alterthum übertroffen hat." [1]

Eine kurze allgemeine Bemerkung mag das in diesem Kapitel über die panegyrischen Predigten Gesagte beschließen. Es gibt manche und vielleicht viele, welche das Princip haben, daß für eine Predigt an einem gewöhnlichen Sonntage allerdings eine halbe Stunde genügen könne, aber eine Festpredigt, namentlich eine nachmittägige, das Doppelte dieser Zeit oder wenigstens drei gute Viertelstunden dauern müsse. Ich kann nicht umhin, Principien dieser Art sehr sonderbar zu finden. Daß es bei einer guten nachmittägigen Festpredigt eher gestattet sein mag, wenn dieselbe sich über die verständige Dauer einer halben Stunde um 15 Minuten hinauszieht, das will ich gerade nicht in Abrede stellen; aber auf welchen Grund hin man es dem Prediger an jedem Festtage zum Gesetze machen will, eine Stunde lang oder höchstens ein paar Minuten weniger zu predigen, vermag ich nicht einzusehen, wenn man nicht etwa entweder der Ansicht ist, das beste Mittel, den Leuten zu der an Festtagen freilich sehr wünschenswerthen größern Innigkeit der Andacht zu verhelfen, bestehe darin, daß man sie ermüdet und in der Geduld übt, oder aber sich für verpflichtet hält, ihnen ihre geistliche Nahrung mit um so größerer Freigebigkeit und um so reichlicher zuzumessen, je weniger nährende Elemente dieselbe unglücklicherweise enthält.

---

[1] *Fénelon* l. c. II, 86. (Die Fortsetzung dieser Stelle, welche nicht zunächst hierher gehört, wurde Bd. I, S. 124 f. bereits gegeben.)

Beispiele für den vierzehnten Abschnitt.

I. (Zu S. 418, Nr. 413.)

Grundriß der achtundzwanzigsten Fastenpredigt Segneris[1].

Gegenstand der Predigt: Der Zustand der schweren Sünde. (Paränetisch, zweite Klasse.)

Besonderer Zweck: Diejenigen unter den Zuhörern, welche sich im Zustande der schweren Sünde befinden, zu bestimmen, daß sie in sich gehen und tiefen Schmerz und Reue über ihr Unglück fühlen.

Centralgedanke (*status*): Wer schwer gesündigt und sich noch nicht wieder durch aufrichtige Bekehrung zu Gott zurückgewendet hat, der befindet sich in einem äußerst traurigen Zustande.

Hauptsatz (*propositio*): Es ist unbegreiflich, wie ein Christ, der sich im Zustande der schweren Sünde befindet, auch nur einen Augenblick sorglos und heiter sein kann.

Eingang.

(*Ab illustratione* und *ex visceribus causae*, vgl. S. 429.) (Nr. 1.) Karl VII. von Frankreich im Hoflager zu Chinon mit Turnieren und Wettrennen und anderweitiger Unterhaltung beschäftigt, indeß seine Truppen, von den Engländern wiederholt geschlagen, sich in der größten Noth befinden und eine Stadt nach der andern verloren geht. Ein Offizier, zur Berichterstattung an ihn abgesendet, hält ihm den sonderbaren Contrast zwischen seinem sorglosen Benehmen und der Lage seines schwer bedrohten Reiches mit Freimüthigkeit vor; infolgedessen geht der König in sich und trifft die geeigneten Anstalten. — Anwendung: Dieser Fürst in seinem Leichtsinn ist ein Bild („Analogie der zweiten Art" Bd. I, S. 217) des Christen, der, obgleich im Zustande der schweren Sünde, sich unbekümmert der Freude und dem Genusse des Lebens hinzugeben fortfährt. — Angabe des besondern Zweckes und des Hauptsatzes.

---

[1] Da diese Predigt im ersten Bande, S. 189 ff., gegeben ist, so wurden in dem hier folgenden Grundriß derselben manche Gedanken nur angedeutet, welche sonst vollständiger hätten ausgedrückt werden müssen.

Ausführung.

Erster Grund (Nr. 2). Der Sünder hat die heiligmachende Gnade und die Würde der Kindschaft Gottes verloren.

Er war nämlich früher Gottes Diener, Gottes Freund, Gottes Kind; er war durch Theilnahme an der göttlichen Natur (2 Petr. 1, 4) hoher, übernatürlicher Vorzüge theilhaftig. Jetzt ist alles das nicht mehr der Fall; Gott „kennt ihn nicht" mehr (Matth. 25, 12). — Amplification durch die „Vergleichung" (Bd. I, S. 373): Esau, als er sah, daß das Recht der Erstgeburt und der demselben entsprechende Segen für ihn verloren war, wurde darüber von verzehrendem Schmerze ergriffen (1 Mos. 27, 34). Der Sünder hat ganz andere Rechte verloren, sich um ein ganz anderes Erbe gebracht; und wenn Isaak für den Esau noch „einen zweiten, mindern Segen" hatte, der Antheil des Sünders ist der „Fluch" (Eccli. 41, 12).

Folglich ist es unbegreiflich, daß Christen in einem solchen Zustande sorglos und froh sein können.

Zweiter Grund (Nr. 3). Der Sünder ist nicht mehr mit Gott vereinigt und Gott nicht mehr mit ihm.

Vermöge seiner Allgegenwart ist Gott freilich überall und von keinem Geschöpfe fern. Aber nicht um dieses handelt es sich; es gibt eine andere Vereinigung mit Gott, deren sich die Gerechten erfreuen (Richt. 6, 12. Luc. 1, 28). Durch die schwere Sünde wird diese Verbindung mit Gott aufgehoben; denn „fern ist der Herr von den Gottlosen" (Spr. 15, 29). Drei „Analogien der zweiten Art". — Die in Rede stehende Vereinigung mit Gott ist für den Menschen die Quelle alles Guten, der einzige Grund aller Zuversicht (Inductionsbeweis und Amplification durch die „Concentrirung" Bd. I, S. 279 f. 371); umgekehrt ist es das größte Unglück für den Menschen und die Quelle alles Jammers, wenn ihn Gott verläßt (Os. 9, 12; dann abermals Inductionsbeweis und Amplification durch die „Concentrirung").

Folglich ist es unbegreiflich, wie Christen in solchem Zustande unbekümmert dahinleben können.

Dritter Grund (Nr. 4). Der Sünder hat alle Verdienste seines frühern Lebens verloren.

„Unmittelbarer" Beweis (Bd. I, S. 262 ff.): Ez. 18, 24. Paraphrase dieses Textes. — Amplification durch die „oratorische Erweiterung" (Bd. I, S. 375 ff.).

Folglich ist es unbegreiflich, wie Christen in solchem Zustande, statt untröstlich zu sein vor Schmerz, sich dem Genusse und der Freude hingeben können.

Vierter Grund (Nr. 5). Der Sünder hat auch selbst die Fähigkeit verloren, etwas zu thun, das für das ewige Leben verdienstlich wäre.

Analogie („der zweiten Art"): Der Schmerz eines Landmannes, welchem ein nächtlicher Gewittersturm eine Pflanzung edler und seltener Fruchtbäume in der Weise verwüstet, daß die schon fast reifen Früchte insgesamt von den Bäumen abgerissen werden und die ganze Aussicht auf eine reiche Ernte vernichtet ist. Amplification durch die „Vergleichung": Die Sünde hat in der Seele des Christen viel größern Schaden angerichtet; sie hat ihn nicht bloß der Früchte (nämlich seiner früher erworbenen Verdienste) beraubt, sondern auch den Baum selbst entwurzelt, indem sie ihn um die vom Heiligen Geiste eingegossenen Tugenden brachte (Job 31, 12) und damit um die Fähigkeit, irgend etwas Verdienstliches zu thun (Os. 9, 16, im „angewandten" Sinne). Drei Analogien („der zweiten Art"), welche den Zustand einer durch die Sünde verwüsteten Seele veranschaulichen.

Folglich ist es unbegreiflich, wenn ein Christ in solchem Zustande froh und sorglos sein kann.

(Nr. 6.) Im Anschluß an die letzten Analogien folgt hier zunächst eine größere Amplification, welche die Wirkung der vier bereits ausgeführten Gründe verstärken soll. Segneri führt seinen Zuhörern „den Tag des Weinens" vor, welchen nach dem Berichte des hl. Hieronymus die Juden alljährlich, am Jahrestage der Zerstörung Jerusalems durch Titus, in dieser Stadt selbst über den Ruinen ihres Tempels zu begehen pflegten. Die Erzählung ist lebendiges „Gemälde" (Bd. I, S. 374 f.) und durch ihren Inhalt schon an sich dazu angethan, die Gefühle der Furcht und der Traurigkeit zu fördern. Nach Beendigung derselben wird die erzählte Thatsache als Analogie „der zweiten Art" verwerthet und in immer stärkerem „formellem" Pathos (Bd. I, S. 379 ff.), vermittelst der „Vergleichung", die Anwendung auf die Zuhörer gemacht.

Fünfter Grund (Nr. 7). Dem Sünder droht die Rache Gottes, und es erwartet ihn das ewige Feuer[1].

Ein historischer Zug, der als Analogie „der zweiten Art" zur „Vergleichung" benutzt wird.

Folglich ist es unbegreiflich, wie Christen in solcher Lage sich noch sorglos dem Genusse des Lebens hingeben können.

Sechster Grund (Nr. 8). Dem Sünder droht Gefahr und Verderben von allen Geschöpfen Gottes.

Dieses wird bewiesen zunächst durch das Zeugniß des hl. Augustin, welches zugleich einen „natürlichen Inductionsbeweis" (Bd. I, S. 287) enthält; dann durch einen „dialektischen" Beweis auf Grund der Causalitätsbeziehung (Bd. I, S. 283, 3), mit welchem sich ein „unmittelbarer" Beweis (Eccli. 39, 36) verbindet. — Amplification durch die „oratorische Erweiterung".

Folglich ist es unbegreiflich, daß man unter solchen Gefahren ruhig und froh sein kann. (Diese Folgerung wird hier mit Worten des hl. Chrysostomus ausgedrückt.)

---

[1] Der Uebergang („Gott verloren? Ach, ihr würdet ja noch glücklich sein...", s. Bd. I, S. 197) erinnert an die Verse Virgils (Aen. 3, 321 ff.):

O felix una ante alias Priameia virgo,
Hostilem ad tumulum, Troiae sub moenibus altis,
Iussa mori ...

Quam miser, bemerkt hierzu Quintilian (l. c. 6, c. 2), quam miser casus Andromachae, si comparata ei *felix* Polyxena!

Polyxena, wie Andromache eine Tochter des Priamus, war von den Griechen am Grabe des Achilles geopfert worden, während sie die Andromache als Gefangene weggeführt hatten.

Siebenter Grund (Nr. 9). Der Sünder darf sich keineswegs Hoffnung machen, als ob sein Schutzengel ihn vor jenen Gefahren beschützen würde.

So gern die Engel den Gerechten Dienst und Schutz erweisen, so schwer wird es ihnen, sich der Sünder anzunehmen; das ergibt sich schon aus dem, was in der Ausführung des sechsten Grundes gesagt wurde. Allerdings werden auch die Gottlosen von ihren Engeln nicht vollständig verlassen, vielmehr sind diese selbst Zeugen ihrer Sünden („oratorisches Bild" Bd. I, S. 241); aber eben durch ihre Sünden bereiten sie ihren Engeln zu großen Schmerz, als daß dieselben sich mit warmem Eifer ihrer annehmen könnten. So sind sie denn ohne Beschützer inmitten der vielfältigen Gefahren, die sie rings umgeben. Amplification durch die „oratorische Erweiterung" (Gleichnisse).

Achter Grund (Nr. 10). Ebensowenig kann sich der Sünder selber durch Gebet und gute Werke gegen die bezeichneten Gefahren schützen.

Denn insofern er um Befreiung von zeitlichen Uebeln betet, findet sein Gebet bei Gott keine Erhörung. „Unmittelbarer" Beweis hierfür: Is. 1, 15. Inductionsbeweis: Antiochus, 2 Makk. 9, 13.

In einem Falle freilich erhört Gott auch die Sünder: wenn sie nämlich um die Gnade der Bekehrung beten und um die Vergebung ihrer Sünden; solange sie dagegen die Sünde lieben, sind ihre Gebete und was immer sie Gutes thun, vor Gott werthlos, ja ihm selbst verhaßt. „Unmittelbare" Beweise: Eccli. 15, 9 und ein Zeugniß des hl. Chrysostomus, welches sich auf Ps. 148, 7. 8 ff. stützt. — Amplification durch die „oratorische Erweiterung", in Verbindung mit einem neuen „unmittelbaren" Beweise, aus Is. 1, 14.

Uebrigens soll man hieraus nicht etwa folgern, daß es gleichgiltig sei, ob der Christ im Zustande der Sünde noch manches gute Werk verrichte oder alles Gute unterlasse.

(Nr. 11.) Nach allem, was gesagt wurde, schwebt der Sünder in der größten Gefahr zeitlichen Schadens und ewigen Verderbens: Gott hat ihn verlassen und vollständig preisgegeben (Ps. 70, 11). — Daß das gute Gewissen nicht fürchtet, daß es die Ruhe bewahrt mitten in den größten Gefahren, das ist natürlich; aber als geradezu widersinnig muß es gelten, wenn Christen im Zustande der schweren Sünde sich in vollster Ruhe und Sorglosigkeit dem Genusse des Lebens hingeben.

Zweite Abtheilung[1], mit der Peroration.

(Nr. 12.) Man könnte fragen, wie es möglich sei, daß der Mensch die Folgen der Sünde so gar nicht beachtet, wenn dieselben in der That so schlimm, so überaus traurig sind. Der Grund liegt darin, weil diese Folgen der übersinnlichen Ordnung angehören. Wären sie sichtbar, träfen sie z. B. den Leib und die Gesundheit, so würde man sie ganz anders fürchten. „Expolition" (Bd. I, S. 375 f.). „Oratorisches Bild" (Bd. I, S. 241).

Peroration (Nr. 13). Aber selbst wenn die Sünde gar keine schlimmen Folgen nach sich zöge, so würde der Christ doch allen Grund haben zu tiefem

---

[1] Vgl. unten Abschn. 15, Nr. 437.

Schmerze darüber; denn er hat durch dieselbe Gott den Herrn schwer beleidigt, der unser größter Wohlthäter ist (Bar. 4, 7). Indem Segneri diesen Gedanken ausführt, sucht er die „unvollkommene" Reue, die zu wecken die frühern acht Gründe geeignet waren, zur „vollkommenen" zu erhöhen.

Historischer Zug: Polycarpus in seiner unerschütterlichen Treue und Liebe gegen den Erlöser.

Dieselbe Liebe, die gleiche Treue wären auch die Zuhörer Gott dem Herrn schuldig. Segneri hält ihnen in bewegter Rede im einzelnen die Beweise der Liebe vor, die sie in der natürlichen Ordnung und mehr noch in der übernatürlichen von Gott empfangen haben. Amplification durch die „oratorische Erweiterung" und die „Mischung verschiedenartiger Gefühle" (Bd. I, S. 410 ff.).

Dringende, innig warme Ermahnung, daß man den entschiedenen Entschluß fasse, für die Zukunft wenigstens sich der Sünde zu enthalten (1 Petr. 4, 3).

(Nr. 14.) Sollte indes jemand trotz allem diesen Entschluß nicht fassen wollen, so möge ein solcher sich, wenn er Gott beleidigen will, wenigstens an einen Ort begeben, wo sich nichts findet, das ihn an die Güte Gottes, seines Wohlthäters, erinnern und ihm seine Undankbarkeit vorwerfen müßte. Aber wo gibt es einen solchen Ort? Amplification durch die „oratorische Erweiterung". „Der Barmherzigkeit des Herrn ist voll die ganze Erde" (Pf. 32, 5).

II. (Zu §. 425, Nr. 419. „Einfacher Eingang.")

Kleutgen, Predigten II, 99 f.: „Von der Unkeuschheit" (paränetisch).

So oft in den Vorträgen dieser Tage[1] von der Sünde die Rede war, habt ihr, wenn nicht ausschließlich, doch vorzugsweise an eine Art der Sünde gedacht. Auch da man von dem Ziele und Ende des Menschen, von dem Tode und dem darauf folgenden Gerichte zu euch sprach, schwebte eurer Seele der Gedanke an diese eine Sünde vor. Denn es schien euch, wofern nur sie keine Gewalt über euch hätte, würde es im übrigen nicht schwer sein, nach dem Ziele, das uns Gott bestimmt hat, euer Leben einzurichten und eure Tage auf Erden so zuzubringen, daß ihr den letzten derselben mit Ruhe erwarten könntet. Und ihr hattet recht. Denn ob auch alle Sünden ins Verderben stürzen, so steht doch von jener, an die ihr dachtet, von der Unkeuschheit, insbesondere geschrieben, daß sie der Weg zur Hölle ist und den Menschen hinabführt in die Gemächer des Todes, des ewigen Todes: *Viae inferi domus eius, penetrantes in interiora mortis* (Prov. 7, 27). Wie wichtig also muß es euch erscheinen, von diesem Laster euch frei zu halten oder frei zu machen. Denn dadurch könnet ihr dem Tode, dem Gerichte, der Hölle ihre Schrecken nehmen und den Weg euch ebnen zu dem, was ihr selbst als das Beste und Glückseligste anerkennt, zu einem Gott wohlgefälligen Wandel. Was ihr somit, wenn nicht klar gedacht, doch richtig empfunden habt, davon möchte ich euch in dieser Stunde lebhaft überzeugen: „Mit aller Anstrengung soll

---

[1] Die Predigt wurde zur Zeit der geistlichen Uebungen vor Studirenden gehalten.

der christliche Jüngling wider die Unkeuschheit kämpfen; denn kein anderes Laster hat so furchtbare Folgen für ihn."

III. (Zu S. 426, Nr. 419. „Feierlicher Eingang.")

Mac Carthy, „Ueber die erhabene Größe Mariä". (Auf das Fest Mariä Himmelfahrt; panegyrisch. Sermons II, 50 ss.)

Der Mensch war groß in jenem Zustande, wie er aus der Hand seines Schöpfers hervorging; denn er war mit Gott vereint, und er sollte niemals sterben. Aber mit der Unschuld, an welche Gott sie geknüpft hatte, gingen diese zwei Vorzüge verloren, und von dem Augenblicke an, da der Mensch die Sünde beging, war seine wahre Größe vollständig dahin. Gott zürnte ihm ob seines Hochmuthes und seiner Auflehnung und sah an ihm nur mehr seine Niedrigkeit und sein Nichts; er gedachte, wie er ihn gebildet hatte aus Lehm der Erde, und um ihn zu nöthigen, dieses seines Ursprunges auch selber eingedenk zu sein, verurtheilte er ihn, durch den Tod wieder zurückzukehren zu dem Staube, aus welchem er ihn hervorgezogen hatte. Das konnte genügen, um dem Menschen im Gefühle seiner Schuld begreiflich zu machen, daß er auf dieser Erde, die sein Gefängniß geworden war und sein Grab, nicht anders mehr groß sein könne als durch die Demuth und die Reue, um ihm nahezulegen, sage ich, daß, wenn er sich noch Aussicht machen dürfe auf Ehre und Ruhm, dieser jedenfalls sein Antheil nur werden könnte in einer andern Welt, wo die Gerechtigkeit Gottes versöhnt sein und erbarmende Liebe ihn aufs neue mit der Unsterblichkeit umkleidet haben würde, deren er sich durch seinen Ungehorsam verlustig gemacht. Er hatte so günstige Bedingungen enthalten, der erste Bund, den Gott mit ihm geschlossen: „Höre auf das Wort deines Schöpfers und sei glücklich, genieße schon jetzt die Vortheile der hohen Bestimmung, für die du erschaffen wardst"; die Sünde hatte diesen Bund zerrissen, und ein zweiter, ganz anderer trat an seine Stelle: „Sei demüthig während der Tage der Sühnung und des Leidens, aus denen sich dein hinfälliges Leben zusammensetzt, und erwarte nicht, dich je wieder groß und geehrt zu sehen, als dort, wo es keinen Tod mehr gibt und keine Zeit."

Man hätte denken können, daß für den Mittler des Neuen Bundes dieses strenge Gesetz keine Geltung habe; denn er war ja von aller Sünde vollkommen frei, er war der Heilige unter den Heiligen, der Erlöser von der Sünde. Aber der Sohn Gottes war Mensch geworden, darum sollte auch ihn das Urtheil treffen, welches über die gesamte Menschheit ergangen war; auch er sollte durch Schmach seine Verklärung erkaufen, und weil er bestimmt war, unendlich weit über alle Menschen erhöht zu werden im Reiche seines Vaters, darum sollte er an dem Orte der Verbannung und der Bewährung tiefer als irgend ein anderer Mensch erniedrigt werden: „Alles dieses", so sprach er selber, „alles dieses mußte Christus leiden, um also einzugehen in seine Herrlichkeit" (Luc. 24, 26). Hieraus ergab sich aber mit natürlicher Nothwendigkeit, daß diejenige unter den Menschen, welche mit dem Erlöser in die innigste Verbindung treten, die ihm an Heiligkeit am nächsten kommen und einst im Zustande der Verklärung nach ihm die erste Stelle einnehmen sollte, auch mehr als irgend ein anderes Kind Adams theilhaben mußte an seiner

Niedrigkeit, daß wie ihrem Sohne, also auch ihr um so tiefere Demüthigungen beschieden sein mußten, je größer die Herrlichkeit war, für welche Gott sie auserwählt hatte.

Das war ihr selber vollkommen klar, und so hart auch der Natur eine solche Bedingung erscheinen könnte, sie unterwarf sich derselben gern; sie ging ohne Bedenken ein auf die tiefen und ernsten Absichten, welche die Vorsehung Gottes mit ihr hatte. Während darum Engel und Menschen über ihre erhabene Würde zu ihr sprechen und von den großartigen Wundern, welche der Himmel zu ihren Gunsten wirkt, weiß sie nur von ihrer Niedrigkeit zu reden, und ist es, als ob sie sich bis in das Nichts hinabsenken wollte. Ein Fürst des Himmels erscheint vor ihr und begrüßt sie als die auserwählte Braut des Heiligen Geistes, als die Mutter des Unsterblichen, des Königs der Ewigkeit; er nennt sie voll der Gnade, er nennt sie die Gebenedeite unter allen Frauen, und sie fühlt sich durch seinen ehrenvollen Gruß verwirrt und beschämt und weiß denselben nicht anders zu erwidern als durch Schweigen; wo sie aber dann wieder im stande ist zu sprechen, da nennt sie sich die Dienerin dessen, der ihr Sohn werden will, da lehnt sie den Titel der Königin ab, um den der Magd an seine Stelle zu setzen: *Ecce ancilla Domini,* „siehe, ich bin die Magd des Herrn (Luc. 1, 29. 38). Nicht lange darauf, da sie in das Haus des Zacharias tritt, theilt der Heilige Geist, der sie überall begleitet, sich der Elisabeth mit, erfüllt diese in einem Augenblick mit dem Lichte der Weissagung und bewirkt durch ein noch größeres Wunder, daß in heiliger Freude das Kind aufhüpft, welches sie noch in ihrem Schoße trägt; von Bewunderung und tiefer Ehrfurcht überwältigt, fragt Elisabeth, wie sich die Mutter Gottes so weit herablasse, sie heimzusuchen, eine sterbliche Frau; und Maria, in immer tieferer Demuth mitten unter den Wundern, die unter ihren Schritten sich häufen, unter den Lobeserhebungen, womit sie sich überschüttet sieht, erklärt laut, daß, wenn der Herr „Großes an ihr gethan", was sie ja nicht in Abrede zu stellen vermag, es gerade ihre Niedrigkeit sei, ihr Unwerth und ihre Armut, welche seine Augen auf sie gelenkt: *Respexit humilitatem ancillae suae;* weil es ihm gefalle, zu erhöhen was im Staube kriecht, und mit seinen Gütern die Dürftigkeit der Armut zu bereichern: *Exaltavit humiles . . . esurientes implevit bonis.* Da habt ihr den Beweis, andächtige Christen, wie vollkommen die wunderbare Jungfrau das Geheimniß Gottes und seine verborgensten Rathschlüsse nach ihrer ganzen Tiefe durchschaut hat; wie sie es begriffen hat, daß hier auf Erden das ganze nothwendige Fundament der Größe in der Erniedrigung besteht, und daß, um einst erhöht zu werden bis zum Throne des menschgewordenen Sohnes Gottes, sie zunächst durch die Demuth unter alle Geschöpfe hinabsteigen muß.

Dieses Geheimniß der Erniedrigung und der Herrlichkeit ist es, das wir an dem heutigen Tage feiern; eben dieses Geheimniß soll darum auch der Gegenstand dieser Predigt sein. Ich will euch, nach seinem ganzen Inhalte, die Bedeutung unseres Vorspruches klar machen: „Er hat Großes gethan an mir, der da mächtig ist"; und damit ihr vollständig erkennt, worin die Größe der gebenedeiten Jungfrau besteht, so werde ich euch erstens zeigen, daß sie groß war während ihres Lebens durch ein beispielloses Uebermaß von Demüthigungen, das wie ein dichter Schleier ihre hohen Vorzüge insgesamt verbarg, das soll der erste Theil sein; darauf werde ich euch zweitens zeigen, daß sie groß war nach ihrem Tode durch eine, man möchte sagen unendliche Ueberfülle von Herrlichkeit, welche einen unvergänglichen Glanz ausgegossen hat selbst über die Demüthigungen, die sie getroffen; das wird der zweite Theil sein. Damit habe ich euch in kurzen Worten den ganzen Gang dieser Predigt angegeben [1].

IV. (Zu S. 427, Nr. 419. „Gewaltsam-pathetischer Eingang.")

Segneri, 33. Fastenpredigt: „Ueber die weltliche Klugheit im Dienste der Selbstsucht" (paränetisch).

„Es ist besser, daß ein Mensch sterbe für das Volk" (Joh. 11, 50) [2].

So soll es denn also besser sein für Jerusalem, daß Christus sterbe? O unverständiger Rath! wahnsinnige Rathsherren! Wir wollen wieder davon reden, wenn ihr dereinst eure Felder mit Waffen und Bewaffneten bedeckt seht; wenn rings um eure Mauern Roms Adler ihre Nester bauen, um nach kurzer Rast die Krallen zu wetzen und sich auf ihre Beute zu stürzen; wenn das Wirbeln der Trommeln und das Schmettern der Trompeten an eure Ohren schlägt und das fürchterliche Gezisch von Pfeilen und Wurfgeschossen und das Jammergeschrei von Verwundeten und Sterbenden: dann sollt ihr mir antworten und mir wieder sagen, ob es besser ist. Und werdet ihr alsdann den Muth haben, zu sagen, „ja, es ist besser", wenn rings um euch her in Strömen das Blut fließt und wie Berge sich die Leichen thürmen? wenn eure Paläste zertrümmert über euch zusammenstürzen, vor euern Augen hingemordet eure Jungfrauen verbluten, und wohin ihr immer den entsetzten Blick wendet, wilde Grausamkeit wüthet, Tod und Verderben herrscht? Ach, sie werden nicht sagen, „es ist besser". jene Kinder, mit deren Fleische verschmachtende Mütter ihren Hunger stillen, nicht jene Jünglinge, die man in die Sklaverei verkaufen wird, zu dreißig um einen Groschen, nicht jene Greise, die, zu fünfhundert jeden Tag, am Kreuze hangen werden. Gewiß, es ist nicht besser, ihr Unglücklichen, nein, es ist nicht besser! Es ist nicht besser; nicht für das Allerheiligste, das durch die schändlichsten Greuel entweiht, nicht für den Tempel, der durch gräßlichen Brand in einen Schutthaufen verwandelt werden, nicht für den Altar, an welchem man Männer und Weiber schlachten wird statt Lämmer und Stiere. Es ist nicht besser für den Schwemmteich,

---

[1] Im Original folgt hier die „Invocatio": O sainte et glorieuse Mère de la Parole divine incarnée, vous que nous invoquons, au commencement de tous nos discours, comme la patronne et l'inspiratrice des orateurs sacrés, souffrez qu'en ce jour où je me propose de publier vos louanges, j'implore votre secours avec une confiance toute spéciale, et j'ose espérer que dans un sujet si haut vous n'abandonnerez pas à ses ténèbres et à sa faiblesse un ministre de votre Fils, qui n'a d'autre ambition que de vous honorer. — *Ave Maria*.

Wer eine declamatorische Wendung wie diese, im unmittelbaren Anschluß an die ganz nüchterne Auseinandersetzung des Planes der Predigt, natürlich und wirksam finden kann, dem steht es ohne Zweifel frei, auch in diesem Punkte die ausländische Mode mitzumachen. Vgl. oben S. 430 f.

[2] Die Predigt wurde gehalten am Freitage der Passionswoche. Aus dem Evangelium dieses Tages ist der Vorspruch genommen.

der kein Wasser haben wird, um überzufließen von Blut; nicht für den Oel=
berg, der kahl stehen wird und seiner Waldungen beraubt, um Galgen zu
liefern; nicht besser für das Priesterthum, das seine Würde, nicht für den
Staat, der seine Freiheit, nicht für eure Propheten, die ihre Gesichte verlieren
werden; es ist nicht besser für das Gesetz: — denn kalt wie ein entseelter
Leichnam wird es daliegen, ohne Geist, ohne Kraft, ohne Ehre, ohne Ansehen,
nicht mehr fähig, seine Bekenner zu retten, nicht mehr in der Lage, stolz zu
sein auf seine Bräuche. Denn es lebt ein Gott im Himmel, um zu Schanden
zu machen alle, die in eine ränkevolle Staatsklugheit mehr Vertrauen setzen
als in die Mittel einer ehrlichen und gerechten Weisheit. Darum will er an
einem handgreiflichen Beispiele zeigen, was der Heilige Geist uns lehrt, „daß
es keine Weisheit gibt und keine Klugheit und keinen Rath wider den Herrn"
(Spr. 21, 30).

Seht, Christen, sie beschließen, den Herrn zu tödten, damit Jerusalem
nicht in die Hände der Römer falle, und Jerusalem fällt in die Hände der
Römer, weil sie beschlossen haben, den Herrn zu tödten. So leicht ist es dem
Himmel, die Anschläge der Gottlosen wider sie selbst zu kehren und zu zeigen,
daß jene Staatsklugheit, die sich nicht auf die Grundsätze der Sittlichkeit stützt,
sondern auf die Rücksichten des Vortheils, ebenso unnütz ist als verwerflich,
daß sie eine Kunst ist, welche die Throne umstürzt, statt sie zu befestigen, die
Familien zu Grunde richtet, statt sie zu heben, den einzelnen, statt ihn glücklich
zu machen, in das Verderben stürzt. Diese wichtige Wahrheit ist es, die ich
euch heute ans Herz legen möchte, indem ich euch beweise, daß das niemals
nützlich sein kann, was nicht erlaubt ist, damit keiner sich dem thörichten Wahne
hingebe, man könne sein Glück machen durch Gottlosigkeit.

V. (Zu §. 428, Nr. 420. „Eingang aus der Sache selbst und ab illustratione.")

Segneri, 9. Fastenpredigt: „Ueber die Leiden der armen Seelen im Fegfeuer"
(paränetisch).

„Herr, ich habe keinen Menschen" (Joh. 5, 7)[1].

Einer der unglücklichsten Menschen, von denen die Geschichte, die alte und
die neue, erzählt, war meines Erachtens jener Gichtbrüchige, von welchem in
dem heutigen Evangelium die Rede ist. Urtheilet selbst, ob ich recht habe.
Es waren schon 38 Jahre, daß er von seinem Leiden gefesselt dort am Ufer
des Schwemmteiches lag; er mußte darum allen sehr gut bekannt sein, die
dorthin kamen, sei es um Heilung zu suchen, sei es aus Neugierde. Infolge
der langen Dauer seiner Krankheit war er blaß wie ein Leichnam, seine Augen
eingefallen, sein Fleisch halbverfault, seine Kleidung unrein; wenn man ihn
jammern hörte oder seine kläglichen Gebärden sah, dann war der Eindruck
sicher von der Art, daß es auch einen Stein hätte erbarmen müssen. Auf
der andern Seite bedurfte es, um ihn zu erlösen, keiner weitern Kraft und
keiner andern Mühe als eines Menschen, der ihn zur rechten Zeit in das

---

[1] Aus dem Evangelium des Freitags nach dem ersten Fastensonntag, an welchem
die Predigt gehalten wurde.

Wasser hinabließ, und dennoch hatte er in so langen Jahren hierzu niemand finden können. War das nicht ein Unglück, ganz einzig in seiner Art? Wäre es, um den Armen von seiner Krankheit freizumachen, nöthig gewesen, daß jemand einen bedeutenden Theil seines Vermögens für Aerzte und Arzneimittel opferte; hätte man auf hohen Bergen die seltensten Kräuter suchen müssen, um den Saft derselben für ihn auszupressen; hätte man im Meere besonders werthvolle Perlen fischen müssen, um aus denselben ihm ein heilendes Pulver zu bereiten: dann könnten wir es am Ende nicht so auffallend finden, daß der Unglückliche sich so verlassen sehen mußte. Aber wo es nichts weiter bedurfte, als daß jemand zur rechten Zeit herbeieilte, um ihn ins Wasser zu bringen, war es nicht seltsam, daß es ihm in 38 Jahren nicht gelingen konnte, irgend einen wohlwollenden Freund zu finden, einen ihm zu Dank verpflichteten Verwandten oder sonst eine mitleidige Seele, welche ihm diesen geringfügigen Dienst erwiesen hätte? Vor allem, wenn es wahr ist, was glaubwürdige Schriftsteller berichten, daß das Herabsteigen des Engels in den Teich sich immer zu einer bestimmten Zeit wiederholte, nämlich um Pfingsten, so daß es mithin um so leichter sein mußte, einmal die günstige Gelegenheit zu benutzen.

Die traurige Lage dieses unglücklichen Mannes führt mich auf einen Gegenstand, der euch vielleicht unerwartet ist, aber wohl kaum unerwünscht. Seine Lage ist nämlich ein Bild des traurigen Zustandes der verlassenen Seelen im Fegfeuer. Ach Christen, was für eine Krankenhalle ist das, voll von Siechen, Lahmen, Gichtbrüchigen, mit Fieber Behafteten jeder Art! Und eine ganz andere Zeit als 38 Jahre hat ein großer Theil von ihnen dort schon zugebracht: dieser hundert Jahre, der zweihundert, jener tausend, und mancher ist selbst verurtheilt, dort zu bleiben bis zum Tage des Gerichtes[1]. Und während es, um sie zu erlösen, nichts weiter bedarf, als daß ihnen jemand die Hand reiche, nicht um sie ins Wasser zu tauchen, sondern um sie aus dem Feuer zu ziehen, finden sie dennoch oft niemand, der ihnen zu Hilfe käme. Ich liebe diese edeln Seelen, und ich bin ihnen vielfältigen Dank schuldig, darum will ich heute ihr Anwalt sein und in ihrem Namen euch eine schmerzvolle, aber gegründete Klage vorlegen, die eine jede von ihnen an euch richtet in diesen vier Worten: „Ich habe keinen Menschen!" Es kann euch vorkommen, als ob dieser Gegenstand für eine Fastenpredigt nicht besonders paßte; aber ihr müßt mir das nachsehen. Ich kann es nicht über das Herz bringen, diese lieben Seelen noch länger flehen, noch länger schluchzen zu hören. Andererseits kenne ich euern frommen Sinn, eure Bereitwilligkeit zu helfen und eure Liebe und denke deshalb, daß die armen Seelen heute viele Menschen gewinnen sollen, die sich ihrer annehmen. Bedarf es noch mehr? Denkt ihr denn nicht daran, daß, indes wir darüber berathen, ob wir ihnen Hilfe bringen sollen, sie im Feuer liegen? Ich verstehe mich nicht darauf, mit glänzender Beredsamkeit zu ihren Gunsten zu sprechen; aber daran liegt nichts, es ist

---

[1] Solche Gedanken darf man auf der Kanzel dem Volke in dieser kategorischen Form jedenfalls nur dann vortragen, wenn die Offenbarung für die Richtigkeit derselben bürgt. Das letztere ist aber in Rücksicht auf das hier von Segneri Behauptete keineswegs der Fall.

genug, wenn ich mit aufrichtiger Treue für sie auftrete. Denn wenn nach dem schönen Spruche Salomons „ein treuer Bote Ruhe gewährt der Seele dessen, der ihn entsendet"[1], so darf ja auch ich die Hoffnung hegen, daß es mir heute gelingen wird, für die Ruhe der Dahingeschiedenen einiges zu wirken, indem ich euch in aller Treue ihre Aufträge ausrichte[2].

VI. (Zu S. 428, Nr. 420. „Eingang aus der Gattung.")

Förster, Sonntagspredigten I, 116 ff. („Am vierten Sonntage nach Epiphania.")

Unter des Menschen höchste Segnungen, meine Geliebten, gehört der Glaube. Seine schönsten Besitzthümer, seine reinsten Freuden, seine trostvollsten Erquickungen hat er durch ihn. Und der Muth, daß er mit frommer Selbstverläugnung an Edles, Großes, Heiliges seine Kraft setze und im Kampfe mit Fleisch und Blut die Welt überwinde, ist einzig des Glaubens Frucht.

Glaube ist des Sterblichen Führer von der Wiege bis zur Bahre. Wer lehrt das Kind, daß es von allen, die es umgeben, am innigsten an der Mutter Brust sich schmiege, am sichersten an des Vaters Hand sich weiß? Es ist der Glaube, daß treuer als der Eltern Herzen keine für seines Lebens Wohl und Wehe schlagen. Wer stärkt die Mutter, wenn sie in langen Kummernächten am Lager des geliebten Säuglings wacht? Wer gibt dem Vater Kraft und Ausdauer, wenn die Sorge, die Arbeit ihm zu schwer werden wollen für den Bedarf einer zahlreichen Familie? Es ist der Glaube, daß vor allen den Kindern ihrer Freude und ihrer Schmerzen ihre Sorgfalt und Mühen gebühren. Was beseligt den Jüngling zu so frohen Erwartungen und Aussichten, wenn er an der Hand der Jungfrau zum Altare tritt, den innigsten Bund des Herzens durch die Weihe der Religion zu heiligen? Es ist der Glaube an gleiche Liebe, gleiche Treue, gleiche Tugend. Ja, wo auch nur ein Mensch mit dem andern zu gleichem Unternehmen sich verbindet, wo einer bei dem andern Hilfe sucht, wo einer den andern um eine Gabe anspricht, was bewegt ihn dazu? Es ist der Glaube an die Redlichkeit, an die Theilnahme, an das Mitgefühl der Brüder. Nehmet den Glauben aus dem Leben hinweg, und alle Bande sind gelöst, und alles Vertrauen hört auf, die Gesellschaft kann nicht mehr bestehen. Drum, der Glaube ist des Menschen Element und dem moralischen Leben so nothwendig als dem leiblichen Leben die Luft.

Und wie wunderbar, meine Geliebten! Den Glauben an die Menschen, an ihre Liebe, ihre Treue, ihre Geschicklichkeit, diesen Glauben, der so oft täuscht, halten wir fest und nähren und pflegen ihn mit aller Sorgfalt. Den höhern Glauben aber an Gott, den uns das Gewissen, den uns die Natur,

---

[1] Spr. 25, 13. Die Stelle lautet eigentlich so: „Wie Schneefrische am Tage der Ernte, so ist ein treuer Bote dem, der ihn entsendet: der Seele desselben gewährt er Ruhe." — Der vorletzte Satz („Ich verstehe mich nicht darauf...") dürfte, was den ersten Gedanken betrifft, besser weggeblieben sein.

[2] Den Centralgedanken spricht Segneri in dieser Predigt nicht aus; aber derselbe tritt schon im Eingange mit genügender Bestimmtheit hervor. Ich habe ihn oben S. 412 angegeben.

ben uns die Offenbarung täglich ins Herz predigen; den Glauben an Jesum Christum, den uns seine Lehre, den uns seine Thaten, den uns sein Leben, sein Sterben, seine Auferstehung so unwidersprechlich verbürgen; den Glauben an seine Kirche, den uns ihre Wirksamkeit, ihre Schicksale, ihre achtzehnhundertjährige Geschichte verkünden: ihn achten wir nicht und pflegen wir nicht, ihn vernachlässigen wir auf das unverantwortlichste. Kommen dann Zeiten, die Glauben fordern, Stürme und Wogen, in denen wir ohne den höhern Glauben zu Grunde gehen, dann fühlen wir unser Elend, unsere Verlassenheit und wissen uns nicht zu helfen. Hätten die Jünger den rechten Glauben gehabt, da sie mit dem Heilande über den Galiläischen See fuhren, der Sturm hätte sie nicht erschreckt, der Wogendrang nicht geängstet; sie wären, wie der Meister, ruhig gewesen mitten im Unwetter. Daher auch Jesu tadelndes Wort: Ihr Kleingläubigen, warum seid ihr so furchtsam?

Wie aber nähren und pflegen wir denn unsern christlichen Glauben mitten in der glaubensarmen Welt? höre ich euch fragen; wie verwahren wir uns gegen den Vorwurf der Kleingläubigkeit in Tagen, wo so vielen das Licht des Glaubens ganz ausgehen will und der Glaube nicht nur nicht bewahrt, sondern gegen den Glauben gekämpft und sein göttlicher Bau so gewaltig untergraben wird? Das wollen wir heute miteinander betrachten, meine Geliebten, indem wir

auf des Glaubens Quell zurückgehen,

und die Mittel, diesen Glauben zu nähren und zu pflegen, uns klar machen.

VII. (Zu S. 429, Nr. 420. „Eingang aus den Umständen.")

Förster, Zeitpredigten I, 170 ff. („Am Sonntage Quinquagesimä.")

Einst, meine Geliebten, wann die Härte des Winters schwand, wann das Eis brach und der Schnee verging und die ersten Regungen des nahenden Frühlings in der Natur sich offenbarten, trat in dem Treiben und Hantieren der Menschen plötzlich eine große Stille ein. Laute und rauschende Vergnügen hörten auf, heitere Musik und Lustgelage verstummten, selbst der Lärm des gewerblichen Verkehrs in den Städten und auf den Dörfern erschien gemäßigt, es war, als ob eine heilige Sabbatsruhe ihre Flügel ausgebreitet hätte über das Land.

Fragt ihr nach der Ursache dieser Ruhe und Stille?

Seht, die Kirche hat ein wenig Asche auf die unruhigen Häupter ihrer Kinder gestreut und dabei ein ernstes Mahnwort ausgesprochen, das Mahnwort an den Tod, und hatte zugleich den Vorhang vor dem Allerheiligsten ihres Jahres aufgezogen und im Hintergrund das Kreuz gezeigt, das Kreuz auf Golgatha, und zu beiden Seiten die Bilder von dem Leiden und Sterben Jesu Christi; das hat die Ruhe bewirkt und die fromme Stille allum.

Jetzt ist es nicht mehr so. Der Tumult des Alltagslebens währet fort das ganze Jahr, und das Geräusch sinnlicher Freuden und Lustbarkeiten und der Lärm geschäftiger Erwerbsucht und eigennütziger Betriebsamkeit verstummen nicht mehr.

Wie, hat die Kirche aufgehört, unsere Häupter mit Asche zu bestreuen, ihre ernsten Mahnworte in die Welt hinauszurufen, die Bilder der Passion vor uns zu enthüllen und uns auf das Kreuz hinzuweisen, daran das Lamm Gottes für die Sünden der Welt geschlachtet worden ist?

Das hat sie nicht; sie lehrt und bittet, mahnt und warnt noch jetzt wie früher. Sie nimmt ihre Blumen von den Altären, sie kleidet sich in die Gewande der Trauer, sie betet anstatt der Freudenhymnen ihr Miserere und führt uns auf den Leidensweg von Gethsemane bis zum Kalvarienberge. Aber die Kinder ehren den Ruf der Mutter nicht mehr, sie achten den Glauben der Väter nicht mehr, sie lieben das Kreuz des Erlösers nicht mehr, sie leben nur für die Zeit, nicht aber in der Zeit für die Ewigkeit.

Womit haltet ihr's, meine Geliebten? Mit dem Einst oder Jetzt, mit der Kirche oder mit der Welt? Ich bin nicht euer Richter, der Herr ist euer Richter. Aber ich bin des Herrn Diener, von ihm berufen und hierher gestellt, im Geiste der Kirche, welcher da ist der Geist Gottes, an eurem Heile zu arbeiten. Die Kirche aber will euch heute hinweisen auf die Fastenzeit, die wir mit dem Aschermittwoch beginnen, und will euch an das erinnern, was in dieser Gnadenzeit euch obliegt, darum begrüßt sie euch mit dem Worte, mit welchem der Meister einst aufbrach in seine Leidenstage: „Siehe, wir gehen hinauf nach Jerusalem, und es wird alles erfüllet werden, was durch die Propheten über den Menschensohn geschrieben worden ist. Denn er wird den Heiden überliefert, verspottet, gegeißelt und angespien werden; und nachdem sie ihn gegeißelt haben, werden sie ihn tödten; und am dritten Tage wird er wieder auferstehen.

Was aber soll nach dem Willen der Kirche und den Winken unseres Textwortes die heilige Fastenzeit uns sein?

Sie soll uns sein:
      eine Zeit der Geistessammlung,
      eine Zeit der Geisteserweckung,
      eine Zeit der Geisteserneuerung.

Beachtet, ich bitte euch, was ich euch darüber zu sagen habe; es ist eurer Beachtung so werth, zu aller Zeit, insbesondere aber zu dieser Zeit, welche die Geister prüft, ob sie aus Gott sind oder aus der Welt. Der Herr erleuchte uns mit dem Lichte seiner Gnade.

VIII. (Zu §. 433, Nr. 423. „Peroration.")

Massillon, „Ueber das allgemeine Gericht". (Auf den ersten Sonntag im Advent; paränetisch. Oeuvres I, 139.)

Nach einer so furchtbaren Schilderung, welche auch die verhärtetsten Gemüther ergreifen muß, kann ich, indem ich schließe, nur jene Worte an euch richten, welche Moses einst zu den Israeliten sprach, da er ihnen die schrecklichen Drohungen und die trostvollen Verheißungen vorgetragen hatte, welche in dem Buche des Gesetzes geschrieben standen. Ihr Kinder Israels, so sprach der große Gesetzgeber und Führer des Volkes, „siehe, ich lege vor euer Angesicht heute den Segen und den Fluch: den Segen, wenn ihr gehorsam seid den Geboten des Herrn, eures Gottes, den Fluch, wenn ihr den Weg ver=

lasset, den ich euch zeige, um nachzugehen fremden Göttern" (5 Mos. 11, 26—28). Das Nämliche, meine Christen, sage ich euch, indem ich meine Predigt über diese erschütternde Wahrheit beschließe. Es ist jetzt an euch, zu wählen und euch zu entscheiden; ihr seht vor euch die rechte und die linke Seite, die Verheißungen Gottes und seine Drohungen, den Segen und den Fluch. Euer Los in der Ewigkeit bestimmt sich unausweichlich nach diesem grauenvollen Entweder-Oder: ihr werdet entweder auf der Seite des Teufels und seiner Engel stehen, oder ihr werdet bei den Auserwählten sein mit Christus und seinen Heiligen. Einen Mittelweg gibt es da nicht; ich habe euch den Weg gezeigt, auf dem ihr das Leben findet, und jenen, der zum Verderben führt. Auf welchem von diesen zwei Wegen wandelt ihr gegenwärtig? Und auf welcher Seite würdet ihr euch sehen, wenn ihr in diesem Augenblicke vor dem furchtbaren Richterstuhle erscheinen müßtet? Man stirbt, wie man gelebt hat[1]; nehmt euch in acht, daß das Los, welches euch heute treffen würde, nicht euer ewiges Schicksal sei. Verlasset ohne Verzug den Weg der Sünde; führet von nun an ein Leben in wahrer Gottesfurcht, wenn ihr am jüngsten Tage auf der rechten Seite stehen und mit den Auserwählten eingehen wollet zum ewigen Leben. Amen.

IX. (Zu S. 433, Nr. 423. „Peroration.")

Massillon, „Ueber die kleine Zahl der Auserwählten". (Auf den Montag der dritten Fastenwoche; paränetisch. Oeuvres III, 340 ss.)

Welchen Schluß sollen wir nun aus diesen großen Wahrheiten ziehen, andächtige Christen? daß man an seinem Heile verzweifeln müsse? Das wolle Gott nicht! Nur der Gottlose bemüht sich, um sich über seine Ausschweifungen zu beruhigen, aus dem, was ich gesagt habe, die Folgerung zu ziehen, daß alle andern Menschen so gut verloren gehen werden wie er selber. Nicht das soll die Wirkung dieser Predigt sein; aber dieselbe soll euch die Augen öffnen gegenüber dem so allgemeinen Irrthum, als ob man ruhig das thun könne, was alle übrigen thun, und als ob die allgemeine Gewohnheit ein sicherer Weg wäre; sie soll euch überzeugen, daß man, wenn man das Heil seiner Seele sicherstellen will, nicht der Welt folgen darf, daß man vielmehr seinen eigenen Weg gehen und mitten in der Welt lebend die Grundsätze der Welt verläugnen muß.

Zu jener Zeit, da die Juden, als Kriegsgefangene fortgeführt, im Begriffe standen, ihre Heimat zu verlassen, um nach Babylon zu ziehen, da richtete der Prophet Jeremias, welchem der Herr befohlen hatte, sich von Jerusalem nicht zu entfernen, an sie diese Worte: Ihr Kinder Israels, wenn ihr nach Babylon kommet, dann werdet ihr dort sehen, wie man Götter von Gold oder Silber auf den Schultern trägt; alles Volk wird vor denselben niederfallen und sie anbeten; ihr aber, weit entfernt, euch zu einem solchen Frevel verführen zu lassen, sprechet alsdann in eurem Herzen: *Te oportet adorari, Domine* — „Herr, dir allein gebührt Anbetung!" (Bar. 6, 5.)

---

[1] Das ist denn doch etwas gar zu kategorisch gesprochen. Massillon hätte etwa sagen sollen: „Man stirbt sehr leicht (oder: in den meisten Fällen), wie man gelebt hat." Auch der folgende Satz dürfte in solcher Allgemeinheit zu hart sein.

Laßt mich, indem ich schließe, an euch heute die gleichen Worte richten, andächtige Christen. Wenn ihr diese Kirche verlasset, dieses zweite Sion, dann tretet ihr wieder in Babylon ein; dann sehet ihr wieder die Götzen von Gold und Silber, vor denen alle Menschen sich niederwerfen; dann begegnen euch wieder die hinfälligen Dinge, welche die Neigung der Menschen fesseln, irdisches Gut, Ehre, Genuß, diese Götter der Welt, welche fast alle Menschenkinder anbeten; ihr seid wieder Zeugen jener Verkehrtheiten, welche jedermann sich erlaubt, jener Verirrungen, die der Gebrauch rechtfertigt, jener Ausschweifungen, die eine gottvergessene Gewohnheit fast zum Gesetz erhoben hat. Alsdann, meine Christen, wenn euch anders daran liegt, zu der kleinen Schar der wahren Israeliten zu gehören, alsdann sprechet bei euch selbst in eurem Herzen: *Te oportet adorari, Domine* — „Herr, dir allein gebührt Anbetung!" Nein, ich will nichts gemein haben mit einem Volke, das dich nicht kennt; ich will vor keinem andern Gesetze mich beugen als vor deinen heiligen Geboten; die Götter, welche diese wahnsinnige Menge anbetet, sind keine Götter, sie sind das Werk der Menschenhand, sie werden dahinsinken mit den Menschen; du allein bist unsterblich, Herr, mein Gott, und du allein verdienst Anbetung: *Te oportet adorari, Domine*. Die Gewohnheiten Babylons haben nichts gemein mit den heiligen Gesetzen von Jerusalem; ich will dir anhängen mit der kleinen Schar der Kinder Abrahams, welche inmitten eines ungläubigen Geschlechtes noch dein Volk bilden; das ewige Leben, Sion soll, wie bei ihnen, so auch für mich das einzige Ziel meines Verlangens sein. Wohl wird man mir es als feige Schwäche auslegen, wenn ich in meiner Lebensweise mich nicht der allgemeinen Mode anschließe; aber gesegnet, o Herr, sei eine solche Schwäche, denn sie macht mich stark, dem Strome der Beispiele, die mich umgeben, und ihrer verführerischen Gewalt zu widerstehen, und durch sie wirst du mein Gott sein inmitten Babylons, wie du es bereinst sein willst in dem himmlischen Jerusalem: *Te oportet adorari, Domine*. Ach, sie wird ja einmal zu Ende gehen, die Zeit der Gefangenschaft; du wirst an Abraham gedenken und an David und Hilfe bringen deinem Volke; du wirst uns einführen in die heilige Stadt, um allein zu herrschen über Israel und über die Völker, die dich nicht kennen; und wenn dann alles zerstört, wenn alle Reiche, alle Scepter, alle Denkmale des menschlichen Stolzes in das Nichts versunken sind und du allein unveränderlich und ewig unsterblich bleibst, dann wird alle Creatur erkennen, daß nur du allein es bist, dem Anbetung gebührt: *Te oportet adorari, Domine*.

Sehet Christen, das ist die Frucht, welche ihr aus dieser Predigt ziehen sollet. Führet, soweit es angeht, ein zurückgezogenes Leben; seid eingedenk, daß die Straße breit ist, die zum Verderben führt, und daß viele auf derselben wandeln; achtet die allgemeine Gewohnheit für nichts, wenn die Gebote Gottes sie nicht rechtfertigen, und erinnert euch, daß die wahren Diener Gottes zu allen Zeiten die Grundsätze der Welt verläugnet haben[1]. Wenn ihr euch

---

[1] Im Original heißt es: Vivez à part: pensez sans cesse *que le grand nombre se damne*; ne comptez pour rien les usages, si la loi de Dieu ne les autorise; et souvenez-vous que les Saints ont été dans tous les siècles *des hommes singuliers*. — Ueber die ganze Predigt vergleiche man das früher Gesagte, Bd. I, S. 419 ff., und oben Nr. 800.

in solcher Weise von denen, welche die Sünde lieben, hier auf Erden unterschieden habt, dann dürft ihr hoffen, auch in der Ewigkeit dereinst euch glorreich von ihnen getrennt zu sehen. Amen.

X. (Zu S. 433, Nr. 423. „Peroration.")

Massillon, „Ueber die Auferstehung des Herrn". (Auf das Osterfest; panegyrisch. Oeuvres VII, 233 ss.)

So habe ich euch denn, andächtige Christen, die Beweggründe der Beharrlichkeit und die Mittel dafür auseinandergesetzt, so wie sie an dem heutigen Tage die Auferstehung Jesu Christi uns nahelegt. Laßt mich jetzt diesen Vortrag und damit zugleich diese ganze Reihe von Predigten und meine Aufgabe während der heiligen Zeit, die hinter uns liegt, lasset mich sie beschließen, indem ich an euch dieselben Worte richte, welche einst der Apostel an jüngst zum Glauben bekehrte Christen schrieb. Brüder, ermahnte er sie, bleibet standhaft und tretet nicht wieder zurück unter das Joch der harten Knechtschaft, von welchem soeben die Gnade Jesu Christi euch befreit hat: *State, et nolite iterum iugo servitutis contineri* — „stehet fest und laßt euch nicht aufs neue unter das Joch der Knechtschaft bringen!" (Gal. 5, 1.) Christen, ihr habt so viel gethan, um euer Gewissen zu reinigen, um in dem heiligen Gerichte der Buße seine Abgründe aufzuhellen; jene Thränen, jene Beschämung, jene Geständnisse, die eurer Schwachheit so viel gekostet, jene bittere Qual der Seele: möchtet ihr das alles umsonst gelitten haben? *Tanta passi estis sine causa?* (Gal. 3, 4.) Nein, legt euch nicht abermals die Ketten an, deren Last ihr ja selber nicht zu tragen vermochtet; lasset nicht wiederum mitten in eurem Herzen jenen nagenden Wurm sich erzeugen, den ihr nie zur Ruhe bringen konntet; kehret nicht wieder zurück auf jene bittern Wege der Sünde, die ihr selbst so traurig fandet und so hart. „Stehet fest und laßt euch nicht aufs neue unter das Joch der Knechtschaft bringen!" Haltet den Zustand, in welchen jetzt die Gnade der Sacramente euch versetzt hat, mit jenem zusammen, in dem ihr euch vor dem Empfange derselben befandet. Empfindet ihr nicht in der Tiefe eurer Seele eine stille Freude, eine Ruhe, einen Frieden, den die Welt und ihre Leidenschaften euch niemals hatten geben können? Ist die frühere Angst nicht von euch weggenommen, haben die Vorwürfe, die euer Gewissen euch machte, nicht aufgehört? Seht ihr nicht jetzt mit größerer Freude dieses Gotteshaus wieder, diese Altäre und ihren Festschmuck und den feierlichen Gottesdienst, wie ihn die Kirche an diesem hohen Tage begeht? Kommen euch die Töne der Orgel und die Freudengesänge, die ihr hier vernehmet, nicht vor wie ein Vorspiel jener nie aufhörenden Gesänge der Freude, welche am Throne Gottes die Verklärten anstimmen? Höret ihr nicht jetzt in der Predigt das Wort Gottes mit fühlbarem innerem Troste, statt daß es früher für euch wie ein zweischneidiges Schwert war und die innerste Tiefe eurer Seele mit Schrecken und Wehe erfüllte? Erinnert euch der Tage eures Leichtsinnes und eurer Ausschweifungen; könnt ihr das, was sie euch gewährten, mit den Gefühlen, die euch heute bewegen, irgendwie in Vergleich bringen? Ist das nicht in Wahrheit für euch der Tag, ja der große Tag, welchen der Herr gemacht hat? Und habt ihr in dem Lande des Todes, das ihr jetzt verlassen, jemals einen so frohen, einen so glücklichen, einen solchen Tag des Segens erlebt? So harret denn standhaft aus auf den Wegen des Herrn, auf die ihr eben wieder zurückgekehrt seid, und werdet nie eines Joches überdrüssig, in welchem allein das Heil ist und die Fülle alles Trostes für jene, die es tragen. „Stehet fest und laßt euch nicht aufs neue unter das Joch der Knechtschaft bringen!" Ihr seid Kinder des Lichtes geworden, bewahret euch diesen seligen Namen; ihr seid wieder Erben des Himmels, verachtet mit einem heiligen Stolze alles, was weniger ist als ein so herrlicher Lohn; ihr seid der Siegespreis Jesu Christi, der Gewinn seines Todes, das Denkmal seiner Auferstehung, beeinträchtigt nicht den Glanz seines Triumphes, indem ihr wieder zurücktretet in die schmachvolle Sklaverei seines Feindes. „Stehet fest und laßt euch nicht aufs neue unter das Joch der Knechtschaft bringen!" Christen, was soll ich noch weiter sagen? Ach, die Engel, welche im Himmel den Thron des Lammes umstehen, die Seelen der Eurigen, die mit dem Zeichen des Glaubens euch vorangegangen sind, die heiligen Patrone dieses Landes, welche einst unsern Vätern den Glauben verkündigt haben; seht, sie alle schauen vom Himmel her in hoher Freude auf euch herab; sie feiern dort in den Wohnungen der Unsterblichkeit eure glückliche Rettung, eure Versöhnung mit Gott, eure Wiedervereinigung mit ihnen und mit der gesamten triumphirenden Kirche, sie singen an den Stufen des Thrones den Gesang des Lobes und des Dankes. Könntet ihr es über euch bringen, abermals den Himmel euch zu verschließen, abermals die Freundschaft der seligen Bürger des himmlischen Jerusalem preiszugeben und eine Verbindung wieder zu zerreißen, durch die ihr glücklich, ohne die ihr verloren seid? O, so bleibet denn treu, bleibet standhaft und vertauschet niemals wieder die selige Freiheit der Kinder Gottes mit der fürchterlichen Sklaverei im Dienste des Teufels und der Sünde! „Stehet fest und laßt euch nicht aufs neue unter das Joch der Knechtschaft bringen!" . . .[1] Ja, bewahrt ihn getreu, den Schatz der Gnade, den ihr nun wieder empfangen habt, bewahret ihn bis auf den Tag des Herrn, auf daß ihr dann, wenn wir alle auferstehen aus dem Grabe, ihm denselben vorweisen könnet als das Unterpfand und den Preis einer seligen Unsterblichkeit. Amen.

XI. (Zu S. 433, Nr. 423. „Peroration.")

Kleutgen a. a. O. I, 396 ff.: „Von der Verfolgung der Kirche", dritte Predigt.

Doch siehe, da tritt meinem Geiste beim Schlusse dieser Predigt derselbe Gedanke entgegen, mit welchem ich meine Vorträge begann. Wie, geziemt es sich, daß wir in diesen Tagen der Betrübniß, der Verödung, der Verlassenheit so freien Muthes uns der Herrlichkeit unserer Kirche rühmen? Ist sie doch wie eine Wittwe geworden, einsam und verlassen, verachtet und verarmt, gedemüthigt und gefesselt; — und sie soll jetzt, gerade jetzt im Bewußtsein

---

[1] Ein Gedanke, der im Originale hier noch folgt und durch welchen Massillon die oratorische Erweiterung noch weiter ausdehnt, erinnert mich an den Fehler, vor welchem ich im siebenten Abschnitt (Bd. I, Nr. 206) mit Hugo Blair gewarnt habe. Derselbe scheint mir die Kraft der ganzen Peroration zu schwächen; deshalb habe ich ihn in der Uebersetzung weggelassen.

ihrer Würde sprechen: „Ich bin Königin"? soll den Völkern, die sie verlachen, den Großen, die sie plagen, zurufen: „Ich bin eure Königin"? Ja, Christen, sie soll es, und wir mit ihr; wir sollen gerade jetzt, in diesen Tagen ihrer scheinbaren Erniedrigung, ihrer Hoheit uns rühmen. Oder habe ich es euch nicht schon gesagt, daß unser Herr und Heiland bei keiner andern Gelegenheit, nicht als er Wunder wirkte und das erstaunte Volk in Lobpreisungen Gottes ausbrach, nicht als er Tausende mit wenigen Broden speiste und sie lehrte wie einer, der Gewalt hat, nicht als er in Jerusalem einzog und die jubelnde Menge „Hosanna dem Sohne Davids" sang, sondern nur einmal, nur als er gebunden, verurtheilt, zum Tode bestimmt vor Pilatus stand, das Wort aussprach: „Ich bin König!" — und nur über seinem mit Dornen gekrönten Haupte an den Pfahl des Kreuzes schreiben ließ: „König der Juden"? So soll denn auch die Kirche, die verachtete, die verurtheilte, die, wie man meint, dem Tode geweihte Kirche ihrer königlichen Würde sich rühmen, und nie wird sie es mit mehr Wahrheit thun, als wenn sie mit ihrem Bräutigam ans Kreuz geheftet ist. Sehet doch, o seht, wie der am Kreuze gesiegt hat, wie er lebt und herrscht und wie alle Gewalten, im Himmel, auf Erden und unter der Erde, vor ihm die Kniee beugen! Sein Reich, das Reich seiner Kirche, es ist nicht von dieser Welt, und darum wird die Welt es in alle Ewigkeit nicht zerstören. Ein starker Arm hat es gegründet, ein starker Arm ist ausgestreckt, es zu schützen. Wer wird ihn halten, wer ihn fesseln? O ja, die Völker erheben sich zum Sturme, und die, welchen sie sich in ihrer Blindheit als Führern ergeben, sie rüsten alles zum Kampfe; aber wir dürfen von der Kirche sprechen, wie wir mit dem Propheten von ihrem göttlichen Stifter sprachen:

„Was toben die Heiden," die wieder zu Heiden gewordenen Christen, „und was sinnen die Völker auf Eitles? Es stehen auf die Könige", und die zu Volksführern sich aufwerfen, die Afterkönige der Erde, und es kommen zusammen, die wie Fürsten sich gebärden, wider den Herrn und seine ihm vermählte Braut. „Laßt uns zerreißen ihre Bande und von uns werfen ihr Joch" (Pf. 2). Das Gesetz der Gerechtigkeit, das Joch des Kreuzes ist ihnen zur unerträglichen Bürde geworden; sie wollen frei sein. Aber „der im Himmel thront", Jesus zur Rechten des Vaters, „lachet ihrer", und er, der Herr, dem alle Gewalt gegeben, „er spottet ihrer". „Dann redet er zu ihnen in seinem Zorne und verwirrt sie in seinem Grimme." Die Kirche aber spricht im Hinblick auf ihn: Ich bin als Königin vom Herrn über Sion gesetzt, seinen heiligen Berg, und verkündige sein Gesetz. Der Herr hat zu mir gesagt: Du bist meine Braut; mit meinem Blute habe ich dich erworben. „Begehre von mir, und ich will dir geben die Heiden zu deinem Erbe und zu deinem Eigenthum die Enden der Erde." Sie hat begehrt und sie hat erhalten, sie begehrt noch und erhält immer von neuem. Eben jetzt, da sich die ungetreuen Völker Europas in tollkühner Wuth wider sie erheben, dehnt sie ihr Reich, als wäre sie im tiefsten Frieden, in allen andern Welttheilen und auf den fernen Inseln des Oceans aus. „Du wirst sie", fährt der himmlische Bräutigam fort, „du wirst sie beherrschen", wofern sie wollen, mit dem Stabe des Hirten, und sie sollen unter deinem Schutze weiden in der Fülle des Friedens. Aber so sie dir sich widersetzen, will ich deinen Hirtenstab zum eisernen Scepter machen.

„Du wirst sie beherrschen mit eisernem Scepter und sie zertrümmern wie Töpfergefäß." Israel hat den Hirten selber und seinen milden Stab verworfen, und siehe, das eiserne Scepter hat es zerschmettert. So manche Völker Afrikas, Asiens, Europas haben, des Hirtenamtes der Kirche überdrüssig, sich wider sie empört, und dasselbe eiserne Scepter hat sie zertrümmert. O daß die Ueberreste des Judenvolkes, die über den ganzen Erdkreis zerstreut ein ewiges Zeugniß geben, o daß die Trümmer jener einst christlichen Reiche, die eine Beute des scheußlichen Propheten geworden, daß sie den Völkern, ach Christen, den Völkern, unter denen wir leben, denen wir angehören, die Augen öffneten, damit sie das Los erkännten, das sie sich bereiten! „Und nun ihr Könige," ihr, die ihr statt der Könige herrschen wollt, „kommet zur Einsicht, die ihr richtet auf Erden, laßt euch belehren!" Es gibt keinen Anschlag wider den Herrn. Sein Reich soll bestehen, seine Kirche walten; die ihr widerstehen, sie müssen zu Schanden werden. Der Herr der Heerscharen schwört und spricht: „Ja, wie ich's gedacht habe, also wird es sein, und wie ich's bei mir beschlossen habe, also wird es geschehen. Ich zerschmettere Assyrien", die Feinde meines Volkes, „in meinem Lande," innerhalb der Grenzen meines Reiches, in dem sie den Greuel des Heidenthums wieder aufzurichten wagten, „und ich zertrete es auf meinen Bergen. Das ist der Rathschluß, den ich gefaßt über alle Lande, und das ist die Hand, die ausgestreckt ist über alle Völker" (Is. 14, 24). O Christen, wer errettet vor diesem Rathschluß des erzürnten Gottes, wer schützt vor dieser Hand des allmächtigen Vergelters? „Der Herr der Heerscharen hat es beschlossen, wer kann es hindern? Seine Hand ist ausgestreckt, wer kann sie abwenden?" Wohl sind die Rathschlüsse Gottes geheimnißvoll und seine Gerichte verborgen, aber nicht, wenn er sie selber enthüllt. Und er hat ihn enthüllt, den großen Rathschluß, den er über das Menschengeschlecht gefaßt hat. Er hat sein Reich in unserer Mitte gegründet, ein Reich voll Gnade und Wahrheit, ja! — aber auch voll Kraft und Gerechtigkeit, also daß alle, die guten Willens sind, in demselben ihr Heil, aber auch alle, die bösen Willens sind, durch dasselbe ihr Gericht finden. Und diese Offenbarung seiner Gnade und seiner Gerechtigkeit, sie soll in seinem Reiche auf Erden fortbauern, bis sie ihre Vollendung findet, wann er kommen wird, zu richten die Lebendigen und die Todten. Dann werden bei der neuen Erscheinung des Menschensohnes wehklagen alle Geschlechter der Erde, die Himmel mit großem Krachen vergehen und die Welt mit allem, was in ihr ist, zu Asche werden. Nur das Reich Gottes, das nicht von dieser Welt ist, es bleibt unversehrt in der allgemeinen Zerstörung. Aus dem Zustande des Leidens und Kampfes geht dann die Kirche über zum ewigen Triumphe und zur Herrschaft mit ihm, der ihr im Leiden vorangegangen.

So wollet denn nicht zagen, Geliebte; wir haben ein festes prophetisches Wort und thun wohl, an ihm festzuhalten. „Du bist Petrus," spricht er, „der Fels, und auf diesem Felsen will ich meine Kirche bauen, und die Pforten der Hölle werden sie nicht überwältigen." Mag immer in den Stürmen, deren vollem Ausbruche wir mit bangem Erwarten entgegensehen, der Zorn Gottes über die Menschen, die seine Wahrheit in Ungerechtigkeit niederhalten, sich offenbaren; es offenbart sich in ihnen zugleich die Treue und Güte Gottes gegen die, welche nach der Herrschaft seiner Wahrheit verlangen. Sie werden

30*

sie siegen, sie werden sie herrschen sehen! Gott selber befreit sie, indem er seiner Kirche den Sieg verleiht. O so liebet sie denn, die Wahrheit, Christen; umfasset sie mit eurem ganzen Herzen und vertrauet dem, der sie euch verkündigt hat, eurem Gott und Heiland, auf daß an euch das Wort des Propheten erfüllt werde: „Wenn in Bälde sein Zorn entbrennt, selig alle, die auf ihn vertrauen!" (Ps. 2.) Amen.

XII. (Zu S. 433, Nr. 423. „Peroration.")

Mac Carthy, „Ueber die Größe der Heiligen". (Auf das Fest Allerheiligen; panegyrisch. Sermons I, 76 ss.)

O, es ist so erhebend, es ist so schön, das Auge des Geistes ruhen zu lassen auf dieser langen Kette, auf dieser ununterbrochenen Kette von Heiligen, welche die wahre Religion verherrlicht und die großartigsten Tugenden geübt haben, angefangen von Abel dem Gerechten und den Patriarchen der grauesten Vorzeit bis herab auf die kleine Schar reiner und treuer Seelen, welche die Allwissenheit Gottes auch noch mitten in der Verderbtheit unseres Jahrhunderts unterscheidet! Sie, und sie allein, umfassen alles, was diese Erde seit dem Tage der Schöpfung an wahrhaft großen Menschen hervorgebracht hat. Sie allein waren groß, wie ihr gesehen habt: groß durch die übernatürliche Würde des Zweckes, für den sie lebten, und des Strebens, das sie erfüllte, groß durch die Kraft des Muthes, den Gott ihnen eingoß, groß durch die unsterblichen Werke, die sie vollbrachten. Aber vor allem dann, meine Christen, vor allem dann werden sie allein groß erscheinen, wenn einst alle sterbliche Größe dahingeschwunden, die Gestalt dieser Welt vorübergegangen, um nie wiederzukehren, diese ganze Erde die Beute des Feuers geworden sein wird; dann, sage ich, wenn der gerechte Richter der Lebendigen und der Todten kommt, um alle Urtheile der Menschen neu durchzusehen und die Gerechtigkeit und die Wahrheit wieder in alle ihre Rechte einzusetzen und dem Laster und der Tugend, dem Unglauben und der Gottesfurcht zu vergelten, was ihnen gebührt. Alsdann, sagt der Heilige Geist, werden die Gerechten dastehen in hoher Zuversicht: *Tunc stabunt iusti in magna constantia* (Sap. 5, 1). Hoch in die Lüfte erhoben, auf Thronen sitzend, um gemeinsam mit Gott selber das Gericht zu halten, werden sie denen das Urtheil sprechen, von welchen sie während ihres Lebens verfolgt und niedergetreten wurden: *adversus eos qui se angustiaverunt.* Ihre Feinde, einst so übermüthig und stolz, jetzt wie Verbrecher vor das Gericht geschleppt, werden das Feuer ihres Auges, den Glanz ihrer Verklärung nicht ertragen können, und darob, sagt die Schrift weiter, wird Verwirrung sie ergreifen und schauerliche Angst: *Videntes turbabuntur timore horribili.* Ha! werden sie im Tone der Verzweiflung ausrufen, das sind die Nämlichen, die wir einst so tief verachteten, die das Stichblatt unseres Uebermuthes waren! *Hi sunt quos habuimus aliquando in derisum!* Wehe! Wahnsinnige, die wir waren! Ihr gesamtes Leben kam uns wie eine lächerliche Narrheit vor: daß sie die Welt flohen, daß sie von unsern Zusammenkünften und Unterhaltungen sich fernhielten, daß ihre Schamhaftigkeit schon durch ein bloßes Wort sich verletzt fühlen konnte, daß sie die Gebote der Kirche beobachteten, daß sie demüthigen Sinnes sich den Uebungen der Religion unterzogen, daß sie oft die Kirche besuchten, alles das war in unsern Augen nichts weiter als Kleingeistigkeit, übertriebene Aengstlichkeit, launenhaftes Wesen und Beschränktheit des Urtheils: *Nos insensati vitam illorum aestimabamus insaniam.* Von der Welt und jenen, welche in derselben den Ton angaben, wurden sie mit Verachtung behandelt und zurückgestoßen; ihre Anschauungen waren unser oberstes Gesetz, und es galt uns darum als ausgemacht, daß sie auf immer einer finstern Vergessenheit und der Schande überantwortet sein müßten; weil sie demüthig waren, darum hielten wir sie für niedrige Seelen, und ihr Tod kam uns ehrlos vor, weil er kein Aufsehen machte und kein Gepränge veranlaßte: *et finem illorum sine honore.* Und da stehen sie jetzt vor uns in der Herrlichkeit der Kinder Gottes, hoch erhoben über die Sterne des Himmels, deren Glanz das Licht ihrer Verklärung überstrahlt: *Ecce quomodo computati sunt inter filios Dei!* So waren denn unsere Berechnungen alle verfehlt, alle unsere Grundsätze nur Irrwahn und Lüge! So sind wir denn irre gegangen: *Ergo erravimus!*[1]

O fürchterliches Irregehen, das sich durch nichts mehr verbessern läßt, dessen Folgen ewig dauern müssen! Damit nicht auch uns dieses Verderben trifft, andächtige Christen, damit nicht auch wir das Schicksal haben, dereinst in trostloser Niedergeschlagenheit und Verzweiflung Zeugen der Größe der Heiligen und ihrer Seligkeit zu sein, laßt uns heute zu derselben mit Theilnahme und mit der Freude der Liebe hinaufsehen, laßt uns, dem Geiste der Kirche gemäß, diese großen Seelen bewundern und sie verherrlichen; laßt uns den Beispielen vollendeter Tugend folgen, die sie uns gegeben; laßt uns sie eifrig anrufen um ihren Beistand und ihre mächtige Fürbitte, und fortan keinen andern Ehrgeiz hegen und kein anderes Verlangen, als daß wir durch ein echt christliches Leben uns würdig machen, einst mit ihnen in ihrer Herrlichkeit vereinigt zu werden und wie sie auf immer glücklich zu sein. Amen.

---

[1] In Stellen wie diese ist es vollkommen motivirt, wenn Texte der Heiligen Schrift, wie es hier geschieht, oder wenigstens Stücke derselben in lateinischer Sprache eingeschoben werden; denn es ist dies das geeignetste Mittel, die Zuhörer wissen zu lassen, daß die Gedanken, die der Prediger ausführt, fort und fort Gedanken des Heiligen Geistes sind. Dasselbe Mittel hätte darum auch in dem vorher, unter Nr. XI, aus Kleutgens „Predigten" gegebenen Beispiele zur Anwendung kommen sollen. Der Leser freilich erkennt aus den Anführungszeichen und der Citation, daß die Worte, die er liest, der Heiligen Schrift angehören; aber auf der Kanzel läßt sich die Citation nicht immer aufs neue wiederholen, und Anführungszeichen für Hörer hat man bisher noch nicht erfunden. Vgl. oben S. 99 f.

Ueber die Trauer bei dem Tode derer, welche man liebt.

(Von dem hl. Johannes Chrysostomus[1]. Paränetisch.)

1. Der Arznei bedient man sich freilich nur dann, wenn man an einer Krankheit leidet. Aber darum bringt es doch denen, welche gesund sind, keinen Nachtheil, die Heilmittel zu kennen, welche bei irgend einer Krankheit gute Wirkung thun. Und wenn in ähnlicher Weise die Wahrheiten, die ich euch heute vorzutragen beabsichtige, auch von der Art sind, daß für jetzt keineswegs ein jeder von euch derselben bedarf, so ist es doch für euch alle gut, sie zu kennen; denn früher oder später muß fast für jeden Menschen die Zeit kommen, wo er diese Wahrheiten sehr nöthig hat. Ich will nämlich von der Traurigkeit sprechen, welche über uns zu kommen pflegt, wenn solche, die uns nahestehen, die wir lieben, durch den Tod von uns weggenommen werden; wir wollen erwägen, was der Glaube uns in dieser Beziehung lehrt, und welche Gründe derselbe uns nahelegt, unsern Schmerz zu mäßigen. Denn wenn wir diese Wahrheiten nicht kennen, wenn wir diese Gründe unbeachtet lassen, dann sind wir in Gefahr, jener Stimmung zu verfallen, von welcher der Apostel sagt: „Die Traurigkeit im Geiste der Welt führt den Tod herbei" (2 Kor. 7, 10). Der hl. Paulus unterscheidet nämlich eine zweifache Traurigkeit: die eine ist gut, die andere böse; die eine ist nützlich, die andere schädlich; die eine bringt uns Heil, die andere richtet uns zu Grunde. Und damit nicht etwa jemand das, was ich sage, in Zweifel ziehe, so will ich die Worte des Apostels vollständig anführen: „Jene Traurigkeit," sagt er, „welche dem Geiste Gottes gemäß ist, bewirkt Sinnesänderung zu unwandelbarem Heile"; das ist die erste, die gute Traurigkeit; die „Traurigkeit hingegen im Geiste der Welt", fährt er fort, „führt den Tod herbei"; das ist die andere Traurigkeit, die böse. Damit wir nicht Gefahr laufen, dieser verkehrten Traurigkeit uns jemals hinzugeben, darum wollen wir, wie ich schon gesagt habe, heute betrachten, was für Gefühle, welche Gesinnung wir nach der Lehre unseres Glaubens hegen sollen bei dem Tode derer, die unserem Herzen theuer waren.

---

[1] Im sechsten Bande der Werke des heiligen Kirchenlehrers finden sich zwei Vorträge *(sermones)* mit der Ueberschrift *De consolatione mortis*, beide nur in lateinischer Uebersetzung; das Original ist verloren gegangen. „Die Gedanken sowohl als der oratorische Werth derselben", schreibt Montfaucon, „weisen auf Chrysostomus hin, und sie sind seiner vollkommen würdig. Indes bleibt die Vermuthung nicht ausgeschlossen, daß die beiden Vorträge in der Gestalt, wie sie vorliegen, vielleicht nicht von Chrysostomus selbst gearbeitet und herausgegeben, sondern von einem andern aus verschiedenen Stellen der Werke des Heiligen zusammengestellt sein könnten. Wie dem übrigens auch sei, sie verdienen jedenfalls, unter dem Namen des Chrysostomus veröffentlicht zu werden." — Die in deutscher Uebersetzung hier folgende Predigt enthält von den zwei erwähnten *sermones* den ersten ganz (mit gewissen Aenderungen) und von dem zweiten jene Stücke, welche mir größern Werth zu haben schienen und zugleich dem ersten *sermo* mehr entsprachen. Den ersten *sermo* bilden die Nummern 1. 2. 3. 4. 5 u. 8 der Uebersetzung; die Nummern 6 u. 7 sind dem zweiten entnommen. — Was in den *sermones* angeführten Schriftstellen betrifft, so stimmen dieselben dem Wortlaute nach theils mit der Vulgata überein theils nicht; die letztern habe ich in Anmerkungen wiedergegeben. — Der Vortrag ist ein Muster einer paränetischen Predigt der zweiten Klasse (oben S. 405 ff.).

2. Was ist es, Christen, das uns, wenn wir an dem offenen Sarge eines der Unsrigen stehen, in so tiefe Trauer versenkt? Ach, wir sehen vor uns die entseelte Leiche liegen, den Menschen, der aufgehört hat, Mensch zu sein, die Glieder, verlassen von dem Geiste, der sie belebte; wir rufen ihn bei seinem Namen, und er antwortet nicht mehr, wir reden zu ihm, und er hört nicht mehr; sein Gesicht ist bleich, sein ganzes Aeußeres entstellt, es ist das schauerliche Bild des Todes, das uns aus demselben entgegenstarrt. Und dabei tritt uns der Gedanke vor die Seele, daß er nun nimmermehr sein Schweigen lösen wird; dabei erinnern wir uns, wie angenehm es uns war, mit ihm zu leben, welche Vortheile er uns gewährte, was wir für die Zukunft durch ihn uns hofften; dabei werden wir uns wieder bewußt, wie so eng das Band war, das uns mit ihm vereinte, gedenken der Worte inniger Liebe, die er oft an uns richtete, sehnen uns zurück nach seiner Nähe, nach seinem Umgange, dessen wir so lange genossen. Das ist es, um dessentwillen unsere Thränen fließen, um was wir in Wehklagen ausbrechen, was unsere ganze Seele mit dem verzehrendsten Schmerze erfüllt.

Aber gegen diese scharfen Pfeile des Schmerzes sollen wir uns schirmen mit dem Schilde des Glaubens. Und vor allem andern müssen wir bedenken, daß alles, was geboren wird in dieser Welt, mit unausweichlicher Nothwendigkeit sterben muß. Denn das ist ja das unabänderliche Gesetz Gottes, das Urtheil, welches nach der Sünde über den ersten Menschen erging: „Du bist Erde", sprach Gott der Herr zu ihm, „und wirst zur Erde wieder zurückkehren."[1] Was ist also Auffallendes geschehen, wenn ein Mensch dem Urtheilsspruche Gottes Genüge geleistet hat, wozu er ja geboren war? Was hat sich Besonderes ereignet, wenn das Kind sterblicher Eltern dem Geschick seiner eigenen Natur verfallen ist, dem es doch nicht entgehen konnte? Was von alters her immer geschah, das ist ja doch nicht etwas Ungewöhnliches; was alle Tage vorkommt, das ist nicht etwas Unerhörtes; was allen gemeinsam ist, das ist nicht etwas Besonderes. Wenn die Geschichte uns lehrt, daß auch unsere Vorfahren und vor ihnen ihre Ahnen diesen Weg des Todes gegangen, daß die Patriarchen selbst und die Propheten, bis hinauf zu Adam, dem Vater aller, nicht, ohne zu sterben, von dieser Welt geschieden sind: dann laßt uns doch unsere Seele erheben aus der Tiefe der Traurigkeit; es war ja einfach eine Schuld, die der Dahingeschiedene gezahlt hat. Wie kann es ein Grund zum Schmerze für uns sein, wenn eine Schuld entrichtet wird? Ja, Christen, es ist ja in der That eine Schuld, die wir abtragen, indem wir sterben: eine Schuld, die sich durch keine Summe Geldes ablösen läßt, von der auch die Tugend nicht frei macht noch Wissenschaft, noch Ansehen und Gewalt, noch Fürstenkronen und Scepter. Handelte es sich um ein Unglück, von dem ihr euch mit Geld hättet loskaufen, oder das ihr wenigstens hättet hinausschieben können; wäre dasselbe jetzt über euch gekommen infolge unzeitiger Sparsamkeit, oder weil ihr irgend etwas vernachlässigtet: dann würde ich euch recht geben, ja euch ermahnen, noch stärker zu wehklagen. So aber, wo der Beschluß Gottes unabänderlich feststeht, härmen wir uns ja umsonst, fragen uns vergebens, warum der Todte gestorben sei; denn es steht geschrieben: „Der

---

[1] Terra es, et in terram ibis (Gen. 3, 19).

Herr, der Herr allein kann retten vom Tode" (Pf. 67, 21). So ist es denn zunächst dieser Gedanke, wie durchaus alles, was lebt, dem Tode geweiht ist, der uns bestimmen muß, unsern Schmerz zu mäßigen.

3. „Aber", erwiderst du mir, „ich weiß sehr wohl, daß alles, was lebt, dem Tode entgegengeht; ich weiß, daß der Verstorbene durch seinen Tod eine Schuld abgetragen hat, die allen gemein ist; aber ich gedenke des Trostes und der Freude, welche mir sein Umgang gewährte; ich kann nicht vergessen, wie nahe er mir stand; ich sehne mich heftig, ihn wieder bei mir zu sehen." Wenn du dich deshalb der Traurigkeit hingibst, dann lässest du dich von irrigen Anschauungen beherrschen, und es ist nicht die Wahrheit, die dich leitet, nicht die Vernunft. Denn du solltest doch wissen, daß Gott es ist, dem du den Trost und die Freude verdanktest, um die du jetzt weinst, und daß er mächtig genug ist, dir eine andere Freude von höherem Werthe dafür wiederzugeben; du solltest wissen, daß er, der den Verstorbenen durch ein so enges Band mit dir vereinte, dir den Trost seiner Nähe in anderer Weise ersetzen kann. Was aber deinen Vortheil angeht, wenn dir dieser am Herzen liegt, so mußt du auch den Vortheil des Verstorbenen ins Auge fassen. Denn vielleicht war es so gerade am besten für ihn, nach dem Worte des Heiligen Geistes: „Er ward hinweggenommen, damit das Böse nicht umwandle seinen Sinn; denn lieb war seine Seele Gott dem Herrn: darum beeilte er sich, ihn hinauszuführen aus der Mitte der Verkehrtheit" (Weish. 4, 11. 14). Wenn du endlich seinen Umgang vermissest und den Verkehr mit ihm, so läßt uns ja in manchen Fällen allein schon die Zeit auf solche Verhältnisse in dem Maße vergessen, als ob sie niemals bestanden hätten; was somit oft schon die Zeit vermag und eine Reihe von Tagen, sollte das nicht weit mehr noch die Vernunft vermögen und die Beherzigung dessen, was uns der Glaube lehrt? So beherzige denn vor allem jenes Wort, das Gott durch den Apostel gesprochen hat: „Die Traurigkeit im Geiste der Welt führt den Tod herbei." Und wenn jener Trost, den du jetzt entbehren mußt, jene Vortheile und jener Umgang, um die du weinst, zweifelsohne irdische Dinge sind und Freuden, die dieser Welt angehören und mit ihr dahingehen, so siehe zu, daß es dir nicht eine todbringende Krankheit werde, wenn du um solcher Rücksichten willen den Muth vollständig sinken lässest und dich ohne Rückhalt dem Schmerze hingibst. Ja, ich sage es noch einmal: „Die Traurigkeit im Geiste der Welt führt den Tod herbei!" Warum führt sie den Tod herbei? Darum, weil übermäßige Traurigkeit sehr leicht das Vertrauen auf Gott untergräbt; weil sie Zweifel wachruft gegen den Glauben; weil es geschehen kann, daß sie den Menschen verleitet, gegen Gott zu murren und in Gedanken der Lästerung einzuwilligen.

4. Ihr erwidert mir vielleicht: „Du untersagst uns also, um die Todten zu trauern? Aber es wurden doch die Patriarchen beweint, da sie starben, und Moses, der Knecht Gottes, und viele Propheten; und Job der Gerechte selber zerriß seine Kleider, als seine Kinder von dem einstürzenden Hause erschlagen waren" (Job 1, 20). Nein, Christen, nicht ich untersage euch, um die Todten zu trauern; sondern es ist der Lehrer der Völker, der Apostel, der also spricht: „Ihr sollet nicht in Unwissenheit sein, Brüder, hinsichtlich derer, welche schlafen, damit ihr euch nicht der Traurigkeit hingebet, wie jene

thun, welche die Hoffnung nicht haben."[1] Das ist die Mahnung des Apostels; und wenn einst diejenigen, welche vor Moses lebten, wenn auch die, über denen nach Moses der Schatten des Gesetzes hing, weinten um ihre Todten, so kann das der Klarheit, in welcher das Evangelium des neuen Bundes leuchtet, keinen Eintrag thun. Sie hatten Grund, um dieselben zu weinen, weil Christus noch nicht vom Himmel herniedergestiegen war, noch nicht, indem er aufstand von den Todten, die Quelle ihrer Thränen hatte versiegen lassen. Sie hatten Grund, um dieselben zu weinen, weil auf der Menschheit noch der Fluch des Todes lag. Sie hatten Grund, um sie zu weinen, weil die Auferstehung der Todten damals den Menschen noch nicht gepredigt wurde. Wohl sahen zu allen Zeiten die Frommen insgesamt der Ankunft des Herrn in Hoffnung entgegen; aber sie weinten dabei noch um ihre Todten, weil der, auf den sie hofften, noch nicht erschienen war. Nachdem hingegen Simeon, der ja auch zu den Frommen des Alten Bundes gehörte und bis dahin gleichfalls mit Besorgniß dem Tode entgegengesehen hatte, nachdem er, sage ich, Jesus unsern Herrn als kleines Kind in seinen Armen hielt, da freute er sich seiner bevorstehenden Auflösung und sprach: „Jetzt entlässest du, o Herr, deinen Diener in Frieden, weil meine Augen gesehen haben dein Heil" (Luc. 2, 29. 30). Glückseliger Greis! er hatte den gesehen, der seine Hoffnung war; darum galt ihm fortan der Tod als der Eingang zur Ruhe und zum Frieden.

Ihr könntet sagen: „Wir lesen aber doch im Evangelium, daß die Tochter des Vorstehers der Synagoge beweint wurde (Luc. 8, 52), und ebenso, daß die Schwestern des Lazarus um ihren Bruder weinten" (Joh. 11, 31). Die Thatsachen sind wahr; aber diese verfuhren nach den Anschauungen des Alten Bundes; denn sie waren noch nicht Zeugen gewesen, wie Christus von den Todten auferstand. Und wenn allerdings auch unser Heiland selber weinte am Grabe des Lazarus, so that er das jedenfalls nicht deßhalb, um uns ein Beispiel zu geben, wie wir um die Todten weinen sollen. Er wollte uns vielmehr durch seine Thränen beweisen, daß auch er einen wahren menschlichen Leib habe; oder es war seine Liebe zu den Juden, die ihm Thränen auspreßte, weil er wußte, daß sie auch auf dieses Wunder nicht an ihn glauben würden[2]. Denn der Tod des Lazarus konnte offenbar nicht der Grund seiner Thränen sein, da er ja selbst von ihm gesagt hatte, daß er schlafe, und überdies im Begriffe stand, ihn in das Leben wieder zurückzurufen.

5. Es war natürlich, ich habe es eben gesagt, wenn die Menschheit vor der Ankunft Christi des Herrn in diesem Punkte sich von der Schwachheit ihrer Natur überwinden ließ. Aber seitdem das Wort Fleisch geworden ist und unter uns gewohnt hat; seitdem der neue Adam das Urtheil aufgehoben, das über den ersten Adam ergangen war; seitdem der Herr durch seinen eigenen Tod unsern Tod vernichtet hat und am dritten Tage wieder auf=

---

[1] Nolo vos ignorare, fratres, de dormientibus, ut non contristemini, sicut qui spem non habent (1 Thess. 4, 12).

[2] Der erste Grund ist an dieser Stelle nicht passend. Denn es handelt sich ja nicht darum, zu erklären, warum der Herr bei jener Veranlassung sichtbare Thränen vergoß, sondern warum er Schmerz empfand. Das erklärt der an zweiter Stelle angeführte Grund und nicht minder ein anderer, der sehr nahe liegt.

erstanden ist von den Todten: von da an ist der Tod dem gläubigen Christen nicht mehr schrecklich; er fürchtet keinen Untergang mehr, weil erschienen ist, wie der Prophet sich ausdrückte, „der Aufgang aus der Höhe" (Luc. 1, 78). Der Herr selbst hat es gesagt, und er kann nicht lügen: „Ich bin die Auf=erstehung und das Leben; wer an mich glaubt, der wird, auch nachdem er gestorben ist, leben, und ein jeder, welcher lebt und glaubt an mich, wird den Tod nicht sehen in Ewigkeit."[1] Dieses Wort des Sohnes Gottes, andächtige Christen, ist ganz unzweideutig und klar: wer an Christus glaubt und seine Gebote hält, der wird leben, auch nachdem er gestorben ist.

Und dieses Wort war es, das vor der Seele des Apostels stand, das er umfaßte mit der ganzen Kraft seines Glaubens; und darum wies er die Christen an: „Ihr sollet nicht in Unwissenheit sein, Brüder, hinsichtlich derer, welche schlafen, damit ihr nicht traurig seiet."[2] O bewunderungswürdiger Ausspruch des Apostels! In einem einzigen kurzen Satze faßt er zwei Wahr=heiten zusammen: er will uns lehren, wie wir gesinnt sein sollen bei dem Tode derer, die wir lieben; aber schon ehe er dieses ausspricht, weist er uns hin auf die Auferstehung. „Die, welche schlafen", nennt er die Todten, und legt uns dadurch nahe, daß sie zuversichtlich wieder auferstehen werden; denn sie schlafen ja nur. „Ihr sollet nicht traurig sein um die, welche schlafen," spricht er, „wie es die übrigen zu sein pflegen." Sie, die keine Hoffnung kennen, mögen sich dem Schmerze überlassen; wir sind Kinder der Hoffnung, und darum haben wir Grund, uns zu freuen. Worin aber unsere Hoffnung besteht, das gibt er unmittelbar darauf an: „Wenn wir glauben, daß Christus gestorben ist und auferstanden, so wird Gott auch diejenigen, welche im Schlafe liegen, um Jesu willen herbeiführen, zugleich mit ihm selber."[3] Denn Jesus ist unser Heil, solange wir hier auf Erden sind, und er ist unser Leben, wenn wir scheiden von dieser Erde. „Mir ist das Leben Christus", schreibt anderswo derselbe Apostel, „und sterben Gewinn" (Phil. 1, 21). Ja in Wahrheit, Gewinn ist uns das Sterben; denn je rascher der Tod kommt, desto eher sind wir den Drangsalen und den Leiden entrückt, welche das Leben uns noch hätte bringen müssen.

Aber kehren wir zu den vorher angeführten Worten zurück, in denen der Apostel uns lehrte, was unsere Hoffnung sei. Er fährt folgendermaßen fort: „Dieses sagen wir euch auf das Wort des Herrn, daß wir, die wir noch leben, die wir zurückgelassen wurden auf dieser Erde, bei der Wiederkunft des Herrn nicht vorauskommen werden denen, welche schlafen. Denn der Herr selbst wird, indem der Ruf des Erzengels ertönt und die Posaune Gottes, herabsteigen vom Himmel, und es werden die Todten in Christo zuerst auf=erstehen; hiernach werden wir, die wir noch leben, zugleich mit ihnen in Wolken Christo entgegen in die Luft erhoben werden und alsdann für immer bei dem Herrn sein."[4] Versteht ihr, was der Apostel sagen will? Seht, wenn

---

[1] ... mortem non videbit in aeternum (Io. 11, 26).

[2] Nolo vos ignorare, fratres, de dormientibus, ut non tristes sitis (1 Thess. 4, 12).

[3] Si credimus, quia Christus mortuus est, et resurrexit: ita et Deus eos qui dormierunt, per Iesum adducet cum eo (ibid. 4, 13).

[4] Hoc vobis dicimus in verbo Domini, quia nos qui vivimus, qui residui

der Herr wiederkommt, dann wird er noch viele Christen auf dieser Erde finden, die noch nicht gestorben sind; aber diese werden sich doch nicht eher zum Himmel aufschwingen, als nachdem die in der Gnade Gottes Gestorbenen wieder auferstanden sein werden, indem die Posaune Gottes und die Stimme des Erzengels sie aus den Gräbern hervorgehen heißt. Wenn aber diese auferstanden sind, dann werden sie, vereinigt mit denen, welche noch leben, in den Wolken emporgehoben werden, Christo entgegen in die Luft, um für immer mit ihm zu herrschen. Daß unser Leib, trotz seiner Schwere, in die Luft erhoben werden kann, daran wird wohl niemand von euch zweifeln wollen. Wandelte ja der hl. Petrus, noch mit diesem Leibe von Erde, auf das Geheiß des Herrn auf den Wassern des Sees (Matth. 14, 29); fuhr ja schon Elias in einem feurigen Wagen zum Himmel auf (4 Kön. 2, 11), eben um die Hoffnung zu besiegeln, von der wir reden.

Wünscht ihr zu wissen, wie die Auferstandenen beschaffen sein werden? Das hat der Herr selber uns gelehrt: „Alsdann", spricht er, „werden leuchten die Gerechten wie die Sonne im Reiche ihres Vaters" (Matth. 13, 43). Der Apostel aber schreibt davon an die Christen zu Philippi (3, 20. 21): „Unser Wandel ist im Himmel; denn von dorther erwarten wir als Erretter unsern Herrn Jesus Christus, welcher umbilden wird diesen Leib unserer Niedrigkeit, um ihn gleich zu machen dem Leibe seiner Herrlichkeit." So ist es also unzweifelhaft gewiß, daß dieses verwesliche Fleisch umgestaltet, daß es wie der Leib Christi verklärt werden, daß das Sterbliche die Unsterblichkeit anziehen, daß, „was gesäet war in Schwachheit, dereinst erstehen wird in Kraft" (1 Kor. 15, 43). Alsdann wird unser Leib keine Verwesung mehr zu fürchten haben; alsdann wird er nicht mehr Hunger leiden noch Durst, noch Siechthum, noch irgend welche Beschwerde; nichts wird ihm dann mehr schaden können, nichts ihm Gefahr bringen: unvergängliches Leben wird sein Antheil sein.

6. Der Glaube an diese Auferstehung war es, die Hoffnung dieser Verklärung, welche die Martyrer aufrecht hielt; die es ihnen möglich machte, die schweren Qualen, die sie ertragen mußten, und den Tod selbst als einen großen Gewinn zu betrachten. Sie schauten nicht auf die zeitliche Pein, sondern auf den Lohn, der ihrer dafür wartete; sie wußten, daß geschrieben steht: „Was sichtbar ist, das geht vorbei; aber das Unsichtbare ist ewig" (2 Kor. 4, 18). Erinnert euch, andächtige Christen, an das Beispiel jener heldenmüthigen Frau, der Mutter der makkabäischen Brüder. Sie war es, die ihren sieben Söhnen Muth einsprach; sie trauerte nicht um dieselben, sie freute sich; sie stand dabei, wo ihre Kinder mit eisernen Krallen verwundet, mit Messern zerfleischt, bei schwachem Feuer langsam gebraten wurden: und sie vergoß keine Thräne, sie brach nicht in Wehklage aus, sie war nur darauf bedacht, ihre Söhne zur Ausdauer zu ermahnen. Es war nicht Grausamkeit, was sie beseelte, sondern tief im Herzen wurzelnder Glaube; sie liebte ihre Kinder

---

sumus, in adventu eius non praeveniemus eos qui dormierunt: quia ipse Dominus in iussu et voce archangeli, et in tuba Dei descendet de caelo, et mortui qui in Christo sunt, resurgent primi: deinde nos qui vivimus, simul cum illis rapiemur in nubibus obviam Christo in aëra, et ita semper cum Domino erimus (ibid. 4, 14—16).

aufrichtig, aber nicht mit weichherziger, sondern mit heldenmüthiger Liebe. Sie redete ihnen zu, das Martyrium muthig zu ertragen, und bestand es nach ihnen auch selber mit Freuden: warum? weil sie der Auferstehung der Ihrigen und ihrer eigenen Auferstehung mit fester Zuversicht entgegensah. Und wie viele Männer und Frauen, wie viele Knaben und Mädchen ließen sich nennen, welche in derselben Weise den Martern entgegengingen, denen der Tod war wie ein Spiel, die sich glücklich schätzten, so bald schon mit den Heerscharen des Himmels vereinigt zu werden! Es wäre ihnen frei gestanden, sich dieses zeitliche Leben zu retten: denn sie hatten die Wahl, Christus zu verläugnen und zu leben oder in seinem Bekenntnisse zu sterben; aber sie wollten lieber dieses irdische Leben preisgeben, um das ewige dafür zu gewinnen; sie zogen es vor, sich hinausstoßen zu lassen aus dieser Welt, um Bürger des Himmels zu werden.

Wenn wir denn Kinder der Martyrer sind, wenn wir bereinst ihre Genossen zu sein verlangen: o Christen, dann laßt uns nicht mehr dem Schmerze uns überlassen bei dem Tode derer, die wir lieben; laßt uns nicht mehr trauern, da sie vor uns heimgehen zu dem Herrn! Denn wenn wir das dennoch thun, dann werden ja die heiligen Martyrer unser spotten. „Ihr Christen," werden sie sagen, „ihr, die ihr euch nach dem Reiche Gottes sehnt! Ihr jammert um die Eurigen und wißt euch nicht zu fassen vor Schmerz, da ihr sie auf weichem Lager sterben seht: was würdet ihr thun, wenn sie für den Namen des Herrn von den Heiden vor euern Augen gemartert und hingemordet würden? Oder habt ihr nicht herrliche Beispiele, die euch vorleuchten? Abraham, der Patriarch, brachte seinen einzigen Sohn Gott als Opfer dar; er schonte nicht des Kindes, an dem er mit so inniger Liebe hing, um seinen Gehorsam gegen den Herrn zu bewähren. Und wenn ihr sagen wollt, er habe das gethan um des Befehles willen, den Gott ihm gegeben, so habt ja auch ihr das Gebot, daß ihr euch nicht dem Schmerze hingeben sollt um die, welche schlafen. Wenn ihr das Geringere nicht erfüllt, wann werdet ihr das thun, was viel schwerer ist? Oder begreift ihr nicht, daß ein Herz, das bei solchen Gelegenheiten unterliegt, die härtere Prüfung zu bestehen unfähig ist? Wer wird sich je auf das Meer hinauswagen, der Furcht hat vor einem Flusse? Wie kann also ein Christ, der bei dem Tode der Seinigen sich einem untröstlichen Schmerze überläßt, jemals im stande sein, den Kampf des Martyriums aufzunehmen? Denn nur wer das Kleine mit starker Seele zu tragen weiß, nur der macht sich fähig, allmählich auch Größeres zu bestehen."

7. Das sind die Wahrheiten, die wir beherzigen sollen, wenn Gott solche, die wir lieben, durch den Tod von unserer Seite nimmt. Lasset mich jetzt euch noch einen zugleich trostreichen und belehrenden Zug erzählen, den wir in der Heiligen Schrift lesen, im zweiten Buche der Könige (12, 15 ff.). Der Sohn des Königs David, noch ein kleines Kind, das aber der König liebte wie sein eigenes Leben, war von einer tödtlichen Krankheit befallen. Die Aerzte gaben das Kind auf, von natürlichen Mitteln war nichts mehr zu hoffen; darum wendete David sich zu Gott dem Herrn: er legte die Zeichen seiner Königswürde ab, zog ein Bußgewand an, fastete strenge, hielt sich einsam, lag betend auf seinem Angesichte und flehte sieben Tage nacheinander zu Gott, er möge

ihm seinen Sohn doch am Leben erhalten. Die Aeltesten seines Hauses begaben sich zu ihm, suchten ihn zu trösten und baten ihn, Nahrung zu sich zu nehmen; sie fürchteten, er möchte selbst vor Schmerz und Erschöpfung sterben, indeß er seinem Kinde das Leben zu erhalten bemüht war. Aber er wollte nicht, er war durch nichts zu bewegen; die Liebe, wenn sie heftig erregt ist, achtet ja keine Gefahren. Der König setzt sein Fasten, seine Bußübungen fort, solange die Krankheit des Kindes dauert; kein Zureden vermag ihn zu trösten, selbst das natürliche Bedürfniß der Nahrung hat keine Gewalt über ihn; seine Seele ist in tiefen Schmerz versenkt, aus seinen Augen fließen ohne Aufhören die Thränen. Unterdessen erfüllt sich der Rathschluß Gottes: das Kind stirbt. Die Mutter jammert, das ganze Haus erfüllt Wehklage, die Diener sind rathlos vor Furcht; denn keiner von ihnen getraute sich, dem Könige den schlimmen Ausgang mitzutheilen, aus Besorgniß, er möchte seinem Leben ein Ende machen, wenn er erführe, daß das Kind todt sei, um das er, da es noch am Leben war, schon so maßlos getrauert hatte. Da bemerkt David ihr verstohlenes Flüstern; er kommt ihrer Mittheilung zuvor und fragt, ob der Knabe gestorben sei. Sie können nicht nein sagen, ihre Thränen verrathen sie. Jetzt strömt alles zusammen, voll Erwartung und Angst, daß seine zärtliche Liebe den Vater verleite, sich selber ein Leid anzuthun. Der König erhebt sich sogleich vom Boden, er erhebt sich heitern Angesichtes, als ob man ihm gesagt hätte, das Kind sei gerettet; er begibt sich ins Bad, salbt sich und wechselt die Kleider, geht zum Hause Gottes, um den Herrn anzubeten, und setzt sich dann mit seinen Freunden zu Tische, ohne Thränen, ohne Seufzer, ganz ruhig und heiter. Alle Hausgenossen sind erstaunt; seine Freunde wissen sich diese unerwartet plötzliche Aenderung nicht zu erklären; endlich nehmen sie sich den Muth, ihn zu fragen, wie sie das verstehen sollten, daß er um das Kind, da es gestorben sei, nicht trauere, nachdem er, solange es noch lebte, sich so tiefem Schmerze überlassen. Und der Mann mit der starken Seele antwortete ihnen: Solange mein Sohn noch am Leben war, hatte ich Grund, Uebungen der Buße vorzunehmen und zu fasten und zu weinen vor dem Angesichte des Herrn: denn ich konnte ja noch hoffen, daß ihm vielleicht das Leben verlängert würde; nachdem aber einmal der Wille Gottes an ihm geschehen ist, wäre es Thorheit und Sünde, wenn ich meine Seele noch mit nutzlosem Schmerze martern wollte. „Oder könnte ich dadurch denn das Kind wieder ins Leben rufen? Ich werde wohl einmal ihm nachfolgen, aber zu mir zurückkehren wird es nicht" (2 Kön. 12, 23).

Seht, da habt ihr ein Beispiel echter Tugend und Hochherzigkeit. Und David gehörte doch, wie ihr wißt, dem Alten Bunde an; er lebte zu einer Zeit, wo die Klage um die Todten, ich will nicht bloß sagen erlaubt, sondern naturnothwendig war. Wenn also dieser Mann Gottes dennoch in solcher Weise unverständige Trauer von seiner Seele fernzuhalten, so den Schmerz zu beherrschen wußte, wie dürfen dann wir Christen, die wir an das Evangelium glauben, die wir mit untrüglicher Zuversicht der Auferstehung entgegensehen, wie dürfen wir uns getrauen, um diejenigen, die uns nahestehen, nach Art der Heiden maßlos zu jammern, wenn es dem Herrn gefällt, sie aus der Nacht dieses Erdenlebens abzurufen zum ewigen Lichte? „Der Herr hat gegeben," so sollten wir sprechen mit dem gottergebenen Job, „der Herr hat genommen; wie es dem Herrn gefiel, so geschah es; der Name des Herrn sei gebenedeit" (Job 1, 21). „Dein Wille geschehe," sollten wir aus ganzer Seele beten, „dein Wille geschehe, wie im Himmel, so auch auf Erden" (Matth. 6, 10). Von dir haben wir unser Leben, du bist es auch, der den Tod verhängt; du führst den Menschen ein in die Welt, du führst ihn aus der Welt wieder heraus und wachst in treuer Sorge über die, so du herausführst; denn nichts geht verloren, was den Deinen gehört, auch nicht, so hast du selber gesagt, ein Haar von ihrem Haupte.

8. Ich habe euch schon vorher auf den Apostel verwiesen; jetzt komme ich nochmals auf ihn zurück. Vor dem Auge seines Geistes stand in hellem Lichte die selige Auferstehung; in seinem Herzen wohnte, warm und lebendig, die Hoffnung auf die Verklärung und das ewige Leben, und fort und fort gedachte er der Vereinigung mit Christus unserem Herrn, die uns allen verheißen ist. Darum sprach er: „Ich habe Sehnsucht, aufgelöst zu werden; denn bei Christo zu sein, ist ja unvergleichlich viel besser" (Phil. 1, 23); darum schrieb er abermals in einem andern Briefe: „Solange wir in diesem Leibe wohnen, sind wir in der Fremde, fern von Christus; denn wir wandeln ja im Glauben und nicht im Schauen; wir möchten aber lieber fortziehen aus dem Leibe, um bei dem Herrn zu sein" (2 Kor. 5, 6—8).

Ach, Christen, was thun wir denn, und wie so armselig klein erscheint unser Glaube, da wir in Verwirrung gerathen und alle Kraft verlieren, wenn von denen, die wir lieben, jemand heimgeht zu dem Herrn! Was thun wir, da wir lieber in der Fremde umherirren, lieber in dieser Welt zu leben fortfahren wollen, als hinauf zu Christus ziehen, wo unsere Heimat ist! Denn es ist ja in Wahrheit, es ist im vollsten Sinne des Wortes ein Wandern in der Fremde, all unser Leben auf dieser Erde. Dem unstäten Wanderer gleich haben wir hier keinen festen Wohnsitz, müssen wir vielfältige Anstrengung uns gefallen lassen und harte Beschwerde, ziehen wir dahin auf ungebahnten Straßen, die voll von Gefahren sind; von allen Seiten lauern uns Feinde auf, sichtbare und unsichtbare; auf allen Seiten öffnen sich Irrwege, uns dem Verderben zuzuführen. Und mitten unter solchen Gefahren haben wir dennoch nicht bloß kein Verlangen, erlöst zu werden aus diesem Elende, sondern wenn die Hand Gottes andere daraus befreit, so weinen wir um sie und jammern, als ob sie zu Grunde gegangen wären.

Was hat denn Gott uns gegeben durch seinen eingebornen Sohn, wenn wir vor dem Tode noch zittern, als ob er ein Unglück wäre? Was sind wir stolz darauf, wiedergeboren zu sein aus dem Wasser und dem Heiligen Geiste, wenn der Hingang aus dieser Welt uns noch traurig macht? Der Herr selbst ruft uns zu: „Wenn jemand mir dienet, so folge er mir, und wo ich bin, dort wird auch mein Diener sein" (Joh. 12, 26). Was meint ihr, wenn jemand von einem Monarchen hier auf Erden eine Einladung erhält, in seinem Palast oder an seiner Tafel zu erscheinen, wird er ihm nicht dafür dankbar sein und sich beeilen, der Einladung zu entsprechen? Um wieviel mehr sollten wir uns beeilen, bei dem Könige des Himmels uns einzufinden, welcher alle, die er aufnimmt, nicht bloß seine Gäste sein, sondern an seiner Herrschaft theilnehmen läßt, wie geschrieben steht: „Wenn wir mit ihm gestorben sind, werden wir auch leben mit ihm; wenn wir im Leiden ausharren, werden wir auch mit ihm herrschen" (2 Tim. 2, 11. 12). Ich sage das freilich nicht in dem Sinne, als ob jemand gewaltsame Hand an sich selbst legen oder sich gegen den Willen Gottes, der ihn erschaffen hat, das Leben nehmen sollte und seine Seele vor der Zeit aus der Herberge dieses Leibes hinausdrängen; sondern darum handelt es sich, daß ein jeder aus euch gern und mit Freuden hinausziehen sollte, wenn Gott ihn zu sich ruft, und daß ihr, wenn andere, die ihr liebet, vor euch heimgehen, ihnen aufrichtig dazu Glück wünschen sollet. Denn darum dreht sich ja der gesamte Inhalt unseres Glaubens, daß wir unser eigentliches und wahres Leben erst nach dem Tode erwarten und mit Zuversicht darauf rechnen, wenn wir hinausgezogen sind aus diesem Leibe, mit demselben im Zustande der Verklärung einst wieder umkleidet zu werden. Darum laßt uns denn dem Worte des Apostels Folge leisten und in unerschütterlichem Vertrauen Gott Dank sagen dafür, daß er über den Tod uns den Sieg verliehen hat durch unsern Herrn Jesus Christus. Ihm sei Ehre und Preis, jetzt und in Ewigkeit. Amen.

Panegyrische Predigt auf das Fest Mariä Himmelfahrt.
(Fenelon[1].)

>Maria, de qua natus est Iesus qui vocatur Christus.
>„Maria, von welcher geboren wurde Jesus, welcher Christus genannt wird" (Matth. 1, 16).

Wir Menschen vermögen Dinge von Werth und Bedeutung kaum jemals anders als mit vielen Worten darzustellen, und wenn es uns darum zu thun ist, eine Sache oder eine Person zu verherrlichen, so gelingt es uns nur schwer, in langer Rede unsern Mitmenschen einen hohen Begriff von derselben beizubringen. Wo dagegen es dem Geiste Gottes gefällt, jemanden durch ein Lob auszuzeichnen, da ist dasselbe kurz, einfach, majestätisch; es ist seiner würdig, wenig Worte zu machen und doch viel zu sagen. Er versteht es, das höchste Lob in zwei Worte zu fassen. Um deshalb die heilige Jungfrau zu verherrlichen und uns zu lehren, wie wir von ihr denken sollen, läßt er alle jene Rücksichten unbeachtet, welche der Geist des Menschen mit Sorgfalt sammeln würde, um aus denselben ein mattes Lob zusammenzustellen, und hebt sofort jene Thatsache hervor, die ihre ganze Größe ausmacht. Mit einem einzigen Strich stellt er uns alles dar, was Gott an Gnaden in ihr Herz ausgegossen hat, alles, was sich Großes denken läßt in den Geheimnissen, die

---

[1] Oeuvres spirituelles de François de Salignac de la Mothe Fénelon, Archevêque-Duc de Cambrai, II (Paris 1828), 131 ss. — Außer der hier in deutscher Uebersetzung folgenden enthält diese Ausgabe noch fünf andere Predigten Fenelons. Wo und unter welchen Umständen dieselben gehalten wurden, wird nicht gesagt. — Fenelon war am 6. August 1651 geboren. Im Jahre 1689 wurde er zur Theilnahme an der Erziehung des Herzogs von Burgund, Enkels Ludwigs XIV., berufen und 1695 zum Erzbischof von Cambrai ernannt, wo er am 7. Januar 1715 starb.

an ihr sich vollzogen haben, alles, was es in ihrem ganzen Leben der höchsten Bewunderung Würdiges gibt. Es bedarf für ihn, für den Geist Gottes, nichts weiter, als uns einfach zu sagen, daß Maria die Mutter des Sohnes Gottes ist; denn darin erkennen wir zugleich, was zu sein sie verdient hat: „Maria, von welcher geboren wurde Jesus."

O daß heute dieser Geist, der nach dem Worte des Apostels zu Hilfe kommt unserer Schwachheit, daß heute dieser Geist mich ganz erfüllte, andächtige Christen! daß ich im stande wäre, durch einfache Worte, die euch aber tief ins Herz gingen, euch mit Ehrfurcht, mit Begeisterung für die gebenedeite Jungfrau zu erfüllen! Das heutige Fest ist die Feier ihres Triumphes, die Feier des Tages, wo sie ihr schönes, reines Leben beschloß. An dem heutigen Feste hat sie Anspruch darauf, daß wir sie verherrlichen, soviel wir vermögen; denn es ist der Tag, an welchem sie in ein anderes Leben hinüberging, in ein unvergleichlich seliges Leben, ein Leben voll Wonne und Herrlichkeit; es ist der Tag, an welchem der Himmel, für den sie gemacht war, endlich der Erde das werthvollste Kleinod entriß, welches der Sohn Gottes auf derselben zurückgelassen; es ist der letzte unter den Tagen, an denen die Welt sie zu sehen das Glück hatte: und darum liegt uns nichts näher, als heute zu ihrer Ehre den ganzen herrlichen Kranz ihrer hohen Tugenden zu betrachten. Es ist so schön, es ist so natürlich, und es dient zugleich so sehr zu unserer Belehrung und Erbauung, wenn wir in dieser Stunde alle Handlungen ihres Lebens an uns vorüberziehen lassen, bis zu jenem Abschlusse, der sie alle gekrönt hat, ihrem heiligen Tode. Wir wollen also beherzigen, wie sie das Leben angewendet hat und wie zuletzt den Tod. Wir wollen an ihrem Beispiele lernen, unser Herz vom Leben loszumachen, damit wir uns dadurch bereiten zum Sterben. Wir wollen andererseits an ihrem Beispiele lernen, in dem Tode jenen Zeitpunkt zu sehen, in welchem wir der seligen Vereinigung mit Jesus Christus theilhaftig werden. Ihr wißt ja, Christen, daß eben hierin alles enthalten ist, was das Christenthum von uns verlangt. In Maria haben wir dafür das vollendetste Muster. Möge sie uns von Gott jene Gnaden erlangen, deren wir bedürfen, um diese zwei Wahrheiten wirklich zu unserem Heile zu betrachten.

Erster Punkt.

Die heilige Jungfrau lebte in Dürftigkeit; sie war allen sinnlichen Genüssen feind; sie führte fort und fort ein Leben des Gehorsams, in Niedrigkeit und Verborgenheit; dazu lag auf ihrer Seele die schwere Last des Schmerzes wegen der harten Leiden, die ihr Sohn ertragen mußte: ihr ganzes Leben war mithin nichts anderes als ein langes, schmerzvolles Opfer, das erst mit ihrem Tode sich abschloß. In dieser Weise verfährt Gott, um jene Seelen von der Welt abzulösen, deren die Welt nicht werth ist. In dieser Weise wollte die Vorsehung auch selbst die Mutter des Sohnes Gottes einen Weg der Schmerzen führen. Lernet, meine Christen, an diesem Beispiele, das über jede Einwendung erhaben ist, lernet, was ihr es euch kosten lassen sollet, daß ihr euch der Gnade theilhaftig machet, der Gewalt der Finsternisse entrissen zu werden, wie der Apostel sich ausdrückt; der Gnade, versetzt zu werden in das Reich der Liebe des Sohnes Gottes, d. h., euch nicht blenden zu lassen von der Liebe vergänglicher Dinge und euch der Freuden des ewigen Lebens würdig zu machen.

Einem Geschlechte entsprossen, das, wie der hl. Gregor von Nazianz bemerkt, so viele Könige zählte, so viele Hohepriester, so viele berühmte Patriarchen, von Gott bestimmt, dereinst die Mutter zu werden des Königs der Könige, wurde Maria geboren in Armut und Niedrigkeit. Sie war eine Tochter Davids, wie der hl. Paulus in seinem Briefe an die Hebräer uns lehrt; darum hätte sie die Vortheile einer so hohen Abkunft genießen, hätte sie theilhaben sollen an der Erbfolge des königlichen Hauses. Aber seit das Volk Israel aus der babylonischen Gefangenschaft zurückgekehrt war, unterschied man die Gebiete der einzelnen Stämme nicht mehr voneinander; die Theilung, welche Josue getroffen hatte, bestand nicht mehr; alle Verhältnisse des Ranges und des Vermögens waren infolge dieser Umwälzung andere geworden. Joachim und Anna, ihrer Abstammung nach von fürstlichem Range, gehörten ihren Vermögensverhältnissen nach zu den Armen. Statt in der Umgebung von Bethlehem zu wohnen, wohin sich die Jungfrau mit dem hl. Joseph begab, um sich in die öffentlichen Aufschreibungslisten eintragen zu lassen, weil Bethlehem, wie das Evangelium sagt, ihre Stadt war und sie zu den Nachkommen Davids gehörten, statt, sage ich, in dem reichen Erblande des Stammes Juda zu wohnen, hatten sie ihren Sitz zu Nazareth, einem unbedeutenden Orte in Galiläa, in dem Lande des Stammes Zabulon. Dort lebten sie als Fremde, ohne Besitz, ausgenommen, wie der hl. Johannes von Damaskus berichtet, einige kleine Herden und den Ertrag ihrer Arbeit.

Wie sie auf diese Weise von ihrer Geburt an in Niedrigkeit gelebt, so wurde Maria einem einfachen Zimmermann zur Ehe gegeben. Es läßt sich nicht bezweifeln, daß sie in diesem ihrem Stande sich mit Arbeiten jener Art befaßte, welche bei uns für die gröbsten und niedrigsten gelten. Stellen wir sie also uns vor — denn es ist schön, daß wir solche Dinge im einzelnen uns vorstellen, die mit Wohlgefallen anzusehen Gott selbst nicht unter seiner Würde fand —, stellen wir sie uns vor, sage ich, die hehre Königin des Himmels, tief gebeugt unter der Schwere der Bürden, die sie zu tragen hatte; oder wie sie mit ihren reinen Händen Feldarbeiten verrichtete im Schweiße ihres Angesichtes; wie sie, der Gewohnheit der jüdischen Frauen gemäß, selber die Kleider anfertigte für ihre ganze Familie; wie sie hinging, Wasser zu schöpfen für die häuslichen Bedürfnisse, nach dem Beispiele der angesehensten Frauen der Patriarchen; oder wie sie das sparsame aber trauliche Mahl bereitete für ihren Vater, ihre Mutter, ihren keuschen Gemahl und sich selbst[1]. Wie ist es so erhebend, zu betrachten, wie sie durch bemüthige Arbeiten dieser Art ihren reinen Leib anstrengte und ermüdete und zugleich den christlichen Frauen aller Jahrhunderte ein Beispiel gab, dem gegenüber diese mit ihrem eitelen Sinn und ihrer Weichlichkeit nur erröthen können! Der Gemahl aber, dem die Jungfrau mit so aufrichtiger Demuth gehorcht, ist ihr Gemahl nur dazu, damit ihre Jungfräulichkeit einen Beschützer habe, und zugleich, damit dieselbe verborgen bleibe. Sie lebt im Ehestande, aber in einer Ehe, für welche

---

[1] Man vergleiche zu dieser Stelle Nr. 431, S. 447 f.

ganz andere Gesetze gelten als sonst. Denn sonst sind die Eheleute, wie die Schrift sagt, zusammen ein einziges Fleisch; hier dagegen sind sie zusammen ein einziger Geist; in ihrem Zusammenleben, in ihrer Verbindung ist nichts, das nicht über alles Sinnliche hoch erhaben wäre.

Maria, dieser Sproß des Segens und der Gnade, diese herrlichste unter den Töchtern Abrahams, aus welcher hervorgehen sollte der Erlöser aller Völker, war die Frucht des Gebetes und der Thränen ihrer Eltern, nachdem diese lange kinderlos gewesen. Die frommen Eltern schenkten Gott dem Herrn das wieder, was sie von Gott empfangen hatten; sie weihten ihm ihr einziges Kind für den Tempel, wie dies bei den Juden auch sonst mitunter geschah. In dieser Weise von ihrer zartesten Kindheit an Gott dem Herrn geschenkt, glaubte Maria nicht mehr, sich selber zu gehören. Wenn sie sich später mit einem sterblichen Gemahl verband, so that sie das nur, um eine Tugend, welche bis dahin unbekannt gewesen, desto leichter verborgen zu halten. Die Unfruchtbarkeit galt damals, wie es euch bekannt ist, unter den Juden für eine Schmach. Die Frauen rechneten es sich zur Ehre, zur Vermehrung des Volkes Gottes beizutragen; sie machten sich überdies Hoffnung, daß aus ihrer Nachkommenschaft bereinst der Sohn Gottes hervorgehen könnte. Maria, die wirklich seine Mutter sein sollte, dieses aber nicht wußte, entschließt sich mit Freuden, die Schmach der Unfruchtbarkeit auf sich zu nehmen, um sich rein zu bewahren. Als bald nachher vom Himmel ein Engel niedersteigt, um ihr die Absichten des Allerhöchsten zu verkündigen, da bringt die Gegenwart dieses himmlischen Geistes in menschlicher Gestalt die furchtsame Jungfrau in Verwirrung. Die freudenreiche Botschaft, daß sie die Mutter Gottes werden soll, beunruhigt ihre Schamhaftigkeit.

Denket nicht, als ob jetzt die Würde, vermöge deren sie alles, was in der Schöpfung groß ist, zu ihren Füßen sah, die Einfachheit ihres Lebens, die Beschränktheit ihrer Verhältnisse, oder die Verborgenheit, die ihr so theuer war, irgendwie geändert hätte. Sie gebiert zu Bethlehem in einem Stalle, weil sie nicht soviel besitzt, um in einer andern Wohnung Aufnahme zu finden: die arme Mutter eines Sohnes, durch dessen Armut, wie der Apostel sagt, die ganze Welt reich werden sollte. Sie flieht mit ihm nach Aegypten, um das theure Kind der Verfolgung des gottlosen Herodes zu entziehen; auf ihrer Flucht bleibt ihr kein anderes Eigenthum als das Kind, an dem ihre ganze Seele hängt. Gott gewährt ihr den Trost, sie wieder in ihr Vaterland zurückzuführen. Nicht lange, so erreicht ihr Sohn das Alter, da seine göttliche Weisheit leuchten sollte in dem Lande des Todesschattens. Zwölf Jahre alt, entfernt er sich von der Seite seiner Mutter, um die Absichten seines Vaters zu erfüllen. Achtzehn Jahre später anerkennt er keine Verwandten mehr als jene, die den Willen seines Vaters thun. Er nennt selig nicht den Leib, der ihn getragen, nicht die Brust, die ihn genährt, sondern die Seelen, die auf ihn hören und treu das Wort Gottes befolgen.

Wie uns das Evangelium berichtet, war Maria nur darauf bedacht, den Rathschlüssen Gottes vollkommen zu entsprechen, von jenem Tage an, da sie ihren Sohn gebar. Sie hörte ihm zu, sie beobachtete ihn, sie bewunderte ihn, sie ging nur darauf aus, in demüthigem Schweigen zu lernen. Wir lesen nicht, daß sie Wunder gewirkt hätte: und wie glorreich ist es für sie, daß sie sich dessen enthielt! Wir lesen nicht, daß sie es unternommen hätte, den andern die Weisheit mitzutheilen, von der sie erfüllt war: wie großartig, andächtige Christen, ist dieses ihr Schweigen, und wie bewunderungswürdig steht die Jungfrau da, auch in den am wenigsten aufgehellten, in den unbekanntesten Zeiten ihres Lebens! Wer hätte leichter sich hervorthun können durch die Predigt des Evangeliums und durch Wunderthaten als sie, welche die treue Hüterin aller Schätze der Weisheit und der Erkenntniß Gottes gewesen, welche die Mutter der unerschaffenen Weisheit und der ewigen Wahrheit geworden war? Bei alledem ist sie nur darauf bedacht, gehorsam zu sein, zu schweigen und sich verborgen zu halten. Nach der Kindheit ihres Sohnes ist von ihr nicht mehr die Rede, außer insofern hie und da das Leben Jesu Christi die Evangelisten wie zufällig veranlaßt, ihrer zu gedenken. Es muß uns freuen, hierin zu erkennen, wie sehr das Benehmen Mariä und die Anlage des Evangeliums demselben Geiste der Einfalt entstammen. Alles wird im Evangelium mit Stillschweigen übergangen, was nicht in nothwendiger Beziehung steht zu Jesus Christus. Welche Fülle liebenswürdiger Tugenden, wie viele mächtig anregende Beispiele sind durch dieses Verfahren dem Blicke der Menschen entzogen geblieben! Maria führt in Verborgenheit ein ganz gewöhnliches Leben; das deuten uns die Evangelisten an, ohne uns im einzelnen weiteres mitzutheilen. Und in der That, es bedurfte keiner weitern Einzelheiten; wenn wir den Stand der heiligen Jungfrau ins Auge fassen und ihre Gesinnung, so begreifen wir zur Genüge, welcher Art ihr Leben sein mußte: hart, voll Beschwerde, ein Leben der Unterwerfung. Ihre Verborgenheit aber ist für uns eine unendlich viel bessere Unterweisung, als es die glänzendsten Thaten hätten sein können. Um zu wissen, wie wir handeln und reden sollten, hatten wir schon Vorbilder genug; aber wir bedurften eines andern, das uns lehrte zu schweigen und niemals nach außen hin zu handeln, wo es nicht nothwendig wäre. Denn wir wenden ja viel zu sehr unsere Aufmerksamkeit dem zu, was außer uns liegt; unsere Eitelkeit und unser unstäter Sinn treiben uns beständig hinaus über die Schranken, die unsere Verhältnisse uns anweisen; wir lassen uns in Anspruch nehmen von einer Menge Beschäftigungen, die unserer Sinnlichkeit zusagen und unsern Geist zerstreuen; wir ergehen uns über die Tugend in glänzenden Redeweisen und üben schlecht, was wir sagen; that es da nicht noth, meine Christen, daß ein Beispiel wie dieses uns zu der Ueberzeugung führte, wie die vollendetste Tugend die Tugend einer Seele ist, welche sich bescheiden innerhalb der Grenzen ihrer Pflichten hält, allen Glanz flieht und die Einfalt liebt?

In solcher Demuth und Zurückgezogenheit vollendet Maria durch die Gluth ihres Gebetes mehr und mehr ihre Vereinigung mit Gott; sie bereitet zugleich im voraus ihr Herz für das Opfer, das sie einst bringen soll, indem sie ihren Sohn hingibt für das Heil der Welt. Denn dieser ihr Sohn, der die Scharen in die Wüste sich nachzieht durch die fesselnde Macht seiner Lehre, der, wo immer er vorüberkommt, Segen und Wohlthaten spendet, der alle Krankheiten heilt, der ist aus eigener freier Wahl unsere Arznei geworden, um uns von der Sünde zu heilen, die unter allen Uebeln das ärgste ist; darum muß er sterben, dieser Sohn, den Maria so innig liebt; er ist bestimmt zum Opfer der Sühne für uns, und angesichts der grausamen Qualen, die er auszustehen hat, wird ein Schwert des Schmerzes durch die Seele seiner Mutter gehen. Jetzt steht sie wirklich am Fuße des Kreuzes; unbeweglich steht sie da und schaut vor ihren Augen dieses Geheimniß der Erniedrigung. Wehe! hätte sie das geglaubt? Hättest du es gedacht, hochgebenedeite Jungfrau, als du der Welt denjenigen gabst, der ihre Wonne sein sollte und ihre Seligkeit, der die Erwartung der Völker war, nach welchem alle Jahrhunderte sich gesehnt; hättest du damals gedacht, daß dich das so bald schon so viele Thränen kosten sollte und so tiefe Pein?

Daß sie nicht stirbt unter dem Drucke dieser Schmerzen, zugleich mit ihrem Sohne, den sie sterben sieht, das geschieht nur darum, weil sie für ein längeres und noch härteres Leiden erhalten werden soll. Wie viele Jahre voll Schmerzen muß sie von dieser Zeit an noch verfließen sehen, geschieden von dem, der ihre Liebe ist, arm, ohne weitere menschliche Hilfe als die Sorge des hl. Johannes, der ihr zu Ephesus den nothwendigen Lebensunterhalt gab, ohne Heimat auch im hohen Alter noch, und dabei Verfolgungen jeder Art ausgesetzt!

Das war das Leben der heiligen Jungfrau; das war ihre Vorbereitung auf den Tod. Alles mußte dazu mitwirken, sie unablässig in der Selbstverläugnung zu üben; Gott zerriß in ihrer Seele jedes, auch das reinste Band. Armut, mühselige Arbeit, Niedrigkeit, Entsagung allem gegenüber, was die Sinne erfreut, der Schmerz, ihren Sohn zu verlieren, der andere Schmerz, ihn viele Jahre überleben zu müssen, das war ihr trauriger Antheil. Indem sie in solcher Weise unausgesetzt die schwersten und die härtesten Tugenden übte, sah sie endlich den letzten Tag ihres Opferlebens anbrechen: dreimal glücklich, weil alle Augenblicke ihres Lebens dazu gedient hatten, ihr für den Augenblick des Todes unermeßliche Schätze der Gnade und der Glorie aufzuhäufen. O wie glücklich würden auch wir sein, wenn wir es verständen, das für die Rettung unserer Seele zu thun, was Maria gethan zur Vermehrung ihrer Verdienste!

Es ist eine traurige Thatsache, meine Christen: in welchem Alter auch der Tod an uns herantritt, er überrascht uns, er findet uns immer mit Entwürfen und Plänen beschäftigt, die ein langes Leben voraussetzen. Das Leben ist uns einzig dazu gegeben, daß wir uns auf den Zeitpunkt vorbereiten, mit welchem es sich abschließt, und wir lassen es dahingehen in vollständiger Vergessenheit dieses Zeitpunktes. Man lebt, als ob man immer leben müßte. Man ist nur darauf bedacht, in Genüssen jeder Art sich wohlsein zu lassen, bis unversehens der Tod die Kette dieser unverständigen Freuden abbricht. Weise in seinen eigenen Augen, aber ein Thor in den Augen Gottes, bereitet der Mensch sich tausend Mühen und Beunruhigungen, um Güter aufzuhäufen, deren der Tod ihn wieder berauben muß. Oder es reißt ihn der Ehrgeiz fort und läßt ihn den Tod dermaßen aus den Augen verlieren, daß er sich mitten in die Gefahren hineinstürzt, ehe noch der Ordnung der Natur nach der Tod ihn ereilt. Alles müßte ernste Gedanken in uns wecken, und alles dient nur dazu, uns zu zerstreuen. Vor unsern eigenen Augen, sagt der hl. Cyprian, sehen wir das ganze Menschengeschlecht in Trümmer sinken. Seit dem Tage, da wir geboren wurden, haben sich gleichsam schon hundert neue Welten gebildet auf den Ruinen derjenigen, in welcher unsere Wiege stand.

Unsere nächsten Verwandten, unsere besten Freunde, alles steigt hinab ins Grab, alles verliert sich in den Abgrund der Ewigkeit. Uns selber reißt fort und fort der Strom der Zeit diesem Abgrunde entgegen, und wir denken nicht daran.

Die blühendste Jugend, die kräftigste Gesundheit bilden nur eine sehr unzuverläßige Bürgschaft. Sie sind weniger dazu angethan, den Tod von uns fernzuhalten, als seinen Eintritt in höherem Maße unerwartet und verhängnißvoll zu machen. Er läßt den Menschen dahinwelken am Abend, sagt die Schrift, und tritt unter seine Füße die Blumen, die wir erst am Morgen noch sich hatten erschließen sehen. Aber nicht bloß, solange man jung ist, pflegt man sich alles zu versprechen; was noch viel trauriger ist, auch das Alter, auch Krankheit bringt uns nicht dahin, daß wir uns ernstlich darauf gefaßt machen zu sterben. Da ist ein Kranker, welcher den Tod schon fast in seiner Brust trägt, und besungeachtet, wenn er auf einen Augenblick nur die mindeste Erleichterung fühlt, macht er sich Hoffnung, daß er dem Tode entgehen oder dieser ihn wenigstens noch lange Zeit hinstechen lassen werde. Da ist ein zitternder Greis; die Last seiner Jahre liegt schwer auf ihm und drückt ihn nieder; es verdrießt ihn, daß er sich zu nichts mehr brauchbar sehen muß; bei alledem sammelt er eine Menge von Beispielen eines glücklichen Alters, um sich damit zu trösten; er richtet sein Auge auf ein noch höheres Alter, als das seinige ist, macht sich Hoffnung, dasselbe zu erreichen, erreicht es wirklich, schaut noch höher hinauf, bis schießlich die vielen Beschwerden ihn des Lebens müde werden lassen, ohne daß er sich indes jemals entschließen könnte, zufrieden zu sterben. So nähert man sich beständig dem Ende des Lebens und vermag es doch nicht über sich, dasselbe als nahe bevorstehend anzuerkennen, und der einzige Vorwand für dieses seltsame und unverständige Verfahren ist dieser, daß der Gedanke an den Tod die Seele verstimme und entmuthige, und daß man darum guten Grund habe, sich anderswo Trost zu suchen.

Welche Aussicht bliebe uns, so redet man, in einem Leben, das ohnedies des Widerwärtigen schon so viel hat, noch irgend ein Vergnügen genießen zu können, das dieser schreckliche Gedanke uns nicht verbitterte? Wie! sagt man, wenn man daran dächte, würde man noch den Muth haben, sich um eine Stellung in der Welt zu bemühen, seine Geschäfte zu besorgen, sich den Freuden des geselligen Verkehrs hinzugeben? Müßte nicht dieser Gedanke allein die ganze Ordnung in der Welt umkehren? Wenn man darum überhaupt an den Tod denkt, so ist das immer nur eine zufällige, ganz oberflächliche Erinnerung, und man beeilt sich, irgend ein Mittel der Zerstreuung zu finden, um sich einer so unerwünschten Reflexion zu entledigen.

O der Thorheit! Wir wissen, daß uns der Tod immer näher rückt, und wir verlassen uns auf das erbärmliche Auskunftsmittel, die Augen zu schließen, damit wir den Schlag nicht sehen, den er uns versetzen wird. Es kann uns nicht unbekannt sein, daß, je mehr wir uns an dieses Leben hängen, um so bitterer uns das Ende desselben sein wird. Wir wissen, wie der Glaube uns lehrt, daß alle diejenigen, welche nicht die christliche Wachsamkeit üben, unversehens einem unausweichlichen Untergange verfallen werden. Der Sohn Gottes bedient sich im Evangelium der klarsten und nachdrücklichsten Gleichnisse, um uns mit Angst zu erfüllen. In diesem Punkte stehen Erfahrung und Glaube im vollsten Einklange; das wissen wir, und doch ist nichts im stande, uns von unserem unverständigen Leichtsinn zu heilen.

Alles, was zur Bekehrung nothwendig ist, verschiebt man auf die Todesstunde: fremdes Gut zurückzustellen, Schulden zu tilgen, auf einen schmutzigen Gewinn zu verzichten, Aergernisse wieder gutzumachen, Beleidigungen zu verzeihen, einen schlechten Umgang aufzugeben, die Gelegenheit zur Sünde zu meiden, von seinen bösen Gewohnheiten abzulassen, die Mittel gegen den Rückfall anzuwenden, durch eine gute Beicht so viele andere schlechte Beichten in Ordnung zu bringen: alles Derartige, sage ich, spart man sich auf für die letzte Stunde, für den letzten Augenblick.

Erwäget das, meine Christen, und ich beschwöre euch um der Barmherzigkeit Jesu willen, bei allem, was euch drängen kann, für das Heil eurer Seele besorgt zu sein, ich beschwöre euch, sage ich, denket ernstlich vor Gott darüber nach. Es ist ja vielleicht heute das letzte Mal; nein! ganz gewiß wird es das letzte Mal sein für irgend einen unter so vielen, die heute hier versammelt sind.

So laßt euch denn nicht abhalten durch eine feige Furcht, oft an den Tod zu denken. Ja, Christen, denket oft daran. Weit entfernt, euch zu verwirren, wird dieser heilsame Gedanke alle eure Neigungen auf das rechte Maß zurückführen und in allen Einzelheiten eures Lebens euch als treuer Rathgeber dienen. Ordnet eure Angelegenheiten, verrichtet eure Geschäfte, leitet eure Familie, erfüllet eure Pflichten im öffentlichen Leben wie zu Hause mit jener Gerechtigkeitsliebe, mit jener Mäßigung und jenem redlichen Willen, wie es Christen thun sollen, die nicht vergessen haben, daß sie sterben müssen: dann wird dieser Gedanke für euch eine Quelle der Einsicht, des Trostes und der Zuversicht sein.

Beachtet wohl, daß es nicht der Tod ist, was wir zu fürchten haben, sondern das Uebereiltwerden vom Tode. Fürchtet nicht, sagt der hl. Augustin, fürchtet nicht den Tod, vor welchem eure Furcht euch doch nicht schützen kann, sondern fürchtet das, was euch niemals widerfahren kann, wenn ihr es unabläßig fürchtet. Wie unverständig handelst du darum, lieber Christ, wenn du die wahre Ordnung der Dinge umkehrst, ich will sagen, wenn du in weichherziger Angst dich vor dem Tode dermaßen fürchtest, daß du dich nicht einmal getraust, an denselben zu denken, dagegen dich so wenig fürchtest, von ihm überrascht zu werden, daß du verwegen genug bist, auf eine so ernste Gefahr vollständig zu vergessen!

Wenn ihr diese wichtige Mahnung unbeachtet lasset und nicht darauf bedacht seid, einem solchen Unglück vorzubeugen, dann wird — ja ganz gewiß, Christen, der Sohn Gottes hat es uns versichert —, dann wird im tiefsten Dunkel der Nacht, das heißt zu einer Zeit, wo es in eurer Seele finsterer ist als je, wo ihr am tiefsten schlafet, wo ihr euch gerade am meisten sicher wähnet, wo ihr euch ganz zufrieden fühlt, ohne alle Unruhe, eingewiegt in den Schlummer der Sünde und der Gottesvergessenheit, in solcher Stunde, sage ich, wird dann die Gerechtigkeit Gottes in stürmender Eile euch überfallen und euch keine Zeit lassen, zu seiner Barmherzigkeit noch eure Zuflucht zu nehmen. Ich bitte euch, ist es denn nicht eine Schmach, daß wir nicht sollten an den Tod denken können, indes uns ja doch nicht bloß alles daran liegen müßte, uns vorzusehen und weit im voraus uns auf denselben vorzubereiten, sondern wir überdies, wie es die heilige Jungfrau that, den Tod als den Augenblick ansehen müßten, der uns glücklich macht, indem er uns mit Christus vereinigt? Das ist der zweite Punkt, den wir jetzt noch andächtig erwägen wollen.

Zweiter Punkt.

Von dem Augenblicke an, da sie die Mutter des Sohnes Gottes wurde, war die heilige Jungfrau voll der Gnade: das will sagen, der Heilige Geist hatte ihr alle Tugenden verliehen, und zwar in einem sehr hohen Grade der Vollkommenheit. Der Herr war mit ihr: er war ihr Führer, er beherrschte und bestimmte alle Regungen ihres Herzens. Durch diese unschätzbar hohen Vorzüge stand sie da, weit erhaben über die heiligsten Frauen und würdig der Wahl, vermöge deren Gott selbst sie für die erhabenste Bestimmung auserkor. Und die reine Tugend, die in ihr wohnte, erhöhte und vermehrte sich Tag für Tag, bis zum Tage ihres Todes; je härter ihre Prüfungen, desto wohlgefälliger in den Augen Gottes waren ihre Siege; die Gnade traf in ihrem Herzen nicht jene Hindernisse, denen sie bei uns begegnet, und darum nahm sie bei ihr ohne Unterbrechung immer mehr zu.

Die gläubige Seele kann das gegenwärtige Leben nur als einen kurzen Durchgang zu einem bessern Leben betrachten. Sie soll, wie der hl. Augustin sagt, die Leiden des einen mit Geduld ertragen und mit innigem Verlangen sich sehnen nach den Freuden des andern.

Wenn das die Gesinnung jeder Christenseele sein soll, was für Gefühle, andächtige Christen, mußten dann das Herz dieser Jungfrau erfüllen, dieser Braut des Heiligen Geistes, dieser so großen, so heiligen Seele, welche durch die Innigkeit ihres Flehens und ihres Sehnens ohne Aufhören die Gluth ihrer Liebe verdoppelte! Der hl. Lucas berichtet, daß die Apostel, nachdem der Herr zum Himmel aufgefahren und sie ihn aus dem Gesichte verloren hatten, nach Jerusalem zurückgingen und dort alle einmüthig im Gebete verharrten mit Maria, der Mutter Jesu. Ja, im Gebete suchte Maria durch einen lebendigen Glauben das wiederzufinden, was sich ihren Sinnen entzogen hatte; im Gebete fand sie ihren Trost, in der süßen Erinnerung an alle die Beweise inniger Liebe, die sie von ihrem Sohne einst empfangen hatte; da redete sie mit ihm, ob sie auch nicht mehr im stande war, ihn zu sehen; da gab sie vor ihm, mehr durch Thränen als mit Worten, ihrer Liebe Ausdruck, ihrem Schmerze, ihrer Sehnsucht, daß eine so bittere, so harte Trennung ein Ende nehmen möchte. Ich sehne mich, das Band, das mich fesselt, zu zerreißen, spricht der Apostel; ich kann es nicht erwarten, daß ich erlöst werde aus dem Kerker dieses sterblichen Leibes, daß ich eingehe in die vollkommene Freiheit der Kinder Gottes und vereinigt werde mit Jesus Christus. Er allein ist all mein Leben, und der Tod ist für mich ein unschätzbarer Gewinn. Meint ihr nicht, Christen, daß auch Maria diese Worte Tag für Tag an den richtete, der die ganze Liebe ihrer Seele war? Gewiß, mir ist, als ob ich sie hörte, wie sie in tiefer Bitterkeit ihres Herzens hinzufügte: Ach, ist es denn nicht schon lange genug, daß meine Seele sich abhärmt in den Banden, die sie hienieden gefesselt halten?

Oder welchen Werth konnte denn für sie die Erde haben? für sie, nachdem derjenige bereits im Himmel war, welchem allein ihr ganzes Herz gehörte? Was hätte im stande sein können, sie zu trösten an diesem Orte der Verbannung, in diesem Thale der Thränen? Sah sie sich nicht gewaltsam hier auf der Erde zurückgehalten, indes ihr Herz sich ohne Unterlaß erhob zu ihrem Sohne? Sie hatte nichts mehr in dieser Welt: denn Jesus hatte dieselbe verlassen. Es waren nicht die Gefahren, die sie umgaben, nicht die Verfolgungen, welche die eben gegründete Kirche bereits zu leiden hatte, was ihr das Leben traurig erscheinen ließ; es war nicht die Verklärung und der Triumph, der im Himmel ihrer wartete, was sie bestimmte, sich nach dem Tode zu sehnen: es war einzig und allein Jesus Christus, von dem sie sich nicht ohne tiefen Schmerz getrennt sehen konnte. Ihr ganzes Leben war, wie St. Augustin sich ausdrückt, nur ein fortwährendes Sehnen, ein langes Seufzen, und allein der Gedanke, daß ihr Sohn in seiner göttlichen Weisheit es so angeordnet, vermochte ihre heilige Ungeduld zu beschwichtigen.

Denket nicht, Christen, als ob eine so hochherzige Gesinnung nur bei der gebenedeiten Jungfrau natürlich gewesen wäre. Man braucht Christus unsern Herrn nur zu lieben, um sich danach zu sehnen, für immer bei ihm zu sein; ja wenn — es ist eine Schmach für uns — wenn wir Glauben hätten, so bedürfte es nur der Liebe zu uns selbst, um uns zu bestimmen, daß wir mit Ungeduld danach verlangten, mit ihm seiner Herrlichkeit und seines Reiches theilhaftig zu sein. Diejenigen allein fürchten sich vor dem Tode, sagt der hl. Cyprian, welche den Erlöser nicht lieben und nicht hinübergehen wollen zu ihm; die allein, welche keinen Glauben und keine Hoffnung haben, die nicht überzeugt sind, daß wir herrschen werden mit ihm.

In der That, meine Christen, laßt uns gerecht sein gegen uns selber. Saget selbst, würden wir in dem Verlangen nach dem Tode wohl eine religiöse Ueberschwänglichkeit sehen — so nennt es ja die Welt —, wenn wir in dem Tode das sähen, was unser Glaube uns in demselben zu sehen verpflichtet? So stark ist unsere Armseligkeit, daß wir es für etwas Großes halten im christlichen Leben, wenn wir zu der Zeit uns auf den Tod vorbereiten und dann uns entschließen, ihn zu ertragen, wo wir die Stunde bereits offenbar und unausweichlich heranrücken sehen. Aber auf den Tod zu warten als auf die ersehnte Rettung aus den endlosen Gefahren dieses Lebens, aber den Tod als die Erfüllung unserer schönsten Hoffnungen zu betrachten: das ist es, was die christliche Religion mit der vollsten Klarheit und mit dem entschiedensten Nachdruck uns zu thun anweist, und das ist bei alledem zugleich dasjenige, wovon wir nichts wissen, als ob wir niemals Christen gewesen wären.

Daß solche, die über dieses elende Leben hinaus nichts kennen und nichts erwarten, an demselben hängen, das ist die natürliche Folge ihrer Eigenliebe. Aber daß Christen, denen Gott, wie der hl. Petrus schreibt, so großartige, so glänzende Verheißungen gemacht hat für das zukünftige Leben, und denen der Weg zu diesem ganz neuen Leben offensteht; aber daß Christen, sage ich, welche diese Welt als das Land der Verbannung, des Leidens und der Ver=

suchung betrachten müssen, daß die nicht den Muth haben, die werthlosen Vergnügungen ihrer Wanderschaft fahren zu lassen und sich zu sehnen nach den unermeßlichen Gütern ihrer Heimat: das ist eine Niedrigkeit der Gesinnung, welche mit dem Glauben, zu dem sie sich bekennen, ebensosehr in Widerspruch steht, als sie demselben Unehre macht. Oder wie! soll es denn recht sein, daß Menschen, die bestimmt sind, bei Jesus Christus sich einer ewigen Glorie und Seligkeit zu erfreuen, für solche Herrlichkeiten, die ihnen bereitet sind, gar keinen Sinn haben? daß sie in stumpfsinniger Gedankenlosigkeit, ganz eingenommen von dem Hange nach sinnlicher Befriedigung, als ihr eigentliches, wahres Glück die hinfälligen Güter dieser Erde betrachten und Genüsse, die des Geistes so wenig würdig, die nichts weiter als Täuschung sind, indes der Himmel ihnen für ein halbes Unglück gilt? Soll es recht sein, sage ich, daß sie erst beim Ausgange einer unheilbaren Krankheit darein willigen, das Himmelreich anzunehmen, weil ihnen nichts Besseres mehr übrigbleibt, und weil sie fühlen, daß alles, woran sie hier auf Erden Freude hatten, ihnen für immer entschwindet? Beten wir vielleicht in dem Sinne alle Tage zu Gott im Vaterunser, sein Reich möge zu uns kommen, daß wir doch zugleich Angst vor demselben haben und sein Kommen immer weiter hinausschieben möchten? Welche Unwahrheit! Was für ein Widerspruch ist das in unserem Beten! Heißt das der Erde den Himmel vorziehen, das Ewige dem Vergänglichen, Jesus Christus der Welt? Heißt das ihn lieben, unsern der Liebe so unendlich würdigen Erlöser, wenn wir ganz zufrieden sein würden, immer hier unter den Thieren zu leben und ihn niemals zu sehen? Wird denn sein Reich, das wir durch so inniges Sehnen, durch so vielfältige Mühen und so zahlreiche Siege uns erringen sollten, das wir nie zu theuer bezahlen könnten, wird es um so wohlfeilen Preis uns gegeben werden? Wird es uns geradezu umsonst gegeben werden und selbst gegen unsern eigenen Willen? Wird Gott uns schließlich noch zwingen sollen, dasselbe nur anzunehmen, da wir ja fürchten, es zu früh zu besitzen, und am liebsten es niemals besäßen, wenn er uns nur verfaulen lassen wollte in diesem Unrath, von dem wir wie bezaubert sind? Nein, nein, es wäre wahrhaftig Verschwendung, es wäre Entwürdigung eines so unendlich werthvollen Geschenkes, wenn Gott dasselbe wollte Seelen zu theil werden lassen, die desselben so unwürdig sind. Kann er denn weniger von uns fordern, als daß wir Verlangen haben nach den unschätzbaren Gütern, die er uns geben will? Und können wir nach denselben Verlangen haben, ohne zu begreifen, daß es der Tod ist, welcher uns derselben theilhaftig macht?

Diese heilige Pflicht muß darum größere Macht haben über uns als alle Neigungen, die uns an dieses Leben ketten; und um es mit einem Worte zu sagen: weil dieses Leben nur um des andern Lebens willen uns gegeben ist, darum müssen wir hienieden fort und fort der Ewigkeit entgegensehen, müssen fort und fort in uns die Hoffnung nähren und folglich auch das Verlangen, daß sie sich erschließe, um uns aufzunehmen; müssen fort und fort uns bewußt bleiben, daß alle unsere Schätze und alle unsere Freuden anderswo sind als dort, wo wir uns jetzt noch befinden. Diese Gesinnung gehört nach der Lehre des hl. Augustin so nothwendig zum Christenthum, daß ohne dieselbe das Wesen des religiösen Lebens vollständig vernichtet wird. Nehmen wir an, sagt der heilige Kirchenlehrer, ein Christ wäre bereit, für die ganze Ewigkeit die erlaubten Freuden dieses irdischen Lebens zu genießen, vorausgesetzt, daß Gott ihm die Unsterblichkeit gewährte; ein solcher würde, wenn er auch den Willen hätte, nicht das mindeste Böse zu thun, allein schon durch diesen Verzicht auf das Himmelreich sich einer schweren Sünde schuldig machen. Und ist das zu verwundern? Kann denn ein Christ, der die Wahrheiten der Religion kennt, ohne zugleich gegen Gott und gegen sich selber zu sündigen, den Genuß der erschaffenen Dinge dem Besitze Gottes vorziehen und die Schmach, hier auf der Erde seine eigene Würde zu vergessen, der unendlichen Ehre, mit Jesus Christus zu herrschen?

Die Apostel und die Christen der ersten Zeit folgten treu diesen Grundsätzen, und darum lag für sie alle Freude und aller Trost einzig in dem, was sie hofften. Sie fühlten sich glücklich in der Zuversicht, daß sie einst mit Christus ewig herrschen, daß dann ihre Thränen für immer aufhören würden zu fließen. Sie lebten nach dem Ausdrucke des hl. Paulus in der beseligenden Erwartung ihrer frohen Hoffnung, indem sie der Ankunft des großen Gottes der Herrlichkeit entgegensahen. Wenn darum der Apostel den Muth der Gläubigen aufrichten, wenn er ihnen nahelegen wollte, wie glücklich sie wären als Christen, dann sagte er ihnen: Einst werden wir erhoben werden auf den Wolken, Jesu Christo entgegen, und dann allezeit bei dem Herrn sein; darum tröstet euch gegenseitig, indem ihr euch an diese Wahrheit erinnert. Oder er richtete an sie die Mahnung: Wenn ihr jenes Lebens theilhaftig seid, das nach seiner Auferstehung Christus besaß, dann suchet fortan nur das, was im Himmel ist, wo Christus zur Rechten seines Vaters sitzt; dann schätzet nur mehr die Freuden der Ewigkeit, und achtet die irdischen für nichts! Oder er gibt ihnen die Versicherung, daß ihre Erlösung nicht mehr fern sei: Nur eine kurze Weile noch, und erscheinen wird der, welcher kommen soll; bis dahin lebe jeder Gerechte aus dem Glauben.

Ihr sehet hieraus, wie weit damals die Christen davon entfernt waren, sich vor dem Tode zu fürchten: wie sie vielmehr ihren Trost fanden in der Aussicht, daß sie nicht lange mehr fern von dem Erlöser auf dieser Erde würden zu weilen haben. Diese ihnen so süße Hoffnung war es, die sie geduldig machte in Drangsalen, furchtlos in Gefahren, die in den gräßlichsten Martern zu Gesängen des Dankes sie begeisterte und der Freude.

Unser Heiland hatte an derselben Stelle, wo er von dem Untergange der Welt redet, absichtlich zugleich die nahe bevorstehende Zerstörung Jerusalems vorhergesagt. An diese Worte des Herrn hielten sich die Christen der ersten Zeit; darum glaubten sie, wie wir dieses aus der Heiligen Schrift sehen, daß die Welt schon bald ein Ende nehmen werde: und in diesem Glauben fanden sie großen Trost. Die kurze Dauer des Lebens, die Nähe des Todes, das Weltgericht mit der Vollendung des Reiches Gottes und dem Triumphe des Herrn über alle seine Feinde: alle diese Dinge, vor denen die schwachen Christen unserer Zeit sich ängstigen, die sie nicht den Muth haben, fest ins Auge zu fassen, übten auf sie nur die Wirkung, daß ihr Eifer sich steigerte und ihr Muth noch zuversichtlicher wurde. Wir lesen sogar bei dem hl. Augustin, daß allein die Unterwerfung unter die Rathschlüsse Gottes, und das Verlangen, für seine Ehre und zum Besten der Kirche zu leiden, sie ab=

halten konnte, selbst den Tod aufzusuchen. Sie sehnen die zweite Ankunft des Sohnes Gottes mit noch größerer Ungeduld herbei, als selbst die Patriarchen und die Propheten einst seine erste Ankunft erwartet hatten. Mein Gott, wohin ist es gekommen mit uns? Wo ist unsere Religion? Und was ist geworden aus dem Glauben, den diese ersten Heroen des Christenthums uns als kostbares Erbe hinterlassen haben? In ihnen war derselbe so lebendig, so begeistert stark; in uns ist er so unkräftig, so matt, so wie erstickt durch erbärmliche Selbstsucht, durch niedrige, entehrende Genüsse, durch das Streben nach nichtigen Ehren und einer eingebildeten Größe vor der Welt!

„Das mag immerhin wahr sein," werdet ihr mir vielleicht antworten, „aber Maria, auf deren Beispiel du uns hinweisest, war voll der Gnade; wenn sie darum sich nach dem Tode sehnte, so verlangte sie damit einfach nach einer Seligkeit, deren sie gewiß war." Ihr habet ganz recht, Christen, Maria war voll der Gnade, und sie begründete dieselbe in ihrer Seele alle Tage fester; desungeachtet, statt wie wir den Tod zu fürchten, fürchtete sie nur das Leben; das Leben, sage ich, von welchem sie einen so heiligen Gebrauch machte; das Leben, von dem sie jeden Augenblick zur Vermehrung ihrer Verdienste anwendete: sie wünschte dennoch, daß es zu Ende gehen möchte. Und wir, die wir so leer sind an Gnade, so oft irregeführt von den glänzenden Thorheiten der Welt, so knechtisch beherrscht von sinnlichen Neigungen, so rücksichtslos eingenommen für unsern Vortheil, so gewöhnt an Lüge und Verstellung, so unüberlegt und so verletzend in unserem Reden, so eitel und so unbeständig in unserem Benehmen, so schwach in der Versuchung, so vermessen in der Gefahr, so wankelmüthig und so untreu in unsern Vorsätzen, wir haben keine Furcht, daß wir das Leben mißbrauchen könnten, wir getrauen uns, die Verlängerung desselben zu wünschen; dagegen fürchten wir das Ende dieser unausgesetzten Prüfungen, in denen unser Heil in so schrecklicher Gefahr schwebt!

„Ja," saget ihr wieder, „aber Maria war nicht in der Lage, Buße thun zu müssen; der Tod konnte nur ihren Tugenden die Krone aufsetzen; wenn wir auf den Tod ebenso vorbereitet wären, dann möchten wir gerade so gern sterben wie sie. Da wir aber so viele Sünden begangen haben, so bedürfen wir des Lebens noch, um Buße zu thun; nur der Unschuld kann es erwünscht sein, so bald schon vor ihrem Richter zu erscheinen." Das sind die scheinbarsten unter allen Gründen, welche der Mensch, von der Liebe des gegenwärtigen Lebens verblendet, zu seiner Rechtfertigung vorbringen kann. Ich habe darauf ein Zweifaches zu antworten.

Ihr saget, eure Seele sei nicht in jenem Zustande wie die Seele Mariä. Das gebe ich zu, Christen, das gebe ich zu, und in diesem argen Gegensatze zwischen ihrem Seelenzustande und dem eurigen liegt gerade das Traurige. Lebet wie sie, dann werdet ihr würdig sein, wie sie der Gnade eines seligen Todes entgegenzusehen. Wenn ihr den Tod nicht mehr fürchten wollet, dann machet der verhängnißvollen Ursache dieser Furcht ein Ende. Lebet, ohne dabei irgendwie auf das Leben zu rechnen. Gebrauchet die Dinge dieser Welt — es ist der Apostel, der an euch diese Mahnung richtet —, gebrauchet die Dinge dieser Welt, als gebrauchtet ihr sie nicht; denn diese Welt, die euch mit ihrem Zauber fesselt, sie ist nur eine Gestalt, die vorübergeht, vorübergeht in dem Augenblicke, wo man glaubt, sie zu genießen.

Dagegen nehmt euch in acht, daß ihr nicht euch selbst betrüget, und macht euch keine Hoffnung, Gott betrügen zu können. Beruft euch nicht auf eure eigenen Sünden, als ob diese ein Grund wären, der euch berechtigte, an das gegenwärtige Leben euer Herz zu hängen. Oder wie? Weil ihr bisher das Leben mißbraucht habt, darum soll eben dies ein billiger Grund dafür sein, daß ihr noch länger zu leben wünschet? Ganz im Gegentheil, ihr müßtet ja des Lebens überdrüssig sein, weil euch dasselbe Tag für Tag der Gefahr aussetzt, Gott auf immer zu verlieren. Solange ihr fortfahret, euch dem Leichtsinn hinzugeben und der Sucht nach sinnlichen Genüssen, werdet ihr nie bereit sein zu sterben, werdet ihr immer noch länger zu leben verlangen und euch dabei auf ganz allgemeine, unklare Vorsätze stützen, Buße zu thun. Ihr müßt die Sache umkehren. Statt daß ihr jetzt Scheu habet vor dem Tode, weil ihr dieses Leben liebet, müßt ihr aufrichtig nach dem Tode verlangen und dadurch die Liebe zum Leben in eurem Herzen besiegen: so verlangt es die rechte Ordnung. Sprechet fortan zu euch selber: Jenseits dieses Lebens liegt unsere wahre Glückseligkeit; darum muß es uns drängen, in den Besitz derselben zu gelangen; darum müssen wir seufzen darüber, wie St. Paulus sagt, daß wir noch immer wider unsern Willen von den Nichtigkeiten und den wechselnden Erscheinungen dieser Welt abhängig sind. Das beste Mittel, uns der Herrlichkeit des andern Lebens würdig zu machen, besteht darin, daß wir alles verachten, was uns an das gegenwärtige fesselt, und es preisgeben ohne Vorbehalt.

Das ist die erste Antwort auf eure Einwendung; vernehmet jetzt die zweite. Uebersehet nicht, sagt der hl. Augustin, wie wenig ihr bisher eure Bekehrungsgedanken zur Ausführung gebracht habt. Wie oft schon, wenn die Schmerzen des Todes euch umgaben, wie der Prophet sich ausdrückt, wie oft habt ihr Gott den Herrn schon gebeten, er möge euch noch Zeit schenken, damit es euch möglich wäre, das Vergangene wieder gutzumachen! Aber diese Zeit, die ihr verlangt, und die Gott euch gewährt hatte einzig dazu, daß ihr alle die Jahre, die hinter euch lagen, durchdenken möchtet in der Bitterkeit eurer Seele, daß ihr eure Sünden beweinen könntet, in was für Thorheiten habt ihr dieselben nicht wieder dahingehen lassen! Weit entfernt, euch frei zu machen von euern Ketten, habt ihr dieselben nur schwerer gemacht. Jeder neue Tag hat euch nur dazu gedient, die tyrannische Gewalt eurer bösen Gewohnheiten noch zu verstärken, die Unbußfertigkeit eures Herzens noch zu vermehren, neuen Mißbrauch zu treiben mit der Zeit, mit eurer Gesundheit, mit eurem Vermögen und selbst mit der Gnade Gottes. Jeder neue Tag hat eure Rechnung größer gemacht, dermaßen, daß ihr jetzt schier zahlungsunfähig seid.

Ja, Christen, ich frage euer eigenes Gewissen, ihr selber sollt ganz allein entscheiden. Findet ihr euch jetzt besser vorbereitet, vor Gott zu erscheinen, als es früher der Fall war? Wenn dem also ist, dann macht euch diesen günstigen Umstand zu nutze: bittet Gott, daß er in seiner Barmherzigkeit euch bald hinwegnehmen möge aus der Mitte des Bösen, um so eurer Unbeständigkeit zuvorzukommen. Seid ihr dagegen jetzt nicht besser vorbereitet, dann hört wenigstens auf, ja höret auf, eine so unwidersprechliche Erfahrung zu verläugnen. Ziehet dann den Schluß, sagt der hl. Augustin, daß ihr, indem ihr noch weiter zu leben verlanget, viel mehr verlanget, eure Untreue gegen Gott fortsetzen zu können, als die Buße dafür zu beginnen. Ja, seid aufrichtig und anerkennt, daß das, was euch bestimmt, den Tod zu scheuen, viel mehr die Liebe zu den Genüssen dieses Lebens ist als die Liebe zu ernster Buße: und wenn ihr denn einmal nicht den Muth habet, so weit zu gehen, wie euer Glaube euch anweist, seufzet wenigstens und erröthet über eure Schwäche; gestehet wenigstens mit Scham, daß ihr jene Gesinnung nicht habet, welche eure Religion euch nahelegt.

Christen, je mehr ihr euch davor fürchtet, diese Welt zu verlassen, desto wünschenswerther macht es die Rücksicht auf das Heil eurer Seele, daß ihr sie bald verlasset. Je mehr ihr sie liebet, desto größern Schaden bringt sie euch; gerade jene Furcht und diese Liebe sind der entscheidendste Beweis, was für eine Gefahr für euch das Leben ist und was für eine Gnade der Tod für euch sein würde. Unser Herr und Erlöser hat uns gezeigt, wie wir zu leben haben, und er hat es in seiner Liebe nicht unter seiner Würde gefunden, uns schließlich auch zu lehren, wie wir sterben sollen. Ihn laßt uns beschwören, daß er um der Schmerzen seines Todes willen uns verleihe, in Geduld und Demuth unser Leben zu ertragen, und daß er die bittere Strafe des Todes, welche über die ganze Menschheit verhängt ist, uns in ein Opfer verwandle, das wir ihm gerne bringen und mit aufrichtiger Hingebung. Ihm gehören wir, sein sind wir, ob wir nun leben oder sterben. Solange wir leben, sind wir es fort und fort mit der schmerzlichen Besorgniß, es im nächsten Augenblicke vielleicht nicht mehr zu sein. Sterben wir hingegen, dann sind wir sein für immer, und er ist ganz unser; wenn wir anders in Liebe mit ihm vereinigt hinübergegangen sind in die Ewigkeit. Amen.

Anmerkung.

1. Die fünf letzten Sätze der vorstehenden Predigt bilden im Original ein Gebet; ich habe die Form geändert, aber die Gedanken sind dieselben geblieben. (Vgl. oben S. 337 f.)

2. Die Predigt erscheint ganz nach den Grundsätzen gearbeitet, welche wir in dem vorhergehenden Abschnitte (S. 445 ff.) Fenelon aufstellen hörten für die panegyrischen Predigten über die Heiligen. Es war keineswegs meine Absicht, diese Grundsätze gerade vorzugsweise auf die Predigten über die heilige Jungfrau zu beziehen, wie ich dieselben ja auch nicht in jenem Paragraphen angeführt habe, wo von diesen die Rede war. Aber eine Predigt von gleichem Werthe auf einen andern Heiligen, die nach Fenelons Grundsätzen gearbeitet wäre, ist mir nicht bekannt; das bestimmte mich, die hier gegebene aufzunehmen. Ich betrachte dieselbe als ein sehr gelungenes Muster.

Fenelons Name pflegt nicht genannt zu werden, wenn man die klassischen Prediger Frankreichs aufführt, wohl einzig deshalb, weil seine Predigten, sechs oder sieben ausgenommen, nie gedruckt worden sind. Er predigte sehr viel, auch noch als Erzbischof, sowohl in der Stadt als auf dem Lande; aber er verfuhr dabei in jener Weise, welche er in dem zweiten seiner „Dialoge über die Beredsamkeit" selbst empfiehlt (s. unten Nr. 451), und da war es ganz natürlich, daß er nicht nur selbst keine Predigten in die Presse gehen ließ, sondern auch nach seinem Tode sich nur jene sechs oder sieben vorfanden, die er bei außergewöhnlichen Veranlassungen gehalten und darum in größerer Vollständigkeit schriftlich ausgearbeitet hatte, als er es sonst zu thun pflegte. La Bruyere, sein Zeitgenosse, äußert sich über Fenelon in seiner Rede an die Akademie von Frankreich also. „Gestehen wir es, man fühlt die Größe dieses seltenen Geistes und den mächtigen Eindruck, den er macht, ob er nun frei und ohne Vorbereitung predigt, oder einen mit Sorgfalt gearbeiteten oratorischen Vortrag hält, oder einfach im Verkehr seine Gedanken auseinandersetzt. Immer beherrscht er das Ohr und das Herz seiner Zuhörer, und dabei ist es ihnen nicht möglich, ihn um jene Großartigkeit der Gedanken, um jene Gewandtheit und Feinheit, um jene gewählte Schönheit des Ausdruckes, die er in so hohem Maße besitzt, zu beneiden; sie fühlen sich glücklich genug, ihm zuhören zu können, zu vernehmen, was er sagt und wie er es sagt; sie sind zufrieden mit sich selber, wenn sie seine Gedanken mit sich nehmen und daraus Gewinn ziehen." [1]

Ein kürzeres, aber darum nicht minder glänzendes Zeugniß stellt ihm derselbe Gelehrte aus, wenn er anderswo bemerkt, Fenelon habe das Wort Gottes verkündigt „in der Weise der Apostel" [2], das will sagen, im Sinne La Bruyeres, einfach, praktisch, populär, mit großer Salbung und Kraft, mit einem Worte vollkommen so, wie es die wesentliche Aufgabe der geistlichen Beredsamkeit verlangt. Aber eben diese Weise war es, welche der Richtung und dem Geschmacke jener Zeit nicht zusagte. „Die Zeit der Homilien", schreibt abermals La Bruyere, „die Zeit der Homilien ist vorüber; auch ein Basilius, auch ein Chrysostomus würde dieselbe nicht wieder zurückführen; man würde sich in andere Diöcesen begeben, um außer dem Bereich ihrer Stimme und ihrer einfachen Unterweisungen zu sein. Der großen Menge ist es um Phrasen und um klingende Perioden zu thun; sie bewundert nur das, was sie nicht versteht, ist überzeugt, daß sie bereits alles weiß, und betrachtet es als ihre einzige Aufgabe, zu entscheiden, ob der erste Punkt vor dem zweiten den Vorzug verdiene, und ob die letzte Predigt schöner war oder die vorletzte." [3] Daß Fenelon unter solchen Umständen mit seinen geistlichen Vorträgen nicht „Furore machte", ist ganz begreiflich. Mir meinestheils genügen trotzdem die wenigen von ihm vorhandenen Predigten, in Verbindung mit den angeführten Zeugnissen La Bruyeres, mit den Grundsätzen, welche in den „Dialogen über die Beredsamkeit" aufgestellt werden, mit seinen klassischen Werken und allem übrigen, was hinsichtlich seiner seltenen Begabung, seines Charakters und seines Wirkens historisch feststeht, mir, sage ich, genügen diese Momente vollkommen, um der Ueberzeugung zu sein, daß weder Bourdaloue noch Massillon, noch „der Adler von Meaux" in der Kunst, dem Volke das Wort Gottes zu verkündigen, größere Meister waren als „der Schwan von Cambray" [4].

---

[1] *La Bruyère*, Discours prononcé dans l'Académie française le lundi 15 Juin 1693 (Caractères p. 426). — Fenelon war damals 42 Jahre alt.

[2] *La Bruyère*, Caractères chap. 15 (La chaire), p. 379.

[3] Ibid. p. 370.

[4] Le cygne de Cambrai, l'aigle brillant de Meaux. — Nach Maury war es Fenelon selbst, welcher das in diesem Verse in Rücksicht auf Bossuet gebrauchte Bild zuerst auf denselben anwandte (*Maury*, Oeuvres choisies III [Paris 1827], 116).

Fünfzehnter Abschnitt.

Ergänzende Nachträge. Verschiedene allgemeine Anweisungen für die Verwaltung des Wortes Gottes.

Es sind noch einige Punkte übrig, welche theils wesentlich zur Theorie der in den zwei letzten Abschnitten behandelten vier Arten der geistlichen Vorträge gehören, theils dieselbe ergänzen. Diese wollen wir zunächst in dem gegenwärtigen Abschnitt behandeln. Als Abschluß des Ganzen sollen dann noch zwei Reihen unmittelbar praktischer Anweisungen folgen, welche eigentlich nichts sind als Corollarien, kurz zusammengefaßte Folgerungen aus verschiedenen Grundsätzen, die wir in dem Frühern festgestellt haben.

Erstes Kapitel.
Der „Vorspruch". Die Frage von der „Eintheilung".

432. Ich hoffe, m. H., Sie haben die Stücke, welche ich Ihnen früher sowohl als namentlich wieder in den letzten Abschnitten aus Fenelons „Dialogen über die Beredsamkeit" mitgetheilt habe, belehrend und zugleich interessant genug gefunden, um nicht zu sagen klassisch genug, als daß ich besorgen müßte, Ihrer Geduld etwas zuzumuthen, wenn ich den gegenwärtigen Abschnitt mit einer neuen Stelle aus derselben Schrift beginne. Dieselbe enthält kritische Bemerkungen über eine paränetische Predigt und bildet die Einleitung zu dem ersten der drei Dialoge, und damit zu der ganzen Schrift.

„A. Nun, Herr B., Sie haben also jener Predigt beigewohnt, zu welcher Sie mich neulich aufforderten, Sie zu begleiten? Ich meinestheils habe mich mit dem Prediger unserer Pfarrkirche begnügt.

„B. O, ich bin von dem meinigen entzückt; Sie haben wirklich viel verloren, daß Sie nicht mit mir gegangen sind. Ich habe mir bereits einen Platz in der Kirche gemiethet, um keine seiner Fastenpredigten zu versäumen. Das ist ein ganz unvergleichlicher Mann; hätten Sie ihn nur einmal predigen hören, so würden Sie an allen andern keinen Geschmack mehr finden.

„A. Da werde ich mich wohl in acht nehmen, hinzugehen; denn ich mag keinen Prediger, der mir alle übrigen verleidet. Im Gegentheil, mir ist es um einen Priester zu thun, der mich für das Wort Gottes so einnimmt und mich dasselbe so sehr schätzen lehrt, daß ich mehr und mehr verlange, es wo immer sonst wieder zu hören. Da ich übrigens so viel verloren habe und Sie von dieser schönen Predigt ganz voll sind, Herr B., so können Sie ja ben Schaben wieber gutmachen. Seien Sie also so freundlich, uns von bem, was Sie behalten haben, etwas mitzutheilen.

„B. Ich würde die Predigt verunstalten, wenn ich sie wiedergeben wollte; sie hatte hundert Schönheiten, die verloren gehen würden: man müßte der Prediger selber sein, um Ihnen zu sagen . . .

„A. Ist das möglich! seinen besondern Zweck, seine Beweise, die Anwendung auf das Leben, die er machte, die Hauptwahrheiten, welche ben eigentlichen Inhalt seines Vortrages bilbeten, die werden Sie doch behalten haben? Oder haben Sie nicht achtgegeben?

„B. Im Gegentheil, ich habe nie eine Predigt mit größerer Aufmerksamkeit angehört.

„C. Was haben Sie benn? Wollen Sie sich bitten lassen?

„B. Durchaus nicht; aber es handelt sich da um Gedanken, die äußerst zart sind und dermaßen von der sprachlichen Wendung und von der Feinheit des Ausdruckes abhängen, daß man, nachdem man sich im ersten Augenblicke bavon entzückt gefühlt, dieselben später nicht leicht wiederfindet; und fände man sie auch wieder, sie verlieren ihren Zauber und ihre Kraft, sie sind nicht mehr die nämlichen, sobald man sie in andere Worte kleidet.

„A. Das müssen fürwahr sehr gebrechliche Schönheiten sein, Herr B.: wenn man sie anfassen will, so fallen sie auseinander. Mir würde eine Predigt lieber sein, die weniger geistreich, aber dafür besto greifbarer wäre; eine solche würde tiefen Eindruck machen und weniger schnell vergessen werden. Wozu predigt man denn anders, als um bestimmend auf die Zuhörer zu wirken und um sie zu unterweisen, und zwar so, daß sie behalten, was sie gelernt haben?

„C. Herr B., jetzt dürfen Sie nicht mehr ablehnen, Sie müssen sprechen.

„B. So will ich benn sagen, was ich behalten habe. Der Vorspruch war dieser: *Cinerem tamquam panem manducabam* — ‚Asche muß ich essen wie Brod'. Läßt sich für ben Aschermittwoch wohl ein gelungenerer Vorspruch finden? Er hat gezeigt, daß dieser Stelle zufolge die Asche heute die Nahrung unserer Seele sein müsse; weiter hat er in unübertrefflich ansprechender Weise in seinen Eingang die Erzählung von Artemisia und der Asche ihres Gemahls eingeflochten[1]; der Uebergang vor dem Ave Maria war in hohem Maße kunstreich; seine Eintheilung war wundervoll: hören Sie selber. Diese Asche, sagte er, ist zwar ein Zeichen der Buße, aber auch eine Ursache der Glückseligkeit; sie scheint uns zu erniedrigen, aber sie ist eine Quelle der Ehre; sie ist ein Symbol des Todes, aber zugleich eine Arznei, die uns unsterblich macht. Diese Eintheilung hat er dann mehrmals wiederholt, und jedesmal wußte er seinen Antithesen neuen Glanz zu geben. Ebenso fein gearbeitet, ebenso glanzvoll war die ganze weitere Rede: die Sprache gewählt, die Gedanken neu, die Perioden voll Harmonie und Numerus; jede schloß mit irgend einer überraschenden Wendung. Er hat uns ethische Zeichnungen entworfen, in welchen jeder sich selber fand; er hat die Neigungen und die Gefühle des menschlichen Herzens anatomisch zerlegt mit nicht geringerer Kunst, als es in

---

[1] Artemisia luctu atque desiderio mariti flagrans uxor ossa cineremque eius, mixta odoribus contusaque in faciem pulveris, aquae indidit ebibitque (*Aul. Gell.* l. c. l. 10, c. 18. Cf. *Valer. Max.* l. c. l. 4, c. 6, 1).

seinen ‚Maximen' Herr de la Rochefoucauld thut[1]. Mit einem Worte, meiner Ansicht nach war die Rede ein vollendetes Meisterwerk. Aber jetzt sagen auch Sie, Herr A., was Sie davon halten.

„A. Ich nehme Anstand, über diese Predigt mit Ihnen zu sprechen und Ihnen die hohe Meinung zu benehmen, welche Sie von derselben hegen. Wir sind dem Worte Gottes Ehrfurcht schuldig; man muß aus allen Wahrheiten, die ein Prediger auseinandersetzt, Nutzen ziehen und sich nicht der Neigung zu tadeln hingeben, um nicht das Ansehen des Amtes selbst zu beeinträchtigen.

„B. Aber ich versichere Ihnen, Herr A., Sie haben gewiß keinen Grund, Anstand zu nehmen. Ich frage Sie ja nicht aus Vorwitz. Es ist nothwendig, daß ich mir über Punkte dieser Art richtige Anschauungen verschaffe, und ich wünsche, mich gründlich darüber zu belehren, nicht bloß meinetwegen, sondern zugleich zum Besten anderer; denn mein Stand verpflichtet mich ja zu predigen. Reden Sie darum ohne Rückhalt und fürchten Sie weder mir zu widersprechen, noch daß Sie mir Anstoß geben.

„A. Wenn Sie darauf bestehen, so muß ich Ihnen freilich nachgeben. Aus Ihren eigenen Mittheilungen folgere ich, daß es eine schlechte Predigt war.

„B. Wieso?

„A. Hören Sie. Eine Predigt, in welcher die Worte der Heiligen Schrift falsch angewendet werden, in welcher in nichtssagender und kindischer Weise ein Zug aus der profanen Geschichte erzählt wird, in welcher offenbar überall das Streben zu gefallen und ein affectirt schöngeistiger Ton herrscht: ist die wohl gut?

„B. Freilich nicht, aber die Predigt, von der ich Ihnen berichtet habe, scheint mir nicht von dieser Art zu sein.

„A. Davon werde ich Sie auf der Stelle überzeugen. Als Vorspruch hat der Prediger den Text genommen: ‚Asche muß ich essen wie Brod.' Durfte es ihm denn genug sein, lediglich in den Worten eine Beziehung zwischen dieser Stelle und dem liturgischen Gebrauche des heutigen Tages zu finden? Hätte er nicht zuerst sich den wahren Sinn der Stelle klar machen müssen, bevor er sie auf seinen Gegenstand anwendete?

„B. Allerdings.

„A. Hätte er mithin nicht die Sache gründlicher nehmen und die Verse des Psalmes im Zusammenhange ins Auge fassen müssen? Wäre es nicht billig gewesen, daß er zugesehen hätte, ob die Auslegung, um die es sich handelte, nicht mit dem wirklichen Sinne des Textes in Widerspruch stände, bevor er diese Auslegung dem Volke als Wort Gottes vortrug?

„B. Das ist wahr, aber wo ist denn hier der Widerspruch?

„A. Der Verfasser des Psalmes redet an dieser Stelle von seinen schweren Leiden. Seine Feinde, sagt er, verhöhnen ihn ob der jammervollen Lage, die Gott in seinem Zorne über ihn verhängt und in welcher er ‚Asche essen müsse wie Brod'[2]. Das ist ein metonymischer Ausdruck. Die Asche ist Sinn-

---

[1] Das hier bezeichnete Buch war im Jahre 1665 erschienen.

[2] Tota die exprobrabant mihi inimici mei, et qui laudabant me, adversum me iurabant. Quia *cinerem tamquam panem manducabam*, et potum meum cum fletu

bild der Trauer, sodann auch des Unglücks, durch welches die Trauer und infolge derselben das Bestreuen des Hauptes mit Asche, zum Zeichen der Trauer, veranlaßt wurde. Der Sinn des Verses ist somit dieser: ‚Schmerz und Unglück sind mein täglich Brod, sind mir so gewöhnlich wie Brodessen.‘ Was hat nun diese Klage eines Israeliten in der Zeit der babylonischen Gefangenschaft — denn dieser Zeit gehört der Psalm an —, was hat, sage ich, diese Klage und der traurige Zustand des Volkes in jener Zeit mit jenem Acte der Demuth zu thun, welchen der Christ setzt, da er sich Asche auf das Haupt streuen läßt, um an den Tod zu denken und sein Herz von den Genüssen dieser Erde loszumachen?[1]

„Gab es denn in der Heiligen Schrift keine andere Stelle, die als Vorspruch hätte dienen können? Hat Jesus Christus, haben die Apostel oder die Propheten nie vom Tode geredet und von dem Staube des Grabes, in welchen unsere Nichtigkeit nach Gottes Ordnung sich auflösen muß? Sind die Bücher der Heiligen Schrift nicht von tausend ergreifenden Stellen dieser Art voll? Die Worte aus dem ersten Buche Moses selbst[2], so überaus geeignet, so wie gemacht für die Ceremonie des Aschermittwochs und von der Kirche selbst dafür gewählt, sollen sie etwa für einen Prediger nicht gut genug sein? Soll er vielleicht aus falschem Ehrgefühl sich scheuen, einen Text oft wieder zu gebrauchen, den der Heilige Geist und die Kirche mit Absicht Jahr für Jahr wiederholen? Warum also diese Stelle und so viele andere sehr passende Stellen der Heiligen Schrift unbenutzt liegen lassen und dafür eine wählen, die ganz und gar nicht paßt? Das ist verdorbener Geschmack, das ist ein unverständiger Hang, etwas vorzubringen, das neu ist.

„B. Sie eifern sich zu stark, Herr A.; übrigens haben Sie recht, dem wörtlichen Sinne der Stelle gegenüber ist der Vorspruch unzulässig.

„C. Ich meinestheils muß immer zuerst sicher sein, daß ein Gedanke wahr ist, bevor ich ihn schön finden kann. Aber ich bitte Sie, fortzufahren.

„A. Alles weitere an der Predigt ist des nämlichen Geistes Kind wie der Vorspruch. Begreifen Sie denn das nicht, Herr B.? Wozu bei einem so erschütternden Thema den Unterhaltenden spielen und die Zuhörer amüsiren mit der profanen Anekdote von dem Schmerze der Artemisia um ihren Gemahl, statt ihnen mächtig ins Herz zu reden und ihnen nichts zu zeigen als ernste Bilder des Todes?

„B. Ich verstehe Sie: Sie sind kein Freund von pikanten Zügen; aber ohne dieses unterhaltende Element, was würde aus der Beredsamkeit? Wollen Sie die Prediger insgesamt zu der Einfachheit der Missionäre verurtheilen? Für die große Menge ist die letztere gut; aber die gebildete Klasse hat

---

miscebam: a facie irae et indignationis tuae, quia elevans allisisti me (Ps. 101, 9. 10. 11). — Die Ueberschrift des Psalmes lautet: Oratio pauperis, cum anxius fuerit, et in conspectu Domini effuderit precem suam.

[1] Ich habe hier, der Erklärung von Thalhofer (Erklärung der Psalmen [3. Aufl.] S. 586) und von Loch und Reischl entsprechend, die Worte Fenelons geändert. Fenelon betrachtet den König David als den Verfasser des Psalmes und weist unter dieser Voraussetzung die Anwendung der Stelle zurück.

[2] Du bist Staub und sollst zurückkehren zum Staube (1 Mos. 3, 19).

ein feineres Ohr, und man kann nicht anders als ihrem Geschmacke Rechnung tragen.

„A. Sie bringen mich auf ein anderes Thema. Ich hatte die Absicht, meinen Beweis zu Ende zu führen, wie schlecht jene Predigt gearbeitet war, und ich hätte nur noch die Eintheilung derselben zu besprechen; aber ich denke, Sie begreifen selber hinlänglich, warum ich dieselbe mißbilligt habe. Der Mann gibt als Gegenstand seines ganzen Vortrages drei Punkte an. Wenn man bei einer Predigt eine Eintheilung macht, so muß dieselbe immer einfach und natürlich sein; sie muß in dem Gegenstande selbst bereits gegeben erscheinen; sie muß dazu beitragen, über den ganzen Inhalt größeres Licht zu verbreiten und die rechte Folge der Gedanken zu fördern; man muß sie leicht behalten können und durch sie alles übrige; sie muß endlich die Bedeutung der Wahrheit, die man behandelt, und ihrer Theile klar hervortreten lassen. Im vollsten Widerspruch mit alle diesem legt dieser Mann es gleich von vornherein darauf an, seine Zuhörer zu blenden; er bietet ihnen drei Epigramme, drei Räthsel, und wendet und dreht dieselben mit feiner Kunst nach allen Seiten, so daß einem ist, als ob man einen Taschenspieler sich produciren sähe. Ist denn das ein ernster und würdiger Ton, der die Zuhörer fühlen läßt, daß sie Dinge von Werth und Bedeutung zu erwarten haben?"[1]

In dem Stücke, das ich Ihnen vorgelesen habe, werden vorzugsweise gerade die zwei Punkte besprochen, von welchen wir in diesem Kapitel handeln wollen.

§ 1.
Ueber den Vorspruch der Predigt.

433. Auf dieses Thema kommt Fenelon im dritten Dialoge mit einigen Worten zurück. Historisch schreibt sich, wie er dort bemerkt, die Sitte, vor die Predigt einen Vorspruch zu setzen, aus der frühern Gewohnheit her, nach welcher die Verkündigung des Wortes Gottes meistens in der Erklärung der Heiligen Schrift bestand: die geistlichen Vorträge waren vorzugsweise Homilien. Bei einer Homilie aber muß natürlich die Verlesung des zu erklärenden Abschnittes vorausgehen. „Nach und nach hat man angefangen, nicht mehr alle Gedanken des Evangeliums zu berücksichtigen; man führt gegenwärtig nur eine einzige Stelle desselben aus und nennt diese den Vorspruch der Predigt."[2] Wie weit die Gewohnheit, der Predigt einen Vorspruch vorausgehen zu lassen, hinaufreicht, weiß ich Ihnen nicht zu sagen, m. H. Im 13. Jahrhundert war dieselbe sicher noch nicht allgemein; denn unter den Predigten Bertholds von Regensburg ist keine einzige, welche einen Vorspruch hätte[3]. Und wenn Berthold im Eingange allerdings öfter von einer Schriftstelle ausgeht, so ist diese keineswegs immer dem Evangelium entnommen, sondern vorwiegend dem Alten Testament oder den Briefen der Apostel. Vier ohne Vorspruch finden sich selbst noch unter den panegyrischen

---

[1] *Fénelon*, Dial. sur l'éloquence I, 1—8.   [2] Ibid. III, 181.
[3] Man vergleiche das Werk: Bertholb von Regensburg. Vollständige Ausgabe seiner Predigten von Franz Pfeiffer. Wien 1862. In der Ausgabe von Göbel steht freilich vor jeder Predigt ein Vorspruch; aber das ist offenbar das Werk des Herausgebers.

Predigten von Segneri „auf den hl. Stephanus", „auf das heilige Haus von Loreto", „auf den hl. Petrus von Parenzo" und „auf den hl. Aloysius von Gonzaga". Von Segneris 88 „Unterweisungen für das christliche Leben"[1] hat wieder keine einzige einen Vorspruch.

Was ist nun für die Praxis über diesen Punkt festzuhalten? Zunächst daß, wenn einmal die Predigt einen Vorspruch haben soll, derselbe, soweit es angeht, so zu wählen ist, daß er nicht als ein zweckloses, nichtssagendes Beiwerk erscheint, sondern dazu angethan ist, den Zweck der Predigt wirklich zu fördern, mithin die Klarheit derselben, ihre überzeugende und ergreifende Kraft, ihre Schönheit oder ihre praktische Wirksamkeit zu erhöhen. Diese Beschaffenheit wird der Vorspruch in vollem Maße nur dann haben, wenn er den Hauptsatz oder den Centralgedanken des Vortrags oder wenigstens einen andern hervorragenden Gedanken ausdrückt, der mit dem besondern Zwecke des Vortrags in naher Verbindung steht: mit andern Worten, wenn er ungefähr das ist, was bei Abhandlungen oder Büchern das „Motto" genannt wird. Für jeden besondern Fall Stellen in der Heiligen Schrift zu finden, welche in der angegebenen Weise sich wirklich als Vorspruch eignen, das ist bei der reichen Fülle von großen Gedanken aller Art, die das Alte und das Neue Testament umschließt, keineswegs schwer, namentlich da man sich beim Vorspruche so gut wie in den geistlichen Vorträgen selbst nicht nur des wörtlichen und des mystischen, sondern auch des „angewandten" Sinnes bedienen kann.

Wählen Sie Ihren Vorspruch nach diesem Grundsatze, dann gibt es sich von selbst, daß derselbe in der Predigt an entsprechender Stelle wieder zur Sprache kommt und den Umständen gemäß ausgeführt und verwerthet wird. In vielen Fällen kann man mit dem Vorspruche sehr gut den Eingang bilden; dieser wird dann immer jener Art angehören, welche wir im vorhergehenden Abschnitt als die vorzüglichere bezeichnet haben, geeignet, unmittelbar in die Sache einzuführen und zugleich die Aufmerksamkeit anzuregen.

434. „In vielen Fällen", sagte ich, könne die Ausführung des Vorspruches den Eingang der Predigt bilden. Denn es ist sicher eine ebenso willkürliche als der geistlichen Beredsamkeit nachtheilige Vorschrift, wenn man verlangt, wie es z. B. Wurz[2] thut, daß der Eingang immer von dem Vorspruche hergenommen werde. In noch höherem Maße schädigend aber wirkt, namentlich in Verbindung mit der eben erwähnten, die andere Vorschrift, vermöge deren, „wenn die evangelische oder Epistolarperikope vor der Predigt abgelesen wird, dieser der Text zu entnehmen" sein soll[3]. Verstehen Sie mich recht. Ich habe Ihnen im dreizehnten Abschnitt empfohlen, Homilien zu halten; Sie werden also nicht zweifeln, daß ich sehr damit einverstanden bin, wenn Sie, wo die Umstände dafür sprechen, das

---

[1] Il Cristiano istruito nella sua legge, ragionamenti morali.
[2] Anleitung zur geistl. Beredsamkeit I, 256 f.
[3] Laberenz, Katholische Homiletik S. 187. Wurz a. a. O. I, 257. — Laberenz beschränkt freilich seine Vorschrift, indem er hinzusetzt: „In außergewöhnlichen Fällen indes, wo der Prediger über ein bestimmtes Thema predigen wollte oder sollte und die Perikope keinen zu demselben passenden Text enthielte, darf er von dieser Regel abgehen." Aber diese Beschränkung ist ungenügend.

Evangelium oder die Epistel des Tages in einer Homilie dem Volke erklären. Auch das anerkenne ich vollkommen, daß, wo die Predigt nicht eine Homilie ist, sondern einer der andern Arten angehört, es sehr angemessen ist und zur Hebung des Ganzen dient, wenn der Vorspruch jenem Abschnitte entnommen werden kann, der vor der Predigt als dem Tage entsprechend vorgelesen wird. Aber, und das ist mein dritter Gedanke, es kann dieses eben in manchen Fällen nicht geschehen, ohne daß andere Vorschriften der geistlichen Beredsamkeit, und zwar sehr wesentliche, verläugnet werden.

Welche denn? Vor allem diejenige, die wir bereits im dritten Abschnitt in Rücksicht auf die Wahl des Gegenstandes der Predigt aufgestellt haben. Die höchste Rücksicht, welche bei dieser Wahl maßgebend sein soll, ist doch ohne Zweifel das actuelle Bedürfniß und der geistliche Gewinn der Zuhörer. Dieses Bedürfniß richtet sich aber ganz gewiß nicht in allen Fällen nach der vor der Predigt abzulesenden „evangelischen oder Epistolarperikope", und es kann sehr wohl geschehen, daß weder die eine noch die andere einen Gedanken enthält, der für das vom Priester nach ganz richtigen und nothwendigen Grundsätzen gewählte Thema als Vorspruch zu dienen geeignet wäre. Und auch hiervon abgesehen, in den von der Kirche für die Sonn= und Festtage des Jahres vorgeschriebenen Evangelien und Episteln finden sich doch sicher nicht alle religiösen Wahrheiten ausgesprochen, welche in der Verkündigung des Wortes Gottes den Christen erklärt und nahegelegt werden müssen. Wie kann man also verlangen, daß der Vorspruch immer jenen Abschnitten entnommen werde? Oder will man im Ernste, daß solche Lehren, die in den Perikopen nicht vorkommen, vor dem Volke auch nicht behandelt werden?

Freilich, die homiletische Praxis hat diese Schwierigkeit längst glänzend gelöst; aber indem sie dieselbe löste, hat sie für die Unverständigkeit der Vorschrift, wider die ich rede, einen handgreiflichen Beweis geliefert. Wurz ermahnt die Prediger, bei der Wahl des Vorspruches darauf zu sehen, daß derselbe „dem Hauptsatze angemessen sei, das ist, daß dieser in jenem einigermaßen enthalten sei, damit eine leichte und natürliche Verbindung gezeigt werden könne und man nicht nöthig habe, den Text durch lange Umschweife herumzuziehen, bis man auf sein Vorhaben kommt"[1]. Die Mahnung ist recht gut; aber Wurz hätte begreifen sollen, daß dieselbe neben seiner andern Vorschrift, wonach in den gewöhnlichen Predigten der Vorspruch „allein aus dem Evangelium des Tages entlehnt" werden soll, vollständig umsonst sein mußte. Denn es ist ja gar nicht möglich, diese beiden Anweisungen zu befolgen, nicht nur, wie ich schon andeutete, wenn der Priester in der Wahl des Themas den Bedürfnissen der Gemeinde gebührend Rechnung tragen will, sondern schon darum, weil sonst die meisten Prediger unvermeidlich das Schicksal jenes „guten bejahrten Pfarrers" theilen würden, von welchem der gemüthliche Graser erzählt. Diesen alten Herrn nämlich „brachte das Evangelium von dem Senfkörnlein und dem Sauerteige" (am sechsten Sonntage nach der Erscheinung des Herrn) „schon allemal vierzehn Tage vorher in den übelsten Humor, weil er, als ein Prediger seit vielen Jahren, nicht mehr wußte, was er von dem alten Senfkörnlein und Sauerteige noch

---

[1] Wurz a. a. O. I, 257.

Neues sagen könnte"[1]. Und so ist denn die ganz richtige Mahnung von Wurz, die ich eben anführte, in der That ganz unbeachtet geblieben; denn bis auf die neueste Zeit herab war es ja an der Tagesordnung, daß man den vorschriftsmäßig dem Evangelium entlehnten Vorspruch im Eingange der Predigt „durch lange Umschweife herumzog, bis man auf sein Vorhaben kam", vollständiger, daß man den Vorspruch entweder ganz unrichtig auslegte, um das Thema darin zu finden, oder aber in der unnatürlichsten Weise allerlei zwecklose Gedanken aus dem Vorspruche entwickelte und miteinander gewaltsam in Verbindung brachte, bis die abenteuerliche Brücke zum Thema fertig war. In dieser Thatsache finde ich, wie ich vorher sagte, den handgreiflichen Beweis, daß die Vorschrift, welche den Prediger an die Perikope kettet, nicht als verständig gelten kann. Wenn ich Sie an die bekannte Anekdote erinnere, nach welcher ein Priester einst am Feste des hl. Joseph, weil dieser ein Zimmerman gewesen, vom Zimmermann aber die Beichtstühle gemacht werden, eine Predigt über die Beicht hielt, so lachen Sie. Sie hätten aber bei manchen Eingängen, die nicht in Anekdoten erzählt, sondern im Hause Gottes vorgetragen werden, gerade so viel Grund zu lachen. Daß man mit Abgeschmacktheiten dieser Art auf der Kanzel die Zeit verliert und das Wort Gottes um sein Ansehen bringt, das ist das Verdienst der Vertreter des „Perikopenzwanges".

„Ich muß Ihnen gestehen," läßt Fenelon im dritten seiner Dialoge seinen weisen Freund „C." sagen, „daß die forcirten Vorsprüche mir immer zuwider gewesen sind. Mancher Prediger läßt ja, Sie haben das sicher oft selbst beobachtet, aus einem Texte jede beliebige Predigt hervorgehen. Da werden die Gedanken unvermerkt so lange herumgedreht, bis die Verbindung mit dem Thema, über das der Vortrag gerade handeln muß, sich endlich gibt; namentlich bei den Fastenpredigten kann man das erleben."[2] Hugo Blair führt unter den „Fehlern der meisten französischen Predigten" an erster Stelle diesen auf, daß „infolge der darin herrschenden Gewohnheit, wonach der Vorspruch immer aus der dem Tage entsprechenden Lesung genommen werde, die Verbindung des Vorspruchs mit dem Thema oft unnatürlich und gezwungen sei". Beispielshalber verweist er dann auf „eine der besten Predigten Massillons", welche über die Nachlässigkeit und Lauheit in Rücksicht auf die Pflichten des religiösen Lebens handle und den Vorspruch habe: „Und er erhob sich aus der Synagoge und ging in das Haus des Simon; die Schwiegermutter aber des Simon litt an einem heftigen Fieber."[3] Ein Muster von gleichem Werthe haben wir in der achtundzwanzigsten Fastenpredigt Segneris kennen gelernt (Bd. I, S. 189). Konnten übrigens die ersten Meister solche Fehler machen, dann darf man sich freilich kaum wundern, wenn die Theorie dieselbe sanctionirte und sich beeilte, die Anleitung dazu förmlich unter ihre Anweisungen aufzunehmen: es war ja eben die Periode des Zopfes. Der vorher erwähnte, sonst recht verständige Graser verwendet in seiner „Lehrart

---

[1] Vollständige Lehrart zu predigen... von P. Rudolph Graser, Benediktiner zu Cremsmünster in Oberösterreich und derzeit Seelsorger auf dem Lande (Augsburg 1768) S. 157.
[2] *Fénelon* l. c. III, 131.   [3] *Blair* l. c. lect. 29.

zu predigen" 22 kleine Quartseiten, um die "geschickte und wohlgerathene Zerlegung" des Evangeliums für den 19. Sonntag nach Pfingsten (Matth. 22, 1—14) mitzutheilen, durch welche ein "gewisser Prediger gezeigt habe, daß man aus dem bezeichneten Evangelium 99 Hauptsätze ziehen könne". Einzelne davon sind recht gut; mehrere aber geradezu "geistreich"[1]. Am Schlusse spricht Graser die Hoffnung aus, "die schöne und künstliche Zergliederung eines Evangeliums nicht ohne Nutzen seines Lesers hergesetzt zu haben, ... da eine wiederholte scharfe Betrachtung der 99 Hauptsätze und vornehmlich der Art und Weise, wie sie aus ihren Textesworten gezogen sind, einem Anfänger im Predigtamte schon ein ziemliches Licht in dieser Sache anzünden könne"[2]. Ohne Zweifel. Auch bei mir war es eine Hoffnung, m. H., was mich veranlaßt hat, dieser "schönen, zierlichen und wohlgerathenen" — Mißhandlung eines Evangeliums, und der dadurch gewonnenen 99 Hauptsätze (wenn es doch ein rundes Hundert wäre!) hier zu gedenken, die Hoffnung nämlich, daß die Erinnerung an "das Wörtchen Mensch vor dem Könige" vielleicht ein wirksames Mittel mehr sein könnte, Sie vor kindischen Spielereien dieser Art zu bewahren.

---

[1] Homini regi. Daß ein Fürst die Milde und Güte der Gewalt vorziehen soll: so wie das Wörtchen Mensch vor dem Könige steht.

Homini regi. Daß die Könige sich erinnern sollen, daß sie ebenfalls Menschen und sterbliche Geschöpfe seien.

Homini regi. Wider abenteuerliche Laster vieler Großen. Denn dieser König wird ausdrücklich ein Mensch genannt, zu zeigen, daß er nicht gewesen wie viele andere, die ein unmenschliches Leben führen.

Iterum misit alios servos. Daß ein König oder Fürst sich nicht ganz und gar an gewisse Räthe oder Lieblinge binden, sondern sich auch anderer gebrauchen solle, damit er nicht so leicht betrogen werde.

Ecce prandium meum paravi. Von der süßen und fröhlichen Mahlzeit eines guten Gewissens.

Tauri mei et altilia occisa sunt. Daß nicht allen einerlei Mittel angedeihe: gleichwie bei dieser königlichen Tafel allerhand Speisen gewesen sind.

Alius in villam suam. Wider die Unordnungen der Spaziergänge und Gartenlustbarkeiten, in welchen viele um die Gnade Gottes kommen: wie dieser Gast in dem Gange nach seinem Landgute.

Rex autem cum audisset. Von der Schuldigkeit der Obern, die Klagen anzuhören.

Tunc ait servis suis: Nuptiae quidem paratae sunt. Von Bescheidenheit der Gemeinschaft und Vertraulichkeit, deren auch die Hohen ihre Hausgenossen würdigen sollen: wie dieser König auch mit seinen Knechten über seine Angelegenheit ein vertrauliches Gespräch geführet hat.

Ite ad exitus viarum. Daß diejenigen zu Gott gehn, die sich mit ihren Gedanken bei dem Tode aufhalten: wie diese Knechte bei den Ausgängen der Wege.

Et egressi servi eius in vias. Von Nutzbarkeit der sogenannten Missionen.

Congregaverunt omnes quos invenerunt. Von den gottseligen Versammlungen oder Bruderschaften.

Congregaverunt omnes quos invenerunt. Von der Einigkeit. Denn die zum königlichen Hochzeitmahle gelanget sind, sind nicht einzeln, sondern vereinigt dahingegangen.

Malos et bonos. Daß die Bösen in der Welt den Frommen vorgesetzet werden.

Graser a. a. O. S. 160 ff.

[2] Ebd. S. 179. 181.

435. Halten Sie also daran fest, den Gegenstand Ihrer Predigten nach jenen Rücksichten zu bestimmen, auf welche ich Sie im dritten und siebenten Abschnitte (Bd. I, S. 106 ff. 360 ff.) hingewiesen habe, und dann erst ihren Vorspruch nach dem vorher (S. 500) aufgestellten Grundsatze zu wählen, sei es aus den der Heiligen Schrift angehörenden Stücken der Liturgie des Tages oder nach Umständen aus irgend welchem Buche der Heiligen Schrift. „Aber", wenden die Vertreter der entgegengesetzten Gewohnheit ein, „aber die Kirche will, daß dem Volke die Evangelien ausgelegt werden; eben darum wird das Evangelium vor der Predigt vorgelesen, und das Ceremoniale schreibt ausdrücklich vor, daß die Predigt über das Evangelium des Tages handle." Was zunächst das Ceremoniale betrifft, so hat dasselbe lediglich den Fall im Auge, wo der Bischof das Hochamt hält oder demselben assistirt; an solchen Tagen, sagt das liturgische Buch, soll die Predigt gewöhnlich während der Messe nach dem Evangelium gehalten werden und über das letztere handeln[1]. Aus einer Vorschrift dieser Art wird man doch wohl nicht ein allgemeines, absolut bindendes Gesetz machen wollen, sonst müßte man wenigstens auch behaupten, die Kirche schreibe vor, daß die Predigt nicht vor oder nach dem Hochamte, sondern während desselben stattfinde. Indes hiervon ganz abgesehen, was folgt denn eigentlich aus den Gedanken, die man uns entgegenhält? Ist es der Wille der Kirche, „daß dem Volke das Evangelium ausgelegt werde", „daß die Predigt über das Evangelium des Tages handle", dann halte man eine gut gearbeitete Homilie darüber, oder man führe in einer Predigt anderer Art einen Hauptgedanken des Evangeliums aus: dagegen hat niemand weniger etwas als wir, vorausgesetzt, daß jene Wahrheiten, die in keinem Evangelium vorkommen und deren doch das Volk bedarf, darum nicht vernachlässigt werden. Aber wenn Segneri am dritten Fastensonntage über die nächste Gelegenheit predigt[2], am vierten über die Pflichten der Besitzenden den Armen gegenüber[3], am fünften über das Unglück solcher, die sich im Stande der Ungnade Gottes befinden[4]; oder wenn Massillon mit dem Fieber der Schwiegermutter Simons die Sünde der geistlichen Trägheit in Verbindung bringt: dann gehört doch in der That ungewöhnlich viel kindlicher Sinn dazu, um ihre Vorträge als Predigten über das Evangelium des Tages oder gar als Auslegungen desselben anzuerkennen und der frommen Meinung zu sein, das sei Gehorsam gegenüber der Vorschrift des Ceremoniale.

Schließlich muß ich fast bereuen, mich bei diesem Thema so lange aufgehalten zu haben. Bossuet hat, wie seine Predigten beweisen, die Sitte, den Vorspruch aus dem Evangelium zu nehmen, keineswegs als bindend betrachtet; ebensowenig in späterer Zeit Mac Carthy. Hätten Bourdaloue und Mas-

---

[1] Sermo vero regulariter infra Missam debet esse de Evangelio currenti (Caer. Episc. l. 1, c. 22, n. 2).

[2] Vorspruch: „Wenn der Starke gewaffnet seinen eigenen Hof bewacht, dann ist im Frieden alles, was er besitzt" (Luc. 11, 21).

[3] Vorspruch: „Sammelt die übriggebliebenen Stücke, damit sie nicht zu Grunde gehen" (Joh. 6, 12).

[4] Vorspruch: „Wer aus euch überweist mich einer Sünde?" (Ebb. 8, 46.)

sillon in dieser Rücksicht dem „Adler von Meaux" sich angeschlossen, dann wäre es wahrscheinlich auch in Deutschland um die seltsame Mode geschehen gewesen. Das Verständigste würde freilich sein, wenn man den Vorspruch ganz fallen ließe und zu der Weise Bertholds von Regensburg zurückkehrte; wird ja der Vorspruch ohnedies meistens überhört oder nicht verstanden. „Ueber ein Citat von einer oder zwei Zeilen", sagt ein Kritiker von seltenem Genie, aber nicht gutem Rufe, „eine längere Rede halten und sich damit abmühen, seinen ganzen Vortrag aus dieser einen Zeile zu entwickeln, das dürfte doch im Grunde eine Spielerei sein, welche der hohen Bedeutung der Verkündigung des Wortes Gottes wenig entspricht. Der Vorspruch nimmt sich fast wie eine Art von Devise aus, oder besser wie ein Räthsel, das in der Predigt seine Lösung findet. Die Griechen und die Römer haben eine solche Sitte niemals gekannt. Sie ist entstanden in einer Periode des Verfalles der Kunst und Wissenschaft, und die Zeit hat ihr ihre Weihe gegeben."

§ 2.
Ob jede Predigt zwei oder drei „Theile" haben müsse und ob die „Eintheilung" immer im Eingange anzugeben sei.

436. Die Frage, welche ich in der Ueberschrift als den zweiten Punkt der Erörterung für dieses Kapitel bezeichnet habe, ob nämlich jeder geistliche Vortrag zwei oder drei „Theile" haben und die „Eintheilung" immer vor der Ausführung bekannt gegeben werden müsse, diese Frage, sage ich, hat schon viel Staub aufgewirbelt. Meister ersten Ranges auf dem Gebiete der Kritik, Fenelon, La Bruyere, Buffon, Gisbert, haben dieselbe verneinend beantwortet, und seit sie in diesem Sinne ihre Stimme abgegeben, haben unter denen, welche über die geistliche Beredsamkeit schrieben, namentlich jene, die nicht als Meister ersten Ranges gelten konnten — *semidocti quidam*, wie Joseph Weißenbach[1] sagt —, es für ihre Pflicht angesehen, über die große Frage breite Untersuchungen anzustellen und das Ihrige beizutragen, um dieselbe möglichst confus zu machen. Es geht ja immer so, wenn ein verständiger Mann gegen eine zur Herrschaft gelangte Mode sich erhebt oder einen Irrthum verurtheilt, der durch süße Gewohnheit vielen lieb und bequem geworden; und bei der Oberflächlichkeit, mit welcher die Menschheit zu denken und in der neuern Zeit auch zu schreiben sich gewöhnt hat, kann es nicht anders sein: der Gedanke des Dichters, daß, wenn die Könige bauen, die Kärrner zu thun haben, muß sich immer aufs neue bewähren. Wir wollen das Unserige thun, m. H., um den Staub und die Confusion nicht noch ärger zu machen, und darum Sorge tragen, nur mit klaren Begriffen zu rechnen und unsere Gedanken scharf und bestimmt auszusprechen.

Was die bibaskalischen Predigten betrifft, so erinnern Sie sich ohne Zweifel noch, welche Vorschrift ich in Rücksicht auf diese aufgestellt habe (S. 331). Bezüglich dieser Art der geistlichen Vorträge haben wir also unsere Antwort auf die Frage von der „Eintheilung" bereits gegeben.

---
[1] De eloquentia Patrum (1775) lib. 6, c. 3

Bei der Homilie entscheidet sich die Sache häufig von selbst, insofern die zu erklärenden Abschnitte aus der Heiligen Schrift sich ihrem Inhalte nach oft gar nicht auf zwei oder drei Punkte zurückführen lassen. Geht dagegen dieses an, so mag es gut sein, daß man es thue, namentlich wenn der Inhalt vorwiegend didaktischer Natur ist.

Hiernach beschränkt sich unsere „brennende" Frage auf die paränetischen und die panegyrischen Predigten, oder mit einem Worte, auf jene Vorträge, welche der zweiten Erscheinungsform, der paregoretischen Beredsamkeit angehören. Ich meine, es wäre viel Streit vermieden worden, wenn man diese Unterscheidung immer berücksichtigt hätte, statt die Frage über die „Eintheilung" ganz allgemein zu behandeln.

437. Machen wir zunächst eine rein historische Bemerkung. Segneri stellt in seinen Fastenpredigten, die sämtlich paränetisch sind, und in gleicher Weise in seinen panegyrischen Predigten einen einfachen (nicht einen zusammengesetzten) Satz als Centralgedanken auf und führt denselben in fünf bis neun in ununterbrochener Reihe einander folgenden Gründen vollständig aus. Am Schlusse der Ausführung fast eines jeden Grundes aber wiederholt er in verschiedenen Wendungen seinen Hauptsatz, dessen Wahrheit sich eben aus dem Gesagten ergibt, und legt zugleich den Zuhörern den besondern Zweck der Predigt nahe, jene eine Gesinnung, zu welcher sie zu bestimmen ja jeder einzelne Grund mitwirken soll. Nach dieser Ausführung der Gründe folgt dann in Segneris Fastenpredigten immer, in den panegyrischen mehrfach, noch ein Stück mit der Ueberschrift: *parte seconda*, ohne daß indes das vorausgehende jemals als *parte prima* bezeichnet wäre[1]. Dieses zweite Stück ist nicht etwa ungefähr die Hälfte der ganzen Predigt, sondern es hat abwechselnd den siebenten, den sechsten, den fünften, höchstens den vierten Theil der Länge des ersten Stückes. Was seinen Inhalt betrifft, so enthält es immer an erster Stelle die Peroration der Predigt, und vor dieser häufig noch einen Gedanken verschiedener Art; bald widerlegt Segneri darin, bevor er zur Peroration übergeht, eine Schwierigkeit; bald gibt er die eine und andere besonders praktische Anweisung; bald trägt er zu dem im ersten Stücke Gesagten fast in Weise eines Anhanges oder eines ergänzenden Zusatzes etwas nach. Der eigentliche und wesentliche Inhalt des zweiten Stückes ist übrigens nur die Peroration; daß derselben meistens ein anderer Gedanke oder auch zwei vorausgeschickt werden, scheint mehr in äußern Rücksichten seinen Grund zu haben. Nach Beendigung des ersten Stückes macht nämlich der Prediger (die Weise Segneris ist auch jetzt noch in Italien üblich) eine Pause von einigen Minuten, während deren er sitzend ausruht. Enthielte nun das zweite Stück nichts als die Peroration, so müßte die Pronunciation schon unmittelbar nach der Pause sofort wieder warm und bewegt sein, was unzweckmäßig wäre; überdies könnte es leicht geschehen, daß das zweite Stück sich unverhältnißmäßig kurz ausnähme und es nicht recht der Mühe werth erschiene, um desselben willen nochmals aufs neue anzufangen. — Ich finde dieses ganze Verfahren der italienischen Prediger sehr verständig. Die Peroration erheischt ihrer Natur nach meistens einen besondern Aufwand von physischer Kraft,

---

[1] Man vergleiche Bd. I, S. 189 ff. und oben S. 449 ff.

und es kann darum nur als zweckmäßig bezeichnet werden, wenn die Sitte dem Prediger, nachdem ein längeres Vortragen ihn bedeutend angestrengt hat, die Möglichkeit bietet, eine Weile zu ruhen und für die Peroration neue Kräfte zu sammeln.

Wesentlich verschieden von dieser Einrichtung ist die Weise von Bourdaloue und Massillon. Ihre Predigten zerfallen regelmäßig in zwei oder drei Theile, sehr häufig oder meistens von ziemlich gleicher Länge, deren jeder als *partie* bezeichnet ist, und denen, außer dem Eingange im engern Sinne, die Auseinandersetzung des Planes und der Theile (die *narratio* der alten Rhetorik) vorausgeht; die Theile werden dabei nicht einmal, sondern meistens dreimal oder auch noch öfter, in verschiedenen Wendungen den Zuhörern vorgelegt[1]. Wie ich schon einmal sagte, haben die Vorträge der Genannten eine unverhältnißmäßige Ausdehnung: sie nehmen sich fast wie Abhandlungen aus, mit zwei oder drei Paragraphen, nur in oratorischem Stil geschrieben, und Chavin de Malan hat gerade nicht unrecht, wenn er diese Richtung einmal „die akademische Predigtweise" nennt. Bossuet und Mac Carthy verfahren fast gerade so; nur haben bei ihnen die Theile den Namen „Punkte" (*points*).

Was sie ihre großen Vorbilder thun oder vielmehr beibehalten sahen, das ahmten in Frankreich sämtliche Prediger getreu, um nicht zu sagen sklavisch, nach, nur daß natürlich die Umstände vielfach ganz andere waren und ihnen bei ihrem stereotypen Theilemachen häufig das Geschick und der Geist ihrer Vorbilder abging. Ein Prachtexemplar jener unverständigen Eintheilungen, welche infolgedessen die geistliche Beredsamkeit entstellten, haben wir im Anfange dieses Kapitels Fenelon beleuchten sehen. Dieses sklavische Verfahren, dem es als ein unverbrüchliches Gesetz galt, daß jede Predigt ihre Theile haben müsse, und daß dieselben unter allen Umständen vor der Ausführung dreimal oder noch öfter anzukündigen seien, dieser Mißbrauch war es, der den Widerspruch Fenelons, Gisberts und La Bruyeres hervorrief. Der letztere zeichnet die geistreiche Mode sehr anschaulich. „Diese Herren haben jedesmal, mit unerläßlicher und mathematischer Nothwendigkeit, drei Stücke, welche der Aufmerksamkeit ihrer Zuhörer in hohem Maße würdig sind; sie versprechen, im ersten Theile ihrer Predigt das und das zu beweisen, das und das im zweiten und wieder etwas im dritten. Es sollen somit ihre Zuhörer zunächst von der Wahrheit eines gewissen Satzes überzeugt werden, und das ist ihr erster Punkt; hiernach von der Wahrheit eines zweiten Satzes, und das ist ihr zweiter Punkt; endlich von der Wahrheit eines dritten Satzes, und das ist ihr dritter Punkt: so daß also die erste Erörterung ihre Zuhörer unterweisen wird über einen der wichtigsten Punkte der christlichen Lehre; die zweite über einen andern Punkt, der nicht minder wichtig ist, und die letzte endlich über einen dritten und letzten Punkt, den wichtigsten von allen, dessen Ausführung indes, weil die Zeit nicht hinreichen würde, auf eine andere Gelegenheit verschoben werden soll. Also, um die Eintheilung nochmals anzugeben und kurz zusammenzufassen und den Plan der ganzen Predigt vorzulegen . . . ‚Aber ist es denn noch nicht genug!' denkt sich ein Zuhörer, ‚und

---

[1] Vgl. oben S. 55.

bedarf es eines so gewaltigen Apparates für einen Vortrag, der nach allen diesen Vorbereitungen doch nur höchstens noch drei Viertelstunden dauern kann! Je mehr er auseinandersetzt und erklärt, desto unklarer wird mir die Sache.' Ich glaub' es gern; bei einem solchen Haufen von fast identischen Begriffen, womit diese Herren das Gedächtniß ihrer Zuhörer belasten, kann es gar nicht anders sein. Man ist, wenn man sie an dieser Methode mit solcher Hartnäckigkeit festhalten sieht, in der That versucht zu glauben, daß die Gnade der Bekehrung an diese ungeheuern Eintheilungen gebunden sei."[1] Sie sehen aus dieser Zeichnung, m. H., was das war, was die vorher genannten französischen Schriftsteller mißbilligten: sie verwarfen es keineswegs schlechthin und unter allen Umständen, daß eine Predigt in Theile zerfalle, sondern sie kämpften gegen eine unverständige Mode, gegen einen Mißbrauch.

438. Nach diesen historischen Notizen können wir dazu übergehen, bezüglich des Gegenstandes, von dem wir reden, unsere Gedanken festzustellen. Vergessen Sie aber nicht, daß wir ausschließlich von den paregoretischen Predigten handeln. Was ich von der Methode Segneris in solchen Vorträgen halte, habe ich bereits gesagt und will es darum nicht wiederholen. An seine Weise pflegt man übrigens auch nicht zu denken, wenn man die Frage von der „Eintheilung" behandelt, sondern man hat dabei immer jene Einrichtung der Predigt im Auge, welche in den Werken der Prediger Frankreichs hervortritt.

Zunächst wird eine Predigt immer zwei (oder auch mehrere) Theile haben, so oft man derselben nicht einen einfachen, sondern einen zusammengesetzten Centralgedanken oder Hauptsatz zu Grunde legt, vorausgesetzt natürlich, daß die Glieder dem Inhalte nach verschieden sind und nicht das zweite den Gedanken des ersten bloß in anderem Ausdrucke wiederholt. Denn ein grammatischer Doppelsatz ist nicht immer auch logisch ein solcher. Daß ich zusammengesetzte Hauptsätze, und zwar auch logisch zusammengesetzte, nicht für unzulässig halte, das können Sie aus den Aeußerungen schon abnehmen, die ich an verschiedenen Stellen gemacht habe. Unter Umständen kann es sogar ganz zweckmäßig sein, daß man sich eines zusammengesetzten Hauptsatzes bediene. Im allgemeinen indes sind die einfachen Hauptsätze ohne Zweifel vorzuziehen, nicht nur, weil sie sich oratorisch viel besser behandeln lassen, sondern schon allein darum, weil zusammengesetzte Hauptsätze die Prediger sehr leicht verleiten, ihre Vorträge unverständig lang werden zu lassen.

Aber auch, wenn man einen einfachen Centralgedanken behandelt, ist es mitunter nicht schwer, die Ausführung in zwei oder drei Theile zerfallen zu lassen. Es kann nämlich geschehen, daß die Gründe, durch welche der Centralgedanke ausgeführt oder die Zuhörer dem besondern Zwecke der Predigt entsprechend bestimmt werden sollen, gerade unter zwei oder drei gemeinsame Gesichtspunkte fallen, somit zwei oder drei Klassen bilden; faßt man sie je in diese Klassen zusammen, dann hat die Predigt eben so viele Theile. Von den acht Gründen z. B., welche Segneri in seiner achtundzwanzigsten Fastenpredigt für seinen Centralgedanken anführt, beziehen sich die vier ersten auf übernatürliche Güter, die der Sünder verloren hat; in den vier letzten

---

[1] *La Bruyère* l. c. chap. 15, p. 369.

ist die Rede von den Strafen, welche ihm infolge seines Zustandes drohen. Segneri hätte also seine Gründe unter diese zwei Kategorien zusammenfassen und etwa sagen können: „Daß es unbegreiflich ist, wie ein Christ im Zustande der schweren Sünde noch den Muth haben kann, sich heiter und ohne Sorge dem Genusse des Lebens hinzugeben, das werdet ihr anerkennen, wenn wir einerseits miteinander erwägen, was ein solcher verloren hat, und andererseits, im zweiten Theile der Predigt, was ihn erwartet." So hätte die Predigt zwei regelrechte Theile gehabt. Indes Segneri hat eine solche „Eintheilung" nicht angewendet: seine acht Gründe folgen ohne weitere Classification selbständig einer auf den andern. Ob Sie in Ihren paregoretischen Predigten seinem Vorgange folgen oder nach der französischen Methode verfahren wollen, das will ich Ihrem eigenen Ermessen anheimstellen. Dabei habe ich aber freilich keinen Grund, Ihnen zu verschweigen, daß mir die letztere im allgemeinen nicht zusagt, ich vielmehr der Ansicht bin, daß **es keine bessere Weise gibt als diejenige, welche in Segneris Fastenpredigten hervortritt.**

Einer Disposition, welche dieser Weise entspricht, bedient sich, damit ich Ihnen noch ein Beispiel gebe, Colmar in seiner dritten Predigt „über den Aufschub der Buße". Welches der besondere Zweck dieser Predigt ist, leuchtet von selbst ein; der Centralgedanke lautet: „Wenn ihr euch nicht jetzt aufrichtig und vollständig bekehret, so wird es wahrscheinlich niemals geschehen."[1] Die an diesen Satz sich anschließende Frage: „Warum?" beantwortet Colmar, indem er nacheinander je für sich folgende fünf Gedanken ausführt — freilich so, daß die Ausführung um vieles besser sein könnte —:

1. „Weil ihr euch auf die Zeit verlasset und nichts so hinterlistig ist wie die Zeit, auf die ihr so bestimmt zählet";

2. „weil die göttlichen Wahrheiten, welche jetzt nicht auf euch wirken, auch später keinen Eindruck auf euch machen werden";

3. „weil der Hang zum Bösen, wenn er nicht beherzt und ohne alle Schonung bestritten wird, immer unwiderstehlicher wird";

4. „weil, was wir vor allen Dingen hätten sagen sollen, weil Jesus Christus selbst es sagt";

5. „weil das Verharren in der Sünde durch Gottes gerechtes Gericht zur Verhärtung des Herzens führt."[2]

Diese Methode ist, wie ich schon sagte, nach meinem Dafürhalten die am nächsten liegende, die natürlichste, die populärste, die leichteste und die wirksamste, namentlich bei paränetischen Predigten der zweiten Klasse (oben S. 405 ff.). Daß dieselbe sich nicht in allen paregoretischen Predigten anwenden läßt, auch wenn sie einen einfachen Centralgedanken haben, weiß ich sehr wohl; aber es gibt ja noch manche andere Weisen der Disposition, welche keine Verbindung der logisch zusammengehörenden Gründe unter zwei oder drei Gesichtspunkte und keine hierauf beruhende „Eintheilung" voraussetzen, und als bindendes Gesetz kann ich die französische Methode nie und nimmer

---

[1] Besser würde man sagen: „... so habt ihr allen Grund, zu fürchten, daß es niemals geschehe".
[2] Colmar, Predigten II, 353 ff.

anerkennen. Oder wie wollen Sie denn Ihre „Theile" schaffen, wenn die sechs Gründe, deren Sie sich zu bedienen gedenken, sich nicht unter zwei oder drei Gesichtspunkte bringen lassen, mithin keine Klassen oder Kategorien bilden? Und wenn eben diese sechs Gründe, nach den Grundsätzen, die wir im vierzehnten Abschnitt (Nr. 415. 416) für die oratorische Anordnung der Gründe angegeben haben, in der Predigt so gestellt werden müßten, daß die logisch zu einer Klasse gehörenden nicht bei einander stehen: ich will sagen, wenn den bezeichneten Anweisungen gemäß die zwei Gründe, welche logisch zu der einen Klasse gehören, etwa den zweiten und den fünften Platz, die vier, welche die andere Klasse bilden, den ersten, dritten, vierten und sechsten einzunehmen hätten; werden Sie dann vielleicht, um Ihre zwei „Theile" zu retten, jene Grundsätze unbeachtet lassen und die oratorische Folge der Gründe preisgeben, bloß aus zarter Rücksicht darauf, daß es weiland zu Paris Mode war, jede Predigt in „Theile" zerfallen zu lassen, oder weil gewisse Autoren dieser Mode eine Bedeutung beigelegt haben, als ob sie ein *decretum Medorum et Persarum* wäre, *quod praevaricari non licet?*

439. Aber, sagen diese Männer, „es muß doch Ordnung in den geistlichen Vorträgen herrschen, wenn anders dieselben klar und sehr leicht verständlich sein sollen; überdies werden dem Prediger, wenn er nicht bestimmte ‚Theile' festgestellt, die Grenzen fehlen, innerhalb deren er sich zu bewegen hat; die ‚Eintheilung' ist ferner ein sehr geeignetes Hilfsmittel, daß die Predigt leichter im Gedächtnisse behalten werde, und schließlich bietet das Ende eines ‚Theiles' sowohl den Zuhörern als dem Prediger die angemessenste Gelegenheit, einige Augenblicke auszuruhen, was bei langen Predigten dem einen wie den andern sehr zuträglich ist".

Die ersten drei Gründe beruhen offenbar auf einer eigenthümlichen Verwechselung von Begriffen. Daß in einer Rede Ordnung herrsche, d. h. daß dieselbe auf einen besondern, genau bestimmten Zweck gerichtet und diesem besondern Zwecke entsprechend die Gedanken gewählt, die Gründe gestellt und miteinander verbunden seien; daß es infolgedessen nicht schwer sei, das Ganze zu übersehen und aufzufassen und im Gedächtnisse zu behalten: das alles hat doch fürwahr mit dem Umstande, daß die Rede in zwei oder drei „Theile" zerfällt, gar nichts zu thun. Oder vermißt man etwa in Segneris paregoretischen Predigten die Ordnung? Fehlt dieselbe den einzelnen Theilen der Predigten von Bourdaloue? Bei den letztern ist doch mancher „Theil" so umfassend, daß er für sich allein eine vollständige Predigt bilden könnte; müßte man vielleicht, wenn man demgemäß einen solchen Theil für sich allein benutzen wollte, demselben noch eine „Eintheilung" geben, um „Ordnung" hineinzubringen?

Was aber den vierten Grund betrifft, so steht ja nichts im Wege, daß der Prediger an einer dazu geeigneten Stelle, nachdem er drei oder vier Gründe ausgeführt hat, sich und den Zuhörern einige Augenblicke Ruhe gönne. Damit ihm das erlaubt sei, ist doch gewiß nicht nöthig, daß die hergebrachte Komödie vorausgehe, vermöge deren das begeisterte Pathos, mit welchem der „Redner" den Epilog „seines" ersten „Theiles" declamirt, auf einmal die didaktisch-kalte Wendung nimmt: „Aber die Habsucht ist nicht nur ihrer Natur nach verabscheuungswürdig, sondern sie zieht auf den Sünder auch die schwersten

Strafen herab: doch hiervon im zweiten Theile." Uebrigens gibt es aber noch ein anderes Mittel gegen den allerdings nicht geringzuschätzenden Uebelstand, daß der Prediger und seine Zuhörer gar zu müde werden; dasselbe ist sehr wirksam, und ich habe es Ihnen schon früher empfohlen. „Könnte man nicht kürzere Predigten halten, als man sich zu halten gewöhnt hat? Nichts schützt so sehr vor Ermüdung wie die Kürze des Vortrags. Wenn man den Leuten allerdings nicht zumuthen kann, eine volle Stunde lang achtzugeben, so würden sie dagegen einen Vortrag bis zu drei Viertelstunden immerhin aushalten, ohne daß sie sich getrieben fühlten, nach der Ruhe des ewigen Lebens zu seufzen. Durch eine verständige Beschränkung der Dauer der Predigt ermüdet man weniger sich selbst und ermüdet man weniger seine Zuhörer."[1] „Alle Prediger", bemerkt zu diesen Worten Gisberts ein Mann von Geist, „sollten sich dieses Paragraphen erinnern. Bei jedem öffentlichen Vortrage ist es ohne allen Zweifel ein großer Fehler, wenn er lange dauert."

440. Die Entscheidung darüber, ob Sie in jenen Fällen, wo Sie Ihre Ausführung in Theile zerfallen lassen, diese als solche vor der Ausführung beziehungsweise im Eingange den Zuhörern angeben wollen, überlasse ich Ihrem eigenen Urtheile. Es kann das mitunter ganz zweckmäßig sein; hie und da kann es aber auch Umstände geben, die es nicht gerathen erscheinen lassen. Diese weiter hervorzuheben, wie meistens geschieht, halte ich nicht für nöthig; wenn man nicht gedankenlos nach dem Grundsatze vorgeht, immer „Theile" anzukündigen, als ob eine Predigt ohne solche nicht denkbar wäre, so trifft man in diesem Punkte leicht das Rechte. Nur vermeiden Sie, wenn Sie Ihre „Theile" angeben wollen, die Barbarismen. Die vielfach gebrauchte Wendung: „Wir wollen also betrachten, was Jesus Christus für den hl. Paulus gethan hat, erster Theil, und was der hl. Paulus für Jesus Christus gethan hat, zweiter Theil", ist ein Gallicismus, eine wörtliche Uebersetzung des bei den französischen Predigern sehr gewöhnlichen absoluten *première partie, seconde partie*; die deutsche Sprache kennt diesen Nominativus absolutus im oratorischen Stile nicht[2]. In jeder Predigt stereotypisch zu sagen: „. . ., und hiervon im ersten Theile; . . ., und davon im zweiten Theile", das ist freilich deutsch, aber sicher nicht schön.

Es mag gut sein, wenn ich noch einer Vorschrift erwähne, der man bei neuern Homiletikern begegnet. Nach dieser ist es „ein besonderer Vorzug der Rede, wenn die Theile so gestellt sind, daß von einem jeden eine gleiche Anzahl Unterabtheilungen gemacht werden können, die in Beziehung auf ihre Ausführbarkeit in gleichmäßigen Verhältnissen stehen". Also die „Theile" der Predigt sollen von gleicher Länge sein, und überdies soll jeder abermals gleich viele „Theilchen" haben, deren keines dann natürlich weder länger noch kürzer sein wird als irgend ein anderes. Mir scheint, m. H., das heißt an die Wahrheit den Zirkel ansetzen, als ob sie eine geometrische Größe wäre,

---

[1] *Gisbert*, L'éloquence chrét. dans l'idée et dans la pratique chap. 6, n. 12.

[2] Nicht selten ging (und geht) es bei der „Eintheilung" unterhaltender zu: „Der hl. Leonard ein starker Löwe, erster Theil; der hl. Leonard eine wohlriechende Narde, zweiter Theil." — „Kriegsfahnen und Kanonen, erster Theil; priesterliches Opferkleid und Strahlenkranz, zweiter Theil; O. A. M. D. G., Alles zu größerer Ehre Gottes, dritter Theil." (Auf den hl. Ignatius Loyola.)

und Gedanken nach Centimetern oder nach Zollen messen. Vor Jahren hörte ich erzählen, ein Gelehrter habe ein Buch herausgegeben, das in drei Theile zerfalle; jeder Theil habe drei Abschnitte, jeder Abschnitt drei Kapitel, jedes Kapitel drei Artikel, jeder Artikel drei Paragraphen; ob jeder Paragraph auch noch in drei Nummern zerfiel, und jede Nummer aus drei je dreigliedrigen Sätzen bestand, kann ich nicht verbürgen. Der „besondere Vorzug" der eben erwähnten Homiletiker hat dieses Buch jedenfalls ausgezeichnet. Die Alten dürften übrigens diesen „Vorzug" nicht gekannt haben; das beweisen die Reden des Demosthenes und des Cicero. Kleutgen bezeichnet drei Reden des letztern, welche in Theile zerfallen[1], aber in Theile von sehr ungleicher Länge: denn bei der einen hat der erste Theil 4 Nummern, der zweite 38, der dritte 34; in der zweiten umfaßt der erste Theil 116 Nummern, der zweite 22; in der dritten der erste Theil 17, der zweite 56 Nummern. Cicero war offenbar der Ansicht, daß die Länge der Theile in einer Rede sich lediglich durch die Rücksicht auf den besondern Zweck der letztern bestimmen kann, nicht a priori nach Maßen der Zeit und des Raumes.

Die Symmetrie gehört freilich zu den Elementen der Schönheit, aber bei körperlichen Dingen, und auch bei diesen ist sie keineswegs das wesentlichste Element der Schönheit, sondern viel höher als sie steht namentlich die Zweckmäßigkeit. Wo es an tieferer Auffassung fehlt, da pflegt als das oberste Gesetz der Schönheit die Proportion und die Symmetrie zu gelten; denn diese werden freilich auch von der Oberflächlichkeit erkannt, die für nichts Sinn hat als für das, was sich mit Händen greifen läßt. Grundsätze, wie der in Rede stehende, charakterisiren darum immer Perioden des verfallenden Geschmackes. Eine vortreffliche Illustration für unsern Gegenstand, obgleich sie ein ganz anderes Gebiet betrifft, ist in dieser Beziehung eine Stelle, in welcher August Reichensperger das Unwesen der modernen Baukunst gezeichnet hat. „Will heutzutage jemand sich ein Wohnhaus hinstellen, so sagt er einem Baubeamten die Zahl der Piècen, die er wünscht, und die Summe, die er darauf zu verwenden gedenkt. Darauf entwirft derselbe seinen Plan, und zwar immer die Façade zuerst, in der Art, daß je nach dem Betrage der zu verwendenden Summe drei, vier, fünf oder auch noch mehr viereckige Fensteröffnungen zwei-, drei- oder viermal übereinander, immer hübsch symmetrisch und ja in gleicher Entfernung voneinander, in eine glatte Wand rechtwinkelig eingeschnitten werden und die Thüre in der Mitte der untern Fensterreihe angebracht wird, während oben ein aus Vignola copirtes, meist aus Brettern zusammengenageltes, antikisirendes Gesims die geniale Conception würdig krönt, und endlich einige Reihen von Dachfenstern und Schornsteinen den untern Fensterreihen gewissenhaft correspondiren. Demnächst geht der Meister daran, ein dieser Außenseite entsprechendes Inneres zu schaffen. Zu diesem Ende werden mit dem Lineale so viele Vierecke (denn der Philister begreift, wie Clemens Brentano sagt, nur viereckige Sachen, und selbst diese, möchten wir hinzufügen, sind ihm nicht selten zu rund), als gesonderte Räume nothwendig sind, in die verschiedenen Stockwerke eingezeichnet, zwischen welchen dann die Treppe und die Kamine Platz suchen und sich einklemmen, so gut es eben

---

[1] Pro Murena; pro Cluentio; de lege agraria.

gehen will. Von Bequemlichkeiten, wie z. B. Wandschränken, Vorraths=
kammern u. dgl., ist natürlich keine Rede. Da unsere Architekten wohl den
Zugwind für ein sehr willkommenes Erfrischungsmittel ansehen, so nehmen
sie auch immer sorgfältig darauf Bedacht, daß die Thüren und Fenster auf
den entgegengesetzten Seiten sich einander genau correspondiren, während der
Tischler dafür zu sorgen pflegt, daß weder die einen noch die andern schließen.
Das sind, ihren Grundsätzen nach, die Kunstschöpfungen, mit welchen unsere
Städte prangen . . ."[1] Die Anwendung dieser Charakteristik auf die „aka=
demische Predigtweise", nicht wie dieselbe von ihren klassischen Vertretern ge=
handhabt wurde, sondern in jener Gestalt, welche sie den Epigonen der letztern
in Theorie und Praxis zu verdanken hat, scheint mir in mehr als einem
Punkte sehr nahezuliegen.

Zweites Kapitel.

Die „Controverspredigt". Die Unterscheidung von „dogmatischen und moralischen Reden". „Gelegenheitspredigten" und „Gelegenheitsreden".

441. Unter den Arten der geistlichen Vorträge, für welche wir in den
letzten Abschnitten die besondern Anweisungen entwickelten, habe ich der sogen.
„Controverspredigt" nicht gedacht. Nach dem Begriffe, den wir von der
geistlichen Beredsamkeit und ihren Erscheinungsformen aufgestellt haben, findet
sich in der That in unserem Rahmen für sie keine Stelle. Daß Schwierig=
keiten gegen religiöse Wahrheiten berücksichtigt, Einwürfe unter Umständen
gelöst und widerlegt werden müssen, haben wir wiederholt gesagt. Aber eine
eigene Gattung polemischer Vorträge, die es sich zur Aufgabe setzen,
den Nachweis zu liefern, daß irgend eine akatholische Religionsgenossenschaft
in diesem und jenem Punkte, worin sie von der katholischen Lehre abweicht,
unrecht habe und irre gehe, eine solche paßt unter keine jener Richtungen der
geistlichen Beredsamkeit, welche wir unterschieden haben.

„Erörterungen über religiöse Streitfragen", berichtet Camus über den
hl. Franz von Sales, „waren ihm in hohem Maße zuwider . . . Vor allem
aber mißbilligte er es, daß man controverse Punkte in der Predigt behandelte,
die ja viel mehr erbauen als niederreißen, viel mehr Anweisungen geben soll für
das christliche Leben als sich mit den Angriffen befassen, welche jene, die außer=
halb der Kirche stehen, gegen die Lehren des Glaubens richten. ‚Aber', heißt
es, ‚eben um die Katholiken in ihrem Glauben zu stärken, machen wir in ihrer
Gegenwart die Behauptungen ihrer Gegner zu nichte.' Der Grund scheint
sich nicht übel auszunehmen; allein die Erfahrung lehrt, daß er keinen Werth
hat. Denn abgesehen von den vielfältigen Mißlichkeiten, die von einer so
widerwärtigen Polemik unzertrennlich sind, ist infolge der Verderbtheit der
Natur des Menschen in seinem Gemüthe der Hang zum Bösen so groß, daß
er den Einwendungen mehr Theilnahme zuwendet als ihrer Widerlegung und

---

[1] A. Reichensperger, Die christlich=germanische Baukunst und ihr Verhältniß
zur Gegenwart (3. Aufl., Trier 1860) S. 25.

so sich statt des Brodes die Schlange nimmt. Die Methode des hl. Franz von Sales, sowohl auf der Kanzel als in privaten Besprechungen mit Protestanten, bestand darin, daß er mit der ihm eigenen Klarheit und Faßlichkeit lediglich die Wahrheiten der Religion auseinandersetzte. Denn die Wahrheit, sagte er, wenn sie in ihrer natürlichen Einfachheit sich zeigt, besitzt Anziehungskraft und Liebenswürdigkeit genug, um die widerstrebendsten Gemüther für sich einzunehmen." [1]

In voller Uebereinstimmung hiermit steht, was den Werth der „Controverspredigt" betrifft, das Urtheil der seligen Petrus Canisius und Petrus Faber, und ganz in demselben Sinne hat sich in der neuesten Zeit Hirscher [2] ausgesprochen und fünf Jahre vor ihm Beda Weber.

„Man kann", schreibt der letztere, „den Deutschen nur durch die rechte Predigt gründlich zukommen, und deshalb hat auch die Reformation in vielen Gegenden ihr Glück gemacht, weil die rechte Predigt fehlte. Viele katholische Prediger meinen diesen Schaden dadurch gutzumachen, daß sie in ihren Vorträgen gegen Andersdenkende zu polemisiren anfangen. Und in der That ist Anlaß genug vorhanden, in diesen folgenreichen Fehler zu verfallen. Die akatholischen Prädicanten haben nun einmal ihre Kanzel zum Kampfplatze gegen die Katholiken gemacht, soweit sie diesen Namen mit Recht führen, und treiben ihre diesfällige Polemik auf so schneidende und ungerechte Weise, daß auch der stärkste Faden menschlicher Geduld am Ende reißen muß. Ihr Lebensverkehr beweist in Uebereinstimmung mit diesen Kirchenvorträgen nur allzu deutlich, daß die Worte ernst gemeint und die darauf folgenden Handlungen nur ihr consequenter äußerlicher Ausdruck sind. Ich halte daher die Polemik, besonders junger katholischer Prediger, in Bezug auf Muth und Kraft der Personen für eine verzeihliche Ausschreitung, aber stets für einen großen Nachtheil unserer katholischen Sache. So wenig wir die Irrlehren fremder Religionsparteiungen annehmen, ebensowenig dürfen wir von den Protestanten die Art der Predigt lernen. Das Schlimmste, was einem Religionssysteme begegnen kann, besteht in der Nothwendigkeit des Angriffskrieges gegen Uneinverstandene sogar bei gottesdienstlichen Versammlungen, wo das eigene Herz allein Befriedigung sucht und dieselbe unmöglich, wie das Rossegespann des Achilles, im Nektar des Hasses und in der Ambrosia der Leidenschaft finden kann. Die klare, ungefälschte Lehre des Katholicismus mit aller Schärfe und Bestimmtheit ihres dogmatischen Inhaltes, aber ohne Hereinziehung fremder Widersprüche, ziemt allein der katholischen Kanzel. Die unter solchen Umständen nöthige confessionelle Polemik mag mit aller Ueberlegung und Ruhe in der Schrift von Kampfberechtigten ausgefochten werden; aber vor dem allerheiligsten Sacramente des Leibes und des Blutes Christi soll der Katholik seiner irrenden Brüder nur im Gebete gedenken.

„Auf der Kanzel wird man viel zu leicht vom lebhaften Gefühle fortgerissen; man sagt mehr, als ursprünglich die Absicht war. Von seiten der Zuhörer begegnet solchen regellosen Ergüssen das Mißverständniß, welches durch falsche Auffassung derselben großes Unheil in die Häuser, besonders in gemischte Ehen

---

[1] *Camus*, L'Esprit de St. François de Sales (Paris 1841) p. 426.
[2] Besorgnisse hinsichtlich der Zweckmäßigkeit unseres Religionsunterrichtes S. 101.

bringt. Der Prediger verliert durch dieses Herabsteigen ins Gebiet zänkerischer Erörterung vor dem reinen, unbefangenen Volkssinn das Siegel der Ehrwürdigkeit, so zu sagen die Weihe seiner priesterlichen Amtsvollmacht und die Unschuld seines jungfräulichen Urtheils für zarte Gewissen. Die schlechten Zeitungen hacken sich wie Lämmergeier ins Eingeweide seiner Predigt und schmausen sich daran wie Vielfraße voll von Schimpf und Galle gegen den Seelsorger und seine heilige Kirche. Und selten ist er zugleich der Mann, daß er ihnen mit dem geschriebenen Worte die Höhle zeigen kann, wohin solcher Nachtisch gehört. Die Kneipen jubeln die scheinbare Niederlage nach, und die Gassenbuben legen sich als Rächerschar ins Mittel gegen Katholisches, dem das Recht der Selbstvertheidigung überhaupt nicht zukommt. Viele Seelsorger sind dadurch in sehr mißliche Lagen gekommen, ohne irgend denkbaren Gewinn für die Sache der Gemeinde und der Kirche. Die letztere bedarf dieser Predigerhilfe auch gar nicht. Hätten die heterodoxen Künste hingereicht, sie auf deutschem Boden zu vernichten, so wäre ihr Untergang längst schon besiegelt."[1]

442. Hiernach muß ich einer Unterscheidung der geistlichen Vorträge erwähnen, von welcher bisher gleichfalls nicht die Rede war. Manche Autoren lassen die Predigten — ich weiß nicht, ob ihrer Gesamtheit nach oder nur eine bestimmte Klasse derselben — in „dogmatische und moralische ‚Reden‘" zerfallen oder, wie man ein anderes Mal liest, in „Moral- und Glaubenspredigten". Was ist von dieser Eintheilung zu halten?

Um darüber zu urtheilen, müßten wir zunächst wissen, was die Autoren, bei denen diese Namen sich finden, damit eigentlich sagen wollen. Das ist nun aber schwer zu bestimmen. Denn wenn Sie sich in den betreffenden Lehrbüchern um eine Definition jener Begriffe umsehen, so finden Sie entweder gar keine, oder man sagt Ihnen, „die dogmatischen ‚Reden‘ behandelten die christlichen Wahrheiten, insofern diese Gegenstand des Glaubens seien", und sie hätten den Zweck, „das katholische Bewußtsein zu stärken und es zu einem an Werken des Glaubens fruchtbaren zu machen"; „der Zweck der moralischen ‚Reden‘ hingegen sei die Ausrottung der Sünde und die Entzündung des Eifers für Tugend und Vollkommenheit". Aber ist damit wohl etwas gesagt? Sind das Definitionen, die einen Begriff geben und auf Grund deren man die Dinge, welche zu erklären sie bestimmt sind, wirklich unterscheiden kann? Mir scheint, jeder geistliche Vortrag hat den Zweck, „das katholische Bewußtsein zu stärken und es zu einem an Werken des Glaubens fruchtbaren zu machen", und es ist andererseits zugleich kein geistlicher Vortrag denkbar, dessen Zweck nicht „die Ausrottung der Sünde" wäre und die „Entzündung des Eifers für Tugend und Vollkommenheit". Jeder Satz der christlichen Lehre hat ja wesentlich seine Bedeutung für das Leben und bestimmt mit dessen „moralische" Seite, und keine Anweisung für das ethische Thun und Lassen hat Bestand oder Ansehen, noch kann sie auf das religiöse Leben Einfluß üben, wenn sie nicht als geoffenbarte, also als zu glaubende Wahrheit erscheint oder wenigstens auf eine solche sich gründet. Jeder geistliche Vortrag ist mithin wesentlich sowohl „dogmatisch" als „moralisch", wenn man diese Ausdrücke einmal durchaus gebrauchen will.

---

[1] Beda Weber, Cartons aus dem deutschen Kirchenleben S. 422 ff.

Oder soll die Erklärung, die „dogmatischen ‚Reden' behandelten die christlichen Wahrheiten, insofern diese Gegenstand des Glaubens seien", vielleicht darauf hinauslaufen, als ob solche Predigten in Rücksicht auf die Wahrheit, welche gerade das Thema bildet, den Zuhörern einzig die Forderung nahezulegen hätten, dieselbe zu glauben, jede andere ethische Anweisung dagegen ausgeschlossen bleiben müßte? Das hieße geradezu den religiösen Wahrheiten Gewalt anthun und sie in einer Weise behandeln, welche ihrer Natur und ihrer Bestimmung direct zuwiderläuft. Bourdaloues Predigt „auf das Fest der heiligsten Dreifaltigkeit" wird ohne Zweifel jeder, der sich der in Rede stehenden Unterscheidung bedient, für eine „dogmatische" erklären; jedenfalls ist sie eminent geeignet, „das katholische Bewußtsein zu stärken und es zu einem an Werken des Glaubens fruchtbaren zu machen". Aber in dieser Predigt stellt Bourdaloue die dogmatische Wahrheit, welche das Thema bildet, keineswegs bloß dar, „insofern dieselbe Gegenstand des Glaubens ist", sondern er sucht, indem er sie ausführt, die Ehrfurcht vor der Majestät Gottes und die Unterwerfung ihr gegenüber, das Vertrauen auf Gott und die Liebe zu ihm in sehr wirksamer Weise in den Christen zu fördern.

Möglich ist es übrigens freilich doch, in der Unterscheidung, von der wir reden, einen wenn auch vielleicht nicht verständigen, doch verständlichen Sinn zu finden. Dieselbe ist nämlich ohne Zweifel eine Uebertragung der früher (Nr. 343) besprochenen Trennung der Dogmatik und der Moraltheologie auf das Gebiet der geistlichen Beredsamkeit. Weil die Wissenschaft die Scheidung vornahm, weil im Anschlusse an sie die Religionshandbücher in eine „Glaubens-" und „Sittenlehre" zerfielen, darum hielt sich auch die Theorie der Verkündigung des Wortes Gottes für verpflichtet, von „dogmatischen" und „moralischen Reden", von „Glaubens-" und „Sittenpredigten" zu sprechen. Hiernach wäre also eine dogmatische Predigt eine solche, „deren Thema im ersten Theile des Religionshandbuches behandelt wird"; ist dagegen das Thema „dem zweiten Theile des Religionshandbuches entnommen", dann hätten wir eine „Sittenpredigt", eine „moralische ‚Rede'". Ich denke, m. H., an Klarheit lassen diese Definitionen nichts zu wünschen übrig. Aber damit ist ihr Werth auch vollständig erschöpft; denn praktische Bedeutung für die geistliche Beredsamkeit werden Sie einer solchen Unterscheidung doch nicht beilegen wollen. Oder welchen Einfluß kann auf die Einrichtung und die innere Gestaltung einer Predigt der Umstand haben, ob ihr Thema dem ersten Bande des Lehrbuches der Religion angehört oder dem zweiten, ob die Wissenschaft dasselbe in der Dogmatik oder in der Moraltheologie behandelt?

Ohne eine Wirkung freilich, und zwar eine nichts weniger als vortheilhafte, ist die seltsame Unterscheidung nicht geblieben. Ihr, d. h. der Begriffsverkehrung, die sie unausweichlich veranlaßt, sind ohne Zweifel vorzugsweise sowohl jene langweiligen abstracten Vorträge voll trockener Kathedergelehrsamkeit zu verdanken als das nicht minder langweilige, unfruchtbare, kraft- und saftlose Moralisiren, wodurch sich manche Prediger hervorthun. So wird sie doch wenigstens in ganz verständlicher Weise in die Praxis übersetzt.

443. Nach der Vorschrift des Concils zu Trient — ich habe Ihnen dieselbe bei einer andern Veranlassung vorgelesen (S. 348) — sind die Seelsorger verpflichtet, ihrer Gemeinde an den Sonn- und Festtagen, und während der Advents- und Fastenzeit noch häufiger, das Wort Gottes vorzutragen. Predigten, welche außer den hierdurch vorgeschriebenen und nicht auf Grund dieser Vorschrift, sondern um anderer Veranlassungen willen gehalten werden, pflegt man „Gelegenheitspredigten" zu nennen; so, glaube ich, können wir den Begriff der letztern und ihre Stellung am besten bestimmen[1]. Es können offenbar außergewöhnliche Ereignisse eintreten, sei es, daß sie die gesamte Christenheit, sei es, daß sie nur ein Land, eine Diöcese, eine Gemeinde berühren, welche dem Seelsorger die Aufgabe nahelegen, durch Behandlung der entsprechenden religiösen Wahrheiten den ihm Anvertrauten behilflich zu sein, daß sie ihre Gesinnung und ihr Handeln so einrichten, wie es eben jenen besondern Veranlassungen gegenüber die Offenbarung von dem Christen verlangt. Ebenso kann es geschehen, daß irgend eine äußere Veranlassung, obgleich sie nicht nothwendig einer Berücksichtigung in der Verkündigung des Wortes Gottes bedürfte, doch eine solche verdient, entweder ihrer Natur nach oder insofern sie eine besonders geeignete Gelegenheit zu bieten scheint, gewisse religiöse Wahrheiten mit Erfolg zu behandeln.

Die hiernach sich ergebenden geistlichen Vorträge werden immer einer von jenen vier Arten angehören, welche in den zwei vorhergehenden Abschnitten besprochen wurden; wir haben also keine eigenen Vorschriften für dieselben mehr aufzustellen. Denn diese könnten sich lediglich auf das Thema und die Gedanken zur Ausführung beziehen; nach dem in frühern Abschnitten über diese Punkte Gesagten glaube ich aber das Weitere in dieser Beziehung Ihrem eigenen Studium und Ihrem eigenen Tacte überlassen zu dürfen.

444. Wenn Sie manches Lehrbuch der Homiletik aufschlagen, so kann Ihnen der Begriff der „Gelegenheitspredigt", wie ich ihn vorher bestimmt habe, zu enge vorkommen. Es werden nämlich unter dieser Rubrik meistens viele Namen aufgeführt; man spricht von „Primiz-" und „Secundiz-" oder „Jubelreden", von „Taufreden" und „Trauungsreden" und „Communionreden", von „Profeß-" und „Einkleidungsreden", die mit einem Ausdruck „Einweihungsreden zum Klosterleben" heißen, dann von „Antritts-", „Abschieds-", „Einführungsreden", von „Dankreden", von „Trauerreden" und „Grabreden" u. s. w. Aber wenn von diesen verschiedenartigen „Reden" manche unter den von mir aufgestellten Begriff nicht passen, so könnte das ja offenbar auch daher kommen, daß man in der homiletischen Praxis nicht die rechten Grenzen eingehalten, und ohne gehörige Ueberlegung an die Praxis sich anschließend, auch die Theorie den Begriff ungebührlich erweitert hat. Wie dem auch sei, ich kann mich nicht entschließen, mich über alle diese Arten von „Reden" weiter zu verbreiten, und ich beschränke mich auf drei Bemerkungen.

Erstens rathe ich Ihnen, der Aufgabe, eine „Gelegenheitsrede" zu halten (ich habe hier nicht die Gelegenheitspredigten im Auge, von denen

---

[1] Man darf aus dieser Bestimmung nicht den Schluß ziehen, als ob ich etwa die Predigten bei Volksmissionen als „Gelegenheitspredigten" betrachtet wissen wollte. Diese sind vielmehr ein äußerst wirksames Mittel, die Absicht, welche das Concil zu der angeführten Vorschrift bestimmte, vollkommener und sicherer zu verwirklichen; sie gehören, wenn auch thatsächlich die Volksmissionen, wie es kaum anders sein kann, zu jeder Zeit des kirchlichen Jahres gehalten werden, ihrer Natur und ihrem Zwecke nach zu den von der Kirche für den Advent und die Fastenzeit vorgeschriebenen Predigten, um so mehr, als die letztern in vielen Gemeinden gar nicht gehalten werden.

ich anfangs sprach), soviel Sie können, aus dem Wege zu gehen. Dieselben, sagt Wurz sehr mit Recht, „machen einem vernünftigen Prediger, der nicht gern ausschweifet oder lieber schweigen möchte als Dinge sagen, die unter der Würde der christlichen Kanzel sind, meistens viele Beschwerlichkeiten, wenn er sie dennoch halten muß, und er muß nach allem angewandten Fleiße zufrieden sein, wenn er etwas Mittelmäßiges hervorbringt.... ‚Es ist wahr,‘ sagt man, ‚der Gegenstand bei mancher Gelegenheit ist gering, aber viele dieser Gelegenheiten geben doch einen reichen Stoff zu prächtigen Profanreden; warum sollten sie ihn nicht dem geistlichen Redner gleichfalls geben?‘ Die Antwort ist leicht: eben darum, weil sie so vielen Stoff zu Profanreden geben. Die Welt urtheilt von ihren Begebenheiten ganz anders als die Religion; nicht als wenn die Religion daran keinen Theil nähme, sondern sie findet das Große nicht allezeit, das die Welt darin sieht. Der geistliche Redner nun muß alles nach den Grundsätzen der Religion beurtheilen, und daher geschieht es, daß er von mancher Begebenheit sehr wenig zu sagen hat, da der Profanredner die glänzendsten Vorstellungen machen kann." [1] — Sind Sie aber genöthigt, eine „Gelegenheitsrede" zu übernehmen, so übersehen Sie nicht, daß für manche Fälle die liturgischen Formularien im Meßbuche, im Rituale oder im Pontificale recht geeignete Gedanken enthalten oder nahelegen.

Zweitens bitte ich Sie, immer und unter allen Umständen festzuhalten, daß die Predigt die Verkündigung des Wortes Gottes ist und daß die Kanzel im Hause Gottes einzig dazu gemacht ist, daß man von dort aus das christliche Volk erbaue und im Guten fördere. Ob sich hiermit jene oft sehr in die Länge gezogenen Apostrophen an den Helden des Tages bei einer Primiz, oder gar an die Heldin bei einer Gelübdeablegung in Frauenklöstern vereinigen lassen; ob dem bezeichneten Zwecke die oft sehr faden Complimente und gesuchten Lobeserhebungen der Eltern und der Familie oder des betreffenden Klosters dienen können, welche mitunter den Glanzpunkt solcher „Reden" bilden zu sollen scheinen, deren Licht aber nie ein Herz zu erwärmen pflegt, wenn auch die gerührte Eigenliebe dabei sehr bereitwillig ihre obligaten Thränen vergießt: das alles, m. H., wollen wir denen zu beurtheilen überlassen, welche sich der in dieser Beziehung vielfach herrschenden Unsitte anzuschließen für gut halten. Dafür dürfen wir uns dann ohne Zweifel die Freiheit nehmen, mit Fénelon der Ansicht zu sein, daß, „so oft ein Redner in öffentlichem Vortrage bloß darum etwas sagt, um einen einzelnen Menschen zu loben, das nichts weiter ist als die Schmeichelei, welche mit der Eitelkeit redet" [2].

---

[1] Wurz a. a. O. II, 757 f.

[2] *Fénelon* l. c. I, 26. — „Ich weiß nicht, was für eine Sucht, zu loben, unsere deutschen Prediger eingenommen hat. Daß Profanredner lebende Personen loben, kann man hingehen lassen; es ist ihnen ohnedies fast jedes andere Feld verschlossen, und sie sind an die Strenge der Wahrheit nicht so sehr gebunden. Unterdessen werden sie ihr Lob kaum an jemand andern als an die Könige und die Großen der Welt verschwenden; allein diese Mäßigung kennen die geistlichen Redner nicht. Von ihnen wird, wenn ich so sagen darf, alles, was ihnen unter die Feder kommt, gelobt, Leute ohne Ansehen, ohne Rang, Bürger, gemeines Volk, und wer nicht? Ich sage nicht zu viel; man höre nur so viele unserer Primiz= und Jubelreden, und alsdann bestrafe man mich einer übertriebenen Tadelsucht. So sehr dieser Unfug auch in die Augen fällt, so hat man doch unsere Zuhörer, besonders von den untern Klassen, so verwöhnt, daß, wenn

Die Gefahr, die Grenzen der geistlichen Beredsamkeit zu verlassen und auf das Gebiet der profanen hinüber zu gerathen, ist überhaupt bei manchen der einmal Mode gewordenen „Gelegenheitsreden" sehr naheliegend. Und viele derselben sind in der That nichts weiter als profane Vorträge, und es ist an ihnen von der geistlichen Beredsamkeit nichts als die Person des „Redners", das liturgische Kleid und der Ort, wo man sie hält; sie können gar nicht als „Predigten" gelten und werden unter dieser Rücksicht sehr mit Grund meistens „Reden" genannt. Vor allem gilt das von den Trauerreden; das sollte meine dritte Bemerkung sein. „Die Trauerreden", sagt Gisbert ganz richtig, „gehören ihrer Natur nach gar nicht zur geistlichen Beredsamkeit. . . . Die Schmeichelei oder wenigstens die Gefälligkeit gegen die Großen hat sie in das Haus Gottes eingeführt, und die Gewohnheit hat sie legalisirt. . . ."[1] „Ist es denn wohl in der Ordnung, daß es, um Lob zu verdienen und zur Zeit der Leichenfeier, angesichts des Altars und auf dem Lehrstuhle der Wahrheit, gerühmt zu werden, genug ist, daß man groß und mächtig war in der Welt? Und gibt es keine andere Größe als jene, die sich auf Geburt und Stellung gründet? Warum hat man nicht die Sitte eingeführt, denen eine Lobrede bei ihrer Bestattung zu halten, welche sich, da sie lebten, durch Güte, durch Gerechtigkeitssinn, durch Sanftheit, durch Treue, durch Frömmigkeit ausgezeichnet haben? Eine sogenannte Trauerrede findet heutzutage bei der Mehrzahl der Zuhörer nur in dem Maße Anklang, als sie sich von dem Geiste der christlichen Predigt entfernt, oder wenn man lieber will, als sie den Charakter der profanen Lobrede annimmt."[2]

Profane Lobreden, das und nichts weiter sind in der That die meisten Vorträge, welche sich unter dem Aushängeschilde der „Trauerrede" das Recht auf die Kanzel vindiciren dürfen. Der sonst recht verständige Graser ist ganz entzückt über folgende „Eintheilung":

„Alexander der Vollkommene
I. als ein Christ,
II. als ein Oberer",

welche „der hochwürdige Herr Bauer, regulirter Chorherr und nunmehro ansehnlicher H. Dechant des vornehmen Stiftes des hl. Florian, ein mit vielen schönen Gaben ausgerüsteter Prediger, in seiner ausbündigen Leichenrede auf den verstorbenen H. H. Alexander Firmüllner, weiland Abten meines Klosters, im Jahre 1759" angewendet; nicht minder, wo nicht noch mehr, gefällt ihm diese andere:

„Paulus der Hochselige Abt ein auserwähltes Gefäß des Herrn (*Vas electionis est mihi iste*). Denn er hat den Namen Gottes getragen

---

ein ehrlicher Mann bei einer solchen Gelegenheit zu reden gezwungen ist, er entweder eine Predigt machen muß, die ihm vor vernünftigen Zuhörern oder Lesern die Schamröthe ins Gesicht jagt, oder, wofern er dem löblichen alten Herkommen nicht gehorchen will, er für hochmüthig angesehen und seine Predigt, so gut sie übrigens sein mag, verachtet wird. . . . Ueberhaupt und nach der Strenge zu reden, soll man die Menschen, solange sie leben, in der Kirche niemals loben" (Wurz a. a. O. II, 760).

[1] *Gisbert* l. c. chap. 15, n. 5.   [2] *La Bruyère* l. c. chap. 15, p. 373.

I. zur Vermehrung der Ehre Gottes *(ut portet nomen meum)*,

II. vor den Kindern Israels, das ist zur Beförderung des Heiles des Nächsten *(coram filiis Israel)*,

III. unter vielem Kreuz und Drangsalen *(ego ostendam illi, quanta oporteat eum pro nomine meo pati. Act. 9, 15. 16)*",

welche „der hochwürdige P. Joly, mein verehrter H. Mitbruder", seiner Predigt „auf den Tod des hochwürdigen H. H. Paul Meyers, weiland Abtes des oberösterreichischen Benediktinerstiftes Gärsten, im Jahre 1763" zu Grunde legte [1]. Was bleibt da für die von der Kirche canonisirten Heiligen noch übrig? Ließe sich wohl Ehrenvolleres sagen über den Kirchenlehrer und Abt von Clairvaux? Es ist ganz gewiß, es gibt zu allen Zeiten Männer, von denen, da sie sterben, das Wort des Heiligen Geistes wahr ist: „Er ward geliebt von Gott und von den Menschen, und sein Andenken bleibt in Segen." Das Andenken solcher Männer, wenn ihre Stellung und ihr Wirken ein öffentliches war, mag man immerhin mit vollem Rechte im Hause Gottes durch einen öffentlichen Vortrag ehren. Aber wenn das nur unter der Bedingung angeht, daß einem jeden, der dieselbe öffentliche Stellung einnahm, ohne alle Rücksicht auf persönlichen Werth und Verdienst um die Gesellschaft dieselbe Ehre zuerkannt werde, dann dürfte es besser sein, ganz darauf zu verzichten; denn indem man Verdienste verherrlicht, die nicht existiren, und rhetorisches Lob spendet, wo keine hervorragende Tugend gesehen wurde, fälscht man das moralische Gefühl des Volkes. Solches zu thun, ist aber fürwahr niemand weniger berufen als der Priester der Kirche Gottes.

Drittes Kapitel.
Eine Frage von Bedeutung in Rücksicht auf die Verwaltung des Wortes Gottes.

§ 1.
Ob es gut sei, daß in der Predigt fast ausschließlich die paregoretische Form zur Anwendung komme.

445. Wie Sie wissen, vollzog sich in der geistlichen Beredsamkeit vor zweihundert Jahren in Italien und Frankreich, dort durch Paul Segneri den Aeltern († 1694), hier durch Bossuet († 1704), Bourdaloue († 1704) und Massillon († 1742), eine durchgreifende Reform, infolgederen dieselbe den falschen Geschmack, der sie lange beherrscht hatte, überwand und einen neuen Aufschwung nahm. Nach und nach, wenngleich langsam, dehnten sich die vortheilhaften Wirkungen dieser Reform auch auf Deutschland aus; namentlich waren es die eben genannten klassischen Prediger Frankreichs, deren Leistungen bei uns Aufnahme und Nachahmung fanden. Abgesehen davon, daß sie vielfache Geschmacklosigkeiten von der Kanzel verbannten, bestand das Mittel, wodurch Bossuet und Bourdaloue die Predigt reformirten, vor allem darin, daß sie auf die klassische Beredsamkeit des Alterthums zurückgingen und ihre Vorträge

---
[1] Graser a. a. O. S. 215 f.

möglichst nach jenen Grundsätzen einzurichten suchten, welche die beiden größten Meister auf dem Gebiete der antiken Beredsamkeit, Demosthenes und Cicero, in ihren unübertrefflichen Reden befolgt hatten.

Das war ohne Zweifel ein glücklicher Gedanke, und der Erfolg hat denselben in unwiderleglicher Weise bewährt. Aber das Verfahren war doch dazu angethan, zu einer Einseitigkeit zu führen. Die oratorische Beredsamkeit der Alten ist ausschließlich paregoretisch; das brachte ihre Aufgabe von selbst mit sich. Didaskalische Reden kennt ja überhaupt die profane Beredsamkeit nicht; denn wenn sie auch in einer denkbaren natürlichen Ordnung, die aber niemals wirklich war, dazu berufen sein würde, die Menschen die allgemeinen Normen des ethischen Handelns kennen zu lehren und sie zugleich zu bestimmen, daß sie dieselben mit entschiedener Liebe umfaßten, thatsächlich hat sie doch diesen Beruf niemals weder geübt noch auch nur in sich gefühlt. Noch viel weniger konnte natürlich unter den Leistungen des klassischen Alterthums von Mustern für die Homilie die Rede sein. Die Folge, welche durch diese Umstände nahegelegt war, ist wirklich eingetreten; die Vorträge der klassischen Prediger Frankreichs gehören vorwiegend der paregoretischen Richtung an, und die eigentliche Homilie, insofern diese wesentlich Auslegung der Heiligen Schrift ist, wurde von ihnen vollständig vernachlässigt. Ich sage, ihre Vorträge seien vorwiegend paregoretisch. Denn man findet bei ihnen freilich auch didaskalische Predigten; aber dieselben erscheinen nicht als die vorzüglichsten ihrer Leistungen, und sie sind überdies fast ganz in derselben Weise angelegt wie die Vorträge paregoretischer Art; namentlich der Hauptsatz, als Thesis formulirt, der doch in solcher Gestaltung zunächst nur der paregoretischen Beredsamkeit eigen ist, läßt sich auch in ihren didaskalischen Predigten niemals vermissen.

Diese Umstände sind es, glaube ich, aus denen man den gegenwärtigen Stand der geistlichen Beredsamkeit auch bei uns, sowohl was die Praxis als was die Theorie betrifft, auffassen und erklären muß. Den werthvollen Leistungen der wiederholt genannten ausländischen Prediger haben auch wir fast alles Gute zu verdanken, das die Kunst der Verkündigung des Wortes Gottes bei uns aufzuweisen hat; denn nur an ihrer Hand hat sich dieselbe nach und nach von ihrem Verfall wieder erheben können; Deutschland selbst hat einen klassischen Prediger ersten Ranges in den letzten Jahrhunderten nicht mehr hervorgebracht. Aber mit dem Guten, das wir von ihnen gelernt, haben wir auch die Einseitigkeit ihrer Richtung herübergenommen. Es ist gut und sehr gegründet, wenn die Theorie der geistlichen Beredsamkeit, nach dem Vorgange der antiken Rhetorik, nachdrücklich auf vollkommene formelle Einheit der oratorischen Vorträge bringt; aber es ist Einseitigkeit, wenn sie es in der Weise thut, daß sie dadurch die Homilie zu verurtheilen und die didaskalische Predigt als ein der hohen Aufgabe des „Redners" minder würdiges Werk hinzustellen scheint: jedenfalls die Idee von dem Werthe dieser zwei Arten verkümmert und die Achtung vor ihnen bedeutend herabstimmt. Es ist sehr nothwendig, daß die Theorie für die paränetische und die panegyrische Predigt hinlänglich eingehende und vollständige Anweisungen gebe; aber es ist wiederum Einseitigkeit, wenn sie damit ihre Aufgabe als abgeschlossen betrachtet und nach einigen kurzen Worten über die didaskalischen Vorträge und die Homilie, die sie für Stiefkinder zu halten scheint, sich der Meinung hingibt, das rechte

Verfahren in dieser Richtung müsse sich von selber einstellen. Es ist vollkommen wahr, daß die Vorschriften der profanen Rhetorik in keiner Art der geistlichen Vorträge so vollkommen ihre Anwendung finden, wie in der paregoretischen, und daß keine in dem Maße wie diese den Anforderungen der antiken oratorischen Kunst entsprechen kann; aber es ist zum drittenmal Einseitigkeit, wenn man deßhalb von der Aufgabe der kirchlichen Predigt die eine Hälfte, den Unterricht über die Lehren der Offenbarung, ganz in den Hintergrund treten läßt; wenn man aus demselben Grunde auf die Homilie mit Geringschätzung herabsieht, weil sie sich nicht, wie die Reden des Demosthenes, in geschlossenen Gedankenreihen um einen Punkt centralisirt und dem „Redner" nicht leicht Gelegenheit bietet zu pathetischen Expectorationen nach der Weise des Cicero.

In ganz natürlicher Uebereinstimmung mit dieser einseitigen Richtung der Theorie sowohl als der aus Frankreich herübergekommenen klassischen Muster scheint denn auch die Praxis der Verkündigung des Wortes Gottes fast nur paregoretische Vorträge mehr zu kennen. Die Unterweisung des Volkes in den Lehren der Religion, die didaskalische Predigt, ist freilich in der neuesten Zeit von Bischöfen wiederholt dringend empfohlen worden und dadurch mehr in Aufnahme gekommen; aber es fehlt vielfach der bestimmte Begriff derselben, es fehlen die Grundsätze, es fehlt die Gewandtheit dafür, und die Vorträge dieser Art laufen immer Gefahr, entweder in paregoretische überzugehen oder sich in einen kalten, rein didaktischen Unterricht zu verwandeln. Was aber die Homilie betrifft, so weiß man nur noch hie und da von einer Ausführung der vorgeschriebenen sogen. „Perikopen" oder aber von jener „höhern" Homilie, deren Begriff die neuere Homiletik der antiken Kunst zuliebe erfunden hat (Nr. 400); auf die fortlaufende Erklärung ganzer Bücher der Heiligen Schrift dagegen hat man, wenn wir von Italien absehen, vollständig vergessen. Alles das kann, wie der Verfasser des Artikels „Predigt" im Freiburger „Kirchen-Lexikon" (1. Aufl.) mit Grund bemerkt, ganz und gar „nicht als Vortheil angesehen werden", es muß vielmehr als eine in ihren Folgen sehr nachtheilige Einseitigkeit gelten. Ist es, nach allem Gesagten, nothwendig, daß ich Ihnen dieses beweise, m. H.? Jedenfalls wird es genügen, wenn ich die Gründe in Kürze andeute. Aber halten Sie dabei fest, daß ich nicht gegen die Anwendung der paregoretischen Beredsamkeit spreche, sondern nur gegen die fast ausschließliche Anwendung derselben.

446. Der paregoretischen Beredsamkeit gilt der Unterricht, die Belehrung, nicht als ein wesentliches Stück ihrer Aufgabe, sondern ausschließlich als Mittel für diese. Sie wendet sich an das Erkenntnißvermögen der Zuhörer, aber keineswegs, als ob sie berufen wäre, denselben die Auffassung bestimmter Begriffe und Wahrheiten zu vermitteln, sondern einzig darum, weil das Urtheil ein wesentliches psychologisches Moment bildet für die Bestimmung des freien Strebens, und weil auch das andere Moment, das Gefühl, von der intellectuellen Anschauung abhängt; ihre Aufgabe ist lediglich die Bestimmung des ethischen Strebens. Je entschiedener somit bei uns die paregoretische Predigt in den Vordergrund trat, desto mehr mußte die eigentliche Belehrung, der religiöse Unterricht, die gründliche Aufklärung über die Wahrheiten und Uebungen des Christenthums vernachlässigt werden. Kann man in Abrede stellen, daß die

Unwissenheit der Christen in religiösen Dingen, ihr Ungeschick und ihre Unbeholfenheit in den Handlungen des übernatürlichen Lebens, über welche gegenwärtig so vielfach Klage geführt wird, gerade hierin zu gutem Theile ihre Erklärung finden? Von seiner Zeit hat es Fleury bezeugt, und es gilt gerade so gut von der unsrigen: „Der größern Hälfte nach gehören auch die Gebildeten, ja selbst die Gelehrten, in Religionssachen zu den Unwissenden." Warum? „Weil man die Wahrheiten der Religion niemals erklärt als höchstens hie und da gelegentlich, wenn nämlich der Plan oder die Eintheilung einer Predigt es gerade erheischt."[1]

Die Erscheinung ist übrigens nicht bloß an sich selber schlimm und beklagenswerth, sondern sie rächt sich auch unmittelbar an jenem einseitigen Verfahren selbst, durch welches sie herbeigeführt wurde: die ausschließlich paregoretischen Predigten werden nicht mehr verstanden, weil das Volk nicht mehr die elementaren Kenntnisse besitzt, deren es dazu bedürfte. „Man redet den Leuten Tag für Tag von der Heiligen Schrift, von Kirche, von den beiden Gesetzen, dem Alten und Neuen Bunde, von den Opfern, von Moses und Aaron und Melchisedech, von den Propheten und den Aposteln, und man gibt sich nicht die Mühe, sie zu unterrichten, was alle diese Ausdrücke bedeuten, was alle diese Persönlichkeiten gethan haben. Es gibt viele Prediger, deren Vorträge man zwanzig Jahre regelmäßig besuchen könnte, ohne dadurch die Religion so kennen zu lernen, wie man sie kennen soll. Denn nur sehr wenig Christen verstehen die bezeichneten Dinge hinlänglich, um aus der Predigt Nutzen ziehen zu können; das Volk ist in solchen Sachen sehr unwissend, und was die höhern Klassen betrifft, so sind auch sie in dieser Beziehung größtentheils Volk. Drei Viertheilen einer Zuhörerschaft sind in allen Fällen jene ersten Anfangsgründe der christlichen Lehre fremd, welche der Prediger als bekannt voraussetzt."[2]

Fassen wir die Sache von einer andern Seite ins Auge. Die paregoretische Predigt behandelt eine einzige Wahrheit, freilich, wenn die Predigt Werth hat, eine Wahrheit von Bedeutung; diesen ihren „Centralgedanken" (oder „Hauptsatz") vertieft sie und führt ihn mit Gründlichkeit und möglichst erschöpfend aus. Für paregoretische Behandlung brauchbar sind eben darum nur größere, viel umfassende Wahrheiten. Andererseits kann, was zur Ausführung des Centralgedankens nicht paßt, was nicht mit demselben in nächster Verbindung steht, in den Vortrag keine Aufnahme finden. Wenn man nun vorherrschend Predigten dieser Art zu halten gewohnt ist, die didaskalischen Vorträge denselben gegenüber geringschätzt, die Homilie kaum mehr als dem Namen nach kennt, was wird davon nothwendig die Folge sein? Erstens, daß viele Wahrheiten von Bedeutung jahrelang vor dem Volke gar nicht zur Sprache kommen, ganz unberührt bleiben. Denn es ist nicht leicht, vor derselben Zuhörerschaft über den nämlichen Centralgedanken bald nacheinander zwei paregoretische Predigten zu halten; darum sieht man sich genöthigt, die einmal behandelten Centralgedanken längere Zeit vollständig ruhen zu lassen.

Die zweite Folge hängt mit dieser unmittelbar zusammen. Es ist eine sehr nothwendige Vorschrift der Pastoral, daß der Seelsorger jene Dinge, die

---

[1] *Fleury*, Discours sur la prédication n. IV.   [2] *Fénelon* l. c. III, 89 s.

für das christliche Leben, sei es an und für sich und unter allen Umständen, sei es infolge der besondern Verhältnisse der Gemeinde, von vorzüglicher Wichtigkeit sind, oft und immer aufs neue berühre und betone und einschärfe, weil dieselben sonst von den Christen sicher nicht berücksichtigt werden. Claudius Aquaviva führt in einer Abhandlung über das Predigtamt unter den Mitteln, dasselbe mit Erfolg zu verwalten, sehr mit Recht auch dieses an. „Man hüte sich vor einem Fehler, der die Wirksamkeit der Predigt, insofern sie die Sünder zur Besserung führen soll, in hohem Maße beeinträchtigt." Was für ein Fehler ist das? Aquaviva gibt ihn an. „Manche Prediger haben jeder ethischen Verkehrtheit gegenüber nur einige wenige bestimmte Gedanken und Wendungen und beschränken sich darauf, diese ein und das andere Mal vorzubringen. Hingegen oft und immer aufs neue in wechselnder Form gegen die nämlichen Sünden ihre Stimme zu erheben und dieselben so lange zu verfolgen, bis sie gründlich ausgerottet sind, daran denken sie nicht. Der hl. Johannes Chrysostomus verfuhr ganz anders: das leichtfertige Schwören, der Luxus und die Verschwendung, die Habsucht, die Genußsucht, die Unkeuschheit, der Mißbrauch der Sacramente, die Vernachlässigung derselben, das sind Punkte, auf die er in seinen geistlichen Vorträgen hundertmal wieder und wieder zurückkommt."[1] Aber ich habe Ihnen diese Vorschrift bereits im dritten Abschnitte (Bd. I, S. 129 f.) nahegelegt. In didaskalischen Vorträgen nun bietet sich hinlänglich Gelegenheit, sie zu beobachten; die Homilie veranlaßt und nöthigt geradezu den Priester zu solchen Wiederholungen; wo dagegen fast allein die paregoretische Beredsamkeit gepflegt wird, da kann er der in Rede stehenden Anweisung nur äußerst schwer und ungenügend entsprechen. Denn in den enggeschlossenen Rahmen der kunstgerechten „Rede" paßt von jener Fülle verschiedenartiger praktischer Bemerkungen und Erinnerungen und Mahnungen und Warnungen nichts hinein: sie würden den Fluß der Darstellung unterbrechen und die unentbehrliche Einheit stören. Als eigene Centralgedanken selbständiger Predigten lassen sich dieselben offenbar noch weniger verwerthen; denn sie haben größtentheils nicht Inhalt und Umfang genug, und die paregoretische Beredsamkeit verlangt große, umfassende Wahrheiten.

An diesen Gedanken schließt sich aber die dritte Folge des Verfahrens, von dem wir reden. Der großen, viel umfassenden Sätze, welche wirklich zum innersten Kern der christlichen Lehre gehören, gibt es immerhin eine gerade nicht kleine Zahl; aber sie bieten sich dem Prediger nicht alle auf den ersten Blick dar, und manche, die sich ihm bieten, weiß er nicht recht zu behandeln. So erscheinen denn die wahrhaft praktischen Sätze bald erschöpft; man kann aber doch nicht immer die nämlichen bringen, die Leute wollen neue Themata hören: was thut man? Ich habe es Ihnen schon früher einmal mit Dieringers Worten gesagt: man greift zu praktisch werthlosen Hauptsätzen, man „ergeht

---

[1] *Claud. Aquav.*, Monita formandis concionatoribus accommoda (28. Maii 1613). — Il faut dire peu et bon, et l'inculquer soigneusement, et ne faire aucun état des ces esprits dégoûtés qui se fâchent, quand un prédicateur répète et rebat une même chose. Quoi! disait-il, pour faire un ouvrage en fer, combien le faut-il battre et rebattre! Pour achever un tableau, combien faut-il passer et repasser le pinceau par-dessus! Combien plus pour graver des vérités éternelles en des coeurs affermis dans le mal et en des cervelles dures! (*Camus* l. c. p. 373.)

sich in abgeleiteten, neben den eigentlichen Religionswahrheiten herlaufenden Fragen, welche viel Aufforderung zur Rednerei enthalten, aber zur Beredsamkeit wenig", und statt den Leuten die Lehren des Christenthums vorzutragen, die ihnen oft so schrecklich unbekannt sind, setzt man die Kenntniß derselben voraus und gibt unterhaltende oder sentimentale „Variationen" über religiöse Themata zum besten. Wo aber auch ein Schicksal wie das angedeutete nicht schon den Hauptsatz trifft, da verfällt einem ganz ähnlichen wenigstens die Ausführung desselben. Es bedarf, wenn eine gute paregoretische Predigt entstehen soll, eines nicht kleinen Vorrathes von gehaltvollen, substantiösen Gedanken, die alle zusammenpassen, alle dem einen besondern Zwecke dienen, alle Elemente des einen Centralgedankens sind. Einen entsprechenden Vorrath solcher Gedanken für jeden ihrer pflichtmäßigen Vorträge zusammenzubringen, das ist der größern Zahl der Prediger nicht nur schwer, sondern schlechthin unmöglich; sie besitzen zu wenig geistige Kraft, es steht ihnen nicht ein genügender Fond ausgebreiteten und gründlichen Wissens zur Verfügung; und wenn weder das eine noch das andere fehlte, sie haben zu wenig Zeit, sie sind durch die verschiedenartigsten Aufgaben zu vielfach in Anspruch genommen.

Kann es da anders sein, als daß jene vierte Folge sich einstellt, die man fürwahr oft genug zu erleben Gelegenheit hat, daß nämlich die Predigten seicht, gehaltlos, wässerig, langweilig werden? Die Heilige Schrift wäre an großartigen Begebenheiten, an tiefen und interessanten Gedanken überreich; hielte man Homilien, namentlich fortlaufende über einzelne Bücher der Heiligen Schrift, so würde es bei einigem Fleiße doch nicht so schwer sein, etwas Ordentliches zu sagen; aber die Homilie hat ja nicht die um „ästhetischer" Rücksichten willen unerläßliche Einheit, sie hat keinen Hauptsatz, und was das Allerschlimmste ist, man kann die von der Schule vorgeschriebene „Eintheilung" darin ja nicht anbringen, und so bleiben die herrlichen Gedanken der Heiligen Schrift größtentheils unbenutzt.

447. Ich habe es wiederholt gesagt, man hat ganz recht, wenn man auf Einheit der geistlichen Vorträge und relativ möglichst erschöpfende Durchführung des Centralgedankens bringt, aber man kann die gegründetsten Forderungen zu weit treiben. Unter übrigens gleichen Umständen ist eine Rede schöner, wenn sie sich nur um einen großen Gedanken bewegt und diesen nach der ganzen Tiefe seines Inhalts beleuchtet; aber es bedarf, um Schönheiten dieser Art zu empfinden, einer entsprechenden intellectuellen Weite des Geistes, die im stande ist, das Ganze zu umspannen und über die einzelnen ansprechenden Gedanken die Gesamtheit derselben und ihr gegenseitiges Verhältniß nicht fallen zu lassen. Den Männern der Schule, die am Studirpult ihre homiletischen Anweisungen zusammenstellen, will ich diese Weite des Geistes sicher nicht absprechen, aber beim Volke findet dieselbe sich nicht; denn sie setzt nicht bloß Sinn für die Schönheit voraus, sondern auch dialektische Bildung und Geübtheit im Denken. Unter übrigens gleichen Umständen ist eine Rede auch wirksamer, wenn sie nur ein einziges ethisches Ziel verfolgt, nur in einer Richtung das freie Streben zu bestimmen bemüht ist; aber damit ein geistlicher Vortrag seine entsprechende Wirkung habe, bedarf es ja doch gerade nicht in allen Fällen jenes vollen Maßes von Kraft, welche die Beredsamkeit zu entfalten im stande ist; die Bestimmung des freien Strebens ist überdies wohl

die wesentlichste, aber doch nicht die allein wesentliche Aufgabe der kirchlichen Predigt, und schließlich werden, wie ich vorher gezeigt habe, eben die Umstände keineswegs immer die gleichen sein, sondern sehr häufig weit ungünstiger sich gestalten, wo ausschließlich paregoretische Vorträge gehalten und die andern Arten vernachlässigt werden.

Soll ich noch eine weitere Rücksicht hinzufügen? In sehr vielen Gegenden fehlt dem Volke gegenwärtig eine wesentliche Bedingung, von welcher der Erfolg und die Wirksamkeit paregoretischer Predigten abhängt: Entschiedenheit und Lebendigkeit des Glaubens, ernstes Christenthum. Diese wiederherzustellen, das muß deshalb bei solchen Christen die geistliche Beredsamkeit offenbar als ihre vorzüglichste Aufgabe betrachten. Man hat dieses vielfach gefühlt und geglaubt, durch „Conferenzen" dem Uebelstande abhelfen zu können. Aber das war, wie wir im zehnten Abschnitt gesehen haben, in den meisten Fällen ein Irrthum; das einzige rechte Mittel sind unter solchen Umständen didaskalische Predigten und Homilien.

Es war, wenn ich nicht irre, der Einfluß des Humanismus, unter welchem die klassischen Prediger des 17. Jahrhunderts die Grundsätze der antiken Rhetorik soviel als möglich vollständig adoptirten, um die geistliche Beredsamkeit aus dem Zustande des Verfalles, in den sie gerathen war, wieder herauszureißen. Sie verdienen dafür unsern vollsten Dank, und es wird ihrem hohen Verdienste die Anerkennung, welche demselben gebührt, zu allen Zeiten gewahrt bleiben. Aber vielleicht übersahen sie bei der Adoption, die sie vornahmen, daß die antike Beredsamkeit und ihre Theorie von einem Momente mitbeherrscht wurde, das der geistlichen fremd sein muß: von Hochmuth und Ehrgeiz, von dem Streben, zu imponiren und in den Augen der Menschen zu glänzen. Eine Festpredigt Bossuets, eine panegyrische Rede nach Segneris Weise ist ohne Zweifel sehr geeignet, um ein gebildetes Auditorium zu „befriedigen" und es mit Bewunderung für den „Redner" zu erfüllen; nebenbei wird es sich ohne Zweifel auch daran erbauen; aber ich glaube, m. H., besser und nachhaltiger könnte man dasselbe Auditorium, freilich ohne den gleichen Beifall zu ernten, erbauen durch einen weniger kunstgerechten, durch einen einfachern und praktischern Vortrag. „Sie sollten", räth La Bruyère den Predigern, „sie sollten nicht von einer Voraussetzung ausgehen, welche falsch ist, als ob nämlich die vornehme Welt ihre Religion oder ihre Pflichten zur Genüge kännte, und keinen Anstand nehmen, diesen begabten Geistern, diesen Kindern einer höhern Cultur, die Lehren des Katechismus auseinanderzusetzen."[1] Der Rath ist ohne Zweifel gegründet. Wenn es sich aber um das „Volk" handelt, für das wir doch meistens zu predigen haben, dann kostet eine solche kunstmäßige „Rede" der eben bezeichneten Art einen Aufwand von Zeit und Mühe, mit welchem, wenn derselbe oft gemacht wird, der Gewinn wohl kaum in einem rechten Verhältniß steht: die intellectuelle Kraft des „Volkes" ist ja zu gering für solche Werke des Geistes. Die Noth der Menschheit erscheint so unermeßlich groß, ihre ungestillten Bedürfnisse auf dem religiösen Gebiete sind so mannigfaltig und so zahlreich, daß ich es, besondere Umstände und Ausnahmen abgerechnet, kaum gerechtfertigt finden kann, wenn ein Seelsorger für eine so wenig erfolgreiche

---

[1] *La Bruyère* l. c. chap. 15, p. 379.

Entwicklung rhetorischen Glanzes — um nicht „Parademacherei" zu sagen — so bedeutende Auslagen macht und sich darüber genöthigt sieht, jene Noth und jene schreienden Bedürfnisse mehrfach unberücksichtigt zu lassen.

§ 2.
In welcher Weise mit den verschiedenen Arten der geistlichen Vorträge könne abgewechselt werden.

448. Können wir hiernach mit der an vielen Stellen herrschenden „doctrinären" Methode uns nicht einverstanden erklären, so legt sich die Frage nahe, in welcher Weise etwa mit den einzelnen Arten der geistlichen Vorträge zweckmäßig abzuwechseln sei. Definitiv und für alle Umstände können wir diese Frage nicht beantworten; denn die Umstände sind eben sehr verschiedenartig, und von diesen, vor allem von den Bedürfnissen der Zuhörerschaft und der Rücksicht auf ihren geistlichen Vortheil, muß die Entscheidung in diesem Punkte schließlich immer abhängig bleiben. Die Anweisungen, die ich hier geben kann, müssen Sie darum nur als allgemeine und hypothetische Vorschläge betrachten, deren Angemessenheit Sie im concreten Falle nach den bezeichneten Rücksichten selber zu beurtheilen haben.

Zunächst komme ich übrigens wieder auf Fenelons Dialoge zurück. „Die Predigt", heißt es in dem dritten derselben, „die Predigt sollte die ganze christliche Lehre erklären und sie in leicht verständlicher Weise auseinandersetzen. Sie sollte das Volk den ersten Ursprung der einzelnen Dinge kennen lehren und wie sie sich weiter ausbildeten und im Verlaufe gestalteten; ein solcher Nachweis der Entstehung und der Ausbreitung des Christenthums und der Kirche würde zugleich den Einwürfen ihrer Gegner alle Kraft benehmen, so daß man gar nicht nöthig hätte, dieselben offen anzugreifen und dadurch den einfach gläubigen Christen vielleicht noch zu schaden. (Denn das rechte Verfahren, die Wahrheit der Religion zu beweisen, besteht darin, daß man sie gut erklärt. Sie beweist sich durch sich selber, sobald sie richtig aufgefaßt wird. Alle andern Beweise, die nicht aus dem Inhalte der Religion selbst genommen werden und aus dem, was hiermit unmittelbar zusammenhängt, sind hier fremd. Der beste Beweis z. B. für die Erschaffung der Welt, für die Sündfluth, für die Wunder des Moses liegt eben in der Natur dieser Thatsachen selbst und in der Weise, wie ihre Geschichte aufgezeichnet erscheint. Ein denkender, leidenschaftsloser Mann braucht sie nur zu lesen, um ihre Wahrheit zu fühlen[1].) Weiter sollte die Predigt aus demselben Grunde, außer den Einzelheiten, welche das Evangelium mit den darin enthaltenen Thatsachen umschließt, dem Volke **methodisch und in fortlaufenden Vorträgen** den Ursprung und die Einsetzung der Sacramente vorführen, sowie die Ueberlieferungen der Kirche, ihre Einrichtungen und Gebräuche, ihre Tagzeiten und ihre liturgischen Handlungen. Das wäre der Weg, die Christen gegen die Einwendungen des Irrglaubens sicherzustellen; man

---

[1] Die fünf Sätze, welche ich in Klammern eingeschlossen habe, sind dem Gegenstande gegenüber, um den es sich in meiner Theorie hier handelt, eine Digression. Ich habe sie desungeachtet nicht ausfallen lassen wollen; sie bestätigen früher Gesagtes.

würde sie dadurch in den Stand setzen, ihren Glauben zu begründen und selbst auf jene unter den Andersgläubigen einzuwirken, die nicht absichtlich an ihrem Irrthum festhalten. Unterweisungen dieser Art würden den Glauben tiefere Wurzeln schlagen und die christliche Lehre in ihrer vollen Großartigkeit erscheinen lassen; durch sie würde es dem Volke möglich werden, aus alledem, was es in der Kirche sieht, geistlichen Gewinn und Erbauung zu schöpfen, statt daß es jetzt, bei dem oberflächlichen Unterrichte, den es empfängt, von allem, was es sieht, fast nichts versteht und selbst von jenen Dingen, die es in der Predigt hört, sich nur sehr unklare Begriffe bilden kann.

„Ich habe oft die Bemerkung gemacht, daß es in der Welt keine einzige Kunst gibt und keine einzige Wissenschaft, bei der man, wenn man andere darin zu unterrichten hat, nicht nach bestimmten Grundsätzen, nicht methodisch und im Zusammenhange vorginge. Nur wo es sich darum handelt, die Christen in der Religion zu unterweisen, wendet man ein solches Verfahren nicht an. In der Kindheit gibt man ihnen einen kurzen, trockenen Katechismus in die Hand, den sie auswendig lernen, ohne ihn zu verstehen; später haben sie, um sich weitere religiöse Kenntnisse anzueignen, nichts mehr als Predigten über verschiedene Themata, die untereinander in keiner Verbindung stehen. Es wäre in der That nothwendig, daß man, wie schon gesagt wurde, die Christen zunächst in den Grundwahrheiten ihrer Religion unterwiese und sie dann methodisch bis zu den höchsten Geheimnissen weiterführte. So verfuhr man ehemals in der Kirche. Mit didaskalischen Vorträgen wurde der Anfang gemacht; an diese schloß sich die fortlaufende Erklärung des Evangeliums in der Homilie. Dadurch wurden Christen gebildet, welche in dem Worte Gottes nach seinem ganzen Umfange ausgezeichnet bewandert waren. Die größten Männer befaßten sich mit solchen didaskalischen Vorträgen; dieselben waren aber auch von Erfolgen begleitet, welche bewunderungswürdig sind und uns gegenwärtig nahezu unglaublich erscheinen."[1]

449. Entsprechend diesen Gedanken Fenelons, die ich für sehr richtig halte, hätte also ein guter Theil Ihrer geistlichen Vorträge das Jahr hindurch einerseits in didaskalischen Predigten zu bestehen, andererseits in Homilien. Den Homilien würden Sie, nach dem Vorgange des hl. Johannes Chrysostomus, zweckmäßig zunächst das Evangelium des hl. Matthäus zu Grunde legen, aber so, daß Sie dasselbe aus den zwei andern Evangelisten, Marcus und Lucas, ergänzten. Ein zweiter Cyklus ließe sich später, gleichfalls nach dem Beispiele des genannten Kirchenlehrers, über das Evangelium des hl. Johannes halten; zwischen diese beiden Curse könnte aber die Erklärung eines historischen Buches des Alten Testaments oder auch einiger — namentlich des ersten Buches Moses — vielleicht sehr zweckmäßig eingeschoben werden. Diese Homilien müßten an den gewöhnlichen Sonntagen gehalten werden, insofern auf dieselben kein besonderes Fest fiele, und wie aus dem später zu Sagenden sich ergeben wird, die Sonntage der Fastenzeit, vielleicht auch jene des Advents, ausgenommen. Indes verstehe ich das nicht so, als ob Sie das ganze Jahr hindurch, an den hiermit bezeichneten Sonntagen, regelmäßig eine Homilie vortragen sollten. Vielmehr glaube

---

[1] *Fénelon* l. c. III, 119 s.

ich, es sollte in der Art der Vorträge Wechsel und Freiheit herrschen; darum müßte auch von den gewöhnlichen Sonntagen eine hie und da einzuschiebende paränetische Predigt keineswegs ausgeschlossen sein, namentlich aber die fortlaufenden bidaskalischen Predigten sich mit den Homilien in die Sonntage theilen, nicht mathematisch, sondern den Umständen gemäß; nicht so, daß immer eine Homilie und eine bidaskalische Predigt abwechselte, sondern in der Weise, daß auf einige, etwa drei bis sechs, bidaskalische Predigten eine ähnliche Anzahl von Homilien folgte, immer mit Rücksicht auf die Umstände und auf den Inhalt der betreffenden Abschnitte der Heiligen Schrift. In dieser Abwechslung müßten Sie, wie gesagt, eine verständige Freiheit walten lassen; denn es ist nicht gut, wenn die Leute immer schon im voraus wissen, wovon in der Predigt die Rede sein wird: das läßt sich aber, namentlich bei zusammenhängenden bidaskalischen Vorträgen, kaum anders verhüten als durch ein Verfahren wie das bezeichnete.

Was insbesondere diese letztern, die zusammenhängenden bidaskalischen Predigten, betrifft, so sind die Themata derselben in dem Römischen Katechismus gegeben. Nur glauben Sie dabei nicht, Sie müßten in Rücksicht auf die Ausführlichkeit, mit welcher Sie auf die einzelnen Punkte eingehen, diesem Buche genau entsprechen, und was die Folge der vier Hauptstücke betrifft, sich gleichfalls an dasselbe halten. Die Bedeutung der einzelnen Wahrheiten oder vielmehr die Ausführlichkeit, mit der man sie zu behandeln hat, richtet sich nach dem Bedürfnisse der Zuhörerschaft; bezüglich der Ordnung aber, in welcher die vier Hauptstücke durchgenommen werden, verweist die Vorrede des Katechismus selbst den Seelsorger auf jene Rücksichten, welche eben diese Bedürfnisse ihm nahelegen[1]. Ich glaube, Sie werden in vielen Fällen besser thun, wenn Sie mit einem andern als gerade dem ersten Hauptstücke, z. B. mit den zehn Geboten oder dem Gebete, den Anfang machen.

Unter allen Umständen aber — ich habe den Gedanken schon ausgesprochen, ich wiederhole ihn dennoch — unter allen Umständen vernachlässigen Sie am wenigsten diese zusammenhängenden bidaskalischen Vorträge. Wenn die Christenheit zwischen den zwei Hauptformen der geistlichen Beredsamkeit zu wählen genöthigt wäre, so müßte sie auf die paregoretische Predigt verzichten; denn ohne diese könnte sie bestehen, ohne die bidaskalische nie und nimmer. Es ist dringend nothwendig, daß der Clerus sich dessen allgemein wieder bewußt werde; sonst muß die Unwissenheit und der Irrthum immer weiter um sich greifen. Denn dadurch ist ja das Volk noch nicht im Besitze einer gründlichen Kenntniß der Religionslehre, wie es derselben heutzutage ohne Zweifel bedarf, wenn ihm einzelne Bruchstücke derselben bekannt sind, ohne Zusammenhang und ohne Ordnung. Es muß die religiösen Wahrheiten in ihrer Gesamtheit kennen, es muß dieselben überschauen, es muß die einzelnen Wahrheiten auch nach ihren Beziehungen zu einander und in ihrer gegenseitigen Verbindung aufgefaßt haben; denn dieselben erklären, ergänzen und stützen sich wechselseitig. Der katechetische Unterricht, der den Kindern ertheilt wird, kann eine solche Kenntniß für das ganze Leben

---

[1] Docendi autem ordinem eum adhibebit (pastor), qui et personis et tempori accommodatus videbitur (Catech. Rom., Praef. n. 13).

unmöglich vermitteln; Predigten, wie sie meistens gehalten werden, über beliebige Themata, ohne Verbindung untereinander, genügen dazu ebensowenig. Oder was würden Sie sagen, wenn ein Professor, der Dogmatik und Moraltheologie zu lehren hätte, vor seinen Zuhörern heute eine Vorlesung hielte über die Einheit der Person in Christus, morgen über die Pflicht der Wiedererstattung, am dritten Tage über die Sünde des Stolzes, am vierten über die Wirksamkeit der Gnade, hiernach über das Ausgehen des Heiligen Geistes vom Vater und Sohne und dann wieder etwa über das Gelübde, den Contract oder das Sacrament der heiligen Oelung? Ließe sich bei einem solchen regellosen Verfahren etwas Ordentliches lernen? Die gleiche Gebundenheit, die nämliche systematisch-strenge Folge und Ordnung wie die Wissenschaft und überhaupt jedes didaktische Verfahren erheischt nun freilich die geistliche Beredsamkeit gerade so wenig, als sie dieselbe erträgt; eben darum habe ich Ihnen wiederholt gesagt, daß eine gewisse Freiheit in der Wahl der Gegenstände sowohl als der Form der Vorträge immer festgehalten werden müsse. Aber wenn die geistliche Beredsamkeit denn doch wesentlich auch die Aufgabe hat, zu lehren; wenn es zugleich unerläßlich nothwendig ist, daß die Leute die Wahrheiten der Religion gründlich und vollständig kennen lernen: dann darf doch in der Predigt ohne Plan und Ordnung ganz gewiß auch nicht vorgegangen werden.

Ist es ja doch überdies auch unvermeidlich, daß, wo man sich nicht an einen Plan, an eine bestimmte Folge hält, vielmehr die Themata nimmt, wie es sich gerade gibt, nothwendige und wichtige Punkte übersehen werden und viele Jahre hindurch nie zur Sprache kommen. Wie viele Gemeinden gibt es nicht, sagt ein französischer Schriftsteller, wo zehn und zwanzig Jahre hingehen, ohne daß ein einziges Mal die Lehren von der allerheiligsten Dreifaltigkeit und der Menschwerdung des Sohnes Gottes behandelt werden, oder die Sacramente der Oelung und der Ehe, die Uebung der drei göttlichen Tugenden, das Gebet des Herrn und andere nicht minder wesentliche Punkte, über welche das Volk zu unterweisen der Seelsorger strenge verpflichtet ist! Woher kommt das anders als von der Mode, an die man sich hält, aus dem Evangelium des Tages sich einen Vorspruch zu suchen, und was sich gerade zu demselben Passendes darbietet, den Leuten vorzutragen? Sich zu methodischen Unterweisungen herbeizulassen, dazu glaubt man keine Zeit zu haben, oder man findet diese Art von Vorträgen nicht recht vereinbar mit dem hohen Tone der Beredsamkeit. Daher kommt es dann, daß so viele Christen, auch solche, die jeden Sonntag die Predigt hören, Grundwahrheiten der Religion und wesentliche Stücke, die zum christlichen Leben gehören, nicht kennen; daher kommt es, daß so viele Predigten ohne Wirkung bleiben, weil sie bei den Zuhörern Kenntnisse voraussetzen, die ihnen fehlen; daher endlich auch jene Theilnahmslosigkeit und jener Widerwille, womit manche das Wort Gottes anhören; die Predigt ist ihnen langweilig, weil sie nicht die nothwendigen Begriffe haben, um sie zu verstehen [1].

An Werken, in denen man für Unterweisungen dieser Art brauchbaren Stoff findet, haben wir gerade keinen Mangel. Ich erinnere Sie nur an die bei anderer Gelegenheit schon erwähnten Erklärungen des Katechismus von

---

[1] Cf. *Nadal*, Dictionnaire d'éloquence sacrée p. 217.

Schmitt, Deharbe und Wilmers, an die „Unterweisungen" von Segneri[1] und den achtbändigen *Catéchisme de persévérance* von Gaume[2].

Wenn Sie diesen Vorschlägen in Rücksicht auf die Homilie und die didaskalische Predigt je nach den Umständen zu entsprechen suchen, m. H., so würde Ihnen für paregoretische Vorträge immer noch eine mehr als hinreichende Zahl von Gelegenheiten übrigbleiben. Die „Fastenpredigten", vielleicht auch jene im Advent, sowie die Vorträge an den verschiedenen Festtagen könnten paränetisch sein, die letztern mehrfach auch panegyrisch. Wie ich aber vorher von den gewöhnlichen Sonntagen die paregoretische Predigt keineswegs absolut ausgeschlossen wissen wollte, so ist andererseits der eben ausgesprochene Gedanke auch wieder nicht in dem Sinne zu nehmen, als ob die Vorträge in der Fastenzeit oder an Festtagen unter Umständen nicht sehr wohl auch Homilien oder didaskalische Predigten sein könnten.

Viertes Kapitel.

Wie man praktisch zu verfahren habe, wenn man eine Predigt halten soll. Ob es zweckmäßig sei, die Predigt auswendig zu lernen. Ein Mittel, ohne das niemand in der Beredsamkeit etwas Tüchtiges leistet. Schluß.

450. Es dürfte Ihnen, glaube ich, weder unerwünscht sein noch unnütz, wenn ich Ihnen an dieser Stelle eine kurze, unmittelbar praktische Anleitung gebe, wie Sie ungefähr zu verfahren haben, wenn Sie eine Predigt halten müssen.

I. Einen Gedanken, der mich überraschte, las ich vor Jahren in Platos Dialog „Ueber die Welt". Kritias hat den Vorschlag gemacht, Timäus möge zunächst seine Gedanken über die Entstehung des Weltalls vortragen. Sokrates ist damit einverstanden und fordert den Timäus auf zu beginnen, aber „vorerst, wie es der Ordnung gemäß sei, die Götter anzurufen". „Du hast recht, Sokrates", erwidert ihm Timäus. „Pflegen ja doch alle, wenn sie auch nur einigermaßen verständig sind, im Beginne jeder Handlung, sie mag von Bedeutung sein oder nicht, die Gottheit anzurufen; um wieviel mehr müssen wir, wo wir über die Entstehung des Weltalls eine Untersuchung anzustellen im Begriff stehen, wenn wir anders nicht wahnsinnig sind, uns an die Götter und die Göttinnen wenden und zu ihnen allen beten, auf daß wir im stande seien, vorerst zu reden, wie es ihnen gefällt; dann aber auch, was uns selber angeht, in der Weise, daß einerseits ich meine Gedanken klar und richtig ausdrücke und ihr andererseits das, was ich sage, leicht auffasset."[3]

Sie sehen wohl, m. H., wie hiernach die erste Regel der Anleitung, die ich Ihnen geben wollte, lauten wird. „Wenn Sie anders nicht wahnsinnig

---

[1] Il Cristiano istruito nella sua legge. Eine Uebersetzung dieses sehr brauchbaren Werkes erschien zu Regensburg.

[2] Unter dem Titel: „Historische, dogmatische, moralische, liturgische, apologetische, philosophische und sociale Darstellung der Religion" in deutscher Uebersetzung gleichfalls zu Regensburg erschienen.

[3] *Plat.*, Tim. (ed. *Bipont.* IX, 301. Steph. 27 b, c).

sind", dann werden Sie, so oft Sie eine Predigt oder eine Katechese zu arbeiten haben, vor allem andern in tiefer Demuth und Andacht inständig beten um die Gnade des Heiligen Geistes. Man muß in der That staunen über die Entschiedenheit, mit welcher der heidnische Philosoph die Nothwendigkeit der Hilfe der Götter zu jeder Arbeit ausspricht, und über den Nachdruck, womit er dieselbe betont. Denn ihm hatte ja der Heilige Geist noch nicht jene Wahrheit geoffenbart, die er uns durch den Apostel lehrt, daß wir nämlich „nicht im stande sind, durch uns selbst irgend etwas" übernatürlich Gutes „zu denken, wie durch eigene Kraft, vielmehr unser ganzes Vermögen" vor allem in dieser Rücksicht „aus Gott ist"[1]; und dennoch hebt das Römische Brevier in den Lectionen für das Fest des hl. Thomas von Aquin es rühmend und als eine besondere Tugend hervor, wie der große Lehrer der Kirche nie sein Studium begonnen, ohne daß er vorher gebetet hätte[2]. Ich denke, Sie finden wohl selber die Folgerung *a minori ad maius*, welche aus allem diesem sich für uns ergibt, namentlich wenn Sie sich an früher Gesagtes einigermaßen erinnern. „Wenn bereinst", schreibt St. Augustin am Schlusse seiner Abhandlung „Ueber die Unterweisung in der christlichen Lehre", „wenn bereinst Esther, die Königin, da sie im Begriffe stand, um des zeitlichen Lebens ihres Volkes willen vor den König zu treten, zu Gott dem Herrn betete, daß er die rechten Worte ihr in den Mund legen wolle[3], um wieviel mehr muß um die gleiche Gnade derjenige beten, der für das ewige Leben der Menschen in Wort und Lehre thätig ist!"[4] Möge doch, wem immer solches obliegt, jederzeit „überzeugt sein, daß für den Erfolg der christlichen Predigt andächtiges Gebet viel mehr vermag als menschliche Beredsamkeit.... Ueber jeden Punkt der christlichen Lehre, der zu behandeln ist, läßt sich ja vielfach Verschiedenes sagen, und jedes wieder in verschiedenartiger Weise. Wer kann nun aber wissen, was gerade jetzt wir sagen sollten, und was gerade jetzt dem Volke von uns zu hören frommt, als der, welcher jedes Herz durchschaut? Und wer verleiht uns zu reden, was das Rechte ist, und in der Weise, wie es sein soll, als der, ‚in dessen Hand wir selber sind und unser Reden'?"[5]

---

[1] Non quod sufficientes simus cogitare aliquid a nobis quasi ex nobis, sed sufficientia nostra ex Deo est (2 Cor. 3, 5).

[2] Numquam se lectioni aut scriptioni dedit, nisi post orationem (Brev. Rom. 7. Mart., lect. 5).

[3] ... tribue sermonem compositum in ore meo in conspectu leonis ... (Esth. 14, 13).

[4] Sive autem apud populum vel apud quoslibet iamiamque dicturus, sive quod apud populum dicendum, vel ab eis qui voluerint aut potuerint legendum, est dictaturus: oret ut Deus sermonem bonum det in os eius. Si enim regina oravit Esther, pro suae gentis temporaria salute locutura apud regem, ut in os eius Deus congruum sermonem daret: quanto magis orare debet, ut tale munus accipiat, qui pro aeterna hominum salute in verbo et doctrina laborat! (*Aug.*, De doctr. christ. 4, c. 30, n. 63.)

[5] Agit itaque noster iste eloquens, cum et iusta et sancta et bona dicit, neque enim alia debet dicere: agit ergo quantum potest cum ista dicit, ut intellegenter, ut libenter, ut oboedienter audiatur; et haec se posse, et in quantum potuerit, pietate magis orationum, quam oratorum facultate non dubitet: ut orando pro se ac pro illis quos est allocuturus, sit orator antequam dictor. Ipsa hora iam

II. An zweiter Stelle ist dann der Gegenstand des Vortrags festzustellen; die Rücksichten, nach welchen Sie dabei verfahren müssen, haben wir hier nicht zu wiederholen. Nur daran will ich Sie erinnern, daß Sie bei der Wahl Ihres Gegenstandes sich selber, d. h. Ihre geistige und leibliche Kraft, nicht unberücksichtigt lassen dürfen, um nicht einen Stoff zu wählen, den Sie vielleicht nicht vollständig verstehen oder nicht entsprechend auszuführen wissen, oder für welchen bei der Pronunciation Ihre Stimme nicht ausreicht. Das letztere mag freilich mehr von der Weise der Ausführung abhängen als vom Gegenstande; denn es läßt sich fast jeder Gegenstand in einer Weise ausführen, daß auch eine minder kräftige Stimme der Pronunciation gewachsen ist. — Weiter unterlassen Sie nicht, sich klar zu machen, welcher Art der Vortrag sein soll: ob eine bidaskalische Predigt, ob eine Homilie, ob paränetisch oder panegyrisch[1]. Hiernach fixiren Sie genau den besondern Zweck.

Für eine bidaskalische Predigt wird sich derselbe immer so stellen müssen: „Den Zuhörern die Lehre (z. B. von dem Sacramente der heiligen Oelung) auseinanderzusetzen und sie zu bestimmen, derselben entsprechend ihre Gesinnung und ihr Handeln einzurichten."

Bei einer Homilie: „Den Zuhörern den und den Abschnitt aus der Heiligen Schrift zu erklären und sie zu bestimmen, den (vorzüglichern) darin ausgesprochenen religiösen Wahrheiten gemäß ihre Gesinnung und ihr Leben einzurichten."

Bei einer paränetischen Predigt der zweiten Klasse: „Die Zuhörer zu bestimmen, die und die Forderung der christlichen Ethik gewissenhaft und treu zu erfüllen", oder um vermittelst eines Beispiels concreter zu reden: „Die Zuhörer zu bestimmen, daß sie in der Beicht ihre Sünden dem Priester immer vollständig und aufrichtig bekennen und nie freiwillig etwas verschweigen, das sie anzugeben schuldig sind."

Es ist gut, daß man sich gewöhne, namentlich bei paregoretischen Predigten, den besondern Zweck immer in klarer und bestimmter Fassung aufzuschreiben.

III. Hiernach sind die Gedanken zur Ausführung zu sammeln, gleichsam das rohe Material.

Fragen Sie sich, wenn es sich um eine bidaskalische Predigt handelt: „Was lehrt hierüber die Offenbarung (die Theologie oder auch sehr oft der Katechismus)? Was ist davon für meine Zuhörer das Wichtigste? Was

---

ut dicat accedens, priusquam exserat proferentem linguam, ad Deum levet animam sitientem, ut eructet quod biberit, vel quod impleverit fundat. Cum enim de unaquaque re, quae secundum fidem dilectionemque tractanda sunt, multa sint quae dicantur, et multi modi quibus dicantur ab his qui haec sciunt: quis novit, quid ad praesens tempus vel nobis dicere, vel per nos expediat audiri, nisi qui corda omnium videt? et quis facit, ut quod oportet, et quemadmodum oportet, dicatur a nobis, nisi in cuius manu sunt et nos et sermones nostri (Sap. 7, 16)? (Ibid. 4, c. 15, n. 32.)

[1] Die paränetischen Predigten der ersten Klasse, sowie die panegyrischen, lasse ich in dem Folgenden unberücksichtigt und verweise bezüglich derselben auf das im vierzehnten Abschnitt Gesagte.

habe ich ihnen also vorzugsweise zu erklären, zu beweisen oder auch gegen Einwürfe festzustellen? Welche Gründe muß ich oratorisch ausführen, um bestimmend auf ihr Gemüth zu wirken?"

Dagegen, wenn der Vortrag zu den paränetischen Predigten der zweiten Klasse gehört: „Welche Gründe, aus der Offenbarung (und etwa auch aus der natürlichen Erkenntniß) entnommen, werden meinen Zuhörern gegenüber am meisten geeignet sein, sie zu jenem freien Streben (Entschluß, Gesinnung, Handlung), das den besondern Zweck der Predigt bildet, wirksam und entscheidend zu bestimmen?"

Die Gedanken, welche sich als Antwort auf diese Fragen bei anhaltendem Nachdenken und Suchen Ihnen darbieten, müssen Sie sofort aufschreiben, in der Folge, wie sie sich ergeben, und so kurz als möglich. Der Uebersichtlichkeit wegen ist es gut, dieselben mit laufenden Nummern zu bezeichnen. Welchen Quellen die Gedanken zu entnehmen seien, darüber war im elften Abschnitt die Rede.

IV. Haben Sie in dieser Weise eine entsprechende Menge von Gedanken gesammelt, so müssen Sie zunächst zusehen, welche von denselben zusammengehören und sich somit zu einem umfassendern Gedanken, zu einem Grunde verbinden. Hiernach können Sie, je nach der Art der Predigt und mit sorgfältiger Berücksichtigung des besondern Zweckes, den Centralgedanken oder den Hauptsatz feststellen; darauf nach den im vierzehnten Abschnitt (Nr. 415 u. 416) angegebenen Rücksichten die Gründe ordnen, d. h. die Folge bestimmen, in welcher Sie dieselben ausführen wollen, und so einen vorläufigen Grundriß Ihres Vortrages entwerfen.

Ich sage, einen vorläufigen Grundriß; denn als definitiv und unabänderlich kann diese erste Disposition noch nicht gelten. Die Natur und die Wirksamkeit eines Grundes beurtheilt man vollständig oft erst dann, wenn man denselben entwickelt und oratorisch ausgeführt hat; darum werden Sie sich, wenn Sie anders mit Sorgfalt und ernster Ueberlegung vorgehen, nicht selten bei der schriftlichen Ausarbeitung Ihrer Vorträge veranlaßt sehen, in der Folge, die Sie Ihren Gründen gegeben hatten, Aenderungen vorzunehmen. Unter dieser Rücksicht sowohl als des sprachlichen Ausdruckes wegen ist es keineswegs überflüssig, daß man während der ersten Jahre, da man zu predigen hat, seine Vorträge immer zweimal schreibe. Sie werden sich, wenn Sie es thun, sehr bald überzeugen, daß die zweite Bearbeitung um vieles besser ist als die erste. Wo es Ihnen an der dazu erforderlichen Zeit fehlt, da sind Sie freilich entschuldigt, wenn Sie diesen Rath nicht befolgen.

V. An die letzten Gedanken knüpft sich schließlich eine Frage: ob man nämlich seine geistlichen Vorträge vollständig, so wie man sie geschrieben, auswendig lernen und dann aus dem Gedächtnisse, genau wie man sie gelernt hat, vortragen soll, oder ob ein anderes Verfahren in diesem Punkte vorzuziehen sei.

Quintilian löst die Frage recht klar und einfach. Allgemein, sagt er, läßt sich die Sache nicht entscheiden. Wer ein gutes Gedächtniß hat und dabei genügende Zeit, für den liegt es nahe, daß er sich treu an die schriftliche Ausarbeitung halte und sich auch nicht eine Silbe entfallen lasse; denn sonst könnte man ja auch das Schreiben des Vortrags überflüssig finden....

Dieses Verfahren also ist, die angegebenen Bedingungen vorausgesetzt, ohne Zweifel das beste. Fehlen dagegen jene Bedingungen, ein leichtes Gedächtniß oder die Zeit, da wird es unnütz und zweckwidrig sein, daß man sich an die Worte binde; denn man braucht nur ein einziges nicht wiederzufinden, um sich bei der Pronunciation gehemmt oder selbst sie zu unterbrechen genöthigt zu sehen. Unter solchen Umständen geht man also offenbar sicherer, wenn man sich bloß die Gedanken merkt, um den sprachlichen Ausdruck erst bei der Pronunciation selbst zu bilden.... Uebrigens wird in dieser Weise die Pronunciation nur solchen gelingen, die schon eine gewisse Gewandtheit besitzen, einen Vortrag zu improvisiren [1].

Das sind die Hauptgedanken Quintilians. Dieselben bilden, glaube ich, die Norm, welche bei der Verkündigung des Wortes Gottes die Prediger durchweg befolgen, zwei Klassen ausgenommen: diejenigen, die sich von der Trägheit eine andere Norm dictiren lassen, und solche, die Anlage, Tiefe des Geistes, Kenntnisse und Gewandtheit genug besitzen, um nach Fenelons Grundsätzen verfahren zu können. Ich kann mich nicht enthalten, Ihnen auch diese vorzulesen nicht damit Sie, wenigstens während der ersten Jahre Ihrer Thätigkeit als Priester, danach handeln, sondern weil dieselben wieder ebenso belehrend als interessant sind. Ich lasse wieder, wie schon öfter, die Form des Dialogs unverändert.

451. Die Stelle schließt sich unmittelbar an jene an, welche wir im siebenten Abschnitt gelesen haben (Bd. I, S. 393). Die letzte Bemerkung, welche dort die zweite Person des Dialogs (B.) machte, war die, daß ein gewisser Prediger auf der Kanzel fast immer die Augen geschlossen halte und das einen unangenehmen Eindruck mache; nachdem die erste Person (A.) dieses bestätigt und erklärt hat, läßt Fenelon die zweite fragen:

---

[1] Ex hac ingeniorum diversitate nata dubitatio est, *ad verbum sit ediscendum dicturis an vim modo rerum atque ordinem complecti satis sit*; de quo sine dubio non potest in universum pronuntiari. Nam si memoria suffragatur, tempus non desit, nulla me velim syllaba effugiat: alioqui etiam scribere sit supervacuum. Idque praecipue a pueris obtinendum, atque in hanc consuetudinem memoria exercitatione redigenda, ne nobis discamus ignoscere. Ideoque et admoneri, et ad libellum respicere vitiosum, quod libertatem neglegentiae facit, nec quisquam se parum tenere iudicat, quod ne sibi excidat, non timet. Inde interruptus actionis impetus, et resistens ac salebrosa oratio; et qui dicit ediscenti similis, etiam omnem bene scriptorum gratiam perdit vel hoc ipso, quod scripsisse se confitetur. Memoria autem facit etiam prompti ingenii famam, ut illa quae dicimus, non domo attulisse, sed ibi protinus sumpsisse videamur; quod et oratori, et ipsi causae plurimum confert. Nam et magis miratur et minus timet iudex, quae non putat adversus se praeparata. Idque in actionibus inter praecipua servandum est, ut quaedam etiam quae optime vinximus, velut soluta enuntiemus: et cogitantibus nonnumquam et dubitantibus similes, quaerere videamur, quae attulimus. — Ergo quid sit optimum, neminem fugit. Si vero aut memoria natura durior erit, aut non suffragabitur tempus, etiam inutile erit, ad omnia se verba alligare, cum oblivio unius eorum cuiuslibet, aut deformem haesitationem, aut etiam silentium inducat. Tutiusque multo, comprehensis animo rebus ipsis, libertatem sibi eloquendi relinquere. Nam et invitus perdit quisque id, quod elegerat, verbum; nec facile reponit aliud, dum id, quod scripserat, quaerit. Sed ne hoc quidem infirmae memoriae remedium est nisi in iis, qui sibi facultatem aliquam dicendi ex tempore paraverunt (*Quint.* l. c. 11, c. 2 vers. fin.).

„B. Aber warum thut er das?

„A. Er redet schnell und er schließt die Augen darum, weil sein Gedächtniß zu viel arbeiten muß.

„B. Ich habe allerdings gemerkt, daß dasselbe bei ihm stark in Anspruch genommen ist: mitunter wiederholt er selbst mehrere Worte, um den Faden der Rede wiederzufinden; das ist unangenehm und macht den Eindruck, wie wenn ein Schüler seine Lection schlecht gelernt hat; solche Wiederholungen würden selbst einem weniger guten Prediger schlecht stehen.

„A. Der Fehler liegt nicht beim Prediger, er liegt in der Methode, an welche er nach dem Vorgange so vieler anderer sich hält. Wer seine Predigten auswendig lernt und dabei oft zu predigen hat, der wird nothwendig der gleichen Mißlichkeit ausgesetzt sein.

„B. Wie meinen Sie das? Sollte man etwa seine Predigten nicht auswendig lernen? Da würde man sicher niemals einen ergreifenden und regelrechten Vortrag zu stande bringen.

„A. Ich will gerade nicht sagen, daß ein Prediger auch gewisse außerordentliche Vorträge nicht auswendig lernen sollte; zu solchen sich vorzubereiten, hat man ja meistens hinlänglich Zeit; nothwendig wäre es übrigens auch bei diesen nicht.

„B. Wie soll ich das verstehen? Es kommt mir unglaublich vor, was Sie sagen.

„A. Wenn ich unrecht habe, so bin ich bereit zu widerrufen; lassen Sie uns die Frage unparteiisch erörtern. Was ist der eigentliche Zweck der Beredsamkeit? Haben wir nicht gesagt, daß sie darauf ausgeht, das freie Streben der Zuhörer zu bestimmen? Und haben wir nicht weiter gesagt, man müsse, um das zu erreichen, die entsprechenden Gefühle in den Zuhörern veranlassen?

„B. Vollkommen einverstanden.

„A. Mithin wird die Weise die beste sein, welche am meisten geeignet ist, lebendig auf das Gefühl zu wirken?

„B. Ohne Zweifel; was soll daraus folgen?

„A. Denken wir uns zwei Redner: der eine lernt seine Rede auswendig; der andere spricht, ohne Wort für Wort aufzusagen, was er gelernt hat. Welcher von diesen beiden wird am lebhaftesten vortragen und am besten auf das Gefühl wirken?

„B. Ich behaupte, derjenige, welcher seine Rede auswendig gelernt hat.

„A. Hören Sie mich an. Wir wollen die Frage mit voller Bestimmtheit ausdrücken. Ich denke mir auf der einen Seite einen Mann, der seine Predigt mit Sorgfalt ausarbeitet und sie dann bis auf die letzte Silbe auswendig lernt; auf der andern setzte ich einen Mann voraus von gründlicher Bildung[1], der sich mit einer Fülle von Gedanken über sein Thema versieht, und der große Gewandtheit im Ausdruck besitzt (denn Sie sind ja auch selber der Ansicht, daß Leute ohne Talent nicht öffentlich

---

[1] Hier wie in dem Folgenden unterstreiche ich jene Gedanken, welche besonders zu berücksichtigen sind, wenn man Fenelons Ansicht über die in Rede stehende Frage richtig würdigen will.

auftreten sollen), kurz einen Mann, der den Gegenstand seines Vortrags nach seiner ganzen Tiefe und nach seinem ganzen Umfange gründlich durchdenkt, so daß derselbe in voller Klarheit und Ordnung vor seiner Seele steht; der die vorzüglichsten Ausdrücke und Wendungen feststellt, durch welche er die Phantasie anregen will; der allen seinen Beweisen und Gründen die rechte Stellung gibt; der überdies eine angemessene Anzahl von Figuren vorbereitet, die sich eignen, auf das Gefühl zu wirken. Offenbar weiß ein solcher alles, was er zu sagen hat und an welcher Stelle; er muß bei der Pronunciation nur noch die gewöhnlichen Ausdrücke finden, welche das sprachliche Aeußere des Vortrags bilden. Glauben Sie, daß ihm das schwer fallen kann?

„B. Jedenfalls wird er nicht so gelungene und so schöne Ausdrücke finden, als wenn er sie mit Muße in seinem Studirzimmer gesucht hätte.

„A. Das glaube ich auch. Aber, wie Sie selber zugeben, handelt es sich lediglich um etwas mehr oder weniger Schönheit der Sprache, und Sie wissen, was wir nach unsern früher festgestellten Grundsätzen von einem Verlust dieser Art zu halten haben. Wieviel wird der Mann, von dem wir reden, dagegen auf der andern Seite in Rücksicht auf die Freiheit, den Ausdruck und die Kraft der Action sowohl als der Pronunciation gewinnen! Und das ist denn doch die Hauptsache. Ich setze dabei voraus, daß er, wie Cicero es fordert, sich im schriftlichen Ausarbeiten anhaltend geübt, daß er alle Muster von Werth gelesen hat; ebenso, daß er von Natur sowohl als durch vielfache Uebung große Gewandtheit besitzt, sowie einen bedeutenden Fond von gründlichem Wissen und allseitiger Bildung; endlich, wie ich schon sagte, daß er sein Thema tief durchdacht und alle Gedanken in seinem Geiste geordnet hat. Dies alles vorausgesetzt, wird sein Vortrag sich ganz gewiß durch Kraft, durch Ordnung und reiche Fülle auszeichnen. Seine Perioden werden nicht so angenehm ins Ohr fallen; um so besser, seine Beredsamkeit wird dadurch nur um so vollkommener sein. Seine Uebergänge werden weniger Feinheit haben; was verschlägt das? Abgesehen davon, daß er dieselben ja auch vorbereitet haben kann, ohne sie auswendig zu lernen, wird er diese Mängel mit den vorzüglichsten Rednern des Alterthums gemein haben, deren Grundsatz war, man solle durch wiederholt vorkommende Dinge dieser Art seinen Vorträgen mehr Natürlichkeit geben und darin nicht eine gar zu sorgfältige Vorbereitung sichtbar werden lassen.

„Was wird ihm somit abgehen? Er wird sich hie und da wiederholen; aber das ist gar nicht schlimm: denn einerseits werden jene unter den Zuhörern, die Geschmack haben, sich von der in solchen Wiederholungen bedeutenderer Gedanken sich kundgebenden Naturwüchsigkeit angesprochen fühlen, andererseits wird durch dieselben sich die Wahrheit tiefer einprägen; man muß ja Wichtigeres wiederholt sagen, wenn man gut unterweisen will. Höchstens wird man in seinem Vortrage hie und da einem minder richtigen Satzbau begegnen, einem Ausdrucke, der nicht ganz genau ist oder den die Akademie censurirt hat, irgend einer Unregelmäßigkeit, oder, wenn Sie wollen, auch einem matten Gedanken, der nicht am Platze, aber im Feuer der Rede ihm entschlüpft ist. Nur kleine Geister können Fehler dieser Art, von denen ja auch klassische Leistungen ersten Ranges nicht frei sind, bedeutend finden ...

„Berücksichtigen Sie auf der andern Seite die Vortheile, die man gewinnt, wenn man, ohne auswendig zu lernen, frei vorträgt: man hat sich ganz in der Gewalt, man spricht natürlich, man verfällt nicht in jenen getragenen declamatorischen Ton; alles, was man sagt, kommt frisch und unmittelbar aus der Seele; die Sprache, vorausgesetzt, daß man eine reiche oratorische Begabung besitzt, ist lebhaft und bewegt, und bei der Wärme des innern Gefühls findet man Ausdrücke und Wendungen, wie man sie in seinem Studirzimmer keineswegs hätte vorbereiten können.

„B. Weshalb nicht? Man kann sich ja doch auch in seinem Zimmer begeistern und sehr bewegte Vorträge ausarbeiten.

„A. Das ist wahr; aber die Pronunciation verleiht dem Gefühl doch noch größere Wärme. Ueberdies hat das, was man im Feuer der Rede findet, eine ganz andere Kraft und Naturwüchsigkeit; es ist ungekünstelt, es nimmt sich nicht steif aus, wie es bei dem, was man mit Muße gearbeitet hat, fast immer der Fall ist. Dazu kommt dann noch, daß ein gewandter und erfahrener Redner alles, was er sagt, dem Eindrucke anpaßt, den es auf seine Zuhörer macht. Er beobachtet nämlich genau, was sie auffassen und was nicht, was ihre Aufmerksamkeit spannt, auf ihr Gemüth Eindruck macht, und was diese Wirkungen nicht hervorbringt. Hiernach wiederholt er dann den nämlichen Gedanken in verschiedener Weise, bringt neue Bilder und noch greifbarere Analogien; oder er vertieft noch mehr einen Gedanken, auf den es vorzugsweise ankommt; oder er sucht eine Stimmung zu heben, welche die Wirkung der Wahrheiten, die er vorträgt, hindert oder beeinträchtigt. Alles dieses gehört aber ganz eigentlich zu dem Wesen der Kunst, die Menschen zu unterweisen und auf ihr Gemüth bestimmend zu wirken; ohne diese Kunstgriffe sind die Leistungen der Beredsamkeit nichts weiter als verlorne, unfruchtbare Declamationsübungen.

„Bedenken Sie, wieviel in dieser Beziehung einem Redner abgeht, der nur vorträgt, was er auswendig gelernt hat. Stellen Sie sich einen solchen Mann vor, der nur seine Lection aufzusagen sich getraut; in seiner Sprache ist nothwendig alles mit dem Zirkel abgemessen, und es geht ihm, wie Dionys von Halikarnaß es von Isokrates bemerkt: seine Arbeit eignet sich mehr zur Lesung als für den mündlichen Vortrag. Andererseits wird, was er auch thun mag, der Ton seiner Stimme einförmig und immer etwas gezwungen sein; man wird nicht einen Menschen vor sich haben, welcher spricht, sondern einen Redner, der recitirt oder declamirt; seine Action wird gemacht erscheinen; sein Auge wird nicht frei sein und dadurch verrathen, daß sein Gedächtniß beschäftigt ist; er wird sich keinem stärkern Gefühle überlassen können, ohne in die Gefahr zu gerathen, daß ihm der Faden seines Vortrages verloren gehe. Die Zuhörer aber, da das Gemachte, das Gearbeitete so offen hervortritt, werden die ganze kunstgerechte Einrichtung der Rede in kalter Ruhe betrachten, statt, wie sie sollten, von derselben ergriffen und tief bewegt zu werden. . . .

„B. Nehmen Sie es mir nicht übel, aber ich muß Ihnen gestehen, daß alle diese Gründe mich nicht überzeugen. Ich kann nicht glauben, daß man so gut reden wird, wenn man nicht jedes Wort genau festgestellt hat.

„C. Ich dagegen, ich begreife recht gut, warum Sie so ungläubig sind; Sie beurtheilen die Frage nach der täglichen Erfahrung. Wenn diejenigen, welche ihre Vorträge auswendig zu lernen gewohnt sind, ohne diese Vorbereitung predigen wollten, dann würden sie es augenscheinlich schlecht genug machen. Das ist nicht zu verwundern; sie sind nicht daran gewöhnt, sich der Natur zu überlassen; sie haben sich ausschließlich darauf verlegt, schreiben zu lernen, und auch das noch so, daß sie dabei beständig auf Stelzen gehen. Es ist ihnen niemals eingefallen, sich eine würdevolle, zum Herzen gehende, naturwüchsige Beredsamkeit anzueignen. Dazu kommt noch, daß die meisten nicht einen genügenden Fond von Kenntnissen besitzen, um sich auf sich selbst verlassen zu können. Das Auswendiglernen des Vortrags macht es einer ganzen Schar beschränkter und oberflächlicher Köpfe möglich, mit einem gewissen Glanze öffentliche Reden zu halten; sie brauchen dazu nur eine entsprechende Anzahl von Stellen aus der Heiligen Schrift, aus den Kirchenvätern und andern Schriftstellern, nebst einigen schimmernden Gedanken zu sammeln und diesen Stoff dann in eine gefällige Form zu bringen, was ihnen bei allem Mangel an Begabung und innerem Kapital nach und nach unschwer gelingt. Die andere Methode dagegen setzt anhaltendes, gründliches Studium voraus, das den Gegenstand nach seiner ganzen Tiefe durchdringt; dazu volle Vertrautheit mit den Erscheinungen des innern Lebens, Kenntniß der klassischen Leistungen des Alterthums, dialektische Durchbildung des Geistes und oratorische Gewandtheit. Nicht wahr, Herr A., sind das nicht die Eigenschaften, welche Sie bei dem Redner fordern, der seinen Vortrag nicht auswendig lernt?

„A. Sie haben meine Gedanken sehr gut auseinandergesetzt. Nur eines, glaube ich, ist noch hinzuzufügen: wer nämlich diese Eigenschaften auch gerade nicht in hervorragender Weise besitzt, der wird besungeachtet immer noch recht gut predigen, wenn er nur versteht, klar und gründlich zu denken, dabei über ein anständiges Maß von Kenntnissen verfügt und sich mit einiger Leichtigkeit ausdrückt. Es würde eben bei dem Verfahren, von dem wir handeln, gerade wie bei dem entgegengesetzten, verschiedene Klassen von Predigern geben. Ueberdies aber bitte ich Sie, noch zu berücksichtigen, daß diejenigen, welche ihre Vorträge nicht auswendig lernen, sich gewöhnlich zu wenig vorbereiten. Man müßte nämlich dabei, wie ich schon erwähnt habe, das Thema der Predigt durch eingehendes Studium gründlich und erschöpfend auffassen; man müßte jene Momente, die auf das Gefühl wirken sollen, wohl vorbereiten und die Ordnung für alle Gedanken genau festsetzen; diese Ordnung aber müßte so gewählt sein, daß durch sie die Klarheit und die Wirksamkeit des Ganzen wesentlich gefördert würde."[1]

452. Sie sehen wohl, m. H., Fenelon stellt sehr bedeutende Anforderungen an den Prediger, der im stande sein soll, nach der von ihm empfohlenen Methode vorzugehen. Für jene, welche in der That alles das besitzen, was er verlangt, ist seine Weise ohne Zweifel ganz die rechte; aber ich weiß nicht, ob solche Männer besonders zahlreich sind, und namentlich während der ersten

---

[1] *Fénelon* l. c. II, 68 ss.

Jahre Ihrer Thätigkeit in der Seelsorge dürfen Sie wohl kaum von den Grundsätzen Quintilians abgehen, die ich Ihnen früher angegeben habe.

Beachten Sie aber schließlich ganz besonders einen Punkt, den wir auch Fenelon wiederholt betonen hörten: die unerläßliche Nothwendigkeit fleißiger, anhaltender, unermüdlicher Uebung in schriftlichem Ausarbeiten, wenn man es in der Beredsamkeit zu etwas bringen will. In jenem Dialoge Platos, aus welchem ich im Anfange des ersten Abschnittes unserer Theorie eine etwas längere Stelle angeführt habe, sagt Sokrates zu Phädrus: „Vorausgesetzt, daß die Natur dir oratorische Anlagen verliehen hat, wirst du ein tüchtiger Redner werden, wofern du mit denselben die entsprechenden Kenntnisse und fleißige Uebung verbindest; in dem Maße aber, als du es an diesen zwei Bedingungen fehlen lässest, wirst du der Vollendung fernbleiben."[1] Es gibt ja keine Kunst, die man sich aneignen könnte ohne unablässige Uebung[2]; wie sollte es mit der Beredsamkeit anders sein? Und wenn allerdings zu der von Plato geforderten „fleißigen Uebung" auch die Uebung in der oratorischen Pronunciation und Action gehört, so ist es doch an erster Stelle die Uebung in schriftlichem Ausarbeiten, durch welche die Beredsamkeit erworben und vervollkommnet werden muß.

Für solche, die eine bewegliche Phantasie und eine leichte Zunge besitzen, liegt die Versuchung immer sehr nahe, dieses nothwendigste Element der Vorbereitung für entbehrlich zu halten und sich bloß im „Reden" zu üben — um nicht ein anderes Wort zu gebrauchen. Aber es steht fest, und es gilt um nichts weniger für die geistliche Beredsamkeit als für die profane, was Cicero über diesen Punkt den Crassus sagen läßt. Der letztere stellt nicht in Abrede, daß die Uebung in der Improvisation ihren Nutzen habe; „indeß", fährt er fort, „die meisten üben bei solch freiem Vortragen nichts als ihre Brust und ihre Stimme, und diese nicht einmal nach den rechten Grundsätzen; sie vervollkommnen die Gewandtheit ihrer Zunge und sind glücklich, viele Worte machen zu können. Dabei führt sie der Gedanke irre, den man oft hören kann: ‚durch Redenhalten bringe man es dahin, Reden halten zu können'.

---

[1] *Plat.*, Phaedr. (ed. *Bipont*. X, 369. Steph. 269ᵈ).

[2]   Qui studet optatam cursu contingere metam,
   Multa tulit fecitque puer, sudavit et alsit,
   Abstinuit Venere et vino; qui Pythia cantat
   Tibicen, didicit prius, extimuitque magistrum.
   Nunc satis est dixisse: Ego mira poemata pango.
               Horat., Epist. ad Pison. v. 412 sqq.

   Wer auf der Rennbahn siegen will, der muß
   als Knabe schon viel thun und leiden, Frost
   und Hitze dulden, und von Wein und Werken
   der Venus sich enthalten. Lange hat zuvor
   der Flötenspieler, der den pythischen Preis
   verdienen will, sich üben und die Strenge
   des Meisters fürchten müssen. Nur mit unsern Dichtern
   ist's anders; zuversichtlich gibt sich jeder,
   wofür er will, schimpft tapfer auf die Pfuscher,
   und will aufs mindeste nicht der letzte sein.
           (Nach der Uebersetzung von Wieland.)

„Die beste Lehrerin der Beredsamkeit ist die Feder." 541

Denn gerade so wahr ist jedenfalls dieser andere Gedanke: ‚Schlechte Reden zu halten, das lernt man dadurch, daß man schlechte Reden hält, mit der größten Leichtigkeit.' Wenn es darum bei jenen Uebungen, von denen wir sprechen, immerhin gut ist, mitunter auch einen Vortrag aus dem Stegreif zu halten, so muß es doch als viel nützlicher gelten, wenn man sich Zeit zum Nachdenken nimmt und den Vortrag mit Sorgfalt vorbereitet. Die Hauptsache aber ist, was wir, um die Wahrheit zu sagen, am wenigsten thun — denn es kostet viele Mühe, und vor der Mühe haben wir fast insgesamt Scheu —, ich sage, die Hauptsache ist, daß man möglichst viel schreibe. ‚Die vorzüglichste Meisterin,' sagt das Sprichwort, ‚die beste Lehrerin der Beredsamkeit ist die Feder', und das Sprichwort hat recht. Denn gewinnt man nothwendig schon mehr, wenn man bei den Uebungen vorher studirt und nachdenkt, als wenn man dieselben ohne Vorbereitung anstellt, dann muß von der sorgfältigen schriftlichen Ausarbeitung, wenn sie anhaltend fortgesetzt wird, noch weit größerer Erfolg zu erwarten sein. Man findet ja, wenn man ernstlich sucht und die ganze Kraft des Geistes aufbietet, viel erschöpfender die Gedanken, welche zur Ausführung des Themas gehören; weiter bieten sich nach und nach der Feder alle geeigneten Wendungen und eben jene Ausdrücke, die für den besondern Zweck und den Gegenstand gerade die besten sind, und endlich lernt man durch Schreiben die rechte Kunst des Satzbaues und der Wortstellung, man bildet sich einen Stil, der sich durch Euphonie und oratorischen Numerus empfiehlt. Gerade das sind aber die Vorzüge, um derentwillen auf dem Forum, wenn ein tüchtiger Redner auftritt, das Volk in Bewunderung und stürmischen Beifall ausbricht. Diese Vorzüge wird sich nie und nimmer jemand aneignen, ohne sich dauernd, viel und lange, in schriftlichem Ausarbeiten geübt zu haben, mag er auch noch so viele Reden aus dem Stegreif halten. Wer dagegen nach anhaltender Uebung im Schreiben öffentlich aufzutreten anfängt, der versteht es, auch wenn er improvisirt, so zu sprechen, daß das, was er sagt, sich fast ausnimmt, als ob er es vorher schriftlich aufgesetzt hätte, und wiederum, wenn er seinen Vortrag schriftlich gearbeitet hat, aber während der Pronunciation davon abgeht und frei redet, so wird seine Rede doch dem, was er geschrieben, vollkommen gleichartig sein."[1]

---

[1] Equidem probo ista, Crassus inquit, quae vos facere soletis . . .: sed plerique in hoc vocem modo, neque eam scienter, et vires exercent suas, et linguae celeritatem incitant, verborumque frequentia delectantur. In quo fallit eos, quod audierunt, *dicendo homines, ut dicant efficere solere.* Vere enim etiam illud dicitur, *perverse dicere, homines perverse dicendo facillime consequi.* Quamobrem in istis ipsis exercitationibus, etsi utile est, etiam subito saepe dicere, tamen illud utilius, sumpto spatio ad cogitandum, paratius atque accuratius dicere. Caput autem est, quod ut vere dicam minime facimus (est enim magni laboris, quem plerique fugimus): quam plurimum scribere. *Stilus optimus et praestantissimus dicendi effector ac magister.* Neque iniuria: nam si subitam et fortuitam orationem commentatio et cogitatio facile vincit, hanc ipsam profecto assidua ac diligens scriptura superabit. Omnes enim, sive artis sunt loci, sive ingenii cuiusdam atque prudentiae, qui modo insunt in ea re de qua scribimus, anquirentibus nobis omnique acie ingenii contemplantibus ostendunt se et occurrunt; omnesque sententiae, verbaque omnia, quae sunt cuiusque generis maxime illustria, sub acumen stili subeant et succedant necesse est; tum ipsa collocatio conformatioque verborum perficitur in scribendo, non poetico, sed quodam oratorio numero et modo. Haec sunt, quae clamores

Mit dieser äußerst wichtigen, leider selten befolgten Anweisung des größten unter den römischen Rednern stimmt das, was Quintilian über denselben Gegenstand sagt, vollkommen überein. Unter allen Uebungen, lehrt er, die zur Ausbildung der Beredsamkeit nothwendig sind, „ist das schriftliche Ausarbeiten von Vorträgen bei weitem die mühevollste, aber auch zugleich diejenige, die weitaus den größten Gewinn bringt. **Schreiben soll man darum so sorgfältig und so viel, als nur immer möglich ist**"[1].

Hiermit stehen wir am Schlusse unserer Vorlesungen. Was soll ich Ihnen zum Abschiede noch ans Herz legen? In Rücksicht auf die Aufgabe, welche uns bis heute hier zusammenführte, gibt es wohl kaum ein Wort, das mehr verdiente, wieder und wieder von Ihnen beherzigt zu werden, als jene Aufforderung, die einst der Heilige Geist an den Jünger des Apostels ergehen ließ: „Mit allem Ernste sei darauf bedacht, dich Gott dem Herrn zu bewähren, dazustehen in deinen Arbeiten als ein Mann, der keine Furcht kennt und in der rechten Weise handhabt das Wort der Wahrheit" (2 Tim. 2, 15). Seien Sie immer eingedenk, m. H., ich bitte Sie, **daß es das Wort der Wahrheit ist, das Sie zu predigen haben**, nicht das Wort des falschen Eifers und der Uebertreibung und der Ueberschwänglichkeit, nicht das Wort der Schmeichelei, des Ehrgeizes oder der Sucht zu gefallen; vergessen Sie niemals, daß Sie das Wort der Wahrheit einzig darum zu verkündigen berufen sind, damit die Ihnen Anvertrauten „bewahrt bleiben vor ewigem Untergange und ewiger Freuden theilhaftig werden"[2]; vergessen Sie niemals, daß alle Wirksamkeit Ihres Thuns und jeder Erfolg Ihrer Anstrengung absolut bedingt ist durch den Segen von oben, und daß „nicht der etwas ist, welcher pflanzt, und nicht, der wässert, sondern jener allein, der das Gedeihen gibt und das Wachsthum"; suchen Sie niemals in der Verwaltung des Wortes

---

et admirationes in bonis oratoribus efficiunt; neque ea quisquam, nisi diu multumque scriptitarit, etiamsi vehementissime se in his subitis dictionibus exercuerit, consequetur; et qui a scribendi consuetudine ad dicendum venit, hanc affert facultatem, ut etiam subito si dicat, tamen illa quae dicantur, similia scriptorum esse videantur: atque etiam, si quando in dicendo scriptum attulerit aliquid, cum ab eo discesserit, reliqua similis oratio consequetur. Ut concitato navigio, cum remiges inhibuerunt, retinet tamen ipsa navis motum et cursum suum, intermisso impetu pulsuque remorum: sic in oratione perpetua, cum scripta deficiunt, parem tamen obtinet oratio reliqua cursum, scriptorum similitudine et vi concitata (*Cic.* l. c. 1, c. 33, n. 149—153).

[1] In iis quae nobis ipsis paranda sunt, ut laboris sic utilitatis etiam longe plurimum affert stilus. ... *Scribendum ergo quam diligentissime et quam plurimum* (*Quint.* l. c. 10, c. 3 init.).

[2] ... cum de illius viri disseramus eloquio, quem volumus earum rerum esse doctorem, *quibus liberamur ab aeternis malis, atque ad aeterna pervenimus bona* ... (*Aug.* l. c. 4, c. 18, n. 37). — In istis autem nostris, quandoquidem omnia, maxime quae de loco superiore populis dicimus, *ad hominum salutem*, nec temporariam, sed *aeternam referre debemus, ubi etiam cavendus est aeternus interitus*, omnia magna sunt, quae dicimus (ibid. n. 35).

Gottes sich selber, entweihen Sie das Heilige nicht durch Absichten, die eines Priesters der Kirche Gottes, die des Heiligen Geistes unwürdig sind; hegen Sie nicht das Verlangen, in den Tagesblättern als „berühmte Kanzelredner" gefeiert zu werden, sondern seien Sie jederzeit Gott dem Herrn dankbar für die Gnade, „den Armen das Evangelium predigen" zu dürfen; halten Sie fest, daß die geistliche Beredsamkeit für das Leben thätig zu sein hat und um des Volkes willen, und richten Sie deshalb um jeden Preis Ihre Vorträge immer so ein, daß dieselben „für das Volk sehr leicht verständlich" und daß sie praktisch sind; verwerthen Sie endlich soviel nur immer möglich, aber „in der rechten Weise", das „Wort der Wahrheit" im antonomastischen Sinne, die Heilige Schrift.

Und dabei tragen Sie Sorge durch Gebet und Andacht und Treue gegen Gott den Herrn, daß Ihr guter Wille niemals nachlasse, daß der Muth Ihnen niemals sinke, daß die Scheu vor der Beschwerde Sie niemals überwinde, daß der Eifer in Ihrem Herzen immer warm, immer lebendig und wirksam sei, daß Sie fort und fort alle Mühe aufwenden und allen Fleiß und jede Sorgfalt, durch die Katechese wie durch die Predigt, für die Kinder wie für die Erwachsenen, das Wort Gottes so zu verwalten, daß es durch die Gnade des Heiligen Geistes „hundertfältige Frucht" bringe. *Mane semina semen tuum,* so mahnt, im Hinblick auf die Kürze des Lebens und den Ernst der Ewigkeit und das unerforschliche Walten Gottes, der Weise, *mane semina semen tuum, et vespere ne cesset manus tua* — „früh am Morgen streue aus deinen Samen, und am Abend laß nicht müde werden deine Hand"; *quia nescis, quid magis oriatur, hoc aut illud, et si utrumque simul, melius erit* — „denn du weißt ja nicht, was dir reichlicher aufgeht, dies oder jenes, und wenn beides zumal, so ist es nur um so besser" (Pred. 11, 6).

Register.

Die Zahlen geben die Seiten an; die mit einem Sternchen bezeichneten jene des II. Bandes.

Absichten, unrechte, bei der Verkündigung des Wortes Gottes 70 ff.
Abstracte Begriffe 214.
Abtödtung 278.
Accent, der oratorische 588 ff.
Accommodation von Schriftstellen 86*f.
Action 388 ff., 492, 594 ff.; s. Pronunciation.
Actus humani 26.
Actus imperati 12.
Aehnlichkeiten 216 ff., 287 ff., 368.
Aergerniß 209, 274, 424, 388* f.
Affectation 182 ff.
Affecte 14 ff., 18 ff., 335 ff.
Akroamatisch 472, 278* f.
Ali Ben Abi Taleb 504.
Allgemeine Gedanken 214, 232 f.
Altarssacrament 120, 251, 11*, 54* ff., 70* f., 219* f., 238*, 332*; s. Communion.
Ambrosius über Scherze in der Verkündigung des Wortes Gottes 498 f.; über nothwendige Eigenschaften des Predigers 523; zur Charakteristik 106*; Vorzüge der Sprache in geistlichen Vorträgen 354*.
„Amen" am Ende der Predigt 338*.
Amplification 370 ff.
Analogien 216 ff., 287 ff., 368.
Andreß 139 ff.
Angenehmheit der Pronunciation 593.
Anrede der Zuhörer 479 f.
Aquaviva 525, 116*, 524*.
Areopag, ein weises Gesetz desselben 347, 433*.
Aristoteles, Definition der Gutheit 6 f.; der Kunst 48 f.; über die Popularität 187; über das Erkennen des Menschen 227; über die Inductionsbeweise 281; über das Enthymema 289; über die oratorische Beweisführung 301, 302; über den Einfluß der Gemüthsbewegung auf das Urtheil 340; gegen den Mißbrauch des affectiven Momentes in der Beredsamkeit 348; über die Bedeutung der Sinnesvorstellungen für das höhere Erkennen 368; über die Häufung und Weglassung der Bindewörter 382; über das formelle Pathos 394; über die Unvollkommenheit des menschlichen Erkennens 401; über ein Hinderniß der Wirkung affectiver Stellen 408; über die Mittel der oratorischen Beredsamkeit 469; über die psychologische Wirkung des Genusses 481; über den Genuß, den die Erkenntniß der Wahrheit gewährt 483; Definition der Schönheit 490; über die Sentenz 500 f.; über nothwendige Eigenschaften des Redners 516 f.; über die herzgewinnende Macht der Liebe 528; gegen Uebertreibungen 538; über die volle Klarheit der oratorischen Sprache 569; über die Verschiedenheit der Sprache in Schriften und in mündlichen Vorträgen 570; zu der Lehre vom Numerus 576; über die Bedeutung der tonischen und der sichtbaren Seite der Rede 581; zu der Lehre vom Eingange 425*; zu der Lehre von der panegyrischen Predigt 440*.
„Armut dem Geiste nach" 159*.
Ars, aus dem Leben des „Pfarrers von" 165.
Ascetische Literatur 162, 185, 299 f., 356 f., 83*, 91* f., 112*, 354*.
Athenäus über die oratorische Beredsamkeit 44.
Auferstehung der Gottlosen 377* ff.; der Auserwählten 474* ff.
Auferstehung des Herrn, Predigten darüber 119 f.
„Aufklärung", die, in der zweiten Hälfte des 18. Jahrhunderts 165* f.
Aufmerksamkeit der Kinder bei der Katechese 288* f.
Augustin über die Thätigkeiten des Strebevermögens 9; über nothwendige und freie Willensacte 12; über das Wesen der oratorischen Beredsamkeit 41, 45 f.; über den dreifachen Rang der Güter des Menschen 51; über das wesentliche Ziel der Verkündigung des Wortes Gottes 57; über die Nothwendigkeit der Gnade für den

Erfolg der Verkündigung des Wortes Gottes 80 f., 82, 352; über die Popularität der geistlichen Vorträge 158, 173; über die Wirkungen der zuvorkommenden Gnade 208; über das Gleichniß vom Weinstocke 225; über die ewige Seligkeit 228 f.; über Jesus Christus als das Haupt der Gläubigen auch des Alten Bundes 245 f.; über das Widerlegen von Einwendungen 294, 296; über das Ziel der Beweisführung in der Verkündigung des Wortes Gottes 297; über das affective Moment in der geistlichen Beredsamkeit 336, 337; über 2 Kor. 11, 18 ff. 371 f.; über den pathetischen Stil 409 f.; über die Unzulässigkeit von lange anhaltendem Pathos 413; nur die Wahrheit kann erbauend wirken 417; über die Mittel der oratorischen Beredsamkeit 468; warum die geistlichen Vorträge den Zuhörern Genuß gewähren sollen 481; über die Mannigfaltigkeit im Stil 514; welche Bedeutung für die Wirksamkeit seiner Predigt das Leben des Predigers habe 518; über die Simulation 527; daß die Sünder durch Liebe zu gewinnen seien 529; über den Werth und die Bedeutung der äußern Mittel der oratorischen Beredsamkeit 602; über die Demuth 17*; über die heilige Mutter des Herrn 29*; über die Bedeutung der Heiligen Schrift für die Verkündigung des Wortes Gottes 75*; zur Charakteristik dieses Kirchenvaters 105* f.; zum Begriff der Katechese 154* f.; die letztere ist objective Darstellung 157*; ist mit der Geschichte der Offenbarung zu verbinden 169*, 170*; die „Ruhe" Gottes am siebenten Tage, und wo der Mensch den verlorenen Frieden wiederfinde 198* f.; ein Unterricht, der nicht verstanden wird, ist werthlos 203*; Veranlassung der Schrift „Von der ersten religiösen Unterweisung" 211* f.; über die Rücksicht auf irdischen Lohn für die Tugend 254* f.; wie in der Verkündigung des Wortes Gottes die „vollkommene" Liebe zu Gott zu begründen sei 257* ff.; das eigentliche Ziel aller Predigt 260*; die „vollkommene" Liebe zu Gott 276* f.; über das Fragen in der Katechese 279* f.; der Priester soll darauf bedacht sein, seinen Zuhörern unnöthige Beschwerde zu ersparen 286* f.; zur Lehre von der Beweisführung 331* f.; über die oratorischen Vorzüge der Heiligen Schrift 344*; über die Strafen der Hölle 395*; zu der Lehre vom Eingange 427*; der Priester soll, wo er eine Predigt vorzubereiten hat, inständig beten 582* f.; die hohe Bedeutung der Verwaltung des Wortes Gottes 542*. Beispiele: 31, 255, 256, 323, 97*.

Aulus Gellius, s. Stoa.

Aureola 67, 227*, 229* ff.

Ausdruck in der Pronunciation 591 f.

Auserwählten, kleine Zahl der 419 ff., 24*.

Ausführung des Themas, wodurch sie praktisch werde 123 ff.; als zweites Hauptstück der Predigt 330* ff., 355* f., 416* ff.

Aussprache, Richtigkeit derselben 485 f.

Auswendiglernen des Katechismus 232* f.; der Predigt 534* ff.

Ballerini 15*, 111*.

Barbarismen 569, 511*.

Barmherzigkeit Gottes, s. Hoffnung.

Barmherzigkeit, Werke der 435 ff., 450 f., 129* f.

Basilius der Große über die dem Menschen eigene Vernünftigkeit 179; zur Charakteristik 107*; über die Beweggründe der „vollkommenen" Liebe zu Gott 276*; über die Strafen der Hölle 395*.

Beda Venerabilis über die hohe Bedeutung der Verwaltung des Wortes Gottes 67 f.; über die Simulation 527.

Bedürfnisse, die, der Zuhörer, von dem Prediger an erster Stelle zu berücksichtigen 105, 116.

Beharrlichkeit nach der Bekehrung 463* ff.

Beicht 209, 254 f., 313 f., 560 ff.

Bekehrung, Aufschieben der 291, 563, 412*.

Bellarmin 12, 158*, 172* f., 395*.

Belohnungen und Strafen bei der Katechese 289*.

Bentham 252*.

Beredsamkeit, geistliche, im allgemeinen 52 ff.; ihre Erscheinungsformen 55 ff.; kann niemals ausschließlich für das Erkenntnißvermögen arbeiten wollen 56 ff.; didaktische B. 59 ff.; paregetische 60 ff.; das eigentliche Moment, das die geistliche B. von der profanen unterscheidet 64; die B. kann sich unmittelbar nur an das Erkenntnißvermögen wenden 210, 597; ist verschiedenartig je nach der Nationalität 359.

Beredsamkeit, profane, was wir darunter verstehen 33; Etymologie des Wortes B. 33 ff.; B. im allgemeinen 86; drei Aufgaben derselben 87; didaktische B. 37 f.; oratorische B. 38; die oratorische B. nach der Auffassung des Alterthums 41 f.; die letztere ist unrichtig 43 ff., 49 ff.; neuere, noch weniger gute Definitionen 47 f.; das affective Moment in der profanen B. 347, 349 f.

Bernhard von Clairvaux 459, 477.

Berthold von Regensburg 88, 101, 163, 166, 169 f., 185 f., 224, 232, 233, 473, 504, 230* f., 499*. Predigten: Von drei Hinterhalten 88 ff.; von sieben Siegeln der Beicht 560 ff.; von achterlei Speise in dem Himmelreich 45* ff. Weitere Beispiele: 146, 260, 313, 322, 324, 430, 452, 474, 502, 503, 328*, 335*.

Betonung, richtige 588 ff.
Betrachtung 142, 181, 237, 285, 320 f., 402, 497, 14* f.
Beweise der geistlichen Beredsamkeit, eigentliche 262 ff.; secundäre 285 ff.; unmittelbare 262 ff.; dialektische 270 ff.
Beweise der profanen Beredsamkeit 271 f.
Beweisführung in der Verkündigung des Wortes Gottes: das eigentliche Ziel derselben 262 f., 271, 285 f., 296 f.; Form und Gesetze 289 f.; Nothwendigkeit 296 ff., 414 f.; Faßlichkeit 302; Wechsel in der B. 513; wie sie in oratorischen Vorträgen aufzutreten habe 598 f.; die B. in der Katechese 239*; in bibaskalischen Predigten 331* f.
Bild, das ethische 187 f.; das oratorische 241.
Bilder bei der Katechese 171*.
Blair, Hugo, über die oratorische Beredsamkeit 48; sein unrichtiger Begriff der Popularität 161; über das Gleichniß 223; über die Erregung von Gefühlen 364; über den pathetischen Stil 381, 409; über die rhetorische Frage 382; über den Ausruf 384 f.; über die Pronunciation und Action 386 ff., 583 ff.; über das formelle Pathos 394; warum es wenig vollendete Prediger gebe 405; über die nothwendige Maßhaltung in der Anwendung des Pathos 413 f.; über die Nothwendigkeit entscheidender Beweisführung 414; über das Pathos 416; über die Euphonie 572; über den Numerus 575 ff.; über bloßen rhetorischen Schmuck 602 f.; zur Lehre von der Peroration 414, 388*; vom Eingange 425*, 427*; zur Lehre vom „Vorspruche" 502*.
Blätter, historisch-politische 104, 12*, 13*, 75*, 161*, 166*, 201*, 284*, 340*.
Boetius 216, 346.
Bossuet 83*, 108*, 109*, 169*, 196*, 203*, 272*, 444*, 504*, 507*, 520*. Beispiele: 259, 274, 277, 314, 322, 503, 94*, 292*, 429*, 436*, 440*.
Bourdaloue 397, 109*, 444*, 507*, 516*, 520*. Predigt auf das Frohnleichnamsfest 54* ff. Weitere Beispiele: 230, 249, 250, 323, 101*, 436*, 437*, 443*.
Brentano, Clemens 290*.
Bribaine 489 f.
Buffon 393, 405, 505*.
Buße 260, 430 ff., 442 ff., 362*, 365* f. Sacrament der B. 277, 11*, 220*.

Calibius 395.
Campabelli 167.
Canisius, Petrus 7*, 186*, 514*.
Cartesius 14, 82.
Causa formalis, die, oratorischer Erzeugnisse 598, 599.
Causalbeziehung 280 f., 281 ff.

Centralgedanke 401* ff., 412* ff., 415* ff.
Charakterlosigkeit der Menschen 180 f., 475 f.
Chateaubriand 285*.
Chavin de Malan 507*.
Chrysologus, Petrus 106*.
Chrysostomus 185 f., 220, 473, 107* f., 155*, 353* f., 356*. Homilien: Ueber Matth. 8, 18—17 86* ff.; über Röm. 8, 28—39 119* ff.; über Matth. 6, 1—15 308* ff.; über den ersten Bußpsalm 358* ff.; über den sechsten Bußpsalm 370* ff. Paränetische Predigt: Ueber die Trauer bei dem Tode derer, welche man liebt 470* ff. Weitere Beispiele: 149, 150, 216, 248, 249, 309, 450, 498, 542, 543, 441*.
Cicero über die Nothwendigkeit psychologischer Kenntnisse für die Beredsamkeit 3; über den Begriff der oratorischen Beredsamkeit 41; über Mißbrauch der letztern 50; über die Bedeutung der Aufgabe des Redners 68; über die Popularität der Rede 157; über den Stil 178 f.; über die Metapher 221; über die Bedeutung der Philosophie für die oratorische Beredsamkeit 301; über das affective Moment 337; über die Insinuation 363; über schöne Worte ohne Inhalt 369; über die Amplification 370; über die Expolition 376; über die Pronunciation und Action 385, 389, 390, 391, 393; über das formelle Pathos 395, 397; über den Zusammenhang des Charakters mit der Beredsamkeit 405; über die Unzulässigkeit beständigen Pathos 413; über die Mittel der oratorischen Beredsamkeit 467 f.; über den Genuß, welchen die Beredsamkeit bereitet 482; über die innere Verbindung der Zweckmäßigkeit und der Schönheit 492; über die Mannigfaltigkeit in oratorischen Vorträgen 509; ein Beispiel für das πρέπον 532; über das Decorum 546; über die Eigenschaften des Stils 569; über die Theorie des Wohlklanges 571; die zwei Elemente des letztern 572; über den Numerus 574; über den Wechsel in der Stärke der Pronunciation 588; in welcher Weise die Mittel der oratorischen Beredsamkeit zu handhaben seien 597; das Urtheil der Menge hinsichtlich der oratorischen Beredsamkeit 604; über den Eingang 329*, 330*, 427*, 428*, 429*, 431*; über die unter den Gründen zu treffende Auswahl 419*, 420*; über die ihnen zu gebende Folge 421*; über das Zurückgreifen auf die Gattung 441*; Ciceros Reden und ihre Symmetrie 512*; „die beste Lehrerin der Beredsamkeit ist die Feder" 540*.
Colmar, Bischof 284*. Beispiele: 153, 283, 285, 292, 317, 325, 326, 435, 442, 453, 458, 509*.
Communion, s. Altarssacrament; unwürdige C. 422 ff.

Concentrirung 371.
Concrete Erscheinungen 214, 282.
Concupiscenz, die geistige 12.
„Conferenzen" 4* ff.
Consolatio, als Wirkung des Heiligen Geistes 57.
Controverspredigten 513* ff.
Cormenin 508.
Cornelius Celsus über die oratorische Beredsamkeit 44.
Cyprian 105*.
Cyrillus von Alexandria über die Wirkungen der heiligen Communion 70*.
Cyrillus von Jerusalem, seine Unterweisungen 131* ff.; über den Heiligen Geist, erste Unterweisung 133* ff.; zweite 144* ff.; ein weiteres Beispiel 332*.

„Dankbare Liebe", Dankbarkeit ist eigentliche Liebe 273* ff.
Decorum 523 ff.
Definition, Beweise aus der 273 ff.
Deharbe 111*, 180* ff., 581*.
Demosthenes 72, 186, 581*, 512*.
Demuth 17* f., 260*.
Descuret 284*.
Deutlichkeit der Pronunciation 506, 582 ff.
Dialektische Bildung, unentbehrlich für die Verkündigung des Wortes Gottes 300 f.
Didaskalische Predigt, die 60, 827* ff.
Dieckhoff, B. 527.
Dieringer 485 f.
Digression 512, 207*.
Dreifaltigkeit, die allerheiligste 101* ff.

Ehe, die Lehre von der 18* f., 200* ff., 224*.
Ehrsucht 149 f., 308*.
Eifer für das Heil der Menschen in dem Prediger 122.
Eifersucht 150 ff.
Eigenliebe 76 f.
Eingang 328* ff., 354* f., 424* ff.
Einheit, die, in geistlichen Vorträgen 207*, 349* ff., 408*, 415*, 525*.
Eintheilung der christlichen Lehre für die religiöse Unterweisung 176* ff.
Eintheilung in Predigten 329*, 505* ff.
Eintheilung und Plan der Theorie der geistlichen Beredsamkeit 85 ff.
Ephräm der Diakon 396*.
Epictet 495.
Epiphonema 500.
Erhabene Stellen in der Predigt 498 ff.
Erkenntniß, unmittelbare und mittelbare 212 f.
Erkenntnißlehre, zwei Gesetze aus der 210 ff.
Erkenntnißvermögen, höheres und niederes 4 f.
Erklärung der christlichen Lehre in der Katechese 208* ff.

Erlösung, die, der vorzüglichste Beweggrund der „vollkommenen" Liebe zu Gott 257* ff., 266* ff., 274* f.
Erotematisch 278* ff.
Erweiterung, die oratorische 375 ff.
Erzählung, s. Historische Züge.
Estius 82*.
Euphonie 572 f.
Euripides über die oratorische Beredsamkeit 42.
Ewigkeit 451, 458; unglückliche 317 ff., 434 f.
Expolition 375 f.
Ἦθη, ἦθος 28, 517, 538.
Ἠθικόν, das 527 ff.; Verstöße gegen dasselbe 534 ff.

Fabel 504.
Faber, Petrus 9*, 514*.
Familie, die christliche 13* f.
Fasten 278; Fastenzeit 460* f.
Fegfeuer 412*, 457* ff.
Feindesliebe 318 f., 320 ff., 412.
Fenelon über das Eingehen auf praktische Einzelheiten 124 f.; über die Popularität der geistlichen Vorträge 159; über Chrysostomus 106, 107*, über das oratorische Gemälde 374 f.; über den pathetischen Stil 381; über die Pronunciation und Action 389 ff.; über den Genuß, welchen gewisse wesentliche Elemente der Rede gewähren 482*; über die Liebe des Priesters 534; zur Charakteristik der vorzüglichern Kirchenväter 105* ff.; über die Auslegung der Heiligen Schrift bei den Kirchenvätern 109*; über den wesentlich historischen Charakter der christlichen Religion 169*; irrige Lehre von der „uneigennützigen" Liebe 269*, 270*, 277*; die Predigt soll kurz sein 325* f.; über historische Elemente in der Verkündigung des Wortes Gottes 333* f.; über die oratorischen Vorzüge der Heiligen Schrift und den Werth der Homilie 341* f.; Wünsche hinsichtlich der Verwaltung des Wortes Gottes 347*; über die allegorisirende Auslegung der Heiligen Schrift 352* f.; ein Beispiel 442*; über panegyrische Predigten an den Festen der Heiligen 444*, 445* ff.; panegyrische Predigt auf das Fest der Himmelfahrt Mariä 479* f.; F.s Bedeutung als Prediger 493* f.; über den Vorspruch und die Eintheilung einer Predigt 495* ff.; über den Vorspruch im allgemeinen 499*; über die „forcirten" Vorsprüche 502*; zur Frage von der „Eintheilung" 505*; Schmeichelei auf der Kanzel 518*; über die Nothwendigkeit, methodisch zu verfahren in der Verwaltung des Wortes Gottes 523*, 527* f.; über das Auswendiglernen der Predigt 585* ff.; Anforderungen an den Prediger 535* ff.
Fichte, J. G. 248*.

Fichte, J. H., über die Einheit der menschlichen Natur 13, 14.
Fleury, Bischof 528*.
Folgen, die irdischen, des Guten und des Bösen 253* ff.
Förster, Bischof 148, 459*, 460*.
Fragen, das, in der Katechese 278* ff.
Fragesätze, Betonung derselben 584 f.
Franz von Sales über die Fixirung des besondern Zweckes bei geistlichen Vorträgen 121; über die Popularität der letztern 186 f.; über willkürliche Deutung von Schrifttexten 266, 269; gegen die lange Dauer der Predigt 508; über eine verderbliche Weise, den Zuhörern zu gefallen 536 f.; über profane Elemente in geistlichen Vorträgen 113* ff.; gegen Controverspredigten 518* f.; wichtige Punkte sind oft zu wiederholen 524*.
Franz Xaver, sein Verfahren in der Katechese 240* f.; sein „Act der Liebe zu Gott" (Sonett) 267* f.
Frayssinous 4*.
Freiheit des Willens, s. Strebevermögen; der übrigen Vermögen 12.
Furcht Gottes 20* ff., 243*, 256*, 261* ff., 366* f., 461* ff.

Gatti 118*.
Gattung, Beweise aus der 278 f.; das Zurückgreifen auf die G. 440* ff.
Gaume 531*.
Gebet 145 f., 274, 279, 291 f., 320 f., 547 ff., 14* f., 189*, 217* ff., 312* ff., 370* ff., 375*, 581* f.
Gebote, das Verfahren bei der Unterweisung über dieselben in der Katechese 243* ff., 249* ff.
Geduld 15* f.
Gefühle 19; die Veranlassung religiöser G. als wesentliches Mittel der geistlichen Beredsamkeit 335 ff.; religiöse und natürliche G. 349 f.; die psychologische Entstehung der G. 365 f.; die Mischung verschiedenartiger G. 410 f.
Gefühlsvermögen 19.
Gegensätze 227 ff.; Vergleichung durch Gegensatz 373 f.
Gegenstand der Predigt, s. Thema.
„Geheimnißpredigten" 434*.
Geist, der Heilige 40*, 133* ff., 144* ff.; die Lehre vom Heiligen Geiste in der Verkündigung des Wortes Gottes 110 ff., 10* f.
Geister, die bösen 327 ff., 185* f., 320*; s. Teufel.
Gelegenheit, die „nächste" 414*.
Gelegenheitspredigten im eigentlichen Sinne des Wortes 117; im technischen Sinne 517*.
„Gelegenheitsreden" 517* ff.
Gemälde, das oratorische 238* ff., 374 f., 504.
Gemüth, Definition 14 f.; die metonymischen Ausdrücke für dasselbe 17; das G. ist natürliche Kraft und freies Vermögen 17 ff.; ist der Träger des ethischen Lebens 24 ff.; tropische Namen für dasselbe in der Heiligen Schrift 29 f.; wie bei der Verwaltung des Wortes Gottes die habituelle Beschaffenheit und die actuelle Stimmung der Gemüther zu berücksichtigen sei 357 ff.
Gemüthsbewegung, Definition 14; Gemüthsthätigkeiten und Gemüthsbewegungen 18 ff.; die Bedeutung der Gemüthsbewegungen für die Entscheidung des Willens 337 ff., 345 f.; ihre psychologische Entstehung 365 f.
Genuß, warum die geistlichen Vorträge den Zuhörern G. gewähren sollen 480 f.; wodurch 482 ff.; über eine schlimme Verirrung hinsichtlich dieses Punktes 603 ff.
Gerechtigkeit Gottes 282 f., 309 ff., 447 ff., 243*, 263* ff.
Gericht, das jüngste 249, 250 f., 376* ff., 461* f., 468* f.
Gesang vor der Predigt 364.
Geschwindigkeit der Pronunciation 586.
„Gestus" 388 ff., 594 f.
Gisbert über verkehrte Absichten bei der Verkündigung des Wortes Gottes 70 ff.; über die praktische Anwendung der religiösen Wahrheiten 126, 128; über die ethische Zeichnung 133 ff.; über Welt- und Menschenkenntniß 139; über die Popularität der Predigt 159 f., 176; über die Natürlichkeit derselben 178 f., 180, 355; über die Nothwendigkeit der Theorie 353; daß ein Vortrag nie ausschließlich pathetisch sein dürfe 412; gegen das Uebertreiben 428, 538; über den virtuell dialogischen Typus der Predigt 473; über die Neuheit an derselben 488 f.; wie der Sinn für Erhabenheit geweckt werde 497; gegen die lange Dauer der Predigt 509, 511*; über leere Wortemacherei 511; über die in geistlichen Vorträgen nothwendige Mannigfaltigkeit 512, 514 f.; über den Stil 518; über Verstöße gegen das πρέπον und das Decorum 539 ff., 542, 544 f.; der Beifall der Menge ist keineswegs ein zuverlässiger Beweis für den Werth der Predigt 604; woher für die geistlichen Vorträge die Gedanken zu nehmen seien 72*; über die theologische Bildung des Predigers 109*; Ostentation auf der Kanzel 111*, 116*; über theoretische Behandlung praktischer Wahrheiten 408* f.; zur Frage von der „Eintheilung" 505*; gegen die „Trauerreden" 519*.
Glaube, der, nach seinem vollen Begriff 182* ff.; der todte Glaube 184* f.; Bedeutung des Glaubens für den Menschen 459* f.
Glaubensartikel, der neunte, eine sehr verbreitete unrichtige Uebersetzung desselben 288* f.

Gleichniß 502, s. Aehnlichkeiten.
Gnade, die actuelle, als zuvorkommende und als begleitende 23 f.; innere und äußere G. 53 f.; Nothwendigkeit der G. bei der Verwaltung des Wortes Gottes 80 ff., 352; die Lehre von der G. in der Verkündigung des Wortes Gottes 110 ff., 11*; was die zuvorkommende G. wirke 208; die Nothwendigkeit der G. zu allem Guten 276; „erhöhende" und „heilende" G. 342; die G. wird auch den Unbußfertigen nicht entzogen 424 f.; Wirksamkeit und Wirkungen der G. 134* f., 138* ff., 148* ff.

Gnade, die heiligmachende, Mittel, sie zu bewahren 123 f., 363* f.

Goethe 117, 184, 398 f., 115*.

Gonnelieu 248.

Görres, Marie von 582.

Gotteshaus, Ehrfurcht demselben gegenüber 308 f., 98*, 328* f., 412*.

Granada, Ludwig von, Charakteristik der Zuhörerschaft und ihrer Bedürfnisse 126 ff.

Graser, R. 501* ff., 519* f.

Gratian, Balthasar 480.

Gregor der Große über Simulation und Egoismus 180 f.; über die Rücksicht auf die verschiedene Beschaffenheit der Gemüther 358 f.; über das dem Prediger nothwendige Ansehen 519; über die Verkehrtheiten vieler Priester 520; der Prediger muß die Liebe seiner Zuhörer besitzen 528; aber er darf dieselbe nicht aus Egoismus suchen 534 f.; über die Keuschheit 221*; die Rücksicht auf den Gewinn der Zuhörer steht höher als jene auf die Einheit des Vortrags 351* f. Beispiele: 180, 145, 454.

Gregor von Nazianz 284, 601, 605, 107*.

Gretsch, Adrian 165, 254 f.

Gruber, Erzbischof 287, 155* f., 160*, 162* f., 164*, 166* f., 168*, 171*, 173* f., 186*, 191* f., 195*, 199* f., 205*, 206*, 210*, 211* f., 212* f., 216*, 237* f., 241* f., 249* f., 250* f., 252* f., 255* f., 257*, 261*, 262* f., 264*, 265*, 282*, 287* ff., 291*. Beispiele: 295* ff.

Gründe, die, für die Bestimmung des freien Strebens 409* ff.; über die unter denselben zu treffende Auswahl 419* f.; über die ihnen zu gebende Folge 420* ff.

Grundriß der Predigt 418*, 449*., 534*.

Gueranger, Dom Prosper 435*.

Gutheit, Definitionen 6, 8; Arten 7; innere und äußere 8; ethische, eudämonische und teleologische 409* f.

Habsucht 522, 15* f., 48*.

Hauptsatz 400*, 414*, 415* ff., 435* f.

„Hervorlockende Methode", die 164* f.

Herz, metonymischer Ausdruck für das Gemüth 17; darum für den Träger des ethischen Lebens 29 ff.

Heuchelei 130, 526 f., 251*, 284*.

Hieronymus über die dem Menschen eigene Vernünftigkeit 179; über den Namen „Cleriker" 275; über die Gewinnsucht bei Priestern 522; Verhaltungsregeln für den Priester 525 f.; über die Werthlosigkeit des Beifalls der Menge 504 f.; über Lesung der Heiligen Schrift 78*; zur Charakteristik 106*.

Himmel 228 f, 252 ff., 20*, 45* ff.

Hirscher 108 ff., 111 ff., 229, 282 f., 16* ff., 23*, 171* f., 191*, 195*, 205*, 206*, 210*, 214*, 224* f., 235*, 241*, 242* ff., 246*, 264* f., 514*.

Historische Züge 231 f., 111* f., 168* ff., 216* f., 333* f.

Hochmuth 314 f., 454 f.

Hoffnung auf die Barmherzigkeit Gottes 248, 251, 326 f., 565 f., 26* f., 318*, 360* ff., 372* ff.

Hölle 249, 257 f., 309 ff., 434 f., 457 f., 378* ff., 392* ff., 395* f.

Homilie, Begriff und Werth 340* ff.; technische Einrichtung 354* ff.; eine verfehlte Eintheilung der H. 356* f.

Horaz 221, 495, 498 f., 426*, 430*, 540*.

Hunolt 186.

Hurter, Friedrich von 339*.

Jahr, das kirchliche, in der Verkündigung des Wortes Gottes zu berücksichtigen 115 f., 360 f.

Jais 126, 308, 425, 478, 479 f., 521, 524, 526, 592, 174* ff., 265* f., 279*, 284*, 285*, 287*, 293*, 388*, 431*.

Jesus Christus, wie die Lehre von ihm und der Erlösung zu behandeln sei 107 ff.; Bedeutung seiner Person und seines Lebens für die Verkündigung des Wortes Gottes 241 ff., 30* ff., 290* ff.; seine Liebenswürdigkeit 256; sein Leiden am Oelberge 284; Undank der Christen gegen ihn 461; über die Taufe des Herrn 86* ff.; über seine Himmelfahrt 97* f.; die Erlösung durch ihn ist der vorzüglichste Beweggrund der „vollkommenen" Liebe und Reue 257* ff., 266* f., 274* f.

Ignatius Loyola, der hl. 237, 14*, 434*.

Inductionsbeweise 279 ff., 287 ff., 802, 289*.

„Innere Leben", das 214* f., 247* f.

Insinuation 363, 425*.

„Invocatio" (am Ende des Eingangs) 481*, 456*.

Johannes von Damaskus über das Strebevermögen 5 f.

Johannes Lucas 388.

Isotonie 598.

Jungfräulichkeit 226* ff.

Kant 44, 301, 344 f., 248*.

Katechese, etymologische Bedeutung 154*; technische Bedeutungen, erste 154*, zweite 155*, Wesen und Aufgabe 155*, zwölf Grundsätze 157* ff.

Katechismus 170* f., 204*; von Overberg 178* ff., der „Regensburger" 180* ff.; von Canisius 186* f.; von Stockopole 187* ff. Unrichtige Darstellung der „vollkommenen" Liebe und Reue in verschiedenen Katechismen 269* ff.

Katechismus, der Römische 105 f., 220, 177*, 187* ff., 529*; über den Beweggrund der „vollkommenen" Liebe zu Gott 275*.

Kaulen 77* ff.

Ketteler, Bischof 210*.

Keuschheit 18* f., 69* f., 221* ff.

Kindererziehung 89 ff., 153 ff., 279.

Kirche, ihre Lehre, das vorzüglichste Moment der Beweisführung in der Verkündigung des Wortes Gottes 263 ff., 104*, 239*; verschiedene Gedanken über die Kirche 256, 277, 283, 304 ff., 306 f., 315 f., 446 ff., 449, 496, 12* f., 411*, 465* ff.

Kirchengeschichte 111* f.

Kirchenlexicon (Freiburger), 1. Aufl. 522* f.

Kirchenväter 104* ff., 275* ff.

Kleutgen 299, 359, 426, 478, 484 f., 487 f., 498, 18*, 28*, 115*, 190*, 357*, 425*, 445*, 512*. Beispiele: 247, 256, 277, 304, 306, 307, 315, 319, 327, 434, 446, 451, 457, 89*, 96*, 400*, 411*, 453*, 465*.

Klopstock 16, 502.

Kunst, Theorie einer, was sie sei 38; K. im subjectiven Sinne b. W. 48 f.; ein wesentlicher Fehler der religiösen Künste 350 f.

Kürze, die, als nothwendige Eigenschaft der geistlichen Vorträge 507 ff., 448*, 511*.

Laberenz 500*.

La Bruyere 176, 351, 482, 517 f., 546, 447*, 494*, 505*, 507* f., 519*, 526*.

Lectüre, gefährliche 292.

Lefranc 48.

Leibniz 426, 598.

Leiden des Herrn, Predigten über dasselbe 119, 31* f.

Leiden und Widerwärtigkeiten 248, 291, 432 ff., 20*, 96* f., 119* ff., 363*.

Lenfant 507, 511*.

Liebe, eigentliche und uneigentliche 7; Grundthätigkeit des Strebevermögens 9; setzt Uebereinstimmung voraus und wirkt Uebereinstimmung 340 f.

Liebe Gottes gegen die Menschen 273 f., 288, 128, 242* f., 257* ff.

Liebe zu Gott, die „vollkommene", wie der Priester die Christen zu derselben anleiten solle 257* ff.; der geeignetste Beweggrund der „vollkommenen" Liebe 266* ff., 274* ff.; unrichtige Darstellungen dieser Punkte in neuern Katechismen und Erbauungsschriften 269* ff.; „dankbare" Liebe 271*, 273* f.; Predigten über die Liebe zu Gott 416*.

Liguori, Alfons 123 f., 345, 201*.

Linsenmann 544.

Liturgie, ihre Bedeutung für die Verkündigung des Wortes Gottes 115 f., 360 f.

Liturgische Themata 27* f.

Liturgischen Bücher, die, 356, 100* f.

Löben (Isidorus Orientalis) 369.

„Lobreden" 434*, 443* ff.

Lohner 280*.

Longinus, Dionysius 493.

Lüft 341*.

Lüge und Verstellung 244 f.; s. Simulation.

Lugo, de 221*.

Macarius der Große über die Nothwendigkeit der actuellen Gnade 81.

Macaulay 449.

Mac Carthy 507*; Predigt über das jüngste Gericht 376* ff. Weitere Beispiele: 486*, 487*, 454*, 468*.

Maistre, Joseph de 225, 557.

Maldonat 82*.

Mannigfaltigkeit in der Verkündigung des Wortes Gottes 509 ff.; in Rücksicht auf den Numerus 577.

Maria die Mutter des Herrn, ihre Heiligkeit 319; ihre Größe 455 ff.; Maria Reinigung 455 ff.; die Macht ihrer Fürbitte 459; Maria unter dem Kreuze 477; Predigten über die heilige Jungfrau 28* ff., 435* ff.; zur Declination ihres Namens 29* f.; ihre Demuth 455* f.; panegyrische Predigt auf das Fest ihrer Himmelfahrt (Fenelon) 479* ff.

Massillon 378, 419 ff., 422, 427, 438*, 502*, 507*, 520*. Beispiele: 230, 277, 284, 291, 308, 503, 93*, 95*, 98*, 442*, 461*, 462*, 464*.

Materialiensammlungen 117* f.

Maury, Cardinal 142, 421, 491, 488*, 441*.

Maximus von Tyrus 490.

Meinung, öffentliche 314 f.; „die gute M." 15*.

Melbourne, das zweite Provincialconcil zu 201*.

Menschenfurcht 312 f., 406* f.

Meßopfer, seine Bedeutung für die Thätigkeit in der Seelsorge 82 ff.; sein Verhältniß zu dem Opfer am Kreuze 251 f.; seine Nothwendigkeit 274; sein hoher Werth 452 f.; als Thema für die Predigt 15*; in der Katechese 219*.

Metastasio 485.

Methode der Katechese 278* ff.

Methodik 239*.

Mey 207*, 208*, 218*, 219*, 280*, 281* f., 285* f. Eine Katechese 305* ff.

Momente, die psychologischen, für die Bestimmung des freien Strebens 207 ff.,

465 ff., 596 ff., 600 f.; die übernatürlichen, welche das christliche Leben beherrschen sollen 247*, 253* ff., 256* f.; naturalistische M. 248* ff.
Monotonie 593.
Montfaucon 326*, 358*, 470*.
Morel, P. Gall 197* f.
Motus primo primi 11, 20 ff.
Murren gegen Gottes Vorsehung 244*, 254*.

Nabal 48, 340*, 530*.
Name, Beweise aus der Bedeutung des Namens 275 f.
Naturalismus, der, in der religiösen Unterweisung 159* ff., 178*, 198*, 216* f., 248* ff., 279*.
Natürlichkeit, als Eigenschaft der geistlichen Vorträge 177 ff., 355 f.
Nervensystem, das Cerebrospinal-N. 5; das vegetative oder sympathische 16, 24 f.
Neuheit als Eigenschaft der Predigt 483 ff.
Nirschl 131*.
Numerus 498, 573 ff.
„Nutzanwendung", das Ungeschick mancher Prediger und die unzweckmäßige Theorie mancher Lehrbücher bezüglich derselben 128 f.

Oelung, die heilige 12*.
Ohler 156*, 164*, 204*, 216*, 233*, 282*.
Orange, das Concil zu, über die actuelle Gnade 28.
Ordnung, die logische und die oratorische 422* ff.
Organismus, leiblicher, die Seele ist in ihren Thätigkeiten, nicht in ihrem Sein von demselben abhängig 211 f.
Origenes über die dem Menschen eigene Vernünftigkeit 179 f.
Originalität, falsche 484, 487 f.
Overberg 163*, 168*, 175*, 178* ff., 201*, 221*, 288*, 271*.

Pallavicini, Cardinal 322, 415, 483, 527.
Panegyrisch 62, 434*.
Papst, seine Stellung in der Kirche Gottes 307 f.
Parabel 220, 503 f.
Paränetisch 62.
Paregoretisch 61 f.; Nachtheile der ausschließlichen Anwendung der paregoretischen Form 522* ff.
Pascal 602.
Pathos, das formelle und das virtuelle 379 f.; nähere Anweisungen 394 ff., 408 ff.
Patrizi 83*, 84*.
Paulus, der Apostel 274 f., 496, 127* f.; über nothwendige Eigenschaften des Predigers 518 f., 522, 527 f., 529 f.
Perikles 543.
Peroration 334* ff., 432* f.

Philosophie, ihre Bedeutung für die Verkündigung des Wortes Gottes 271, 300 f.; in welcher Weise philosophisch erweisbare Sätze auf der Kanzel zu behandeln seien 8*.
Pius IX. über die Verkündigung des Wortes Gottes 54; über die Popularität der geistlichen Vorträge 159; gegen die „Conferenzen" 9*; ein Beispiel aus einer Encyklika 76* f.; gegen eine Verirrung ascetischer Schriftsteller 113* f.
Plato über die Unentbehrlichkeit einer psychologischen Grundlage für die Theorie der höhern Beredsamkeit 1 f.; über das Wesen der letztern 42, 45; über Gefallsucht in der Ausübung der Beredsamkeit 75 f.; über das sichtbare Universum 225; über das Schöne 499; über die Nothwendigkeit des Gebetes vor jeder Handlung 531*; die drei Momente, von denen der Besitz der Beredsamkeit abhängt 540*.
Plinius 376 f.
Poesie, die hedonische 40 f.; die religiöse 68 ff.
Ponte, Ludwig de 300, 112*, 854*, 400*, 435*.
Pontificale 53, 407, 348* f.
Popularität der geistlichen Vorträge, Begriff 160 f.; Nothwendigkeit 156 ff.; zwei Momente 162; Anweisungen dafür 162 ff., 301 ff.
Poulle 475 f.
Prädestination 324 f.
Praeambula fidei, die, in der Katechese 160* ff.
Praktisch das Wort Gottes verkündigen, warum es schwer sei 102 ff.; was es heiße 104 ff.; Anweisungen dafür 106 ff., 524*; ist ein wirksames Mittel, die Aufmerksamkeit zu wecken 471 f.; unpraktische Gegenstände 485 f.; wie die Katechese praktisch einzurichten sei 236* ff.
Predigt, die, Begriff 52; ist eine der wesentlichen Aufgaben der kirchlichen Hierarchie 53; ihr allgemeiner Zweck 53 ff.; die beweisende, die widerlegende und die vertheidigende P. 290 ff.; Verpflichtung, sie zu hören 322, 348*; über die Dauer der P. 507 ff.; ein falsches Criterium für die Beurtheilung ihres Werthes 603 ff.; gedruckte Predigten 72* f.; wie man praktisch zu verfahren habe, wenn man eine P. halten soll 531* f. S. Verkündigung des Wortes Gottes.
Predigten, biblikalische oder katechetische 327* ff.; paränetische 398* ff.; panegyrische 434* ff.; „dogmatische und moralische" 515* f.
Priester, Anforderungen, welche die Verwaltung des Wortes Gottes an ihn stellt 68 ff., 71 ff., 81 ff., 122, 189 ff., 175, 181 ff., 188, 400 ff., 516 ff., 527 ff., 534 ff., 211* ff., 246*, 265*, 284*, 536* ff., 540* ff.
Profane Elemente in der Verkündigung des Wortes Gottes 118* ff.

Pronunciation und Action 385 ff., 506, 580 ff., 601, 604.
Prosper von Aquitanien über die zuvorkommende Gnade 335.
Psychologie ist für die Theorie der höhern Beredsamkeit unentbehrlich 1 ff.

Quellen, die, der Gedanken für die geistlichen Vorträge 72* ff.
Quietismus 269* ff.
Quintilian über den Begriff der oratorischen Beredsamkeit 42, 44, 47; drei Arten der Rede 52; über die Pflicht sorgfältiger Vorbereitung 68; über die Wiederholung guter Gedanken anderer Schriftsteller 70; über die Popularität der Vorträge 156; über das Maß des Werthes einer Rede 174; über den Stil 175, 178 f., 409; über die Analogie 223; über das Gemälde 289 f.; über die Beweisführung 301; über die Nothwendigkeit des affectiven Moments in der oratorischen Beredsamkeit 345; für den Mißbrauch desselben 347; über verschiedene Mittel, auf das Gefühl zu wirken 375; über das vorzüglichste Moment für die affective Kraft der Rede 399, 400; innerer ethischer Werth ist eine nothwendige Bedingung der Beredsamkeit 403; die Kraft der Rede soll stetig zunehmen 415; eine zweideutige Anweisung 417; über die Mittel der oratorischen Beredsamkeit 467, 468; wahre Schönheit und praktische Zweckmäßigkeit sind niemals geschieden 492; über die Sentenz 501; über das Gleichniß 502 f.; über die Deutlichkeit der Pronunciation 506, 583, 585; über Einförmigkeit des Stils 514; über den natürlichen Zusammenhang der Redeweise mit dem Charakter 533; über Verstöße gegen das ἠθικόν 541, 543; über das Decorum 546; über den Wohlklang der Sprache 571; über Mißgriffe hinsichtlich desselben 578; über die Bedeutung der Pronunciation und Action 581; über die Geschwindigkeit der Pronunciation 583, 585; wie in der Rede die Beweisführung aufzutreten habe 598 f.; über die oratorische Sprache 602, 603; zu der Lehre vom Eingange 328*, 330*, 425*, 428*, 430*; von der Peroration 384* ff., 356*, 432* f.; über den Centralgedanken 404* f.; zu der Lehre von der Auswahl der Gründe 419*; die Kraft der Rede soll nicht sich mindern, sondern wachsen 420*; für sich schwache Gründe können durch ihre Zahl wirksam sein 421*; über die den Gründen zu gebende Folge 421*; über die „Lobrede" 443*; über eine Vergleichung 451*; über das Auswendiglernen oratorischer Vorträge 534* f.; das nothwendigste Mittel, sich die Beredsamkeit anzueignen 542*.

Ravignan 534, 8*.
Redefiguren 382 ff., 475 ff.

„Reflexion", die 477.
Regel, eine allgemeine, für die Verkündigung des Wortes Gottes 214 (367, 167* f.).
Reichensperger, A. 22*, 512* f.
Religion, „natürliche und positive" 159* ff.
Religionshandbücher 190* f.
Reue, die „vollkommene", das geeignetste Motiv derselben 267* f.; unrichtige Darstellung derselben in verschiedenen Katechismen 269* ff.
Ringseis 161*, 166*.
Ripalba über die zuvorkommende Gnade 24.
Rom 497 f.
Rosenkranz, C., über das Wort „Gemüth" 13.
Rousseau, J. J. 195*.
Rückfall in die Sünde, der 24* f.
Rügen in der Verkündigung des Wortes Gottes 541 ff.

Sacramentalien 15*, 188* f.
Sacramente 220, 11* f., 188* f., 219* ff.
Sailer, Bischof 170 ff., 175, 177, 188, 339, 341, 369, 427, 517, 528 f., 538, 541, 542, 591, 2*, 13*, 160*, 283*, 293* f.
Salbung, die, in geistlichen Vorträgen 351 f., 236*, 338* ff.
Sallust 346 f., 500.
Sancta Maria, über eine oft mißdeutete Stelle dieser Antiphon 557.
Schmitt, Jakob 58 f., 111*, 172*, 183* f., 202*, 232*, 531*.
Schönheit, Begriff 7, 8; als Eigenschaft der geistlichen Vorträge 490 ff.
Schrift, die Heilige 185, 220, 226, 263 f., 266 ff., 352, 356, 497, 74* ff., 274* f., 341* ff., 349* f., 352* ff., 358* f., 438*, 461* ff. Beispiele aus derselben: 125, 216, 217, 218, 219, 228, 234, 235, 238, 241, 280, 283, 284, 287, 288, 289, 371, 372, 373, 374, 375, 376, 379, 381, 382, 383, 384, 459, 460, 461, 493, 494, 499, 500, 530, 531, 533.
Schuster 111*.
Seele, Vernachlässigung der Sorge für sie 476 f.
Segneri 129 f., 186, 221, 268, 397, 473, 90* f., 92*, 111*, 115*, 285*, 418*, 427*, 443*, 500*, 504*, 506* f., 520*. Predigten: Ueber den Zustand der schweren Sünde 189 ff.; Grundriß dieser Predigt 449* ff.; über die Eigenschaften des Gebetes 547 ff. Weitere Beispiele: 221, 229, 279, 280, 312, 461, 476, 500, 90*, 98*, 400*, 406*, 407*, 411*, 412*, 413*, 442*, 456*, 457*.
Selbstsucht 76 f., 15*.
Seneca 405; s. Stoa.
Sentenz 499 ff.
Sentimentalität 534.
Silva rerum 117* f.

Simulation 130 f., 526 f., 245*, 251* f.
Skorbopole 187*.
„Sokratische Methode", die 164* f., 280* f.
Sprache, die oratorische, nothwendige Eigenschaften derselben 569 ff.; in der Katechese 208* ff.
Staël-Holstein, Frau v. 248*.
„Standespflichten", die 195* f., 201*.
Stärke der Pronunciation 586 ff.
Stifter, Adalbert 168, 379 f.
Stil, der pathetische 381 ff., 245* f.; in erhabenen Stellen 498; Mannigfaltigkeit im S. 513 ff.; die drei Arten des letztern 514; Verstöße gegen die Würde des S.s 539; die Schönheit des S.s 492; ihr Werth und ihre Bedeutung 601 ff.
Stimmung der Zuhörer zu berücksichtigen 357 ff.
Stoa, unterschied ganz richtig freie und unfreie Regungen des Gemüths 20, 22.
Stolberg, F. L. 237, 400, 212*.
Stolz, Alban 104, 132, 163, 166 f., 170, 177, 185, 224, 232 f., 407, 418, 504, 603, 196*, 221* ff., 225*, 236*, 288*, 283*, 447*. Beispiele: 251, 252, 258.
Strebevermögen, Charakteristik 5 f.; Thätigkeiten 8 f.; worin die Freiheit des höhern S.s ihren Grund habe 10; ob alle Thätigkeiten desselben frei seien 11; das Organ des niedern S.s 16, 26.
Suarez 211, 366, 419 f.
Sulzer 347, 376, 378, 483 f., 486, 512, 571, 593, 595, 433*.
Sünden, zwei Wurzeln derselben 95 ff.; fremde S. 146 ff.; läßliche 278 f., 475; Strafen der Sünde 282 f., 309 ff.; Verführung zur Sünde 309; Mittel, die S. zu sühnen 311; Rücksichten, von denen die Schwere der Sünde abhängt 360 ff.; Folgen der Sünde 363*, 367*.
Suso, Heinrich. Beispiele: 31 f., 251, 432, 439.

Taufe, soll nicht aufgeschoben werden 90; wozu durch sie der Christ verpflichtet sei 41 ff.
Temple, William 576.
Templin, Procopius von 463.
Tertullian über die dem Menschen eigene Vernünftigkeit 180; zur Charakteristik 105*.
Teufel, Nachstellungen derselben 88 ff., 327 ff., 319* f.; s. Geister.
Theile, Auflösung in 283 ff.; Beweise durch dieselbe 276 f.
Thema der Predigt, drei Regeln für die Wahl desselben 106 ff.; worüber nicht zu predigen sei 1* ff.; vorzugsweise zu behandelnde Gegenstände 10* ff.
Theodoret von Cyrus 164* f.
Theologie, die wissenschaftliche, ist wesentlich verschieden von der Verkündigung des Wortes Gottes 64, 106 ff., 205* f., 422* f.; gründliche Kenntniß derselben ist für den Prediger unentbehrlich 163, 187, 110*; die Scheidung der wissenschaftlichen Th. in Dogmatik und Moral 190*.
Theorie einer Kunst, Begriff und Bedeutung 33.
Thomas von Aquin über das Strebevermögen 6; über die Thätigkeit desselben 9; über das höhere Strebevermögen und den freien Willen 11; über die Theilnahme des niedern Strebevermögens an dem ethisch guten und bösen Thun des Menschen 27 ff.; über den Begriff einer Kunsttheorie 33; über die Abhängigkeit des Wesens der Dinge und ihrer Begriffe von der ewigen Weisheit 40; über die „Aureola" 67, 227*; über die dem Menschen eigene Vernünftigkeit 179; über die Aehnlichkeit 216, 217; über den eigentlichen Grund jeder Glaubensüberzeugung 263; über die Beweise für geoffenbarte Wahrheiten 272; über Hebr. 11, 1 274; über den Einfluß der Gemüthsbewegung auf das Urtheil 341; über die Liebe 341; über die psychologische Entstehung der Gefühle 365 f.; über die unwürdige Communion 422 ff.; über die Wirkung des Genusses 481; über die Wahrheit 488; über die Schönheit 490; über Scherze in der Verkündigung des Wortes Gottes 498 f.; über die Tugend des Glaubens 185*; über den todten Glauben 185*; über den Begriff und die zwei Elemente der Jungfräulichkeit 226* ff.; über den besondern Lohn dieser Tugend 227*, 229*; über die Unschuld und die Wirksamkeit der Buße 228*; über die Dankbarkeit und die „dankbare Liebe" 273* f.
Tod, (entferntere) Vorbereitung dazu 98 ff., 484* ff.; Predigten über den T. 119; über die Trauer bei dem Tode derer, welche man liebt 470 ff.; die Bedeutung des Todes für den Christen 478* f., 488* ff.
Todsünde 273, 425 f., 453 f.; s. Sünden.
Touttée 131*, 136*.
„Trauerreden" 519* f.
Trient, das Concil zu, über die Popularität der geistlichen Vorträge 158 f.; über die Auslegung der Heiligen Schrift 108*; über den Zweck der religiösen Malerei und Sculptur 170*; über den Taufritus und den Glauben nach seinem vollen Begriff 184*; über den todten Glauben 185*; für die Homilie 348*, 351*; über die Pflicht, die Predigt zu hören 348*.
Tugend, die Schönheit derselben 255 f.
Tugenden, die drei göttlichen, in der Katechese 215* ff.

Uebergänge 515 f.
Uebersinnlich, Erklärung des Wortes 13.
Uebertreibungen in der Verkündigung des Wortes Gottes 417 ff., 538.

"Ueberzeugung" als Richtschnur des Handelns 248*.
Ullathorne, Bischof 201*.
Umschreibung, die oratorische 501 f.
Umstände, als Mittel anschaulicher Darstellung 285 ff., 94* f.
Unbußfertigkeit 257, 259, 322 f., 424 f.
Unglaube 323, 446 ff., 6* f., 234* f., 386* ff.
Unkeuschheit 457, 18* f., 221* ff., 453* f.
Unschuld 431 f., 98* f., 225* f., 228*.
Urquhart, David 168.
Ursache und Wirkung, s. Causalbeziehung.
Utilitätstheorie 249*, 251* f.

Valiero, Bischof 507.
Vaterunser, Homilie über dasselbe 315* ff.
Vatican, das V.ische Concil 78*; über die Auslegung der Heiligen Schrift 108* f.; über die Bedeutung der Offenbarung auch für die Erkenntniß natürlicher Wahrheiten 162*; gegen die Grundsätze des Naturalismus und Rationalismus 167* f.
Vegetatives Leben, welche Thätigkeiten dasselbe bilden 16.
Veith 508.
Ventura 426.
Vergeltung nach dem Tode 309 ff., 316 f., 382* f.
Vergleichung 372 ff.
Vergleichungspunkt 223.
Verkündigung des Wortes Gottes, ihre hohe Bedeutung 66; ihr Lohn 66 f.; erheischt ernsten Fleiß und sorgfältige Vorbereitung 68 ff.; ihre "Pest" 70 f.; Schwierigkeit ihrer Aufgabe 77 ff.; das wesentlichste Moment ihrer Wirksamkeit 80 ff.; in welcher Weise dabei methodisch verfahren werden könne 527* ff. S. Predigt.
Vermögen, die, der menschlichen Seele 4.
Vernünftigkeit, die dem Menschen wesentlich eigene 179 f.
Versuchungen, die Mittel dagegen 123 f., 363* f., 368*.
Vincenz von Paul 529.
Virgil 448*, 451*.
Virtuell dialogischer Typus der Predigt 472 ff.
Volksmissionen 22* f., 517*.
Voluntas, Bedeutung dieses Wortes in der Vulgata 29.
Vorbereitung, sorgfältige, für die Predigt 68 ff., 415, 485, 517; für die Katechese 203*, 208*, 212*.

Vorbilder, die, im A. T. 244 ff.
Vorsehung Gottes 274, 323 f., 122*.
Vorspruch der Predigt 495* ff.
Vorstellungen, eigentliche und uneigentliche 211, 212 f.

Wagner, A. 234*.
Wahrheit, die, Definition 8, 40; "philosophische" W. in den Leistungen der Künste 241; die Erkenntniß der W. ist genußbringend 488.
Wahrheiten, die "ewigen" 20 ff.
Waldburg=Zeil, Georg von 606.
Walter, J. 217*, 219*.
Weber, Beda 104, 148 f., 182 f., 471, 78*, 180*, 193* f., 198*, 263* f., 514* f.
Wechsel, s. Mannigfaltigkeit.
Weisheit Gottes 323 f.; in der Katechese 205*.
Weißenbach, J. 505*.
Welt, Nichtigkeit derselben 258; man soll nicht das Herz an sie hängen 489 ff., 451, 454 f., 463 f., 42* ff.; der Christ soll ihren Beispielen und Grundsätzen nicht folgen 462* f.; das einstige Gericht über die W. 468* f.
Welt= und Menschenkenntniß, warum für den Prediger unentbehrlich 138 ff.
Wicelius 186*.
Widerlegung 292 ff.
Wiederholungen (in der Katechese) 232*.
Wille, der, natürliche Kraft und freies Vermögen 11; ist das Princip des ethischen Lebens 25; die psychologischen Momente für die Bestimmung des Willens 208 ff., 465 ff., 596 ff., 600 f.
Wilmers 111*, 531*.
Wittmann, Michael 117* f.
Witze bei der Verkündigung des Wortes Gottes 296, 363, 498 f.
Wohlklang der Sprache 572 ff.; der "relative" Wohlklang 578 f.
Wurz 427, 356*, 427*, 500*, 501*, 518* f.

Zeichnung, die ethische 130 ff., 504.
Zerstreuungen, weltliche 825.
Zezschwitz 158*.
Zufällige, das, an den Dingen, s. Umstände.
Zuhörerschaft, Charakteristik derselben 127, 167 f., 170 f.
Zweck, der besondere, eines geistlichen Vortrags 117 ff., 389*, 400* ff., 408* f.
Zweck und Mittel, s. Causalbeziehung.

CPSIA information can be obtained
at www.ICGtesting.com
Printed in the USA
BVHW091515031019
560133BV00005B/173

9 781286 504857